2013
中国城市经济年鉴
CHINA URBAN ECONOMY YEARBOOK

张巨功　主编

中国城市出版社
·北京·

城镇化不是土地城镇化，而是人口城镇化，不要拔苗助长，而要水到渠成，不要急于求成，而要积极稳妥。

——习近平

要加大统筹城乡发展力度，增强农村发展活力，逐步缩小城乡差距，促进城乡共同繁荣。

——胡锦涛

从现代化发展规律看，今后一二十年我国城镇化率将不断提高，每年将有相当数量农村富余劳动力及人口转移到城市，这将带来投资的大幅增长和消费的快速增加，也会给城市发展提供多层次的人力资源。但城镇化不是简单的人口比例增加和城市面积扩张，更重要的是实现产业结构、就业方式、人居环境、社会保障等一系列由“乡”到“城”的重要转变。我们要积极稳妥地推进城镇化，注重提高城镇化质量，科学规划城市群规模和布局，促进大中小城市小城镇合理分工、功能互补、集约发展。

——李克强

《2013中国城市经济年鉴》编辑委员会

《2013中国城市经济年鉴》编辑委员会

《2013中国城市经济年鉴》编辑委员会

编委单位（以参加时间为序）

《2013中国城市经济年鉴》编辑部

中国经济体制改革年鉴
中国经济贸易年鉴
中国经济特区开发年鉴
中国药学年鉴
中国药品监督管理年鉴
中国城市年鉴
中国城市建设年鉴
中国轻工业年鉴
中国钢铁工业年鉴
中国政治思想工作年鉴
中国科学技术协会年鉴
中国科学技术奖励年鉴
中国科学院年鉴
中国保险年鉴
中国信息年鉴
中国食品工业年鉴
中国音乐年鉴
中国语言学年鉴
中国档案年鉴
中国哲学年鉴
中国铁道年鉴
中国造纸年鉴
中国特色社会主义年鉴
中国特殊钢年鉴
中国高薪技术产业年鉴
中国旅游年鉴
中国畜牧业年鉴
中国烟草年鉴
中国酒业年鉴
中国海洋年鉴
中国展览年鉴
中国通用机械工业年鉴
中国教育年鉴
中国教育考试年鉴
中国检察年鉴
中国黄金海岸年鉴
中国渔业年鉴
中国期刊年鉴
中国期货市场年鉴
中国税务年鉴
中国象棋年鉴
中国煤炭工业年鉴
中国新诗年鉴
中国新闻年鉴
中国酿酒工业年鉴
中国精神文明建设年鉴
中国儒学年鉴
中国磨料磨具工业年鉴
长江年鉴
华人经济年鉴
治淮汇刊（年鉴）
党校年鉴
唐代文学研究年鉴
消费行为与生形态活年鉴
黄河年鉴

● 省（市）级综合年鉴

［省略年鉴二字］

北京	天津	河北
山西	内蒙古	辽宁
吉林	黑龙江	上海
江苏	浙江	安徽
福建	江西	山东
河南	湖北	湖南
广东	广西	海南
重庆	四川	贵州
云南	西藏	甘肃
青海	宁夏	新疆

● 副省级市综合年鉴

［省略年鉴二字］

沈阳	大连	长春
哈尔滨	南京	杭州
宁波	厦门	济南
青岛	武汉	广州
深圳	成都	西安

● 省会综合年鉴

［除副省级外，省略年鉴二字］

石家庄	太原	合肥
福州	南昌	郑州
长沙	南宁	海口
贵州	昆明	兰州
西宁	银川	乌鲁木齐

● 地市级综合年鉴

［除市、省会外，省略年鉴二字］

北京：东城、西城、房山、通州
天津：大港、南开
河北：秦皇岛、邢台、保定、衡水
山西：大同、阳泉、长治、晋中、运城、临汾
内蒙古：包头、乌海、赤峰、通辽、呼伦贝尔、锡林郭勒、巴彦淖尔
辽宁：沈阳、大连、鞍山、抚顺、本溪、丹东、锦州、营口、盘锦、阜新、辽阳、铁岭、朝阳
吉林：四平、辽源、通化、延吉
黑龙江：齐齐哈尔、鹤岗、鸡西、大庆、伊春、佳木斯、七台河、黑河、绥化
江苏：徐州、连云港、宿迁、淮安、镇江、盐城、扬州、泰州、南通、常州、无锡、苏州
浙江：温州、嘉兴、湖州、金华、衢州、台州、丽水
安徽：芜湖、蚌埠、淮南、马鞍山、淮北、铜陵、安庆、黄山、滁州、阜阳、宿州、巢湖、六安
福建：泉州、漳州、南平、龙岩、宁德
江西：景德镇、新余、赣州、上饶
山东：淄博、枣庄、东营、廊坊、烟台、威海、泰安、莱芜、日照、德州、临沂、聊城、滨州、菏泽地区
河南：开封、洛阳、平顶山、焦作、鹤壁、新乡、安阳、濮阳、南阳、许昌、三门峡、漯河、商丘、信阳、周口、驻马店
湖北：黄石、襄樊、荆门、鄂州、孝感、黄冈、十堰、荆州、宜昌、恩施
湖南：长沙、株洲、湘潭、衡阳、邵阳、岳阳、常德、张家界、益阳、郴州、怀化、娄底
广东：深圳、珠海、汕头经济特区、韶关、梅州、惠州、汕尾、东莞、中山、江门、佛山、湛江、肇庆、潮州、揭阳
广西：桂林市、北海、防城港、钦州、贵港市、玉林、南宁地区、柳州地区、百色
四川：自贡、攀枝花、泸州、德阳、绵阳、内江、乐山、南充、宜宾、巴中、雅安、西昌
贵州：六盘水、遵义、铜仁、黔东南、黔南
云南：曲靖、玉溪、昭通地区、临沧地区、保山地区、丽江、红河州、西双版纳、楚雄州、大理州、德宏、迪庆
陕西：宝鸡、咸阳、渭南、延安、汉中市、榆林地区、安康市
甘肃：大水、庆阳
青海：海西
宁夏：固原地区

● 县（市、区）级综合年鉴

［共 300 余种，名录从略］

● 省、地级专业年鉴

各省（市）级、副省级市、地市级专业年鉴，如：经济、工业、交通、金融、邮政、电信、财政、审计、物价、税务、证券、商贸、房地产、科技、教育、文化、广电、出版、卫生、戏剧、体育、工会、民政、公安、司法、检察等专业年鉴，共 150 余种。

● 全国性统计年鉴

［省略年鉴二字］

中国统计　中国统计工作
中国基本单位统计
中国农村统计
中国城市统计
中国市场统计
中国商品交易市场统计
中国人口统计
中国劳动统计
中国科技统计
中国科协统计
中国能源统计
中国固定资产投资统计
中国建筑业统计
中国工业经济统计
中国对外经济统计
中国证券期货统计
中国生产资料市场统计
中国物价及城镇居民家庭收支调查统计
中国教育统计
中国教育经费统计
中国区域经济统计
中华人民共和国海关统计
中国商检统计
中国房地产统计
中国民族统计
中国民政统计
中国旅游统计
中国工会统计
中国海洋统计
中国科学院统计
中国农业发展银行统计
中国文化文物统计
中国气象统计
中国广播电视大学教育统计
国际统计

● 地方统计年鉴

各省（市）、各副省级市、各省会城市，基本上都有综合性统计年鉴，共有 60 余种。地级市（区）统计年鉴，省、地级专业统计年鉴和个别县级统计年鉴，共约 150 种。

● 铁路系统年鉴

除中国铁路年鉴外，哈尔滨 沈阳 北京 呼和浩特 郑州 济南 上海 南昌 柳州 昆明 兰州 乌鲁木齐铁路局和广铁集团公司都有年鉴；各铁路分局基本上也都有年鉴；现属中央企业工委的各中铁局多数也有年鉴；大连、太原、四方、沈阳、石家庄、株洲等机车厂都有年鉴；另外还有铁科院、勘测设计院等单位的年鉴（约近 100 种）。

● 企业年鉴

［省略年鉴二字］

鞍钢 宝钢 武钢 北钢 包钢 本钢 重钢 马钢 济钢 莱钢 太钢 广钢 攀钢 杭钢 新余钢铁总厂 铜陵有色金属公司 铁法矿务局 胜利油田 辽河油田 华北油田 中原油田 江苏油田 吉林油田 塔里木油田 大庆石化总厂 齐鲁石化 天津石化 锦西炼油化工总厂 兰化 上海石化 上海梅山有限公司 长春客车厂 中国一汽集团 石家庄车辆厂 株洲冶炼厂 八家子林业局 大连海洋渔业集团公司 安图森林经营局 天津钢管公司 葛洲坝集团

● 大学年鉴

［省略年鉴二字］

北京大学、清华大学、北京师范大学、北京理工大学、北京体育大学、北京林业大学、天津大学、东北大学、东南大学、复旦大学统计、同济大学、上海大学统计、上海交通大学、上海师范大学、上海医科大学、上海理工大学、上海水产大学、上海财经大学、上海外国语大学、上海海运大学、南京大学、苏州大学、浙江大学、杭州大学、中国科技大学、福州教育学院、福州师范学校、山东工程学院、曲阜师范大学、中南工业大学、华中理工大学、湖南大学、华南理工大学、重庆大学、四川联合大学、四川师范学院、西南交通大学、西南师范大学、云南工业大学、昆明理工大学、兰州大学、宁夏大学、香港中文大学

前　言

城市是人类社会发展的伟大成果，是人类文明进程中的产物。城市作为现代经济社会活动的中心，聚集了主要的经济要素，是推进现代化建设的主要基地。城市同时又是人类文化的中心，城市对于传统文化的继承发展、现代文化的开拓进取，都承担着重大的责任。城市经济是人类社会发展到一定阶段的产物，是由工业、商业等各种非农业经济部门聚集而成的地区经济。城市经济是以城市为载体和发展空间，二、三产业繁荣发展，经济结构不断优化，资本、技术、劳动力、信息等生产要素高度聚集，规模效应、聚集效应和扩散效应十分突出的地区经济。

强调城市对于整个区域发展的重要性是经济学家们十分重视并长期探索的一个重要问题。马克思、恩格斯曾专门论述城市形成所起的带动生产方式变革的作用，指出：在再生产的行为本身中，不但客观条件改变，例如乡村变为城市……而且生产者也改变着，炼出新的品质，通过生产而发展和改造着本身，造成新的力量和新的观念，造成新的交往方式、新的需要和新的语言。

据统计，我国城市的发展，对我国经济社会的发展起了极大的推动作用。目前，城市经济在国民经济发展中的比重已经居于主要地位。在中国特色社会主义理论指导下，中国城市经济获得空前增长和繁荣，城市经济已成为整个国民经济成长壮大的引领力量。城市的科学、协调、可持续发展的重要性是专家学者和各级领导者们十分重视并长期探索的一个重要问题。

为深入贯彻落实科学发展观，建设幸福中国，更好地实现“中国梦”，总结城市在现代化建设进程中的经验教训，探索现代城市发展的重大理论和实践问题，中国城市经济学会编辑出版《中国城市经济年鉴》，每年发行一本。《2013中国城市经济年鉴》内容包括：一是一年来党中央、国务院和有关部委颁发的有关经济方面的重要政策文件；二是刊载2012年全国城市经济分类统计资料；三是系统阐述2012年中国直辖市及主要地级城市的经济发展概况；四是精选了全国八座城市市长在本年度发表的展示城市不同方面建设管理的创新思路与辉煌成就的文章，五是详细介绍了中国城市经济学会自1986年5月成立至今二十六年来从事的推动中国城市经济发展的重大事件；六是对全国城市经济的研究机构、全国城市经济高等院校以及在中国城市经济发展研究领域作出杰出贡献和有资深研究的专家及其重点专著作了专题汇编和介绍，为全国研究机构、学校、专家、学者进行学术交流提供平台；七是专门编辑了中国城市特色研究成果，包括中国城市竞争力2012年度综述、总部经济、中国主要临空经济区发展、2013年长江三角洲城市发展问题与前瞻报告以及2012江苏城市发展报道等；八是摘选了2012年度各大图书排行榜中区域和城市经济相关畅销书进行介绍。

《2013中国城市经济年鉴》是一部全国性、综合性、资料性年鉴，是各级领导科学决策和规划城市现代化建设与发展，专家学者研究中国城市经济和中国特色城镇化道路的必备参考书；是广大读者案头实用的知识性和综合性的图书；是一部展示中国城市经济发展轨迹，总结改革发展经验，开展创新研究，科学规划未来的一本有重要参考价值的文献图书。

本年鉴的出版和发行得到了我国各城市领导、中国城市发展研究会以及有关专家、学者的大力支持，在此表示诚挚的感谢。由于编者水平所限，本卷年鉴的缺点和不足一定在所难免，恳请广大读者对《2013中国城市经济年鉴》的编纂工作提出宝贵的批评和建议。

编者

2014年1月

CONTENTS 目录

第一篇　中国城市经济相关政策文件

第二篇　中国城市经济统计资料

第三篇　2012年中国主要城市经济发展概况

第四篇　中国市长论城市经济

第五篇　中国城市经济科研机构及专家汇编

全国高等院校城市经济院系汇编

全国城市经济研究机构汇编

中国城市经济著名专家榜

第六篇　中国城市特色经济研究成果汇编

第七篇　2012年区域和城市经济畅销书

第八篇　中国城市经济学会掠影

附录一　中国城市博览

附录二　中国企业风采

第一篇

中国城市经济相关政策文件

国务院关于进一步促进贵州经济社会又好又快发展的若干意见（摘要）

国发〔2012〕2号

各省、自治区、直辖市人民政府，国务院各部委、各直属机构：

改革开放特别是实施西部大开发战略以来，贵州经济社会发展取得显著成就，进入了历史上发展的最好时期。但由于自然地理等原因，贵州发展仍存在特殊困难，与全国的差距仍在拉大。为进一步促进贵州经济社会又好又快发展，现提出以下意见：

一、总体要求

（一）重要意义。贵州是我国西部多民族聚居的省份，也是贫困问题最突出的欠发达省份。贫困和落后是贵州的主要矛盾，加快发展是贵州的主要任务。贵州尽快实现富裕，是西部和欠发达地区与全国缩小差距的一个重要象征，是国家兴旺发达的一个重要标志。

（二）指导思想。以邓小平理论和“三个代表”重要思想为指导，深入贯彻落实科学发展观，紧紧抓住深入实施西部大开发战略的历史机遇，以加速发展、加快转型、推动跨越为主基调，大力实施工业强省和城镇化带动战略，着力加强交通、水利设施建设和生态建设，全面提升又好又快发展的基础条件；着力培育特色优势产业，积极构建具有区域特色和比较优势的产业体系；着力加大扶贫攻坚力度，彻底改变集中连片特殊困难地区城乡面貌；着力保障和改善民生，大幅提高各族群众生活水平；着力深化改革扩大开放，不断增强发展的动力和活力，努力走出一条符合自身实际和时代要求的后发赶超之路，确保与全国同步实现全面建设小康社会的宏伟目标。

（三）基本原则。

——坚持科学发展，转变经济发展方式。

——坚持统筹协调，促进“三化”同步发展。

——坚持以人为本，切实保障改善民生。

——坚持改革开放，创新发展体制机制。

——坚持自力更生，加大国家支持力度。

（四）战略定位。

——全国重要的能源基地、资源深加工基地、特色轻工业基地、以航空航天为重点的装备制造基地和西南重要陆路交通枢纽。

——扶贫开发攻坚示范区。

——文化旅游发展创新区。

——长江、珠江上游重要生态安全屏障。

——民族团结进步繁荣发展示范区。

（五）发展目标。

到2015年，以交通、水利为重点的基础设施建设取得突破性进展；产业结构调整取得明显成效，综合经济实力大幅提升，工业化、城镇化带动作用显著增强，农业现代化水平明显提高；单位地区生产总值能耗明显下降，主要污染物排放总量得到有效控制，环境质量总体保持稳定；石漠化扩展趋势得到初步扭转，森林覆盖率达到45%；社会事业发展水平明显提升，扶贫对象大幅减少，全面建设小康社会实现程度接近西部地区平均水平。

到2020年，适应经济社会发展的现代综合交通运输体系和水利工程体系基本建成；现代产业体系基本形成，经济发展质量和效益明显提高，综合竞争力显著增强，城镇化水平大幅提高，科技创新能力明显提升；石漠化扩展势头得到根本遏制，森林覆盖率达到50%，环境质量良好；基本公共服务达到全国平均水平，城乡居民收入显著提高，实现全面建设小康社会奋斗目标。

（六）空间布局。

按照“黔中带动、黔北提升、两翼跨越、协调推进”的原则，充分发挥黔中经济区辐射带动作用，加快建设黔北经济协作区，积极推动毕水兴（毕节、六盘水、兴义）能源资源富集区可持续发展，大力支持“三州”（黔东南州、黔南州、黔西南州）等民族地区跨越发展，构建区域协调发展新格局。

二、加强交通基础设施建设，提高发展支撑能力

坚持把交通基础设施建设放在优先位置，按照统筹兼顾、合理布局、适度超前的原则，加快构建现代综合交通运输体系，打破交通瓶颈制约。

（七）推进铁路建设。加强贯通东西、连接南北的铁路大通道建设，提高运输能力，扩大路网覆盖面。

（八）加大公路建设力度。加快建设国家高速公路网贵州境内路段，推动银川至龙邦、都匀至西昌、毕节至兴义、成都至遵义等公路项目建设，打通连接周边地区的公路通道。

（九）促进民航和水运发展。推进贵阳龙洞堡西部地区重要枢纽机场建设，发展临空经济，适时建设三期扩建工程，新增和加密直达日韩、东南亚及国内大型枢纽机场的客货运航线航班。

（十）加强能源通道建设。加快实施500千伏独山至桂南电力外送新通道建设。

（十一）推动信息网络设施建设。

三、全面实施“三位一体”规划，增强可持续发展能力

坚持把实施《贵州省水利建设生态建设石漠化治理综合规划》（以下称“三位一体”综合规划）放在重要位置，努力消除工程性缺水和生态脆弱的瓶颈制约，促进经济社会可持续发展。

（十二）加大水利建设力度。积极推进夹岩、黄家湾、五嘎冲、马岭等大型水库建设，开工建设一批中小型水库和引提水工程项目，到2020年全省工程供水能力达到159.4亿立方米。

（十三）扎实推进生态保护与建设。继续实施天然林资源保护、长江珠江防护林、速生丰产林、水土保持等工程，加强水源地和湿地保护。

（十四）突出抓好石漠化综合治理。进一步加大石漠化防治力度，提高单位面积治理补助标准，到2020年石漠化综合治理工程全面覆盖工程小区。

（十五）加强环境保护。继续推进乌江、赤水河和南北盘江等流域水环境综合整治，实施红枫湖、百花湖、万峰湖等饮用水水源地环境综合整治工程，加强草海等湖泊环境保护和综合防治。

四、壮大特色优势产业，增强自我发展能力

按照市场需求导向、发挥资源优势、优化空间布局、促进转型升级的要求，坚定不移地走新型工业化道路，加快构建现代产业体系。

（十六）做大做强能源产业。加强煤炭资源勘查，推进资源整合与优化开发，加快大型煤炭基地建设。

（十七）大力发展资源深加工产业。加强矿产资源勘查开发。

（十八）加快发展装备制造业。发挥国防科技工业优势，鼓励地方科研单位和军工科研院所合作，促进军工、民用技术双向转化和科研机构资源共享，发展壮大军民结合产业，推动军工经济与地方经济融合发展。

（十九）积极发展特色轻工业。利用赤水河流域资源和技术优势，适度发展名优白酒，确保产品质量，维护品牌声誉，推动建设全国重要的白酒生产基地。

（二十）培育发展战略性新兴产业。发展新材料、电子及新一代信息技术、生物技术、新能源汽车等新兴产业，重点开发一批具有比较优势的产品，形成新的经济增长点。

（二十一）提高科技创新支撑能力。鼓励企业与科研院所建立产学研联盟，加强核心技术和关键技术研发。

（二十二）切实做好节能减排工作。全面落实国家下达的节能减排任务，大力实施重点节能改造工程，支持高载能行业节能改造，新建和改建一批重点节能项目。

（二十三）大力发展现代服务业。加快建设贵州与周边地区物流大通道，规划建设贵阳区域性物流中心，遵义、安顺、毕节、六盘水等物流节点城市，研究建设黄桶幺铺等一批现代物流园区。

（二十四）大力发展文化和旅游产业。把文化和旅游产业发展成为支柱产业。

五、加快城镇化进程，推进新农村建设

按照统筹规划、合理布局、集约用地、完善功能的原则，推进城镇化进程，形成大中小城市和小城镇协调发展的格局。引导产业向城镇和园区集聚。加快社会主义新农村建设。

（二十五）积极推进城镇化进程。实施中心城市带动战略，培育黔中城市群，打造一批节点城市和特色小城镇，提升中小城市承载能力。

（二十六）加快城镇基础设施建设。完善城市道路体系，增加路网密度，大力发展公共交通，在符合条件的城市安全有序地建设轨道交通。

（二十七）有序发展产业园区。按照整体规划、严格管理、滚动发展、务求实效的原则，规范发展产业园区，充分发挥产业集聚和辐射带动作用。

（二十八）促进城乡统筹发展。统筹城乡基础设施建设，推动城镇道路、供水、生活垃圾处理等基础设施向农村延伸，公共交通、公共服务向农村拓展。

（二十九）加强社会主义新农村建设。加大农村饮水、道路、供电、沼气等公共服务设施建设力度，重点安排农村群众直接受益的中小型民生项目。

六、发展现代农业，强化农业基础地位

在稳定粮食生产的基础上，进一步推进农业结构调整，积极发展产业化经营，走高产高效、品质优良、绿色有机、加工精细的现代农业发展道路。

（三十）大力推进农业结构调整。实行最严格的耕地保护制度，确保耕地保有量和基本农田保护面积不减少、质量有提高。加强旱涝保收高标准农田建设，确保人均基本口粮田不低于0.5亩。

（三十一）着力提高农业产业化水平。重点培育和引进一批农业产业化龙头企业，以农产品生产基地为依托，形成若干具有当地特色和资源优势的农业产业化示范基地。

（三十二）建立健全农业服务体系。加强贵州农业科研院所的基础能力建设，提高粮食经济作物和畜禽良种选育、丘陵山地适用农业机械技术研究和实用技术推广水平。

（三十三）积极拓宽农民增收渠道。坚持向农业的深度和广度进军，重点发展特色种养业、山地农业、设施农业和庭院经济，提高农民家庭经营收入。

七、深入推进扶贫开发，促进民族地区跨越发展

坚持开发式扶贫方针，以推进民族地区跨越发展为重点，创新扶贫开发机制，加大扶贫开发力度，加快脱贫致富步伐。

（三十四）完善扶贫开发工作布局。根据新时期扶贫开发总体要求，逐步形成以集中连片特殊困难地区为主战场，以国家扶贫开发工作重点县、贫困乡、贫困村为突破口，以贫困户为着力点的扶贫开发工作布局。

（三十五）加大扶贫攻坚力度。进一步加大中央财政专项扶贫资金对贵州的投入力度。

（三十六）支持民族地区跨越发展。把促进民族地区发展作为区域开发工作的重点，采取更加有力的措施加快“三州”和其他民族自治地方的发展。

八、加快社会事业发展，提高基本公共服务水平

加快推进以保障和改善民生为重点的社会建设，大力发展教育、卫生、文化、就业和社会保障等事业，建立健全基本公共服务体系，促进基本公共服务均等化。

（三十七）优先发展教育事业。大力发展农村学前教育，新建、改扩建和利用闲置校舍改建一批幼儿园，到2015年力争所有城市社区和乡镇至少有1所公办幼儿园。

（三十八）大力提升医疗卫生服务能力。全面落实深化医药卫生体制改革各项任务，建立健全基本医疗卫生制度。

（三十九）积极发展文化体育事业。大力发展公益性文化事业，构建公共文化服务体系。

（四十）千方百计扩大就业。大力发展劳动密集型产业、服务业和小型微型企业，多渠道增加就业岗位。

（四十一）健全社会保障制度。健全覆盖城乡居民的社会保障体系，加大投入力度，提高保障水平。

九、深化体制机制改革，全面推进对内对外开放

坚持解放思想，与时俱进，坚持深化改革，扩大开放，以改革促发展，以开放促开发，不断破解体制机制障碍，努力开创经济社会发展新局面。

（四十二）推进体制机制创新。深化行政体制改革，依法调整政企之间、政资之间、政事之间、政府与市场中介组织之间的权力与权利、权力与责任、权利与义务的关系，进一步转变政府职能，规范政府行为。

（四十三）深化区域合作。进一步加强与周边地区的交流与合作，实现基础设施互联互通，促进要素自由流动，构建产业分工协作体系。

（四十四）扩大对外开放。充分利用中国—东盟自由贸易区、大湄公河次区域、泛珠三角地区等平台，积极参与东南亚、南亚等国际区域合作，全面提高对外开放水平。

十、强化政策支持，加大投入力度

（四十五）财税政策。充分考虑贵州的支出成本差异，进一步加大中央财政均衡性转移支付力度，逐步缩小地方标准财政收支缺口，中央财政在现有资金渠道内加大对交通、水利、教育等领域支持力度。

（四十六）投资政策。国家有关部门专项建设资金要提高对贵州公路、铁路、民航、水利、市政公用等建设项目的投资补助标准和资本金注入比例。

（四十七）金融政策。进一步加大对贵州的信贷支持力度。

（四十八）产业政策。实行差别化产业政策，在国家产业政策允许范围内，适当放宽贵州具备资源优势、有市场需求的部分行业准入限制。

（四十九）土地政策。全面完成新一轮土地利用总体规划的编制工作，在不突破规划约束性指标的前提下，支持贵州建立和完善土地利用总体规划严格管控、动态评估与适时修改机制。

（五十）人才政策。支持贵州进一步优化人才发展环境，健全引进、培养、使用人才的激励机制。

（五十一）对口支援政策。鼓励东部发达城市对口支援贵州欠发达地区，确定“一对一”结对关系和主要任务，制定对口支援实施方案，编制相关专项规划。

十一、加强组织领导，落实各项任务

（五十二）强化组织实施。贵州要发扬“开放创新、团结奋进”的时代精神，抓住机遇，励精图治，加强领导，周密部署，认真落实各项任务。

（五十三）加强指导协调。国务院有关部门要按照本意见要求和职能分工，结合制定相关专项规划，进一步细化各项政策措施，加大支持力度。

（五十四）推进对口支援。东部地区对口支援城市要建立相应领导体制和工作机制，认真落实对口支援具体措施，注重实效，创新形式，加大帮扶力度。

支持贵州经济社会又好又快发展，是一项长期而艰巨的任务。各有关方面要进一步增强责任感和紧迫感，统一思想，勠力同心，开拓进取，扎实工作，努力推动贵州经济社会发展历史性跨越，为实现全面建设小康社会宏伟目标作出新的贡献。

国务院

2012年1月12日

东北振兴“十二五”规划（摘要）

本规划按照《中华人民共和国国民经济和社会发展第十二个五年规划纲要》的总体要求编制，主要阐明“十二五”时期国家振兴东北老工业基地的战略意图、目标任务和工作重点，是新时期、新形势下对《东北地区振兴规划》的深化和发展，是东北地区各族人民为实现全面振兴宏伟目标而共同奋斗的行动纲领，是东北地区各级人民政府推动经济发展、履行社会管理和公共服务职责的重要依据。

第一章 开创全面振兴新局面

“十二五”时期是东北地区巩固和扩大振兴成果的重要时期，是深化改革开放和加快转变经济发展方式的攻坚时期，是为全面振兴奠定更加坚实基础的关键时期。必须深刻认识国内外形势新变化新特点，准确把握东北地区改革发展的阶段性特征和趋势，继续抓住和用好重要战略机遇期，努力开创全面振兴新局面。

第一节 发展环境

“十一五”时期是东北地区改革开放以来综合经济实力提高最显著、人民群众得到实惠最多的五年，老工业基地振兴取得重要阶段性成果。

“十二五”时期是东北地区振兴大有可为的重要战略机遇期，既面临难得的发展机遇，也存在诸多困难挑战。党中央提出以科学发展为主题、以加快转变经济发展方式为主线，为全面振兴指明了方向。《国务院关于进一步实施东北地区等老工业基地振兴战略的若干意见》（国发〔2009〕33号）为全面振兴提供了政策保障。在机遇和挑战面前，要以宽广的世界眼光、强烈的忧患意识和昂扬的进取精神，充分利用各种有利条件，加快解决突出矛盾和问题，推动东北地区经济社会全面协调可持续发展。

第二节 指导思想

高举中国特色社会主义伟大旗帜，以邓小平理论和“三个代表”重要思想为指导，深入贯彻落实科学发展观，准确把握科学发展主题和加快转变经济发展方式主线，进一步解放思想，着力深化改革开放，推动体制机制不断创新；着力加快东北老工业基地调整改造，推动经济转型取得更大进展；着力增强科技创新能力，推动区域发展质量和效益进一步提升；着力保障和改善民生，推动文化和社会事业全面进步；着力加强生态建设和环境保护，推动生态文明水平显著提高。为把东北建设成为产业特色鲜明、竞争优势明显、城乡发展协调、生态环境优美、人民生活幸福的繁荣和谐地区，实现东北地区全面振兴，奠定具有决定性意义的基础。为此，要突出以下重点：

——更加注重产业转型升级。

——更加注重强化科技创新。

——更加注重优化需求结构。

——更加注重统筹协调发展。

——更加注重资源节约和环境保护。

——更加注重保障和改善民生。

——更加注重深化改革开放。

第三节 振兴目标

“十二五”时期东北地区振兴的目标是：

——经济发展再上新台阶。

——产业转型升级达到新水平。

——资源型城市可持续发展开创新局面。

——生态建设和环境保护迈出新步伐。

——民生改善取得新成效。

——改革开放实现新突破。

第二章 建设富裕美好新农村

加快推进城乡经济社会发展一体化，完善以工促农、以城带乡的长效机制，加快转变农业发展方式，大力发展现代农业，努力提高农民收入，切实保障农民权益，改善农村生产生活设施，建设富裕美好的社会主义新农村。

第一节 巩固发展现代农业

坚持走中国特色农业现代化道路，以保障国家粮食安全为首要目标，发展高产、优质、高效、生态、安全的现代农业，加强农业基础设施建设，强化农业科技和装备支撑，加快农业信息技术应用，创新农业经营机制，有条件的地区在全国率先基本实现农业现代化。

第二节 改善农村生产生活条件

多渠道增加农民收入。

加强农村（含牧区、林区、垦区，下同）基础设施建设。

开展农村环境综合整治。

加快农村社会事业发展。

第三节　推进城乡一体化

建立健全城乡一体化发展制度，促进公共资源在城乡之间均衡配置、生产要素在城乡之间自由流动。统筹土地利用和城乡规划，逐步建立城乡统一的建设用地市场，合理布局市县域城镇和中心村建设，从严控制建设占用耕地，严格执行节约集约用地标准。统筹城乡基础设施建设，全面提高财政保障农村公共事业水平，逐步建立城乡统一的公共服务体系。统筹城乡产业发展，大力发展县域经济，引导劳动密集型产业、农产品加工业向县城和中心镇集聚，推动形成产业集群和集聚效应。统筹城乡就业，健全统一规范灵活的人力资源市场，推动城乡劳动者平等就业，逐步实现农民工与城镇居民享有同等待遇。统筹城乡社会管理，积极稳妥推进户籍制度改革，把有稳定劳动关系并在城镇居住一定年限的农民工及其家属逐步转为城镇居民。健全农民工权益保障机制，将农民工纳入城市公共服务体系覆盖范围。扩大县域发展自主权，稳步推进扩权强县改革试点。建立健全县级基本财力保障制度，增加对县级财政的一般性转移支付。发挥大中城市对农村的辐射带动作用，促进大中小城市和小城镇协调发展，形成城镇化和新农村建设相互促进的新格局。

第三章　完善现代产业体系

坚持走中国特色新型工业化道路，发挥东北地区产业和科技基础较强的优势，依靠科技创新推动产业结构优化升级，优化提升传统工业，加快培育发展战略性新兴产业，加快发展壮大服务业，完善现代产业体系，提高产业核心竞争力。

第一节　优化提升传统工业

发挥东北工业基础雄厚的优势，适应市场需求变化，大力发展先进装备制造业，优化发展原材料工业，积极发展特色轻纺工业，加快结构调整，加强技术改造，用信息技术改造提升传统工业，促进产业转型升级。

第二节　加快培育战略性新兴产业

把握科技发展趋势，面向重大发展需求，突出重点、创新引领，有选择地培育发展若干对东北振兴有重大引领带动作用的战略性新兴产业。重点发展高端装备制造、新能源、新材料、生物、新能源汽车、节能环保和新一代信息技术等产业。到“十二五”末，战略性新兴产业增加值占地区生产总值的比重达到8%以上。

第三节 发展壮大服务业

把加快发展服务业作为东北地区结构调整的战略重点，充分挖掘服务业发展的巨大潜力，营造有利于服务业发展的政策和体制环境，不断提高服务业比重和水平，促进产业转型升级和三次产业协调发展。

第四节 积极发展海洋经济

坚持陆海统筹，加强海洋生态保护和资源集约利用，提高海洋科技水平，积极发展现代海洋产业，增强海洋开发、控制、综合管理能力。

第四章 增强区域创新能力

依托东北地区科技和人才资源，强化企业在技术创新中决策、投入、研发和成果应用的主体地位，引导创新要素向企业集聚，完善支持创新的政策措施，加快建设区域创新体系，提高创新能力，用创新引领东北地区振兴。

第一节 构建以企业为主体的技术创新体系

强化企业创新主体地位。

加快建设科技创新公共平台。

充分利用国际科技资源。

第二节 增强自主创新能力

加强产业核心技术和关键技术研究。

积极推动区域协同创新。

加快区域科技创新基地建设。

第三节 加强科技人才队伍建设

建设高素质的创新型人才队伍。

全面提升创新型人才的培养能力。

加强创新文化建设。

第五章　统筹区域协调发展

贯彻落实国家主体功能区战略，优化区域发展空间布局，加快重点经济区发展，优化城市化布局和形态，推动形成重点产业集群。加大对沿边、民族、贫困地区和革命老区的扶持力度，形成区域协调发展的新格局。

第一节　强化主体功能区定位

根据不同区域的资源环境承载能力、现有开发强度和发展潜力，统筹谋划人口分布、经济布局、国土利用和城镇化格局，合理划定主体功能区，明确主体功能，规范开发秩序，控制开发强度，逐步形成人口、经济、资源环境高效、协调、可持续的国土空间开发格局。

第二节　优化区域发展布局

推进重点经济区加快发展。

形成若干产业集聚、人口集中的城市群。完善城市化布局和形态，统筹基础设施和公共服务设施建设，全面提升公共服务水平，增强综合承载能力。

加快中小城市和小城镇发展。

第三节　推动产业集聚发展

优化产业布局，提升现有经济技术开发区和高新技术开发区水平，推动关联产业和要素向园区集聚，完善园区基础设施条件，提高园区公共服务和管理水平。支持符合条件的国家级开发区扩区和省级开发区升级。在沿海沿边地区重点建设一批承接国内外产业转移的示范园区，创新园区发展模式，探索与发达地区合作共建园区的新机制，将承接产业转移与承接技术转移相结合，引导产业链整体转移和关联产业协同转移，鼓励发展“飞地经济”，实现省（区）间跨行政区域的经济联合。

第四节　加大对特殊地区的扶持力度

贯彻落实扶持民族地区和边境地区发展的政策，深入推进兴边富民行动。加快民族地区经济发展，促进民族地区科技、教育、文化、卫生等社会事业全面进步。研究明确东北陆地边境地区享有西部开发政策的政策范围和具体措施。扶持发展民族特色优势产业。着力改善贫困地区和革命老区生产生活条件，提高公共服务水平。采取开发式扶贫、专项扶贫、行业扶贫、社会扶贫等多种措施，扶持贫困地区和革命老区加快发展。

第六章 促进资源型城市可持续发展

建立健全资源型城市可持续发展长效机制，加快构建多元化产业体系，着力解决历史遗留问题，提升完善城市功能，推动东北地区资源枯竭城市转型取得更大成效，资源型城市可持续发展能力明显增强。

第一节 大力发展接续替代产业

发挥比较优势，加快培育多元发展、多极支撑的接续替代产业体系，因地制宜推进产业转型。

统筹布局资源型城市接续替代产业集聚区，努力形成特色突出、配置高效、设施完备、生态友好的产业集聚发展格局。

完善资源型城市可持续发展政策支持体系，继续加大中央对地方资源枯竭城市转移支付力度并提高使用效益，增加资源型城市中央预算内投资规模。

第二节 着力解决历史遗留问题

坚持把加快资源型城市转型与扩大就业结合起来，进一步发挥政府投资和项目建设对就业的促进和带动作用，不断完善就业扶持和就业援助政策措施和工作机制，大力开发公益性岗位，加大职业培训支持力度，努力为资源型城市失业人员和新增劳动者就业创造条件。

加强资源型城市矿山生态和地质环境综合治理。

完善提升资源型城市功能。

第三节 建立可持续发展长效机制

建立和完善资源开发补偿、衰退产业援助机制和资源型企业可持续发展准备金制度，在东北地区先行先试，引导和规范各类市场主体合理开发资源，承担资源补偿、生态环境保护与修复、企业关闭善后等方面的责任和义务。

加快资源型城市可持续发展立法，研究制定资源型城市可持续发展条例。

推进体制机制创新，努力破除资源型城市面临的体制机制障碍，增强发展的内在动力和活力。

第七章 改善基础设施条件

加强基础设施建设，提升管理服务水平，形成比较完备的综合交通运输体系和多元清洁的能源体系，加强水利设施建设，推进信息化建设，为东北地区振兴提供有力保障。

第一节 建设综合交通运输体系

按照适度超前的原则，统筹各种运输方式发展，优化完善综合交通运输网络，强化跨省（区）交通基础设施的无缝衔接，进一步提高运输能力和服务水平，构建便捷、安全、高效的综合交通运输体系。

第二节　促进能源多元清洁发展

坚持节约优先，优化能源结构，推进技术进步，提高能源利用效率，合理控制能源消费总量，加强能源通道建设，积极开展国际能源合作，构建安全、稳定、经济、清洁的现代能源产业体系。

第三节　加强水利设施建设

合理开发、优化配置、全面节约、有效保护水资源。加强水利基础设施、防洪体系建设和水质监管，满足东北地区工业化、城镇化、农业现代化快速发展和防洪减灾、生态保护和适应气候变化的需要。

第四节　积极推进信息化建设

加快建设宽带、融合、安全、泛在的下一代信息基础设施，推动信息化技术在经济社会各领域的广泛应用，实现信息化与工业化、城镇化深度融合发展，全面提升东北地区的信息化水平。

第八章　加强生态建设和环境保护

坚持保护优先、自然恢复为主、综合治理、集约利用的原则，加强森林、草原、湿地和江河流域等重点生态区的保护和治理，强化资源节约和节能减排，积极应对气候变化，建设国家重要生态屏障区。

第一节　加强森林生态区保护和建设

坚持生态建设为主的林业发展战略，以增强生态功能、提高生态效益为基本目标，实行森林分类经营，全面推进“天保工程二期”建设，大幅调减森林采伐量，强化森林经营和保护监管，加快森林资源培育，加强森林防火和病虫害防治。

大力开展植树造林，继续实施荒山绿化，巩固和扩大退耕还林成果，加强“三北”防护林、沿海防护林和农田林网建设。

第二节　加强草原保护与沙地治理

加强蒙东地区、西辽河流域和松嫩平原西部地区草原退化、沙化、碱化治理，以呼伦贝尔、锡林郭勒、科尔沁三大草原生态区建设和保护为重点，建设草原保护与治理示范区。

以科尔沁沙地、呼伦贝尔沙地、浑善达克沙地、嫩江沙地、乌珠穆沁沙地为重点，加强风沙干旱区治理，建设沙地复合生态系统。

第三节 加强黑土区与重要湿地保护

以保护黑土资源、防止水土流失、提高耕地质量、改善生态环境为重点，实施黑土区水土保持工程。

加强重要湿地保护。全面禁止湿地开垦，逐步恢复湿地生态系统功能，加大湿地生态系统整体保护。

第四节 加强流域治理和水资源保护

加强重点水系生态保护和污染防治，继续实施松花江、辽河等流域水污染防治规划，积极开展跨区域河流的水污染防治工程建设，在重点河段建设河流污染的应急拦蓄设施，建立上下游联防联治、跨区域饮用水源地保护的协调机制，共同推进流域水污染监测系统建设，强化环境监管能力。启动松花江流域主要污染物排污权有偿使用和交易试点工作。

完善水资源管理体制，强化城乡水资源统一管理，全面贯彻实施最严格的水资源管理制度。

第五节 加强水生生物资源养护和管理

在黑龙江、松花江等重要江河湖泊推进实施禁渔制度，落实禁渔渔民生活补贴，逐步推进捕捞渔民转产转业。

第六节 强化污染治理与节能减排

以解决危害群众健康和影响可持续发展的突出环境问题为重点，强化污染物综合整治。

强化节约意识，落实减排责任，实施节能减排重点工程，降低能源消耗和二氧化碳排放强度。

第九章 保障和改善民生

建立健全覆盖全区的基本公共服务体系，加快推进基本公共服务均等化，提高民生保障水平，实现学有所教、劳有所得、病有所医、老有所养、住有所居，使东北地区振兴成果更好惠及东北各族人民。

第一节 扩大就业增加居民收入

把扩大就业放在经济社会发展的优先位置。坚持实施就业优先战略和更加积极的就业政策。

提高城乡居民收入水平。

第二节 加快保障性住房建设和棚户区改造

增加保障性住房供给。

加大棚户区改造力度。

加强和规范保障性住房管理。

第三节　推进社会事业全面进步

积极发展公共教育。

提高公共医疗卫生水平。

健全社会保障体系。

大力发展公共文化事业。

第四节　加强和创新社会管理

创新社会管理体制。

强化城乡社区服务功能。

加强社会组织建设。

加强公共安全体系建设。

第十章　深化体制机制改革

进一步破除制约经济社会转型发展的体制机制障碍，探索完善社会主义市场经济体制，继续深化国企改革，加快推进国有林区、垦区改革，大力发展非公经济，增强经济发展活力。开展多层次的综合配套改革试验，创新管理体制和运行机制。

第一节　继续深化国有企业改革

加快完善现代企业制度。

进一步解决历史遗留问题。

深入推进国有经济布局和结构的战略性调整，促进国有资本向关系国家安全和国民经济命脉的重要行业和关键领域集中。

第二节　加快发展非公经济

进一步落实促进非公有制经济发展的政策措施。

促进各类中小企业加快发展。

第三节 推进国有林区和农垦体制改革

结合国有林场和国有林区改革工作整体部署，推进国有林区管理体制改革。

推动农垦管理体制改革。

第四节 深入推进综合配套改革试验

深入实施沈阳经济区新型工业化综合配套改革试验。

鼓励四省（区）开展符合实际、各具特色的综合配套改革试验。

第十一章 全面提升对外开放水平

进一步提高对外开放水平和层次，构筑沿海沿边和内陆全面开放的新格局，积极参与国际产业分工与东北亚区域合作，提升外贸外资增长质量，推动境外投资和科技合作、经济技术合作，将东北地区建设成为我国向东北亚开放的重要枢纽。

第一节 构筑沿海沿边全面开放新格局

以深化沿海开放和提升沿边开放为重点，以中心城市和城市群为依托，以各类开发区为平台，形成优势互补、分工协作、均衡协调的区域开放格局。

第二节 建设向东北亚开放的重要枢纽

发挥地缘和区位优势，积极参与东北亚区域合作。加强基础设施与周边国家互联互通，吸引整合区域要素资源，搭建区域合作平台，把东北地区建成向东北亚开放的重要枢纽。

第三节 积极发展对外贸易

努力扩大外贸进出口规模，优化外贸结构，加快转变外贸发展方式，提高进出口在经济中的比重。大力开拓出口市场，积极推动出口市场多元化，适度增加进口。

第四节 统筹“引进来”与“走出去”

适应东北地区加速发展开放型经济的要求，坚持利用外资和对外投资并重，着力提高利用外资质量，引导规范对外投资，增强利用两个市场两种资源的能力。

第十二章　规划实施

进一步提高对新时期东北地区等老工业基地振兴战略的认识，认真贯彻落实规划确定的各项任务，加大政策支持，充实完善保障措施，确保规划目标顺利实现。

第一节　加强组织协调

东北地区四省（区）人民政府要切实加强组织领导，合理配置公共资源，明确分工，落实责任，完善机制，推动规划实施，涉及的重大政策和建设项目按程序另行报批。国务院各有关部门要按照职能分工，密切配合，加强对规划实施的指导，帮助解决规划实施中遇到的重大问题。发展改革委要加强综合协调与服务，推动规划各项指标和任务的落实，对规划进展和实施中出现的重大问题及时向国务院报告。

第二节　加大政策支持

落实强农惠农富农政策，加大对东北发展现代农业的支持力度。

第三节　深化区域合作

继续完善四省（区）合作机制，加快推进东北地区经济一体化进程，切实解决跨省（区）合作中的重点难点问题，特别是跨省（区）能源、交通、水利、生态、环保和行政执法等重大事项。支持地市间开展合作，密切辽吉黑三省西部地区与蒙东地区经济联系。深化对内对外合作。加强东北地区与京津冀、山东半岛地区互动发展，密切与长三角、珠三角、港澳台地区等地区的交流合作。支持东北企业参与中西部地区老工业基地调整改造。积极推进东北地区与东北亚国家的双边和多边区域合作。

第四节　强化监督评估

强化对规划实施的综合评价和绩效考核。在规划实施过程中要及时发现新情况，探索新途径，解决新问题。东北地区四省（区）人民政府要定期组织对规划实施情况的检查，促进规划的顺利实施。国务院各有关部门要对规划相关领域实施情况进行适时评估。发展改革委负责对规划实施情况进行跟踪分析和监督检查，组织开展规划实施的中期评估，根据国内外形势变化和规划实施进展情况适当调整规划，确保规划的顺利实施。

国家发展和改革委员会

2012年3月18日

东湖国家自主创新示范区发展规划纲要（2011－2020年）（摘要）

前 言

1988年东湖新技术产业开发区启动建设，1991年被国务院批准为国家级高新区。经过20多年的建设和发展，东湖新技术产业开发区已成为我国重要的科技资源密集区和高新技术产业基地，在我国以光电子信息为代表的高新技术创新与产业发展中具有重要的战略地位。2009年12月，国务院批复同意支持东湖新技术产业开发区建设国家自主创新示范区。本规划纲要是贯彻落实《国务院关于同意支持东湖新技术产业开发区建设国家自主创新示范区的批复》（国函〔2009〕144号）精神的具体部署，是指导东湖国家自主创新示范区（以下简称“东湖示范区”）创新发展的行动纲领。

一、基础和形势

（一）基础条件

20多年来，东湖示范区秉持“发展高科技、实现产业化”的宗旨，大力发展高新技术产业，努力提升区域创新能力，成功打造了“武汉·中国光谷”品牌，实现了快速发展。2010年，东湖示范区完成企业总收入2918亿元，工业总产值2503亿元。东湖示范区的建设带动了地方产业结构调整，促进了经济社会发展，成为我国重要的自主创新中心之一。

（二）发展形势

新时期，国际国内经济正经历着深刻变革。全球新一轮科技和产业革命深入推进，国内经济结构调整和经济发展方式转变步伐加快。东湖示范区建设面临着新的机遇和挑战。

从国际看，金融危机重构了全球产业与科技竞争新格局。

从国内看，转变经济发展方式已成为我国经济实现可持续发展的必然要求。

二、总体战略

（一）指导思想

以科学发展观为统领，以转变经济发展方式为主线，围绕创新型国家建设和武汉城市圈“两型”社会综合配套改革的总体要求，坚持“创新驱动、绿色发展、开放合作、辐射带动”，充分发挥科教与人才资源优势，加快推进体制机制创新，完善区域创新体系，培育发展战略性新兴产业，着力培养聚集一批优秀创新人才特别是产业领军人才，研发和转化一批国际领先的科技成果，做强做大一批具有全球影响力的创新型企业，打造一批国际知名的创新品牌，努力突破科教与经济协调发展的制度瓶颈，大幅提升区域自主创新能力和辐射带动能力，将东湖示范区建设成为依靠创新驱动发展、推动资源节约型和环境友好型社会建设的典范。

（二）战略定位

创新驱动示范区。

开放合作先行区。

“两型”改革先导区。

机制创新引领区。

高端产业聚集区。

中部崛起增长极。

（三）发展目标

2015年，东湖示范区创新发展的主要预期目标是：

——具有国际竞争力的产业集群基本形成。

——自主创新能力显著提升。

——开放合作形成新局面。

——园区发展环境明显改善。

——机制体制创新取得重要突破。

到2020年，东湖示范区实现企业总收入30000亿元，在光电子、生物、地球空间信息及应用服务等领域形成若干个拥有技术主导权的特色产业集群，成为创新要素聚集、创新能力较强、创新环境优良、创新经济活跃的全国高新技术产业开发区排头兵，世界一流的高科技园区，享誉世界的“光谷”。

三、增强自主创新能力

围绕国家战略需求，发挥智力资源密集优势，推进原始创新、集成创新和引进消化吸收再创新，重点推进一批原始创新技术和关键共性技术攻关，打造一批世界一流水平的研发机构，强化企业技术创新主体地位，深入推进产学研用合作体制机制创新，全面提升持续创新基础能力，构建优势突出、特色鲜明的区域创新体系，打造国家重要研发和产业化基地。

（一）提升创新基础能力

1. 积极参与国家重大科技计划与项目。

2. 建设一批科技基础设施。

3. 推动产业技术创新平台建设。

4. 推进武汉未来科技城建设。

（二）强化企业技术创新主体地位

1. 培育创新型企业。

2. 推进产学研用合作。

3. 推动重点产业技术攻关。

（三）促进高校、科研院所科研成果转化

1. 深化区校战略合作关系。

2. 探索高校、科研院所科技成果技术转移和产业化的有效机制。

3. 完善科技成果转化激励机制。

（四）完善创新服务体系

1. 完善创业孵化器体系。

2. 搭建“加速器”体系。

3. 培育科技中介服务机构。

四、打造创新型产业集群

围绕国家战略需求，突出地方优势，优先发展光电子信息产业，加快发展生物、节能环保和高端装备制造等三大战略性新兴产业，培育发展现代服务业，打造企业集聚、要素完善、协作紧密、创新能力突出的创新型产业集群。

（一）优先发展光电子信息产业

1. 巩固发展光电产业。

2. 壮大光电关联产业。

3. 发展光电新兴产业。

（二）加快发展新兴产业

1. 创新发展生物产业。

2. 跨越式发展节能环保产业。

3. 全面提升高端装备制造业。

（三）积极培育发展现代服务业

加快开展现代服务业综合试点，探索发展现代服务业新模式、新机制，大力发展信息服务业、科技服务业、地球空间信息及应用服务业等，建立带动武汉、辐射中部地区乃至全国的现代服务业体系。

1. 提升发展信息服务业。

2. 大力发展科技服务业。

3. 加快发展地球空间信息及应用服务业。

（四）优化产业空间布局

1. 优化功能分区。

2. 推进专业园建设。

五、建设创新要素集聚高地

围绕产业发展需求，重点推进资本、人才和知识产权等创新要素的集聚，大力推进科技金融创新，全面加强人才队伍建设，深入实施知识产权战略，将东湖示范区建设成为要素齐全、体系完善、效能显著的创新要素集聚高地。

（一）推进科技金融创新

1. 完善多层次资本市场体系。

2. 支持金融机构开展业务创新。

3. 加快发展创业投资。

（二）加强人才队伍建设

1. 吸引海外高层次人才。

2. 加大人才培养力度。

3. 完善人才激励与服务机制。

（三）实施知识产权战略

1. 鼓励知识产权创造。

2. 促进知识产权运用。

3. 加大知识产权保护力度。

4. 推进产业知识产权战略。

六、加快建设“两型”社会

紧抓武汉城市圈资源节约型和环境友好型社会建设综合配套改革试验的机遇，充分发挥东湖示范区新能源、节能环保等产业优势，以创新机制体制为核心，推广“两型”生产生活方式，加强生态建设和环境保护，合理集约利用土地资源，努力成为“两型”社会建设的典范。

（一）推广“两型”生产生活方式

1. 加快发展循环经济。

2. 大力推进节能减排。

3. 积极倡导“两型”生活方式。

（二）加强生态环境建设

1. 维护生态安全。

2. 加强污染源头控制和末端治理。

（三）集约节约利用土地

1. 完善土地准入制度。

2. 创新土地集约利用方式。

七、全面推进开放创新与合作

积极搭建国际化发展平台，优化国际化发展环境，大力提升企业、中介机构的国际化发展水平，促进国际、区域间的科技合作与交流，全面推进东湖示范区的开放创新与合作。

（一）提升国际化发展水平

1. 促进企业国际化发展。

2. 加快形成具有国际竞争力的新兴产业集群。

3. 提高中介组织国际化水平。

（二）搭建开放合作发展平台

1. 搭建国际发展公共服务平台。

2. 促进国际科技合作与交流。

3. 优化国际商务环境。

（三）强化区域创新合作交流

1. 加强与其他园区的合作和交流。

2. 带动周边区域共同发展。

3. 促进武汉城市圈分工合作。

4. 引领中部地区创新发展。

八、优化创新发展环境

积极完善共建机制，加快推进政府职能转变，培育和弘扬创新文化，强化政策支撑，大胆探索，勇于创新，营造有利于自主创新的开放、活跃、高效的发展环境，为东湖示范区发展提供持续不断的体制动力。

（一）完善共建机制

1. 强化部际协调小组职能。

2. 充分发挥湖北省、武汉市建设东湖国家自主创新示范区领导小组作用。

3. 密切部省合作。

（二）加快建设服务型政府

1. 深化行政审批制度改革。

2. 完善行政监督、考核机制。

3. 大力推进电子政务建设。

（三）加强城市建设管理

1. 加强基础设施建设。

2. 增强公共服务能力。

3. 完善社会保障体系。

（四）强化政策支撑

建立有利于自主创新和科技成果转化的激励机制和政策体系，支持符合条件的国有及国有控股的院所转制企业、高新技术企业，东湖示范区内的高校、科研院所以科技成果作价入股的企业，以及其他科技创新企业积极开展股权奖励、股权出售、股票期权和分红激励。

（五）培育区域创新文化

培育光谷文化，塑造光谷企业家精神，营造“敢于冒险、勇于创新、宽容失败、追求卓越”的氛围。深化“光谷”品牌内涵，加强专业园区、产业集群和企业品牌建设，建立区域品牌架构；精心组织重大品牌策划活动，积极开展境内外宣传和推广，提高“光谷”品牌的知名度和影响力。

（六）加强组织实施

部际协调小组要加强对规划纲要实施工作的指导，及时研究协调解决实施中出现的重大问题。湖北省和武汉市负责组织规划纲要的具体实施，做好本规划与其他规划在实施过程中的协调、衔接工作；根据规划纲要编制专项规划，制定实施方案。完善社会监督机制，鼓励社会公众参与规划纲要的实施和监督。

科学技术部

2012年4月1日

西部大开发2011年进展情况和2012年工作安排（摘要）

发改西部〔2012〕1542号

2011年，各地区、各部门、各单位特别是西部地区各族干部群众全面贯彻落实党中央、国务院关于深入实施西部大开发的战略部署，以科学发展为主题，以加快转变经济发展方式为主线，以西部大开发2011年工作安排为指导，振奋精神，团结拼搏，有力有序有效推进西部大开发，西部地区经济社会发展继续保持良好势头。

一、2011年西部大开发进展情况

各地区、各部门、各单位坚持把深入实施西部大开发战略放在区域发展总体战略优先位置，制定分工落实方案和实施意见，研究出台支持政策，努力为西部大开发营造良好政策环境。

2011年，西部地区实现生产总值99619亿元，增长14%。完成固定资产投资（不含农户）69489亿元，增长29.2%。实现地方财政收入10820亿元，增长37.4%；地方财政支出27394亿元，增长28%。社会消费品零售总额32345亿元，增长18.2%。规模以上工业增加值增长16.8%。实现进出口总额1840亿美元，增长43.3%。金融机构人民币各项存款余额14.6万亿元,增长16.5%；各项贷款余额10.3万亿元，增长18.9%。城乡居民人均收入分别达到18159元、5247元，增长14.9%、18.8%。各项主要经济指标增速连续5年超过东部地区。

深入实施以市场为导向的优势资源转化战略，积极优化调整产业结构，努力推动传统优势产业、战略性新兴产业和现代服务业协调发展。第一、二、三次产业增加值分别增长5.1%、18.3%和11.4%，三次产业结构调整为13∶52∶35。

综合交通路网不断完善。

水利建设投入力度不断加大。

能源通道建设取得突破性进展。

巩固和发展退耕还林工程建设成果，安排荒山造林和封山育林765万亩，基本口粮田建设802万亩，特色农业种植494万亩，实施生态移民16万人，开展农民技能培训196万人次。退牧还草工程稳步推进，《关于完善退牧还草政策的意见》印发实施，安排围栏建设6700万亩，退化草原补播2188万亩，岩溶地区草地治理试点56万亩。继续实施好天然林资源保护、岩溶地区石漠化综合治理等重点生态工程。《关于开展西部地区生态文明示范工程试点的指导意见》印发实施，生态文明建设加快推进。生态补偿机制总体政策框架初步确立，生态补偿立法工作稳步推进。中央财政安排森林生态效益补偿基金63亿元，安排草原生态保护补助奖励资金136亿元，下达资源枯竭城市转移支付资金31亿元。安排清洁生产专项资金1.1亿元，支持工业领域应用推广清洁生产技术。国家对西部地区“十二五”时期主要污染物排放指标实施总量差别控制政策。地下水污染防治和湖泊生态环境保护试点有序推进，重点流域污染防治水平稳步提高，乌鲁木齐、兰州等重点城市大气环境质量逐步改善。

中央财政安排西部地区粮食直补、农资综合补贴、良种补贴、农机购置补贴等四项补贴373亿元。大力实施农村土地综合整治工程，预计新增耕地面积500万亩。粮食综合生产能力进一步增强，全年粮食产量达到14776万吨，增长2.4%。特色农业加快发展，牛羊肉、茶叶、水果、桑茧等区域性特色农产品品牌影响力显著提升。农村基础设施建设加快推进，改造农村危房182万户，实现游牧民定居6.8万户，新解决2042万农村居民和342万农村学校师生的饮水安全问题。大型灌区续建配套、小型农田水利重点县建设以及高效节水灌溉等工程加快推进，全面启动170个水电新农村电气化县建设。农村信息化水平稳步提升，20户以上自然村通电话率达到92%，行政村通宽带率达到59%。实施1324个乡镇邮政局所补建。进一步加大对农村实用人才培训力度，培训农民107万人次，人均补助标准提高到400元。农村金融机构改革不断深化，特色农业保险服务和农村小额保险试点有序开展。

扎实做好巩固提高义务教育普及成果工作。

国家科技重大专项、国家科技支撑计划等继续向西部地区倾斜。大力推进创新型区域建设工作。大力实施知识产权战略，西部地区有效发明专利拥有量已超过3.1万余件，知识产权工作示范城市建设稳步推进。

中央财政安排就业专项资金144亿元，推动落实更加积极的就业政策。新型农村社会养老保险试点范围进一步扩大，城镇居民社会养老保险试点同步开展，西藏、新疆、宁夏三个自治区提前实现两项制度全覆盖。中央财政安排资金820亿元支持开工建设保障性住房和各类棚户区改造住房340万套（户）。西部地区城市和农村低保平均保障标准分别达到每人每月263元和118元，提高13.6%和22.4%。中央财政安排卫生专项资金660亿元，支持加强医疗卫生服务体系建设。新型农村合作医疗制度逐步完善，各级财政对参合农民人均补助标准提高到200元，农民参合率超过95%。农村计划生育家庭奖励扶助政策将青海全省及甘肃、四川、云南藏区农牧区扶助对象享受年龄提前至55岁。广播电视村村通、农村电影放映等文化惠民工程稳步推进，直播卫星公共服务工程试点实施。新命名17个国家级非物质文化遗产生产性保护示范基地。

深入开展中央国家机关、东中部地区与西部地区之间干部双向交流工作，组织选派500名西部地区和其他少数民族地区干部到中央和国家机关、有关省市挂职锻炼。

进一步加大对西藏、新疆以及青海等四省藏区的支持力度，全面实施新一轮对口援藏、援疆和第一轮对口援青工作，编制“十二五”项目建设规划，拟安排650亿元和141亿元支持新疆和西藏受援地区经济社会发展。国务院出台关于支持云南、内蒙古、贵州等省区发展的政策措施，批复实施《成渝经济区区域规划》、《扶持人口较少民族发展规划（2011－2015年）》和《兴边富民行动规划（2011－2015

年）》。中央财政共安排民族地区转移支付334亿元，5个民族自治区和3个民族省份实现地区生产总值5.1万亿元，增长13.7%。中央对做好新一轮扶贫开发工作做出战略部署，将六盘山区等集中连片特殊困难地区和已明确实施特殊政策的西藏、青海等四省藏区、新疆南疆三地州作为扶贫开发攻坚主战场。国务院批复实施《武陵山片区区域发展与扶贫攻坚规划（2011－2020年）》。汶川地震灾后恢复重建胜利完成，灾区基本生活条件和经济社会发展水平得到全面恢复并超过灾前水平。玉树、舟曲灾后恢复重建顺利推进。

资源税改革运行平稳，提高了西部资源产区地方财政收入，增强了当地保障民生和治理环境等能力。国有林场改革和集体林权制度改革稳步推进，已确权集体林地面积占纳入范围面积的89%。成都、重庆认真总结统筹城乡综合配套改革试点经验，深入开展农村产权制度、土地管理制度、户籍管理制度、城乡基本公共服务均等化等领域改革。

内陆开放型经济快速发展，西部地区实际利用外商直接投资116亿美元，增长28.2%，占全国利用外资总量的10%。世界500强在西部地区投资企业累计已超过200家。重庆两江、四川天府、陕西西咸等新区建设快速推进。四川自贡、宁夏石嘴山、新疆库尔勒、奎屯—独山子等省级开发区升级为国家级。支持新疆喀什、霍尔果斯经济开发区建设的政策措施颁布实施，陕西西安、新疆阿拉山口综合保税区和新疆吉木乃边境经济合作区获准设立，组织编制云南瑞丽、广西东兴、内蒙古满洲里等沿边开发开放重点试验区建设实施方案。积极推进与东中部地区和周边区域开展经济合作，承接产业转移规模和效益不断提升。利用国际组织优惠贷款继续向西部地区倾斜，全年新安排国际组织贷款25亿美元。新增67家企业上市融资，筹集资金781亿元。

二、2012年西部大开发工作安排

2012年，做好西部大开发各项工作，要继续深入贯彻落实科学发展观，坚持稳中求进的工作总基调，以推进实施《西部大开发“十二五”规划》为重点，以统筹推进重点区域、特色优势产业发展为着力点，以实施重大工程项目为抓手，以深化体制机制改革、扩大开放为动力，以保障和改善民生为出发点和落脚点，以更大的决心、更强的力度、更有效的举措，不断开创西部大开发工作新局面。

精心做好《西部大开发“十二五”规划》以及交通、水利等重点专项规划的组织实施工作。认真落实西部大开发新10年的政策措施，加快制定出台《西部地区鼓励类产业目录》等各项政策实施细则和办法。适时启动对政策落实情况的评估工作，有关情况及时上报党中央、国务院。密切跟踪分析经济形势，加强对经济运行情况的监测预测预警，及时提出有针对性的政策建议。

加大中央财政对西部地区均衡性转移支付力度，研究完善转移支付办法，已有的专项转移支付重点向西部地区倾斜。中央预算内投资进一步加大力度，重点用于支持保障性安居工程、“三农”、节能减排、自主创新、社会事业和社会管理等领域的基础设施建设，切实落实中央安排的公益性建设项目取消西部地区县以下（含县）以及集中连片特殊困难地区市地级配套资金的政策措施。巩固完善长期稳定的西部开发资金渠道，深化金融改革和金融创新，积极推动以多种方式筹集西部开发建设资金。坚持正确舆论导向，为深入实施西部大开发战略提供强大精神动力。

研究制定产业政策执行中的区域差别政策。抓紧修订《中西部地区外商投资优势产业目录》。落实建设用地计划差别化管理，重点支持西部地区科技创新、节能环保、战略性新兴产业等国家重大工程项目合理用地。加强国土资源调查评价和勘查开发，研究制定西部地区矿产资源勘查开发指导目录。

稳步推进国家能源基地建设。

加大对农业综合开发、农业生产性补贴、现代农业发展、农业科技推广和公共服务、小型农田水利建设等的投入力度。

积极发展现代服务业。

积极承接产业转移，继续选择具备一定基础条件、有一定代表性的地区开展承接产业转移示范区建设，支持资源型城市承接产业转移，培育新兴产业，推进东西部互动产业合作示范园区建设。

继续推动交通、水利等基础设施建设，研究提出2012年西部大开发新开工重点工程，做好在建重点工程进展情况跟踪及协调推进工作。

加快推进建立生态补偿机制。研究出台关于建立完善生态补偿机制的政策性文件，加快生态补偿机制立法进程。

结合编制国家环境功能区划，在重点生态功能区、生态敏感区和脆弱区划定生态红线。启动生态文明示范工程试点工作。

巩固和发展退耕还林成果，在重点生态脆弱区和重要生态区位安排退耕还林（草）任务。继续实施天然林资源保护二期等重点生态保护工程。进一步加大造林以及森林抚育力度。编制实施《重点生态区综合治理规划》。加强自然保护区监管和生物多样性保护。

大力推进污染物减排，严格落实污染减排考核措施。推进国家水土保持重点建设工程，加大坡耕地水土流失综合整治工程投入。加强城乡饮用水水源地安全保障。积极推进水生态系统保护与修复试点工作。全面加强重金属污染防治。积极推进农村环境综合整治。推进西部地区重点区域和行业发展战略环境评价，严格“两高一资”行业和产能过剩行业的环境准入。

落实更加积极的就业政策，多渠道多形式创造就业机会，努力增加就业岗位。

加快完善覆盖城乡的社会保障体系。

深化医药卫生体制改革，加快推进基本医疗卫生制度建设。

大力繁荣文化事业和文化产业。

深入推进平安创建活动，确保西部地区社会大局持续稳定。

继续坚持教育优先发展，着力构建基本公共教育服务体系。

优化科技资源配置，大力推动科技资源向西部地区集聚，提高科技创新能力。

积极推进人才开发。加强党政领导班子建设，继续推进干部交流，深入开展干部教育培训工作。

加快行政体制改革，切实转变政府职能，提高政府服务能力、效率和水平，创造良好的政策和市场环境。进一步推进资源税改革，推动建立资源型企业可持续发展准备金制度。继续推进国土资源管理制度改革创新，开展低丘缓坡荒滩等未利用地和工矿废弃地复垦利用试点，规范集体建设用地使用权流转。将水利工程管理体制改革延伸至小型工程。探索拓展市场融资渠道的方式方法。认真总结成都、重庆统筹城乡综合配套改革试点经验，探索解决“三农”问题新途径。鼓励多元化主体投资参与运煤通道建设，推动新增煤电运项目一体化或股份制运营。巩固集体林权制度改革成果，继续抓好甘肃庆阳国有林场改革试点工作。研究推动云南边境民族地区基本公共服务均等化有关试点工作。

切实提高对内对外开放水平。

继续落实好党中央、国务院关于促进有关省区市经济社会发展的政策措施和已出台的重点经济区区域发展规划。做好呼（和浩特）包（头）银（川）榆（林）、新疆天山北坡、兰（州）西（宁）格（尔木）、贵州黔中等重点经济区发展规划编制工作。批复实施《毕节试验区发展规划》。启动编制《贵州“三南”民族地区建设规划》。

深入贯彻落实中央关于支持西藏、新疆等民族地区跨越式发展的政策措施，加大扶持力度，做好对口支援和帮扶工作。积极促进西部地区少数民族事业加快发展，重点抓好改善边境地区和人口较少民族聚居地区生产生活条件等工作。制定实施扶持集中连片特殊困难地区跨越式发展的指导意见，组织实施秦巴山片区、乌蒙山片区等集中连片特殊困难地区区域发展与扶贫攻坚规划。加大扶贫开发力度，继续开展贫困村整村推进。组织实施《陕甘宁革命老区振兴规划》，编制左右江、川陕等革命老区振兴规划。巩固汶川灾后恢复重建成果，加快推进玉树、舟曲灾后恢复重建。

国家发展和改革委员会

2012年5月30日

国务院关于支持赣南等原中央苏区振兴发展的若干意见（摘要）

国发〔2012〕21号

各省、自治区、直辖市人民政府，国务院各部委、各直属机构：

赣南等原中央苏区在中国革命史上具有特殊重要的地位。新中国成立特别是改革开放以来，赣南等原中央苏区发生了翻天覆地的变化，但由于种种原因，经济社会发展明显滞后，与全国的差距仍在拉大。为支持赣南等原中央苏区振兴发展，现提出如下意见。

一、重大意义

（一）重要性和紧迫性。赣南等原中央苏区地跨赣闽粤，是土地革命战争时期中国共产党创建的最大最重要的革命根据地，是中华苏维埃共和国临时中央政府所在地，是人民共和国的摇篮和苏区精神的主要发源地，为中国革命作出了重大贡献和巨大牺牲。由于战争创伤的影响，以及自然地理等多种原因，迄今为止，原中央苏区特别是赣南地区，经济发展仍然滞后，民生问题仍然突出，贫困落后面貌仍然没有得到根本改变。还有不少群众住在危旧土坯房里，喝不上干净水，不能正常用电，一些红军和革命烈士后代生活依然困窘；基础设施薄弱、产业结构单一、生态环境脆弱等制约当地经济社会发展的问题仍然比较突出。振兴发展赣南等原中央苏区，既是一项重大的经济任务，更是一项重大的政治任务，对于全国革命老区加快发展具有标志性意义和示范作用。支持赣南等原中央苏区振兴发展，是尽快改变其贫困落后面貌，确保与全国同步实现全面建设小康社会目标的迫切要求；是充分发挥其自身比较优势，逐步缩小区域发展差距的战略需要；是建设我国南方地区重要生态屏障，实现可持续发展的现实选择；是进一步保障和改善民生，促进和谐社会建设的重大举措。

（二）发展机遇。赣南等原中央苏区既存在着历史包袱沉重、现实基础薄弱等困难和问题，又具有加快发展的有利条件和重大机遇。区位条件相对优越，是珠三角、厦漳泉地区的直接腹地和内地通向东南沿海的重要通道；特色资源丰富，素有世界钨都和稀土王国之称；正处于产业转移加快推进和工业化、城镇化加速发展阶段，市场开发潜力大；国家扶持力度进一步加大，原中央苏区人民思富图强、负重拼搏的意识不断增强。当前赣南等原中央苏区已进入加快发展的关键时期，必须牢牢抓住历史机遇，奋力攻坚克难，努力实现全面振兴和跨越式发展。

二、总体要求

（三）指导思想。以邓小平理论和“三个代表”重要思想为指导，深入贯彻落实科学发展观，弘扬苏区精神，加大扶持力度，加快新型工业化和城镇化进程，以解决突出的民生问题为切入点，着力改善城乡生产生活条件；以加快交通、能源、水利等基础设施建设为突破口，着力增强发展的支撑能力；以承接产业转移为抓手，着力培育壮大特色优势产业；以发展社会事业为重点，着力提升基本公共服务水平；以保护生态环境为前提，着力促进可持续发展；以改革开放为动力，着力破解体制机制障碍，努力走出一条欠发达地区实现跨越式发展的新路子，使原中央苏区人民早日过上富裕幸福的生活，确保与全国同步进入全面小康社会。

（四）基本原则。统筹兼顾，突出重点；立足当前，着眼长远；加快发展，推进转型；改革创新，开放合作；国家扶持，自力更生。

（五）战略定位。

——全国革命老区扶贫攻坚示范区。

——全国稀有金属产业基地、先进制造业基地和特色农产品深加工基地。

——重要的区域性综合交通枢纽。

——我国南方地区重要的生态屏障。

——红色文化传承创新区。

（六）发展目标。到2015年，赣南等原中央苏区在解决突出的民生问题和制约发展的薄弱环节方面取得突破性进展。尽快完成赣州市农村安全饮水、农村危旧土坯房改造、农村电网改造升级、农村中小学薄弱学校改造等任务；基础设施建设取得重大进展，特色优势产业集群进一步壮大，城镇化率大幅提升，生态建设和环境保护取得显著成效；经济保持平稳较快发展；城乡居民收入增长与经济发展同步，基本公共服务水平接近或达到中西部地区平均水平。

到2020年，赣南等原中央苏区整体实现跨越式发展。现代综合交通运输体系和能源保障体系基本形成；现代产业体系基本建立，工业化、城镇化水平进一步提高；综合经济实力显著增强，人均主要经济指标与全国平均水平的差距明显缩小；人民生活水平和质量进一步提升，基本公共服务水平接近或达到全国平均水平，与全国同步实现全面建设小康社会目标。

三、优先解决突出民生问题，凝聚振兴发展民心民力

解决好民生问题是振兴发展的首要任务。要加大资金投入，集中力量尽快解决最突出的民生问题，切实改善群众生产生活条件，保护和调动人民群众参与振兴发展的积极性。

（七）加大以土坯房为主的农村危旧房改造力度。

（八）加快解决农村饮水安全问题。

（九）加强农村电网改造和农村道路建设。

（十）提高特殊困难群体生活水平。

四、大力夯实农业基础，促进城乡统筹发展

把解决“三农”问题放在突出位置，巩固提升农业基础地位，大力发展现代农业，促进农业稳定发

展、农民持续增收，加快城乡一体化进程，打牢振兴发展的坚实基础。

（十一）稳定发展粮食生产。以吉泰盆地、赣抚平原商品粮基地为重点，加强粮食生产重大工程建设，不断提高粮食综合生产能力。

（十二）大力发展特色农业。优化农产品区域布局，推进农业结构调整，加快发展特色农业，建设面向东南沿海和港澳地区的重要农产品供应基地。

（十三）促进城乡统筹发展。统筹城乡规划建设，推动城镇道路、供水、生态、环保等基础设施向农村延伸，公共服务向农村拓展。

五、加快基础设施建设，增强振兴发展支撑能力

坚持基础设施先行，按照合理布局、适度超前的原则，加快实施一批重大交通、能源、水利等基础设施项目，构建功能完善、安全高效的现代化基础设施体系。

（十四）建设赣州综合交通枢纽。编制赣州市综合交通枢纽规划，加快构建综合交通运输体系，加强与周边城市和沿海港口城市的高效连接，把赣州建成我国重要的区域性综合交通枢纽。

（十五）加强交通基础设施建设。完善铁路网络，加快鹰（潭）瑞（金）梅（州）铁路、浦（城）梅（州）铁路、广（州）梅（州）汕（头）铁路扩能前期工作，适时开工建设。

（十六）提高能源保障能力。研究论证瑞金电厂扩建项目，规划建设抚州电厂、粤电大埔电厂“上大压小”工程等电源点项目。

（十七）加快水利基础设施建设。加大支持力度，加快实施城镇防洪工程建设，提高赣州等市城镇防洪标准。

六、培育壮大特色优势产业，走出振兴发展新路子

坚持市场导向，立足比较优势，着力培育产业集群，促进集聚发展、创新发展，推动服务业与制造业、产业与城市协调发展，构建特色鲜明、结构合理、集约高效、环境友好的现代产业体系。

（十八）积极推动优势矿产业发展。发挥骨干企业和科研院所作用，加大技术改造和关键技术研发力度，促进稀土、钨等精深加工，发展高端稀土、钨新材料和应用产业，加快制造业集聚，建设全国重要的新材料产业基地。

（十九）加快提升制造业发展水平。发挥现有产业优势，大力发展电子信息、现代轻纺、机械制造、新型建材等产业，积极培育新能源汽车及其关键零部件、生物医药、节能环保、高端装备制造等战略性新兴产业，形成一批科技含量高、辐射带动力强、市场前景广阔的产业集群。

（二十）促进红色文化旅游产业大发展。编制赣南等原中央苏区革命遗址保护规划，加大对革命旧居旧址保护和修缮力度，发挥革命旧居旧址在爱国主义教育中的重要作用。

（二十一）大力发展现代服务业。健全金融机构组织体系，完善金融机构、金融市场和金融产品，推动建立赣闽粤湘四省边际区域性金融资源共享机制。

（二十二）推动产业与城市协调发展。促进产业和生产要素向城市集聚，提升城市服务功能和承载能力。

七、加强生态建设和环境保护，增强可持续发展能力

牢固树立绿色发展理念，大力推进生态文明建设，正确处理经济发展与生态保护的关系，坚持在发展中保护、在保护中发展，促进经济社会发展与资源环境相协调。

（二十三）加强生态建设和水土保持。加强天然林资源保护，巩固和扩大退耕还林成果，加大长江和珠江防护林工程以及湿地保护和恢复投入力度，支持自然保护区、森林公园、地质公园、湿地公园等建设。加强生物多样性保护。

（二十四）加大环境治理和保护力度。编制矿山环境综合治理规划，加大矿山地质环境治理专项资金支持力度，加快完成赣州市历史遗留矿山环境综合治理。

（二十五）大力发展循环经济。鼓励参与国家循环经济“十百千示范行动”，支持赣州建设铜铝有色金属循环经济产业园，推进资源再生利用产业化。

八、发展繁荣社会事业，促进基本公共服务均等化

坚持以人为本，促进经济建设与社会发展相协调，大力发展各项社会事业，不断提高基本公共服务水平，让改革发展成果更多地惠及广大城乡居民。

（二十六）优先发展教育事业。加快实施学前教育三年行动计划。

（二十七）提升城乡医疗卫生服务水平。健全农村县、乡、村三级和城市社区医疗卫生服务网络，加快重大疾病防控等公共卫生服务能力建设。

（二十八）加快文化体育事业发展。支持市级图书馆、文化馆、博物馆和县级文化馆、图书馆以及乡镇街道综合文化站、村及社区文化室、农家书屋等城乡公共文化设施建设。

（二十九）加强就业和社会保障。加强基层人力资源和社会保障公共服务平台建设，依托现有资源建设综合性职业技能实训基地。

（三十）强化基层社会管理服务。加强基层组织建设，创新社会管理，积极主动为基层群众送政策、送温暖、送服务，推动社会管理重心下移。

九、深化改革扩大开放，为振兴发展注入强劲活力

坚持以改革开放促振兴发展，积极探索、开拓创新，着力构建有利于加快发展、转型发展的体制机制，有序承接产业转移，打造内陆开放型经济新格局。

（三十一）创新体制机制。深化行政管理体制改革，加快转变政府职能，提高行政效能，优化发展环境。

（三十二）有序承接产业转移。坚持市场导向与政府推动相结合，发挥自身优势，完善产业配套条件和产业转移推进机制，依托现有产业基础，促进承接产业集中布局。

（三十三）推动开放合作。强化与珠三角、厦漳泉等沿海地区的经贸联系，打造以赣州经济技术开发区为核心，以赣州“三南”至广东河源、瑞金兴国至福建龙岩产业走廊为两翼的“一核两翼”开放合作新格局。

十、加大政策扶持力度

原中央苏区特别是赣南地区经济社会发展存在特殊困难和问题，应给予特别的政策支持。

（三十四）赣州市执行西部大开发政策。

（三十五）财税政策。进一步加大中央财政均衡性转移支付力度，逐步缩小地方标准财政收支缺口。

（三十六）投资政策。加大中央预算内投资和专项建设资金投入，在重大项目规划布局、审批核准、资金安排等方面对赣南等原中央苏区给予倾斜。

（三十七）金融政策。鼓励政策性银行在国家许可的业务范围内，加大对赣南等原中央苏区的信贷支持力度。

（三十八）产业政策。实行差别化产业政策，从规划引导、项目安排、资金配置等多方面，给予支持和倾斜。

（三十九）国土资源政策。在安排土地利用年度计划、城乡建设用地增减挂钩周转指标等方面，加大对赣南等原中央苏区的倾斜。

（四十）生态补偿政策。将东江源、赣江源、抚河源、闽江源列为国家生态补偿试点。

（四十一）人才政策。加大东部地区、中央国家机关和中央企事业单位与赣南等原中央苏区干部交流工作的力度。

（四十二）对口支援政策。

十一、切实加强组织领导

（四十三）加强指导协调。由发展改革委牵头，建立支持赣南等原中央苏区振兴发展部际联席会议制度，负责对原中央苏区振兴发展的指导和统筹协调，加强监督检查和跟踪落实，研究解决重大问题，重大事项及时向国务院报告。

（四十四）强化组织实施。支持赣南等原中央苏区振兴发展，是一项长期而艰巨的任务。

（四十五）弘扬苏区精神。赣南等原中央苏区干部群众要切实增强责任感和使命感，大力弘扬以“坚定信念、求真务实、一心为民、清正廉洁、艰苦奋斗、争创一流、无私奉献”为主要内涵的苏区精神，进一步发扬艰苦奋斗作风，振奋精神、不等不靠，齐心协力、真抓实干，推动原中央苏区实现跨越式发展，不断开创振兴发展工作新局面。

国务院

2012年6月28日

国务院关于大力实施促进中部地区崛起战略的若干意见（摘要）

国发〔2012〕43号

各省、自治区、直辖市人民政府，国务院各部委、各直属机构：

《中共中央国务院关于促进中部地区崛起的若干意见》（中发〔2006〕10号）印发实施以来，中部地区经济社会发展取得了重大成就。当前和今后一个时期是中部地区巩固成果、发挥优势、加快崛起的关键时期，为大力实施促进中部地区崛起战略，推动中部地区经济社会又好又快发展，现提出以下意见：

一、促进中部地区崛起面临的新形势和新任务

（一）主要成就。促进中部地区崛起战略实施以来，在党中央、国务院正确领导下，中部地区抢抓机遇、开拓进取，经济实现较快增长，总体实力大幅提升，经济总量占全国的比重逐步提高；粮食生产基地、能源原材料基地、现代装备制造及高技术产业基地和综合交通运输枢纽（以下称“三基地、一枢纽”）建设加快，产业结构调整取得积极进展，资源节约型和环境友好型社会建设成效显著；重点领域和关键环节改革稳步推进，区域合作交流不断深入，全方位开放格局初步形成；城乡居民收入持续增加，社会事业全面发展，人民生活明显改善。经过不懈努力，中部地区已经步入了加快发展、全面崛起的新阶段。

（二）机遇与挑战。随着工业化、城镇化深入发展和扩大内需战略全面实施，中部地区广阔的市场潜力和承东启西的区位优势将进一步得到发挥；国际国内产业分工加快调整，为中部地区有序承接国内外产业转移、推动产业结构优化升级创造了良好机遇；我国改革开放深入推进，综合国力不断增强，为中部地区加快发展提供了强大动力和有力保障。但也应看到，中部地区经济结构不尽合理、城镇化水平偏低、资源环境约束强化、对外开放程度不高等矛盾和问题仍然突出，转变发展方式任务依然艰巨，促进中部地区崛起任重道远。

（三）重大意义。中部地区是全国“三农”问题最为突出的区域，是推进新一轮工业化和城镇化的重点区域，是内需增长极具潜力的区域，在新时期国家区域发展格局中占有举足轻重的战略地位。

（四）总体要求。大力实施促进中部地区崛起战略，必须深入贯彻落实科学发展观，坚持以科学发展为主题，以加快转变发展方式为主线，以扩大内需为战略基点，以深化改革开放为动力，更加注重转型发展，加快经济结构优化升级，提高发展质量和水平；更加注重创新发展，加强区域创新体系建设，更多依靠科技创新驱动经济社会发展；更加注重协调发展，在工业化、城镇化深入发展中同步推进农业现代化，加快形成城乡经济社会一体化发展新格局；更加注重可持续发展，加快建设资源节约型和环境

友好型社会，促进经济发展与人口资源环境相协调；更加注重和谐发展，大力保障和改善民生，使广大人民群众进一步共享改革发展成果。

（五）发展目标。到2020年，中部地区经济发展方式转变取得明显成效，年均经济增长速度继续快于全国平均水平，整体实力和竞争力显著增强，经济总量占全国的比重进一步提高，区域主体功能定位更加清晰，“三基地、一枢纽”地位更加巩固，城乡区域更加协调，人与自然更加和谐，体制机制更加完善，城乡居民收入与经济同步增长，城镇化率力争达到全国平均水平，基本公共服务主要指标接近东部地区水平，努力实现全面崛起，在支撑全国发展中发挥更大作用。

二、稳步提升“三基地、一枢纽”地位，增强发展的整体实力和竞争力

（六）巩固粮食生产基地地位。毫不松懈抓好粮食生产，结合实施全国新增1000亿斤粮食生产能力规划，稳定粮食播种面积，充分挖掘增产潜力，到2020年中部地区粮食生产能力达到3600亿斤以上，占全国粮食总产量的比重进一步提高，提升在全国粮食生产中的重要地位。

（七）提高能源原材料基地发展水平。继续推进晋北、晋东、晋中、淮南、淮北和河南大型煤炭基地建设，积极淘汰煤炭落后产能，加快实施煤炭资源整合和兼并重组，培育大型煤炭企业集团。

（八）壮大现代装备制造及高技术产业基地实力。依托骨干企业，加强技术改造和关键技术研发，推动汽车、大型机械、特高压输变电设备、轨道交通设备、船舶等装备制造业升级和发展。

（九）加快发展服务业。积极发展现代物流业，加强重点物流园区的规划与建设，支持有条件的地方建设内陆无水港。

（十）强化综合交通运输枢纽地位。统筹发展各种运输方式，加强与东部沿海和西部地区的交通通道建设，强化中部六省之间的互联互通，全面提升综合交通运输能力，进一步巩固中部地区在全国综合运输大通道中的战略地位。

三、推动重点地区加快发展，不断拓展经济发展空间

（十一）支持重点经济区发展。按照全国主体功能区规划要求，依托长江黄金水道和重大交通干线，加快构建沿陇海、沿京广、沿京九和沿长江经济带，引导人口和产业集聚发展，促进经济合理布局。

（十二）发挥城市群辐射带动作用。实施中心城市带动战略，支持省会等中心城市完善功能、增强实力，培育壮大辐射带动作用强的城市群，促进城镇化健康发展。

（十三）大力促进县域经济发展。因地制宜发展县域特色优势产业，形成一批特色产业集群，不断增强县域经济实力。

（十四）扶持欠发达地区加快发展。增加扶贫资金投入，加大工作力度，推进秦巴山区、武陵山区、燕山－太行山区、吕梁山区、大别山区、罗霄山区等集中连片特困地区扶贫开发攻坚工程，到2020年稳定实现扶贫对象不愁吃、不愁穿，保障其义务教育、基本医疗和住房，扭转贫困地区与其他地区发

展差距扩大趋势。

（十五）支持老工业基地调整改造和资源型城市转型。加大对中部地区老工业基地调整改造项目和企业技术改造的支持力度。深入推进厂办大集体改革和国有企业改革重组。

四、大力发展社会事业，切实保障和改善民生

（十六）加快发展教育、卫生、文化事业。坚持教育优先发展，深化教育体制改革，优化教育布局和结构。深化医药卫生体制改革，加快农村三级卫生服务网络和城市社区卫生服务体系建设，积极稳妥推进公立医院改革和基层医疗卫生机构综合改革。发挥中部地区历史文化资源优势，加强文化遗产保护与传承，促进文化与旅游融合发展。

（十七）千方百计扩大就业。实施更加积极的就业政策，通过项目带动、产业发展、开发公益性岗位等多种途径，重点解决高校毕业生、农民工和就业困难人员的就业问题。

（十八）健全社会保障体系。加快实现新型农村和城镇居民社会养老保险制度全覆盖，做好城镇职工基本养老保险关系转移接续工作，支持社会养老服务体系建设，推进城乡养老保险制度有效衔接。

五、加强资源节约和环境保护，坚定不移走可持续发展道路

（十九）推进资源节约型和环境友好型社会建设试点。深入实施武汉城市圈、长株潭城市群资源节约型和环境友好型社会建设综合配套改革试验总体方案。大力支持山西资源型经济转型综合配套改革试验区建设。

（二十）加大环境保护和生态建设力度。加大三峡库区、丹江口库区及上游和淮河、黄河、海河、巢湖等重点流域水污染防治力度，建立健全联防联控机制。

（二十一）大力推进节能减排。加大工业、建筑、交通等领域节能工作力度，推进重点节能工程建设。

（二十二）加强水利和防灾减灾体系建设。进一步治理淮河，加强黄河下游治理和长江中下游河势控制，推进长江、黄河、淮河干流及主要支流防洪工程和水资源配置工程建设。

六、大力推进改革创新，增强发展的活力和动力

（二十三）推进重点领域改革。深化行政管理体制改革，加快转变政府职能，减少和规范行政审批事项，提高服务质量和办事效率，建设服务型政府。

（二十四）促进城乡一体化发展。打破城乡分割的制度障碍，推动城乡之间公共资源均衡配置和生产要素自由流动，加大城市支持农村的力度，促进城乡协调发展。

（二十五）完善自主创新体制机制。深化科技体制改革，大力提升区域创新能力和科技服务能力。

（二十六）加强和创新社会管理。坚持面向基层、面向群众完善政府服务，强化政府在社会管理中的主导地位，发挥各类社会组织和企事业单位的协同作用，推进社会管理规范化、专业化和社会化。

七、全方位扩大开放，加快形成互利共赢开放新格局

（二十七）大力发展内陆开放型经济。实施开放带动战略，完善开放政策，优化开放环境，推动形成全方位、多层次、宽领域的对外开放新格局。

（二十八）不断深化区域合作。健全合作机制，创新合作形式，在更大范围、更广领域、更高水平上实现资源要素优化配置。

（二十九）加快区域一体化发展。建立中部六省行政首长定期协商机制，鼓励中部六省在基础设施、信息平台、旅游开发、生态保护等重点领域开展合作，加强在科技要素、人力资源、信用体系、市场准入、质量互认和政府服务等方面的对接，实现商品和生产要素自由流动。

八、加强政策支持

（三十）扶持粮食主产区经济发展。加大中央财政转移支付力度，支持粮食主产区提高财政保障能力，逐步缩小地方标准财政收支缺口，加快改变“粮食大县、财政穷县”状况。

（三十一）落实节约集约用地政策。实行最严格的耕地保护制度，严守耕地红线，严格基本农田保护，建立耕地保护补偿激励机制。

（三十二）加大财税金融政策支持力度。加大中央财政对中部地区均衡性转移支付的力度，重点支持中部地区改善民生和促进基本公共服务均等化。

（三十三）加强投资、产业政策支持与引导。加大中央预算内投资和专项建设资金投入，在重大项目规划布局、审批核准、资金安排等方面对中部地区给予适当倾斜。

（三十四）完善生态补偿相关政策。加大中央财政对三峡库区、丹江口库区、神农架林区等重点生态功能区的均衡性转移支付力度。

（三十五）完善并落实好“两个比照”政策。进一步加大中部地区“两个比照”（中部六省中26个城市比照实施振兴东北地区等老工业基地有关政策，243个县市区比照实施西部大开发有关政策）政策实施力度，完善实施细则，确保各项政策落到实处。

（三十六）强化组织实施和监督检查。进一步发挥促进中部地区崛起工作部际联席会议制度的作用，明确部门职责，密切分工合作，加强在规划编制、政策制定、项目安排、改革试点等方面的沟通协商，充分调动企业和社会各方面力量广泛参与，推动形成促进中部地区崛起工作整体合力。

促进中部地区崛起是一项长期艰巨的历史任务。中部六省和国务院有关部门要进一步解放思想、提高认识、周密部署、通力协作，切实把促进中部地区崛起各项政策措施落到实处，不断开创促进中部地区崛起工作新局面。

国务院

2012年8月27日

兰州新区建设指导意见

发改西部〔2012〕2786号

根据《国务院办公厅关于进一步支持甘肃经济社会发展的若干意见》（国办发〔2010〕29号）精神，为积极推进兰州新区建设发展，特制订本意见。

一、设立兰州新区的重要意义

（一）有利于进一步完善城市功能和规划布局。

由于“两山夹一河”的特殊自然地理环境，兰州市主城区发展空间矛盾突出，空气污染十分严重。2010年市区人口密度接近1.6万人/平方公里，城市容量已经饱和。同时，兰州市南北两山地势陡峭、土质松软，地质环境极为脆弱，治理地质灾害亟须分流部分城市人口。设立兰州新区，拓展城市发展空间，是完善兰州城市功能和规划布局的迫切需要。

（二）有利于老工业城市转型发展和承接东中部地区产业转移。

兰州市是西北地区典型的老工业基地，依托兰州新区建设，引导老城区企业“出城入园”，积极承接东中部产业转移，有利于优化产业布局，调整经济结构，加快转变经济发展方式，对于探索欠发达地区加快推进新型工业化、城镇化的新路子，具有重要意义。

（三）有利于增强兰州市作为西北地区重要中心城市的辐射带动作用。

近年来受发展空间不足等因素制约，兰州市经济总量占西北五省（区）省会城市经济总量的比重明显下降。设立兰州新区，提升中心城市功能，有利于切实增强兰（州）白（银）经济区的核心竞争力和辐射作用，建设成为西陇海兰新经济带重要支点，成为甘肃乃至西北地区经济发展的重要引擎。

（四）有利于深化区域经济合作和扩大向西开放。

甘肃自古以来是我国中原地区联系新疆、青海、宁夏和内蒙古西部地区的重要纽带，是沟通内地、联通西部边疆和中亚地区的战略通道。设立兰州新区，有利于深入推进西部大开发战略，深化区域经济合作，形成兰州—西宁地区与关中—天水经济区、呼（和浩特）包（头）银（川）榆（林）经济区协调发展的新格局，拓展我国向西开放的广度和深度，加强与中亚西亚及中东国家的经贸合作、科技文化交流。

二、建设兰州新区的总体思路

（一）指导思想。

兰州新区建设要以邓小平理论和“三个代表”重要思想为指导，深入贯彻落实科学发展观，坚持科学规划、合理布局、有序开发，突出经济结构战略性调整，转变经济发展方式；突出产业特色和节能环保，深入推进循环经济示范，构建现代产业体系；突出对内对外开放，培育内陆开放型经济；突出改革创新，用新思路、新体制、新机制推动兰州新区发展，不断增强综合竞争力，建设成为科学发展新区、生态示范新区和产业转型升级新区。

（二）基本原则。

——市场导向，政府推动。充分发挥市场配置资源的基础性作用，突出企业主体地位，强化政府在空间开发布局等方面的引导作用，加大投入力度，拓宽融资渠道，吸引要素资源向新区集聚。

——统筹规划，有序开发。充分考虑近期建设和长远发展需要，科学确定新区规模，优化空间布局，把握建设节奏，强化水资源节约和保护，节约集约利用土地，注重自然生态保护和环境质量提升。

——调整结构，转变方式。充分发挥比较优势，积极承接产业转移，加快科技创新，发展循环经济，高起点、高标准、集群式发展现代产业，形成新老城区各有侧重、优势互补的产业格局。

——以人为本，和谐发展。加快市政基础设施和公共服务设施建设，统筹产业发展和城市发展，统筹城区和乡村发展，着力提高城乡居民生活水平。

——解放思想，改革创新。树立世界眼光、战略思维，大胆改革创新，加强在关键环节、重点领域先行先试，不断为跨越发展注入生机和活力。

（三）战略定位。

——西北地区重要的经济增长极。以新区建设为契机，调整城市空间结构，带动产业转型升级，促进新区与老城区联动发展、整体提升，实现新区建设与产业升级"双轮驱动"、协同推进，把兰州市建设成为西北地区重要的经济增长极。

——国家重要的产业基地。依托兰州加工制造产业基础雄厚和人才智力资源密集的优势，发挥大项目龙头带动作用，集聚发展关联配套产业，建设成为国家重要的装备制造、石油化工和生物医药产业发展基地。

——向西开放的重要战略平台。发挥兰州市作为西北内陆地区综合交通运输枢纽与现代物流中心的作用，积极拓展经贸、文化交流，建立广泛的合作机制，建设成为面向中亚、西亚的区域性国际交流战略平台。

——承接产业转移示范区。因地制宜合理确定承接重点，着力引进具有市场前景的产业和技术装备先进的企业，着力推进产业升级和科技创新，优先发展先进制造、资源深加工和高新技术产业。

（四）发展目标。

到2015年，新区城市框架及相关配套服务体系基本建成，交通及市政设施相对完善，生态环境显著改善，具备较强的集聚效应和要素资源吸纳能力，产业集聚发展，初步探索形成以城带乡和欠发达地区实现跨越式发展的新模式。

到2020年，基本建成特色鲜明、功能齐全、产业集聚、服务配套、人居环境良好的现代化产业新区。

三、兰州新区的发展布局

（一）新区范围。

兰州新区位于兰州市北部，处于兰州市和白银市结合部的秦王川盆地，涉及永登县中川、秦川、上川、树屏和皋兰县西岔、水阜6个乡镇，距兰州市主城区38.5公里，距白银市区79公里。该地区区位优势明显，综合交通优势突出，未来发展所需的后备土地资源和生态建设用地较为充足，以引大入秦工程为主的供水体系可基本满足发展需要，装备制造、石油化工、生物医药等产业集群渐成规模，新区发展已具备较好的基础和条件。

合理确定兰州新区建设用地规模和布局，新区控制范围和近期建设面积要与兰州市城市总体规划和近期建设规划做好衔接。

（二）发展布局。

根据自然地理特点、产业发展基础及未来发展定位，兰州新区在空间上分为现代农业建设示范区、生态林业建设示范区和核心发展区。

现代农业建设示范区，重点发展现代农业和特色农产品加工业。

生态保护与林业建设示范区，主要利用荒山丘陵、依托现有湿地和引大入秦工程开展生态保护与建设，构筑新区北部生态屏障，改善区域生态环境。

核心发展区，主要集聚产业和人口，重点布局发展石化化工、装备制造、生物医药、现代物流等产业，建设集行政、商住、教育、文化和其他服务功能于一体的综合功能区。

四、兰州新区的重点发展方向

根据兰州新区资源和生产要素禀赋、区位条件以及新区在甘肃省乃至西北地区发展中所承担的功能，新区重点发展方向是：

（一）着力推进产业结构调整。

充分利用甘肃省作为全国循环经济试点省的重大机遇，紧紧抓住国内外产业分工调整的有利时机，积极承接产业转移，坚持高标准，严禁污染产业和落后生产能力转入，着力推进产业结构调整，构建现代产业体系，重点打造先进装备制造、石油化工、生物医药、现代服务业等产业集群，深入推进循环经济示范，促进资源节约集约利用，推进形成新区和老城区功能互补、错位发展的城市发展新格局，大力提升自我发展能力。构建与现代产业体系融合发展的现代职业教育体系，加快培养适应产业结构调整需要的各类技能型人才。

（二）着力加强生态环境保护与建设。

积极实施新区绿化工程，合理布局绿色生态空间，加强城市绿化廊道和绿地系统建设。加大水土保持和生态建设力度，构建防风固沙生态防护安全屏障，探索流域生态补偿机制，保障黄河流域生态安全。严格执行水土保持方案制度，建立健全水土保持补偿费制度，合理开发荒山荒沟等未利用地。提高产业准入门槛，鼓励企业清洁生产，实行更严格的污染物总量控制和排放标准，加强危险废弃物全过程规范化管理，同步建设治污减排设施，优先启动污水、垃圾处理等城市环保基础设施建设项目，着力推进大气污染物减排工程建设。

（三）着力推进城乡统筹发展。

加快市政基础设施和公共服务建设，强化基础、提升功能，促进公共服务水平与产业规模、就业规模、人口规模相协调，为产业发展和群众生活提供有效保障。加快构建基本公共教育服务体系，推进基本公共教育服务均等化。大力发展面向农村的职业教育与培训，促进有技能的农村剩余劳动力有序转移。以工业化带动城市化，通过产业发展和扩大就业，适度带动老城区人口转移，妥善安置舟曲地震灾区异地搬迁居民。积极稳妥推进户籍制度改革，支持符合条件的农业转移人口在城镇落户。通过新区建设，促进辖区现有农民逐步融入城市，同时带动周边地区发展，提高区域城镇化水平。

（四）着力深化改革开放。

深化行政管理体制改革，强化服务能力，提升服务水平，规范行政行为，提高行政效能。加大与中亚西亚及亚欧大陆桥沿线城市的经贸合作交流，努力在扩大开放中赢得更多发展机遇。支持兰州新区内符合条件的地区，按程序申请设立综合保税区等海关特殊监管区域，为促进开放型经济发展搭建平台。

五、关于兰州新区的扶持政策

（一）支持体制机制创新。

允许和支持兰州新区在行政管理体制、涉外经济体制、社会管理体制、技术创新和服务体系、促进民营经济发展等方面先行先试，为推动兰州新区建设提供体制动力和保障。

（二）实施差别化土地政策。

兰州新区规划建设用地指标纳入兰州市新一轮土地利用总体规划。新区范围内的耕地占补平衡在全省范围内统筹解决。在严格保护耕地和节约集约用地的前提下，鼓励新区开发利用未利用土地，允许在土地开发整理和利用等方面先行先试。

（三）加大基础设施建设与生态环境保护支持力度。

对兰州新区调蓄水库、供水、城市道路等基础设施建设给予优先安排和重点支持。对兰州新区基础设施建设项目适当降低资本金比例要求。探索建立黄河流域生态补偿机制，加强黄河上游生态保护和修复。将兰州新区北部防护林网和南部林业带纳入国家三北防护林建设体系，支持兰州新区建设国家级湿地保护区。

（四）优先布局重大项目。

国家在重大项目布局上给予兰州新区重点支持，对兰州老城区搬迁改造进入新区的企业按照有关规定予以政策扶持，对承接产业转移项目和社会资本在兰州新区建设的重大项目优先核准，支持兰州新区产业发展。甘肃省人民政府可根据实际工作需要，将相关经济管理权限下放给兰州新区。

（五）加大金融支持。

鼓励和支持符合条件的金融机构在兰州新区设立分支机构，引导银行业金融机构在防范信贷风险的前提下，进一步加大对新区的信贷支持力度。鼓励金融机构创新金融产品与服务方式。在符合相关监管要求和有效防范风险前提下，鼓励兰州新区以市场化运作方式建立健全各类投融资主体。

六、组织实施

甘肃省人民政府要切实加强对兰州新区建设的组织领导，创新管理制度，完善工作机制，强化职能服务，加大对兰州新区建设的支持力度，推动产业、技术、资金和人才向新区集聚。兰州市要进一步明确发展思路，明确分工，落实责任，切实做好有关规划的衔接，统筹推进新区建设。

国务院有关部门要加强对兰州新区建设发展的指导，在有关规划编制、政策支持、项目布局、资金安排、对外开放等方面给予大力支持，帮助解决兰州新区发展过程中遇到的困难和问题，为推动兰州新区发展营造良好的政策环境。

国家发展和改革委员会

2012年8月31日

川渝合作示范区（广安片区）建设总体方案

发改地区〔2012〕3558号

为贯彻落实《成渝经济区区域规划》，推进川渝合作（广安片区）示范区（以下简称示范区）建设，特制定本方案。

一、合作背景

广安地处四川东部，紧邻重庆两江新区，是川渝合作的桥头堡。广安与重庆山水相连、人文相通、资源互补、经济相融，合作源远流长，两地在交通、产业、文化、市场、人才等领域签署了一系列合作协议，形成了全方位、宽领域、多层次合作互动格局。目前，广安引进投资的45%、旅游人数的60%来自重庆，广安80%的农产品、33%的劳务输出流向重庆，广安已初步成为重庆重要的制造业配套基地、农产品供应基地和旅游休闲目的地。

广安是中国社会主义改革开放和现代化建设总设计师邓小平同志的故乡。在广安建设示范区，有利于发挥地方比较优势，探索欠发达地区依托中心城市加快发展的新路子，推动广安经济社会又好又快发展；有利于突破行政壁垒，引导生产要素跨区域合理流动和优化配置，促进成渝经济区一体化发展；有利于创新区域合作体制机制，探索区域合作发展的新模式，为西部地区开展区域合作提供经验和示范。

二、总体要求

以邓小平理论和“三个代表”重要思想为指导，深入贯彻落实科学发展观，坚持跨越发展和转型发展，着力提高基础设施一体化水平，着力强化产业合作基地建设，着力加强生态环境共建共治，着力推进公共服务对接共享，着力创新体制机制，把示范区建设成为川渝合作发展的先导区，在促进区域协调发展中发挥更大的作用。

立足四川，融入重庆，加强区域合作和交流，推动川渝合作发展，建设成为川渝产业合作基地、连接川东渝北的重要交通枢纽、生态环境共建共治样板区、区域合作体制机制创新试验区。

到2015年，示范区建设初见成效，川渝合作水平显著提高。便捷高效的基础设施体系基本建成，协作配套的产业合作基地建设取得重大进展，共建共治的生态环境保护体系初步形成，对接共享的基本公共服务体系进一步健全，务实创新的合作体制机制更加完善。

到2020年，示范区全面建成，基本与重庆实现一体化发展。工业化城镇化达到重庆城市群平均水平，科教文化实力显著增强，生态环境更加优美，城乡居民生活更加殷实，与重庆同步实现全面建设小康社会目标。

三、功能布局

重点布局在广安主城区、从广安区奎阁到华蓥市明月沿渠江两岸地区。优化提升主城区功能，规划建设滨江新区，拓展城市发展空间，推动主城区的教育、文化、金融、物流、居住等功能向滨江新区延伸或转移。

重点布局在广安经济技术开发区及邻水、武胜、岳池、华蓥。加快广安经济技术开发区发展，建设邻水机电产业合作园区、武胜农副产品加工合作园区、岳池医药产业合作园区、华蓥电子机械产业合作园区，积极承接产业转移，打造对接川渝、协作配套的产业基地。

重点布局在前锋、枣山、广安港。规划建设中央商务区、物流园区，建成对接重庆、辐射川东北的商贸物流服务平台。

重点布局在协兴、奎阁。建设科研成果转化基地、爱国主义教育基地、职业教育和干部培训基地，促进川渝科教文化合作。

重点布局在华蓥山和嘉陵江、渠江沿线。共建生态网络体系，加强环境保护联防联治，共同打造长江上游生态安全屏障。

四、基础设施一体化建设

加快铁路通道建设，提升襄渝铁路运输能力，加快建设兰渝铁路，完善区域内铁路网络，适时开展渝广城际铁路规划研究工作。以国家高速公路、国省干线公路为重点，建设连接重庆、辐射周边的公路网，加快连接重庆快速通道建设，加大国省干线公路改扩建力度。加强渝广相邻县区的公路建设，统一建设标准和时序，打通“断头路”。加快嘉陵江、渠江航道整治和广安港建设，大力发展集装箱、汽车滚装、大宗散货运输和旅游客运，建设水陆联运、功能完善的内河航运体系。

加快七一水库建设，适时启动升钟灌区二期和回龙寺、龙滩水库建设，推进灌区续建配套与节水改造，完善小微型水利设施，加快病险水库除险加固，实施渠江、嘉陵江重点段防洪工程，加强防洪减灾综合治理，构建供水保障和防洪抗旱减灾体系。

共建高速数据通道，积极推进三网融合。以电子政务、电子商务信息共享平台建设为突破口，建设智能化合作区域。推动渝广无线城市建设。共同推进物联网等新技术应用，着力打造“智慧城市”。

鼓励合作勘探开发能源资源，共建安全、可靠、清洁、高效、低碳的能源保障体系。加快油气勘探开发，推进液化天然气（LNG）清洁能源利用。有序推进煤炭资源开发和水电开发，加快煤层气综合开发利用，开展东西关水电二期前期工作。加强核电厂址的保护，研究推进核电前期工作。发展生物质能源。建设中贵联络线工程过境分输压气站，完善多元化的能源输送网络。

五、产业合作基地建设

加强与重庆、成都产业的战略合作，依托产业合作园区，打造分工协作、衔接配套的制造业基地。积极发展汽车及汽摩零部件制造，在广安经济技术开发区布局新能源汽车及配件制造。发挥天然气资源优势，加强与重庆、成都、川南等地化工产业对接，积极发展精细化工产业。加强与重庆西永微电子产业园、成都高新技术产业开发区的产业配套，重点在广安经济技术开发区、华蓥市发展电子部件、光电器件、集成电路等电子信息产业。加快发展有色金属精深加工。积极融入重庆、成都战略性新兴产业链，在广安经济技术开发区大力发展高性能纤维及其复合材料，在岳池、武胜积极培育新型生物育种、生物饲料、生物农药产业。鼓励与重庆科研机构、高等院校、企业共建技术研发中心、企业技术中心、技术交易中心和重大科技成果转化基地。

面向都市消费市场，加快转变农业发展方式，建成服务重庆、成都的优质安全农产品生产和加工供应基地。以建设现代农业示范区（片）、国家现代农业科技示范园区为重点，加强农业基础设施建设，加快农业新品种、新技术、新肥料、新机具的推广应用，建设大型商品粮油、蔬菜标准化、优质商品猪、优质柑橘和生态渔业生产基地。大力发展农产品精深加工和综合利用，引进重庆等地农业产业化龙头企业、先进加工技术和品牌，提高粮油、畜禽、果蔬等特色农产品加工水平，做大做强食品加工、纺织服装、木竹材加工产业。

加强与重庆旅游互动合作，加快旅游景区景点、配套设施和服务体系建设，支持邓小平故里、华蓥山景区创建国家5A级旅游景区，打造红色旅游、巴蜀文化和生态旅游精品线路，建立无障碍旅游示范区，建设国内一流旅游目的地。

六、生态环境共建共治

以华蓥山和嘉陵江、渠江为重点，实施长江防护林体系、天然林保护、石漠化和坡耕地水土流失综合治理、巩固退耕还林成果等生态建设工程，加强生物多样性保护和水土流失综合治理，在广安区建设水土保持科技示范园区，在武胜建设嘉陵江生态经济带。加快华蓥山地质灾害及采煤沉陷区治理。加大自然保护区、森林公园、湿地、水源地等生态系统保护力度。加强城乡绿化、交通干线生态廊道建设，与重庆形成一体化的绿色生态架构。

建立健全重点区域大气污染联防联控工作机制，控制以酸雨、细颗粒物和臭氧为特征的区域性复合型大气污染。加强水环境保护，建设水质自动监测站，加强水功能区入河排污口监管和交界断面水质监测，推进嘉陵江、渠江等渝广交界河流的综合整治，确保交界水质符合相应水环境的要求，共同改善水环境质量。加强危险废物全过程规范化管理及危险化学品环境管理。加大环保基础设施建设力度，建设广安市第二城市污水处理厂，加强县城和重点镇污水垃圾处理设施建设，推进交界区域城镇垃圾、污水处理设施共建共享。

七、公共服务对接共享

加强与重庆中小学校、中等职业教育学校交流合作，开展教学科研课题联合研究，定期选派教师到重庆接受继续教育和培训，推进重庆名校与广安学校结对帮扶，共建中小学优质教学资源库。支持重庆、成都高等院校与广安职业技术学院合作办学，建设区域合作职业教育培训基地。设立广安农村干部学院。建设广安教育改革发展试验区。

提高公共卫生服务能力，实现信息互通、资源共享、协调互动，加强重大疾病防控体系和农村急救服务网络建设，完善重大疫情联防联控工作机制，提升突发公共卫生事件应急处置能力，提高公共卫生服务共享水平。推进医疗服务合作，加强医疗服务能力建设，建立重庆与广安医疗卫生机构对口支援合作机制。加强医疗卫生人才交流培训，加快医疗卫生信息化工程建设，推进医疗机构医学检验互认。

加强博物馆、文化馆、图书馆建设，提升邓小平图书馆服务能力，促进与重庆公共文化资源共享，进一步推进公共文化机构免费开放。建设改革开放博览园、宕渠文化园和巴濮文化合作产业园，打造具有国内乃至国际影响力的文化精品，共同举办红色文化节，共创区域文化品牌。加强体育中心、全民健身中心建设，推进与重庆体育事业协作，促进体育设施开放共享。

加快人力资源考试基地、就业技能培训（实训）基地、基层劳动就业和社会保障公共服务平台及信息系统建设，建立统一的人力资源市场，逐步实现劳动者自主选择培训机构、与重庆互认培训结果，促进劳动力规范有序合理流动。充分利用现有资源，加强与重庆劳务合作，完善就业创业服务协作机制。建立劳动关系、劳动保障监察、劳动人事争议仲裁协作维权机制。积极推动与重庆干部挂职交流。

完善社会保险关系转移接续制度，推进与重庆基本医疗保险异地结算，加强社会保险信息资源共享，实现社会保险一体化管理。加快养老服务、残疾人康复、托养服务和社会保险经办设施建设，增强对孤残、五保户、高龄老人等特殊群体的服务能力。加强农民工权益保障，在农民工较为集中的地区建设农民工综合服务中心。加强保障性住房建设。

八、区域合作机制创新

将广安纳入重庆城市群统一规划，重点在基础设施、产业布局、城市规划、社会事业和生态环境方面加强与重庆对接，确保空间布局协调、时序安排统一。加强与重庆在社会保障、土地管理、金融创新、内陆开放等方面的政策对接，共同规划实施一批区域重大合作项目和政策。

以市场为导向，充分发挥比较优势，统筹重大生产力布局，加强与重庆产业结构调整指导目录衔接，编制产业对接目录。建立承接产业转移平台，定期开展投资促进和产业合作洽谈活动，促进产业对接配套、优势互补、错位发展。

鼓励采取委托开发、投资合作等多种方式与重庆共同建设合作园区，研究建立利益共享机制。探索加强产业合作和共建共享基础设施的新模式，建立跨区域基础设施、生态环境建设的资金筹措机制。

建立健全与重庆合作联席会议制度和工作协调机制。建立重大合作项目审核“绿色通道”，推进行政服务一体化，实现与重庆政务电子信息平台互联互通。加强应急管理合作，重点在食品药品安全、安全生产领域和重大群体性事件、重大疫情处理方面建立完善协同应对机制。加强警务合作，提高社会管理联动处置水平。实行城乡居民户口统一登记管理制度，加强流动人口管理协作。统一商品质量安全标准和市场执法标准，加强市场监管和联合执法合作，加大侵权违法和失信行为联合打击力度。健全生态环境监测、信息沟通、联动执法、重大事件协调处理机制。

九、支持政策

国家对示范区建设给予一定的支持。中央财政将符合条件的公益性项目国债转贷资金转为拨款。经认定的符合条件的高新技术企业，按照相关规定减按15%的税率征收企业所得税。

中央安排的公益性项目，免除县以下（含县）配套资金。设立邓小平故里发展基金。支持重庆、成都金融机构设立分支机构。支持广安积极稳妥发展民间融资。

国家重大产业项目布局向示范区倾斜。继续支持华蓥市资源枯竭城市转型。支持广安所产天然气部分就地转化并按川渝气田井口价直供，管输费给予优惠。对大用户企业实行直供电价政策。

支持建立土地利用总体规划定期评估适时修改制度。四川省在分解下达土地利用年度计划时给予示范区适当支持。支持规范有序开展城乡建设用地增减挂钩试点。将广安市列为土地整治示范区。

支持具备条件的开发区扩区和调整区位。支持符合条件的地区申请设立海关特殊监管区域。

十、组织实施

四川省人民政府要切实加强组织领导，明确分工，落实责任，制定实施意见，推动方案的实施。要将示范区建设作为一项重要内容，纳入成渝经济区两省市人民政府主要负责同志参加的联席会议研究部署。

国务院有关部门要加强对示范区建设的指导协调，在重大项目、重大政策、体制机制创新等方面给予大力支持。适时调整行政区划，支持广安申报较大的市。要加强部门之间的沟通和协调，指导和帮助解决方案实施过程中遇到的问题。发展改革委要加强跟踪分析，做好督促检查工作，会同有关部门开展方案实施情况评估，重大问题及时向国务院报告。

国家发展和改革委员会

2012年11月14日

第二篇

中国城市经济统计资料

中华人民共和国
2012年国民经济和社会发展统计公报[1]

2012年，面对复杂严峻的国际经济形势和艰巨繁重的国内改革发展稳定任务，全国各族人民在党中央、国务院的正确领导下，坚持以科学发展为主题，以加快转变经济发展方式为主线，按照稳中求进的工作总基调，认真贯彻落实加强和改善宏观调控的各项政策措施，国民经济运行总体平稳，各项社会事业取得新的进步，为全面建成小康社会奠定了良好基础。

一、综合

初步核算，全年国内生产总值[2]519322亿元，比上年增长7.8%。其中，第一产业增加值52377亿元，增长4.5%；第二产业增加值235319亿元，增长8.1%；第三产业增加值231626亿元，增长8.1%。第一产业增加值占国内生产总值的比重为10.1%，第二产业增加值比重为45.3%，第三产业增加值比重为44.6%。

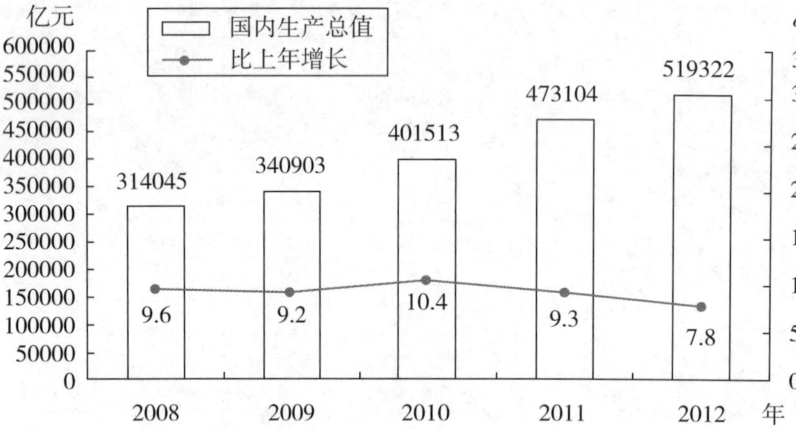

图1 2008—2012年国内生产总值及其增长速度

全年居民消费价格比上年上涨2.6%，其中食品价格上涨4.8%。固定资产投资价格上涨1.1%。工业生产者出厂价格下降1.7%。工业生产者购进价格下降1.8%。农产品生产者价格[3]上涨2.7%。

70个大中城市新建商品住宅销售价格月环比上涨的城市个数年末为54个。

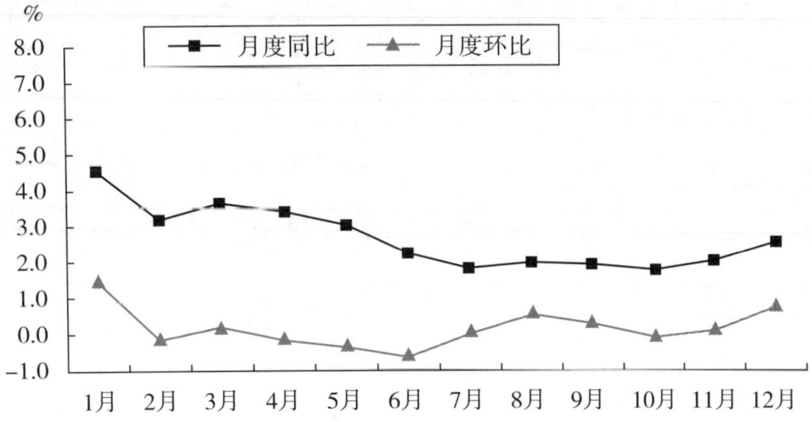

图2　2012年居民消费价格月度涨跌幅度

表1　2012年居民消费价格比上年涨跌幅度

单位：%

指标	全国	城市	农村
居民消费价格	2.6	2.7	2.5
其中：食　品	4.8	5.1	4.0
烟酒及用品	2.9	2.9	2.7
衣　着	3.1	2.9	3.8
家庭设备用品及维修服务	1.9	2.1	1.5
医疗保健和个人用品	2.0	2.0	2.1
交通和通信	-0.1	-0.3	0.6
娱乐教育文化用品及服务	0.5	0.4	1.0
居　住	2.1	2.2	1.9

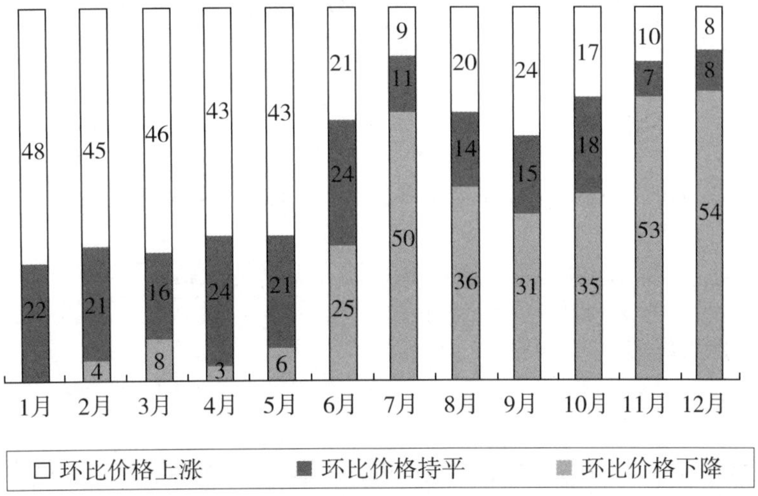

图3　2012年新建商品住宅月环比价格下降、持平、上涨城市个数变化情况

年末全国就业人员76704万人，其中城镇就业人员37102万人。全年城镇新增就业1266万人。年末城镇登记失业率为4.1%，与上年末持平。全国农民工[4]总量为26261万人，比上年增长3.9%。其中，外出农民工16336万人，增长3.0%；本地农民工9925万人，增长5.4%。

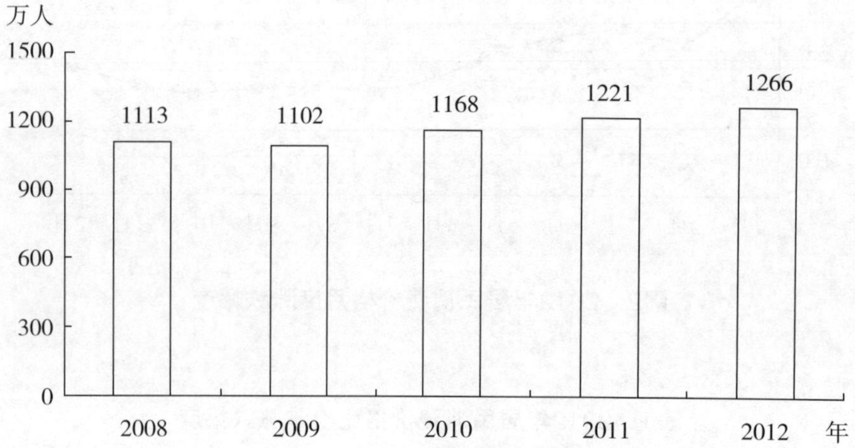

图4 2008—2012年城镇新增就业人数

年末国家外汇储备33116亿美元，比上年末增加1304亿美元。年末人民币汇率为1美元兑6.2855元人民币，比上年末升值0.25%。

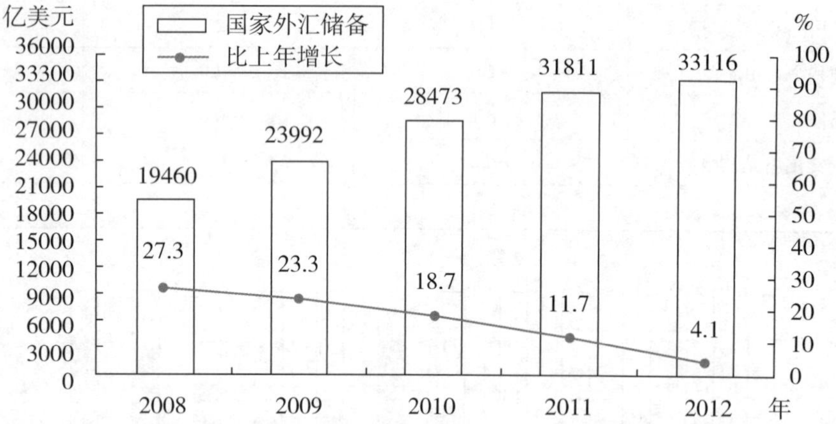

图5 2008—2012年年末国家外汇储备及其增长速度

全年全国公共财政收入[5]117210亿元，比上年增加13335亿元，增长12.8%；其中税收收入100601亿元，增加10862亿元，增长12.1%。

二、农业

全年粮食种植面积11127万公顷，比上年增加69万公顷；棉花种植面积470万公顷，减少34万公顷；油料种植面积1398万公顷，增加12万公顷；糖料种植面积203万公顷，增加9万公顷。

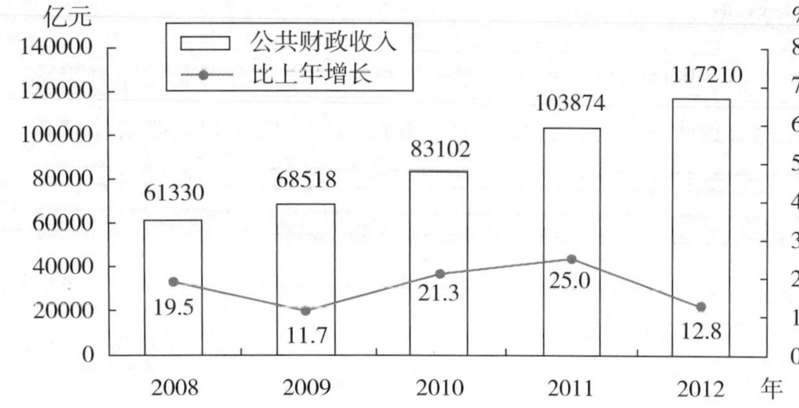

图6 2008—2012年公共财政收入[6]及其增长速度

全年粮食产量58957万吨，比上年增加1836万吨，增产3.2%。其中，夏粮产量12995万吨，增产2.8%；早稻产量3329万吨，增产1.6%；秋粮产量42633万吨，增产3.5%。其中，主要粮食品种中，稻谷产量20429万吨，增产1.6%；小麦产量12058万吨，增产2.7%；玉米产量20812万吨，增产8.0%。

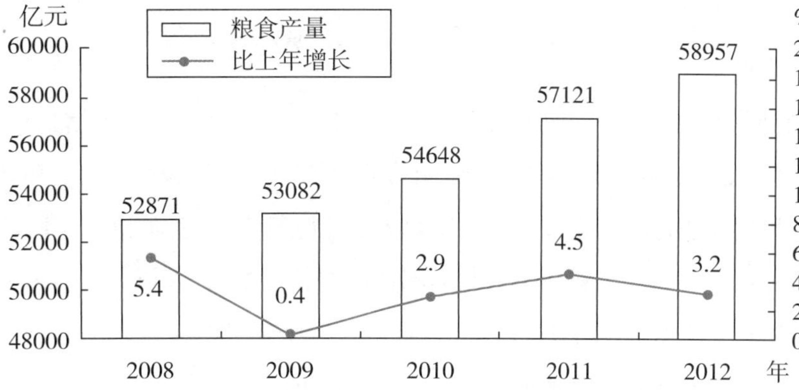

图7 2008—2012年粮食产量及其增长速度

全年棉花产量684万吨，比上年增产3.8%。油料产量3476万吨，增产5.1%。糖料产量13493万吨，增产7.8%。烤烟产量320万吨，增产11.5%。茶叶产量180万吨，增产11.2%。

全年肉类总产量8384万吨，比上年增长5.4%。其中，猪肉产量5335万吨，增长5.6%；牛肉产量662万吨，增长2.3%；羊肉产量401万吨，增长2.0%；禽肉产量1823万吨，增长6.7%。年末生猪存栏47492万头，增长1.6%；生猪出栏69628万头，增长5.2%。禽蛋产量2861万吨，增长1.8%。牛奶产量3744万吨，增长2.3%。

全年水产品产量5906万吨，比上年增长5.4%。其中，养殖水产品产量4305万吨，增长7.0%；捕捞水产品产量1601万吨，增长1.3%。

全年木材产量8088万立方米，比上年下降0.7%。

全年新增有效灌溉面积172万公顷，新增节水灌溉面积235万公顷。

三、工业和建筑业

全年全部工业增加值199860亿元，比上年增长7.9%。规模以上工业增加值增长10.0%。在规模以上工业中，国有及国有控股企业增长6.4%；集体企业增长7.1%，股份制企业增长11.8%，外商及港澳台商投资企业增长6.3%；私营企业增长14.6%。轻工业增长10.1%，重工业增长9.9%。

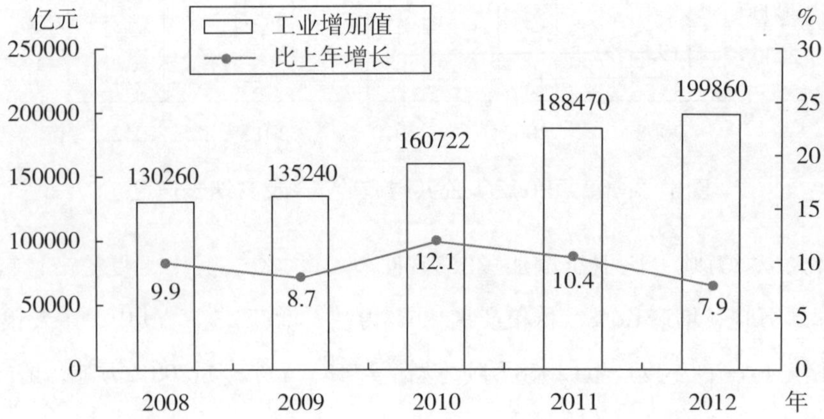

图8　2008—2012年全部工业增加值及其增长速度

全年规模以上工业[7]中，农副食品加工业增加值比上年增长13.6%，纺织业增长12.2%，通用设备制造业增长8.4%，专用设备制造业增长8.9%，汽车制造业增长8.4%，计算机、通信和其他电子设备制造业增长12.1%，电气机械和器材制造业增长9.7%。六大高耗能行业[8]增加值比上年增长9.5%，其中，非金属矿物制品业增长11.2%，化学原料和化学制品制造业增长11.7%，有色金属冶炼和压延加工业增长13.2%，黑色金属冶炼和压延加工业增长9.5%，电力、热力生产和供应业增长5.0%，石油加工、炼焦和核燃料加工业增长6.3%。高技术制造业增加值比上年增长12.2%。

全年规模以上工业企业实现利润55578亿元，比上年增长5.3%，其中国有及国有控股企业14163亿元，下降5.1%；集体企业819亿元，增长7.5%，股份制企业32867亿元，增长7.2%，外商及港澳台商投资企业12688亿元，下降4.1%；私营企业18172亿元，增长20.0%。

全年全社会建筑业增加值35459亿元，比上年增长9.3%。全国具有资质等级的总承包和专业承包建筑业企业实现利润4818亿元，增长15.6%，其中国有及国有控股企业1236亿元，增长21.9%。

四、固定资产投资

全年全社会固定资产投资374676亿元，比上年增长20.3%，扣除价格因素，实际增长19.0%。其中，固定资产投资（不含农户）364835亿元，增长20.6%；农户投资9841亿元，增长8.3%。东部地区投资[10]151742亿元，比上年增长16.5%；中部地区投资87909亿元，增长24.1%；西部地区投资88749亿元，增长23.1%；东北地区投资41243亿元，增长26.3%。

在固定资产投资（不含农户）中，第一产业投资9004亿元，比上年增长32.2%；第二产业投资

表2　2012年主要工业产品产量及其增长速度

产品名称	单　位	产　量	比上年增长%
纱	万吨	2984.0	9.8
布	亿米	840.8	3.3
化学纤维	万吨	3800.0	12.1
成品糖	万吨	1406.8	18.5
卷烟	亿支	25160.9	2.8
彩色电视机	万台	12823.3	4.8
其中：液晶电视机	万台	11418.3	10.9
家用电冰箱	万台	8427.0	–3.1
房间空气调节器	万台	13281.1	–4.5
一次能源生产总量	亿吨标准煤	33.3	4.8
原煤	亿吨	36.5	3.8
原油	亿吨	2.07	2.3
天然气	亿立方米	1072.2	4.4
发电量	亿千瓦小时	49377.7	4.8
其中：火电	亿千瓦小时	38554.5	0.6
水电	亿千瓦小时	8608.5	23.2
核电	亿千瓦小时	973.9	12.8
粗钢	万吨	71716.0	4.7
钢材[9]	万吨	95317.6	7.6
十种有色金属	万吨	3672.2	6.9
其中：精炼铜（电解铜）	万吨	574.0	9.5
原铝（电解铝）	万吨	1985.8	12.3
氧化铝	万吨	3769.6	10.3
水泥	亿吨	22.1	5.3
硫酸	万吨	7686.3	2.7
纯碱	万吨	2408.8	5.0
烧碱	万吨	2696.1	9.0
乙烯	万吨	1486.8	–2.7
化肥（折100%）	万吨	7296.0	10.1
发电机组（发电设备）	万千瓦	13005.6	–9.7
汽车	万辆	1927.7	4.7
其中：基本型乘用车（轿车）	万辆	1077.1	6.4
大中型拖拉机	万台	46.3	15.3
集成电路	亿块	823.1	14.4
程控交换机	万线	2826.3	–6.8
移动通信手持机	万台	118154.3	4.3
微型计算机设备	万台	35411.0	10.5

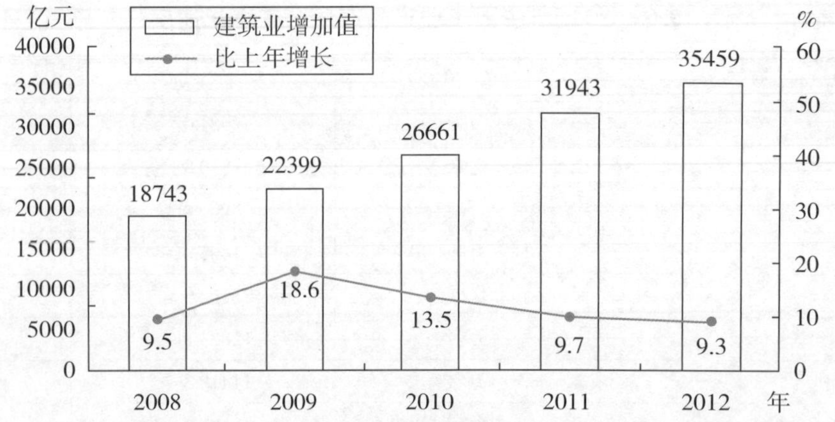

图9 2008—2012年建筑业增加值及其增长速度

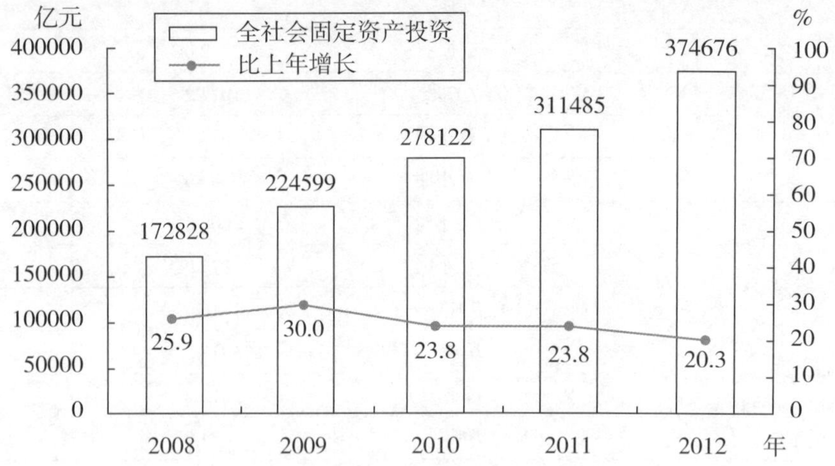

图10 2008—2012年全社会固定资产投资及增长速度

158672亿元，增长20.2%；第三产业投资197159亿元，增长20.6%。

全年房地产开发投资71804亿元，比上年增长16.2%。其中，住宅投资49374亿元，增长11.4%；办公楼投资3367亿元，增长31.6%；商业营业用房投资9312亿元，增长25.4%。

全年新开工建设城镇保障性安居工程住房781万套（户），基本建成城镇保障性安居工程住房601万套。

五、国内贸易

全年社会消费品零售总额210307亿元，比上年增长14.3%，扣除价格因素，实际增长12.1%。按经营地统计，城镇消费品零售额182414亿元，增长14.3%；乡村消费品零售额27893亿元，增长14.5%。按消费形态统计，商品零售额186859亿元，增长14.4%；餐饮收入额23448亿元，增长13.6%。

在限额以上企业商品零售额中，汽车类零售额比上年增长7.3%，粮油类增长19.9%，肉禽蛋类增长18.0%，服装类增长17.7%，日用品类增长17.5%，文化办公用品类增长17.7%，通信器材类增长28.9%，

表3　2012年分行业固定资产投资（不含农户）及其增长速度

单位：亿元

行业	投资额	比上年增长%
总计	364835	20.6
农、林、牧、渔业	9004	32.2
采矿业	13129	11.8
制造业	124971	22.0
电力、热力、燃气及水的生产和供应业	16536	12.8
建筑业	4036	24.6
批发和零售业	9816	33.0
交通运输、仓储和邮政业	30296	9.1
住宿和餐饮业	5102	30.2
信息传输、软件和信息技术服务业	2834	30.6
金融业	932	46.2
房地产业[11]	92357	22.1
租赁和商务服务业	4645	37.4
科学研究和技术服务业	2176	27.8
水利、环境和公共设施管理业	29296	19.5
居民服务、修理和其他服务业	1718	26.0
教育	4679	20.3
卫生和社会工作	2645	23.0
文化、体育和娱乐业	4299	36.2
公共管理、社会保障和社会组织	6363	9.2

表4　2012年固定资产投资新增主要生产能力

指标	单位	绝对数
新增发电机组容量	万千瓦	8020
新增220千伏及以上变电设备	万千伏安	18208
新建铁路投产里程	公里	5382
其中：高速铁路[12]	公里	2723
增建铁路复线投产里程	公里	4763
电气化铁路投产里程	公里	6054
新建公路	公里	58672
其中：高速公路	公里	9910
港口万吨级码头泊位新增吞吐能力	万吨	49522
新增光缆线路长度	万公里	267

表5 2012年房地产开发和销售主要指标完成情况及其增长速度

指标	单位	绝对数	比上年增长%
投资额	亿元	71804	16.2
其中：住宅	亿元	49374	11.4
其中：90平方米及以下	亿元	16789	21.9
房屋施工面积	万平方米	573418	13.2
其中：住宅	万平方米	428964	10.6
房屋新开工面积	万平方米	177334	-7.3
其中：住宅	万平方米	130695	-11.2
房屋竣工面积	万平方米	99425	7.3
其中：住宅	万平方米	79043	6.4
商品房销售面积	万平方米	111304	1.8
其中：住宅	万平方米	98468	2.0
本年资金来源	亿元	96538	12.7
其中：国内贷款	亿元	14778	13.2
其中：个人按揭贷款	亿元	10524	21.3
本年土地购置面积	万平方米	35667	-19.5
本年土地成交价款[13]	亿元	7410	-16.7

图11 2008—2012年社会消费品零售总额及其增长速度

化妆品类增长17.0%，金银珠宝类增长16.0%，中西药品类增长23.0%，家用电器和音像器材类增长7.2%，家具类增长27.0%，建筑及装潢材料类增长24.6%。

六、对外经济

全年货物进出口总额38668亿美元，比上年增长6.2%。其中，出口20489亿美元，增长7.9%；进口18178亿美元，增长4.3%。进出口差额（出口减进口）2311亿美元，比上年增加762亿美元。

表6　2012年货物进出口总额及其增长速度

单位：亿美元

指标	绝对数	比上年增长%
货物进出口总额	38668	6.2
货物出口额	20489	7.9
其中：一般贸易	9880	7.7
加工贸易	8628	3.3
其中：机电产品	11794	8.7
高新技术产品	6012	9.6
其中：国有企业	2563	-4.1
外商投资企业	10227	2.8
其他企业	7699	21.1
货物进口额	18178	4.3
其中：一般贸易	10218	1.4
加工贸易	4812	2.4
其中：机电产品	7824	3.8
高新技术产品	5068	9.5
其中：国有企业	4954	0.3
外商投资企业	8712	0.8
其他企业	4512	17.2
进出口差额（出口减进口）	2311	—

表7　2012年主要商品出口数量、金额及其增长速度

商品名称	单位	数量	比上年增长%	金额（亿美元）	比上年增长%
煤（包括褐煤）	万吨	926	-36.8	16	-41.6
钢材	万吨	5573	14.0	515	0.5
纺织纱线、织物及制品	——	—	—	958	1.2
服装及衣着附件	——	—	—	1591	3.9
鞋类	——	—	—	468	12.2
家具及其零件	——	—	—	488	28.7
自动数据处理设备及其部件	万台	183275	-0.1	1853	5.1
手持或车载无线电话	万台	101447	15.9	810	29.1
集装箱	万个	248	-23.5	84	-26.1
液晶显示板	万个	316650	29.7	363	22.9
汽车（包括整套散件）	万辆	99	20.1	127	27.5

表8 2012年主要商品进口数量、金额及其增长速度

商品名称	数量（万吨）	比上年增长%	金额（亿美元）	比上年增长%
谷物及谷物粉	1398	156.7	48	134.2
大豆	5838	11.2	350	17.6
食用植物油	845	28.7	97	25.6
铁矿砂及其精矿	74355	8.4	956	-15.0
氧化铝	502	165.1	18	133.3
煤（包括褐煤）	28851	29.8	287	20.2
原油	27102	6.8	2207	12.1
成品油	3982	-1.9	330	0.6
初级形状的塑料	2370	2.9	462	-2.2
纸浆	1646	14.0	110	-7.5
钢材	1366	-12.3	178	-17.5
未锻造的铜及铜材	465	14.1	386	4.9

表9 2012年对主要国家和地区货物进出口额及其增长速度

单位：亿美元

国家和地区	出口额	比上年增长%	进口额	比上年增长%
美国	3518	8.4	1329	8.8
欧盟	3340	-6.2	2121	0.4
中国香港	3235	20.7	180	15.9
东盟	2043	20.1	1958	1.5
日本	1516	2.3	1778	-8.6
韩国	877	5.7	1686	3.7
印度	477	-5.7	188	-19.6
俄罗斯	441	13.2	441	9.2
中国台湾	368	4.8	1322	5.8

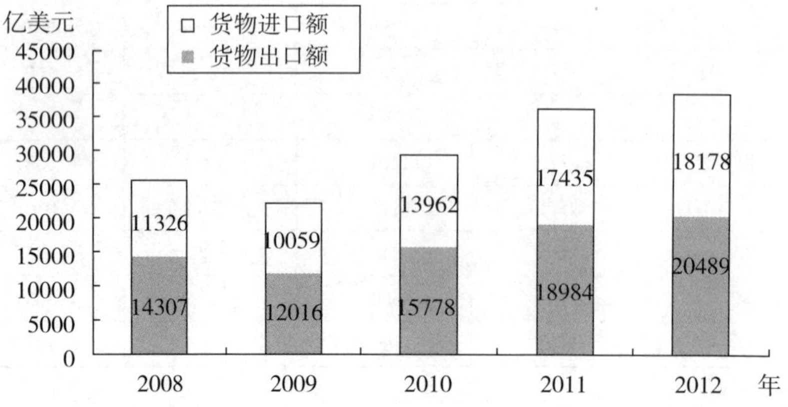

图12 2008—2012年货物进出口总额

全年非金融领域新批外商直接投资企业24925家，比上年下降10.1%。实际使用外商直接投资金额1117亿美元，下降3.7%。

全年非金融类对外直接投资额772亿美元，比上年增长28.6%。

表10　2012年非金融领域外商直接投资及其增长速度

行业	企业数（家）	比上年增长%	实际使用金额（亿美元）	比上年增长%
总计	24925	-10.1	1117.2	-3.7
其中：农、林、牧、渔业	882	2.0	20.6	2.7
制造业	8970	-19.3	488.7	-6.2
电力、燃气及水的生产和供应业	187	-12.6	16.4	-22.6
交通运输、仓储和邮政业	397	-3.9	34.7	8.9
信息传输、计算机服务和软件业	926	-6.8	33.6	24.4
批发和零售业	7029	-3.2	94.6	12.3
房地产业	472	1.3	241.2	-10.3
租赁和商务服务业	3229	-8.2	82.1	-2.0
居民服务和其他服务业	192	-9.4	11.6	-38.2

全年对外承包工程业务完成营业额1166亿美元，比上年增长12.7%；对外劳务合作派出各类劳务人员51.2万人，增长13.3%。

七、交通、邮电和旅游

全年货物运输总量412亿吨，比上年增长11.5%。货物运输周转量173145亿吨公里，增长8.7%。全年规模以上港口完成货物吞吐量97.4亿吨，比上年增长6.8%，其中外贸货物吞吐量30.1亿吨，增长8.8%。规模以上港口集装箱吞吐量17651万标准箱，增长8.1%。

全年旅客运输总量379亿人次，比上年增长7.6%。旅客运输周转量33369亿人公里，增长7.7%。

年末全国民用汽车保有量达到12089万辆（包括三轮汽车和低速货车1145万辆），比上年末增长14.3%，其中私人汽车保有量9309万辆，增长18.3%。民用轿车保有量5989万辆，增长20.7%，其中私人轿车5308万辆，增长22.8%。

全年完成邮电业务总量[14]15022亿元，比上年增长13.0%。其中，邮政业务总量2037亿元，增长26.7%；电信业务总量12985亿元，增长11.1%。邮政业全年完成邮政函件业务70.74亿件，包裹业务0.69亿件，快递业务量56.85亿件。电信业全年局用交换机容量新增478万门，总容量43906万门；新增移动电话交换机容量[15]11234万户，达到182870万户。年末固定电话用户27815万户，其中，城市电话用户18893万户，农村电话用户8922万户。新增移动电话用户12590万户，年末达到111216万户，其中3G移动电话用户[16]23280万户。年末全国固定及移动电话用户总数达到139031万户，比上年末增加11896万户。

表11　2012年各种运输方式完成货物运输量及其增长速度

指标	单位	绝对数	比上年增长%
货物运输总量	亿吨	412.1	11.5
铁路	亿吨	39.0	-0.7
公路	亿吨	322.1	14.2
水运	亿吨	45.6	7.0
民航	万吨	541.6	-2.0
管道	亿吨	5.3	-7.8
货物运输周转量	亿吨公里	173145.1	8.7
铁路	亿吨公里	29187.1	-0.9
公路	亿吨公里	59992.0	16.8
水运	亿吨公里	80654.5	6.9
民航	亿吨公里	162.2	-6.8
管道	亿吨公里	3149.3	9.1

表12　2012年各种运输方式完成旅客运输量及其增长速度

指　标	单　位	绝对数	比上年增长%
旅客运输总量	亿人次	379.0	7.6
铁路	亿人次	18.9	4.8
公路	亿人次	354.3	7.8
水运	亿人次	2.6	4.3
民航	亿人次	3.2	9.2
旅客运输周转量	亿人公里	33368.8	7.7
铁路	亿人公里	9812.3	2.1
公路	亿人公里	18468.4	10.2
水运	亿人公里	77.4	3.9
民航	亿人公里	5010.7	10.4

电话普及率达到103.2部/百人。互联网上网人数5.64亿人，其中宽带上网人数5.30亿人。互联网普及率达到42.1%。

全年国内出游人数29.6亿人次，比上年增长12.1%；国内旅游收入22706亿元，增长17.6%。入境旅游人数13241万人次，下降2.2%。其中，外国人2719万人次，增长0.3%；香港、澳门和台湾同胞10521万人次，下降2.9%。在入境旅游者中，过夜旅游者5772万人次，增长0.3%。国际旅游外汇收入500亿美元，增长3.1%。国内居民出境人数8318万人次，增长18.4%。其中因私出境7706万人次，增长20.2%，占出境人数的92.6%。

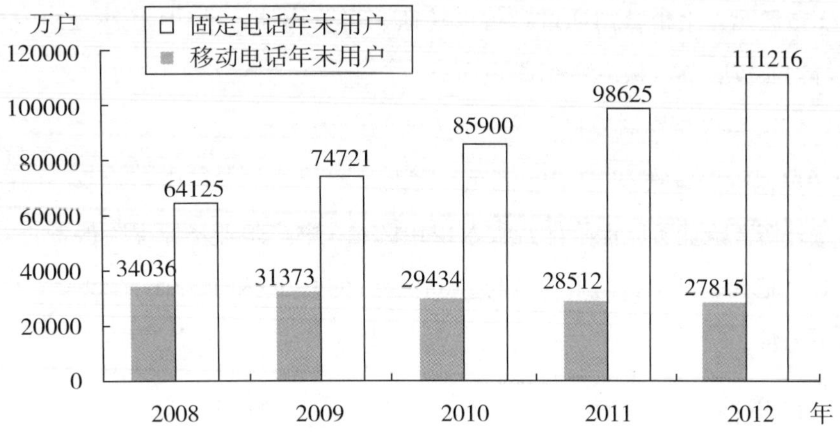

图13 2008—2012年年末电话用户数

八、金融

年末广义货币供应量（M2）余额为97.4万亿元，比上年末增长13.8%；狭义货币供应量（M1）余额为30.9万亿元，增长6.5%；流通中现金（M0）余额为5.5万亿元，增长7.7%。

年末全部金融机构本外币各项存款余额94.3万亿元，比年初增加11.6万亿元，其中人民币各项存款余额91.8万亿元，增加10.8万亿元。全部金融机构本外币各项贷款余额67.3万亿元，增加9.1万亿元，其中人民币各项贷款余额63.0万亿元，增加8.2万亿元。全年社会融资规模[17]为15.8万亿元，按可比口径计算，比上年多2.9万亿元。

表13 2012年年末全部金融机构本外币存贷款余额及其增长速度

单位：亿元

指标	年末数	比上年末增长%
各项存款余额	943102	14.1
其中：住户存款	410201	16.6
其中：人民币	406192	16.7
非金融企业存款	345124	9.9
各项贷款余额	672875	15.6
其中：境内短期贷款	268152	23.3
境内中长期贷款	363894	9.0

年末主要农村金融机构（农村信用社、农村合作银行、农村商业银行）人民币贷款余额78320亿元，比年初增加11544亿元。全部金融机构人民币消费贷款余额104357亿元，增加15656亿元。其中，个人短期消费贷款余额19367亿元，增加5826亿元；个人中长期消费贷款余额84990亿元，增加9830亿元。

全年上市公司通过境内市场累计筹资5841亿元，比上年减少939亿元。其中，首次公开发行A股154只，筹资1034亿元，减少1791亿元；A股再筹资（包括配股、公开增发、非公开增发[18]、认股权证）

2093亿元，减少155亿元；上市公司通过发行可转债、可分离债、公司债筹资2713亿元，增加1006亿元。全年公开发行创业板股票74只，筹资351亿元。

全年发行公司信用类债券[19]3.7万亿元，比上年增加1.4万亿元。

全年保险公司原保险保费收入[20]15488亿元，比上年增长8.0%，其中寿险业务原保险保费收入8908亿元；健康险和意外伤害险业务原保险保费收入1249亿元；财产险业务原保险保费收入5331亿元。支付各类赔款及给付4716亿元，其中寿险业务给付1505亿元；健康险和意外伤害险赔款及给付395亿元；财产险业务赔款2816亿元。

九、教育、科学技术和文化

全年研究生教育招生59.0万人，在学研究生172.0万人，毕业生48.6万人。普通高等教育本专科招生688.8万人，在校生2391.3万人，毕业生624.7万人。各类中等职业教育招生761.0万人，在校生2120.3万人，毕业生673.6万人。全国普通高中招生844.6万人，在校生2467.2万人，毕业生791.5万人。全国初中招生1570.8万人，在校生4763.1万人，毕业生1660.8万人。普通小学招生1714.7万人，在校生9695.9万人，毕业生1641.6万人。特殊教育招生6.6万人，在校生37.9万人，毕业生4.9万人。幼儿园在园幼儿3685.8万人。

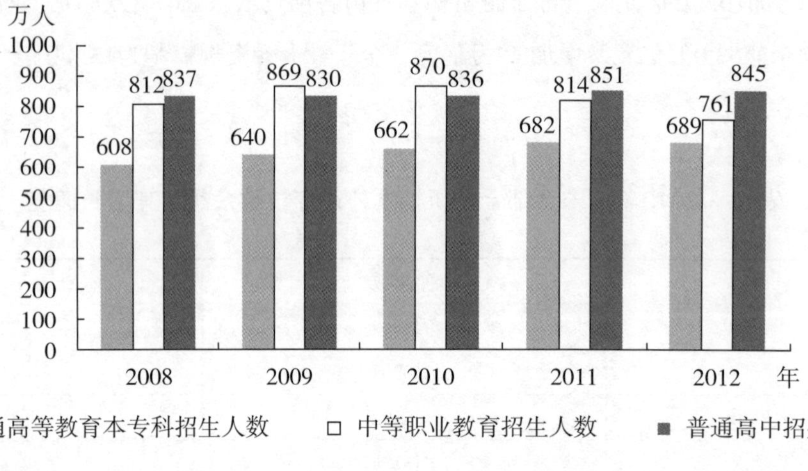

图14　2008—2012年普通高等教育、中等职业教育及普通高中招生人数

全年研究与试验发展（R&D）经费支出10240亿元，比上年增长17.9%，占国内生产总值的1.97%，其中基础研究经费498亿元。全年国家安排了1701项科技支撑计划课题，1165项“863”计划课题。累计建设国家工程研究中心130个，国家工程实验室128个。累计建设国家地方联合工程研究中心149个，国家地方联合工程实验室180个。国家认定企业技术中心达到887家。省级企业技术中心达到8137家。实施新兴产业创投计划[21]，累计支持设立102家创业投资企业，资金总规模近290亿元，投资了创业企业238家。全年受理境内外专利申请205.1万件，其中境内申请188.6万件，占91.9%。受理境内外发明专利申请65.3万件，其中境内申请52.3万件，占80.1%。全年授予专利权125.5万件，其中境内授权114.4万件，占

91.1%。授予发明专利权21.7万件，其中境内授权13.7万件，占63.2%。截至年底，有效专利350.9万件，其中境内有效专利289.9万件，占82.6%；有效发明专利87.5万件，其中境内有效发明专利43.5万件，占49.7%。全年共签订技术合同28.2万项，技术合同成交金额6437.1亿元，比上年增长35.1%。全年成功发射卫星19次。神舟九号载人飞船与天宫一号目标飞行器顺利实现首次空间交会对接，北斗二号卫星导航系统完成区域组网并正式提供运行服务，“蛟龙”号载人深潜器海试成功突破7000米。

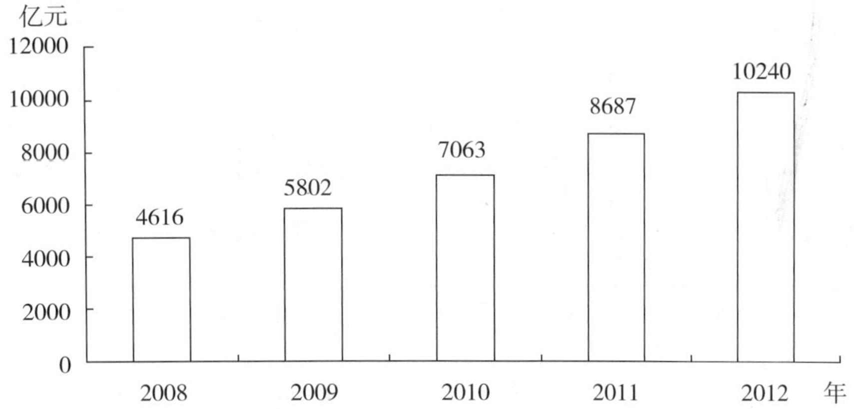

图15 2008—2012年研究与试验发展（R&D）经费支出

年末全国共有产品检测实验室28128个，其中国家检测中心509个。全国现有产品质量、体系认证机构173个，已累计完成对105224个企业的产品认证。全国共有法定计量技术机构3496个，全年强制检定计量器具6267万台（件）。全年制定、修订国家标准1986项，其中新制定1375项。全年中央气象台和省级气象台共发布气象预警信号5123次，警报4049次。全国共有地震台站1687个，区域地震台网32个。全国共有海洋观测站79个。测绘地理信息部门公开出版地图1662种。

年末全国文化系统共有艺术表演团体2089个，博物馆2838个，全国共有公共图书馆2975个，文化馆3286个。各类广播电视播出机构共有2579座。有线电视用户2.14亿户，有线数字电视用户1.43亿户。年末广播节目综合人口覆盖率为97.5%；电视节目综合人口覆盖率为98.2%。全年生产电视剧506部17703集，电视动画片222838分钟。全年生产故事影片745部，科教、纪录、动画和特种影片[22]148部。出版各类报纸476亿份，各类期刊34亿册，图书81亿册（张）。年末全国共有档案馆4107个，已开放各类档案11662万卷（件）。

全年我国运动员在24个运动大项中获得107个世界冠军，共创14项世界纪录。在伦敦奥运会上，我国运动员共获得38枚金牌，奖牌总数88枚，位列奥运会金牌榜和奖牌榜第二位。在伦敦残奥会上，我国运动员共获得95枚金牌，蝉联金牌榜和奖牌榜第一位。

十、卫生和社会服务

年末全国共有医疗卫生机构961830个，其中医院23005个，乡镇卫生院37128个，社区卫生服务中心

（站）33646个，诊所（卫生所、医务室）179644个，村卫生室663355个，疾病预防控制中心3506个，卫生监督所（中心）3037个。卫生技术人员650万人，其中执业医师和执业助理医师252万人，注册护士242万人。医疗卫生机构床位557万张，其中医院403万张，乡镇卫生院106万张。全年甲、乙类法定报告传染病发病人数321.7万例，报告死亡16721人；报告传染病发病率238.76/10万，死亡率1.24/10万。

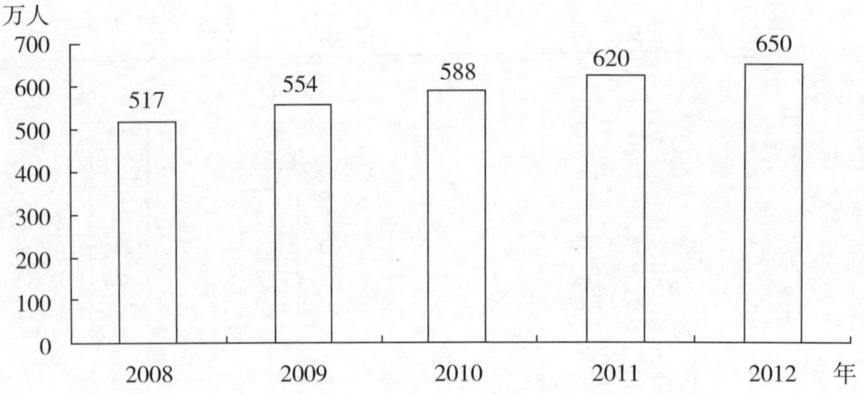

图16　2008—2012年卫生技术人员人数

年末全国共有各类提供住宿的社会服务机构[23]4.7万个，床位429.8万张，收养救助各类人员296.7万人。其中，养老服务机构4.2万个，床位381.0万张，收养各类人员262.0万人。年末共有社区服务中心1.6万个，社区服务站7.2万个。年末全国共有2142.5万人纳入城市居民最低生活保障，5340.9万人纳入农村居民最低生活保障，545.9万人纳入农村五保供养[24]。全年救助城市医疗困难群众666.4万人次，救助农村医疗困难群众1908.4万人次；资助1158.9万城镇困难群众参加城镇医疗保险，资助3915.1万农村困难群众参加新型农村合作医疗。

十一、人口、人民生活和社会保障

年末全国大陆总人口为135404万人，比上年末增加669万人，其中城镇人口为71182万人，占总人口比重为52.6%，比上年末提高1.3个百分点。全年出生人口1635万人，出生率为12.10‰；死亡人口966万人，死亡率为7.15‰；自然增长率为4.95‰。出生人口性别比为117.70。0－14岁（含不满15周岁）人口22287万人，占总人口的16.5%，比上年末提高0.01个百分点；15－59岁（含不满60周岁）劳动年龄人口93727万人，比上年末减少345万人，占总人口的69.2%，比上年末下降0.60个百分点；60周岁及以上人口19390万人，占总人口的14.3%，比上年末提高0.59个百分点。全国人户分离的人口[25]为2.79亿人，其中流动人口[26]为2.36亿人。

全年农村居民人均纯收入7917元，比上年增长13.5%，扣除价格因素，实际增长10.7%；农村居民人均纯收入中位数[27]为7019元，增长13.3%。城镇居民人均可支配收入24565元，比上年增长12.6%，扣除价格因素，实际增长9.6%；城镇居民人均可支配收入中位数为21986元，增长15.0%。农村居民食品消费

表14 2012年年末人口数及其构成

单位：万人

指标	年末数	比重%
全国总人口	135404	100.0
其中：城镇	71182	52.6
乡村	64222	47.4
其中：男性	69395	51.3
女性	66009	48.7
其中：0–14岁（含不满15周岁）	22287	16.5
15–59岁（含不满60周岁）	93727	69.2
60周岁及以上	19390	14.3
其中：65周岁及以上	12714	9.4

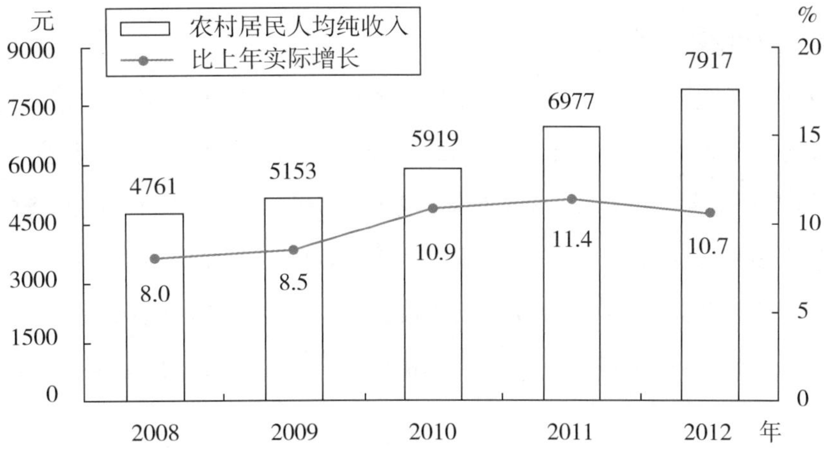

图17 2008—2012年农村居民人均纯收入及其实际增长速度

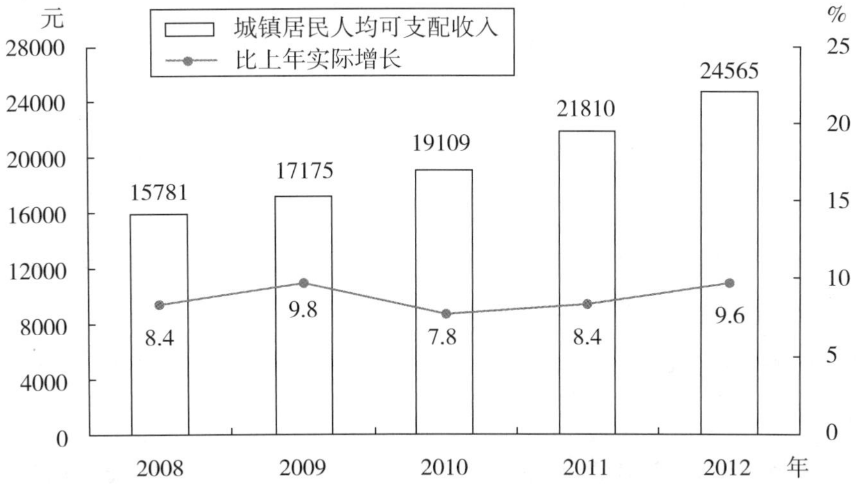

图18 2008—2012年城镇居民人均可支配收入及其实际增长速度

支出占消费总支出的比重为39.3%，城镇为36.2%。

年末全国参加城镇职工基本养老保险人数30379万人，比上年末增加1988万人。其中，参保职工22978万人，参保离退休人员7401万人。全国参加城乡居民社会养老保险人数48370万人，增加15187万人。其中享受待遇人数13075万人。参加城镇基本医疗保险的人数53589万人，增加6246万人。其中，参加城镇职工基本医疗保险[28]人数26467万人，参加城镇居民基本医疗保险人数27122万人。参加城镇基本医疗保险的农民工4996万人，增加355万人。参加失业保险的人数15225万人，增加908万人。年末全国领取失业保险金人数204万人。参加工伤保险的人数18993万人，增加1297万人，其中参加工伤保险的农民工7173万人，增加345万人。参加生育保险的人数15445万人，增加1553万人。年末，2566个县（市、区）开展了新型农村合作医疗工作，新型农村合作医疗参合率98.1%；1－9月新型农村合作医疗基金支出总额[29]为1717亿元，受益11.5亿人次。2012年，按照农村扶贫标准年人均纯收入2300元（2010年不变价），年末农村贫困人口为9899万人，比上年末减少2339万人。

十二、资源、环境和安全生产

全年全国国有建设用地供应总量[30]69.0万公顷，比上年增长17.5%。其中，工矿仓储用地20.3万公顷，增长5.6%；房地产用地[31]16.0万公顷，下降4.2%；基础设施等其他用地32.7万公顷，增长43.4%。

全年水资源总量28410亿立方米。全年平均降水量676毫米。年末全国422座大型水库蓄水总量2120亿立方米，比上年末多蓄水164亿立方米。全年总用水量6110亿立方米，与上年基本持平。其中，生活用水增长3.2%，工业用水下降0.8%，农业用水下降0.5%，生态补水增长7.2%。万元国内生产总值用水量[32]129立方米，比上年下降7.2%。万元工业增加值用水量76立方米，下降8.0%。人均用水量452立方米，下降0.4%。

全年完成造林面积601万公顷，其中人工造林410万公顷。林业重点工程完成造林面积274万公顷，占全部造林面积的45.6%。截至年底，自然保护区达到2640个，其中国家级自然保护区363个。新增水土流失治理面积4.2万平方公里，新增实施水土流失地区封育保护面积2.6万平方公里。截至年底，已确权集体林地面积为18000万公顷，其中发放林权证的面积为17187万公顷。

全年平均气温为9.4℃，共有7个台风登陆。

初步核算，全年能源消费总量36.2亿吨标准煤，比上年增长3.9%。煤炭消费量增长2.5%；原油消费量增长6.0%；天然气消费量增长10.2%；电力消费量增长5.5%。全国万元国内生产总值能耗下降3.6%。

七大水系的571个水质监测断面中，Ⅰ～Ⅲ类水质断面比例占63.9%，劣Ⅴ类水质断面比例占12.4%。七大水系水质总体为轻度污染，水质保持基本稳定。

近岸海域301个海水水质监测点中，达到国家一、二类海水水质标准的监测点占69.4%，三类海水占6.6%，四类、劣四类海水占23.9%。

在监测的316个城市中，城市区域声环境质量好的城市占3.5%，较好的占75.9%，轻度污染的占20.3%，中度污染的占0.3%。

年末城市污水处理厂日处理能力达11858万立方米，比上年末增长4.9%；城市污水处理率达到84.9%，提高1.3个百分点。城市集中供热面积49.2亿平方米，增长3.8%。建成区绿地率达到35.5%，提高0.2个百分点。

全年农作物受灾面积2496万公顷，下降23.1%，其中绝收183万公顷，下降36.9%。全年因洪涝地质灾害造成直接经济损失1661亿元，上升31.8%。全年因旱灾造成直接经济损失244亿元，下降73.7%。全年因低温冷冻和雪灾造成直接经济损失61亿元，下降79.0%。全年因海洋灾害造成直接经济损失155亿元，上升150%。全年大陆地区共发生5级以上地震16次，成灾11次，造成直接经济损失83亿元。全年共发生森林火灾3966起，下降28.5%。

全年各类生产安全事故共死亡71983人，比上年下降4.7%。亿元国内生产总值生产安全事故死亡人数为0.142人，下降17.9%；工矿商贸企业就业人员10万人生产安全事故死亡人数为1.64人，下降12.8%；道路交通万车死亡人数为2.5人，下降10.7%；煤矿百万吨死亡人数为0.374人，下降33.7%。

中华人民共和国国家统计局

2013年2月22日

注释：

[1]本公报中数据均为初步统计数。各项统计数据均未包括香港特别行政区、澳门特别行政区和台湾省。部分数据因四舍五入的原因，存在着与分项合计不等的情况。

[2]国内生产总值、各产业增加值绝对数按现价计算，增长速度按不变价格计算。

[3]农产品生产者价格是指农产品生产者直接出售其产品时的价格。

[4]年度农民工数量包括年内在本乡镇以外从业6个月以上的外出农民工和在本乡镇内从事非农产业6个月以上的本地农民工两部分。

[5]公共财政收入是指政府凭借国家政治权力，以社会管理者身份筹集以税收为主体的财政收入。

[6]图中2008年至2011年数据为公共财政收入决算数，2012年为执行数。

[7]2012年起，国家统计局执行新的国民经济行业分类标准，工业行业大类由原来的39个调整为41个，固定资产投资（不含农户）行业分类也按新的标准进行了调整。

[8]六大高耗能行业分别为：化学原料和化学制品制造业、非金属矿物制品业、黑色金属冶炼和压延加工业、有色金属冶炼和压延加工业、石油加工炼焦和核燃料加工业、电力热力生产和供应业。

[9]钢材产量数据中含部分使用钢材加工成其他钢材的重复计算因素。

[10]固定资产投资按东部、中部、西部和东北地区计算的合计数据小于全国数据，是因为有部分跨地区的投资未计算在地区数据中。其中，东部地区是指北京、天津、河北、上海、江苏、浙江、福建、山东、广东和海南10省（直辖市）；中部地区是指山西、安徽、江西、河南、湖北和湖南6省；西部地区是指内蒙古、广西、重庆、四川、贵州、云南、西藏、陕西、甘肃、青海、宁夏和新疆12省（自治区、直辖市）；东北地区是指辽宁、吉林和黑龙江3省。

[11]房地产业投资除房地产开发投资外，还包括建设单位自建房屋以及物业管理、中介服务和其他

房地产投资。

[12]高速铁路是指最高营运速度达到200公里/小时及以上的铁路。

[13]本年土地成交价款是指房地产开发企业进行土地使用权交易活动的最终金额，与土地购置费不同。

[14]邮电业务总量按2010年不变价格计算。

[15]移动电话交换机容量是指移动电话交换机根据一定话务模型和交换机处理能力计算出来的最大同时服务用户的数量。

[16]3G是指第三代蜂窝移动通信系统（3rd—generation，简称3G），3G移动电话用户是指报告期末在计费系统拥有使用信息、占用3G网络资源的在网用户。

[17]社会融资规模是指一定时期内实体经济从金融体系获得的资金总额，是增量概念。

[18]非公开增发又叫定向增发，不含资产认购部分。

[19]公司信用类债券包括非金融企业债务融资工具、企业债券以及公司债、可转债等。

[20]原保险保费收入是指保险企业确认的原保险合同保费收入。

[21]新兴产业创投计划是指中央财政专项资金通过与地方政府资金、社会资本共同发起设立创业投资企业，或以股权投资模式直接投资创业企业等方式，培育和促进新兴产业发展的活动。

[22]特种影片是指那些采用与常规影院放映在技术、设备、节目方面不同的电影展示方式，如巨幕电影、立体电影、立体特效（4D）电影、动感电影、球幕电影等。

[23]提供住宿的社会服务机构除收养性机构外，还包括救助类机构、社区类机构以及军休所、军供站等机构。

[24]农村五保供养是指老年、残疾和未满16周岁的村民，无劳动能力、无生活来源又无法定赡养、抚养、扶养义务人，或者其法定赡养、抚养、扶养义务人无赡养、抚养、扶养能力的村民，在吃、穿、住、医、葬方面得到的生活照顾和物质帮助。

[25]人户分离的人口是指居住地与户口登记地所在的乡镇街道不一致且离开户口登记地半年以上的人口。

[26]流动人口是指人户分离人口中不包括市辖区内人户分离的人口。市辖区内人户分离的人口是指一个直辖市或地级市所辖区内和区与区之间，居住地和户口登记地不在同一乡镇街道的人口。

[27]人均收入中位数是指将所有调查户按人均收入水平从低到高顺序排列，处于最中间位置的调查户的人均收入。

[28]城镇职工基本医疗保险人数包括参保职工和参保退休人员。城镇居民基本医疗保险的参保对象是不属于城镇职工基本医疗保险覆盖范围的城镇非从业人员。

[29]按卫生部统计制度规定，新型农村合作医疗基金支出总额和受益人次目前仅统计到1—9月份。

[30]国有建设用地供应总量是指报告期市、县人民政府根据年度土地供应计划依法以出让、划拨、租赁等方式将国有建设用地使用权提供给单位或个人使用的国有建设用地总量。

[31]房地产用地是指商服用地和住宅用地的总和。

[32]万元国内生产总值用水量、万元工业增加值用水量和万元国内生产总值能耗按2010年不变价格计算。

2012年国民经济发展稳中有进

2012年，面对复杂严峻的国际经济形势和国内改革发展稳定的繁重任务，党中央、国务院坚持以科学发展为主题，以加快转变经济发展方式为主线，按照稳中求进的工作总基调，及时加强和改善宏观调控，把稳增长放在更加重要的位置，国民经济运行缓中企稳，经济社会发展稳中有进。

初步核算，全年国内生产总值519322亿元，按可比价格计算，比上年增长7.8%。分季度看，一季度同比增长8.1%，二季度增长7.6%，三季度增长7.4%，四季度增长7.9%。分产业看，第一产业增加值52377亿元，比上年增长4.5%；第二产业增加值235319亿元，增长8.1%；第三产业增加值231626亿元，增长8.1%。从环比看，四季度国内生产总值增长2.0%。

一、农业生产稳定增长

全年全国粮食总产量达到58957万吨，比上年增加1836万吨，增长3.2%，连续九年增产。其中，夏粮产量12995万吨，比上年增长2.8%；早稻产量3329万吨，增长1.6%；秋粮产量42633万吨，增长3.5%。全年棉花产量684万吨，比上年增长3.8%；油料产量3476万吨，增长5.1%；糖料产量13493万吨，增长7.8%。全年猪牛羊禽肉产量8221万吨，比上年增长5.4%，其中猪肉产量5335万吨，增长5.6%。生猪存栏47492万头，比上年增长1.6%；生猪出栏69628万头，比上年增长5.2%。全年禽蛋产量2861万吨，比上年增长1.8%；牛奶3744万吨，增长2.3%。

二、工业生产缓中趋稳

全年全国规模以上工业增加值按可比价格计算比上年增长10.0%，增速比上年回落3.9个百分点。分季度看，一季度同比增长11.6%，二季度增长9.5%，三季度增长9.1%，四季度增长10.0%。分经济类型看，国有及国有控股企业增加值比上年增长6.4%，集体企业增长7.1%，股份制企业增长11.8%，外商及港澳台商投资企业增长6.3%。分轻重工业看，重工业增加值比上年增长9.9%，轻工业增长10.1%。分行业看，41个工业大类行业增加值全部实现比上年增长。分地区看，东部地区增加值比上年增长8.8%，中部地区增长11.3%，西部地区增长12.6%。分产品看，全年471种工业产品中有345种产品产量比上年增长。其中，发电量增长4.7%，粗钢增长3.1%，钢材增长7.7%，水泥增长7.4%，十种有色金属增长9.3%，焦炭增长5.2%，硫酸（折100%）增长4.8%，烧碱（折100%）增长3.8%，化学纤维增长11.8%，微型计算机设备增长11.7%，集成电路增长9.3%，汽车增长6.3%，其中轿车增长8.3%，乙烯下降2.5%，平板玻璃下降3.2%。全年规模以上工业企业产销率达到98.0%，比上年下降0.5个百分点。规模以上工业企业实现出口交货值106759亿元，比上年增长7.1%。12月份，规模以上工业增加值同比增长10.3%，环比增长0.87%。

1－11月份，全国规模以上工业企业实现利润46625亿元，同比增长3.0%，1－9月份为同比下降

1.8%，去年同期为增长24.4%。在41个工业大类行业中，30个行业利润同比增长，10个行业利润同比下降，1个行业亏损。1－11月份，规模以上工业企业每百元主营业务收入中的成本为85.14元，比前三季度下降0.28元，比去年同期提高0.16元；规模以上工业企业主营业务收入利润率为5.66%。

三、固定资产投资较快增长

全年固定资产投资（不含农户）364835亿元，比上年名义增长20.6%（扣除价格因素实际增长19.3%），增速比上年回落3.4个百分点。其中，国有及国有控股投资123694亿元，增长14.7%；民间投资223982亿元，增长24.8%，占全部投资的比重为61.4%。分地区看，东部地区投资比上年增长17.8%，中部地区增长25.8%，西部地区增长24.2%。分产业看，第一产业投资9004亿元，比上年增长32.2%；第二产业投资158672亿元，增长20.2%；第三产业投资197159亿元，增长20.6%。在第二产业投资中，工业投资154636亿元，比上年增长20.0%；其中，采矿业投资13129亿元，增长11.8%；制造业投资124971亿元，增长22.0%；电力、热力、燃气及水的生产和供应业投资16536亿元，增长12.8%。全年基础设施（不包括电力、热力、燃气及水的生产与供应）投资58391亿元，比上年增长13.3%。从到位资金情况看，全年到位资金399440亿元，比上年增长18.6%。其中，国家预算内资金增长29.7%，国内贷款增长8.4%，自筹资金增长21.7%，利用外资下降10.9%，其他资金增长13.7%。全年新开工项目计划总投资309083亿元，比上年增长28.6%；新开工项目356296个，比上年增加28948个。从环比看，12月份固定资产投资（不含农户）增长1.53%。

全年全国房地产开发投资71804亿元，比上年名义增长16.2%（扣除价格因素实际增长14.9%），增速比上年回落11.9个百分点；其中住宅投资增长11.4%，回落18.9个百分点。房屋新开工面积177334万平方米，比上年下降7.3%；其中住宅新开工面积下降11.2%。全国商品房销售面积111304万平方米，比上年增长1.8%，增速比上年回落2.6个百分点；其中住宅销售面积增长2.0%，回落1.4个百分点。全国商品房销售额64456亿元，增长10.0%，增速比上年回落1.1个百分点；其中住宅销售额增长10.9%，加快1.7个百分点。全年房地产开发企业土地购置面积35667万平方米，比上年下降19.5%。全国商品房待售面积36460万平方米，增长27.0%，增速比上年回落6.1个百分点。全年房地产开发企业本年到位资金96538亿元，增长12.7%，增速比上年回落4.8个百分点。其中，国内贷款增长13.2%，自筹资金增长11.7%，利用外资下降48.8%，其他资金增长14.7%。

四、市场销售稳定增长

全年社会消费品零售总额207167亿元，比上年名义增长14.3%（扣除价格因素实际增长12.1%），增速比上年回落2.8个百分点。其中，限额以上企业（单位）消费品零售额101129亿元，增长14.6%。按经营单位所在地分，城镇消费品零售额179318亿元，比上年增长14.3%；乡村消费品零售额27849亿元，增长14.5%。按消费形态分，餐饮收入23283亿元，比上年增长13.6%；商品零售183884亿元，增长14.4%。在商品零售中，限额以上企业（单位）商品零售额93330亿元，增长14.8%。其中，汽车类增长7.3%，增速比上年回落7.3个百分点；家具类增长27.0%，回落5.8个百分点；家用电器和音像器材类增长7.2%，回落14.4个百分点。12月份，社会消费品零售总额同比名义增长15.2%（扣除价格因素实际增长13.5%），环比增长1.53%。

五、进出口增速回落

全年进出口总额38667.6亿美元，比上年增长6.2%，增速比上年回落16.3个百分点；出口20489.3亿美元，增长7.9%；进口18178.3亿美元，增长4.3%。进出口相抵，顺差2311亿美元。进出口总额中，一般贸易进出口20098.3亿美元，比上年增长4.4%；加工贸易进出口13439.5亿美元，增长3.0%。出口额中，一般贸易出口9880.1亿美元，增长7.7%；加工贸易出口8627.8亿美元，增长3.3%。进口额中，一般贸易进口10218.2亿美元，增长1.4%；加工贸易进口4811.7亿美元，增长2.4%。12月份，进出口总额3668.4亿美元，同比增长10.2%；其中出口1992.3亿美元，增长14.1%；进口1676.1亿美元，增长6.0%。

六、居民消费价格涨幅回落

全年居民消费价格比上年上涨2.6%，涨幅比上年回落2.8个百分点。其中，城市上涨2.7%，农村上涨2.5%。分类别看，食品价格比上年上涨4.8%，烟酒及用品上涨2.9%，衣着上涨3.1%，家庭设备用品及维修服务上涨1.9%，医疗保健和个人用品上涨2.0%，交通和通信下降0.1%，娱乐教育文化用品及服务上涨0.5%，居住上涨2.1%。在食品价格中，粮食价格上涨4.0%，油脂价格上涨5.1%，肉禽及其制品价格上涨2.1%，鲜菜价格上涨15.9%，鲜果价格下降1.2%。12月份，居民消费价格同比上涨2.5%，环比上涨0.8%。全年工业生产者出厂价格比上年下降1.7%；12月份同比下降1.9%，环比下降0.1%。全年工业生产者购进价格比上年下降1.8%；12月份同比下降2.4%，环比下降0.1%。

七、城乡居民收入稳定增长

全年城镇居民人均总收入26959元。其中，城镇居民人均可支配收入24565元，比上年名义增长12.6%；扣除价格因素实际增长9.6%，增速比上年加快1.2个百分点。在城镇居民人均总收入中，工资性收入比上年名义增长12.5%，经营净收入增长15.3%，财产性收入增长8.9%，转移性收入增长11.6%。全年城镇居民人均可支配收入中位数21986元，同比名义增长15.0%。按城镇居民五等份收入分组，低收入组人均可支配收入10354元，中等偏下收入组人均可支配收入16761元，中等收入组人均可支配收入22419元，中等偏上收入组人均可支配收入29814元，高收入组人均可支配收入51456元。全年农村居民人均纯收入7917元，比上年名义增长13.5%；扣除价格因素实际增长10.7%，比上年回落0.7个百分点。其中，工资性收入比上年名义增长16.3%，家庭经营纯收入增长9.7%，财产性收入增长9.0%，转移性收入增长21.9%。农村居民人均纯收入中位数7019元，名义增长13.3%。按农村居民五等份收入分组，低收入组人均纯收入2316元，中等偏下收入组人均纯收入4807元，中等收入组人均纯收入7041元，中等偏上收入组人均纯收入10142元，高收入组人均纯收入19009元。全年农民工总量26261万人，比上年增加983万人，增长3.9%；其中本地农民工9925万人，增长5.4%；外出农民工16336万人，增长3.0%。年末外出农民工人均月收入水平2290元，比上年增长11.8%。

八、货币供应量平稳增长

12月末，广义货币（M2）余额97.42万亿元，比上年末增长13.8%，增速比上年末加快0.2个百分点；狭义货币（M1）余额30.87万亿元，增长6.5%，回落1.4个百分点；流通中现金（M0）余额5.47万亿元，增长7.7%，回落6.1个百分点。12月末，人民币贷款余额62.99万亿元，人民币存款余额91.74万亿元。全年新增人民币贷款8.20万亿元，比上年多增7320亿元；新增人民币存款10.81万亿元，比上年多增1.17万亿元。

九、人口与就业形势总体稳定

2012年年末，中国大陆总人口（包括31个省、自治区、直辖市和中国人民解放军现役军人，不包括香港、澳门特别行政区和台湾省以及海外华侨人数）135404万人，比上年末增加669万人。出生人口1635万人，人口出生率为12.10‰，比上年提高0.17个千分点；死亡人口966万人，人口死亡率为7.15‰，比上年提高0.01个千分点；人口自然增长率为4.95‰，比上年提高0.16个千分点。从性别结构看，男性人口69395万人，女性人口66009万人；总人口性别比为105.13（以女性为100，男性对女性的比例），比上年末下降0.05；出生人口性别比为117.70，比上年末下降0.08。从年龄构成看，60岁及以上人口19390万人，占总人口的14.3%，比上年末提高0.59个百分点；65岁及以上人口12714万人，占总人口的9.4%，比上年末提高0.27个百分点；15－59岁劳动年龄人口93727万人，比上年减少345万人，占总人口的比重为69.2%，比上年末下降0.60个百分点。从城乡结构看，城镇人口71182万人，比上年末增加2103万人；乡村人口64222万人，减少1434万人；城镇人口占总人口比重达到52.57%，比上年末提高1.30个百分点。全国居住地和户口登记地不在同一个乡镇街道且离开户口登记地半年以上的人口（即人户分离人口）2.79亿人，比上年末增加789万人；其中流动人口为2.36亿人，比上年末增加669万人。年末全国就业人员76704万人，比上年末增加284万人；其中城镇就业人员37102万人，比上年末增加1188万人。

下一阶段，要认真贯彻落实党的十八大精神和中央经济工作会议部署，坚持以科学发展为主题，以加快转变发展方式为主线，以提高经济增长质量和效益为中心，稳中求进，扎实工作，进一步深化改革开放，进一步强化创新驱动，进一步加强和改善宏观调控，进一步保障和改善民生，促进经济持续健康发展和社会和谐稳定。

中华人民共和国国家统计局

2013年1月18日

附注：

（1）国内生产总值、规模以上工业增加值及其分类项目增长速度按可比价计算，为实际增长速度；其他指标除特殊说明外，按现价计算，为名义增长速度。

（2）经国务院批准，国家统计局从2011年4月份起对外公布国内生产总值、规模以上工业增加值、固定资产投资（不含农户）、社会消费品零售总额四项统计指标的经季节调整的环比数据。

根据季节调整模型自动修正结果，对近一年各期国内生产总值、规模以上工业增加值、固定资产投资（不含农户）、社会消费品零售总额环比增速进行修订。修订结果及2012年四季度GDP环比数据、2012年12月份其他指标环比数据如下：

2011年及2012年各季度 GDP环比增速分别为2.2%、2.4%、2.3%、1.9%、1.5%、2.0%、2.1%、2.0%。

2012年各月份其他指标环比数据表

	规模以上工业增加值环比增速（%）	固定资产投资（不含农户）环比增速（%）	社会消费品零售总额环比增速（%）
1月份	0.50	1.24	0.19
2月份	0.65	2.31	1.22
3月份	1.20	1.20	1.56
4月份	0.39	1.22	1.17
5月份	0.92	1.77	1.36
6月份	0.81	1.72	1.49
7月份	0.74	1.47	1.28
8月份	0.78	1.37	1.38
9月份	0.86	1.74	1.68
10月份	0.85	1.86	1.38
11月份	0.88	1.26	1.52
12月份	0.87	1.53	1.53

（3）2012年起，国家统计局执行新的国民经济行业分类标准（GB/T 4754—2011），国民经济行业分类调整的具体内容请参见http://www.stats.gov.cn/tjbz。

（4）东部地区包括北京、天津、河北、辽宁、上海、江苏、浙江、福建、山东、广东、海南11个省（直辖市）；中部地区包括山西、吉林、黑龙江、安徽、江西、河南、湖北、湖南8个省；西部地区包括内蒙古、广西、重庆、四川、贵州、云南、西藏、陕西、甘肃、青海、宁夏、新疆12个省（自治区、直辖市）。

（5）固定资产投资（不含农户）和房地产开发投资增速与上年比较，均按照2011年同口径年报数进行比较。

（6）城乡居民人均收入中位数是指将所有调查户按人均收入水平从低到高顺序排列，处于最中间位置的调查户的人均收入。城乡居民收入五等份分组是指将所有调查户按人均收入水平从低到高顺序排列，平均分为五个等份，处于最高20%的收入群体为高收入组，依此类推依次为中等偏上收入组、中等收入组、中等偏下收入组、低收入组。

（7）进出口数据来源于海关总署；货币供应量、人民币存贷款数据来源于中国人民银行。

（8）就业人员是指在16周岁及以上，有劳动能力，为取得劳动报酬或经营收入而从事一定社会劳动的人员。

附表

2012年12月份及全年主要统计数据

指标	12月		1－12月	
	绝对量	同比增长（%）	绝对量	同比增长（%）
一、国内生产总值（亿元）	——	——	519322	7.8
第一产业	——	——	52377	4.5
第二产业	——	——	235319	8.1
第三产业	——	——	231626	8.1
二、农业				
粮食（万吨）	——	——	58957	3.2
夏粮（万吨）	——	——	12995	2.8
早稻（万吨）	——	——	3329	1.6
秋粮（万吨）	——	——	42633	3.5
棉花（万吨）	——	——	684	3.8
油料（万吨）	——	——	3476	5.1
糖料（万吨）	——	——	13493	7.8
猪牛羊禽肉（万吨）	——	——	8221	5.4
#猪肉（万吨）	——	——	5335	5.6
生猪存栏（万头）	——	——	47492	1.6
生猪出栏（万头）	——	——	69628	5.2
禽蛋（万吨）	——	——	2861	1.8
牛奶（万吨）	——	——	3744	2.3
三、规模以上工业增加值	——	10.3	——	10.0
分轻重工业				
轻工业	——	9.6	——	10.1
重工业	——	10.6	——	9.9
分经济类型				
国有及国有控股企业	——	8.0	——	6.4
集体企业	——	5.2	——	7.1
股份制企业	——	12.1	——	11.8
外商及港澳台商投资企业	——	6.9	——	6.3
主要行业增加值				
纺织业	——	10.7	——	12.2
化学原料和化学制品制造业	——	12.8	——	11.7
非金属矿物制品业	——	10.0	——	11.2
黑色金属冶炼和压延加工业	——	12.2	——	9.5
通用设备制造业	——	9.6	——	8.4

续表

指标	12月		1－12月	
	绝对量	同比增长（%）	绝对量	同比增长（%）
汽车制造业	——	6.6	——	8.4
铁路、船舶、航空航天和其他运输设备制造业	——	4.1	——	4.6
电气机械和器材制造业	——	10.7	——	9.7
计算机、通信和其他电子设备制造业	——	15.3	——	12.1
电力、热力生产和供应业	——	6.5	——	5.0
主要产品产量				
发电量（亿千瓦时）	4327	7.6	48188	4.7
生铁（万吨）	5089	5.0	65791	3.7
粗钢（万吨）	5766	7.7	71654	3.1
钢材（万吨）	8138	13.5	95186	7.7
水泥（万吨）	18180	5.4	218405	7.4
原油加工量（万吨）	4312	8.4	46791	3.7
十种有色金属（万吨）	338	16.7	3691	9.3
焦炭（万吨）	3610	5.9	44323	5.2
硫酸（折100%）（万吨）	677	4.1	7637	4.8
烧碱（折100%）（万吨）	230	3.6	2698	3.8
化学纤维（万吨）	335	11.5	3811	11.8
平板玻璃（万重量箱）	5598	0.9	71417	–3.2
乙烯（万吨）	133	–1.3	1487	–2.5
微型计算机设备（万台）	3682	10.8	35419	11.7
集成电路（亿块）	72.4	14.0	830	9.3
汽车（万辆）	191.7	5.3	2060	6.3
其中：轿车（万辆）	104.8	7.9	1119	8.3
产品销售率（%）	99.5	–0.3 (百分点)	98.0	–0.5 (百分点)
出口交货值（亿元）	9928	11.0	106759	7.1
四、固定资产投资（不含农户）（亿元）	——	——	364835	20.6
其中：国有及国有控股	——	——	123694	14.7
分项目隶属关系				
中央项目	——	——	21663	5.9
地方项目	——	——	343172	21.7
分产业				
第一产业	——	——	9004	32.2

续表

指标	12月		1－12月	
	绝对量	同比增长（%）	绝对量	同比增长（%）
第二产业	——	——	158672	20.2
第三产业	——	——	197159	20.6
分行业				
石油和天然气开采业	——	——	2854	6.1
黑色金属矿采选业	——	——	1529	23.7
有色金属矿采选业	——	——	1477	19.0
非金属矿采选业	——	——	1631	26.3
非金属矿物制品业	——	——	12218	17.9
黑色金属冶炼和压延加工业	——	——	5055	-2.0
有色金属冶炼和压延加工业	——	——	4485	20.6
通用设备制造业	——	——	8505	33.6
汽车制造业	——	——	8004	32.8
铁路、船舶、航空航天和其他运输设备制造业	——	——	2319	4.9
电气机械及器材制造业	——	——	8259	4.8
计算机、通信和其他电子设备制造业			5937	12.9
电力、热力生产和供应业	——	——	12815	10.4
铁路运输业	——	——	6056	2.4
道路运输业	——	——	17135	6.6
水利管理业	——	——	4059	19.0
公共设施管理业	——	——	24139	20.5
分登记注册类型				
内资企业	——	——	342148	21.2
港澳台商投资企业	——	——	10185	8.0
外商投资企业	——	——	10630	14.5
分施工和新开工项目				
施工项目计划总投资	——	——	742379	18.1
新开工项目计划总投资	——	——	309083	28.6
新开工项目（个）	——	——	356296	28948
固定资产投资（不含农户）到位资金	——	——	399440	18.6
其中：国家预算内资金	——	——	19244	29.7
国内贷款	——	——	49911	8.4
利用外资	——	——	4509	-10.9
自筹资金	——	——	268828	21.7
其他资金	——	——	56947	13.7
全国建筑业总产值（亿元）	——	——	135303	16.2

续表

指标	12月		1－12月	
	绝对量	同比增长（%）	绝对量	同比增长（%）
全国建筑业房屋建筑施工面积（亿平方米）	——	——	98.1	15.2
五、房地产开发				
房地产开发投资（亿元）	——	——	71804	16.2
其中：住宅	——	——	49374	11.4
房屋施工面积（万平方米）	——	——	573418	13.2
其中：住宅	——	——	428964	10.6
房屋新开工面积（万平方米）	——	——	177334	−7.3
其中：住宅	——	——	130695	−11.2
房屋竣工面积（万平方米）	——	——	99425	7.3
其中：住宅	——	——	79043	6.4
商品房销售面积（万平方米）	——	——	111304	1.8
其中：住宅	——	——	98468	2.0
办公楼	——	——	2254	12.4
商业营业用房	——	——	7759	−1.4
商品房销售额（亿元）	——	——	64456	10.0
其中：住宅	——	——	53467	10.9
办公楼	——	——	2773	12.2
商业营业用房	——	——	7000	4.8
房地产开发企业本年资金来源（亿元）	——	——	96538	12.7
其中：国内贷款	——	——	14778	13.2
利用外资	——	——	402	−48.8
自筹资金	——	——	39083	11.7
其他资金	——	——	42275	14.7
其中：定金及预收款	——	——	26558	18.2
个人按揭贷款	——	——	10524	21.3
房地产开发企业土地购置面积				
（万平方米）	——	——	35667	−19.5
商品房待售面积（万平方米）	——	——	36460	27.0
六、社会消费品零售总额（亿元）	20334	15.2	207167	14.3
其中：限额以上企业（单位）消费品零售额	10773	15.3	101129	14.6
分经营单位所在地				
城镇	17511	15.2	179318	14.3
乡村	2823	15.1	27849	14.5
分消费形态				
餐饮收入	2287	15.1	23283	13.6

续表

指标	12月		1－12月	
	绝对量	同比增长（%）	绝对量	同比增长（%）
其中：限额以上企业（单位）餐饮收入	812	14.1	7799	12.9
商品零售	18047	15.2	183884	14.4
其中：限额以上企业（单位）商品零售	9962	15.4	93330	14.8
粮油食品、饮料烟酒	1291	18.3	12406	17.9
服装鞋帽、针纺织品	1162	16.4	9778	18.0
化妆品	136	16.5	1340	17.0
金银珠宝	225	19.6	2209	16.0
日用品	342	21.9	3364	17.5
体育、娱乐用品	44	22.3	411	10.5
家用电器和音像器材	647	9.7	5936	7.2
中西药品	473	21.4	4814	23.0
文化办公用品	232	12.7	2183	17.7
家具	189	32.4	1604	27.0
通信器材	156	14.0	1540	28.9
石油及制品	1514	19.0	16657	16.9
汽车	2681	9.0	23803	7.3
建筑及装潢材料	238	23.3	1978	24.6
七、进出口（亿美元）				
进出口总额	3668.4	10.2	38667.6	6.2
出口额	1992.3	14.1	20489.3	7.9
进口额	1676.1	6.0	18178.3	4.3
八、年末货币供应量（万亿元）				
广义货币（M2）	——	——	97.42	13.8
狭义货币（M1）	——	——	30.87	6.5
流通中现金（M0）	——	——	5.47	7.7
九、居民消费价格	——	2.5	——	2.6
其中：城市	——	2.5	——	2.7
农村	——	2.5	——	2.5
其中：食品	——	4.2	——	4.8
非食品	——	1.7	——	1.6
其中：消费品	——	2.5	——	2.9
服务项目	——	2.5	——	2.0
分类别	——		——	
食品	——	4.2	——	4.8
烟酒及用品	——	1.5	——	2.9

续表

指标	12月		1－12月	
	绝对量	同比增长（%）	绝对量	同比增长（%）
衣着	——	1.9	——	3.1
家庭设备用品及维修服务	——	1.7	——	1.9
医疗保健及个人用品	——	1.7	——	2.0
交通和通信	——	0.0	——	-0.1
娱乐教育文化用品及服务	——	1.1	——	0.5
居住	——	3.0	——	2.1
十、工业生产者出厂价格	——	-1.9	——	-1.7
生产资料	——	-2.7	——	-2.5
采掘	——	-6.1	——	-2.4
原材料	——	-2.4	——	-2.0
加工	——	-2.5	——	-2.7
生活资料	——	0.5	——	0.8
食品	——	0.9	——	1.4
衣着	——	1.3	——	2.1
一般日用品	——	0.8	——	0.9
耐用消费品	——	-0.8	——	-0.9
十一、工业生产者购进价格	——	-2.4	——	-1.8
燃料、动力类	——	-2.5	——	0.9
黑色金属材料类	——	-8.4	——	-7.1
有色金属材料及电线类	——	-2.5	——	-5.5
化工原料类	——	-3.7	——	-3.9
木材及纸浆类	——	-0.8	——	0.1
建筑材料及非金属类	——	-1.4	——	-0.3
其他工业原材料及半成品类	——	-1.1	——	-1.0
农副产品类	——	1.6	——	0.2
纺织原料类	——	-1.5	——	-0.9
十二、固定资产投资价格	——	0.3 （四季度）	——	1.1
建筑安装工程	——	0.5 （四季度）	——	1.6
材料费	——	-3.9 （四季度）	——	-2.0
人工费	——	9.4 （四季度）	——	9.7
机械使用费	——	3.1 （四季度）	——	3.4
设备、工器具购置	——	-1.3 （四季度）	——	-1.1
其他费用	——	1.8 （四季度）	——	2.2

续表

指标	12月		1－12月	
	绝对量	同比增长（%）	绝对量	同比增长（%）
十三、农产品生产价格	—	0.3（四季度）	—	2.7
种植业产品	—	3.7（四季度）	—	4.8
粮食	—	4.1（四季度）	—	4.8
谷物	—	3.3（四季度）	—	4.8
小麦	—	5.0（四季度）	—	2.9
稻谷	—	2.9（四季度）	—	4.1
玉米	—	3.1（四季度）	—	6.6
油料	—	4.5（四季度）	—	5.2
糖料	—	0.4（四季度）	—	5.0
蔬菜	—	3.9（四季度）	—	9.9
水果	—	−0.6（四季度）	—	3.9
茶叶	—	4.8（四季度）	—	8.8
烟叶	—	11.7（四季度）	—	11.7
林业产品	—	−2.9（四季度）	—	1.2
木材	—	−3.7（四季度）	—	4.2
畜牧业产品	—	−3.7（四季度）	—	−0.3
生猪	—	−11.8（四季度）	—	−4.1
活牛	—	20.9（四季度）	—	16.8
活羊	—	4.4（四季度）	—	7.8
家禽	—	4.9（四季度）	—	3.8
禽蛋	—	4.5（四季度）	—	0.5
渔业产品	—	4.1（四季度）	—	6.2
十四、居民收入和支出（元/人）				
农村居民人均纯收入	—	—	7917	10.7
工资性收入	—	—	3448	16.3
家庭经营纯收入	—	—	3533	9.7
第一产业生产经营收入	—	—	2722	8.0

续表

指标	12月		1－12月	
	绝对量	同比增长（%）	绝对量	同比增长（%）
二、三产业生产经营收入	——	——	811	15.5
财产性收入	——	——	249	9.0
转移性收入	——	——	687	21.9
农村居民人均纯收入中位数	——	——	7019	13.3
农村居民人均消费支出	——	——	5908	10.4
城镇居民人均可支配收入	——	——	24565	9.6
城镇居民人均可支配收入中位数	——	——	21986	15.0
城镇居民人均现金消费支出	——	——	16674	7.1
农民工总量（万人）	——	——	26261	3.9
本地农民工	——	——	9925	5.4
外出农民工	——	——	16336	3.0
年末外出农民工人均月收入水平	——	——	2290	11.8
十五、人口与就业（万人）				
年末人口	——	——	135404	669（万人）
出生人口	——	——	1635	31（万人）
死亡人口	——	——	966	6（万人）
人口出生率（‰）	——	——	12.10	0.17（千分点）
人口死亡率（‰）	——	——	7.15	0.01（千分点）
人口自然增长率（‰）	——	——	4.95	0.16（千分点）
城镇人口	——	——	71182	2103（万人）
乡村人口	——	——	64222	-1434（万人）
城镇人口占总人口比重（%）	——	——	52.57	1.30（百分点）
全国就业人员	——	——	76704	284（万人）
城镇就业人员	——	——	37102	1188（万人）

附注：

1.国内生产总值、规模以上工业增加值及其分类项目增长速度均按可比价计算；农村居民人均纯收入、农村居民人均消费支出、城镇居民人均可支配收入和城镇居民人均现金消费支出增长速度均为实际增长速度；其他指标增长速度均按现价计算。

2.全国建筑业企业指具有资质等级的总承包和专业承包建筑业企业，不含劳务分包建筑业企业。

3.农产品生产价格指农产品生产者直接出售其产品时的价格。

4.2012年起，国家统计局执行新的国民经济行业分类标准（GB/T 4754-2011），具体内容请参见http://www.stats.gov.cn/tjbz。

5.进出口数据来源于海关总署；货币供应量数据来源于中国人民银行。

附图：

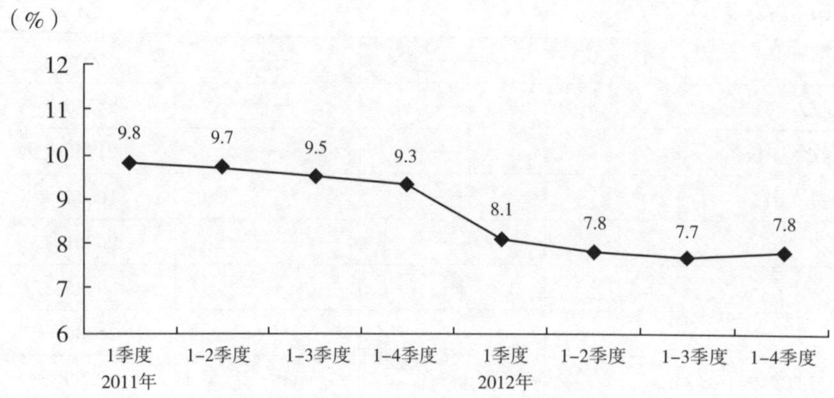

图1　国内生产总值同比增长速度

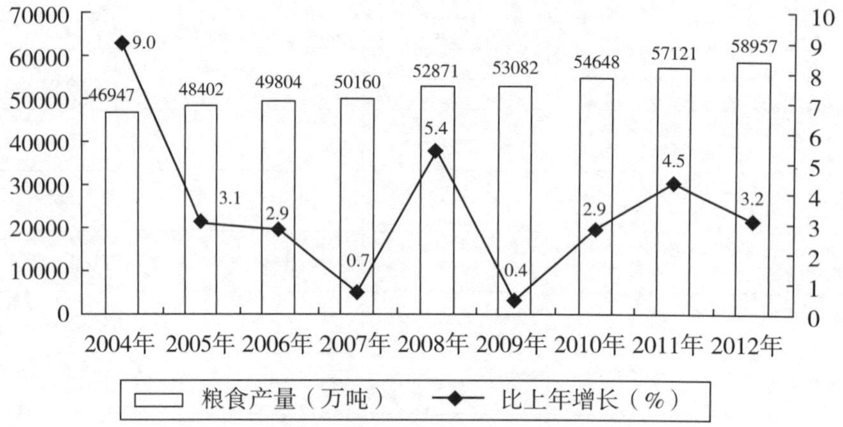

图2　全国粮食产量及其增速

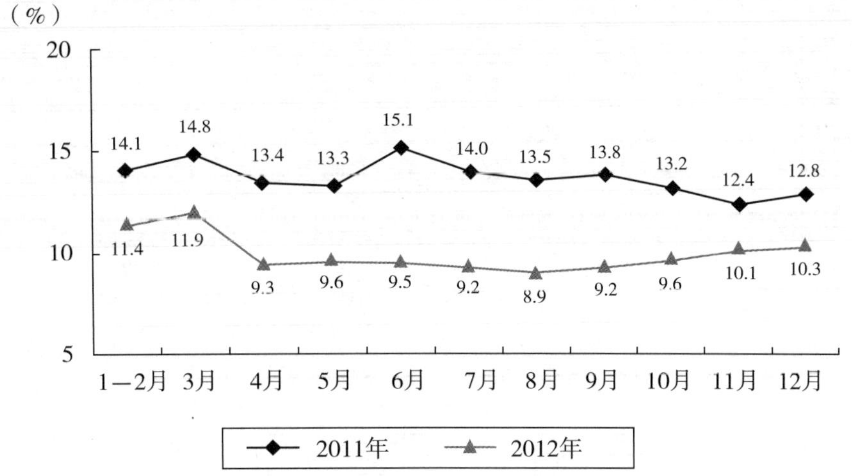

图3 规模以上工业增加值增速（月度同比）

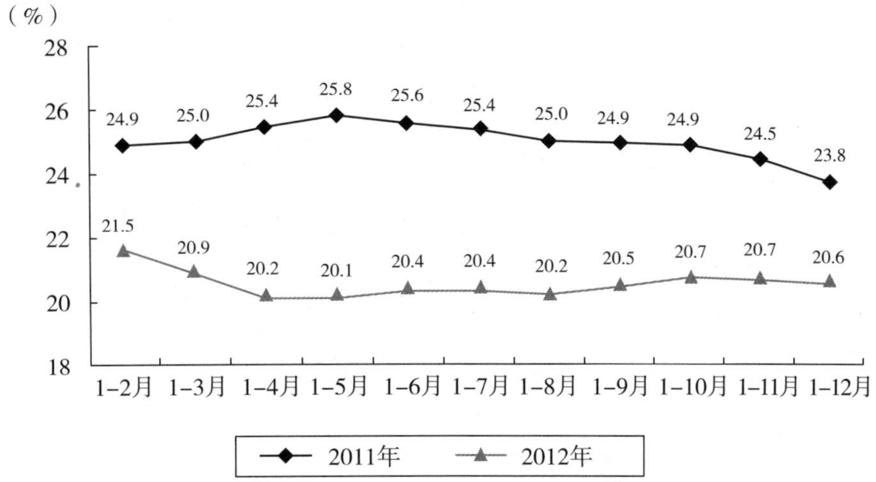

图4 固定资产投资（不含农户）同比增速

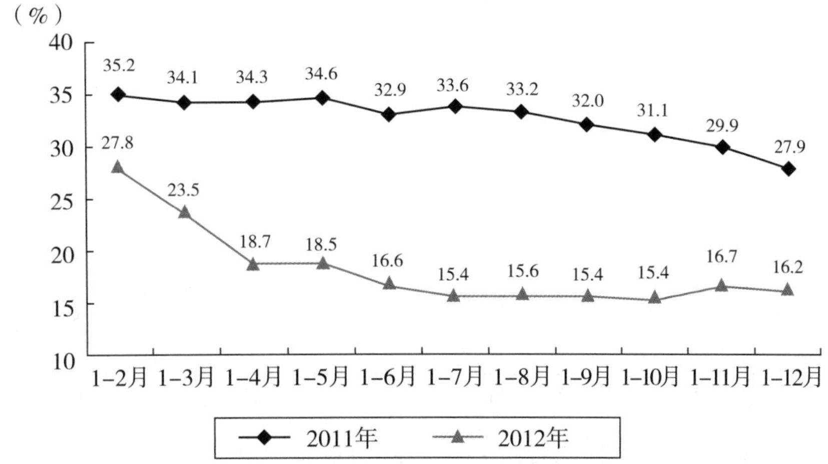

注：以上数据为当期快报数据。

图5 房地产开发投资同比增速

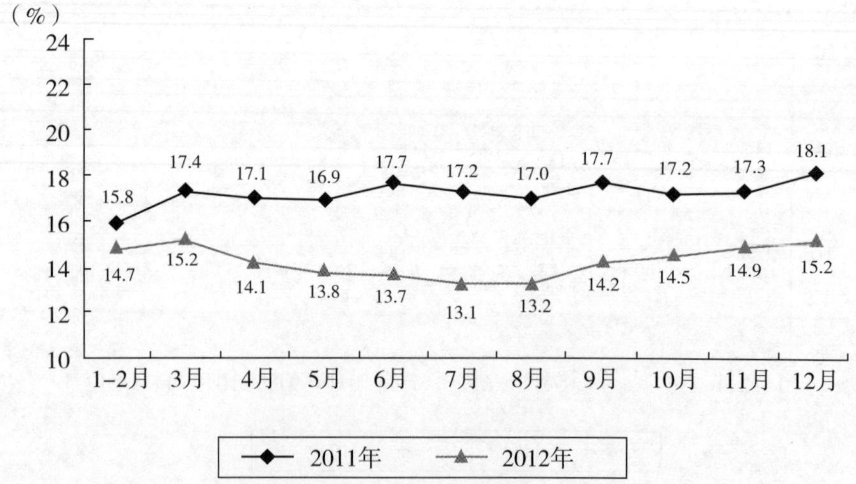

图6 社会消费品零售总额名义增速（月度同比）

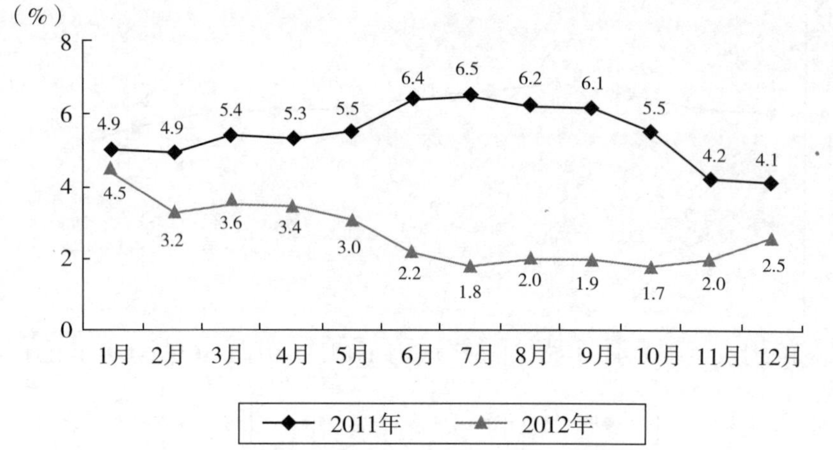

图7 居民消费价格同比上涨情况

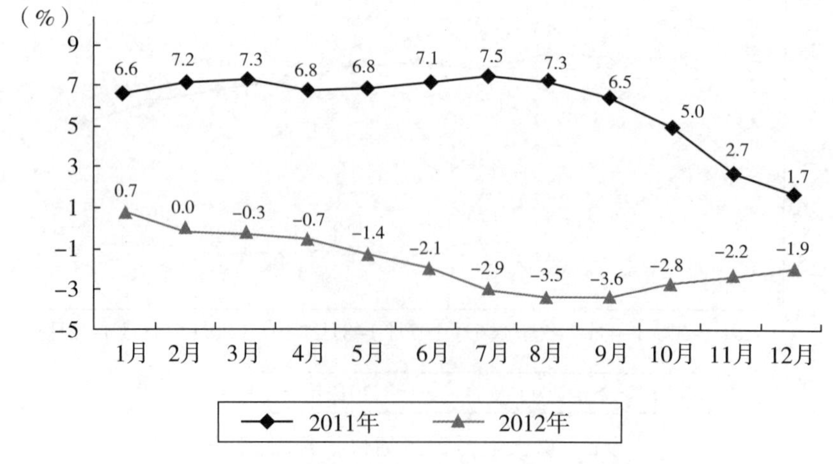

图8 工业生产者出厂价格同比涨跌情况

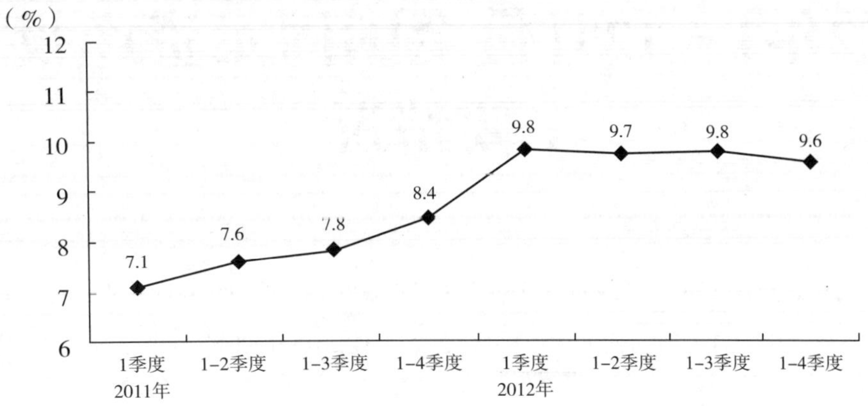

图9 城镇居民人均可支配收入实际增长速度

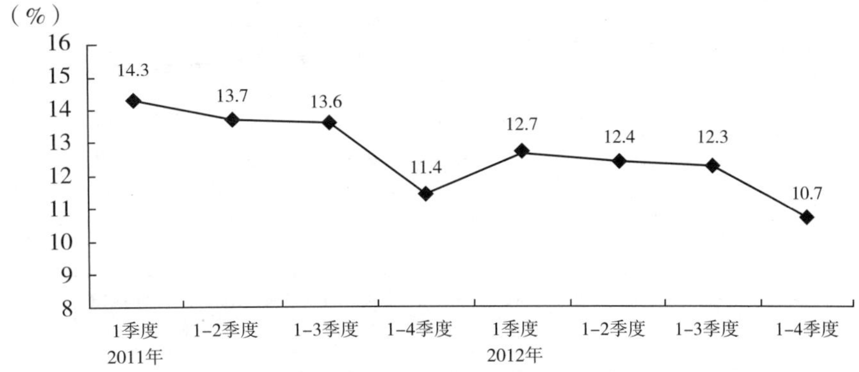

注：1-4季度为农村居民人均纯收入，其他为农村居民人均现金收入。

图10 农村居民人均收入实际增长速度

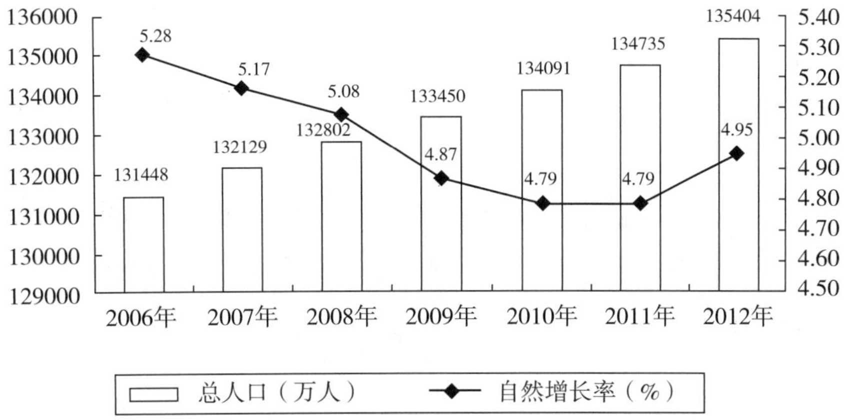

图11 人口及其自然增长率变化情况

2012年1－12月份全国固定资产投资主要情况

2012年1－12月份，全国固定资产投资（不含农户）364835亿元，同比名义增长20.6%（扣除价格因素实际增长19.3%），增速比1－11月份回落0.1个百分点，比2011年回落3.4个百分点。从环比看，12月份固定资产投资（不含农户）增长1.53%。

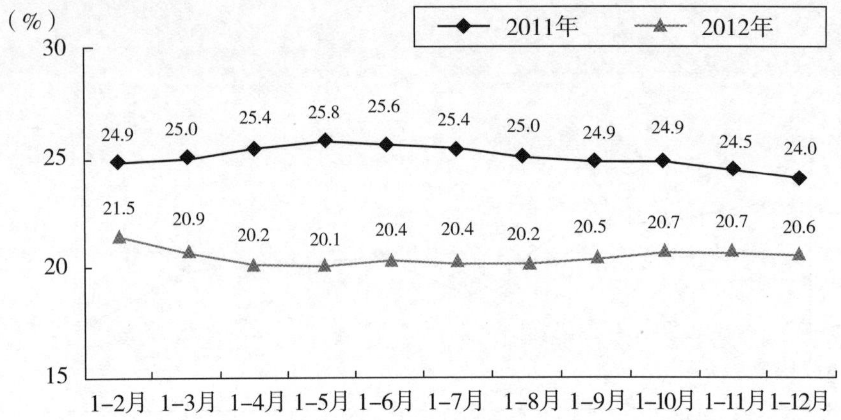

图1　固定资产投资（不含农户）同比增速

分产业看，1－12月份，第一产业投资9004亿元，同比增长32.2%，增速比1－11月份加快1.7个百分点；第二产业投资158672亿元，增长20.2%，增速回落0.9个百分点；第三产业投资197159亿元，增长20.6%，增速加快0.2个百分点。第二产业中，工业投资154636亿元，增长20%，增速比1－11月份回落1.1个百分点；其中，采矿业投资13129亿元，增长11.8%，增速回落0.4个百分点；制造业投资124971亿元，增长22%，增速回落0.8个百分点；电力、热力、燃气及水的生产和供应业投资16536亿元，增长12.8%，增速回落3.4个百分点。

分地区看，1－12月份，东部地区投资169939亿元，同比增长17.8%，增速比1－11月份回落0.2个百分点；中部地区投资103713亿元，增长25.8%，增速回落0.4个百分点；西部地区投资86150亿元，增长24.2%，增速与1－11月份持平。

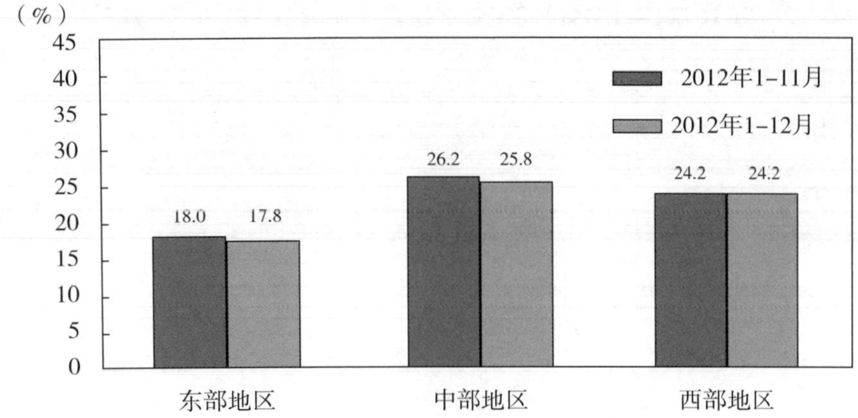

图2 分地区投资相邻两月累计同比增速

分登记注册类型看，1－12月份，内资企业投资342148亿元，同比增长21.2%，增速比1－11月份回落0.2个百分点；港澳台商投资10185亿元，增长8%，增速回落0.8个百分点；外商投资10630亿元，增长14.5%，增速加快2.7个百分点。

从项目隶属关系看，1－12月份，中央项目投资21663亿元，同比增长5.9%，增速比1－11月份回落0.2个百分点；地方项目投资343172亿元，增长21.7%，增速与1－11月份持平。

从施工和新开工项目情况看，1－12月份，施工项目计划总投资742379亿元，同比增长18.1%，增速比1－11月份加快1.8个百分点；新开工项目计划总投资309083亿元，同比增长28.6%，增速回落0.2个百分点。

从到位资金情况看，1－12月份，到位资金399440亿元，同比增长18.6%，增速比1－11月份回落0.2个百分点。其中，国家预算资金增长29.7%，增速回落1.6个百分点；国内贷款增长8.4%，增速回落1.4个百分点；自筹资金增长21.7%，增速加快0.1个百分点；利用外资下降10.9%，降幅比1－11月份扩大0.5个百分点；其他资金增长13.7%，增速与1－11月份持平。

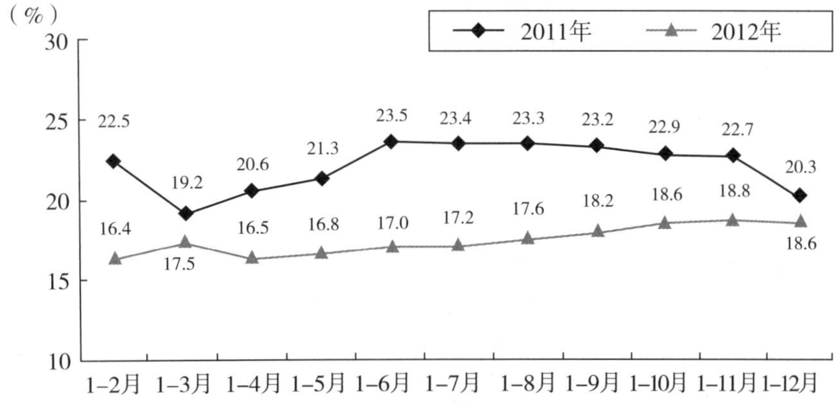

图3 固定资产投资到位资金同比增速

2012年1—12月份固定资产投资（不含农户）主要数据

指 标	1－12月	
	绝对量	同比增长（%）
固定资产投资（不含农户）（亿元）	364835	20.6
其中：国有及国有控股	123694	14.7
分项目隶属关系		
中央项目	21663	5.9
地方项目	343172	21.7
分产业		
第一产业	9004	32.2
第二产业	158672	20.2
第三产业	197159	20.6
分行业		
农林牧渔业	9004	32.2
采矿业	13129	11.8
其中：煤炭开采和洗选业	5286	7.7
石油和天然气开采业	2854	6.1
黑色金属矿采选业	1529	23.7
有色金属矿采选业	1477	19.0
非金属矿采选业	1631	26.3
制造业	124971	22.0
其中：非金属矿物制品业	12218	17.9
黑色金属冶炼和压延加工业	5055	-2.0
有色金属冶炼和压延加工业	4485	20.6
通用设备制造业	8505	33.6
专用设备制造业	8430	45.6
汽车制造业	8004	32.8
铁路、船舶、航空航天和其他运输设备制造业	2319	4.9
电气机械和器材制造业	8259	4.8
计算机、通信和其他电子设备制造业	5937	12.9
电力、热力、燃气及水的生产和供应业	16536	12.8
其中：电力、热力生产和供应业	12815	10.4
建筑业	4036	24.6
交通运输、仓储和邮政业	30296	9.1
其中：铁路运输业	6056	2.4
道路运输业	17135	6.6

续表

指 标	1－12月	
	绝对量	同比增长（%）
水利、环境和公共设施管理业	29296	19.5
其中：水利管理业	4059	19.0
公共设施管理业	24139	20.5
教育	4679	20.3
卫生和社会工作	2645	23.0
文化、体育和娱乐业	4299	36.2
公共管理、社会保障和社会组织	6363	9.2
分注册类型		
内资企业	342148	21.2
港澳台商投资企业	10185	8.0
外商投资企业	10630	14.5
分施工和新开工项目		
施工项目计划总投资	742379	18.1
新开工项目计划总投资	309083	28.6
固定资产投资（不含农户）到位资金	399440	18.6
其中：国家预算资金	19244	29.7
国内贷款	49911	8.4
利用外资	4509	-10.9
自筹资金	268828	21.7
其他资金	56947	13.7

注：1.此表中速度均为未扣除价格因素的名义增速。
2.此表中部分数据因四舍五入的原因，存在总计与分项合计不等的情况。

中华人民共和国国家统计局

附注：

1.指标解释

固定资产投资（不含农户）：是以货币形式表现的在一定时期内完成的建造和购置固定资产的工作量以及与此有关的费用的总称。

到位资金：是指固定资产投资单位在报告期内收到的，用于固定资产投资的各种货币资金，包括国家预算资金、国内贷款、利用外资、自筹资金和其他资金。

新开工项目：是指报告期内所有新开工的建设项目。

国有及国有控股：在企业的全部实收资本中，国有经济成分的出资人拥有的实收资本(股本)所占企业全部实收资本(股本)的比例大于50%的国有绝对控股。

在企业的全部实收资本中，国有经济成分的出资人拥有的实收资本(股本)所占比例虽未大于50%，但相对大于其他任何一方经济成分的出资人所占比例的国有相对控股；或者虽不大于其他经济成分，但根据协议规定拥有企业实际控制权的国有协议控股。

投资双方各占50%，且未明确由谁绝对控股的企业，若其中一方为国有经济成分的，一律按国有控股处理。

行政和事业单位的投资项目都属于国有控股。

登记注册类型：划分企业登记注册类型的依据是工商行政管理部门对企业登记注册的类型，按照国家统计局、国家工商行政管理总局联合印发《关于划分企业登记注册类型的规定》的通知（国统字〔2011〕86号）执行。划分个体经营登记注册类型是依据国家统计局相关规定，按照国家统计局《关于"个体经营"登记注册类型分类及代码的通知》（国统办字〔1999〕2号）执行。

固定资产投资统计报表制度规定，基层统计单位均要填报登记注册类型。登记注册类型由从事固定资产投资活动的企业或个体经营单位填报。已在工商行政管理部门登记的，按登记注册类型填报，未登记的，按投资者的登记注册类型或有关文件的规定填报。

其中内资企业包括国有企业、集体企业、股份合作企业、联营企业、有限责任公司、股份有限公司、私营企业和其他企业。

港澳台商投资企业包括合资经营企业、合作经营企业、港澳台商独资经营企业、港澳台商投资股份有限公司和其他港澳台商投资企业。

外商投资企业包括中外合资经营企业、中外合作经营企业、外资企业、外商投资股份有限公司和其他外商投资企业。

2.统计范围

计划总投资500万元以上的固定资产项目投资及所有房地产开发项目投资。

3.调查方法

固定资产投资统计报表按月进行全面调查（1月份数据免报）。

4.东、中、西部地区划分

东部地区包括北京、天津、河北、辽宁、上海、江苏、浙江、福建、山东、广东、海南11个省（直辖市）；中部地区包括山西、吉林、黑龙江、安徽、江西、河南、湖北、湖南8个省；西部地区包括内蒙古、广西、重庆、四川、贵州、云南、西藏、陕西、甘肃、青海、宁夏、新疆12个省（自治区、直辖市）。

5.行业分类标准

2012年起，国家统计局执行新的国民经济行业分类标准（GB/T 4754—2011），具体请参见http://www.stats.gov.cn/tjbz。

6.增长速度计算

固定资产投资增长速度为名义增速，由于固定资产投资价格指数按季进行计算，除1—3月、1—6月、1—11月、1—12月可计算固定资产投资实际增速外，其他月份只计算名义增速。

根据制度安排，2011年年底快报数用相应的年报数替代，相关增速进行了调整。

7.环比数据修订

根据季节调整模型自动修正程序，对2011年12月份以来的固定资产投资（不含农户）环比增速进行修订。修订结果及12月份环比数据如下表：

	月份	环比增速（%）
2011年	12月	1.53
2012年	1月	1.24
	2月	2.31
	3月	1.20
	4月	1.22
	5月	1.77
	6月	1.72
	7月	1.47
	8月	1.37
	9月	1.74
	10月	1.86
	11月	1.26
	12月	1.53

2012年全国房地产开发和销售情况

一、房地产开发投资完成情况

2012年，全国房地产开发投资71804亿元，比上年名义增长16.2%（扣除价格因素实际增长14.9%），增速比1－11月份回落0.5个百分点，比2011年回落11.9个百分点。其中，住宅投资49374亿元，增长11.4%，增速比1－11月份回落0.5个百分点，占房地产开发投资的比重为68.8%。

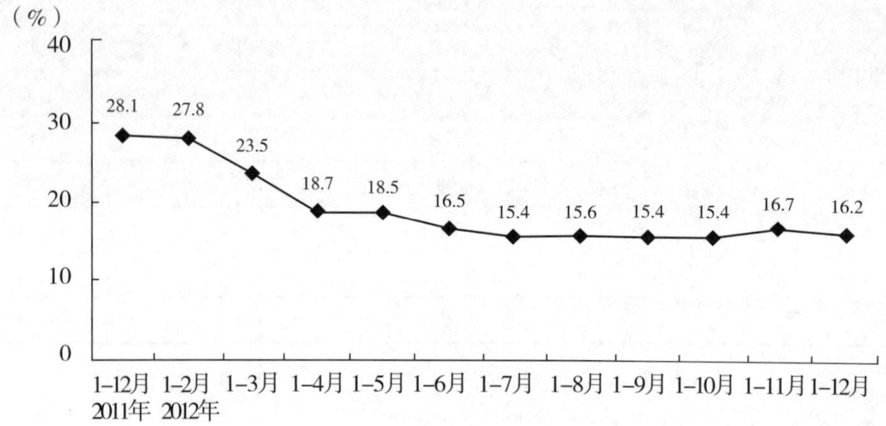

图1　全国房地产开发投资增速

2012年，东部地区房地产开发投资40541亿元，比上年增长13.9%，增速比1－11月份回落0.9个百分点；中部地区房地产开发投资15763亿元，增长18.3%，增速回落1.1个百分点；西部地区房地产开发投资15500亿元，增长20.4%，增速提高0.9个百分点。

2012年，房地产开发企业房屋施工面积573418万平方米，比上年增长13.2%，增速比1－11月份回落0.1个百分点；其中，住宅施工面积428964万平方米，增长10.6%。房屋新开工面积177334万平方米，下降7.3%，降幅比1－11月份扩大0.1个百分点；其中，住宅新开工面积130695万平方米，下降11.2%。房屋竣工面积99425万平方米，增长7.3%，增速比1－11月份回落6.8个百分点；其中，住宅竣工面积79043万平方米，增长6.4%。

2012年，房地产开发企业土地购置面积35667万平方米，比上年下降19.5%，降幅比1－11月份扩大4.7个百分点；土地成交价款7410亿元，下降16.7%，降幅扩大6.4个百分点。

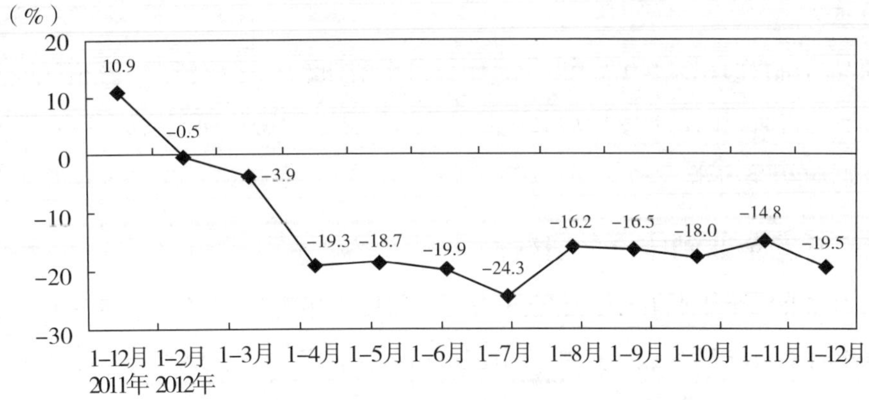

图2　全国房地产开发企业土址购置面积增速

二、商品房销售和待售情况

2012年，商品房销售面积111304万平方米，比上年增长1.8%，增幅比1－11月份回落0.6个百分点，比2011年回落2.6个百分点；其中，住宅销售面积增长2%，办公楼销售面积增长12.4%，商业营业用房销售面积下降1.4%。商品房销售额64456亿元，增长10%，增速比1－11月份提高0.9个百分点，比2011年回落1.1个百分点；其中，住宅销售额增长10.9%，办公楼销售额增长12.2%、商业营业用房销售额增长4.8%。

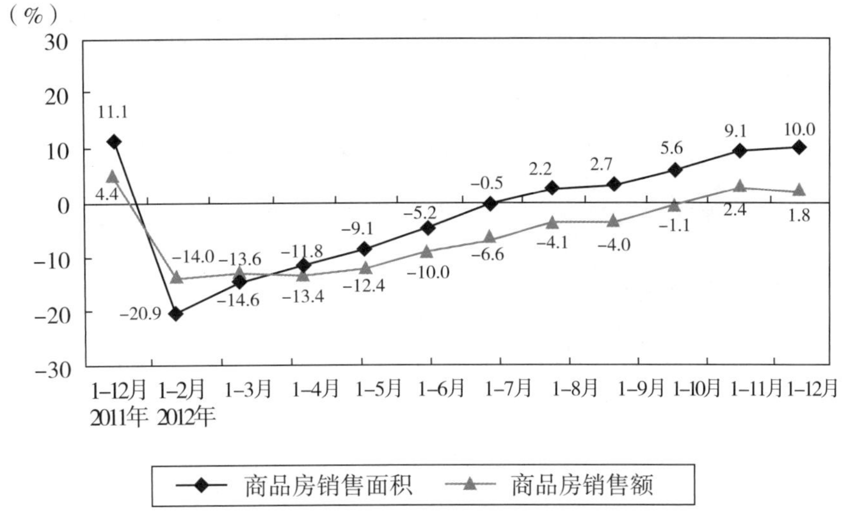

图3　全国商品房销售面积及销售增速

2012年，东部地区商品房销售面积53224万平方米，比上年增长5.7%，增速比1－11月份提高0.7个百分点；销售额38413亿元，增长12.9%，增速提高2.7个百分点。中部地区商品房销售面积30140万平方米，增长2%，增速回落1.8个百分点；销售额13020亿元，增长8.5%，增速回落2.8个百分点。西部地区商品房销售面积27940万平方米，下降5.3%，降幅扩大1.8个百分点；销售额13023亿元，增长3.7%，增速回落0.5个百分点。

12月末，商品房待售面积36460万平方米，比11月末增加2893万平方米，比2011年末增加7752万平方米。其中，住宅待售面积比11月末增加2166万平方米，办公楼待售面积增加122万平方米，商业营业用房待售面积增加348万平方米。

三、房地产开发企业到位资金情况

2012年，房地产开发企业本年到位资金96538亿元，比上年增长12.7%，增速比1－11月份回落1.4个百分点，比2011年回落4.8个百分点。其中，国内贷款14778亿元，增长13.2%；利用外资402亿元，下降48.8%；自筹资金39083亿元，增长11.7%；其他资金42275亿元，增长14.7%。在其他资金中，定金及预收款26558亿元，增长18.2%；个人按揭贷款10524亿元，增长21.3%。

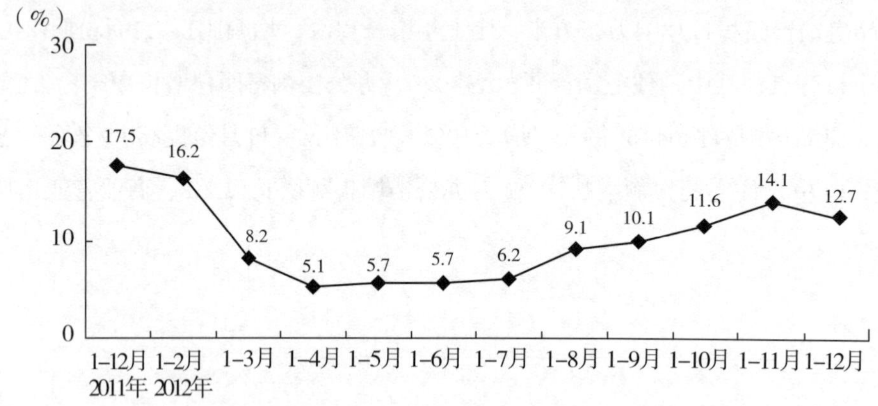

图4 全国房地产开发企业本年到位资金增速

四、房地产开发景气指数

12月份，房地产开发景气指数（简称“国房景气指数”）为95.59，比上月回落0.12点。

表1　2012年全国房地产开发和销售情况

指标	绝对量	比上年增长（%）
房地产开发投资（亿元）	71804	16.2
其中：住宅	49374	11.4
办公楼	3367	31.6
商业营业用房	9312	25.4
房屋施工面积（万平方米）	573418	13.2
其中：住宅	428964	10.6
办公楼	19434	21.5
商业营业用房	65814	17.6
房屋新开工面积（万平方米）	177334	-7.3
其中：住宅	130695	-11.2
办公楼	5986	10.9
商业营业用房	22007	6.2
土地购置面积（万平方米）	35667	-19.5
土地成交价款（亿元）	7410	-16.7
房屋竣工面积（万平方米）	99425	7.3
其中：住宅	79043	6.4
办公楼	2315	2.1
商业营业用房	10226	8.0
商品房销售面积（万平方米）	111304	1.8
其中：住宅	98468	2.0
办公楼	2254	12.4
商业营业用房	7759	-1.4
商品房销售额（亿元）	64456	10.0
其中：住宅	53467	10.9
办公楼	2773	12.2
商业营业用房	7000	4.8
商品房待售面积（万平方米）	36460	27.0
其中：住宅	23619	30.6
办公楼	1555	23.0
商业营业用房	7130	17.0
房地产开发企业本年资金来源（亿元）	96538	12.7
其中：国内贷款	14778	13.2
利用外资	402	-48.8
自筹资金	39083	11.7
其他资金	42275	14.7
其中：定金及预收款	26558	18.2
个人按揭贷款	10524	21.3

表2 2012年东中西部地区房地产开发投资情况

地区	投资额（亿元）	住宅	比上年增长（%）	住宅
全国总计	71804	16.2	49374	11.4
东部地区	40541	13.9	27649	9.6
中部地区	15763	18.3	11063	12.2
西部地区	15500	20.4	10662	15.5

表3 2012年东中西部地区房地产销售情况

地 区	商品房销售面积		商品房销售额	
	绝对数（万平方米）	比上年增长（%）	绝对数（亿元）	比上年增长（%）
全国总计	111304	1.8	64456	10.0
东部地区	53224	5.7	38413	12.9
中部地区	30140	2.0	13020	8.5
西部地区	27940	–5.3	13023	3.7

中华人民共和国国家统计局

附注：

1.指标解释

房地产开发企业本年完成投资：指报告期内完成的全部用于房屋建设工程、土地开发工程的投资额以及公益性建筑和土地购置费等的投资。该指标是按照形象进度原则统计累计数据。

商品房销售面积：指报告期内出售新建商品房屋的合同总面积（即双方签署的正式买卖合同中所确认的建筑面积）。该指标是累计数据。

商品房销售额：指报告期内出售新建商品房屋的合同总价款（即双方签署的正式买卖合同中所确认的合同总价）。该指标与商品房销售面积同口径，也是累计数据。

房地产开发企业本年资金来源：指房地产开发企业报告期内实际可用于房地产开发的各种货币资金及来源渠道。具体细分为国内贷款、利用外资、自筹资金和其他资金。该指标是累计数据。

房屋施工面积：指房地产开发企业报告期内施工的全部房屋建筑面积。包括本期新开工的面积、上期跨入本期继续施工的房屋面积、上期停缓建在本期恢复施工的房屋面积、本期竣工的房屋面积以及本期施工后又停缓建的房屋面积。多层建筑物的施工面积指各层建筑面积之和。

房屋新开工面积：指房地产开发企业报告期内新开工建设的房屋面积，以单位工程为核算对象。不包括在上期开工跨入报告期继续施工的房屋建筑面积和上期停缓建而在本期复工的建筑面积。房屋的开工以房屋正式开始破土刨槽（地基处理或打永久桩）的日期为准。房屋新开工面积指整栋房屋的全部建筑面积，不能分割计算。

房屋竣工面积：指报告期内房屋建筑按照设计要求已全部完工，达到住人和使用条件，经验收鉴定合格或达到竣工验收标准，可正式移交使用的各栋房屋建筑面积的总和。

土地购置面积：指房地产开发企业在本年内通过各种方式获得土地使用权的土地面积。

土地成交价款：指房地产开发企业进行土地使用权交易活动的最终金额。在土地一级市场，是指土地最后的划拨款、“招拍挂”价格和出让价；在土地二级市场是指土地转让、出租、抵押等最后确定的合同价格。土地成交价款与土地购置面积同口径，可以计算土地的平均购置价格。

2.统计范围

全部房地产开发经营法人单位。

3.调查方式

按月（1月份除外）进行全面调查。

4.全国房地产开发景气指数简要说明

全国房地产开发景气指数遵循经济周期波动的理论，以景气循环理论与景气循环分析方法为依据，运用时间序列、多元统计、计量经济分析方法，以房地产开发投资为基准指标，选取了房地产投资、资金、面积、销售有关指标，剔除季节因素和随机因素的影响，采用增长率循环方法编制而成。国房景气指数选择2000年为基年，将其增长水平定为100。通常情况下，国房景气指数100点是最合适的水平，95至105点之间为适度水平，95以下为较低水平，105以上为偏高水平。

5.东、中、西部地区划分

东部地区包括北京、天津、河北、辽宁、上海、江苏、浙江、福建、山东、广东、海南11个省（市）；中部地区包括山西、吉林、黑龙江、安徽、江西、河南、湖北、湖南8个省；西部地区包括内蒙古、广西、重庆、四川、贵州、云南、西藏、陕西、甘肃、青海、宁夏、新疆12个省（市、自治区）。

6.增长速度计算

房地产开发投资增长速度为名义增速，由于固定资产投资价格指数按季进行计算，除1—3月、1—6月、1—9月、1—12月可计算房地产开发投资实际增速外，其他月份只计算名义增速。

根据制度安排，2011年年底快报数用相应的年报数替代，相关增速进行了调整。

2012年全国规模以上工业企业实现利润同比增长5.3%

2012年全国规模以上工业企业实现利润55578亿元，同比增长5.3%。12月当月实现利润8952亿元，同比增长17.3%。

2012年在规模以上工业企业中，国有及国有控股企业实现利润14163亿元，同比下降5.1%；集体企业实现利润819亿元，同比增长7.5%；股份制企业实现利润32867亿元，同比增长7.2%；外商及港澳台商投资企业实现利润12688亿元，同比下降4.1%；私营企业实现利润18172亿元，同比增长20%。

在41个工业大类行业中，29个行业利润同比增长，11个行业同比下降，1个行业由同期亏损转为赢利。主要行业利润增长情况：农副食品加工业利润同比增长20.6%，通用设备制造业增长4.2%，汽车制造业增长5.6%，电气机械和器材制造业增长8.3%，计算机、通信和其他电子设备制造业增长7.9%，电力、热力生产和供应业增长69.1%，石油和天然气开采业下降2.2%，化学原料和化学制品制造业下降5.9%，黑色金属冶炼和压延加工业下降37.3%，石油加工、炼焦和核燃料加工业由同期亏损转为赢利。

规模以上工业企业实现主营业务收入915915亿元，同比增长11%。每百元主营业务收入中的成本为84.77元，主营业务收入利润率为6.07%。

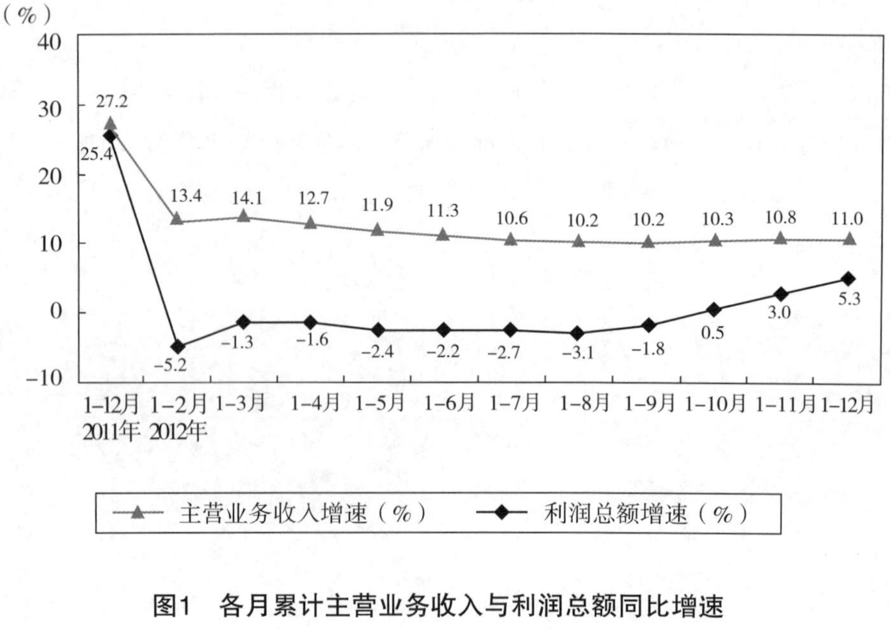

图1　各月累计主营业务收入与利润总额同比增速

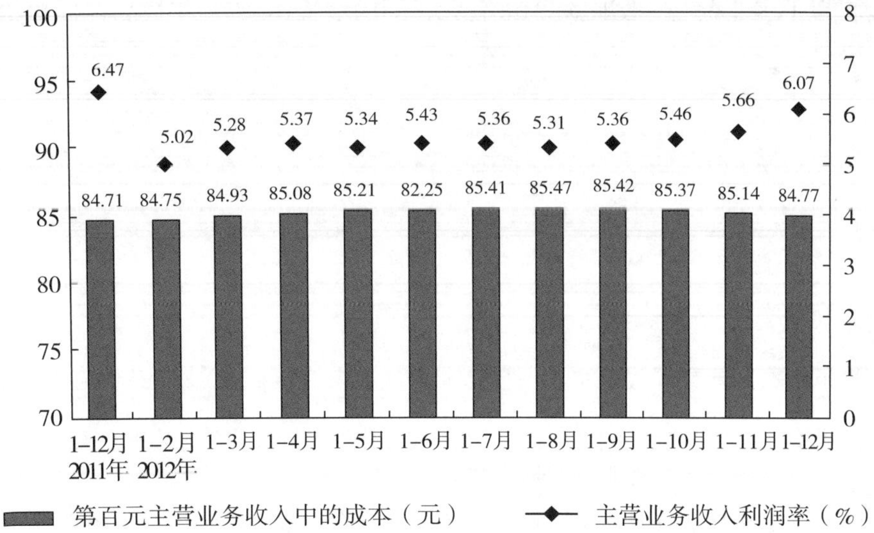

各月累计每百元主营业务收入中的成本与主营业务收入利润率

在规模以上工业企业中，国有及国有控股企业实现主营业务收入242519亿元，同比增长6.3%，每百元主营业务收入中的成本为82.88元，主营业务收入利润率为5.84%；集体企业实现主营业务收入11581亿元，同比增长7.9%，每百元主营业务收入中的成本为84.79元，主营业务收入利润率为7.08%；股份制企业实现主营业务收入531097亿元，同比增长13%，每百元主营业务收入中的成本为84.46元，主营业务收入利润率为6.19%；外商及港澳台商投资企业实现主营业务收入220677亿元，同比增长5.4%，每百元主营业务收入中的成本为85.78元，主营业务收入利润率为5.75%；私营企业实现主营业务收入282636亿元，同比增长17.5%，每百元主营业务收入中的成本为85.44元，主营业务收入利润率为6.43%。

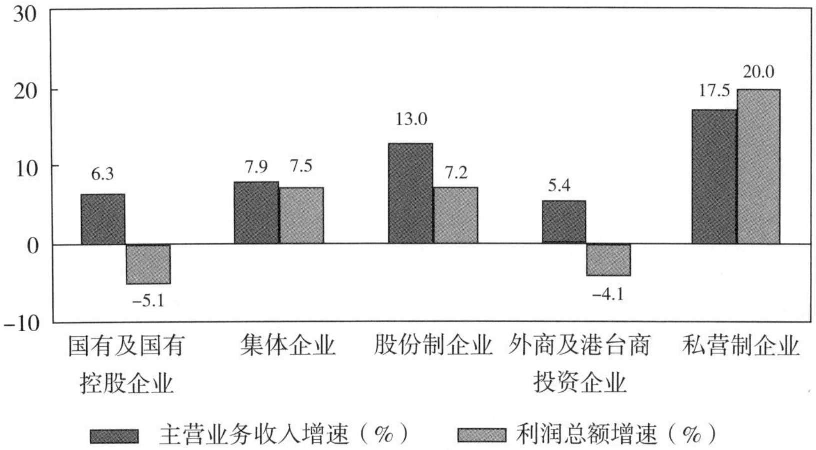

2012年分经济类型主营业务收入与利润总额增速

12月末，规模以上工业企业应收账款82190亿元，同比增长16.9%。产成品存货30183亿元，同比增长7.2%。

中华人民共和国国家统计局

附注：

1．指标解释

利润总额：指企业在生产经营过程中各种收入扣除各种耗费后的盈余，反映企业在报告期内实现的盈亏总额。

主营业务收入：指企业经营主要业务所取得的收入总额。

应收账款：指企业因销售产品或商品、提供劳务等，应向购货单位或接受劳务单位收取的款项。

产成品存货：指企业报告期末已经加工生产并完成全部生产过程，可以对外销售的制成产品。

每百元主营业务收入中的成本=主营业务成本/主营业务收入×100

主营业务收入利润率=利润总额/主营业务收入×100%

2．统计范围

从2011年起，规模以上工业企业起点标准由原来的年主营业务收入500万元提高到年主营业务收入2000万元。

3．数据收集

规模以上工业企业财务状况报表按月进行全面调查（1月份数据免报）。

4．行业分类标准

从2012年起，国家统计局执行新的国民经济行业分类标准（GB/T4754—2011），工业大类行业由原来的39个调整为41个，具体请参见http://www.stats.gov.cn/tjbz。

第三篇

2012年中国主要城市经济发展概况

中国直辖市

| 北京市 | 上海市 | 天津市 | 重庆市 |

1

2012年北京市经济发展概况

【经济总量】2012年，北京市全年实现地区生产总值（GDP）17801亿元，比上年增长7.7%。其中，第一产业增加值150.3亿元，增长3.2%；第二产业增加值4058.3亿元，增长7.5%；第三产业增加值13592.4亿元，增长7.8%。按常住人口计算，全市人均地区生产总值达到87091元（按年平均汇率折合13797美元）。三次产业结构由上年的0.8：23.1：76.1变化为0.8：22.8：76.4。

全市完成地方公共财政预算收入3314.9亿元，比上年增长10.3%。地方公共财政预算支出（含中央追加支出）3685.3亿元，增长13.6%。其中，用于文化体育与传媒、交通运输、教育、社会保障和就业、农林水事务的支出分别增长61.7%、22.4%、20.9%、19.2%和18.9%。

【农业】2012年，北京市实现农林牧渔业总产值395.7亿元，比上年增长9%。其中，受平原造林带动，林业实现产值54.8亿元，比上年增长1.9倍。全年粮食播种面积19.4万公顷，比上年减少1.6万公顷。粮食产量113.8万吨，下降6.6%。其中，夏粮产量27.5万吨，秋粮产量86.3万吨。

全市农业观光园1283个，比上年减少17个；观光园总收入26.9亿元，增长23.8%。民俗旅游实际经营户8367户，比上年减少29户；民俗旅游总收入9.1亿元，增长4.3%。种业收入16.1亿元，比上年下降11.2%。已利用设施农业占地面积1.9万公顷，比上年增长2.4%；实现收入52亿元，增长14%。

【工业和建筑业】2012年，北京市实现工业增加值3294.3亿元，比上年增长7%。其中，规模以上工业企业增加值增长7%。在规模以上工业中，高技术制造业、现代制造业增加值分别增长11.3%和7.4%。规模以上工业销售产值15267.5亿元，增长6.7%。其中内销产值13768.6亿元，增长7.8%；出口交货值1498.9亿元，下降2.3%。产品销售率为99.1%。

全年规模以上工业企业经济效益综合指数为253.2，比上年提高4.7个百分点。规模以上工业企业实现利润1216.6亿元，比上年增长6.4%。其中，国有及国有控股企业实现利润768.3亿元，增长14.7%。从利润占比较大的行业看，电力、热力生产和供应业实现利润353.8亿元，增长43.1%；汽车制造业实现利润224.3亿元，增长11.1%；医药制造业实现利润86.1亿元，增长12.9%；计算机、通信和其他电子设备制造业实现利润64亿元，下降33%；专用设备制造业实现利润54.4亿元，下降15.7%；通用设备制造业实现利润49.9亿元，下降30.2%。

在全市建筑业中，具有资质等级的总承包和专业承包建筑业企业完成建筑业总产值6564.8亿元，比上年增长8.6%。其中，本市完成2565.9亿元，增长10.7%；外埠完成3998.9亿元，增长7.3%。全年新签合同额8050.6亿元，增长5.2%。

【固定资产投资】2012年，北京市完成全社会固定资产投资6462.8亿元，比上年增长9.3%。其中，国有及国有控股单位完成投资3972.6亿元，比上年增长15%；民间投资完成2087.1亿元，比上年增长4.9%。

分产业看，第一产业投资145.4亿元，增长2.1倍；第二产业投资719.8亿元，下降5.6%，其中工业投资707.8亿元，下降5.9%；第三产业投资5597.5亿元，增长9.7%。

全年完成基础设施投资1789.2亿元，增长27.8%，主要投向交通运输和公共服务业，交通运输投资712亿元，所占比重为39.8%，公共服务业投资508.1亿元，所占比重为28.4%。

房地产开发：全年完成房地产开发投资3153.4亿元，比上年增长3.9%。其中住宅投资1628亿元，下降8.5%；办公楼投资384.8亿元，增长5.8%；商业营业用房投资275.9亿元，下降7%。全年新开工建设、收购各类保障性住房18万套，基本建成10万套。

【科学技术】2012年，北京市研究与试验发展经费支出1031.1亿元，比上年增长10.1%；相当于地区生产总值的5.79%。全市研究与试验发展活动人员31.8万人，比上年增长7.2%。全市专利申请量与授权量分别为92305件和50511件，分别增长18.4%和23.5%；其中发明专利申请量与授权量分别为52720件和20140件，增长17%和26.8%。全年共签订各类技术合同59969项，增长12%；技术合同成交总额2458.5亿元，增长30.1%。

【国内贸易和对外经济】2012年，北京市批发和零售业实现商品购销总额98285.5亿元，比上年增长9%；其中，实现销售总额50777.5亿元，增长10.2%。在批发和零售业商品销售总额中，批发业实现43211亿元，比上年增长9.8%；零售业实现7566.5亿元，比上年增长12.5%。

全年实现社会消费品零售额7702.8亿元，比上年增长11.6%。限额以上批发和零售企业中，汽车类实现零售额1531.4亿元，增长12.4%；中西药品类实现零售额621.3亿元，增长20.6%；通信器材类实现零售额292.8亿元，增长57.9%；书报杂志类实现零售额124.9亿元，增长26%；体育娱乐用品类实现零售额89.2亿元，增长17.9%。限额以上批发和零售企业实现网上零售额596.8亿元，增长99.8%。

全年北京地区进出口总值4079.2亿美元，比上年增长4.7%。其中出口596.5亿美元，增长1.1%；进口3482.7亿美元，增长5.3%。

全年批准合同外资113.5亿美元，比上年增长0.5%。实际利用外资金额80.4亿美元，增长14%。全年境外投资中方实际投资额11.9亿美元，比上年增长59.2%。对外承包工程完成营业额29亿美元，增长16.4%。对外劳务合作人员实际收入5737万美元，增长50.8%。

【旅游和开发区】2012年，北京市接待入境旅游者500.9万人次，比上年下降3.8%。其中，外国人434.4万人次，下降2.9%；港、澳、台同胞66.5万人次，下降8.9%。旅游外汇收入51.5亿美元，下降

4.9%。全年接待国内旅游者2.3亿人次，增长8.4%。国内旅游收入3301.3亿元，增长15.3%。国内外旅游收入总计达到3626.6亿元，增长12.8%。全年出境游人数272.5万人次，增长47.9%。

全市国家级与市级开发区累计招商项目3985个；投产开业企业26014个，比上年末增加1892个。各类开发区实现总收入2.8万亿元，比上年增长21.7%；实现利润总额1955.3亿元，增长12.8%。

中关村国家自主创新示范区投产开业企业15500个，比上年末增加296个；实现总收入2.4万亿元，比上年增长25%（其中本年新认定入区企业对总收入增长的贡献率在一半左右）。全年实现技术收入3197.9亿元，增长12.4%；实现新产品销售收入3294亿元，下降11%；出口总额231.5亿美元，下降2.4%；实现利润总额1731.3亿元，增长12.9%。北京经济技术开发区投产开业企业3014个，实现总收入3848.2亿元，比上年下降7.1%；实现利润总额275.1亿元，下降19%。

【交通、运输和邮电】2012年，北京市货运量28649.5万吨，比上年增长6.7%。全年客运量149035.6万人，比上年增长2.2%。年末全市机动车拥有量520万辆，比上年末增加21.7万辆。民用汽车495.7万辆，增加22.5万辆；其中私人汽车407.5万辆，私人汽车中轿车298.2万辆，分别增加17.8万辆和12万辆。

全年实现邮电业务总量547.3亿元，比上年增长12.2%。其中，邮政业务总量58.4亿元，增长13.3%；电信业务总量488.9亿元，增长12.1%。全年发送邮政函件6.7亿件，下降5.1%；特快专递3984万件，增长22.3%。全年新增移动电话用户592.1万户，年末累计达到3168万户，其中3G移动电话用户855.5万户。

【金融和保险】2012年年末，北京市金融机构（含外资）本外币存款余额84837.3亿元，比年初增加9843.8亿元，增加额比上年多1222.5亿元。其中人民币存款余额81389.6亿元，比年初增加8742.6亿元，增加额比上年多315.6亿元。年末全市金融机构（含外资）本外币贷款余额43189.5亿元，比年初增加3508亿元，增加额比上年多138.9亿元。其中人民币贷款余额36441.3亿元，比年初增加3053.3亿元，增加额比上年少938.4亿元。

2012年，北京市证券市场各类证券成交额85412.9亿元，比上年增长8%。其中股票成交额44993.4亿元，下降27.1%；基金成交额2355.9亿元，增长57.6%；债券成交额37388.6亿元，增长1.4倍。年末股票市场累计开户数551.5万户，比上年末增加30万户。

2012年，北京市实现原保险保费收入923.1亿元，比上年增长12.5%。其中，财产险保费收入267亿元，人身险保费收入656.1亿元。全年各类保险赔付支出286.2亿元。其中财产险赔付152.3亿元，人身险赔付133.9亿元。

2

2012年上海市经济发展概况

【经济总量】2012年，上海市全年实现地区生产总值（GDP）值20101.33亿元，按可比价格计算，比上年增长7.5%。其中，第一产业增加值127.8亿元，增长0.5%；第二产业增加值7912.77亿元，增长3.1%；第三产业增加值12060.76亿元，增长10.6%。第三产业增加值占上海市生产总值的比重首次达到60%，比上年提高2个百分点。按常住人口计算的上海市人均生产总值为8.5万元。

全年地方财政收入3743.71亿元，比上年增长9.2%。地方财政支出4184.02亿元，增长6.9%。

【农业】2012年，上海市实现农业总产值320.76亿元，比上年增长0.4%。其中，种植业171.2亿元，增长0.3%；林业8.87亿元，增长4.8%；牧业72.63亿元，下降0.7%；渔业57.81亿元，增长1.5%；农林牧渔服务业10.25亿元，增长2.5%。上海域外市属农场实现农业总产值16.08亿元，增长17.7%。全年全市粮食播种面积187.61千公顷，比上年增长0.7%；粮食产量122.39万吨，增长0.4%；水产品产量27.21万吨，下降4.1%。全年水稻良种覆盖率达99.8%。

【工业和建筑业】2012年，上海市实现工业增加值7159.36亿元，比上年增长2.8%。其中，规模以上工业增加值6446.14亿元，增长2.9%。在规模以上工业增加值中，轻工业2078.1亿元，增长4.7%；重工业4368.04亿元，增长2%。全年工业总产值33186.41亿元，比上年下降0.3%。其中，规模以上工业总产值31548.41亿元，下降0.4%。

全年战略性新兴产业总产出10089.44亿元，按现价计算，比上年下降1.4%。其中，制造业部分实现工业总产值7580.99亿元，下降4.1%；服务业部分实现总产出2508.45亿元，增长7.5%。

全年规模以上工业企业实现利润总额2131.33亿元，比上年下降2.8%；实现税金总额1637.28亿元，增长6%。其中，国有控股工业企业实现利润1120.05亿元，增长3.2%；实现税金1202.54亿元，增长4.8%，占税金总额的比重为73.4%。工业企业亏损面为22%。

全年实现建筑业总产值4564.13亿元，比上年增长6.4%；房屋建筑施工面积27059.48万平方米，增长12.7%；竣工面积5196.12万平方米，下降7%。建筑企业按总产值计算的全员劳动生产率达到人均39.97万元，比上年提高13%。

【固定资产投资】2012年，上海市完成全社会固定资产投资总额5254.38亿元，比上年增长3.7%。其中，第一产业投资11.20亿元，减少37.6%；第二产业投资1294.141294.14亿元，增长0.3%；第三产业投资3949.04亿元，增长5.1%，占全社会固定资产投资总额的比重达到75.2%。

全年完成房地产开发投资2381.36亿元，比上年增长9.7%。其中，住宅投资1451.94亿元，增长3.8%；办公楼投资262.85亿元，增长13.7%；商业营业用房投资293.75亿元，增长24.4%。商品房施工面积13249.97万平方米，增长2.1%。竣工面积2305.06万平方米，增长2.9%。销售面积1898.46万平方米，增长7.2%。

【科学技术】2012年，上海市用于研究与试验发展经费支出635亿元，相当于上海市生产总值的比例为3.16%。全年受理专利申请量82682件，比上年增长3.1%。其中，发明专利37139件，增长15.5%。全年专利授权量51508件，增长7.4%。其中，发明专利11379件，增长24.2%。全市国家级创新型企业达到15家，国家级创新型试点企业19家，市级创新型企业达到500家。科技小巨人企业和小巨人培育企业共878家，高新技术企业4312家，技术先进型服务企业281家。全市年内认定和复审高新技术企业1442家。至年末，全市共认定高新技术成果转化项目8545项。其中，年内认定714项。在年内认定的高新技术成果转化项目中，电子信息、生物医药、新材料等重点领域项目占87.7%；拥有自主知识产权的项目占100%。全年经认定登记的各类技术交易合同2.8万件，比上年下降4.4%；合同金额588.52亿元，增长6.9%。

【国内贸易和对外经济】2012年，上海市实现批发和零售业增加值3291.93亿元，比上年增长11.5%。全年实现商品销售总额5.38万亿元，比上年增长16.8%。其中，批发销售额4.72万亿元，增长17.9%。全年实现社会消费品零售总额7387.32亿元，比上年增长9%。其中，限额以上消费品零售额5293.24亿元，增长7.5%（见表7）。在限额以上零售企业中，网上商店实现零售额238.59亿元，增长75.5%。

全年上海市外贸进出口总额4367.58亿美元，比上年下降0.2%。其中，进口2299.51亿美元，比上年增长1%；出口2068.07亿美元，下降1.4%。按市场分，对欧盟进口510.79亿美元，增长9.6%；出口391.07亿美元，下降10.3%。

全年批准外商直接投资合同项目4043项，比上年下降6.6%；合同金额223.38亿美元，比上年增长11.1%；实际到位金额151.85亿美元，增长20.5%。全年第三产业实际到位金额126.79亿美元，增长21.6%。全年批准总投资在1000万美元以上的外商直接投资项目286项，合同金额194.49亿美元。至年末，在上海投资的国家和地区已达154个。年内新增跨国公司地区总部50家，投资性公司25家，外资研发中心17家。至年末，在上海落户的跨国公司地区总部达到403家，投资性公司265家，外资研发中心351家。

全年新批对外投资项目249项，比上年增长8.7%；投资总额32.4亿美元，增长22%。签订对外承包工程合同金额103.11亿美元，比上年下降16.5%；实际完成营业额68.12亿美元，增长14.7%。对外劳务合作派出人员17767人次，增长1倍。至年末，上海对外承包工程和劳务合作涉及的国家和地区已达178个。

【交通、邮电和旅游】2012年，上海市实现交通运输、仓储和邮政业增加值895.31亿元，比上年增长5%。

全年各种运输方式完成货物运输总量94376.25万吨，比上年增长1.1%。旅客发送总量14546.55万人次，增长7.6%。全年上海港口货物吞吐量达到7.36亿吨，比上年增长1.1%。全年港口集装箱吞吐量3252.94万国际标准箱，增长2.5%。集装箱水中转比例达到42.8%，比上年提高1.7个百分点。上海浦东、虹桥两大国际机场全年共起降航班59.67万架次，增长4%；进出港旅客达到7870.84万人次，增长5.6%。其中，国内航线进出港旅客5473.74万人次，增长4.7%；国际及地区航线进出港旅客2397.09万人次，增长7.6%。

全年完成邮政业务总量52.61亿元，比上年增长3.2%。电信业务总量447.4亿元，增长9.2%。至年末，全市移动电话用户3008.3万户，比上年末增加387.7万户。其中，第三代移动通信技术（3G）用户

748.2万户，增加283.5万户。

全年实现旅游产业增加值1497.68亿元，比上年增长4.9%。全年接待国际旅游入境人数800.4万人次，比上年下降2.1%。其中，入境外国人633.03万人次，下降2.4%；港、澳、台同胞167.37万人次，下降1.1%。全年接待国内旅游者25093.69万人次，比上年增长8.7%。其中，外省市来沪旅游者11495.91万人次，增长5.7%。全年入境旅游外汇收入55.82亿美元，下降4.3%；国内旅游收入3224.39亿元，增长15.7%。

【金融和保险】2012年，上海市实现金融业增加值2450.36亿元，比上年增长12.6%。全年新增各类金融单位136家。至年末，全市各类金融单位达到1124家。其中，货币金融服务单位510家，资本市场服务单位193家，保险业单位347家。至年末，在沪经营性外资金融单位数达到208家，外资金融机构代表处210家。至年末，全市中外资金融机构本外币各项存款余额63555.25亿元，比上年增长9.2%；贷款余额40982.48亿元，增长10.2%。

全年原保险保费收入820.64亿元，比上年增长9%。其中，财产险公司原保险保费收入271.72亿元，增长11.1%；寿险公司原保险保费收入548.92亿元，增长7.9%。全年保险赔付支出255.79亿元，下降1.9%。

3

2012年天津市经济发展概况

【经济总量】2012年，天津市全年实现地区生产总值（GDP）12885.18亿元，按可比价格计算，比上年增长13.8%。分三次产业看，第一产业增加值171.54亿元，增长3.0%；第二产业增加值6663.68亿元，增长15.2%；第三产业增加值6049.96亿元，增长12.4%。三次产业结构为1.3∶51.7∶47.0。

全年地方一般预算收入1760.02亿元，增长21.0%。全年地方税收收入1105.56亿元，增长10.1%，占地方一般预算收入的62.8%。全年地方一般预算支出2112.21亿元，增长19.2%。其中，教育支出增长27.4%，医疗卫生支出增长17.0%，社会保障和就业支出增长19.5%。

【农业】2012年，天津市农业总产值完成375.60亿元，比上年增长3.2%。其中，种植业产值196.88亿元，增长1.8%；林业产值2.79亿元，增长8.2%；畜牧业产值105.20亿元，增长6.6%；渔业产值60.40亿元，增长2.3%；农林牧渔服务业产值10.33亿元，增长0.4%。全年粮食总产量161.76万吨，与上年基本持平。农业龙头企业发展到440个，其中国家级和市级龙头企业达到152个，进入产业化体系的农户比重达到90%。

【工业和建筑业】2012年，天津市实现工业增加值6122.92亿元，增长15.8%。其中，规模以上工业增加值增长16.1%。全部工业总产值24017.18亿元，增长14.8%。规模以上工业总产值23250.54亿元，增长14.9%；其中，轻工业总产值4507.54亿元，增长29.3%，重工业总产值18743.00亿元，增长11.9%。

全年航空航天、石油化工、装备制造、电子信息、生物医药、新能源新材料、轻纺和国防八大优势产业工业总产值21085.08亿元，增长14.8%，占全市规模以上工业的比重为90.7%。高新技术产业产值6951.65亿元，增长14.3%，占规模以上工业的29.9%。高端装备制造、新一代信息技术、节能环保等战略性新兴产业快速发展，国家级新型工业化示范基地达到6个，产业聚集效应进一步显现。

全年规模以上独立核算工业企业完成主营业务收入23570.38亿元，增长12.6%；利税总额2962.23亿元，增长13.2%，其中，利润1939.96亿元，增长11.7%。

全年建筑业增加值完成540.76亿元，增长8.6%；总产值3256.98亿元，增长9.1%。房屋建筑施工面积11732.09万平方米，增长16.6%；房屋建筑竣工面积2726.04万平方米，增长3.4%。年末全市有总承包和专业承包资质的建筑企业1518家。

【固定资产投资】2012年，天津市全社会固定资产投资8871.31亿元，增长18.1%。其中，城镇投资8340.26亿元，增长18.2%；农村投资531.05亿元，增长17.1%。在城镇投资中，第一产业投资69.23亿元，增长20.1%；第二产业投资3747.05亿元，增长18.4%，其中，工业投资3716.94亿元，增长18.5%；第三产业投资4523.98亿元，增长18.0%。三次产业投资结构为0.8：44.9：54.3。全年民间投资4105.48亿元，增长32.8%，高于全社会固定资产投资增速14.7个百分点，占全社会固定资产投资的比重为46.3%。

【科学技术】2012年，天津市科技进步成果丰硕。全市16项科技成果获得国家科学技术奖。全年完成市级科技成果2030项，其中，基础理论成果221项，应用技术成果1786项，软科学成果23项；属于国际领先水平的66项，达到国际先进水平338项。全年签订技术合同13409项，合同额251.22亿元，增长46.4%；交易额172.11亿元，增长51.0%。全年受理专利申请41500件，增长14.5%；专利授权20003件，增长43.1%；年末有效专利52338件，增长30.8%。

全年全社会研发经费支出占生产总值的比重为2.7%。140项自主创新产业化重大项目进展顺利，151个子项实现了产业化，累计开发出新产品842项。新认定高新技术企业257家，获得国家级新产品认定16项。科技型中小企业达到3.5万家，小巨人企业1828家。截至年末，全市有国家级重点实验室9个，国家部委级重点实验室45个，国家级工程（技术）研究中心33个，国家级科技产业化基地24个，国家级企业技术开发中心39个，市级企业技术开发中心410个，国家技术创新示范企业5家。

【国内商业和对外贸易】2012年，天津市批发和零售业增加值完成1678.81亿元，比上年增长11.3%；住宿和餐饮业增加值220.86亿元，增长6.0%。全年批发和零售业商品销售总额25157.54亿元，增长22.0%；住宿和餐饮业营业额576.30亿元，增长17.3%。全年社会消费品零售总额3921.43亿元，增长15.5%。其中，城镇消费品零售总额3767.76亿元，增长15.6%；乡村消费品零售总额153.67亿元，增长12.4%。全市批零企业销售额中，金属材料、石油及制品、汽车三大支柱类商品共完成销售额15490.29亿元，增长24.7%，占全市比重达61.6%。

全年外贸进出口总额1156.23亿美元，增长11.8%。其中，进口673.09亿美元，增长14.3%；出口

483.14亿美元，增长8.6%。在出口额中，一般贸易出口186.04亿美元，增长4.8%；加工贸易出口256.38亿美元，增长8.7%；租赁贸易、对外承包工程出口分别增长230.7倍和56.2%。全年机电产品出口341.09亿美元，占全市出口额的70.6%，比上年提高1.4个百分点；高新技术产品出口189.77亿美元，占全市比重39.3%，比上年提高0.3个百分点。

全年新批外商投资企业632家，合同外资额185.85亿美元，增长10.4%；实际直接利用外资150.16亿美元，增长15.0%。年末累计在津投资的国家和地区达到134个，在津投资世界500强企业达到152家。全年实际利用内资2600.67亿元，增长24.7%。全年新签服务外包合同3067个，增长62.8%；协议金额15.31亿美元，增长64.1%；执行金额12.27亿美元，增长1.0倍，其中离岸服务外包执行额增长90.1%。

全年对外承包工程新签合同额15.55亿美元，实现营业额31.02亿美元，增长3.7%。派出各类劳务16553人次，增长49.4%。全年成交技术引进合同507项，技术引进合同金额21.58亿美元。全市外资研发中心达到29个。全年核准境外企业和机构103家，境外投资中方投资额20.76亿美元，增长13.0%。

【交通、邮电和旅游业】2012年，天津市交通、仓储及邮政业增加值完成721.04亿元，比上年增长12.5%。全年客运量28462.20万人次，增长10.4%。其中，公路24482.84万人次，增长11.0%；铁路2970.18万人次，增长6.0%。货运量47697.58万吨。其中，公路28228.00万吨，增长20.1%；铁路7909.20万吨，增长8.6%；水路10331.70万吨。旅客周转量432.49亿人公里，增长12.6%。其中，公路150.43亿人公里，增长12.3%；铁路163.99亿人公里，增长10.5%。货物周转量7634.94亿吨公里。其中，公路329.29亿吨公里，增长23.5%；铁路286.64亿吨公里，下降3.2%；水路7012.50亿吨公里。全年港口货物吞吐量4.77亿吨，增长5.2%。集装箱吞吐量1230.30万标准箱，增长6.2%。机场旅客吞吐量814.00万人次，增长7.8%；货邮吞吐量19.43万吨，增长6.2%。实现了东疆保税港区10平方公里封关运作，内陆“无水港”发展到23个。

全年邮电业务总量186.74亿元，增长6.6%。其中，电信业务总量159.87亿元，增长4.5%；邮政业务总量26.87亿元，增长21.0%。

旅游业快速发展。全年接待入境旅游者234.11万人次，比上年增长16.8%。旅游外汇收入21.47亿美元，增长22.3%。接待外省市游客人数比上年增长10.6%，国内旅游收入增长20.1%。全市27.68万人次出国出境旅游，增长7.3%；旅游支出46.14亿元，增长13.9%。

【金融和保险】2012年，天津市金融业增加值完成959.03亿元，比上年增长25.1%。截至年末，全市金融机构（含外资）本外币各项贷款余额18396.81亿元，增长15.5%。当年新增贷款2466.30亿元，多增303.33亿元。其中，新增短期贷款950.39亿元，新增中长期贷款787.36亿元，新增融资租赁395.39亿元，新增票据融资306.48亿元。年末全市各项存款余额20293.79亿元，增长15.4%。当年新增存款2725.60亿元，多增1631.23亿元。其中，新增单位存款1649.55亿元，新增个人存款998.69亿元。

保险市场稳步发展。年末全市各类保险公司营业部和营销服务部538家，保险专业中介机构95家。全年保费收入238.16亿元，增长12.5%。其中，财产险收入90.79亿元，增长20.9%；人身险收入147.37亿元，增长7.9%。全年赔款给付81.02亿元，增长22.4%。其中，财产险赔付44.74亿元，增长26.0%；人身险赔付36.28亿元，增长18.3%。

4

2012年重庆市经济发展概况

【经济总量】2012年，重庆市全年实现地区生产总值（GDP）11459.00亿元，比上年增长13.6%。其中，第一产业增加值940.01亿元，增长5.3%；第二产业增加值6172.33亿元，增长15.6%；第三产业增加值4346.66亿元，增长12.0%。三次产业结构比为8.2：53.9：37.9。按常住人口计算，全年人均地区生产总值达到39083元，比上年增长12.4%。

全年地方财政一般预算收入1703.49亿元，比上年增长14.5%。其中，税收收入970.17亿元，增长10.1%。地方财政一般预算支出3055.17亿元，比上年增长19.9%。其中，民生财政支出1606亿元，占一般预算支出的52.6%。

【农业】2012年，重庆市农林牧渔业增加值940.01亿元，比上年增长5.3%。其中，种植业628.39亿元，增长5.1%；畜牧业232.18亿元，增长3.4%；林业31.76亿元，增长9.9%；渔业35.09亿元，增长20.0%。

全年粮食播种面积3389.4万亩，与上年基本持平。全年粮食总产量1138.5万吨，比上年增长1.0%。其中，夏粮产量154.2万吨，减少1.3%；秋粮产量984.3万吨，增长1.4%。油料总产量50.1万吨，增长7.7%。蔬菜总产量1509.3万吨，增长7.2%。肉类总产量201.2万吨，增长2.5%。

【工业和建筑业】2012年，重庆市工业增加值5181.01亿元，比上年增长15.9%，占全市地区生产总值的45.2%。规模以上工业总产值13104.02亿元，比上年增长18.0%。其中，大中型企业9548.41亿元，增长18.1%；国有控股企业3874.89亿元，增长3.7%。

在规模以上工业中，汽车摩托车制造业总产值3540.28亿元，增长11.3%，占工业总产值的27.0%；电子信息产品制造业总产值2193.74亿元，增长60.4%，占工业总产值的16.7%；材料制造业总产值1966.69亿元，增长5.0%，占工业总产值的15.0%；装备制造业总产值1248.43亿元，增长14.4%，占工业总产值的9.5%；化医产品制造业总产值1055.64亿元，增长12.2%。

全年规模以上工业实现利税总额1187.77亿元，增长19.7%；实现利润608.29亿元，增长10.4%；总资产贡献率12.3%，提高0.4个百分点；产品销售率97.5%，下降0.2个百分点；全员劳动生产率255210元/人年，增长11.4%。

全年建筑业增加值991.32亿元，比上年增长13.9%。全市具有资质等级的总承包和专业承包建筑企业利润185.27亿元，增长18.8%；上缴税金140.65亿元，增长21.1%。

【固定资产投资】2012年，重庆市固定资产投资总额9380.00亿元，比上年增长22.0%。其中，基础设施建设投资2404.16亿元，增长24.8%；城镇投资8462.03亿元，增长19.2%；农村投资917.97亿元，增长56.4%。

全市重点项目完成投资2620.00亿元，占固定资产投资总额的27.9%。其中，政府主导类投资1748.80亿元，市场主导类投资871.20亿元，分别占重点项目投资的66.7%和33.3%。全年工业投资3064.18亿元，增长21.1%，占全市固定资产投资总额的32.7%；房地产开发投资2508.35亿元，增长24.5%，占全市固定资产投资总额的26.7%。

【科学技术】2012年，重庆市研究与试验发展经费支出162亿元，比上年增长26.0%，占全市地区生产总值的1.4%。市级及以上重点实验室73个，其中国家重点实验室8个；工程技术研究中心123个，其中国家级中心10个。全年有6项科技成果获国家科学技术奖励。全市技术市场合同成交3578项，成交金额223.5亿元。全年受理专利申请3.89万件，增长21.5%，获得专利授权2.04万件，增长31.2%，其中发明专利授权2426件，增长30.0%。有效发明专利6833件，增长43.9%。全年认定高新技术企业234家，有效期内高新技术企业551家，高新技术产品836个；国家级创新企业16家，市级创新型企业38家。全年高技术制造业总产值3495.56亿元，软件业总产值129.01亿元。全市中国驰名商标69件，增长27.8%；著名商标1196件，增长47.5%。

【国内贸易和对外经济】2012年，重庆市批发和零售业增加值847.99亿元，比上年增长11.7%，占全市地区生产总值的7.4%；住宿和餐饮业增加值189.98亿元，增长8.1%。

全年社会消费品零售总额3961.19亿元，比上年增长16.0%，扣除价格因素，实际增长14.2%。按经营地统计，城镇消费品零售额3765.47亿元，增长16.0%；乡村消费品零售额195.72亿元，增长14.7%；按行业统计，批发和零售业零售额3360.93亿元，增长16.1%；住宿和餐饮业零售额600.26亿元，增长15.1%。

全年外贸进出口总额532.04亿美元，比上年增长82.2%。其中，出口385.71亿美元，增长94.5%；进口146.33亿美元，增长56.1%。实现贸易顺差239.38亿美元，比上年增加134.80亿美元。全年以加工贸易方式实现出口总值153.64亿美元，比上年增长1.49倍，占出口总额的39.8%；机电产品出口259.28亿美元，增长96.6%，占出口总额的67.2%；高新技术产品出口148.66亿美元，增长1.52倍，占出口总额的38.5%；笔记本电脑出口3544万台、价值125.42亿美元，占出口总额的32.5%。

全年累计新签外商投资项目326项，比上年增长40.5%；新签外商投资合同额135.21亿美元，增长1.2倍；外商投资实际到位105.29亿美元，增长66.0%。分行业看，制造业外商投资实际到位34.10亿美元，增长87.2%；房地产业外商投资实际到位30.67亿美元，增长27.8%；租赁和商务服务业外商投资实际到位12.35亿美元，增长4.1倍；批发和零售业外商投资实际到位11.60亿美元，增长13.3倍。全年实际利用内资4919.84亿元，增长86.5%。

全年对外承包工程、劳务、设计咨询完成营业额4.45亿美元，比上年下降1.2%。对外协议(意向)投资新签项目67个，达成协议(意向)投资额60.27亿美元；新核准境外企业(机构)57个，实际投资4.18亿美元，增长5.3%，加上1.28亿美元内保外贷额，全市实际对外投资额为5.46亿美元。

【交通、邮电和旅游】2012年，重庆市交通运输、仓储和邮政业增加值515.15亿元，比上年增长9.1%，占全市地区生产总值的4.5%。全年主要运输方式完成货物运输110135.89万吨，比上年增长13.8%；完成旅客运输量157797.90万人，增长11.5%。全年内河港口完成货物吞吐量12502.40万吨，比上年增长7.7%。空港完成旅客吞吐量2241.92万人，增长16.1%；空港完成货物吞吐量27.04万吨，增长12.9%。国际标准集装箱吞吐量87.10万标准箱，增长16.8%。

全年完成邮电业务总量277.26亿元，比上年增长14.3%。其中，邮政业务总量31.28亿元，增长20.7%；电信业务总量245.98亿元，增长13.5%。年末固定电话用户575.7万户，比上年增长0.8%；年末移动电话用户2069.6万户，比上年增长14.9%。互联网用户2099.9万户，增长36.8%。

全年接待国际旅游人数224.28万人次，旅游外汇收入11.68亿美元，分别比上年增长20.3%和20.7%。

国内游客亿人次，国内旅游收入1202.76亿元，分别增长37.3%和38.5%。通过出境旅行社组织的出境旅游者35.87万人次。

【金融和保险】2012年，重庆市金融业增加值915.65亿元，增长20.8%，占全市生产总值的8.0%。年末全市金融机构本外币存款余额19423.90亿元，比上年末增长20.4%。其中，人民币个人储蓄存款余额8361.64亿元，增长19.6%。本外币贷款余额15594.18亿元，增长18.2%。其中，个人消费贷款及透支4025.00亿元，增长22.0%。

全市营业性保险分公司41家，保费总收入331.03亿元。其中，寿险保费收入207.00亿元；财产险保费收入95.20亿元；健康险和意外伤害险保费收入28.83亿元。全年赔付各类保险金91.78亿元。其中，寿险赔付30.03亿元；财产险赔付52.23亿元；健康险和意外伤害险赔付9.52亿元。

河北省

| 石家庄市 | 唐山市 | 邯郸市 | 沧州市 | 邢台市 | 保定市 |

| 张家口市 | 秦皇岛市 | 廊坊市 | 承德市 |

1

2012年石家庄市经济发展概况

【经济总量】2012年，石家庄市全年实现地区生产总值（GDP）4500.2亿元，比上年增长10.4%。其中，第一产业增加值完成452.2亿元，增长3.6%；第二产业增加值完成2240.7亿元，增长12.0%；第三产业增加值完成1807.3亿元，增长10.0%。三次产业结构比例为10.0∶49.8∶40.2。

2012年全部财政收入完成573.2亿元，比上年增长17.2%。其中，公共财政预算收入272.3亿元，比上年增长23.1%。全市公共财政预算支出458.1亿元，比上年增长13.5%。

【农业】2012年，石家庄市粮食播种面积76.5万公顷，比上年减少0.5万公顷，比上年下降0.69%。粮食总产量532.1万吨，比上年增长0.07%。畜牧业、蔬菜、果品三大优势产业产值达到581.6亿元，占农林牧渔业总产值的比重为73.9%，比上年提高0.6个百分点。农业产业化经营率达到64.2%，比上年提高1.2个百分点。

【工业和建筑业】2012年，石家庄市规模以上工业企业2388个，实现增加值1800.2亿元，比上年增长13.5%。其中，轻工业实现增加值886.2亿元，比上年增长18.2%；重工业实现增加值913.9亿元，比上年增长9.4%。国有及国有控股企业实现增加值247.6亿元，比上年增长5.3%；集体企业实现增加值43.1亿元，比上年增长17.6%；股份制企业实现增加值1103.7亿元，比上年增长14.5%；外商及港澳台企业实现增加值127.7亿元，比上年增长5.5%。

分行业看，装备制造业实现增加值265.0亿元，比上年增长17.1%；医药工业实现增加值103.3亿元，增长19.3%；食品工业实现增加值197.1亿元，增长17.2%；纺织服装业实现增加值388.9亿元，增长17.0%；石化工业实现增加值279.3亿元，增长14.9%；钢铁工业实现增加值193.8亿元，增长5.6%；建材工业实现增加值136.6亿元，增长0.8%。六大高耗能行业实现增加值624.5亿元，增长8.7%，低于全市规模以上工业增速4.8个百分点。规模以上工业实现利润558.6亿元，比上年增长15.6%。

年末资质等级以上建筑企业268个，全年完成建筑业总产值903.0亿元，比上年增长23.7%。其中，建筑工程产值731.3亿元，比上年增长22.9%。

【固定资产投资】2012年，石家庄市全社会固定资产投资完成3728.6亿元，比上年增长20.0%。其中，固定资产投资（不含农户）3673.3亿元，比上年增长21.4%。在固定资产投资（不含农户）中，第一产业投资78.8亿元，比上年增长36.5%；第二产业投资1392.3亿元，增长28.8%；第三产业投资2202.3亿元，增长16.7%。

全年建设项目4608个，完成投资2840.1亿元，比上年增长26.9%。其中，亿元以上项目708个，比上年增长24.4%；亿元以上项目完成投资1520.8亿元，比上年增长34.0%。

房地产开发完成投资833.2亿元，比上年增长5.6%。

【科学技术】2012年，石家庄市全年取得科技成果312项。其中，达到国际领先水平1项，达到国际先进水平45项。全年申请专利4962项，授权3450项，分别比上年增长23.0%和38.7%。

【国内贸易和对外经济】2012年，石家庄市社会消费品零售总额完成1894.8亿元，比上年增长15.6%。分区域看，城镇消费品零售额完成1481.9亿元，比上年增长15.9%；乡村消费品零售额完成412.9亿元，增长14.3%。在限额以上批发和零售企业(单位)商品零售额中，粮油食品饮料烟酒类比上年增长19.2%；服装鞋帽针纺织品类增长23.0%；日用品类增长20.0%；家用电器及音像器材类增长0.9%；中西药品类增长61.0%；石油及制品类增长4.9%；汽车类增长7.3%。

全年进出口总值完成129.5亿美元，比上年下降8.7%。其中，进口总值完成56.1亿美元，下降21.0%；出口总值完成73.4亿美元，增长3.6%。全年实际利用外资完成8.8亿美元，比上年增长8.9%。其中，外商直接投资8.5亿美元，增长1.3倍。年内新批准设立外商投资企业22个，新增合同总金额12.7亿美元，增长45.9%；合同外资额5.0亿美元，增长6.2%。

【交通和旅游】2012年，石家庄市公共汽车营运线路达209条，比上年增加25条；营运车辆3877辆，比上年增加388辆；年客运量63975万人次，比上年增长9.25%。

全年接待国际游客15.8万人次，旅游创汇收入6163.8万美元，分别比上年增长16.1%和24.7%。接待国内游客4185.2万人次，旅游收入264.7亿元，分别比上年增长28.9%和34.1%。全年旅游总收入268.6亿元，比上年增长33.9%。

【金融和保险】2012年年末，石家庄市金融机构（人民币）各项存款余额7640.7亿元，比年初增加925.5亿元。其中，储蓄存款余额3735.5亿元，比年初增加492.0亿元。金融机构（人民币）各项贷款余额3995.1亿元，比年初增加360.6亿元。

年末全市城镇参加基本医疗保险人数为269.2万人，比上年增加21.6万人。其中，城镇职工参保人数为134.6万人，城镇居民参保人数为134.6万人。17个县（市）中，参加新型农村合作医疗的人数达602.36万人，参合率达97.38%。年末全市参加失业保险人数为89.9万人，比上年增加0.1万人；工伤保险人数为114.9万人，增加11.1万人；生育保险人数为130.2万人，增加9.9万人。

2

2012年唐山市经济发展概况

【经济总量】2012年，唐山市全年实现地区生产总值（GDP）5861.63亿元，比上年增长10.4%。其中，第一产业增加值531.65亿元，增长4.2%；第二产业增加值3470.96亿元，增长11.8%；第三产业增加值1859.02亿元，增长9.5%。按常住人口计算，全市人均生产总值76000元（按年平均汇率折合12040美元），比上年增长9.7%。第一产业增加值占地区生产总值的比重为9.1%，比上年提高0.2个百分点；第二产业增加值比重为59.2%，比上年下降0.9个百分点；第三产业增加值比重为31.7%，比上年提高0.7个百分点。

全年全部财政收入622.57亿元，比上年增长12.1%。其中，公共财政预算收入301.09亿元，增长17.8%，占全部财政收入的48.4%，比上年提高2.4个百分点。公共财政预算支出490.54亿元，增长11.1%。

【农业】2012年，唐山市实现农林牧渔业总产值818.8亿元，比上年增长4.2%。全年粮食总产量311.4万吨，下降2.0%。棉花总产量2.8万吨，下降10.3%；油料总产量28.1万吨，下降1.0%；蔬菜总产量1396.3万吨，增长2.6%，其中设施蔬菜468.5万吨，增长3.7%。全年完成人工造林1.53万公顷，森林覆盖率31.75%。年末实有果树面积15.17万公顷，全年干鲜果产量234.3万吨，下降2.2%。全年肉类总产量71.4万吨，比上年增长2.0%，其中，猪肉产量48.0万吨，增长1.5%；禽蛋产量33.8万吨，与上年持平；牛奶产量178.6万吨，增长1.5%；水产品产量52.2万吨，增长4.2%。

【工业和建筑业】2012年，唐山市实现工业增加值3240.99亿元，比上年增长12.0%，其中：规模以上工业增加值2904.85亿元，增长13.1%。在规模以上工业中，轻工业增长0.8%，重工业增长13.6%。五大主导行业增加值2037.37亿元，比上年增长9.3%，其中，钢铁业增加值993.97亿元，增长8.8%；装备制造业增加值409.27亿元，增长19.7%；能源业增加值308.56亿元，增长3.0%；化工业增加值195.87亿元，增长8.4%；建材业增加值129.70亿元，增长2.1%。年末规模以上工业企业1296家，比上年末增加8家。其中，全年产值超过亿元企业746家，比上年末增加31家；超过50亿元企业29家；超过100亿元企业15家。

全年规模以上工业企业产品销售率98.7%，比上年提高0.8个百分点；经济效益综合指数352.4%，比上年下降9.6个百分点。全年规模以上工业实现利税923.88亿元，实现利润552.37亿元，分别比上年增长11.5%和4.5%。

全市建筑业增加值229.97亿元，比上年增长9.4%。资质等级以上建筑企业房屋施工面积4551.18万平方米，增长7.0%；房屋竣工面积1125.67万平方米，下降9.3%。年末全市具有总承包和专业承包资格的建筑企业312家，比上年末增加17家，实现利润24.66亿元，下降2.7%，其中国有及国有控股企业9.74亿元，下降1.0%。

【固定资产投资】 2012年，唐山市全社会固定资产投资3066.34亿元，比上年增长20.5%。在固定资产投资中，第一产业投资90.95亿元，增长98.1%。第二产业投资1380.94亿元，增长32.8%，其中，钢铁行业投资281.11亿元，增长43.6%，装备制造业投资412.36亿元，增长40.3%；工业技术改造投资909.24亿元，增长46.5%，占工业投资的65.9%，比重比上年提高6.1个百分点。第三产业投资1545.28亿元，增长9.9%，第三产业投资占固定资产投资的51.2%。民间投资1960.84亿元，增长40.7%。高新技术产业投资186.60亿元，增长37.9%。

全年房地产开发投资516.52亿元，增长2.0%。全年开工建设各类保障性安居工程住房39730套，其中廉租住房2700套，经济适用住房3600套，公共租赁住房13500套，限价商品住房4800套，城市棚户区改造3914套。

年末固定资产投资在建施工项目2837个，计划总投资7588.11亿元，其中总投资亿元以上项目760个，比上年增加110个，完成投资1858.81亿元，增长24.9%。本年新开工项目1773个，其中计划总投资亿元以上项目337个。全市208个重点项目完成投资1298亿元。

【科学技术】 2012年，唐山市新增高新技术企业15家，累计达95家。年末全市拥有各类研发机构243家，其中：市级以上重点实验室28家，市级以上工程技术研究中心80家，省级以上企业技术中心、工程实验室68家。拥有生产力促进中心11个，科技企业孵化器7个。全年受理专利申请2955件，专利授权量1799件，分别比上年增长25.4%和18.2%。签订技术合同732项，技术合同成交额33.39亿元，比上年增长54.9%。引进培养高层次人才8人，政府“特约院士”达到72名。建立特约院士工作站18家，博士后科研工作站8家，与清华大学、北京大学等国家重点高校共建研究生社会实践基地10家。全年共组织实施重点科技计划项目66项，其中国家和省级科技计划项目32项。全市共取得科学技术奖励126项，其中省级奖励44项，市级奖励82项。全市完成科技成果鉴定（验收）677项，其中达到国际先进水平64项，国内领先水平542项，国内先进水平68项。有2项新产品被认定为国家级重点新产品。

【国内贸易和对外经济】 2012年，唐山市社会消费品零售总额1518.52亿元，比上年增长15.4%。按消费形态统计，批发业零售额217.30亿元，增长20.6%；零售业零售额1130.92亿元，增长14.1%；住宿业零售额12.61亿元，增长13.9%；餐饮业零售额157.69亿元，增长17.8%。按经营地统计，城镇消费品零售额1228.87亿元，增长15.5%；乡村消费品零售额289.65亿元，增长15.0%。

全年进出口总额104.82亿美元，比上年下降3.5%。其中，进口额61.64亿美元，比上年下降11.6%；出口额43.18亿美元，增长11.2%。全年实际利用外资12.30亿美元，比上年增长12.1%，其中外商直接投资12.14亿美元，增长12.3%。全年批准外商投资合同21项，合同总金额7.34亿美元，下降54.8%，其中，合同外资额3.43亿美元，下降50.8%。年末实有三资企业333家，已投产企业245家。全年引进省外资金766.40亿元，比上年增长15.2%。全年先后成功组织参加了香港投洽会、廊坊经洽会、韩国丽水世博会河北周等大型经贸活动。

【交通、邮电和旅游】 2012年，唐山市公路货物运输总量3.76亿吨，比上年增长14.0%；货物运输周转量848.05亿吨公里，增长14.0%。公路旅客运输总量1.38亿人次，增长6.4%；旅客运输周转量56.94亿人公里，增长14.2%。全年唐山港货物吞吐量3.65亿吨，增长16.8%。其中，曹妃甸港区吞吐量1.95亿吨，增长11.1%；京唐港区吞吐量1.70亿吨，增长24.1%。三女河机场旅客吞吐量16.69万人次，货邮行吞吐量905.75吨，保障飞行1809架次。

全年邮电业务总收入65.04亿元，比上年增长9.1%。其中，邮政业务收入5.57亿元，增长8.6%；电信业务收入60.43亿元，增长10.9%。

全年旅游共接待国内外游客2554.78万人次，比上年增长27.3%；旅游总收入170.52亿元，增长30.5%。其中，接待国际游客8.2万人次，增长26.1%，旅游外汇收入4134.35万美元，增长22.0%；接待国内游客2546.58万人次，增长27.3%，国内旅游收入167.92亿元，增长30.7%。

【金融和保险】2012年年末，唐山市金融机构本外币各项贷款余额3589.30亿元，比年初增加466.34亿元。年末全市金融机构本外币各项存款余额5464.03亿元，比年初增加689.51亿元。年末全市银行业金融机构24家，比上年末增加3家，其中，商业银行19家，比上年末增加2家。年末唐山市上市公司9家，比上年末增加1家；全年累计股票融资48.09亿元。

年末营业性保险公司42家。全年保费收入127.79亿元，比上年增长1.0%，其中财产险保费收入46.49亿元，增长11.4%；人身险保费收入81.31亿元，下降4.1%。全年各类保险赔款给付支出44.05亿元，增长16.7%，其中财险赔款给付24.88亿元，增长30.3%；人身险业务赔款给付19.17亿元，增长2.8%。

3

2012年邯郸市经济发展概况

【经济总量】2012年，邯郸市全年实现地区生产总值（GDP）3023.7亿元，比上年增长10.5%。其中：第一产业增加值383.9亿元，增长4.2%；第二产业增加值1620.8亿元，增长12.3%；第三产业增加值1019.0亿元，增长9.9%。三次产业结构优化为12.7：53.6：33.7。

2012年，邯郸市全部财政收入达到329.1亿元，比上年增长8.4%。其中：公共财政预算收入184.6亿元，增长16.2%。全市财政支出365.7亿元，比上年增长11.3%。民生支出增长较快，其中：城乡社区事务支出增长14.7%，科学技术增长74.5%，教育事业增长41.7%。

【农业】2012年，邯郸市加大人、财、物的投入力度，粮食生产再获丰收。全年粮食播种面积达到1162.5万亩，粮食总产量560.1万吨，增加31.7万吨，增长6.0%，成功跨入全国百亿斤粮食大市行列。蔬菜保持“三增长”，全年蔬菜播种面积达13.7万公顷，增加0.4万公顷，增长3.3%；亩产4070.7公斤，增长0.5%；总产838.0万吨，增长3.8%。畜牧业生产稳定增长。邯郸市肉、蛋、奶产量分别达69.3万吨、104.0万吨和23.8万吨，分别增长2.3%、0.1%和2.1%。

【工业和建筑业】2012年，邯郸市完成工业增加值1473.5亿元，比上年增长12.5%。其中：规模以上工业增加值1333.4亿元，增长14.1%。在规模以上工业中:轻工业实现增加值227.4亿元，增长22.2%，增速高于重工业9.5个百分点，高于邯郸市平均水平8.1个百分点。2012年，邯郸市规模以上工业实现利润167.6亿元，下降8.7%。

全市建筑业实现总产值406.1亿元，比上年增长24.4%；实现增加值147.3亿元，增长10.6%。资质等级以上建筑业企业房屋施工面积3610.0万平方米，增长39.2%；房屋竣工面积1318.4万平方米，增长39.7%。

【固定资产投资】2012年，邯郸市全社会固定资产投资完成2383.6亿元，比上年增长20.1%。在全社会固定资产投资中，第一产业投资130.9亿元，增长11.7%；第二产业投资1182.8亿元，增长23.7%，其中：工业投资完成1175.3亿元，增长24.4%，工业技改投资736.0亿元，增长24.5%，占邯郸市工业投资比重为62.6%；第三产业投资1069.9亿元，增长17.3%。亿元以上新开工项目300个，完成投资547.3亿元，比上年增长65.0%，占邯郸市固定资产投资比重23.9%。

全市完成房地产开发投资257.8亿元，比上年增长7.3%。商品房竣工面积322.3万平方米，下降41.2%；商品房销售面积431.8万平方米，增长13.4%，其中：住宅401.5万平方米，增长12.5%。

【科学技术】2012年，邯郸市共取得各类科技成果195项，其中：达到国内领先水平的153项、国际先进水平的26项。获得2012年度省科技进步奖一等奖2项、二等奖3项、三等奖12项；市科技进步一等奖16项、二等奖24项、三等奖40项。新通过国家认定高新技术企业13家，自主创新型试点企业国家级2家，省级7家。专利申请受理量1800项，专利申请授权量1260项。

【国内贸易和对外经济】2012年，邯郸市实现社会消费品零售总额963.2亿元，比上年增长15.6%。其中：城镇市场实现零售额739.3亿元，增长15.4%，占邯郸市社会消费品零售总额的76.8%；乡村市场实现零售额223.9亿元，增长16.0%，乡村市场增速快于城镇市场0.6个百分点。从行业看，批发业、零售业、住宿业、餐饮业四大行业销售额增速逐步回升。批发业142亿元，增长22.9%；零售业710.1亿元，增长14.9%；住宿业15.8亿元，增长21.3%；餐饮业95.3亿元，增长10.0%。

2012年，邯郸市外贸进出口总值37.2亿美元，下降2.9%。其中：出口14.7亿美元，增长3.7%；进口22.5亿美元，下降6.7%。全市实际利用外资8.0亿美元，完成省下达目标的114.3%，比上年增长22.1%。合同外资1000万美元以上项目到位资金4.88亿美元，增长16%，占邯郸市实际利用外资比重61.0%。高新技术产业成为亮点，到位外资1.06亿美元，增长213.7%，占比重13.3%。

【交通、邮电和旅游】2012年，邯郸市交通运输、仓储和邮政业完成增加值299.4亿元，比上年增长8.8%。当年，邯郸机场二期主体完工，4座城市立交桥、市文化艺术中心建设竣工并投入使用，邯黄铁路、邯长邯济扩能改造进展顺利，邯大高速、邯临快速路开工建设，邯郸火车站改扩建竣工，邯郸机场开通了至上海、广州、重庆、大连、秦皇岛、鄂尔多斯、天津、南京、厦门等9条航线。

邯郸市全年完成货物运输总量34453.8万吨，比上年增长17.7%。其中：铁路2483万吨，下降8.6%；公路31901万吨，增长20.2%；民用航空69.8万吨。邯郸市完成旅客运输总量18170万人，比上年增长9.0%。其中：铁路720.6万人；公路17433万人，增长12.3%；民用航空17万人，增长10.4%。

全年完成邮电业务总收入46.7亿元，比上年增长13.6%。其中：邮政业务收入3.41亿元，增长14.4%；电信业务收入43.3亿元，增长13.5%。完成邮电业务总量（2010年不变价）57.6亿元，增长13.8%。其中：邮政业务总量3.87亿元，增长11.8%；电信业务总量53.7亿元，增长14.0%。

全年接待海外游客3.8万人次，比上年增长46.0%。旅游收入1360万美元，增长71.3%。国内旅游发展良好，全年接待国内旅游者2288万人次，增长33.0%，旅游收入135.0亿元人民币，增长36.0%。

【金融和保险】2012年年末，邯郸市金融机构各项存款余额2924.5亿元，比年初增加390.5亿元。金融机构各项贷款余额1841.2亿元，比年初增加306.1亿元。证券市场各类证券成交额544.7亿元。其中：股票成交额501.9亿元；基金成交额2.8亿元，新增股民0.8万人。

全年保费收入65.6亿元。其中：财产险保费收入20.0亿元；人身险保费收入45.6亿元。全年各类保险赔款给付支出19.7亿元。其中：财产险9.2亿元；人身险10.5亿元。

4

2011年沧州市经济发展概况

【经济总量】2012年，沧州市全年实现地区生产总值（GDP）2811.9亿元，同比增长10.6%。其中，第一产业增加值完成318.67亿元，增长4.2%；第二产业增加值完成1479.05亿元，增长12.9%；第三产业增加值完成1014.17亿元，增长9.2%。三次产业结构为11.3：52.6：36.1。

全部财政收入完成380.4亿元，同比增长15.8%。其中，公共财政预算收入142.6亿元，增长22.4%。全市国税收入249.29亿元，同比增长14.05%；地税收入119.42亿元，增长18.07%。

【农业】2012年，沧州市农林牧渔业总产值完成576亿元，同比增长4.2%。其中，种植业产值312亿元，增长3.3%；畜牧业产值163亿元，增长4.7%；林业产值4.2亿元，增长3.5%；渔业产值23亿元，增长0.62%。

全年粮食总产量483.66万吨，比上年下降2.15%；油料总产量9.71万吨，下降0.28%；棉花总产量12.34万吨，下降10.63%；蔬菜总产量585.76万吨，增长5.38%；肉类产量46.73万吨，增长2.5%；禽蛋产量33.54万吨，增长0.1%；水产品产量12.35万吨，增长1.2%；牛奶产量10.82万吨，下降3.2%。

【工业和建筑业】2012年，沧州市规模以上工业企业实现增加值1145.2亿元，同比增长14.2%。轻工业完成增加值148.9亿元，增长17.4%；重工业完成增加值996.3亿元，增长14.1%。轻工业比重工业快3.3个百分点；外商及港澳台投资企业完成增加值116.56亿元，增长19.2%；股份制企业完成增加值660.1

亿元，增长17.7%。

全市主导行业石油化工、管道装备及冶金、机械制造、纺织服装、食品加工等共完成工业增加值1014亿元，占全市规上工业的88.5%，同比增长14.4%。全市规模以上工业企业实现主营业务收入4382.41亿元，同比增长14.6%。主营业务收入超十亿元企业53家，超百亿元企业6家。完成利税总额509.7亿元，同比增长15.2%，其中实现利润总额302.4亿元，同比增长22.2%。

全市建筑业完成增加值140.7亿元，增长8.87%。资质等级以上建筑业236家，完成建筑业总产值320.99亿元，增长19.01%，房屋施工面积2274.44万平方米，增长4.9%，房屋竣工面积993.71万平方米，增长16.25%；实现利税16.5亿元，增长1.41%。

【固定资产投资】2012年，沧州市全社会固定资产投资完成1950.1亿元，同比增长22.05%。其中，城镇投资完成1506.5亿元，增长26.24%；农村投资完成443.6亿元，增长9.71%。在城镇投资中，第二产业投资完成993.8亿元，占65.97%，同比增长33.4%。其中，化工行业投资完成202.64亿元，同比增长45.62%。房地产投资小幅回落，全市房产开发投资完成150亿元，同比下降1.8%。

【科学技术】2012年，沧州市取得省级以上科技成果129项，有4项科研成果获省科技进步奖；申报各项专利1260项，授权830项；新增高新技术企业24家，总数达到64家；争取国家、省科技项目资金5570万元，较上年增长30%。

【国内贸易和对外经济】2012年，沧州市实现社会消费品零售总额779.5亿元，同比增长15.6%。城乡市场稳定较快增长，城镇发展快于乡村。城镇实现零售额559.3亿元，同比增长16.3%；乡村实现零售额220.1亿元，同比增长13.7%，城镇快于乡村2.6个百分点。

全市外贸进出口总值23.34亿美元，同比增长8.65%。其中，出口总值20.98亿美元，同比增长11.47%；进口总值2.36亿美元，同比下降11.33%。全年直接利用外资39318万美元，同比增长35.9%。新批“三资”企业合同总金额134517万美元，同比增长158.9%，新批“三资”企业合同外资额49469万美元，同比增长124.2%。

【金融】2012年年末，沧州市金融机构存款余额2689.90亿元，比年初增加389.81亿元，其中个人存款1857.42亿元，增加306.04亿元。金融机构贷款余额1264.75亿元，比年初增加176.33亿元。贷款额占存款额的47.02%，存贷差1425.15亿元。

5

2012年邢台市经济发展概况

【经济总量】2012年，邢台市全年实现地区生产总值（GDP）1532.0亿元，按可比价格计算，比上年增长9.5%。其中，第一产业增加值240.4亿元，增长4.0%；第二产业增加值829.5亿元，增长11.1%；

第三产业增加值462.1亿元，增长9.2%。全市人均生产总值21361元，比上年增加1334元，增长8.9%。三次产业结构由上年的15.3∶55.5∶29.2调整为15.7∶54.1∶30.2。三次产业对经济增长的贡献率依次为6.2%、66.0%和27.8%，分别拉动经济增长0.6、6.3和2.6个百分点。

全年全部财政收入完成170.9亿元，比上年增长12.8%。其中，公共财政预算收入完成85.6亿元，增长21.3%。全市公共财政预算支出为244.4亿元，增长13.9%。其中，教育支出60.5亿元，增长20.4%；农林水事务支出29.2亿元，增长14.8%；社会保障和就业支出25.5亿元，增长45.3%。

【农业】2012年，邢台市农林牧渔业总产值419.5亿元，比上年增长4.0%，其中，农业产值261.3亿元，增长4.0%；林业产值6.9亿元，增长29.2%；牧业产值121.5亿元，增长2.9%；渔业产值0.7亿元，增长6.2%；农林牧渔服务业产值29.2亿元，增长5.5%。畜牧、蔬菜、果品三大优势产业产值占农林牧渔业总产值的比重达50.8%，比上年提高1.4个百分点。农业产业化步伐加快。农业产业化经营率达到61.9%，比上年提高1.0个百分点。

全年粮食总产量453.2万吨，比上年增加0.5万吨，增长0.1%，实现“九连增”。其中，夏粮产量221.0万吨，增长2.3%；秋粮产量232.2万吨，下降1.9%。棉花产量20.1万吨，下降9.6%。油料产量14.2万吨，增长17.3%。蔬菜总产量342.8万吨，增长6.1%。其中，设施蔬菜播种面积14.2万亩，产量55.4万吨。肉类总产量32.0万吨，增长2.2%；生猪年末存栏171.6万头，下降2.0%；生猪出栏252.0万头，增长1.5%；牛奶产量26.9万吨，增长1.5%；蛋类总产量45.9万吨，增长0.1%。全年水产品产量6643吨，增长35.0%。

【工业和建筑业】2012年，邢台市全部工业增加值761.9亿元，比上年增长11.2%。其中，规模以上工业增加值600.6亿元，增长13.1%。分经济类型看，国有及国有控股企业增长2.9%，集体企业下降0.1%，股份合作企业下降27.9%，股份制企业增长16.9%，外商及港澳台商投资企业增长3.7%，其他经济类型企业增长16.1%。分轻重工业看，轻工业增长19.8%，重工业增长11.4%。工业产品销售率为97.9%。

全市规模以上工业实现利税总额200.7亿元，比上年增长2.2%。其中，实现利润117.9亿元，下降5.1%。亏损企业101个，比上年增加36个。亏损企业亏损额11.5亿元，增长46.8%。

2012年，邢台市全社会建筑业总产值和增加值分别为132.8亿元和67.7亿元，分别比上年增长26.5%和9.4%。资质等级以上建筑业企业房屋建筑施工面积1090万平方米，增长19.7%；房屋竣工面积445.7万平方米，增长10.7%。

【固定资产投资】2012年，邢台市全社会完成固定资产投资1257.8亿元，比上年增长20.0%。其中，固定资产投资完成1186.5亿元，增长21.2%。从三次产业看，第一产业投资31.1亿元，增长35.3%；第二产业投资795.0亿元，增长21.8%；第三产业投资360.3亿元，增长19.0%。农村个体投资完成71.3亿元，增长1.9%。工业技改投资完成471.5亿元，增长23.9%，占全部工业投资的比重达59.3%，比上年提高0.7个百分点。民间固定资产投资完成955.3亿元，增长24.6%。亿元以上施工项目和新开工项目分别为451个和252个，分别比上年增加128个和113个。

全年房地产开发投资90.9亿元，比上年增长7.1%。其中，商品住宅投资69.6亿元，下降3.5%；商业营业用房投资10.5亿元，增长51.5%。

【科学技术】2012年，邢台市共取得科技成果184项。专利申请受理量1273项，比上年增长26.8%；专利申请授权量976项，增长84.2%。其中，发明61项，增长10.9%。

【国内贸易和对外经济】2012年，邢台市社会消费品零售总额实现624.1亿元，比上年增长15.1%。分地域看，城镇消费品零售额完成475.2亿元，增长15.2%；乡村消费品零售额完成148.8亿元，增长14.9%。限额以上企业（单位）消费品零售额114.6亿元，增长20.2%。

全年外贸进出口总值17.5亿美元，比上年下降19.6%。其中，进口总值6.8亿美元，下降33.1%；出口总值10.7亿美元，下降7.8%。全年实际利用外资4.0亿美元，比上年增长11.3%。其中，外商直接投资3.56亿美元，下降1.7%。第二产业为利用外资主体。第二产业实际利用外资3.64亿美元，占全部实际利用外资的比重高达90.4%。全年新批外商投资企业合同总金额7.69亿美元，增长4.4%；新注册外商投资企业注册资本1.88亿美元，增长9.4%。引进国内市外资金370.8亿元，增长58.0%。

【交通、邮电和旅游】2012年，邢台市交通运输业较快发展。全市货物周转量486.6亿吨公里，比上年增长17.4%；旅客周转量58.8亿人公里，增长15.6%。全市公路通车里程15639公里，增长10.9%，其中，高速公路360公里。

全年完成邮电业务总量(2010年不变价)40.5亿元，比上年增长12.6%。其中，邮政业务量2.1亿元，增长25.3%；电信业务量38.4亿元，增长12.0%。

全年国内旅游接待人数1054万人次，比上年增长23.4%；创收金额66.4亿元，增长29.1%，人均花费630.2元/人次；国际旅游接待人数2.29万人次，增长14.4%；创汇金额754.5万美元，增长12.9%。

【金融和保险】2012年年末，邢台市金融机构人民币各项存款余额2053.8亿元，比上年增长12.6%，比年初增加227.2亿元。其中，储蓄存款余额1454.7亿元，增长15.5%，比年初增加194.6亿元。金融机构人民币各项贷款余额1164.0亿元，增长22.9%，比年初增加217.0亿元。全市金融机构存贷比为56.7%，比上年提高4.8个百分点。

全年保险业保费收入40.2亿元，比上年增长2.8%。其中，财产险保费收入13.4亿元，增长13.6%；寿险保费收入26.8亿元，比上年下降1.8%；健康和意外伤害险保费收入1.0亿元，增长11.1%。各项赔款和给付11.5亿元，比上年增长33.7%，其中，财产险赔款6.6亿元，寿险赔付4.9亿元（其中健康和意外伤害险赔付0.5亿元），分别增长26.9%和44.1%。

6

2012年保定市经济发展概况

【经济总量】2012年，保定市全年实现地区生产总值（GDP）2449.9亿元，比上年增长12.0%。其中，第一产业增加值342.8亿元，增长5.5%；第二产业增加值1345.1亿元，增长14.1%；第三产业增加值762.0亿元，增长11.4%。第一产业、第二产业和第三产业增加值分别占全市生产总值的比重为14.0%、54.9%和31.1%。人均生产总值21796元，比上年增长10.7%。

全年全部财政收入完成265.9亿元，比上年增长29.0%，其中，地方一般预算收入完成128.6亿元，比上年增长41.3%。一般预算支出332.7亿元，比上年增长23.7%。

【农业】2012年，保定市粮食播种面积1394.7万亩，比上年增长1.2%；粮食总产量614.7万吨，比上年增长5.1%。全年棉花总产量3.2万吨，比上年增长7.7%。全年油料总产量27.7万吨，比上年下降2.9%。全年蔬菜总产量912.3万吨，比上年增长7.8%。全年瓜果类总产量109.9万吨，比上年增长2.9%。全年肉类总产量63.4万吨，比上年增长6.0%。牛奶产量79.1万吨，比上年增长9.3%；禽蛋产量41.9万吨，比上年增长5.9%。全年水产品总产量5.4万吨，比上年增长5.1%。农业产业化经营率达到61.5%，比上年提高4.5个百分点。

【工业和建筑业】2012年，保定市全部工业完成增加值1129.5亿元，比上年增长14.9%。其中，规模以上工业完成增加值884.6亿元，比上年增长16.7%。在规模以上工业中，轻工业完成增加值350.4亿元，比上年增长20.5%；重工业完成增加值534.2亿元，比上年增长14.3%。规模以上工业实现主营业务收入3467.9亿元，比上年增长26.7%；实现利税325.0亿元，比上年增长35.9%，其中，利润总额205.2亿元，比上年增长32.9%；亏损企业亏损额21.5亿元，比上年增长2.0倍；工业产品销售率97.6%，比上年下降0.04个百分点。

全年全市建筑业完成增加值215.6亿元，比上年增长10.5%。全市具有资质等级的总承包和专业承包建筑业企业实现利润26.4亿元，比上年增长67.1%。房屋建筑施工面积6829万平方米，比上年增长55.4%；房屋建筑竣工面积2375万平方米，比上年增长12.6%。

【固定资产投资】2012年，保定市全社会固定资产投资完成1664.3亿元，比上年增长29.1%。其中，固定资产投资（不含农户）完成1565.7亿元，比上年增长29.0%；农户投资98.7亿元，比上年增长31.9%。在固定资产投资（不含农户）中，第一产业完成投资39.9亿元，比上年下降24.3%；第二产业完成投资698.5亿元，比上年增长11.1%；第三产业完成投资465.9亿元，比上年增长7.0%。全市城市基础设施完成投资68.7亿元。高新技术完成投资264.0亿元。全年亿元以上项目达到594项，比上年增加95个，完成投资915.8亿元，比上年增长26.5%。

房地产开发企业达到389家，比上年增加46家。房地产开发投资完成361.4亿元，比上年增长

31.9%，其中商品住宅完成投资313.2亿元，比上年增长39.2%。

【科学技术】2012年，保定市共有省级研究所4所，国家级重点实验室2个，共有院士工作站5家，其中，院士19人，博士专家31人。共有工程技术研究中心38个，其中国家级2个。企业技术中心44家，其中，国家级6家，省级38家。全年取得省级科技成果32项。全年推广新产品、新技术179项。全年申请专利3163项，授权专利1797项。年末技术合同成交额1.8亿元。有32个项目获省级科技进步奖。全年实施省级以上科技成果推广8项。根据2008年《高新技术企业认定管理办法》认定高新技术企业86家。

【国内贸易和对外经济】2012年，保定市社会消费品零售总额完成1018.5亿元，比上年增长17.9%，其中，限额以上批发零售企业实现零售额249.3亿元，比上年增长29.4%。分行业看，批发业零售额完成126.6亿元，比上年增长30.5%；零售业零售额完成772.6亿元，比上年增长16.1%；住宿业零售额完成8.6亿元，比上年增长35.4%；餐饮业零售额完成96.3亿元，比上年增长14.0%。

全年外贸进出口总值完成73.5亿美元，比上年增长25.5%。其中，出口总值53.6亿美元，比上年增长24.1%；进口总值19.9亿美元，比上年增长29.5%。全年实际利用外资4.5亿美元，其中，外商直接投资4.3亿美元。在外商直接投资中，制造业占90.2%。全年新批利用外资合同12项，合同总投资4.3亿美元，合同利用外资额0.72亿美元。全年新注册三资企业13户，总投资4.4亿美元，注册资本1.7亿美元，其中外方资本0.72亿美元。

全年引进省外资金370.2亿元，比上年增长90.8%；引进省外技术710项，比上年增长6.3%；引进省外人才1.2万人，比上年增长11.8%。

【交通、邮电和旅游】2012年，保定市交通运输、仓储和邮政业完成增加值117.6亿元，比上年增长14.4%。全年货物运输总量1.83亿吨，比上年增长28.7%；货物运输周转量714.83亿吨公里，比上年增长30.5%。旅客运输总量1.47亿人，比上年增长4.5%；旅客运输周转量84.88亿人公里，比上年增长7.4%。

全年完成邮电业务收入61.5亿元，比上年增长30.6%。其中，邮政业务收入5.1亿元，比上年增长24.4%，电信业务收入56.4亿元，比上年增长30.9%。

全年接待游客3645.9万人次，比上年增长29.4%，其中，国内游客3634.4万人次，比上年增长29.4%；国际游客11.5万人次，比上年增长26.0%。旅游总收入211.6亿元，其中，国内游客创收191.2亿元，比上年增长35.8%；国际游客外汇收入3400.9万美元，比上年增长10.1%。

【金融和保险】2012年年末，保定市金融机构本外币各项存款余额3248.4亿元，比年初增长12.8%，其中，人民币存款余额3232.0亿元，比年初增长13.1%；城乡居民储蓄存款余额达2289.1亿元，比年初增长13.1%。金融机构本外币各项贷款余额1352.3亿元，比年初增长16.8%，其中，中长期贷款余额799.7亿元，比年初增长9.7%；短期贷款余额538.1亿元，比年初增长31.7%。

年末全市共有保险公司37家，保费收入达到101.1亿元。支付各类赔款及给付21.6亿元，其中，财产险赔款金额11.6亿元，寿险保费（包括储金）给付金额10.0亿元。

7

2012年张家口市经济发展概况

【经济总量】2012年，张家口市全年实现地区生产总值（GDP）1233.67亿元，同比增长10.0%。其中第一产业实现增加值205.89亿元，同比增长4.6%；第二产业实现增加值529.05亿元，同比增长11.9%；第三产业实现增加值498.73亿元，同比增长9.9%。人均生产总值达28142元。三次产业增加值占全市地区生产总值的比重分别为16.7%、42.9%和40.4%。

2012年，全市全部财政收入完成214.15亿元，同比增长19.4%，其中地方一般预算收入完成106.56亿元，同比增长28.4%。

【农业】2012年，张家口市粮食总产量达154.73万吨，同比增长321吨。蔬菜总产量达638.8万吨，同比增长10.8%。园林水果总产量达到61.4万吨，比上年增长8.3%。全市生猪出栏254.85万头，牛出栏32.49万头，羊出栏312.05万只，家禽出栏3127.73万只，同比分别增长1.5%、0.1%、0.8%和4.0%。牛奶总产量124.33万吨，同比增长1.5%。禽蛋总产量为20.50万吨，同比增长0.1%。

【工业和建筑业】2012年，张家口市431家规模以上工业企业实现工业增加值397.30亿元，同比增长13.3%，其中，国有及国有控股企业增长9.4%，集体企业增长16.2%，私人控股企业增长23.9%，港澳台商控股企业增长18.5%；轻工业增长18.2%，重工业增长11.9%。分产业看，矿产品及精深加工产业累计完成工业增加值186.21亿元，同比增长16.6%；食品加工产业完成工业增加值87.81亿元，同比增长16.1%；装备制造产业完成工业增加值42.22亿元，同比增长7.7%；新型能源产业完成工业增加值63.06亿元，同比增长5.2%。分企业类型看，大型企业累计完成工业增加值187.67亿元，同比增长9.0%；中型企业累计完成工业增加值81.10亿元，同比增长9.2%；小型企业累计完成工业增加值123.79亿元，同比增长23.3%。

全市规模以上工业累计实现主营业务收入1074.46亿元，同比增长4.54%；累计实现利税149.09亿元，同比增长8.2%，其中实现利润66.67亿元，同比增长3.03%。

2011年末，全市拥有资质等级以上建筑业企业155家，实现总产值247.94亿元，比上年增长4.93%。资质等级以上建筑业全年房屋建筑施工面积1790.51万平方米，比上年下降20.4%；房屋建筑竣工面积962.34万平方米，比上年下降7.4%。

【固定资产投资】2012年，张家口市全社会固定资产投资完成1184.44亿元，同比增长20.0%。其中城乡建设项目投资完成953.96亿元，同比增长25.8%；房地产开发投资209.12亿元，同比增长0.3%。农村农户完成投资21.36亿元，同比增长5.2%。全市亿元以上施工项目325个，同比增加29个，完成投资669.08亿元，同比增长19.6%。其中亿元以上新开工项目130个，同比增加14个，完成投资284.45亿元，同比增长9.9%。

【科学技术】2012年，张家口市获国家科技进步二等奖1项，获省科技进步二等奖1项，省科技进步三等奖8项，获省山区创业三等奖3项。市级科技奖励授奖143项，其中科学技术突出贡献奖1项，一等奖27项。省政府正式批准张家口市建立西山、东山2家省级高新技术产业开发区。园区拥有和应用各类高新技术89项，专利17项。全市有3个团队及3名领军人才在全省“巨人计划”首批创新创业团队和领军人才命名大会上受到命名表彰。

【国内贸易和对外经济】2012年，张家口市实现社会消费品零售总额435.10亿元，同比增长15.5%。其中，城镇零售额实现338.14亿元，同比增长14.8%；乡村零售额实现96.95亿元，同比增长17.8%。分行业看，批发业实现零售额70.56亿元，同比增长39.8%；零售业实现零售额300.85亿元，同比增长14.1%；住宿业实现零售额4.09亿元，同比增长15.2%；餐饮业实现零售额3.93亿元，同比增长23.2%。

全年外贸进出口总额达38363万美元，比上年增长22.8%。其中出口额实现31770万美元，同比增长27.1%。全年全市实际利用外资24960万美元，同比增长33.6%。其中外商直接投资24621万美元，同比增长80.0%。2012年，新批外商投资项目5个，比上年下降50%。合同外资额达到12282万美元，同比下降70.4%。当年新注册外商投资企业4个，注册资本16225万美元，同比下降52%，投资总额达30893万美元，同比下降38.5%。

【交通、邮电和旅游】全年交通运输、仓储和邮政业实现增加值144.97亿元，比上年增长12.0%。全年公路货运量5895万吨，比上年增长14.6%；货物周转量167.69亿吨公里，增长14.4%。公路客运量4461万人，增长14.7%；客运周转量29.19亿人公里，增长11.1%。全市公路通车里程达到19606公里，比上年末增加240公里。

全市邮电业务总量达30.53亿元。其中，邮政业务总量1.54亿元，比上年增长9.1%；电信业务总量28.99亿元，比上年增长10.3%。全年邮递函件260.9万件，发送特快专递59.4万件。报纸发行量5809万份，杂志发行量290万份。移动电话用户达300.66万户，互联网用户达47.46万户。

全市全年共接待国内外游客2118万人次，旅游收入128亿元，同比分别增长40.3%和47%。其中，接待国际游客8.3万人次，创汇2048.6万美元，同比分别增长10%和21%。

【金融和保险】2012年，张家口市全部金融机构各项存款余额1673.9亿元，比年初增长14.7%。其中，单位存款521.4亿元，比年初增长12.5%，个人存款1127.9亿元，比年初增长16.7%；各项贷款余额1192.9亿元，比年初增长12.2%。其中，短期贷款422.0亿元，比年初增长20.1%，中长期贷款745.9亿元，比年初增长7.6%。

2011年，全市营业性保险公司达到27家，保费收入达到35.98亿元，比上年增长2.5%。其中：财产险保费收入12.66亿元，比上年下降1.9%；寿险保费收入23.33亿元，比上年增长5.1%。给付赔款10.12亿元，比上年增长9.29%。其中：财产险给付赔款7.06亿元，比上年增长26.8%；寿险给付赔款3.06亿元，比上年下降17.3%。

8

2012年秦皇岛市经济发展概况

【经济总量】2012年，秦皇岛市全年实现地区生产总值（GDP）1139.17亿元，比上年增长9.1%。面对世界经济和全国经济增长放缓的格局，秦皇岛市经济也出现小幅回调趋势，增速较上年回落2.9个百分点，但比前三季度提高0.6个百分点，年内呈现小幅回升态势。分产业看，第一产业实现增加值147.58亿元，增长3.0%；第二产业实现增加值447.68亿元，增长10.9%；第三产业实现增加值543.90亿元，增长9.3%。三次产业之比为13.0：39.3：47.7。按常住人口计算人均地区生产总值37797元，增长8.6%，按现行汇率计算折合5988美元。

财政收支实现持续增长。2012年完成全部财政收入194.94亿元，比上年增长15.6%。其中公共财政预算收入108.66亿元，增长25.4%。全部财政支出284.24亿元，增长17.7%；公共财政预算支出199.97亿元，增长18.6%。在公共财政预算支出中，用于教育、节能环保、医疗卫生和文化体育传媒等方面的支出增长较快，增速分别达到36.6%、2.4倍、35.4%和36.5%，远远高于财政支出的平均增速。

【农业】2012年，秦皇岛市实现农林牧渔业总产值273.95亿元，比上年增长3.0%。受水灾和风雹灾等自然灾害影响，全市粮食、油料等农产品减产。2012年全市粮食总产量80.92万吨，减少9.3%。蔬菜总产量302.44万吨，增长5.3%。畜牧业生产略有增长，全年肉类总产量33.37万吨，增长1.9%，其中猪肉、牛肉、羊肉产量增幅分别为1.5%、0.3%、0.1%。渔业生产大幅度增长，渔业总产量达到27.44万吨，增长31.5%。全年完成造林面积22807公顷，零星植树650万株，新增育苗面积1265公顷，分别比上年增长53.1%、0.8%和12.2%。森林覆盖率达到42.29%，比上年提高0.31个百分点。林果、花、桑、林板产业稳步发展，全市实现林业产值4.82亿元，比上年增长3.2%；干鲜果品总产量83.06万吨，增长4.7%。

【工业和建筑业】2012年，秦皇岛市规模以上工业实现增加值352.81亿元，比上年增长13.0%，增速比上年回落2.6个百分点，但比年初提高3.1个百分点。工业产业结构发生新变化。一是打破多年来“轻慢重快”格局，轻工业增速超过重工业，全年实现轻工业增加值53.69亿元，比上年增长15.9%；实现重工业增加值299.12亿元，增长12.5%。二是六大高耗能行业对全市工业的贡献率逐季下降，由一季度的66.4%降至40.8%，而在装备制造业的带动下非高耗能行业的贡献率大幅提高。食品加工、玻璃制造、金属冶炼及压延、装备制造四大支柱行业完成增加值257.1亿元，比上年增长14.1%，对工业经济增长的贡献率达到78.6%。全市规模以上工业实现主营业务收入1541.05亿元，比上年增长7.3%；实现利润10.13亿元，下降77.7%；实现税金39.42亿元，增长11.6%；亏损企业亏损额39.40亿元，增长98.6%；亏损面由上年的20.3%上升到34.0%。

全市资质内建筑企业完成建筑业总产值196.72亿元，比上年下降2.2%。其中，建筑工程产值170.20亿元，下降2.3%；安装工程产值15.59亿元，增长8.8%。全年建筑业企业房屋建筑施工面积1626.70万平方米，比上年增长13.2%。

【交通、邮电和旅游】2012年，秦皇岛市公路货运量4933万吨，比上年增长8.8%；公路客运量2110万人，下降8.6%。全市港口货物吞吐量完成2.71亿吨，比上年下降5.8%。其中：出口量为2.50亿吨，下降5.9%。集装箱吞吐量为34.39万箱，下降20%。全年山海关机场完成旅客吞吐量15.54万人次，比上年下降18.8%；完成货邮吞吐量606吨，增长73.6%。北戴河机场迈入全面建设阶段，工程建设按计划积极推进。

全年实现电信业务收入25.41亿元，比上年增长7.5%；邮政业务收入2.75亿元，增长12.4%。全年发送函件1108.8万件，比上年增长1倍。发送报刊累计达4885万份，增长21.1%。

2012年，秦皇岛市接待国内外游客2341.67万人次，比上年增长10.1%；实现旅游总收入202.35亿元，增长17.1%；其中接待海外游客28.64万人次，增长8.3%；实现旅游外汇收入16944.27万美元，增长12.8%。

【固定资产投资】2012年，秦皇岛市全社会固定资产投资累计完成739.30亿元，比上年增长20.3%。其中城乡建设项目投资完成510.42亿元，增长17.7%；房地产投资213.32亿元，增长29.7%；农村农户投资15.57亿元，下降6.5%。固定资产投资的产业流向发生明显变化，第一产业完成投资32.92亿元，增长94.4%，占全社会投资比重为4.5%，比上年提高1.8个百分点；第二产业完成投资214.32亿元，增长24.1%，占全社会投资的比重为29.0%，比上年提高0.9个百分点；第三产业完成投资476.49亿元，增长16.7%，占全社会投资的比重为64.5%，比上年下降1.9个百分点。全市房屋施工面积2239.70万平方米，比上年增长23.7%；新开工面积612.09万平方米，下降23.4%；竣工面积160.81万平方米，下降10.2%；销售面积276.45万平方米，下降17.5%。

2012年，全市在建施工项目1006个，比上年减少36个，其中新开工项目651个，减少49个；新开工亿元项目88个，增加39个。全市在建亿元以上项目200个，累计完成投资301.05亿元，占全社会投资的比重达40.7%。

【科学技术】2012年，秦皇岛市共组织实施科技计划项目762项，其中列入国家科技计划项目23个，列入省级科技计划项目145个；争取省级以上资金3846.5万元，比上年增长21%。全市专利申请量达到2419件，比上年增长54.9%，其中发明专利申请量达817件，增长53.0%。授权专利1203件，增长18.9%。加快高新技术企业培育，2012年，新认定高新技术企业10家，截至年末全市高新技术企业达到66家。加强科技创新平台建设，2012年，燕山大学先进制造成形技术及装备国家地方联合工程研究中心获得授牌，建设了全市第一家省级产业技术研究院——河北省数据产业技术研究院，在企业新建工程技术研究中心14家；年末全市工程技术研究中心和重点实验室达到62家，其中省级27家、国家级2家；拥有省级以上企业技术中心24家。

【国内贸易和对外经济】2012年，秦皇岛市累计实现社会消费品零售总额453.81亿元，比上年增长15.0%。从地域看，城镇实现社会消费品零售总额379.69亿元，增长15.6%；乡村市场实现社会消费品零售总额74.12亿元，增长12.2%。2012年以来限额以上社会消费品零售额走势偏弱，一直维持在个位数的低增长，全年增速仅为2.9%，比上年下降14.9个百分点，拉低了社会消费品零售总额的整体增速。汽车类、石油及制品类、服装鞋帽类、粮油食品饮料烟酒类、家用电器和音响器材类五大主导行业全年累计实现零售额102.07亿元，占限上批零企业零售额总量的80%。

2012年全市完成外贸进出口总值44.12亿美元，比上年增长1.5%，其中出口完成24.88亿美元，增长12.0%；进口完成19.24亿美元，下降9.5%。出口产品结构进一步优化，钢铁、煤炭等“两高一资”产品比重逐步下降，机电、高新技术产品比重上升。全市机电、高新技术产品完成出口总额10.02亿美元，占比高达40.2%，创历史最好水平。全年实际利用外资达到6.28亿美元，且全部为直接投资，实际利用外资比上年增长4.3%，外商直接投资增长4.8%。年内先后组织参加了河北省香港投洽会、韩国丽水世博会、廊坊投洽会、津洽会、厦门投洽会等系列大型招商活动和“一对一”的小团组招商活动，签约重大外资项目11项。

【金融和保险】2012年年末，秦皇岛市金融机构各项存款余额1926.50亿元，比年初增加239.72亿元，新增量比上年增长48.9%，其中储蓄存款余额1155.95亿元，比年初增加158.38亿元；单位存款余额728.41亿元，比年初增加65.24亿元。贷款规模进一步扩大，金融机构本外币各项贷款余额1245.08亿元，比年初增加163.02亿元，新增量比上年增长10.3%。其中短期贷款余额508.95亿元，比年初增加109.84亿元；中长期贷款余额713.94亿元，比年初增加53.69亿元。

2012年年末，全市拥有商业保险分支机构（含代理）41家，新增2家。全年实现各类保费收入42.81亿元，比上年增长7.3%。其中，财产险保费收入13.78亿元，增长16.8%；人身险保费收入29.03亿元，增长3.3%。支付各项赔款15.53亿元，增长26.5%。

9

2012年廊坊市经济发展概况

【经济总量】2012年，廊坊市全年实现地区生产总值（GDP）1793.8亿元，增长9.7%。其中，第一产业增加值198.2亿元，增长3.0%；第二产业增加值968.6亿元，增长11.4%；第三产业增加值627.0亿元，增长9.0%。全市三次产业结构由上年的10.8：54.6：34.6调整为11：54：35。财政收入占生产总值的比重达17.1%，同比提高1.5个百分点。

全市实现财政收入306.6亿元，增长22.0%。其中，公共财政预算收入172.1亿元，增长22.7%。公共财政预算支出268.4亿元，增长17.8%。

【农业】2012年，廊坊市粮食总产量184.7万吨，下降4.6%。其中，夏粮产量51.0万吨，下降1.9%；秋粮产量133.7万吨，下降5.6%。棉花总产量4.6万吨，下降8.7%。油料总产量3.6万吨，下降1.6%。蔬菜总产量674.6万吨，增长3.7%。畜牧业生产稳定，肉类、牛奶总产量分别达35.1万吨和23.5万吨，分别增长1.8%和1.5%；禽蛋产量18.6万吨，下降0.1%。渔业生产平稳发展，全年水产品产量3.5万吨，增长0.7%。农业结构调整继续优化，畜牧、蔬菜、林果花木三大主导产业实现产值占农林牧渔业总产值的比重达81.6%，比上年提高3.4个百分点。

【工业和建筑业】2012年，廊坊市全部工业实现增加值824.7亿元，增长11.5%，其中规模以上工业增长14.1%。在规模以上工业中，国有工业增长11.4%，集体工业增长20.9%，股份制工业增长15.2%，外商及港澳台商投资工业增长7.8%；轻工业增长15.3%，重工业增长13.7%。全市规模以上工业实现利税207.5亿元，增长11.7%，其中利润总额136.6亿元，增长4.8%。

全市建筑业实现增加值143.9亿元，增长10.6%。具有资质等级的建筑企业实现产值691.8亿元，增长46.3%。房屋建筑施工面积3047.2万平方米，下降16.4%，竣工面积1078.6万平方米，增长17.8%。

【固定资产投资】2011年，廊坊市全社会固定资产投资完成1314.1亿元，增长20.7%。其中，固定资产投资（不含农户）1282.1亿元，增长21.4%；农户投资32.0亿元，下降1.1%。在固定资产投资中，第一产业完成投资8.4亿元，下降23.9%；第二产业完成投资674.8亿元，增长33.4%，其中，工业投资647.5亿元，增长29.5%；第三产业完成投资599.0亿元，增长11.0%。工业完成技改投资384.1亿元，增长40.6%。占全市工业投资的59.3%，比上年提高4.7个百分点。全年新开工项目694个，其中亿元以上新开工项目257个，同比增加118个，增长84.9%。

全年房地产开发投资完成243.1亿元，下降17.4%。

【国内贸易和对外经济】2012年，廊坊市实现社会消费品零售总额568.1亿元，增长15.2%。其中，城镇和乡村分别实现零售额362.1亿元和206.0亿元，分别增长15.6%和14.5%。其中，限额以上企业（单位）消费品零售额143.5亿元，增长10.0%，占社会消费品零售总额比重达25.5%，比上年提高2.2个百分点。

全市外贸进出口总额50.3亿美元，下降5.0%。其中，进口总额21.4亿美元，下降17.0%；出口完成28.8亿美元，增长6.3%。全市实际利用外资62018万美元，增长6.9%，其中，外商直接投资52809万美元，下降8.2%。从批准、注册情况看，年内新批准外资项目23个，合同总金额130790万美元，增长53.9%，其中，合同外资额49257万美元，增长22.2%；年内新注册三资企业22家，注册资本41997万美元，增长79.4%，其中，外方注册资本19408万美元，增长4.9%。年末实有三资企业541家。

【交通、邮电和旅游】2012年，廊坊市公路运输业完成全社会货运量10891万吨，增长19.0%；货物运输周转量185.2亿吨公里，增长11.0%。旅客运输总量3456万人次，下降24.0%；旅客运输周转量31.8亿人公里，增长1.4%。

全年完成邮电业务收入43.5亿元，增长8.0%。其中，邮政业务收入3.3亿元，增长10.0%。年末固定电话用户86.9万户；移动电话用户427.8万户。

全年共接待国内外游客1221.8万人次，增长20.9%，实现旅游收入99.1亿元，增长23.0%。其中，接待国内旅游者1210.1万人次，增长21.0%，创收97.1亿元，增长24.0%；接待国际旅游者11.7万人次，增长10.7%，创汇3206.0万美元，下降9.9%。

【金融和保险】2012年年末，廊坊市金融机构本外币各项存款余额2712.4亿元，比年初增加426.8亿元，同比多增137.6亿元。其中，城乡居民储蓄存款余额1586.1亿元，比年初增加227.3亿元，同比多增36.9亿元。各项贷款余额1875.3亿元，比年初增加306.7亿元，同比多增80.6亿元。

【科学技术】2012年，廊坊市高新技术企业80家，实现高新技术产业增加值341.2亿元，增长30.3%。取得各类科技成果106项，其中达到国际领先水平2项、国际先进水平5项、国内领先水平78项、国内先进水平21项。获省级科学技术奖11项（技术发明二等奖1项，科技进步二等奖2项，科技进步三等奖8项）。获市级科技进步奖42项（一等奖5项、二等奖7项，三等奖30项）。全年专利申请量1919件，授权量1496件。签订技术合同1449项，成交总金额7.6亿元，增长11.3%。其中，技术交易额6.4亿元，增长8.3%。

10

2012年承德市经济发展概况

【经济总量】2012年，承德市全年实现地区生产总值（GDP）1180.9亿元。按可比价格计算，比上年增长10.5%。其中第一产业增加值185.2亿元，增长4.6%，第二产业增加值625.4亿元，增长13%，第三产业增加值370.3亿元，增长9.4%，三次产业结构比重为15.7：52.9：31.4。

2012年，全市财政收入175.5亿元，比上年增长14.4%。其中地方一般预算收入82.5亿元，增长16.1%。地方一般预算支出224.7亿元，增长20.3%，其中，科学技术、社会保障和就业、医疗卫生、教育支出分别增长9.2%、5.7%、7.4%、50.1%。

【农业】2012年，承德市粮食产量135.19万吨，比上年减少5.3万吨，下降3.8%。油料产量1.21万吨，比上年减少0.07万吨，下降6%。蔬菜总产量348.8万吨，增长9.3%，其中食用菌产量41.0万吨，增长30.6%。林业稳定发展。造林面积44674公顷，四旁（零星）植树895万株。干鲜果品产量105.8万吨，比上年增长15.8%。畜牧业全年肉类总产量达42.65万吨，比上年增长3%；禽蛋产量10.7万吨，增长0.1%；牛奶产量13.47万吨，增长1.5%。渔业水产品总产量达3.6万吨，增长2.8%。

【工业和建筑业】2012年，承德市实现工业增加值553.8亿元，比上年增长13.1%。434家规模以上工业企业完成工业增加值484亿元，增长13.8%，增速比上半年加快0.8个百分点，高于全国平均水平3.8个百分点，高于全省平均水平0.4个百分点。其中国有及国有控股企业完成增加值132.9亿元，增长1.3%；股份制企业完成增加值405.2亿元，增长14.6%；大中型企业完成增加值407.4亿元，增长5.9%；轻重工业分别实现增加值60.8亿元、423.2亿元，增长4.8%、15.2%。

在全市规模以上工业涵盖的28个行业大类中，有24个行业增加值同比增长，增长面达到85.7%，6个行业增长20%以上。规模以上工业企业实现主营业务收入1629.5亿元，增长6.1%。实现利税188.5亿元，下降2.3%，其中利润106.7亿元，下降9%，较年初收窄32.9个百分点，税金81.8亿元，增长8.1%。规上工业企业户均利润2459万元，全年利润过亿元企业31家。亏损企业个数125家，亏损额9.3亿元。

全市实现建筑业增加值71.6亿元，比上年增长12.5%。有工作量的建筑企业共176家，房屋建筑施工面积977万平方米，下降4.8%；房屋建筑竣工面积433万平方米，下降7.1%。

【固定资产投资】2012年，承德市全社会固定资产投资全年完成1022.1亿元，比上年增长23.2%。其中，固定资产投资完成996.7亿元，增长25%；农村个人投资25.4亿元，下降21.2%。从三次产业看，第一产业完成投资61.1亿元，增长37.4%；第二产业完成投资470.5亿元，增长13%，其中，工业完成投资451.7亿元，增长13%；第三产业完成投资490.5亿元，增长33.1%。

全市固定资产投资施工项目1331个，本年新开工项目931个，下降20.4%，占施工项目的69.9%。亿元以上项目299个，比上年增加86个，共完成投资561.2亿元，占全社会投资的54.9%。

【科学技术】2012年，承德市共组织实施国家、省级科技计划项目44项，争取各类项目资金3240万元，分别是上一年度的2.4倍和1.9倍。其中《全钒液流储能电池产业化关键技术与工艺研究》列入国家“863计划”的项目，《钒系列合金材料高效制备及产业化技术研究》列入国家“十二五”科技支撑计划项目，“两步法精炼技术生产钒铝合金”等11个项目列入国家创新基金项目；高新技术产业开发区升级为国家级高新技术产业开发区，成为全省5家国家级高新技术产业开发区之一。区内共组织实施高新技术研发和产业化项目12项，复审高新技术企业3家；全市共建成生产力促进中心9家，其中国家级示范中心2家。各中心通过与京津20多所高校、科研院所合作，引进科技成果8项，开发与推广共性技术12项；2012年全市共申请专利387项，其中发明专利132项，共授权专利287项，其中发明专利45项。省级农业科技园区达到6个。

【国内贸易和对外经济】2012年，承德市实现社会消费品零售总额349.7亿元，比上年增长15.1%。其中，城镇实现零售额253.6亿元，增长15.1%；乡村实现零售额96.1亿元，增长15.2%。从行业看，批发业实现销售额增长13.5%；零售业实现销售额增长20.1%；住宿业实现营业额增长16.7%；餐饮业实现营业额增长18.7%。

受国际市场疲软影响，全年进出口总值15241.5万美元，比上年下降19%。其中，进口总值1184.7万美元，下降54.6%；出口总值14057万美元，下降13.3%。全年实际利用外资13043万美元，同比增长129%。其中外商直接投资12020万美元，增长129.6%。年末实有三资企业104家。全年新批三资企业1家，新批外商投资项目15个，合同总金额19860万美元，下降77.4%，其中合同外资额20965万美元，增长130.9%。利用外资结构优化，其中合同外资额1000万美元以上的大项目外商直接投资1.14亿美元，占外商直接投资的比重为95%。

【交通、邮电和旅游】2012年，承德市公路货运量7475万吨，比上年增长16.9%，公路货运周转量

163.68亿吨公里，增长17.39%；公路客运量5050万人，增长5.1%，公路客运周转量27.42亿人公里，增长16.5%；全年完成邮政业务总量14277.99万元，同比下降5.33%；电信业务总量23.28亿元，增长9.5%。本地固定电话用户37.15万户，下降1.6%。年末全市移动电话用户288.99万户，增长9.8%。国际互联网接入用户34.68万户，增长28.4%。

旅游业全市共接待境内外游客2010万人次，比上年增长18.3%；其中，境内游客1976.1万人次，境外游客33.9万人次，分别增长18.5%、8.8%。全年实现旅游总收入162亿元，增长28.6%，其中，接待境外游客收入12194万美元，增长10.1%。

【金融和保险】2012年年末，承德市全部金融机构人民币各项存款余额达1359.1亿元，同比增长13.9%。其中，城乡居民储蓄存款余额达888.2亿元，增长16.2%；企业存款余额达225.7亿元，增长4.36%。各项贷款余额达971.2亿元，增长13.87%。其中，个人贷款余额达296.2亿元，增长11.69%；单位贷款余额达624.6亿元，增长16.23%。

全市保险机构保费收入34.9亿元，比上年增长6.99%，其中，财产险保费收入10.08亿元，寿险保费收入24.82亿元，分别增长12.11%、2.67%。给付赔款9.76亿元，增长22.15%，其中，财产险给付赔款6.13亿元，增长30.69%，寿险给付赔款3.63亿元，增长10.33%。

山西省

|太原市|长治市|临汾市|运城市|吕梁市|大同市|阳泉市|

1

2012年太原市经济发展概况

【经济总量】2012年，太原市全年实现地区生产总值（GDP）2311.43亿元，比上年增长10.5%。其中：第一产业增加值36.02亿元，增长5.2%；第二产业增加值1035.57亿元，增长9.7%；第三产业增加值1239.84亿元，增长11.3%。第三产业中，交通运输、仓储和邮政业增加值168.44亿元，增长7.6%；批发零售及住宿餐饮业增加值430.13亿元，增长14.8%；金融保险业增加值241.22亿元，增长14.4%。三次产业比重为1.6%、44.8%、53.6%。与上年相比，第一产业比重持平，第二产业比重下降0.8个百分点，第三产业比重提高0.8个百分点。

人均地区生产总值54440元，比上年增长9.8%，按2012年平均汇率计算达到8624美元。

2012年，全市财政总收入454.49亿元，比上年增长15.6%。全市一般预算收入215.67亿元，增长23.4%。全年一般预算支出277.51亿元，比上年增长16.0%。其中：一般公共服务支出增长7.3%，教育支出增长22.9%，科学技术支出增长23.1%，文化体育与传媒支出增长17.1%，社会保障和就业支出增长4.0%，医疗卫生支出增长21.9%，节能环保支出增长106.5%，农林水事务支出增长65.9%，城乡社区事务支出下降5.4%。

【农业】2012年，太原市粮食总产量31.94万吨，比上年增长1.1%；蔬菜总产量1287883万吨，比上年增长0.8%；水果总产量70713吨，比上年增长1.9%；油料总产量2905吨，比上年增长8.3%；棉花总产量111吨，比上年减少19.9%；肉类总产量4.98万吨，禽蛋总产量2.58万吨，牛奶总产量10.24万吨。水产品总产量3653吨。

全年造林面积15.71千公顷。零星植树1000万株。新增育苗面积1.38千公顷。

【工业和建筑业】2012年，太原市规模以上工业企业440家。规模以上工业增加值782.96亿元，增长13.5%。其中，中央企业增加值120.97亿元，增长4.2%；省属企业增加值332.07亿元，增长0.6%；市属及以下企业增加值329.92亿元，增长43.4%。占全市规模以上工业增加值85.0%的十大行业中，增加值比上年增长的有7个。新兴产业增加值378.99亿元，增长49.3%，占全市规模以上工业增加值的48.4%。其中：装备制造业增加值254.56亿元，增长85.4%，占全市规模以上工业增加值的32.5%。煤炭、钢铁、炼焦、电力等四个传统行业增加值403.97亿元，下降3.7%，占全市规模以上工业增加值的51.6%。规模以上工业主营业务收入3307.94亿元，增长29.1%。利税总额121.40亿元，下降31.2%。利润总额18.43亿元，下降69.9%。亏损企业亏损额49.57亿元，增长115.2%。

全市具有建筑业资质等级的总承包和专业承包建筑业企业总产值1595.70亿元，增长12.4%；利税总额75.52亿元，增长12.2%；利润总额29.89亿元，增长12.4%；上缴税金45.63亿元，增长11.8%。

【固定资产投资】2012年，太原市固定资产投资1320.63亿元，比上年增长28.9%。其中：中央项目投资124.36亿元，增长37.4%；省属项目投资290.34亿元，增长29.4%；市属及以下项目投资905.93亿元，增长27.7%。

分产业看，第一产业投资17.19亿元，增长16.4%；第二产业投资435.05亿元，增长50.1%。其中：工业投资428.87亿元，增长50.7%；第三产业投资868.39亿元，增长20.7%。三次产业投资比重为1.3%、32.9%和65.8%。

全年在建固定资产投资项目1193个。其中：5亿元以上项目122个，计划总投资1816.86亿元，完成投资433.96亿元，占全市固定资产投资的比重为32.9%；10亿元以上项目56个，计划总投资1328.74亿元，完成投资303.50亿元，占全市固定资产投资的比重为23.0%。

全年房地产开发投资364.72亿元，比上年增长16.9%。住宅投资260.19亿元，增长5.6%。其中：90平方米以下住房投资58.19亿元，占住宅投资的比重为22.4%；商业营业用房投资41.10亿元，增长80.0%。全年商品房竣工面积230.94万平方米，商品房销售额221.48亿元。

【科学技术】2012年，太原市共有科技发展项目215项，技术市场共登记技术合同720项，成交金额12.30亿元。全年研究与试验发展经费支出70亿元，比上年增长15%，占地区生产总值的比重为3.0%。国家认定企业技术中心8家，省级企业技术中心46家。年末累计认定高新技术企业156家。全年鉴定180项科技成果，获得国家科技奖励3项。科技成果转化率达到58%。全年申请专利8500件，比上年增加1975件。每10万人专利申请数200项，比上年增加46项。高新技术产业增加值248.52亿元，增长63.5%，占地区生产总值的比重为10.8%。

年末高新区、经济区、民营区共有入区企业4716家。全年实现科工贸总收入2131.62亿元，增长21.1%。

【国内贸易和对外经济】2012年，太原市社会消费品零售总额1129.51亿元，比上年增长16.1%。其中：城镇消费品零售额1106.94亿元，增长16.1%；乡村消费品零售额22.57亿元，增长15.6%。限额以上贸易企业零售额726.71亿元，比上年增长20.7%，占社会消费品零售总额的64.3%，比上年提高4.5个百分点。

全市外贸进出口总额84.74亿美元，比上年下降0.6%。其中：出口额42.42亿美元，增长21.1%；进口额42.32亿美元，下降15.7%。有贸易往来的国家和地区154个。年进出口额在千万美元以上的国家和地区48个。全年新设立外商投资企业14家。实际利用外商直接投资额7.82亿美元，增长15.2%。

【交通、邮电和旅游】2012年，太原市铁路、公路、航空完成货物运输总量14225.60万吨，比上年增长5.0%；货物周转量42855.72百万吨公里。全年完成旅客运输总量5357.81万人次，比上年增长3.2%，旅客周转量12344.77百万人公里，比上年增长0.4%。

全年邮电业务总量77.22亿元，比上年增长9.9%，其中：邮政业务总量5.33亿元，增长12.8%；电信业务总量71.89亿元，增长9.7%。

全市接待海内外游客2983.89万人次，比上年增长21.2%。其中：国内游客2941.64万人次，增长21.2%；海外游客42.25万人次，增长21.1%。海外游客中：外国人29.72万人次，香港同胞7.16万人次，澳门同胞0.79万人次，台湾同胞4.58万人次。全年旅游总收入355.55亿元，增长28.5%；国内旅游收入339.69亿元，增长28.9%；旅游外汇收入2.44亿美元，增长23.3%。

【金融和保险】2012年，太原市金融机构本外币各项存款余额8976.90亿元，比年初增长17.5%；本外币各项贷款余额6452.21亿元，增长12.4%。人民币各项存款余额8902.46亿元，增长17.4%，其中：个人储蓄存款余额3021.50亿元，增长13.3%；人民币各项贷款余额6376.21亿元，增长12.5%。人民币贷款中，中长期贷款余额4044.32亿元，增长3.1%；短期贷款余额2025.26亿元，增长27.9%。

全年原保险保费收入91.53亿元，增长15.1%。其中：寿险业务保费收入52.70亿元，增长9.8%；健康险业务保费收入5.02亿元，增长26.6%；意外伤害险业务保费收入2.03亿元，增长24.7%；财产险业务保费收入31.78亿元，增长22.6%。全年支付各类赔款及给付25.37亿元，增长21.3%。其中：寿险业务给付8.64亿元，增长18.2%；健康险业务赔款及给付1.56亿元，下降26.2%；意外伤害险业务赔款0.51亿元，增长47.6%；财产险业务赔款14.66亿元，增长31.6%。

2

2012年长治市经济发展概况

【经济总量】2012年，长治市全年实现地区生产总值（GDP）1328.6亿元，比上年增长10.6%。其中，第一产业增加值53.5亿元，增长5.6%，占生产总值的比重为4.0%；第二产业增加值894.9亿元，增长11.5%，占生产总值的比重为67.4%；第三产业增加值380.2亿元，增长9.2%，占生产总值的比重为28.6%。第三产业中，金融保险业增加值45.7亿元，增长16.3%；交通运输、仓储和邮政业增加值80.6亿元，增长7.7%；批发和零售业增加值85.7亿元，增长13.9%。人均地区生产总值39523元，按2012年平均汇率计算为6261美元。

全年全市财政总收入302.1亿元，增长18.2%。一般预算收入133.5亿元，增长27.9%。一般预算支出201.8亿元，增长14.7%。其中农林水事务支出增长4.0%，教育支出增长35.4%，社会保障和就业支出增长19.4%，医疗卫生支出增长8.8%，文化体育与传媒支出增长12.6%，公共安全支出增长13.5%，节能环保支出下降30.1%。

【农业】2012年，长治市粮食总产量159万吨，比上年增加10.5万吨，增产7.1%。其中，夏粮5.2万吨，增产1.0%；秋粮153.8万吨，增产7.3%。全年蔬菜总产量101.9万吨，增产9.0%；猪牛羊肉总产量7.0万吨，比上年增长13.8%。其中，猪肉产量6.2万吨，增长14.8%；牛肉产量0.4万吨，增长6.0%；羊肉产量0.5万吨，增长7.1%。牛奶产量1.7万吨，增长5.7%。禽蛋产量12.2万吨，减少13.9%。

【工业和建筑业】2012年，长治市规模以上工业企业342家。全年规模以上工业增加值879.3亿元，增长13.4%。全社会原煤产量1.05亿吨，增长1.4%；焦炭产量1322.2万吨，增长2.4%；发电量348.7亿千瓦时，增长14.0%；钢材产量553.7万吨，增长30.7%。全年规模以上工业企业实现主营业务收入1826.6亿元，增长3.9%。其中，煤炭、焦炭、冶金和电力工业分别实现主营业务收入887.1亿元、215.8亿元、254.9亿元和106.3亿元，分别增长0.1%、-6.3%、-6.2%和25.6%；化学、建材、装备制造、医药和食品工业分别实现主营业务收入86.2亿元、17.1亿元、95.2亿元、19.7亿元和70.3亿元，分别增长3.3%、11.2%、39.2%、18.0%和49.0%。规模以上工业实现利税242.3亿元，下降19.8%；实现利润135.5亿元，下降29.1%。

全年全市建筑业实现增加值33.8亿元，比上年增长4.2%。具有建筑业资质等级的总承包和专业承包建筑业企业实现利润2.6亿元，增长39.0%。

【固定资产投资】2012年，长治市固定资产投资867亿元，增长26.2%。其中，国有及国有控股投资359.1亿元，增长8.2%。分产业看，第一产业投资57.1亿元，增长96.5%；第二产业投资459.6亿元，增长10.8%；第三产业投资350.3亿元，增长44.0%。在第二产业中，工业投资458.9亿元，增长10.7%。其中，煤炭工业投资152.2亿元，下降5.9%。

全年全市在建固定资产投资项目1380个。其中，5亿元以上项目79个，计划总投资1287.7亿元，完成投资271.2亿元，占全市固定资产投资的比重31.3%。

全年房地产开发投资75.9亿元，增长41.2%。其中，住宅投资59.9亿元，增长41.0%；办公楼投资0.9亿元，下降47.2%；商业营业用房投资7.7亿元，增长25.6%。

【科学技术】2012年，长治市共受理各项专利申请1358件，同比增长13.5%，专利授权量689件，同比增长56.2%。全年全市科学技术成果124项，其中有53项技术获得省部级以上科学技术成果奖，比上年增加2项。全年全市共签订各类技术合同110项，技术合同成交总额5.2亿元，增长86.7%。

年末全市共有产品质量检验机构3个。全年对49户企业实施了产品认证，对7种产品进行了监督抽查。全市共有法定计量技术机构12个，全年完成强制检定计量器具35万台件。

【国内贸易和对外经济】2012年，长治市社会消费品零售总额372.6亿元，增长16.1%。其中，城镇消费品零售额321.1亿元，增长16.2%；乡村消费品零售额51.5亿元，增长15.4%。

全年全市进出口总额114890万美元，增长47.5%。其中，进口额27254万美元，下降62.7%；出口额87636万美元，增长1722.3%。全年全市新设立外商直接投资企业3家；合同利用外商投资7846.6万美元，增长285.6%；实际利用外商直接投资27928.7万美元，增长34.8%。

【交通、邮电和旅游】2012年，长治市公路客运量3478.1万人，与上年基本持平，旅客周转量23.1

亿人公里；货运量6450.2万吨，比上年增长15.2%，货物周转量92.6亿吨公里。全年民航客运量50.2万人，比上年增长21.8%，旅客周转量44777万人公里；货邮运输量3400吨，比上年增长17.2%，货邮周转量303.3万吨公里，运输总周转量625.7万吨公里。

全年全市完成邮电业务总量24.3亿元，增长8.4%。其中，邮政业务总量1.7亿元，增长11.3%；电信业务总量22.6亿元，增长8.2%。年末移动电话用户达到259.4万户，其中，3G移动电话用户达到42.7万户。全市互联网接入用户45.2万户，增长21.7%。

全年共接待海外旅游者12.7万人次，比上年增长24.1%；接待国内旅游者1669.1万人次，比上年增长31.4%。旅游外汇收入3000万美元，比上年增长31.3%；国内旅游收入164.6亿元，比上年增长31.9%；旅游总收入166.5亿元，比上年增长31.9%。

【金融和保险】2012年年末，长治市金融机构本外币各项存款余额1724.1亿元，比年初增加149.9亿元，比年初增长9.5%。各项贷款余额841.5亿元，增加110.7亿元，增长15.2%。

全年保险公司保费收入30.7亿元，增长5.6%。全年支付各类赔款及给付10.9亿元，增长51.6%。其中，寿险业务保费赔付5.3亿元，增长82.8%；健康和意外险业务保费赔付0.5亿元，增长5.7%；财产险业务保费赔付0.9亿元，增长61.7%；车险业务保费赔付4.2亿元，增长28.8%。

3

2012年临汾市经济发展概况

【经济总量】2012年，临汾市全年实现地区生产总值（GDP）1220.5亿元，比上年增长10.1%。其中，第一产业增加值80.5亿元，增长5.8%，占生产总值的比重为6.6%；第二产业增加值758.8亿元，增长11.2%，占生产总值的比重为62.2%；第三产业增加值381.2亿元，增长9.1%，占生产总值的比重为31.2%。第三产业中，金融保险业增加值36.4亿元，增长17.5%；住宿和餐饮业增加值22.1亿元，增长10.4%；交通运输、仓储和邮政业增加值91.8亿元，增长9.5%。全年人均地区生产总值28019元，按2012年平均汇率计算为4439美元。

全年全市财政总收入201.6亿元，比上年增长7.0%。一般预算收入110.8亿元，增长24.3%。一般预算支出223.0亿元，比上年增长19.0%。

【农业】2012年，临汾市粮食产量222.2万吨，比上年增加7.6万吨，增产3.6%。其中，夏粮98.2万吨，增产7.7%；秋粮124万吨，增产0.5%。全年全市猪牛羊肉总产量98705吨，比上年增长8.5%。其中，猪肉产量86413吨，增长9.8%；牛肉产量5931吨，下降1%；羊肉产量6362吨，增长1.3%。年末生猪存栏83.8万头，生猪出栏103.4万头。牛奶产量36312吨，增长3.4%。禽蛋产量107618吨，增长16.1%。水产品产量5660吨，增长13%。

全年完成造林40152公顷。其中，荒山荒地造林面积37820公顷。经济林面积8903公顷。全年木材产量11814立方米，增长82.7%。

【工业和建筑业】2012年，临汾市年末全市规模以上工业企业380家。全年规模以上工业增加值增长13.5%。全年原煤产量4970.76万吨，增长2.89%；发电量141.63亿千瓦时，下降4.79%。规模以上工业企业焦炭产量1873.01万吨，下降2.45%；钢材产量1195.67万吨，增长25.43%。全市规模以上工业企业实现主营业务收入1967亿元，增长4%。其中，煤炭、焦炭、冶金和电力工业分别实现主营业务收入606.亿元、342.7亿元、778.4亿元和40.亿元，分别增长6.7%、-11.7%、7.7%和5.1%；化学、建材、装备制造、医药和食品工业分别实现主营业务收入102.06亿元、14.亿元、52.4亿元、6.亿元和14.亿元，分别增长19.2%、-5.7%、15.6%、129.%和43.3%。规模以上工业实现利税125.9亿元，下降32.0%；实现利润38.6亿元，下降56.1%。

全年全市建筑业实现增加值57.5亿元，比上年增长3.2%。具有建筑业资质等级的总承包和专业承包建筑业企业实现利润2.8亿元，增长45.8%。

【固定资产投资】2012年，临汾市全社会固定资产投资822.5亿元，增长27.5%。其中，国有及国有控股投资477.1亿元，增长23.7%；民间投资432.7亿元，增长38.8%。从三次产业看，第一产业投资29.9亿元，增长42.5%；第二产业投资379.5亿元，增长25.9%；第三产业投资413亿元，增长28.1%。在第二产业中，工业投资379.5亿元，增长25.9%。全年全市在建固定资产投资项目1196个。其中，5亿元以上项目52个，计划总投资695.9亿元，完成投资168.8亿元，占全市固定资产投资的比重为20.5%。全年市级重点建设工程349项，计划总投资2220.3亿元，其中当年计划投资641.7亿元，全年完成投资688.0亿元，项目开工率87.7%，当年投资计划完成率107.2%。

全年房地产开发投资55.6亿元，增长48.6%。其中，住宅投资41.9亿元，增长38.8%；商业营业用房投资7.8亿元，增长60.4%。

【科学技术】2012年，临汾市受理专利申请635件，增长28.3%。全市累计认定高新技术企业达到18家，民营科技企业总数达到88家。培育认定8家科技创新型试点企业，总数达到38家。全市已建立国家级研发中心1家，省级研发中心13家，市级研发中心16家。

【国内贸易和对外经济】2012年，临汾市批发和零售业增加值64.4亿元，增长13.8%。全年社会消费品零售总额360.7亿元，增长17.7%。其中城镇消费品零售额301.3亿元，增长18.4%；乡村消费品零售额59.4亿元，增长14%。

全年全市外贸进出口总额79596万美元，增长22.4%。其中，进口额58593万美元，增长16%；出口额21003万美元，增长44.3%。全年全市新设立外商直接投资企业3家；按全口径统计实际使用外商直接投资金额9033万美元，增长16.46%。全年全市外来投资实际到位248.63亿元人民币，同比增长44.15%，其中省外投资到位金额242.49亿元人民币，同比增长45%。

【交通、邮电和旅游】2012年，临汾市交通运输、仓储和邮政业增加值83.3亿元，增长10.8%。全年全市旅客运输量4480万人，比上年增长4.7%；旅客运输周转量26.67亿人公里，比上年增长7.5%；货物运输量10442万吨，比上年增长7.7%，货物运输周转量162.07亿吨公里，比上年增长16.8%。

全年全市完成邮电业务总量32.3亿元，增长28.3%。其中，邮政业务总量2.2亿元，增长3.4%；电信业务总量30.1亿元，增长30.5%。

全年全市接待海外旅游者12万人次，接待国内旅游者1365.3万人次，分别增长19.23%和16.47%；旅游外汇收入2526.9万美元，国内旅游收入119.8亿元，旅游总收入121.4亿元，分别增长21.65%、24.8%和25%。

【金融和保险】2012年，临汾市年末金融机构本外币各项存款余额1459.02亿元，比年初增加133.2亿元，增长10.05%。各项贷款余额658.58亿元，增加108.65亿元，增长19.76%。

全年全市辖区证券市场各类证券成交额521.21亿元，下降31.09%。年末股票市场累计开户数8.52万户，比上年末增长9.17%。

全年全市保费收入34.68亿元，增长2.87%。支付各类赔款及给付5.32亿元，增长30.57%。其中，寿险业务给付0.73亿元，增长19.49%；财产险业务赔款4.58亿元，增长32.54%。

4

2012年运城市经济发展概况

【经济总量】2012年，运城市全年实现地区生产总值（GDP）1016.8亿元，比上年增长14.1%。其中，第一产业增加值164.5亿元，增长8.0%；第二产业增加值494.2亿元，增长19.7%；第三产业增加值358.1亿元，增长10.3%。人均地区生产总值19732元，按2011年平均汇率计算为3055美元。三次产业增加值占全市生产总值的比重分别为16.2%、48.6%和35.2%。

全年全市财政总收入87.4亿元，比上年增长8.9%。一般预算收入40.8亿元，增长14.8%。一般预算支出165.5亿元，比上年增长22.8%。

【农业】2012年，运城市粮食总产量266.5万吨，比上年增产6.5%。全年全市肉类总产量133172吨，比上年增长15.2%。其中，猪肉产量98771吨，增长17.0%；牛肉产量5545吨，下降11.0%；羊肉产量5243吨，增长7.0%；禽肉产量23498吨，增长14.1%。奶类产量44022吨，下降6.9%。禽蛋产量17.9万吨，增长13.0%。水产品产量13820吨，增长22.8%。全年造林合格面积22600公顷，比上年增长5.3%。年末实有封山育林面积29298公顷，零星（四旁）植树1300万株。

全市农机化经营总收入10.7亿元，同比增长13.2%。

【工业和建筑业】2012年，运城市全部工业增加值434.3亿元，比上年增长20.5%。其中，规模以上工业企业405个，完成工业增加值419.8亿元，比上年增长23.7%。其中，轻工业增加值73亿元，比上年增长43.5%；重工业增加值346.8亿元，比上年增长20.4%。

全年全市规模以上工业主营业务收入1590.4亿元，比上年增长40.3%。其中，五大支柱行业实现主营业务收入1078.4亿元，增长32.7%。黑色金属冶炼及压延加工业、有色金属冶炼及压延加工业、炼焦业、化学原料及化学制品制造业、电力热力生产和供应业分别实现主营业务收入348.6亿元、302.2亿元、255.4亿元、140.6亿元和31.6亿元，同比增长36.7%、30.3%、39.0%、40.3%和-24.0%。新兴产业中，机电装备制造业、农副食品加工业、医药制造业分别实现主营业务收入161.2亿元、92.4亿元、25.3亿元，同比增长34.4%、67.6%、22.5%。规模以上工业企业实现利税125.8亿元，比上年增长134.8%；实现利润82.2亿元，增长439.5%。

全年全市具有资质等级的建筑企业162个，其中有工作量的建筑企业117个，实现增加值59.8亿元，比上年增长14.9%。具有建筑业资质等级的总承包和专业承包建筑企业上缴税金3.3亿元，增长32.5%；实现利润3.0亿元，增长16.4%。

【固定资产投资】2012年，运城市固定资产投资完成664.2亿元，比上年增长26.5%。其中，第一产业投资45.7亿元，增长23.5%；第二产业投资379.4亿元，增长33.2%；第三产业投资239.0亿元，增长17.7%。在固定资产投资中，国有投资140.7亿元，下降18.3%；非国有投资523.5亿元，增长48.4%。

全年全市固定资产投资在建施工项目1822个，增长31.9%；其中，5亿元以上在建项目33个，完成投资99.7亿元，占全市固定资产投资的比重为15.0%。

房地产开发：全年全市房地产开发投资52.6亿元，比上年增长58.3%。其中，住宅投资38.9亿元，增长71.4%；商业营业用房投资8.4亿元，增长74.0%。

【科学技术】2012年，运城市受理专利申请685件，比上年增长42.4%；其中，受理发明专利申请201件，比上年增长58.3%。全市授予专利权362件，其中，授予发明专利权66件。全年有62个项目列入国家各类科技计划，获得国家资助3291万元。全年共取得18项科技成果，获得省级科技奖励6项，其中省级科技进步二等奖1项，三等奖5项。全年全市4个省级经济技术开发区实现科工贸总收入404亿元，比上年增长17.7%；进出口总额8971.6万美元，同比下降6.5%。

【国内贸易和对外经济】2012年，运城市批发和零售业74.2亿元，增长14.4%。全年全市社会消费品零售总额417.6亿元，比上年增长17.8%。其中，城镇消费品零售额326.3亿元，增长19.5%，乡村消费品零售额91.3亿元，增长12.0%。

全年全市外贸进出口总额125466万美元，比上年增长19.5%。其中，出口额38964万美元，增长37.5%；进口额86502万美元，增长12.8%。全年全市新设立外商直接投资企业4家，按全口径统计实际使用外商直接投资金额20089万美元，比上年增长29.2%。

【交通、邮电和旅游】2012年，运城市交通运输、仓储和邮政业增加值88.9亿元，增长10.1%；全市公路客运量5210万人，比上年下降8.0%；公路货运量5700万吨，比上年增长15.6%。公路旅客运输周转量20.7亿人公里，比上年下降3.7%；公路货物运输周转量146.0亿吨公里，比上年增长12.2%。全年航空完成客运量75.7万人，比上年增长22.3%；货运量2357吨，增长40.5%。飞机起降8260架次，增长13.0%。

全年全市完成邮电业务总量28.5亿元，比上年增长14.0%。其中，邮政业务总量2.2亿元，下降6.6%；电信业务总量26.3亿元，增长16.2%。

全年全市接待海外旅游者13.5万人次，接待国内旅游者1931.5万人次，分别增长12.4%和23.0%；旅游外汇收入3381.3万美元，国内旅游收入123.8亿元，旅游总收入126.0亿元，分别增长22.1%、22.3%和22.3%。

【金融和保险】2012年，运城市金融保险业增加值25亿元，增长5.0%。年末全市金融机构本外币各项存款余额1118.2亿元，比年初增长17.0%。各项贷款余额605.3亿元，增长15.8%。人民币各项存款余额1115.1亿元，比年初增长16.9%；各项贷款余额604.4亿元，比年初增长16.0%。全年运城辖区证券市场各类证券成交额340.3亿元，比上年下降38.3%。

年末全市共有保险公司24家，全年保费收入39.0亿元，比上年增长7.4%。支付各类赔款及给付9.4亿元，增长42.0%。

5

2012年吕梁市经济发展概况

【经济总量】2012年，吕梁市全年实现地区生产总值（GDP）1130.7亿元，按可比价计算比上年增长14%。其中，第一产业增加值47.7亿元，增长4.5%，占生产总值的比重为4.2%；第二产业增加值834亿元，增长16.6%，占生产总值的比重为73.8%；第三产业增加值249亿元，增长9%，占生产总值的比重为22%。人均地区生产总值30224元，按2011年平均汇率计算达到4679美元。

全年全市财政总收入累计完成276.9亿元，比上年增长41.15%。一般预算收入100.5亿元，增长37.76%。一般预算支出189亿元，比上年增长27.35%。

【农业】2012年，吕梁市粮食总产量106.1万吨，比上年增加1.84万吨，增产9.3%。全年全市猪牛羊肉总产量7.59万吨，比上年减少11.67%。牛奶产量2.32万吨，减少27.25%。禽蛋产量9.4万吨，增长4.70%。水产品产量1433吨，增长10.23%。全年全市完成造林76.06万亩，完成植树1010万株；完成以核桃为主的经济林栽植59.3万亩，经济林总产量3.45亿公斤，其中红枣3.04亿公斤、核桃0.31亿公斤，林果收入突破16亿元；完成新育苗5.1万亩，年可供应苗木3亿多株，基本上做到了苗木自给有余。

全市农机化经营总收入8.8亿元，增长8.8%。

【工业和建筑业】2012年，吕梁市全市规模以上工业企业589家。全年规模以上工业增加值完成811.4亿元，同比增长18.4%。全社会原煤产量1.1亿吨，比上年增长23.08%；发电量104.7亿千瓦时，增长13.16%。规模以上工业企业焦炭产量1927.5万吨，增长3.14%；钢材产量328.1万吨，增长11.04%。规模以上工业企业实现主营业务收入1855.3亿元，比上年增长34.7%。规模以上工业实现利税351.4亿元，比上年增长30.2%；实现利润197.3亿元，增长27.3%。

全年全市建筑业实现增加值20.9亿元，比上年增长19.1%。具有建筑业资质等级的总承包和专业承包建筑业企业实现利润1.0亿元，下降5.2%。

【固定资产投资】2012年，吕梁市固定资产投资完成543.7亿元（全社会为595.0亿元），增长37.5%。其中，国有及国有控股投资179.4亿元，增长28%。从产业情况看，第一产业投资7.2亿元，下降0.6%；第二产业投资347.1亿元，增长51.4%；第三产业投资189.5亿元，下降3.6%。全年房地产开发投资23亿元，增长16.5%。

全年全市在建固定资产投资项目739个。其中，5亿元以上项目82个，计划总投资1493.7亿元，完成投资296.2亿元，占全市固定资产投资的比重为54.5%。

【科学技术】2012年，吕梁市专利申请量达到922件，专利申请的数量、质量都得到大幅度提高。全年共争取国家、省级星火、农业攻关项目14项；推荐山西省重大科技成果转化项目14项；争取到省级工业科技计划项目6项。全年有4项科技成果通过省级鉴定并全部进行了登记，其中国际先进1项，国内领先3项。

全年建立科技示范县2个，建立示范乡镇15个，示范村30个。认定省级民营科技企业5家，到2011年底，认定为省级民营科技企业的共有44家；全市创办科技类民办非企业单位共45家。全年全市3个省级以上经济技术开发区实现工业总产值703.6亿元，增长42%；税收收入66亿元，增长17.9%。

【国内贸易和对外经济】2012年，吕梁市实现批发和零售业增加值33.8亿元，增长16%。全年全市社会消费品零售总额261.1亿元，比上年增长17.33%。其中城镇消费品零售额203.7亿元，增长16.88%；乡村消费品零售额57.4亿元，增长18.96%。

全年全市外贸进出口总额93199万美元，比上年增长27.8%。其中，进口额64455万美元，增长41.5%；出口额28743万美元，增长5.1%。

【交通、邮电和旅游】2012年，吕梁市交通运输、仓储和邮政业增加值63.6亿元，增长6.6%。年末全市旅客运输量1865万人，比上年增长0.5%。旅客运输周转量13.42亿人公里，增长0.2%。货物运输量5632万吨，比上年增长10.8%。货物运输周转量114.45亿吨公里，增长6.5%。

全年全市完成邮电业务总量26.04亿元，增长16.97%。其中，邮政业务总量1.87亿元，下降18.01%；电信业务总量24.17亿元，增长20.99%。

全年全市接待海外旅游者43365人次，接待国内旅游者969.22万人次，分别增长20.08%和48.59%；旅游外汇收入1414.38万美元，国内旅游收入75.74亿元，旅游总收入76.68亿元，分别增长19.17%、48.39%和47.89%。

【金融和保险】2012年，吕梁市金融业实现增加值29.5亿元，同比增长8.3%。年末全市金融机构本外币各项存款余额1358.4亿元，比年初增加219.1亿元，增长16.1%。各项贷款余额521.5亿元，比年初增加112亿元，增长21.5%。年末全市农村金融合作机构人民币贷款余额68.3亿元，比年初增加19.8亿元，增长29%。

全年全市保费收入27.2亿元。其中，财产险业务保费收入8.2亿元；寿险业务保费收入17.8亿元；意外伤害险业务保费收入5088万元%；健康险业务保费收入6022万元。

6

2012年大同市经济发展概况

【经济总量】2012年，大同市全年实现地区生产总值（GDP）931.3亿元，按可比价格计算，比上年增长10.0%。其中，第一产业增加值49.7亿元，同比增长5.8%；第二产业增加值472.2亿元，同比增长10.8%；第三产业增加值409.4亿元，增长9.7%。第一、二、三产业对GDP增长的贡献率分别为3.7%、50.4%、45.9%。三次产业结构比为5.3：50.7：44.0。全市人均地区生产总值实现27813元。

全年全市财政总收入完成190.74亿元，比上年增长17.6%。一般预算收入完成80.30亿元，比上年增长24.2%。全年全市一般预算支出执行186.79亿元，比上年增长10.3%。

【农业】2012年，大同市粮食总产量达94.90万吨，比上年增加9.00万吨，增长10.5%。其中，夏粮产量0.16万吨，比上年减少24.6%；秋粮产量94.74万吨，比上年增长10.6%。蔬菜总产量74.01万吨，比上年增长15.7%；水果总产量10.47万吨，比上年增长0.6%；油料总产量15100吨，比上年增长11.0%；肉类总产量12.8万吨，比上年增长6.5%。其中，猪羊肉产量10.97万吨，比上年增长7.3%；牛奶产量21.66万吨，比上年增长1.4%；禽蛋产量3.93万吨，比上年下降4.7%。

【工业和建筑业】2012年，大同市完成全部工业增加值比上年增长11.9%。其中，规模以上工业企业完成工业增加值418.74亿元，比上年增长13.4%。全年规模以上工业企业实现主营业务收入1599.22亿元，比上年增长22.3%。实现利税105.81亿元，比上年下降12.5%。其中，国有控股工业企业实现利税94.37亿元，下降12.0%。实现利润29.08亿元，比上年下降32.8%，其中国有控股工业企业实现利润24.59亿元，下降32.9%。

全年建筑业增加值52.62亿元，比上年增长2.6%。全市具有建筑业资质等级的总承包和专业承包建筑业企业完成建筑业总产值125.19亿元，比上年增长15.76%。房屋建筑施工面积717.60万平方米，比上年增长5.10%；房屋竣工面积221.80万平方米，比上年增长9.96%。

【固定资产投资】2012年，大同市全社会固定资产投资完成831.79亿元，比上年增长25.1%。其中，国有经济单位投资完成453.00亿元，增长19.2%；非国有经济单位投资完成378.79亿元，增长32.9%。在全社会固定资产投资中，第一产业投资50.13亿元，增长56.8%；第二产业投资322.65亿元，增长41.9%；其中，煤炭工业投资111.47亿元，增长25.7%；非煤产业投资720.32亿元，增长25.0%。传统产业投资合计201.23亿元，增长27.5%。第三产业投资459.01亿元，增长13.2%。全年房地产开发投资完成170.61亿元，比上年增长27.2%。其中，住宅投资115.07亿元，增长11.3%。全年全市房地产开发施工面积1589.86万平方米，比上年下降6.9%。

全市全年固定资产投资施工项目686个，其中新开工467个，全部建成投产项目449个，新增固定资产446.2亿元。

【科学技术】2012年，大同市共受理专利申请801件，比上年增长68.6%。其中，发明专利257件、实用新型463件、外观设计81件，分别占专利申请总数的32.1%、57.8%和10.1%。全市共授权专利402件。其中，发明35件、实用新型330件、外观设计37件，分别占专利授权总数的8.7%、82.1%和9.2%。

全年全市共组织鉴定达到国际先进水平的省级科技成果4项。获得2011年度省科技奖励9项。其中，省科技进步二等奖4项，省科技进步三等奖5项；组织鉴定市级科技成果11项。启动了2012年度市科技奖励工作，共受理推荐奖励项目38项。

【国内贸易和对外经济】2012年，大同市实现社会消费品零售总额413.65亿元，比上年增长16.00%。其中，城镇消费品零售额356.48亿元，增长16.01%；乡村消费品零售额57.17亿元，增长15.97%。分行业看，全年全市批发业实现零售额60.52亿元，增长13.11%；零售业实现零售额309.91亿元，增长15.66%；住宿和餐饮业实现零售额43.22亿元，增长23.06%。

全年全市外贸进出口总额完成50395万美元，比上年增长16.9%。其中，出口完成23400万美元，增长139.0%；进口完成26995万美元，下降19.0%。全年新批外商投资企业3家，追加注册资金5家。全年合同利用外资2.13亿美元，比上年同期增长12.6%；实际到位外资2.10亿美元，比上年同期增长97.6%。

【交通、邮电和旅游】2012年，大同市各种运输方式完成货物运输总量7841.34万吨，比上年增长9.24%；货物周转量920904万吨公里，比上年增长13.25%。全年完成旅客运输总量2859.41万人次，比上年增长3.53%，旅客周转量299795万人公里，比上年增长19.10%。

全年全市完成邮电业务总量28.44亿元，比上年增长7.6%。其中，电信业务总量25.96亿元，增长9.2%；邮政业务总量2.24亿元，下降8.2%。

全年全市旅游业务总收入162.82亿元，比上年增长19.2%。其中，国内旅游业务收入156.2亿元，增长19.3%；国际旅游创汇10224.34万美元，增长18.2%。全年全市共接待国内、外旅游者1918.04万人次，比上年增长18.7%。其中，接待国内旅游者1890.29万人次，增长18.7%；接待海外旅游者27.75万人次，增长18.1%。

【金融和保险】2012年年末，大同市金融机构各项存款余额达2013.93亿元，比年初增加144.62亿元，比上年同期增长7.7%。年末全市金融机构各项贷款余额770.52亿元，比年初增加111.81亿元，比上年同期增长17.0%。其中，短期贷款余额237.40亿元，比年初减少2.04亿元，比上年同期下降0.8%；中长期贷款余额458.82亿元，比年初增加80.64亿元，比上年同期增长21.3%。

全年全市共有注册保险机构25家。全年保费累计收入33.8亿元，比上年增长2.1%。其中，寿险业务保费累计收入20.9亿元，下降0.4%；财产险业务保费累计收入12.9亿元，增长7.0%。全市累计支付各类保险赔款及给付13.5亿元，下降14.6%。其中，寿险业务给付6.9亿元，下降32.5%；财产险业务赔款6.6亿元，增长20.0%。

7

2012年阳泉市经济发展概况

【经济总量】2012年，阳泉市全年实现地区生产总值（GDP）602.0亿元，比上年增长9.6%。其中，第一产业增加值9.3亿元，增长6.0%，比上年增幅回落4.4个百分点；第二产业增加值354.5亿元，增长10.1%，比上年增幅回落4.5个百分点；第三产业增加值238.2亿元，增长9.2%，比上年增幅回落0.9个百分点。第三产业中，金融业增加值31.7亿元，增长16.5%；批发和零售业增加值46.8亿元，增长15.4%；住宿和餐饮业增加值24.3亿元，增长12.5%；房地产业增加值15.8亿元，增长6.8%。三次产业增加值占全市生产总值的比重分别为1.5%、58.9%和39.6%，对经济增长的贡献率分别为0.9%、63.0%和36.1%。人均地区生产总值43723元，按2012年平均汇率计算达到6926美元。

全年全市财政总收入141.0亿元，比上年增长16.1%。一般预算收入56.9亿元，增长22.0%。一般预算支出执行88.6亿元，比上年增长24.7%。

【农业】2012年，阳泉市粮食总产量28.0万吨，比上年增产10.0%。其中，玉米26.1万吨，增产10.3%。蔬菜总产量9.1万吨，比上年减产4.8%。水果总产量1.3万吨，比上年增产6.9%。全年肉类总产量1.6万吨，比上年增长15.0%。其中，猪肉产量1.3万吨，增长17.4%；牛肉产量0.01万吨，下降49.8%；羊肉产量0.06万吨，下降7.7%；牛奶产量0.6万吨，下降11.5%；禽蛋产量2.5万吨，下降18.2%；水产品产量0.07万吨，增长11.1%。全年完成退耕还林和荒山荒地造林面积0.8万公顷，造林合格面积0.8万公顷。2012年年末全市森林覆盖率达26.0%。

【工业和建筑业】2012年，阳泉市全部工业增加值比上年增长11.0%。其中，全市规模以上工业企业136户，完成工业增加值296.0亿元，同比增长11.9%。规模以上工业实现主营业务收入797.6亿元，比上年增长27.0%。其中，四大传统支柱产业实现主营业务收入744.3亿元，增长28.9%，煤炭、焦炭、冶金和电力工业分别实现主营业务收入562.7亿元、10.0亿元、54.4亿元和44.8亿元，煤炭和冶金工业同比分别增长40.5%和5.4%，焦炭和电力工业同比分别下降32.0%和1.3%。新兴产业中，装备制造业实现主营业务收入57.3亿元，增长16.5%。规模以上工业实现利税72.0亿元，比上年下降33.0%；实现利润18.5亿元，下降66.8%。

全年全市建筑业实现增加值36.0亿元，比上年增长1.6%。具有建筑业资质等级的总承包和专业承包建筑业企业实现利润总额3.7亿元，下降54.5%；上缴税金5.5亿元，下降12.7%。

【固定资产投资】2012年，阳泉市全社会固定资产投资391.3亿元，比上年增长14.5%。按构成分，固定资产投资334.3亿元，增长18.1%；房地产投资57.0亿元，下降3.3%。按产业分，第一产业投资15.7亿元，增长58.5%；第二产业投资186.4亿元，增长13.6%；第三产业投资189.2亿元，增长12.6%。按登记注册类型分，国有投资183.5亿元，下降5%；非国有投资207.8亿元，增长39.7%。

2012年，全市188个重点工程项目中，有181个项目开工建设，开工率96.3%，有58个项目竣工，累计完成投资522.4亿元。全年固定资产投资建成投产项目335个，项目建成投产率为59.2%；新增固定资产216.9亿元，固定资产交付使用率为55.4%。

全年房地产开发投资57.0亿元，比上年下降3.3%。按工程用途分，商品住宅投资45.0亿元，下降2.8%；办公楼投资0.9亿元，下降61.9%；商业营业用房投资6.8亿元，增长1.6%。

【科学技术】2012年，阳泉市共受理各项专利申请820件，比上年增长25.0%。全市技术市场共签订技术合同13份，成交金额5722.8万元。全年有17个项目列入省级科技计划，获得国家资助550万元；有9个项目列入国家级科技计划。全年共取得市级科研成果44项。

【国内贸易和对外经济】2012年，阳泉市社会消费品年全市社会消费品零售总额217.6亿元，比上年增长15.6%。其中，城镇消费品零售额196.8亿元，增长15.2%；乡村消费品零售额20.8亿元，增长19.2%。

全年全市外贸进出口总额24350万美元，比上年下降27.0%。其中，出口下降8.8%，进口下降46.2%。全年全市实际使用外商直接投资金额23576万美元，比上年增长30.0%；其中纳入商务部口径统计的为9698.8万美元。全年全市新设立外商直接投资企业1家。

【交通、邮电和旅游】2012年，阳泉市交通运输、仓储和邮政业增加值49.1亿元，比上年增长6.6%。公路线路年末里程5601.3公里，其中高速公路277.1公里。全年各种运输方式完成货物运输总量7990.6万吨，比上年增长2.6%。全年各种运输方式完成旅客运输总量3019.4万人，比上年增长7.4%。

全年全市完成邮电业务总量14.3亿元，增长10.0%。其中，邮政业务总量1.3亿元，增长18.2%；电信业务总量13.0亿元，增长8.5%。

全年全市接待海外旅游者3.8万人次，接待国内旅游者1178.9万人次，分别增长25.6%和23.5%；旅游外汇收入1009.7万美元，国内旅游收入94.9亿元，旅游总收入95.6亿元，分别增长22.3%、25.2%和25.2%。

【金融和保险】2012年年末，阳泉市金融机构本外币各项存款余额1098.4亿元，比年初增长12.6%。各项贷款余额530.3亿元，比年初增长23.2%。

全年全市保费收入19.7亿元，比上年下降1.1%；其中，人身险业务保费收入13.0亿元，下降4.8%；财产险业务保费收入6.7亿元，增长7.0%。支付各类赔款及给付7.0亿元，增长41.4%。

内蒙古自治区

| 呼和浩特市 | 鄂尔多斯市 | 包头市 | 赤峰市 | 通辽市 | 呼伦贝尔市 |

1

2012年呼和浩特市经济发展概况

【经济总量】2012年，呼和浩特市全年实现地区生产总值（GDP）2475.57亿元，按可比价格计算，比上年增长11.0%。分三次产业看：第一产业完成增加值120.52亿元，比上年增长4.5%；第二产业完成增加值902.30亿元，比上年增长12.1%；第三产业完成增加值1452.75亿元，比上年增长10.8%。三次产业结构之比为4.9：36.4：58.7。

全年地方财政总收入实现316.32亿元，比上年增长10.9%。其中一般预算收入178.64亿元，比上年增长18.0%；地方财政支出累计完成276.29亿元，比上年增长8.2%。

【农业】2012年，呼和浩特市粮食总产量121.9万吨，比上年增长3.7%。在粮食作物中，玉米播种面积144千公顷，比上年下降1.9%，产量82.67万吨，比上年下降5.8%；马铃薯播种面积72.2千公顷，比上年下降22.3%，产量21.9万吨，比上年增长1.9%；油料播种面积59.10千公顷，比上年增长10.2%，产量6.14万吨，比上年增长57.8%。全市年末家畜存栏261.0万头（只），比上年下降1.2%。全年肉类总产量11.4万吨，比上年增长12.3%；禽蛋产量3.25万吨，比上年增长3.3%；牛奶产量310.82万吨，比上年增长1.1%。

林业全年完成营造林面积达21.33千公顷。其中，人工造林9.33千公顷，封山育林12千公顷。四旁（零星）植树300万株。当年苗木产量1.69亿株。

【工业】2012年，呼和浩特市规模以上工业增加值比上年增长11.0%，实现了平稳增长。在规模以上工业企业中，国有及国有控股企业增加值增长20.8%，集体企业增加值下降7.0%，股份合作企业增加值增长9.5%，股份制企业增加值增长6.8%，外商及港澳台投资企业增加值增长6.1%，其他经济类型企业增加值增长18.3%。在规模以上工业企业中，轻工业增加值增长13.1%；重工业增加值增长8.8%。从工业产品产量看，发电量404.19亿千瓦时，增长23.0%；乳制品146.79万吨，下降13.0%；卷烟195.00亿支,增长5.4%；汽油15.31万吨，下降55.3%；化肥31.01万吨，增长18.6%。

2012年，全市规模以上工业企业主营业务收入1242.62亿元，比上年增长2.4%；实现利润88.24亿元，比上年增长17.9%；规模以上工业亏损企业亏损额26.84亿元，比上年增长25.0%。全年规模以上工业企业产品销售率95.2%，比上年下降1.2个百分点。

【固定资产投资】2012年，呼和浩特市完成固定资产投资1301.43亿元，比上年增长26.1%，较上年同期增速加快9个百分点。在全市固定资产投资中，第一产业投资91.86亿元，增长34.4%；第二产业投资211.57亿元，下降10.7%，其中，工业投资209.57亿元，下降7.9%；第三产业投资998.00亿元，增长37.4%。从主要行业投资看，电力、燃气及水的生产和供应业投资70.21亿元，增长5.3%；交通运输、仓储及邮政业投资161.08亿元，增长67.5%；水利、环境和公共设施管理业投资123.92亿元，增长35.5%；教育投资22.98亿元，增长15.1%；卫生和社会工作投资17.04亿元，增长189.0%。

全年房地产开发投资447.99亿元，比上年增长30.0%。其中，住宅投资286.88亿元，增长11.3%；办公楼投资23.05亿元，增长37.9%；商业营业用房投资77.79亿元，增长42.2%。

【科学技术】2012年，呼和浩特市财政投入科技经费8940万元，比上年增长19.0%，争取国家及自治区支持资金14219.9万元，项目105项。年内专利申请量1452件，授权专利1140件。安排重大科技专项经费6026万元。

【国内贸易和对外经济】2012年，呼和浩特市实现社会消费品零售总额1022.25亿元，比上年增长14.9%。从经营单位所在地看，城镇实现社会消费品零售额933.50亿元，占社会消费品零售总额的91.3%，增长13.9%；乡村消费品零售额88.75亿元，增长25.5%。

全年外贸进出口总额完成170128万美元，比上年下降16.0%。其中，进口总额86836万美元，比上年下降13.2%；出口总额83292万美元,比上年下降18.6%。全年引进外方资金61694万美元，比上年下降30.3%。引进区内外资金637.35亿元，比上年增长14.5%。其中，区内资金244.45亿元，区外资金392.89亿元，分别比上年增长11.0%和16.8%。

【交通和邮电】2012年，呼和浩特公路货运量12790万吨，比上年增长25.5%，公路货运周转量431.77亿吨公里，比上年增长25.8%；公路客运1691万人，比上年下降4.3%，公路客运周转量42.96亿人公里，比上年下降4.2%。

全年邮电业务总量44.44亿元，比上年增长11.8%。其中，邮政业务总量2.47亿元，比上年增长15.3%；电信业务总量41.97亿元，比上年增长11.6%。

【金融和保险】2012年，呼和浩特市金融机构人民币存款余额为3805.76亿元，比上年末增长19.4%。其中单位存款余额为2183.12亿元，比上年末增长20.9%；个人存款1265.27亿元，比上年末增长19.4%；财政性存款287.32亿元，比上年末增长3.0%。年末全市金融机构各项贷款余额3707.22亿元，比上年末增长15.3%。其中，短期贷款833.91亿元，比上年末增长19.9%；中长期贷款2832.07亿元，比上年末增长13.6%。年末个人贷款达530.05亿元，比上年末增长27.1%。

全市保费收入47.18亿元，比上年增长15.4%。其中，财产险保费收入21.48亿元，比上年增长10.5%；人身险保费收入25.70亿元，比上年增长19.8%。全市保险赔款与给付支出16.48亿元，比上年增长35.0%。其中，财产险保险赔付支出10.65亿元,比上年增长36.5%；人身险保险赔付支出5.83亿元,比上年增长32.4%。

2

2012年鄂尔多斯市经济发展概况

【经济总量】2012年，鄂尔多斯市全年实现地区生产总值（GDP）3656.8亿元，扣除价格因素，比去年增长13.0%。分产业看，第一产业完成增加值90.14亿元，增长3.6%，对经济增长的贡献率为1.6%。第二产业完成增加值2213.13亿元，增长15.4%，对全市经济增长的贡献率达到63.8%。其中，工业完成增加值1971.68亿元，增长15.6%；建筑业完成增加值241.45亿元，增长13.5%。第三产业完成增加值1353.53亿元，增长9.8%，对经济增长的贡献率为34.6%。三次产业增加值比例调整为2.5：60.5：37.0。

全市地方财政总收入完成820.0亿元，同比增长3.0%。公共财政预算收入完成375.51亿元，同比增长8.5%。全年公共财政预算支出485.82亿元，同比增长8.8%。

【农业】2012年，鄂尔多斯市现价农林牧渔及服务业总产值151.98亿元，按可比价格计算比上年增长2.9%。其中，农业产值70.77亿元，增长7.5%；林业产值6.51亿元，增长4.1%；牧业产值70.24亿元，下降1.8%；渔业产值1.66亿元，增长5.4%；农林牧渔服务业产值2.79亿元，增长6.1%。全年粮食总产量145.04万吨，同比增长1.8%。油料产量7.83万吨，同比增长3.7%；甜菜产量10.77万吨，同比增长2.7%；蔬菜产量34.37万吨，同比增长37.9%。

【工业和建筑业】2012年，鄂尔多斯市规模以上工业增加值按可比价比上年增长16%，其中轻工业下降20.9%、重工业增长16.2%。按经济类型分，国有工业增长48%，集体工业增长17.1%，股份制工业增长17.0%，外商及港澳台投资工业下降0.6%，其他经济类型工业增长9.4%。规模以上工业企业总产值达到3967.56亿元，同比增长14.4%。销售产值3898.8亿元，下降5.8%。工业产品产销率98.3%。规模以上工业主营业务收入4180.25亿元，比上年增长12.8%；利税总额1203.86亿元，增长8.9%；利润总额880.82亿元，增长13.1%。亏损企业86户，比上年增加32户，企业亏损面22.3%，比上年末扩大8.6个百分点；亏损企业亏损额19.71亿元，增长177.16%。

全市企业营业收入超百亿元的有10户，共实现营业收入2011.5亿元，同比增长23.2%，实现利润410.0亿元，同比增长7.7%，税金总额158.5亿元，同比增长18.1%。

年末全市具有资质等级的建筑施工企业191个，全年资质以上建筑业总产值434.97亿元，比上年增长5.9%，竣工产值241.8亿元，下降9.3%。建筑业企业房屋建筑施工面积1104.8万平方米，下降34.4%；竣工面积469.5万平方米，下降15.5%。

【固定资产投资】2012年，鄂尔多斯市全社会固定资产投资完成2570.58亿元，同比增长14.6%。其中，第一产业完成投资76.65亿元，同比增加52.5%；第二产业完成投资1541.89亿元，同比增长34.0%，其中，工业投资完成1537.71亿元，同比增长37.1%；第三产业完成投资952.04亿元，同比下降8.7%。其中，交通运输仓储和邮政业投资313.36亿元，增长45.5%；房地产业投资270.92亿元，下降40.8%。全年新增固定资产832.15亿元，固定资产交付使用率32.4%。共有879个城镇建设项目建成投产，项目建成投产率58.1%。全市亿元以上重点开工项目155个，完成投资1105.7亿元，比上年分别下降41个和24.5%。

【科学技术】2012年，鄂尔多斯市取得各类科技成果24项，全年提交专利申请404件，同比增长31.2%。其中，授权专利219件，同比下降4.37%。技术合同认定登记319项，成交金额6.86亿元，同比增长145.9%。年内新认定国家级高新技术企业5家，自治区民营科技企业3家，自治区级企业研究开发中心1家，自治区院士专家工作站2家。

【国内贸易和对外经济】2012年，鄂尔多斯市实现社会消费品零售总额501.39亿元，同比增长14.0%。其中，城镇实现消费品零售额411.88亿元，同比增长14.2%；乡村实现消费品零售额89.51亿元，同比增长12.8%。

全市完成进出口总额（不含煤炭）42260万美元，同比下降31.4%。其中进口总额19357万美元，同比下降36.5%；出口总额22903万美元，同比下降26.2%。全年新批准外商投资企业5家，利用外资新签项目数达13个。实际使用外商直接投资15.2亿美元，同比增长19.7%。

【交通、邮电和旅游】2012年，鄂尔多斯市各种运输方式完成货运量58564.6万吨，比上年增长11.2%，其中，铁路完成货运量23305.62万吨，增长5.0%；公路货运量35258万吨，增长16.1%；民航货运量0.98万吨，增长62.7%。全年各种运输方式完成客运量2657.78万人次，比上年增长6.6%，其中，铁路完成客运量54.72万人次，下降6%；公路客运量2423万人次，增长5.1%；民航客运量180.06万人次，增长38.3%。

全年实现邮电业务收入24.93亿元，同比增长9.1%。其中，邮政业务收入1.19亿元，增长26.2%；电信业务收入23.74亿元，增长8.3%。

全市共接待游客592.91万人次，同比增长17.1%。其中，接待入境旅游者34315人次。实现旅游收入125.39亿元，同比增长32.0%。

【金融和保险】2012年年末，鄂尔多斯市年末金融机构各项存款余额2194.92亿元，同比增长8.6%。年末金融机构各项贷款余额2218.11亿元，同比增长12.8%。

全市保险业实现保费收入34.04亿元，同比下降8.2%。其中财产险收入19.69亿元，同比下降14.8%；寿险收入12.37亿元，同比增长1.8%；健康险收入1.20亿元，同比增长24.6%；意外伤害险收入0.78亿元，同比下降7.4%。各项赔付支出11.60亿元，同比增长8.8%。其中财产险赔付支出9.45亿元，同比增长5.0%；寿险赔付支出1.72亿元，同比增长29.0%；健康险赔付支出0.22亿元，同比增长32.2%；意外伤害险赔付支出0.20亿元，同比增长26.5%。

3

2012年包头市经济发展概况

【经济总量】2012年，包头市全年实现地区生产总值（GDP）3409.5亿元，按可比价格计算，比上年增长12.6%。其中，第一产业增加值89.7亿元，增长6.1%；第二产业增加值1885.5亿元，增长14.1%；第三产业增加值1434.3亿元，增长11.0%。第一、第二和第三产业增加值占全市生产总值的比重分别为2.6%、55.3%和42.1%，三次产业对经济增长的贡献率分别为1.2%、61.6%和37.2%。全市人均生产总值达到125709元，增长11.0%，按年平均汇率折算为19915美元。

全年地方财政总收入为326.8亿元，比上年增长10.6%。其中，公共财政预算收入185.8亿元，增长14.8%。全年公共财政预算支出291.0亿元，增长15.8%。在全部公共财政预算支出中，用于民生的财政支出达224.8亿元，较上年增长17.8%，占全部支出的比重为77.2%。

【农业】2012年，包头市粮食总产量101.8万吨，比上年增长1.5%。其中，小麦产量8.0万吨，增长24.3%；玉米产量78.4万吨，下降2.6%；马铃薯产量14.7万吨，增长17.0%。全年油料产量5.1万吨，增长20.5%；蔬菜产量104.9万吨，增长9.9%。

年末全市牲畜存栏达254.2万头（只），下降0.7%。年末牲畜出栏头数达465.0万头（只），增长8.5%，其中牛出栏25.6万头，增长5.0%；羊出栏385.7万只，增长9.7%；猪出栏53.0万头，增长1.9%。全年猪肉产量4.6万吨，较上年下降1.2%；牛肉产量4.0万吨，增长2.1%；羊肉产量6.4万吨，增长0.7%；禽肉产量6586吨，增长4.2%；禽蛋产量2.9万吨，增长3.7%；牛奶产量157.5万吨，增长1.0%；水产品产量7705吨，增长4.0%。

【工业和建筑业】2012年，包头市实现工业增加值1691.7亿元，比上年增长14.8%。规模以上工业企业实现增加值1311.8亿元，增长15.9%。在规模以上工业中，钢铁、铝业、装备制造、稀土、电力五大产业完成工业增加值905.9亿元，较上年增长16.5%，对规模以上工业经济增长的贡献率达61.5%，拉动工业增长11.3个百分点；轻工业增加值增长22.6%，重工业增长15.4%。

全年规模以上工业企业主营业务收入3029.6亿元，比上年增长9.0%；税金总额104.0亿元，增长0.8%；利润总额209.1亿元，增长5.6%，其中国有及国有控股企业利润55.6亿元，下降12.1%。

全年建筑业增加值193.8亿元，比上年增长7.9%。在本市注册的具有资质等级的建筑企业共101户，完成总产值235.6亿元，实现利润总额1.8亿元。

【固定资产投资】2012年，包头市全年固定资产投资2534.2亿元，比上年增长18.0%。其中，第一产业投资64.6亿元，较上年增长69.0%；第二产业投资1377.6亿元，增长35.5%；第三产业投资1092.0亿元，下降1.3%。在第二产业投资中，工业投资1312.8亿元，增长31.8%。分行业来看，制造业投资835.0亿元，增长18.7%；电力、热力、燃气及水的生产和供应业投资240.9亿元，增长45.7%；交通运输、仓储和邮政业投资90.0亿元，下降15.9%；水利、环境和公共设施管理业投资225.5亿元，下降3.8%。

全年房地产开发投资158.6亿元，比上年下降32.3%。其中，住宅投资108.6亿元，比上年下降36%；办公楼开发投资9.7亿元，下降0.83%；商业营业用房24.0亿元，下降39.5%。

【科学技术】2012年，包头市受理申请专利1430件，比上年增长53.8%；专利授权量815件，增长51.2%。年末拥有国家级企业工程中心（技术中心）8家；国家高新技术企业累计达到73家，其中年内新增11家；市级以上创新型（试点）企业累计达到105家，其中国家级创新型（试点）企业2家。全年共签订各类技术合同179项，技术合同成交金额2.5亿元。

【国内贸易和对外经济】2012年，包头市全年社会消费品零售总额966.7亿元，比上年增长14.1%。按经营地统计，城镇消费品零售额947.9亿元，增长14.1%；乡村消费品零售额18.8亿元，增长12.5%。

全年外贸进出口总额为21.0亿美元，较上年下降23.9%。其中，出口总额为11.6亿美元，较上年下降36%；进口总额9.4亿美元，下降0.6%。全年实际利用外资到位金额13.7亿美元，比上年增长10.1%。

【交通、邮电和旅游】2012年，包头市全年铁路货运量9323.8万吨，较上年下降14.6%；铁路客运量586.8万人，下降2.2%。公路货运量26951万吨，增长25.5%；公路客运量1417万人，下降2.5%。民航客运吞吐量162.6万人次，比上年增长20.8%；民航货邮总量9265.2吨，增长23.7%。

全年邮电业务总量29.9亿元，比上年下降10.2%。其中，邮政业务总量1.2亿元，下降11.4%；电信业务总量28.6亿元，增长18.1%。年末固定电话用户45.4万户，增长13.5%。移动电话用户358.3万户，增长22.0%。

全年实现旅游总收入154.5亿元，比上年增长24.6%。国内旅游人数769.3万人次，增长9.8%；国内旅游收入153.6亿元，增长24.5%。入境旅游人数2.65万人次，增长30.4%；旅游外汇收入1475万美元，比上年增长45.1%。

【金融和保险】2012年，包头市年末全市金融机构人民币各项存款余额2079.8亿元，比上末年增长4.4%。其中，单位存款余额895.6亿元，下降4.3%；个人存款余额1050.0亿元，增长23.5%。年末金融机构人民币各项贷款余额1419.9亿元，增长11.0%。其中，短期贷款余额623.8亿元，增长25.4%；中长期贷款余额747.9亿元，下降0.1%。

截至2012年底，全市共有保险公司32家，其中人身险公司15家，财产险公司17家。全年保险业务收入34.7亿元，比上年增长0.4%。其中，财产险收入17.9亿元，下降6.0%；人寿险收入16.8亿元，增长7.6%。保险赔款及给付支出10.5亿元，增长19.6%。其中，财产险赔款及给付7.5亿元，增长24.0%；人寿险赔款及给付3.0亿元，增长9.9%。

4

2012年赤峰市经济发展概况

【经济总量】2012年，赤峰市全年实现地区生产总值（GDP）1569.35亿元，按可比价格计算，比上年增长13.6%。其中，第一产业增加值237.54亿元，增长7.7%；第二产业增加值868.88亿元，增长18%；第三产业增加值462.93亿元，增长9%。按常住人口计算，人均生产总值36360元，增长14%，按年均汇率折算为5760美元。

全年完成地方财政总收入139.37亿元，比上年增加18.75亿元，增长15.5%。其中公共财政预算收入74.56亿元，增长20.7%；上划中央和自治区税收收入64.81亿元，增长10.1%。全年公共财政预算支出325.25亿元，增加53.06亿元，增长19.5%。

【农业】2012年，赤峰市粮食总产量100.02亿斤，比上年增长14.9%。油料产量2.8亿斤，增长7.7%；甜菜14.99亿斤，增长7.4%；药材0.69亿斤，增长64.8%；蔬菜92.89亿斤，增长6%；瓜类6.74亿斤，下降3.6%。全年肉类总产量45.8万吨，增长4.9%。其中，猪肉产量13.25万吨，增长4.4%；牛肉产量9.73万吨，增长2.5%；羊肉产量8.43万吨，增长6.6%；禽肉产量12.28万吨，增长7.1%。牛奶37.14万吨，下降6%；禽蛋32.66万吨，增长3.6%。全年水产品产量13805吨，增长7.9%。

全年完成造林面积20.14万公顷，其中人工造林10万公顷，飞播造林0.67万公顷，封山育林9.47万公顷。

【工业和建筑业】2012年，赤峰市全部工业增加值757.98亿元，比上年增长18.4%。其中规模以上工业增加值增长20.1%。在规模以上工业企业中，按企业规模分，大中型工业增长20.3%；按企业经济类型分，国有及国有控股企业增长17.1%，其他类型企业增长21.8%；按轻重工业分，轻工业增长12.3%，重工业增长21.5%。冶金、能源、食品、医药、建材、纺织、化工和机械八大重点行业增长19.8%，对规模以上工业的贡献率达94.5%，拉动规模以上工业增长19个百分点。其中冶金行业增长28.8%，对规模以上工业的贡献率为67%，拉动规模以上工业增长13.5个百分点。

从工业产品产量看，全市原煤产量3417.15万吨，增长6.4%；发电量182.03亿千瓦小时，下降9%。其中，风力发电62.67亿千瓦小时，下降17.4%；铁矿石原矿量2654.67万吨，下降10.4%；十种有色金属36.36万吨，下降6.1%；钢材275.83万吨，增长69.8%。其中，线材194.99万吨，增长20%；水泥640.77万吨，下降12.1%。

全年规模以上工业企业实现主营业务收入1810.66亿元，增长14.9%；实现利税161.6亿元，下降14.1%；实现利润105.9亿元，下降19%；全年规模以上工业企业产品销售率98.3%，比上年下降0.1个百分点。

全年建筑业完成增加值110.9亿元，比上年增长16%。全市具有建筑业资质等级的建筑企业房屋建筑施工面积2924.38万平方米，增长122.8%；竣工房屋面积699.72万平方米，下降14.8%；房屋建筑竣工率23.9%；利润总额7.07亿元，下降9.5%；实现税金0.22亿元，下降48.9%。

【固定资产投资】2012年，赤峰市全社会固定资产投资完成1337.29亿元，比上年增长19.9%。其中规模以上固定资产投资（投资50万元及以上建设项目）完成1322.29亿元，增长19.8%。从产业投资结构看，三次产业分别完成投资137.78、657.42和527.09亿元，分别占规模以上固定资产投资的10.4%、49.7%和39.9%，第二产业投资所占比重同比下降3.4个百分点，第一、三产业分别上升1.2和2.2个百分点。从行业投资看，工业投资完成639.4亿元，增长16.2%，占规模以上固定资产投资的48.4%，所占比重同比下降1.4个百分点。第三产业中的信息传输、软件和信息技术服务业实现18.6倍的较快增长；水利、环境和公共设施管理业增长104.4%；卫生、社会保障和社会福利业增长26.8%。

【科学技术】全年鉴定科技成果33项。年内签订技术合同95项，合同成交额3401万元。

【国内贸易和对外经济】2012年，赤峰市社会消费品零售总额465.33亿元，比上年增长16.4%。分城乡看，城镇消费品零售总额376.61亿元，增长16.9%；乡村消费品零售总额88.72亿元，增长14.1%。全年商品销售（营业）额1044.55亿元，比上年增长20.5%。分行业看，批发业销售额542.85亿元，增长23.2%；零售业销售额431.04亿元，增长17.5%；住宿业营业额15.5亿元，增长16.2%；餐饮业营业额55.16亿元，增长21.2%。

全年对外贸易企业进出口总额14.14亿美元，比上年增长15.6%。其中进口12.91亿美元，增长29%；出口1.23亿美元，下降44.6%。在进出口总额中“三资”企业完成0.63亿美元，下降44.6%。全年实际利用外商投资1132万美元，下降69.2%。

【交通、邮电和旅游】2012年，赤峰市公路货运量完成11890万吨，增长37.1%；货物周转量304.47亿吨公里，增长22%。公路客运量5066万人次，增长1.2%；客运周转量43.58亿人公里，增长3.1%。

全年邮电业务总量26.52亿元。其中，电信业务总量24.88亿元；邮政业务总量1.64亿元。

全年共接待境内外游客720万人次，比上年增长12.4%，旅游业总收入实现110亿元，增长25%。

【金融和保险】2012年年末，赤峰市金融机构人民币存款余额1158.62亿元，比年初增加121.62亿元，增长11.7%。年末全市金融机构人民币贷款余额711.75亿元，比年初增加146.6亿元，增长25.9%。

全年保险业实现保费收入30.29亿元，比上年增长26.4%，赔款和给付支出8.56亿元，增长19.1%。其中，财产保险保费收入12.41亿元，增长22.4%；赔款支出5.88亿元，增长22.5%。人身险保费收入17.88亿元，增长29.3%；赔款与给付支出2.68亿元，增长12.4%。

5

2012年通辽市经济发展概况

【经济总量】2012年，通辽市全年实现地区生产总值（GDP）1691.85亿元，按可比价格计算，比上年增长13.1%。其中，第一产业增加值232.78亿元，增长5.1%；第二产业增加值1068.49亿元，增长17.1%；第三产业增加值390.58亿元，增长7.9%。三次产业结构由上年的14.4：61.2：24.4调整为13.8：63.1：23.1。按常住人口计算人均生产总值53976元，增长13.3%。

全市财政总收入完成138.11亿元，比上年增长13.9%。地方一般预算收入89.17亿元，比上年增长21.7%。全市完成公共财政预算支出255.56亿元，增长19.7%。

【农业】2012年，通辽市实现第一产业增加值232.78亿元，比上年增长5.1%。全年粮食产量608.00万吨，比上年增产42.5万吨,增长7.5%。油料产量11.28万吨，比上年增加0.24万吨，同比增长2.2%；甜菜产量14.83万吨，比上年减产2.91万吨，下降16.4%；蔬菜及食用菌总产量274.43万吨，增加37.85万吨，同比增长16.0%；瓜果类总产量37.67万吨。

牧业年度牲畜实有头数1716.43万头（只），比上年增长10.9%。年末全市牲畜实有头数1090.33万头（只），比上年末增长0.5%。其中：大牲畜205.86万头；羊619.25万只；猪265.22万口。年末实有家禽987.20万只，比上年增加75.62万只，同比增长8.3%。全年肉类总产量达到51.71万吨，同比增长1.9%；奶类产量46.28万吨。

【工业和建筑业】2012年，通辽市完成工业增加值986.16亿元，比上年增长17.7%。其中：规模以上工业企业增加值770.81亿元，增长19.2%。分轻重工业看，轻工业增加值217.66亿元，增长15.3%；重工业增加值553.15亿元，增长22.0%。工业产品产销衔接良好，产销率为98.3%。

全市规模以上工业企业完成主营业务收入2509.23亿元，同比增长15.4%，其中：国有企业完成164.82亿元，同比下降5.0%；集体企业、联营企业、有限责任公司和私营企业分别增长17.5%、65.2%、13.0%和29.0%。全年规模以上工业企业实现利税总额255.27亿元，同比增长17.2%。其中：利润总额165.06亿元，同比增长13.2%；税金总额90.21亿元，同比增长25.4%。

全年建筑业增加值82.33亿元，比上年增长10.7%。全市有工作量的资质等级建筑企业，实现建筑业总产值65.46亿元,同比下降1.6%。竣工产值59.70亿元,同比增长3.2%。房屋建筑施工面积403.33万平方米，其中新开工面积231.76万平方米。

【固定资产投资】2012年，通辽市全社会固定资产投资完成1320.00亿元，同比增长25.2%，增幅较上年降低27.2个百分点。城乡50万元以上固定资产投资完成1281.58亿元，同比增长26.4%。分产业看，第一产业完成投资72.67亿元，同比下降6.0%；第二产业完成投资744.86亿元，同比增长24.6%，其中：工业投资741.94亿元，同比增长24.9%，增幅较上年下降31.1个百分点；第三产业完成投资464.04亿元，同比增长36.9%。三次产业投资比重由上年的7.6：59.0：33.4调整为今年的5.7:58.1:36.2。

全市完成房地产开发投资42.63亿元，同比下降57.6%。全年房屋施工面积534.89万平方米，同比下降29.1%；房屋竣工面积139.33万平方米，同比下降42.5%。

【国内贸易和对外经济】2012年，通辽市实现社会消费品零售额330.53亿元，比上年增长14.0%。分城乡看，城镇实现零售额234.90亿元，同比增长12.6%，乡村实现零售额95.63亿元，同比增长17.3%。分行业看，全市批发业实现零售额58.01亿元，同比下降6.8%；零售业实现零售额226.99亿元，增长18.1%；住宿业实现零售额3.26亿元，增长20.4%；餐饮业实现零售额42.26亿元，增长28.5%。

全年外贸进出口总额达到10384万美元，同比增长11.3%。其中，出口7288万美元，同比下降1.3%；进口3096万美元，同比增长58.9%。

【交通、邮电和旅游】2012年，通辽市交通运输、仓储和邮政业增加值78.63亿元，比上年增长3.1%。全年公路货运量5160万吨，比上年增长1.6%，公路货运周转量120.10亿吨公里，增长2.2%；全年公路旅客运输量2830万人次，增长1.1%；公路旅客周转量20.73亿人公里，增长1.6%。2012年民航货运量0.15万吨；民航客运量34.38万人次。

全年完成邮政业务总量0.67亿元。全市有邮政局（所、处）125个，邮路总长度5320公里。

全年旅游总收入91.2亿元，同比增长40.1%。接待国内外旅游者437.5万人次，同比增长25.2%；接待入境旅游者2.23万人次。国际旅游外汇收入1244万美元，国内旅游收入90.43亿元。

【金融和保险】2012年年末，通辽市全部金融机构各项存款余额627.82亿元，比年初增加63.82亿元，增长11.3%。全部金融机构各项贷款余额610.26亿元，比年初增加81.64亿元，增长15.4%。

全年保险保费收入19.39亿元，同比增长11.1%，其中：财产保险保费收入10.27亿元，同比增长13.9%，赔款4.67亿元，同比增长37.7%；人寿保险保费收入9.12亿元，同比增长8.0%，赔款1.01亿元，同比增长38.9%。

6

2012年呼伦贝尔市经济发展概况

【经济总量】2012年，呼伦贝尔市全年实现地区生产总值（GDP）1335.82亿元，按可比价计算增长13.5%，人均地区生产总值52649元，可比价增长13.8%。其中，第一产业增加值239.14亿元，增长7%；第二产业增加值629.79亿元，增长20.8%，其中：全部工业增加值546.03亿元，增长20.9%，建筑业增加值83.75亿元，增长20.5%；第三产业增加值466.89亿元，增长8%。三次产业结构比例由上年的18.7：44.5：36.8调整为17.9:47.1:35.0。

全市地方财政总收入完成137.27亿元，完成年度预算的100.01%，同比增加22.91亿元，增长20%。

在地方财政总收入中，一般预算收入79.36亿元，完成年度预算的102.6%，同比增加14.46亿元，增长22.3%。全市地方财政支出294.44亿元，完成年度调整预算的111.4%，同比增加39.51亿元，增长15.5%。

【农业】2012年，呼伦贝尔市农林牧渔业增加值239.14亿元，同比增长7%（可比价增速）。全市粮食作物播种面积1995.9万亩，增长0.5%。全年粮食总产量113.12亿斤，比上年增产8.12亿斤，增长7.7%。在粮食作物中，小麦产量18.51亿斤，增长19.6%；玉米产量54.59亿斤，增长15.9%；大豆产量18.9亿斤，下降13%；马铃薯产量11.8亿斤，下降6.2%。粮食平均亩产283.4公斤，增长7.2%。

全市牧业年度牲畜存栏达1830.7万头（只），增长10.8%。其中大牲畜和羊存栏1660.91万头（只），增长8.7%。全年牲畜出栏921.03万头（只），增长8.8%。牲畜出栏率50.31%，比上年下降2.3个百分点，其中生猪出栏109.1万头，下降4.6%；牛出栏74.4万头，增长21.4%；羊出栏731.2万只，增长9.7%。奶类产品产量134.93万吨，比上年增长1.7%，其中牛奶产量134.37万吨，比上年增长1.5%。肉类总产量24.80万吨，与上年相比略有增长。禽蛋产量4.04万吨，增长3.7%。绵羊毛产量20940吨，下降15.1%。山羊绒产量655吨，增长30.2%。荒山荒（沙）地造林面积完成5.86万公顷，封山（沙）育林面积2.37万公顷，幼林抚育面积10.26万公顷。机电井31000眼（包括人饮井），有效灌溉面积达到24.96万公顷，新增有效灌溉面积3.04万公顷。节水灌溉面积达到25.17万公顷，新增节水灌溉面积3.2万公顷。治理水土流失面积55.12万公顷，新增治理水土流失面积3.88万公顷。

【工业和建筑业】2012年，呼伦贝尔市全部工业增加值546.03亿元，增长20.9%，其中，规模以上工业企业增加值475亿元，增长23%。煤炭开采和洗选业增长18.5%；电力、热力的生产和供应业增长4.8%；石油和天然气开采业下降2.8%；木材加工业增长19.9%；饮料制造业增长26.8%；非金属矿物制品业增长25.1%；化学原料及化学制品制造业增长39.4%；食品制造业增长61.2%；农副食品加工业增长22.9%。企业营销能力进一步加强，产销衔接水平良好，产品销售率98.2%。

建筑业增加值83.75亿元，增长20.5%。全市74户具有资质等级的建筑企业完成产值84.06亿元，增长8.8%。房屋建筑施工面积497.8万平方米，增长7.4%。竣工房屋面积289.2万平方米，下降19.2%。房屋建筑竣工率为58.1%，下降19.6个百分点；全市建筑企业亏损11家。实现利润24719万元，增长3%。实现税金总额4.67亿元，增长33%。建筑企业亏损面为14.5%，比上年高出5个百分点。全员劳动生产率为205652元/人，比上年增加51489元/人。

【固定资产投资】2012年，呼伦贝尔市全社会固定资产完成932.02亿元，增长15.9%，其中限额以上固定资产投资899.02亿元（不含铁路、森工及乡村50万元以下投资），增长16.1%。其中房地产开发完成投资90.75亿元，下降18.1%。房屋销售面积420.77万平方米，同比增长9.3%，销售金额140.2亿元，同比下降5.7%。

在限额以上固定投资完成额中，第一产业投资42.14亿元，增长54.3%；第二产业投资479.79亿元，增长11.6%，其中，工业投资476.74亿元，占全部投资的53%，增长11.8%。工业投资中，采矿业投资

133.98亿元，增长16.3%。制造业投资完成278.6亿元，增长33.9%。电力、热力生产和供应业投资64.16亿元，下降37.5%；第三产业投资完成377.09亿元，增长19%，其中，交通运输仓储业投资75.47亿元，下降11.2%；教育投资完成12.1亿元，增长16.8%；水利、环境和公共设施管理业完成56.62亿元，增长20.9%。

【科学技术】2012年，呼伦贝尔市鉴定科技成果31项。签订各类技术合同20项，合同成交金额9263万元，下降12.2%。

【国内贸易和对外经济】2012年，呼伦贝尔市社会消费品零售总额完成398.8亿元（不含其他项），增长16%。批发零售企业商品销售额739.1亿元，增长18%，其中：批发业369.7亿元，增长19%；零售业369.4亿元，增长17%。住宿餐饮企业营业额81.1亿元，增长19%，其中：住宿业14.8亿元，增长15.9%；餐饮业66.3亿元，增长19.8%。

全市进出口总额完成21.91亿美元，下降14.6%，其中，出口2.77亿美元，增长17.1%。进口19.14亿美元，下降17.8%。贸易逆差16.37亿美元。

实际使用外商直接投资额10752万美元，增长10.5%；全年共备案国外工程承包、劳务合作合同36个，合同总金额68725万美元，增长226.9%。营业额6093万美元，增长269%，外派劳务2595人次，增长116.6%。

【交通、邮电和旅游】2012年，呼伦贝尔市铁路、公路完成货运量15927万吨，增长16.3%。其中，铁路8834万吨，增长10.1%；公路7093万吨，增长25%；民航行货邮吞吐量14833吨，增长31.3%。全年各种运输方式完成客运量4216.7万人，增长19.6%。其中，铁路845.5万人，与上年持平；公路3243万人，增长21%；民航128.2万人，增长35.7%。全年各种运输方式（不含民航）完成货物周转量650.4亿吨公里，比上年增长14.5%。各种运输方式（不含民航）完成旅客周转量54.2亿人公里，增长9.2%。其中，铁路完成旅客周转量31亿人公里，增长1.3%；公路完成旅客周转量23.2亿人公里，增长22.1%。全市公路里程已达20786公里。

全市邮电主营业务收入完成21.07亿元，增长19.2%。全市电话用户40.79万户，下降9.5%。其中，住宅电话为30.19万户，下降4.7%；移动电话用户已达312.95万户，增长2.1%；互联网用户34.02万户，增长27.2%。

全年共接待旅游者（包括一日游）1433万人次，增长23%，其中，过夜海外旅游者58.84万人次，增长9.4%。国内旅游者1374.16万人次，增长23.7%；国际旅游创汇3.55亿美元，增长25%。旅游业总收入215亿元，增长24.3%。

【金融和保险】2012年年末，呼伦贝尔市金融机构各项存款余额达995.83亿元，增长13.8%。其中，单位存款338.75亿元，增长6.1%；城乡居民储蓄存款余额达594.67亿元，增长17.9%。金融机构各项贷款余额达550.85亿元，增长13.3%。其中，短期贷款272.12亿元，比上年增加36.44亿元，增长15.5%。其中，个人短期消费贷款4.1亿元，比上年增加1.15亿元，增长39%。中长期贷款277.55亿元，比上年增加27.38亿元，增长10.9%。其中：个人中长期消费贷款31.42亿元，比上年增加3.23亿元，增长11.5%。

全市证券交易营业部6家，客户开户数已达到52945户，比上年净增了10118户，增长23.6%,交易金额133.69亿元，比上年减少了13.97亿元，下降9.5%。

全市保险主体22家，其中，财产保险公司11家，寿险公司11家。业务总收入22.2亿元，增长15.4%。其中，财产险保费收入6.08亿元，增长12.5%；寿险保费收入16.12亿元，增长16.6%。全年保险赔付额为4.5亿元，增长28.1%。其中，财产险赔付2.7亿元，增长32%；寿险赔付1.5亿元，增长23.2%。全年政策性农业保险保费收入2.64亿元，增长1.5%。全年政策性农业保险赔款1.62亿元，下降10%。

辽宁省

｜沈阳市｜大连市｜鞍山市｜抚顺市｜本溪市｜丹东市｜锦州市｜

｜营口市｜阜新市｜辽阳市｜盘锦市｜铁岭市｜

1

2012年沈阳市经济发展概况

【经济总量】2012年，沈阳市全年实现地区生产总值（GDP）6606.8亿元，按可比价计算，比上年增长10.0%。其中，第一产业增加值315.2亿元，增长5.1%；第二产业增加值3389.1亿元，增长11.4%；第三产业增加值2902.5亿元，增长8.9%。按常住人口计算，人均GDP为80532元，增长9.2%。

全年公共财政预算收入715亿元，比上年增长15.3%。公共财政预算支出765.1亿元，增长19.7%。其中，节能环保支出增长56.4%，城乡社区事务支出增长38.1%，农林水事务支出增长26.8%，教育支出增长24.4%，科学技术支出增长21.9%。

【农业】2012年，沈阳市农林牧渔业总产值603.3亿元，比上年增长5.4%。其中，种植业产值242.4亿元，林业产值10.5亿元，畜牧业产值304.5亿元，渔业产值24.7亿元，农林牧渔服务业产值21.2亿元。

全市粮食总产量400.7万吨，实现了连续九年粮食生产丰收，其中水稻产量105.5万吨，玉米产量276.4万吨。水果产量24.4万吨，比上年增长15.5%；蔬菜产量501.8万吨，增长8.4%；肉类总产量99.9万吨，增长9.0%，其中猪、牛、羊肉分别增长5.9%、11.2%和8.9%；禽蛋产量74.9万吨，增长8.2%；牛奶产量48.1万吨，增长7.6%。

【工业和建筑业】2012年，沈阳市规模以上工业增加值3304.7亿元，比上年增长11.0%。其中，重工业增加值2400.6亿元，增长10.9%；轻工业增加值904.1亿元，增长11.2%。装备制造业实现增加值1531.8亿元，增长12.6%，占全市规模以上工业增加值的46.4%。汽车及零部件、建筑产品、农副产品加工、化工产品制造业、钢铁及有色金属冶炼及压延业等五大优势产业实现增加值1496.8亿元，增长13.8%。规模以上工业实现高新技术产品增加值1389.8亿元，增长14.0%，占全市规模以上工业增加值的42.1%。工业出口产品交货值282.9亿元，增长17.5%。

全市规模以上工业企业实现利税总额1099.7亿元，比上年增长13.9%；利润总额716.1亿元，增长13.2%。工业经济效益综合指数354.34%，比上年提高23.56个百分点；工业产品产销率98.7%，下降0.4个百分点。

全市建筑业增加值336.2亿元，比上年增长9.2%。资质等级以上建筑业企业完成总产值1741.2亿元，增长20.3%；按建筑业总产值计算的全员劳动生产率23.4万元/人，比上年提高25.1%。

【固定资产投资】2012年，沈阳市固定资产投资5625.4亿元，比上年增长23.3%。从投资主体看，国有经济投资1035.1亿元，增长23.7%；外商及港澳台经济投资928.2亿元，增长10.6%；民间投资3663.8亿元，增长27.0%。从产业分布看，第一产业投资94亿元，增长28.8%；第二产业投资1915.8亿元，增长22.2%，其中工业投资1864.1亿元，增长22.3%；第三产业投资3615.6亿元，增长23.8%。全年新增固定资产3213.9亿元，增长44.2%。

全年计划总投资3000万元以上项目完成投资5259.3亿元，比上年增长29.7%，占全市投资的93.5%，其中10亿元以上项目完成投资占34.9%。

全年房地产开发投资1943亿元，比上年增长15.3%。房屋施工面积11002.6万平方米，增长7.9%；房屋竣工面积2066.4万平方米，增长4.2%。商品房销售面积2469.7万平方米，增长14.1%，商品房销售额1561.1亿元，增长22.5%。

【科学技术】2012年，全市拥有市及市以上独立科学研究与技术开发机构104个；省级以上工程（技术）中心206个，其中国家级14个；省级以上重点实验室243个，其中国家级14个。全年市以上登记认定的科技成果229项，其中应用技术成果205项。应用技术成果中，达到国际水平108项（国际领先22项，国际先进86项）；达到国内水平97项（国内领先80项，国内先进17项）。软科学成果及基础理论成果24项。各类技贸机构技术贸易成交额120.7亿元。专利申请12899件，其中发明专利申请5709件；专利授权6771件，其中发明专利授权1595件。

【国内贸易和对外经济】2012年，沈阳市全年社会消费品零售总额2802.2亿元，比上年增长15.5%。按地区分，城镇零售额2712.3亿元，增长15.4%；乡村零售额89.9亿元，增长19.0%。

全年外贸进出口总额127.5亿美元，比上年增长20.1%。其中，进口总额67.8亿美元，增长17.2%；出口总额59.7亿美元，增长23.6%。全年新签外商投资合同项目158个，合同外资额29.9亿美元，实际利用外商直接投资额58亿美元，比上年增长5.5%。全年对外承包工程与劳务合作合同金额19.4亿美元，增长32.0%；实现营业额9.7亿美元，增长36.0%；外派人员1.1万人次。

【交通、邮电和旅游】2012年，沈阳市货物运输总量21719.6万吨，比上年增长11.9%。其中，铁路456.4万吨，下降9.5%；公路21258.7万吨，增长12.5%；民用航空4.5万吨，增长5.2%。全年旅客发送量32868.6万人次，增长3.9%。其中，铁路3348万人次，下降5.5%；公路29121万人次，增长5.0%；民用航空399.5万人次，增长14.4%。

全年邮电业务总量121.8亿元（2010年不变价），比上年增长8.5%。其中，邮政业务总量5亿元，增长9.9%；电信业务总量116.8亿元，增长8.4%。

全市旅游总收入826.6亿元，比上年增长24.6%。其中，国内旅游收入788.2亿元，增长24.5%，外汇收入6亿美元，增长29.3%；接待国内外旅游者6947万人次，增长11.6%，其中，国内旅游者6872万人次，增长11.5%，入境旅游者75万人次，增长18.1%。

【金融和保险】到2012年年末，全市银行机构营业网点1300余个，金融机构本外币存款余额10441.6亿元，比年初增长15.5%，其中个人储蓄存款余额4370.8亿元，增长15.7%；本外币贷款余额8070.7亿元，增长14.6%。

全市证券营业部76个。全年证券交易额8699.9亿元，比上年下降12.9%。其中，股票交易额5940.7亿元，下降28.9%；基金交易额225.5亿元，增长36.3%。

全市保险机构及网点290余家。全年保费收入142.8亿元，比上年增长13.8%。全年支付各类保险赔款总额46.4亿元，增长9.5%。其中，国内财产险赔款金额24.3亿元，增长0.2%；人身险赔付金额21.3亿元，增长23.3%。

2

2012年大连市经济发展概况

【经济总量】2012年，大连市全年实现地区生产总值（GDP）7002.8亿元，按可比价格计算比上年增长10.3%。其中，第一产业增加值451.4亿元，增长5.1%；第二产业增加值3634.8亿元，增长10.6%；第三产业增加值2916.7亿元，增长10.6%。三次产业构成比例为6.4：51.9：41.7，对经济增长的贡献率分别为3.1%、54.6%和42.3%。人均生产总值102216元，按年末汇率折算为16261美元。

全年公共财政收入750.1亿元，比上年增长15.2%。公共财政支出891亿元,比上年增长21.2%，其中教育、科技、社会保障及就业、农林水事务支出，分别增长41.4%、18.5%、12.3%和27.4%。

【农业】2012年，大连市农林牧渔业及服务业增加值451.4亿元，按可比价格计算比上年增长5.1%。其中，农业增加值134.6亿元，林业增加值3.7亿元，牧业增加值83.8亿元，渔业增加值194.7亿元，农林牧渔服务业增加值34.6亿元，分别增长5.2%、2.4%、8.5%、3%和8.9%。

全年粮食总产量165.6万吨，创历史最好水平，比上年增长1%；水果总产量173.8万吨，增长8.3%；蔬菜总产量257万吨，增长2.3%；肉、蛋、奶产量分别为79.7万吨、28.7万吨和8.4万吨，分别增长6.3%、0.7%和-33.3%；地方水产品总产量216.8万吨，增长6.2%,其中海参和杂色蛤产量分别为4.8万吨和46.5万吨，均增长11.8%。林业全年投入资金100亿元，植树2亿株，造林90.5万亩。

【工业和建筑业】2012年，大连市全部工业增加值3207.4亿元，比上年增长10.7%。规模以上工业（下同）增加值2822.2亿元，按可比价格计算比上年增长11%。按轻重工业分，重工业2055.1亿元，增长10.1%；轻工业767.1亿元，增长13.5%。按经济类型分，其中国有企业58.8亿元，增长18.3%；集体企业24.4亿元，增长14.8%；外商及港澳台投资企业878.9亿元，增长4.9%。销售产值9992.1亿元，增长14.7%。工业产品销售率96.72%，比上年下降0.55个百分点。主营业务收入9720亿元，比上年增长12.2%；利税总额855.6亿元，增长18.5%；利润总额349.4亿元，下降1.9%。

全年资质以上建筑业总产值2031亿元，比上年增长20.7%。其中，公有制企业374亿元，增长21.4%，拉动资质以上建筑业总产值增长3.9个百分点；非公有制企业1657亿元，增长20.6%，拉动资质以上建筑业总产值增长16.8个百分点。全年房屋施工面积12381.7万平方米，比上年增长25.3%。

【固定资产投资】2012年，大连市全社会固定资产投资总额5654.1亿元，比上年增长23.5%。全年固定资产投资（不含农户，下同）5624.4亿元，增长23.5%。其中，建设项目投资4227.9亿元，增长22.7%；房地产开发投资1396.5亿元,增长26.1%。按产业划分，第一产业投资204.2亿元，增长11.6%；第二产业投资1844.1亿元，增长31.8%，其中工业投资1678.8亿元，增长25.2%；第三产业投资3576.1亿元，增长20.3%。

全年组织实施工业项目1583个，总投资4450亿元。机车旅顺基地二期、机床集团瓦房店铸锻工业园等953个项目开工建设；奇瑞汽车、船舶重工修造船等783个项目竣工投产。

全年房地产开发施工面积6213.4万平方米,比上年增长0.2%；竣工面积750万平方米,下降21%。商品房销售额861.5亿元，增长17.6%，其中住宅销售额733.3亿元,增长11%。商品房销售面积1076.4万平方米，增长18.3%，其中住宅销售面积966.9万平方米,增长16%。商品房待售面积481.1万平方米，增长33.8%,其中住宅待售面积353.9万平方米，增长55.3%。

【科学技术】2012年，大连市高新技术产业产值8210亿元，比上年增长25.7%，其中规模以上工业高新技术产品产值5650亿元，增长25%；高新技术产业增加值2265亿元，比上年增长26.2%，其中规模以上工业企业高新技术产品增加值1478亿元，增长26.3%。新认定高新技术企业72家、技术先进型服务企业13家，总数分别达到388家和98家。全年技术交易额180亿元，其中吸纳技术合同成交额131亿元，比上年增长1.1倍。全市12家企业获国家创新型(试点)企业称号。建立完善数控系统、新能源、生物医药等10个产业技术创新联盟。

全市有9个项目获得国家级科技奖励；47个项目获得省级科技奖励，其中8个项目获得省自然科学、技术发明、科技进步一等奖。科大聚龙国家金融机具工程技术研究中心等一批创造力产业项目入驻生态科技创新城。大连科技创新园已布局中科院产业园、理工科技产业园、光电应用材料产业园等9个分园，入驻园区企业达到40家。全市国家级科技企业孵化器达到12家。旅顺农业科技园区被国家科技部批准为国家级农业科技园区。

全年发明专利申请11149件，发明专利授权1407件，分别比上年增长50.2%和26.1%；有效发明专利拥有量4607件，增长30.6%；每万人口发明专利拥有量达到6.89件，超过国家“十二五”规划目标的2倍。成功举办第八届中国国际专利技术与产品交易会，本市被评为国家知识产权示范城市和国家专利保险试点城市。

【国内贸易和对外经济】2012年，大连市社会消费品零售总额2224亿元，比上年增长15.5%。其中，零售业零售额1751.2亿元，增长12.5%；住宿业零售额31.3亿元，增长12.7%；餐饮业零售额195.7亿元，增长13.5%。

全年大连地区（含中央、省级公司）进出口总额641.13亿美元，比上年增长6.8%。其中，进口294.31亿美元，增长2.1%；出口346.82亿美元，增长11.2%。大连市自营进出口总额（下同）625.63亿美元，增长7.4%。其中，进口288.72亿美元，增长2.5%；出口336.91亿美元，增长12.1%。全年新批准外商投资企业283家，注册外资金额91.6亿美元。新批投资总额1000万美元以上的外资项目102个，其中投资超亿美元的项目11个。新引进世界500强投资项目8个。实际使用外商直接投资123.5亿美元，比上年增长12.2%。我国香港、日本、韩国、英属维尔京群岛、美国分列实际投资来源地的前5位。

全年核准境外投资项目75个，中方总投资额20.87亿美元，比上年增长178.3%。对外承包工程营业额8.75亿美元，增长9%；劳务人员实际收入总额1.88亿美元，增长16%。

全年在线登记离岸服务外包合同金额17.92亿美元；执行金额15.29亿美元，比上年增长41%。截至年末，全市拥有服务外包企业988家，从业人员11.98万人。

【交通、邮电和旅游】2012年，大连市运输企业客货换算周转量7871.1亿吨公里，比上年增长14.1%。货物周转量7791.7亿吨公里,增长14.3%；旅客周转量193.1亿人公里，增长7.5%。

沿海港口货物吞吐量3.7亿吨，比上年增长11%。其中，外贸吞吐量1.1亿吨，增长3.2%；集装箱吞吐量806.4万标箱，增长26%。空港旅客吞吐量1333.7万人次，增长11%；纯货邮吞吐量13.7万吨，下降1.0%。

全年电信业务总量96亿元，增长9.1%；邮政业务总量（邮政局系统）5.5亿元，比上年增长0.7%。年末城乡固定电话用户256.3万户，下降5.3%；移动电话用户839.8万户，增长8.3%；国际互联网宽带用户141.4万户，增长5.8%。

全年接待国内游客4814.5万人次，比上年增长13%；接待海外游客128.8万人次，增长10.1%。旅游总收入767.2亿元，增长18.0%。其中，国内旅游收入711.4亿元，增长19.0%；旅游外汇收入8.9亿美元，增长10.1%。

【金融和保险】2012年，大连市银行机构本外币各项存款年末余额10767.8亿元，比年初增加1374.1亿元，其中人民币各项存款余额10322.3亿元，比年初增加1231.1亿元。城乡居民本外币储蓄存款余额4237.2亿元，比年初增加498.5亿元。银行机构本外币各项贷款余额9111.7亿元，比年初增加1193.4亿元，其中人民币各项贷款余额8127.4亿元，比年初增加962.1亿元。不良贷款率1.2%。全年全市银行间外汇市场开放243场，办理外汇交易585笔，成交金额折合13.84亿美元。全年跨境人民币业务结算199.3亿元，比上年增长52.2%。大连市农村商业银行、京都银行大连代表处开业。

保险业原保险保费收入160.6亿元，比上年增长7.9%。其中，财产险57.7亿元，增长10.5%；人身险103亿元，增长6.5%。支付各类保险赔款及给付45.9亿元，增长2.7%。其中，财产险26.1亿元，增长20.5%；人身险19.7亿元，下降14.1%。全市保险深度（保费收入占GDP比重）2.29%；保险密度（人均保费收入）2331元。

3

2012年鞍山市经济发展概况

【经济总量】2012年，鞍山市全年实现地区生产总值（GDP）2628.7亿元，按可比价格计算，比上年增长9.6%。其中，第一产业增加值124.4亿元，增长5.2%；第二产业增加值1373.2亿元，增长9.9%；第三产业增加值1131.1亿元，增长9.7%。地区生产总值三次产业的构成比例为4.7：52.3：43。人均生产总值74901元，按可比价计算，比上年增长9.8%。

全年地方公共财政预算收入234.4亿元，比上年增长13.2%。其中，市本级131.2亿元，增长10.8%；县（市）区121.2亿元，增长15.5%。全年地方公共财政预算支出285.7亿元，比上年增长23.1%。

【农业】2012年，鞍山市农林牧渔业增加值124.4亿元，按可比价计算，比上年增长5.2%。其中，农业增加值64.6亿元；林业增加值0.3亿元；牧业增加值54.4亿元；渔业增加值3.9亿元；农林牧渔服务业增加值1.2亿元。

全年粮食总产量130.4万吨，比上年下降10.4%，但仍创历史第6个高产年。蔬菜产量247.5万吨，增长5.8%。油料作物产量1.5万吨，下降4.8%。水果产量37.2万吨，增长11.4%。

全年肉类总产量66.1万吨，比上年增长55.8%。其中，猪肉产量19.5万吨，增长8.7%；牛肉产量3.4万吨，增长1.0%；羊肉产量0.8万吨，下降1.4%；禽肉产量42.2万吨，增长1.1倍。禽蛋产量44.0万吨，比上年增长4.9%。牛奶产量2.2万吨，比上年下降9.0%。

【工业和建筑业】2012年，鞍山市工业实现增加值1240亿元，按可比价计算，比上年增长9.8%。其中，规模以上工业增加值996.2亿元，增长10%。

在规模以上工业中，按经济类型划分，国有控股工业增加值240.2亿元，比上年下降5.8%；民营工业增加值756.0亿元，增长16.7%。按隶属关系划分，中省营工业增加值229.9亿元，下降4.8%；市地方工业增加值766.3亿元，增长15.8%。按企业类型划分，大中型工业增加值466.9亿元，增长1.4%；小微型工业增加值529.3亿元，增长19.4%。全年规模以上工业经济效益综合指数为260.3%，比上年下降5.8个百分点；产品销售率为96.9%，下降0.4个百分点。规模以上工业企业实现主营业务收入3043.9亿元，比上年增长5.7%；利润总额2.9亿元，下降97.6%；税金总额98.4亿元，增长6.1%。

全年建筑业总产值549.2亿元，比上年增长19.1%。实现建筑业增加值133.3亿元，按可比价计算，比上年增长10.7%。年末具有资质等级以上的总承包和专业承包建筑企业达384家，全年新签订工程合同额760亿元，比上年增长14.8%。

【固定资产投资】2012年，鞍山市全社会固定资产投资总额1700.2亿元，比上年增长23.2%。在固定资产投资（不含农户）中，按区域划分，城镇投资1394.2亿元，增长15.0%；农村投资248.1亿元，增长113.0%。按产业划分，第一产业投资64.1亿元，下降5.5%；第二产业投资829.9亿元，增长24.5%；第三产业投资748.3亿元，增长26.0%。三次产业投资构成比为3.9：50.5：45.6。

全年房地产开发投资384.8亿元，比上年增长15.7%。全年商品房屋施工面积4151.9万平方米，比上年增长5.5%；商品房屋竣工面积462.1万平方米，下降3.1%；商品房屋销售面积766.9万平方米，增长26.5%。

【科学技术】2012年，鞍山市全市拥有省级以上高新技术企业91户，比上年增加11户。规模以上工业企业高新技术产品增加值334.0亿元，比上年增长30.0%。全年共取得科技成果92项，达到国际领先的9项，国际先进的33项，国内领先的39项。其中，应用技术成果92项。全年受理专利申请2813件，增长14.9%；授权专利2173件，增长10.1%。签定技术合同247项，技术合同登记金额10.3亿元，增长5.3倍。

【国内贸易和对外经济】2012年，鞍山市社会消费品零售总额703.7亿元，比上年增长16.3%。按经营地划分，城镇消费品零售额589.7亿元，增长14.4%；乡村消费品零售额114.0亿元，增长26.7%。按消费形态划分，批发业零售额36.3亿元，增长29.2%；零售业零售额579.9亿元，增长14.4%；住宿业零售额4.6亿元，增长30.8%；餐饮业零售额82.8亿元，增长24.5%。

全年外贸进出口总额41.1亿美元，比上年下降18.1%。其中，出口额23.7亿美元，增长3.9%；进口额17.4亿美元，下降36.5%。在出口中，一般贸易出口21.0亿美元，比上年增长0.7%；加工贸易出口0.5亿美元，下降16.0%。全年实际利用外商直接投资12.8亿美元，比上年增长15.7%，为年初计划的100.4%。

【交通、邮电和旅游】2012年，鞍山市交通运输、仓储和邮政业增加值99.4亿元，按可比价计算，比上年增长5.3%。全年各种运输方式完成客运量7035.1万人，比上年增长5.6%。其中：公路客运量6365.0万人，增长6.7%；铁路客运量670.1万人次，下降3.6%。全年各种运输方式完成货运量24358.9万吨，比上年增长15.9%。其中，公路货运量23097.0万吨，增长18.2%；铁路货运量1261.9万吨，下降14.1%。

全年邮电业务总量38.6亿元，比上年增长8.8%。其中，邮政业务总量3.0亿元，增长20.3%；电信业务总量35.6亿元，增长7.9%。

全年接待国内旅游者2900万人次，比上年增长12.1%；接待入境旅游者39.0万人次，增长22.7%。全市旅游总收入299亿元，比上年增长21.2%。其中，旅游外汇收入3.5亿美元，增长31.2%。

【金融和保险】2012年年末，鞍山市金融机构本外币各项存款余额2269.4亿元，比年初增加206.4亿元，比上年增长10.0%。其中，人民币各项存款余额2257.7亿元，增加226.9亿元，增长11.1%。年末金融机构本外币各项贷款余额1389.9亿元，比年初增加183.2亿元，比上年增长15.2%。其中，人民币各项贷款余额1308.3亿元，增加165.7亿元，增长14.5%。

全年保费收入43.3亿元，比上年增长12.9%。其中，财产险收入15.0亿元，下降0.1%；人身险收入28.3亿元，增长21%。支付各类赔款及给付金额14.5亿元，比上年增长4.7%。其中，财产险7.8亿元，增长7%，人身险6.7亿元，增长2.0%。

4

2012年抚顺市经济发展概况

【经济总量】2012年，抚顺市全年实现地区生产总值（GDP）1242.4亿元，按可比价格计算，比上年增长10.7%。其中第一产业实现增加值85.1亿元，增长5.2%；第二产业增加值742.7亿元，增长11.6%；第三产业增加值414.5亿元，增长10%。三次产业占生产总值的比重为6.8：59.8：33.4。人均地区生产总值为58796元，增长11.6%。

全年实现公共财政预算收入130.1亿元，增长22.2%。公共财政预算支出200.2亿元，增长21.1%。

【农业】2012年，抚顺市实现农林牧渔业产值166.6亿元，增长20.7%。其中农业产值65.5亿元，增长16.4%；林业产值24.9亿元，增长25.9%；牧业产值47.4亿元，增长23.7%；渔业产值25.2亿元，增长22.2%；农林牧渔服务业产值3.6亿元，增长20.2%。全年实现粮食总产量67.3万吨；蔬菜产量47.4万吨，增长10.1%；食用菌9.7万吨，增长15.2%；水果11.7万吨，增长8%；水产品产量1.8万吨，增长5.5%。全年猪出栏78.1万头，牛出栏13.5万头，羊出栏32.7万只,分别增长9.3%、1%、0.5%。肉类总产量17.8万吨，增长6.7%。蛋11.3万吨，增长3.6%。奶6.4万吨，增长8.4%。全年完成人工造林面积19.6万亩，义务植树1056万株，林业有害生物成灾率0.3‰以下，中幼林抚育面积14.2万亩，低质低产低效林改造7935亩。

【工业和建筑业】2012年，抚顺市规模以上工业企业实现产值2425.7亿元，增长16.1%。实现增加值607.4亿元，增长12.8%。其中：中央及省属工业实现增加值243.1亿元，增长2.8%；地方工业实现增加值364.3亿元，增长18.1%。国有及国有控股工业实现增加值148.6亿元，增长0.7%；非公有制工业395.9亿元，增长17.6%。全市轻工业实现增加值75.6亿元，增长18.2%；重工业531.8亿元，增长12.1%。规模以上工业企业实现主营业务收入2380亿元，增长15%；利润总额17.1亿元，同比增加1亿元；利税总额113.3亿元，减少2亿元；亏损额74.6亿元，增长2.4%。

全年建筑业实现总产值370.9亿元，增长10.9%，实现增加值109.2亿元，增长11.3%。全市施工房屋面积2986.6万平方米，增长22%；竣工房屋面积554.3万平方米，下降7.2%。

【固定资产投资】2012年，抚顺市全社会固定资产投资完成953.5亿元，增长23.6%。其中城镇固定资产投资915.5亿元，增长23.4%；农村固定资产投资38亿元，增长27.6%。全年超亿元项目开工建设237个，完成投资593.3亿元，增长36.5%。

全市房地产开发完成投资129.7亿元，增长15%。商品房施工面积1367.9万平方米，增长18.9%；商品房竣工面积245.7万平方米，下降13.8%；商品房销售额145.7亿元，增长15.6%。

【交通、邮电和旅游】2012年，抚顺市公路货运量9251万吨，比上年增长10%。货物周转量1376475万吨公里，增长23%；公路客运量3281万人，增长1.5%。旅客周转量159031万人公里，增长

7.8%；全市共有公共汽车线路75条，长途客运线路410条。

全年电信业务总量20亿元，增长6.3%；邮政业务总量1.4亿元，增长15%。全年完成汇票36.7万笔，国内包裹业务完成11万件,增长22%。函件1023万件，增长34.5%。

全年实现旅游总收入321.7亿元，增长37.7%，其中国内旅游收入313亿元，增长38.1%，外汇收入1.3亿美元，增长20%。接待国内旅游者2876.3万人次，增长23.2%。接待入境旅游者16.9万人次，增长21.6%。

【科学技术】全市高新技术产品增加值完成164.6亿元，下降9.8%。技术市场共登记技术合同373份，技术合同成交额21802.6万元，其中技术交易额19857.9万元。5项科技成果获辽宁省科技进步奖，50项科技成果获抚顺市科技进步奖。当年申请专利855项，其中发明258项。当年授权491项。

【国内贸易和对外经济】2012年，抚顺市实现社会消费品零售额455.2亿元，增长15.9%。其中，城镇消费品零售额430.5亿元，增长15.8%；乡村消费品零售额24.7亿元，增长18.7%。批发业实现销售额425.2亿元，增长17%；零售业实现销售额406.7亿元，增长19.5%；住宿业实现营业额6.7亿元，增长22.5%；餐饮业实现营业额84.6亿元，增长21.9%。

全年外贸进出口总额9.8亿美元，下降1.9%，其中出口完成7.1亿美元，增长15%。全市外商直接投资完成1.3亿美元，下降41.8%。域外引资到位额完成709亿元，增长47.7%，其中省外项目到位额308亿元，增长38.9%。

【金融和保险】2012年年末，抚顺市金融机构人民币存款余额1147.1亿元，比年初增加119.3亿元，其中城乡居民储蓄存款余额814.5亿元，增加126亿元；金融机构人民币贷款余额501.3亿元，增加46.8亿元，其中短期贷款244亿元，增加32.7亿元，中长期贷款223.3亿元，增加22.1亿元。

全市拥有保险机构33家，其中寿险20家、财险13家。共实现保费收入22.6亿元，增长6.7%，其中财险6.3亿元，增长2.9%，寿险16.3亿元，增长8.3%；全年保险赔付6.8亿元，增长11.8%。

5

2012年本溪市经济发展概况

【经济总量】2012年，本溪市全年实现地区生产总值（GDP）1112.37亿元，按可比价格计算，比上年增长10%。其中，第一产业增加值60.19亿元，比上年增长4%；第二产业增加值674.6亿元，比上年增长10%；第三产业增加值377.58亿元，比上年增长10.8%。三次产业增加值占全市生产总值的比重为5.41∶60.65∶33.94。人均生产总值64460元，按可比价格计算，比上年增长9.95%。

【农业】2012年，本溪市全年完成农林牧渔业增加值60.19亿元(现价)，按可比价格计算，比上年增长4.0%。其中，种植业增加值21.19亿元，比上年增长3.0%；林业增加值18.52亿元，比上年增长6.2%；

牧业增加值14.89亿元，比上年增长3.8%；渔业增加值4.72亿元，比上年增长2.1%；农林牧渔服务业增加值0.87亿元，比上年增长3.4%。

全年粮食总产量27.01万吨，比上年下降10.8%。其中，水稻产量5.65万吨，比上年下降3.9%，玉米产量19.44万吨，比上年下降13.1%，谷类产量0.29万吨，比上年下降14.7%，豆类产量0.57万吨,比上年下降10.9%。在非粮食作物中，油料产量0.14万吨，比上年增长40.0%，蔬菜产量21.20万吨，比上年增长6.6%，瓜果产量0.55万吨，比上年下降1.7%，水果产量8.45万吨，比上年增长59.7%，园参产量175.5吨，比上年下降10.0%。

【工业和建筑业】2012年，本溪市全年完成工业增加值608.59亿元，按可比价格计算，比上年增长9.8%，其中，年主营业务收入在2000万元及以上的工业企业(以下均简称为规模以上工业企业)完成工业增加值574.66亿元，按可比价格计算，比上年增长10.1%。

全市具有资质等级的建筑业企业共签订工程合同额350.49亿元，比上年增长17.1%。初步核算全市建筑业实现增加值66.0亿元，按可比价格计算，比上年增长12.5%。完成建筑业总产值286.34亿元，比上年增长19.5%。其中,建筑工程产值236.69亿元，比上年增长12.4%；安装工程产值37.28亿元，比上年增长61.3%；其他建筑产值12.38亿元，比上年增长106.7%。竣工产值191.53亿元，比上年增长11.7%。全年房屋建筑施工面积982.1万平方米，比上年增长7.6%。实际投标承包面积720.1万平方米，比上年下降4.3%。期末从业人数6.3万人，比上年下降13.5%。

【固定资产投资】2012年，本溪市全年实现全社会固定资产投资720.7亿元，比上年增长24.1%。其中，城镇完成固定资产投资711.8亿元，比上年增长23.3%。在城镇固定资产投资中，建设项目固定资产投资607.4亿元，比上年增长23.0%。房地产开发投资104.4亿元，比上年增长25.6%；农村完成固定资产投资8.8亿元，比上年增长143.8%。从城镇固定资产投资结构看，第一产业完成投资13.5亿元，比上年增长52.0%；第二产业完成投资357.0亿元，比上年增长25.0%；第三产业完成投资341.3亿元，比上年增长20.8%。

全年新增固定资产521.8亿元，比上年增长63.6%。全年固定资产投资施工项目774个，比上年增长1.6%，新开工项目435个，比上年下降25.2%，全部建成投产项目307个，比上年下降27.4%。

【科学技术】2012年，本溪市年末科学研究开发机构26个。全市财政科学技术经费支出达2.4亿元，比上年增长9.7%。全年共有60个项目荣获市科技进步奖，比上年增长5.3%，其中，一等奖17项、二等奖26项、三等奖17项。共有3个项目荣获省科技进步，其中，二等奖1项、三等奖2项。受理专利申请513件，比上年增长4.1%，授权专利403件，比上年增长22.1%。全市共拥有国家级企业研发中心2家，博士后科研工作站2家，省级工程技术研究中心12家，市级企业研发中心32家，市级重点实验室6家。

全年实现高新技术产品产值476.1亿元，比上年下降7.6%，实现高新技术产品增加值140.2亿元，比上年增长1.5%。全市高新技术增加值占GDP比重为12.6%。

【国内贸易和对外经济】2012年，本溪市全年批发和零售业增加值101.1亿元，按可比价格计算，比上年增长5.9%；住宿和餐饮业增加值20.9亿元，增长6.8%。

全市实现社会消费品零售总额261.2亿元，比上年增长15.4%。按销售单位所在地看，城镇社会消费品零售总额251.4亿元，比上年增长15.2%，其中，城区社会消费品零售总额236.7亿元，比上年增长15.2%；乡村社会消费品零售总额9.7亿元，比上年增长20.2%。

全年出口创汇24.1亿美元，比上年增长24.0%。引进外资项目9个。新签利用外资合同额52876万美元，比上年增长2.0%。外商直接投资46140万美元，比上年增长31.0%。引进域外投资项目547个，引进域外投资到位资金额981.3亿元，比上年增长24.0%。

全年派出劳务人员2665人次，比上年增长4.3%。完成营业额1964万美元，比上年增长31.2%。

【交通、邮电和旅游】2012年，本溪市全年公路货运量8108万吨，比上年增长20.1%；货运周转量1090503万吨公里，比上年增长20.5%。公路客运量3001万人，比上年增长5.0%；客运周转量191931万人公里，比上年增长6.0%。全年铁路货运量3060万吨，比上年下降1.8%。铁路客运量1745万人，比上年下降0.3%。全年完成邮政业务总量11183万元，比上年增长5.9%。电信业务总量145637万元，比上年增长8.5%。

【金融和保险】2012年，本溪市全市地方财政收入159.1亿元，比上年增长0.4%。公共财政预算收入123.5亿元，比上年增长20.6%。其中，各项税收收入96.0亿元，比上年增长27.1%。非税收收入27.5亿元，比上年增长63.7%。地方财政支出208.5亿元，比上年增长10.4%。公共财政预算支出175.3亿元，比上年增长25.5%，其中，一般公共服务支出29.9亿元，比上年增长40.0%；公共安全支出8.1亿元，比上年下降5.7%；社会保障和就业支出26.8亿元，比上年增长4.9%；教育支出23.4亿元，比上年增长30.7%；农业支出12.7亿元，比上年增长31.8%；科学技术支出2.4亿元，比上年增长9.7%；医疗卫生支出6.8亿元，比上年增长21.4%；环境保护支出6.3亿元，比上年增长112.1%。

全年人寿保险承保金额270.73亿万元。业务收入14.45亿万元，比上年下降11.0%。给付金额24671.9万元，赔款金额3271.3万元。全年财产保险承保金额2414.89亿万元。保费收入4.51亿元，比上年下降9.3%。赔款金额26.6亿元，比上年增长30.6%，赔付率为58.9%。

6

2012年丹东市经济发展概况

【经济总量】2012年，丹东市全年实现地区生产总值（GDP）首次突破1000亿元大关，实现1015.4亿元，比上年增长14.3%；按可比价格计算，比上年增长10.5%。经济总量稳居全省第9位。其中，第一产业增加值140.2亿元，增长5.1%；第二产业增加值508.7亿元，增长11.2%；第三产业增加值366.5亿元，增长11.3%。三次产业增加值比重为13.8：50.1：36.1。人均地区生产总值42171元，按可比价格计算，比上年增长10.7%。

【农业】2012年，丹东市全年农林牧渔业增加值预计140.2亿元，按可比价格计算，比上年增长5.1%。其中，农业增加值52.8亿元，增长3.0%；林业增加值6.3亿元，增长11.1%；畜牧业增加值25亿元，增长4.7%；渔业增加值52.4亿元，增长6.5%；农林牧渔服务业增加值3.7亿元，增长8.9%。

全年农作物播种总面积20.76万公顷，比上年增长0.2%。其中，粮食作物播种面积（不含薯类）16.55万公顷，经济作物播种面积4.21万公顷，粮经作物种植面积比例79.7：20.3。

全年粮食总产量95.2万吨，比上年下降4.4%，是历史上的第二个丰收年。其中，玉米产量52.8万吨，下降9.0%；水稻产量38.2万吨，增长2.4%；大豆产量1.4万吨，下降7%。经济作物中，油料产量1.1万吨，比上年增长10%；烤烟产量0.8万吨，与上年持平；水果产量19.5万吨，增长6.0%；蔬菜产量103.1万吨，下降0.8%；草莓产量27.6万吨，增长4.9%；柞蚕茧产量2.4万吨，下降7.7%；板栗产量9.0万吨，增长7.5%。

【工业和建筑业】2012年，丹东市全年全部工业增加值428.5亿元，按可比价格计算，比上年增长11.3%。

全年规模以上工业增加值按可比价格计算，比上年增长11.4%。工业用电量48.5亿千瓦时，比上年增长6.8%。年末全市规模以上工业企业886户。

全年规模以上工业增加值中按经济类型划分，国有经济、股份合作制经济、外商及港澳台经济缓慢增长，分别比上年增长6.5%、5.4%和2.3%；股份制经济、其他经济、集体经济稳定增长，分别比上年增长13.3%、13.3%、13.1%。

全年建筑业实现增加值80.1亿元，按可比价格计算，比上年增长10.8%。全市具有资质等级以上建筑业企业212户，全年完成建筑业总产值304亿元，比上年增长34.1%。其中，建筑工程产值263亿元，增长34.9%。安装工程产值27.1亿元，增长48.1%。房屋建筑施工面积976.2万平方米，下降33.9%；房屋建筑竣工面积589.6万平方米，增长87.9%。

【固定资产投资】2012年，丹东市全年全社会固定资产投资875.3亿元，比上年增长23.6%。

全年固定资产投资(不含农户)完成853.3亿元，比上年增长23.6%。其中，第一产业投资10.1亿元，增长7.2%；第二产业投资413.7亿元，增长15.8%，第二产业投资中工业投资390.5亿元，增长16%；第三产业投资429.5亿元，增长32.7%。固定资产投资产业构成为1.2：48.5：50.3。第三产业投资拉动主要包括投资80亿元的万达广场、投资20亿元的鹏欣水游城项目等。

全年房地产开发投资198.3亿元，比上年增长26.1%。其中，住宅建设投资151.6亿元，增长19.7%；办公楼投资3亿元，增长76.5%；商业营业用房投资32.7亿元，增长41.6%。房屋施工面积1483.3万平方米，比上年增长6.5%。其中，住宅面积1137.2万平方米，与上年持平；房屋竣工面积254.6万平方米，增长3.2%。其中，住宅竣工面积227.8万平方米，增长7.3%。全市商品房销售面积480.7万平方米，比上年增长10.3%。商品房销售额178.8亿元，比上年增长22.4%。年末，全市商品房待售面积64.4万平方米。

【科学技术】2012年，丹东市年末全市共有各级各类学校947所，比上年减少27所。拥有教职工26282人，其中专任教师21269人。全年共招收学生9.13万人，在校学生32.86万人，毕业生9.74万人。其中，普通高等学校招生8784人，在校生25575人，毕业生7299人；普通中专招生2443人，在校生7904人，毕业生2237人；普通高中招生15030人，在校生44004人，毕业生14524人；初中招生21225人，在校生68428人，毕业生26554人；小学招生17786人，在校生121486人，毕业生21229人；幼儿园招生20074人，在校生40417人，毕业生17902人。学龄儿童入学率100%，小学升初中升学率100%，高考上线率94.8%。

全年受理发明专利申请303项，比上年增长57%；授权发明专利100件，增长23.5%。全年组织实施科技计划项目128项。全市已认定的高新技术企业40家。全年高新技术产品产值341.9亿元，比上年增长24%；高新技术产品增加值103.6亿元，增长21.8%。全年科学技术成果项目41项，增长20.6%；科技奖励项目30项，下降6.3%。

【国内贸易和对外经济】2012年，丹东市全年批发和零售业增加值96.8亿元，按可比价格计算，比上年增长7.1%；住宿和餐饮业增加值55.7亿元，比上年增长7.4%。

全年社会消费品零售总额375.9亿元，比上年增长15.7%。分城乡看，城镇零售额321.3亿元，增长15.6%；乡村零售额54.6亿元，增长16.1%。分规模看，限额以上企业和个体户领跑消费品市场，实现零售额121亿元，比上年增长21.5%；限额以下零售额254.9亿元，增长13.1%。

全年外贸进出口总额45.97亿美元，比上年增长18.6%。其中，出口总额28.75亿美元，增长21.8%；进口总额17.22亿美元，增长13.5%。从贸易方式看，一般贸易出口14.69亿美元，增长22.41%；边境小额贸易出口6.31亿美元，增长27.59%；来料加工贸易出口2.69亿美元，增长9.01%；进料加工贸易出口2.13亿美元，增长29.51%；保税仓库进出境货物出口2.75亿美元，增长10.39%。

【交通、邮电和旅游】2012年，丹东市全年交通运输、仓储及邮政业增加值19.9亿元，按可比价格计算，比上年增长6%。

全年公路货运量7466万吨，比上年增长14.9%；水上货运量453万吨，下降19.5%；管道货运量52.22万吨，与上年持平；民航货运量0.14万吨，增长62.8%。全年公路客运量5468万人，比上年增长8.8%；水运客运量45万人，增长45.2%，民航客运量17.98万人，增长35.9%。全年港口货物吞吐量9656万吨，比上年增长26.5%。其中，集装箱125万标箱，增长73.9%。

全年邮电业务总量19.6亿元，比上年增长6.4%。在邮电业务总量中，全年邮政业务总量2亿元，比上年增长10.6%。特快专递64.81万件，增长19%；函件461万件，增长4.2%；订销报纸累计份数2206万份，增长10.5%；订销杂志累计份数90万份，下降25.6%。全年电信业务总量17.6亿元，比上年增长6%。年末电话交换机总容量99.2万门，比上年末增长6.5%。城乡固定电话用户73.94万户，比上年增长5.5%。其中，城市46.48万户，增长5.5%；农村27.45万户，增长5.4%。城乡固定电话中，住宅电话60.33万户，增长1.1%。年末移动电话用户196.54万户，比上年增长13.1%。年末互联网宽带接入用户127.92万户，增长60.6%。

【金融和保险】2012年，丹东市年末金融机构本外币各项存款余额1244.8亿元，比上年增长17.2%。其中，个人存款余额913.7亿元，个人存款中储蓄存款余额899.7亿元，增长18.6%；金融机构本外币各项贷款余额682亿元，比上年增长17.9%。分贷款类型看，短期贷款余额增长较快，达328.4亿元，比上年增长24%；中长期贷款317.5亿元，比上年增长19.1%。

年末全市保险主体机构共有38个，比上年增加2个。其中，财险公司12个，寿险公司18个，专业代理保险公司8个。年末全社会保险承保额1687亿元。其中，财产险保额1516亿元，人身险保额171亿元。全年财、寿险总计实现保费收入24.3亿元，其中，财产险保费收入6.3亿元，人身险保费收入18亿元。全地区保险理赔支出金额7.7亿元。其中，财产险赔付支出3.5亿元，增长6.1%；人身险给付支出4.1亿元，下降22.6%；意外险赔付0.13亿元，增长62.5%。

7

2012年锦州市经济发展概况

【经济总量】2012年，锦州市全年实现地区生产总值（GDP）1248.5亿元，按可比价格计算，比上年增长10.4%，高于全省0.9个百分点。其中，第一产业增加值190.3亿元，增长5.3%，第二产业增加值614.5亿元，增长11.0%，第三产业增加值443.7亿元，增长11.7%，三次产业结构调整为15.2∶49.2∶35.6。人均生产总值为40001元，按可比价格计算，比上年增长10.4%。

【农业】2012年，锦州市全年农林牧渔业总产值370.1亿元，按可比价格计算，比上年增长5.9%。其中，农业总产值135.5亿元，增长5.6%；林业总产值2.1亿元，增长12.5%；牧业总产值197.8亿元，增长5.8%；渔业总产值29.9亿元，增长4.6%；农林牧渔服务业总产值4.8亿元，增长19.5%。

全年粮食总产量272.4万吨，比上年增长5.7%，创历史新高。粮食亩产507.2公斤，比上年增长4.5%。全市农作物总播种面积49.9万公顷，比上年增长9.6%。其中，粮食作物播种面积35.8万公顷，增长1.1%；油料作物播种面积4.5万公顷，减少12.6%；蔬菜播种面积4.9万公顷，增长4.2%。

【工业和建筑业】2012年，锦州市全年规模以上工业增加值按可比价格计算，比上年增长11.3%。其中，轻工业增加值增长14.1%；重工业增加值增长10.3%。

按经济类型分，国有企业增加值比上年下降10.2%；集体企业增加值增长19.2%；股份合作企业增加值增长10.0%；股份制企业增加值增长13.2%；外商及港澳台商投资企业增加值增长0.9%；其他经济类型企业增加值增长13.7%。

全市资质等级以上建筑业企业完成总产值277.2亿元，比上年增长16.7%。其中，建筑工程产值248.5亿元，安装工程产值27.2亿元。劳动生产率为259.4千元/人。

【固定资产投资】2012年，锦州市全年固定资产投资803.7亿元，比上年增长23.8%。其中，城镇固定资产投资760.0亿元，增长23.0%；农村非农户固定资产投资43.7亿元，增长39.9%。在城镇固定资产投资中，建设项目投资622.0亿元，增长23.5%；房地产开发投资138.1亿元，增长20.6%。

在固定资产投资中，第一产业投资8.9亿元，下降35.0%；第二产业投资421.8亿元，增长16.7%，其中，工业固定资产投资400.0亿元，增长17.9%；第三产业投资373.0亿元，增长36.0%。三次产业投资比重由上年的2.1∶55.7∶42.2调整为1.1∶52.5∶46.4。

全年房地产开发投资138.1亿元，比上年增长20.6%。其中，住宅投资101.5亿元，增长12.3%。全年商品房施工面积1460.8万平方米，增长33.7%；房屋竣工面积276.4万平方米，增长10.0%；商品房销售面积500.4万平方米，增长19.1%。

【科学技术】2012年，锦州市年末全市共有各级各类学校1235所，在校学生46.3万人。其中，普通高校9所（含独立学院），在校学生8.4万人；中等技术学校5所，在校学生1.7万人；职业高中8所，在校学生0.9万人；普通高中27所，在校学生5万人；初级中学113所，在校学生8.4万人；小学390所，在校学生15.6万人；幼儿园675所，在园幼儿6.4万人；特殊教育学校（含工读学校）8所，在校学生1077人。全市学前教育三年毛入园率89.6%；九年义务教育巩固率96.5%；高中阶段毛入学率85.1%。

【国内贸易和对外经济】2012年，锦州市全年社会消费品零售总额434.5亿元，比上年增长16.0%。分地域看，城镇消费品市场零售额379.2亿元，增长16.4%；农村消费品市场零售额55.3亿元，增长13.5%。在城镇中，城区消费品市场零售额296.4亿元，增长16.4%。从规模看，限额以上零售额177.6亿元，增长32.0%；限额以下零售额256.9亿元，增长7.0%。

全年进出口总额30.3亿美元，比上年增长16.0%。其中，出口17.5亿美元，增长17.1%；进口12.8亿美元，增长14.4%。

【交通、邮电和旅游】2012年，锦州市全年公路货运量15495万吨，货物周转量1823466万吨公里，分别增长16.5%和17.7%；公路客运量4355万人，旅客周转量239257万人公里，分别增长5.4%和6.3%。锦州机场航班运输起降架次1326架次，增长21.7%，旅客吞吐量13.1万人，增长27.0%，货邮吞吐量1120.2吨，下降7.1%。港口货物吞吐量7354.8万吨，下降2.9%，集装箱吞吐量86.9万标箱，增长3.6%。

全年旅游业总收入237.2亿元人民币，比上年增长55.4%。国内旅游收入225亿元人民币，增长57.3%。旅游创汇1.8亿美元，增长22%。接待国内旅游者2550万人次，增长49.6%；接待入境旅游者30万人次，增长18.6%。

【金融和保险】2012年，锦州市全年公共财政预算收入131.5亿元，比上年增长26.9%。其中，各项税收收入99.3亿元，增长27.6%。在各项税收收入中，营业税28.5亿元，增长6.9%；增值税7.6亿元，增长5.3%。全年公共财政预算支出204.9亿元，比上年增长30.2%。其中，教育支出33.7亿元，增长48.5%；社会保障和就业支出37.6亿元，增长11.3%；一般公共服务支出21.3亿元，增长25.8%。

全年保费收入21.6亿元，比上年增长7.4%。其中，财险公司保费收入8.4亿元，比上年增长6.2%；寿险公司保费收入13.3亿元，比上年增长8.1%。共支付赔款、给付7.3亿元，其中，赔款4.9亿元；给付2.4亿元。

8

2012年营口市经济发展概况

【经济总量】2012年，营口市全年实现地区生产总值（GDP）1381.2亿元，按可比价格计算，比上年增长10.8%。分产业看，第一产业增加值103.6亿元，增长5.1%，第二产业增加值752.9亿元，增长11.6%，第三产业增加值524.8亿元，增长10.8%。三次产业增加值占生产总值的比重为7.5：54.5：38.0。人均地区生产总值56591元，按可比价格计算，比上年增长10.6%。

【农业】2012年，营口市全年农林牧渔业总产值179.5亿元，按可比价格计算，比上年增长5.6%。农林牧渔业增加值103.6亿元，按可比价格计算，比上年增长5.1%。其中，种植业增加值43.2亿元，增长6.3%；林业增加值2.3亿元，增长6.7%；牧业增加值27.6亿元，增长2.6%；渔业增加值29.6亿元，增长5.4%；农林牧渔服务业增加值0.9亿元，增长15.8%。

全年粮食总产量达70.2万吨。蔬菜产量82.5万吨，比上年下降3.7%。水果产量73.4万吨，比上年增长0.3%。全年农作物总播种面积109.8千公顷，比上年略有减少。其中，粮食作物播种面积94.5千公顷；非粮食作物播种面积15.3千公顷。

【工业和建筑业】2012年，营口市规模以上工业增加值按可比价格计算比上年增长12.5%。在全市39个工业大类行业中，31个行业增加值保持增长，26个行业增加值增速超过全市平均水平。

六大产业集群工业增加值为662.8亿元，同比增长12.2%。装备制造产业集群增加值比上年增长20.7%，占规模以上工业增加值的比重达到19.8%。其中，通用设备制造业增加值增长14.6%，专用设备制造业增加值增长33.4%，交通运输设备制造业增加值增长24.4%，通信设备、计算机及其他电子设备制造业增加值增长11.1%，金属制品业增加值增长22.6%，仪器、仪表及文化、办公用机械制造业增加值增长23.1%。冶金产业集群增加值比上年下降1.3%，占规模以上工业增加值的比重为15.8%。石化产业集群增加值比上年增长23.4%，占规模以上工业增加值的比重为14.7%。镁质材料产业集群增加值比上年增长14.4%，占规模以上工业增加值的比重为24.8%。纺织服装产业集群增加值比上年增长0.3%，占规模以上工业增加值的比重为6.3%。新型建材产业集群增加值比上年增长13.0%，占规模以上工业增加值的比重为6.6%。食品饮料及烟草业增加值比上年增长25.1%，占规模以上工业增加值的比重为8.0%。电力、燃气和水的生产供应业增加值比上年下降0.9%，占规模以上工业增加值的比重为2.0%。

【固定资产投资】2012年，营口市全年固定资产投资（不含农户，下同）1085.1亿元，比上年增长23.9%。其中，城镇投资完成1004.3亿元，占投资总量的92.6%，增长24.2%。在城镇投资中，建设项目完成投资697.4亿元，房地产开发完成投资307.0亿元，分别增长28.5%和15.4%。新增固定资产674.1亿元，比上年增长27.2%。

在固定资产投资中，第一产业投资7.0亿元，比上年增长175.4%；第二产业投资495.0亿元，增长27.1%；第三产业投资583.1亿元，增长20.5%。投资三次产业构成为0.7：45.6：53.7。从固定资产投资行业投向看，制造业完成投资454.3亿元，增长26.1%，批发和零售业投资25.1亿元，增长153.9%，房地产业投资319.2亿元，增长13.4%，科学研究、技术服务和地质勘查业投资13.2亿元，增长17.6%，文化体育、娱乐业投资10.4亿元，增长39.9%，居民服务和其他服务业投资1.2亿元，下降48.1%，卫生、社会保障和社会福利业投资4.0亿元，下降43.3%。基础设施建设完成投资206.1亿元，增长23.6%。其中：交通运输、仓储和邮政业投资75.5亿元，增长32.9%；水利、环境和公共设施管理业投资84.2亿元，增长15.1%。

【科学技术】2012年年末，营口市全市拥有各级各类学校730所（含幼儿园），在校生31.4万人，教职员工2.4万人。其中，专任教师2万人。高等教育毛入学率42.5%，高中阶段教育毛入学率93.0%，初中毕业生升学率96.5%，小学学龄儿童入学率105.0%。高等职业学院毕业生就业率92.0%。全年普通高等学校招生0.7万人，在校生2.1万人，毕业生0.4万人。中等职业学校招生0.8万人，在校生2.3万人，毕业生0.76万人。普通高中（含完中）招生1.1万人，在校生3.4万人，毕业生1.1万人。初中学校招生2.1万人，在校生6.4万人，毕业生2.1万人。普通小学招生2.1万人，在校生12.4万人，毕业生2.2万人。特殊教育招生66人，在校生822人。幼儿园在园幼儿4.6万人。

全年完成专利申请818件，比上年增长0.5%，其中发明专利申请210件，增长7.1%；授权专利548件，增长18.9%，其中授权发明专利77件，增长54.0%。

【国内贸易和对外经济】2012年，营口市全年社会消费品零售总额341.4亿元，比上年增长16.0%。按销售单位所在地分，城镇实现零售额300.7亿元，比上年增长16.1%；乡村实现零售额40.7亿元，比上年增长15.4%。按行业分，批发业实现零售额37.7亿元，比上年增长15.5%；零售业实现零售额246亿元，比上年增长16.6%；住宿业实现零售额4.1亿元，比上年增长43.5%；餐饮业实现零售额53.6亿元，比上年增长12.2%。

全年进出口总额54.9亿美元，比上年增长26.7%。其中，出口总额38.8亿美元，增长19.1%；进口总额16.1亿美元，增长49.4%。从贸易方式看，一般贸易出口23.1亿美元，增长24.2%；加工贸易出口3.1亿美元，下降10.0%。一般贸易进口8.9亿美元；加工贸易进口2.6亿美元。从企业经济类型看，国有企业出口4.0亿美元，下降27.6%；外商投资企业出口12.0亿美元，增长5.5%；私营企业出口17.0亿美元，增长23.5%；集体企业出口5.8亿美元，增长305.9%。外商投资企业进口7.5亿美元，增长57.3%；国有企业进口6.6亿美元，增长37.4%；私营企业进口2.0亿美元，增长66.7%。

【交通、邮电和旅游】2012年，营口市年末全市公路里程总计（不含高速）3923.6公里，比上年末增加79.6公里。年末私人汽车保有量164975辆，比上年末增长17.6%。

全年完成公路货运量13341万吨，增长35.0%；水运货运量722万吨，增长13.0%。完成公路货物周转量343.0亿吨公里，比上年增长22.4%；水上货运周转量109.1亿吨公里，比上年增长19.5%。全年完成公路客运量4330万人，增长1.0%；公路旅客周转量235914万人公里，比上年增长4.0%。全年港口货物吞吐量30107万吨，比上年增长15.4%。其中，集装箱485.1万标箱，增长20.3%；外贸货物吞吐量5067万吨，下降6.4%。

【金融和保险】2012年，营口市全年全口径财政收入236.1亿元，比上年增长20.0%。其中，国税征收73.2亿元，比上年增长18.3%；地税征收122.4亿元，比上年增长12.1%。公共财政预算收入170.2亿元，比上年增长21.4%。其中，各项税收127.1亿元，增长13.3%。在各项税收中，增值税9.5亿元，增长11.8%；营业税30.0亿元，下降1.6%；企业所得税8.4亿元，下降1.6%；个人所得税1.5亿元，下降23.0%。

全年公共财政预算支出220.7亿元，比上年增长20.5%。其中，教育支出35.1亿元，增长38.4%；科学技术支出3.3亿元，增长11.0%；社会保障和就业支出34.2亿元，增长10.7%；医疗卫生支出12.1亿元，增长3.5%；文化体育与传媒支出2.6亿元，增长10.7%；环境保护支出3.1亿元，增长47.1%；城乡社区服务支出39.3亿元，增长15.4%。

9

2012年阜新市经济发展概况

【经济总量】2012年，阜新市全年实现地区生产总值（GDP）553.5亿元，按可比价格计算，比上年增长10.1%。其中第一产业增加值125.4亿元，增长5.4%；第二产业增加值252.4亿元，增长13.4%；第三产业增加值175.7亿元，增长9.0%。一、二、三产业结构调整为22.7：45.6：31.7。人均GDP实现30740元。

【农业】2012年，阜新市全年农林牧渔业增加值125.4亿元，按可比价格计算，比上年增长5.4%。其中，农业增加值65.7亿元，增长9.8%；林业增加值5.2亿元，增长1.0%；牧业增加值50.3亿元，增长6.1%；渔业增加值0.64亿元，增长3.4%。

全年农作物总播种面积793.2万亩，下降4.4%。粮食作物播种面积467.9万亩，下降7.5%；油料播种面积281.4万亩，增长2.3%，其中花生播种面积280.0万亩，增长3.2%；蔬菜播种面积38.1万亩，增长0.3%。

全年粮食总产量266.8万吨，比上年增加16.6万吨，增长6.6%。其中玉米产量239.1万吨，增长6.2%；高粱产量5.5万吨，下降28.6%；大豆产量3.3万吨，下降34.0%。经济作物中，油料产量61.2万吨，比上年增长9.6%，其中花生产量61.0万吨，增长9.7%；蔬菜产量118.0万吨，增长1.5%；水果产量38.8万吨，增长19.8%。

全年林业产值9.8亿元，比上年增长2.2%。当年人工造林作业面积8.6万公顷（129万亩）。有林地总面积达到33.33万公顷（500.0万亩）。林木绿化率32.3%。

【工业和建筑业】2012年，阜新市全年全口径工业增加值211.4亿元，比上年增长12.9%。全市年主营业务收入2000万元及以上工业企业（简称规模以上工业企业）完成增加值207.7亿元，比上年增长13.1%。实现工业出口交货值11.8亿元，比上年增长29.5%，占工业销售产值的1.6%。按轻、重工业分，轻工业完成增加值36.95亿元，增长19.5%；重工业完成增加值170.72亿元，增长11.9%。按经济类型分，国有工业完成增加值71.95亿元，增长5.7%；股份制工业完成增加值101.25亿元，增长28.1%；其他经济类型工业完成增加值20.23亿元，增长37.6%。

工业产值超亿元企业141户，比上年增加26户，实现产值590.88亿元，占规模以上工业比重为77.2%；产值超10亿元的企业6户，实现产值219.95亿元，占规模以上工业的比重为28.7%。2012年，装备制造业、农产品加工业、能源工业共完成工业增加值167.7亿元，占全市规模以上工业的比重为80.7%。其中：装备制造业实现增加值40.7亿元，增长11.0%；农产品加工业实现增加值43.6亿元，增长24.1%；能源工业实现增加值83.4亿元，增长6.3%。

【固定资产投资】2012年，阜新市全年完成固定资产投资498.0亿元，比上年增长27.4%。按城乡分，城镇完成投资393.7亿元，比上年增长26.5%；农村非农户完成投资104.3亿元，增长30.9%。按产业分，第一产业完成投资22.1亿元，比上年增长49.7%；第二产业完成投资290.9亿元，增长24.8%；第三产业完成投资185.0亿元，增长29.4%。

2012年全市计划总投资超亿元的在建项目86个，超十亿元的在建项目6个。其中：大唐煤制天然气项目、阜盘高速北延伸线、清河门区皮革基地中央商务区、液压产业基地标准化厂房、大唐国际阜新风电项目等54个项目本年完成投资额超亿元，累计完成202.1亿元，占全年固定资产投资的40.6%。

【科学技术】2012年，阜新市全年共取得各项科研成果92项，其中，国际先进9项，国内领先和国内先进水平的32项。有88项科研成果得到推广应用。全市规模以上工业高新技术产品增加值48亿元，增长51.3%，增幅居全省第三位。

全年研究生招生918人，在校研究生2784人，毕业生733人。普通高等教育招生13769人，在校生43005人，毕业生12108人。中等职业教育招生7231人，在校生22132人，毕业生6439人。普通高中招生11020人，在校生33117人，毕业生11246人。初中学校招生11173人，在校生36389人，毕业生11665人。普通小学招生15681人，在校生94058人，毕业生16330人。特殊教育招生32人，在校生328人。幼儿园在园幼儿36243人。

【国内贸易和对外经济】2012年，阜新市全年批发和零售业增加值34.1亿元，住宿和餐饮业增加值9.5亿元，按可比价格计算，分别比上年增长13.8%和10.6%。

全年社会消费品零售总额202.6亿元，比上年增长15.7%。其中，城镇消费品零售额152.1亿元，增长15.9%；乡村消费品零售额50.5亿元，增长14.8%。从规模看，限额以上零售额68.2亿元，增长17.4%；限额以下零售额134.4亿元，增长14.8%。

全市进出口总额28400万美元，比上年增长42.1%。其中，出口总额18861万美元，增长23.1%；进口总额9539万美元，增长104.6%。

【交通、邮电和旅游】2012年，阜新市全年交通运输、仓储和邮政业增加值20.5亿元，按可比价格计算，比上年增长1.1%。

全年阜新地区境内铁路货运量1175万吨，比上年下降19.7%；客运量177万人次，比上年增长7.7%。公路货运量4238万吨，增长14.4%，公路货物周转量655372万吨公里，增长13.6%；客运量1109万人次，增长3.9%，客运周转量85543万人公里，增长5.6%。

全年完成邮电业务总量15.9亿元，增长13.1%。其中，邮政业务总量0.6亿元，增长8.8%；电信业务总量15.3亿元，增长13.2%。完成函件71.92万件，比上年下降7.8%，特快专递13.0万件，增长3.2%。全市固定电话用户50.26万户，增长23.9%。年末移动电话用户185.56万户，其中，本年新增移动电话42.73万户。年末国际互联网宽带用户29.35万户，比去年同期增加4.82万户。

【金融和保险】2012年，阜新市全年完成公共财政预算收入64.0亿元，比上年增长27.7%，其中，各项税收44.7亿元，增长16.7%。全年公共财政预算支出145.4亿元，比上年增长13.3%。其中，用于一般公共服务支出12.4亿元，增长31.1%；教育支出20.6亿元，增长34.9%；医疗卫生支出8.0亿元，增长9.9%；农林水事务支出17.2亿元，增长47.9%；科技支出1.2亿元，增长35.3%。

年末全市金融机构各项存款余额683.4亿元，比上年末增加79.2亿元，同比增长13.1%。其中，单位存款余额225.7亿元，增加18.9亿元；个人存款余额443.2亿元，增加65.3亿元。金融机构各项贷款余额529.3亿元，比上年末增加94.8亿元，同比增长21.8%。其中，短期贷款余额230.4亿元，增加41.6亿元；中长期贷款余额289.4亿元，比上年末增加53.2亿元。

全年实现保费收入15.74亿元，比上年增长13.8%。其中，财产险收入4.86亿元，增长14.5%；寿险收入10.88亿元，增长13.5%。全年支付各类赔款总额2.49亿元，其中，财产险支付2.33亿元，人寿险支付0.16亿元。

10

2012年辽阳市经济发展概况

【经济总量】2012年，辽阳市全年实现地区生产总值（GDP）1010.3亿元，按可比价格计算，比上年增长10.3%。其中，第一产业增加值63.3亿元，增长5.2%；第二产业增加值638.4亿元，增长11.1%；第三产业增加值308.6亿元，增长9.7%。生产总值三次产业构成比例为6.3：63.2：30.5。人均地区生产总值54405元，按可比价格计算，比上年增长10.5%。

【农业】2012年，辽阳市全年农林牧渔业增加值63.3亿元，按可比价格计算，比上年增长5.2%。其中，农业增加值24.8亿元，增长2.7%；林业增加值1.2亿元，增长6.1%；牧业增加值28.9亿元，增长6.5%；渔业增加值7.1亿元，增长7.9%；农林牧渔服务业增加值1.2亿元，增长9.2%。

全年粮食播种面积141.2千公顷，比上年下降0.7%；经济作物播种面积23.4千公顷，增长11.3%，其中蔬菜及食用菌播种面积19.7千公顷，增长13.4%。

【工业和建筑业】2012年，辽阳市全年规模以上工业增加值515.4亿元，按可比价格计算，比上年增长11.2%。分行业看，化工化纤及塑料业增加值117.1亿元，下降3.2%，占规模以上工业增加值总量的比重为22.7%；冶金及金属加工业增加值141.6亿元，增长10.1%，占规模以上工业增加值总量的比重为27.5%；装备制造业增加值21.1亿元，增长17.7%，占规模以上工业增加值总量的比重为4.1%；农副产品加工业增加值53.8亿元，增长20.4%，占规模以上工业增加值总量的比重为10.4%；矿产建材业增加值175.1亿元，增长21.0%，占规模以上工业增加值总量的比重为34.0%；其他行业增加值6.6亿元，下降6.4%，占规模以上工业增加值总量的比重为1.3%。

全年实现高新技术产品增加值199.3亿元，增长7.7%，占规模以上工业增加值的比重为38.7%。

全年规模以上工业主要产品产量中，铁矿石原矿1742.4万吨，增长88.4%；服装6512.9万件，增长41.3%；皮革服装323.9万件，增长26.2%；原油加工量782.6万吨，下降0.5%；柴油422.0万吨，下降1.1%；初级形态的塑料9.3万吨，增长5.9%；塑料制品57.1万吨，下降5.7%；硅酸盐水泥熟料793.3万吨，下降18.0%；水泥1320.4万吨，增长10.6%；钢材601.3万吨，增长22.0%；铜材3.9万吨，增长6.3%；铝材57.4万吨，增长31.9%；滚动轴承867.2万套，增长19.1%。

【固定资产投资】2012年，辽阳市全年固定资产投资（不含农户）593.8亿元，比上年增长23.5%。其中，城镇固定资产投资579.9亿元，增长26.1%；农村非农户固定资产投资13.9亿元，下降34.5%。城镇固定资产投资中，建设项目投资453.7亿元，增长29.6%；房地产开发投资126.2亿元，增长15.2%。

第一产业投资9.9亿元，增长77.3%。第二产业投资365.4亿元，增长34.9%，其中，工业投资339.9亿元，增长35.1%；建筑业投资25.5亿元，增长32.6%。在工业投资中，采矿业投资69.9亿元，增长13.0%；制造业投资251.3亿元，增长42.3%。第三产业投资218.5亿元，增长6.8%。其中，批发和零售业投资10.2亿元，增长1.4倍；居民服务、修理和其他服务业投资1.2亿元，增长24.2%；卫生和社会工作投资4.4亿元，增长35.0%。固定资产投资三次产业构成比例为1.7：61.5：36.8。

全年房地产开发投资126.2亿元，比上年增长15.2%。房屋施工面积1036.6万平方米，增长24.8%，其中，住宅施工面积741.6万平方米，增长21.7%；房屋新开工面积415.3万平方米，增长21.5%，其中，住宅新开工面积295.6万平方米，增长15.5%；房屋竣工面积146.9万平方米，增长45.9%，其中，住宅竣工面积109.5万平方米，增长38.7%；房屋销售面积258.4万平方米，增长28.8%，其中，住宅销售面积236.7万平方米，增长35.4%。

【科学技术】2012年，辽阳市全年公共财政科学技术支出2.0亿元，比上年增长10.2%。全年规模以上工业研究与试验发展（R&D）经费支出12.4亿元，比上年增长74.6%；从事科技活动人员4983人，其中研究与试验发展（R&D）人员3673人。年末各类科学研究与技术开发机构35个，比上年新增14个。其中，政府部门所属科研机构10个，高等院校所属科研机构1个，大中型工业企业所属科研机构24个。全年省级工程技术研究中心23个，产业技术创新战略联盟1个。全年专利申请577件，比上年增长35.8%，其中发明专利申请133件；授权专利341件，其中授权发明专利36件。全年共取得市级科技成果26项。全年有4个项目荣获省科技进步奖，有42个项目荣获市科技进步奖，其中，一等奖21项、二等奖14项、三等奖7项。全年技术市场成交各类技术合同54项，技术合同成交额7400万元。

【国内贸易和对外经济】2012年，辽阳市全年批发和零售业增加值64.5亿元，按可比价格计算，比上年增长13.9%；住宿和餐饮业增加值12.8亿元，增长7.8%。

全年进出口总额9.1亿美元，比上年增长18.8%。其中，出口总额6.0亿美元，增长16.9%；进口总额3.1亿美元，增长22.6%。在出口总额中，按贸易方式分，一般贸易出口5.0亿美元，增长53.3%；加工贸易出口0.9亿美元，下降45.6%。按经济类型分，国有企业出口0.6亿美元，下降50.3%；外商投资企业出口1.2亿美元，下降16.4%；私营企业出口4.1亿美元，增长72.0%。

【交通、邮电和旅游】2012年年末，辽阳市公路里程总计3222公里。年末私人汽车保有量11.2万台，新增2415台，比上年增长2.2%。全年公路货运量1.2亿吨，增长31.8%；货物周转量189.6亿吨公里，增长20.1%。公路客运量4784万人，增长3.7%；旅客周转量19.6亿人公里，增长0.4%。

全年邮电业务总量19.0亿元，比上年增长8.3%。其中，邮政业务总量1.5亿元，增长16.0%；电信业务总量17.4亿元，增长7.7%。年末固定电话用户50.1万户，比上年末下降7.2%。其中，城市电话用户30.5万户，农村电话用户19.6万户。年末移动电话用户174.8万户，增长5.1%。国际互联网用户34.8万户，增长16.8%。

【金融和保险】2012年，辽阳市全年金融机构本外币各项存款余额1155.1亿元，比年初增加179.5亿元。其中，人民币各项存款余额1143.0亿元，比年初增加175.4亿元。人民币个人储蓄存款余额678.4亿元，比年初增加92.6亿元。金融机构本外币各项贷款余额764.3亿元，比年初增加143.1亿元。其中，人民币各项贷款余额698.7亿元，比年初增加109.2亿元。

全年保险保费收入18.0亿元，比上年下降0.2%。其中，财产保险保费收入7.5亿元，增长3.1%；人寿保险保费收入10.4亿元，下降3.5%；意外险保险保费收入2790万元，增长3.1%；健康保险保费收入5287万元，下降6.1%。全年支付各类赔款和给付总额7.1亿元，比上年增长10.8%。其中，财产保险赔付支出4.3亿元，增长29.1%；人寿保险赔付支出2.7亿元，下降7.6%；意外险赔付支出1279万元，增长16.8%；健康保险赔付支出1761万元，增长51.0%。

11

2012年盘锦市经济发展概况

【经济总量】2012年，盘锦市全年实现地区生产总值（GDP）1279.5亿元，按可比价格计算，比上年增长11.1%。其中，第一产业增加值108.4亿元，增长5.2%；第二产业增加值878.7亿元，增长12.6%，其中，工业增加值810.1亿元，比上年增长12.8%；第三产业增加值292.4亿元，增长8.8%。三次产业增加值占地区生产总值的比重分别为8.5%、68.7%和22.8%。年人均地区生产总值89572元，按可比价格计算，比上年增长9.5%。

【农业】2012年，盘锦市全年农林牧渔业增加值108.4亿元，按可比价格计算，比上年增长5.2%。其中，农业增加值48.2亿元，增长1.1%；林业增加值0.3亿元，下降10.2%；牧业增加值15.7亿元，增长13.0%；渔业增加值42.8亿元，增长7.2%；农林牧渔服务业增加值1.5亿元，下降6.4%。

全市粮食作物播种面积127.4千公顷，下降0.7%。在粮食作物中，水稻播种面积107.3千公顷，下降1.0%；玉米播种面积14.8千公顷，增长1.4%。在非粮食作物中，蔬菜播种面积15.6千公顷，增长1.4%。全市化肥施用量（折纯）5.0万吨，下降0.6%。

全年粮食产量108.4万吨，比上年减少6.2万吨，下降5.4%。其中，水稻产量95.6万吨，下降5.5%；玉米产量11.0万吨，下降4.7%；蔬菜产量131.1万吨，增长6.7%；水果产量1.3万吨，与上年持平。

【工业和建筑业】2012年，盘锦市规模以上工业（年主营业务收入2000万元及以上工业企业，下同）增加值740亿元，按可比价格计算，比上年增长13.0%。

规模以上工业按经济类型分，国有及国有控股企业增加值比上年增长5.3%，集体企业增加值增长13.4%，股份合作企业增加值增长29.4%，股份制企业增加值增长12.3%，私营企业增加值增长33.3%，外商及港澳台投资企业增加值增长33.7%；按轻、重工业分，轻工业增加值增长37.7%，重工业增加值增长11.3%；按主要行业分，石油天然气开采业增长5.3%，石油加工业增长11.9%，化学原料及化学制品制造业增长14.0%。

全年建筑业实现增加值68.7亿元，按可比价格计算，比上年增长10.5%。具有建筑业资质等级的总承包和专业承包建筑企业共签订工程合同额331.8亿元，比上年增长44.8%；施工的房屋建筑面积880万平方米，比上年下降23.3%。

【固定资产投资】2012年，盘锦市全年全社会固定资产投资982.2亿元，比上年增长23.6%。其中，固定资产投资967.7亿元，比上年增长24.0%；农户固定资产投资14.5亿元，比上年增长13.6%。新增固定资产740.5亿元，比上年增长40.3%。

在固定资产投资中，第一产业投资5.0亿元，比上年下降56.6%；第二产业投资604.9亿元，比上年增长42.3%，其中工业投资540.8亿元，比上年增长29.6%，第三产业投资357.8亿元，比上年增长4.1%。全年基础设施建设完成投资176.6亿元，比上年下降17.8%。

全年房地产开发投资178.8亿元，比上年增长63.1%。其中，住宅投资119.8亿元，比上年增长48.5%；商业营业用房投资31.9亿元，增长42.4%。房屋施工面积1415万平方米，比上年增长50.6%；房屋竣工面积272.7万平方米，比上年增长87.4%。商品房销售面积376.6万平方米，比上年增长8.8%；商品房销售额148.3亿元，比上年增长16.2%。

【科学技术】2012年，盘锦市全年科技支出1.9亿元（财政口径），全年研究与试验发展（R&D）经费支出21.0亿元。从事科技活动人员0.85万人，其中研究与试验发展（R&D）人员0.6万人。各类科学研究与技术开发机构19个，其中政府部门所属科研机构5个，大中型工业企业所属科研机构14个。全年专利申请743件，比上年增长21%，其中发明专利申请188件，增长14.4%；授权专利445件。科技成果60项，其中省级科技成果13项。高新技术企业26家，比上年增加12家。企业研发中心32个，比上年增加3家；其中，省级企业研发中心23个，比上年增加10个。签订技术合同650项，比上年增长6.5%；成交额6.3亿元，比上年增长6%。

【国内贸易和对外经济】2012年，盘锦市全年批发和零售业增加值59亿元，按可比价格计算，比上年增长11.2%。

全年社会消费品零售总额252亿元，比上年增长15.7%。分城乡看，城镇零售额216.6亿元，增长15.4%；乡村零售额35.4亿元，增长17.1%。

在限额以上批发零售业零售额中，汽车类零售额增长16.1%，石油及制品类零售额增长26.9%，服装、鞋帽、针纺织品类零售额增长31.2%，粮油、食品、饮料、烟酒类增长39.5%，中西药品类增长42.5%，金银珠宝类增长34.7%，文化办公用品类增长40.1%，通信器材类增长27.6%，建筑及装潢材料类增长24.8%。

全年进出口总额11.1亿美元，比上年增长38.8%。其中，出口总额7.05亿美元，比上年增长31.1%；进口总额4.05亿美元，比上年增长54.7%。从贸易方式看，一般贸易出口2.9亿美元，比上年增长31.8%；加工贸易出口1.7亿美元，比上年增长16倍。一般贸易进口3.5亿美元，比上年增长52.2%；加工贸易进口0.3亿美元，与上年持平。从企业经济类型看，国有企业出口2.3亿美元，比上年增长32.3%；三资企业出口0.2亿美元，比上年增长8.7%；其他企业出口4.5亿美元，比上年增长31.5%。国有企业进口0.7亿美元，比上年增长24.6%；三资企业进口1.5亿美元，比上年增长668.5%；其他企业进口1.7亿美元，比上年下降2.7%。从商品类型看，机电产品出口3.2亿美元，比上年增长51.9%；高新技术产品出口0.2亿美元，比上年下降9%。机电产品进口1.5亿美元，比上年增长106.2%；高新技术产品进口0.1亿美元，比上年下降57.6%。

【交通、邮电和旅游】2012年，盘锦市全年各种运输方式（不包括铁路）完成货物周转量114.0亿吨公里，比上年增长27.2%；货运量10544万吨，比上年增长20.2%。旅客周转量19.8亿人公里，比上年增长10.0%；客运量4085万人，比上年增长8.3%。全年港口货物吞吐量2031万吨，比上年增长230.9%。

全年邮政业务总量1.7亿元，比上年增长27.0%。电信业务总量17.6亿元，比上年增长25.7%。全市固定电话用户41.6万户，下降2.0%。其中，城市电话用户26.1万户，农村电话用户15.5万户。移动电话用户166.1万户，增长10.1%。全市固定电话普及率32.3部/百人。年末国际互联网络用户26.6万户，增长8.6%。

【金融和保险】2012年年末，盘锦市全部金融机构本外币各项存款余额1107.9亿元，比年初增长16.3%。其中，单位存款余额414.4亿元，比年初增长19.3%；个人存款余额683.3亿元，比年初增长16.7%。存款中人民币存款余额1090.4亿元，比年初增长17.1%，其中，储蓄存款余额679.7亿元，比年初增长16.7%。全部金融机构本外币各项贷款余额675.8亿元，比年初增长20.2%。其中，短期贷款余额375.1亿元，比年初增长22.4%；中长期贷款余额284.9亿元，比年初增长17.8%。农村信用合作社人民币贷款余额58.3亿元，比年初增加5.8亿元。

全年保险公司保费收入23.0亿元，比上年增长3.2%。其中，寿险业务保费收入15.3亿元，财产险业务保费收入7.6亿元。支付各类赔款8.7亿元。其中，寿险业务给付4.6亿元，财产险业务赔款4.1亿元。

12

2012年铁岭市经济发展概况

【经济总量】2012年，铁岭市全年实现地区生产总值（GDP）981.4亿元，按可比价格计算，比上年增长9.1%。其中：第一产业实现增加值193.3亿元，同比增长5.3%，拉动GDP增长1.0个百分点；第二产业实现增加值509.2亿元，同比增长9.1%，拉动GDP增长4.8个百分点；第三产业实现增加值278.9亿元，同比增长11.5%，拉动GDP增长3.3个百分点。三次产业增加值占生产总值（GDP）的比重分别为19.7%、51.9%和28.4%。人均GDP达到32329元，比上年增加3682元。

【农业】2012年，铁岭市2012年全市农林牧渔业总产值实现431.9亿元，可比价增长9.9%。农林牧渔业增加值实现193.3亿元，可比价增长5.3%。

粮食生产取得新突破。2012年全市粮食总产量达413.4万吨，是历史上粮食产量最高的年份，比上年增加11.8万吨，同比增长2.9%。其中，玉米产量344.4万吨，同比增长4.5%；蔬菜产量368.4万吨，同比增长2.5%。

农业机械化水平稳步提高。年末拥有农业机械总动力244.9万千瓦，同比增长6.9%；全市机耕面积55.3万公顷，机播面积50.2万公顷，机收面积达19.2万公顷。

【工业和建筑业】2012年，铁岭市工业经济稳定增长。全市年主营业务收入2000万元及以上工业企业（以下简称规模以上工业）工业总产值比上年增长15.4%，其中：国有控股企业工业总产值比上年下降6.7%；轻工业总产值比上年增长15.5%，重工业总产值比上年增长15.4%；大中型企业工业总产值比上年增长4.9%。全市规模以上工业销售产值比上年增长15.3%。产品销售率为97.6%。在销售产值中，轻工业增长15.0%，重工业增长15.5%。按可比价格计算，工业增加值比上年增长9.0%。

2012年建筑业完成增加值46.7亿元，按可比价计算，比上年增长9.9%。资质等级以上建筑企业完成施工产值286亿元，比上年增长12.7%。

【固定资产投资】2012年，铁岭市“项目年”成效显著，全市固定资产投资继续保持平稳增长态势。全年完成固定资产投资925亿元，同比增长21.1%。其中：城镇固定资产投资870亿元，同比增长24.8%；农村非农户固定资产投资36亿元，同比下降27.3%；农村农户固定资产投资19亿元，同比增长7.5%。按经济类型划分，国有单位投资68亿元，同比增长21.4%；非国有经济投资857亿元，同比增长21.0%。

投资结构进一步改善。在全社会固定资产投资中，第一产业完成投资14亿元，同比下降7.1%；第二产业完成投资644亿元，同比增长31.8%，其中，工业完成投资623亿元，同比增长27.9%；第三产业完成投资267亿元，同比增长2.6%，其中，房地产开发建设投资215亿元，同比增长10.8%。三次产业投资之比由上年的2.0:64.0:34.0调整为1.6：69.6：28.8。

全年新增固定资产660亿元。新增主要生产能力：水泥248万吨/年，新建公路22.5公里，改建公路37公里，城市自来水供应能力1万吨/日。

【科学技术】2012年，铁岭市全市拥有市级科研机构8个，从事科研活动251人，科研经费支出2469万元；全年组织实施各类课题项目18项。全市已经省认定的高新技术企业32家，本年新培育认定高新技术企业19家；到2012年年末全市高新技术产值实现466.7亿元，高新技术产品增加值实现136.6亿元，分别比上年增长35%和33%。吸纳技术签订合同364项，成交额10.5亿元；输出技术签订合同4项，成交额1378万元；专利申请量778件，其中，发明专利达169件，专利授权584件，发明授权56件。

【国内贸易和对外经济】2012年，铁岭市国内贸易持续增长，城乡消费品市场繁荣活跃。2012年全市批发零售业实现增加值54.6亿元，按可比价计算，比上年增长17.3%。批发零售业商品销售总额实现782.1亿元，比上年增长33.2%。其中：限额以上批发零售企业商品销售额252.6亿元，增长27.1%；限额以下批发零售企业商品销售额529.5亿元，增长36.3%。

全年社会消费品零售总额实现307.9亿元，比上年增长15.3%。其中：城镇零售额实现198.3亿元，乡村零售额实现109.7亿元，分别比上年增长14.9%和16.1%；限额以上批发零售业、住宿餐饮业实现89.0亿元，限额以下企业和个体户实现218.9亿元，分别比上年增长10.0%和17.7%。

实际利用外资稳步增长。全年新签项目8个，比上年下降46.7%；合同外资额54299万美元，比上年增长72.7%；实际利用外资40217万美元，比上年增长32.5%。

外贸出口增长较快。全市进出口总额完成51913万美元，比上年增长51.7%，其中：进口完成8504万美元，比上年下降350.2%；出口完成43409万美元，比上年增长34.3%。

【交通、邮电和旅游】2012年，铁岭市全年交通运输仓储邮政业实现增加值41.8亿元，按可比价计算，比上年增长9.3%。全社会货物运输量完成8250万吨，货物周转量完成1329470万吨公里，分别比上年增长16.6%和17.0%；旅客运输量4900万人，比上年增长8.2%；客运周转量132244万人公里，比上年增长9.2%。（以上数据为公路数据）

2012年底，全市拥有各级公路1265条计6526公里。在公路总里程中，国家级公路3条计109公里，占总里程的1.7%；省级公路6条计521公里，占总里程的8%；县级公路30条计766公里，占总里程的11.7%；乡级公路289条计2216公里，占总里程的34%；村级公路932条计2858公里，占总里程的43.8%；专用公路5条计56公里，占总里程的0.9%。县级以上公路计1079公里,占总里程的16.5%。全市公路密度为每百平方公里78.1公里。在各级公路总里程中等级公路达到6497公里,占总里程的99.6%；黑色路面里程3872公里，占总里程的59.3%；晴雨通车里程6526公里，占总里程100%；绿化里程2970公里，占宜林里程45.5%。全市770个行政村，已实现村村通达通畅。

全年共接待入境旅游者66057万人次，比上年增长15.9%；旅游外汇收入4013万美元，比上年增长20.8%；国内旅游收入192.5亿元，比上年增长42%；旅游总收入达到195.1亿元，比上年增长43%。

【金融和保险】2012年年末，铁岭市全市金融机构各项存款余款829.5亿元，比年初增加100.0亿元，同比增长13.7%，其中：单位存款余额194.8亿元，比年初增加3.9亿元，同比增长2.1%；城乡居民储蓄存款余额620.3亿元，比年初增加97.4亿元，同比增长18.6%。金融机构各项贷款余额613.4亿元，比年初增加59.3亿元，同比增长10.7%，其中：短期贷款余额303.9亿元，比年初增加31.3亿元，同比增长11.5%；中长期贷款余额294.5亿元，比年初增加23.7亿元，同比增长8.8%。票据融资余额15.1亿元，比年初增加4.3亿元，同比增长39.8%。

全市保险业务得到较快发展。全年实现保费收入17.9亿元，同比增长11.5%。其中：寿险收入12.3亿元，同比增长11.1%；财产险收入5.7亿元，同比增长12.5%。全年支付各类赔款和给付总额5.5亿元，同比增长19.6%。其中：寿险给付和赔款2.3亿元，与去年持平；财产险赔款3.1亿元，增长34.8%。

吉林省

| 长春市 | 吉林市 | 四平市 | 辽源市 | 白山市 | 松原市 | 白城市 | 通化市 |

1

2012年长春市经济发展概况

【经济总量】2012年，长春市全年实现地区生产总值（GDP）4456.6亿元，按不变价格计算，比上年增长12.0%。其中，第一产业增加值317.1亿元，比上年增长4.3%；第二产业增加值2291.9亿元，增长13.1%；第三产业增加值1847.6亿元，增长11.8%。三次产业结构为7.1：51.4：41.5。对经济增长的贡献率分别为：2.5%、57.2%、40.3%。人均生产总值达到58691元(按户籍年平均人口数计算)，比上年增长12.1%，折合9338美元。

全市一般预算全口径财政收入927.7亿元，增长15.5%。全市地方财政收入340.8亿元，增长18.1%，其中，税收收入276.7亿元，增长22.0%。地方财政支出555.5亿元，增长7.1%，其中，教育支出102.8亿元，增长42.5%；社会保障和就业支出61.7亿元，下降10.7%；医疗卫生支出40.1亿元，增长17.5%；交通运输支出14.2亿元，下降29.2%。全口径财政收入占GDP的比重为20.8%，比上年提高0.7个百分点。

【农业】2012年，长春市全年完成农林牧渔业总产值562.5亿元，比上年增长5.4%。其中，种植业产值284.1亿元，增长5.2%；林业产值3.8亿元，增长20.6%；牧业产值255.2亿元，增长5.5%；渔业产值4.2亿元，增长9.0%；农林牧渔服务业产值15.1亿元，增长3.5%。

全年农作物总播种面积134.4万公顷，比上年增长0.8%。粮食总产量达到911.2万吨，比上年增加98.7万吨。其中，玉米产量743.4万吨，增长20.1%；水稻产量127.1万吨，减少17.1%。猪出栏602.8万头，增长6.8%，牛出栏122.1万头，增长1.8%，羊出栏35.3万只，增长5.3%，家禽出栏2.6亿只，增长8.3%。肉蛋奶产量分别达到118.6万吨、33.9万吨和6.8万吨，分别增长5.2%、4.6%和7.9%。

【工业和建筑业】2012年，长春市全年完成规模以上工业增加值1822.3亿元，比上年增长11%。规模以上工业企业万元增加值综合能源消耗降低率为6.61%。

全年完成规模以上工业总产值8263.5亿元，比上年增长17.4%。汽车制造业累计完成产值4888.5亿元，增长16.5%,占规模以上工业总产值的59.2%；农副食品加工业完成产值1251.7亿元，增长27.8%,占规模以上工业总产值的15.1%；生物与医药工业完成产值106.4亿元，增长21.2%,占1.3%；光电子信息工业完成产值102.8亿元，增长15%,占1.2%；建材工业完成产值562.7亿元，增长21.8%,占6.8%；能源工业完成产值566.6亿元，增长15.4%,占6.9%；装备制造业完成产值468亿元，增长7.4%，占5.7%。51户重点工业企业完成工业总产值6464.4亿元，占规模以上工业总产值的比重达到78.2%。

【固定资产投资】2012年，长春市全年完成全社会固定资产投资总额3172.9亿元，比上年增长30.4%。其中：房地产开发投资649.7亿元，下降2.5%。新增固定资产2340.8亿元。固定资产交付使用率为75.4%，比上年提高0.8个百分点。房屋面积竣工率为30%，比上年提高1.1个百分点。

从各产业完成投资情况看，第一产业投资32.3亿元，增长3.9%；第二产业投资1425.2亿元，增长26.3%；第三产业投资1646.0亿元，增长37.0%。从投资主体看，国有经济投资796.8亿元，增长43.2%；非国有经济投资2306.8亿元，增长27.9%，占全社会固定资产投资的比重为74.3%。全市工业投资1400亿元，增长25.2%，对全社会投资增长的贡献率达37.9%。民间投资2147.7亿元，增长30.4%。

【科学技术】2012年，长春市全年专利申请量由上年的5387件增加到6165件，增长14.4%。全年通过鉴定、验收和认定的科技成果235项，获得市以上科技进步奖励成果231项。其中:获国家级奖励10项,省级奖励173项。

2012年年末，在全市各级各类科技人员中，“两院”院士27人。全市拥有独立科学研究与技术开发机构95个。其中，自然科学和技术领域研究与开发机构60个，社会科学与人文领域研究与开发机构14个，科技信息与文献领域机构5个。全市民营科技企业技术合同成交额达20.87亿元，累计技术合同成交额219.69亿元。市科技管理部门共投入科技经费7850万元。全市新认定高新技术企业22户，新认定产值超亿元的高新技术企业10家。

【国内贸易和对外经济】2012年，长春市全年实现社会消费品零售总额1739.6亿元，比上年增长15.0%。分行业看，批发零售贸易业零售额1567.3亿元，增长14.8%。其中：限额以上批发零售贸易业零售额720.4亿元，增长10.5%；限额以下批发零售贸易业零售额846.9亿元，增长18.2%。住宿和餐饮业零售额172.3亿元，增长17.0%。其中：限额以上住宿餐饮业零售额26.5亿元，增长10.0%；限额以下住宿餐饮业零售额145.8亿元，增长18.0%。

全年实现进出口总额196.8亿美元，比上年增长13.4%。其中，进口167.8亿美元，增长11.3%；出口29.0亿美元，增长27.9%。在出口企业中：一般贸易企业出口20.4亿美元,增长24.6%，加工贸易企业出口8.5亿美元,增长43.1%。

全年新批外资项目（企业）42个，其中投资总额超千万美元项目10个。全年实际利用外资36.8亿美元，比上年增长19.6%。其中,直接利用外资8.5亿美元,增长9.9%。

【交通、邮电和旅游】2012年，长春市全年公路货物周转量312.5亿吨公里，增长22.7%；旅客周转量为50.9亿人公里，增长6.8%。民航完成货邮吞吐量6.6万吨，增长6.4%；完成旅客吞吐量582万人，增长17.1%。2012年年末全市民用汽车保有量87.7万辆，增长13.5%。其中，私人汽车保有量70.6万辆，增长17.6%。

2012年完成邮电业务总量143.5亿元,增长6.5%。其中：邮政业务总量4.5亿元，增长5%；电信业务总量139亿元，增长6.5%。全年特快专递完成86万件，下降11%；邮政储蓄平均余额202.5亿元，增长

24%。全市市话年末达到156万户，增长9.9%；农话年末达到27万户，下降27%；小灵通电话用户7万户，下降68.2%。移动电话年末达到1118万户，增长3.7%。互联网用户已经达到640万户，增长23.6%，其中宽带用户92万户，增长4.5%。

全年来长春旅游人数达到3655.87万人次,比上年增长17.4%。其中，接待入境游客35.66万人次，比上年增长18.2%；接待国内旅游者3620.21万人次，增长17.4%。全年旅游总收入548.3亿元,增长27.0%。旅游外汇收入22379.1万美元，增长31.8%。

【金融和保险】截至2012年年末，长春市全市拥有银行24家，保险公司28家，本地和异地驻长证券公司22家。

金融机构本外币各项存款余额6643.3亿元，比年初增长18.2%。其中，单位存款余额3393.2亿元,增长19.1%；储蓄存款余额2790.5亿元，增长18.3%。全市金融机构本外币各项贷款余额5828.3亿元，比年初增长11.0%。

全市拥有保险公司28家，保险专业中介法人机构34家。全年保费收入89.5亿元，比上年增长5.9%。其中，财产险保费收入38.92亿元，增长17.9%；人身险保费收入50.6亿元，下降1.8%。全年赔付总金额31.7亿元，增长25.5%。其中，财产险赔付金额20.3亿元，增长35.4%；人身险赔付金额11.4亿元，增长11.1%。

2

2012年吉林市经济发展概况

【经济总量】2012年，吉林市全年实现地区生产总值（GDP）2430亿元，比上年增长11.5%。其中，第一产业增加值242.7亿元，增长5.0%；第二产业增加值1207.5亿元，增长13.8%；第三产业增加值979.8亿元，增长10.2%。三次产业结构的比例关系由上年的10.0：50.5：39.5调整为10.0：49.7：40.3，产业结构进一步优化。全市人均生产总值达到56244.2元，按现行汇率折算为8948.2美元。

【农业】2012年，吉林市全市上下积极贯彻落实国家强农惠农富农政策，农业生产保持良好发展态势，全市粮食生产喜获丰收，按市原口径统计粮食总产量达到550万吨，按省认定粮食总产量为382.3万吨，比上年增长4.6%。

农林牧渔业总产值413.5亿元，增长7.3%（按可比价计算，下同）。种植业结构有所调整，粮食播种面积增长0.4%，其中：玉米播种面积增长4.5%；大豆播种面积降低23.2%。

全年实现农业产值212.4亿元，增长17.0%。其中玉米总产量达到266.3万吨，增长7.8%；大豆总产量13.5万吨，降低20.8%。

【工业和建筑业】2012年，吉林市工业经济持续增长，运行质量稳步提升。2012年，全市规模以上工业完成产值3019.4亿元，增长7.53%；完成增加值931.5亿元，可比增长9.8%。石化、冶金、汽车三大支柱产业完成增加值占全市比重达到50.8%，其中化工行业完成增加值181.7亿元，同比持平；冶金行业完成增加值82.6亿元，同比下降0.4%；汽车行业完成增加值62.9亿元，同比增长17.4%。全年规模以上轻工业完成产值764.8亿元，增长9.7%；重工业完成产值2254.6亿元，增长6.8%；轻重工业之比由上年的24.8∶75.2变化为25.3∶74.7。工业产品销售率达到99.23%，比上年提升1.43个百分点。

2012年全市规模工业实现主营业务收入3019.9亿元，增长6%；实现利润62.6亿元，同比下降10.4%；实现税金192.4亿元，同比增长7.6%。全市规模工业综合经济效益指数达到315.1，同比提高15.3个百分点。实现出口交货值24.3亿元，下降9.49%。

全年资质以上建筑业企业完成总产值257.6亿元，增长20.8%，建筑企业房屋建筑施工面积1303.2万平方米，竣工面积733.8万平方米。

【固定资产投资】2012年，吉林市全市完成固定资产投资1954.36亿元，增长30.4%。其中：城镇投资完成1693.42亿元，增长26.13%；农村投资完成260.94亿元，增长67.11%。全年房地产开发完成投资248.80亿元，增长20.66%。

房屋施工面积3179.46万平方米，其中：住宅施工面积1563.63万平方米；房屋竣工面积832.71万平方米，其中：住宅竣工面积261.19万平方米。

全年在建项目3533项，全年建成投产项目2306项，新增固定资产1262.27亿元。其中，吉珲客运专线（蛟河段）项目，计划总投资97.16亿元，累计完成投资21.11亿元，本年完成15.25亿元；吉林成大弘晟能源有限公司投资建设的油页岩综合开发项目，计划总投资57亿元，累计完成投资30亿元，本年完成4亿元。2012年新开工的重点项目中，吉林华微电子股份有限公司投资建设的新型电力电子器件生产基地项目，计划总投资37.27亿元，本年完成4.05亿元；桦甸地球卫士碳酸钙原料公司投资建设的年产100万吨改性原材料基地项目，计划总投资26.5亿元，本年完成2.1亿元；吉神化学工业股份有限公司投资建设的年产30万吨环氧丙烷项目，计划总投资22.33亿元，本年完成4.84亿元。

【科学技术】2012年，吉林市全市科技工作成效显著。国家碳纤维高新技术产业化基地通过科技部的年度复审，吉林化纤集团公司建立了我市首个碳纤维院士工作站，东北电力大学科技园被国家科技部和教育部认定为国家级大学科技园，市政府与韩国科技信息研究院签订合作协议，成功举办了中韩技术转移大会。2012年全市战略性新兴产业完成产值780.9亿元，同比增长31.4%；开工建设3000万以上战略性新兴产业项目104个，开工率达到100%；战略性新兴产业科技创新专项支持项目19个，获得扶持资金1210万元；全市共列入国家和省各类科技计划项目190项，争取资金支持9200万元；专利申请量达到1235件，授权量达到866件；全市共获省科技进步奖43项，共授予市科技进步奖120项。

2012年，质监部门对全市817户食品生产企业开展了专项监督检查，建立食品企业约谈制度，约谈企业127户，食品质量安全明显提升。全市11家企业的11种产品荣获省名牌产品称号，2户企业获第五届省质量管理奖，3户企业获得首届“市长质量奖”。全年对359户企业进行了产品质量监督检查，产品合格率99.3%。全年免费检定128家集贸市场的在用衡器15561台（件）。

【国内贸易和对外经济】2012年，吉林市2012年，全市加快开拓发展消费品市场，全年实现社会消费品零售额935.64亿元，增长16.4%。分地域看，城镇实现消费品零售额852.22亿元，增长16.6%；乡村市场实现消费品零售额83.42亿元，增长14.7%。分行业看，批发业实现零售额179.59亿元，增长17.3%；零售业实现零售额661.92亿元，增长14.7%。住宿业实现零售额10.23亿元，增长43.4%；餐饮业实现零售额83.91亿元，增长26.2%。

2012年，全市外贸进出口总额实现114954万美元，下降9.5%。其中出口49133万美元，下降14.4%，对外劳务合作营业额实现8481万美元，增长1.13%。全市有进出口业绩企业达到202家，进出口商品达到848多种，与93个国家（地区）有经贸往来。

【金融和保险】2012年，吉林市金融运行平稳，有效保障了经济发展。2012年年末全市金融机构本外币各项存款余额1725.1亿元，比年初增加229.3亿元。其中：本外币单位存款余额507.8亿元，比年初增加42亿元；本外币个人存款余额1161.3亿元，比年初增加175.6亿元。年末全市金融机构本外币贷款余额为952.2亿元，比年初增加111亿元。人民币各项贷款余额为946.8亿元，比年初增加114亿元，其中：短期贷款余额519.3亿元，中长期贷款余额392亿元。

保险事业健康发展。全市共有财、寿险公司25家，其中财产险公司11家，寿险公司14家。全年保费收入38.1亿元，其中：财产险保费收入10.03亿元，寿险保费收入28.08亿元；财险赔款金额5.2亿元，寿险给付金额5.17亿元。

3

2012年四平市经济发展概况

【经济总量】2012年，四平市全年实现地区生产总值（GDP）1122.6亿元，按可比价格计算比上年增长12.3%。其中，第一产业实现增加值283.8亿元，增长5.1%；第二产业实现增加值516.9亿元，增长16.2%；第三产业实现增加值321.9亿元，增长11.9%。人均生产总值达33143元，比上年增长14.9%。经济结构进一步优化，一、二、三产业占生产总值的比重由上年的26.1：45.1：28.8变为今年的25.3：46.0：28.7。一、二、三产对经济增长的贡献率分别为9.8%、59.9%和30.3%。规模以上工业万元增加值综合能源消耗降低9.43%。

财政预算收支执行总体情况良好，保民生、保稳定投入进一步加大。全年全市公共预算全口径财政收入完成93.2亿元，比上年增长26.7%。其中，地方财政收入完成56.6亿元，比上年增长45.5%。市区公共预算全口径财政收入完成49.6亿元，比上年增长23.9%，市区地方财政收入完成26.2亿元，比上年增长49.4%。

全市公共预算财政支出完成171.7亿元，比上年增长22.8%。市区财政支出完成61.4亿元，比上年增长28.2%。在市区财政支出中：农林水事务支出3.1亿元,增长1.0%；教育支出11.5亿元，增长60.9%；科学技术支出3575万元，增长7.3%；社会保障和就业支出10.1亿元，下降5.8%；医疗卫生支出3.2亿元，下降11.7%。

【农业】2012年，四平市农业生产稳步增长，粮食又喜获丰收。全年实现农林牧渔业总产值491.4亿元，按可比价格计算比上年增长6.6%。其中，农业产值204.1亿元，比上年增长2.8%；林业产值2.2亿元,比上年增长13.5%；牧业产值276.0亿元，比上年增长9.2%；渔业产值1.0亿元，比上年增长15.8%。

全年粮食播种面积85.8万公顷，比上年增加1.0万公顷，增长1.1%，全年粮食产量达到771.0万吨，比上年增产16.0万吨，增长2.1%。全年玉米播种面积77.0万公顷，比上年增加1.2万公顷，增长1.6%，玉米产量达到687.4万吨，比上年增加16.9万吨，增长2.5%；水稻播种面积5.9万公顷，比上年增加16公顷，增长0.02%，水稻产量达58.3万吨，增产0.53万吨，增长0.9%；大豆播种面积1.0万公顷，比上年减少0.2万公顷，下降16.8%。

【工业和建筑业】2012年，四平市工业生产快速增长，效益水平跨上新台阶。2012年，全市规模以上工业实现工业增加值505亿元，比上年增长14.7%。完成工业总产值1716.5亿元，同比增长20.9%。完成销售产值1695.3亿元，同比增长21.0%。产销率98.77%，同比增长0.09%。产销衔接状况良好，实现主营业务收入1459.6亿元，同比增长15.1%。实现利润总额51.5亿元，同比增长12.9%，税金总额21.7亿元，同比增长1.6%。

2012年年末，全市规模以上民营工业企业达466户，占全市总户数的89.1%，拥有资产480.2亿元，占全市71.4%；实现增加值366.4亿元，占全部规模以上工业的72.6%，增加值增长速度达到16.7%，实现利税64.3亿元，增长13.2%，占全市的85.5%，实现利润48.1亿元，同比增长16.4%。

全年实现建筑业增加值29.9亿元，比上年增长47.9%。全年资质等级以上的总承包建筑企业完成总产值74亿元，比上年增长11.3%。工程结算收入66.2亿元，比上年增长11.1%。建筑施工面积490万平方米，比上年增长3.2%，竣工面积351万平方米，比上年增长6.2%。

【固定资产投资】2012年，四平市全年完成全社会固定资产投资588.5亿元，比上年增长30.6%。

全年完成房地产开发投资58.7亿元，比上年增长57.1%。商品房销售面积182.3万平方米，比上年增长12.8%,住宅销售面积164.2万平方米，比上年增长13.3%,商品房销售额52.2亿元，比上年增长28.6%。

【科学技术】2012年，吉林市2012年，全市有大学4所。招生10328人，在校生34113人，毕业生8783人。全市有中等专业学校8所。在校生13406人，比上年减少795人，招生3190人，减少2330人，毕业生4004人，减少790人；全市有普通中学188所。招生46109人，减少719人，在校生138875人，减少4312人，毕业生47356人，减少4907人。其中，普通高中19所，比上年减少1所。招生17711人，减少1129人，在校生53435人，减少805人，毕业生17622人，减少1601人。普通初中126所，比上年增加2所，招生28398人，增加410人，在校生85440人，减少3507人，毕业生29734人，减少3306人；全市有普通小学911所，比上年减少28所，在校生193898人，增加5873人，招生36447人,增加364人，毕业生28716人，增加835人。全市有特殊教育学校8所，与上年持平。在校生591人，增加7人，招生101人，减少83人，毕业生43人，增加13人。全市有幼儿园、学前班486所，增加69所，在园（班）人数50345人，增加822人。

2012年，四平市向国家和省申报科技项目83项，已有44个项目列入国家和省科技计划，争取资金2192.2万元。1个吉林省“双十”重大科技成果转化项目、一个吉林省“双十”重大科技攻关项目落户四平市，获得1400万元资金支持，在全省9个地市州中进入了第一方队。17项科研成果获省科学技术奖、3项发明在吉林省科技厅和吉林省科协组织的发明大赛中获奖。

【国内贸易和对外经济】2012年，四平市消费品市场繁荣稳定，购销两旺。全年实现社会消费品零售总额394.8亿元，比上年增长16.9%。剔除价格上涨因素，实际增长14.0%。其中，城镇实现零售额327.1亿元，比上年增长16.0%；乡村实现零售额67.7亿元，比上年增长21.7%。分行业看，批发零售贸易业实现零售额350.5亿元，比上年增长16.3%；住宿餐饮业实现零售额44.3亿元，比上年增长21.8%。限额以上批发零售贸易业零售额实现193.7亿元，比上年增长76.9%，限额以下批发零售贸易业实现零售额201.1亿元，比上年下降11.8%。

全年进出口总额达32941万美元，比上年增长25.3%。其中，进口总额达26081万美元，比上年增长44.4%，出口总额达6860万美元，比上年下降16.8%。

【交通、邮电和旅游】2012年，四平市全年完成交通运输、仓储、邮电业增加值42.9亿元，按可比价格计算比上年增长16.1%。全年公路旅客发送量5105万人，比上年增长7.9%；公路货物发送量6460万吨，比上年增长18.8%；公路货物周转量1585488万吨/公里，比上年增长17.4%；旅客周转量235434万人/公里，比上年增长8.1%。年末,全市出租车达8544辆，比上年增长0.8%。市区出租车达3057辆，比上年增长5.2%。全市机动车保有量418962辆,比上年增长16.3%。其中载客汽车达到165021辆,比上年增长33.2%，载货汽车达到46499辆，比上年增长16.8%。

截至2012年年末，全市拥有邮政局、所138个，邮路总长度达到1022公里。全年完成邮电业务总量169577万元，比上年增长11.6%。其中，邮政业务总量16337万元，增长15%；电信业务总量153240万元，增长11.3%。在邮政业务中，全年完成函件业务量201万件，比上年减少46%；包裹业务量8.1万件，增长7%；汇兑42万笔，增长4%；特快专递19万件，下降2%。年末全市固定电话用户数达49万户，比上年增长9.1%。年末移动电话用户达328.3万户，比上年增长9.0%。

2012年全市接待旅游总人数达168.96万人次,比上年增长17.01%。其中，接待入境旅游者2683人次,比上年增长18.87%。接待国内旅游者168.69万人次,比上年增长17.01%。旅游总收入19.70亿元人民币,比上年增长25.24%，其中旅游外汇收入84.52万美元,比上年增长18.79%,国内旅游人民币收入19.65亿元人民币,比上年增长25.32%。截至2012年年末，全市有旅行社27家，星级酒店3家。

【金融和保险】2012年，四平市全年实现金融业增加值21.1亿元，按可比价格计算比上年增长

13.9%。年末金融机构本外币存款余额为738.3亿元，比年初增加99.1亿元。其中单位存款余额190.4亿元，比年初增加17.1亿元。城乡居民储蓄存款余额为538.7亿元，比年初增加81.2亿元。金融机构本外币各项贷款余额为448.9亿元，比年初增加64.8亿元。其中，短期贷款223.4亿元，比年初增加23.3亿元；中长期贷款202.7亿元，比年初增加32.2亿元。

4

2012年辽源市经济发展概况

【经济总量】2012年，辽源市全年实现地区生产总值（GDP）605.13亿元，按可比价格计算，比上年增长12.1%。其中，第一产业增加值53.79亿元，增长5.2%；第二产业增加值356.85亿元，增长15.1%；第三产业增加值194.48亿元，增长8.8%。三次产业的比重为8.9：59.0：32.1，分别比上年下降0.8、上升0.7和上升0.1个百分点，对经济增长的贡献率分别为4.9%、62.3%和32.8%，分别拉动GDP增长0.6、7.5和4个百分点。人均地区生产总值为49489元，现价增长21.2%。

全市生产总值占全省的比重为5.1%，比上年提高0.3个百分点。县区（开发区）经济有力提升，县区生产总值合计为465.5亿元，占全市生产总值的76.9%，比上年提高4.8个百分点。

【农业】2012年，辽源市全年完成农林牧渔业总产值93.25亿元，比上年增长10.4%。农林牧渔服务业增加值完成53.8亿元，可比价增长5.2%（下同）。其中，农业增加值28.1亿元，增长6.4%；林业增加值0.8亿元，下降1.9%；牧业增加值24.0亿元，增长5.5%；渔业增加值0.3亿元，增长23.2%；农林牧渔服务业增加值0.5亿元，增长21.1%。

全市农作物播种面积为23.03万公顷，比上年增长24.6%。粮食总产量132.75万吨，比上年增产6.7万吨，增长5.4%。粮食作物播种面积为22.48万公顷，增长25.7%。其中，玉米产量113.66万吨，增长9.7%；水稻产量12.21万吨，下降12.3%。全市耕地总资源23.93万公顷，比上年增加1.59万公顷。

【工业和建筑业】2012年，辽源市全市规模以上工业企业313户，完成工业总产值1029.4亿元，比上年增长22.0%，实现工业增加值305.3亿元，可比价增长14.5%，占GDP比重为50.5%，同比提高3.3个百分点。其中，轻工业实现增加值89.0亿元，增长14.3%；重工业实现增加值216.3亿元，增长15.3%。

2012年，全市规模以上工业企业实现利润总额23.4亿元，比上年增加4.3亿元，增长22.8%。全年规模以上工业经济效益综合指数为277.32%，比上年下降15.51个百分点。县区规模以上工业增加值完成281.7亿元，占全市规模以上工业增加值的92.3%，同比提高3.2个百分点。全市规模以上工业企业综合能源消费量295.3万吨标准煤，同比增长0.22%。企业万元工业增加值综合能耗为1.03吨标准煤；规上工业增加值能耗降低率12.5%；万元GDP能耗降低率7.35%，超过省下达目标3.8个百分点。

全年建筑业企业实现增加值41.4亿元，比上年增长23.8%。全市具有资质等级的总承包和专业承包建筑业企业完成总产值82.8亿元，增长26.4%。

【固定资产投资】2012年，辽源市全社会固定资产投资完成512.8亿元，比上年增长31.1%。其中，城镇投资完成468亿元，增长26.4%；农村非农投资完成44.8亿元，增长103.6%。从产业投资结构看：第一产业完成投资10.4亿元，增长38.7%，占全社会固定资产投资总量2.0%；第二产业完成投资324.5亿元，增长23.9%，占全社会固定资产投资总量63.3%。其中工业完成投资303.5亿元，增长31.0%，占全社会固定资产投资总量59.2%，高出上年0.1个百分点；第三产业完成投资177.9亿元，增长45.0%，占全社会固定资产投资总量34.7%。

【科学技术】2012年，辽源市2012年，全市共申报国家、省各类科技计划项目95项，批准41项，项目批复率为43.2%，共争取国家、省支持资金3533万元，争取省级专利资金补贴项目22项。全市获省科技进步二等奖1项、三等奖5项；市级各类科技成果有49项。全年专利申请量为156件，其中发明35件、实用新型100件、外观设计21件。全市拥有院士工作站2个。

2011年至2012年已立项实施的100个科技创新工程百项计划项目完成投资8.3亿元。2012年底，全市省级以上科技型企业数量达到92户。

【国内贸易和对外经济】2012年年末，辽源市全市限额以上企业及大个体户发展到187户，比上年增加13户，增长7.5%。全市实现社会消费品零售总额147.23亿元，增长16.1%。按城乡分，城镇实现131.54亿元，增长16.1%；乡村实现15.69亿元，增长16.2%。按规模分，限额以上实现44.81亿元，增长38.1%；限额以下实现102.42亿元，增长8.5%。限额以上企业占社会消费品零售总额的比重为30.4%，比上年提升4.8个百分点。

2012年，全市实现外贸进出口总额17092万美元，比上年增长59.8%，比全省平均增速11.4%高48.4个百分点。其中，实现出口总额7047万美元，增长33.1%；实现进口总额10045万美元，增长85.85%。

全年实际利用外资2.0亿美元，增长26.26%，其中外商直接投资1.32亿美元，增长10.84%。省外招商引资完成322.73亿元，增长26.4%。

【交通、邮电和旅游】2012年，辽源市全市交通运输、仓储和邮政业实现增加值21.58亿元，可比价增长10.5%。全市共有公路里程4101.91公里，新建公路29.48公里。其中：一级公路195.79公里，二级公路517.46公里，三级公路73.93公里，四级公路3314.73公里。

2012年，全市公路货物运输量1698万吨，比上年增长30.82%，货物周转量312598万吨公里，增长32.01%；公路旅客运输量1842万人，增长20%，旅客周转量103570万人公里，增长21.01%。铁路货物发运量320.3万吨，下降17.4%；铁路旅客运输量59.2万人，同比下降0.4%。

【金融和保险】2012年年末，辽源市全市金融机构各项存款余额329.1亿元，比年初增加32.4亿元，比上年增长10.9%。其中，个人储蓄存款241.0亿元，比年初增加38.5亿元，增长19.1%；各项贷款余额229.5亿元，比年初增加32.4亿元，增长16.4%。其中，中长期贷款67.7亿元，比年初增加10.4亿元，增长18.2%。各项贷款余额增速超出各项存款余额增速5.5个百分点,有力地支持了地方经济社会发展。

截至2012年年末，全市共有各类市级保险经营主体14家，其中财产保险公司7家，寿险公司7家；所辖县、区机构财险10家、寿险14家。实现保费收入7.68亿元，比上年下降1.52%。其中，财险保费收入2.43亿元，增长4%；寿险保费收入5.24亿元，下降3.8%。累计赔款和给付金额1.53亿元，比上年增长29.98%。

5

2012年白山市经济发展概况

【经济总量】2012年，白山市全年实现地区生产总值（GDP）600.6亿元，按可比价格计算，增长12.4%。其中，第一产业实现增加值53.6亿元，增长5.4%；第二产业实现增加值357.8亿元，增长13.7%；第三产业实现增加值189.3亿元，增长11.8%。人均GDP达到46853元，增长13.4%。三次产业比例为8.9∶59.6∶31.5。

民营经济主营业务收入1032.9亿元，增长23.8%；民营经济增加值实现312.9亿元，占GDP比重达到52.1%。

居民消费价格指数（CPI）为102.2%，同比回落2.7个百分点。其中：食品类价格上涨4.6%；烟酒类价格上涨2.0%；衣着类价格下降2.3%；家庭设备用品及维修服务类价格上涨0.8%；医疗保健和个人用品类价格上涨4.5%；娱乐教育文化用品及服务类价格上涨0.7%；居住类价格上涨1.1%；交通和通信类价格下降0.1%。工业生产者出厂价格指数（PPI）为100.4%。

【农业】2012年，白山市全年实现农林牧渔业增加值53.6亿元，按可比价格计算，比上年增长5.4%。其中，实现种植业增加值27.7亿元，增长5.2%；林业增加值17.8亿元，增长3.4%；牧业增加值5.1亿元，增长13.6%；渔业增加值2.5亿元，增长4.7%；农林牧渔服务业增加值0.5亿元，增长15.4%。

全年粮食作物播种面积49247公顷，比上年减少325公顷，下降0.7%。全年粮食总产量23.9万吨，增长4.6%。其中，玉米产量18.2万吨，增长8.2%，单产6400公斤/公顷，增长5.7%；水稻产量0.8万吨，增长0.5%，单产6645公斤/公顷，增长1.7%。

【工业和建筑业】2012年，白山市工业经济平稳运行。全市规模以上工业企业累计实现增加值388.3亿元，按可比价计算，同比增长12.4%。从行业类别看，资源型行业仍是拉动我市工业增长的主导力量。全市规模以上资源型工业实现增加值230亿元，同比增长8.6%，拉动全市工业增长4.7个百分点，对工业的贡献率为42.5%。轻工业同比增长15.9%，重工业增长11.5%，轻工业增速快于重工业4.4个百分点。

全年规模以上工业盈亏相抵后共实现利润33.6亿元，同比增长12.5%。其中，盈利最多的五大行业分别是：煤炭开采洗选业、黑色金属矿采选业、非金属矿物制品业、有色金属矿采选业、木材加工制品业。当年全市规模以上工业经济效益综合指数为396.8%，比上年提升8个百分点。

【固定资产投资】2012年，白山市固定资产投资继续增长。全年完成固定资产投资552.3亿元，比上年增长30.6%。其中：完成工业投资291.0亿元，增长47.0%。

全年完成非国有投资372.2亿元，占全部投资总额的71.3%，其中完成私营企业投资135.9亿元。

全年基础设施建设投资达到95.9亿元，占固定资产投资总额比重17.4%。全市在建计划总投资超亿元以上的建设项目有136个，完成投资155.4亿元；计划总投资10亿元以上的项目16个，完成投资67.8亿元。全年完成房地产开发投资37.2亿元，增长125.5%。商品房竣工面积69.9万平方米，增长143.6%；商品房销售面积47.4万平方米，其中，销售住宅面积40.6万平方米。

【科学技术】2012年，白山市科技创新成绩显著。当年全市国内专利申请量166件，授权量112件。其中，发明专利申请量58件，授权量30件，是去年的近2倍。2012年全市列入国家、省科技发展计划项目52项，获得无偿科技资金3368万元（高出去年21.5%）。2项获省级科技进步3等奖。

【国内贸易和对外经济】2012年，白山市全年实现社会消费品零售总额190.3亿元，增长16.6%。其中，全市实现城镇消费品零售额166.8亿元，同比增长16.5%，占社会消费品零售总额的87.6%；乡村实现零售额23.4亿元，增长17.5%，增速比上年下降0.5个百分点。住宿和餐饮业实现零售额13.3亿元，分别增长15.8%和20.4%。

在全市限额以上批发零售贸易企业实现零售额中，粮油类增长196.4%；金银珠宝类增长22.0%；文化办公用品类增长2.2%；家用电器和音像器材类增长27.6%；汽车类下降31.7%；化妆品类增长21.4%；中西药品类增长21.3%；书报杂志类增长6.2%；石油及其制品类增长19.4%；日用品类增长18.8%；肉禽蛋类增长31.8%；通信器材类增长22.3%；体育、娱乐用品类增长15.8%。

【交通、邮电】2012年，白山市交通运输业稳步发展。全年交通运输、仓储及邮电通信业实现增加值21.3亿元，比上年增长10.0%。年末全市汽车保有量达到7.9万辆，比上年末增长11.9%。机动车保有量达到15.0万辆，比上年末下降0.9%。全年完成公路货运量1884万吨，完成公路客运量5254万人次，分别比上年增长13.1%和8.4%。完成货运周转量40.1亿吨公里，客运周转量34.3亿人公里，分别比上年增长11.8%和8.8%。全市公路通车总里程达到6375公里。其中，高速公路达到55公里，国家级公路达到214公里，省级公路1090公里，县级公路665公里，乡级公路1518公里，村级公路1253公里，专用公路1563公里。

邮电通信业健康发展。邮政业务总量1.2亿元，增长12.0%。全年完成电信业务总量7.4亿元，比上年增长7.5%。其中，全市移动电话交换设备容量207万门；固定电话用户30.1万户，固定电话普及率23部/百人；移动电话用户135.5万户，移动电话普及率105部/百人；互联网络宽带接入用户17.5万户。

【金融和保险】2012年，白山市金融机构存贷款规模继续扩大，2012年年末，全市金融机构本外币存款余额492.9亿元，比年初增加58.4亿元；金融机构本外币贷款余额302.8亿元，比年初增加28.1亿元。人民币居民储蓄存款余额为327.2亿元，比年初增加40.7亿元；人民币个人消费贷款余额为26.5亿元，比年初增加3.2亿元。

保险业健康发展。全市有各类保险公司22家，保险行业当年实现保费收入11.6亿元，比上年增长10.6%。其中：财产保险费收入2.6亿元，增长7.0%；人身保险费收入9.0亿元，增长11.6%。当年支付各类保险赔款给付总额2.0亿元，下降6.0%。其中：财产险赔款金额1.4亿元，增长20.4%；人身险给付金额0.7亿元，下降35.3%。

6

2012年松原市经济发展概况

【经济总量】2012年，松原市全年实现地区生产总值（GDP）1605.4亿元，比上年增长12.1%。其中，第一产业实现增加值254.9亿元，增长5.4%；第二产业实现增加值780.4亿元，增长14.1%；第三产业实现增加值570.1亿元，增长12.3%。按常住人口计算，当年全市人均GDP达到55177.9元，增长18.1%。三次产业的结构比例为15.9∶48.6∶35.5，对经济增长的贡献率分别为7.2%、60.6%和32.2%。

全市民营经济实现增加值738.5亿元，占全市地区生产总值的比重为46.0%；民营经济实现主营业务收入1568.8亿元，增长22.0%。规模以上工业企业万元增加值综合能源消耗降低7.95%。

【农业】2012年，松原市全年实现农林牧渔业增加值254.9亿元，比上年增长5.4%。其中，实现种植业增加值168.7亿元，林业增加值2.4亿元，牧业增加值71.4亿元，渔业增加值5.4亿元，农林牧渔服务业增加值7.0亿元。

全年粮食作物播种面积103.2万公顷，比上年增加21.6万公顷，增长26.5%。全年粮食总产量715万吨，增长2.1%。其中，玉米产量535.9万吨，增长4.3%。单产6920公斤/公顷，下降19.5%。水稻产量105.5万吨，下降1.7%，单产9538公斤/公顷，下降17.7%。

【工业和建筑业】2012年，松原市全市全部工业实现增加值692.1亿元，比上年增长10.7%，其中，规模以上工业增加值679.6亿元，增长10.7%。在规模以上工业中，轻工业实现增加值153.5亿元，增长14.5%。重工业实现增加值526.1亿元，增长5.7%。

全年规模以上工业企业累计实现利润总额220.9亿元，增长8.2%。全年规模以上工业经济效益综合指数为468.3，增长32.9%。总资产贡献率27.29，增长1.4%。

全年规模以上民营工业企业累计实现增加值354.2亿元，增长14.4%，增幅高于全部规模以上工业平均增长水平3.7个百分点，实现利润104.0亿元，增长18.9%。

全年建筑业企业实现增加值88.4亿元，增长48.3%。全市具有资质等级的总承包和专业承包建筑业企业完成总产值260.4亿元，增长28.9%。建筑业全员劳动生产率为57.1万元/人(按建筑业总产值计算)，增长94.2%。实现利税11.6亿元。

【固定资产投资】2012年，松原市全年完成全社会固定资产投资额1040亿元，增长30.5%，人均投资达到35745元。其中，固定资产投资(不含农户)为1011.8亿元，增长30.8%。

在固定资产投资(不含农户)中，第一产业完成投资49.1亿元，下降9.5%。第二产业完成投资685亿元，增长53.5%。第三产业完成投资277.7亿元，增长1.7%。

全年完成工业投资682.6亿元，增长54.2%，增幅高出全部投资增速23.7个百分点。全年民间投资达到665.9亿元，民间投资的比重达到64%，比上年上升2.3个百分点。

【科学技术】2012年，松原市松原农业高新技术开发区被国家科技部正式批准为国家级农业科技园区，选派100名科技特派员到基层创业，更好的服务“三农”和发展农村经济。全年共向国家、省申报科技项目19项。省科技厅地方科技引导计划项目2项，省科技厅科技成果转化项目1项，省科技厅中药现代化项目1项，吉林省科技进步奖项目10项，国家、省级中小企业创新资金项目4项。全市专利申请量222件，其中发明58件。授权量121件，其中，发明专利申请量9件。

【国内贸易和对外经济】2012年，松原市全年实现社会消费品零售总额453.1亿元，增长16.6%。按经营地统计，城镇实现消费品零售额377.2亿元，增长16.0%。乡村实现消费品零售额75.9亿元，增长19.6%，乡村消费品零售额增长幅度高于全市平均水平3个百分点，高于城镇3.6个百分点。按消费形态统计，商品零售额386.2亿元，增长16.5%，餐饮收入额66.9亿元，增长17.2%。

根据海关统计，全年累计实现外贸进出口总值13274万美元，增长25.2%。其中，实现出口总值12782万美元，增长27.2%。实现进口总值492万美元，下降11.7%。

全年实际利用外资24052万美元，增长35.1%，其中外商直接投资8750万美元，增长10.3%。全年域外资金实际到位700亿元，增长21.1%，其中，实际利用外省资金501.3亿元，增长27.9%。

【交通、邮电和旅游】2012年，松原市全市各种运输方式完成货物周转量1117636万吨公里，比上年增长16.1%。其中，公路货物周转量1117163万吨公里，增长16.5%。货运量5473万吨，增长17.9%，其中，公路货运量5379万吨，增长17.1%。全年各种运输方式旅客周转量390321万人公里，增长5.7%。其中，公路旅客周转量389967万人公里，增长5.7%。旅客客运量8681万人，增长5.6%。其中，公路客运量8649万人，增长5.5%。

2012年年末，全市民用汽车保有量23.4万辆，增长13.6%。全市私人汽车保有量20.5万辆，增长15.8%，其中私人轿车保有量9.3万辆，增长42.1%。

2012年，全市接待国内外旅游者345.2万人次，增长18.1%。其中，接待国内旅游者343.1万人次，增长18.1%，居全省第二位。接待入境旅游人数2.2万人次，增长15.0%，全年旅游总收入45.9亿元，增长27.7%。其中，国内旅游收入45.2亿元，增长27.9%，居全省首位。旅游外汇收入0.6亿元，增长14.9%。人均花费达1318.1元。

【金融和保险】2012年，松原市全市金融机构本外币存款余额657.7亿元，比年初增加103.2亿元。人民币存款余额655.9亿元，比年初增加102.6亿元。金融机构本外币贷款余额364.3亿元，比年初增加61.2亿元，人民币贷款余额364.3亿元，比年初增加61.2亿元。

截至2012年年末，全市有各类保险公司经营主体22家，比上年末增加2家。兼业保险代理机构3家，全年保险保费收入14.5亿元，增长6.6%。其中，寿险收入9.2亿元，下降5.3%。健康险收入3526万元，增长25.2%，意外伤害险收入1608万元，增长69.5%。财产险收入5.3亿元，增长36.2%。全年保险赔付额3.7亿元，增长29.9%。其中，寿险给付1.6亿元，增长21.3%。健康险赔款355万元，下降43.2%，意外伤害险赔款274万元，增长10.0%。财产险赔款2.1亿元，增长40.4%。

7

2012年白城市经济发展概况

【经济总量】2012年，白城市全年实现地区生产总值（GDP）615.4亿元，按可比价格计算，比上年增长12.2%。其中，第一产业增加值110.6亿元，增长4.6%；第二产业增加值293.8亿元，增长16.1%；第三产业增加值211.0亿元，增长10.3%。按年平均人口计算，人均GDP达到30571元，比上年增长11.7%。

三次产业结构由2011年的18.2：48.8：33.0调整为18.0：47.7：34.3。2012年，第一产业对经济增长的贡献率为6.5%，第二产业贡献率为65.2%，第三产业贡献率为28.3%。

2012年，全市居民消费价格指数为102.5。其中:医疗保健和个人用品类上涨1.4%；食品类价格上涨5.9%；烟酒及用品类价格上涨1.0%；娱乐教育文化用品及服务类上涨1.3%；居住类上涨3.1%；交通和通信类上涨0.2%；家庭设备用品及服务类、衣着类分别下降了2.0%、0.6%。

【农业】2012年，白城市农业生产获得大丰收。全市实现农林牧渔业总产值199.9亿元，比上年增长11.4%。其中:农业产值132.9亿元，同比增长19.8%；畜牧业产值48.6亿元，同比下降11.0%；渔业产值4.2亿元，同比增长40.0%；林业产值6.1亿元，同比增长17.3%。农林牧渔服务业产值8.1亿元，同比增长37.3%。2012年，全市粮食总产量346.9万吨，同比增长5.5%,其中：玉米产量210.3万吨，同比增长9.1%；水稻产量87.2万吨。同比增长16.7%。农作物总播种面积102.6万公顷，其中:水稻播种面积12.7万公顷，玉米播种面积46.2万公顷。畜牧业经济继续保持平稳增长。肉类总产量11.4万吨，同比增长16.3%；禽蛋产量5.6万吨，同比增长9.8%；牛奶产量15.9万吨，同比增长10.4%。

【工业和建筑业】2012年，白城市全市全口径工业完成增加值272.6亿元，比上年增长15.8%。其中规模以上工业企业完成增加值152.4亿元，按可比价格计算，比上年增长16.0%。

全年全社会固定资产投资完成467.1亿元，同比增长30.5%。第一产业投资完成38.5亿元；第二产业投资完成278.4亿元；第三产投资完成150.3亿元。

全市亿元以上项目个数为206个,亿元以上项目投资完成投资330.6亿元,同比增长62.1%；县域投资完成356.7亿元，同比增长37.4%；能源投资完成116.3亿元，同比增长12.0%；工业投资累计完成267.5亿元，同比增长22.7%。

【科学技术】2012年，白城市全年共储备各类项目100项。全市共向国家、省申报各级各类项目61项。其中工业34项、农业24项、社会发展3项。至2012年年末，已立项42项。其中，国家项目6项、省项目36项，争取项目资金2100余万元。组织实施市本级科技发展计划项目27项,投入项目资金80万元。推荐并获得省科技进步奖2项，其中二等奖1项，三等奖1项。新增认定科技型企业数3户。

【国内贸易和对外经济】2012年，白城市全年实现社会消费品零售额221.5亿元，比上年增长16.4%。按行业分:批发业零售额13.5亿元，比上年增长28.8%；零售业零售额185.0亿元，比上年增长17.3%；住宿业零售额6.8亿元，比上年增长43.3%；餐饮业零售额31.3亿元，比上年增长17.6%。按销售单位所在地划分:城镇消费品零售额192.6亿元，增长13.5%，其中城区消费品零售额177.3亿元,增长14.3%；乡村消费品零售额28.9亿元，增长40.2%。

全市外贸进出口总值17788万美元，同比增长49.7%。其中，进口2388万美元，同比增长17.7%；出口15400万美元，同比增长53.7%。

全年完成招商引资项目835项，实际到位域外资金540亿元，同比增长25.0%。实际利用外资额10170万美元，同比增长16.4%，其中直接利用外资3920万美元，同比增长13.3%；间接利用外资6250万美元，同比增长18.3%。

【交通、邮电和旅游】2012年，白城市全年交通运输、仓储和邮政业实现增加值26.2亿元，比上年增长8.7%。全市公路通车总里程达到9798公里。按行政等级分:国道374公里；省道841公里；县道733公里；乡道4192公里；专用公路33公里；村道3625公里。2012年全市公路专业养护里程9798公里。其中：干线公路养护里程1215公里；农村公路养护里程8583公里。全年完成公路货物运输1493万吨，货运周转量197013万吨公里。完成客运量2140万人，客运周转量101509万人公里。

全年邮政业务总量8911万元，同比增长25.6%；发送函件103.1万件，同比下降29.0%；特快专递11.3万件，同比下降3.4%。

【金融和保险】2012年，白城市金融机构人民币各项存款余额426.6亿元，比年初增加68.1亿元。其中，企事业存款余额158.0亿元，比年初增加22.2亿元；城乡居民储蓄存款余额260.9元，比年初增加43.2亿元。金融机构人民币各项贷款余额285.6亿元，比年初增加65.8亿元。其中，短期贷款余额169.5亿元，中长期贷款余额113.4，票据融资2.7亿元。

全年保费收入10.0亿元。其中:财产险保费收入2.5亿元，人身险保费收入6.4亿元，农业险保费收入1.1亿元。全市赔款给付金额2.0亿元。其中:人身险给付金额0.4亿元，财产险赔款金额1.1亿元，农业险给付金额0.5亿元。

全市金融保险业实现增加值13.7亿元，比上年增长13.3%。

8

2012年通化市经济发展概况

【经济总量】2012年，通化市全年实现地区生产总值（GDP）881.12亿元，按可比价格计算，增长12.1%。其中,第一产业实现增加值87.06亿元，增长5.3%；第二产业实现增加值467.03亿元，增长15.2%；第三产业实现增加值327.03亿元，增长9.3%。人均GDP达到39111元，增长13.3%。

产业结构得到进一步优化。三次产业比例为9.9：53：37.1。第一、二、三产业对经济增长的贡献率分别为4.1%、67.5%、28.4%。规模以上工业增加值单位能耗降低17.7%。

【农业】2012年，通化市农业实现较快发展。全年农林牧渔业总产值达到152.8亿元，增长8.6%。

全年粮食作物播种面积达到29.3万公顷，与上年持平；粮食总产量178.9万吨，增长4.9%。其中，玉米产量112万吨；水稻产量59.2万吨。

全年完成牧业产值54.3亿元，增长4%。全年牛出栏总量达到26.6万头，增长18.8%；生猪出栏总量达到76.6万头，增长8.7%；家禽出栏总量达到2098.2万只，增长29.6%；羊出栏总量达到7.7万只，下降55.2%。肉类总产量15.3万吨，增长9.3%；禽蛋产量4.1万吨，增长7.9%；牛奶产量7542吨，增长2.9%。

【工业和建筑业】2012年，通化市工业继续保持较快增长,全年实现增加值336.5亿元，按可比价格计算，比上年增长12.2%。年末全市规模以上工业企业达到513户。

在全市规模以上工业中，医药、冶金、食品三大支柱行业完成增加值194.5亿元，占全市规模以上工业的57.8%。其中，医药工业完成增加值133.8亿元；食品工业完成增加值39.5亿元；冶金工业完成增加值21.2亿元。分别占全市规模以上工业增加值的比重达到39.8%、11.7%、6.3%。

【固定资产投资】2012年，通化市全年完成全社会固定资产投资760.8亿元，比上年增长31.4%,其中城镇以上投资725.5亿元，增长34.1%。投资亿元以上的施工项目341个，完成投资363.2亿元，增长17.6%。

全年完成工业投资409.8亿元，比上年增长25.9%，对全社会投资增长的贡献率达47.1%。从支柱行业看，冶金行业完成投资20亿元，增长44.9%；医药行业完成投资107.5亿元，下降0.5%；食品行业完成投资88亿元，增长17.5%。

【科学技术】2012年，通化市全年我市共申报省各类科技计划项目8项，已列入省各类科技计划项目4项，共获得资金支持5348万元。向省推荐并通过认定高新技术企业3户，全市国家级高新技术企业达到26户。

全年共推荐省级科技进步奖15项，有12个项目获奖，其中一等奖1项，二等奖5项，三等奖6项。

全年专利申请量349件，授权216件。收集优秀专利项目103项，向省知识产权局申请到专利项目费用补贴28项，补贴金额共计14万元。

年末为社会出具公正数据的产品质量检验机构57户，其中,经授权的国家级产品质量检验机构有2户,省级产品质量检验机构4户,市级产品质量检验机构17户,县级产品质量检验机构34户。

【国内贸易和对外经济】2012年，通化市全市实现社会消费品零售额339.4亿元，增长16.7%。

受通钢进口、出口大幅度下降的影响，全市外贸进出口总额达到52688万美元，比上年下降26.2%。其中,实现进口总额33225万美元，下降38.4%；实现出口总额19463万美元，增长11.3%。在出口总额中，艺术品出口6356万美元、松子仁出口3642万美元、钢材出口2434万美元，分别占出口总额的32.7%、18.7%、12.5%。

【交通、邮电和旅游】2012年，通化市2012年，全市交通运输、仓储和邮政业实现增加值56.4亿元，比上年增长5.9%。

全市交通运输完成货物运输量3489万吨，其中铁路运输完成货物发运量1032万吨，公路运输完成货物发运量2457万吨。全市交通运输完成旅客运输量8762万人，其中铁路运输完成旅客运输量357万人，公路运输完成旅客运输量8405万人。

全市实现邮电业务总收入14.3亿元，比上年增长1.4%。其中，邮政业务实现收入1.85亿元，下降4.6%。在邮政业务中，全年函件收入1192万元，增长0.7%；特快专递收入3800万元,增长11.8%。电信业务实现收入12.4亿元，增长1.9%。年末全市固定电话用户达到51.37万户,移动电话用户达到211.2万户。全市每百人拥有固定电话22.9部，每百人拥有移动电话94部。全市互联网用户达到28万户。

全年接待国内外旅游者558.47万人次，比上年增长17.5%。其中,接待入境旅游者11.89万人次，增长20.8%；接待国内旅游者546.8万人次，增长17.5%。全年旅游收入61.76亿元，比上年增长27.2%。其中,国内旅游收入60.21亿元，增长27.1%；旅游外汇收入2464.9万美元，增长35.4%。

【金融和保险】2012年，通化市全市金融保险业实现增加值17.54亿元，比上年增长12.5%。年末全市金融机构本外币各项存款余额738.35亿元，比年初增加97.14亿元。其中,单位存款211.93亿元，比年初增加6.53亿元；个人存款503.09亿元，比年初增加77.80亿元；财政性存款22.38亿元，比年初增加12.36亿元。金融机构本外币各项贷款余额417.64亿元，比年初增加26.43亿元。其中，短期贷款余额259.59亿元，比年初增加20.16亿元；中长期贷款余额150.09亿元,比年初增加11.75亿元。

截至2012年年末，全市已有开展保险业务的保险公司20家，全年保费收入16.17亿元，比上年下降3.5%。其中，寿险收入12.30亿元，下降12.0%；财产险收入3.87亿元，增长39.7%。全年支付各类保险赔款给付总额2.51亿元。其中：寿险给付0.54亿元,给付率4.37%；财产险赔款支出1.97亿元,赔付率50.77%。

黑龙江省

｜哈尔滨市｜齐齐哈尔市｜鸡西市｜鹤岗市｜大庆市｜伊春市｜
｜佳木斯市｜七台河市｜

1

2012年哈尔滨市经济发展概况

【经济总量】2012年，哈尔滨市全年实现地区生产总值（GDP）4550.1亿元，比上年增长10.0%。其中，第一产业实现增加值506.8亿元，增长9.2%；第二产业实现增加值1638.9亿元，增长10.9%；第三产业实现增加值2404.4亿元，增长9.4%。三次产业结构由上年的10.5：38.8：50.7调整为11.1：36.1：52.8。第一、二、三产业对地区生产总值增长的贡献率分别为9.9%、42.2%和47.9%。人均地区生产总值45810元，增长9.9%。非公有制经济实现增加值2461.3亿元，增长12.1%，占全市地区生产总值的比重为54.1%。十县（市）实现地区生产总值1538.3亿元，增长13.6%，占全市地区生产总值的33.8%，比上年提高3.4个百分点，县域经济对全市经济增长的贡献率为40.9%。

【农业】2012年，哈尔滨市全年完成农林牧渔业总产值991.2亿元，增长9.3%。其中，农业产值462.0亿元，增长9.9%；林业产值28.1亿元，增长6.3%；牧业产值461.4亿元，增长9.1%；渔业产值18.8亿元，增长6.6%；农林牧渔服务业产值20.9亿元，增长7.5%。

全市农作物播种面积3036.4万亩，增长1.7%。粮食作物播种面积2885.8万亩，增长1.6%。粮食总产量1600.7万吨，增长12.5%。其中，水稻533.1万吨，增长14.7%；玉米1001.8万吨，增长14.3%；大豆50万吨，下降20.6%。

经济作物中蔬菜产量192.1万吨，增长14.1%；油料产量1.8万吨，增长45.9%；甜菜产量0.4万吨，下降52.3%；烟叶产量1.3万吨，增长11.9%。

【工业和建筑业】2012年，哈尔滨市全年规模以上工业实现增加值677.4亿元，增长10.0%。其中，轻工业实现增加值355.1亿元，增长12.4%，占52.4%；重工业实现增加值322.3亿元，增长7.6%，占47.6%。

新能源、新材料、新型环保、生物、信息、现代装备制造六大新兴产业完成产值409.3亿元，增长8.7%，占规模以上工业的14.8%。

全年建筑业实现增加值510.9亿元，增长13.5%。全市资质以上总承包和专业承包建筑企业1222户，完成建筑业总产值1451.7亿元，增长16.1%。

【固定资产投资】2012年，哈尔滨市全年完成固定资产投资3950.0亿元，增长31.1%。其中，第一产业完成投资150.1亿元，增长80.0%；第二产业完成投资1281.3亿元，增长28.4%；第三产业完成投资2518.6亿元，增长30.4%。

全年固定资产投资在建项目5012个，其中新开工项目4498个。在建项目中计划总投资亿元以上的项目678个，共完成投资1188.1亿元，占全市固定资产投资的比重为30.1%。实际完成投资亿元以上项目359个，完成投资1044.4亿元，占全市投资的比重为26.4%。计划总投资100亿元以上项目4个，完成投资96.3亿元，占全市投资的比重2.4%。省重点推进产业项目开工153个，完成投资382.6亿元，占省下达我市重点推进产业项目的112.2%。

【国内贸易和对外经济】2012年，哈尔滨市全年实现社会消费品零售总额2394.6亿元，增长15.7%。其中，城镇消费品零售额2168.3亿元，增长15.6%；乡村消费品零售额226.3亿元，增长16.1%。

分行业看，批发业零售额310.5亿元，增长22.3%；零售业零售额1769.5亿元，增长14.4%；住宿业零售额22.1亿元，增长17.0%；餐饮业零售额292.5亿元，增长16.4%。

全年实现进出口总值53.3亿美元，增长4.2%。其中，出口总值18.6亿美元，下降17.8%；进口总值34.7亿美元，增长21.7%。与全球163个国家和地区建立贸易往来。

【交通、邮电和旅游】2012年，哈尔滨市全年完成货物运输总量11764万吨，增长2.9%。货物运输周转量4702809万吨公里，下降2.2%。

全年完成旅客运输总量15618万人次，增长5.4%。旅客运输周转总量2747078万人公里，增长12.1%。

哈尔滨太平国际机场进出港旅客914.4万人次，增长16.6%。航空货邮吞吐量8.6万吨，增长12.4%。

年末个人汽车保有量70.0万辆，增长28.3%，其中个人小型客车保有量55.9万辆，增长61.5%。

全年完成邮电业务总量109.7亿元，增长6.9%。其中，邮政业务总量7.6亿元，下降4.4%；电信业务总量102.1亿元，增长7.1%。固定电话年末用户219.2万户，增长0.14%。移动电话用户960.6万户，增长12.9%。固定互联网用户165.4万户，增长17.1%。其中，宽带接入户161.3万户，增长17.5%。

全年共接待国内外游客5076.4万人次，增长11.2%。其中，国内游客5052.3万人次，增长11.3%；入境游客24.1万人次，下降13.0%。

全年实现旅游业务总收入554.3亿元，增长20.8%。其中，国内旅游业务收入547.1亿元，增长22.1%；国际旅游创汇1.1亿美元，下降33.0%。

【金融和保险】2012年，哈尔滨市全市金融机构各项存款余额7360.3亿元，比年初增加808.5亿元。其中，单位存款余额3707.7亿元，增加357.9亿元，个人储蓄存款余额3320.7亿元，增加424.1亿元。金融机构各项贷款余额5558.0亿元，比年初增加684.7亿元。其中，短期贷款余额1663.6亿元，增加229亿元，中长期贷款余额3632.6亿元，增加388.7亿元。

全年保险公司保费收入121.6亿元，增长17.9%。其中,财产险收入36.0亿元，增长23.4%；人身险收入85.6亿元，增长15.8%。在人身险收入中人寿保险收入76.0亿元，增长15.4%；健康保险收入7.3亿元，增长21.9%；意外伤害险收入2.3亿元，增长11.1%。全年保险赔付支出32.2亿元，增长22.1%。其中，财产险支出17.0亿元，增长31.2%；人身险支出15.2亿元，增长13.2%。在人身险支出中人寿保险支出11.8亿元，增长10.6%；健康保险支出3.0亿元，增长23.9%；意外伤害险支出0.4亿元，增长22.2%。

2

2012年齐齐哈尔市经济发展概况

【经济总量】2012年，齐齐哈尔市全年实现地区生产总值（GDP）1153.8亿元，比上年增长8.5%。第一产业增加值287.2亿元，增长11.0%；第二产业增加值439.3亿元，增长9.2%；第三产业增加值427.3亿元，增长6.2%。三次产业结构为24.9：38.1：37.0。第一、二、三产业对GDP的贡献率分别为28.0%、44.8%和27.2%。人均地区生产总值21720元，增长9.3%。

市场物价涨幅趋于平稳回落。全年居民消费价格指数（CPI）102.4，比上年增长2.4个百分点。工业品出厂价格指数（PPI）99.8，比上年减少0.2个百分点。

全年能源消耗总量1166.8万吨标准煤；万元GDP能耗1.08吨标准煤，比上年下降4.2%，完成“十二五”目标的46.7%。

2012年年末，全市从业人员217.8万人。其中，城镇从业人员85.1万人，农村从业人员132.7万人。城镇新增就业人员11.9万人，下岗失业人员实现再就业9.8万人。

【农业】2012年，齐齐哈尔市全市实现农林牧渔业总产值525.7亿元，比上年增长11.0%。其中，农业产值329.8亿元，增长12.2%；林业产值5.0亿元，增长1.9%；牧业产值181.2亿元，增长9.9%；渔业产值8.0亿元，增长2.7%；农林牧渔服务业产值1.7亿元，增长3.5%。

粮食产量再创历史新高，全市粮豆薯总产量1344.6万吨，比上年增长25.0%。

全年畜牧业总产值完成181.2亿元，比上年增长9.9%，占农林牧渔业总产值的比重为35.0%。年末大牲畜存栏168.4头，增长9.7%。其中，黄牛及肉牛存栏92.5万头，增长11.7%；奶牛存栏68.1万头，增长8.6%。全年肉类总产量49.7万吨，增长7.7%。

【工业和建筑业】2012年，齐齐哈尔市全年规模以上工业企业完成增加值252.9亿元，比上年增长9.5%。其中，轻工业完成增加值99.8亿元，增长10.3%；重工业完成增加值153.1亿元，增长8.9%。全年装备工业完成增加值72.8亿元，增长6.2%；食品工业完成增加值90.9亿元，增长11.1%，两大工业基地增加值占规模以上工业增加值的64.7%。

全年规模以上工业经济效益综合指数239.7，提高8.6点。实现主营业务收入865.4亿元，增长8.6%。实现利税总额84.4亿元，增长7.1%。其中，实现利润47.3亿元，增长11.6%；实现税金37.1亿元，增长1.9%。

全年建筑业企业实现增加值27.4亿元，按可比价格计算比上年增长14.6%。资质等级三级及以上的建筑业企业（指总承包及专业承包企业，不包括劳务分包企业）实现利润2.2亿元，比上年增长41.6%，完成房屋建筑施工面积336.3万平方米，增长0.2%，其中实行投标承包的房屋建筑施工面积占7.0%。

【固定资产投资】2012年，齐齐哈尔市全市固定资产投资677.3亿元，比上年增长32.0%。在投资中，民间投资465.5亿元，增长36.8%；国有及国有控股投资196.5亿元，增长20.0%；外商及港澳台投资15.3亿元，增长68.1%。装备、食品两大主导产业完成投资214.5亿元，增长28.3%，占工业投资的57.4%。亿元以上建设项目共173个，比上年增加63个，完成投资281.2亿元，增长88.6%。新增固定资产503.9亿元，增长27.1%。全市房地产开发投资完成104.1亿元，增长22.2%；商品房销售面积282.3万平方米，下降2.6%；商品房销售额95.5亿元，增长0.9%。

【科学技术】2012年，齐齐哈尔市全年实施重点科技计划项目59项；获省级以上科学技术奖20项；科技成果鉴定145项；全年认定技术合同30项。

【国内贸易和对外经济】2012年，齐齐哈尔市全年实现社会消费品零售总额480.2亿元，比上年增长15.1%。分行业看，批零贸易业实现零售额445.4亿元，增长14.7%；住宿、餐饮业实现零售额34.8亿元，增长20.9%。分城乡看，城镇消费品零售额406.2亿元，增长16.1%；农村消费品零售额74.0亿元，增长10.0%。从结构看，全市“吃”的商品零售额261.7亿元，下降8.9%，占全部零售额比重为54.5%；“穿”的商品零售额57.1亿元，下降14.4%，占全部零售额比重为11.9%；“用”的商品零售额136.9亿元，增长48.5%，占全部零售额比重为28.5%。

全市实际利用外资到位资金34832万美元，比上年增长20.0%。全年批准利用外资项目4项，总投资额8834.5万美元，合同外资3429.3万美元。全年实现进出口总额82056.1万美元，下降20.3%。其中，进口18510.4万美元，下降59.4%；出口63545.7万美元，增长10.9%。

【交通、邮电和旅游】2012年，齐齐哈尔市全年完成货物发送量11789.0万吨。其中，铁路2389.9万吨；公路9399.0万吨；航空858.0吨。客运量7747.8万人。其中，铁路1592.8万人；公路6136.0万人；航空19.0万人。

全市完成邮电业务总量32.0亿元，其中，电信业务总量29.5亿元，邮政业务总量2.6亿元。

全年接待国内游客2595.3万人次，比上年增长20.2%；实现国内旅游收入104.0亿元，增长21.0%。全年接待海外旅游者46315人次，增长20.4%。其中，外国人37735人次，增长19.0%；旅游外汇收入1363.0万美元，增长21.1%。

【金融和保险】2012年，齐齐哈尔市全市财政总收入完成122.7亿元，比上年下降13.2%。地方财政收入完成87.5亿元，下降16.3%。其中，公共财政预算收入55.0亿元，下降21.5%。全市财政总支出308.7亿元，增长10.1%。其中，公共财政预算支出263.8亿元，增长9.8%。

2012年年末，全市金融机构各项存款余额1158.1亿元，比年初增长18.0%。其中，单位存款342.4

亿元，增长23.0%；城乡居民储蓄存款780.6亿元，增长14.1%。金融机构各项贷款余额760.7亿元，增长19.4%。其中，短期贷款余额454.3亿元，增长22.0%；中长期贷款余额288.4亿元，增长13.5%。

3

2012年鸡西市经济发展概况

【经济总量】2012年，鸡西市全年实现地区生产总值（GDP）582.3亿元，按可比价格计算比上年增长13.6%，连续九年保持两位数增长。其中，第一产业增加值165.2亿元，增长13.4%；第二产业增加值238.3亿元，增长16.7%；第三产业增加值178.8亿元，增长9.2%。三次产业结构为28.4：40.9：30.7。第一、二、三产业对GDP增长的贡献率分别为24.7%、54.1%和21.2%。人均地区生产总值31076元，增长14.6%。

全年居民消费价格（CPI）比上年上涨3.8%。从构成看，八大类商品六升两降。其中，食品类同比上涨6.1%，衣着、家庭设备用品及维修服务、医疗保健和个人用品、娱乐教育文化用品及服务、居住价格分别上涨2.1%、1.1%、3.2%、5.1%和3.9%；烟酒及用品、交通和通信价格分别下降0.5%和1.2%。工业生产者出厂价格下降2.7%。

【农业】2012年，鸡西市全年粮食作物播种面积47.2万公顷，比上年增长2.7%；粮食总产量325万吨（65亿斤），增长14.1%，连续九年获得丰收。三大主要粮食作物产量两增一减，其中水稻140.6万吨，增长11.3%；玉米168.4万吨，增长25.6%；大豆15万吨，下降34.7%。经济作物中，烤烟产量0.4万吨，增长10.4%；甜菜产量0.06万吨，增长69.4%；水果产量7.4万吨，增长2.1%；蔬菜产量17.1万吨，下降8.8%；油料产量0.6万吨，下降26.1%。

全年肉、蛋产量分别为10.0万吨、5.0万吨，分别比上年增长10.0%和12.6%；奶类产量7.8万吨，增长0.4%；水产品产量4.3万吨，增长7.4%。

【工业和建筑业】2012年，鸡西市全年规模以上工业企业增加值120.2亿元，增长22.2%。其中，国有及国有控股企业增加值49亿元，增长9.4%；集体企业增加值1.3亿元，增长3.4%；股份制企业增加值54.3亿元，增长45.8%。从企业规模看，大中型企业增加值69.7亿元，增长6.1%；小型企业增加值50.5亿元，增长67.5%。规模以上工业企业主营业务收入实现338.5亿元，比上年增长11.7%；利税总额34亿元，下降6.6%；其中：利润9.4亿元，下降32.5%。工业经济效益综合指数166，比上年提高8.2点。全年规模以上地方工业增加值80.5亿元，增长37.3%；实现利税25.7亿元，增长12.2%。地方工业经济效益综合指数256.7，提高36.9点。煤焦化、食品、非金属建材、冶金和电力产业的增加值拉动全市工业增加值增长20.5个百分点，拉动作用显著。其中：煤焦化增长23.9%；食品工业增长60.7%；非金属建材业增长41.9%；电力工业增长15.2%；冶金工业增长27.5%。下降的主要是：机械工业下降13.8%；

医药工业下降3.1%；造纸及纸制品业下降14.6%；电气机械及器材制造业下降10.4%；饮料制造业下降12%。

【固定资产投资】2012年，鸡西市全年实现固定资产投资277.5亿元，增长38.7%。其中城镇以上固定资产投资实现275.7亿元，比上年增长39.8%。其中，第一产业投资7.0亿元，增长382.8%；第二产业投资187.5亿元，增长64.6%；第三产业投资83.0亿元，下降2.1%。全年固定资产投资在建项目511个。在建项目中计划总投资亿元以上的项目120个，共完成固定资产投资167.4亿元。全年新增固定资产129.6亿元。

全年完成房地产开发投资29.1亿元，比上年增长22.4%。商品房销售面积114.2万平方米，增长33.7%；销售额38.2亿元，增长30.4%。

【科学技术】2012年年末，鸡西市全市有科学研究开发机构5个。全年共取得重大科技成果54项。受理专利申请675件，同比增长67.9%；专利授权553件，同比增长123%。

年末全市共有产品质量检验机构2个。法定计量技术机构2个。全市有天气预报服务网发射网站1个，卫星云图接收站点4个；地震遥测台网1个。

【国内贸易和对外经济】2012年，鸡西市全年实现社会消费品零售总额162.3亿元，比上年增长15.9%。从地域看，城镇消费品零售额135.5亿元，增长15.6%；乡村消费品零售额26.8亿元，增长17.3%。从行业看，批发业零售额34.7亿元，增长15.7%；零售业零售额100.7亿元，增长16.3%；住宿业零售额2.3亿元，增长13.6%；餐饮业零售额24.6亿元，增长17.7%。

外贸进出口总额实现10.8亿美元，同比增长16.9%。其中出口9.5亿美元，同比增长35.5%，进口1.3亿美元，下降41.4%。一般贸易进出口总值4.7亿美元，比上年增长11.9%，占全市的43.5%；私营企业进出口9.6亿美元，增长41.2%，占全市的88.9%。对俄贸易实现进出口总值7.1亿美元，比上年增长3%，占全市进出口总值的66%。

实际利用外资1.01亿美元，同比增长20.2%。

【交通、邮电和旅游】2012年，鸡西市全年公路、铁路、航空完成货物运输量5882万吨，比上年增长0.8%。其中，铁路运输量2306万吨，下降12.4%；公路运输量3575万吨，增长11.6%；航空货物运输量260吨，下降71.9%。公路、铁路、航空完成客运量4926万人，增长5.6%。其中，铁路457.3万人，增长9.9%；公路4455万人，增长5.2%；航空13.2万人，增长46.7%。

全年完成邮电业务总量15.4亿元，比上年增长12.1%。其中，电信业务总量12.9亿元，增长14.2%；邮政业务总量2.5亿元，增长13.1%。局用交换机总容量216万门，下降30%。年末固定电话用户32万户，增长9.2%。移动电话用户163.2万户，增长2.3%。电话普及率达到99.8部/百人。国际互联网络用户21万户，与上年持平。

全年共接待国内、外游客606万人次，比上年增长9.4%；实现旅游业总收入28.13亿元，增长17.2%。

【金融和保险】2012年，鸡西市全市完成全口径财政收入86亿元，同比增长7.1%。其中，地方财政收入完成54.3亿元，同比增长13.4%，公共财政预算收入43.3亿元，增长22.8%。地方财政支出达到79.7亿元，同比增长13.2%。

金融机构各项人民币存款余额737.4亿元，比年初增加101.7亿元，其中，单位存款218亿元，比年初增加50.4亿元；个人储蓄存款501.5亿元，比年初增加51.5亿元。金融机构各项人民币贷款余额308.2亿元，比年初增加39.8亿元。其中，短期贷款161.2亿元，比年初增加23.5亿元；中长期贷款134.6亿元，比年初增加15.7亿元。

保费收入6.4亿元，比上年下降13.5%。其中，财产险收入1亿元，增长6.8%；寿险收入5.4亿元，下降17.1%。支付各类赔款2.4亿元，其中，财产险赔付0.6亿元；人身险赔付1.8亿元。

4

2012年鹤岗市经济发展概况

【经济总量】2012年，鹤岗市全年实现地区生产总值（GDP）358亿元，按可比价格计算，比上年增长13.5%，连续十年保持两位数增长。其中，第一产业增加值106亿元，增长11.1%；第二产业增加值170亿元，增长19.9%；第三产业增加值82亿元，增长3.9%。第一、第二、第三产业增加值占全市生产总值的比重由上年的27.0：48.4：24.6调整为29.6：47.5：22.9。

市场物价居民消费价格总水平同比上涨3.7%，涨幅比上年回落2.4个百分点。八大类价格6涨2落：烟酒类价格涨幅最大，达到7.1%；居住类价格上涨6.5%；食品类价格上涨6.2%；衣着类价格上涨4%；医疗保健和个人用品类价格上涨0.9%；娱乐教育文化用品及服务类价格上涨0.9%；交通和通信类价格回落1.4%；家庭设备用品及维修服务类价格回落1.1%。

就业全年城镇新增就业2.3万人，下岗失业人员再就业1.6万人，年末城镇登记失业率为4.0%。

【农业】2012年，鹤岗市粮食产量全年粮食作物总播种面积296.9万亩，比上年增长1.3%，粮食总产量22.7亿斤，增长9.5%。水稻播种面积164.3万亩、产量13.6亿斤，分别比上年增长17.7%、21.7%；玉米播种面积104.4万亩、产量8.6亿斤，分别比上年减少9.3%、2.7%；大豆播种面积25.9万亩、产量0.5亿斤，分别比上年下降23.2%、22.2%。

畜牧业全年实现畜牧业增加值6.7亿元，比上年增长9.2%。奶牛存栏2.4万头，增长5.4%；生猪饲养量95.9万头，增长6.2%，其中能繁殖母猪存栏4.6万头，增长0.3%；家禽饲养量413.4万只，增长4.2%；肉类总产量5.0万吨，增长10.7%；牛奶产量6.2万吨，增长0.7%。

农业年末全市农业机械总动力82.2万千瓦，比上年增长15.3%；拥有农用拖拉机2.6万台。农村用电量4994万千瓦时，增长11.1%。

【工业和建筑业】2012年，鹤岗市工业生产全市规模以上工业实现增加值109.7亿元，比上年增长22.2%。17个行业大类中有14个行业同比增长,其中增加值增幅在50%以上的行业有：金属制品机械和设备修理业、橡胶和塑料制品业、专用设备制造业分别增长106.2%、90.5%、61.9%。

工业经济效益规模上工业企业累计实现主营业务收入256.8亿元，比上年下降0.1%；实现利税21.3亿元，比上年减少5亿元，实现利润4.4亿元，比上年减少3.9亿元。

建筑业全市拥有建筑施工资质等级的独立核算企业75户，实现建筑业总产值29亿元，比上年增长7.4%。

【固定资产投资】2012年，鹤岗市全年完成固定资产投资195.2亿元，比上年增长38.8%。其中国有及国有控股投资67.9亿元，增长30.3%；民间投资127.3亿元，增长44.7%。分产业看第一产业完成投资2.7亿元，增长42.1%；第二产业完成投资129.2亿元，增长37.2%，其中工业投资128.8亿元，增长38.6%；第三产业完成投资63.3亿元，增长42.2%。全年共完成产业项目投资145.9亿元，占总投资的比重为74.7%，居全省首位。

全市施工项目446个，比上年增加141个，增长46.2%。其中亿元以上项目61个，完成投资115.8亿元，项目个数比上年增加14个，投资额增长58%。

全年房地产开发完成投资12.2亿元，比上年增长6.4%。全市房屋施工面积209万平方米，增长3%，其中住宅189万平方米，增长9.9%；新开工面积58万平方米，比上年下降1.7%，其中住宅53万平方米；商品房销售面积28万平方米，商品房销售额9亿元。

【国内贸易和对外经济】2012年，鹤岗市社会消费品全年实现社会消费品零售总额97.1亿元，比上年增长15.7%，连续九年保持两位数增长。全市实现城镇消费品零售额90.6亿元，增长16.1%，乡村消费品零售额6.5亿元，增长10.7%。作为消费品市场主体的批发零售业全年实现零售额82.4亿元，占全市零售额的比重达84.9%。

对外贸易全市完成外贸进出口额12961.8万美元，比上年增长16%。其中出口12899.1万美元，增长18%；进口62.7万美元，下降74.2%。全年实际完成利用外资5201万美元，增长17.2%。

【交通、邮电和旅游】2012年，鹤岗市交通运输业全年公路运输货物1935万吨，比上年增长0.3%；货运周转量为17.2亿吨/公里，增长1.8%；运输旅客412万人，客运周转量为2.9亿人/公里。全年铁路运输货物1142.6万吨，运输旅客110万人次。

邮电通信业全年完成邮电业务总量8.8亿元。其中电信业务总量7.8亿元，邮政业务总量1亿元。年末固定电话用户14.4万户，比上年下降0.2%；移动电话用户100.1万户，增长4.1%。国际互联网络用户(包括拨号、专线和宽带接入用户)12.9万户，增长23.8%，其中宽带接入户10.6万户，增长8.8%。

旅游业全年共接待国内、外旅游者321.9万人次，比上年增长51.6%；实现旅游业总收入32.9亿元，增长55.8%。其中接待国内旅游者318.3万人次，增长52.2%，实现国内旅游收入32.2亿元，增长57.2%；接待国外旅游者3.7万人次，实现旅游总收入1036.7万美元，增长15.8%。

【金融和保险】2012年，鹤岗市财政全年实现全口径财政收入48.6亿元，比上年下降0.4%。其中公共财政收入27.1亿元，增长22.4%。全年公共财政支出79.7亿元，增长29%，财政支出继续向民生倾斜，其中教育、社会保障和就业、住房保障支出分别增长49%、43.3%、184.9%。

保险业全年全市保险行业保费收入达12.4亿元，比上年增长8.3%。其中财产险收入3.8亿元，增长20.4%；寿险收入8.6亿元，增长3.6%。

5

2012年大庆市经济发展概况

【经济总量】2012年，大庆市全年实现地区生产总值（GDP）4000.5亿元，比上年增长10%（按可比价格计算，下同）。其中，第一产业实现增加值153.6亿元，比上年增长11%；第二产业实现增加值3235.9亿元，比上年增长9.8%；第三产业实现增加值611亿元，比上年增长11%。第一产业增加值占地区生产总值的比重为3.8%，第二产业增加值比重为80.9%，第三产业增加值比重为15.3%。

全市完成地方财政收入263亿元，同比增长24.8%。其中，公共财政预算收入140.3亿元，同比增长6.4%。地方财政支出262.6亿元，同比增长24.8%。其中，公共财政预算支出181亿元，同比增长3.7%。

全年城市居民消费价格总指数比上年增长3.4%。其中，食品价格上涨7.7%，烟酒及用品价格上涨2.7%，衣着价格上涨5.7%，家庭设备用品及维修服务价格上涨1.9%，医疗保健和个人用品价格上涨1.9%，交通和通信价格下降2.6%，娱乐教育文化用品及服务价格与去年持平，居住价格上涨0.5%。全年工业生产者出厂价格总指数为99%。

【农业】2012年，大庆市全市农作物总播种面积75.1万公顷，绿色有机无公害食品种植面积达37万公顷，占总播种面积的49.3%。全市粮食总产量达650万吨，同比增长17.3%。

全年实现畜牧业产值147.7亿元，同比增长8.6%；实现畜牧业增加值65.5亿元，同比增长9.5%。

全年完成植树造林15.8万亩，实现产值2.2亿元，同比增长10%。渔业产值实现5.8亿元，同比增长7.4%；水产品产量9.3万吨，同比增长10%。

【工业和建筑业】2012年，大庆市全市实现工业增加值3157.4亿元，同比增长9.9%；规模以上工业企业达429户，实现增加值2570亿元，同比增长9.5%。规模以上工业重点行业中，石油行业实现增加值1894.4亿元，同比增长7.2%；石化行业实现增加值379.8亿元，同比增长12.9%；农副产品加工业实现增加值88.4亿元，同比增长16.5%；建材行业实现增加值35.8亿元，同比下降6.1%；装备制造业实现增加值54.2亿元，同比增长32.9%。

2012年全市资质以上建筑企业达到313户，全年完成施工产值255.2亿元，同比增长5.3%。按总产值计算的全员劳动生产率达到36.5万元/人。

【固定资产投资】2012年，大庆市全年完成固定资产投资额1375.5亿元，同比增长31%。其中，中省直企业完成投资475.7亿元，同比下降2.2%；地方完成投资899.8亿元，同比增长59.6%。从产业投向看，第一产业投资95.3亿元，同比增长9.6%；第二产业投资708.8亿元，同比增长23.6%，其中工业投资708.8亿元，同比增长24.2%；第三产业投资571.4亿元，同比增长46.7%。

全市完成房地产开发投资额239亿元，同比增长45.3%。商品房销售面积526.3万平方米，其中住宅443.4万平方米，同比增长13%。商品房销售额237亿元，其中住宅187.4亿元，同比增长13.8%。

【国内贸易和对外经济】2012年，大庆市全年实现社会消费品零售总额803.1亿元，同比增长15.6%。按地域分，城镇实现747.1亿元，同比增长16.5%；乡村实现56亿元，同比增长5.8%。按行业分，批发和零售业实现738.4亿元，住宿和餐饮业实现64.7亿元，同比分别增长15.8%和14.4%。

全年进出口贸易总值达到28.1亿美元，同比增长30.1%。其中，出口3.9亿美元，进口24.2亿美元。全年实际利用外资5亿美元，同比增长19%。

【交通、邮电和旅游】2012年，大庆市全年公路客运量1935万人，同比增长4%，客运周转量129000万人公里，同比增长4%；全年公路货运量3795万吨，同比增长3.7%，货运周转量605425万吨公里，同比增长3.7%；全年铁路客运量963万人，同比下降1.1%，货运量1230万吨，同比下降4.1%；大庆萨尔图机场进出港旅客45.3万人次，同比增长12.1%，航空货邮吞吐量0.2万吨，同比增长14.4%，全年起降航班架次4351次，同比增长19.4%。

全年邮电业实现营业收入34.3亿元，同比增长4.8%。其中，邮政业务收入3.6亿元，同比增长29.2%；电信业务收入30.7亿元，同比增长2.5%。年末固定电话用户60万户，同比下降6.5%，其中城市固定电话用户48.1万户，同比下降11.2%；移动电话用户350.3万户，同比增长1.1%；互联网用户43.4万户，同比增长9.5%，其中，宽带接入户43.1万户，同比增长9.5%。

【金融和保险】2012年年末，大庆市全市金融机构存款余额1970.6亿元，比年初增加266亿元。年末全市金融机构贷款余额671.8亿元，比年初增加177.2亿元。

6

2012年伊春市经济发展概况

【经济总量】2012年，伊春市全年实现地区生产总值（GDP）实现260.05亿元，比上年增长12.7%。分产业看，第一产业增加值90.63亿元，增长15%；第二产业增加值88.91亿元，增长10.4%；第三产业增加值80.50亿元，增长13%。第一、第二、第三产业增加值占全市生产总值的比重由上年的32.6：37.0：30.4调整为34.8：34.2：31.0。第一产业对GDP增长的贡献率为37.5%，第二产业对GDP增长的贡献率为31%，第三产业对GDP增长的贡献率为31.5%。全市人均生产总值20687元，按可比价格计算增长13.5%。

【农业】2012年，伊春市全年农作物总播种面积243241公顷，比上年减少212公顷，下降0.1%。其中粮食播种面积230207公顷，比上年下降0.4%；油料603公顷；蔬菜和食用菌6691公顷；瓜果426公顷。

全年粮食产量96.7万吨，比上年增加7.5万吨，增产8.4%。其中水稻29.7万吨，比上年增长7.4%；玉米39.3万吨，比上年增长37.1%；小麦1265吨，比上年下降69.7%；大豆26.4万吨，比上年下降16%。

绿色食品原料种植基地270万亩，与上年持平；有效使用有机、绿色、无公害食品标志产品264个，比上年增加12个。

【工业和建筑业】2012年，伊春市全年全部工业增加值751226万元，比上年增长11.5%。规模以上工业增加值440650万元，增长14.7%，其中国有及国有控股企业增长10.7%，股份制企业增长15.3%。分轻重工业看，轻工业增长26.2%，重工业增长11.9%。分企业规模看，大中型企业增长6.7%，小型企业增长27.9%。规模以下工业增加值310576万元，增长6.9%。

全年全社会建筑业增加值140976万元，比上年增长2.5%。全市具有资质等级的总承包及专业承包建筑企业70个，完成总产值227972万元，比上年下降3.1%。房屋施工面积168万平方米，比上年下降7.2%。房屋竣工面积146万平方米，比上年下降7%，竣工产值201430万元，比上年下降7.2%。

【固定资产投资】2012年，伊春市全年完成固定资产投资2181102万元，比上年增长35.4%。从经济类型看，国有及国有控股投资1043669万元，增长29.7%；民间投资1137433万元，增长41.2%。从三次产业看，第一产业投资100115万元，增长25.4%；第二产业投资917901万元，增长28.7%，其中工业814799万元，增长57.2%；第三产业投资1163086万元，增长42.2%。从隶属关系看，地方投资2161676万元，增长37.8%，中央投资19426万元，下降53.3%。全年到位资金2603693万元，比上年增长27.1%。

【国内贸易和对外经济】2012年，伊春市全年社会消费品零售总额765165万元,比上年增长15.6%。从商品形态看，商品零售额560701万元，比上年增长14.2%；餐饮收入额204464万元，比上年增长19.6%。从地域看，城镇消费品零售额729361万元，比上年增长15.9%；其中城区消费品零售额576584万元，比上年增长17.6%；乡村消费品零售额35804万元，比上年增长8.7%。从构成看，吃、穿、用、烧类消费品零售额分别实现347298万元、188247万元、186129万元和43491万元，分别比上年增长12.1%、16.2%、23.1%和11.4%。

全年外贸进出口总值34805万美元，比上年增长0.1%。其中，进口总值23054万美元，比上年增长2%；出口总值11751万美元，比上年下降3.6%。进出口差额（出口—进口）-11303万美元，比上年减少902万美元。从贸易方式看，一般贸易进出口总值28624万美元，比上年增长3.7%；加工贸易进出口总值4102万美元，比上年下降4.9%；边境小额贸易进出口总值1808万美元，比上年增长9.4%。从企业性质看，私营企业进出口总值18727万美元，比上年下降11.6%；外资企业进出口总值2746万美元，比上年增长7.8%；国有企业进出口总值11444万美元，比上年增长44.6%。

全年实际利用外资5676.1万美元，比上年增长18%。

【交通、邮电和旅游】2012年，伊春市全年公路运输货物周转量56.9亿吨公里，比上年增长8.1%；旅客运输周转量5.8亿人公里，比上年增长6%。全年公路货运量1269万吨。全年客运量1016.9万人，其中公路1010万人，航空6.9万人。

全年邮电业务总量87875.7万元，比上年增长21.4%。其中电信业务总量77711.7万元，增长22.4%；邮政业务总量10164万元，增长14.5%。全市年末局用交换机总容量189.7万门。光缆线路总长度13977.2公里。固定电话用户21.8万户，移动电话用户81万人，其中3G移动电话用户14.8万人。互联网用户52万户，其中手机上网35.6万户，固定互联网用户16.4万户（宽带接入14.3万户，光纤上网1.6万户）。

全年共接待旅游人数543.3万人次，比上年增长12.7%；旅游收入43.6亿元，增长23.5%。年末共有旅游建设项目32个，总投资7.96亿元。国家AA级以上景区27处，其中：AA级9处，AAA级10处，AAAA级8处。省级漂流旅游达标场所7个，省S级以上旅游滑雪场4个，国家级农业旅游示范点1个，省级农业旅游示范点1个。

【金融和保险】2012年，伊春市全年财政总收入301862万元，比上年增长22.4%。其中地方财政收入217211万元，增长28.5%。地方财政收入中，公共财政预算收入123764万元，增长23.4%，其中企业所得税、营业税、房产税、城市维护建设税比上年有较高增长，增幅分别为53.4%、30.9%、21.7%、15.7%。全年财政支出936280万元，比上年增长8%，其中公共财政预算支出816993万元，增长3.6%。

年末全市金融机构存款余额453亿元，比年初增加69.1亿元，比上年增长18%。其中居民储蓄存款余额309.8亿元，比年初增加38.8亿元。金融机构贷款余额124.5亿元，比年初增加23.4亿元，同比增长23.1%。其中短期贷款49.6亿元，比年初减少3.3亿元；中长期贷款58.8亿元，比年初增加15.6亿元。

全年保费收入72247.1万元。其中：财险保费收入13809.7万元；寿险保费收入58437.4万元。全年赔款及给付支出20805.8万元。其中，财险赔款8258.8万元；寿险赔款12547万元。

7

2012年佳木斯市经济发展概况

【经济总量】2012年，佳木斯市全年实现地区生产总值（GDP）660.4亿元，按可比价格计算比上年增长13.8%，其中，第一产业增加值195.7亿元，比上年增长13.4%；第二产业增加值166.6亿元，比上年增长18.1%，其中，工业增加值140.7亿元，比上年增长19.1%；第三产业增加值298.1亿元，比上年增长11.3%，三次产业比重为29.6：25.2：45.2。

市场物价平稳回落。全年居民消费价格（CPI）比上年上涨3.9%，比2011年回落1.8个百分点。其中，食品价格上涨4.7%、烟酒及用品价格上涨8.2%、衣着价格上涨5.7%、家庭设备用品及维修服务价格上涨0.7%、医疗保健和个人用品价格上涨3.8%、交通和通信价格上涨0.3%、娱乐教育文化用品及服务价格上涨1.7%、居住价格上涨5.0%。

【农业】2012年，佳木斯市农业和农村经济健康发展。全年实现农林牧渔业总产值342.9亿元，按可比价格计算比上年增长12.8%。粮食总产再创新高，实现了“九连增”。全年粮食总产量842.3万吨，增长27.6%，其中：水稻产量367.7万吨，增长34.3%；玉米产量421.5万吨，增长36.4%；大豆产量39.8万吨，下降37.5%。经济作物中，烟叶产量10177吨，增长22.3%。

畜牧养殖业持续稳定增长。全市实现畜牧业总产值95.4亿元，按可比价格计算比上年增长9.1%，占农林牧渔业总产值的比重为27.8%。年末奶牛存栏60599头，比上年增长8.2%。肉、蛋和牛奶产量分别增长29.6%、7.7%和10.8%。水产品产量5.7万吨，同比增长13%。

【工业和建筑业】2012年，佳木斯市工业经济运行质量和效益水平稳步提升。全市规模以上工业企业（主营业务收入2000万元以上的全部工业企业）完成增加值105.3亿元，增长23.1%。实现工业总产值503.8亿元，增长27.7%，其中，轻工业产值227.3亿元，增长38.6%，重工业产值276.5亿元，增长19.9%。

建筑业平稳较快发展。全年建筑企业实现增加值25.9亿元，比上年增长7%。全市资质等级三级及三级以上的建筑企业实现总产值90.8亿元，增长10.2%，实现竣工产值67.5亿元，增长21.7%，房屋建筑施工面积495.7万平方米，下降9.4%。招投标面积保持稳定扩大，全市实行投标承包面积达334.7万平方米，占全部施工面积的67.5%。

【固定资产投资】2012年，佳木斯市固定资产投资平稳增长。实现固定资产投资总额369亿元，比上年增长38.5%；其中房地产开发投资完成77.1亿元，比上年增长16.8%。全年第一产业完成投资15.8亿元，比上年增长49.6%；第二产业完成投资175.6亿元，比上年增长56.5%；第三产业完成投资177.6亿元，比上年增长23.7%。城镇三次产业投资结构由上年的3.6：38.3：58.1调整为4.3：47.6：48.1。工业投资保持快速增长，全市工业投资175.6亿元，比上年增长57.5%，占全部投资的比重达47.6%；房地产市场调控措施已见成效，全市房地产开发投资77.1亿元，比上年增长16.8%。商品房销售面积162.3万平方米，比上年下降47.2%，其中住宅136.1万平方米，下降45.3%；商品房销售额51.1亿元，比上年下降46.8%，其中住宅37.4亿元，比上年下降44%；商品房平均销售价格3149元/平方米，其中住宅2745元/平方米。

【科学技术】2012年，佳木斯市科技创新能力显著提升。年末全市国有事业单位共有各类专业技术人员34744人，其中具有中级以上技术职称人员20928人。

科技科研成果丰硕。全年获省科技奖励13项。其中，一等奖1项，二等奖10项，三等奖2项。评审市级科技成果103项。应用类科技成果转化率达75%以上。我市有2户企业晋升为国家级高新技术企业，全市高新技术企业达到18户。高新技术产品达52项。我市目前国家、省级工程技术研究中心和重点实验室达到7个，较好地发挥了科技创新引领作用。佳木斯电机股份有限公司的国家级防爆电机工程技术研究中心已启动建设，成为全国防爆电机领域研发中心；黑龙江润特科技有限公司建设的省级光辐照交联工程技术研究中心共承担国家及部省级科研项目10项，获得各类科技成果10项；省农科院佳木斯分院建设的三江平源主要作物育种栽培实验室，共承担国家级项目32项、省部级重大科研任务39项、横向课题18项，累计获得资助经费2132.69万元。共争取国家和省科技计划项目21项，其中国家科技部立项8项，省科技厅立项13项，争取科技资金1557万元，比去年增长了41.5%。

【国内贸易和对外经济】2012年，佳木斯市消费需求持续旺盛，消费品市场蓬勃发展。全市城镇市场实现社会消费品零售总额277.4亿元，增长15.9%。城、乡市场协调发展，同步增长。城镇市场实现社会消费品零售额244.1亿元，同比增长16.1%，其中城区实现社会消费品零售额207.8亿元，同比增长16.5%，乡村市场实现社会消费品零售额33.3亿元，同比增长14.4%。从经营情况上看，各行业销售额、营业额均保持增势。批发业实现销售额93.9亿元，同比增长17.5%，零售业实现销售额263.4亿元，同比增长26.6；住宿业实现营业额8.7亿元，同比增长27.4%；餐饮业实现营业额34亿元，同比增长22%。

对外贸易形势略显低为迷。全市(含抚远)对外贸易进出口总额实现31.1亿美元，比上年下降14.9%（不含抚远进出口总额实现24.9亿美元，比上年增长1.8%），其中，进口总额15.9亿美元，增长148.1%，出口总额15.2亿美元，下降49.6%。从贸易方式看，一般贸易进出口总额完成24.5亿美元，比上年下降12.9%，加工贸易进出口总额完成0.3亿美元，增长37.4%，边境小额贸易进出口总额完成5.8亿美元，下降20.6%，其他贸易进出口总额完成0.5亿美元，下降46%。从企业性质看，国有企业完成外贸进出口总额8.3亿美元，同比增长66.7倍，外资企业贸易进出口完成0.7亿美元，同比增长16.9%，私营企业外贸进出口总额完成22.1亿美元，同比下降38.36%。

【交通、邮电和旅游】2012年，佳木斯市交通运输业繁荣发展。全年各种运输方式完成的货物吞吐量4615.6万吨，比上年增长38.9%。其中，铁路1200.6万吨；公路3139万吨；水运276万吨；航空700吨。全年完成旅客吞吐量4652.5万人，增长34.7%。其中，铁路1378.3万人；公路3121万人；水运121.3万人；航空31.9万人。

邮电通信业保持稳定增长。全年完成邮电业务总量18.2亿元，比上年增长8.3%，其中，电信业务总量16.4亿元，增长9.3%，邮政业务总量1.8亿元。年末局用交换机总容量达到152万门；本地固定电话用户41.1万户；移动电话用户232万户，增长5.5%；全市互联网接入业务用户达30.3万户，增长16.5%；本地网中继光缆线路总长度8666公里。

旅游业持续平稳发展。全年共接待国内、外旅游者287万人，其中接待国内旅游人数279万人，接待国际旅游人数8万人；实现旅游业总收入12.4亿元，其中，实现国内旅游收入11.5亿元，增长16%，创造旅游外汇收入1440万美元，增长12%。

【金融和保险】2012年，佳木斯市财政收入稳定增长。全市财政总收入71.6亿元，比上年增长16.8%，公共财政预算收入完成45.3亿元，比上年增长17.2%。增值税完成2.7亿元，增长5.4%，营业税完成7亿元，增长15.4%，企业所得税完成5.4亿元，增长48.1%，个人所得税完成1亿元，下降20.1%。

全年实现基金收入7.4亿元，比上年下降16.9%。全市财政总支出169.7亿元，比上年增长20.2%，其中公共财政预算支出160.7亿元，增长23.2%，一般公共服务支出10.6亿元，下降3%，教育支出32.3亿元，增长56.7%，社会保障和就业支出25.4亿元，增长25.6%，医疗卫生支出10.7亿元，下降0.7%，城乡社区事业支出7亿元，增长7.7%。全年基金支出9亿元，比上年下降16%。

金融市场运行平稳。年末全市金融机构各项存款余额805.9亿元，较年初增加104.1亿元，增长14.8%，其中单位存款241.8亿元，较年初增加42.8亿元，增长21.5%；个人储蓄存款545.2亿元，较年初增加57.2亿元，增长11.7%。金融机构各项贷款余额537.3亿元，较年初增加93.5亿元，增长21.1%。其中，短期贷款353.6亿元，较年初增加53.4亿元，增长17.8%，个人贷款及透支100.6亿元，较年初增加6.3亿元，增长6.7%。中长期贷款175.1亿元，较年初增加31.6亿元，增长22%。其中，个人贷款117亿元，较年初增加23.7亿元，增长25.5%，个人消费贷款55.2亿元，较年初增加8.2亿元，增长17.5%；单位贷款58.1亿元，较年初增加7.9亿元，增长15.7%；经营贷款8.5亿元，较年初增加2.3亿元，增长17.7%；固定资产贷款49.5亿元，较年初增加6.6亿元，增长15.3%。

保险事业稳定健康发展。全年财险收入8.3亿元，赔付3.3亿元；寿险收入19.2亿元，赔付0.3亿元。

8

2012年七台河市经济发展概况

【经济总量】2012年，七台河市全年实现地区生产总值（GDP）298.9亿元，按可比价计算，比上年增长8.1%，其中，第一产业实现增加值30.3亿元，比上年增长7.4%；第二产业实现增加值174.5亿元，比上年增长9.3%；第三产业实现增加值94.1亿元，比上年增长5.3%。三次产业构成为10.1：58.4：31.5。人均地区生产总值（GDP）达到3.2万元，比上年增长8.5%。

市场物价平稳回落。2012年居民消费价格总指数（CPI）累计为103.9%，比上年上涨3.9%，涨幅比去年同期回落2.1个百分点。从商品类别看，食品价格上涨6.2%，烟酒上涨3.9%，衣着上涨3.2%，家庭设备用品及维修服务上涨0.7%，医疗保健和个人用品上涨6.0%，交通和通信下降0.8%，娱乐教育文化用品及服务上涨2.4%，居住上涨2.4%。

【农业】2012年，七台河市农业生产稳定增长，粮食产量再创新高。2012年我市通过调整种植结构、增加高产作物种植面积，有力地助推了粮食增产丰收，粮食产量达到17.5亿斤，比上年增加2.33亿斤，同比增长15.4%，实现连续九年增长。

畜牧业走产业化、规模化、科学化的发展之路，使畜牧业稳定增长，畜牧业实现总产值14.64亿，同比增长27.1%。2012年年末猪、羊、禽存栏分别为32.0万头、19.0万头、400.4万只，同比分别增长23.5%、8.0%和37.1%。全年肉类产量5.5万吨、增长10.0%；禽蛋产量为1.69万吨，比上年增长7.6%。

【工业和建筑业】2012年，七台河市工业生产稳步增长。2012年我市工业在受煤焦市场疲软的影响下，仍实现了稳步增长。全年规模以上工业实现增加值137.9亿元，同比增长10.5%，增幅比上年提高3.3个百分点，占GDP比重46.1%。炼焦业实现增加值12.7亿元，同比下降6.7%。电力行业和非煤工业成为带动工业发展主要动力。其中，电力行业实现增加值11.9亿元，同比增长9.7%，占规模以上工业增加值的比重提高0.7个百分点。非煤工业实现增加值17.7亿元，同比增长14.2%，占规模以上工业增加值的比重12.8%，同比提高1.7个百分点。非煤工业中，化工行业增速较快，实现增加值5.3亿元，同比增长33.5%，占规模以上工业增加值比重提高1.0个百分点。

2012年，全市共有资质建筑企业50家，全年建筑业企业实现增加值4.12亿元，按可比价计算，比上年下降4.3%。

【固定资产投资】2012年，七台河市固定资产投资快速增长。2012年全市固定资产投资完成163.5亿元，同比增长35.6%，增幅比上年提高31.8个百分点。投资主要是产业项目、社会事业和基础设施构成为主，其中产业项目完成85.2亿元，同比增长18.7%，占全市固定资产投资的比重为52.1%。社会事业和基础设施等项目完成78.3亿元，同比增长60%，占全市固定资产投资的比重为47.9%。

房地产开发投资下降。2012年房地产开发投资完成13.55亿元，比上年下降13.6%。商品房销售额12.7亿元，下降6.6%；商品房平均销售价格为3647元/平方米，比上年上涨6.5%，其中商品住宅为3514元/平方米，上涨3.4%。

【国内贸易和对外经济】2012年，七台河市全市社会消费品零售总额实现74.2亿元，同比增长15.6%。分行业看，批发零售业实现63.6亿元，同比增长17.9；住宿餐饮业实现8.6亿元，同比增长4.0。分城乡看，城镇社会消费品零售总额实现了61亿元，同比增长15.4亿元；乡村社会消费品零售实现13.2亿元，同比增长16.6%。

对外贸易持续增长。全年外贸进出口总额实现10005.9万美元，比上年增长7.96%，其中，出口实现7987.4万美元，下降10.4%，进口实现2018.5万美元，增长4.7倍。

全年实际利用外资2826万美元，比上年增长1.1倍。

【交通、邮电和旅游】2012年，七台河市交通运输业平稳发展。境内等级公路里程1798.54公里，境内高速公路里程117.35公里。全年铁路客运量56万人，比上年下降15.9%，铁路货物发运量1636.3万吨，下降16.6%。公路客运量1242万人，比上年下降4.2%；公路货运量1368万吨，比上年下降7.1%。

邮电通信业发展良好。2012年邮政业、电信业业务收入6.5亿元，增长6.1%。年末固定电话用户12.11万户，移动电话用户85.32万户，国际互联网络用户9.86万户。

旅游业稳步发展。全年共接待国内、外旅游者33.0万人次，实现旅游业总收入2900万美元。

【金融和保险】2012年，七台河市2012年，全市一般预算收入完成21.8亿元，同比增长6.9%；政府性基金收入完成4.3亿元，下降22.8%。一般预算支出达到60.9亿元，同比增长12.4%；政府性基金支出达到4.1亿元，同比增长6.3%。

金融稳健运行。2012年年末金融机构各项存款余额338.8亿元，比年初增加43.6亿元，增长14.8%，其中，单位存款98.9亿元，比年初增加15.9亿元，增长19.2%，个人存款223.7亿元，比年初增加20.7亿元，增长10.2%。各项贷款余额175.9亿元，比年初减少2.5亿元，下降1.4%，其中，短期贷款73.8亿元，比年初增加4.2亿元，增长6.1%；中长期贷款87.0亿元，比年初减少3.5亿元，下降3.9%。

江苏省

| 南京市 | 无锡市 | 徐州市 | 常州市 | 苏州市 | 南通市 | 连云港市 |

| 淮安市 | 盐城市 | 宿迁市 |

1

2012年南京市经济发展概况

【经济总量】2012年，南京市全年实现地区生产总值（GDP）7201.57亿元，比上年增长11.7%。其中，第一产业增加值为184.64亿元，增长4.9%；第二产业增加值为3170.78亿元，增长11.9%，其中全部工业增加值为2748.45亿元，增长11.0%；第三产业增加值为3846.15亿元，增长11.8%。人均地区生产总值达到88525元，按年平均汇率折算为14029美元。

三次产业增加值比例为2.6：44.0：53.4。先进制造业和现代服务业发展水平进一步提升，全市高技术产业完成工业总产值2431.96亿元，比上年增长18.0%，增幅高于全市规模以上工业平均水平6.2个百分点；占全市工业比重为21.3%，比上年提高1.7个百分点。智能电网、现代通信、生物医药、节能环保、风电光伏、新材料、轨道交通、航天航空等八大新兴产业实现主营业务收入3608.5亿元，比上年增长20.1%。软件和信息服务业实现业务收入2076亿元，比上年增长36.6%。金融业实现增加值721.86亿元，可比价增长20.2%，占服务业增加值的比重达到18.8%，比上年提高1.6个百分点。

【农业】2012年，南京市全年完成农林牧渔及农林牧渔服务业总产值318.55亿元，比上年增长12.4%。其中，农业产值完成183.47亿元，增长12.9%；林业产值完成3.39亿元，增长5.3%；牧业产值完成51.17亿元，增长8.8%；渔业产值完成65.46亿元，增长14.4%；农林牧渔服务业产值完成15.06亿元，增长10.6%。

全年粮食作物种植面积245.1万亩，比上年增长1.5%；油料种植面积67.79万亩，下降9.1%；蔬菜播种面积133.44万亩，与上年基本持平。全年粮食总产量117.5万吨，增长4.9%；油料总产量10.63万吨，增长1.4%；蔬菜总产量295.2万吨，增长0.6%。全年肉类（猪、牛、羊、禽）总产量12.37万吨，增长0.7%；禽蛋总产量7.59万吨，增长0.1%；牛奶总产量8.25万吨，下降3.9%；水产品总产量20.75万吨，增长0.7%。

全年新增设施农业面积为15.6万亩，年末累计达到67.48万亩。新增农民专业合作社321家，年末累计达到1768家；新增土地股份合作社210家，年末累计达到664家。年末农业适度规模经营面积累计达到267.22万亩，占耕地面积比重为74.3%。全年共引进推广农业新品种217个。累计建成农业科技园区7个。

【工业和建筑业】2012年，南京市全年规模以上工业企业实现工业总产值11405.12亿元，比上年增长11.8%。其中国有及国有控股企业增长4.6%，私营企业增长22.5%。分轻重工业看，轻工业实现总产值2007.19亿元，增长15.1%，重工业实现总产值9397.94亿元，增长11.1%。

全年实现建筑业增加值422.33亿元，按照可比价计算，比上年增长18.1%。全市具有资质等级的总承包和专业承包建筑业企业完成建筑业总产值2643.18亿元，比上年增长31.8%，其中在外省完成建筑业总产值985.38亿元，增长42.6%。建筑业竣工产值1622.83亿元，增长26.7%。

【固定资产投资】2012年，南京市全年全社会固定资产投资完成4683.45亿元，比上年增长16.8%。其中民间投资2446.46亿元，增长25.0%，民间投资占全社会固定资产投资比重为52.2%，比上年提高3.4个百分点。

从投资结构看，第一产业完成投资23.59亿元，比上年下降19.5%；第二产业完成投资2414.95亿元，增长17.4%，其中工业完成投资2400.93亿元，增长20%，工业投资中高新技术产业完成投资784.97亿元，增长20%，占工业投资的32.7%；第三产业完成投资2244.91亿元，增长15.8%。

【国内贸易和对外经济】2012年，南京市全年实现社会消费品零售总额3080.58亿元，比上年增长15.4%。按行业分，批发和零售业零售额2793.48亿元，增长15.3%；住宿和餐饮业零售额287.09亿元，增长15.9%。

在限额以上批发和零售业商品零售额中，汽车零售额395.67亿元，比上年增长9.1%；石油及制品零售额214.15亿元，增长17.2%；中西药品零售额141.11亿元，增长28.7%；家用电器和音像器材零售额114.44亿元，增长6.1%；建筑及装潢材料类72.2亿元，增长23.2%；金银珠宝类零售额60.35亿元，增长26.3%；通信器材零售额54.3亿元，增长81.1%。

全年完成进出口总额552.35亿美元，比上年下降3.7%。其中，出口总额319.01亿美元，增长3.4%。

从出口商品市场看，对亚洲、欧洲、北美洲三大主体市场全年完成出口额260.65亿美元，比上年下降1.9%，占全市出口总额比重为81.7%。

【交通、邮电和旅游】2012年，南京市全年货物运输总量41998.52万吨，比上年增长6.2%。货物运输周转量4624.72亿吨公里，增长17.2%。全年港口货物吞吐量19197万吨，增长1.4%，其中外贸货物吞吐量1742万吨，增长64.1%。港口货物吞吐量中，集装箱吞吐量达230万标准箱，增长24.8%。

全年旅客运输总量46254.68万人次，比上年增长9.4%。旅客运输周转量414.32亿人公里，增长12.8%。

年末民用汽车拥有量达到117.75万辆，比上年增长18.1%，其中本年新注册19.98万辆。年末私人汽车拥有量96.36万辆，增长21.0%，其中本年新注册16.73万辆。年末私人轿车拥有量70.77万辆，增长21.4%，其中本年新注册12.46万辆。

【金融和保险】2012年，南京市全年实现财政收入1427.25亿元，比上年增长9.9%。其中，公共财政预算收入733.02亿元，增长15.4%。

年末全市金融机构本外币各项存款余额为16540.43亿元，比年初增加2299.11亿元。其中，居民储蓄4532.02亿元，比年初增加563.98亿元；单位存款11006.45亿元，比年初增加1608.58亿元。年末全市金融机构本外币贷款余额13079.32亿元，比年初增加1360.74亿元。其中，短期贷款4664.63亿元，比年初增加586.19亿元；中长期贷款7777.40亿元，比年初增加573.58亿元。

全年实现保费收入236.50亿元，比上年增长21.9%。其中，人身险收入154.44亿元，增长27.6%；财产险收入82.07亿元，增长12.4%。全年累计赔付额68.45亿元,比上年增长21.3%。

其中，人身险赔付21.78亿元,下降11.3%，财产险赔付46.67亿元，增长46.6%。

2

2012年无锡市经济发展概况

【经济总量】2012年，无锡市全年实现地区生产总值（GDP）7568.15亿元，按可比价格计算，比上年增长10.1%。按常住人口计算人均生产总值达到11.74万元，按现行汇率折算达到1.87万美元，继续名列全省首位。

产业结构持续优化。全市实现第一产业增加值137.22亿元，第二产业增加值4012.03亿元，第三产业增加值3418.90亿元，三次产业比例调整为1.8：53.0：45.2。

【农业】2012年，无锡市农业生产稳定发展。优化农产品供应结构，有效保障市场需求。全年粮食总产量81.65万吨，比上年下降0.7%；油料总产量8653吨，比上年下降6.7%，其中油菜籽7478吨，比上年下降8.6%；蚕茧总产量77吨，比上年下降11.5%；茶叶总产量6652吨，比上年增长2.4%；水果总产量15.52万吨，比上年增长7.6%。

全年粮食种植面积为115.12千公顷，比上年减少1.83千公顷；油料种植面积为4.4千公顷，比上年减少0.66千公顷；蔬菜种植面积46.42千公顷，比上年增加5.6千公顷；水果种植面积15.54千公顷，比上年增加0.21千公顷。

林牧渔业生产基本稳定。主要畜产品中，肉类总产量10.95万吨，比上年下降0.5%，其中猪牛羊肉7.43万吨，比上年增长2.6%；禽蛋总产量2.92万吨，比上年下降1.4%；奶牛存栏0.80万头，比上年下降4.8%；全年水产品产量12.61万吨，比上年增长3.4%。

【工业和建筑业】2012年，无锡市工业生产实现平稳增长。全市规模以上工业企业实现增加值3056.90亿元，比上年增长7.1%。分轻重工业看，轻工业实现增加值646.90亿元；重工业实现增加值2410.00亿元。全市统计的246只主要工业产品中，产品产量比上年增长的有121只，占全市统计产品数的49.2%。在全市跟踪统计的22种重点产品中，有13种产品的产量实现增长。

工业经济效益逐步回升。全市规模以上工业实现主营业务收入14161.53亿元；产品销售率97.6%；

工业企业实现利税1183.31亿元；利润824.19亿元；工业经济综合效益指数达到238.61%。

【固定资产投资】2012年，无锡市全年固定资产投资完成3618.07亿元，比上年增长16.1%。分产业投向：第一产业投资15.26亿元，比上年增长7.9%，第二产业投资1423.59亿元，比上年增长13.7%，第三产业投资2179.23亿元，比上年增长17.8%。分注册类型：国有经济投资761.19亿元，比上年增长10.9%，三资经济投资567.06亿元，比上年增长13.6%，其他经济投资2289.82亿元，比上年增长18.7%。全年城镇固定资产投资建成投产项目1689个，项目建成投产率为72.6%；新增固定资产2532.17亿元，固定资产交付使用率为70.0%。

房地产业较为繁荣。全年房地产业实现增加值364.24亿元，比上年增长16.1%。完成房地产开发投资974.37亿元，比上年增长11.0%，商品房施工面积为5591.82万平方米，比上年增长7.9%，竣工面积825.96万平方米，比上年下降12.1%。全年商品房销售面积926.27万平方米，增长40.4%，商品房销售额776.67亿元，增长36.3%。

【科学技术】2012年，无锡市全市共有国家、省级工程技术研究中心356家，省级以上科技企业孵化器45家，省级公共技术服务平台37家，国家、省级高技术研究重点实验室8家，省级产业研究院2家，省级企业研究院2家，国家级国际合作基地3家，省级以上外资研发中心25家，省级以上国际技术转移中心4家。全市累计47名人才入选国家“千人”计划，引进国家“千人”计划专家49名。

高新技术产业快速提升。全市高新技术产业产值占全市规模以上工业总产值的比重达到39.1%，比上年提高2.5个百分点。本年按新标准已经认定高新技术企业332家。本年新增国家级重点新产品18个、省级高新技术产品950个。

科技创新成绩显著。全市专利授权量达51442件，比上年增长51.0%，其中发明专利授权量2470件，比上年增长35.6%。获国家、省科技计划项目571项，获国家和省科技计划到位经费4.66亿元。

【国内贸易和对外经济】2012年，无锡市全年实现社会消费品零售总额2427.94亿元，比上年增长14.4%。其中，城镇零售额2103.63亿元，比上年增长14.3%，乡村零售额324.31亿元，比上年增长14.6%；批发和零售业零售额2240.38亿元，比上年增长14.1%，住宿和餐饮业零售额187.56亿元，比上年增长18.3%。在限额以上批发和零售业零售额中，书报杂志类增长310%，建筑及装潢材料类增长71.4%，日用品类增长34.7%，儿童玩具类增长33.7%，电子出版物和音像制品类增长31.6%。年实现外贸进出口总额707.75亿美元，比上年下降2.3%。其中，进口总额294.61亿美元，比上年下降2.3%；出口总额413.14亿美元，比上年下降2.4%。出口结构持续优化，一般贸易出口比重上升，实现出口额205.15亿美元，总量占比达49.7%，同比提高0.1个百分点。

【交通、邮电和旅游】2012年年末，无锡市全社会拥有车辆137.08万辆，比上年增长7.2%。其中汽车101.37万辆，比上年增长16.0%。私人汽车又有较快发展，年末达到75.32万辆，比上年增加12.51万辆。

全社会客货运量全面增长。全年完成客运量32995.93万人次，比上年增长7.7%；完成货运量18267.66万吨，比上年增长18.7%。全市港口货物吞吐量21278.09万吨，比上年增长1.3%。全年空港旅客吞吐量323.86万人次，比上年增长10.2%，其中出入境游客吞吐量37.03万人次，比上年增长44.1%。

邮电通信稳定发展。全年邮电业务总量99.84亿元。邮政服务门类增多，投递速度加快。全年发送函件8577万件，比上年下降15.5%。城乡本地固定电话用户213.64万户。移动电话用户达到896.74万户，比上年增加15.97万户。计算机互联网用户达到163.07万户，比上年增加10.84万户。

【金融和保险】2012年，无锡市全市公共财政预算收入658.03亿元，比上年增长7.0%。财政支出结构继续调整。公共财政预算支出648.61亿元，比上年增长9.4%；社会保险基金支出175.11亿元，比上年增长17.9%。

金融存贷款规模扩大。年末金融机构各项本外币存款余额达10740.38亿元，比上年增长10.5%；各项本外币贷款余额8024.00亿元，比上年增长10.2%。存款中，单位存款余额6640.90亿元，比上年增长8.0%；城乡居民储蓄存款余额3763.82亿元，比上年增长12.7%。贷款中，短期贷款4376.06亿元，比上年增长14.6%；中长期贷款3282.36亿元，比上年增长2.0%。全年现金净投放415.95亿元。

3

2012年徐州市经济发展概况

【经济总量】2012年，徐州市全年实现地区生产总值（GDP）4016.58亿元，按可比价格计算，比上年增长13.2%，其中，第一产业增加值382.64亿元，增长5.1%；第二产业增加值1968.51亿元，增长14.5%；第三产业增加值1665.43亿元，增长13.4%，三次产业结构为9.5：49.0：41.5。人均地区生产总值46877元（按常住人口计算），按当年汇率折算达到7426美元。

民营经济持续增长。全年民营经济实现增加值2358.18亿元，比上年增长14%，高于地区生产总值增幅0.8个百分点；总量占地区生产总值比重的58.7%；其中私营个体经济实现增加值1719.55亿元，增长14.4%。年末工商部门登记私营企业8.57万户，增长7.0%，注册资本1946.70亿元，增长16.4%；个体户29.48万户，增长9.9%，注册资金138.02亿元，增长28.2%。

【农业】2012年，徐州市农业生产形势良好。全年粮食播种面积730.55千公顷，亩产430公斤，增加13公斤，全年粮食总产达471.73万吨，增加16.43万吨，增长3.6%，实现“九连增”，单产、总产均创历史新高。全年蔬菜播种面积304.97千公顷，增长2.6%，总产达1075.41万吨，增长8.3%。棉花28.54千公顷，总产3.67万吨；油料27.14千公顷，总产10.63万吨。

高效设施农业面积119.67千公顷，新增高效设施农业面积15.53千公顷，高效设施渔业面积6.05千公顷，新增高效设施渔业面积3.03千公顷。全年造林面积达4.95千公顷，新增有效灌溉面积5.20千公顷，新增节水灌溉面积10.45千公顷，农业机械总动力615.15万千瓦。

【工业和建筑业】2012年，徐州市工业经济平稳增长。全年规模以上工业企业达到2827家，比上年增长6.7%。其中营业收入超百亿元企业7家；上市工业企业达到7家。规模以上工业增加值比上年增长17.3%，其中轻、重工业增加值分别增长16.5%和17.7%。在规模以上工业中，股份制工业增加值增长24.0%，民营工业增加值增长28.9%。

全市六大千亿元主导工业产业发展迅速。其中装备制造业完成产值2605.81亿元，增长33.6%；能源产业完成产值717.24亿元，下降3.3%；食品及农副产品加工业完成产值2011.05亿元，增长20.9%。煤盐化工业完成产值1671.11亿元，增长43.7%；冶金业完成产值766.14亿元，增长24.4%；建材业完成产值363.95亿元，增长21.9%。

全年共完成建筑业总产值843.49亿元，比上年增长32.6%；竣工产值598.67亿元，增长23.3%。建筑业企业房屋建筑施工面积7225.14万平方米，增长33.7%。

【固定资产投资】2012年，徐州市全年完成固定资产投资2685.89亿元，比上年增长22.0%。其中民间投资1980.15亿元，增长18.9%，民间投资占固定资产投资比重的73.7%。

在固定资产投资中，第一产业投资51.46亿元，比上年增长50.6%；第二产业投资1519.18亿元，增长19.5%；第三产业投资1115.25亿元，增长24.5%；三次产业投资结构为1.9：56.6：41.5。第二产业投资中，工业投资1489.56亿元，增长22.5%。全市装备制造、食品及农副产品加工、能源、商贸物流旅游业共完成投资1445.31亿元，增长20.6%，占固定资产投资总额的53.8%。全市基础设施建设完成投资450.83亿元，增长27.6%，占固定资产投资总额的16.8%。房地产市场平稳增长，全年房地产开发投资完成310.07亿元，增长21.6%，商品房施工面积2281.57万平方米，增长18.9%，其中住宅1904.06万平方米，增长14.9%；商品房销售额342.75亿元，增长19.3%，其中住宅销售额增长18.4%。

全年固定资产投资在建项目2410个，完成投资额2375.82亿元。3000万元以上在建项目1864个，占项目总数达到77.3%，完成投资额2262.24亿元，增长35.8%；其中亿元以上在建项目744个，5亿元以上在建项目166个，分别比上年增加141个和19个。

【科学技术】2012年，徐州市科技创新能力不断增强。全年专利申请量1.8万件，授权量1万件，其中企业专利申请量9246件，授权量4707件，同比分别增长99.1%和108.4%；全年10项科技成果荣获国家科学技术奖，通过鉴定科技成果172项，其中达到国际水平41项、国内领先59项、国内先进67项。高新技术产业发展强劲。

科技投入和研发能力稳步提高。全年全社会研发（R&D）投入达68亿元，比上年增长28.3%，占GDP比重为1.7%，组织实施省重大科技成果转化专项资金项目4项，总投入10.4亿元。全市省级以上研发机构173家，其中本年新增45家。新增市级工程技术研究中心1478家、企业重点实验室7家。全市每万就业人员中R&D人员数达45.24人，比上年增加5.2人。全市拥有中国科学院和中国工程院院士8人。

【国内贸易和对外经济】2012年，徐州市全年实现社会消费品零售总额1293.2亿元，比上年增长15.7%。按经营单位所在地分，城镇消费品市场实现零售额1033.43亿元，增长16.0%；乡村消费品市场实现零售额259.77亿元，增长14.5%。按消费形态分，批发和零售业零售额1154.01亿元，增长15.9%；住宿和餐饮业零售额139.19亿元，增长14.6%。

全年进出口总额83.27亿美元，比上年增长32%。其中，出口62.88亿美元，增长51.2%；进口20.39亿美元，下降5.2%。全年新批外商直接投资企业211家，新批协议外资24.39亿美元；实际到账注册外资17亿美元，比上年增长16.0%。全年省级以上开发区完成进出口总额57.07亿美元，其中出口总额39.62亿美元，分别比上年增长28.0%和61.7%；实际到账注册外资13.30亿美元，增长21.7%。

【交通、邮电和旅游】2012年，徐州市全年完成公路旅客运输量2.33亿人次、公路货物运输量1.90亿吨，分别比上年增长9.6%和12.8%，公路旅客周转量、公路货物周转量分别为127.50亿人公里、246.44亿吨公里，分别增长9.4%和13.4%。港口货物吞吐量7208万吨，增长8.2%。全社会公路总里程16278公里，其中高速公路441.37公里。观音机场通航城市数达23个，完成起降9570架次，旅客吞吐量97.41万人次，增长15%。年末全市机动车拥有量126.39万辆，其中汽车保有量62.45万辆，本年净增9.77万辆；私人汽车拥有量53.48万辆，增长21.1%，私人轿车拥有量28.62万辆，增长29.5%。

全年邮政电信业务收入61.58亿元，比上年增长8.9%。其中，邮政业务收入7.62亿元，电信业务收入53.96亿元，分别增长8.2%和9.0%。年末固定电话(含小灵通)用户164.60万户，其中城市电话用户82.41万户，乡村电话用户62.39万户。移动电话用户760.21万户。百户家庭电话拥有量为281部。每千人拥有互联网用户数达626.87户。

全年实现旅游总收入331.23亿元，比上年增长17.5%,接待国内外游客2772.51万人次，增长12.0%；其中，全市共接待国内游客2752.56万人次，增长12.0%，实现国内旅游收入311.82亿元，增长17.7%，接待入境游客19.95万人次，增长9.5%，实现旅游创汇2.1亿美元，同比增长12.6%。

【金融和保险】2012年，徐州市全年财政总收入597.63亿元，比上年增长7.6%，实现公共财政预算收入366.76亿元，增长15.2%。其中税收收入284.14亿元，增长19.8%，税收收入占公共财政预算收入的比重为77.5%。

财政支出结构优化。全年公共财政预算支出527.87亿元，增长19.3%，其中，住房保障、教育、科技、医疗卫生等关系民生的财政支出分别增长43.4%、34.7%、29.5%和23.5%。

金融市场运行稳定。年末全市金融机构存款余额3364.47亿元，比年初增加383.48亿元，其中储蓄存款1794.72亿元，比年初增加299.30亿元；全市金融机构贷款余额2047.23亿元，比年初增加312.36亿元。

保险业规模扩大。全年保险企业51家，实现保费收入83.05亿元，其中财产险收入27.43亿元，人身险收入55.62亿元。全年各类保险赔款给付支出25.72亿元，增长29.1%，其中产险支出14.45亿元，比上年增长38.7%；寿险支出11.27亿元，比上年增长18.5%。

4

2012年常州市经济发展概况

【经济总量】2012年，常州市全年实现地区生产总值（GDP）3969.8亿元，按可比价计算增长11.5%，其中第一产业完成增加值126.3亿元，增长4.6%；第二产业完成增加值2100.8亿元，增长11.7%；第三产业完成增加值1742.7亿元，增长11.6%。全市一、二、三次产业比重由上年的3.1：54.5：42.4调整为3.2：52.9：43.9，服务业增加值在全市经济总量中所占比重较上年提高1.5个百分点。全市按常住人口计算的人均生产总值达85036元，按平均汇率折算达13471美元。

财政收入增势平稳。全年实现公共财政预算收入379.0亿元，比上年增长8%，其中增值税25%及营改增增值税、营业税、个人所得税分别入库51.6亿元、83.8亿元和19.9亿元，分别增长6.2%、13.1%和3.8%，企业所得税40.7亿元，下降7.7%。财政支出继续向民生领域倾斜，全年公共财政预算支出384.1亿元，比上年增长6.2%，其中教育支出66.2亿元，社会保障和就业支出41.1亿元，农林水事务支出29.1亿元，医疗卫生支出21.6亿元，分别比上年增长20.6%、13.1%、13.5%和9.8%。

【农业】2012年，常州市全市实现农林牧渔业总产值219.6亿元，比上年增长12.8%。全市粮食播种面积155.65千公顷，比上年下降2.4%。粮食总产量114.8万吨，比上年下降0.4%。粮食单产达到491.7公斤，比上年增加10.6公斤，水稻单产633公斤，比上年增加5公斤，蝉联全省“十连冠”。全市蔬菜播种面积41.13万亩、产量89.26万吨，分别比上年增1%、8.6%；出栏生猪88.58万头，家禽4941万羽。花木产业提升工程成效显著，全市新增设施花木4.2万亩，总面积达38万亩，总产值达27亿元，分别比上年增长15.5%、22.7%，实现花木基地面积、花木产能、经济总量的“三提升”。

农业现代化建设稳步推进。全市高标准农田比重达58.15%，高效设施农（渔）业面积占比达20.53%，农业综合机械化水平达83%，全市优质农产品基地占耕地面积的比重达90%，农业信息化覆盖率达98.5%，持证农业劳动力占比达29.6%，工商登记农户入社率超过80%，农业适度规模经营比重超过84.14%。农业系统全年实施市级以上农业科技项目43项，引进、示范、推广农业新品种56个、新技术72项。全市新增1家国家级生猪核心育种场、2家省级青虾良种繁育场。优质高产多抗粳稻新品种——武运粳23号的育成与推广获市科技进步一等奖，农业科技进步贡献率超过64.5%。

【工业和建筑业】2012年，常州市全年完成规模以上工业产值9031.3亿元，同比增长12.1%，其中轻工业1730.6亿元，增长12.8%；重工业7300.7亿元，增长12.0%。规模以上工业中，民营企业完成产值5932.0亿元，增长17.4%，其中私营企业5354.9亿元，增长17.4%；外商及港澳台商投资企业完成产值2809.6亿元，增长3.6%。重点行业平稳运行，机械、冶金、化工、纺织服装、电子行业全年完成产值3424.8亿元、2142.1亿元、1239.2亿元、787.1亿元和388.7亿元，同比分别增长9.7%、9.3%、28.7%、12.4%和18.1%。全年完成高新技术产业产值3555.2亿元，占规模以上工业总产值的比重达到39.4%，比上年提高2.1个百分点。企业经济效益低位开局、逐步向好，规模以上工业企业全年完成主营业务收入8980.3亿元，同比增长11.9%，实现利税、利润703.4亿元、428.2亿元，同比增长4.0%、0.8%。规模以上工业经济效益综合指数为250.4%，成本费用利润率为5.0%，产品销售率为97.9%。

全年实现建筑业增加值200.2亿元，比上年增长10.1%；建筑企业全年完成施工产值1027.7亿元，比上年增长20.4%；施工面积8593.6万平方米，增长16.2%；竣工面积2944.6万平方米，增长8.9%。建筑业按施工产值计算的全员劳动生产率达29.6万元/人，比上年提高18.5%。

【固定资产投资】2012年，常州市全年完成全社会固定资产投资2760.1亿元，比上年增长18.0%，其中亿元以上项目完成投资额878.5亿元，增长18.5%。第一产业完成投资5.8亿元，比上年下降42.1%，第二、三次产业分别完成投资1534.0亿元和1220.4亿元，分别增长18.4%和18.1%。工业投资保持稳定增长，全年完成投资1526.0亿元，增长18.0%，对全社会投资增长的贡献率达55.2%，高于上年0.6个百分点。工业投资中，设备、工器具购置完成投资845.7亿元，增长18.2%。

房地产开发投资有所放缓。列统房地产开发企业全年完成投资597.0亿元，比上年增长5.2%，其中住宅完成投资416.1亿元，增长2.9%，占房地产开发投资的比重达到69.7%；商业营业用房完成投资89.4亿元，增长8.0%；办公楼投资21.8亿元，下降22.7%。全年商品房屋施工面积4314.4万平方米，增长9.9%，其中本年新开工面积1100.2万平方米，下降24.2%。

【科学技术】2012年，常州市全年政府科技经费投入19.33亿元，比上年增长39.4%。新认定国家高新技术企业106家，累计达724家；争取省级以上科技项目451项，获得经费支持4.9亿元；成功举办“5.18”展洽会，组织产学研重大活动13次，新增产学研合作项目316项。全年完成专利申请39391件，同比增长68.4%，其中发明专利10123件；专利授权15379件，其中发明专利授权1188件，万人发明专利拥有量由上年的4.77件增加到7.59件。常州高新区、武进高新区成为首批省级科技金融合作创新示范区，武进高新区升格为国家级高新区。

创新体系不断完善。着力加快创新载体建设，“一核八园”入库企业932家，全年营业总收入突破1000亿元，增长44.8%。科教城研发机构总数达101家，高科技创业企业达635家，各类研发人才超过1.5万人。全年新增“两站三中心”144家，累计769家。企业创新力度加大，全市有620家大中型工业企业建有研发机构，覆盖率超过90%。孵化器、加速器建设加快，常州生物医药孵化器全面启用，常州创意产业基地获得全省唯一、全国地级市唯一首批国家文化和科技融合示范基地授牌。全市市级以上孵化器、加速器累计达64家，其中国家级孵化器10家，省级孵化器22家，省级加速器2家。产学研用结合更显特色，成功举办“5.18”展洽会，签约34个重大项目，其中16个重大产业化项目的技术合同总金额达2.39亿元。

【国内贸易和对外经济】2012年，常州市全年实现社会消费品零售总额1404.5亿元，比上年增长14.7%，扣除价格因素，实际增长12.8%。其中批发零售业实现零售额1285.1亿元，增长14.4%；住宿餐饮业实现零售额119.4亿元，增长17.8%。城乡市场呈现同步发展态势，城镇地区实现零售额1311.1

亿元，增长14.6%；乡村地区实现零售额93.4亿元，增长15.1%。限额以上批发零售企业建筑及装潢材料类、体育娱乐用品类、家具类、金银珠宝类和汽车类商品零售额增长较快，零售额分别比上年增长27.1%、21.3%、24.0%、20.2%和19.0%。

【交通、邮电和旅游】2012年，常州市全年完成公路客运量16542万人，比上年增长12.3%，公路旅客周转量102.6亿人公里。全年完成货运量17794万吨，增长15.2%，其中公路货运量16075万吨，水路货运量1719万吨；货物周转量133.5亿吨公里，其中公路货物周转量104.7亿吨公里，水路货物周转量28.7亿吨公里。铁路客运量（含常州、戚墅堰、常州北站）1099.7万人，其中常州北站客运量119.1万人。常州机场全年旅客吞吐量突破100万人次，达到107.8万人次，比上年增长15.5%，跻身全国中等机场行列；货物吞吐量1.1万吨，增长32.2%；起降航班22367架次，其中运输起降11384架次。全年港口货物吞吐量8998.0万吨，其中常州长江港货物吞吐量2666.0万吨。年末全市机动车拥有量达95.5万辆，比上年末增长8.3%；民用汽车拥有量72.7万辆，比上年末增长29.8%，其中私人汽车54.0万辆，增长24.3%。

【金融和保险】2012年，常州市金融服务能力提升。年末全市金融机构人民币存款余额5604.9亿元，比年初增加702.9亿元，增长14.3%；贷款余额3832.8亿元，比年初增加426.5亿元，增长12.5%。各项贷款余额中，短期贷款2095.4亿元，比年初增长13.9%，其中个人贷款及透支211.7亿元，增长26.1%，单位经营贷款1669.9亿元，增长13.3%；中长期贷款1618.7亿元，比年初增长9.2%，其中个人贷款641.5亿元，增长11.4%，单位经营贷款138.6亿元，增长43.5%。全市新增股份制商业银行分支机构2家、科技支行4家，成立村镇银行1家。

保险业务平稳增长。截至年末，全市共有保险公司61家，比上年增加4家，其中寿险公司35家，产险公司26家。全年实现保费总收入109.4亿元，比上年增长16.9%，其中寿险75.6亿元，增长18.3%，财产险33.8亿元，增长13.7%；全年保险赔款支出21.2亿元，比上年增长27.7%，其中寿险2.2亿元，比上年增长8.7%，财产险19.0亿元，比上年增长30.4%；寿险其他各类给付支出8.8亿元，比上年增长1.9%。

5

2012年苏州市经济发展概况

【经济总量】2012年，苏州市全年实现地区生产总值（GDP）12011.65亿元，比上年增长10.1%；人均地区生产总值（按常住人口计算）114029元，按现行汇率折算18142美元。

全年实现地方公共财政预算收入1204.3亿元，比上年增长9.4%。其中各项税收收入1023.9亿元，增长10.2%。全年地方公共财政预算支出1113.47亿元，比上年增长11.1%。其中教育支出180.7亿元，增长19.5%；科学技术支出66.59亿元，增长24.2%；社会保障和就业支出101.6亿元，增长20.1%。全市各级财政用于民生方面的支出605.4亿元，占财政支出的54.4%。

【农业】2012年，苏州市全市实现农林牧渔业总产值337.7亿元，比上年增长4.1%。粮食总产量116.5万吨，比上年增长1.3%，其中夏粮总产量36.7万吨，增长5.1%；秋粮总产量79.7万吨，下降0.4%。粮食连续实现三年增产。

农业现代化建设稳步推进。全市新增设施农业（渔业）面积9.15千公顷，累计达到41.25千公顷。新建高标准农田20千公顷，累计达到106.7千公顷。全市农业适度规模经营比重达到86.8%。规模以上农业龙头企业年销售收入1050亿元，比上年增长13.6%。全年新增无公害农产品、绿色食品和有机食品121只，累计达到1722只。

【工业和建筑业】2012年，苏州市工业经济努力克服市场需求放缓、生产成本上升、经营难度加大的不利影响，以强化要素保障实现稳定增长，以加快结构调整促进提档升级。全市实现工业总产值34528亿元，其中规模以上工业总产值28784亿元，分别比上年增长3.5%和5.2%。全市规模以上工业中，私营工业产值4893亿元，增长4.3%；外资工业产值19115亿元，增长4.0%。重工业产值21737亿元，轻工业产值7046亿元，分别比上年增长6.1%和2.5%。全市新产品产值4627亿元，比上年增长20.5%。

主导产业稳定发展。通信设备和计算机及其他电子设备制造业、黑色金属冶炼及压延加工业、电气机械及器材制造业、纺织业、化学原料及化学制品制造业、通用设备制造业六大支柱行业实现产值19819亿元，比上年增长6.1%，占规模以上工业总产值的比重达68.9%。

建筑业实现平稳发展。全市完成建筑业总产值1745亿元，比上年增长13.9%。全市资质以上建筑业企业房屋施工面积11014万平方米，比上年增长9.4%，其中新开工面积4574万平方米，下降12%。建筑业企业在外省完成建筑业产值300亿元，比上年增长16.1%。年末拥有总承包和专业承包资质的建筑企业1477家，实现利润74亿元，比上年增长18.8%；上缴税金71亿元，增长13.8%。

【固定资产投资】2012年，苏州市全市坚持扩内需、稳投资的发展方针，着力扩大基础设施、重点项目、民生工程、新兴产业的投入力度，有效引导投资结构，夯实经济发展基础。全年完成全社会固定资产投资5266.49亿元，比上年增长17%。其中国有经济完成投资1218.55亿元，增长8.7%；私营个体投资1608.56亿元，增长15.7%。投资结构继续优化，第一产业完成投资10.01亿元，增长13.7%；第二产业完成投资2184.89亿元，增长15.6%，其中工业投资2176.43亿元，增长15.9%；第三产业完成投资3071.59亿元，增长18%，占全社会投资的比重达到58.3%，比上年提高0.5个百分点。新兴产业投入持续加快增长。全市新兴产业在建项目完成投资1133.34亿元，比上年增长31.8%。

【科学技术】2012年，苏州市围绕结构调整和产业转型升级，着力提升科技进步对经济增长的贡献度，全力打造以增强自主创新能力为核心的区域创新体系。全市研究与试验发展经费支出占地区生产总值的比重预计达到2.6%。全年落实企业研发费加计扣除金额42.47亿元。

全市新增省级以上高新技术企业588家、累计达到1864家。新认定省级以上高新技术产品2367个，累计达10031个。新增省级以上企业技术中心43家，累计176家。新增省级以上工程技术研究中心109家，累计337家。全市80%的本土大中型企业建立研发机构。高新技术产业实现产值11889亿元，占全市规模以上工业产值的比重达到41.3%。

【国内贸易和对外经济】2012年，苏州市积极改善提升消费环境，加快优化城乡商贸布局，大力发展新型消费业态，突出扩大消费需求对经济增长的贡献。全年实现社会消费品零售总额3240.97亿元，比上年增长14.5%。其中城镇消费品市场实现零售额2831.37亿元，增长14.3%；农村消费品市场实现零售额409.6亿元，增长16.3%。批发和零售业零售额2855.04亿元，增长14%；住宿和餐饮业零售额385.93亿元，增长18.7%。全市家电下乡产品销售额12.38亿元。

在欧债危机和主要发达经济体复苏进程缓慢的影响下，外贸增长减缓。全市实现进出口总额3056.92亿美元，其中出口1746.89亿美元，分别比上年增长1.6%和4.5%，增幅分别比上年回落8.2和4.7个百分点。外资企业进出口2273.51亿美元，比上年下降7.5%。积极推进加工贸易转型升级，大力发展一般贸易、保税物流贸易和服务贸易，外贸方式加快转变。全市加工贸易增值率由上年的77.2%提升至85.7%。一般贸易出口占出口总额的比重达25.3%，比上年提高1.6个百分点。保税物流贸易进出口增长54.16%。新兴市场增势强劲。全市对东盟、非洲和俄罗斯的出口额分别比上年增长13.8%、14.0%和10.7%。成功举办第一届中国国际进口产品博览会。

【交通、邮电和旅游】2012年，苏州市全市以加快基础设施建设、提高运输服务能力、构筑现代物流体系为重点，推进现代交通运输产业发展。

全市完成交通基础设施投资116.1亿元，其中公路建设投资60.7亿元，港口建设投资35亿元。年末公路总里程13090公里，其中高速公路535公里。

客货运量稳定增长。全市完成公路、水路客运量7.13亿人次，旅客周转量307.74亿人公里，分别比上年增长11.8%和12.1%；完成货运量1.77亿吨，货物周转量170.51亿吨公里，分别增长13.2%和13.8%。

港口运输能力增强。苏州港港口货物吞吐量4.28亿吨，比上年增长12.6%；集装箱运量586万标箱，比上年增长25.2%。苏州港新增万吨级以上码头泊位9个。太仓港年吞吐量突破400万标箱，太仓港在全国内河港中第一个获批享受海港待遇。

邮电通信平稳发展。全市邮政系统发送函件2.92亿件、特快专递2130.98万件、报刊3.1亿份。年末邮政储蓄余额433.8亿元，比年初增加60.86亿元。全市电信业务总收入187.35亿元，比上年增长10.8%。年末移动电话用户1555万户，互联网宽带用户达到283.57万户。

私家汽车保有量继续增加。年末拥有机动车239.27万辆，其中汽车177.90万辆，分别比上年增长7.1%和18.1%。私家汽车保有量144.54万辆，比上年增长20.6%。

【金融和保险】2012年，苏州市货币信贷总量平稳增长，金融业态多元发展，对实体经济支持力度加大。年末金融机构人民币存、贷款余额分别为17663.5亿元和13626.86亿元，分别比年初增加2483亿元和1754亿元。各项存款中，储蓄存款余额5788亿元；单位存款余额10758亿元。各项贷款中，短期贷款余额5717亿元，比年初增加1073亿元；中长期贷款余额7504亿元，比年初增加626亿元。年末金融机构本外币存、贷款余额分别为18796亿元和14878亿元，比年初分别增加2793亿元和2102亿元。

年末全市共有证券营业部60家，证券交易开户总数121万户。证券机构托管市值总额1283亿元，比上年增长10.9%。全年各类证券交易额10476亿元，比上年下降26.8%。期货市场交易额34901亿元，比上年下降8.6%。

保险业稳健运行。注册资本20亿元、国内首家在地级市设立的寿险法人总部机构——东吴人寿保险股份有限公司获准开业。全年新增保险机构5家，年末全市保险机构共68家。全年保费收入237亿元，比上年增长13.3%，其中财产险保费收入105亿元，增长19.4%；人身险保费收入133亿元，增长8.9%。

6

2012年南通市经济发展概况

【经济总量】2012年，南通市全年实现地区生产总值（GDP）4558.7亿元，按可比价计算，比上年增长11.8%。其中，第一产业增加值319.1亿元，增长4.6%；第二产业增加值2414.1亿元，增长12.4%；第三产业增加值1825.5亿元，增长12.3%。人均地区生产总值62506元，按当年平均汇率折算达9902美元，按可比价计算，比上年增长11.7%。财政总收入占地区生产总值的比重达23.2%。

产业结构持续优化，三次产业结构由上年的7.0：54.5：38.5调整为7.0：53.0：40.0。全年实现服务业增加值1844.9亿元，增长12.3%，占GDP比重为40.5%，比上年提高1.6个百分点。高新技术产业占比稳步提升，完成高新技术产业产值3936.8亿元，增长16.6%，占规模以上工业比重达到39.7%，同比提高3.0个百分点。新兴产业发展势头强劲，海洋工程装备、新能源、新材料、生物技术和新医药、智能装备和节能环保等六大新兴产业完成产值2573.7亿元，增长18.3%，占规模以上工业的比重达到25.9%，同比提高3.0个百分点。区域经济协调发展，县域经济大部分指标增速均快于全市平均水平，实现地区生产总值2800.5亿元，增长11.9%。

年末全市常住人口729.7万人，比上年增加0.8万人，户籍人口765.2万人，比上年增加0.3万人。全市人口出生率7.42‰，人口死亡率8.86‰，人口自然增长率-1.44‰。年末全市城镇化率58.7%，比上年提高1.1个百分点。

【农业】2012年，南通市全市农林牧渔业总产值548.9亿元，按可比价计算，增长4.7%，其中，农业产值243.7亿元，增长2.8%；牧业产值130.5亿元，增长4.3%；渔业产值131.0亿元，增长1.9%。粮食播种面积783.4万亩，下降0.6%；棉花种植面积64.2万亩，下降6.6%；油料种植面积198.2万亩，下降1.9%；蔬菜种植面积176.1万亩，比上年增长3.6%。全市新增成片林14.9万亩。

【工业和建筑业】2012年，南通市全市规模以上工业增加值2273.2亿元，增长14.4%，规模以上工业总产值10101.2亿元，增长14.1%。工业产值中，装备制造业4520.6亿元，增长13.7%，占全市规模以上工业总产值的比重达45.5%，比上年下降0.8个百分点。全市规模以上工业主营业务收入9592.2亿元，增长14.3%；利税总额1110.1亿元，增长14.4；利润总额751.8亿元，增长13.8%。

主要原材料产品中，纱50.3万吨，增长4.1%；布28.0亿米，增长0.1%；民用钢质船舶881.3万载重吨，下降5.3%；海洋工程及特种船舶476.0万综合吨，增长0.1%；集成电器79.0亿块，增长5.5%。

初步核算，全市能源消费总量2202.89万吨标准煤，万元地区生产总值能耗为0.507吨标准煤，比上年下降5.98%。

全年建筑业增加值422.00亿元，增长13.1%。建筑企业承建施工面积5.1亿平方米，增长3.7%。全市建筑队伍人数130万人，建筑队伍遍及22个国家和地区，年末出国人数1.2万人；年末全市拥有特级资质建筑企业15家，拥有一级建造师4782人。

【固定资产投资】2012年，南通市全年固定资产投资额2886.5亿元，比上年增长21.4%，其中，民间投资2144.8亿元，增长21.2%，占固定资产投资的比重达74.3%；工业投资1710.0亿元，增长11.1%，占固定资产投资的比重达59.2%。固定资产投资中，第一产业投资4.3亿元、增长74.8%，第二产业投资1710.0亿元、增长11.1%，第三产业投资1172.1亿元、增长40.1%。全年基础设施投资484.9亿元，增长55.5%。

全年房地产开发投资481.7亿元，增长26.8%。全市商品房施工面积3795.3万平方米，增长27.9%，其中，住宅施工面积3076.5万平方米，增长31.1%。全市商品房竣工面积735.3万平方米，下降4.7%，其中，住宅竣工面积605.9万平方米，下降1.6%。商品房销售面积712.5万平方米，增长5.2%，其中住宅631.8万平方米，增长6.0%。

【科学技术】2012年，南通市全市拥有高新技术企业390家，本年度新增高新技术企业166家；新增高新技术产品748项；新增国家级创新型企业2家；全市省级工程技术研究中心共计247家（本年度新增省级工程技术研究中心31家）；全市科技孵化器64家，孵化面积273万平方米，其中国家级7家、省级20家（本年度新增国家级科技孵化器1家、省级3家）；全年共有18个项目获省级以上科学技术奖，其中国家科学技术发明二等奖1项，省科技进步奖一等奖1个、二等奖6个、三等奖10个；全年专利申请量49924件，其中发明专利申请量9254件，专利授权量36247件，其中发明专利授权量700件。

【国内贸易和对外经济】2012年，南通市全年社会消费品零售总额1708.7亿元，增长15.5%。其中，城市消费品零售额1233.1亿元，增长15.8%；农村消费品零售额475.6亿元，增长14.7%。分行业看，批发和零售业消费品零售额1576.3亿元，增长15.2%；住宿和餐饮业消费品零售额132.3亿元，增长20.0%。

全年进出口总值263.0亿美元，增长2.0%。其中，出口总值187.9亿美元，增长4.3%；进口总值75.2亿美元，下降3.2%。年末与我市建立进出口贸易关系的国家和地区197个，全市有进出口业绩的企业4357家，增加6.6%。

【交通、邮电和旅游】2012年，南通市全年交通运输、仓储及邮政业增加值177.8亿元，比上年增长10.7%。年末南通机场民航航线11条，开通周航班量67班，增加27班；全年民航货邮吞吐量12955吨，增长68.2%；旅客吞吐量38.6万人次，增长54.7%。年末铁路南通站始发列车9对，全年铁路货运量94.3万吨，下降17.7%；客运量232.5万人次，增长5.3%。全年公路、水路货运量2.67亿吨，增长10.9%；公路客运量2.1亿人次，增长8.9%。全年新建及改建农村公路116.27公里，危桥改造107座。

全年邮电业务收入71.3亿元，增长9.6%。其中，邮政业务收入9.4亿元，电信业务收入61.9亿元，分别增长18.6%和8.3%。年末固定电话用户259.6万户，比上年减少19.9万户，其中，城市电话用户112.1万户；住宅电话用户76.8万户，减少7.7万户。年末移动电话用户809.1万户，净增34.2万户。年末互联网用户582.5万户，新增230.2万户。

全年用电量301.8亿千瓦时，增长7.5%，其中，工业用电量223.0亿千瓦时，增长5.1%；城乡居民生活用电量40.1亿千瓦时，增长14.9%。用电量中，第一产业用电量4.7亿千瓦时，增长25.8%；第二产业用电量227.8亿千瓦时，增长5.1%；第三产业用电量29.2亿千瓦时，增长15.1%。

【金融和保险】2012年，南通市全年财政总收入1055.9亿元，增长11.0%，其中，各项税收567.8亿元，增长10.7%。地方公共财政预算收入419.7亿元，增长12.3%，其中，营业税增长56.5%，增值税下降0.1%。全年财政总支出937.6亿元，增长23.0%，其中，地方公共财政预算支出513.0亿元，增长22.3%。地方公共财政预算支出中，用于社会保障与就业、科学技术、教育、医疗卫生、环境保护民生方面的财政投入达285.2亿元，增长23.6%。

全年金融机构新增贷款598.0亿元，年末各项贷款余额4006.5亿元，比上年末增长17.5%。全年金融系统新增存款863.3亿元，年末金融系统存款余额6477.8亿元，比上年末增长15.4%。其中，储蓄存款余额3605.7亿元，增长17.5%；企事业单位存款余额2680.3亿元，增长10.4%。

全年新增保险机构3家，年末保险机构总数达65家。全年保费收入129.4亿元，下降3.2%。其中，财产险收入33.1亿元，增长23.8%；人寿险收入96.2亿元，下降11.8%。全年已决赔款及给付36.8亿元，增长14.9%。

7

2012年连云港市经济发展概况

【经济总量】2012年，连云港市全年实现地区生产总值（GDP）1603.42亿元，增长12.7%；增幅居全省第5位，总量较上年增加192.90亿元。人均GDP达到36470元，较上年增加4351元，增长12.6%。其中市区人均GDP达到51556元。

产业结构更趋合理。第一产业增加值232.40亿元，增长5.7%；第二产业增加值736.14亿元，增长14.3%；第三产业增加值634.88亿元，增长13.3%。三次产业结构调整为14.5：45.9：39.6，第一产业比重保持稳定，与上年持平；第二产业比重在转型升级中略有下降，较上年下降0.5个百分点；第三产业比重提高0.5个百分点，产业结构更趋合理。

县域经济加快发展。县域GDP实现1039.42亿元，增长13.3%；比全市增幅高0.6个百分点，总量占全市比重达到64.8%。其中，赣榆、东海、灌云、灌南分别实现生产总值331.36亿元、277.3亿元、220.29亿元、210.47亿元，分别增长14.7%、12.6%、12.8%、12.6%。赣榆、东海两县达到全面小康标准，向省申报验收。但县域经济发展仍面临一些问题。一是产业结构欠佳；二是服务业发展滞后；三是开放经济水平低；四是人才和技术短缺。

【农业】2012年，连云港市粮食生产连续丰收。粮食播种面积746.4万亩，比上年增加14.5万亩，增长2.0%；亩产484.1公斤，增长1.9%；总产量361.4万吨，增长4.4%，连续十年丰产丰收。

高效农业规模不断扩大。新增高效设施农业10万亩、高效渔业10.3万亩，建成千亩连片基地81个、万亩连片基地8个。燕尾港获批为国家一级渔港。农业产业化水平稳步提升，新增省级农业产业园区2家、市级以上龙头企业42个，农业适度规模经营比重达到65%。

农业标准化、外向化水平不断提高。新增无公害、绿色、有机农产品485个，国家地理标志保护农产品达7个。灌南县获批省级食用菌农业标准化示范县，花果山蔬菜和赣榆泥鳅出口农产品质量安全示范区通过国家级认定。完成农产品出口4.1亿美元，增长10%。

【工业和建筑业】2012年，连云港市大力实施“双千双百”工程，着力提升产业规模化、集聚化、高端化水平，规模以上工业产值达到3353.48亿元，增长26.8%。完成增加值672.47亿元，增长17.3%，居全省第3位。

主导产业总量加快壮大。“三新一高”（指新医药、新能源、新材料、高端装备制造业）产业实现产值1514亿元，增长21.2%。其中，“新医药”保持较快发展，实现产值282亿元，增长35.6%；“新能源”实现产值338亿元，增长0.3%；“新材料”实现产值345亿元，增长17.2%；装备制造业实现产值806亿元，增长18.0%。

建筑产业快速增长。建筑业总产值430.64亿元，增长16.9%；建筑业增加值152.83亿元，增长12.0%；在外省完成产值158.54亿元，增长11.8%。新增建筑业企业8家。现有总承包和专业承包建筑业企业231家，行业总资产达到257.43亿元，增长25.1%。

【固定资产投资】2012年，连云港市固定资产投资1280.88亿元，较上年增加237.69亿元，增长22.8%，居全省第2位。增速以年初的29.6%高开，到上半年的22.4%，到全年的22.8%。全年呈现了高开稳走的良好运行态势。

三次产业投资协调发展。第一产业完成投资20.98亿元，增长133.2%，占固定资产投资完成额的1.6%；第二产业完成投资870.86亿元，增长23.1%，占固定资产投资完成额的68.0%；第三产业完成投资389.03亿元，增长19.1%，占固定资产投资总额的30.4%。

新兴产业投资向好。新兴产业完成投资234亿元，增长16.3%，占规模以上工业投资的27.3%。其中，新能源产业投资增长34.6%；新医药产业投资增长3.4%；新材料产业投资增长43.7%；高端装备制造产业投资增长26.9%。新兴产业项目的快速推进和加大投入，有效拉动了全市工业投资的稳步增长。

【科学技术】2012年，连云港市科技创新工作取得新进展。创新能力持续提高。新认定国家级高新技术企业30家、企业技术中心1家，创建两化融合示范试点企业25家，大中型工业企业研发机构实现全覆盖。创新资源加快集聚，争取国家重大科技专项8项，实施星火计划项目70项。高新技术产业完成产值1300亿元，占规模以上工业总产值的37%。组织实施“三百引才”等人才集聚工程，引进高层次创业创新人才900人、领军人才48人，2人入选国家千人计划、10人入选省“双创”计划，人才支撑不断强化。

【国内贸易和对外经济】2012年，连云港市消费品市场平稳运行。实现社会消费品零售额575.49亿元，增长15.0%，居全省第6位。其中，批发业零售额57.90亿元，增长19.7%；零售业零售额467.36亿元，增长15.2%；住宿业零售额8.36亿元，增长18.4%；餐饮业零售额41.88亿元，增长6.9%。

刚性需求持续不减，中高端消费趋于谨慎。刚性需求中，食品烟酒类消费增长31.1%，服装鞋帽类消费增长16.3%，化妆品类消费增长27.8%；而家电、家具、汽车等中高端消费明显偏冷，其中家电消费增长2.6%，家具消费下降10.4%，汽车消费增长4.6%。

高标准举办连云港之夏旅游节暨沿海开发经贸洽谈会、首届东中西区域合作论坛暨西游记文化节等经贸活动，吸引16个国家和地区的400多家客商、37家世界500强企业来连投资洽谈。以更大的步伐“走出去”，设立5个境外招商机构，在韩国、新加坡、香港、台湾等国家和地区高质量举办大型经贸招商活动，港口、物流、旅游等49个项目成功签约，71个重大招商引资项目有序推进。直接利用外资7.34亿美元，增长20.3%。内联客方到位资金611亿元，增长15.9%。支持企业开展境外投资，新核准境外投资项目5个，对外直接投资1.1亿美元。完成外贸进出口80.02亿美元，增长16.0%。国际服务贸易达到13.2亿美元，增长62%

【交通、邮电和旅游】2012年，连云港市港口建设强力推进。“一体两翼”组合大港加速形成。主体港区成为全国低碳试点港和科技示范港。集疏运体系逐步完善。旗台作业区铁路专用线主体完工，矿石带式输送机工程有序推进。北疏港公路、徐圩港前大道、徐新公路、242省道、310国道加快建设，临海高等级公路埒子口至青口段简易通车。全长120公里的港产城联动发展交通大动脉海滨大道开工建设。连盐铁路建设前期工作积极推进。新开国际集装箱航线8条，3条铁路班列纳入全国客车化运营，率先开通经霍尔果斯口岸出境的集装箱班列。港口完成货物吞吐量1.85亿吨，增长11.4%，集装箱502万标箱，增长3.5%。

交通运输呈现新局面。公路客运量1.59亿人次，增长10.4%，较上年提高0.7个百分点；旅客周转量64.29亿人公里，增长10.6%；货运量1.31亿吨，增长16.2%；货运周转量88.93亿吨公里，增长14.2%。水运客运量25.24万人次，增长2.1%，旅客周转量5737万人公里，下降19.0%；内河货运量完成1725万吨，增长6.4%；货物运周转量121.22亿吨公里，增长6.8%。民航连云港机场飞机起降达6229架次，增长15.2%；旅客吞吐量48.38万人次，增长5.0%；货物吞吐量3611吨，增长6.9%。

【金融和保险】2012年，连云港市综合财力进一步增强。财政总收入564.74亿元，增长22.1%。其中，公共财政预算收入208.94亿元，增长16.0%，增幅居全省第4位。主要税种中营业税为67.33亿元，增长61.6%；增值税、企业所得税实现16.59亿元、13.09亿元，分别增长6.8%、3.6%。公共财政预算收入占地区生产总值比重为13.0%，较上年提高0.3个百分点。

金融信贷稳健运行。年末金融机构存款余额1538.04亿元，比年初增加149.35亿元。其中，企事业单位存款756.75亿元，比年初增加33.37亿元；居民储蓄存款732.79亿元，比年初增加103.37亿元。

保险事业蓬勃发展。保险费总收入38.99亿元，增长10.9%，较全省平均水平高2.5个百分点，增幅居全省第4位。从保险构成看，人身险收入23.47亿元，占保险费总收入的60.2%。财产险保费收入12.83亿元，占保险费总收入的32.9%。健康险保费收入1.77亿元，增长31.2%。

8

2012年淮安市经济发展概况

【**经济总量**】2012年，淮安市全年实现地区生产总值（GDP）1920.91亿元，按照可比价格计算，比上年增长13.1%。其中，第一产业增长4.3%，第二产业增长15.4%，第三产业增长13.2%。经济结构进一步优化，三次产业比例由上年的13.2：47.0：39.8调整为12.9：46.3：40.8。人均地区生产总值达39992元，按当年平均汇率计算，折合6335美元。

全面小康社会建设成果显著。至2012年底，全面小康社会进程监测四大类18项25个指标中，有21个指标达到或超过省定标准，其中核心指标全部达标。

物价调控成效明显。全年市区居民消费价格上涨2.4%，其中食品类上涨5.5%，烟酒及用品类上涨5.2%，家庭设备用品及维修服务类上涨0.9%，医疗保健和个人用品类上涨0.4%，交通和通信类上涨1.8%，娱乐教育文化用品及服务类上涨0.7%，居住类上涨1.6%，衣着类下降1.6%。全年新增平价商店41个。

【**农业**】2012年，淮安市农业生产稳定发展。粮食连续九年丰收，全年粮食总产量456.11万吨，比上年增加2.69万吨，增长0.6%。其中夏粮163.65万吨，下降4.2%；秋粮292.46万吨，增长3.5%。全年粮食种植面积980.64万亩，增加5.73万亩。其中油料面积54万亩，减少0.94万亩，蔬菜面积135.41万亩，增加4.74万亩。全年造林面积7.3万亩。全年肉类总产量31.50万吨，增长5.4%，其中猪牛羊肉产量20.81万吨，增长4.0%；禽肉产量10.63万吨，增长8.3%。禽蛋总产量13.20万吨，增长4.1%。牛奶总产量3.29万吨，增长3.7%。全年水产品总产量25.17万吨，增长3.2%。年末农业机械总动力460万千瓦，增长8.24%。

【**工业和建筑业**】2012年，淮安市年末全市规模以上工业企业1922户。全年规模以上工业企业完成增加值958.88亿元，比上年增长17.2%。其中国有工业增加值105.53亿元，增长6.7%；集体工业增加值3.58亿元，增长11.3%；股份制工业增加值493.18亿元，增长15.9%；外商港澳台投资工业增加值253.81

亿元，增长26.0%。大中型工业企业增加值472.23亿元，增长14.2%。轻工业企业增加值409.45亿元，增长14.5%；重工业企业增加值549.43亿元，增长19.3%。

全市具有资质等级的总承包和专业承包建筑业企业完成建筑业总产值800.72亿元，增长18.3%，其中建筑工程产值770.13亿元，增长17.5%。全年完成建筑业增加值152.00亿元，比上年增长11.7%。

【固定资产投资】2012年，淮安市完成规模以上固定资产投资1247.99亿元，比上年增长22.3%。其中工业投资628.28亿元，增长29.5%；房地产开发投资280.55亿元，下降2.1%。规模以上民间投资979.77亿元，增长26.1%，占全市规模以上投资78.5%。

全年亿元以上施工项目454个，比上年增长34.3%，其中新开工项目313个，增长84.1%。亿元以上施工项目投资670.08亿元，增长43.6%，其中新开工项目完成投资413.97亿元，增长86.0%。

【科学技术】2012年，淮安市全市研究和发展经费投入占GDP比重的1.27%；科技进步贡献率达45.5%。全年专利申请达9325件，比上年增长36.0%；完成专利授权3140件，增长58.3%，发明专利申请1484件，增长53.5%。

全年实现高新技术产业产值956.49亿元，增长64.7%。新增省级高新技术企业43家，新认定市级高新技术企业58家。全年新开发市级以上新产品1050个，其中80个被认定为省级高新技术产品、113个被认定为市级高新技术产品。成功获批省级淮安高新技术产业开发区，实现省级高新区“零”突破。新获批省级科技企业孵化器1家、省级科技产业园2家，在孵科技型企业395家。获批省创新型试点县1家、创新型试点乡镇2家。

【国内贸易和对外经济】2012年，淮安市全年实现社会消费品零售总额633.24亿元，比上年增长15.6%。分城乡看，城镇消费品零售额558.80亿元，增长16.1%，其中城区消费品零售额353.48亿元，增长20.9%；乡村消费品零售额74.44亿元，增长11.7%。分行业看，批发零售业完成零售额567.60亿元，增长16.2%；住宿餐饮业实现零售额65.64亿元，增长10.6%。

限额以上单位实现社会消费品零售总额174.24亿元，比上年增长22.1%。其中粮油类增长37.2%，干鲜果品类增长28.1%，烟酒类增长30.0%，金银珠宝类增长38.4%，电子出版物和音像制品类增长57.2%，中西药品类增长29.4%，文化办公用品类增长36.8%，家具类增长38.3%，建筑及装潢材料类增长74.2%，机电产品及设备类增长35.9%，汽车类增长30.7%。

全市累计进出口总额42.4亿美元，比上年增长48.6%；其中出口33.7亿美元，增长83%。累计进出口超5000万美元、1000万美元、500万美元企业分别为28户、64户、107户，比上年分别增加10户、22户、24户。韩泰轮胎、富士康、理士电池等5户企业进出口额超亿美元。完成外经营业额1.37亿美元，增长16.3%；实现中方协议投资额2304万美元，增长282.7%，投资区域拓展到30多个国家和地区。淮安出口加工区获批为国家级综合保税区，通过国家封关验收。

【交通、邮电和旅游】2012年，淮安市全年完成公路、水路客运量1.23亿人次、周转量80.06亿人公里，比上年分别增长8.4%和8.6%；货运量1.22亿吨、周转量208.83亿吨公里，分别增长9.0%和11.1%。完成铁路客运量193.00万人次、周转量1.56亿人公里，均比上年增长13.9%；货运量174.6万吨、周转量1.41亿吨公里，均比上年下降18.4%。完成航空客运量34.69万人次、周转量3.80亿人公里，分别增长50.5%和60.3%；货运量0.21万吨、周转量0.33亿吨公里，分别增长34.6%和1652.6%。集装箱吞吐量5.52万标箱，增长1.7%；港口货物吞吐量0.57亿吨，增长13.3%。全市年末公路总里程1.28万公里，比上年增加343公里；铁路总里程81公里，与上年相同。重点工程进展情况良好。盐河航道整治工程竣工通航；237省道建成通车，金马高速、205国道西绕城等稳步推进；348省道、264省道、349省道等前期工作有序开展。新改建农村公路528公里、桥梁84座。宿淮铁路主体建成。淮安涟水机场新增深圳、沈阳、长沙、南宁和香港5条航线，通航城市达14个。一级汽车客运站、百万吨以上港区建设实现县区全覆盖。拥有国家4A级物流企业2家，省级重点物流企业、物流基地14家。年末全市民用汽车保有量达到25.30万辆，增长20%，其中私人汽车保有量20.10万辆，增长25%。民用轿车保有量14.32万辆，增长25%，其中私人轿车12.39万辆，增长28%。

邮电通信业平稳发展。全年邮电业务收入24.57亿元，比上年增长5.8%。其中，电信业务收入21.02亿元，增长3.7%；邮政业务收入3.55亿元，增长19.9%。全市年末固定电话（含小灵通）用户90.35万户，下降5.9%。年末移动电话用户277.14万户，增长9.4%；年末互联网注册用户45.82万户，增长8.3%。

旅游业加快发展。全年接待国内外旅游者1614.20万人次，比上年增长15.2%，其中国内接待1610.73万人次，增长15.2%。实现旅游总收入178.03亿元，增长18.1%，其中国内旅游收入172.65亿元，增长18.1%。产业规模不断壮大。全市国家A级旅游景区31个，其中4A级景区10个；全国农业旅游示范点5个；全国工业旅游示范点2个；省级自驾游基地3个；省星级乡村旅游区（点）7个，其中四星级4个；省级旅游度假区、省级生态旅游示范区各1个。旅行社92个，其中出境社2个。旅游星级饭店41个，其中五星级1个、四星级7个。

【金融和保险】2012年，淮安市全年财政总收入438.36亿元，比上年增长7.5%。其中上划中央四税收入137.31亿元，下降3.4%；公共财政预算收入233.61亿元，增长14.2%；社保基金收入54.22亿元，增长21.6%；政府性基金收入13.21亿元，下降19.7%。财政总支出404.91亿元，增长14.8%，其中公共财政预算支出338.01亿元，增长13.0%；社保基金支出53.62亿元，增长42.2%。

金融市场运行平稳。年末金融机构本外币存款余额1521.41亿元，比年初增加186.40亿元，增长14.0%，其中居民储蓄存款余额808.97亿元，比年初增加128.03亿元，增长18.8%。本外币贷款余额1190.46亿元，比年初增加173.88亿元，增长17.1%。保险公司保费收入36.3亿元，比上年增长4%。其中财产险保费收入12亿元，增长16.9%；寿险收入22亿元，下降2.7%；健康险和意外伤害险收入2.3亿元，增长14.1%。全年保险赔款和给付支出10.3亿元，其中财产险6.4亿元，寿险3.3亿元，健康险和意外伤害险0.6亿元。

9

2012年盐城市经济发展概况

【经济总量】2012年，盐城市全年实现地区生产总值（GDP）3120亿元，比上年增长12.7%，人均地区生产总值达6865美元。全市三次产业结构调整为14.6：47.2：38.2，二三产业比重提高0.4个百分点。

全面小康建设成果显著。初步测算，2012年，我市全面小康建设进程总体得分达99.7分，比上年增加1.3分，比2003年提高30.6分。从四大类构成看：社会发展和生态环境两大类指标已全部实现目标值；生活水平实现程度达99.9%，比上年提高0.1个百分点；经济发展实现程度达98.8%，比上年提高0.5个百分点。从具体指标看，25项指标中已有23项指标达标。县域全面小康建设取得新进展，亭湖区、盐都区和建湖县通过验收，阜宁县、射阳县成功申报。

【农业】2012年，盐城市农业生产实现“九连增”。2012年，全市实现农林牧渔业总产值925.2亿元，增长8.9%。其中:农业399.88亿元，增长7.4%；林业22.39亿元，增长10.9%；牧业259.38亿元，增长8.7%；渔业179.23亿元，增长11.8%；农林牧渔服务业64.32亿元，增长10.3%。实现农林牧渔业增加值456.1亿元，可比增长4%。全市粮食总产达672.7万吨，增长1.7%，再创历史新高。棉花总产10.9万吨，下降18.4%。油料总产30.9万吨，下降7.5%。肉类总产量88.2万吨，增长3%。水产品总产量106.1万吨，增长4%。

农业产业化进程加快。2012年，全市拥有农业产业化龙头加工企业1419个，比上年增加223个；农民专业合作组织6926个，比上年增加1187个。年末拥有农业机械总动力563.75万千瓦，增长6.6%；大中型拖拉机17934台，增长10.6%；联合收割机16482台，增长19.9%；机械植保面积1055.55千公顷。

【工业和建筑业】2012年，盐城市实现规模以上工业增加值1357.1亿元，增长17.5%。其中轻、重工业增加值分别为506.49亿元、850.66亿元，分别增长17.0%和17.8%。国有工业增加值11.97亿元，增长33.8%；集体工业增加值3.96亿元，增长0.5%；股份合作制工业增加值8.73亿元，增长13.9%；股份制工业增加值827.57亿元，增长19.6%；外商港澳台投资工业增加值334.04亿元，增长12.9%；其他经济工业增加值170.87亿元，增长16.4%。

2012年，全市规模以上工业企业实现主营业务收入5426.85亿元，增长20.6%；实现利税总额619.48亿元，增长28.1%；实现利润总额350.85亿元，增长35.1%。工业经济效益综合指数322.3，提高26.4个百分点。

2012年，全市完成建筑业总产值943.0亿元，增长16.4%；实现建筑业增加值214.7亿元，增长10.2%。建筑企业房屋建筑施工总面积达9723.3万平方米，增长15.3%；房屋建筑竣工面积3979.2万平方米，增长0.1%，其中住宅竣工面积2625.1万平方米，增长13.9%。建筑业从业人数53万人，人均劳动生产率（产值）20.1万元/年。

【固定资产投资】2012年，盐城市全市完成固定资产投资1940.9亿元，增长22.3%。其中，第一产业完成投资25.2亿元，增长25.0%；第二产业完成投资1240.1亿元，增长20.8%；第三产业完成投资675.6亿元，增长25.1%。2012年，全市完成民间投资1531.5亿元，增长18.3%，占固定资产投资比重为78.9%，对固定资产投资贡献率为67.5%。2012年，全市在建亿元项目873个，比上年同期增加130个，项目平均单体规模达3.3亿元。其中5亿元以上项目145个、10亿元以上项目53个。在建亿元以上项目完成投资额998.2亿元，同比增长32.6%。

重点领域投资加快。2012年，全市工业投资四大重点行业完成投资902.7亿元，增长19%，占工业投资的比重达73%。其中机电工业完成投资618亿元，增长17.4%；纺织工业完成投资122.5亿元，增长11%；化学工业完成投资105.5亿元，增长48%；建材工业完成投资56.7亿元，增长12.4%。全市完成基础设施投资310.3亿元，增长34.8%。其中，电力、燃气及水的生产和供应业完成投资73.6亿元，增长39.9%。民生项目逐步加大，水利、环境和公共设施管理业完成投资101.5亿元，增长28.2%；教育完成投资20.2亿元，增长65.9%；文化、体育和娱乐业完成投资19.4亿元，增长107.1%。

【科学技术】2012年，盐城市新认定省级以上高新技术企业累计达155家。科技研发投入占地区生产总值的比重为1.5%。全年组织实施省级以上各类科技计划项目263项，争取科技经费1.49亿元，其中，国家级重大科技项目立项近5项，争取项目经费2398多万元。全市新增省级高新技术产品229个，获省科技进步奖3项。全年专利申请数15456个，专利授权数4964个。

【国内贸易和对外经济】2012年，盐城市全市实现社会消费品零售总额1023.2亿元，增长14.3%。其中，全市城镇实现社会消费品零售总额971.7亿元，增长14.7%；乡村实现社会消费品零售总额51.5亿元，增长6.7%。批发和零售业实现零售额919.46亿元，增长12.7%；住宿和餐饮业实现零售额103.74亿元，增长30.4%。

2012年盐城居民消费价格指数（CPI）比上年上涨2.8%，同比回落2.2个百分点。与去年同期相比，2012年计算居民消费价格指数的八大类商品和服务消费价格“七升一降”。其中：食品类上涨4.8%，烟酒类上涨5.8%，衣着类上涨3%，家庭设备及维修服务类价格上涨3.9%，医疗保健和个人用品类上涨3.1%，交通和通信类上涨0.5%，居住类上涨2.6%，娱乐教育文化用品及服务类下降0.9%。全市工业生产者出厂价格指数下降0.9%，原材料、燃料动力购进价格指数下降2.9%。

2012年，全市完成进出口总额57.54亿美元，增长9.7%，其中，出口34.65亿美元，增长16.3%，进口22.89亿美元，增长1%。全市新批外商投资项目332个，其中，3000万美元以上项目39个，增长2.6%。全市注册外资实际到账21.11亿美元，增长25.1%。

【交通、邮电和旅游】2012年，盐城市全市公路总里程18807.2公里，其中等级公路16760.9公里、高速公路322.5公里、一级公路995公里、二级公路2559公里。全社会客运量14153万人，增长7.02%，客运周转量148.1亿人公里，增长6.17%；全社会货运量17401万吨，增长9.1%，货运周转量273.2亿吨公里，增长12.1%。全年航班起降3342架次，增长30.1%；航空旅客吞吐量31.73万人，增长36.6%；航空货邮吞吐量2820吨，增长21.4%。全市沿海港口完成货物吞吐量3118.6万吨，增长48.4%；其中集装箱2.15万标箱，外贸吞吐量231.9万吨。

【金融和保险】2012年，盐城市全市实现财政总收入789.43亿元，增长11.8%。公共财政预算收入312.77亿元，增长16.3%，其中，税收收入251.38亿元，增长30.3%。公共财政预算支出505.43亿元，增长24.6%。

2012年，全市金融机构年末本外币存款余额2716.87亿元，比年初增加380.69亿元，其中，居民储蓄存款1523.40亿元，比年初增加255.28亿元。金融机构年末本外币贷款余额1856.11亿元，比年初增加271.17亿元。其中，中长期贷款762.06亿元，比年初增加60.64亿元。外汇存款余额2.79亿美元，比年初增加0.25亿美元；外汇贷款余额为3.92亿美元，比年初减少0.3亿美元。

2012年，全市拥有市级专业保险机构47家，其中，产险机构18家、寿险机构29家。保险分支机构及营销网点641个，保险从业人员18000余人。保险专业代理机构50家，其中一级法人机构17家。全市实现保费收入64.42亿元，增长3.54%。全市各项赔偿和给付20.82亿元，增长6.63%，其中产险赔付9.06亿元、寿险赔（给）付10.61亿元，分别增长4.91%和7.04%。

10

2012年宿迁市经济发展概况

【经济总量】2012年，宿迁市全年实现地区生产总值（GDP）1516.77亿元，按可比价计算，比上年增长13.0%，比全省增速快2.9个百分点，比上年提高0.2个百分点。其中，一产实现228.71亿元，增长4.3%；二产实现713.18亿元，增长16.9%；三产实现574.88亿元，增长12.0%。三次产业结构调整为15.1∶47.0∶37.9。一产比重较上年下降0.8个百分点，二、三产业比重分别较上年提升0.5个和0.3个百分点。全市人均地区生产总值达到31717元，按可比价计算，比上年增长12.1%。按年平均汇率计算，突破5000美元大关，达5024美元。

主要经济指标增速领先全省，规模以上工业增加值、固定资产投资、公共财政预算收入、实际到账外资、金融机构存款和贷款余额、城镇居民人均可支配收入、农民人均纯收入等8项指标增速居全省首位。固定资产投资和金融机构人民币贷款余额双双突破千亿元大关，规模以上工业企业突破2000户、主营业务收入突破2000亿元，财政总收入突破300亿元，出口突破20亿美元，城镇居民人均可支配收入首次达到省定全面小康标准。招商引资成效显著。2012年，全市引进亿元以上合同项目413个，亿元以上新开工项目206个、亿元以上竣工项目134个，竣工项目完成固定资产投资501.2亿元，有力地促进了全市经济又好又快发展。

全年居民消费价格上涨2.8%，较上年回落2.2个百分点。从构成居民消费价格的八大类商品和服务看，呈“五升三降”格局。“五升”即为：食品、烟酒、衣着、医疗保健和个人用品、居住分别上涨5.8%、6.6%、2.6%、1.1%和3.2%；“三降”即为：家庭设备用品及维修服务、交通和通信、娱乐教育文化用品及服务分别回落1.1%、0.4%和0.5%。

【农业】2012年，宿迁市扎实推进现代农业发展，加速农业结构优化升级，加大粮食生产力度，农业经济保持良好发展态势。全市实现农林牧渔业总产值419亿元，按可比价计算，比上年增长4.5%；实现农林牧渔业增加值228.71亿元，比上年增长4.3%。

全年农作物总播种面积1060.65万亩，比上年增加0.53万亩。其中粮食种植面积857.79万亩，增加3.65万亩。大力开展“粮食单产提升年”、高产创建等活动，加之夏、秋气候适宜，粮食生产再创新高。全年粮食总产388.75万吨，比上年增加20.21万吨，增长5.5%；粮食亩产453公斤，比上年增加22公斤，增长5.0%。

【工业和建筑业】2012年，宿迁市工业生产继续保持较快发展态势。工业经济仍是拉动全市经济增长的主要动力。2012年，规模以上工业企业实现增加值571.93亿元，比上年增长20.6%，比全省增速高8.0个百分点，增速连续九年保持20%以上，连续八年居全省首位。按企业类型分，股份制企业增长21.6%，外商及港澳台企业增长28.7%。国有控股企业增长4.8%。按企业规模分，大中型企业增长25.3%，小型企业增长19.6%；按轻重工业分，轻工业增长21.8%，重工业增长18.6%。全年工业用电量79.90亿千瓦时，比上年增长21.0%。

工业经济效益不断提高。全市规模以上工业经济效益综合指数为302.84，比上年提高35.4个点。实现主营业务收入2040.47亿元，增长36.2%；实现利税321.82亿元，增长47.4%。其中利润226.80亿元，增长46.8%。

截至2012年年末，全市列统总承包和专业承包建筑业企业321家，全年完成建筑业总产值516.36亿元，比上年增长29.4%；完成竣工产值404.90亿元，比上年增长34.8%。全市房屋建筑施工面积4825.07万平方米，比上年增长36.3%；房屋建筑竣工面积2129.40万平方米，比上年增长16.5%。其中住宅竣工面积1565.52万平方米，增长24.3%。

【固定资产投资】2012年，宿迁市全年完成固定资产投资1025.56亿元，比上年增长26.3%。分产业看，第一产业完成投资7.73亿元，增长43.0%；第二产业完成投资650.48亿元，增长25.3%；第三产业完成投资367.35亿元，增长39.0%。三次产业投资结构由上年的0.7：65.8：33.5，调整为0.8：63.4：35.8。全市在建项目计划总投资2055.45亿元，比上年增加634.86亿元，增长44.7%。项目单体规模达1.46亿元，比上年增加2570万元，增长21.4%。

全年完成工业投资650.28亿元，增长25.9%。其中，设备工器具购置完成投资376.91亿元，增长28.1%，占工业投资的58.0%；建筑安装工程完成投资255.10亿元，增长31.1%，占工业投资的39.2%；其他费用完成投资18.27亿元，下降34.4%，占工业投资的2.8%。工业高新技术产业投资快速增长，完成投资67.89亿元，增长96.8%；占工业投资的10.4%，比上年提高3.8个百分点。

【科学技术】2012年，宿迁市深入实施科技创新工程。成立全市科技创新工作领导小组，苏北工业技术研究院投入运行，在全省率先实施创新券制度。新增国家高新技术企业21户、累计达48户，55家企业入选省高企培育库。新增省级民营科技型企业109家，总数达到322家。新认定企业研发机构358家，新增产学研合作项目212个，组织开展“西北院校行”和“东北院校行”活动，全市引进企业“双创”人才152名。专利申请量4380件，增长114.08%；专利授权量2098件，增长136.99%，增幅均居全省第一。江苏宿豫经济开发区成功创建为江苏省宿迁高新技术产业开发区，市软件园、沭阳智能机械科技产业园被批准为省级科技产业园。

【国内贸易和对外经济】2012年，宿迁市全市实现社会消费品零售总额388.23亿元，比上年增长15.5%。按消费形态分，批发和零售业实现零售额335.40亿元，增长14.1%；住宿和餐饮业实现零售额52.83亿元，增长25.0%。按城乡市场分，城镇实现零售额303.98亿元，增长16.6%；乡村实现零售额84.25亿元，增长11.5%。

限额以上批发和零售企业实现社会消费品零售额135.78亿元，比上年增长19.0%。其中，食品饮料烟酒、服装鞋帽针纺织品、日用品分别实现零售额15.70亿元、5.56亿元、3.64亿元，增长16.0%、9.5%、16.1%；汽车类和石油类商品分别实现零售额35.89亿元和25.93亿元，增长16.0%和10.4%；报刊杂志类实现零售额14.69亿元，增长85.3%；家用电器类实现零售额12.81亿元，增长7.2%。限额以上住宿和餐饮业实现零售额8.73亿元，比上年增长21.5%。

对外贸易快速增长。2012年，全市实现进出口总额27.93亿美元，比上年增长34.9%。其中出口23.18亿美元，增长35.3%；进口4.75亿美元，增长32.9%。全年出入境检验检疫27039批次，比上年增长24.0%；出入境检验检疫金额达11.43亿美元，比上年增长6.3%。全年新批外商投资企业68家，新批协议外资7.21亿美元；实际到账外资4.52亿美元，比上年增长1.38倍。

【交通、邮电和旅游】2012年，宿迁市全年共完成客运量14997万人，比上年增长12.0%；旅客运输周转量140.97亿人公里，比上年增长11.1%。货运量10056万吨，比上年增长9.8%。其中公路7970万吨，增长10.7%；水路2086万吨，增长6.1%。货物运输周转量173.37亿吨公里，比上年增长11.7%。其中公路123.53亿吨公里，增长14.1%；水运49.84亿吨公里，增长6.0%。港口货物运输吞吐量1820万吨，比上年增长5.3%。

邮政通信业稳步发展。全年实现邮电业务总收入24.76亿元，比上年增长11.0%。其中电信业务收入21.46亿元，增长10.0%；邮政业务收入3.30亿元，增长18.7%。全市局用交换机总容量达669万门，固定电话用户86.07万户，移动电话用户382.26万户。全年征订报刊5133.79万份，增长18.6%；投递特快专递106.48万件，增长9.5%。

【金融和保险】2012年，宿迁市全市财政总收入突破300亿元，达333.33亿元，比上年增长20.7%。其中国税部门收入83.04亿元，增长14.5%；地税部门收入133.65亿元，增长36.1%；财政部门收入116.64亿元，增长10.5%。财政总收入中，公共财政预算收入158.13亿元，增长30.7%；上划中央收入86.62亿元，增长14.9%；政府性基金收入70.23亿元，增长8.5%；缴库社保基金收入18.36亿元，增长21.3%。公共财政预算收入中税收收入130.07亿元，增长36.5%；税收占比82.3%，比上年提高3.5个百分点。

服务发展能力提升。2012年，全市财政总支出362亿元，比上年增长23.8%，其中公共财政预算支出271.16亿元，增长22.6%。加大对科技创新、产业转型升级支持力度，科学技术支出7.0亿元，增长51.6%。用于教育、社会保障和就业、医疗卫生、农林水事务、住房保障等五项民生支出174.55亿元，增长36.1%，占公共财政预算支出的64.4%，比上年提高6.4个百分点。

2012年，全市金融业实现增加值61.12亿元，可比价增长25.0%，比上年快10.2个百分点。加快金融改革试点，浦发银行、苏州银行宿迁分行挂牌运营，在苏北率先实现企业债融资、票据融资、信托融资、私募债融资的整体突破。年末金融机构人民币存款余额1226.87亿元，比年初增加229.08亿元，增长23.0%。其中个人储蓄存款621.02亿元，比年初增加123.53亿元，增长24.8%。金融机构人民币贷款余额1002.86亿元，比年初增加242.86亿元，净投放超过上年103.87亿元；比年初增长32.0%，比上年增速快9.8个百分点。其中工业贷款余额287.21亿元，比年初增加78.32亿元，增长37.5%；个人消费贷款余额267.60亿元，比年初增加55.21亿元，增长26.0%。加大对小微企业支持力度。年末小微企业贷款余额444.63亿元，比年初增加101.89亿元，增长29.7%，小微企业贷款增幅居全省第一。年末小额贷款公司贷款余额35.44亿元，比年初净增3.5亿元。

2012年，全市保费收入30.27亿元，比上年增长10.3%。其中产险收入10.7亿元，增长15.2%；寿险收入18.24亿元，增长4.3%；农业保险收入1.33亿元，增长96.7%。保险赔付7.59亿元，比上年增长25.1%。其中产险赔付5.59亿元，寿险赔付2.0亿元，分别增长28.8%和15.6%。全年保险机构实现税收6931.89万元，比上年增长15.7%。

浙江省

| 杭州市 | 宁波市 | 温州市 | 嘉兴市 | 湖州市 | 绍兴市 | 金华市 |

| 衢州市 | 舟山市 | 台州市 |

1

2012年杭州市经济发展概况

【经济总量】2012年，杭州市全年实现地区生产总值（GDP）7803.98亿元，按可比价格计算，比上年增长9.0%。其中：第一产业增加值255.93亿元，第二产业增加值3626.88亿元，第三产业增加值3921.17亿元，分别增长2.5%、8.5%和10.1%。全市按常住人口计算的人均地区生产总值达到88985元，增长8.4%。按国家公布的2012年平均汇率折算，达到14097美元。三次产业结构由上年的3.3：47.4：49.3调整为2012年的3.3：46.5：50.2，三产占比首次超过50%。

在全市生产总值中，民营经济所占比重达到59.7%。民营商贸企业实现商品销售总额11481.52亿元，占全市商贸企业的73.5%；规模以上民营工业实现销售产值6448.87亿元，占全市规上工业的50.7%；民营经济实现财政收入513.30亿元，占全市财政总收入的31.5%。年末，全市共有私营企业19.5万户，比上年末增长7.6%，个体工商户31.99万户，增长2.6%，私营企业和个体工商户从业人员分别达到160.33万人和68.55万人。

【农业】2012年，杭州市全市完成农林牧渔业总产值384.34亿元，比上年增长7.6%。其中，农业产值207.72亿元，林业产值38.18亿元，牧业产值86.85亿元，渔业产值42.00亿元，分别增长8.9%、9.5%、3.8%和7.7%。新增省级现代农业园区20个、市级粮食生产功能区206个、市级“菜篮子”基地74个。全年粮食总产量96.88万吨，比上年下降0.9%；肉类生产33.49万吨、水果81.87万吨，分别增长3.1%和1.9%；禽蛋产量15.54万吨，下降2.5%。全年茶叶、花卉苗木、水产品、节粮型畜禽、蔬菜、竹业等“六大优势产业”和水果、干果、蚕桑、药材、蜂业等“五大特色产业”实现产值266.67亿元，比上年增长8.0%，占农林牧渔业总产值的69.4%，比上年提高0.2个百分点。

【工业和建筑业】2012年，杭州市全市实现工业增加值3190.32亿元，按可比价计算增长9.1%。实现全部工业销售产值15359.27亿元，其中规模以上工业销售产值12723.67亿元，增长7.2%。在规模以上工业中：轻工业实现销售产值4923.08亿元，增长6.6%，重工业实现销售产值7800.59亿元，增长7.5%。全市规上工业实现高新技术产业销售产值3454.85亿元，增长10.2%，实现新产品产值3175.29亿元，增长15.9%，新产品产值率由上年的22.8%提高到24.6%。

全年实现建筑业增加值436.56亿元，比上年增长3.5%。全市有总承包和专业承包资格的建筑企业1428家，完成施工产值3298.6亿元，增长8.8%；房屋建筑施工面积28279.5万平方米，增长8.3%；房屋建筑竣工面积7817.08万平方米，下降8.6%。

【固定资产投资】2012年，杭州市全市完成固定资产投资3722.75亿元，比上年增长20.1%。从产业投向看，第一产业投资4.27亿元，下降44.5%；第二产业投资853.16亿元，增长14.0%，其中工业投资851.87亿元，增长14.0%；第三产业投资2865.33亿元，增长22.3%。

全市完成房地产开发投资1597.36亿元，比上年增长22.6%。房屋施工面积8284.91万平方米，增长7.6%；竣工面积1055.09万平方米，下降13.8%。全年商品房销售面积1089.62万平方米，增长48.4%，其中住宅销售920.26万平方米，增长54.0%。

【科学技术】2012年，杭州市全市专利申请量53785件，专利授权量40651件，分别比上年增长31.5%和39.0%。全年新增国家重点扶持高新技术企业189家，培育认定省级研发中心49家，企业技术中心30家。年内新增12个中国驰名商标，累计已达109个。新入选国家“千人计划”人选22名、省“千人计划”人选91名，新增院士工作站15家，累计引进院士65人。新增钱江特聘专家41名。

【国内贸易和对外经济】2012年，杭州市全市实现社会消费品零售总额2944.63亿元，比上年增长15.5%，扣除价格因素，实际增长13.3%。其中城镇消费品零售额2805.07亿元，增长15.4%；乡村消费品零售额139.56亿元，增长18.1%。分行业看，批发零售贸易业零售额2630.23亿元，增长15.6%；住宿餐饮业零售额314.40亿元，增长14.9%。“购物天堂、美食之都”100个重点项目有序推进，“大湖滨商圈”精品工程、武林广场综合体、杭州国际商贸城加快建设，“北山之夜”特色街、西塘河台湾美食街建成运营。

2012年，全市完成外贸进出口总额616.83亿美元，比上年下降3.6%。其中进口总额204.22亿美元，下降9.0%；出口总额412.62亿美元，下降0.6%（不含省属出口348.05亿美元，增长1.1%）。出口总额中，机电产品出口159.41亿美元，下降0.1%；高新技术产品出口47.27亿美元，下降4.1%。按贸易方式分，一般贸易出口332.4亿美元，比上年增长0.7%；加工贸易出口79.0亿美元，下降6.1%。出口市场中，对美国出口增长2.6%；对欧盟市场出口下降11.7%；对东盟、拉美、非洲和俄罗斯等新兴及周边市场出口保持较快增长，共计出口总额96.9亿美元，增长9.8%，占出口总额的比重由上年的21.3%提高至23.5%。

【交通、邮电和旅游】2012年，杭州市全社会货物运输总量3.02亿吨，比上年增长4.7%；旅客运输量3.58亿人次，比上年增长2.9%。至年末，萧山国际机场已开通航线144条，其中国际航线20条，港、澳、台航线7条；全年民航旅客进出港1911.53万人次，比上年增长9.2%。道路建设快速发展。全年新增公路里程329.09千米。至年末，全市境内公路总里程达到15746.88千米，其中高速公路549.53千米。全市行政村客运班车通达率由上年的99.4%提高到99.6%。机动车辆持续增长，年末全市社会机动车拥有量达226.70万辆，其中私人汽车140.87万辆，比上年末分别增长9.1%和21.1%。

全市完成邮政业务总量10.02亿元，比上年下降1.2%。邮政特快专递辐射230个国家和地区，全年完成国内特快业务2337万件，比上年增长45.8%；国际特快业务48万件，比上年增长26.3%。完成电信业务收入155.76亿元，比上年增长9.0%。年末固定电话用户为346.19万户，比上年下降3.1%，移动电话用户为1358.03万户，增长10.9%；计算机宽带用户达到251.65万户，比上年增长15.5%。推进"智慧杭州"建设，Wi-Fi无线网户外应用免费向民众开放。

全年接待入境旅游者331.12万人次，比上年增长8.1%；接待国内游客8236.88万人次，增长14.7%。旅游总收入达到1392.25亿元，增长16.9%，其中旅游外汇收入22.02亿美元，增长12.5%。市民出境旅游93.09万人次，比上年增长24.8%。旅游基础设施日趋完善。至年末，全市各类旅行社达606家，比上年增长7.8%；星级宾馆达到217家，其中五星级酒店20家，四星级酒店43家；A级景区40个，其中5A景点3个，4A景点26个。

【金融和保险】2012年，杭州市全市金融机构达到310家，其中外资金融机构28家，分别比上年增长6.2%和7.7%，全市金融机构本外币存款余额20148.77亿元，比上年末增长9.5%；贷款余额18090.90亿元，比上年末增长9.2%，其中当年新增贷款1512.42亿元，比上年减少158.02亿元。个人消费贷款余额2600.56亿元，比上年末增长4.1%。

全市保费收入247.92亿元，比上年增长17.4%，其中，财产险保费收入113.36亿元，增长17.8%，人身险保费收入134.56亿元，增长17.1%。共支付各类保险赔款85.41亿元，增长36.9%，其中财产险62.08亿元，增长37.2%，人身险23.32亿元，增长36.0%。

2

2012年宁波市经济发展概况

【经济总量】2012年，宁波市全年实现地区生产总值（GDP）6524.7亿元，按可比价格计算，比上年增长7.8%。其中，第一产业实现增加值270.0亿元，增长1.6%；第二产业实现增加值3516.7亿元，增长6.0%；第三产业实现增加值2738.0亿元，增长10.9%。三次产业之比为4.1：53.9：42.0，第三产业增加值占地区生产总值比重比上年提高1.5个百分点。按常住人口计算人均生产总值为85475元（按年平均汇率折算为13541美元）。

2012年全市完成公共财政预算收入1536.5亿元，比上年增长7.3%，其中地方财政收入完成725.5亿元，增长10.3%，增速比上年分别下降14.9和13.5个百分点。在地方税收中，营业税、增值税、企业所得税、个人所得税分别增长20.3%、11.3%、6.7%和-6.9%。全市完成公共财政预算支出828.4亿元，增长10.4%，增速同比下降14.6个百分点。财政支出继续向民生领域倾斜，全市财政用于民生支出548.5亿元，增长13.5%，增速快于公共财政预算支出3.1个百分点，占财政支出的比重为66.2%，同比提高1.8个百分点，其中社会保障和就业支出79.0亿元，增长34.8%，增速最快；教育支出141.7亿元，占民生支出比重最高，达25.8%，增长20.4%，增速居第三位。

2012年全市新增城镇就业岗位15.2万个，比上年增长2.7%，7.3万名城镇失业人员实现再就业，其中困难人员再就业2.4万人，分别增长17.4%和30.5%。全年人力资源市场提供岗位196.9万个，求职登记数109.1万人次。组织农村劳动力培训3.8万人。年末城镇登记失业率为2.55%，处于历史低位水平。

【农业】2012年，宁波市全市实现农林牧渔业总产值420.5亿元，按可比价格计算，比上年增长1.9%。其中，农业200.0亿元，下降0.3%；林业11.4亿元，下降2.4%；畜牧业65.9亿元，增长4.9%；渔业137.5亿元，增长3.7%；农林牧渔服务业5.7亿元，增长8.4%。受天气影响，粮食产量有所下降，全年粮食总产量85.7万吨，下降4.9%。席草、葡萄、杨梅等经济作物产量增长较快，分别增长15.3%、7.2%和16.0%；生猪生产平稳，完成猪肉产量15.7万吨，增长5.9%。全年新增市级农业龙头企业20家，累计已达273家，其中产值(销售额)上亿元的达91家，年末市级龙头企业已获国家农产品名牌13件、浙江省名牌65件。

【工业和建筑业】2012年，宁波市全市实现全部工业总产值15843.9亿元，比上年增长2.7%。其中规模以上工业企业实现总产值11962.1亿元，增长1.3%，占全部工业总产值的比重达75.5%。规模以上工业中产值前十位的行业共完成总产值8710.6亿元，占全部规模以上工业总产值的比重达72.8%，同比提高0.2个百分点。其中，石油加工、炼焦及核燃料加工业完成总产值1568.6亿元，产值居各行业之首；汽车制造业增长16.8%，增速居前十位行业之首。全年规模以上轻工业完成总产值3419.3亿元，增长4.5%；重工业8542.8亿元，与上年持平。轻重工业之比由上年的1：2.6变化为1：2.5。全年规模以上工业企业实现增加值2132.5亿元，增长5.0%；实现利润520.3亿元，下降15.2%，实现利税总额1057.5亿元，下降8.3%。

2012年全市完成建筑业产值2510.5亿元，比上年增长29.9%，增速位居全省第一，高出全省平均水平14.8个百分点。全年房屋建筑施工面积22572.3万平方米，竣工面积6047.8万平方米。

【固定资产投资】2012年，宁波市全市完成固定资产投资2901.4亿元，比上年增长21.6%，增速快于上年4.0个百分点。其中，民间投资完成1306.8亿元，增长13.9%；基础设施投资完成850.1亿元，增长21.9%；房地产开发投资完成884.4亿元，增长17.1%。分产业看，第一产业投资完成10.9亿元，下降40.5%；第二产业投资完成822.2亿元，增长22.2%；第三产业投资完成2068.3亿元，增长22.1%。全年工业投资完成817.2亿元，增长22.3%，快于固定资产投资增速0.7个百分点，扭转了多年低位徘徊的局面。符合转型升级方向的项目投资领先增长，全年医药制造业、汽车制造业工业投资分别增长119.6%和94.9%。

【科学技术】2012年，宁波市由宁波大学为主完成的“非线性应力波传播理论及应用”项目获得国家自然科学二等奖，成为我市首次获得的国家自然科学奖。全年获得省级科学技术奖26项，其中一等奖1项，二等奖2项，三等奖23项。全年专利申请量73647件，授权量59175件，比上年分别增长54.8%和58.5%，其中发明专利授权量2065件，增长27.1%。全市认定省级高新技术企业研发中心38家，省级企业工程中心12家，市级企业工程(技术)中心130家。年内新增高新技术企业189家，市级科技型企业261家，国家级创新型企业3家，省级创新型示范企业4家，省级创新型试点企业7家；新认定市级重点实验室2家，新增市级产学研技术创新联盟1家。年末全市有高新技术企业930家，市级科技型企业563家，市级企业工程(技术)中心746家，省级高新技术企业研究开发中心212家，国家认定企业技术中心8家，国家级创新型试点和创新型企业16家，省级创新型示范和试点企业52家，市级创新型试点企业156家。年末限额以上科技服务业企业258家，全年实现营业收入103.9亿元，实现利润总额19.2亿元，比上年分别增长19.5%和20.8%。

【国内贸易和对外经济】2012年，宁波市全市商品销售总额首次突破万亿大关，达10610.8亿元，比上年增长13.1%。全年完成社会消费品零售总额2329.3亿元，增长15.4%。分城乡看，城镇消费品零售额1954.9亿元，增长14.9%；乡村消费品零售额374.4亿元，增长17.7%。在限额以上企业销售的商品类值中，汽车类零售额增长4.8%，石油及制品类增长19.7%，食品、饮料、烟酒类增长11.9%，服装、鞋帽、针纺织品类增长39.0%，金银珠宝类增长19.0%、通信器材类增长33.3%。年末全市限额以上贸易企业达2828家，全年实现营业收入6983.2亿元，实现利润总额51.3亿元。

2012年全市完成口岸进出口总额1975.8亿美元，比上年下降1.4%。完成外贸自营进出口总额965.7亿美元，下降1.6%。其中，出口614.4亿美元，增长1.0%；进口351.3亿美元，下降5.9%。新增对外贸易经营备案登记企业2520家，累计达19763家，有进出口实绩企业12928家。私营企业完成出口305.5亿美元，增长8.8%，占全市自营出口额的比重达49.7%，同比提高3.5个百分点。机电产品出口和进口分别增长1.7%和3.6%。一般贸易出口占全市出口总额的比重为80.0%，进口占全市进口总额的比重为69.8%，同比分别提高1.4和1.7个百分点。

【交通、邮电和旅游】2012年，宁波市全市交通基础设施建设投资完成181.5亿元。象山港大桥及接线建成通车，标志我市“一环六射”高速公路网络正式建成，全市进入“一小时交通圈”。年末全市公路总里程达到1.07万公里，公路网密度108.6公里／百平方公里，达到中等发达国家水平，其中高速公路461.9公里，一级公路959.9公里，二级公路813.4公里，三级公路1549.7公里，四级公路6176.2公里，基本形成了以高速公路为骨架、国省道为支撑、农村公路为脉络的公路网络。铁路建设难中求进，完成投资32.5亿元，铁路宁波站改建、货运北环线和北站迁建主体工程均全面展开，杭甬客专宁波段进入联调联试阶段。国际强港建设加快推进，建成北仑港区五期集装箱码头10＃和11＃泊位、穿山港区中宅煤炭码头工程、镇海港区通用散货码头等万吨级以上泊位7个，新增货物吞吐能力3738万吨，集装箱吞吐能力100万标箱。

【金融和保险】2012年，宁波市全市金融业实现增加值502.4亿元，按可比价计算，比上年增长12.6%，增速比上年提高3.7个百分点，占全市服务业增加值的比重达到18.3%，对服务业增加值的贡献率为20.8%。

年末全市金融机构本外币存款余额11980.5亿元，比上年增长12.4%，其中人民币存款余额11602.3亿元，增长11.2%；年末金融机构本外币贷款余额11961.0亿元，增长12.0%。年末全市银行业金融机构不良贷款率1.21%，比年初上升0.32个百分点，贷款质量整体保持平稳。全年银行业金融机构实现税后净利润266.5亿元，增长8.1%。年末银行业金融机构达到60家，其中政策性银行3家，大型银行5家，股份制商业银行11家，城市商业银行11家，邮储银行1家，外资银行5家，农村合作金融机构9家，新型农村金融机构12家，非银行金融机构3家。

2012年全市保险业实现保费收入164.7亿元，比上年增长10.8%，高于全国8.0%的平均增幅。其中，财产险86.2亿元，增长11.6%；人身险78.5亿元，增长10.0%。保险业累计赔款和给付64.3亿元，增长33.4%，高于全国20.0%的平均水平。其中，财产险赔付支出51.9亿元，增长38.5%，人身险赔付支出12.4亿元，增长15.4%。年末共有50家保险公司在我市设立分支机构，较上年增加4家，其中产险公司28家，寿险公司22家。保险业资产总额突破300亿，达到311.0亿元，较年初增长20.1%。

3

2012年温州市经济发展概况

【经济总量】2012年，温州市全年实现地区生产总值（GDP）3650.06亿元，按可比价计算，比上年增长6.7%，增幅比上年回落2.8个百分点。其中，第一产业增加值112.90亿元，增长1.2%；第二产业增加值1843.06亿元，增长6.0%；第三产业增加值1694.10亿元，增长8.0%。按户籍人口计算，人均地区生产总值45667元（按年平均汇率折算为7234美元），增长5.8%。国民经济三次产业结构为3.1：50.5：46.4，第三产业比重较上年上升1.1个百分点。

全年居民消费价格指数（CPI）比上年上涨2.3%，涨幅较上年回落3.8个百分点。从八大类消费品及服务价格看，食品价格大幅回落是拉低物价回落的主因。食品类价格从上年的累计涨幅11.8%，回落至今年的5.7%。其余七大类除娱乐教育文化用品及服务类价格累计下降0.5%外，烟酒、衣着、家庭设备用品及维修服务、医疗保健和个人用品、交通和通信、居住等六类分别上涨1.7%、0.5%、2.9%、1.5%、0.4%和1.5%。全年工业生产者出厂价格下降3.3%，工业生产者购进价格下降2.3%。

【农业】2012年，温州市全年农林牧渔业总产值185.11亿元，按可比价格计算，比上年增长1.3%。其中，农业产值79.59亿元，增长2.9%；林业产值4.37亿元，增长6.4%；牧业产值39.99亿元，下降3.8%；渔业产值58.90亿元，增长2.1%；农林牧渔服务业产值3.27亿元，增长12.9%。

全年农作物总播种面积370.62万亩，比上年下降0.9%，其中粮食播种面积234.89万亩，下降1.1%。全年粮食总产量为92.71万吨，下降0.4%。在经济作物中，除蔬菜减产外，水果、糖料、茶叶、油料等作物增产。

【工业和建筑业】2012年，温州市全市实现工业总产值6839.36亿元，比上年下降0.5%；工业增加值1615.07亿元，按可比价计算，增长4.5%。全市规模以上工业企业4202家，实现工业总产值4166.68亿元，比上年下降1.4%。其中，轻工业产值1469.82亿元，下降1.3%；重工业产值2696.86亿元，下降1.5%。规模以上工业销售产值4065.16亿元，下降1.5%；完成出口交货值690.98亿元，下降2.0%，占销售产值比重为17.0%。

全年建筑业实现增加值227.99亿元，比上年增长18.1%。全市拥有三级以上资质的建筑企业651家，实现建筑业总产值964.68亿元，增长22.0%；实现利润总额24.14亿元，增长12.4%。年末拥有资产591.13亿元，其中固定资产原价95.36亿元。

【固定资产投资】2012年，温州市全社会固定资产投资2357.11亿元，比上年增长34.6%；其中限额以上固定资产投资2110.34亿元，比上年增长37.0%。限额以上投资率为57.8%。投资三大板块结构有所优化，工业性投资比重上升，房地产开发投资比重有所下降。

工业投资增幅加快，产业结构逐步优化。全市限额以上工业投资469.29亿元，比上年增长42.0%，其中工业技术改造投资234.79亿元，增长37.1%。高新技术产业固定资产投资步伐有所加快，限额以上专用设备制造业，医药制造业，计算机、通信和其他电子设备制造业投资分别增长34.0%、41.2%和129.5%，对产业结构调整和重点行业技术改造起到重要的推动作用。

【科学技术】2012年年末，温州市全市拥有国家级科技创业服务中心3个、省级科技创业服务中心3个；国家级大学科技园1家，国家级高新技术特色产业基地3个、省级高新技术特色产业基地9个；国家级企业技术中心5家、省级高新技术企业研发中心148家、省级农业科技企业研发中心8家。市级企业研发中心242家；科技强县5个。全年新增高新技术企业102家，累计480家。全年专利授权17267项，比上年增长54.4%；年末国家知识产权试点示范企业5家、省级专利示范企业81家。

年末全市有国家级企业博士后科研工作站8家，省级19家；全年新增高级技术职称人员2136人，新增中级技术职称人员6944人。

【国内贸易和对外经济】2012年，温州市全年社会消费品零售总额1929.29亿元，比上年增长9.1%。其中，城镇消费品零售额1746.12亿元，增长9.0%；乡村消费品零售额183.17亿元，增长10.1%。按行业分，批发零售贸易业零售额1695.06亿元，增长9.0%；住宿餐饮业零售额234.23亿元，增长10.3%。

在限额以上批发零售贸易业零售额中，汽车类零售额342.45亿元，比上年下降2.9%；石油及制品类零售额150.13亿元，增长16.6%；食品饮料烟酒类增长10.8%，日用品类增长7.8%，金银珠宝类增长12.9%，鞋服、针纺织品类增长0.8%，化妆品类增长5.2%，中西药品类增长21.6%，家具类增长18.5%。

全年外贸进出口总额204.38亿美元，比上年下降5.3%。其中进口总额27.42亿美元，下降19.6%；出口总额176.96亿美元，下降2.6%。外贸依存度为35.3%，其中出口依存度为30.6%，分别比上年降低6.3和4.4个百分点。至年末，与我市建立出口和进口贸易关系的国家和地区共计205个，拥有进出口经营权企业9247家。

全年新签外资项目29项，比上年增长70.6%，实际利用外资3.98亿美元，增长290.0%。全年新批设立境外机构47家，中方境外投资额14103万美元。新签对外承包工程和劳务合作营业额4455.57万美元。

【交通、邮电和旅游】2012年，温州市全年高速公路、港口、物流基地等建设力度加大，交通网络体系日臻完善。年末公路总里程14158公里，其中高速公路289公里，一级公路363公里，二、三级公路1786公里。公路绿化率68.4%。客运班车通村率88.4%。市区公共交通营运线路129条，年载客量2.84亿人次。

年末机动车保有量157.09万辆，比上年末增加10.27万辆，其中载客汽车95.56万辆，载货汽车13.69万辆，摩托车47.33万辆。私人汽车96.42万辆，增加14.09万辆。全年货物运输量11916万吨，比上年下降2.8%，旅客运输量34501万人次，下降0.7%。

全年邮电业务收入126.37亿元，比上年增长7.4%，其中通信行业业务收入119.88亿元，增长7.2%。年末本地电话交换机总容量425.77万门，本地电话用户数254.47万户。年末移动电话装机总量2281万门，移动电话用户数1110.40万户。年末互联网用户数748.67万户，其中宽带用户数206.11万户，增长15.3%。

全市邮政业务总收入6.49亿元，比上年增长11.1%。全年函件11582.56万件，包裹70.41万件，汇票240.19万张，特快专递1149.23万件。全年订销报纸19481万份，订销杂志480万份。

【金融和保险】2012年，温州市全年财政总收入500.18亿元，其中公共财政预算收入279.01亿元，均增长3.0%。全年公共财政预算支出387.79亿元，增长4.7%。其中，教育支出103.64亿元，增长10.7%；科学技术支出8.50亿元，增长16.2%；文化体育与传媒支出8.61亿元，增长23.7%；社会保障和就业支出27.75亿元，增长15.0%；城乡社区事务支出32.08亿元，增长10.9%；交通运输支出18.93亿元，增长12.5%。

全年保险业保费收入118.47亿元，比上年增长6.8%。其中，财产险保费收入48.75亿元，增长10.8%；人身险保费收入69.72亿元，增长4.2%。支付各类赔款及给付36.96亿元，增长35.9%，其中财产险赔款25.96亿元，人身险赔款11.00亿元，分别增长32.3%和45.3%。

4

2012年嘉兴市经济发展概况

【经济总量】2012年，嘉兴市全年实现地区生产总值（GDP）2884.94亿元，比上年增长8.7%，增幅比上年回落1.9个百分点。其中第一产业增加值150.05亿元，增长1.1%；第二产业增加值1620.82亿元，增长8.4%；第三产业增加值1114.07亿元，增长10.2%。三次产业结构由上年的5.3∶57.5∶37.2调整为5.2∶56.2∶38.6。按常住人口计算，人均生产总值63580元（按年平均汇率折算为10072美元），增长8.2%。

【农业】2012年，嘉兴市全市农林牧渔业总产值253.85亿元，按可比价格计算，增长0.7%。全年粮食种植面积311.8万亩，比上年增加7.3万亩；油菜籽种植面积33.2万亩，减少5.8万亩；蔬菜等其他经济作物种植面积198.8万亩，减少7.0万亩，其中，蔬菜种植面积122.2万亩，增加0.94万亩；果用瓜种植面积15.0万亩，减少1.3万亩；花卉苗木种植面积13.2万亩，增加0.88万亩。粮经面积比由上年的59.67：40.33调至61.06：38.94。全年粮食总产量138.40万吨，增长2.3%；蔬菜总产量246.5万吨，同上年基本持平。

【工业和建筑业】2012年，嘉兴市全市工业增加值1460.76亿元，可比增长9.1%，占全市生产总值50.6%。规模以上（主营业务收入2000万元以上）工业企业数4165家，工业增加值1115.09亿元，增长10.9%，增速比上年回落4.1个百分点，其中重工业增加值607.67亿元，增长15.0%；轻工业增加值507.42亿元，增长6.3%。

规模以上工业企业全年主营业务收入5606.55亿元，增长3.7%；利税总额432.13亿元，下降4.7%，其中利润总额255.91亿元，下降10.8%。十一项经济效益指标综合得分273.57分，比上年下降9.6分。其中，产品销售率97.83%，总资产贡献率9.43%，资本保值增值率113.66%，成本费用利润率4.74%，全员劳动生产率由上年14.12万元/人下降到13.91万元/人，资产负债率由上年59.98%下降为58.98%，亏损率由上年6.29%上升为12.16%。

2012年，全市建筑业增加值160.06亿元，可比增长2.0%。具有建筑业资质的独立核算企业完成房屋施工面积9880.2万平方米，比上年增长26.8%，竣工面积2997.9万平方米，增长4.4%。

【固定资产投资】2012年，嘉兴市全市固定资产投资额1642.31亿元，比上年增长10.4%，其中投资项目（单位）投资额1226.43亿元，增长11.0%；房地产开发投资额415.88亿元，增长8.5%。在固定资产投资中，第一产业投资额14.08亿元，增长11.6%；第二产业投资额785.92亿元，增长2.3%；第三产业投资额842.3亿元，增长19.1%。基础设施投资额234.56亿元，下降16.5%。

全市房屋施工面积3654.8万平方米，增长7.9%；房屋竣工面积470.10万平方米，下降13.0%，商品房销售面积450.3万平方米，增长13.0%。

【科学技术】2012年，嘉兴市全市发明专利申请量和发明专利授权量分别为1652件和490件，全市人才资源总量达85.10万人，比上年增加7.44万人，增长9.6%。全年获得市级以上各类科技成果101项，其中，获得省级科技成果奖6项，市级科技成果奖95项。技术市场发展平稳，全年经认定登记技术交易金额2.15亿元，交易合同数536项。全市年末国家级高新技术企业达294家，省级科技型中小企业819家，比上年增加93家。全市规模以上工业新产品产值1853.07亿元，增长12.4%。科技创新投入力度加大，全市研究与试验发展经费支出占全市生产总值比重的2.3%。

【国内贸易和对外经济】2012年，嘉兴市全市全社会消费品零售总额1083.74亿元，比上年增长14.3%。城镇市场零售额925.96亿元，增长14.6%；农村市场零售额157.78亿元，增长12.2%。批发零售贸易业零售额971.65亿元，增长14.2%，住宿餐饮业零售额112.09亿元，增长14.7%。

全市进出口总值287.44亿美元，比上年增长0.9%，其中出口总值196.03亿美元，增长1.7%，进口总值91.41亿美元，下降0.8%。机电、服装及纺织类产品等居出口主导地位，机电产品出口64.36亿美元，增长3.8%，占全市出口总额的32.8%；服装类产品出口39.09亿美元，下降5.0%，占19.9%；纺织类产品出口33.45亿美元，增长1.8%，占17.1%。经济外向度保持较高水平，进出口总额占全市生产总值的比例62.9%（按当年汇率计算），其中出口额占比为42.9%。

【交通、邮电和旅游】2012年，嘉兴市全市公路通车里程7863公里，增长1.4%，其中四级以上公路7730公里，增长2.0%。各种运输方式（不包括铁路，下同）货物周转量224.55亿吨公里，下降0.6%，其中，公路86.17亿吨公里，增长6.0%；全年旅客周转量（营业性车辆）36.5亿人公里，增长1.2%。全年嘉兴港货物吞吐总量6003.9万吨，增长14.2%，其中，外贸货物吞吐量734.6万吨，增长23.6%，集装箱75.1万标箱，增长45.9%。

全年邮电业务总量82.55亿元，增长6.5%。其中，邮政业务总量3.63亿元，增长6.1%；电信业务总量78.92亿元，增长6.5%。年末城乡固定电话用户155.89万户，比上年末下降4.8%。移动电话用户544.82万户，增长5.9%。固定互联网用户112.37万户，增长17.8%。

【金融和保险】2012年，嘉兴市全市财政一般预算收入471.92亿元，比上年增长13.4%，其中公共财政预算收入257.73亿元，增长13.8%。各级财政用于民生支出190.68亿元，增长9.0%。

年末金融机构人民币存贷款余额分别为4453.07亿元和3419.53亿元，比上年末增长9.3%和12.5%。城乡居民储蓄存款余额2144.49亿元，增长14.6%。

年末全市上市公司27家，发行股票27个，累计募集资金260亿元，年末全市证券账户81.76万户，新增3.51万户。全年全市证券交易额4648.40亿元，比上年下降15.7%，其中股票交易额3410.96亿元，下降43.3%，基金交易额43.12亿元，增长88.4%。

全市保险业保费收入74.71亿元，比上年增长6.6%。其中，财产险保费收入32.76亿元，增长15.3%；人寿险保费收入41.95亿元，下降0.6%。全年赔付额18.31亿元，增长25.7%。其中，财产险赔付金额16.95亿元，增长26.0%；人寿险赔付金额（剔除期满给付）1.36亿元，增长22.4%。

5

2012年湖州市经济发展概况

【经济总量】2012年，湖州市全年实现地区生产总值（GDP）1661.97亿元，按可比价计算比上年增长9.7%。分产业看，第一产业增加值123.31亿元，增长2.5%；第二产业增加值888.20亿元，增长10.7%，其中工业增加值796.54亿元，增长11.3%；第三产业增加值650.46亿元，增长9.6%。按户籍人口计算的人均GDP为63625元，增长9.4%，折合10079美元；按常住人口计算的人均GDP为57270元，增长9.5%，折合9072美元。

全年实现财政总收入246.88亿元，其中地方财政收入138.55亿元，分别比上年增长12.7%和13.5%。财政总收入占GDP的比重为14.9%。从主要税种看，全年地方财政入库的增值税、营业税、企业所得税分别为22.13亿元、38.25亿元和19.20亿元，分别增长13.8%、12.5%和15.7%；个人所得税6.87亿元，下降4.3%。全市财政支出167.51亿元，增长10.4%。公共财政民生支出119.67亿元，增长13.5%。其中，教育支出37.11亿元，增长15.6%；科技支出5.19亿元，增长13.3%；医疗卫生支出11.95亿元，增长14.2%；社会保障和就业支出13.57亿元，增长30.6%；城乡社区事务支出12.95亿元，增长10.0%；农林水事务支出15.03亿元，增长12.5%。

全年居民消费价格总水平比上年上涨2.0%，其中服务项目价格上涨1.5%，消费品价格上涨2.3%。从八大类商品和服务价格看，食品价格上涨5.2%，家庭设备用品及服务价格上涨2.1%，医疗保健和个人用品价格上涨2.1%，居住价格上涨2.1%，烟酒及用品价格上涨1.8%，衣着价格持平，娱乐教育文化用品及服务价格下降0.6%，交通和通信价格下降1.0%。

【农业】2012年，湖州市全年实现农林牧渔业总产值208.48亿元，比上年增长5.0%。其中，农业产值93.63亿元，增长4.7%；林业产值23.12亿元，增长8.0%；牧业产值45.83亿元，下降0.8%；渔业产值37.97亿元，增长11.4%。全年粮食播种面积13.61万公顷，增长1.6%；经济作物播种面积8.81万公顷，减少3.1%，其中油菜籽面积2.1万公顷，减少15.1%；蔬菜面积3.68万公顷，减少2.7%；花卉苗木面积1.83万公顷，增长20.3%。全年粮食产量89.94万吨，减少0.4%；油菜籽产量4.63万吨，减少17.7%；蚕茧产量1.33万吨，减少5.2%；家禽出栏数4893.07万只，减少2.6%；生猪出栏156.6万头，增长2.0%；水产品产量28.27万吨，增长6.8%。

全市年末拥有现代农业示范园204个，其中省级44个；本年新建现代农业示范园67个，其中省级31个。年末拥有农业龙头企业228家，本年新增14家。年末拥有省级无公害农产品基地130.29万亩，本年新增18.83万亩；拥有无公害产品715只，本年新增137只；拥有绿色食品162只，本年新增38只。

【工业和建筑业】2012年，湖州市全年实现规模以上工业增加值555.55亿元，比上年增长13.2%，其中轻工业增加值243.80亿元、重工业增加值311.75亿元，分别增长18.0%、9.8%。34个大类行业有32个行业实现增长。6个行业增加值超过30亿元。其中，纺织业73.20亿元，增长11.4%；电气机械及器材制造业66.69亿元，增长30.8%非金属矿物制品业54.39亿元，下降0.6%；黑色金属冶炼及压延加工业37.02亿元，增长24.8%；电力热力的生产和供应业35.95亿元，增长0.5%；化学原料及化学制品制造业30.15亿元，增长16.5%。

全市年末拥有建筑企业201家，其中一级资质企业34家、二级资质企业64家。全年建筑业企业完成建筑业总产值463.48亿元，比上年增长6.9%，其中建筑工程产值400.13亿元，安装工程产值37.05亿元，分别增长7.5%和13.0%；房屋建筑施工面积3645.38万平方米，增长3.8%；竣工面积1585.0万平方米，下降8.9%。

【固定资产投资】2012年，湖州市全年限额以上固定资产投资项目2415个，完成限额以上固定资产投资970.73亿元，比上年增长20.6%。其中，基础设施投资166.71亿元，增长14.4%；非国有投资795.45亿元，增长24.1%，占全部限额以上投资的81.9%。按产业划分，第一产业投资7.94亿元，增长49.9%；第二产业投资529.78亿元，增长19.8%，其中工业投资527.84亿元，增长19.5%；第三产业投资433亿元，增长21.2%。

全年完成房地产开发投资211.17亿元，比上年增长14.3%。全年房屋施工面积1844.74万平方米，增长18.6%；房屋竣工面积191.96万平方米，下降9.9%；商品房销售面积273.56万平方米，下降17.4%，其中住宅229.39万平方米，下降13.0%；商品房销售额186.04亿元，下降16.9%，其中住宅154.57亿元，下降9.4%。

【科学技术】2012年，湖州市全年专利申请量12656件，比上年增长32.7%；专利授权量9870件，增长29.1%，其中发明专利506项，比上年增加135项。全年经认定登记的技术成交项目320项，技术成交金额7142万元。全市年末已拥有省级高新技术企业研究开发中心126家，比上年增加19家；拥有国家级高新技术企业235家，增加33家。全年获市级以上政府奖的科技成果75项，其中省级12项。全年列入国家级火炬项目60项，比上年增加18项。

【国内贸易和对外经济】2012年，湖州市全年实现社会消费品零售总额703.87亿元，比上年增长15.4%。其中，批发零售业630.71亿元，增长15.4%；住宿餐饮业73.16亿元，增长15.2%。限额以上批发零售贸易企业实现零售额204.87亿元，增长15.7%。其中，食品类12.02亿元，增长19.0%；金银珠宝类6.36亿元，增长12.3%；家用电器和音像器材类13.02亿元，增长10.0%；汽车类77.13亿元，增长20.6%；石油及制品类59.76亿元，增长15.3%。

全年外贸进出口总额87.37亿美元，比上年增长0.9%。其中，出口73.96亿美元，增长0.6%；进口13.40亿美元，增长2.5%。按出口贸易方式分，一般贸易出口67.03亿美元，下降0.6%；加工贸易出口6.93亿美元，增长12.6%。按出口企业性质分，生产企业出口38.23亿美元，增长1.7%；流通企业出口11.09亿美元，下降0.7%；外资企业出口24.64亿美元，下降0.5%。按主要出口产品分，纺织原料及纺织制品出口24.45亿美元，下降8.3%；机电产品出口22.40亿美元，增长0.9%。从出口市场分，东盟、俄罗斯、澳大利亚、智利等新兴市场分别增长11.7%、20.4%、21.0%和68.7%，传统市场日本和美国分别增长3.8%和10.7%。

【交通、邮电和旅游】2012年，湖州市重点项目建设进展良好。10省道长兴公铁立交工程已建成通车，104国道长兴李家巷段改建工程已通过交工验收，杭长高速公路二期湖州段工程、长湖申线浙江段航道扩建工程、湖州站综合交通枢纽工程等重点项目进展良好。全市年末公路通车里程达到8111公里，其中高速公路289公里、一级公路407公里、二级公路521公里。全年完成客运量9476万人，比上年下降5.2%；客运周转量32.85亿人公里，下降2.8%。完成货运量19467万吨，下降3.2%，其中公路7081万吨，下降0.7%，水路12386万吨，下降4.5%；货运周转量239.94亿吨公里，下降3.5%，其中公路48.28亿吨公里，增长10.7%，水路191.66亿吨公里，下降6.5%。全年内河港口货物吞吐量17840万吨，增长21.6%。

全市年末汽车保有量达到33.89万辆，比上年增加6.34万辆，增长23.0%。私人汽车保有量29.40万辆，增加6.05万辆，增长25.9%，其中轿车保有量22.48万辆，增加4.49万辆，增长25.0%。全年小型汽车上牌量6.95万辆，增长13.2%。

全年实现邮政电信业务收入31.23亿元，比上年增长10.3%；全市年末固定电话（含小灵通）用户101.70万户，比上年减少6.03万户；移动电话用户324.26万户，增加2.15万户；全市电话普及率为每百人163部，减少2部；年末国际互联网用户60.08万户，增加6.71万户，增长12.6%，其中宽带用户60.06万户，增加6.71万户，增长12.6%。

【金融和保险】2012年，湖州市全市金融机构年末本外币存款余额2285.66亿元、贷款余额1912.40亿元，分别比上年增长8.7%、11.7%；全年新增本外币贷款200.23亿元，同比少增50.61亿元。年末城乡居民本外币储蓄存款余额1082.79亿元，新增128.35亿元，同比少增4.67亿元。金融机构年末不良贷款余额为26.48亿元，比年初增加18.50亿元，不良贷款率为1.38%，比年初上升了0.91个百分点。

证券营业机构全年业务成交额1441.28亿元，比上年下降27.8%，其中代理A股成交1167.15亿元，下降37.7%。全市新增比奇厨具1家上市公司，我武生物通过中国证监会首发申请审核，再融资3家，融资总额15.83亿元。全市年末已拥有上市公司15家，其中境外4家，境内11家。保险公司全年保费收入47.55亿元，增长3.3%。其中，财产险保费收入19.85亿元，增长12.5%；人身险保费收入27.70亿元，下降2.4%。各类保险赔款支出14.59亿元，增长34.4%。其中，财险赔款10.23亿元，增长36.9%；寿险赔款4.36亿元，增长28.9%。

6

2012年绍兴市经济发展概况

【经济总量】2012年，绍兴市全年实现地区生产总值（GDP）3620.10亿元，比上年增长9.7%。其中，第一产业增加值184.72亿元，第二产业增加值1949.07亿元，第三产业增加值1486.31亿元，分别增长2.9%、9.7%和10.8%。GDP总量和增速均居全省第4位。人均GDP（按常住人口计算）73304元，按年平均汇率折算为11613美元，增长9.4%。人均GDP和增速均列全省第4位。三次产业增加值结构由上年年度的5.2：55.0：39.8调整为5.1：53.8：41.1。

全年居民消费价格比上年上涨2.0%，其中食品上涨3.3%，烟酒上涨3.8%，居住上涨4.6%，家庭设备用品及维修服务上涨1.9%，衣着上涨0.8%，医疗保健和个人用品上涨0.5%，交通和通信下降0.1%，娱乐教育文化用品及服务下降1.7%；工业生产者出厂价格下降3.1%，工业生产者购进价格下降2.2%。

全年财政总收入469.31亿元，比上年增长10.1%。公共财政预算收入265.76亿元，比上年增长10.9%。

年末全市就业人员404.08万人，其中城镇就业人员118.07万人。全年城镇新增就业人员10.94万人，城镇失业人员实现再就业3.82万人，就业困难人员实现再就业1.2万人，自主创业2.1万人，创业带动就业6.5万人。年末城镇登记失业率2.91％，比上年降低0.1个百分点。

【农业】2012年，绍兴市全年粮食播种面积187751公顷，比上年增长1.0%。油料播种面积25791公顷，下降2.8%；棉花播种面积2067公顷，下降12.6%；蔬菜种植面积66715公顷，下降2.1%；食用菌种植面积2281公顷，增长18.4%；果用瓜种植面积10108公顷，下降4.5%；花卉苗木种植面积16781公顷，增长2.4%。

全年粮食产量120.06万吨，比上年增长1.5%。其中，早稻产量19.83万吨，增产8.1%；晚稻产量75.04万吨，与上年持平。大小麦产量5.65万吨，增长5.0%。

【工业和建筑业】2012年，绍兴市全年全部工业增加值1738.45亿元，比上年增长9.9%，其中规模以上工业增加值增长11.0%。规模以上工业中，国有控股企业增加值增长4.7%，集体企业增加值增长0.6%，股份制企业增加值增长13.7%，外商投资企业增加值增长10.0%，港澳台商投资企业增加值增长9.5%，私营企业增加值增长10.6%。轻工业增加值增长11.2%，重工业增加值增长10.7%。

全年建筑业增加值210.62亿元，比上年增长7.4%。资质以上建筑企业利润总额127.04亿元，增长17.5%；税金总额161.96亿元，增长30.3%。

【固定资产投资】2012年，绍兴市全年固定资产投资1722.56亿元，比上年增长20.8%，扣除价格因素，实际增长21.8%。国有投资345.75亿元，增长32.5%，占固定资产投资比重20.1%；非国有投资1376.81亿元，增长18.2%，占固定资产投资比重79.9%，其中民间投资1287.36亿元，增长20.0%，占固定资产投资比重74.7%。

固定资产投资中，第一产业投资9.40亿元，比上年增长36.1%；第二产业投资881.40亿元，增长18.4%；第三产业投资831.77亿元，增长23.2%。全年施工项目3268个，比上年增长7.1%，其中新开工项目2175个，增长19.8%。

全年工业投资881.40亿元，比上年增长18.4%，总量居全省第一。其中新兴产业投资308.82亿元，增长33.6%，增速高于工业投资15.2个百分点，占工业投资比重35.0%。

全年房地产开发投资467.71亿元，比上年增长16.0%。其中，住宅投资347.25亿元，比上年增长19.8%；办公楼投资26.13亿元，增长7.7%；商业营业用房投资59.47亿元，增长14.5%。

【科学技术】2012年，绍兴市全年全市用于科技财政支出13.23亿元，比上年增长7.3%，财政科技支出占财政支出比重为4.7%。

全年新上创新基金、重点新产品、火炬计划、星火计划等国家级科技项目202项，新上省重大科技专项计划、新产品等省级科技项目776项，5项成果获2011年度国家科学技术奖，其中技术发明二等奖1项、国家科技进步二等奖4项。新认定国家需要重点扶持高新技术企业62家，省级以上创新型企业12家，9家企业入选首批知识产权管理标准国家试点。新认定国家级科技企业孵化器、省级高新技术特色产业基地、省级重点实验室各1家，省级企业研究院17家，省级高新技术企业研发中心29家，滨海产业集聚区江滨区增挂省级高新技术产业园区牌子。全市专利申请量、授权量分别为22023件、12360件，同比分别增长40.6%、38.5%；发明专利申请量和授权量分别为3063件、646件，同比分别增长47.4%、21.0%。

【国内贸易和对外经济】2012年，绍兴市全年社会消费品零售总额1158.66亿元，比上年增长15.1%，扣除价格因素，实际增长13.5%。其中，城镇消费品零售额1000.28亿元，增长15.1%；乡村消费品零售额158.38亿元，增长15.0%。分行业看，批发零售贸易业零售额1057.40亿元，增长14.8%；住宿餐饮业零售额101.25元，增长18.0%。

全年货物进出口总额320.98亿美元，比上年下降4.2%。其中，进口65.41亿美元，下降13.0%；出口255.57亿美元，下降1.7%。有进出口国家和地区205个，其中出口超1000万美元的国家和地区111个，比上年增加4个。美国、阿联酋、巴西分别居出口额前3位国家，出口额分别为33.24亿美元、14.27亿美元和12.36亿美元。机电产品出口41.48亿美元，下降10.1%；化工产品出口15.80亿美元，增长4.1%；高新技术产品出口9.81亿美元，下降17.3%；纺织品及服装出口171.97亿美元，下降0.6%。新登记备案企业1656家，累计获进出口经营权企业13934家。全市出口超1000万美元企业578家，同比减少1家。

【交通、邮电和旅游】2012年，绍兴市全年货物运输总量9274万吨，比上年增长4.2%。货物运输周转量1110714万吨公里，增长0.7%。其中公路和水运货物运输总量分别为8051万吨和1223万吨，分别比上年增长4.6%和1.5%；公路货运周转量819204万吨公里，增长4.4%；水运货运周转量291510万吨公里，下降8.5%。

全年旅客运输总量17512万人，比上年增长0.6%。旅客运输周转量479957万人公里，增长1.0%。其中公路和水运旅客运输总量分别为17414万人和98万人，分别比上年增长0.5%和12.6%；公路和水运旅客运输周转量分别为479693万人公里和264万人公里，增长1.0%和10.9%。年末公路通车里程9587公里，比上年增长1.1%。

年末全市民用车辆拥有量100.56万辆，比上年末增长6.5%。其中汽车62.80万辆，比上年末增长19.4%。

全年邮电业务收入58.10亿元，比上年增长8.3%。年末固定电话用户（含小灵通）195.06万户，移动电话用户（通话用户）497.61万户。电话普及率157.13部/百人，其中固定电话普及率44.25部/百人，移动电话普及率112.88部/百人。互联网用户数（不含手机上网用户）126.19万户，同比增长17.3%。

全年旅游总收入506.35亿元，比上年增长22.3%。其中，接待国内旅游者4865.92万人次，增长17.9%；实现国内旅游收入491.11亿元，增长22.9%；接待入境旅游者68.68万人次，增长13.8%；实现旅游外汇收入24128.11万美元，增长9.6%。

【金融和保险】2012年，绍兴市年末全市金融机构本外币存款余额5923.60亿元，比上年末增长7.5%。贷款余额5129.15亿元，增长14.9%。年末本外币储蓄存款余额2503.32亿元，比上年末增长

12.4%。

年末全市有上市公司52家，其中境外上市公司11家，上市公司数量列全省第3位，居地级市首位。当年新增上市公司3家，上市公司实现股权再融资3家，上市公司发行公司债券6家，合计融资91.6亿元，融资额居全省第一，占全省上市融资总额的30%。年末全市有小额贷款公司31家，注册资本82.1亿元，全年累计发放贷款482.15亿元。

年末全市有保险机构50家，保费总收入75.22亿元，比上年增长13.0%，其中产险收入34.52亿元，增长16.8%；寿险收入40.70亿元，增长10.0%。支付各类赔款及给付24.65亿元，增长35.2%。其中产险赔款19.13亿元，赔付率55.4%；寿险赔款及给付5.52亿元，赔款及给付率13.6%。

7

2012年金华市经济发展概况

【经济总量】2012年，金华市全年实现地区生产总值（GDP）2700.12亿元，按可比价计算，比上年增长10.2%。其中：第一产业增加值为134.44亿元，增长4.0%；第二产业增加值为1344.66亿元，增长10.2%；第三产业增加值为1221.02亿元，增长10.9%。全市人均生产总值达到57468元（按2012年年均汇率折算为9104美元），增长9.8%。第一、第二、第三产业增加值占地区生产总值的比重由上年的5.1∶50.9∶44.0变化为5.0∶49.8∶45.2，第三产业所占比重比上年提高1.2个百分点。

2012年市区居民消费价格比上年上涨2.2%，涨幅较上年回落3.4个百分点。所调查的八大类消费品及服务项目价格“七涨一跌”，其中，食品类价格上涨4.5%，烟酒类价格上涨1.9%，衣着类价格上涨1.5%，家庭设备用品及维修服务类价格上涨4.3%，医疗保健和个人用品类价格上涨2.0%，娱乐教育文化用品及服务类价格上涨0.7%，居住类价格上涨1.6%，交通和通信类价格下降0.5%。商品零售价格上涨1.5%。全市工业生产者出厂价格下跌2.2%，工业生产者购进价格下跌3.2%，购销价格差由逆转顺达到1.0个百分点。

2012年，全市新增城镇就业70669人，城镇失业人员实现再就业27927人，农村劳动力转移54259人，年末城镇登记失业率为2.77%，低于省市政府提出的4%的控制目标。

【农业】2012年，金华市全市农林牧渔业增加值134.44亿元，比上年增长4.0%。

全市农作物播种面积274.8千公顷，比上年增长0.2%。其中粮食播种面积为154.8千公顷，总产量为89.78万吨，分别比上年下降0.1%和增长0.8%；棉花播种面积7.2千公顷，面积和上年持平，产量为1.14万吨，比上年下降10.0%；油料播种面积为25.9千公顷，比上年下降1.9%，产量为4.80万吨，比上年下降2.2%；蔬菜播种面积为43.5千公顷，产量为92.8万吨，分别比上年增长1.6%和0.8%；药材播种面积7.4千公顷，下降1.3%；果用瓜种植面积10.6千公顷，与上年持平，产量为23.29万吨，下降2.8%；花卉苗木种植面积13.9千公顷，增长5.3%。

【工业和建筑业】2012年，金华市全市完成工业增加值1164.51亿元，比上年增长10.5%，工业增加值占GDP的比重为43.1%。全市规模以上工业实现总产值3889.87亿元，销售产值3721.15亿元，分别增长11.6%和9.8%。规模以上工业企业完成出口交货值944.81亿元，增长6.4%，占销售产值的比重为25.4%。

全市规模以上工业企业科技活动经费支出32.87亿元，比上年增长33.7%。新产品生产增长较快。规模以上工业企业完成新产品产值933.68亿元，增长36.1%，新产品产值率达到24.0%，比上年提高4.3个百分点。

全市建筑业总产值达2210.81亿元，比上年增长15.5%；完成建筑业地方税收22.98亿元，占全市税收总收入的14.1%，比上年增长21.2%；建筑业年末从业人数达到89.29万人。建筑施工面积26012.71万平方米，完成房屋竣工面积8535.28万平方米。省外市场发展良好，2012年建筑业企业在省外完成产值1422.62亿元，占全省省外完成产值的12.9%，占全市建筑业总产值的64.4%。

【固定资产投资】2012年，金华市全市完成固定资产投资1133.18亿元，比上年增长31.3%。其中，房地产开发投资285.19亿元，增长40.1%；投资项目（单位）投资847.99亿元，增长28.6%。民间投资快速增长，全年实现民间投资923.38亿元，比上年增长33.7%，占固定资产投资的81.5%。

在固定资产投资中：第一产业完成投资6.07亿元，增长185.1%。第二产业完成投资566.76亿元，增长22.9%；其中工业投资565.47亿元，增长22.9%。第三产业完成投资560.35亿元，增长40.2%。第一产业比重比上年提高了0.3个百分点，第二、第三产业投资比重分别下降和上升3.4和3.1个百分点，三次产业投资结构调整为0.5：50：49.5。

【科学技术】2012年，金华市全市列入市级以上科技项目786项，其中国家级90项、省级413项，共计503项，比2011年增长33%；新到位省级以上科技资金首次突破亿元，达到1.06亿元，比上年增长46.9%。新立市级科技计划项目267项，其中工业类88项、农业类78项、社会发展类101项，农业科技成果转化项目5项。列入2012年度省科学技术奖公示名单20项，评选市科学技术60项，其中一等奖5项、二等奖15项、三等奖40项。新认定创新型企业90家，其中省级8家、市级19家、县级63家；高新技术企业102家，其中国家级49家、市级53家；省级科技型中小企业36家；农业科技企业30家，其中省级13家、市级17家；专利示范企业58家，其中省级16家、市级42家。研发认定省级新产品277只。申请专利21491件，同比增长30.4%，其中发明专利1946件，同比增长30.1%；授权专利17634件，同比增长49.1%，其中发明专利423件，同比增长19.5%。

2012年，全市新认定省级高新技术研发中心16家、市级50家，省级农业科技研发中心9家、市级10家。青年汽车等3家企业成为省级重点企业研究院，浙江绿源电动车有限公司等6家企业组建省级企业研究院。高新园区国家级科技孵化器新引进科技孵化企业53家，累计达到453家；新孵化毕业16家，累计达到150家，园区企业实现技工贸总收入357.91亿元，同比增长10.8%，工业总产值393.91亿元，同比增长17.8%。中科院金华科技园实体化建设继续推进，第13届工科会上新引进金华快速成型技术研究所。

园区引进机构共签订服务金华企业项目93项，合同金额5500.62万元，主营收入2379.54万元，实现利税590.83万元，申请发明专利65项，申请实用新型或外观专利142项。

【国内贸易和对外经济】2012年，金华市全市实现社会消费品零售额1260.41亿元，增长15.7%。城乡消费市场同步增长，其中城镇消费品零售额为1064.70亿元，增长15.7%；乡村消费品零售额为195.71亿元，增长15.8%。分行业看，批发零售业零售额1141.10亿元，增长15.8%；住宿餐饮业零售额119.31亿元，增长15.5%。

2012年全市完成进出口总额227.39亿美元，比上年增长38.4%。其中，出口总额213.13亿美元，比上年增长40.7%；进口总额14.25亿美元，比上年增长10.6%。进出口、出口和进口总额三项指标均创历史新高。其中，出口总额首超200亿美元，排名从上年的全省第七位上升至全省第四位。出口有效主体增加。全年新增备案企业1534家，全年有出口实绩企业5059家，比上年净增632家；其中出口超1000万美元企业481家，比上年净增132家。出口市场结构优化。全市与223个国家和地区建立了贸易关系，其中出口超1亿美元的国家和地区51个，比上年增加12个。

【交通、邮电和旅游】2012年，金华市2012年全市交通建设共完成投资41.45亿元。其中高速公路完成投资7.11亿元，国省道、县道建设项目完成投资17.80亿元，大中修工程完成投资2.43亿元，农村联网公路完成投资0.98亿元，安保工程完成投资1.16亿元，病旧桥隧加固改造工程完成投资0.92亿元，场站建设完成投资10.90亿元，水运建设完成投资0.15亿元。全市境内公路总里程达到11864.45公里。年内公路旅客周转量92.89亿人公里，货物周转量174.95亿吨公里。

2012年邮电业务收入78.36亿元，比上年增长9.5%。其中，邮政业务收入7.76亿元，比上年增长21.3%；电信业务收入70.60亿元，增长8.3%。年末城乡固定电话用户167.15万户，比上年末下降6.1%。其中住宅电话85.37万户，下降8.5%；公用电话21.94万户，下降1.7%。年末移动电话用户达950.31万户，增长34.4%。移动电话普及率202.26部/百人，固定电话普及率35.6部/百人。互联网宽带接入用户达131.92万户，比上年末增长16.5%。

2012年全市共接待游客4182.84万人次，同比增长16.1%，实现旅游收入399.59亿元，同比增长16.1%，其中接待国内旅游者4105.14万人次，同比增长16.3%，实现国内旅游收入372.77亿元，同比增长17.5%，接待入境旅游者77.70万人次，同比增长6.8%，实现旅游外汇收入42451.32万美元，同比增长1.9%。

【金融和保险】2012年年末，金华市全市金融机构本外币各项存款余额为5324.39亿元，增长12.2%。其中：单位存款余额2469.87亿元，增长10.9%；本外币储蓄存款余额2684.35亿元，增长16.0%。金融机构本外币各项贷款余额4346.85亿元，增长18.2%。其中短期贷款余额3481.94亿元，增长24.7%；中长期贷款余额813.63亿元，下降2.8%。本外币余额存贷比为81.6%。

2012年全市保险机构全年保费收入106.52亿元，比上年增长14.0%。其中财产险保费收入44.77亿元，人身险保费收入61.75亿元，分别比上年增长16.2%和12.4%。全年支付各类赔偿及给付32.95亿元，比上年增长33.5%。其中财产险赔款24.23亿元，比上年增长33.7%；人身险赔款及给付8.72亿元，增长

32.7%。

8

2012年衢州市经济发展概况

【经济总量】2012年，衢州市全年实现地区生产总值（GDP）982.75亿元，按可比价格计算，比上年增长8.7%。其中：第一产业增加值79.85亿元，增长3.1%；第二产业增加值531.91亿元，增长8.7%；第三产业增加值370.99亿元，增长10%。在第三产业中：交通运输、仓储及邮政业增加值增长5.8%，批发和零售业增加值增长16.9%，住宿和餐饮业增加值增长18.4%，金融业增加值增长8.7%，房地产业增加值增长10.4%。三次产业增加值结构由上年的8.3：55.6：36.1调整为8.1：54.1：37.8。全市人均生产总值按户籍人口计算为38891元，合6161美元，比上年增长8.4%。

【农业】2012年，衢州市全年实现农林牧渔业总产值135.30亿元，比上年增长4.2%。

全年农作物播种面积345.33万亩，比上年增长1.4%。其中：粮食播种面积201.01万亩，增长0.4%；油料播种面积58.86万亩，增长3.5%；蔬菜种植面积54.08万亩，增长3.3%；果用瓜种植面积7.89万亩，下降3.8%。

全年粮食总产量79.69万吨，比上年增长0.4%。油料产量6.41万吨，增长9.8%。蔬菜产量90.48万吨，增长3.3%。食用菌产量18.58万吨，下降3.8%。果用瓜产量14.31万吨，下降3.8%。茶叶产量6847吨，增长5.3%。水果产量80.96万吨，增长0.7%，其中柑橘产量62.60万吨，增长0.9%。

【工业和建筑业】2012年，衢州市全市年末共有规模以上工业企业单位943家，比上年增加82家，其中：主营业务收入亿元以上的企业243家，比上年增加15家；大中型企业89家，比上年增加1家。

全年全部工业增加值457.56亿元，按可比价格计算比上年增长9.2%。规模以上工业企业全年完成产值1356.11亿元，增长4.8%，其中：重工业948.29亿元，下降0.6%；轻工业407.82亿元，增长20%。实现工业销售产值1322.17亿元，增长3.7%，产销率97.5%，比上年降低1.02个百分点。全年完成工业出口交货值97.11亿元，增长4.3%。

全年建筑业实现增加值74.36亿元，按可比价格计算比上年增长5.7%。全市建筑业企业322家，其中：具有一级资质企业23家，二级资质企业89家。全年建筑业实现总产值293.08亿元，增长10%，超亿元产值的企业80家。

【固定资产投资】2012年，衢州市全年完成固定资产投资570.76亿元，比上年增长13.1%。其中：第一产业投资15.21亿元，增长50.2%；第二产业投资306.05亿元，增长8.7%；第三产业投资249.5亿元，增长17.1%。

全年完成工业投资305.31亿元，比上年增长8.8%，其中制造业投资273.15亿元，增长1.2%。食品制造业、非金属矿物制造业和黑色金属冶压业等15个行业的投资增长20%以上，纺织业、木材加工业和化工业等11个行业比上年下降。有11个行业年投资额超10亿元，其中5个行业年投资额超20亿元：化学原料及化学制品制造业32.58亿元，下降30.2%；造纸及纸制品业28.58亿元，下降10.2%；电气机械及器材制造业22.55亿元，增长4.5%；金属制品业21.27亿元，下降41.2%；非金属矿物制造业20.23亿元，增长25.8%。

全年完成基础设施投资127.27亿元，比上年增长26%。其中：水利、环境和公共设施管理投资54.5亿元，增长4.6%；交通运输、仓储和邮政业投资30.09亿元，增长13.1%；电力、燃气及水的生产供应业投资28.15亿元，增长208.7%；教育设施投资4.81亿元，增长25%；卫生设施投资2.97亿元，下降1%；电信及信息传输业投资3.63亿元，增长25.3%。

【科学技术】2012年，衢州市全市拥有国家级高新技术企业74家，市级高新技术企业147家。国有独立研究开发机构12个，企业技术开发机构159个。全年获得省以上科技进步奖6项，市级科技进步奖40项。当年专利申请受理4899项，专利申请授权3208项，其中发明133项。

【国内贸易和对外经济】2012年，衢州市全年实现社会消费品零售总额396.36亿元，比上年增长15.2%。按经营地统计，城镇市场实现消费品零售额342.64亿元，增长14.7%；乡村市场实现消费品零售额53.72亿元，增长29.3%。按消费形态统计，批发业实现零售额62.53亿元，增长20.1%；零售业实现零售额289.53亿元，增长13.5%；住宿业实现零售额4.44亿元，增长9.4%；餐饮业实现零售额39.86亿元，增长21.5%。

全市限额以上批发零售业实现零售额111.71亿元，增长14.4%。其中：食品、饮料、烟酒类增长18.4%，服装鞋帽、针、纺织品类增长16.8%，日用品类增长21.8%，化妆品类增长27.7%，中西药品类增长8.7%，家用电器和音像制品类增长4.9%，汽车类增长15%。

全年实现进出口总额30.18亿美元，比上年增长12.3%。其中：出口18.59亿美元，增长5.6%；进口11.59亿美元，增长25.1%。

全市有出口实绩的企业616家，比上年增加66家，其中当年新启动出口业务企业132家，增加15家。全年出口额在100万美元以上企业251家，其中1000万美元以上的企业42家，增加2家。

【交通、邮电和旅游】2012年，衢州市全年完成交通运输、仓储和邮政业增加值34.04亿元，按可比价格计算，比上年增长5.8%。

全年各种运输方式完成货物运输量8736.52万吨，比上年增长2.1%，其中：铁路368.47万吨，下降17.1%；公路8364万吨，增长3.1%；水运4万吨，下降19.4%；民航470.2吨，增长78.2%。全年各种运输方式完成旅客运输量11726.39万人，比上年增长1.9%，其中：铁路215.76万人，增长2.8%；公路11485万人，增长1.8%；水运6.62万人，增长51.5%；民航19.01万人，增长27.7%。

全年邮电业务收入15.8亿元，比上年增长7.1%，其中邮政业务收入1.3亿元，增长25%；通信业务收入14.5亿元，增长5.8%。全年邮政传送函件2412.1万件，包件5.7万件，累计订销报纸4650.7万份，订销杂志303.7万份。年末城乡固定电话用户52.09万户，比上年减少3.27万户。年末移动电话用户208.2万户，增加9.05万户。电话普及率（含移动电话）102.95部/百人，增加2.17部/百人。互联网用户35.81万户，增加7.69万户，互联网普及率达到40.9%。

全年旅游总收入149.69亿元，比上年增长23.7%，其中：接待国内旅游者2516.73万人次，增长21%，国内旅游收入145.48亿元，增长24.2%；入境的旅游者13.57万人次，增长16.8%，国际旅游外汇收入6658.91万美元，增长11.2%。在入境的旅游者中：外国人6.02万人次，增长12.9%；香港、澳门和台湾同胞7.55万人次，增长20.1%。全市拥有星级宾馆饭店36家，客房总数3468间。

【金融和保险】2012年，衢州市全年完成金融业增加值57.6亿元，按可比价格计算，比上年增长8.7%。

年末金融机构本外币存款余额1299.52亿元，比上年末增长12.3%，其中人民币存款余额1289.22亿元，增长12.1%。年末金融机构本外币贷款余额1078.53亿元，增长15.4%，其中人民币贷款余额1064.37亿元，增长15.6%。年末城乡居民本外币储蓄存款余额608.73亿元，增长18.7%。

年末共有保险机构29家，全年保费收入26.13亿元，比上年增长7.6%，其中：寿险保费收入15.2亿元，增长1.4%；财产险保费收入10.93亿元，增长17.5%。支付各类赔款8.11亿元，增长26.5%，其中：寿险业务赔款2.47亿元，增长36.9%；财产险赔款5.63亿元，增长22.4%。

9

2012年舟山市经济发展概况

【经济总量】2012年，舟山市全年实现地区生产总值（GDP）851.95亿元，按可比价计算，比上年增长10.2%。其中，第一产业增加值83.05亿元，第二产业增加值385.42亿元，第三产业增加值383.48亿元，分别比上年增长5.5%、12.3%和9.1%。三次产业结构比例为9.8：45.2：45.0。按常住人口计算，人均地区生产总值74831元，约11854美元，比上年增长9.3%。

全年海洋经济总产出1959亿元，按可比价计算，比上年增长13.1%；海洋经济增加值585亿元，比上年增长12.0%。海洋经济增加值占全市GDP的比重为68.7%，比上年提高0.1个百分点。

全年财政总收入133.45亿元，比上年增长4.9%，其中，公共财政预算收入85.56亿元，比上年增长11.9%。在公共财政预算收入中，增值税、营业税和个人所得税分别为8.56亿元、30.01亿元和3.50亿元，分别比上年增长3.1%、10.1%和1.3%，企业所得税为8.93亿元，下降1.3%。公共财政预算支出155.22亿元，比上年增长4.8%。其中，交通运输支出增长51.7%，住房保障支出增长31.9%，教育支出增长31.1%，科学技术支出增长26.9%，社会保障和就业支出增长21.7%。

全年居民消费价格比上年上涨1.7%，其中，服务项目价格下降0.6%，消费品价格上涨2.8%。商品零售价格上涨1.7%。工业品出厂价格下降9.9%，其中，船舶修造价格下降11.0%。新建住宅销售价格下降2.0%。

【农业】2012年，舟山市全年农林牧渔业总产值163.71亿元，比上年增长9.2%。其中，渔业总产值148.02亿元，比上年增长10.0%；农业总产值10.33亿元，增长4.0%；林业总产值0.32亿元，增长15.3%；牧业总产值5.04亿元，下降3.0%。

全年农作物播种面积23.32千公顷，比上年下降0.9%，其中，粮食作物播种面积10.61千公顷，增长0.3%。粮食产量5.22万吨，比上年增长3.1%；蔬菜产量14.91万吨，下降6.7%；水果产量8.40万吨，下降3.8%。

【工业和建筑业】2012年，舟山市全年全市工业总产值1585.35亿元，比上年增长10.0%。全市规模以上工业增加值223.63亿元，按可比价计算，比上年增长14.5%。规模以上工业总产值1215.66亿元，增长11.3%；工业销售产值1176.06亿元，增长8.7%；工业产销率96.7%。其中，临港工业完成总产值996.42亿元，增长9.2%，占规模以上工业总产值的比重为82%。规模以上工业中，重、轻工业分别完成工业总产值944.63亿元和271.03亿元，分别增长9.0%和20.0%，重轻工业比为78：22。年末有工业总产值上亿元企业150家，比上年末增加9家，实现工业总产值1124.0亿元，比上年增长13.0%，占全部工业总产值的比重为70.9%。产业集聚区实现工业总产值410.2亿元，比上年增长14.8%，拉动规模以上工业增长4.8个百分点。

全市规模以上工业企业资产总计1485.65亿元，比上年增长11.5%；实现利税总额30.88亿元，比上年下降47.6%，其中，利润总额10.12亿元，下降70.3%。规模以上工业资本保值率111.41%，全员劳动生产率272004元/人。

【固定资产投资】2012年，舟山市全年全市固定资产投资600.81亿元，比上年增长26.2%。其中，建筑安装工程投资407.72亿元，增长22.7%；基础设施投资224.40亿元，增长33.2%；城乡个私投资156.94亿元，增长18.0%。

从三次产业看，第一产业投资6.94亿元，比上年增长20.3%；第二产业投资201.00亿元，增长18.1%，其中，工业投资200.29亿元，增长18.3%；第三产业投资392.87亿元，增长30.9%，其中，交通运输仓储邮政业投资147.12亿元，增长49.2%。

【科学技术】2012年，舟山市全年组织实施各类科技计划项目共720项，其中，国家级53项，省级280项。申请专利2200件，授权1096件，其中，申请发明522件，授权115件。年末全市有高新技术企业36家，省级创新型试点、示范企业8家，省级科技型企业99家，省级农业科技企业65家，省级高新技术研发中心24家，省级农业科技企业研发中心22家。

【国内贸易和对外经济】2012年，舟山市全年社会消费品零售总额290.54亿元，比上年增长16.0%，扣除物价因素，实际增长14.1%。分行业看，批发业零售额28.12亿元，增长24.7%；零售业零售额216.07亿元，增长15.3%；住宿业零售额11.28亿元，增长8.3%；餐饮业零售额35.07亿元，增长16.3%。从限额以上批发零售业商品零售类别看，通信器材类零售额比上年增长1.3倍，食品、饮料、烟酒类增长20.8%，石油及制品类增长26.8%，服装鞋帽针纺织品类增长23.2%，中西药品类增长23.0%。全年批发零售业商品销售总额1083.10亿元，比上年增长51.7%，住宿餐饮业营业额62.85亿元，增长13.0%。

中国（舟山）大宗商品交易中心设立运营，年内已上市电解镍、船用油和电解铜三个交易品种，交易所总成交额1513.6亿元，现货交易额121.1亿元。年末全市有商品交易市场132个，比上年末增加2个，其中，消费品市场126个，生产资料市场6个。全年商品交易市场成交额194.87亿元，比上年增长5.1%。其中，水产品类市场成交额101.85亿元，增长37.8%；工业消费品市场成交额12.44亿元，增长1.3倍；船舶交易市场和船用商品交易市场成交额分别为32.49亿元和9.80亿元，均下降41.7%；另外实现网上市场成交额7.67亿元。年末有亿元以上商品交易市场13个，全年实现成交额162.33亿元，比上年增长5.7%。

全年外贸进出口总额（含保税仓库货物）153.56亿美元，比上年增长15.8%。其中，进口总额61.32亿美元，增长5.9%；出口总额92.24亿美元，增长23.4%。全年初级产品出口额41.34亿美元，比上年增长35.7%，其中，水产品出口额7.55亿美元，增长0.5%。工业制成品出口额50.90亿美元，增长15.0%，其中，船舶出口额45.09亿美元，增长17.9%。

【交通、邮电和旅游】2012年，舟山市全年全市交通运输、仓储和邮政业实现增加值89.41亿元，按可比价计算，比上年增长5.3%。全年水路货运量15242万吨，比上年增长13.2%，货运周转量1870.52亿吨公里，增长15.1%；水路客运量2224万人，下降1.4%，客运周转量4.69亿人公里，下降6.3%。陆路货运量4697万吨，增长6.4%，货运周转量105.58亿吨公里，增长9.2%；陆路客运量13884万人，增长4.4%，客运周转量20.30亿人公里，增长1.4%。舟山普陀山机场全年完成客运量46.4万人，增长20.6%；货邮运量（不包括行李）425吨，增长48.4%。年末全市民用汽车拥有量8.55万辆，比上年末增长16.0%，其中，私人汽车拥有量6.07万辆，增长20.4%。

全年邮电业务收入16.41亿元，比上年增长7.0%。年末全市固定电话（含小灵通）用户53.43万户，比上年末下降0.3%；移动电话用户154.29万户，增长0.6%；宽带网用户30.53万户，增长17.5%；邮路长度1282公里，与上年末持平。

年末全市有旅行社125家，比上年末增加7家。全市有星级宾馆51家，客房4516间，床位7984张，星级宾馆客房入住率为51.9%。全市有A级景区11个，其中，5A级景区1个，4A级景区2个。全年接待国内外游客共2771.02万人次，比上年增长12.6%，其中，接待国际游客31.05万人次，增长11.9%。从主要景区看，普陀山景区接待游客556.46万人次，比上年增长7.1%；朱家尖景区接待游客388.61万人次，增长12.1%；桃花岛景区接待游客170.59万人次，增长11.1%。全年实现旅游总收入266.76亿元，比上年增长13.3%；实现旅游外汇收入15865万美元，增长12.2%。

【金融和保险】2012年年末，舟山市全市有各类金融机构51家，其中，银行业机构18家，保险业机构22家，证券业机构3家。年末金融机构本外币存款余额1389.97亿元，比上年末增长5.7%，其中，储蓄存款508.59亿元，增长10.3%。金融机构本外币贷款余额1295.83亿元，比上年末增长11.5%。全市银行业金融机构表外融资业务余额302.79亿元，比年初增加72.96亿元。

全年保险公司保费收入21.33亿元，比上年增长6.9%，其中，财产险保费收入9.73亿元，增长4.8%；人身险保费收入11.60亿元，增长8.8%。保险公司赔款支出6.06亿元，比上年增长17.7%；保险公司给付支出1.23亿元，增长30.0%。

10

2012年台州市经济发展概况

【经济总量】2012年，台州市全年实现地区生产总值（GDP）2927.34亿元，按可比价格计算，比上年增长7.5%，增幅比上半年回升1.0个百分点。其中，第一产业增加值201.12亿元，增长2.5%；第二产业增加值1435.04亿元，增长7.1%；第三产业增加值1291.18亿元，增长8.6%；三次产业结构为6.9：49.0：44.1。全市人均生产总值为49711元，比上年增长6.7%，按年平均汇率折算达7875美元。

市区实现生产总值1040.59亿元，按可比价格计算，比上年增长7.1%。市区人均生产总值达到66545元，比上年增长6.4%，按年平均汇率折算达10542美元。

【农业】2012年，台州市农业生产稳定增长。全市实现农林牧渔业总产值348.99亿元，按可比价格计算，比上年增长2.6%。其中，农业产值126.52亿元，增长2.5%；林业产值5.98亿元，下降0.6%；牧业产值35.68亿元，增长6.1%；渔业产值177.65亿元，增长2.0%；农林牧渔服务业产值3.17亿元，增长2.5%。

全年农作物总播种面积251.37千公顷，比上年下降1.3%。全市粮食作物播种面积137.44千公顷，比上年下降2.6%；全年粮食总产量79.19万吨，比上年增长0.3%，每公顷单产为5762公斤，比上年上升3.0%。全市非粮作物播种面积113.93千公顷，比上年增长0.4%。粮食作物与非粮食作物播种面积的比例为54.7：45.3。全年蔬菜产量187.20万吨，比上年增长2.4%；油菜籽产量1.70万吨，增长11.9%；水果产量121.58万吨，下降5.6%。

【工业和建筑业】2012年，台州市工业生产保持平稳增长。全市实现工业增加值1289.21亿元，按可比价格计算，比上年增长7.1%。全市年主营业务收入2000万元及以上工业企业（以下简称规模以上工业企业）家数为3086家，实现工业增加值705.23亿元，比上年增长6.3%。

全市规模以上轻工业实现工业增加值263.27亿元，比上年增长9.2%，占规模以上工业增加值的37.3%；重工业实现工业增加值441.96亿元，比上年增长4.7%，所占比重为62.7%。

全市规模以上工业中，总量排在前五位的通用设备制造业、电力热力生产供应业、医药制造业、橡胶和塑料制品业、汽车制造业分别完成工业增加值84.92亿元、80.91亿元、66.75亿元、64.96亿元和60.04亿元，分别比上年增长4.3%、0.3%、18.8%、12.4%和3.6%。

建筑业增长平稳。全市实现建筑业增加值145.83亿元，按可比价格计算，比上年增长7.7%。资质以上建筑企业完成房屋建筑施工面积14771.69万平方米，比上年增长14.3%；房屋竣工面积5145.46万平方米，增长16.9%。

【固定资产投资】2012年，台州市固定资产投资快速增长。全市固定资产投资施工项目4522个，其中新开工项目2114个。全年固定资产投资总额1242.56亿元，比上年增长23.3%。其中第一产业完成投资10.16亿元，比上年下降20.9%；第二产业完成投资503.66亿元，增长17.7%；第三产业完成投资728.74亿元，增长28.5%。固定资产投资中，基础设施完成投资294.27亿元，比上年增长20.1%；民间投资864.96亿元，增长25.8%。

【科学技术】2012年，台州市全市实现规模以上高新技术产业增加值185.73亿元，比上年增长12.9%。全市共有93个项目被列为国家级科技项目，其中国家创新基金项目28项，国家火炬计划项目50项。全年新增国家重点扶持的高新技术企业35家，省级企业研究院6家，省级高新技术研发中心31家。全年申请专利14111件，比上年增长13.2%；专利授权12182件，比上年增长26.2%，其中发明793件，增长52.8%。全年共签订各类技术合同118项，技术交易额2.77亿元。

【国内贸易和对外经济】2012年，台州市全市实现社会消费品零售总额1304.30亿元，比上年增长15.2%，扣除价格因素，实际增长12.5%。其中批发业实现零售额86.79亿元，比上年增长21.2%，零售业实现零售额1071.88亿元，比上年增长14.5%，住宿业实现零售额13.91亿元，增长4.2%，餐饮业实现零售额131.72亿元，增长18.4%。限额以上批发零售企业中，汽车类和石油及制品类商品零售额分别比上年增长6.9%和31.2%。全年销售家电下乡产品68.17万台（件），发放补贴2.04亿元。

全年外贸进出口总额206.22亿美元，比上年增长0.6%。其中出口总额172.39亿美元，增长1.2%，进口总额33.83亿美元，下降2.5%。全年外贸企业出口24.92亿美元，下降4.2%；三资企业出口25.33亿美元，下降6.4%；生产企业出口122.14亿美元，增长4.2%。在出口总额中，一般贸易出口156.78亿美元，增长1.9%；加工贸易出口15.49亿美元，下降6.0%。全年家用电器、汽摩及部件、医化产品出口分别增长10.7%、4.8%和16.3%。2012年我市有进出口实绩企业4409家，比上年增加273家，其中进出口超1000万美元企业有440家，比上年增加11家。出口国家和地区已达211个。

【交通、邮电和旅游】2012年，台州市全年完成货物周转量1325.21亿吨公里，比上年增长7.0%；旅客周转量为106.24亿人公里，比上年增长2.3%。全年完成港口货物吞吐量5358.22万吨，比上年增长5.1%。其中外贸吞吐量939.32万吨，下降4.4%；完成集装箱吞吐量15.09万标箱，增长11.9%。民航完成旅客吞吐量40.4万人次，货邮吞吐量4385吨。全年铁路发送旅客426万人次，比上年增长21.7%。

年末全市公路总里程(含村道)11688公里，其中等级公路11453公里，占公路总里程的98.0%，高速公路298公里。年末全市汽车保有量达79.33万辆，比上年增加11.43万辆，其中私人汽车69.14万辆，比上年增加10.64万辆。

【金融和保险】2012年年末，台州市全市金融机构本外币存款余额4509.17亿元，比上年末增长

12.8%，当年新增存款510.28亿元。年末本外币个人存款余额2405.68亿元，比上年末增长14.0%，当年新增295.30亿元。年末金融机构本外币贷款余额3893.16亿元，比上年末增长12.2%，当年新增贷款422.40亿元。年末金融机构本外币存贷比为86.3%，不良贷款率为1.14%。

企业上市工作有序推进。我市共有3家企业挂牌上市，募集资金15.16亿元；2家上市公司实现股票再融资，募集资金10亿元；2家上市公司完成公司债募集9.3亿元。年末我市累计已有上市公司28家，累计融资总额达到249.80亿元(其中公司债17.3亿元)。年末有小额贷款公司29家，合计注册资金45.4亿元，全年累计发放贷款113.24亿元。

保险市场发展平稳。全年保费总收入84.40亿元，比上年增长11.2%。其中财产险保费收入39.14亿元，人寿险保费收入45.26亿元，分别比上年增长14.4%和8.6%。全年各类赔款、给付支出29.17亿元，比上年增长27.8%。

安徽省

｜合肥市｜芜湖市｜蚌埠市｜淮南市｜马鞍山市｜淮北市｜铜陵市｜
｜安庆市｜黄山市｜滁州市｜阜阳市｜宿州市｜

1

2012年合肥市经济发展概况

【经济总量】2012年，合肥市全年实现地区生产总值（GDP）4164.34亿元，按可比价格计算，比上年增长13.6%。其中，第一产业增加值229.05亿元，增长5.4%；第二产业增加值2303.91亿元，增长15.4%；第三产业增加值1631.38亿元，增长12.3%。三次产业结构调整为5.5：55.3：39.2，其中工业增加值占GDP的比重为43.6%，比上年提高0.7个百分点。人均生产总值达到55186元（折合8742美元）。

全年居民消费价格上涨2.2%，涨幅比上年回落3.5个百分点。工业生产者出厂价格下降0.1%，工业生产者购进价格下降2.3%。

年末全市从业人员484.9万人，比上年增加8.6万人。其中，第一产业106.5万人，减少8.8万人；第二产业164.5万人，增加7.7万人；第三产业213.9万人，增加9.7万人。城乡私营企业从业人员和个体劳动者103.0万人，增加1.2万人。全年城镇新增就业14.0万人，下岗失业人员再就业4.5万人。年末城镇登记失业率为3.65%，比上年下降0.28个百分点。

【农业】2012年，合肥市全年农作物总播种面积为75.54万公顷，比上年增长0.6%。其中，粮食作物48.32万公顷，增长1.7%；棉花3.31万公顷，下降3.3%；蔬菜8.0万公顷，增长12.2%；瓜果2.3万公顷，增长0.2%；油料13.0万公顷，下降8.2%。

全年粮食总产量303.38万吨，比上年增加14.17万吨，增长4.9%。其中，稻谷243.27万吨，增长4.6%；小麦43.56万吨，增长6.8%。棉花产量3.36万吨，降低5.3%。蔬菜产量190.7万吨，增长19.5%。瓜果产量54.4万吨，增长4.3%。油料产量33.47万吨，增长35.9%。

【工业和建筑业】2012年，合肥市年末全市规模以上工业企业2087户，全年实现工业增加值1653.54亿元，比上年增长17.4%。其中，轻工业增加值653.28亿元，增长16.5%；重工业增加值1000.26亿元，增长18%。战略性新兴产业完成产值1598.74亿元，比上年增长24.6%。

全市36个工业行业增加值全部实现增长，六大主导产业实现增加值951.60亿元，比上年增长15.9%。其中，新型平板显示、新能源及光伏、食品及农副产品加工、装备制造产业增加值增长均高于工业平均增速。全年规模以上工业出口交货值419.79亿元，比上年下降1.9%。

全年全社会建筑业增加值490.00亿元，比上年增长9.5%。纳入统计范围的具有建筑业资质等级的总承包和专业承包建筑施工企业835户，比上年增加32户；实现利润总额81.56亿元，增长16.7%。全年房屋建筑施工面积16050.66万平方米，比上年增长14.3%，其中新开工面积6548.28万平方米，下降11.5%；房屋竣工面积5470.25万平方米，增长17.4%。年末建筑业从业人员72.34万人，比上年增长1.8%。建筑企业劳动生产率33.07万元/人，增长25.7%。

【固定资产投资】2012年，合肥市全年全社会固定资产投资4001.10亿元，比上年增长23.7%。分产业看，第一产业投资56.63亿元，增长77.0%；第二产业投资1579.02亿元，增长23.6%，其中工业投资1551.40亿元，增长23.5%；第三产业投资2365.45亿元，增长22.9%。分投资主体看，民间投资2292.40亿元，增长16.2%；国有投资1477.14亿元，增长34.1%；外商及港澳台商投资231.56亿元，增长43.3%。分行业看，食品及农副产品加工业、装备制造业、汽车制造业、家用电器制造业累计完成投资691.36亿元，占工业投资44.6%，比上年增长36.7%，高于工业投资增速13.2个百分点；六大高耗能行业完成投资253.31亿元，增长13.3%，低于工业投资增速10.2个百分点。城市基础设施完成投资689.77亿元，增长24.1%。

【科学技术】2012年，合肥市全年新认定国家高新技术企业120家，国家高新技术企业总数达615家。新增国家级重点新产品26个、省级高新技术产品410个。全市规模以上工业高新技术产业完成产值3533.74亿元，比上年增长18.9%；实现增加值895.81亿元，增长18.6%，占全市生产总值的21.5%，比上年提高1.3个百分点。

已建国家重点实验室7家，省部级重点实验室和工程实验室120家；国家级工程技术研究中心（含分中心）7家，省级工程技术研究中心87家；国家级企业技术中心18家，省级企业技术中心115家。

全年受理专利申请15142件，其中发明专利4748件，增长31.2%；授权专利9639件，其中发明专利1242件，增长63.4%。签订各类技术合同5160项，成交金额42.3亿元，增长26.9%。全市有6项成果获国家科技奖，其中国家自然科学二等奖3项、科技进步二等奖3项。

【国内贸易和对外经济】2012年，合肥市全年社会消费品零售总额1293.62亿元，比上年增长16.7%。按消费形态分，商品零售额1191.61亿元，增长16.7%；餐饮收入102.01亿元，增长16.1%。按经营单位所在地分，城镇零售额1260.06亿元，增长17.0%；乡村零售额33.56亿元，增长6.5%。

年末全市限额以上批发零售和住宿餐饮企业1202户，实现零售额899.99亿元，比上年增长26.9%。其中，汽车类零售额236.61亿元，增长19.1%；家具类8.92亿元，增长43.4%；建筑及装潢材料类24.12亿元，增长31.5%。

全年进出口总额176.42亿美元，比上年增长43.3%。其中，出口136.28亿美元，增长74.3%；进口40.14亿美元，下降10.6%。加工贸易出口额21.74亿美元，下降3.9%。机电产品出口49.90亿美元，增长87.7%。高新技术产品出口14.32亿美元，增长10.5%。

全年新批外商投资企业63户，实际利用外资16.56亿美元，与上年持平。其中，外商直接投资16.01

亿美元，增长23.1%。全年对外经济合作新签合同额12亿美元，完成营业额22.6亿美元，劳务合作年末在外人员1.5万人。年末境外世界500强企业在合肥投资设立42家外资企业，新增3家。

【交通、邮电和旅游】2012年，合肥市全年交通运输、仓储和邮政业增加值165.06亿元，比上年增长8.9%。

全年旅客运输量3.44亿人，比上年增长18.0%。货物运输量3.37亿吨，增长15.1%。

全年邮电业务总量74.45亿元，比上年增长11.8%。其中，邮政业务总量5.29亿元，增长35.6%；电信业务总量69.16亿元，增长10.4%。年末固定电话用户190.69万户，比上年减少13.49万户。其中，城市128.89万户，减少12.29万户；农村61.80万户，减少1.20万户。移动电话用户615.47万户，增加40.78万户。基础电信运营企业计算机互联网接入用户93.39万户，增加5.99万户。

【金融和保险】2012年，合肥市全年财政收入694.36亿元，比上年增长11.3%，其中地方财政收入389.50亿元，增长15.1%。财政支出572.10亿元，比上年增长20.5%。其中，社会保障与就业支出增长14.6%，教育支出增长48.5%。

年末全市金融机构人民币各项存款余额6913.84亿元，比上年末增加1157.54亿元，增长20.1%；其中城乡居民储蓄存款余额2065.57亿元，增长22.3%。金融机构人民币各项贷款余额6136.03亿元，比上年末增加879.1亿元，增长16.7%。其中，短期贷款余额1521.96亿元，增长12.7%；中长期贷款余额4370.36亿元，增长14.4%，中长期贷款中个人贷款余额1306.09亿元，增长12.9%。

全年保险公司保费收入89.33亿元，比上年增长31.4%。其中，财产险保费收入40.02亿元，增长29.1%；人身险保费收入49.31亿元，增长33.4%。支付各类赔款及给付29.98亿元，比上年增长40.4%。其中，财产险赔款与给付20.11亿元，增长48.6%；人身险赔款与给付9.87亿元，增长26.4%。

2

2012年芜湖市经济发展概况

【经济总量】2012年，芜湖市全年实现地区生产总值1873.63亿元，比上年增长13.8%。其中，第一产业增加值117.63亿元，增长5.7%；第二产业增加值1234.24亿元，增长15.5%；第三产业增加值521.76亿元，增长11.7%。按户籍人口计算，人均生产总值48742元，比上年增长14.4%，按年末汇率折算为7755美元。三次产业增加值比例由上年的6.4：65.9：27.7调整为6.3：65.9：27.8。

全年实现财政收入337.11亿元，比上年增长15.9%；其中，地方财政收入178.92亿元，增长26.5%。在地方财政收入中，增值税20.41亿元，增长12.3%；营业税51.29亿元，增长21.5%；企业所得税14.80亿元，增长21.6%；城市建设维护税10.35亿元，增长10.1%；契税13.57亿元，增长20.4%。全年完成财政支出302.21亿元，比上年增长23.0%，其中，农林水事务支出22.06亿元，增长8.9%；教育支出49.17亿元，增长36.3%；社会保障和就业支出26.65亿元，增长20.4%；医疗卫生支出19.85亿元，增长25.2%；住房保障支出37.86亿元，增长66.9%。投入71亿元，实施了39项民生工程。

全年完成固定资产投资1700.79亿元，比上年增长25.6%；其中，城镇投资1669.81亿元，增长24.7%。全年新增固定资产680.15亿元。本年项目建成投产率54.1%，固定资产交付使用率40.0%。固定资产投资中，第一产业投资21.67亿元，增长130.5%；第二产业投资861.97亿元，增长16.8%，其中工业投资859.78亿元，增长17.1%；第三产业投资817.15亿元，增长34.6%，其中房地产开发投资366.67亿元，增长25.6%。全年销售商品房426.99万平方米，增长12.0%；商品房销售额236.26亿元，增长14.4%。

2012年，城市居民消费价格（CPI）比上年上涨2.4%，其中食品类价格上涨3.9%。城市商品零售价格比上年上涨2.2%。工业生产者出厂价格比上年下降3.1%，购进价格比上年下降2.7%。

【农业】2012年，芜湖市全年粮食种植面积197892公顷，油料种植面积61852公顷，棉花种植面积44868公顷。粮食产量133.70万吨，比上年增产4.6%；油料产量15.30万吨，增产1.4%；棉花产量54882吨，增产0.8%；蔬菜产量127.50万吨，增产7.0%；肉类产量14.89万吨，增长5.4%；水产品产量16.25万吨，增长2.5%。当年完成造林面积2060公顷。新增无公害农产品认证16个，绿色食品认证43个，有机食品认证8个。超级杂交稻推广面积67.6万亩，实施了12万亩国家优质油菜生产基地建设项目。年末拥有省级及以上农业产业化龙头企业52家。我市成为全国农产品现代流通综合试点市。

农业生产条件和基础设施。年末，拥有农业机械总动力190.35万千瓦，农用拖拉机5.98万台。农田有效灌溉面积199.12千公顷，其中，节水灌溉面积11.24千公顷。全年农用化肥施用量（折纯）15.52万吨，农村用电量12.58亿千瓦时。2012年，农村人口饮水安全工程惠及15.82万农村居民，农村饮水安全覆盖率已达到84.4%。

【工业和建筑业】2012年，芜湖市全年实现工业增加值1117.44亿元，比上年增长16.4%，其中，年主营业务收入2000万元以上工业企业（以下简称规模以上工业）实现增加值1080.23亿元，比上年增长17.3%。在规模以上工业中，国有及国有控股企业实现增加值294.46亿元，增长5.3%；股份制企业实现增加值770.54亿元、增长20.7%；外商及港澳台商投资企业实现增加值195.19亿元、增长8.7%。轻工业增加值282.73亿元，增长5.0%；重工业增加值797.49亿元，增长22.3%。工业产品销售率达到98.0%。

规模以上工业部分主要工业产品产量：水泥1522.94万吨，增长5.6%；钢材345.83万吨，增长23.8%；铜材41.71万吨，增长41.8%；汽车56.40万辆，下降11.5%；汽车仪表386.12万台，增长17.5%；船舶128.28万载重吨，增长2.5%；空调1410.46万台，增长1.4%；发电量153.54亿千瓦时，增长23.4%。

全年规模以上工业实现主营业务收入3889.50亿元，比上年增长17.6%；实现利润总额199.61亿元，利税总额387.02亿元，分别比上年增长13.9%和20.4%。工业经济效益综合指数达到311.8%。

年末具有资质等级的总承包和专业承包建筑业企业222家。全年完成总产值343.70亿元，比上年增长15.1%；实现利税19.32亿元，增长23.4%。全年房屋建筑施工面积2469.15万平方米，比上年增加289.64万平方米；房屋建筑竣工面积1021.48万平方米，比上年增加81.46万平方米。

【固定资产投资】2012年，芜湖市当年新批外商投资企业26家，合同利用外资4.02亿美元。全年实际利用外资13.40亿美元，比上年增长27.1%，其中外商直接投资13.17亿美元，增长26.5%。实际利用内资1853.35亿元，增长23.0%；其中省外亿元以上资金700.30亿元，增长21.0%。新引进法国液化空气工业气体、德国林德集团食品级二氧化碳等5个境外世界500强企业投资项目，累计已有37家境外世界500强企业在芜湖投资了42家企业。

全年省级及以上开发区完成固定资产投资1015.15亿元，其中基础设施投资52.45亿元；实际利用省外境内资金867.89亿元，实际利用外商直接投资10.14亿美元；区内规模以上工业实现总产值3269.88亿元，比上年增长20.7%。

芜湖经济技术开发区全年实际利用省外境内资金129.28亿元，实际利用外商直接投资5.0亿美元；进出口总额35.0亿美元。

【科学技术】2012年年末，芜湖市全市拥有省级及以上工程（技术）研究中心49个，其中国家级3个，新增省级10个；省级及以上企业技术中心96个，其中国家级7个；省级及以上重点（工程）实验室16个，其中新增省级1个；省级及以上质检中心6个，其中国家级2个，新增国家特种电线电缆产品质检中心；院士工作站4个，新增2个。拥有高新技术企业343家，其中当年新认定61家；拥有省级高新技术产品454个，其中当年新认定180个。省级以上创新型（试点）企业33家，其中新增和升级共13家；国家创新型企业1家，鑫龙电器被批准为“国家创新型试点企业”。各类科技企业孵化器12家，面积26.9万平方米，其中国家级孵化器1个，新增省级科技企业孵化器6家。全年组织实施各类科技计划项目289项，其中国家项目62个；全年共登记各类科技成果152项，其中省部级以上81项；获各类科技奖45项，其中省级以上13项。专利申请量16861件，其中发明专利3961件；专利授权量10408件，其中发明专利675件。拥有中国驰名商标14个，新认定海螺型材、南翔羽绒、盛力科技和金贸流体4件商标为中国驰名商标；省著名商标149个。中国名牌产品6个，省级名牌产品119个。我市被批准为“国家知识产权示范城市”，市科技创新服务中心被批准为“国家技术转移示范机构”，无为高沟被批准为“全国特种电缆产品知名品牌创建示范区”。芜湖经济技术开发区、无为高沟经济开发区被评为省创新型园区。

【国内贸易和对外经济】2012年，芜湖市全年实现社会消费品零售总额490.20亿元，比上年增长16.7%。分区域看，城镇零售额444.06亿元，增长16.8%；乡村零售额46.13亿元，增长15.4%。分行业看，批发和零售业零售额426.48亿元，增长16.8%；住宿和餐饮业零售额63.72亿元，增长15.5%。

全年实现进出口总额46.24亿美元，比上年增长16.7%。其中，进口总额12.54亿美元，下降0.3%；出口总额33.70亿美元，增长24.6%。从出口产品类别看，机电产品出口额27.10亿美元，占出口总额的80.4%。从产品出口地区看，对欧洲出口7.55亿美元，占出口总额的22.4%；对亚洲出口12.32亿美元，占出口总额的36.6%。

【交通、邮电和旅游】2012年，芜湖市全年交通运输、仓储和邮政业实现增加值75.36亿元，比上年增长8.8%。

全年公路客运量14659万人，比上年增长24.9%；公路货运量14086万吨，增长25.3%。铁路客运量455.9万人，下降2.2%；铁路货运量121.37万吨，下降2.0%。水路货运量9391万吨，增长19.7%。港口货物吞吐量8260.10万吨，增长10.5%，其中外贸货物吞吐量155.80万吨，下降4.6%；港口集装箱吞吐量25.03万标准箱。年末民用汽车拥有量24.25万辆，比上年增长19.6%，其中私人汽车拥有量18.98万辆，增长23.5%。年末民用船舶拥有量4117艘。全市公路里程8824公里，其中等级公路8425公里。在等级公路中，高速公路144公里，一级公路167公里，二级公路567公里。

全年邮电业务总量26.71亿元，比上年增长10.1%，其中，邮政业务总量2.15亿元，下降23.2%；电信业务总量24.56亿元，增长14.5%。本地固定电话用户82.43万户，减少5.26万户；移动电话269.36万户，新增34.96万户，其中3G移动电话用户为78.58万户。年末计算机互联网用户达到43.60万户。

【金融和保险】2012年年末，芜湖市金融机构本外币存款余额1876.26亿元，比年初增加183.36亿元。其中，企业单位存款971.49亿元，比年初增加36.36亿元；城乡居民储蓄存款869.05亿元，比年初增加143.77亿元。金融机构本外币贷款余额1725.94亿元，比年初增加293.13亿元，其中，短期贷款680.01亿元，比年初增加71.82亿元；中长期贷款909.86亿元，比年初增加126.67亿元。年末外汇存款余额32305万美元，比年初减少3049万美元；外汇贷款余额49585万美元，比年初减少1091万美元。金融机构向中小微企业发放本外币贷款824.44亿元。全市企业在资本市场直接融资217.40亿元。65家融资性担保机构担保额136.42亿元，为中小企业贷款担保额124.58亿元。成立了市中小企业金融服务中心，在全省率先发行中小企业集合债券、集合票据。市建投公司、经开区、高新区共发债53亿元，奇瑞汽车公司发行10亿元私募债券。

全年实现保费收入30.05亿元，比上年增长10.6%。其中，人身险17.35亿元，增长2.6%；财产险12.71亿元，增长23.9%。赔款及给付支出9.47亿元。其中，人身险3.04亿元，财产险6.43亿元。

3

2012年蚌埠市经济发展概况

【经济总量】2012年，蚌埠市全年实现地区生产总值（GDP）890.22亿元，按可比价格计算，比上年增长13.0%。分产业看，第一产业增加值158.86亿元，增长6.0%；第二产业增加值445.08亿元，增长16.3%；第三产业增加值286.28亿元，增长11.9%。三次产业结构由上年的18.5：49.3：32.2调整为17.8：50.0：32.2，其中工业增加值占GDP的比重为44.0%，比上年提高0.7个百分点。全社会劳动生产率38883元／人，比上年增加3288元。人均GDP为27999元（折合4435美元），比上年增加3405元。

居民消费价格上涨2.2%，涨幅比上年低3.2个百分点。商品零售价格上涨2.1%，工业生产者出厂价格与上年持平，工业生产者购进价格下降0.3%。

年末全市从业人员232.00万人，比上年增加6.10万人。其中，第一产业93.60万人，减少3.50万人；第二产业55.80万人，增加7.20万人；第三产业82.60万人，增加2.40万人。全年城镇新增就业6.28万人，失业人员再就业3.07万人，新增农村劳动力转移3.09万人。年末城镇登记失业率3.2%，比上年下降0.4个百分点。

【农业】2012年，蚌埠市全年粮食作物种植面积45.57万公顷，其中，小麦面积23.69万公顷，稻谷面积10.77万公顷。油料种植面积6.65万公顷。棉花种植面积1.80万公顷。蔬菜种植面积6.61万公顷。

全年粮食产量261.20万吨，比上年增加12.70万吨，增长5.1%，连续九年丰收。油料产量36.80万吨，增长6.4%。棉花产量2.83万吨，下降1.4%。蔬菜产量241.79万吨，增长5.1%。水果产量99.20万吨，增长4.9%。

【工业和建筑业】2012年，蚌埠市年末全市规模以上工业企业达626户，比上年净增145户。全年规模以上工业增加值401.37亿元，比上年增长18.2%，其中轻、重工业分别增长28.1%和9.7%，轻重工业增加值比例由上年的45.6：54.4变化为50.5：49.5。股份制、中小型企业生产较快增长。

全市多数工业行业增加值保持增长，其中：非金属矿物制品业增长97.4%，医药制造业增长64.0%，纺织业增长39.1%，农副食品加工业增长18.8%，烟草制造业增长13.6%。高新技术产业产值增长36.0%，战略性新兴产业产值增长39.4%。

全年全社会建筑业增加值53.70亿元，比上年增长12.1%。具有资质等级建筑企业完成产值243.38亿元，增长49.7%。房屋建筑施工面积1420.67万平方米，增长37.6%；房屋竣工面积191.70万平方米，下降27.8%。

【固定资产投资】2012年，蚌埠市全年完成固定资产投资872.79亿元，比上年增长28.9%。其中，城镇完成投资578.16亿元，增长35.4%；农村完成投资111.08亿元，下降8.4%。

分产业看，第一产业投资增长29.4%，第二产业投资增长7.6%，第三产业投资增长71.1%。分行业看，工业投资增长14.5%。第三产中的住宿和餐饮业投资增长210.1%，文化体育和娱乐业增长160.9%，教育业增长122.9%，交通运输邮政业增长111.9%。

全年房地产开发投资183.54亿元，比上年增长73.5%；房屋销售面积269.56万平方米，增长33.9%；房屋销售额113.87亿元，增长22.1%。全年新开工建设城镇保障性安居工程住房3.64万套，基本建成3.28万套。

【科学技术】2012年年末，蚌埠市全年新认定高新技术企业28家，创新型企业9家，高新技术企业总数达128家。新认定高新技术产品和重点新产品86项。高新技术产业产值同比增长36.0%，达515亿元。全市有国家重点（工程）实验室2个，省级（含重点）实验室11个。有省级以上工程（技术）研究中心34家，其中国家级2家。有国家级高新技术产业开发区1个。

全年专利申请量5757件，同比增长35.0%，专利授权量3163件，增长43.0%。共签订各类技术合同334项，技术市场合同交易额9.84亿元，比上年增长145.9%。万人发明专利拥有量达1.74件/万人，增长

52.0%。全年共新建省级以上研发平台6家，新建科技路路通基层服务站点3家。

【国内贸易和对外经济】2012年，蚌埠市全年社会消费品零售总额371.51亿元，比上年增长16.6%。按经营单位所在地分，城镇消费品零售额327.64亿元，增长15.8%；乡村消费品零售额43.87亿元，增长22.7%。按消费形态分，商品零售329.00亿元，增长16.4%；餐饮收入42.51亿元，增长18.2%。按单位规模分，限额以上企业（单位）零售额143.17亿元，增长23.1%；限额以下企业（单位）零售额228.34亿元，下降1.1%。

全年进出口总额12.28亿美元，比上年增长62.5%。其中，出口10.02亿美元，增长79.4%；进口2.26亿美元，增长14.7%。

全年实际到位外资金额8.09亿美元，增长59.4%，其中外商直接投资7.33亿美元，增长60.7%。实际到位内资728.89亿元，增长42.3%，其中省外资金573.08亿元，增长47.2%。

【交通、邮电和旅游】2012年，蚌埠市全年交通运输、仓储和邮政业增加值33.52亿元，比上年增长10.0%。

全年铁路旅客发送量687.08万人，比上年增长6.8%，货运发送量135.69万吨，下降24.6%。全年公路旅客发送量15728万人，增长16.4%，公路货运发送量16775万吨，增长19.8%。

全年邮电业务总量20.63亿元，比上年增长34.0%。年末全市固定电话用户数51.43万户，比上年下降22.2%；移动电话用户数192.62万户，比上年增长6.4%。

全年实现旅游总收入70.40亿元，比上年增长29.4%，接待国内游客1930万人次，接待入境游客3.5万人次。全市星级饭店（宾馆）21个。旅行社47家，分社4家。A级风景名胜区21个，其中，4A级风景名胜区4个，3A级风景名胜区5个，2A级风景名胜区12个。

【金融和保险】2012年，蚌埠市全年财政收入164.72亿元，比上年增长21.1%，其中地方财政收入78.42亿元，增长27.8%。在全部财政收入中，增值税增长21.1%，营业税增长20.8%，企业所得税增长25.7%。财政支出164.67亿元，增长16.6%。其中，社会保障与就业支出增长9.7%，医疗卫生支出增长14.7%，城乡社区事务支出增长37.7%，教育支出增长17.4%，科学技术支出增长25.9%。全年40项民生工程累计投入41亿元，惠及300多万城乡居民。

年末全市金融机构各项存款余额（人民币口径，下同）975.86亿元，比上年末增加139.78亿元，增长16.7%，其中城乡居民储蓄存款余额为531.41亿元，增长17.7%。金融机构各项贷款余额631.74亿元，比上年末增加151.05亿元，增长31.4%。其中，短期贷款余额287.69亿元，增长35.6%；中长期贷款余额310.40亿元，增长24.1%，中长期贷款中个人贷款余额151.94亿元，增长19.5%。

全年实现保费收入25.16亿元，比上年增长18.9%。其中，财险保费收入9.03亿元，增长18.5%；寿险保费收入16.13亿元，增长19.1%。年末，全市保险公司已达32家。

4

2012年淮南市经济发展概况

【经济总量】2012年，淮南市全年实现地区生产总值（GDP）781.8亿元，按可比价格计算，比上年增长12.7%。其中，第一产业增加值60.6亿元，增长5.6%；第二产业增加值501.1亿元，增长13.6%；第三产业增加值220.1亿元，增长12.3%。三次产业比例由上年的7.9：65.0：27.1调整为7.8：64.0：28.2。人均GDP达33489元（折合5328美元），比上年增加3089元。

2012年全市居民消费价格上涨2.2%，涨幅比上年回落3个百分点；商品零售价格上涨2.2%，比上年回落2.7个百分点；工业生产者出厂价格下降4.0%，工业生产者购进价格下降3.3%，分别比上年回落7.6个和11.8个百分点。

据市人力资源和社会保障部门统计，全市城镇新增就业岗位6.2万个，年末城镇人口登记失业人数2.1万人，登记失业率为4%。

【农业】2012年，淮南市全年粮食种植面积203313公顷，比上年增长1.5%；棉花种植面积885公顷，油料种植面积4845公顷，分别减少4.5%，4.2%；蔬菜种植面积26552公顷，增长4.1%。

全年粮食总产量133.8万吨，比上年增长5.0%，其中夏粮产量59.4万吨，增长6.2%；秋粮产量74.4万吨，增长4.1%。

年末全市农业机械总动力178.6万千瓦，比上年增长2.8%。各式拖拉机113864台，下降3.8%；联合收割机4544台，增长16.3%。全年化肥施用量（折纯）140753吨，增长4.8%；农村用电量78756万千瓦时，增长8.8%。有效灌溉面积104.7千公顷，新增0.23千公顷；节水灌溉面积58.8千公顷，新增5.8公顷。2011年冬至2012年春农田水利基本建设完成土石方1401万立方米，完成市级重点水利工程11项，整修圩堤9公里，综合治理水土流失面积320公顷。

【工业和建筑业】2012年，淮南市全年规模以上工业增加值456.4亿元，比上年增长15.0%。其中轻、重工业分别增长22.9%和14.7%。轻、重工业增加值比例由上年4.1：95.9变化为5.0：95.0。

全市33个工业行业中31个行业增加值增长，其中煤炭行业增加值295.1亿元，增长13.0%；电力行业70.5亿元，增长11.8%；化学原料和化学制品制造业15.1亿元，增长14.5%；装备制造业34.6亿元，增长31.7%。高新技术工业增加值42.2亿元，增长30%。战略性新兴产业产值63亿元，增长40%。

全年全社会建筑业增加值58.2亿元，比上年增长9.4%。资质内建筑企业利税总额7.0亿元，增长14.1%。

【固定资产投资】2012年，淮南市全年固定资产投资639.7亿元，比上年增长27.6%。500万元以上项目固定资产投资523.6亿元，增长32.8%，其中：第一产业投资23.2亿元，增长61.8%；第二产业投资

262.8亿元，增长31.2%；第三产业投资237.6亿元，增长32.2%。从行业看工业完成投资260.7亿元，增长32.8%。在工业投资中：煤炭采选业完成投资104.2亿元，增长28.5%；电力行业完成投资47.6亿元，增长48.8%；制造业完成投资106.1亿元，增长34.9%。

全年房地产开发投资116.1亿元，比上年增长11.6%。房屋施工面积1068.4万平方米，增长6.6%；其中住宅828.6万平方米，增长1.3%。房屋竣工面积230.0万平方米，增长74.9%；其中住宅207.0万平方米，增长89.3%。全年商品房销售面积184.0万平方米，下降1.7%；其中住宅销售170.3万平方米，下降3.1%。商品房销售额83.9亿元，增长9.2%，其中住宅销售额70.7亿元，增长4.4%。

【科学技术】2012年年末，淮南市年末共有高新技术企业56家，全年高新技术企业实现总收入114亿元。高新技术产品265个。科研机构59个。科技人员15300人。全年专利申请量3172件，专利授权量2038件，比上年分别增长62.2%、1.1倍。全年共取得省部级以上鉴定的科技成果48项；获得省科技进步奖一等奖1项，二等奖2项，三等奖8项。其中，“煤矿低浓度瓦斯安全输送方法及输送系统”荣获中国第十四届发明专利优秀奖。

目前拥有国家级工程中心1家，国家级重点实验室1个；省级工程技术研究中心17个，省级实验室2家；市级工程技术研究中心33个，市级重点实验室2个；国家级、省、市创新型（试点）企业36家。

年末共有检验、检测机构22个；全年强制检定计量器具7.8万台件；制定修订国家标准3项，省级地方标准6项；新建市级农业标准化示范区12个；备选企业产品标准212项；通过标准化良好行为创建企业共6个，其中4A级1家、3A级3家、2A级2家；查处食品、建材、农资、特种设备、计量等案件87件。

【国内贸易和对外经济】2012年，淮南市全年社会消费品零售总额256.5亿元，比上年增长15.8%。分城乡看，城镇实现零售额233.9亿元，增长15.9%；农村实现零售额22.6亿元，增长14.5%。分行业看，批发和零售业实现零售额226.6亿元，增长16.2%；住宿和餐饮业实现零售额29.9亿元，增长12.4%。

限额以上单位实现消费品零售额90.8亿元，增长16.2%，从限额以上单位商品零售类值看，食品、饮料和烟酒类增长21.0%，服装、鞋帽、针纺织品类增长9.6%，家用电器和音像器材类增长8.7%，日用品类增长9.7%，石油及制品类增长25.6%，汽车类增长16.9%。

全年外贸进出口总额34883万美元，比上年增长46.1%。其中出口24452万美元，增长1.7倍；进口10431万美元，下降29.2%。

全年实际利用外资21733万美元，比上年增长34.1%，其中：实际吸收外商直接投资18924万美元，增长47.0%。对外工程承包新签合同额3.64亿美元，比上年增长1.8倍；完成营业额2.0亿美元，增长43.9%。全市外派劳务人员2078人，增长59.0%。引进内资实际到位资金总额为550亿元，增长28%。

【交通、邮电和旅游】2012年，淮南市全年交通运输、仓储和邮政业增加值22.3亿元，比上年增长8.6%。

全年旅客运输量7473.4万人，货物运输量14552.5万吨，分别比上年增长14.9%和12.7%。公路客运周转量66.7亿人公里，增长16%；公路货运周转量169.9亿吨公里，增长19%；水路货运周转量53.0亿吨公里，增长22.3%；港口吞吐量1513万吨，增长21.6%。

全年邮电业务收入160925万元，比上年增长12.0%。年末电话交换机容量295.3万门；固定电话用户44.0万户；移动电话用户156万户，增长8.2%。城市家庭每百户拥有固定电话68部，移动电话228部；农村家庭每百户拥有固定电话56部，移动电话205部；年末计算机互联网用户28.0万户，增长29.4%。

全年旅游总收入58亿元，比上年增长36.9%。其中，国际旅游收入1356万美元，增长47%。接待国内外游客1040.9万人次，增长24.5%。其中：接待入境国际游客2.5万人次，增长29.7%。全市星级饭店29家，星级饭店客房2395间，分别增长25%、39%。年末全市共有5个4A级旅游景区。

【金融和保险】2012年，淮南市全年财政收入166.2亿元，比上年增长19.7%，其中地方财政收入98.6亿元，增长38.1%。地方财政收入中，增值税下降2.1%，营业税增长24.9%，企业所得税增长16.2%。财政支出148.9亿元，增长35.9%。其中教育支出23.2亿元，增长18.3%；城乡社区事务支出26亿元，增长13.8%；医疗卫生支出12.1亿元，增长34.1%；科学技术支出增长46.1%；文化体育与传媒支出增长19.6%；交通运输支出增长50.5%。全市35项民生工程实际拨付资金17.9亿元，同比增长16.2%。

年末全市金融机构各项存款余额（人民币口径）1114.3亿元，比年初增加155.0亿元，增长16.2%。其中，单位存款513.8亿元，比年初增加58.2亿元，增长12.8%；城乡居民储蓄存款571.4亿元，比年初增加91.4亿元，增长19.0%。金融机构各项贷款余额为781.8亿元，比年初增加65.2亿元，增长9.1%。其中，短期贷款297.1亿元，比年初增加43.2亿元，增长17.0%；中长期贷款431.7亿元，比年初减少13.5亿元，下降3.0%。

全年保险公司保费收入23.5亿元，比上年增长1.4%，其中财险保费收入6.7亿元，增长13.9%；寿险保费收入16.8亿元，下降2.8%。全年赔付支出7.7亿元，增长14.2%，其中财险赔付支出3.3亿元，增长18.2%；寿险赔付支出4.4亿元，增长11.4%。

5

2012年马鞍山市经济发展概况

【经济总量】2012年，马鞍山市全年实现地区生产总值（GDP）1232亿元，按可比价格计算，比上年增长12%。其中，第一产业增加值71.5亿元，增长5.2%；第二产业增加值818.9亿元，增长12.4%；第三产业增加值341.6亿元，增长12.5%。

建设全面小康社会进程扎实推进。全市建设全面小康社会综合实现程度为97.1%，比上年提升2.6个百分点。从42项建设全面小康社会监测指标看，有30项指标提前实现了建设全面小康社会的预期目标，比上年增加4项。市场物价涨幅较为平稳。

全市居民消费价格比上年上涨2%。分类别来看，八大类商品及服务价格呈“七涨一跌”格局，除家庭设备用品及维修服务类价格与上年相比下跌外，其余七大类商品价格均上涨。其中，食品类价格涨幅靠前，同比上涨3.9%，烟酒类价格上涨2.4%，衣着类价格上涨2.9%，医疗保健和个人用品类价格上涨0.7%，交通与通信类价格上涨0.2%，娱乐教育文化用品类价格上涨2.4%，居住类价格上涨0.7%。工业生产者出厂价格比上年下跌8.9%。

【农业】2012年，马鞍山市全年完成农业总产值121.72亿元，按可比价格计算，比上年增长5%。全市粮食种植面积不断扩大，达15.32万公顷，比上年增长4.9%。粮食作物在农作物所占比重达63.1%，比上年提高1.8个百分点。粮食产量实现九连增，达101.6万吨，比上年增长5.5%，增幅居全省第二位；棉花总产量1.6万吨，比上年下降5.3%；油料总产量10.24万吨，比上年增长0.5%。

农副产品生产形势良好。全市肉类总产量7.74万吨，比上年下降1.5%；家禽出栏2965万只，比上年增长4.1%；禽蛋总产量1.7万吨，比上年增长6.6%；牛奶总产量4.06万吨，比上年增长1.2%；水产品总产量10.6万吨，比上年增长0.5%；蔬菜总产量67.88万吨，比上年增长4.9%；水果总产量2.91万吨，比上年增长35%。

【工业和建筑业】2012年，马鞍山市全年完成规模以上工业增加值538.23亿元，扣除价格变动因素，比上年增长13.7%。县区、开发区和新区工业生产快速增长，三县规模以上工业增加值比上年增长30.9%，三区增长30.2%，开发区及新区增长26%。

全年战略性新兴产业产值达286.04亿元，比上年增长45%，增幅居全省第二位。其中，节能环保产业增长3.6倍、新能源产业增长23.9%、高端装备制造业增长40.8%、新材料产业增长27.6%。

建筑业平稳发展。全年实现建筑业增加值73.5亿元，按可比价格计算，比上年增长7.5%。房屋建筑施工面积1963.4万平方米，房屋竣工面积761.9万平方米。

【固定资产投资】2012年，马鞍山市全年固定资产投资完成1201.15亿元，比上年增长25.4%，投资总额居全省第三位。其中，房地产开发投资211.49亿元，比上年增长56.5%。

投资结构不断优化。全年第一产业完成投资30.83亿元，比上年增长1倍。第二产业完成投资599.09亿元，比上年增长19%；其中，工业性投资完成598.13亿元，增长19.4%，占全社会固定资产投资比重49.8%。第三产业完成投资571.23亿元，比上年增长30.1%。城市基础设施投资174.53亿元，比上年增长17.4%。

全年完成重点项目投资647.1亿元，占投资总额的53.9%。“861”项目完成投资401.3亿元。马钢高速车轮用钢、发电厂扩建、圆融光电、金桐化工、宏达保温材料、海外海汽摩配件大市场和东环路改造等26个项目已建成或基本建成。

【科学技术】2012年，马鞍山市全年专利申请量3944件，比上年增长97.2%。66个项目被省级以上科技计划项目立项，其中，国家科技支撑计划、国家973计划、国家火炬计划等国家级项目39项。全年组建市级工程技术研究中心21家、重点实验室9个，组建我市第四家院士工作站——威龙科工贸院士工作站。高新技术产业稳步增长。

全年高新技术产业产值为590亿元，比上年增长10.3%。高新技术企业167家，高新技术产品528个。民营科技企业288家，技工贸总收入103亿元。

【国内贸易和对外经济】2012年，马鞍山市全年实现社会消费品零售总额262.94亿元，比上年增长16.5%(见图4)。分地区看，城乡市场全面协调发展，全年城镇和乡村市场分别实现零售额241.65亿元和21.29亿元，分别比上年增长16.5%和16.3%。分行业看，批发零售业实现零售额228.96亿元，比上年增长16.9%；其中，限额以上企业实现零售额100.95亿元，比上年增长33.2%。住宿餐饮业实现零售额33.98亿元，比上年增长13.9%；其中，限额以上企业实现零售额6.4亿元，比上年增长14.3%。

据抽样调查，全年城市居民人均消费性支出18286元，比上年增长15.6%；其中，食品消费支出增长14.9%，衣着支出增长18%，家庭设备用品及服务支出增长23.8%，教育文化娱乐服务类消费支出增长23.7%。全年农民人均生活消费支出6782元，比上年增长17.3%；其中，食品消费支出增长12.1%，医疗保健消费支出增长28%，家庭设备、用品及服务消费支出增长23.3%。

全年进出口总额36.52亿美元，比上年下降12.8%。其中，出口12亿美元，增长51.3%；进口24.52亿美元，下降27.8%。利用内外资增长势头强劲。

全年实际利用外资13.39亿美元，比上年增长34.4%。其中，实际利用外商直接投资12.79亿美元，增长29%。实际利用内资1260亿元，增长51.4%。

【交通、邮电和旅游】2012年，马鞍山市全年铁路旅客发送量95.7万人，铁路货运发送量443.9万吨。港口货物吞吐量6809.1万吨，比上年增长7.2%；集装箱吞吐量8.9万标箱，比上年增长11.1%。105省道改建工程竣工通车，314省道升级改造主体完工，长江公路大桥、马巢高速、205国道升级改造扎实推进。

全年完成邮电业务收入14.95亿元，比上年增长16%。年末固定电话用户为57.43万户，其中，城市电话用户28.77万户。年末移动电话用户为164.93万户，年末宽带用户为28.61万户。

全年旅游业总收入103.97亿元，比上年增长26.8%；其中，国际旅游外汇收入9722.33万美元，比上年增长18.5%。全年共接待海外旅游者8.27万人次，比上年增长38.2%。年末星级饭店为22家；其中，五星级2家，四星级6家，三星级8家。现有A级景区14处，其中4A级景区1处。

【金融和保险】2012年，马鞍山市全年实现财政收入210.6亿元，比上年增长13%。其中，地方财政收入127.82亿元，比上年增长40.3%。全年累计财政支出190.37亿元，比上年增长37.7%。其中，社会保障和就业支出15.6亿元，比上年增长22.3%。民生工程累计投入资金149.16亿元，比上年增长25.5%。

民生银行马鞍山分行开业运营，中信银行马鞍山分行获准筹建，银行业金融机构增至19家。年末全市金融机构本外币存款余额1269.19亿元，比年初增加192.09亿元；其中，单位存款余额602.65亿元，比年初增加93.54亿元。年末金融机构本外币贷款余额877.14亿元，比年初增加75.8亿元；其中，短期贷款386.64亿元，比年初增加22.52亿元；中长期贷款391.11亿元，比年初增加28.96亿元。

全市各类保险机构19家。全年保费总收入21.4亿元，比上年增长28.9%。其中，财产险保费收入7.11亿元，比上年增长35%；人身险保费收入14.29亿元，比上年增长26%。

6

2012年淮北市经济发展概况

【经济总量】2012年，淮北市全年实现地区生产总值（GDP）620.5亿元，按可比价格计算，比上年增长13.2%。其中，第一产业增加值51.4亿元，增长5.7%；第二产业增加值410.3亿元，增长14.9%；第三产业增加值158.8亿元，增长11.3%。三次产业结构为8.3：66.1：25.6。按常住人口计算，人均GDP达到29278元（折合4638美元），比上年增加3053元。

市场物价温和上涨。全年居民消费价格上涨2.2%，分别低于全省和全国平均水平0.1和0.4个百分点。构成居民消费的八大类商品价格全面上涨。其中食品类价格上涨3.9%，烟酒类和衣着类价格均上涨2.1%，交通和通信类价格上涨1.8%，家庭设备用品及维修服务类价格上涨1.2%，医疗保健和个人用品类价格上涨1.0%，娱乐教育文化用品及服务类价格上涨0.6%，居住类价格上涨1.2%。全年商品零售价格上涨2.0%。工业生产者出厂价格下降2.3%；工业生产者购进价格上涨1.4%，其中燃料动力类价格上涨4.2%。

就业规模不断扩大。全年新增城镇就业岗位76965个，10648名下岗失业人员实现再就业。年末城镇人口登记失业人数19666人，城镇登记失业率控制在4.2%以内。我市被国务院授予“全国创业先进城市”。年末全市从业人员113.5万人，比上年增加0.5万人。其中，第一产业38.9万人，比上年减少0.6万人；第二产业39.2万人，比上年增加0.5万人；第三产业35.4万人，比上年增加0.6万人。

【农业】2012年，淮北市全年实现农林牧渔业总产值86.7亿元，按可比价格计算，比上年增长5.7%。其中，农业总产值49.1亿元，增长3.6%；林业总产值2.5亿元，增长62.6%；牧业总产值29.1亿元，增长5.7%；渔业总产值3.7亿元，增长4.2%。全年粮食播种总面积352万亩，粮食产量连续九年获得丰收，总产量达到119万吨，增长4.8%；其中夏粮86.5万吨，增长6.5%，秋粮32.5万吨，增长0.5%。油料产量5554吨，增长26%，棉花产量1578吨，比上年减少1.2%，水果产量17.3万吨，增长6.1%，蔬菜产量48.1万吨，增长10%。全年全市新增造林面积1021公顷，新建完善农田林网6667公顷，新育苗113公顷；年末林木蓄积量270万立方米，森林覆盖率达到17.15%。全年出栏肉猪64.4万头，增长6.1%；出栏家禽1462万只，增长5.9%；出栏羊45.8万只，比上年下降4.7%；全年肉类总产量8.5万吨，增长4.8%。禽蛋产量4.9万吨，增长2.7%；奶类总产量1万吨，增长2.3%；水产品产量2.7万吨，增长4.1%。年末猪存栏39.1万头，增长7%；家禽存栏915.9万只，增长6.5%；牛存栏12156头，增长0.2%；羊存栏25.6万只，下降6.6%。

【工业和建筑业】2012年，淮北市全年全部工业完成增加值377.1亿元，比上年增长15.2%。工业占全市GDP的比重达到60.8%，对全市经济增长的贡献达到70.2%，拉动全市GDP增长9.3个百分点。全年新增规模以上工业企业125家，总数达到632家；规模以上工业增加值比上年增长17.4%。全年规模以上工业企业实现主营业务收入1664.9亿元，比上年增长24.4%；实现利税147.8亿元，增长5.9%，其中利润75.2亿元，增长11.6%。工业经济效益综合指数229.4%，比上年提高10.9个百分点；产品产销率99.4%，比上年提高0.15个百分点。在重点统计的41种产品产量中，有24个品种实现增长。其中，原煤产量5835.3万吨，增长9%；洗煤2075.9万吨，增长12.2%；水泥1079.1万吨，增长84.2%；纱5.6万吨，布7355.6万米，分别增长45%和4.1%。城市转型成效明显。非煤产业总产值占全市工业比重达到66.2%，比上年提高8.1个百分点。非煤产业增加值平均增速达到38.7%，高于全市增速21.3个百分点；占全市规模以上工业增加值比重的47.1%，比上年提高6.5个百分点；对全市规模以上工业增长的贡献达到86%，拉动全市规模以上工业增长15个百分点。

年末全市资质内总承包和专业承包建筑业企业55家，从业人员50580人；全年完成建筑业总产值83.4亿元，增长32.5%；实现工程结算收入81.7亿元，增长23.4%，竣工产值55.9亿元，增长43.4%；建筑业劳动生产率21.6万元/人。全年房屋建筑施工面积297.2万平方米，竣工房屋面积114.5万平方米。

【固定资产投资】2012年，淮北市全年在建施工项目788个，其中新开工项目598个，计划总投资1334.5亿元。全年完成固定资产投资总额577.2亿元，增长28.2%。其中城镇投资549.9亿元，增长27.6%，农村非农户投资27.3亿元，增长42.7%。分产业看，第一产业投资7.4亿元，下降19.1%；第二产业投资350.7亿元，增长23.5%；第三产业投资219.1亿元，增长39.7%。全年工业完成投资350.5亿元，增长28.6%。其中采矿业投资58.3亿元，下降16.7%；制造业投资271.6亿元，增长38%；电力行业投资20.6亿元，增长175%。全年房地产开发投资109.3亿元，增长64%；商品房屋销售面积117.5万平方米，比上年下降14%；商品房屋销售额49.2亿元，下降2.8%。全年保障性安居工程住房施工套数35343套，其中本年新开工14205套，竣工7363套。

【科学技术】2012年，淮北市全年共取得重要科学技术成果66项，其中达到国际或国内领先及先进水平33项。获得省级以上科技奖励10项，市级以上奖励50项。年末全市共有县以上政府部门属科研单位3家，从事科研活动的人员总数29人；科教兴市战略扎实推进，全年科技计划共安排项目77项，投入科技三项经费1000万元；新增高新技术企业12家、高新技术产品54个；获得省级以上科技进步奖、自然科学奖10项。其中国家科学技术进步二等奖1项；省一等奖1项，二等奖2项，三等奖6项。知识产权工作取得明显进展。全年共受理专利申请量2251件，比上年增长158%，其中，发明专利申请量409件，增长96%。专利授权1504件，增长247%。年末全市拥有国家重点高新技术企业29家，高新技术产品87个，国家火炬计划项目2项。全年实现高新技术产业总产值295.5亿元，增加值38.1亿元。

【国内贸易和对外经济】2012年，淮北市全年实现社会消费品零售总额171.7亿元，比上年增长16%。分城乡看，城镇消费品零售额140.3亿元，增长16.2%；乡村消费品零售额31.4亿元，增长15.2%。分行业看，批发和零售业分别实现零售额12.9亿元和133.6亿元，分别增长14.7%和15.7%；住宿和餐饮业分别实现零售额1.2亿元和24亿元，分别增长12.9%和18.7%。商贸服务设施加快建设。红星美凯龙、国购广场等项目开工建设，乐天玛特、淮海建材大市场、城市广场二期、韩国商贸城等项目建成或即将建成投入运营；皖北煤电翔宇物流建成并投入运营，淮矿物流园、段园物流园区、淮北义乌小商品城等正规划建设；新建凤凰新城、李洼等2个标准化菜市场，改造建设东岗楼、温哥华2家公益性菜市场。

全年完成外贸进出口总额34854万美元，比上年增长73%。累计完成出口30812万美元，增长79.6%。其中专业外贸公司出口5241万美元，比上年下降16.8%；自营生产企业出口15407万美元，增长158.4%；外商投资企业出口10164万美元，增长107.6%。全年累计实现进口4042万美元，增长35%。

招商引资成效显著。全年新批外商投资企业3家，实际利用外资37966万美元，比上年增长26%，其中利用外商直接投资37786万美元，增长25.4%。实际利用市外资金501.5亿元，增长33.4%；投资规模5000万元以上新建项目105个，合同引资额330亿元，其中50个亿元以上项目合同引资额208.7亿元。

【交通、邮电和旅游】2012年，淮北市交通运输业稳步发展。全年公路客运量8090万人，旅客周转量270200万人公里，分别比上年增长15%和15.8%；公路货运量6630万吨，货运周转量1197900万吨公里，分别比上年增长18.2%和18.7%。年末公路通车里程达到3618公里（包括村道）。其中高速公路94公里，国道7公里，省道196公里，县道576公里，乡道622公里，村道2040公里，专用公路83公里。年末全市民用汽车拥有量121010辆，比上年增长48.2%，其中私人汽车拥有量99561辆，增长57.6%。全年完成交通基础建设投资18.1亿元，增长290%，泗许高速公路淮北段提前半年建成通车。全年升级改造县乡道路66.8公里，改造危桥30座。

全年邮电业务总收入11.2亿元，比上年增长11.3%。其中邮政业务收入9320万元(全口径)，比上年下降3.8%；电信业务收入102523万元，增长13%。年末固定电话用户39.2万户，比上年减少1.8万户，其中城市电话用户28.6户，农村电话用户10.6万户。年末移动电话用户139.4万户，比上年增加14.4万户。全市电话普及率达到82.2部/百人。年末国际互联网宽带接入用户22.6万户，比上年增加4.5万户。

【金融和保险】2012年年末，淮北市全市金融机构各项存款余额787.7亿元，比年初增加92.3亿元，比上年增长13.3%；其中居民储蓄存款余额424.6亿元，比年初增加74.6亿元，增长20.1%；金融机构各项贷款余额508.6亿元，比年初增加102.9亿元，增长25.4%。金融存贷比达到64.6%，比上年提高6.2个百分点。在全省率先启动农村土地承包经营权抵押贷款试点；市交通投资公司挂牌；交通银行、招商银行分支机构在淮设立；市建投公司18亿元企业债券成功发行。

全年保费总收入18.3亿元，比上年下降4.8%，其中财险保费收入5.9亿元，增长1.6%；人寿险保费收入12.4亿元，下降7.6%。全年赔付支出2.4亿元，增长4.1%，其中财险赔付支出2.2亿元，增长3.3%；人寿险赔付支出0.2亿元，增长13.6%。

7

2012年铜陵市经济发展概况

【经济总量】2012年，铜陵市全年实现地区生产总值（GDP）621.3亿元，按可比价计算，比上年增长11.0%。分产业看，第一产业增加值11.8亿元，增长6.0%；第二产业增加值456.3亿元，增长11.1%；第三产业增加值153.2亿元，增长11.0%。按常住人口计算，全年人均生产总值84877元（折合13449美元），全社会劳动生产率135774元/人，比上年分别增加5233元和8123元。第一、第二、第三产业增加值在地区生产总值中的比例，由2011年的1.9：74.7：23.4调整为1.9：73.4：24.7，工业增加值占地区生产总值比重为68.1%。

全年居民消费价格上涨2.5%。分类看，食品类价格上涨3.7%，烟酒及用品类价格上涨4.3%，衣着类价格上涨1.8%，家庭设备用品及维修服务类价格上涨2.3%，医疗保健和个人用品类价格上涨2.3%，交通和通信类价格上涨0.4%，娱乐、教育文化用品及服务类价格上涨1.3%，居住类价格上涨2.8%。

工业品出厂价格下降10.0%。原材料、燃料、动力购进价格下降8.1%。

年末全市从业人员45.96万人，增加0.40万人。其中，第一产业9.40万人，减少0.15万人；第二产业16.84万人，增加0.26万人；第三产业19.72万人，增加0.29万人。城镇非私营单位在岗职工11.95万人，增加0.79万人；城乡私营企业从业人员和个体劳动者13.92万人，增加0.65万人。年末城镇登记失业率为3.66%。

【农业】2012年，铜陵市全年实现农、林、牧、渔业现价总产值19.3亿元，增长6.0%，其中农业产值9.75亿元，增长3.7%；林业产值1.69亿元，增长8.3%；牧业产值3.53亿元，增长9.4%；渔业产值3.19亿元，增长7.2%；农林牧渔服务业产值1.14亿元，增长8.5%。

全年农作物总播种面积45922公顷，其中，粮食作物播种面积27817公顷，下降0.7%；棉花播种面积为3739公顷，下降20.9%；油料作物播种面积8269公顷，下降15.0%；蔬菜播种面积4324公顷，增长1.4%。

全年粮食产量15.3万吨，增长5.6%；油料产量1.89万吨，下降13.4%；棉花产量5385万吨，下降20.4%；蔬菜产量10.54万吨，增长2.9%。

【工业和建筑业】2012年，铜陵市全市规模以上工业企业，完成总产值1622.4亿元，增长7.4%；实现工业增加值408.7亿元，扣除价格因素增长11.2%。工业经济发展对全市经济增长的贡献率达69.7%，拉动GDP增长7.7个百分点。分经济类型看，国有及国有控股企业增加值增长4.0%；集体企业下降6.9%；股份制企业增长6.0%；外商及港澳台商投资企业增长47.8%。分轻重工业看，重工业增加值增长11.9%；轻工业增长10.9%。从主导行业看，有色金属冶炼和压延加工业增长6.3%，其中常用有色金属冶炼下降3.8%；化学原料和化学制品制造业增长17.0%；非金属矿物制品业增长20.7%；电力、热力生产和供应业增长20.0%；黑色金属冶炼和压延加工业增长14.2%；石油加工、炼焦和核燃料加工业下降8.7%。

主要工业产品产量中，精炼铜（电解铜）90.4万吨，增长5.8%；铜材62.6万吨，增长47.2%；硫酸（折100%）374.3万吨，下降2.2%；化学肥料总计（折纯）79.7万吨，增长39.6%；水泥熟料1774.0万吨，增长15.1%；火力发电量158.9亿千瓦时，增长13.2%。

年全社会建筑业完成增加值32.85亿元，增长11.7%。全年房屋建筑施工面积551.3万平方米，比上年减少58.4万平方米；房屋竣工面积299.7万平方米，比上年增加24.3万平方米。

【固定资产投资】2012年，铜陵市全年固定资产投资534.3亿元，增长29.5%。其中，城镇固定资产投资390.2亿元，增长26.6%；农村固定资产投资27.3亿元，增长3.7倍。

分经济类型看，国有及国有控股投资202.8亿元，增长9.6%；民间投资331.5亿元，增长36%。分产业看，第一产业投资9.9亿元，增长47.5%；第二产业投资250.6亿元，增长32.9%；第三产业投资273.8亿元，增长25.9%。分行业看，工业完成投资246.3亿元，增长31.1%，其中制造业投资202.9亿元，增长30.8%。全年房地产开发投资116.8亿元，增长18.3%；商品房销售面积113.8万平方米，增长11.9%；商品房销售额54.4亿元，增长9.2%。全年开工建设城镇保障性安居工程住房36492套，基本建成14259套。

【科学技术】2012年，铜陵市全年实现高新技术产业增加值165.3亿元，增长11%。年末全市拥有国家高新技术企业103家，省级民营科技企业190家。拥有国家级创新型企业2家、省级创新型企业8家、省级创新型试点企业3家。拥有24个省级以上企业技术中心、17个省级工程技术研究中心、2个省级实验室、2个院士工作站、4个博士后工作站、4个省级以上科技孵化器、3个生产力促进中心、3个设计院、3个试验检测站、1个科技馆。全年获批省级以上科技计划项目84项（其中国家级项目46项），获得上级资助资金3807万元。全年有10项科技成果获安徽省科学技术奖（其中一等奖2项、二等奖2项）。2012年，全市专利申请数达到2811件，其中发明专利申请数684件，实用新型专利申请数1742件，外观设计专利申请数385件。全市专利授权数1658件，其中发明专利授权数72件，实用新型专利授权数1345件，外观设计专利授权数241件。

【国内贸易和对外经济】2012年，铜陵市全年社会消费品零售总额137.2亿元，增长16.8%。分城乡看，城市零售额123.3亿元，增长16.8%；乡村零售额14.0亿元，增长16.9%。分行业看，批发零售贸易业零售额113.3亿元，增长17.5%；住宿和餐饮业零售额23.9亿元，增长13.5%。

在限额以上企业（单位）批发零售业零售额中，食品、饮料、烟酒类增长3.1%，化妆品类增长18.2%，体育、娱乐用品类下降19.2%，金银珠宝类增长11.9%，日用品类增长26.0%，电子出版物及音像制品类下降25.2%，服装鞋帽、针纺织品类增长5.5%，石油及制品类增长34.3%，汽车类增长29.2%。

全年新批外商投资企业4家。合同外资额0.63亿美元，下降24.5%。全年实际利用外资4.9亿美元，增长23.0%；实际利用市外内资577.8亿元，增长55.5%。

全年实现进出口总额35.7亿美元，下降13.5%。其中，出口3.5亿美元，下降32%；进口32.2亿美元，下降10.9%。

【交通、邮电和旅游】2012年，铜陵市全年交通运输、仓储和邮政业实现增加值21.1亿元，比上年增长8.2%。

全年完成邮电业务收入6.63亿元，增长16.1%。其中，邮政业务收入0.67亿元，增长7.0%；电信（含电信公司、移动公司、联通公司、铁通公司）业务收入5.96亿元，增长17.3%。年末城乡固定电话用户达20.69万户，比上年减少0.47万户；移动电话用户69.09万户，新增10.48万户；国际互联网用户13.7万户。

全年旅游总收入45.95亿元，增长35.4%。其中，旅游外汇收入541.8万美元，增长19.0%；接待海外游客2.7万人次，增长28.1%；接待国内游客790.56万人次，增长35.8%。年末全市共有星级饭店(宾馆)18个，房间数1485间；共有旅行社30家，其中国际旅行社1家；旅游商品定点生产单位20个，旅游线路6条，旅游景区(点)14个。全市旅游饭店客房住宿出租率为63.14%。

【金融和保险】2012年年末，铜陵市全市金融机构各项存款余额（人民币，下同）566亿元，比年初增加84.4亿元，增长17.5%。其中，单位存款287.5亿元，增长14.0%；城乡居民储蓄存款265.7亿元，增长20.2%。金融机构各项贷款余额为514.8亿元，比年初增加57.6亿元，增长12.6%。其中，短期贷款243.8亿元，增长23.8%；中长期贷款244.5亿元，增长7.3%。

全年保险业保费收入9.24亿元，增长7.5%。全年保险已决赔款和满期给付3.47亿元，增长22.3%。

8

2012年安庆市经济发展概况

【经济总量】2012年，安庆市全年实现地区生产总值（GDP）1359.7亿元，按可比价格计算，比上年增长11.5%。其中，第一产业增加值196.2亿元，增长5.5%；第二产业增加值759.4亿元，增长14.3%；第三产业增加值404.1亿元，增长9.3%。第二、第三产业对地区生产总值增长的贡献率为68.1%和24.9%。分别比上年下降3.4个百分点和提高1.4个百分点。地区生产总值中三次产业比例为14.4：55.9：29.7。

全年居民消费价格比上年上涨2.1%，比上年涨幅回落了3.4个百分点。其中，食品类价格上涨3.4%，比上年涨幅回落7.7个百分点；居住类价格上涨0.8%；交通和通信类价格上涨2.4%；烟酒类价格上涨1.4%；医疗保健及个人用品类价格上涨1.8%；家庭设备用品及服务类价格上涨1.7%；娱乐教育文化用品及服务类价格上涨0.4%；全年商品零售价格上涨1.8%。

【农业】2012年，安庆市全市各地认真贯彻中央和省委有关文件精神，进一步加大支农力度，努力克服多种因素所带来的不利影响，农业生产形势总体稳定。全年粮食种植面积45.50万公顷。其中稻谷面积38.11万公顷，棉花种植面积7.56万公顷，油料种植面积13.63万公顷，蔬菜种植面积7.24万公顷。

主要农产品产量增加。全年粮食总产量252.20万吨，比上年增加11.4万吨，增长4.7%。其中，夏粮12.07万吨，增长7.7%。秋粮240.13万吨，增长4.6%。全年油料产量28.64万吨，增长1.6%。棉花产量10.67万吨，增长4.5%。蔬菜产量148.91万吨，增长3.0%。

畜牧业、渔业稳步发展。全年肉类总产量31.73万吨，比上年增长6.1%。禽蛋产量18.87万吨，增长18.5%。水产品产量35.61万吨，增长3.5%。

【工业和建筑业】2012年，安庆市全年全部工业增加值672.95亿元，比上年增长15.3%。其中，规模以上工业实现增加值476.41亿元，增长16.2%。在规模以上工业中，国有及国有控股企业增加值68.11

亿元，下降7.1%；集体企业5.2亿元，增长19.1%；股份制企业348.82亿元，增长19.3%；外商及港澳台投资企业22.89亿元，增长14.4%。重工业增加值270.76亿元，增长15.0%；轻工业增加值205.65亿元，增长17.8%。其中通用设备制造业、橡胶和塑料制品业、纺织业、农副食品加工业、纺织服装业快速增长，分别增长32.0%、24.6%、24.0%、18.1%和17.3%；化学原料和化学制品制造业增长11.6%；非金属矿物制品业扭转年初的下降，全年增长9.8%。

全市规模以上工业经济效益综合指数288.63，比上年下降10.04个百分点。实现主营业务收入2027.77亿元，增长16.0%；实现利税213.94亿元，增长26.8%，其中利润130.04亿元，增长57.3%。

全年全社会建筑业完成增加值86.5亿元，比上年增长8.1%。三级及以上建筑企业实现利税总额10.1亿元，增长2.3%。房屋建筑施工面积1738.48万平方米，比上年增加94.65万平方米；房屋竣工面积1040.01万平方米，比上年增加120.39万平方米。

【固定资产投资】2012年，安庆市全年全社会固定资产投资972亿元，比上年增长21.1%。其中，城镇投资899.3亿元，增长22%；农村非农户投资72.7亿元，增长10.9%。

投资结构进一步优化。全年第一产业投资34.4亿元，比上年增长38.3%；第二产业投资536.7亿元，增长17%；第三产业投资401亿元，增长25.6%。在投资中，工业完成投资534.1亿元，增长16.9%；制造业投资489.9亿元，增长16.2%。

全年房地产开发投资100.2亿元，增长1.5%；商品房销售额122.4亿元，增长16.2%。

【科学技术】2012年，安庆市获国家级科技项目31项，省级科技项目35项，市级科技项目79项。全年认定高新技术企业12家，认定高新技术产品31项。全年受理专利申请量1680件，获得专利授权量934件，已实施的专利授权量713件。全年签订各类技术合同4项，技术合同成交金额605万元。

全市共有县以上产品质量检验机构59个，其中系统内12个。国家检测中心1个。法定计量技术机构9个，全年强制检定计量器具4.94万台件。

【国内贸易和对外经济】2012年，安庆市全年社会消费品零售总额460.6亿元，增长16.1%。分城乡看，全年城镇消费品零售额313.7亿元，增长16.2%；乡村消费品零售额146.8亿元，增长16.0%。分行业看，批发零售业零售额391.4亿元，增长15.6%；餐饮业零售额62.4亿元，增长19.1%；住宿业零售额6.7亿元，增长18.7%。

全年进出口总额12.39亿美元，比上年增长44.4%。其中，出口10.05亿美元，增长67.5%；进口2.34亿美元，下降9.31%。

全年新批准外商投资企业5家，合同利用外商直接投资2533万美元。实际利用外商直接投资32667万美元，同比增长19.7%。

【交通、邮电和旅游】2012年，安庆市全年邮电业务总量27.1亿元。其中，邮政业务总量3.6亿元，电信业务总量23.5亿元。年末本地固定电话用户88万户，比上年减少23.3万户；移动电话用户326.4万户；年末计算机互联网用户79万户。

年末民用汽车拥有量21.1万辆，比上年增长17.0%。其中，私人汽车拥有量18.5万辆，增长20.0%。

全年接待海外游客79622人次，增长20.7%；接待国内游客3092万人次，增长26.7%。旅游总收入248亿元，比上年增长28.2%。其中，旅游外汇收入6890万美元，增长21.2%；国内旅游收入243.2亿元，增长28.2%。

【金融和保险】2012年，安庆市金融机构存贷款稳定增加。全市金融机构存款年末余额为1703.37亿元，比上年末增加294.87亿元，增长20.9%。其中，单位存款余额586.98亿元，增长18.6%；城乡居民储蓄存款余额1069.21亿元，增长22.7%。全市金融机构贷款年末余额为860.2亿元，比上年末增加166.12亿元，增长23.9%。

全年全市保险系统保费收入42.33亿元，比上年增长32.8%。其中，财产险业务保费收入11.54亿元，增长21.8%；人身险业务保费收入30.79亿元，增长19.9%。赔款和给付10.75亿元，增长52.7%。其中，财产险业务赔款支出6.33亿元，增长36.4%；人身险业务赔款和给付支出4.42亿元，增长27%。

9

2012年黄山市经济发展概况

【经济总量】2012年，黄山市全年实现地区生产总值（GDP）424.9亿元，按可比价格计算，比上年增长11.6%，连续12年保持两位数增长，季度累计增速逐季提高，呈现“见底—企稳—回升”的运行轨迹。其中：第一产业增加值48.5亿元，增长5.2%；第二产业增加值196.6亿元，增长13.9%；第三产业增加值179.7亿元，增长10.8%。三次产业结构由上年的11.9∶46.1∶42.0调整为11.4∶46.3∶42.3。三次产业对经济增长的贡献率分别为5.3%、55.1%和39.6%。按常住人口计算，人均GDP为31452元，按平均汇率折算，达4982美元。

统计工作全面落实，2012年，徽州区、休宁县、歙县和祁门县地区生产总值增幅增长13.3%、11.9%、11.8%和11.7%，分别比全市平均水平快1.7个、0.3个、0.2个和0.1个百分点；县域经济实力不断增强。歙县财政收入首超10亿元，屯溪区、黄山区、徽州区和休宁县财政收入超7亿元。区县财政收入总计占全市的比重由上年的62.9%提高到66.0%。

【农业】2012年，黄山市全市农林牧渔业总产值82.0亿元，比上年增长5.1%，其中：农业产值41.9亿元，增长3.9%；林业产值11.5亿元，增长10.6%；牧业产值24.6亿元，增长6.0%；渔业产值2.0亿元，下降15.3%。

全市农作物总播种面积13.0万公顷，同比下降0.1%，其中：粮食作物种植面积6.5万公顷，下降0.3%；经济作物种植面积6.6万公顷，增长0.1%；其中油料2.8万公顷，下降0.3%；蔬菜2.2万公顷，增长1.5%。

粮食连续五年增产，总产量达34.2万吨，增长4.6%；油料4.1万吨，增长2.6%；蔬菜39.7万吨，增长1.3%；茶叶2.7万吨，增长6.3%。肉类总产量8.9万吨，增长2.8%，年末生猪存栏70.2万头，增长5.3%；生猪出栏95.5万头，增长3.5%；家禽出栏461.3万只，增长5.6%；禽蛋产量2.2万吨，增长21.5%；蚕茧5096吨，下降10.7%，水产品1.6万吨，下降13.6%。

【工业和建筑业】2012年，黄山市2012年全部工业增加值152.2亿元，比上年增长16.2%，占GDP的比重为35.8%，比上年提高0.6个百分点，对经济增长贡献率为49.2%，拉动经济增长5.7个百分点。

2012年年末，规模以上工业企业达441家，净增60家；全年累计实现工业增加值103.3亿元，同比增长17.9%；其中轻、重工业增加值47.4亿元、55.9亿元，分别增长17.2%和18.4%。分行业看，在统计的31个工业行业大类中，有28个行业实现增长，有16个行业增速超过全市平均水平。从行业总量看，增加值超过5亿元的有7个行业，分别为化学原料和化学制品制造业、酒饮料和精制茶制造业、电气机械和器材制造业、纺织业、有色金属冶炼和压延加工业、非金属矿物制品业和印刷记录媒介复制业，累计实现增加值58.5亿元，占规模以上工业增加值的56.5%。

2012年，全年规模工业企业累计完成主营业务收入420.4亿元，比上年增长14.4%；利税31.2亿元，增长23.5%，其中利润20.3亿元，增长22.6%。在31个行业中，有29个行业实现盈利，其中利润增长超过30%以上的有16个。化学原料及化学制品制造业、印刷业和记录媒介的复制业、饮料制造业、纺织业、农副食品加工业5个行业利润超亿元。工业经济效益综合指数达到250.2%，产销率97.2%，提高0.2个百分点。企业亏损面为7.0%，比上年扩大0.2个百分点。

2012年全社会建筑业增加值44.5亿元，比上年增长6.4%。资质内建筑企业完成总产值65.0亿元，增长14.8%，实现利税3.5亿元，增长12.9%；建筑业劳动生产率为18.6万元/人，增长36.7%，房屋建筑施工674.8万平方米，比上年增加10.8万平方米；房屋竣工面积307.5万平方米，比上年增加14.5万平方米。

【固定资产投资】2012年，黄山市全市固定资产投资完成445.2亿元，同比增长20.3%，分别比上半年、前三季度提高8.5个和4.2个百分点，增速达到全年高点。其中：城镇投资398.4亿元，增长13.5%；农村投资46.8亿元，增长145.3%。在全社会投资中，国有及国有控股投资165.3亿元，增长44.5%；外商投资20.2亿元，增长2.0%；民间投资259.7亿元，增长10.1%。项目储备能力明显增强，新开工项目714个，增长20.8%。

分三次产业看：一产快速增长、二产降幅收窄、三产增速趋稳。第一产业完成投资17.9亿元，同比增长127.0%；第二产业完成投资103.9亿元，同比下降12.6%；第三产业投资323.3亿元，同比增长32.9%。

【科学技术】2012年，黄山市全年专利申请1408件，增长141.5%，其中发明专利申请367件，增长182.3%；授权专利705件，增长86.0%，其中发明专利49件，增长19.51%。企业专利产出进一步提高，全年企业共申请专利1065件，增长161.7%。各类科技成果登记数68项，其中省部级以上科技成果登记数达22项，有5项成果荣获安徽省科学技术奖。全年有72个科技项目获得国家、省立项，其中“徽派古建筑聚落保护利用和传承关键技术研究与示范”和“区域旅游全程服务平台研发及示范应用”被列为国家科技支撑计划项目。全年共签订各类技术合同60项，增长11.1%。

2012年，全市高新技术企业48家，比上年增加10家。全市高新技术产业总产值首次突破百亿，达147.6亿元，实现增加值38.5亿元，占规模以上工业比重的37.3%，比上年同期提高18.0个百分点。2家企业被认定为省级创新型企业，22家企业被认定为省级民营科技企业；54项产品被认定为省高新技术产品，8项产品被认定为国家和省级重点新产品。我市首个国家级产业基地“国家火炬黄山软包装新材料特色产业基地”成功获批，新增安徽省（祁门）新型电子元器件高新技术产业基地。组建我市首家省级院士工作站；新组建市级以上工程技术研究中心15家。

【国内贸易和对外经济】2012年，黄山市全市社会消费品零售总额172.1亿元，同比增长16.2%。按经营单位所在地分，城镇消费品零售额137.2亿元，增长16.4%；乡村消费品零售额34.9亿元，增长15.5%。年末限额以上批发零售和住宿餐饮企业单位数242家，比上年增加49家。限额以上企业零售额69.9亿元，增长35.8%。

限额以上批发和零售业中基本生活类商品零售额保持较快增长，其中：粮油、食品、饮料、烟酒类增长56.6%、服装类增长76.4%、日用品类增长47.6%；消费升级类商品零售额增势较强，化妆品类增长33.4%、石油及制品类增长59.7%、家用电器和音像器材类增长31.5%、汽车类增长35.1%。

全市外贸进出口总额突破7亿美元，同比增长51.9%，比上年同期提高11.0个百分点；其中：出口额6.3亿美元，同比增长71.1%，比上年同期提高24.1个百分点；进口额0.7亿美元，同比下降22.0%。从贸易方式看:一般贸易进出口6.0亿美元，增长65.5%，加工贸易0.4亿美元，下降16.9%，其他贸易0.5亿美元，增长8.4%。

机电产品出口领跑，增长110.8%，比重比上年提高4.3个百分点；农产品、纺织服装、化工产品出口分别增长39.3%、42.7%和32.6%；对亚洲出口强劲，增长104.7%；对非洲、欧洲、北美洲、拉丁美洲出口分别增长56.3%、50.4%、55.1%和58.4%；对大洋洲出口下降15.0%。

【交通、邮电和旅游】2012年，黄山市全市各类运输方式完成货运总量6957.6万吨，比上年增长19.1%。其中，公路6939.0万吨，增长19.1%；铁路7.5万吨，下降28.0%；水运11.0万吨，增长66.1%；民航1885吨，增长31.9%。完成旅客运输总量3000.1万人，比上年增长13.5%，其中，公路2720.0万人，增长16.2%；铁路142.7万人，下降3.0%；水运82.6万人，下降23.3%；民航54.8万人，增长17.7%。年末，全市公路线路里程6278公里，比上年增长13.2%，其中高速公路255公里；在建高速公路103公里，新改建国省道干线公路212公里、完工71公里。

2012年，全市完成邮电业务总量22.6亿元，比上年增长10.7%。其中，邮政业务量7973.6万元，增长4.4%；电信业务量21.75亿元，增长11.0%。全年函件446.62万件，报刊期发数24.2万份，特快专递8.52万件。年末固定电话交换机总容量48.7万门，固定电话用户40.4万户；移动电话用户96.4万户，增长5.2%。互联网宽带接入用户17.3万户。

【金融和保险】2012年，黄山市金融市场健康稳健运行。2012年年末，全市金融机构人民币各项存款余额659.0亿元，同比增长17.8%，余额比年初增加99.6亿元，同比多增12.94亿元；其中:储蓄存款余额375.7亿元，同比增长21.3%，余额比年初增加66.0亿元，同比多增14.38亿元。金融机构人民币各项贷款余额416.8亿元，同比增长19.4%，余额比年初增加67.8亿元，同比仅多增390万元，其中：短期贷款余额167.6亿元，同比增长31.0%，中长期贷款余额225.1亿元，同比增长9.6%。屯溪农合行和黟县农合行改制为农村商业银行。

2012年，全市保险业保费收入12.1亿元，比上年下降11.6%，其中：财产险保费收入4.0亿元，增长16.1%；寿险保费收入7.7亿元，下降17.2%；健康和意外伤害险保费收入0.3亿元，下降41.6%。各项赔款和给付4.2亿元，增长10.4%。其中：财产险公司赔款支出2.3亿元，增长21.8%，寿险赔付1.7亿元，增长17.4%；健康和意外伤害赔款0.2亿元，下降31.7%。

10

2012年滁州市经济发展概况

【经济总量】2012年，滁州市全年实现地区生产总值（GDP）970.7亿元，比上年增长13.1%，连续七年实现两位数增长。在生产总值中，第一产业增加值192.8亿元，增长5.9%；第二产业增加值507.6亿元，增长16.6%；第三产业增加值270.3亿元，增长11.6%。三次产业比为19.8：52.3：27.9。工业化水平达到46.0%，比上年提高0.7个百分点，人均GDP达24650元（折合3906美元），比上年增加3042元。

年末全市从业人员276.7万人，比上年增加6.3万人。其中，第一产业115.1万人，增加7.6万人；第二产业87.1人，减少0.5万人；第三产业74.5万人，减少0.8万人。年末城镇在岗职工人数（不包括个体、私营、乡镇企业从业人员）17.9万人，增加0.4万人；城乡私营企业从业人员和个体劳动者54.1万人，比上年增加17.8万人。城镇登记失业率为3.8%，与上年持平。

【农业】2012年，滁州市全年农作物播种面积87.2万公顷，比上年增加5830公顷，增长0.7%。其中，粮食作物播种面积71.0万公顷，比上年增长1.4%；油料作物播种面积7.8万公顷，比上年减少5.9%；蔬菜播种面积4.4万公顷，比上年增长2.0%。

全年粮食总产量415万吨，比上年增长4.7%，再创历史新高。全年油料产量20.46万吨，比上年减产1.1%。其他经济作物有增有减。其中棉花产量10000吨，比上年减产1.5%；蔬菜产量135.8万吨，比上年增长2%。

全年肉类总产量36.98万吨，比上年增长5.3%；禽蛋产量10.67万吨，比上年增长3.3%；牛奶产量9872吨，比上年增长4.5%；水产品产量30.06万吨，比上年增长4.4%。

【工业和建筑业】2012年，滁州市全年全部工业实现增加值446.1亿元，比上年增长17.2%。其中，规模以上工业比上年增长17.9%。在规模以上工业中，重工业、非公经济成分增长较快。

全市33个工业行业大类全部实现了增长。其中：计算机、通信和其他电子增长37.1%、专用设备制造业增长25.4%、电力、热力生产和供应业增长24.6%、电气机械和器材制造业增长22.3%、非金属矿物制品业增长22.1%。年末，战略性新兴产业企业数144个，全年实现产值291.9亿元，增长31.5%，增速比全市平均水平快13.7个百分点。年末，六大支柱产业企业单位数686个，全年实现增加值332.8亿元，增长17%。

全年建筑业完成增加值61.5亿元，比上年增长12.0%。年末，资质以上建筑企业140户，全年共完成建筑业总产值154.25亿元，比上年增长33.7%；实现利润总额4.52亿元，比上年增长29.1%；完成房屋建筑施工面积1341.11万平方米，比上年增长39.0%，其中当年新开工面积695.38万平方米，比上年下降1.6%；房屋竣工面积724.97万平方米，比上年增长19.1%。

【固定资产投资】2012年，滁州市全年完成固定资产投资882.6亿元，比上年增长27.9%，其中，城镇项目投资652.78亿元，增长23.1%；农村项目投资13.12亿元，增长174.9%。按产业分，第一产业投资12.2亿元，增长40.3%；第二产业投资408.3亿元，增长10.6%；第三产业投资462.0亿元，增长48.0%。从行业看，制造业投资381.1亿元，增长19.3%；房地产业投资303.4亿元，增长46.3%；水利环境和公共设施管理业投资76.0亿元，增长75.0%；公共管理、社会保障和社会组织投资24.1亿元，增长42.4%；电力燃气及水的生产和供应业投资22.9亿元，增长1.1%；信息传输计算机服务和软件业、科学研究、技术服务和地质勘查业、金融业当年投资增幅均在4倍以上。

全年房地产开发投资完成229.81亿元，比上年增长33.7%；房屋施工面积2170.8万平方米，增长14.2%，其中新开工面积635.9万平方米，下降19.8%；竣工面积356.0万平方米，增长12.3%。商品房销售额143.5亿元，其中住宅117.2亿元，分别比上年增长21.8%、19.3%，商品房销售面积341.5万平方米，其中住宅300.3万平方米，分别比上年增长15.5%、15.7%。

【科学技术】2012年年末，滁州市全市共有各类专业技术人员5.3万人。民营科技企业457家，比上年末增加27家。全年专利申请数5786件，比上年增加59.0%。全年授权专利数2969件，比上年增加40.6%，其中发明58件，增加12件。全年获省部级以上科技成果奖42项。年末，国家高新技术企业84家，比上年增加36家；省级工程技术研究中心4家；大中型工业企业技术中心162个，比上年增加25个。全年高新技术产业产值735.6亿元，占规模以上工业总产值45.8%。

【国内贸易和对外经济】2012年，滁州市全年实现社会消费品零售总额296.81亿元，比上年增长16.9%，扣除价格因素实际增长14.5%。分实现区域看，城镇实现消费品零售额241.13亿元，乡村实现消费品零售额55.68亿元，分别比上年增长17.2%、15.7%。分构成看，商品零售额257.8亿元，增长17.0%；餐饮消费额39.0亿元，增长15.8%。分经营规模看，限上单位零售额141.5亿元，增长28.7%；限下单位零售额155.3亿元，增长1.2%。

全年商品进出口总额153247万美元，比上年增长35.4%。其中，出口总额116045万美元，增长31.7%；进口总额37202万美元，增长48.7%。从出口经营主体看，内资生产企业完成95951万美元，增长

41.8%；外商投资企业完成57295万美元，增长27.7%。出口国别及地区达175个。

全年招商引资到位资金1317.8亿元，比上年增长24.0%，其中亿元以上项目境内省外资金438.1亿元，增长28.2%，其中来自长三角地区236.1亿元，增长20.8%；实际利用国外资金53739万美元，增长48.1%，其中外商直接投资51910万美元，比上年增长60.7%。

【交通、邮电和旅游】2012年，滁州市全年交通运输、仓储和邮政业增加值38.28亿元，比上年增长9.7%。全年货物运输周转量437.35亿吨公里，比上年增长19.6%。其中，公路货物运输周转量407.52亿吨公里，增长20.0%；水运货物运输周转量2.98亿吨公里，增长14.8%。全年旅客周转量80.91亿人公里，比上年增长14.8%。

年末全市民用汽车拥有量15.75万辆，比上年增长1.2%，其中私人汽车拥有量11.48万辆，增长5.8%。民用轿车拥有量10.31万辆，增长25.0%，其中私人轿车拥有量8.80万辆，增长35%。

电信、移动、联通等电信运营商全年业务总量22.87亿元，比上年增长10.2%。邮政部门业务总量1.16亿元，比上年增长5.6%。年末，全市拥有电话328.90万户，比上年末增加6.0%，其中固定电话用户数73.44万户，减少6.7%；移动电话用户数255.45万户，增长10.6%。年末国际互联网用户31.31万户，比上年末增长19.4%。

全年接待旅游人数1103.2万人次，比上年增长27.0%，其中接待外国和港澳台游客89963人次，增长35.3%。全年旅游总收入83.53亿元，比上年增长32.9%。其中，旅游外汇收入3549万美元。年末，全市共有星级旅游饭店20个，星级饭店客房数1934间（套）。年末A级以上旅游景区（点）21个，名胜风景区2个。

【金融和保险】2012年年末，滁州市全市金融机构人民币各项存款余额1111.58亿元，比年初增加197.15亿元，增长21.6%。其中，单位存款447.84亿元，比年初增加68.18亿元；城乡居民储蓄存款599.25亿元，比年初增加107.43亿元。年末，金融机构人民币各项贷款余额708.16亿元，比年初增加131.74亿元，增长22.9%。从贷款期限看，短期贷款余额369.86亿元，比年初增加51.77亿元；中长期贷款316.08亿元，比年初增加68.27亿元，其中个人贷款余额128.12亿元，比年初增加30.67亿元。

年末，全市保险公司27户，比上年增加1户。其中寿险13户，财产险14户。全年保费收入22.23亿元，比上年增长0.5%，其中，财产保险保费收入9.88亿元，增长19.2%；人身保险保费收入12.35亿元，下降10.6%。财产险中机动车险保费收入7.26亿元，增长12.6%；农业险保费收入1.80亿元，增长62.2%。人身保险中健康险保费收入0.61亿元，下降1.6%；意外伤害险保费收入0.66亿元，增长1.75倍。全年保险赔款和给付10.16亿元，比上年增长23.8%。其中，财产险业务赔款支出6.02亿元，增长11.1%；人身险业务赔款支出4.14亿元，增长48.4%。

11

2012年阜阳市经济发展概况

【经济总量】2012年，阜阳市全年实现地区生产总值（GDP）962.5亿元，按可比价格计算，比上年增长11.7%。其中，第一产业增加值249.4亿元，增长5.9%；第二产业增加值397.5亿元，增长15.7%；第三产业增加值315.6亿元，增长11.2%。三次产业结构进一步优化，由上年的27.3：40.1：32.6调整为25.9：41.3：32.8，第一产业占GDP的比重下降1.4个百分点，第二产业和第三产业比重分别提高1.2个和0.2个百分点。工业化率达到35.8%，比上年提高1.2个百分点。人均GDP达12616元（折合1999美元），比上年增加1414元。全市万元GDP能耗0.9712吨标准煤，同比下降3.16%。

全年居民消费价格比上年上涨2.5%，涨幅比上年降低3.1个百分点；商品零售价格上涨0.6%，比上年低4.8个百分点。工业生产者出厂价格下降0.2%，其中轻工业产品上涨2.7%，重工业产品下降1.6%；生产资料出厂价格下降1.4%，生活资料出厂价格上涨2.7%。

【农业】2012年，阜阳市全年粮食种植面积996.9千公顷，比上年增加6.3千公顷；油料种植面积41.1千公顷，减少3.8千公顷；棉花种植面积14.0千公顷，减少1.0千公顷；蔬菜种植面积132.3千公顷，增加3.3千公顷。粮经面积比由上年的82.0：18.0调整为82.2：17.8。

全年粮食产量523.3万吨，比上年增加23.0万吨，增产4.6%，产量连续5年超过百亿斤。油料产量7.8万吨，增产0.9%。棉花产量1.7万吨，减产1.7%。蔬菜产量476.6万吨，增产3.7%。

【工业和建筑业】2012年，阜阳市年主营业务收入2000万元及以上工业（以下简称规模以上工业）增加值283.7亿元，增长17.5%。其中，重工业增加值151.8亿元，增长17.6%；轻工业增加值131.9亿元，增长17.4%。

规模以上工业涉及的32个行业中31个行业增加值保持增长。其中，废弃资源综合利用业增长16.3%，煤炭开采和洗选业增长24.1%，烟草制品业增长11.5%，化学原料和化学制品制造业增长9.6%，电力、热力的生产和供应业增长7.0%，农副食品加工业增长11.2%，酒、饮料和精制茶制造业增长15.2%，电气机械和器材制造业增长40.4%，纺织业增长20.2%。高新技术工业增加值32.2亿元，同比增长11.0%；战略性新兴产业产值87.8亿元，增长31.7%。

全年规模以上工业经济效益综合指数298.8%，比上年降低37.3个百分点。主营业务收入997.8亿元，增长21.5%。实现利税151.8亿元，增长24.0%。其中，利润76.1亿元，增长11.0%。

全年建筑业增加值52.8亿元，按可比价计算，比上年增长9.8%。资质以上建筑企业实现利润2.8亿元，增长24.0%。房屋建筑施工面积1165.9万平方米，增长16.6%；房屋竣工面积420.8万平方米，下降7.3%。

【固定资产投资】2012年，阜阳市全年固定资产投资(不含城乡个体投资)514.9亿元，比上年增长

27.6%。其中，第一产业完成投资6.4亿元，第二产业投资196.9亿元，第三产业投资311.6亿元。分行业看，农林牧渔业投资增长12.4%，制造业投资增长25.7%，电力、热力、燃气及水生产和供应业投资增长6.2%，批发和零售业投资增长33.5%，房地产业投资增长49.8%，租赁和商务服务业投资增长29.2%，水利、环境和公共设施管理业投资增长3.1倍，公共管理、社会保障和社会组织投资增长44.6%。

全年房地产开发投资88.0亿元，比上年增长11.7%。商品房施工面积870.8万平方米，增长28.0%；竣工面积139.0万平方米，下降1.0%。商品房销售面积202.3万平方米，增长24.6%；商品房销售额88.3亿元，增长23.8%。

【科学技术】2012年年末，阜阳市年末全市城镇非私营单位拥有各类专业技术人员11.3万人，比上年增长2.3%。年末国有独立科研机构9家。全年财政科技投入1.8亿元，增长60.1%。

年末国家级创新型试点企业1家，省级创新型试点企业5家，省级创新型企业2家，市级创新型试点企业22家，市级创新型企业9家，高新技术企业25家。全年高新技术产业产值127.0亿元，比上年增长10.1%。全年专利申请量3366件，增长88.4%。其中，发明专利594件，实用新型专利1462件，外观设计1310件。全年专利授权量1300件，增长32.0%。其中，发明专利90件，实用新型846件，外观设计364件。

年末共有法定质检机构51个。法定计量技术机构9家，其中，市级1家，县级8家。全年强制检定计量器具6.3万台件。

【国内贸易和对外经济】2012年，阜阳市全年社会消费品零售总额446.0亿元，比上年增长16.0%。按经营地分，城镇消费品零售额332.9亿元，增长15.9%；乡村消费品零售额113.1亿元，增长16.1%。按企业规模分，限额以上企业零售额201.6亿元，增长21.2%，限额以下企业零售额244.4亿元，增长5.2%。截至11月30日“家电下乡”政策结束，全市累计销售家电下乡产品389万台，销售额105.6亿元，销售量和销售额均居全省首位。

全年进出口总额11.0亿美元，比上年增长69.7%。其中，出口9.0亿美元，增长76.8%；进口2.0亿美元，增长43.9%。从出口贸易方式看，一般贸易出口6.0亿美元，增长48.3%；加工贸易出口1.2亿美元，增长24.5%。进出口额超百万美元的企业128家，比上年增加35家。

【交通、邮电和旅游】2012年，阜阳市全年交通运输、仓储和邮政业实现增加值42.5亿元，比上年增长10.3%。

全市境内火车站17个，铁路营运里程278公里。全市公路货物运输量2.9亿吨，旅客运输量2.6亿人次，分别比上年增长17.8%和16.0%。公路货物运输周转量1139.9亿吨公里，旅客运输周转量199.3亿人公里，分别增长19.0%和18.5%。港口货物吞吐量681.6万吨，增长34%。阜阳机场航线增加到10条，民航旅客吞吐量20.9万人次，同比增长20.6%。

全年邮电业务总量34.3亿元，比上年增长9.8%。其中，电信业务总量30.7亿元，增长9.7%；邮政业务总量3.6亿元，增长10.3%。年末固定电话用户88.4万户，减少13.5%；移动电话用户377.2万户，增长

10.9%。年末基础电信运营企业互联网接入用户40.7万户，增长25.1%。

全年旅游总收入58亿元，比上年增长22.7%。其中，旅游外汇收入767万美元，增长27.4%；国内旅游收入57.5亿元，增长22.7%。全年共接待游客1260.6万人，同比增长22.3%。其中，入境游客1.4万人，增长7.5%。全市共有星级饭店12家，共有客房1217间，床位2043张。

【金融和保险】2012年年末，阜阳市金融机构各项存款余额（人民币，下同）1489.6亿元，比上年末增加238.7亿元，增长19.1%。其中，城乡居民储蓄存款1053.3亿元，增长20.4%。金融机构各项贷款余额640.7亿元，比上年末增加107.0亿元，增长20.1%。其中，短期贷款298.9亿元，增长24.6%；中长期贷款312.4亿元，增长15.7%。

全年保险业保费收入51.6亿元，比上年增长2.1%。其中，财产险保费收入18.0亿元，增长20.2%；寿险保费收入31.6亿元，下降7.2%；意外伤害险0.4亿元，增长6.7%；健康险1.5亿元，增长42.3%。

12

2012年宿州市经济发展概况

【经济总量】2012年，宿州市全年实现地区生产总值（GDP）914.95亿元，按可比价格计算，比上年增长12.5%。分产业看，第一产业增加值237.35亿元，增长6.1%；第二产业增加值378.95亿元，增长16.2%；第三产业增加值298.65亿元，增长13.1%。三次产业结构比25.9：41.5：32.6。人均GDP达17038元（折合2709美元）。

全年居民消费价格指数（CPI）累计上涨2.0%，其中，食品上涨4.0%，烟酒及用品上涨2.9%，衣着上涨0.5%，家庭设备用品及维修服务上涨0.9%，医疗保健和个人用品上涨2.0%，交通和通信上涨0.5%，娱乐教育文化用品及服务上涨1.7%，居住上涨0.6%。

年末全市从业人员359.1万人，比上年减少9.3万人。分产业看：第一产业157.6万人，比上年减少13.5万人；第二产业97.3万人，比上年增加1.9万人；第三产业104.2万人，比上年增加2.3万人。在岗职工21.6万人；城乡私营企业从业人员和个体劳动者35.1万人，比上年减少5.2万人。

全年城镇新增就业4.83万人，安置下岗失业人员再就业1.48万人，安置就业困难人员再就业0.45万人，转移农业劳动力6.3万人。城镇登记失业率3.72%。

【农业】2012年，宿州市全年完成农业总产值421.84亿元，比上年增长6.7%。其中，种植业产值232.94亿元，增长7.1%；林业产值16.51亿元，增长1.1%；畜牧业产值150.44亿元，增长5.9%；渔业产值8.41亿元，增长4.0%；农林牧渔服务业13.54亿元，增长18.7%。

全年粮食种植面积802.63千公顷，比上年增加8.44千公顷，增长1.1%；棉花种植面积23.28千公顷，减少1.09千公顷，下降4.5%；油料种植面积55.61千公顷，比上年减少4.51千公顷，下降7.5%；蔬菜及食用菌种植面积70.30千公顷，增加2.87千公顷，增长4.3%。

全年粮食总产量376.97万吨，比上年增长4.7%。其中，夏粮总产量223.85万吨，增长7.0%；全年棉花总产量3.47万吨，增长10.0%；油料总产量23.12万吨，下降5.2%；蔬菜及食用菌产量274.98万吨，增长9.0%；园林水果产量177.83万吨，增长7.5%。

【工业和建筑业】2012年，宿州市全年全部工业增加值333.6亿元，增长16.8%。其中，规模以上工业增加值248.89亿元，增长18.0%。规模以上工业总产值946.70亿元。其中，战略性新兴产业完成产值41.2亿元，增长35.7%；农产品加工业产值508.9亿元，增长30.8%。全年高新技术产业总产值99.9亿元，增长29.0%。

规模以上工业效益综合指数达263.26%，总资产贡献率16.36%、资本保值增值率116.21%、资产负债率51.99%、流动资产周转次数5.39次、成本费用利润率5.02%、全员劳动生产率197760元/人、产品销售率97.68%。

全年具有建筑业资质的独立核算建筑企业共130家，累计完成建筑业增加值45.35亿元，增长13.4%；完成建筑业总产值140.31亿元，增长19.3%。建筑企业实现利税9.6亿元，增长0.7%。房屋建筑施工面积653.73万平方米，增长10.9%。

【固定资产投资】2012年，宿州市全年累计完成固定资产投资613.69亿元，比上年增长27.8%。其中，城镇固定资产投资完成363.13亿元，增长21.8%；农村非农户投资完成147.09万元，增长32.1%。

全年工业投资累计完成361.15亿元，比上年增长29.8%，工业投资占总投资的比重为58.8%。其中，制造业投资完成291.22亿元，增长19.2%。

全年房地产投资完成103.47亿元，比上年增长46.5%。其中，住宅投资71.8亿元，增长36.3%；商业营业用房投资21.7亿元，增长173.3%。商品房销售面积289.2万平方米，增长15.5%。

【科学技术】2012年，宿州市全年专利申请量1631件，比上年增长95.3%；发明专利申请量571件，增长119.6%；专利授权664件，增长103.7%；发明专利授权量28件，增长17.0%。

全市规模以上工业企业有R&D活动的54个，比上年增加13个，R&D经费内部支出2.36亿元，增长58.4%；新产品开发经费支出2.17亿元，增长60.4%。

【国内贸易和对外经济】2012年，宿州市全年社会消费品零售总额266.04亿元，增长16.3%。其中，城镇消费品零售额增长16.7%，乡村消费品零售额增长14.6%。

全年海关进出口总额4.06亿美元，增长83.8%，其中，进口总额0.42亿美元，下降20.2%；出口总额3.64亿美元，增长116.6%。

全年利用内资实际到位资金702.64亿元，增长50.8%；实际利用外商直接投资3.70亿美元，增长47.0%。

【交通、邮电和旅游】2012年，宿州市全年交通运输仓储和邮政通信业实现增加值47.35亿元，增长10.8%。公路客运量6731万人，增长6.7%；旅客周转量395602万人公里，增长8.3%。公路货物运输量

21566万吨，增长20.2%。货物周转量6244800万吨公里，增长17.9%。

全年邮电业务总量24.56亿元，增长13.4%。年末固定电话用户64.67万户，年末移动电话用户300.21万户，比上年增加35.66万户，增长13.5%，计算机互联网用户达到30.91万户，比上年增长20.7%。

全年入境旅游人数2.07万人次，比上年增长67.1%；国际旅游外汇收入901.37万美元，增长49.6%；旅游总收入58.14亿元，增长38.4%。星级饭店5个，拥有星级饭店客房433间。

【金融和保险】2012年年末，宿州市金融机构各项存款余额达1014.77亿元，增长19.2%，其中，储蓄存款665.08亿元，增长18.7%。年末金融机构各项贷款余额463.32亿元，增长22.2%。

全年全市保险机构保险费收入30.32亿元。其中，财产险保费收入9.01亿元，人寿险保费收入21.31亿元。赔款和给付支出8.17亿元。其中，财产险赔款和给付支出4.41亿元，人寿险赔款和给付支出3.76亿元。

福建省

| 福州市 | 厦门市 | 莆田市 | 三明市 | 泉州市 | 漳州市 | 南平市 |

1

2012年福州市经济发展概况

【经济总量】2012年，福州市全年实现地区生产总值（GDP）4218.29亿元，比上年增长12.1%，增速连续7年达到12%以上。其中：第一产业增加值367.64亿元，增长4.7%；第二产业增加值1916.99亿元，增长14.8%；第三产业增加值1933.65亿元，增长10.6%。三次产业结构由上年的8.7：45.8：45.5调整为8.7：45.5：45.8。三次产业对经济增长的贡献率为3.3%、56.8%和39.9%，分别拉动经济增长0.4个、6.8个、4.8个百分点。

全市完成财政总收入（不含基金）597.39亿元，增长18.1%。公共财政预算收入完成382.01亿元，增长19.4%，其中税收收入完成314.84亿元，增长13.4%，占公共财政预算收入比重82.4%。主体税种中，增值税完成34.80亿元，增长19.5%；营业税110.25亿元，增长23.1%；企业所得税50.78亿元，增长25.6%；个人所得税19.11亿元，增长0.5%。公共财政预算支出完成409.37亿元，增长12.7%。

【农业】2012年，福州市全市完成农林牧渔业总产值624.9亿元，增长4.8%，其中：农业产值162.1亿元，增长3.4%；林业产值16.9亿元，增长1.2%；牧业产值73.7亿元，增长4.6%；渔业产值352.5亿元，增长5.7%。全年粮食播种面积10.7万公顷，比上年减少0.6万公顷；全年粮食总产量56.0万吨，下降6.7%。水产、畜牧、果蔬、食用菌、茶叶等特色优势产业不断壮大，福州茉莉花茶被授予“世界名茶”称号，福州荣膺“中国鱼丸之都”、“中国纯天然远洋捕捞产品产销基地”称号。全市食用菌产量13.1万吨，增长12.0%；茶叶产量2.0万吨，增长7.5%；肉、蛋、奶总产量41.7万吨，增长3.5%；蔬菜瓜果产量312.0万吨，增长4.1%；水果产量41.0万吨，增长7.9%；水产品产量194.4万吨，增长5.2%。

【工业和建筑业】2012年，福州市全市完成全部工业总产值6353.25亿元，增长15.3%，实现工业增加值1493.48亿元，增长14.0%。截至2012年底，全市规模以上工业企业2077家，完成规模以上工业总产值5890.58亿元，增长15.7%，其中产值超亿元企业923家，比上年增加98家，完成产值5336.55亿元，占规模以上工业总产值的90.6%。规模以上轻工业完成产值2582.38亿元，增长21.9%；重工业完成3308.19亿元，增长11.3%，轻、重工业产值比例由上年的41.2：58.8调整为43.8：56.2。规模以上工业36个行业中，20个行业增长速度超过全市平均水平，17个行业产值总量超过百亿。产值超百亿行业中，化学纤维制造业完成产值299.91亿元，增长42.8%；纺织业完成601.46亿元，增长29.2%；化学原料和化学制品制造业完成131.84亿元，增长27.7%；皮革、毛皮、羽毛及其制品和制鞋业完成319.53亿元，增长27.0%；非金属矿物制品业完成286.13亿元，增长25.4%，增幅居各行业前列。产销衔接较好，规模以上工业完成销售产值5707.37亿元，增长15.5%，工业产品销售率96.89%。企业效益稳步提高，规模以上工业综合经济效益指数264.37%，比上年提高16.65个百分点。规模以上工业企业实现主营业务收入5389.24亿元，增长14.1%，实现利润331.58亿元，增长13.7%。

【固定资产投资】2012年，福州市全社会固定资产投资完成3266.49亿元，增长21.0%。固定资产投资（不含农户）完成3234.78亿元，增长21.1%，其中：第一产业投资44.56亿元，增长68.9%；第二产业投资833.60亿元，增长23.9%；第三产业投资2356.61亿元，增长19.5%。工业投资完成829.04亿元，增长23.8%，其中：电子信息、机械装备、石油化工三大主导产业投资增长迅速，完成273.23亿元，增长45.7%。民生工程建设投入力度加大，居民服务和其他服务业投资增长210.1%，文化、体育和娱乐业增长47.2%，卫生和社会工作增长45.8%，教育增长40.9%。全年新开工项目2011个，完成投资1259.33亿元，增长100.1%，其中亿元以上项目268个，完成投资763.47亿元，增长136.8%。房地产开发投资完成972.27亿元，增长0.9%。全年商品房销售面积841.50万平方米，增长35.5%，其中住宅733.96万平方米，增长38.0%。商品房销售额941.49亿元，增长48.9%，其中住宅781.26亿元，增长53.7%。

【科学技术】2012年年末，福州市全市共有高新技术企业317家；共有市级以上企业技术中心188家，其中国家级企业技术中心3家、省级企业技术中心67家；共有行业技术创新中心38家，覆盖全市大部分重点行业；共有国家创新型试点企业4家，国家创新型企业3家，省级创新型（试点）企业170家；5项产品入选"2012年度国家重点新产品计划"；获2012年度国家创新基金立项33项；14项科技成果获2012年度省科技奖，其中一等奖1项，二等奖4项，三等奖9项。成功获评首批国家知识产权示范城市，专利申请与授权量稳步增长，全年受理专利申请8998件，增长21.6%，批准授权专利5965件，增长25.0%，其中发明授权量1261件，增长50.5%；共登记各类技术合同2123项，技术合同成交金额12.65亿元。

年末全市共有国家产品质量监督检验中心1个，产品检测实验室101个，法定计量技术机构8个。全市质量技术监督部门共抽查生产领域2177家企业产品4743批次，批次合格率为95.51%。全市共有8项国家地理标志保护产品，322项产品获得"福建名牌产品"称号，共有5家企业获得首届政府质量奖。

【国内贸易和对外经济】2012年，福州市全市实现社会消费品零售总额2259.03亿元，增长19.1%。城乡消费市场协调发展，城镇市场实现商品零售额2168.57亿元，增长18.9%；乡村市场实现商品零售额90.46亿元，增长24.0%。限额以上企业实现商品零售额1220.20亿元，增长26.3%，占社会消费品零售总额比重由上年的51.6%提高到54.0%。消费热点不断涌现，改善居住、交通出行、文化娱乐、健康保健、增值保值等相关消费迅速增长。在限额以上企业商品零售额中，建筑及装潢材料类商品零售额增长110.2%、家具类增长50.9%、石油及制品类增长19.4%、电子出版物及音像制品类增长53.8%、中西药品类增长48.9%、金银珠宝类增长73.5%。城乡流通体系不断健全，全年新建改造"农家店"67家，升级改造城乡农贸市场20个，扶持新建便利店100家。全市拥有大中型专业批发市场50个，总面积213.09万平方米，增长33.0%；连锁经营企业105家，连锁网点3300个。

全市新批合同外资项目148项，新批合同外资金额20.56亿美元，增长16.20%；实际利用外资（按验资口径）13.39亿美元，增长4.80%。全年完成进出口总额310.60亿美元，下降10.53%，其中进口总额99.29亿美元，下降6.28%；出口总额211.31亿美元，下降12.40%。从出口主体看，外资企业出口84.93亿美元，下降1.39%，内资企业出口126.38亿美元，下降18.56%。从出口方式看，一般贸易出口141.15亿美元，下降17.40%，加工贸易出口69.08亿美元，下降0.17%。从出口产品看，高新技术产品出口35.17亿美元，下降2.09%，机电产品出口91.69亿美元，下降7.22%。从出口地区看，产品主要出口美国、欧盟、东盟、日本、荷兰和香港等地。

【交通、邮电和旅游】2012年，福州市交通基础设施建设不断完善，年末全市高速公路总里程430公里，高速铁路总里程158公里，福州港生产性泊位128个，福州空港国内航线（含港澳台）53条、国际航线7条，城市立体化交通格局基本形成。交通运输能力不断增强。旅客运送量中，公路旅客发送量18395.41万人次，增长4.9%；水路旅客发送量99.46万人次，增长38.6%；民航旅客吞吐量785.20万人次，增长9.1%，其中旅客出港量402.86万人，增长9.3%。货物运送量中，公路货物发送量10676.56万吨，增长11.2%；水路货物发送量6525.61万吨，增长7.7%；民航货邮吞吐量9.69万吨，增长10.7%，其中货邮出港量5.68万吨，增长10.6%。港口货物吞吐量9373.27万吨，增长14.1%，集装箱吞吐量182.50万吨，增长9.9%。两岸往来更加方便快捷，“海峡号”对台高速客滚航线成为海峡两岸往来的“黄金走廊”。全年对台客运直航进出旅客13.87万人次，增长251.5%；对台直航集装箱吞吐量31.37万标箱，下降0.7%；空中直航旅客吞吐量31.43万人次，下降2.1%，货邮吞吐量0.54万吨，增长41.7%。

福州入选首批国家智慧旅游试点城市，闽都文化、温泉养生、休闲度假、生态旅游等特色旅游品牌逐步形成。开通旅游观光巴士1号线，城区主要景点实现一站式游览。三坊七巷品牌效益凸显，游客接待量居全市4A级景区之首。“闽江游”品牌资源整合优化，铸就闽江黄金旅游带。白马河、安泰河等内河周边景区品位加快提升，“船游榕城”等特色旅游产品开发步伐加快。环市区温泉休憩圈初步形成，第三届福州国际温泉旅游节掀起“万人泡温泉”热潮。鼓岭综合整治及保护开发成效显著，获评省级旅游度假区。旅游区域合作力度加深，福莆宁“旅游一票通”发行。年末全市共有星级酒店60家，客房10082间；A级景区25家，其中4A级旅游景区9家。全年共接待境内外游客（含一日游）3192.55万人次，增长15.8%，其中境外游客85.13万人次，增长11.8%；实现旅游总收入550.12亿元，增长21.3%。福州赴台个人游顺利实施，经福州口岸赴台旅游41277人次，增长179.4%。

全市完成邮政业务收入6.36亿元，增长11.0%；电信业务收入100.95亿元，增长11.3%。年末全市共有邮政局(所)231处，邮路总长度11010公里；固定电话交换机容量327.25万门；固定电话用户198.00万户，比上年末增加4.49万户；移动电话用户881.31万户，比上年末增加59.54万户，其中3G电话用户191.18万户，比上年末增加82.50万户；互联网宽带接入用户172.50万户，比上年末增加28.75万户。

【金融和保险】2012年年末，福州市全市共有金融机构（不含保险和证券机构）46家，比上年增加

7家，其中：银行业存款类金融机构39家，银行业非存款类金融机构1家，其他金融机构6家；各类金融机构营业网点1292个；共有4家外资金融机构在福州设立分行。年末全市金融机构存款余额（本外币，下同）7909.63亿元，比上年末增长14.46%，其中：储蓄存款余额3010.60亿元，增长14.69%；单位存款余额4193.35亿元，增长15.38%。金融机构贷款余额7054.33亿元，增长15.87%，其中：短期贷款余额2358.54亿元，增长20.58%；中长期贷款余额4520.01亿元，增长14.68%。

年末全市共有境内上市公司29家，比上年末增加2家，总市值3296.35亿元；共有证券公司2家，证券营业部85家，股民资金开户总数156.68万户，其中本年新开户数3.68万户，全年股票、基金交易额11773.73亿元，下降25.52%；共有期货公司3家，期货营业部24个，全年期货交易额27426.43亿元，下降0.33%。

年末全市共有各类保险营业网点398个，外资保险机构在福州设立9家分公司和2个代表处。全年保险业务保费收入127.69亿元，增长11.12%，其中：财产险保费收入46.73亿元，增长19.12%；人寿险保费收入67.61亿元，增长4.26%；健康险保费收入9.87亿元，增长21.31%；意外险保费收入3.48亿元，增长28.82%。保险业务赔付支出42.13亿元，增长22.39%，其中：财产险赔付支出25.34亿元，增长23.06%；人寿险赔付支出12.45亿元，增长48.23%；健康险赔付支出3.43亿元，下降25.71%；意外险赔付支出0.91亿元，增长11.59%。

2

2012年厦门市经济发展概况

【经济总量】2012年，厦门市全年实现地区生产总值（GDP）2817.07亿元，按可比价格计算，比上年增长12.1%。其中，第一产业增加值25.21亿元，增长0.4%；第二产业增加值1374.01亿元，增长12.6%；第三产业增加值1417.85亿元，增长11.7%。三大产业结构为0.9∶48.8∶50.3。按常住人口计算的人均地区生产总值77392元，增长10.4%，折合12260美元。全市万元地区生产总值耗电649.2千瓦时，比上年减少17.5千瓦时；万元地区生产总值耗水11.1吨，减少0.6吨。

全市公共财政预算总收入实现739.46亿元，比上年增长13.4%，其中，地方级财政收入422.91亿元，增长14.1%。在地方级财政收入中，税收收入完成362.65亿元，比上年增收47.8亿元，增长15.2%，占地方级收入增量的91.7%。其中，土地增值税、车船税、营业税增收明显，合计增收38.82亿元，分别增长54.3%、50.6%、24.5%。

全年财政支出462.7亿元，增长18.9%。其中交通运输支出78.44亿元，增长67.4%；教育支出70.71亿元，增长21.1%；城乡社区事务支出49.85亿元，增长32.9%；社会保障和就业支出32.05亿元，增长17.2%；商业服务业等事务支出11.28亿元，增长11.1%。

【农业】2012年，厦门市全年农林牧渔业总产值41.29亿元，比上年增长0.7%。其中，农业产值

19.52亿元，增长0.6%；林业产值0.17亿元，增长5.7%；牧业产值11.73亿元，增长1.7%；渔业产值6.31亿元，下降1.2%；农林牧渔服务业产值3.56亿元，增长1.1%。

农作物总播种面积41.69万亩，比上年下降5.3%。粮食播种面积11.01万亩，下降11.7%，粮食总产量4.06万吨，下降11.4%；蔬菜播种面积24.58万亩，下降3.3%，蔬菜总产量58万吨，与去年持平；年末水果实有面积10.35万亩，下降6.8%，水果总产量1.37万吨，下降3.5%。肉类总产量5.13万吨，下降7.3%；蛋品总产量4835吨，增长8.1%；乳品总产量837吨，增长44.1%。年末全市生猪存栏数39.61万头，增长3.5%，生猪累计出栏65.77万头，下降6.8%；年末家禽存栏数132.48万只，减少25.1%，家禽累计出栏数328.37万只，下降16.8%；水产品产量2.96万吨，下降8.9%。

全市33家农业龙头企业实现总产值299.90亿元，增长9.4%；出口创汇3.7亿美元，下降31.7%；上缴税金14.3亿元，增长13.7%；带动本地生产基地种植面积18.4万亩、牲畜饲养量51.7万头；带动本地农户数21.5万户，增长4.1%；吸纳本地农户从业人员2.3万人，下降5.6%。

【工业和建筑业】2012年，厦门市全年全部工业总产值4664.66亿元，比上年增长13.3%，工业增加值1163.98亿元，增长12.8%，占全市地区生产总值的41.3%。

至年底，全市规模以上工业企业1503家，工业总产值4430.79亿元，比上年增长13.1%。其中产值超亿元的企业有473家，产值4000.54亿元，占全市工业总产值的90.3%。

规模以上工业中，重工业完成产值3072.32亿元，比上年增长16.9%；轻工业完成产值1358.47亿元，增长5.0%，重工业与轻工业之比为2.3：1。

全市规模以上工业企业实现销售产值4386.52亿元，产销率为99.00%。出口交货值1977.33亿元，比上年增长7.5%，出口交货值率45.1%。全年出口交货值超亿元的企业有204家，出口交货值1789.69亿元，占全市规模以上工业出口交货值的90.5%。全年出口交货值增量超亿元的企业有38家，共完成出口交货值909.59亿元，占全市规模以上工业出口交货值的46.0%，其中出口交货值增量超十亿元的企业6家。

建筑业增加值210.08亿元，比上年增长11.4%。全市具有资质等级的建筑业企业完成建筑业总产值641.41亿元，增长14.9%，其中，建筑工程产值597.16亿元，增长14.5%；安装工程产值39.53亿元，增长25.4%；当年建筑企业新签合同价款688.52亿元，增长12.4%。

【固定资产投资】2012年，厦门市全社会固定资产投资1332.64亿元，比上年增长18.1%，其中固定资产投资（不含农户）1322.98亿元，增长18.2%。分产业看，第一产业投资增长25.0%，第二产业投资增长14.1%，第三产业投资增长19.3%，三次产业投资比例为0.04：20.22：79.74。全市175个重点建设项目完成投资879.89亿元，完成年度计划的108.3%。

基础设施投资370.26亿元，增长14.9%，其中交通运输业投资182.58亿元，增长20.7%，公共设施管理业投资148.89亿元，增长8.7%。工业投资265.63亿元，增长14.2%，其中电力、燃气及自来水的生产和供应业投资30.33亿元，增长14.3%；制造业投资235.09亿元，增长14.1%。社会事业投资77.72亿元，增长37.4%，其中教育事业投资35.03亿元，增长1.06倍；卫生行业投资6.66亿元，增长33.4%；文化、体育和娱乐业投资34.22亿元，增长12%。

【科学技术】2012年，厦门市全市高新技术企业772家，其中国家火炬计划重点高新技术企业25家；创新型企业166家，其中国家级14家。科技企业孵化器12个，产业技术创新战略联盟11个，工程技术研究中心83个，企业技术中心139个，重点实验室37个，博士后工作站20个，技术贸易机构568家。国内专利授权量7477件，比上年增长36.3%；其中发明专利授权量919件，增长49.0%。登记技术合同3109项，比上年增加361项；合同总成交额59.28亿元，增长53.1%。拥有视听通信、钨材料、软件、半导体照明、电力电器、生物与新医药六个国家特色产业基地。

【国内贸易和对外经济】2012年，社会消费品零售总额881.91亿元，比上年增长10.2%。其中，批发业零售额60.54亿元，下降1.7%；零售业零售额703.63亿元，增长11%；住宿业零售额22.47亿元，增长7.4%；餐饮业零售额95.27亿元，增长13.7%。

限额以上企业零售额515.37亿元，增长7.7%，占全市社会消费品零售总额的58.4%；限额以下单位实现零售额366.54亿元，增长14.0%。全年零售额超亿元的批发零售贸易企业98家，零售额393.71亿元，净增26.01亿元，增长7.1%；零售额超千万元的住宿餐饮企业91家，零售额46.88亿元，净增4.37亿元，增长10.3%。

在限额以上批发零售贸易企业商品零售额中，食品饮料烟酒类零售额66.11亿元，增长6.5%；服装鞋帽针纺织品类零售额42.59亿元，增长8.4%；化妆品类零售额4.94亿元，增长1.1%；金银珠宝类零售额10.88亿元，增长0.8%；日用品类零售额20.03亿元，增长3.2%；通信器材类零售额7.76亿元，增长7.4%；汽车类零售额173.51亿元，增长3.8%；石油及制品类零售额79.44亿元，增长12.8%。

外贸进出口总值744.91亿美元，比上年增长6.2%，其中，出口454.02亿美元，增长6.5%；进口290.89亿美元，增长5.7%；贸易顺差163.13亿美元，增长7.8%。

私营企业进出口总值259.92亿美元，增长13.2%，其中出口205.83亿美元，增长12.4%；三资企业进出口总值362.73亿美元，增长2.3%，其中出口200.93亿美元，增长2.2%。

一般贸易进出口总值431.15亿美元，增长10.0%，其中出口272.22亿美元，增长9.6%；进口158.93亿美元，增长10.5%。

对台进出口贸易总值76.47亿美元，增长5.7%，其中自台进口61.81亿美元，增长7.1%；对台出口14.66亿美元，增长0.2%。

【交通、邮电和旅游】2012年，厦门市交通运输邮电仓储业增加值170.84亿元，比上年增长18.9%。旅客运输量1.45亿人次，增长4.7%；旅客运输周转量263.89亿人公里，增长11.3%；货物运输量1.36亿吨，增长14.3%；货物周转量941.80亿吨公里，增长13.3%。至年末，厦门港现有生产性泊位139个（含漳州），其中万吨级以上泊位62个；全年港口货物吞吐量1.72亿吨，增长10.1%；港口集装箱吞吐量720.17万标箱，增长11.4%；厦金航线航班每天36次，全年运载旅客136.75万人次，下降1.0%。

厦门空港现开通运营城市航线131条，在厦门机场通航运营的外国（地区）航空公司20家，与22个国际城市通航。空港旅客吞吐量1735.41万人次，比上年增长10.1%，其中，国际及地区航线旅客吞吐量211.29万人次，增长7.0%；空港货邮吞吐量27.15万吨，增长4.2%。

全年邮电业务总量100.06亿元，比上年增长19.3%，其中邮政业务总量25.02亿元，增长20.3%；电信业务总量75.04亿元，增长19.0%。至年末，全市固定电话用户155.26万户，增长1.1%；移动电话用户586.37万户，增长11.9%；全市电话普及率为202部/百人，增长7.4%；固定电话普及率为42部/百人，比上年略降；移动电话普及率为160部/百人，增长10.3%；互联网宽带接入用户数为128.57万户，增长27.7%。

全年接待海内外游客4124.43万人次，比上年增长17.1%，旅游总收入539.88亿元，增长19.1%。其中，接待入境旅游者230.02万人次，增长21.4%，入境旅游者在厦门过夜159.97万人次，增长22.8%。旅游外汇收入15.77亿美元，增长24.5%。接待国内游客3894.41万人次，增长16.8%，国内在厦门过夜游客1864.97万人次，增长16.0%。国内旅游收入440.54亿元，增长17.9%。至年末，全市共有星级酒店76家，其中五星级酒店15家。

【金融和保险】2012年，厦门市全市各类银行业金融机构主体39家，其中法人银行业金融机构7家，金融机构主体数比上年增加2家。至年末，中外资金融机构本外币各项存款余额5472.0亿元，比上年末增长10.4%。中资金融机构人民币各项存款余额4816.80亿元，增长9.0%，其中城乡居民人民币储蓄存款余额1680.19亿元，增长12.1%；单位存款余额2890.73亿元，增长8.2%。

至年末，中外资金融机构本外币各项贷款余额5107.35亿元，增长17.7%。中资金融机构人民币各项贷款余额4343.20亿元，增长13.5%，其中短期贷款余额1558.44亿元，增长11.7%；中长期贷款余额2519.41亿元，增长9.2%。

全市保险公司37家，比上年增加2家，其中财产保险公司20家、人身保险公司17家；保险专业中介机构31家。全年实现保费收入92.92亿元，增长13.3%，其中财产险实现保费收入41.50亿元，增长19.6%，人身险实现保费收入51.42亿元，增长8.6%；赔付支出30.30亿元，增长38.0%，其中财产险赔付支出20.30亿元，增长48.9%，人身险赔付支出10.0亿元，增长20.1%。

3

2012年莆田市经济发展概况

【经济总量】2012年，莆田市全年实现地区生产总值（GDP）1202.79亿元，按可比价格计算，比上年增长12.8%。其中，第一产业增加值107.24亿元，增长3.8%；第二产业增加值700.18亿元，增长15.7%；第三产业增加值395.36亿元，增长10.2%。人均地区生产总值42957元/人，比上年增长12.2%。

第一产业、第二产业有所调减，第三产业比重上升。三次产业比例由上年的9.4：58.4：32.2调整为

8.9∶58.2∶32.9。

财政总收入129.03亿元，比上年增长24.9%，其中，地方级财政收入77.45亿元，增长21.1%；财政支出119.60亿元，增长25.4%。全年财政用于农林水、医疗卫生、节能环护、城乡社区事务、社会保障和就业投入39.29亿元，增长17.0%，占财政支出的比重为32.9%。全市国税总收入(含海关代征)75.92亿元，增长30.7%，其中税收收入(含海关代征)75.91亿元，增长30.7%；全市地税各项收入76.47亿元，增长21.0%，其中税收收入（含耕契税）58.05亿元，增长19.8%。

经济和社会发展中存在的主要问题是：外需不足，外贸出口增幅下滑；转变经济发展方式任务艰巨，经济增长面临压力加大；人工成本、融资成本和部分原辅材料价格上涨较快，部分企业受到冲击；经济结构调整进程缓慢，第三产业比重偏低；企业研发投入较少，自主创新能力不强；收入分配机制还不健全，居民收入差距拉大；教育、卫生、文化、社会保障等基本公共服务还不均衡，区域发展还不协调等。

【农业】2012年，莆田市全年农林牧渔业完成总产值178.77亿元，按可比价格计算比上年增长3.9%。

粮食种植面积75.02万亩，比上年减少4.42万亩；油料种植面积23.90万亩，增加0.05万亩；蔬菜种植面积52.09万亩，增加0.17万亩。全年粮食产量28.47万吨，比上年减少1.66万吨，减产5.5%；油料产量4.63万吨，增产2.6%；蔬菜产量110.73万吨，增产1.7%；水果产量21.13万吨，增产23.5%。

【工业和建筑业】2012年，莆田市全市工业实现增加值579.41亿元，按可比价格计算比上年增长14.1%。规模以上工业产值1647.31亿元，增长16.9%。规模以上工业产品销售率99.35%，比上年提高0.24个百分点。

规模以上工业产值中，非金属矿物制品业增长5.6%，化学原料及化学制品制造业增长12.7%，有色金属冶炼及压延加工业增长27.5%，通用设备制造业增长4.8%，电气机械及器材制造业增长13.6%，计算机、通信和其他电子设备制造业增长14.7%，仪器仪表制造业增长39.8%，家具制造业增长74.2%，纺织服装、服饰业增长32.3%，皮革、毛皮、羽毛及其制品和制鞋业增长16.0%。规模以上工业主要产品产量中，皮革鞋靴21199.66万双，增长5.5%，家具91.62万件，增长84.8%。

全社会建筑业实现增加值120.77亿元，按可比价格计算比上年增长24.7%。全市资质等级以上的总承包商和专业承包建筑企业完成建筑业总产值244.86亿元（按注册地口径），增长32.0%；房屋建筑施工面积3015.41万平方米，增长25.8%；房屋建筑竣工面积752.20万平方米，增长57.5%。

【固定资产投资】2012年，莆田市全市全社会固定资产投资930.43亿元，比上年增长29.5%，其中，固定资产投资（不含农户）900.71亿元，增长30.1%。

在固定资产投资（不含农户）中，第一产业完成投资22.87亿元，增长51.1%；第二产业完成投资284.46亿元，增长17.9%，其中工业完成投资283.77亿元，增长18.6%；第三产业完成投资593.38亿元，增长36.1%。

全市共安排在建重点项目221个，预备重点项目120个，前期重点项目51个。在建重点项目计划总投资2270.98亿元，年度计划投资471.66亿元，年度完成投资588.81亿元，完成年计划的124.8%；预备重点项目计划总投资2222.01亿元，年度计划投资95.62亿元，年度完成投资77.64亿元，完成年计划的81.2%。仙游抽水蓄能电站首台机组、鞍钢冷轧项目建成投产，万达广场建成开业。向莆铁路莆田段、省道201线莆田段、国投湄洲湾煤炭码头一期、赛得利差别化纤维、仙游县工艺创意产业园、海峡纺织工业园、闽中食品工业园等一批重点项目加快推进。

【科学技术】2012年，莆田市全市培育国家级高新技术企业23家，省级企业技术中心27家，市级企业技术中心72家，新增省级创新型试点企业5家、省级创新型企业7家。全年共获授权专利1197项，其中发明50项，实用新型466项，外观设计681项。12个项目被列入国家政策引导类科技计划，20个项目获省级各类科技计划项目立项，下达69个市级科技计划项目。

年末共有国家级质量技术检测中心1个，省级质量技术检测中心4个，法定计量技术机构2个，法定产品质量检验机构1个。

年末全市共有专业地震台站17个，其中综合台1个（含前兆测项2个、测震1个、GPS基准站1个），前兆观测台4个（地下流体观测站3个、砂层应力观测站1个），测震台1个，强震台3个，烈度速报台6个，GPS观测站2个。

【国内贸易和对外经济】2012年，莆田市全市批发和零售业商品销售额916.47亿元，比上年增长27.8%。住宿和餐饮业营业额47.10亿元，比上年增长14.1%。实现社会消费品零售总额380.70亿元，比上年增长16.8%，扣除物价因素，实际增长13.0%。分城乡看，城镇消费品零售额339.47亿元，增长17.5%；乡村消费品零售额41.24亿元，增长11.5%。全年“家电下乡”补贴家电34.72万件，补贴金额10360.15万元。

在限额以上批发和零售业商品销售额中，粮油、食品、饮料、烟酒类增长14.3%，服装、鞋帽、针纺织品类增长15.6%，家用电器和音像器材类增长15.5%，木材及制品类增长65.2%，石油及制品类增长153.5%，金属材料类增长12.8%，建筑及装潢材料类增长58.9%，汽车类增长12.8%。

全市外贸进出口总额44.24亿美元，比上年下降4.8%。其中，出口29.50亿美元，增长6.1%；进口14.74亿美元，下降21.0%。进出口相抵，顺差14.75亿美元，比上年增加5.59亿美元。对主要贸易伙伴的贸易额有增有减。

新批准设立外商直接投资项目25个，按验资口径统计，合同外资金额3.14亿美元（不含增资），同比下降20.1%，实际利用外商直接投资1.53亿美元，下降39.6%

【交通、邮电和旅游】2012年，莆田市全市交通运输、仓储和邮政业实现增加值49.08亿元，比上年增长7.0%。公路货物运输周转量36.68亿吨公里，增长19.0%，水路货物运输周转量40.37亿吨公里，增长14.5%。公路旅客运输周转量54.02亿人公里，增长2.6%，水路旅客运输周转量0.16亿人公里，增长13.6%。港口完成货物吞吐量2315万吨，比上年增长11.4%。

完成邮电业务总量33.97亿元，比上年增长8.2%。年末全市电话用户总数达到328.52万户，其中固定电话用户67.85万户，移动电话用户260.67万户。互联网用户149.81万户。全年共发送短信息100268.3万条。

接待国内外游客1136.91万人次，比上年增长17.1%，实现旅游总收入91.38亿元，增长17.8%。其中境外游客24.60万人次，增长20.8%，旅游外汇收入1.92亿美元，增长22.9%；接待国内游客1112.31万人次，增长17.0%，实现国内旅游收入79.22亿元，增长17.5%。

【金融和保险】2012年，莆田市全市年末金融机构本外币各项存款余额1078.78亿元，比上年末增长23.3%；金融机构本外币各项贷款余额912.99亿元，增长22.2%。

年末金融机构人民币各项存款余额1062.99亿元，比上年末增长23.7%；金融机构人民币各项贷款余额888.30亿元，增长21.7%。

年末参加企业基本养老保险人数23.41万，征收基本养老保险基金7.13亿元。参加机关事业单位养老保险在职人数2.95万人，收缴养老保险费2.97亿元。参加城镇职工基本医疗保险30.07万人，征收基金5.95亿元，其中统筹基金收入2.29亿元，个人账户3.66亿元。参加城镇居民基本医疗保险21.09万人，征收基金0.29亿元。失业保险参保人数18.90万人，征收失业金0.90亿元。企业工伤保险参保职工26.01万人，征收基金0.61亿元。事业单位和非营利性组织工伤保险参保人数8.33万。参加生育保险26.76万人。年末全市企业领取基本养老保险金的离退休人员3.44万人，全部实现了养老金按时足额发放。年末全市领取失业保险金人数0.34万，领取失业保险金0.27亿元。

年末全市共有城市居民最低生活保障对象10251人，农村居民最低生活保障对象83790人（不含“五保”户6823人）。各类社会福利机构床位8436张。全年销售社会福利彩票1.80亿元，筹集社会福利资金0.63亿元。

4

2012年三明市经济发展概况

【经济总量】2012年，三明市全年实现地区生产总值（GDP）1339.29亿元，比上年增长12.2%。其中，第一产业增加值211亿元，增长4.2%；第二产业增加值684.84亿元，增长16.9%；第三产业增加值443.45亿元，增长8.3%。人均地区生产总值53422元，比上年增长12.1%。第一产业增加值占地区生产总值的比重为15.8%，第二产业增加值比重为51.1%，第三产业增加值比重为33.1%。

居民消费价格一季度同比上涨3.4%，上半年上涨2.8%，前三季度上涨2.3%；全年平均比上年上涨2.3%，其中食品价格上涨5.0%。商品零售价格上涨1.4%。工业生产者出厂价格下降4.3%。

城镇新增就业2.85万人，全年有1.45万下岗人员实现了再就业。年末城镇登记失业率为2.1%，创历史新低，比上年末下降1.7个百分点。

全年公共财政总收入121.68亿元，比上年增长15.4%，其中，地方公共财政收入77.44亿元，增长20.0%；公共财政支出152.10亿元，增长25.9%。全市国税税收收入58.38亿元（含海关代征6.71亿元），增长6.5%；地税系统组织各项收入90.23亿元，其中税收收入64.85亿元，增长12.4%。

【农业】2012年，三明市全年农林牧渔业完成总产值337.92亿元，比上年增长4.5%。粮食种植面积316.33万亩，比上年减少6.08万亩，其中稻谷面积216.07万亩，减少5.59万亩；烟叶种植面积46.96万亩，增加0.49万亩；油料种植面积17.58万亩，增加0.49万亩；蔬菜种植面积150.89万亩，增加3.74万亩。

全年粮食产量112.62万吨，比上年减产1.46万吨，下降1.3%。其中，稻谷89.25万吨，减产1.57万吨，下降1.7%。

全年肉蛋奶总产量19.36万吨，比上年增长1.8%。其中，肉类总产量15.99万吨，增长1.9%，猪、牛、羊分别增长4.6%、4.5%、8.1%，禽肉减少10.9%；禽蛋产量3.01万吨，增长2.9%；奶产量0.36万吨，减少10.7%。

【工业和建筑业】2012年，三明市全年规模以上工业增加值629亿元，比上年增长17.5%。工业产品销售率98.60%，比上年回落0.25个百分点。

在规模以上工业企业中，国有企业、股份制企业和外商及港澳台投资企业分别完成增加值17.54亿元、498.66亿元和44.24亿元，分别增长31.7%、18.6%和7.6%。

全年规模以上工业企业实现利润58.30亿元，比上年增长5.6%。其中，股份制企业实现利润45.85亿元，下降3.5%；外商及港澳台投资企业实现利润4.42亿元，下降18.8%。私营企业实现利润41.40亿元，增长12.5%。国有及国有控股企业实现利润5.55亿元，下降13.8%。

全年全社会建筑业实现增加值112.46亿元，比上年增长24.5%。全市资质等级以上的总承包和专业承包建筑业企业完成建筑业总产值304.65亿元，增长30.3%；房屋施工面积2938.44万平方米，增长28.2%；房屋建筑竣工面积1039.19万平方米，增长42.0%。

【固定资产投资】2012年，三明市全年全社会固定资产投资1117.25亿元，比上年增长21%。其中，固定资产投资1092.86亿元，增长21.4%；农户投资24.38亿元，增长6.8%。

在固定资产投资(不含农户)中，第一产业投资增长6.3%；第二产业投资增长23.6%，其中，工业投资增长23.5%；第三产业投资增长20.2%。

全年房地产开发投资139.98亿元，比上年增长32.4%。按工程用途分，商品住宅投资87.12亿元，增长24.4%；办公楼投资2.18亿元，增长106.8%；商业营业用房投资26.09亿元，增长52%。商品房销售面积218.72万平方米，增长4.6%。商品房销售额126.6亿元，增长16.9%。

市级重点项目建设全年完成投资460.87亿元，占全社会固定资产投资的41.3%。全年建成投产或部分投产120个项目，新开工82个项目。梅列三洋高效造纸设备生产项目、福建三农万吨级有机氟生产项目、福建华永新材料生产线项目、三明铁路北站站前广场建设、尤溪瑞源多品种纤维混纺纱项目、大田龙腾盛世市民休闲广场、海西（明溪）气动工具物流园、清流俞坊及岭官水库工程、泰宁公路港建设等一批项目开工建设。

【科学技术】2012年，三明市全年研究与试验发展（R&D）经费支出9.82亿元，比上年增长39.8%，占国内生产总值的0.81%。全市列入国家级、省级科技计划项目分别为29个和51个。新认定国家高新技术企业7家，共有39家。新增1家国家创新型试点企业、4家省级创新型企业、13家省级创新型试点企业，共有2家国家创新型试点企业、18家省级创新型企业、39家省级创新型试点企业。新增3家省级（企业）重点实验室；新增6家省级（企业）工程技术研究中心，累计达14家；新增3家省级企业技术中心，累计达19家。获2012年度国家科学技术二等奖1项，获2012年度省科学技术奖11项，其中一等奖2项。三明市生产力促进中心取得国家技术市场成果认定登记资质；全年共登记技术合同36项，成交金额7375万元。全市专利申请929件、专利授权603项，分别比上年增长25.7%和29.8%。其中，发明专利申请152件，发明专利授权54件，分别增长2%和54.3%。

全市共有“中国名牌产品”3个；新增“中国驰名商标”1个，累计达10个；新增国家地理标志保护产品3个，累计达18个。

全市共有国家级地面气象观测站11个，其中国家基准气候站1个、国家基本气象站3个、国家一般气象站7个；天气雷达观测站1个。共有地震监测综合台1个，测震台7个，强震台3个，烈度速报台9个，GPS基准站4个，流动重力观测点25个，跨断层短水准场地3个，地磁台1个，流动地磁观测点12个，电磁波观测站1个，地下流体观测台站2个。

【国内贸易和对外经济】2012年，三明市全年社会消费品零售总额319.16亿元，比上年增长17.1%。按经营地统计，城镇消费品零售额283.56亿元，增长17.7%；乡村消费品零售额35.59亿元，增长13.2%。按规模统计，限额以上批零和住餐业零售额138.82亿元，增长23%；限额以下批零和住餐业零售额180.34亿元，增长13%。

全年进出口总额23.83亿美元，比上年增长43.2%。其中，出口22.02亿美元，增长42.4%；进口1.81亿美元，下降20.7%。进出口顺差（出口减进口）20.21亿美元，比上年增加7.05亿美元。

批准设立外商直接投资项目42个，比上年增长31.3%。按历史可比口径统计，合同外资金额4.28亿美元，增长16.7%；实际利用外商直接投资4.1亿美元，增长17.1%。按验资口径统计，合同外资金额3.17亿美元，增长29.3%；实际利用外商直接投资1.03亿美元，增长11.9%。

新批境外投资企业1家，协议投资总额3570万美元。对外劳务合作新增出境人数93人。

【交通、邮电和旅游】2012年，三明市全市交通运输、仓储和邮政业实现增加值79.82亿元，比上年增长7.4%。公路累计通车里程13684公里，比上年增长1.8%。其中高速公路535公里。共有1696个行政村开通客运班车，占全部建制村的98%。农村公路改造、硬化8827公里，硬化路面通村率100%。

年末全市民用汽车保有量达到13.58万辆，比上年末增长14.6%，其中私人汽车保有量10.85万辆，增长18.6%。民用轿车保有量6.98万辆，增长21.1%，其中私人轿车保有量6.12万辆，增长24.2%。

全市邮政业业务总量2.21亿元，比上年增长15.4%；邮政业务收入2.66亿元，增长11.0%。电信业务总量27.99亿元，增长16.4%；电信业完成主营业务收入19.06亿元，增长5.4%。年末全市电话用户总数288.5万户，本年减少21.7万户，其中:固定电话用户53.5万户，减少0.7万户；移动电话用户235万户，减少21万户。全市互联网用户为35.53万户，新增6.58万户。全市固定电话交换机容量72.6万门，与上年持平；移动电话交换机容量310万户，增长14.8%。互联网宽带接入端口89万个，增长17.1%。移动电话基站数6222个，新增12.3%。光缆线路长度达到4.47万公里，新增25.9%。全年共发送短消息3.2亿条，增长23.2%。

全年入境旅游、商务、探亲等人数4.86万人次，比上年增长20.1%。国际旅游外汇收入0.41亿美元，增长20.4%。全年接待国内旅游人数1257.41万人次，增长16.1%；国内旅游收入78.50亿元，增长16.9%。旅游总人数1262.27万人次，增长16.1%，旅游总收入81.09亿元，增长16.9%。

【金融和保险】2012年，三明市年末全市金融机构本外币各项存款余额1077.57亿元，比上年末增长18.1%；金融机构本外币各项贷款余额991.33亿元，增长19.0%。

全年股票、基金、权证交易量941.83亿元。内外资保险公司保费收入22.29亿元，比上年增长5.8%，其中寿险保费收入13.01亿元；健康险和意外伤害险保费收入2.17亿元；财产险保费收入7.11亿元。支付各类赔款及给付8.03亿元，其中寿险业务给付3.33亿元；健康险和意外伤害险赔款及给付0.93亿元；财产险赔款3.77亿元。

5

2012年泉州市经济发展概况

【经济总量】2012年，泉州市全年实现地区生产总值（GDP）4726.50亿元，按可比价格计算，比上年增长12.3%，经济总量连续14年保持全省第一。其中，第一产业增加值160.54亿元，增长1.6%；第二产业增加值2940.63亿元，增长15.0%；第三产业增加值1625.33亿元，增长8.3%。第二、第三产业对GDP增长的贡献率分别为76.2%和23.4%，分别拉动GDP增长9.3和2.9个百分点。按常住人口计算，人均地区生产总值57291元（按年平均汇率折合9076美元），比上年增长11.2%。第一、第二产业比重有所调减，第三产业继续上升，三次产业的比例由上年的3.6：62.3：34.1调整为3.4：62.2：34.4。

居民消费价格总水平比上年上涨2.6%，其中，消费品价格上涨3.1%，服务价格上涨1.5%。工业生产者出厂价格比上年上涨0.3%。新建住宅销售价格下降0.5%，二手住宅交易价格下降3.2%，住宅租赁价格上涨1.5%，住宅物业服务价格上涨2.8%。

全市城镇新增就业人员15.58万人，全年有2.30万名下岗人员实现了再就业。年末城镇登记失业率为1.2%。全年培训农村劳动力5.3万人，转移就业6.39万人。

【农业】2012年，泉州市全年农林牧渔业完成总产值282.23亿元，比上年增长1.7%。

全年粮食种植面积220.26万亩，下降4.8%；其中稻谷面积126.50万亩，减少6.76万亩；油料种植面积32.86万亩，减少0.19万亩；蔬菜种植面积104.26万亩，增加0.03万亩。粮食总产量75.26万吨，比上年减少4.45万吨，其中稻谷48.99万吨，减少3.11万吨。

全年完成植树造林总面积35.25万亩，比上年增长2.7%，其中，完成更新造林总面积2.19万亩，下降21.7%。更新造林中，荒山造林5.64万亩，下降71.8%；人工促进天然林更新面积0.58万亩，下降31.8%。全年完成幼林抚育作业面积25.01万亩，下降42.7%。年末实有封山（沙）育林面积17.19万亩。商品材产量24.01万立方米，增长13.4%。

全年肉蛋奶总产量28.51万吨，增长0.3%，其中，肉类总产量23.63万吨，与上年持平；禽蛋3.98万吨，增长2.7%；肉猪出栏数246.62万头，增长0.1%，年末生猪存栏数154.37万头，增长0.6%。

【工业和建筑业】2012年，泉州市全年实现工业增加值2645.79亿元，比上年增长14.3%，工业对经济增长的贡献率达66.1%。全年完成工业总产值9498.36亿元，其中规模以上工业8375.27亿元，分别比上年增长19.9%和21.5%。全年规模以上工业实现销售产值8148.08亿元，其中出口交货值1361.59亿元，现价增长16.6%。拥有超亿元企业1704家，比上年增加207家，其中超10亿元企业93家，同比减少6家。

规模以上工业企业经济效益综合指数为253.28，比上年上升5.64点，其中总资产贡献率19.39，下降0.42点；资本保值增值率113.52，下降13.37点；资产负债率47.64，提高0.59点；全员劳动生产率166464元/人，提高19284元/人；流动资产周转率2.93次，下降0.23次；工业产品销售率97.29%，下降0.14个百分点。全年规模以上工业企业中，规模以上工业企业实现利润总额557.19亿元，比上年增长10.9%，其中外商及港澳台商投资企业、股份制企业和股份合作制企业利润分别增长-0.7%、23.0%和42.5%。规模以上工业亏损企业亏损额40.33亿元，增亏22.07亿元。

全社会建筑业增加值294.84亿元，比上年增长22.5%。全市资质等级以上的建筑企业有441个，完成建筑业总产值776.70亿元。全市建筑房屋施工面积6873.43万平方米，实行投标承包面积4775.58万平方米，招投标率达69.5%。房屋竣工面积2237.46万平方米，比上年增长3.8%；全市建筑业总产值达到亿元及以上的企业120家，其中5亿元及以上的企业29家。

【固定资产投资】2012年，泉州市全年全社会固定资产投资2016.72亿元，比上年增长28.0%。其中，项目投资1567.92亿元，增长25.0%；房地产开发投资395.50亿元，增长44.2%；农户投资53.30亿元，增长11.3%。全年固定资产投资（不含农户）按三次产业分，第一产业投资11.02亿元，增长21.3%；第二产业投资862.37亿元，增长20.7%，其中工业投资844.69亿元，增长19.5%；第三产业投资1090.03亿元，增长35.4%。

在500万元以上项目投资中，第一产业投资11.02亿元，增长21.3%；第二产业完成投资862.37亿元，增长20.7%。第三产业完成投资694.53亿元，增长30.9%。

房地产开发投资395.50亿元，比上年增长44.2%。按工程用途分，商品住宅投资243.99亿元，增长

49.3%；办公楼投资26.22亿元，增长249.0%；商业营业用房投资58.04亿元，增长90.6%。商品房销售面积553.70万平方米，增长14.7%。商品房销售额365.14亿元，增长7.0%。

【科学技术】2012年，泉州市年末全市企事业单位共有各类专业技术人员（不含退休及非公有制企业从业人员）9.9万人，其中高级职称9265人，中级职称3.27万人，初级职称5.31万人。共设立了10个企业博士后科研工作站，累计引进博士后研究人员148人次，目前在站博士后38人。新增省级高新技术企业30家，总数达255家；新增国家火炬计划重点高新技术企业10家，总数达24家；拥有国家级、省级、市级行业技术开发中心分别有10个、65个和150个；拥有省级、市级工程技术研究中心23个和111个；有25家企业被评为福建省创新型企业。全年共实施国家、省、市各级各类科技计划项目572项，其中，国家级70项，省级159项，市级343项。有23项成果获省科学技术奖。全年专利申请13519件，授权9744件，累计专利授权数达40784件。全年共签订各类技术合同26项，合同金额0.11亿元。

【国内贸易和对外经济】2012年，泉州市全年社会消费品零售总额1663.07亿元，比上年增长16.7%。按经营地统计，城镇消费品零售额1452.82亿元，比上年增长16.9%；乡村消费品零售额210.25亿元，增长15.6%。按消费形态统计，商品零售额1487.76亿元，增长16.9%；餐饮收入额175.31亿元，增长15.7%。

在限额以上批发和零售业零售额中，文化办公用品类零售额比上年增长14.9%，通信器材类增长-6.4%，家用电器和音像器材类增长-3.7%，建筑及装潢材料类增长116.0%，食品、饮料、烟酒类增长34.1%，服装鞋帽、针、纺织品类增长103.5%，汽车类增长15.9%，石油及制品类增长15.4%，体育娱乐用品类30.1%。

全年进出口总额达251亿美元，比上年增长47.1%。其中，出口123.74亿美元，增长14.8%；进口127.26亿美元，增长102.6%。

全年批准设立外商直接投资合同项目106项，比上年下降37.6%，投资总额25.41亿美元，比上年下降38.5%；合同外资金额12.06亿美元，下降39.1%；按历史可比口径统计，实际利用外资31.69亿美元，增长11.2%；按验资口径统计，实际利用外资13.20亿美元，下降18.3%。新批外商投资超千万美元（含增资）的项目由上年的40家下降到28家。在新签利用外资合同中，投向第二产业的合同金额8.5亿美元，下降39.3%。外商投资企业当年累计开业投产85家。

全年共签订对外经济技术合作合同金额6539万美元，下降46.1%；共完成营业额3515万美元，下降40.9%；全年派出劳务人员5469人，年末在外劳务人员共有4251人。批准境外投资企业7家，境外投资总额2370万美元，其中中方投资2370万美元。

【交通、邮电和旅游】2012年，泉州市全年共新建、改建公路212.05公里。全市公路通车总里程达14701.58公里，比上年增加352公里；其中：二级及二级以上高级公路里程2248.97公里，其中高速公路里程362公里；公路密度达133.65公里/百平方公里。

年末全市汽车保有量达到67.43万辆。其中私人汽车59.07万辆，增长19.5%。全市共有营运汽车总数66013辆，其中客运班车6212辆（含出租车2990辆），货运汽车59801辆。年末拥有省际运输船舶222

艘，总载重180万吨。

全年完成邮电业务收入105.62亿元，比上年增长7.3%。其中，邮政业务收入5.90亿元，增长10.7%；电信业务收入99.72亿元，增长7.1%。全年局用固话交换机总容量451.12万门，移动通信交换机总容量1508万门。全市城乡固定电话用户达235.54万户，移动电话用户1000.67万户。年末互联网用户159.88万户，增长16.3%；其中，宽带接入用户159.71万户，增长16.3%。

全年共接待国内外游客3246.8万人次，增长22.9%。其中，国内游客3086.2万人次，增长17.8%；接待境外游客160.6万人次，增长10.3%。境外游客中，外国人及华侨19.7万人次，增长10.0%；港、澳同胞114.4万人次，增长10.3%；台湾同胞26.5万人次，增长10.4%。全年实现旅游总收入376.1亿元，比上年增长22.9%，旅游创汇9亿美元，增长13.5%。

【金融和保险】2012年年末，泉州市全市金融机构本外币各项存款余额4687.97亿元，比上年末增长22.5%，其中人民币各项存款余额4510.73亿元，比上年末增长19.3%。全市金融机构本外币各项贷款余额3724.22亿元，比上年末增长18.2%，其中人民币各项贷款余额3527.68亿元，比上年末增长16.8%。人民币贷款中，个人消费贷款余额536.71亿元，当年新增62.72亿元，其中住房贷款余额371.6亿元，当年新增59.38亿元。

全市保险业实现各项保费收入81.05亿元，比上年增长5.9%，其中，财产险保费收入25.65亿元，增长14.6%；人身险保费收入55.40亿元，增长2.3%。支付各类理赔款13.32亿元，其中财产险理赔支出11.51亿元，增长25.9%。人身险各项给付支出9.71亿元，增长8.7%。

6

2012年漳州市经济发展概况

【经济总量】2012年，漳州市全年实现地区生产总值（GDP）2017.80亿元，比上年增长12.6%。其中，第一产业增加值320.45亿元，增长4.6%；第二产业增加值967.71亿元，增长17.3%；第三产业增加值729.64亿元，增长10.0%。

居民消费价格总水平比上年上涨2.5%，其中城市上涨2.6%，农村上涨2.5%；消费品价格上涨3.3%，服务价格上涨0.6%。工业生产者出厂价格下降0.2%。

【农业】2012年，漳州市农林牧渔业总产值完成558.85亿元，增长4.5%。其中，农业产值269.47亿元，增长4.3%。全市粮食播种面积175.75万亩，粮食产量70.26万吨，分别下降0.5%和0.4%。水果产量272.66万吨，增长0.9%。花卉种植面积发展到10.81万亩。

林业产值16.86亿元，增长4.0%。全年完成植树造林总面积46.95万亩，其中，完成人工造林更新总面积17.7万亩，比上年减少66.4%。全年共完成（人工）荒山荒地造林面积13万亩（含非规划林地造林

8.23万亩），其中：用材林面积7.82万亩，防护林面积5.1万亩；完成幼林抚育实际面积143.9万亩；成林抚育面积35.8万亩。人工林地更新面积4.70万亩。

牧业产值60.71亿元，增长5.5%，肉类总产量27.92万吨，增长2.8%。其中，猪肉产量22.98万吨，增长3.4%；牛肉产量0.36万吨，增长4.9%；羊肉产量0.04万吨，下降0.5%。年末生猪存栏211.08万头，增长1.7%；生猪出栏315.88万头，增长3.2%。禽蛋产量2.29万吨，增长4.7%。

【工业和建筑业】2012年，漳州市全年实现工业增加值825.07亿元，增长15.6%，其中，规模工业完成增加值750.21亿元，增长16.9%。规模工业产品销售率98.6%，比上年提高0.1个百分点。

规模以上工业增加值增长速度较快行业：燃气生产和供应业实现增加值0.36亿元，比上年增长128.7%，黑色金属矿采选业0.53亿元，增长56.6%，废弃资源综合利用业1.62亿元，增长50.6%；增加值总量最大行业农副食品加工业126.57亿元，增长21.2%，黑色金属冶炼和压延加工业68.76亿元，增长27.2%，汽车制造业59.23亿元，增长16.2%。

建筑业增加值142.64亿元，增长29.0%。资质等级以上的总承包和专业承包建筑企业完成产值247.88亿元，现价增长45.3%；其中建筑工程产值204.22亿元，现价增长44.5%；安装工程产值42.54亿元，现价增长50.8%；实现竣工产值156.75亿元，现价增长51.5%。

【固定资产投资】2012年，漳州市全社会固定资产投资完成1486.90亿元，比上年增长33.3%。其中，固定资产投资（不含农户投资，下同）1444.09亿元，增长34.3%；农户投资42.82亿元，增长6.9%。

全年在建项目投资完成1189.60亿元，增长39.6%。房地产开发投资254.49亿元，增长14.0%。

本年竣工房屋建筑面积203.01万平方米，增长13.7%，其中，竣工住宅建筑面积164.37万平方米，增长16.2%。商品房销售面积351.20万平方米，增长3.7%。其中，现房销售面积占8.6%，期房销售面积占91.4%，商品房销售额196.87亿元，增长6.6%。

投资超百亿元项目5个，投资10亿元以上生产性项目38个。在建高速公路里程348公里。

【科学技术】2012年，漳州市全市高新技术企业累计达92家，新认定高新技术企业27家，南靖高新技术产业园区获批更名为漳州高新技术产业园区。全市授权专利突破2000件，达到2035件，专利授权量增长率达22.5%。其中发明专利137项，实用新型专利1078项，外观设计专利820项。

年末共有省级质量技术检测中心3个，法定计量技术机构10个，法定产品质量检验机构4个。

2012年年末全市共有综合台站2个，测震台6个，强震台10个，海峡台阵1个16个子台，烈度速报台13个，GPS连续观测台站6个，流动地磁13个，流动重力33个，水准5个，前兆观测台站5个。

【国内贸易和对外经济】2012年，漳州市社会消费品零售总额621.06亿元，比上年增长17.3%。其中：限额以上零售额211.00亿元，增长27.3%；限额以下零售额410.06亿元，增长12.8%。分地区看，城镇零售额560.57亿元，增长17.4%；乡村零售额60.49亿元，增长16.1%。

在限额以上零售额中，汽车类增长38.7%，粮油、食品、饮料、烟酒类增长31.7%，服装鞋帽、针、纺织品类增长32.6%，家用电器和音像器材类增长25.8%，石油及制品类增长11.4%。

海关统计进出口总值98.31亿美元，增长1.3%，其中，出口69.91亿美元，增长7.7%，进口28.40亿美元，下降11.8%。从主要出口商品看，机电产品出口17.95亿美元，下降7.5%；食品出口32.72亿美元，增长13.6%，其中，水产品出口25.39亿美元，增长18.7%；家具出口5.70亿美元，增长23.8%。

新批利用外资项目129个，其中，投资总额1000万美元以上的有60个（包括增资12个）。新批利用外资项目注册合同外资14.16亿美元，增长12.3%，实际利用外资（验资口径，下同）8.90亿美元，增长0.3%。新批外资项目主要来自台湾和香港，其中，台资项目72个（包括第三地），验资到资3.83亿美元，下降20.2%，香港项目34个，验资到资3.38亿美元，增长3.4%。新批外资项目中第二产业项目86个，验资到资7.31亿美元，下降3.1%。

对外承包工程新签合同额1869万美元，下降54.8%；完成营业额767万美元，增长12.6%；对外派出劳务人员999人，增长14.0%。

【交通、邮电和旅游】2012年，漳州市交通运输、仓储和邮政业实现增加值121.59亿元，增长8.1%。

沿海港口货物吞吐量5161.27万吨，增长3.9%，集装箱吞吐量49.58万标箱，下降1.4%。

全年完成邮电业务总量52.23亿元，比上年增长13.6%。其中，邮政业（包含速递）业务总量4.22亿元，增长9.4%；电信业务总量48.01亿元，增长14.0%。全市邮政业（包含速递）业务总收入4.73亿元，增长8.8%。年末城乡固定电话用户88.49万户，移动电话477.08万户，宽带网用户72.31万户。

2012年全市共接待游客1380.65万人次，增长15.6%，旅游总收入达143.15亿元，增长16.7%，其中国内游客1347.58万人次，增长15.7%，国内旅游收入128.70亿元，增长16.5%，入境游客33.07万人次，增长12.6%，旅游外汇收入2.29亿美元，增长21.8%。摄制《市长带你游》，积极参加全省旅游促销活动，引进北京首旅集团开发建设南靖土楼景区，灵通山获评国家级风景名胜区，“桥上书屋”入选全球八大环保建筑。

【金融和保险】2012年，漳州市财政总收入205.48亿元，比上年增收30.95亿元，增长17.7%。其中，上划中央收入73.77亿元，增长18.2%；地方级财政收入131.71亿元，比上年增收19.61亿元，增长17.5%。全年财政支出220.93亿元，增长21.1%，其中，教育支出41.12亿元，增长22.8%，科学技术支出3.01亿元，增长16.9%，社会保障和就业支出23.41亿元，增长23.0%，医疗卫生支出18.66亿元，增长18.6%，农林水事务支出29.32亿元，增长18.9%。

年末金融机构本外币存款余额1525.74亿元，增长19.4%；年末金融机构本外币贷款余额1212.63亿元，增长20.3%。

7

2012年南平市经济发展概况

【经济总量】2012年，南平市全年实现地区生产总值（GDP）996.76亿元，按可比价格计算，比上年增长11.0%。其中，第一产业增加值234.49亿元，增长5.4%；第二产业增加值426.63亿元，增长16.4%，工业增加值331.63亿元，增长15.7%；第三产业增加值335.63亿元，增长7.4%。人均地区生产总值37756元，比上年增长10.3%。三次产业结构由上年的23.8：42.7：33.5调整为23.5：42.8：33.7。

【农业】2012年，南平市全市农林牧渔业完成总产值385.75亿元，同比增长5.6%，其中：农业产值187.51亿元，增长4.2%；林业产值74.45亿元，增长2.9%；牧业产值86.97亿元，增长10.6%；渔业产值23.80亿元，增长6.1%；其他服务业产值13.01亿元，增长5.7%。

全年完成粮食播种面积372.17万亩，比上年减少2.18万亩；其中稻谷面积276.70万亩，减少2.70万亩；烟叶种植面积29.99万亩，增加2.34万亩；油料种植面积25.28万亩，增加0.48万亩；蔬菜种植面积151.96万亩，增加3.21万亩。

【工业和建筑业】2012年，南平市全年全部工业实现增加值331.63亿元，比上年增长15.7%，其中规模以上工业增加值286.85亿元，增长16.6%。工业产品销售率96.8%，比上年回落0.5个百分点。

全市全社会工业总产值1262.74亿元，同比增长15.1%。其中，规模以上工业总产值1120.12亿元，增长15.7%；规模以下工业总产值73.71亿元，增长7.1%。五大传统重点产业累计完成产值893.14亿元，占全市规模以上工业总产值比重的79.74%。其中，食品加工产业增长20.3%，纺织服装产业增长19.1%，林产加工产业增长17.0%，机械（装备）制造产业增长13.2%，冶金建材产业增长11.6%。

全社会建筑业实现增加值95.0亿元，同比增长19.3%。全市资质等级以上的总承包和专业承包建筑业企业完成建筑业总产值87.8亿元，增长16.2%；房屋建筑施工面积801万平方米，增长9.6%；房屋建筑竣工面积237万平方米，增长79.3%。

【固定资产投资】2012年，南平市全年全社会固定资产投资899.01亿元，同比增长30.2%。其中，固定资产投资（不含农户）875.03亿元，增长30.7%；农户投资23.98亿元，增长15.0%。

项目投资完成789.18亿元，同比增长31.3%。其中，第一产业投资额为49.85亿元，增长22.0%；第二产业投资额为321.32亿元，增长26.8%（其中工业投资额为308.38亿元，增长27.4%）；第三产业投资额为418.01亿元，增长36.3%。

【科学技术】2012年，南平市全市全年研究与试验发展（R&D）经费支出8.46亿元，比上年增长8.0%，占国内生产总值的0.85%。全市全年专利申请1061件，同比增长34.0%。其中，发明专利申请185件，增长41.2%；实用新型专利申请512件，增长21.6%；外观设计专利申请364件，增长51.7%。全市专利授权778件，同比增长30.5%。其中，发明专利授权60件，增长46.3%；实用新型专利授权396件，增长

13.8%；外观设计专利授权322件，增长55.6%。

【国内贸易和对外经济】2012年，南平市全年社会消费品零售总额346.45亿元，同比增长16.7%。分销售地看，城市实现消费品零售额299.66亿元，增长17.5%；乡村实现消费品零售额46.79亿元，增长11.8%。分行业看，批发业实现零售额18.76亿元，增长30.7%；零售业实现零售额279.22亿元，增长15.2%；住宿业实现零售额3.87亿元，增长18.5%；餐饮业实现零售额44.60亿元，增长20.5%。按限上限下分，限额以上实现零售额110.64亿元，增长27.3%；限额以下实现零售额235.81亿元，增长12.3%。

在限额以上企业商品零售额中，粮油类、食品饮料烟酒类、中西药品类、家具类、汽车类等商品的零售额增长较快，分别增长了37.8%、59.6%、91.1%、79.2%和30.7%。

全市进出口总额为19.13亿美元，同比增长28.8%。其中，出口总额为16.86亿美元，增长41.6%；进口总额为2.27亿美元，下降19.0%。出口达百万美元以上的企业达136家，出口总额达16.00亿美元；出口百万美元以上商品共计33类，累计出口12.47亿美元，增长38.5%；对大洋洲、拉丁美洲、东南亚、加拿大、中国香港、美国等主要市场出口额增速明显，分别增长116.3%、76.0%、63.5%、61.4%、59.2%、40.5%。

全市全年新批外商投资企业44家，比上年减少2家。按验资口径，合同利用外资5.63亿美元，同比增长9.1%；实际利用外资8733万美元，同比增长12.1%。从引资来源看，新批项目（含增资）以港台投资项目为主。其中，来自台湾省的投资26项，合同外资5.24亿美元，占合同利用外资总额的49.3%；来自香港的投资18项，合同外资4.45亿美元，占合同利用外资总额的41.9%；来自欧美日等发达国家的投资仅2项，合同外资2220万美元。

【交通、邮电和旅游】2012年，南平市全市交通运输、仓储和邮政业实现增加值39.93亿元，同比增长9.8%。全市全年旅客运输量3567.3万人，增长0.08%；客运周转量419465.6万人公里，增长4.3%。货物运输量4123.1万吨，增长14.6%；货运周转量910520.3万吨公里，增长9.8%。

年末全市民用汽车保有量63.87万辆（包括三轮汽车和低速货车），比上年末增长7.8%，其中私人汽车保有量60.73万辆，增长7.8%。摩托车保有量51.20万辆，增长5.5%。

全年邮电业务总量21.79亿元，比上年增长5.0%。其中邮政业务总量2.60亿元，比上年下降0.5%；电信业务收入19.18亿元，比上年增长5.8%。年末全市固定电话用户总数达到54.6万户，减少1.3万户；移动电话用户数258.6万户，增加4.5万户。全市电话交换机容量441.1万门，增加37.0万门。互联网用户数45.1万户，增加9.1万户。

全年共接待旅游总人数1868.46万人次，比上年增长22.9%，其中接待境外旅游人数21.80万人次，增长10.7%；实现旅游总收入223.44亿元，增长22.8%，其中旅游创汇7072.59万美元，增长11.3%。

【金融和保险】2012年，南平市年末全市金融机构本外币各项存款余额999.56亿元，同比增长14.9%；各项贷款余额799.92亿元，同比增长10.8%。人民币各项存款余额991.61亿元，同比增长14.7%；各项贷款余额796.68亿元，同比增长10.9%。

江西省

|南昌市|景德镇市|萍乡市|九江市|新余市|鹰潭市|赣州市|

|吉安市|宜春市|抚州市|

1

2012年南昌市经济发展概况

【经济总量】2012年，南昌市全年实现地区生产总值（GDP）3000.52亿元，按可比价格计算，比上年增长12.5%。三次产业结构调整为4.9：57.9：37.2。人均生产总值58715元，增长11.6%。在全市生产总值中，非公有制经济实现增加值1719.18亿元，增长13.1%，占全市生产总值的比重由上年的57.0%提高到57.3%。

全年财政总收入500.16亿元，按同口径计算，比上年增长21.6%。其中，地方财政一般预算收入240.02亿元，增长28.3%。从收入完成情况看，完成增值税15.19亿元，增长8.2%；营业税87.08亿元，增长29.3%；企业所得税25.78亿元，增长47.7%。县域财力显著增强，全年财政总收入超10亿元的县区达到10个，其中南昌县超60亿元、西湖区超50亿元，东湖区、高新开发区超40亿元。全年地方财政一般预算支出345.51亿元，比上年增长15.4%。其中，教育支出63.32亿元，增长23.8%；社会保障和就业支出37.77亿元，增长11.4%；城乡社区事务支出45.71亿元，增长25.6%；医疗卫生支出31.03亿元，增长17.3%；农林水事务支出25.74亿元，增长20.3%；交通运输支出37.22亿元，增长53.0%；科学技术支出4.48亿元，增长20.5%；环境保护支出4.57亿元，增长17.2%。

全年居民消费价格总水平（CPI）比上年上涨2.9%。其中，消费品价格上涨3.3%；服务价格上涨1.8%。商品零售价格上涨2.4%，工业生产者出厂价格下降1.1%，工业生产者购进价格下降2.2%。

【农业】2012年，南昌市全年完成农林牧渔及服务业现价总产值249.35亿元，比上年增长4.6%。其中，农业产值93.01亿元，增长2.5%；林业产值2.87亿元，增长6.5%；牧业产值93.81亿元，增长5.7%；渔业产值54.88亿元，增长6.0%；服务业产值4.78亿元，增长7.2%。

全年粮食种植面积558.72万亩，比上年增长0.4%；油料种植面积129.95万亩，增长4.8%；棉花种植面积3.38万亩，增长22.9%；蔬菜种植面积58.26万亩，增长15.9%。全年粮食总产量243.65万吨，比上年增长2.8%；油料总产量12.57万吨，增长5.1%；肉类总产量36.03万吨，增长5.7%；生猪出栏数342.76万头，增长5.7%；家禽出笼4802.84万羽，增长5.7%；禽蛋总产量16.65万吨，增长5.3%；牛奶产量5.78万吨，增长18.0%。

【工业和建筑业】2012年，南昌市全年完成规模以上工业增加值967.26亿元，比上年增长14.8%。规模以上工业中，国有企业增加值增长10.2%；股份制企业增加值增长15.1%；外商及港澳台商投资企业增加值增长15.6%；股份合作企业增加值增长29.0%；私营企业增加值增长18.7%。全市34个工业大类中农副食品加工业、造纸和纸制品业、专用设备制造业、纺织业、医药制造业等18个行业增速高于全市平均水平。

全年规模以上工业实现主营业务收入3855.03亿元，比上年增长15.0%，其中主营业务收入过百亿元的行业达到14个，较上年增加3个，分别是：农副食品加工业（463.80亿元）；汽车制造业（449.96亿元）；医药制品业（242.26亿元）；电气机械和器材制造业（229.00亿元）；纺织服装、服饰业（198.62亿元）、计算机、通信和其他电子设备制造业（173.54亿元）；黑色金属冶炼和压延加工业（164.04亿元）；非金属矿物制造业（143.72亿元）；有色金属冶炼和压延加工业（133.84亿元）；化学原料和化学制品制造业（132.81亿元）；烟草制品业（125.66亿元）；专用设备制造业（121.10亿元）；金属制造业（116.71亿元）；通用设备制造业（102.57亿元）。

2012年，全市共有资质以上建筑业企业471家，全年完成施工产值1335.16亿元，比上年增长32.5%；施工面积8319.73万平方米，增长18.9%；竣工面积3129.66万平方米，增长10.3%。以建筑业产值计算的全员劳动生产率为35.45万元/人，增长26.2%。

【固定资产投资】2012年，南昌市全市500万元及以上项目共完成投资额2623.03亿元，比上年增长31.0%，其中，工业投资1118.33亿元，增长32.1%；房地产开发投资344.36亿元，增长23.0%。全年全市投资施工项目6636个，其中新开工项目5350个。

2012年，全市500万元以上固定资产投资中第一产业完成投资34.99亿元，比上年增长23.5%；第二产业完成投资1153.22亿元，增长32.1%；第三产业完成投资1434.82亿元，增长30.3%。三次产业在固定资产投资中所占比重由上年的1.4∶43.6∶55.0调整为1.3∶44.0∶54.7。

2012年，全市500万元以上固定资产投资中国有经济完成投资518.77亿元，比上年增长37.9%，占投资比重为19.8%；非国有经济完成投资2104.25亿元，增长29.4%，占投资比重为80.2%。其中，民间投资完成1715.05亿元，增长29.0%。

【科学技术】2012年，南昌市全年通过省级科技主管部门鉴定的科技成果135项。2012年，全市专利申请量4526件，专利授权量3002件，分别比上年增长14.9%和49.5%。新认定高新技术企业33家，年末累计达135家。全年登记技术合同2034项，成交金额14.5亿元，比上年增长20.8%。全年高新技术产业工业增加值235.54亿元，增长12.2%，占GDP的比重达7.9%。

【国内贸易和对外经济】2012年，南昌市全市实现社会消费品零售总额（法人口径）1116.54亿元，比上年增长18.4%。分地域看，城镇实现零售额1051.65亿元，增长18.4%；农村实现零售额64.89亿元，增长18.0%，城乡消费市场同步发展。分行业看，批发和零售业实现零售额995.09亿元，增长18.2%；住宿和餐饮业实现零售额121.45亿元，增长19.8%。

2012年，在限额以上批发零售业零售额中，食品、饮料、烟酒类零售额增长23.8%；服装、鞋帽、针纺织品类增长23.8%；金银珠宝类增长27.7%；中西药品类增长39.6%；家具类增长177.8%；汽车类增长23.6%；建筑及装潢材料类增长21.1%。其中，汽车类消费成为最大的消费亮点，实现零售额198.36亿元，占限额以上批零住餐零售额比重30.4%。

2012年，全市实际利用外资26.40亿美元，比上年增长15.4%。其中，第二产业7.23亿美元，第三产业18.96亿美元，所占份额分别为27.4%和71.8%。2012年，全市批准外商投资企业164家。其中，中外合资企业占9.8%，外商独资企业占90.2%。全年实际利用内资710.70亿元，增长17.7%。全年新增具有世界500强投资背景的企业3家，总数达48家。实际引进省外单项投资5000万元以上项目资金420.38亿元，增长22.7%。

【交通、邮电和旅游】2012年，南昌市全市民用车辆拥有量57万辆，比上年下降6.6%。其中年末实有营运车辆55492辆。2012年，全市各种运输方式共完成货物运输量9527.99万吨，比上年增长7.7%。其中，民航5.44万吨，增长6.5%；公路8510万吨，增长12.0%；铁路296.75万吨，下降42.2%；水运715.8万吨，增长4.7%。全年民航、铁路、公路完成旅客运输量11225.99万人，比上年增长2.7%；全市公路通车里程达到10852.47公里。其中，高速公路通车里程341.75公里。

2012年，全市完成邮电业务总量54.79亿元，比上年增长8.8%。其中，邮政业务总量4.13亿元，下降10.1%；电信业务总量50.66亿元，增长10.8%。发送邮政特快专递583.7万件，增长20.2%；年末全市固定电话用户137.85万户，下降5.7%；移动电话用户620.75万户，增长11.6%；互联网宽带接入用户数83.06万户，增长13.6%。年末全市固定电话交换机总容量150.38万门，减少48.22万门；移动电话交换机容量达1435.11万门，新增192.54万门。

全年共接待国内游客2518.55万人次，比上年增长20.3%；接待入境游客18.45万人次，增长28.5%。实现国内旅游收入198.6亿元，增长39.3%；旅游创汇5431.55万美元，增长16.8%。截至2012年年末，全市拥有星级宾馆（饭店）57家；拥有旅行社205家，其中出境组团社21家。

【金融和保险】2012年年末，南昌市全市金融机构各项存款余额为5723.14亿元，比年初增长12.6%。其中，企业存款3310.34亿元，增长10.4%；居民储蓄存款1853.57亿元，增长15.6%。金融机构各项贷款余额4728.01亿元，比年初增长16.3%。其中，短期贷款1762.21亿元，增长19.9%；中长期贷款2869.10亿元，增长12.3%。

2012年年末，全市共有保险公司34家。全年实现保费收入64.74亿元，比上年增长4.3%。其中，财产保险21.46亿元，增长5.1%；人寿保险37.81亿元，增长2.2%。全年赔款及给付20.10亿元，增长34.0%。其中，财产保险13.04亿元，增长50.8%；人寿保险5.32亿元，增长4.8%。

2

2012年景德镇市经济发展概况

【经济总量】2012年，景德镇市全年实现地区生产总值（GDP）628.25亿元，按可比价计算比上年增长11.6%，其中，第一产业增加值48.97亿元，增长4.3%；第二产业增加值373.78亿元，增长12.4%；第三产业增加值205.50亿元，增长11.7%。第一产业增加值占生产总值的比重为7.8%，第二产业增加值比重为59.5%，第三产业增加值比重为32.7%。非公有制经济增加值370.49亿元，按可比价计算比上年增长13.6%，占生产总值比重58.97%。

全年居民消费价格比上年上涨2.7%，服务项目价格比上年上涨3.4%，消费品价格比上年上涨2.4%。在消费品中，食品价格上涨1.9%，医疗保健及个人用品、居住、衣着、烟酒及用品、娱乐教育文化用品及服务、家庭设备用品及维修服务、交通和通信分别上涨6.3%、5.8%、2.0%、1.8%、1.7%、0.7%、0.2%。

【农业】2012年，景德镇市全年完成农业总产值73.01亿元，比上年增长4.5%，其中，农业产值39.27亿元，增长3.0%；林业产值4.98亿元，增长6.5%；牧业产值20.57亿元，增长5.4%；渔业产值5.22亿元，增长8.6%；农林牧渔服务业产值2.97亿元，增长7.5%。

全年粮食产量605529吨，比上年增加19295吨，增产3.3%。其中，夏粮产量1614吨，增产9.8%；早稻产量174780吨，增产1.1%；秋粮产量429135吨，增产4.2%。在主要粮食品种中，稻谷产量562793吨，增产2.2%；玉米产量7529吨，增产55.3%。

【工业和建筑业】2012年，南景德镇市全年全部工业增加值329.50亿元，比上年增长13.0%。规模以上工业增加值220.83亿元，比上年增长14.8%。在规模以上工业增加值中，国有企业增长8.3%、集体企业增长28.2%、股份合作企业下降17.6%、股份制企业增长15.5%、外商及港澳台商投资企业增长15.0%。轻工业增长12.6%，重工业增长15.5%。

全年规模以上工业产品销售率98.41%；实现主营业务收入946.23亿元，比上年增长15.5%；实现利税65.48亿元，增长28.1%，其中利润36.42亿元，增长38.3%。

全年全社会建筑业增加值44.28亿元，比上年增长8.1%。

【固定资产投资】2012年，景德镇市全年完成固定资产投资501.69亿元，比上年增长31.4%，其中，城镇固定资产投资477.22亿元，增长26.5%；农村非农户投资24.47亿元，增长4.2倍。

在固定资产投资中，第一产业投资5.49亿元，比上年增长13.4%；第二产业投资382.88亿元，增长36.4%，其中：工业投资374.45亿元，增长35.1%；第三产业投资113.31亿元，增长17.6%。

全年房地产开发投资52.04亿元，比上年增长49.1%，其中，商品住宅投资39.32亿元，增长36.2%；商品房销售面积121.97万平方米，增长6.9%。

【国内贸易和对外经济】2012年，景德镇市全年社会消费品零售总额187.83亿元，比上年增长14.1%。按经营地统计，城镇消费品零售额164.95亿元，增长14.3%；乡村消费品零售额22.88亿元，增长13.6%。

在限额以上批发和零售业零售额中，粮油食品、饮料、烟酒类零售额比上年增长17.3%，其中：粮油食品类增长21.4%，饮料类增长37.1%。

全年进出口总额12.76亿美元，比上年增长0.4%，其中，出口12.13亿美元，下降2.1%；进口0.63亿美元，增长94.9%。进出口差额（出口减进口）11.5亿美元。

【交通、邮电和旅游】2012年，景德镇市全年货物运输总量2269.57万吨，比上年增长10.6%。货物运输周转量30.34亿吨公里，增长25.2%。

年末民用汽车10.27万辆，比上年增长19.8%；轿车拥有量达5.92万辆，其中私人轿车5.4万辆，占轿车总量的91.2%，与上年的3.93万辆相比，增加1.47万辆，增长37.8%。全年新注册轿车数量1.53万辆。

全年完成邮电业务计费总量17.93亿元，比上年增长2.8%。固定电话年末用户36.92万户，新增0.22万户。移动电话年末用户39.41万户，新增0.52万户。函件业务量增长5.7%，包件业务量下降25%，机要文件增长1.2%。

全年接待国内外游客人数达2001.28万人次，比上年增长24.7%，其中，境外旅游人数28.65万人次，增长22.1%；旅游总收入125.22亿元，增长49.5%，其中，旅游创汇9826.90万美元，增长22.0%，旅游收入占生产总值的比重为19.9%。

【金融和保险】2012年，景德镇市年末金融机构本外币各项存款余额583.90亿元，比年初增加85.89亿元，增长17.2%，其中人民币各项存款余额582.32亿元，增加86.25亿元，增长17.4%；金融机构本外币各项贷款余额308.12亿元，比年初增加37.67亿元，增长13.9%，其中人民币各项贷款余额307.53亿元，增加37.26亿元，增长13.8%。

3

2012年萍乡市经济发展概况

【经济总量】2012年，萍乡市全年实现地区生产总值（GDP）733.06亿元，比上年增长11.8%。其中，第一产业增加值53.12亿元，增长4.6%；第二产业增加值445.68亿元，增长12.8%；第三产业增加值234.26亿元，增长11.2%。三次产业对经济增长的贡献率分别为2.9%、70.3%、26.8%。三次产业结构为7.2：60.8：32.0。非公有制经济快速发展，实现增加值492.05亿元，增长11.7%，占GDP的比重达67.1%。

【农业】2012年，萍乡市全年总产量57.52万吨，增长2.5%。全年粮食种植面积82.84千公顷，比上年增长0.9%；油料种植面积24.76千公顷，增长52.7%；蔬菜种植面积25.10千公顷，增长2.1%。

全年肉类总产量14.29万吨，增长2.7%。年末生猪存栏75.64万头，增长5.2%；生猪出栏146.58万头，增长2.6%。全年水产品产量3.67万吨，增长7.6%。禽蛋产量0.87万吨，增长4.3%。

【工业和建筑业】2012年，萍乡市全年工业增加值404.75亿元，比上年增长13.5%，占生产总值的比重55.2%。其中，规模以上工业增加值338.69亿元，增长14.6%。支柱产业保持较快发展，五大支柱产业（冶金、煤炭化工及煤炭深加工、建材、机械、医药食品）实现工业增加值289.02亿元，增长13.4%，对规模以上工业增长的贡献率为79.5%。

全年规模以上工业企业产平板玻璃655.09万箱，增长10.5%；生铁459.68万吨，下降1.9%；钢材507.76万吨，下降0.9%；原煤856.05万吨，下降10.2%。

全年规模以上工业产品销售率99.69%，比上年下降0.01个百分点；实现主营业务收入1340.63亿元，比上年增长13.9%；实现利税222.10亿元，增长25.1%，其中利润154.75亿元，增长28.5%。工业经济效益综合指数414.04%，同比下降15.15个百分点。

全年资质等级以上建筑企业实现总产值75.23亿元，比上年增长19.6%；按建筑业总产值计算，全员劳动生产率人均20.95万元，比上年增长24.9%。

【固定资产投资】2012年，萍乡市全年固定资产投资763.42亿元，比上年增长32.2%。其中，城镇固定资产投资692.48亿元，增长29.6%。分产业看，第一产业投资13.43亿元，增长5.8%；第二产业投资613.78亿元，增长33.8%；第三产业投资136.21亿元，增长28.4%。分投资主体看，国有经济投资41.63亿元，增长2.8%；非国有投资721.79亿元，增长34.4%，其中民间投资651.83亿元，增长24.4%。

全年房地产开发投资17.16亿元，比上年增长2.3%。商品房竣工面积33.92万平方米，下降1.6%；商品房销售面积38.51万平方米，下降13.1%；商品房销售额14.67亿元，下降1.3%。

【科学技术】2012年，萍乡市年末拥有省工程（技术）研究中心4家。全年通过省级科技主管部门鉴定的科技成果18项。全年受理专利申请468件，增长3.5%；授权专利279件，增长25.1%。全年技术市场合同成交金额1.3亿元.高新技术产业增加值116.9亿元，增长25.3%，占生产总值的16.0%。

【国内贸易和对外经济】2012年，萍乡市全年社会消费品零售总额209.72亿元，比上年增长14.8%。分城乡看，城镇消费品零售额180.11亿元，增长14.9%；乡村消费品零售额29.61亿元，增长14.1%。分行业看，批发业零售额28.73亿元，同比增长27.8%；零售业零售额153.05亿元，同比增长12.4%；住宿业零售额2.20亿元，同比增长13.2%；餐饮业零售额25.74亿元，同比增长16.1%。在限额以上批发零售业零售额中，建筑及装潢材料类零售额增长1.14倍，家具类增长42.6%，中西药品类零售额同比增长40.7%，汽车类增长29.6%，金银珠宝类增长11.3%。

全年进出口总额11.11亿美元，比上年增长50.6%。其中，出口11.01亿美元，增长54.0%；进口0.11亿美元，下降53.8%。全年新批外商投资企业31个，实际使用外商直接投资2.12亿美元，增长18.0%。利用省外5000万元以上项目资金实际进资239.16亿元，增长26.0%。

【交通、邮电和旅游】2012年，萍乡市全年铁路旅客发送量220.9万人，比上年下降4.3%；货物发送量859.7万吨，比上年下降21.8%。全年公路社会客运量6819万人，比上年增长14.5%，社会客运周转量172791万人公里，比上年增长11.6%，社会货运量9831万吨，比上年增长20.9%，社会货运周转量1051992万吨公里，比上年增长20.8%。

全年接待国内旅游人数1393.62万人次，比上年增长32.0%；国内旅游收入78.39亿元，增长22.0%。接待入境旅游人数7.48万人次，增长25.1%；旅游外汇收入2355.63万美元，增长24.5%。

【金融和保险】2012年年末，萍乡市金融机构人民币存款余额541.07亿元，比上年增长15.7%。其中，单位存款余额203.60亿元；储蓄存款余额318.38亿元，增长16.4%。金融机构贷款余额313.48亿元，增长23.3%。其中，短期贷款余额168.02亿元，增长28.4%；中长期贷款125.04亿元，增长17.9%。

4

2012年九江市经济发展概况

【经济总量】2012年，九江市全年实现地区生产总值（GDP）1420.10亿元，按可比价格计算，比上年增长12.0%。其中第一产业增加值118.29亿元，增长4.2%；第二产业增加值808.84亿元，增长13.1%，其中工业增加值679.87亿元，增长13.9%；第三产业增加值492.97亿元，增长12.2%。人均生产总值29785元，增长11.5%。三次产业结构调整为8.3：57.0：34.7。

全市实现财政总收入220.86亿元，增长36.5%。其中，地方财政一般预算收入141.87亿元，增长40.4%。财政总收入占GDP比重达15.6%，比上年提高了2.7个百分点。全年税收收入184.1亿元，增长31.1%，税收收入占财政总收入比重达到83.3%。

【农业】2012年，九江市全年粮食作物播种面积27.59万公顷，与上年持平；粮食产量158.32万吨，增长1.8%。油料作物播种面积13.03万公顷，增长0.8%；油料产量20.91万吨，增长1.0%。棉花播种面积6.24万公顷，增长2.8%；棉花产量10.76万吨，增长3.0%。

2012年，全年完成人工造林面积1.82万公顷，零星植树1564万株；年末实有封山育林面积43.86万公顷，幼林抚育面积4.63万公顷。

全年肉类总产量20.63万吨，比上年增长3.6%。生猪出栏211.68万头，增长3.5%；生猪存栏128.71万头，增长4.6%。全年水产品产量39.72万吨，增长5.0%，其中特种水产品产量13.86万吨，增长7.1%。

【工业和建筑业】2012年，九江市全年实现工业增加值679.87亿元，同比增长13.9%。其中规模以上工业实现增加值621.29亿元，同比增长14.6%。十大产业集群完成工业增加值512.39亿元，增长11.2%，占全市规模以上工业增加值的比重为82.5%，对规模以上工业增长的贡献率达67.1%，拉动规模以上工业增长9.8个百分点。

全市规模以上工业产品销售率100.3%；实现主营业务收入3006.9亿元，增长28.6%；实现利税总额270.24亿元，增长38.4%；实现利润154.38亿元，增长47.4%。规模以上工业经济效益综合指数335.2%，比上年提高10.2个百分点。

全年实现全社会建筑业增加值128.97亿元，增长8.6%。全年资质内建筑企业完成总产值278.55亿元，增长2.9%。房屋建筑施工面积1880.12万平方米，比上年增加500.59万平方米；房屋竣工面积984.65万平方米，比上年增加314.49万平方米。

【固定资产投资】2012年，九江市全年固定资产投资1326.33亿元，比上年增长31.1%。分产业看，第一产业投资10.85亿元，增长15.0%；第二产业投资947.92亿元，增长30.1%；第三产业投资367.56亿元，增长34.4%。非国有投资1008.65亿元，增长29.0%。

全年房地产开发投资58.12亿元，增长4.4%。商品房竣工面积144.64万平方米，下降27.0%；商品房销售建筑面积196.45万平方米，下降39.8%；商品房销售额73.42亿元，下降38.3%。

【科学技术】2012年，九江市全市县以上独立研究开发机构15个。全市共组织实施市级以上各类科技计划项目245项，其中国家级21项，省级135项，市级89项，市本级科技三项经费投入852万元，增长15.0%。全年受理专利申请1058件，授权专利725件。全市高新技术产业增加值132.01亿元。

【国内贸易和对外经济】2012年，九江市全年实现社会消费品零售总额382.66亿元，比上年增长16.1%。其中城镇实现社会消费品零售总额220.89亿元，增长18.2%；乡村实现社会消费品零售总额161.77亿元，增长13.2%。住宿餐饮业实现零售额48.0亿元，增长15.2%；批发零售业实现零售额334.66亿元，增长16.2%。

在限额以上批发零售业零售额中，汽车类实现零售额17.16亿元，比上年增长33.6%；家用电器及音像器材类4.76亿元，增长5.5%；食品、饮料、烟酒类18.16亿元，增长35.6%；石油及制品类46.89亿元，增长29.1%；金银珠宝类1.17亿元，增长26.6%；服装、鞋帽、针纺织品类7.04亿元，增长22.6%。

全年进出口总额45.21亿美元，比上年增长19.5%。其中出口35.26亿美元，增长34.3%。

全年实际利用外资达9.88亿美元，增长27.9%。引进省外5000万元以上工业项目资金390.09亿元，增长27.0%。

【交通、邮电和旅游】2012年，九江市全年旅客运输量11968万人，增长5.6%，其中，公路旅客运输量11147万人，增长5.1%；铁路旅客运输量776万人，增长15.3%。货物运输量12541万吨，比上年增长15.8%，其中，公路货物运输量9819万吨，增长16.5%；铁路货物运输量1315万吨，增长18.5%。

全年完成邮电业务总量26.89亿元，增长13.3%。年末城市电话用户39.28万户，下降10.73%；农村电话用户31.52万户，下降1.5%；移动电话用户361.47万户，增长17.4%。互联网用户达43.83万户，增长16.2%。

全年接待旅游总人数为4011.32万人次，增长39.8%。其中境外游客31.04万人次，增长12.3%；国内游客3980.27万人次，增长40.1%。全年旅游总收入为303.23亿元，增长47.4%；其中外汇收入11841.85万美元，增长12.8%。

【金融和保险】2012年年末，九江市全市金融机构人民币存款余额1494.69亿元，比年初增加246.11亿元，其中单位存款余额627.48亿元，比年初增加84.14亿元；个人储蓄存款余额826.58亿元，比年初增加145.42亿元。金融机构各项贷款余额925.16亿元，比年初增加146.12亿元，其中短期贷款余额为400.87亿元，比年初增加68.06亿元；中长期贷款为509.01亿元，比年初增加72.44亿元。

全年保险公司保费收入25.88亿元，增长11.5%。其中财产保险保费收入9.46亿元，增长20.1%；人寿保险保费收入16.42亿元，增长7.1%。赔款支出8.05亿元，增长46.1%。其中财产险赔款支出4.75亿元，增长49.0%；寿险赔款支出3.31亿元，增长42.1%。

5

2012年新余市经济发展概况

【经济总量】2012年，新余市全年实现地区生产总值（GDP）830.32亿元，比上年增长10.3%。其中，第一产业增加值48.22亿元，增长4.5%；第二产业增加值524.71亿元，增长10.1%；第三产业增加值257.39亿元，增长11.9%。三次产业结构为5.8：63.2：31.0。非公有制经济增加值508.72亿元，增长10.1%，占GDP的比重达61.3%。

全年财政总收入116.89亿元，比上年增长5.1%；其中地方财政收入83.23亿元，增长19.9%。财政支出125.69亿元，增长22.4%，其中教育支出增长27%，节能环保支出增长242.8%，城乡社区事务支出增长29.5%，国土资源气象等事务支出增长62.5%，住房保障支出增长27.4%。

【农业】2012年，新余市全年粮食种植面积151.55万亩，比上年增加1.79万亩；蔬菜种植面积16.53万亩，增加0.54万亩；油料种植面积18.5万亩，增加0.99万亩。

全年粮食产量58.22万吨，比上年增产4.82万吨，增长9.02%。肉类总产量8.41万吨，增长8.8%；其中猪肉产量7.06万吨，增长16.69%。生猪年末存栏45.46万头，增长2.53%；生猪出栏85.83万头，增长9.6%。禽蛋产量1.07万吨，增长2.9%。水产品产量4.81万吨，增长7.6%。茶叶产量258吨，增长8.4%。油料产量1.83万吨，增长10.9%。水果产量6.8万吨，增长62.67%。

【工业和建筑业】2012年，新余市全年全部工业增加值467.46亿元，比上年增长10.1%，占生产总值的56.3%。其中规模以上工业增加值291.37亿元，增长10.3%。在规模以上工业中，轻工业增长23.1%，重工业增长2.7%。分企业类型看，国有企业下降14.2%，股份制企业增长6.2%，外商及港澳台商投资企业增长5.0%，私营企业增长12.8%，集体企业增长12.4%。新能源、钢铁、新材料三大支柱产业增加值212.35亿元，增长4.8%，占规模工业的比重达72.88%。高新技术产业增加值82.15亿元，占规模以上工业增加值的28.2%。

全年规模以上工业产品销售率99.6%，比上年下降0.1个百分点；主营业务收入1433.63亿元，比上年下降9.5%；利润35.91亿元；利税70.27亿元。工业经济效益综合指数307.51%，比上年降低64.35个百分点。

全年全社会建筑业增加值57.26亿元，比上年增长10.3%。全年资质以上建筑企业总产值98.45亿元，增长40.8%。

【固定资产投资】2012年，新余市全年固定资产投资（不含农户）755.30亿元，比上年增长20.5%。其中，城镇投资599.65亿元，增长11.3%；农村投资155.65亿元，增长78.1%。分产业看，第一产业投资74.56亿元，增长210.5%；第二产业投资425.93亿元，增长5.6%，其中工业投资420.37亿元，增长4.5%；第三产业投资254.81亿元，增长27.6%。

全年施工项目737个，其中新开工项目606个，全年竣工投产项目635个，其中亿元以上项目139个。

全年房地产开发投资24.73亿元，比上年下降6.7%。其中，商品住宅投资17.55亿元，下降16.6%。房屋施工面积394.16万平方米，下降24.6%；房屋竣工面积67.15万平方米，下降57.8%；商品房销售面积78.15万平方米，下降36.6%。

【科学技术】2012年年末，新余市共有1个国家级高新区、3个国家级高新技术产业特色基地、1个国家级研发平台、4个省级工程技术研究机构。年末共有产品检测实验室32个，其中检测中心7个。

【国内贸易和对外经济】2012年，新余市全年社会消费品零售总额153.98亿元，比上年增长16.0%，扣除价格因素实际增长13.4%。分城乡看，城镇市场消费品零售额139.98亿元，增长16.2%；乡村市场消费品零售额14.0亿元，增长13.7%。分行业看，批发业零售额32.24亿元，增长19.6%；零售业零售额82.01亿元，增长13.1%；住宿业零售额1.58亿元，增长12.4%；餐饮业零售额38.15亿元，增长19.4%。

全年进出口总额24.56亿美元，比上年下降30.2%。其中，出口14.20亿美元，下降31.5%；进口10.36亿美元，下降28.4%。

全年利用外资签约数60个，比上年增长57.9%；利用外资合同金额5.69亿美元，下降20.6%；实际使用外商直接投资金额5.45亿美元，下降8.2%，利用省外5000万元以上项目74个，实际进资238.81亿元，增长26.4%。

【交通、邮电和旅游】2012年，新余市全年公路、水路货物周转量204.79亿吨公里，比上年增长17.2%；旅客周转量6.63亿人公里，增长0.6%。铁路发送旅客222.87万人，下降2.6%；发送货物527.2万吨，下降9.2%。年末公路通车里程4191公里。

年末民用汽车保有量83981辆，比上年末增长14.9%，其中私人汽车保有量55974辆，增长22.3%。民用轿车保有量37975辆，增长23.5%，其中私人轿车32542辆，增长28.2%。

全年邮电业务总量（2010年不变价）10.21亿元，比上年增长6.5%，其中电信业务总量9.41亿元，增长6.8%。固定电话年末用户19.87万户；新增移动电话用户2.26万户，年末达到95.63万户；固定及移动电话用户总数115.50万户，比上年末增加1.34万户，电话普及率100.3部/百人。年末宽带网用户17.96万户，增加4.11万户。

全年接待国内旅游人数679.2万人次，比上年增长24.2%；国内旅游总收入46.95亿元，增长41.3%。接待入境旅游人数1.99万人次，增长22.5%；旅游外汇收入539.4万美元，增长35.5%。

【金融和保险】2012年年末，新余市金融机构人民币贷款余额480.24亿元，比上年增长16.2%，比年初增加66.94亿元；其中中长期贷款余额221.94亿元，比年初增加20.7亿元。存款余额为591.65亿元，增长13.3%，比年初增加69.44亿元；其中居民储蓄存款余额306.4亿元，比年初增加39.41亿元。

年末共有保险公司20家，其中寿险公司10家，财产险公司10家。全年保险业保费收入10.66亿元，比上年增长7.0%，其中寿险保费收入6.52亿元，增长4.3%；财产险保费收入4.14亿元，增长11.5%；支付各类赔款及给付3.45亿元，增长18.6%，其中寿险业务给付1.15亿元，增长5.1%；财产险业务赔款2.30亿元，增长26.7%。

6

2012年鹰潭市经济发展概况

【经济总量】2012年，鹰潭市全年实现地区生产总值（GDP）482.17亿元，按可比价格计算，比上年增长12.4%。增幅连续12年实现“两位数”增长。其中：第一产业增加值41.46亿元，增长4.5%；第二产业增加值305.92亿元，增长13.9%；第三产业增加值134.79亿元，增长11.7%。三次产业结构由上年的8.9：64.6：26.5调整为8.6：63.4：28.0。其中，工业增加值占国内生产总值比重为59.1%，比上年降低1.9个百分点。三次产业对经济增长的贡献率分别为3.2%、70.5%和26.3%。非公有制经济完成增加值237.42亿元，增长14.4%，占全市国内生产总值比重49.2%，同比提高2.0个百分点。人均生产总值42449元，增长11.8%，按年均汇率折算为6753美元。

【农业】2012年，鹰潭市全市实现农林牧渔业总产值65.31亿元，按可比价计算，增长4.5%。其中，种植业产值24.62亿元，增长3.1%；林业产值3.65亿元，增长5.8%；牧业产值28.35亿元，增长4.8%；渔业产值7.77亿元，增长7.0%。农作物总播种面积153006公顷，增长0.4%。粮食产量喜获丰收，实现“九连增”，突破68万吨，达68.36万吨，增长4.4%。主要农牧产品质优量增。全年肉类总产量12.36万吨，增长1.2%，其中猪牛羊肉10.70万吨，增长1.0%，禽蛋产量2.08万吨，增长4.9%。生猪出栏128.6万头，增长0.9%。年末生猪存栏67.86万头，增长4.9%。水产养殖规模不断扩大，全年水产养殖面积8274公顷，增长2.7%，水产品总产量4.79万吨，增长4.7%，其中养殖业产量4.37万吨，增长5.8%。

【工业和建筑业】2012年，鹰潭市全市规模以上工业实现增加值282.46亿元，增长15.5%。其中分类型看，国有企业144.84亿元，增长9.1%，集体企业0.06亿元，下降4.0%，股份制企业86.45亿元，增长30.4%，外商及港澳台投资企业4.67亿元，下降12.1%。分轻重看，轻工业26.09亿元，增长63.6%，重工业256.37亿元，增长13.5%。分产业看，铜产业229.23亿元，增长14.5%；非铜产业53.23亿元，增长27.8%。分行业看，在统计的24个行业大类中，有19个行业的增加值实现了增长，其中化工原料及化学制品制造业8.23亿元，增长0.6%；医药制造业2.12亿元，增长28.9%；非金属矿物制品业3.38亿元，增长85.8%；有色金属冶炼及压延加工业222.07亿元，增长13.2%；电气机械及器材制造业12.46亿元，增长31.3%；仪器仪表及文化、办公用机械制造业3.79亿元，增长37.8%；电力热力的生产和供应业4.97亿元，增长46.4%。

其中：电解铜103.31万吨，增长9.9%；铜材加工133.27万吨，增长23.2%；中成药1981.68吨，增长34.3%；化学农药9531.72吨，增长12.6%；水泥113.32万吨，增长140.0%；节能灯管3.60亿只，增长56.6%；皮革鞋靴379.4万双，下降0.1%；针织袜15031万双，增长2.8%；发电量58.51亿度，增长83.0%。

全年建筑业实现增加值20.78亿元，增长20%。全市具有建筑资质等级的总承包和专业承包建筑业企业42家，完成总产值140.35亿元，比上年增长93.7%；竣工产值54.83亿元，增长63.04%；实现利税总额4.8亿元，增长416.1%。建筑业企业房屋建筑施工面积752.5万平方米，增长301.7%；房屋建筑竣工面积304.3万平方米，增长80.6%，其中住宅竣工面积141.3万平方米，增长37.6%。

【固定资产投资】2012年，鹰潭市全年完成全社会固定资产投资410亿元，增长22%。其中完成500万元以上固定资产投资327.99亿元，增长18.5%。在固定资产投资中，国有投资101.57亿元，增长19.9%，非国有投资226.43亿元，增长17.8%，其中民间投资215.8亿元，增长17.5%。

从产业看，第一产业完成投资10.73亿元，增长174%，第二产业212.63亿元，增长11%，其中工业投资208.29亿元，增长9.2%，第三产业104.64亿元，增长28.5%。从行业看，其中制造业增长4.5%。三产中交通运输、仓储和邮政业下降11.4%，租赁和商务服务业增长9.1%，卫生、社会保障和社会福利业增长79.3%。

房地产开发投资25.15亿元，增长16.9%。商品房施工面积288.08万平方米，增长40.6%。商品房屋销售面积54.52万平方米，下降16.7%。商品房销售额21.19亿元，下降8.4%。

【科学技术】2012年，鹰潭市全市共获国家、省各类科技计划项目81项，其中国家级科技计划项目12项，省科技支撑计划39项；省级重点新产品计划30项，7项新产品被评为省优秀科技新产品。科技成果鉴定登记22项，获省市科技进步奖23项，共中省奖3项，专利申请393件，专利授权287件，专利申请与授权较上年分别增长17%和5%。

全年实现高新技术产值238.77亿元，增长28.7%（现价），高新技术增加值41.15亿元，增长25.04%（现价），占GDP比重为8.5%，比上年提高0.8个百分点。鹰潭高新区成功升级为国家高新技术开发区。

【国内贸易和对外经济】2012年，鹰潭市全年实现社会消费品零售总额118.05亿元，增长14.3%。其中限额以上企业消费品零售额31.50亿元，增长16.9%。分地域看，城镇消费品零售额107.75亿元，增长14.7%；乡村消费品零售额10.3亿元，增长10.7%。分消费形态看，限额以上住宿和餐饮业零售额

1.77亿元，增长12.8%；限额以上批发和零售业商品零售额29.73亿元，增长17.2%。从主要商品类别看：基本生活类商品销售稳定增长，热点商品销售活跃。在限额以上批发零售业零售额中，日用品类增长8.5%，粮油食品饮料烟酒类零售额增长15.5%，服装、鞋帽、针织品类增长37.9%，化妆品类增长36.5%，金银珠宝类增长41.5%，文化办公用品类增长22.3%，石油及制品类增长25.3%。

全市完成进出口总额43.24亿美元，增长0.4%，总量位居全省第三。其中，进口总额35.15亿美元，下降4.9%，总量位居全省第一；出口总额再创新高达8.09亿美元，增长32.7%。在出口中，一般贸易出口4.29亿美元，下降17.3%，加工贸易2.74亿美元，增长325.9%，其他贸易1.06亿美元，增长298.3%。民营出口继续占据主体地位，完成出口额5.12亿美元，增长16.0%，占全市出口总额的63.3%。出口产品结构不断优化，出口商品中机械产品出口0.67亿美元，增长39.3%，光电产品出口0.5亿美元，增长42.8%。贸易市场遍及五大洲160多个国家和地区。外贸进出口主体由过去的十几家发展到目前的97家。被海关总署评为全国外贸百强城市，被商务部授予国家外贸转型升级专业型示范基地。

全市实际利用外资16855万美元，增长16.0%；引进省外5000万元以上项目66个，比去年增加2个，实际进资172.74亿元，增长20.3%。其中，引进亿元以上项目36个，比去年增加4个；亿元以上项目进资104.32亿元，增长26.3%。

【交通、邮电和旅游】2012年，鹰潭市全年交通运输、仓储和邮政业实现增加值36.92亿元，增长16.6%。

境内公路通车里程4014公里，增长5.3%，其中高速公路通车里程89公里。全年铁路、公路、水路共完成客运量5747.2万人，增长8.7%，其中铁路客运量499.2万人，增长2.3%，公路客运量5204万人，增长9.4%，水路客运量44万人，增长2.1%；全年铁路、公路、水路完成货运量6576.3万吨，增长22.1%，其中铁路货运量380.3万吨，下降4.6%，公路货运量5808万吨，增长25.4%，水路货运量388万吨，增长8.8%。

全年完成邮电业务收入64648万元，增长12%。其中，电信业务收入57450万元，增长12%，邮政业务收入7198万元，增长12.7%。年末固定电话用户达到16.18万户。全年新增移动电话用户12.19万户，年末达到81.5万户。年末互联网宽带用户数12.71万户，增加1.48万户。集邮业务量306.3万枚，增长9.1%，集邮品册数7.2万册，增长31.4%。

全年接待国内旅游者突破1000万人次，达1081万人次，增长25%，入境旅游者18.56万人次，增长22%；旅游总收入达75.1亿元，增长25%，其中旅游创汇3325.52万美元，增长22%。旅游品牌创建成效显著。龙虎山景区成功创建国家5A级旅游景区。余江县血防纪念馆、周坊革命烈士纪念馆成功创建国家2A级旅游景区。新增省3A级乡村旅游点2处，拥有三星级农家乐5处；全年新增中、高星级饭店2家，星级酒店达到18个；旅行社达45家，其中新增三星级旅行社2家。

【金融和保险】2012年，鹰潭市金融市场稳健运行。全市金融机构本外币存款余额458.52亿元，同比增长24.3%，比年初新增89.75亿元，同比多增24.31亿元。其中，储蓄存款余额229.82亿元，同比增长19.1%，比年初增加36.75亿元，同比多增15.49亿元。全市金融机构各项本外币贷款余额297.71亿元，同比增长25.1%，比年初新增59.63亿元，同比多增15.61亿元。其中，短期贷款余额142.48亿元，同比增长37.20%，比年初新增30.52亿元，同比多增17.37亿元；中长期贷款余额141.64亿元，同比增长21.2%，比年初新增24.80亿元，同比少增5.17亿元。

全市有各类保险公司15家。其中，财产保险公司8家，人寿保险公司7家。全年实现保费收入81394.7万元，比上年增长6.0%。其中财产险保费收入35318.43万元，增长22.7%；人寿险保费收入46076.27万元，下降3.9%。各类保险赔款支出22693.31万元，增长18.8%。其中财产险赔款支出19197.2万元，增长28.1%，人寿险赔款支出3496.11万元，下降14.9%。

7

2012年赣州市经济发展概况

【经济总量】2012年，赣州市全年实现地区生产总值（GDP）1508.43亿元，比上年增长11.9%。其中，第一产业增加值252.41亿元，增长4.8%；第二产业增加值696.78亿元，增长13.7%；第三产业增加值559.24亿元，增长13.2%。三次产业结构由2011年的17.4：47.2：35.4调整至2012年的16.7：46.2：37.1。非公有制经济实现增加值922.99亿元，增长13.9%，占GDP比重为61.2%。

全年居民消费价格比上年上涨2.8%，其中食品价格上涨5.5%。商品零售价格上涨2.6%。工业生产者购进价格下降0.34%，其中有色金属材料及电线类下降12.0%，农副产品类上涨8.2%。工业品出厂价格下降2.6%，其中冶金工业下降12.0%，建筑材料工业下降4.5%，造纸工业下降4.2%。

【农业】2012年，赣州市全年粮食种植面积769.63万亩，比上年减少1.48万亩；烤烟面积14.64万亩，增加2.25万亩；蔬菜及食用菌面积162.29万亩，增加1.62万亩；花生面积48.89万亩，增加1.69万亩。茶园面积15.25万亩，增加1.74万亩；果园面积281.76万亩，增加7.37万亩。其中，脐橙面积178.12万亩，增加4.22万亩。

全年粮食产量280.03万吨，比上年增长0.5%；蔬菜及食用菌产量249.20万吨，增长3.0%；瓜果产量24.79万吨，增长0.1%；水果产量169.02万吨，下降4.0%，其中脐橙产量125.09万吨，下降6.2%。

全年肉类总产量65.08万吨，比上年增长6.0%。生猪年末存栏349.3万头，增长5.3%，其中能繁殖母猪年末存栏34.8万头，增长12.5%。生猪出栏588.17万头，增长6.9%。全年水产品产量27.5万吨，增长8.6%。

【工业和建筑业】2012年，赣州市全年全部工业增加值603.48亿元，比上年增长14.0%。其中，规模以上工业企业完成增加值566.97亿元，增长14.8%。在规模以上工业企业中，轻工业增长18.4%，重工业增长13.6%。分企业类型看，国有企业增长12.2%，集体企业增长23.5%，股份制企业增长10.4%，私营企业增长21.7%，外商投资及港澳台企业增长15.0%。

全年规模以上工业经济效益综合指数为257.91%，比上年下降41.4个百分点。规模以上工业企业实现主营业务收入2090.94亿元，增长12.2%；利润98.83亿元，下降18.3%。

全市具有资质等级的总承包和专业承包建筑企业完成产值181.25亿元，比上年增长28.3%。全市建筑业企业上缴税收21.56亿元，增长38.7%。

【固定资产投资】2012年，赣州市全年固定资产投资1110.91亿元，增长35.5%。其中，城镇固定资产投资额997.73亿元，增长25.2%；农村非农户固定资产投资额113.18亿元，增长394.2%。

在固定资产投资中，第一产业投资24.97亿元，比上年增长111.1%；第二产业投资465.80亿元，增长29.5%；第三产业投资620.14亿元，增长38.4%。分企业类型看，国有企业投资405.63亿元，增长31.7%；有限责任公司投资205.75亿元，增长2.4%；股份有限公司投资21.57亿元，下降1.8%；私营企业投资373.71亿元，增长68.7%；港澳台企业投资26.43亿元，增长3.0%；外商投资15.57亿元，下降3.6%；个体经营投资19.74亿元，增长391.2%。

全年房地产开发投资163.27亿元，比上年增长25.0%。商品房施工面积1439.94万平方米，增长24.9%；商品房竣工面积207.51万平方米，下降5.8%；商品房销售面积392.38万平方米，增长22.7%。商品房销售额204.58亿元，增长46.7%。

全年保障性住房完成投资33.19亿元，其中中心城区完成投资9.74亿元；保障性住房施工面积232.79万平方米，其中中心城区85.48万平方米；保障性住房竣工面积114.89万平方米，其中中心城区12.85万平方米。

【科学技术】2012年，赣州市全年通过国家和省市鉴定的科技成果90项，其中达到国内先进水平的21项。获省级科技成果奖7项，地区科技成果奖30项。受理专利申请1872项，批准授权专利1097项。

【国内贸易和对外经济】2012年，赣州市全年社会消费品零售总额492.42亿元，比上年增长15.0%。分城乡看，城镇消费品零售额405.46亿元，增长15.5%；乡村消费品零售额86.96亿元，增长12.5%。分行业看，批发业零售总额160.52亿元，增长18.7%；零售业零售总额289.43亿元，增长13.1%；住宿业零售总额5.37亿元，增长17.0%；餐饮业零售总额37.10亿元，增长14.1%。

在限额以上批发零售业零售额中，粮油类零售额增长12.0%，肉禽蛋类增长36.2%，水产品类增长47.2%，干鲜果品类增长134.1%，饮料类增长49.3%，烟酒类增长19.8%，服装类增长20.9%，金银珠宝类增长37.8%，日用品类增长54.3%，中西药品类增长14.1%，文化办公用品类增长40.5%，家具类增长112.4%，石油及制品类增长20.9%，建筑及装潢材料类增长47.5%，汽车类增长20.6%。

全年货物进出口总额328949万美元，比上年增长12.5%。其中，货物出口283945万美元，增长12.6%；货物进口45004万美元，增长12.4%。主要出口国家（地区）是，美国62373万美元，同比增长20.8%；欧盟（25国）39715万美元，下降2.5%；日本37323万美元，下降50.1%；东盟24341万美元，增长62.4%；德国11304万美元，下降39.6%。出口额中，10个县（市、区）和赣州开发区超过5千万美元；6个县（市、区）和赣州开发区超过2亿美元，分别是章贡区、龙南县、开发区、信丰县、上犹县、瑞金市、赣县，它们的货物出口占全市货物出口总额的83.8%。

全年实际使用外资102445万美元，增长10.3%；实际利用省外5000万元以上项目资金377.30亿元，增长22.9%，其中工业项目实际引进资金352.29亿元。

【交通、邮电和旅游】2012年，赣州市全年交通运输、仓储及邮政业增加值81.38亿元，比上年增长16.7%。

全市公路通车里程达到28171.01公里。其中，高速公路（赣州境内）通车里程958.26公里。

全年公路货物运输量17266万吨，比上年增长8.8%；旅客运输量9153万人，增长12.8%。铁路货物运输量1278.0万吨，增长56.0%；旅客运输量1302万人，增长6.2%。民航货物运输量4566.7吨，增长54.9%；旅客运输量60.17万人，增长16.8%。

全年邮政业务总量4.66亿元，增长33.5%；电信业务收入45.08亿元，增长34.0%。年末全市固定及移动电话用户总数达到604.21万户，比上年末减少1.77万户，其中固定电话用户94.21万户，减少17.56万户；移动电话用户510.0万户，增加15.79万户。电话普及率达到71.5部/百人。互联网上网用户67.90万户，增加17.87万户。

全年入境旅游人数15.22万人次，比上年增长15.8%；旅游外汇收入4674.97万美元，增长30.7%。国内旅游人数2131.51万人，增长20.8%。旅游总收入164.55亿元，增长21.3%。

【金融和保险】2012年，赣州市年末全部金融机构各项存款余额2268.74亿元，比年初增加421.14亿元。其中，单位存款892.64亿元，增加181.21亿元；储蓄存款1327.76亿元，增加227.38亿元。各项贷款余额1283.18亿元，增加247.76亿元。其中，短期贷款600.62亿元，增加185.92亿元；中长期贷款669.12亿元，增加59.00亿元。

全年实现保费收入41.86亿元，比上年增长11.4%。其中，财产险保费收入15.25亿元，增长23.5%；人寿险保费收入26.61亿元，增长5.5%。

8

2012年吉安市经济发展概况

【经济总量】2012年，吉安市全年实现地区生产总值（GDP）1006.26亿元，增长11.3%。分产业看，第一产业增加值180.73亿元，增长4.7%；第二产业增加值520.44亿元，增长15.0%；第三产业增加值305.08亿元，增长9.2%。三次产业结构为17.96：51.72：30.32。人均生产总值达到20755元，增长10.9%。非公有制经济增加值606.78亿元，增长13.3%，占GDP的比重达60.3%。

全年全市居民消费价格指数为102.6%，比上年上涨2.6%。从八大类别看，呈现“一降七升”格局。食品类价格上涨4.8%，其中粮食、油脂、水产品、菜和调味品分别上涨4.2%、6.7%、14.8%、17.3%和

6.1%；烟酒类价格上涨0.9%；衣着类价格上涨0.2%；家庭设备用品及维修服务类上涨0.9%；医疗保健和个人用品类上涨2.9%；娱乐教育文化用品及服务类上涨2.3%；居住类价格上涨2.2%；交通和通信类下降1.2%。全年全市商品零售价格指数为101.2%，比上年上涨1.2%。

【农业】2012年，吉安市全年全市实现农林牧渔业总产值304.33亿元，增长4.7%。年末全市共有215个乡镇政府，乡村总户数99.67万户，乡村总人口391.26万人。乡村劳动力资源总数223.91万人，乡村从业人员198.97万人，外出（离乡）的从业人员113.64万人，其中出省从业的78.55万人。

全年全市粮食产量400.3万吨，比上年增加14.75万吨，增长3.8%；油料产量17.16万吨，增长3.1%；水果产量34.10万吨，增长8.8%；水产品产量19.98万吨，增长6.0%，其中特种水产品产量6.39万吨，增长6.4%；生猪出栏385.02万头，增长5.7%，年末生猪存栏239.16万头，增长5.2%；出笼家禽7788.73万羽，增长5.2%，年末家禽存栏2803.41万羽，增长4.2%；出售和自宰肉用牛48.79万头，增长4.5%，年末牛存栏80.99万头，增长3.8%。

【工业和建筑业】2012年，吉安市全年全市实现全部工业增加值447.59亿元，增长14.7%。年末全市共有668家规模以上工业企业（年主营业务收入2000万元以上），实现增加值418.89亿元，增长15.6%，实现总产值1823.46亿元，增长15.5%。在规模工业总产值中，按行业分，国有经济增长10.3%，集体经济增长25.2%，股份制经济增长14.7%，其他经济增长16.0%；按轻重工业分，轻工业增长20.8%，重工业增长13.0%。

全市规模工业经济效益综合指数为404.2%，同比提高6.64个百分点；实现主营业务收入2001.6亿元，增长27.2%，产销率达到99.16%；实现利税总额234.06亿元，增长35.6%，其中利润总额150.68亿元，税金总额83.38亿元。

全年全市全社会建筑业实现增加值72.86亿元，增长16.8%。

【固定资产投资】2012年，吉安市全年全市完成固定资产投资975.90亿元，增长31.8%。其中城镇以上投资完成823.02亿元，增长27.3%；农村投资完成152.88亿元，增长64.6%。全年全市施工项目1137个，新增固定资产639.85亿元，增长17.4%。

在固定资产投资中，国有投资206.35亿元，增长39.8%；非国有投资769.55亿元，增长30.1%。第一产业完成投资21.06亿元，增长7.1%；第二产业完成投资693.51亿元，增长29.5%；第三产业完成投资261.33亿元，增长42.1%。

全年全市房地产开发投资43.90亿元，增长31.4%。商品房施工面积657.56万平方米，增长43.4%，其中住宅510.42万平方米，增长38.6%；商品房竣工面积118.48万平方米，增长40.3%，其中住宅102.08万平方米，增长57.2%；商品房销售面积121.83万平方米，增长14.1%，其中住宅104.13万平方米，增长7.5%。

【科学技术】2012年，吉安市全年全市申请专利741件，比上年增加196个；授权专利445件，比上年增加96件。

【国内贸易和对外经济】2012年，吉安市全年全市完成社会消费品零售总额263.08亿元，增长15.1%。分城乡看，完成城镇消费品零售额190.83亿元，增长16.1%，其中城区完成消费品零售额64.12亿元，增长15.9%；完成乡村消费品零售额72.25亿元，增长12.8%。

全年全市批发和零售业完成销售总额449.6亿元，增长19.6%。其中，限额以上完成销售总额129.6亿元，增长9.5%；限额以下完成销售总额320.0亿元，增长24.3%。分行业看，批发业完成销售额183.9亿元，增长18.5%；零售业完成销售额265.7亿元，增长20.4%。

全年全市进出口总额273229万美元，增长19.1%，其中出口257275万美元，增长24.3%。

全年全市新签外资项目数110个，合同引资71862万美元，实际进资56498万美元，增长12.4%。

【交通、邮电和旅游】2012年，吉安市全年全市交通运输、仓储和邮政业实现增加值40.13亿元。

全年全市公路实现货物运输量7945万吨，增长12.0%，货运周转量290.37亿吨公里，增长17.6%；发送旅客3860万人，增长7.6%，客运周转量19.47亿人公里，增长5.7%。铁路（吉安站）全年发送旅客269万人，增长7.6%，到达旅客276万人，增长20.0%；货物发送3.63万吨，增长13.6%，货物到达384.4万吨，下降34.7%。

全年全市实现邮电主营业务收入20.80亿元，增长4.0%。固定电话用户数为62.48万部，下降2.8%；移动电话用户数达到284.79万户，增长7.7%。

全年全市累计接待游客2105万人次，增长15%，实现旅游总收入165亿元，增长32.9%。其中：境外游客25.2万人次，增长38.2%，旅游外汇收入5600万美元，增长39.2%；国内游客2080万人次，增长14.8%；国内旅游总收入162亿元，增长33.2%。

【金融和保险】2012年，吉安市全年全市实现金融保险业增加值22.29亿元，增长23.9%。年末全市金融机构人民币存款余额1285.13亿元，比年初增加236.45亿元，同比多增46.50亿元；金融机构人民币贷款余额567.52亿元，比年初增加119.39亿元，同比多增42.24亿元。

9

2012年宜春市经济发展概况

【经济总量】2012年，宜春市全年实现地区生产总值（GDP）1247.6亿元，同比增长11.6%。其中，第一产业实现增加值202.67亿元，同比增长4.5%；第二产业实现增加值702.2亿元，同比增长13.6%；第三产业实现增加值342.73亿元，同比增长11.8%。三次产业对经济增长的贡献率分别为6.9%、68.7%和24.4%。三次产业结构由上年的17.16：59.17：23.67调整为16.24：56.29：27.47。非公有制经济快速发展，实现增加值755.8亿元，同比增长12.5%，占GDP的比重达60.6%。人均GDP达到22855元，按年平均汇率折算为3620.6美元。

【农业】2012年，宜春市全年粮食种植面积943.95万亩，同比增长1.6%，粮食总产量414.83万吨，同比增长5.4%，荣获“全国粮食生产先进市”。

全年肉类总产量61.19万吨，同比增长10.04%。年末生猪存栏367.3万头，同比增长6.45%；生猪出栏626.9万头，同比增长10.23%。全年水产品产量32.89万吨，同比增长7.69%。禽蛋产量7.47万吨，同比增长15.3%。

【工业和建筑业】2012年，宜春市全年累计完成工业增加值633.39亿元，同比增长13.9%，占生产总值的比重为50.77%，对宜春经济增长的贡献率达63.5%，工业的主导地位更为凸显。其中770户规模以上工业企业累计完成增加值508.55亿元，同比增长15.8%，其中轻工业完成增加值230.49亿元，同比增长16.1%，重工业完成增加值278.06亿元，同比增长15.5%。分企业类型看，国有企业完成增加值31.34亿元，同比增长11.3%，集体企业完成增加值3.06亿元，同比增长1.8%，股份制企业完成增加值176.45亿元，同比增长19%，私营企业完成增加值228.62亿元，同比增长15.4%，外商港澳台投资企业完成增加值64.57亿元，同比增长12.2%。

全年全社会建筑业实现增加值68.81亿元，同比增长12%。全市具有建筑业资质等级的总承包和专业承包建筑业企业完成总产值136.42亿元，同比增长46.1%，竣工产值100.08亿元，同比增长40.3%，竣工率达73.4%。

【固定资产投资】2012年，宜春市全年500万元以上固定资产投资1016.86亿元，同比增长30%。分产业看，第一产业投资24.54亿元，同比增长72.6%；第二产业投资751.15亿元，同比增长27%，其中工业投资740.71亿元，同比增长25.2%；第三产业投资241.17亿元，同比增长36.9%。分投资主体看，国有经济投资135.91亿元，同比增长34.4%；非国有投资888.5亿元，同比增长28.8%，其中民间投资128.36亿元，同比增长39.1%。

全年房地产开发投资80.97亿元，比上年增长10%。商品房竣工面积211.39万平方米，同比下降25.8%，商品房销售面积240.88万平方米，同比下降13%，商品房销售额88.37亿元，同比下降4.5%。

【科学技术】2012年，宜春市全年国有企事业单位拥有各类专业技术人员75776人，其中36117人具有中级以上职称。新组建省级工程技术研究中心2家、省级优势创新团队2个，专利申请量达1000件。

【国内贸易和对外经济】2012年，宜春市全年实现社会消费品零售总额354.36亿元，同比增长14.4%。按消费区域分：城镇零售额282.1亿元，增长14.9%，乡村零售额72.26亿元，增长12.4%。按行业构成分：批发、零售、住宿和餐饮业零售额分别为87亿元、226.54亿元、2.18亿元和38.6亿元，分别增长18.2%、13%、3.8%和15%，零售业占社会消费零售总额的比重达63.9%，零售业的龙头作用明显。

全年进出口总额16.53亿美元，同比增长44.3%，其中：出口总额14.93亿美元，同比增长48.7%。宜丰万国矿业成功在香港上市，袁州英龙橡胶在天津股权交易所上市交易，成为我省首批在“新三板”上市的企业，宜春海关设立工作有序推进。

全年引进省外5000万元以上项目170个，其中，引进10亿元以上项目48个，成功包装项目118个。新开工亿元以上项目195个，10亿元以上项目40个。锂电新能源产业进一步壮大，共签约项目88个，其中进资、动工或投产企业62家，实际进资59.4亿元。

【交通、邮电和旅游】2012年，宜春市全年全市公路汽车客运量8264万人，增长9.6%，旅客周转量40.76亿人公里，增长9.9%；公路、水路货运量15240.3万吨，增长15.1%，货物周转量406.21亿吨公里，增长17.5%；水路运输船舶拥有量达到1173艘74.2万吨，全年港口吞吐量1800万吨。全年全市民用汽车拥有量23.79万辆，增长15.7%。

全年完成邮电业务总量（不包括邮政储蓄银行业务总量）18.55亿元，其中邮政业务总量（不包括邮政储蓄银行业务总量）2.43亿元，同比增长7%；电信业务总量16.12亿元，增长5%。固定电话用户57.97万户，其中住宅电话51.04万户，固定电话普及率11部/百人，移动电话用户255.75万户，增长11.9%，移动电话普及率47部/百人，计算机互联网宽带接入用户32.66万户。

【金融和保险】2012年年末，宜春市金融机构本外币各项存款余额1453.99亿元，比年初增加242.98亿元，同比多增23.78亿元。其中，人民币各项存款余额1450.93亿元，比年初增加242.91亿元，同比多增24.05亿元。金融机构本外币各项贷款余额734.26亿元，比年初增加137.48亿元，同比多增45.95亿元。其中，人民币各项贷款余额733.39亿元，比年初增加137.12亿元，同比多增45.74亿元。年末城乡居民人民币储蓄存款余额899.53亿元，增长20.16%。交通银行、兴业银行相继落户，宜春农商行挂牌营业。

全市共有财产、人寿保险各12家，拥有保险人员6193人。县市区机构122家，其中：财产保险57家，人寿保险65家。另乡镇机构157家（含城区服务部），其中：财产保险15家，人寿保险142家。全年实现保费收入303348.6万元，同比增长6.87%，保费收入总量居全省前列，其中财产险保费收入130511.34万元，增长14.06%；寿险保费收入172837.3万元，增长2.01%。支付各类赔款及给付82334.2万元，增长4.1%。其中，财产险赔款78387.8万元，增长43.7%；寿险给付3946.4万元，下降0.1%。

10

2012年抚州市经济发展概况

【经济总量】2012年，抚州市全年实现地区生产总值（GDP）825.04亿元，比上年增长10.8%。其中，第一产业实现增加值152.00亿元，增长4.6%；第二产业实现增加值435.93亿元，增长13.3%；第三产业实现增加值237.11亿元，增长10.2%。三次产业比由上年的18.4：53.3：28.3调整为18.4：52.8：28.8。规模以上工业增加值完成233.31亿元，增长16.0%；财政总收入112.30亿元，增长12.2%，其中地方财政收入87.25亿元，增长14.8%；全社会固定资产投资782.87亿元，增长31.5%；外贸出口总额104534万美元，增长10.3%；城镇化率40.71%，提高1.89个百分点。

全年居民消费价格总指数（CPI）比上年增长2.4%。八大类消费价格与上年相比呈现“六升二降”。其中食品类上涨4.7%涨幅居首，居住类和家庭设备用品及维修服务类居次，分别上涨4.2%和1.4%，医疗保健和个人用品类上涨0.7%，衣着类上涨0.5%，烟酒类上涨0.2%，交通和通信类下降0.8%，娱乐教育文化用品及服务类下降1.1%。

【农业】2012年，抚州市2012年全市粮食生产实现“九连丰”，粮食总产量达283.71万吨，比上年增长5.7%，其中早稻总产量104.74万吨，增长5.3%。糖蔗产量19.04万吨，下降3.8%；油料产量6.09万吨，下降7.5%；蔬菜产量134.44万吨，增长0.9%；水果产量121.40万吨，下降12.8%；茶叶产量0.25万吨，增长2.2%；棉花产量0.36万吨，下降6.7%。肉类总产量31.94万吨，增长1.0%，其中猪肉产量21.87万吨，增长0.8%；禽肉产量9.41万吨，增长1.4%。全年水产品产量16.84万吨，增长5.3%。

全年粮食作物播种面积613.07万亩，比上年增长0.6%。糖蔗种植面积5.57万亩，下降2.6%；油料种植面积45.94万亩，下降14.2%；蔬菜种植面积94.55万亩，增长2.3%；棉花种植面积3.19万亩，下降8.1%。

【工业和建筑业】2012年，抚州市全市工业园区基础设施投入48.75亿元，实际开发面积达到48.24平方公里，比上年增长8.4%。完成主营业务收入1059.21亿元，增长25.11%，其中抚州高新区工业企业主营业务收入223.59亿元。继2011年东乡工业园区主营业务收入首过百亿后，2012年抚北工业园区和崇仁工业园区主营业务收入新入“百亿列”。产业集聚效应进一步显现，全市六大产业完成主营业务收入808.13亿元，增长22.01%，其中纺织、有色金属、化工建材、机械电子四个产业过百亿元。全市工业园区内工业企业884家，增长4.49%。全市新增规模以上工业企业116户，达到724户。

全市全部工业增加值362.93亿元，增长14.2%，占GDP的比重为43.99%。其中规模以上工业增加值233.31亿元，增长16.0%，增幅全省第一。国有及国有控股企业5.40亿元，增长16.8%；集体企业0.25亿元，下降20.4%；股份制企业104.62亿元，增长31.1%；外商及港澳台投资企业22.00亿元，增长13.2%。分轻重工业看，轻工业107.68亿元，增长15.1%；重工业125.62亿元，增长16.7%。

全年全市建筑业企业实现增加值73.0亿元，增长10.1%。全市具有资质等级的总承包和专业承包建筑业企业完成总产值140.51亿元，增长22.7%；全员劳动生产率173480元/人（按建筑业总产值计算），增长4.4%；实现利税7.32亿元，增长8.9%。

【固定资产投资】2012年，抚州市固定资产投资稳步推进，经济发展后劲增强。全年完成全社会固定资产投资782.87亿元，增长31.5%，其中，城镇固定资产投资731.42亿元，增长32.0%。城镇投资中，第一产业投资41.27亿元，增长28.7%；第二产业投资430.86亿元，增长36.1%；第三产业投资259.29亿元，增长26.1%。

全年工业完成投资430.86亿元，增长36.3%。其中：纺织服装、服饰业、化学原料及化学制品制造业和电气机械及器材制造业投资分别为71.44亿元、43.65亿元和37.86亿元，分别增长45.0%、177.7%和36.3%。全市全年非国有经济完成投资569.29亿元，增长30.1%，占固定资产投资的77.8%。其中，私营企业完成投资253.72亿元，增长75.5%。

【科学技术】2012年，抚州市研究与发展（R&D）经费支出3.27亿元，增长31.2%，占全市生产总值的0.52%，同比提高0.08个百分点。年末从事科技活动人员10.86万人，增长8.3%。全市新增高新技术企业6家，省级工程技术研究中心2家，省级企业技术中心2个，省级创新型企业5家，省级民营科技型企业16家。全市列入国家和省级科技计划项目139项，项目数比上年增长20.9%。鉴定科技成果60项，鉴定省级重点新产品19项，有1项科技成果获省政府颁发的省技术进步奖二等奖，1项获得省技术发明奖，17个新产品获省优秀科技新产品和重点新产品奖。全年专利申请量641项，授权量375件，分别比上年增长53.3%和74.4%。技术市场活跃，全年技术贸易成交额3.21亿元，比上年增长154.76%。全市高新技术产业和战略新兴产业得到发展，高新技术产业增加值43.81亿元，比上年增长18.31%，占GDP的比重5.31%。十大战略新兴产业实现工业增加值65.97亿元，占全市规模以上工业增加值的28.28%，同比增长17.1%。省政府批准金巢开发区为江西省高新技术产业园区，省科技厅认定抚州市为省生物医药高新技术产业化基地。

【国内贸易和对外经济】2012年，抚州市2012年全市社会消费品零售总额300.67亿元，增长14.1%。分城乡看：城镇消费品市场实现零售额241.86亿元，增长13.8%；乡村消费品市场实现零售额58.81亿元，增长15.3%。分行业看，批发和零售业是社会消费品零售市场的主导力量，实现零售额265.96亿元，增长13.8%，占全市社会消费品零售总额的88.5%；住宿和餐饮业零售额34.71亿元，增长16.2%。

2012年全市进出口总额105461万美元，增长10.0%。其中出口总额104534万美元，增长10.3%。实际利用外商直接投资19625万美元，增长11.3%。全市新引进并已开工项目1033个，其中5000万元以上工业项目（含旅游项目）515个，增长29.4%；亿元以上工业项目279个，增长35.4%。实际引进市外境内资金417.04亿元，增长19.8%，其中5000万元以上工业项目实际进资283.78亿元，增长26.1%；亿元以上工业项目实际进资122.00亿元，增长37.2%。新引进项目包括投资近50亿元的广银铝业项目、投资30亿元的香港华坤国际高精宽幅铜板和电子级铜箔生产项目、投资30亿元的安徽飞达集团不锈钢生产项目等。

【交通、邮电和旅游】2012年，抚州市交通邮电业平稳发展。全年交通运输、仓储和邮政业实现增加值51.82亿元，比上年增长8.0%。全年货物周转量387.17亿吨公里，比上年增长20.0%；旅客周转量28.16亿人公里，比上年增长2.7%。全年完成邮政业务总量1.84亿元，比上年增长8.9%。

全年全市接待国内旅游1000万人次，增长14.0%，入境旅游6.81万人次，增长15.8%；国内旅游收入76.0亿元，增长18.0%，旅游外汇收入2309.40万美元，增长18.4%。

【金融和保险】2012年，抚州市信贷规模实现突破。年末全市金融机构各项贷款余额474.74亿元，比年初增加94.70亿元，同比多增35.80亿元，增长24.9%。各项存款余额937.62亿元，比年初增加150.65亿元，同比多增19.77亿元，增长19.1%。

保险事业稳步增长。保费收入18.40亿元，比上年增长13.02%。其中，财产险保费收入5.92亿元，增长20.5%；寿险保费收入12.48亿元，下降9.8%。

山东省

| 济南市 | 青岛市 | 淄博市 | 枣庄市 | 东营市 | 烟台市 | 潍坊市 | 济宁市 |
| 威海市 | 日照市 | 临沂市 | 德州市 |

1

2012年济南市经济发展概况

【经济总量】2012年，济南市全年实现地区生产总值（GDP）4812.68亿元，比上年增长9.5%。分产业看：第一产业增加值252.92亿元，增长4.7%；第二产业增加值1938.14亿元，增长9.2%；第三产业增加值2621.62亿元，增长10.1%。按常住人口计算，人均生产总值69574元，增长8.4%，折合11022美元。三次产业增加值比例由上年的5.4∶41.5∶53.1调整为5.2∶40.3∶54.5。

全市全部税收收入709.3亿元，增长8.5%；地方公共财政预算收入380.8亿元，增长17.0%。全年城市居民人均可支配收入32570元，增长12.7%；农民人均纯收入11786元，增长13.2%。

【农业】2012年，济南市全年粮食种植面积706.7万亩，比上年增加4.0万亩；棉花种植面积33.1万亩，减少4.7万亩；油料种植面积22.4万亩，减少0.5万亩；蔬菜种植面积148.9万亩，增加2.1万亩。

全年粮食产量304万吨，增产2.8%。其中：夏粮产量133.5万吨，增产3.5%；秋粮产量170.5万吨，增产2.2%。全年棉花产量2.7万吨，减产4.5%；油料产量5.7万吨，增产3.5%；蔬菜产量633.6万吨，增产2.6%。

全年肉类总产量39.8万吨，增长2.5%。其中，猪肉产量22.5万吨，增长4.2%；牛肉产量6.7万吨，减少0.5%；羊肉产量2.3万吨，增长2.8%；禽肉产量7.9万吨，增长0.2%。禽蛋产量36.1万吨，增长2.6%。牛奶产量33.2万吨，增长5.8%。水产品产量4.5万吨，增长3.4%。全年生猪出栏304.0万头，增长3.3%；年末生猪存栏205.2万头，比上年末增长1.8%。

【工业和建筑业】2012年，济南市全年实现规模以上工业增加值1357.4亿元，增长10.1%。其中：公有制经济增加值712.1亿元，增长2.3%；非公有制经济增加值645.2亿元，增长20.8%。轻工业增加值351.0亿元，增长10.6%；重工业增加值1006.4亿元，增长9.9%。

全年规模以上工业主营业务收入5032.4亿元，增长9.6%；实现利税420.6亿元，下降2.4%；实现利润176.9亿元，下降9.8%。其中：食品制造业利润9.5亿元，增长90.6%；医药制造业利润19.6亿元，增长2.1%；金属制品业利润24.7亿元，增长28.9%；电气机械和器材制造业利润19.6亿元，增长49.5%。

全年建筑业增加值335.1亿元，增长6.8%。年末资质内建筑业企业492家，实现总产值1192.4亿元，增长5.8%。其中，在省外完成的建筑业产值425亿元，增长4.2%。签订合同额2725亿元，增长19.5%，其中，本年新签合同额1288亿元，增长12.7%。

【固定资产投资】2012年，济南市全年固定资产投资2186.1亿元，增长20.4%。分类别看：第一产业投资62.4亿元，增长28.3%；第二产业投资733.7亿元，增长22.0%；第三产业投资1390.0亿元，增长19.8%。全市民间投资1290.0亿元，增长23.5%。

年末全市固定资产投资项目3087个，增加115个。其中：亿元及以上投资项目633个，增加120个；新开工项目2315个，增加52个，新开工亿元及以上投资项目214个，同比增加61个。

全年完成工业投资701.8亿元，增长21.8%。其中，高新技术产业投资276.2亿元，增长22.1%。在建工业投资项目1318个，增加53个，其中，新开工工业投资项目1129个，增加35个。

【科学技术】2012年，济南市年末国家级创新型企业2家，省级48家，市级160家。新认定国家级企业技术中心3家，总数达到18家。新增省级工程技术研究中心18家、省级工程研究中心2家。全市获得国家科技进步二等奖1项，省科技进步一等奖2项，二等奖23项，三等奖19项，省技术发明三等奖1项。全年专利申请量23094件，增长24.4%，其中发明专利申请量8603件，增长67.9%。专利授权量14367件，增长26.8%，其中发明专利授权量2123件，增长30.8%。

高新技术产业开发区实现生产总值437.0亿元，增长11.3%。其中：第二产业增加值256.7亿元，增长10.4%；第三产业增加值180.3亿元，增长12.6%。新签合同利用外资项目23个，实际使用外资2.4亿美元，增长12.9%。实施科技计划项目157项，其中国家级火炬项目5项。

【国内贸易和对外经济】2012年，济南市全年社会消费品零售总额2323.6亿元，增长14.9%。分城乡看：城镇社会消费品零售总额2136.6亿元，增长15.1%；乡村社会消费品零售总额187.0亿元，增长11.9%。

全年新签外商投资项目84个，实现合同外资额16.2亿美元，增长14.6%；实际到账外资12.2亿美元，增长10.9%。

全年货物进出口总额91.5亿美元，下降12.1%。其中：进口34.3亿美元，下降21.3%；出口57.2亿美元，下降5.4%。在出口产品中：机电产品出口39.5亿美元，下降6.0%；高新技术产品出口6.4亿美元，增长26.6%。

全年对外承包工程完成营业额24亿美元，增长11.3%；新设境外企业42家，中方协议投资额5.3亿美元，增长117.7%；外派劳务人员6187人，比上年下降31.3%。

【交通、邮电和旅游】2012年年末，济南市公路通车里程12297公里，增长3.0%。其中，高级次高级路面里程11997公里，增长2.8%。境内高速公路347公里，与上年持平。年末拥有民用机动车139.6万辆，其中，民用汽车105.9万辆。年末公交线路235条，线路长度4226公里；公交营运车辆4701辆，全年旅客运输量8.7亿人次，增长0.9%。始发航空线路68条，全年航空旅客吞吐量766.4万人次，减少2.7%；货邮吞吐量7.4万吨，下降4.6%。

全年邮电通信业营业收入70.6亿元，增长5.6%。年末邮政局所203处；固定电话用户193.3万户；移动电话用户978.0万户，增长5.0%；宽带网用户173.6万户，增长33.9%。

【金融和保险】2012年年末，济南市城镇职工基本养老保险参保人数175.0万，增加10.3万人；职工医疗保险参保人数173.6万，增加6.0万；城镇居民医疗保险参保人数110.2万，增加2.6万；失业保险参保人数111.1万，增加7.4万；工伤保险参保人数133.9万，增加2.3万；生育保险参保人数103.0万，增加13.0万。

城市最低生活保障标准由上年人均每月400元提高到450元；农村最低生活保障标准由年人均不低于1800元提高到2300元。农村“五保”集中供养标准由每人每年不低于3600元提高到4200元，分散供养标准由每人每年2300元提高到2600元。新型农村合作医疗参加人数313.9万，受益709.2万人次。享受城镇最低生活保障的城镇居民2.1万户、4.0万人，发放最低生活保障金及各类补贴1.7亿元；享受农村最低生活保障的农村居民4.4万户、7.6万人，发放最低生活保障金及各类补贴1.3亿元。开工建设各类保障性安居工程住房19033套。其中：公共租赁住房15524套；经济适用住房（企业集资建房）3416套。保障性安居工程住房竣工7637套。

全年培训残疾人6731人次，1894名残疾人实现就业再就业。投入734.8万元，帮扶救助9591名贫困重度残疾人，以及844名贫困残疾学生、贫困残疾人家庭子女。为残疾人供应辅助器具26714件，其中免费配发25291件。残疾人有11.26万人次得到康复服务。

2

2012年青岛市经济发展概况

【经济总量】2012年，青岛市全年实现地区生产总值（GDP）7302.11亿元，按可比价格计算，增长10.6%。其中，第一产业增加值324.41亿元，增长3.2%；第二产业增加值3402.23亿元，增长11.5%；第三产业增加值3575.47亿元，增长10.5%。三次产业比例为4.4∶46.6∶49.0。

全年财政总收入实现2449.69亿元，增长1.7%；公共财政预算收入670.18亿元，增长18.4%；公共财政预算支出765.98亿元，增长16.3%。全年国税系统组织税收收入（含海关代征）1326.13亿元，增长8.5%；其中，国内税收581.95亿元，增长11.6%。地税税收收入462.8亿元，增长17.9%。

【农业】2012年，青岛市全市粮食播种面积54.08万公顷，下降0.9%，粮食总产量达到369.96万吨，增长1.9%。

全年完成造林面积0.92万公顷，下降0.9%；森林覆盖率38.6%，提高0.8个百分点。全年完成幼林抚育面积2.2万公顷，提高2.1%。

【工业和建筑业】2012年，青岛市全市规模以上工业企业（年主营业务收入2000万元及以上的工业法人企业）4783家，完成增加值增长11.6%。其中，国有及国有控股企业增长3.7%；集体企业增长2.5%；股份制企业增长13.6%；外商及港澳台投资企业增长9.9%。按轻重工业分，重工业增长12.0%，轻工业增长11.2%。

规模以上工业实现利税总额1255.28亿元，增长11.8%；利润670.7亿元，增长9.7%。主营业务收入13751.98亿元，增长12.6%。资本保值增值率107.49%，产品销售率98.65%。

全年建筑业实现增加值360.92亿元，增长8.5%。实现利税总额59亿元，增长8%；其中，国有及国有控股企业实现利税14亿元，增长12%。

【固定资产投资】2012年，青岛市全市固定资产投资（包括城镇、农村500万元以上投资项目）4153.9亿元，增长22.3%。其中，第一产业投资68.5亿元，增长62.2%；第二产业投资1998.6亿元，增长35.7%；第三产业投资2086.8亿元，增长10.9%。

全年固定资产投资施工项目4198个，新开工项目3344个，竣工项目2496个；在建项目计划总投资规模10684.8亿元，增长10.1%。全年新增固定资产2376.5亿元，项目建成投产率59.5%，固定资产交付使用率57.2%。

全年房地产开发完成投资930.1亿元，增长18.8%。商品房竣工1211.6万平方米，增长33.7%；全市销售房屋面积950.9万平方米，下降7.5%。保障性安居工程施工面积613.1万平方米，竣工面积116.8万平方米。

【科学技术】2012年，青岛市全年全市共取得重要科技成果304项。获得国家级科技奖励9项，其中，技术发明奖2项，科技进步奖7项；获得省级科技奖励105项，其中，自然科学奖7项，技术发明奖5项，科技进步奖93项。

全年共成交技术合同项目2721项，成交额25.37亿元。全年专利申请量27009件，授权专利12689件。

【国内贸易和对外经济】2012年，青岛市全年实现社会消费品零售额2564.5亿元，增长14.9%。分地域看，城市市场实现零售额2133.25亿元，增长15.2%；农村市场实现零售额431.25亿元，增长13.0%。分行业看，批发和零售业实现零售额2242.11亿元，增长14.7%；住宿和餐饮业实现零售额322.39亿元，增长15.8%。

全年限额以上企业（单位）消费品零售额1051.82亿元，增长17.9%。限额以上单位实现汽车类零售额294.13亿元，增长7.4%；石油及其制品类零售额153.47亿元，增长30.1%；粮油、食品、饮料、烟酒类零售额119.22亿元，增长17.4%；日用品类零售额29.89亿元，增长16.4%；体育及娱乐用品类零售额5.88亿元，下降7.1%；化妆品类零售额19.66亿元，增长22.1%；金银珠宝类零售额23.71亿元，增长12.1%。

全市实现外贸进出口总额732.08亿美元，增长4.2%。其中，出口额408.2亿美元，增长3.6%，进口额323.88亿美元，增长5.0%。

据青岛海关统计，青岛口岸对外贸易进出口总额1489.2亿美元，下降1.3%，其中，出口额712.2亿美元，进口额777.0亿美元，分别下降2.4%和0.4%。

实际使用外资46亿美元，增长27.8%。

全年完成对外承包工程新签合同金额14.2亿美元，增长7.4%；营业额33.2亿美元，增长130.2%；对外劳务合作派出各类劳务人员7629人次，增长31.1%。

【交通、邮电和旅游】2012年，青岛市全年港口吞吐量41464.82万吨，增长9.2%；外贸吞吐量28936.1万吨，增长8.3%；集装箱吞吐量1450万标准箱，增长11.4%。

年末拥有国内航线95条，国际航线11条，港澳地区航线3条，全年航空旅客吞吐量达到1260.12万人次，增长7.6%；航空行货邮吞吐量17.19万吨，增长3.2%。

全年完成邮电业务总量208.68亿元，增长5.7%。其中，邮政业务总量6.02亿元，增长14%；电信业务总量202.65亿元，增长5.5%。信函8498万件，下降8.4%。2012年互联网用户累计达218.2万户，增长17.5%，使用时长达1980.22亿分钟，增长16.8%。年末固定电话用户达到253.15万户；全市移动电话发展到1178.95万户，其中，年内新增117.92万户。

全年全市旅游总收入807.58亿元，增长18.5%。其中国内旅游收入755.51亿元，增长18.5%；入境旅游（外汇）收入8.25亿美元，增长19.6%。全年共接待国内外游客5717.5万人次，增长12.6%；其中国内游客5590.5万人次，增长12.8%；入境游客127万人次，增长9.8%。年末A级旅游景区76处，其中，5A级旅游景区1处，4A级旅游景区21处；星级饭店157家，其中，5星级饭店9家，4星级饭店32家。

【金融和保险】2012年，青岛市年末金融机构本外币存款余额9818.33亿元，比年初增加917.05亿元；人民币存款余额9434.89亿元，比年初增加796.39亿元，其中，储蓄存款3757.6亿元，比年初增加559.09亿元。本外币贷款余额8632.84亿元，比年初增加1134.89亿元；人民币贷款余额7946.55亿元，比年初增加996.1亿元。

全年全市承保金额4.47万亿元，增长17.5%，实现保费收入160.29亿元，增长10%。其中：财产保费收入66.34亿元，增长16.1%；人身险保费收入93.95亿元，增长6.1%。赔款支出金额51.5亿元，增长11.1%；其中财产险赔付金额33.58亿元，人身险赔付金额17.92亿元。

3

2012年淄博市经济发展概况

【经济总量】2012年，淄博市全年实现地区生产总值（GDP）3500亿元，达3557.2亿元，按可比价格计算，比上年增长10.5%。其中，第一产业增加值123.7亿元，增长5.2%；第二产业增加值2101.2亿元，增长11.5%；第三产业增加值1332.3亿元，增长9.4%。三次产业比例由上年的3.6∶60.2∶36.2调整为3.5∶59.0∶37.5。人均生产总值77876元，比上年增长10%，按年均汇率折算为12361美元/人。

全年实现城镇新增就业14.7万人次，实现农村劳动力转移就业10万人次，失业人员再就业人数6.7万人，其中，困难群体再就业人数0.9万人。年末城镇登记失业率为2.5%，低于全年4%的控制目标。

月度居民消费价格（CPI）持续回落，从年初的上涨4.9%之后震荡下行，12月回落至1.3%。全年居民消费价格累计同比上涨2.3%，低于全国平均水平0.3个百分点，高于全省平均水平0.2个百分点。其中消费品价格上涨2.5%，服务项目价格上涨1.7%。分类别看，八大类消费品价格六升二降，食品、烟酒、衣着类分别上涨4.2%、3.8%、3.7%，家庭设备用品及维修服务、医疗保健和个人用品、居住类分别上涨1.9%、1.7%和1.6%；交通和通信、娱乐教育文化用品及服务均下降0.2%。工业生产者价格涨幅自年初逐月收窄，出厂价格、购进价格分别从4月份、5月份开始转为同比下降态势。全年工业生产者出厂价格下降2.12%，工业生产者购进价格下降0.57%。全年房屋销售价格累计同比上涨0.7%，涨幅比上年回落4.5个百分点，比一季度和上半年分别回落1.3个和0.5个百分点，比前三季度提高0.1个百分点。

【农业】2012年，淄博市全年实现农林牧渔业总产值219.4亿元，比上年增长5.3%。其中，农业总产值143.7亿元，增长5.3%；林业总产值11.7亿元，增长6.9%；牧业总产值53.2亿元，增长5.0%；渔业总产值4.3亿元，增长4.3%；农林牧渔服务业总产值6.5亿元，增长5.9%。

粮食连续十年增产增收，全年粮食总产量177.9万吨，比上年增长0.2%，其中夏粮77.7万吨，比上年增长0.4%，秋粮100.2万吨，与上年持平。畜牧业生产平稳增长，全年肉类总产18.5万吨，比上年增长4.2%。品牌农业、有机农业发展势头良好，都市农业顺利起步。“三品一标”品牌总数达257个，其中获得无公害认证农产品的数量35个、获得绿色认证农产品122个、获得有机认证农产品82个；获得国家地理标志农产品总数达18个。

【工业和建筑业】2012年，淄博市工业经济运行缓中趋稳。年末，全市规模以上工业企业3143家。全年规模以上工业总产值10532亿元，比上年增长14.2%。规模以上工业增加值比上年增长11.4%。分轻重工业看，轻工业增长8.1%，重工业增长12%；分行业看，37个行业大类中有32个行业实现增长。产销率达98%，比上年下降1.1个百分点。在调度的227种工业产品中，产量增长的有121种，占53.3%。其中陶质砖增长40%；化学纤维增长44.2%；汽车增长10.2%；钢材增长15.1%。

建筑业平稳较快发展。全市资质内建筑企业完成建筑业总产值746.5亿元，比上年增长21.2%。其中，建筑工程产值595.2亿元，增长29.7%；安装工程产值118.2亿元，增长13.0%。省外发展空间扩大，建筑企业在外省完成产值93.2亿元，增长68.6%，增幅比上年提高48.0个百分点。全年建筑业企业签订合同额1094亿元，增长24.8%。其中，本年新签合同额815.5亿元，增长23.6%。全年建筑业企业房屋建筑施工面积6268.0万平方米，比上年增长18.4%。其中，本年新开工面积3755.0万平方米，增长20.0%。

【固定资产投资】2012年，淄博市全年完成固定资产投资1743.3亿元，比上年增长20.5%。其中第一产业投资28.7亿元，增长40.5%；第二产业投资853.6亿元，增长23.7%，其中工业投资840.2亿元，增长23.2%；第三产业投资861亿元，增长17.0%。三次产业投资结构由上年的1.8：48：50.2调整为1.6：49：49.4。民间投资活跃。全年完成民间投资1565.4亿元，比上年增长23.3%；民间投资占全部投资额的89.8%，比上年提高3.8个百分点；改建和技术改造投资1084.8亿元，增长42.1%；占全部投资额的比重达62.2%，比上年提高9.2个百分点。投资项目规模扩大。全年新开工项目2291个，比上年增加118个，其中亿元以上项目283个，比上年增加42个。房地产投资下滑。受房地产调控政策影响，全年房地产开发完成投资155.7亿元，比上年下降21.1%。

【科学技术】2012年，淄博市全年取得重要科技成果207项，比上年增加11项。其中，农业领域6项，工业领域132项，医疗卫生领域65项。达到国际、国内领先先进水平的科技成果数分别为61项和146项。获得省以上科学技术奖27项，其中，国家科学技术奖2项。全年签订技术合同和技术合同成交金额大幅增加。签订技术合同567项，比上年增加294项，技术合同成交金额13.5亿元，比上年增长84.42%。国内专利申请量10120件，增长2.9%，专利授权量4401件，增长15.2%，其中，发明专利授权量541件，增长23.8%。

按新办法认定的高新技术企业达221家，比上年增加18家。年内新增15家院士工作站，累计达54家；博士后科研工作站（分站）达29家；现有省级重点实验室10个，市级以上工程技术研究中心和企业技术中心638家，增加102家，其中，省级研究中心211家，国家级9家。

全市拥有突出贡献的国家级中青年专家2人，省级中青年专家28人，享受国务院政府特殊津贴专家144人，新世纪百千万人才工程国家级人选4人；院士工作站进站院士增加10人，达44人。年末，全市取得高级专业技术资格人数达2.9万人，中级专业技术资格9.6万人。新增山东省首席技师7人，累计达52人；新增技师、高级技师1322人，累计达16303人。

【国内贸易和对外经济】2012年，淄博市全市上下克服经济增长放缓的不利影响，千方百计扩大内需，稳定市场，全年实现社会消费品零售总额1363.6亿元，比上年增长15.0%。其中，限额以上企业实现零售额820.4亿元，增长17.7%。城乡市场协调发展。城镇市场实现零售额786.4亿元，增长17.6%；乡村市场实现零售额34亿元，增长13.0%。

在限额以上企业商品零售中，金银珠宝类增长14.2%，服装、鞋帽、纺织品类零售额增长18.5%，家具类增长18.7%，建筑及装潢材料类增长14.9%，石油及制品类增长20.6%；汽车类实现零售额194.5亿元，增长23.7%，占限额以上批零企业零售额的比重达26%，比上年提高1.2个百分点。

全年实现进出口总额95.3亿美元，比上年增长5.5%。其中，出口53.2亿美元，下降0.1%；进口42.1亿美元，增长13.5%。从出口企业类型看，三资企业出口占主导地位，累计完成出口26.2亿美元，比上年下降1.7%；国有企业出口4亿美元，下降0.6%。从出口贸易方式看，一般贸易出口完成37.7亿美元，比上年下降1.1%，占出口总额的70.9%；加工贸易出口15.3亿美元，增长1.1%。新兴市场贸易额占比增加。全年与新兴市场的贸易额达56.8亿美元，占全部进出口额的59.6%，比上年提高5.6个百分点。出口增长最快的贸易伙伴是澳大利亚（15.2%）、俄罗斯（14.4%）和东盟（7.0%）；进口增长最快的贸易伙伴是俄罗斯（142.5%）、中国台湾（32.4%）和中东（22.3%）。从出口产品类型看，增幅较高的是农副产品及建材产品，出口额分别增长60.1%和24.7%；其次为机电产品和服装，出口分别增长17.4%和10.4%。出口份额较大的是石油化工产品，其出口额占全部出口总额的比重达27%。

全年累计新批外商投资企业24家，比上年减少8家；实际到账外资（外商直接投资）5亿美元，比上年增长11.2%；实际利用外资7.9亿美元，增长11.4%；全年批准项目个数47个，其中1000万美元以上项目个数18个。1000万美元以上项目到账外资（外商直接投资）3.3亿美元，增长1.2%。

【交通、邮电和旅游】2012年，淄博市年末，全市公路通车里程1.1万公里，其中，高速公路通车里程206公里。机动车保有量118.6万辆，比上年增加5.4万辆；其中，个人拥有汽车50.6万辆，增加6.5万辆。现有公共汽车线路271条；营运公交车2920辆，增加93辆；出租车6492辆。全年公路客运量4.2亿人次，比上年增长4.2%；货运量2.6亿吨，增长3.3%。公路客运周转量、货运周转量分别为140.8亿人公里和885.1亿吨公里。

全年邮政业务总量2.4亿元。函件总数2878.9万件；报纸、杂志累计份数分别达7543.4万份、333.5万份；集邮邮票388.4万枚。电信业务总量35.4亿元，增长12.3%，光缆线路总长度97.8万芯公里，增长13.7%。年末固定电话用户84.8万户，比上年减少3.6%；移动电话用户540.4万户，增长2.6%；国际互联网用户74.4万户，增长15.1%。

全市现有电子信息企业（电子信息产品制造业和软件业）164家，比上年新增15家。按新口径计算的电子信息产业实现主营业务收入、利税、利润依次为301.7亿元、44.1亿元、31.5亿元，比上年分别增长22.3%、25.8%、22.5%；其中软件业实现主营业务收入、利税、利润分别为11.4亿元、1.3亿元、0.8亿元，比上年分别增长81.6%、50.6%、54.7%。目前拥有省级电子制造产业基地（园区）4个，软件产业园1个，认证软件企业86家，登记软件产品378个，软件著作权236个。旅游产业不断发展壮大。年末，国家A级旅游区（点）总量达37处，其中，AAAA级旅游区（点）10处、AAA级旅游区（点）14处、AA级旅游区（点）13处。全年实现旅游外汇收入1.3亿美元，比上年增长11.9%；国内旅游收入302.9亿元，增长18.7%。接待海外游客23.2万人次，增长11.0%。其中，外国游客14.0万人次，增长2.3%；香港、澳门、台湾同胞游客91743人次，增长27.6%。接待国内游客3496.6万人次，增长14.1%。

【金融和保险】2012年年末，淄博市人民币各项存款余额3164.9亿元，比年初增加439.5亿元，新增额同比多增183.5亿元。其中，单位存款余额1376.7亿元，居民储蓄存款余额1690.2亿元。人民币各项贷款余额2109.8亿元，比年初增加237.4亿元，多增51.5亿元。贷款结构改善。短期贷款余额1366.9亿元，比年初增加246.2亿元，多增41.6亿元；中长期贷款余额644.4亿元，比年初减少36.4亿元，少增66.7亿元；个人消费贷款余额320.4亿元，比年初增加43.7亿元，多增16.6亿元。

年末，全市拥有商业保险分支机构45家，其中，财产保险机构22家，人寿保险机构23家。保险从业人员2.5万人，比上年增长8.7%。实现保费收入64.8亿元，增长7.2%。其中，产险保费收入24.1亿元，增长9.3%；寿险保费收入40.7亿元，增长6.0%。支付各项赔款与保险金13.6亿元，增长19.7%。其中，产险赔付10.9亿元，增长20.3%；寿险赔付2.7亿元，增长17.3%。保险深度为1.8%，比上年降低0.02个百分点。保险密度为1530.3元，人均增加132.3元。

4

2012年枣庄市经济发展概况

【经济总量】2012年，枣庄市全年实现地区生产总值（GDP）1702.92亿元，比上年增长10.7%。其中，第一产业增加值133.0亿元，增长4.2%；第二产业增加值991.33亿元，增长11.7%；第三产业增加值578.59亿元，增长10.4%。

产业结构逐步优化。三次产业结构由2008年的8.8：62.8：28.4调整为7.8：58.2：34.0。

2012年，省统计局、省科技厅重新确认的全市高新技术企业为203家，新增高新技术企业15家。全年实现高新技术产业总产值485.23亿元，增长16.3%，占规模以上工业总产值比重为15.47%，比上年提高1.08个百分点。

【农业】2012年，枣庄市农林牧渔及其服务业增加值133亿元，增长4.2%。其中：农业增加值93.9亿元，增长3.3%；林业增加值1.4亿元，增长8.5%；牧业增加值26.4亿元，增长5.7%；渔业增加值4.3亿元，增长9.4%。

粮食作物种植面积435.57万亩，总产量198.87万吨，增长4.5%。植树造林12075公顷，年末林木蓄积量573万立方米，森林覆盖率31.5%；肉类总产量26.55万吨，增长5.0%；水产品产量8.85万吨，增长7.4%。

【工业和建筑业】2012年，枣庄市规模以上工业增加值增长11.5%。其中，轻工业增长14.8%；重工业增长10.3%，轻工业快于重工业4.5个百分点。

规模以上工业企业主营业务收入3207.11亿元，增长9.8%；利润187.80亿元，增长7.6%；利税330.25亿元，增长8.6%。

年末三级及以上资质建筑企业220家，与年初持平。新签合同额336.72亿元，增长27.1%。完成产值222.14亿元，增长15.2%。完成增加值85.73亿元，增长13.0%。建筑业总产值超过亿元的企业只有46家，产值过5亿元的企业仅9家，产值过10亿元的仅5家，占全部企业个数的比例分别仅为20.9%、4.1%和2.3%。

【固定资产投资】2012年，枣庄市固定资产投资突破1000亿元，达到1044.62亿元，增长22.7%。

第一产业投资12.1亿元，增长34.9%；第二产业投资509.1亿元，增长14.2%；第三产业投资523.4亿元，增长34.0%，高于投资增幅11.3个百分点，且占全部固定资产投资比重首次超过二分之一。

实施总投资300亿元的九大基础建设，已完成投资239.8亿元；累计新开工投资过亿元项目523个，其中投资过10亿元大项目76个。一批重大产业、民生、环保项目顺利建成或加快推进。

【科学技术】2012年，枣庄市获得省科技进步奖7项，其中二等4项、三等奖3项；获得省软科学优秀成果奖4项，其中一等奖1项、二等奖3项。取得市科技进步奖120项。鲁南技术市场完成技术合同登记

300余项，技术交易额突破3亿元，是上年的1.5倍。

专利申请和授权数量保持较快增长。专利申请量2759件，增长18.9%，其中工业企业专利申请量1198件，增长74.4%；发明专利申请量696件，增长20.2%。专利授权量1864件，增长38.7%，其中工业企业专利授权量721件，增长154.8%；发明专利授权量112件，增长21.7%。

科技研发投入比重稳步提升。全社会研究与发展（R&D）活动经费占地区生产总值的1.0%。从事科技活动人员6901人，其中工程师占全部科技活动人员的65%。新认定省级工程技术研究中心4个，新认定市级工程技术研究中心13个；新增省级院士工作站2个，新增技术创新战略联盟1个。

【国内贸易和对外经济】2012年，枣庄市社会消费品零售总额突破500亿元，达到552.4亿元，增长15.0%。分区域看，城镇零售额413.5亿元，增长15.0%；乡村138.9亿元，增长14.7%。分限额看，限额以上212.3亿元，增长20.2%；限额以下340.1亿元，增长9.2%。

限额以上单位实现汽车类零售额35.6亿元，增长15.8%；服装鞋帽针纺织品类增长40.0%；化妆品类增长27.9%；金银珠宝类增长21.0%；建筑及装潢材料类增长29.5%；家用电器及音像器材类增长17.9%；家具类增长19.5%。

外贸出口逆势增长。进出口11.32亿美元，增长6.0%，其中出口9.40亿美元，增长11.3%，增幅居全省第2。机电产品出口1.73亿美元，增长27.0%；以天然橡胶为主的化工产品进口0.66亿美元，增长50.0%。

利用外资较快增长。新批外资项目24个，合同利用外资22484万美元，增长147.1%。实际到账外资14241万美元，增长19.0%。

完成对外承包工程营业额4790万美元，外派劳务人数513人，新设境外企业2家，境外投资额10055万美元。

【交通、邮电和旅游】2012年，枣庄市公路客运量7567万人，旅客周转量497439万人公里，分别增长2.8%和2.3%；公路货运量22695万吨，货物周转量2523581万吨公里，分别增长0.9%和5.2%。水路货物运输量980万吨，水路货运周转量445443万吨公里，分别增长1.6%和1.9%。港口货物吞吐量2121万吨，增长1.5%。

民用汽车37.02万辆，增加4.2万辆。其中当年新注册3.71万辆；属于个人拥有32.46万辆，其中轿车20.14万辆；载客汽车29.16万辆，载货汽车5.49万辆；营运性汽车5.89万辆，其中载客汽车0.48万辆，载货汽车3.61万辆。

交通基础设施完成固定资产投资14.56亿元（注：不含京沪高铁、枣临铁路、枣临高速公路三大项目投资）。年末公路通车里程达到7533.8公里（包括村道），其中，高速公路163.7公里。

邮政业务总量1.24亿元，增长10.0%。电信业务总量5.48亿元，增长0.7%；市内电话用户35.53万户，下降1.3%。移动电话业务总量48.55亿元，增长9.6%；移动电话用户317.16万户，增长4.0%。

共接待国内游客1357.1万人次，增长18.7%；国内旅游收入95.1亿元，增长25.9%；入境游4.1万人次，增长29.3%，其中外国人2.5万人，港澳台同胞1.6万人；旅游创汇0.11亿美元，增长10.5%。台儿庄古城顺利通过5A级验收，实现枣庄市5A级景区零的突破。

【金融和保险】2012年，枣庄市年末金融机构本外币存款余额1146.72亿元，增加172.48亿元；其中，本外币储蓄存款余额695.09亿元，增加122.81亿元。年末各项本外币贷款余额916.49亿元，增加101.52亿元。

保险业稳步发展。实现保费收入32.58亿元，增加2.13亿元，增长7.9%。其中财产险收入9.06亿元，增长10.3%；人身险收入23.52亿元，增长7.0%。支付赔款给付6.47亿元，增长6.0%。

5

2012年东营市经济发展概况

【经济总量】2012年，东营市全年实现地区生产总值（GDP）3000.66亿元，按可比价格计算，比上年增长12.1%。从三次产业看，第一产业增加值104.34亿元，增长4.0%；第二产业增加值2126.02亿元，增长12.2%；第三产业增加值770.30亿元，增长13.1%。三次产业结构由上年的3.7：71.6：24.7调整为3.5：70.8：25.7，第三产业占GDP的比重比上年提高1个百分点。人均生产总值145395元，按年均汇率折算为23033美元，增长11.1%。

全年居民消费价格比上年上涨2.4%，商品零售价格上涨1.8%。工业生产者出厂价格下降0.4%，工业生产者购进价格下降0.7%。

【农业】2012年，东营市全年实现农林牧渔业总产值205.38亿元，按可比价格计算，比上年增长4.1%。其中，农业总产值76.17亿元，下降0.6%；林业总产值1.91亿元，增长10.9%；牧业总产值62.80亿元，增长7.2%；渔业总产值48.34亿元，增长5.6%；农林牧渔服务业总产值16.17亿元，增长10.6%。

全年粮食播种面积176.17万亩，比上年下降0.1%；粮食总产量75.91万吨，下降6.9%。其中，夏粮播种面积78.82万亩，下降4.7%；夏粮总产量34.41万吨，下降2.5%；秋粮播种面积97.35万亩，增长2.7%；秋粮总产量41.50万吨，下降10.4%。棉花播种面积209万亩，增长4.7%；棉花总产量（皮棉）12.86万吨，下降13.7%。

【工业和建筑业】2012年，东营市全年规模以上工业总产值突破万亿，达10312.60亿元，比上年增长25.9%，其中地方工业总产值9029.64亿元，增长30.4%。规模以上工业增加值增长12.7%，其中地方工业增加值增长22.4%。分轻重工业增加值看，轻工业增长16.7%，重工业增长12.4%。分经济类型增加值看，国有经济增长15.3%，股份制经济增长12.9%，外商及港澳台商经济增长17%。规模以上工业企业产销率98.65%，比上年降低0.3个百分点。

全年规模以上工业主营业务收入突破万亿，达10292.82亿元，比上年增长24.3%，其中地方实现主营业务收入8945.26亿元，增长28.3%。利润1177.64亿元，增长18.7%，其中地方工业利润784.80亿元，增长35.1%。利税1898.27亿元，增长15.4%，其中地方工业利税1091.02亿元，增长36.7%。工业经济效益综合指数691.88，比上年提高37.5个百分点。

【固定资产投资】2012年，东营市全年完成固定资产投资1963.00亿元，比上年增长23.4%，其中地方项目完成投资1686.23亿元，增长23.5%。分产业看，第一产业投资64.1亿元，增长14.3%；第二产业投资1280.32亿元，增长24.8%；第三产业投资618.57亿元，增长25.5%。从到位资金情况看，全年到位资金1896.19亿元，增长22.1%。其中，国家预算资金增长13.1%，国内贷款增长18.0%，自筹资金增长22.5%。

全年房地产开发投资147.75亿元，比上年增长20.2%。房屋施工面积1066.6万平方米，增长6.7%；房屋竣工面积224.8万平方米，下降31.1%。商品房销售面积381.7万平方米，下降5.7%；商品房销售额168.78亿元，下降2.9%。

【科学技术】2012年，东营市全年新上省级以上科技项目152项，其中列入国家科技支撑、省自主创新专项等重大科技计划项目17项；获省级以上科技奖励18项；“千人计划”特聘专家5名；4家企业获批设立“泰山学者”岗位。技术市场签订技术合同数3560份，合同金额16.9亿元，比上年增长10%。省级工程技术研究中心48家；企业重点实验室3家；省级企业院士工作站10家，其中新认定3家；省级国际科技合作平台7家，其中新认定4家；国家级示范生产力促进中心2家，其中新认定1家。省级产业技术创新战略示范联盟6家，其中新认定3家。高新技术企业88家，省级以上创新型（试点）企业24家，建成3个国家火炬计划特色产业基地。规模以上工业高新技术产业实现产值3337.16亿元，增长32.9%，占规模以上工业总产值的比重32.36%，比年初提高1.5个百分点。全年专利申请量3434件，授权量2576件；累计专利申请量26377件，授权量16963件。

【国内贸易和对外经济】2012年，东营市全年实现社会消费品零售总额516.08亿元，比上年增长15.0%，其中限额以上法人企业和个体户实现零售额358.17亿元，增长20.9%。按销售单位所在地分，城镇市场实现零售额444.21亿元，增长14.9%；乡村市场实现零售额71.87亿元，增长15.7%。按行业分，批发和零售贸易业实现零售额473.89亿元，增长15.1%；住宿和餐饮业实现零售额42.19亿元，增长13.9%。

全年完成进出口123.70亿美元，比上年增长20.7%。其中，出口49.83亿美元，增长14.3%；进口73.86亿美元，增长25.5%。按贸易方式划分，加工贸易出口34.67亿美元，增长13.2%；一般贸易出口13.65亿美元，增长20.3%。从出口市场情况看，对亚洲地区出口18.37亿美元，增长9.3%；对欧洲出口9.20亿美元，下降11.6%；对北美出口7.42亿美元，增长20.7%。从重点产品出口情况看，轮胎出口30.85亿美元，增长15.5%；石油机械设备出口8.35亿美元，增长33.0%；电器电子类出口1.78亿美元，下降37.0%；纺织服装出口1.37亿美元，下降0.1%。

全年新批外商投资企业21家，合同外资2.28亿美元，比上年下降15.5%。实际利用外资1.62亿美元，增长15.7%。承接服务外包合同额1.45亿美元，增长19.8%；完成外包执行金额1.48亿美元，增长48.8%，其中离岸执行额1.46亿美元，增长54.8%。对外承包工程完成营业额4.32亿美元；外派劳务人员1837人。新设境外投资企业（机构）14家，中方协议投资额0.86亿美元。

【交通、邮电和旅游】2012年，东营市全年完成公路旅客运输量4333万人、旅客运输周转量41.79亿人公里，比上年分别增长3.8%和3.0%；完成公路货物运输量6888万吨、货物运输周转量146.62亿吨公里，分别增长3.9%和10.0%。完成港口货物吞吐量831万吨，增长35.8%；完成水上旅客运输量60万人，旅客运输周转量403万人公里，分别增长338.8%和6.8%；完成水上货物运输量164万吨，货物运输周转量159.44亿吨公里，分别增长7.9%和9.6%。全市农村公路完成投资4.2亿元，新、改建农村公路466公里。年末全市公路通车里程8482公里。按行政等级分，国道202公里，省道669公里，县道515公里，乡道1550公里，专用公路1201公里，村道4347公里。按技术等级分，高速公路181公里，一级公路314公里，二级公路613公里，三级公路409公里，四级公路6965公里。全年完成邮政总量2.21亿元，比上年增长13.4%。国内函件1157.08万件，增长88.4%；国内包件8.17万件，增长11.9%。电信业务总量39.76亿元，增长6.3%；实现营业收入21.13亿元，增长13.4%。移动电话用户数331.44万户，减少4.8%；固定电话用户数54.17万户，减少3.1%；互联网用户数50.56万户，增长34.7%；移动、固话交换机总容量482.22万门；光缆长度58.24万公里，增长32.1%。年末，全市2A级以上旅游景区23家。其中，4A级景区2家，3A级景区9家。旅行社（分社）107家，出境组团社9家。其中，2012年新增旅行社9家，新增出境组团社3家。星级饭店31家，其中五星级2家、四星级4家；星级餐馆25家。全年接待游客943.39万人次，实现旅游总收入70.60亿元，比上年分别增长21.1%和24.2%。其中，接待国内游客938.10万人次，实现国内旅游收入67.40亿元，分别增长21.1%和24.3%；接待入境旅游5.30万人次，入境旅游收入0.51亿美元，分别增长23.0%和23.2%。入境旅游中接待外国人38633人次，港澳台同胞14633人次；过夜旅游者264262人天。

【金融和保险】2012年，东营市全年实现公共财政预算收入158.71亿元，增长17.3%，其中税收收入111.61亿元，增长15.5%，占地方财政收入的70.3%。公共财政预算支出208.40亿元，增长15.9%。其中，教育支出增长23.3%，科学技术支出增长48.4%，社会保障和就业支出增长36.6%，节能环保支出增长31.1%。

全年保费收入42.53亿元，比上年增长2.0%。其中，财产险保费收入18.19亿元，增长16.4%；人寿险保费收入24.34亿元，下降6.7%。全年赔付额10.96亿元，增长34.1%。其中，财产险赔付额9.48亿元，增长41.9%；人寿险赔付额1.48亿元，下降1.0%。

6

2012年烟台市经济发展概况

【经济总量】2012年，烟台市全年实现地区生产总值（GDP）5281.38亿元，按可比价格计算，比上年增长10.3%。其中，第一产业增加值377.31亿元，增长4.6%；第二产业增加值2985.09亿元，增长10.2%；第三产业增加值1918.98亿元，增长11.6%。第一产业增加值占生产总值的比重为7.2%，第二产业增加值比重为56.5%，第三产业增加值比重为36.3%。人均生产总值75672元，增长10.2%。全年居民消费价格（CPI）比上年上涨1.8%。其中，消费品价格上涨2.3%，服务项目价格上涨0.3%。八大类商品和服务项目价格中，食品类和烟酒及用品类价格均上涨3.8%，衣着类价格上涨3.7%。全年固定资产投资价格比上年上涨2.0%。工业生产者出厂价格下降2.1%，工业生产者购进价格下降1.1%。新建住宅销售价格下降1.5%，二手住宅销售价格下降2.9%。

【农业】2012年，烟台市全年农林牧渔业实现增加值377.31亿元，增长4.6%。其中，农业增加值186.94亿元，增长4.6%；林业增加值8.10亿元，增长9.3%；牧业增加值62.81亿元，增长6.8%；渔业增加值107.71亿元，增长2.9%；农林牧渔服务业增加值11.75亿元，增长6.0%。

全年粮食总产量达到269.69万吨，比上年增加8.94万吨，增长3.4%。其中，夏粮98.96万吨，增长5.0%；秋粮170.73万吨，增长2.5%。全年粮食播种面积为40.40万公顷，比上年减少0.17万公顷；油料面积10.95万公顷，减少0.17万公顷；蔬菜面积3.98万公顷，下降0.3%。全年油料产量46.26万吨，增长2.1%；蔬菜产量195.67万吨，增长1.4%；水果产量506.42万吨，增长4.8%，其中苹果产量419.3万吨，增长5.5%。

【工业和建筑业】2012年，烟台市全年全部工业实现增加值2694.25亿元，增长11.2%。规模以上工业实现增加值比上年增长11.4%，其中，国有企业增加值比上年增长4.3%，集体企业增长13.3%，股份制企业增长8.4%，外商及港澳台商投资企业增长16.8%。

全市规模以上工业实现主营业务收入12627.04亿元，比上年增长16.0%；工业产品产销率99.05%；实现利润、利税分别为971.15亿元、1274.38亿元，分别增长11.0%和12.2%。全市食品、机械、黄金、电子四大支柱产业共1450家企业，全年实现主营业务收入7547.78亿元，增长19.8%。其中，食品工业1585.54亿元，增长3.4%；机械工业2367.60亿元，增长18.0%；黄金工业1493.32亿元，增长24.3%；电子工业2101.32亿元，增长17.7%。

【固定资产投资】2012年，烟台市全年固定资产投资完成3043.92亿元，比上年增长20.5%。全年新开工项目2239个，增长12.7%，完成投资1566.40亿元，增长54.5%。国有经济投资473.22亿元，增长33.1%；集体经济投资411.20亿元，增长18.9%；股份制经济投资1077.36亿元，增长13.8%；个体私营投资707.01亿元，增长25.3%；外商投资为162.12亿元，增长22.2%。

在固定资产投资中，第一产业完成投资36.10亿元，增长22.8%；第二产业完成投资1191.26亿元，增长12.7%，其中工业投资1177.97亿元，增长12.5%；第三产业完成投资1816.56亿元，增长26.2%。高新技术产业投资347.25亿元，增长15.5%。改建和技术改造投资完成1243.55亿元，增长25.5%，占全社会投资的40.9%。

【科学技术】2012年，烟台市全市规模以上高新技术产业实现产值4936.58亿元，比上年增长

19.4%。全年新增高新技术企业39家，总数达到187家。全市共取得各类科技成果216项，其中，获国家科技进步二等奖3项，国家技术发明二等奖1项；省科技奖43项，其中省科技进步一等奖6项、二等奖17项、三等奖17项，省技术发明奖1项，省自然科学奖1项，省国际科学技术合作奖1项。全年专利申请量9571件，比上年下降5.6%，专利授权量5801件，比上年增长26.0%。其中，发明专利申请量3640件，增长38.5%；发明专利授权量658件，增长56.3%。年内全市引进各类人才3.3万人，其中博士、硕士等高层次人才2300多人，引进海外留学人才210人。全市拥有院士2名，国家"千人计划"专家13名；山东省优秀创新团队4个，山东省泰山学者"攀登计划"人选1名，泰山学者海外特聘专家22名，泰山学者特聘专家16名；烟台市"双百计划"人才38名。其中，2012年新入选国家"千人计划"人才6名，省泰山学者海外特聘专家11名，省泰山学者特聘专家3名，市"双百计划"人才31名。

全年我市新增国家级创新型试点企业1家、国家级产业技术创新战略示范联盟2家；新增省级工程技术研究中心7处，目前共有省级以上工程技术研究中心61处；新增省产业技术创新战略示范联盟3家，总数达到7家；新增省企业重点实验室5家，总数达到15家；新增省企业院士工作站5家，总数达到19家。中国科学院上海药物研究所烟台分所正式落户。

【国内贸易和对外经济】2012年，烟台市全市实现社会消费品零售总额1859.82亿元，比上年增长15.1%。按经营地统计，城镇消费品零售额1491.39亿元，增长15.1%；乡村消费品零售额368.44亿元，增长14.8%。按消费形态统计，商品零售1687.64亿元，增长14.1%；餐饮收入172.18亿元，增长24.8%。

全市实现外贸进出口总额478.02亿美元，比上年增长5.4%。其中，进口194.43亿美元，增长4.2%；出口283.59亿美元，增长6.2%。出口总额中，机电产品出口182.31亿美元，增长1.0%，占出口总额的比重为64.3%；高新技术产品出口80.6亿美元，下降7.5%，占出口总额的比重为28.4%。按贸易方式分，一般贸易出口80.22亿美元，增长21.9%；加工贸易出口17.15亿美元，增长47.4%。

全市新批利用外资项目288个，比上年增加79个，其中总投资3000万美元以上项目30个；全市注册外资24.34亿美元，增长15.1%；实际到帐外资14.10亿美元，增长10.8%。

对外承包工程和劳务合作新签合同额3.5亿美元，完成营业额3.4亿美元，分别增长37.8%和32.3%。外派劳务人员2231人，增加9.1%；期末在外人员4816人，减少10.8%。

【交通、邮电和旅游】2012年，烟台市全市交通运输仓储和邮政业完成增加值134.79亿元，按可比价计算，比上年下降2.1%。全年旅客运输量35896.75万人次，增长6.0%。其中，公路34656万人次，增长5.8%；铁路442.2万人次，增长8.1%；水路640万人次，增长10.5%；航空158.55万人次，增长18.2%。全年货物运输量21940.69万吨，增长5.1%。其中，公路16260万吨，增长12.5%；铁路1820.6万吨，下降22.9%；水路3858万吨，下降4.8%；航空2.09万吨，下降11.2%。全年旅客周转量136.85亿人公里，增长5.6%。其中，公路旅客周转量130.55亿人公里，比上年增长6.0%；水运旅客周转量6.30亿人公里，比上年下降0.9%。全年货物周转量871.67亿吨公里，比上年下降17%。其中，公路货物周转量458.50亿吨公里，增长10.2%；水运货物周转量413.17亿吨公里，下降34.8%。沿海港口货物吞吐量27029.8万吨，增长

11.0%，其中集装箱货物吞吐量185万标箱，增长8.3%。年末公路通车里程15934.3公里。其中一级公路通车里程916.3公里，高速公路通车里程496.3公里。年末航空通航城市39个；全年起落架次3.13万架次，增长17.8%；全年旅客吞吐量达298.45万人，增长17.2%；全年全市货邮吞吐量4.01万吨，下降3.4%。

年末民用汽车拥有量达到96.67万辆，比上年增长11.3%，其中本年新注册13.11万辆，增长2.8%。年末私人汽车保有量83.71万辆，增长12.6%。私人轿车保有量为45.96万辆，增长21.7%，其中本年新注册7.88万辆。

全年完成邮电业务总量65.15亿元，比上年增长5.7%。其中，邮政业务总量4.48亿元，比上年增长10.8%；电信业务总量60.67亿元，增长5.3%。年末固定电话用户174.25万户，增长1.1%；移动电话用户833.48万户，增长5.8%，其中3G移动电话用户119.39万户。计算机互联网用户达119.87万户，比上年增长23.2%，其中，宽带用户达111.31万户，增长16.0%。

全年实现旅游总收入475.51亿元，比上年增长17.9%。其中，国际旅游外汇收入4.81亿美元，增长2.8%；国内旅游收入445.11亿元，增长19.2%。全年接待海内外旅游者4502.99万人次，增长14.9%。其中接待入境旅游者53.02万人次，下降3.4%。2012年年末全市拥有旅游星级宾馆饭店117家，其中四星级以上24家。A级旅游景区44家，其中5A级景区3家，4A级景区13家，3A级旅游景区8家，2A级旅游景区19家。各类旅行社210家，其中经营出境旅游业务的旅行社8家。全市共举办各类会展活动132个，比上年增加11个；展位总数2.65万个，增长6.0%。

【金融和保险】2012年，烟台市年末金融机构本外币各项存款余额5286.02亿元，比年初增加812.79亿元，其中居民储蓄存款余额2786.96亿元，增加403.42亿元。金融机构本币各项存款余额5054.35亿元，比年初增加669.84亿元。全市金融机构本外币贷款余额3560.15亿元，增加489.19亿元，其中本币贷款余额3327.52亿元，增加364.10亿元。其中，短期贷款增加235.81亿元，中长期贷款增加61.89亿元。

全市拥有地市级保险机构61家，全年完成保费收入108.14亿元，增长9.9%；赔付32.58亿元，增长29.6%。其中，人身险公司33家，全年完成保费收入71.96亿元，增长7.4%；人身险赔付14.44亿元，增长44.3%。财产险公司28家，保费收入36.18亿元，增长15.1%；赔付18.14亿元，增长19.9%，赔付率为59.03%。

7

2012年潍坊市经济发展概况

【经济总量】2012年，潍坊市全年实现地区生产总值（GDP）4012.43亿元，按可比价格比上年增长10.6%。一、二、三、四季度GDP分别增长9.1%、9.6%、10.5%、10.6%，呈现平稳上升且持续向好发展趋势。其中，第一产业增加值390.52亿元，增长5.2%；第二产业增加值2166.17亿元，增长11.7%，其中工业增加值1952.43亿元，增长12.0%；第三产业增加值1455.74亿元，增长10.5%。一、二、三产业对经济增长的贡献率分别为4.9%、61.9%和33.2%，分别拉动GDP增长0.5个、6.6个和3.5个百分点。按常住人口计算，人均GDP达到43681元（按年末汇率折算为6950美元），比上年增长9.8%。三次产业比重由上年的10.14∶55.38∶34.48调整为9.73∶53.99∶36.28，三产比重提高1.8个百分点，产业结构进一步优化。

【农业】2012年，潍坊市2012年完成农林牧渔业总产值774.6亿元，按可比价格计算增长5.2%。

粮食总产实现"十连增"。据全面统计，全市粮食播种面积达到1204.6万亩，与上年基本持平，全年粮食总产量552.0万吨，增长3.4%；棉花产量4.9万吨，减少2.4%；油料产量24.4万吨，减少2.7%；烤烟产量3.8万吨，增长29.1%；蔬菜产量1153.0万吨，增长2.1%；水果产量89.5万吨，增长1.2%。

畜牧业生产稳定发展。全市肉类总产量142.4万吨，增长5.2%；禽蛋产量26.2万吨，减少2.3%；奶类产量31.1万吨，增长12.1%；大牲畜年末存栏39.9万头，同比减少5.9%；猪年末存栏465.7万头，增长3.5%；家禽年末存栏12597万只，增长4.9%；生猪年末出栏800万头，增长9.8%；家禽年末出栏51139万只，增长3.3%。

【工业和建筑业】2012年年底，潍坊市至全市规模以上工业企业达到4254家（年主营业务收入2000万元及以上工业法人企业），比上年增加198家，实现工业增加值同比增长13.5%。分登记注册类型看，国有企业增加值同比增长11.8%，集体企业增长4.6%，股份合作制企业增长17.9%，股份制企业增长16.1%，外商及港澳台商投资企业增长7.5%。分轻重工业看，重工业增加值增长12.2%，轻工业增长15.4%。

全市规模以上工业实现主营业务收入10684.4亿元，增长14.4%；实现利润总额545.5亿元，增长3.5%；实现利税总额837.4亿元，增长5%；全年产品销售率为98.5%。全市海洋化工业、动力机械业、食品加工业、纺织服装业、电子信息业、造纸包装业六大支柱产业全年实现主营业务收入7583.8亿元，增长14%。其中，海洋化工业实现主营业务收入1974.1亿元，增长14.5%；动力机械业实现主营业务收入1852.8亿元，增长7.8%；食品加工业实现主营业务收入1461.9亿元，增长22.4%；纺织服装业实现主营业务收入1461.6亿元，增长10.9%；电子信息业实现主营业务收入434.4亿元，增长17.6%；造纸包装业实现主营业务收入399亿元，增长21.6%。

全市501家资质以上建筑施工企业完成产值578亿元，增长10.2%。全员劳动生产率23.4万元/人，增长23.8%。总承包和专业承包建筑企业房屋建筑施工面积6386.6万平方米，同比增长9.5%。其中实行投标承包工程面积4975.5万平方米，增长9.2%，占施工工程面积的77.9%。

【固定资产投资】2012年，潍坊市全市固定资产投资完成3012.9亿元，比上年增长22.3%。3979个投资施工项目中总投资过1000万元的项目3899个，占总数的98%。按产业分类分，一产投资完成117.8亿元，增长18.1%；二产投资完成1178亿元，增长22.1%；三产投资完成1717.2亿元，增长22.8%。按区域分，城镇投资完成2391.0亿元，增长21.0%；农村投资完成621.9亿元，增长27.9%。

科学投入亮点显现。科学投入中，现代农业完成投资113.5亿元，增长42.1%，占固定资产投资比重为3.8%；文化产业（核心层）完成投资528.3亿元，增长50.1%，占全部固定资产投资比重为17.5%；惠民工程完成投资927.5亿元，增长28.5%，占全部固定资产投资比重为30.8%；新兴产业完成投资428.5亿元，增长20.0%，占工业投资比重为36.5%。

房地产开发投资趋缓。全市共完成房地产开发投资468.8亿元，增长15.5%。其中，住宅投资336.9亿元，增长7.6%。全年商品房销售额427.2亿元，下降4.3%；商品房销售面积1107.9万平方米，下降10.8%。

【科学技术】2012年，潍坊市实施各类各级科技计划491项，争取省级以上科技计划项目307项。全市培育优秀科研成果450项，评审出市级科技进步奖150项，95%以上成果达到国内领先水平。获得省级以上科技进步奖33项，其中联兴碳素的“罐式煅烧炉高温煅后焦余热利用关键技术研发与应用”等2项成果荣获山东省科技进步一等奖。全市承担省级以上各类科技计划项目307项，争取无偿经费3.2亿元，项目、资金数均居全省首位。其中，盛瑞传动8AT自动变速器等3个项目获科技部重大专项扶持资金3871万元，浪潮华光SIC衬底外延制备高校白光LED技术等3个项目新列入国家“863”计划，争取资金4937万元。

高新技术产业较快发展。2012年全市实现高新技术产业产值2899.5亿元，占规模以上工业比重为27.3%，比上年提高1.5个百分点，增幅高于全省平均水平。培育认定高新技术企业82家，国家火炬重点高新技术企业11家，盛瑞传动等20家企业被确定为省级创新型企业，豪迈科技等21家企业被确定为省级创新型试点企业，数量均居全省前列。寿光卤水综合利用、诸城汽车零部件产业基地被科技部批复为国家火炬计划特色产业基地，全市国家级特色产业基地达到6家，成为高新技术产业发展的隆起带和示范区。高新区宝兴孵化器认定为国家级孵化器，寿光软件园等3家孵化器认定为省级孵化器。目前全市已建成市级以上孵化器12家，其中省级孵化器发展到6家，国家级4家。新增省级工程技术研究中心21家，全市市级以上工程技术研究中心发展到628家，其中省级118家。全市省级以上重点实验室总数达到12家。

【国内贸易和对外经济】2012年，潍坊市全市实现社会消费品零售总额1551.6亿元，比上年增长15%。其中，限额以上批零住餐贸易企业实现零售额741.2亿元，比上年增长13.2%。按城乡市场分，城镇零售额实现1118.6亿元，增长14.8%；乡村零售额实现433亿元，增长15.5%。按消费形态分，批发零售业零售额1397.7亿元，增长15.1%；住宿餐饮业零售额153.9亿元，增长14.2%。

商贸服务繁荣发展，诚信商贸企业创建成效显著，城乡消费环境进一步改善。全年举办规模以上展会45场次，成交额296.9亿元。在建的60个物流重点项目完成投资75亿元。新增A级以上物流企业4家，总数达到12家。12343家政服务网络中心功能完善提升，8个县市及坊子区、寒亭区、高新区、滨海区都建成了Ve12343家政服务网络中心县市区分中心，建成109个社区综合家政服务中心。商品交易市场建设进度加快。各类市场发展到1017处，其中交易额过亿元的市场141处，营业面积737万平方米，交易额突破910亿元。“万村千乡市场工程”扎实推进。新建农产品流通中心1处，乡镇商贸中心11处，标准化农家店600个，信息化农家店580个。生猪屠宰企业资质清理审查步伐加快，定点屠宰企业由118家压减到81家。“放心早餐”工程、“农超对接”等惠民工程深入推进。“农超对接”超市发展到166个、农产品生产加工企业420家，设立再生资源回收站亭210个。中心城区“放心早餐”供应网点达到330处。

完成进出口总额149.8亿美元，同比增长6.3%。其中出口109.7亿美元，增长5.8%，列青岛、烟台之后跃居全省第3位，比上年提升1个位次；进口40亿美元，增长7.5%，增速高于全省1.5个百分点。从主要市场看，对美国出口增长17.2%，对非洲、南美洲、大洋洲等新兴市场分别增长10.2%、21.4%、4.3%。诸城市、寿光市、安丘市、高密市成功创建国家级出口食品农产品质量安全示范区，数量居全省第一。

完成对外承包劳务营业额1.9亿美元，增长30.6%。外派劳务5050人次，增长12.9%。新设立境外投资企业（机构）58个，新增境外投资额3.8亿美元，增长114.3%。援外项目取得新突破，福田雷沃援助蒙古国8000台套农机具等3个援外物资和培训项目成功实施。以桑莎集团为主建设的柬埔寨（山东）工业园正式挂牌，成为潍坊市第一家境外工业园区。潍柴动力先后并购意大利法拉帝和德国凯傲公司，其中对凯傲公司投资7.4亿欧元，是我国企业在德国最大的一笔直接投资。

【交通、邮电和旅游】2012年，潍坊市全年累计完成交通基础设施投资95.5亿元。其中，公路累计完成投资50.8亿元；港航、客货运场站、管道建设、城市公交等完成投资44.7亿元。全市公路通车里程达到24456公里，公路密度达到153公里/百平方公里，通车里程位居全省第一位。全市营业性机动车辆达到14.4万辆，其中线路客车（含旅游）3136辆，载货汽车111385辆，出租车4601辆，其他机动车及拖拉机24552辆。海运船舶结构趋于大吨位、专业化，运力达到91.0万载重吨。2012年，全市道路运输共完成客运量2.3亿人次，旅客周转量108.4亿人公里；完成公路货运量2.3亿吨，货物周转量738.4亿吨公里；水上运输完成货运量1264.3万吨，货物周转量100亿吨公里。潍坊港完成货物吞吐量2031.4万吨。航空运输完成旅客运送量14万人次，货邮吞吐量1.8万吨。青临铁路完成货运量120万吨。市公交公司累计完成客运量1.4亿人次。

全市完成邮政业务总量3.9亿元，同比增长5.1%。其中，国内包裹21.8万件，增长10.1%；报纸杂志11254.1万份，增长3.1%。全市电信企业实现电信业务总量63.3亿元，同比增长6.4%。电话用户总数为1101.5万户，普及率达121.2%，同比增长11.6%。其中，固定电话用户175.5万户，固定电话普及率19.3部/百人；移动电话用户926.0万户，其中3G用户151.0万户。互联网用户达到441.4万户，其中无线上网用户339万户，互联网普及率达到48.6%；通信光缆总长度126万芯长/公里；互联网出口带宽520G。广播电视综合人口覆盖率达到99.8%，有线电视用户达到239万户，比上年增加1万户，其中数字电视用户数160万户。有线电视通村率和入户率分别达到100%和88.5%。

【金融和保险】2012年，潍坊市金融运行呈良好发展态势。全市金融机构存、贷款总量增长较快，经营效益明显提高，支持了全市经济又好又快发展。年末，全市金融机构本外币各项存款余额为4437.8亿元，比年初增加688.9亿元，增长18.4%。全市金融机构本外币各项贷款余额达3531.9亿元，比年初增加530.4亿元，增长17.7%。金融机构经营效益大幅增加，实现盈利111.5亿元，同比增盈13.7亿元。

2012年，驻潍市级保险机构由上年的52家增加到58家，县市区保险机构由上年的241家增加到311家。全市实现保费收入94.7亿元，同比增长5.6%，各项赔给付27.4亿元，增长16.2%。其中，财产险保费收入37.3亿元，比上年增长17.6%；人身险保费收入57.5亿元，比上年降低0.9%，赔给付8.9亿元，比上年增长12.1%。承担社会经济风险12663.1亿元，增长12.3%。

8

2012年济宁市经济发展概况

【经济总量】2012年，济宁市全年实现地区生产总值（GDP）519322亿元，比上年增长7.8%。其中，第一产业增加值52377亿元，增长4.5%；第二产业增加值235319亿元，增长8.1%；第三产业增加值231626亿元，增长8.1%。第一产业增加值占国内生产总值的比重为10.1%，第二产业增加值比重为45.3%，第三产业增加值比重为44.6%。

全年居民消费价格比上年上涨2.6%，其中食品价格上涨4.8%。固定资产投资价格上涨1.1%。工业生产者出厂价格下降1.7%。工业生产者购进价格下降1.8%。农产品生产者价格上涨2.7%。

【农业】2012年，济宁市全年粮食种植面积11127万公顷，比上年增加69万公顷；棉花种植面积470万公顷，减少34万公顷；油料种植面积1398万公顷，增加12万公顷；糖料种植面积203万公顷，增加9万公顷。

全年粮食产量58957万吨，比上年增加1836万吨，增产3.2%。其中，夏粮产量12995万吨，增产2.8%；早稻产量3329万吨，增产1.6%；秋粮产量42633万吨，增产3.5%。其中，主要粮食品种中，稻谷产量20429万吨，增产1.6%；小麦产量12058万吨，增产2.7%；玉米产量20812万吨，增产8.0%。

【工业和建筑业】2012年，济宁市全年全部工业增加值199860亿元，比上年增长7.9%。规模以上工业增加值增长10.0%。在规模以上工业中，国有及国有控股企业增长6.4%；集体企业增长7.1%，股份制企业增长11.8%，外商及港澳台商投资企业增长6.3%；私营企业增长14.6%。轻工业增长10.1%，重工业增长9.9%。

全年规模以上工业中，农副食品加工业增加值比上年增长13.6%，纺织业增长12.2%，通用设备制造业增长8.4%，专用设备制造业增长8.9%，汽车制造业增长8.4%，计算机、通信和其他电子设备制造业增长12.1%，电气机械和器材制造业增长9.7%。六大高耗能行业增加值比上年增长9.5%，其中，非金属矿物制品业增长11.2%，化学原料和化学制品制造业增长11.7%，有色金属冶炼和压延加工业增长13.2%，黑色金属冶炼和压延加工业增长9.5%，电力、热力生产和供应业增长5.0%，石油加工、炼焦和核燃料加工业增长6.3%。高技术制造业增加值比上年增长12.2%。

全年规模以上工业企业实现利润55578亿元，比上年增长5.3%，其中国有及国有控股企业14163亿元，下降5.1%；集体企业819亿元，增长7.5%，股份制企业32867亿元，增长7.2%，外商及港澳台商投资企业12688亿元，下降4.1%；私营企业18172亿元，增长20.0%。

全年全社会建筑业增加值35459亿元，比上年增长9.3%。全国具有资质等级的总承包和专业承包建筑业企业实现利润4818亿元，增长15.6%，其中国有及国有控股企业1236亿元，增长21.9%。

【固定资产投资】2012年，济宁市全年全社会固定资产投资374676亿元，比上年增长20.3%，扣除价格因素，实际增长19.0%。其中，固定资产投资（不含农户）364835亿元，增长20.6%；农户投资9841亿元，增长8.3%。东部地区投资151742亿元，比上年增长16.5%；中部地区投资87909亿元，增长24.1%；西部地区投资88749亿元，增长23.1%；东北地区投资41243亿元，增长26.3%。

在固定资产投资（不含农户）中，第一产业投资9004亿元，比上年增长32.2%；第二产业投资158672亿元，增长20.2%；第三产业投资197159亿元，增长20.6%。

全年房地产开发投资71804亿元，比上年增长16.2%。其中，住宅投资49374亿元，增长11.4%；办公楼投资3367亿元，增长31.6%；商业营业用房投资9312亿元，增长25.4%。

全年新开工建设城镇保障性安居工程住房781万套（户），基本建成城镇保障性安居工程住房601万套。

【科学技术】2012年，济宁市全市实施科技计划项目439项，其中国家级项目81项，省级124项，市级234项。技术创新成果丰硕。取得重要科研成果180项，有123项科研成果获得国家、省、市科技进步奖，其中1项获国家科技进步奖，23项获省科技进步奖，99项获市科技进步奖。全市申请专利6909项，专利授权5457项，4项专利获第七届山东省发明创业奖。技术创新体系不断完善。国家级高新技术企业达到149家，拥有国家级创新型（试点）企业2家，省级创新型企业16家，省级创新型试点企业14家。省级产业技术创新战略示范联盟4家，市级产业技术创新战略示范联盟22家。已建立68个省级工程技术研究中心和160处产学研基地，4处国家火炬计划特色产业基地。新增院士工作站10家，全市共建成院士工作站34家。省级农业科技示范园3处，市级农业科技示范园17处。科技企业孵化器91处，孵化面积120万平方米。通过第十一届中国专利高新技术产品博览会成交技术项目和技术合作协议352项，项目投资额218.8亿元，技术成交额12.4亿元。

【国内贸易和对外经济】2012年，济宁市全年社会消费品零售总额210307亿元，比上年增长14.3%，扣除价格因素，实际增长12.1%。按经营地统计，城镇消费品零售额182414亿元，增长14.3%；乡村消费品零售额27893亿元，增长14.5%。按消费形态统计，商品零售额186859亿元，增长14.4%；餐饮收入额23448亿元，增长13.6%。

在限额以上企业商品零售额中，汽车类零售额比上年增长7.3%，粮油类增长19.9%，肉禽蛋类增长18.0%，服装类增长17.7%，日用品类增长17.5%，文化办公用品类增长17.7%，通信器材类增长28.9%，化妆品类增长17.0%，金银珠宝类增长16.0%，中西药品类增长23.0%，家用电器和音像器材类增长7.2%，家具类增长27.0%，建筑及装潢材料类增长24.6%。

全年货物进出口总额38668亿美元，比上年增长6.2%。其中，出口20489亿美元，增长7.9%；进口18178亿美元，增长4.3%。进出口差额（出口减进口）2311亿美元，比上年增加762亿美元。

【交通、邮电和旅游】2012年，济宁市全年货物运输总量412亿吨，比上年增长11.5%。货物运输周转量173145亿吨公里，增长8.7%。全年规模以上港口完成货物吞吐量97.4亿吨，比上年增长6.8%，其中外贸货物吞吐量30.1亿吨，增长8.8%。规模以上港口集装箱吞吐量17651万标准箱，增长8.1%。

全年旅客运输总量379亿人次，比上年增长7.6%。旅客运输周转量33369亿人公里，增长7.7%。

年末全国民用汽车保有量达到12089万辆（包括三轮汽车和低速货车1145万辆），比上年末增长14.3%，其中私人汽车保有量9309万辆，增长18.3%。民用轿车保有量5989万辆，增长20.7%，其中私人轿车5308万辆，增长22.8%。

全年完成邮电业务总量15022亿元，比上年增长13.0%。其中，邮政业务总量2037亿元，增长26.7%；电信业务总量12985亿元，增长11.1%。邮政业全年完成邮政函件业务70.74亿件，包裹业务0.69亿件，快递业务量56.85亿件。电信业全年局用交换机容量新增478万门，总容量43906万门；新增移动电话交换机容量11234万户，达到182870万户。年末固定电话用户27815万户，其中，城市电话用户18893万户，农村电话用户8922万户。新增移动电话用户12590万户，年末达到111216万户，其中3G移动电话用户23280万户。年末全国固定及移动电话用户总数达到139031万户，比上年末增加11896万户。电话普及率达到103.2部/百人。互联网上网人数5.64亿人，其中宽带上网人数5.30亿人。互联网普及率达到42.1%。

全年国内出游人数29.6亿人次，比上年增长12.1%；国内旅游收入22706亿元，增长17.6%。入境旅游人数13241万人次，下降2.2%。其中，外国人2719万人次，增长0.3%；香港、澳门和台湾同胞10521万人次，下降2.9%。在入境旅游者中，过夜旅游者5772万人次，增长0.3%。国际旅游外汇收入500亿美元，增长3.1%。国内居民出境人数8318万人次，增长18.4%。其中因私出境7706万人次，增长20.2%，占出境人数的92.6%。

【金融和保险】2012年年末，济宁市全部金融机构本外币各项存款余额94.3万亿元，比年初增加11.6万亿元，其中人民币各项存款余额91.8万亿元，增加10.8万亿元。全部金融机构本外币各项贷款余额67.3万亿元，增加9.1万亿元，其中人民币各项贷款余额63.0万亿元，增加8.2万亿元。全年社会融资规模为15.8万亿元，按可比口径计算，比上年多2.9万亿元。

年末主要农村金融机构（农村信用社、农村合作银行、农村商业银行）人民币贷款余额78320亿元，比年初增加11544亿元。全部金融机构人民币消费贷款余额104357亿元，增加15656亿元。其中，个人短期消费贷款余额19367亿元，增加5826亿元；个人中长期消费贷款余额84990亿元，增加9830亿元。

年保险公司原保险保费收入15488亿元，比上年增长8.0%，其中寿险业务原保险保费收入8908亿元；健康险和意外伤害险业务原保险保费收入1249亿元；财产险业务原保险保费收入5331亿元。支付各类赔款及给付4716亿元，其中寿险业务给付1505亿元；健康险和意外伤害险赔款及给付395亿元；财产险业务赔款2816亿元。

9

2012年威海市经济发展概况

【经济总量】2012年，威海市全年实现地区生产总值（GDP）2337.86亿元，按可比价格计算，比上年增长9.4%。其中，第一产业实现增加值180.11亿元，增长5%；第二产业实现增加值1249.3亿元，增长9.7%；第三产业实现增加值908.45亿元，增长9.7%。三次产业结构由上年的8.1∶54∶37.9调整为7.7∶53.4∶38.9。

全市城镇新增就业6.9万人，其中就业转失业人员就业1.8万人；新增农村劳动力转移就业2.9万人。城镇登记失业率为1.51%。

全年居民消费价格上涨1.8%，其中，医疗保健和个人用品价格上涨3.3%，食品价格上涨2.2%，居住价格上涨2.1%，烟酒及用品价格上涨2.1%。从各月同比情况看，物价指数呈高开低走之势。1月指数最高，涨幅为4.4%；11月指数最低，降幅为0.2%。全年工业生产者出厂价格累计上涨1.1%，工业生产者购进价格累计下降0.4%。

【农业】2012年，威海市全年实现农业增加值41.63亿元，增长1.8%；林业增加值0.44亿元，下降1.1%；牧业增加值26.84亿元，增长5.1%；渔业增加值108.12亿元，增长6.2%；农林牧渔服务业增加值3.08亿元，增长8.2%。

全年肉类总产量16.57万吨，增长2.8%，其中猪肉10.41万吨，增长9.1%；禽蛋类总产量14.96万吨，增长16.1%；奶类总产量19.13万吨，下降2.8%。

【工业和建筑业】2012年，威海市规模以上工业企业达到1640家，实现增加值增长10.5%。其中，股份制企业增加值增长11.4%，集体企业增加值增长10.1%，外商及港澳台商投资企业增加值增长10.0%，其他经济类型企业增加值增长12.0%。轻工业增加值增长11.5%，重工业增加值增长9.5%，轻工业生产快于重工业2.0个百分点。在36个行业大类中，有31个行业实现增长，增幅较高的行业是：通用设备制造业增长20.6%，医药制造业增长19.9%。大中型工业企业生产好于小型企业，实现增加值增长10.6%。

全市规模以上工业企业实现主营业务收入5542.63亿元，增长11.5%；实现利税453.64亿元，增长17.6%；实现利润278.65亿元，增长17.0%。产销衔接良好，产品销售率97.9%。

全年实现建筑业增加值126.5亿元，按可比价格计算，增长9.5%。

【固定资产投资】2012年，威海市全年完成固定资产投资1595.45亿元，增长20.2%。第一产业投资27.25亿元，增长10.1%；第二产业投资621.9亿元，增长20.8%，其中工业投资587.61亿元，增长22.6%；第三产业投资946.3亿元，增长20.1%。一、二、三产业投资结构为1.7∶39∶59.3。

全年完成房地产开发投资366.19亿元，增长4.0%。从房屋建设用途看，住宅投资301.39亿元，下降

2.1%，占全部房地产开发投资的82.3%；商业营业用房投资25.28亿元，下降7.3%，占全部房地产开发投资的6.9%。全年房屋施工面积3573.95万平方米，增长17.3%；竣工面积860.81万平方米，增长17.1%；商品房销售面积728.17万平方米，下降3.4%，其中住宅销售面积占到91.6%。

【科学技术】2012年，威海市启动实施第五个“自主创新年”活动。全年累计取得重要科技成果184项，其中国际先进以上50项。颁发市科学技术奖111项，获得省级奖励13项，国家级奖励2项。全市专利申请量4982件，增长8.2%，其中发明专利申请量1718件，占总申请量的34.5%。授权专利2990件，增长13.8%，其中发明专利授权337件，占总授权量11.3%。成为山东省首个国家知识产权质押融资试点城市，科技支行为全市科技企业提供授信6.2亿元。

启动建设省院士工作站8家，省院士工作站累计达到19家，进站院士39人；新增省级工程技术研究中心5家，共建有省级以上工程技术研究中心76家；新建2个省级产业技术创新战略联盟，共拥有省级以上产业技术创新战略联盟7家。

新认定高新技术企业19家，总数达到113家；新认定科技型中小企业25家，总数达到127家。省级创新型企业16家，其中2012年获批14家。省级创新型试点企业37家，其中2012年获批11家。高新技术产业产值达到2024.13亿元，占规模以上工业总产值比重达到35.5%。

【国内贸易和对外经济】2012年，威海市全年实现社会消费品零售总额923.07亿元，增长15.0%。从城乡领域看，城镇实现零售额735.28亿元，增长15.0%；乡村实现零售额187.79亿元，增长14.8%。从行业分类看，批发和零售业实现零售额829.59亿元，增长14.8%；住宿和餐饮业实现零售额93.48亿元，增长16.4%。非公有经济实现零售额685.61亿元，增长16.1%；公有经济实现零售额237.46亿元，增长11.9%。从企业规模看，限额以上企业实现零售额566.25亿元，增长18.2%，增幅分别比限额以下企业和个体户高9个和7.6个百分点。从商品类别看，与人们日常生活密切相关的商品以及消费升级类商品全面增长。其中，石油及制品类增长42.1%，粮油食品饮料烟酒类增长21.5%，金银珠宝类增长18.4%，汽车类增长12.1%，服装鞋帽针纺织品类增长11.0%，体育娱乐用品类增长10.9%。

全年实现对外贸易进出口总额171.19亿美元，增长1.6%。其中，出口总额106.62亿美元，下降0.2%；进口总额64.56亿美元，增长4.6%。从企业性质看，内资企业进出口额74.8亿美元，增长6.8%，占全市进出口的43.7%；外商投资企业进出口额96.3亿美元，下降2.8%，占全市的56.3%。从贸易方式看，一般贸易进出口额69.6亿美元，增长11.1%，占全市的40.6%；加工贸易进出口额96.1亿美元，下降6.2%，占全市的56.2%；其他贸易进出口额5.5亿美元，增长33.7%，占全市的3.2%。从主要贸易市场情况看，我市企业与186个国家和地区有贸易往来。其中，与韩国贸易额52.8亿美元，下降5.5%，占全市的30.9%；欧盟20.8亿美元，下降9.5%，占全市的12.1%；日本20.7亿美元，增长14.4%，占全市的12.1%；美国16.8亿美元，下降1.3%，占全市的9.8%。从出口商品看，机电产品出口48.2亿美元，下降6.3%，占全市的45.2%；纺织服装出口18.5亿美元，下降3.7%，占全市的17.4%；农产品出口15.1亿美元，增长6.3%，占全市的14.2%；轮胎出口14.0亿美元，增长10.7%，占全市的13.2%；渔具出口3.7亿美元，增长

4.6%，占全市的3.5%。

【交通、邮电和旅游】2012年，威海市年末公路通车里程达到6899公里（含农村公路），增长1.9%。全年铁路、公路、海运共完成客运量17383万人次，增长7.5%；货运量5884万吨，增长8.8%。全年铁路、公路、海运共完成旅客周转量81.1亿人公里，增长7.3%，其中，铁路3.5亿人公里，增长1.8%；公路73.6亿人公里，增长8.0%；海运4.1亿人公里，增长0.03%。全年铁路、公路、海运完成货物周转量282.5亿吨公里，增长6.7%，其中，铁路0.7亿吨公里，增长8.3%；公路86.6亿吨公里，增长10.6%；海运195.3亿吨公里，增长5.0%。完成港口货物吞吐量6200万吨，增长12.7%，港口旅客发送人数183万人，增长4.8%；集装箱吞吐量88.4万标箱，增长13.1%。全市新增机动车6.61万辆，机动车保有量达到70万辆，其中新增小型汽车5.24万辆，达到38.86万辆。

全年邮电业务总量33.56亿元，其中邮政业务总量2.67亿元，电信业务总量30.89亿元。全市固定电话交换机总容量达121万门，增长5.2%；移动电话交换机总容量达到575万门，增长3.4%。年末固定电话户数74.1万户，下降2.9%；移动电话用户363.5万户，增长36.2%，其中3G移动电话用户59.8万户。

全年共接待海内外游客2714.8万人次，旅游总收入297.2亿元，分别增长12.5%和17.5%。其中，国内游客2669.1万人次，旅游收入281.3亿元，分别增长12.5%和17.7%；国外游客45.66万人次，旅游外汇收入2.53亿美元，分别增长10.0%和15.7%。

【金融和保险】2012年年末，威海市全市金融机构本外币存款余额2060.63亿元，比年初增加250.44亿元，其中城乡居民储蓄存款余额1205.74亿元，比年初增加150.79亿元。年末金融机构本外币贷款余额1376.10亿元，比年初增加117.01亿元，其中，中长期贷款674.46亿元，比年初减少14.12亿元。

全年保险机构实现保费收入49.28亿元，增长4.4%。其中，财产险保费收入16.24亿元，增长13.2%；人身险保费收入33.03亿元，增长0.5%。共支付各项赔款和给付13.54亿元，增长16.5%。其中，财产险支付赔款和给付8.97亿元，增长24.3%；人身险支付赔款和给付4.57亿元，增长3.6%。

10

2012年日照市经济发展概况

【经济总量】2012年，日照市全年实现地区生产总值（GDP）1352.57亿元，按可比价格计算，比上年增长11.8%。其中，第一产业增加值117.64亿元，增长4.1%；第二产业增加值724.06亿元，增长12.6%；第三产业增加值510.87亿元，增长12.5%。人均生产总值47851元，增长11.1%。产业结构持续优化。三次产业增加值比例由上年的9.2：54.4：36.4调整为8.7：53.5：37.8。

【农业】2012年，日照市全年实现农林牧渔业总产值207.81亿元，按可比价格计算，比上年增长

4.2%；实现增加值117.64亿元，增长4.1%。其中，农业增加值55.26亿元，林业增加值2.17亿元，牧业增加值29.54亿元，渔业增加值25.52亿元，农林牧渔服务业增加值5.15亿元。

全年完成造林面积9059公顷，其中，经济林面积4634公顷，防护林面积3470公顷。年末，全市林木蓄积量489万立方米，有7万公顷林地纳入国家级、省级公益林管理；森林覆盖率达到38.3%，提高1.1个百分点。畜牧业稳定发展。全年猪出栏197.01万头，增长5%；羊出栏82.34万只，下降4.2%；牛出栏7.1万头，增长5%。全年肉类产量20.89万吨，增长4.6%；奶类产量1.72万吨，增长6.5%；蛋类产量12.12万吨，下降0.5%。渔业生产平稳增长。全年水产品总产量54.92万吨，增长5.6%。其中，海水产品产量51.55万吨，淡水产品产量3.37万吨。

【工业和建筑业】2012年年末，日照市规模以上工业企业596家，全年完成工业增加值575.1亿元，增长12.7%。其中，国有企业完成工业增加值23.1亿元，增长3.7%；集体企业完成2.54亿元，增长143.2%；股份制企业完成415.03亿元，增长17.3%；外商及港澳台投资企业完成117.89亿元，增长7%。按轻重工业分，轻工业完成增加值217.87亿元，增长10.5%；重工业完成357.23亿元，增长16.3%。大中型工业企业完成328.9亿元，增长10.4%。制造业完成增加值539.9亿元，增长14.8%，其中装备制造业完成增加值103.45亿元，增长11.9%。

全市资质等级三级及三级以上的建筑业企业实现建筑业总产值185.45亿元，增长8.4%，其中，建筑工程产值159.79亿元，增长5%；实现建筑业竣工产值80.1亿元，增长1.7%，房屋建筑施工面积1196.92万平方米，增长31.8%。

【固定资产投资】2012年，日照市全年完成固定资产投资922.38亿元，增长20.2%。其中城镇投资678.56亿元，增长16.8%。固定资产投资施工项目1822个，其中新开工项目1511个，比上年多428个，累计完成投资721.94亿元，增长36.6%；亿元以上项目242个，完成投资400.98亿元，增长35.3%。全市在建项目投资总规模1428.4亿元，增长19.1%。

一、二、三产业投资比例为3.7∶42.∶:54.2。高新技术产业完成投资88.05亿元，装备制造业完成74.27亿元；完成改建和技术改造投资212.18亿元，增长8.0%。完成第三产业投资499.47亿元，增长19.6%。其中交通运输业完成65.42亿元，增长25.6%。民生领域投资提升较快，环境和公共设施管理业、卫生社保和社会福利业完成投资51.04亿元，增长176.4%。

全年推进的投资额在5000万元以上的重点建设项目524个。年末已投产146个，在建260个，实际到账资金297.8亿元。

【科学技术】2012年，日照市全年争取国家和省科技计划项目38个，扶持资金3390万元。其中，争取国家火炬计划项目1个，国家创新基金4个，国家科技富民强县专项行动计划项目2个。全市申请专利2157件，授权专利1638件，其中申请发明专利452件，增长73.2%，增幅列全省第三位；授权发明专利85件，增长88.9%，增幅全省第一。全年共取得重要科技成果93项，其中国际领先和国际先进水平6项，国内领先水平36项。取得省级科技进步奖4项，颁发市级科技进步奖80项。

创新体系建设取得新进展。通过产学研合作，新获批成立3家省级院士工作站、4家省级工程技术研究中心、18家市级工程技术研究中心。全市产学研战略联盟总数增至7家；争取省国际科技合作专项1项，全市省级以上技术创新示范联盟增至2家。

【国内贸易和对外经济】2012年，日照市全年实现社会消费品零售总额420.1亿元，增长15.0%。其中，限额以上批发、零售、住宿、餐饮企业实现零售额201.6亿元，增长21.4%，拉动社会消费品零售额增长9.7个百分点。按经营单位所在地分，城镇消费品市场实现零售额341.8亿元，增长15.0%；农村消费品市场实现78.3亿元，增长14.8%。按消费形态分，批发零售业实现零售额387.9亿元，增长15.1%；住宿餐饮业实现32.2亿元，增长13.8%。

部分消费热点保持活跃。限额以上企业销售商品中，吃穿类商品实现零售额62.9亿元，增长26.2%，其中粮油、食品、饮料、烟酒类商品实现47.9亿元，增长23.5%；服装、鞋帽、针纺织品类商品实现零售额15亿元，增长35.7%；石油及制品类实现零售额42.4亿元，增长19.5%。

全年实现进出口252.5亿美元，增长21.3%，绝对值和增幅分别居全省第3位和第1位。其中进口213.67亿美元，增长26.4%；出口38.85亿美元，下降0.8%。钢铁、水产品、汽车发动机和柠檬酸等为主要出口产品，分别占全市出口总额的31.6%、14.8%、9.7%和5.8%。日本、韩国、欧盟、美国、俄罗斯等国家和地区是主要出口市场，出口额分别占全部的16.1%、14.5%、10.5%、8.8%和7.9%。

【交通、邮电和旅游】2012年，日照市口岸成为全国首批“世界卫生组织口岸核心能力建设达标单位”。全年完成沿海港口货物吞吐量2.84亿吨，增长11.9%。其中，原油吞吐量1700万吨，增长356%；金属矿石1.38亿吨，增长3.9%；煤炭3402万吨，增长14.2%；木材1642万吨，增长9.2%；粮食912万吨，增长13.3%；钢铁655万吨，增长10%。完成集装箱吞吐量174.92万标箱，增长25%。

全年完成地方公路客运量4450万人次，增长3.9%，公路旅客周转量30.67亿人公里，增长3.9%；地方公路货运量1.21亿吨，增长9.8%，公路货运周转量298.01亿吨公里，增长9.7%；地方海上货运量723万吨，增长9.9%，海上货运周转量83.28亿吨公里，增长9.7%。全年铁路发送旅客量110.41万人次，增长6.0%，铁路货运量6915.9万吨，增长1%。

完成邮政电信业务总量17.55亿元，增长9%。其中电信业务总量16.39亿元，增长10.2%。年末本地网电话用户43.82万户，增长3.1%；年末移动电话用户305.87万户，增长28.6%，其中3G用户35.53万户，增长46.9%。国际互联网宽带用户39.33万户，增长26%。

全年共接待境内外游客2824.5万人次，增长15.2%。其中，国内游客2795.25万人次，增长15.2%；入境游客29.26万人次，增长14.7%。在入境旅游者中，外国人27.7万人次，港澳台同胞15484人次。全年实现旅游总收入183.26亿元，增长21%，其中国内旅游收入174.68亿元，增长21.3%，旅游外汇收入1.36亿美元，增长18.1%。年末全市拥有星级宾馆、饭店35家，旅行社125家。其中国内旅行社123家，新增8家，出境组团社2家。全市A级景区11个，工农业旅游示范点12个，旅游强乡镇6处，旅游特色村4处。

【金融和保险】2012年，日照市华夏银行、浦发银行在我市设立分支机构，日照沪农商村镇银行开业运营。年末金融机构各项存款余额本外币合计1469.14亿元，比年初增加308.07亿元（人民币存款余额1442.48亿元，比年初增加294.84亿元）。其中储蓄存款余额661.92亿元，比年初增加110.17亿元。年末金融机构各项贷款余额本外币合计1303.68亿元，比年初增加196.54亿元（人民币贷款余额1113.89亿元，比年初增加127.03亿元）。其中，短期贷款余额878.28亿元，比年初增加199.43亿元；中长期贷款余额374.0亿元，比年初减少9.27亿元。

保险事业发展平稳。全市保险公司26家，专业中介法人机构3家。实现保费收入27.11亿元，增长10.8%。其中，财产险保费收入12.58亿元，增长15.6%；寿险保费收入14.53亿元，增长7.0%。全市保险服务能力进一步提升，支付各项赔款与给付9.05亿元，下降8.9%，其中财产险赔付金额6.48亿元，下降20.3%；寿险赔款及给付金额2.57亿元，增长46.9%（其中，寿险赔款支出3508.2万元，增长16.2%）。

11

2012年临沂市经济发展概况

【经济总量】2012年，临沂市全年实现地区生产总值（GDP）3012.81亿元，增长11.8%；其中，第一产业增加值291.34亿元，增长4.1%；第二产业增加值1463.45亿元，增长13.5%；第三产业增加值1258.02亿元，增长11.5%。三次产业增加值占比为9.7：48.5：41.8，第三产业所占比重同比提高1.8个百分点，为2000年以来提高幅度最大的一年。经济运行质量继续提高，公共财政预算收入占地区生产总值的比重达到5.6%，同比提高0.5个百分点；国、地税收入占地区生产总值的比重达到9.8%，同比提高0.9个百分点。城市品牌形象明显提升，实现全国双拥模范城“三连冠”，连续三年荣获全国文化体制改革先进地区，城市公共文明指数测评再次进入全国第一方阵，获得中国温泉之城、大银鱼之乡、粮食生产先进市、物流城市最佳投资环境奖等称号。

【农业】2012年，临沂市农业增加值209.8亿元，比上年增长3.8%；林业增加值11.68亿元，增长5.2%；牧业增加值53.52亿元，增长4.1%；渔业增加值8.47亿元，增长8.3%；农林牧渔服务业增加值7.87亿元，增长10%。

粮食连续9年增产，总产量首过百亿斤。油料、蔬菜等主要经济作物产量继续增加。花生总产84.5万吨，增长2.4%；水果总产195万吨，下降1.8%；蔬菜总产627.7万吨，增长4.3%；烤烟产量4.1万吨，增长12.6%；棉花产量1.3万吨，下降0.9%。

【工业和建筑业】2012年，临沂市全市规模以上工业增加值增长19%。其中，轻工业增长22%；重工业增长17.2%。主导产业贡献率稳步提升。六大千亿级主导产业完成总产值4716.4亿元，增长29.9%，对工业增长的贡献率达到70.3%，同比提高6.4个百分点。“四新一高”行业稳步增长。累计实现增加值218.6亿元，增长19.5%，占规模以上工业比重为14.1%，较年初提高1.1个百分点。临港经济实现总产值

88.7亿元，增长50.1%，高于全市平均水平22.7个百分点。矿业经济成效显著。全市矿产加工企业完成产值964.6亿元，增长41.1%，拉动全市工业增长5个百分点。骨干企业发展迅速。全年累计主营业务收入过亿元企业达到1792家，同比增加555家，共实现收入6303.8亿元，增长31%。其中，7家工业企业实现主营业务收入过百亿元，同比增加3家。重点调度的185种产品中有129种产品同比保持增长，增长100%以上的有19种，增长50%-100%之间的有27种。

全市规模以上工业实现主营业务收入7289.4亿元，增长26.8%；实现利润416.6亿元，增长23.2%；利税621亿元，增长26.5%。1366家企业实现利税过千万元，增加425家；其中利税过亿元企业53家，增加8家。

全市有资质等级的总承包和专业承包建筑企业355家，完成建筑业总产值417.3亿元，增长18.8%。1家建筑企业业务收入过百亿元。全年房屋建筑施工面积4536.3万平方米，房屋建筑竣工面积1628.6万平方米。

【固定资产投资】2012年，临沂市全市完成固定资产投资2016.7亿元，增长22.7%。投资结构进一步优化。第一产业完成投资24.5亿元，增长20.4%；第二产业完成投资1071.2亿元，增长20.5%，其中工业投资1052.9亿元，增长22.6%；第三产业完成投资920.9亿元，增长25.4%。高新技术产业项目大幅增长。全市高新技术产业项目完成投资450.2亿元，增长86.4%。亿元以上新开工项目增长较快。全年过亿元项目（不含房地产开发项目）692个，同比增加229个，完成投资1013.9亿元，增长71.9%。其中新开工过亿元项目457个，同比增加185个，完成投资739.9亿元，增长118.1%。

全年房地产开发投资完成233.5亿元，增长22.5%。按投资用途分，住宅开发完成投资165.3亿元，增长18.1%；商业营业用房完成投资39.9亿元，增长35.6%；其他完成投资25亿元，增长33%。全年商品房销售面积为727.8万平方米，增长13.6%。

【科学技术】2012年，临沂市全市共建设国家级工程技术研究中心2家、省级28家，国家级企业重点实验室1家、省级8家，国家技术创新战略联盟1家、省级3家，国家火炬计划特色产业基地2家，国家级科技孵化器1家、省级1家，国家级创新型企业2家、省级17家，院士工作站14家，国家国际科技合作基地2家、省级3家，研究中心16家，泰山学者医药特聘岗位2个。知识产权创造水平不断提高，专利申请授权量稳步提升，全年专利申请3696件，其中，发明965件；专利授权量2706件，其中授权发明专利326件。

【国内贸易和对外经济】2012年，临沂市全市实现社会消费品零售总额1571.9亿元，增长15.1%。其中，城镇市场零售额1186亿元，增长15.2%；乡村市场零售额385.9亿元，增长14.5%。传统消费品持续增长，全市限额以上批发、零售业销售额中，吃、穿、用类商品分别增长24.9%、25.7%、26.8%，日用品类、家用电器和音像器材类、石油及制品类零售额分别增长26.8%、18.8%、23.8%。汽车类实现零售额343.9亿元，占全市消费品零售总额的比重为21.9%；全年销售轿车23万辆。

全市各类商品交易市场发展到757个，其中，消费品市场720个，生产资料市场26个，生产要素市场11个。临沂商城101个专业批发市场实现交易额1771.83亿元，同比增长18.12%；有75个市场开展国际贸易业务，完成出口额41.5亿美元，同比增长18.6%；其中，直接出口12.8亿美元，增长687.5%，间接出口28.7亿美元，下降13.4%。

全年实现进出口总额78.6亿美元，增长15.5%，其中，出口额39亿美元，增长7.6%；进口额39.6亿美元，增长24.5%。外经企业新签承包劳务合同20份，营业额2.4亿美元，同比分别增长5.3%和19.6%。全年新批利用外资项目23个，实际利用境外资金2.4亿美元，同比下降12.5%。

【交通、邮电和旅游】2012年，临沂市全年公路建设投资22.3亿元。年末全市公路通车里程24112.7公里，其中高速公路516公里。全年公路客运量2.3亿人次，同比增长4.7%，旅客周转量107.7亿人公里，同比增长8.2%；货物运输量3.3亿吨，货物周转量958.4亿吨公里，均增长7.2%。临沂民航共实现旅客73.5万人，同比增长11%；实现货邮4098吨，同比增长30%；安全保障各类飞行8015架次，同比增长12%。截至目前，临沂机场共保有18条航线，通航北京、上海、广州、深圳、杭州、厦门、成都、西安、重庆、昆明、大连、温州、济南13个城市。

旅游业发展迅速。年末A级旅游景区61家，其中，4A级景区17家。省级旅游度假区1家；国家级工农业旅游示范点8家，省级工农业旅游示范点29家；省级旅游强县6个，省级旅游强乡镇15个，省级旅游特色村15个。旅行社99家，其中全国百强旅行社1家；星级酒店58家，其中五星级1家、四星级6家；星级餐馆27家，其中五星级1家，四星级2家。全年接待游客总人数4275.6万人次，增长16.7%，其中，接待入境游客18.9万人次，增长28.7%。实现旅游总收入358.8亿元，比上年增长22.6%。其中，入境旅游收入1.13亿美元，增长25%；国内旅游收入351.7亿元，增长22.6%。

【金融和保险】2012年，临沂市金融业形势良好。年末全市金融机构人民币各项存款余额3029.2亿元，比年初增加533.4亿元，其中储蓄存款余额1941.7亿元，比年初增加316.7亿元。金融机构人民币各项贷款余额2109.8亿元，比年初增加313.2亿元。其中，短期贷款1314.4亿元，比年初增加187.3亿元；中长期贷款646亿元，比年初增加62.7亿元。

全年保费收入92.6亿元，增长16.3%，其中，财产险保费收入32.2亿元，增长16.3%；人身险保费收入60.4亿元，增长16.3%。支付各项赔款和给付24.7亿元，增长35.2%，其中，财产险业务赔付15.8亿元，增长33.4%；人身险业务赔付8.9亿元，增长38.5%。

12

2012年德州市经济发展概况

【经济总量】2012年，德州市全年实现地区生产总值（GDP）2230.56亿元，按可比价格计算，比上年增长12.1%。其中第一产业增加值244.39亿元，增长5.2%；第二产业增加值1208.65亿元，增长14.7%；第三产业增加值777.52亿元，增长10.2%。三次产业比例由上年的11.8：54.3：33.9调整为

10.9∶54.2∶34.9。

全年居民消费价格指数（CPI）上涨1.5%，其中，食品类、烟酒类、衣着类、家庭设备用品及维修服务类、医疗保健和个人用品类、交通和通信类、娱乐教育文化用品及服务类、居住类分别上涨2.0%、2.5%、3.7%、2.0%、-0.1%、0.4%、0.0%和1.5%。商品零售价格指数上涨升1.1%。工业生产者购进价格下降2.18%，工业生产者出厂价格上涨0.12%。

【农业】2012年，德州市农林牧渔业总产值达到506.54亿元，增长5.3%（可比价，下同）。其中，农业产值268.03亿元，增长5.1%；林业产值12.31亿元，增长4.1%；牧业产值191.5亿元，增长6%；渔业产值12.97亿元，增长2.2%。

农作物播种面积1737.08万亩，其中，粮食种植面积1446.11万亩，棉花种植面积136.66万亩，蔬菜种植面积137.94万亩。

粮食总产量达到797.95万吨，增长8.6%，棉花产量13.5万吨，下降5.8%，蔬菜产量491.31万吨，增长9.1%。

【工业和建筑业】2012年，德州市规模以上工业企业3228家，实现增加值1285.36亿元，增长19.1%。其中，轻工业增加值增长22.6%，重工业增加值增长16.2%。非公有工业企业实现增加值958.1亿元，增长21.1%。

规模以上工业实现主营业务收入6447.62亿元，增长24.5%；实现利税726.79亿元，增长22.4%；实现利润404.71亿元，增长24.8%。全市主营业务收入过10亿元的企业63家，实现利税过亿元的企业82家。

资质内建筑企业181家，完成总产值196.1亿元，增长24.9%。完成建筑工程产值158.4亿元，增长23.4%；完成安装工程产值31.1亿元，增长37.5%；全年签订合同额253.0亿元，增长16.2%，其中，本年新签合同额172.7亿元，增长11.1%；全年房屋建筑施工面积1511.5万平方米，比上年增长7.5%，在全市房屋建筑施工面积中，实行投标承包的房屋建筑面积为1065.14万平方米，同比增长17.9%，占房屋建筑施工总面积70.5%。

【固定资产投资】2012年，德州市固定资产投资完成1401.62亿元，增长23.4%。其中，第一产业投资21.07亿元，下降16.6%；第二产业投资725.45亿元，增长29.6%，其中工业投资703.92亿元，增长28.9%；第三产业投资655.10亿元，增长30.4%。三次产业投资比例由上年的2.2:55.2:42.6调整为1.5∶51.8∶46.7。其中，第三产业投资增长高于全市投资平均增幅7.0个百分点。基础设施投资119.1亿元，增长35.4%。工业投资中，技术改造投资420.2亿元，增长19.7%。新兴产业完成投资100.7亿元，同比增长41.0%。固定资产投资规模亿元以上施工项目401个，增长47.4%，完成投资654亿元，增长65.8%。

房地产开发投资完成141.31亿元，增长20.1%，其中住宅投资112.88亿元，增长17.7%。房屋施工面积1514.76万平方米，同比增长11.6%，其中住宅施工面积1244.38万平方米，同比增长5.4%。商品房销售面积432.5万平方米，同比下降3.9%。商品房销售额152.86亿元，同比增长3.8%。

【科学技术】2012年，德州市取得重大科技成果165项。其中，国际领先水平1项，国际先进水平43项，国内领先水平96项，国内先进水平23项，省内领先2项。全年专利申请量3671件，增长24.69%，其中，发明专利申请量635件，增长56.02%。专利授权量2423件，增长38.14%，其中，发明专利授权量133件，增长23.15%。拥有各类技术贸易机构742个，签订技术贸易合同146件，完成技术贸易合同额3.45亿元。

【国内贸易和对外经济】2012年，德州市实现社会消费品零售额872.3亿元，增长15.2%。其中城镇消费品零售额540.82亿元，增长15.2%；农村消费品零售额331.47亿元，增长15.1%。批发零售业实现零售额759.7亿元，增长14.0%；住宿餐饮业实现零售额112.6亿元，增长24.5%。

限额以上批发零售和住宿餐饮企业达到730家，年交易额过亿元的商贸流通市场113处，全市亿元市场贸易成交额1313.2亿元，增长8.7%。

物流总额8084.3亿元，同比增长23.2%，实现增加值156.3亿元，物流增加值占三产比重为21.2%。

实现进出口总额27.2亿美元，增长1.3%。其中，出口18.7亿美元，增长6.9%；进口8.5亿美元，下降9.1%。全市外派劳务人员417人，增长10.6%。实际利用外资2.11亿美元，增长10.8%。

【交通、邮电和旅游】2012年，德州市实有公路通车里程4054.4公里（不包括村级道路），公路密度为206.4公里／百平方公里。134个乡镇3056个行政村（社区）实现了村村通公路，全市公路客运量11660万人，增长7.4%，客运周转量654210万人/公里，增长9.1%；货运量17378万吨，货运周转量3581875万吨/公里，分别增长10.6%和9.5%。

邮政业务总量3.59亿元，增长13.96%；电信业务总量28.39亿元，同比增长12.3%；移动电话用户476.79万户；固定电话用户73.64万户。

旅游总收入85.5亿元，增长40.2%；接待国内游客1633.3万人次，增长32.1%。

【金融和保险】2012年年末，德州市金融机构各项存款余额1636.49亿元，比年初增加218.95亿元。其中，单位存款余额484.72亿元，比年初增加41.82亿元；城乡居民储蓄存款余额1107.54亿元，比年初增加189.10亿元。年末各项贷款余额1112.30亿元，比年初增加117.13亿元。短期贷款716.41亿元，比年初增加96.69亿元。中长期贷款362.52亿元，比年初增加7.75亿元。

保险公司达到34家，全年实现保费收入52.03亿元，增长7.0%。其中，财险收入14.83亿元，增长18.6%；人身险收入37.20亿元，增长2.9%。全年赔付额15.06亿元，赔付率29.0%。其中，财险赔付9.66亿元，赔付率65.2%；人身险赔付5.40亿元，赔（给）付率14.5%。

河南省

| 郑州市 | 开封市 | 洛阳市 | 平顶山市 | 安阳市 | 新乡市 | 焦作市 |
| 濮阳市 | 许昌市 | 三门峡市 |

1

2012年郑州市经济发展概况

【经济总量】2012年，郑州市全年实现地区生产总值（GDP）5547亿元，比上年增长12.0%；人均生产总值63328元，比上年增长9.6%。其中第一产业增加值142.4亿元，增长4.0%；第二产业增加值3208.4亿元，增长14.8%；第三产业增加值2196.2亿元，增长8.4%。三次产业结构由上年的2.6：57.7：39.7调整为2.6：57.8：39.6。非公有制经济完成增加值3426.1亿元，增长15.0%，占生产总值的比重为61.8%，比上年提高0.7个百分点。年末全市城镇化率达到66.3%，比上年提高1.5个百分点。

全年城镇居民消费价格比上年上涨2.7%。食品价格上涨5.1%；其中肉禽及其制品类上涨3.6%，蛋类下降4.6%，菜类上涨16.0%。居住价格上涨3.8%；家庭设备用品及维修服务价格上涨2.7%；烟酒及用品价格上涨1.4%；医疗保健及个人用品价格上涨1.0%；娱乐教育文化用品及服务价格上涨0.4%；交通和通信上涨0.3%；衣着价格上涨0.3%。

【农业】2012年，郑州市全年完成农林牧渔业增加值142.4亿元，比上年增长4.0%。粮食总产量169.5万吨，比上年增长1.7%；其中夏粮产量80.7万吨，增长1%；秋粮产量88.8万吨，增长2.3%。全年棉花产量0.3万吨，下降37.5%；油料产量18.7万吨，增长0.4%；蔬菜总产量302.1万吨，增长2.9%；水果总产量30.8万吨，增长0.2%。肉、蛋和水产品产量分别为25.4万吨、22.2万吨和14.9万吨，分别增长5.1%、3.6%和3.1%，奶产品产量51.9万吨，增长3.1%。

全年粮食作物种植面积36.31万公顷，与上年基本持平。其中小麦种植面积17.63万公顷，增长0.2%。蔬菜种植面积7.65万公顷，下降1.0%；油料种植面积5.24万公顷，下降0.8%；棉花种植面积2.6公顷，下降37.2%。

【工业和建筑业】2012年，郑州市全年全部工业企业完成增加值2874.7亿元，比上年增长15.7%。其中规模以上工业企业完成增加值2613.8亿元，增长17.2%；非公有制工业完成增加值1778.2亿元，增长19.6%；高技术产业完成增加值224.8亿元，增长1.1倍。分经济类型看，国有企业完成增加值634.5亿元，比上年增长8.8%；集体企业完成增加值35.2亿元，增长24.4%；股份制企业完成增加值1073.2亿元，增长13.0%；股份合作企业完成增加值9.9亿元，增长15.1%；外商及港澳台商投资企业完成增加值338.1亿元，增长53.4%；其他经济类型企业完成增加值522.9亿元，增长12.6%。分轻重工业看，轻工业完成增加值641.6亿元，比上年增长8.4%；重工业完成增加值1972.2亿元，增长19.5%。七大主导产业完成增加值1671.4亿元，比上年增长23.1%；总量占规模以上工业增加值的63.9%。其中汽车及装备制造业完成增加值419.7亿元，增长13.1%；电子信息产业完成增加值228.4亿元，增长1.2倍；新材料产业完成增加值374.3亿元，增长17.8%；铝及铝精深加工产业完成增加值118.7亿元，增长12.3%；现代食品制造业完成增加值446.8亿元，增长15.2%；家居和品牌服装制造业完成增加值51.1亿元，增长9.8%；生物及医药产业完成增加值32.4亿元，下降11.7%。

全年规模以上工业企业完成主营业务收入9470.6亿元，比上年增长19.6%；实现利税1303.6亿元，增长4.4%；实现利润890.1亿元，增长4.8%；产销率达到98.0%，比上年提高0.1个百分点。

全市建筑业完成增加值333.7亿元，比上年增长6.8%。

【固定资产投资】2012年，郑州市全年全社会固定资产投资完成3669.8亿元，比上年增长22.1%。其中固定资产投资完成3561.2亿元，比上年增长22.7%。固定资产投资中，国有及国有控股单位完成投资773.8亿元，增长24.0%；民间投资完成2588.2亿元，增长23.0%。分产业看，第一产业完成投资73.9亿元，增长37.6%；第二产业完成投资1360.7亿元，增长16.9%；工业投资完成1356.1亿元，增长17.1%。其中采矿业投资完成136.8亿元，增长3.7%；制造业投资完成1132.2亿元，增长19.1%；电力、燃气及水的生产和供应业投资完成87.1亿元，增长15.9%。第三产业完成投资2126.6亿元，增长26.2%。

全年固定资产施工项目3730个，计划总投资7285.1亿元，比上年增长28.8%；新开工项目1909个，计划总投资2902.1亿元，比上年下降7.7%。重点项目建设767个，完成投资2267.5亿元，增长29.3%。基础设施投资完成772.1亿元，增长30.8%。

全年房地产开发投资完成1095.1亿元，比上年增长18.2%；其中住宅投资675.7亿元，增长8.2%。商品房屋施工面积8253.9万平方米，比上年增长10.5%；其中住宅施工面积5603.6万平方米，增长4.4%。商品房新开工面积2169.3万平方米，增长16.7%；其中住宅1363.5万平方米，增长0.6%。商品房屋竣工面积1449.8万平方米，下降8.2%；其中住宅1043.2万平方米，下降20%。销售面积1441.9万平方米，下降7.8%；销售金额901.6亿元，增长1.3%。

【科学技术】2012年，郑州市全市共组织实施科技项目1472项，比上年增长21.3%；其中省级以上项目322项，增长12.9%；市级项目1150项，增长23.8%。全年完成重大科技成果310项，增长45.5%；其中基础理论成果13项，增长62.5%；应用技术成果280项，增长45.8%；软科学成果17项，增长30.8%。全年专利申请量达到16254件，增长47.8%；授权量9065件，增长47.6%。全年共签订技术合同5500份，增长6.0%；技术合同成交金额达65.1亿元，增长18.1%。拥有国家级企业技术中心13个，比上年增长8.3%；省级企业技术中心254个，增长13.9%。获得国家科技进步奖4项；省级科技进步奖37项，增长8.8%。

【国内贸易和对外经济】2012年，郑州市全年完成社会消费品零售总额2290亿元，比上年增长

15.2%。分城乡看，城镇消费品零售额2098亿元，增长15.2%；乡村消费品零售额192亿元，增长15.5%。分行业看，批发业零售额240.8亿元，增长20.1%；零售业零售额1681.9亿元，增长14.5%；住宿业零售额24.4亿元，增长11.8%；餐饮业零售额342.8亿元，增长15.7%。

全年限额以上批发和零售业零售额1109.2亿元，比上年增长16.3%。其中食品、饮料、烟酒类87.1亿元，增长17.5%；服装、鞋帽、针纺织品类121.2亿元，增长19.3%；金银珠宝类18.8亿元，增长14.9%；日用品类44.5亿元，增长22.1%；五金、电料类11.3亿元，增长25.8%；通信器材类22.4亿元，增长24.4%；石油及制品类101.8亿元，增长29.5%；汽车类512亿元，增长14.2%；机电产品及设备类10.9亿元，增长7.3%。

全年全市直接进出口总额358.3亿美元，比上年增长124%。其中进口155.7亿美元，增长144.7%；出口202.6亿美元，增长110.3%。市属及以下企业直接进出口总额352.9亿美元，比上年增长129.8%。其中进口150.6亿美元，增长152.9%；出口202.3亿美元，增长110.5%。其中一般贸易出口39.2亿美元，下降8.3%；加工贸易出口160.7亿美元，增长207.6%。机电产品出口175.1亿美元，增长169%；高新技术产品出口158.7亿美元，增长208.6%。

【交通、邮电和旅游】2012年，郑州市全年交通运输业各种运输方式完成货运周转量630.9亿吨公里，比上年增长11.9%。其中铁路216.2亿吨公里，增长3.0%；公路414.2亿吨公里，增长17.2%；航空5477万吨公里，下降4.7%。完成客运周转量348.2亿人公里，比上年增长6.2%。其中铁路119.4亿人公里，增长5.1%；公路174.1亿人公里，增长8.0%；航空54.7亿人公里，增长2.7%。

全年完成邮电业务总量131.3亿元（按2010年不变价计算），比上年增长12.9%；其中邮政业务总量6.3亿元，增长3.8%；电信业务总量125.0亿元，增长13.4%。移动电话用户年末达到1021.8万户，增长10.1%；其中本年新增用户320万户，增长8.0%。本地固定电话用户年末达到246.9万户，比上年下降1.3%；其中城市197.1万户。下降5.6%；农村49.8万户，增长20.2%。年末互联网用户203.2万户，增长11.5%；其中新增21万户。

全年实现旅游总收入700.1亿元，比上年增长18.7%；其中国内旅游收入690.1亿元，增长18.9%；旅游外汇收入1.6亿美元，增长1.6%。来郑旅游人数6200.4万人次，比上年增长13.5%；其中国际旅游人数42.2万人次，增长9.9%；国内旅游人数6158.2万人次，增长13.5%。年末全市共有旅行社210家，星级酒店51个，A级旅游景区27个，4A级以上景区8个。

【金融和保险】2012年年末，郑州市全市金融机构各项存款余额10448.3亿元，比年初增加1483.4亿元，增长16.5%；其中城乡居民储蓄存款余额3845.5亿元，比年初增加593.3亿元，增长18.2%。金融机构各项贷款余额6794.1亿元，比年初增加681.3亿元，增长11.1%。其中短期贷款2765.9亿元，比年初增加535.6亿元；中长期贷款3805.9亿元，比年初增加138.4亿元；票据融资216.1亿元，比年初增加5.1亿元。

全市1家企业在香港联交所主板挂牌上市，首发融资20.2亿元。全年首发融资和再融资募集资金52.3亿元，其中通过境内市场募集资金32.11亿元。截至2012年年底，全市已有36家境内外上市公司，发行股票37只，其中境内发行股票21只、境外16只，首发融资和再融资募集资金395.2亿元。

全年全市保险公司保费收入178.4亿元，比上年增长12.2%；其中财产险收入63.2亿元，增长21.7%；人寿险收入102.2亿元，增长5.8%；健康险和意外伤害险收入13亿元，增长23.7%。全年赔付额47.6亿元，比上年增长20.2%；其中财产险赔付额31.1亿元，增长34.6%；人寿险赔付额14.2亿元，增长32.9%；健康险和意外伤害险赔付额2.2亿元，下降61.4%。

2

2012年开封市经济发展概况

【经济总量】2012年，开封市全年实现地区生产总值（GDP）1212.15亿元，按可比口径计算，比上年增长11.1%。其中，第一产业增加值257.66亿元，增长4.5%；第二产业增加值538.36亿元，增长14.4%；第三产业增加值416.13亿元，增长11.0%。三次产业结构为21.3：44.4：34.3。

全年城市居民消费价格总水平比上年上涨3.0%，八大类价格指数“七升一降”，其中，家庭设备用品及维修服务类、居住类、食品类、烟酒类、娱乐教育文化用品及服务类、医疗保健和个人用品类、交通和通信类“七升”，分别比上年上涨4.8%、4.2%、3.7%、3.5%、2.9%、2.3%、1.1%；衣着类“一降”，比上年下降0.4%。

【农业】2012年，开封市全市粮食播种面积472.61千公顷，比上年增加9.26千公顷。其中，小麦播种面积296.92千公顷，增加1.61千公顷；棉花播种面积34.06千公顷，减少14.46千公顷；油料播种面积106.70千公顷，增加2.24千公顷；蔬菜（含菜用瓜）播种面积140.89千公顷，增加2.51千公顷。全年粮食产量267.14万吨，比上年增长3.16%；棉花产量3.52万吨，下降31.55%；油料产量45.13万吨，增长5.18%。全年肉类总产量38.52万吨，增长4.61%；禽蛋产量25.73万吨，增长3.59%；奶类产量26.63万吨，增长4.42%。水产品产量6.0万吨，增长19.05%。

2012年全市有效灌溉面积325.4千公顷，其中节水灌溉面积24.08千公顷。全市农业机械总动力696.74万千瓦，比上年增长2.3%；农用拖拉机拥有量为24.11万台，比上年下降0.8%；农用排灌动力机械76.61万千瓦，比上年下降1.2%；农用运输车19.38万辆，比上年增长0.4%。机耕面积530.73千公顷，比上年增长5.5%。2012年，全市荒（沙）地造林面积8117公顷，比上年下降18.2%，其中用材林5097公顷，增长45.2%，防护林1580公顷，下降71.3%，经济林1440公顷，增长58.8%。

【工业和建筑业】2012年，开封市全市全部工业增加值492.2亿元，比上年增长14.2%。其中规模以上工业增加值390.1亿元，增长17.8%；规模以下工业增加值102.1亿元，增长2.1%。工业对经济增长的贡献率为53.5%，拉动经济增长6.0个百分点。

全市规模以上工业中，国有企业完成增加值10.9亿元，增长14.8%；集体企业完成增加值8.9亿元，下降6%；股份制企业完成增加值242.6亿元，增长19.4%。分轻重工业看，轻工业完成增加值173.3亿元，增长21.3%；重工业完成增加值216.8亿元，增长15.1%。

全年规模以上工业实现主营业务收入1602.46亿元，比上年增长16.2%；实现利税总额225.95亿元，增长9.3%，利润总额169.01亿元，增长10.2%；1121家规模以上工业企业中，亏损企业33个，比上年增加9个，增长26.92%；亏损企业亏损额为5.74亿元，增长64.22%。

【固定资产投资】2012年，开封市全市全社会固定资产投资完成775.19亿元，比上年增长25.1%，其中固定资产投资（不含农户）完成738.21亿元，增长26.1%。在固定资产投资（不含农户）中，第一产业完成投资11.11亿元，下降13.0%；第二产业完成投资442.43亿元，增长28.6%，其中，工业投资442.10亿元，增长28.6%；第三产业完成投资284.67亿元，增长24.4%。

全年全市房地产开发完成投资94.88亿元，比上年增长6.7%。商品房屋施工面积917.25万平方米，增长14.6%，其中住宅施工面积803.43万平方米，增长13.8%；商品房屋竣工面积163.21万平方米，增长24.4%；商品房屋销售面积191.65万平方米，增长0.1%。

【科学技术】2012年，开封市全市实施各类科技计划297项，其中科技攻关209项、科技创新平台9项、科技成果推广16项。获得科技成果奖励43项，其中3项获省级奖励。全市有国家级工程技术研究中心1家，省级工程技术研究中心12家，市级工程技术中心29家，市级重点实验室13家。全市经省认定的高新技术企业已达13家。全市申请专利为669件，同比增长26.7%；获专利授权418件，同比增长6.6%。

【国内贸易和对外经济】2012年，开封市全年全市实现社会消费品零售总额510.33亿元，比上年增长15.9%。其中，批发业零售额74.15亿元，增长30.3%；零售业零售额357.67亿元，增长13.6%；住宿业零售额3.81亿元，增长21.5%；餐饮业零售额67.86亿元，增长13.9%；其他零售额6.84亿元，增长15.9%。

全年完成进出口总额40248万美元，比上年增长34.2%，其中，出口总额28658万美元，增长25.9%；进口总额11590万美元，增长60.2%。合同利用外资50152万美元，增长87.6%；实际利用外资36320万美元，增长54.9%。

【交通、邮电和旅游】2012年，开封市全年完成客运量8052万人次，比上年增长7.4%，客运周转量69.99亿人公里，比上年增长8.3%；完成货运量8508万吨，比上年增长13.7%，货运周转量165.95亿吨公里，比上年增长14.9%。全年完成交通基础设施投资7.66亿元。

全年邮电业务总量26.87亿元，比上年增长21.4%。其中，邮政业务总量2.12亿元，增长8.16%；电信业务总量24.74亿元，增长21.4%。固定电话用户53.41万户，下降6.6%。

全年全市共接待海内外游客4416.2万人次，比上年增长13.2%；实现旅游总收入180.5亿元，增长16.3%。其中，接待国际游客25.6万人次，接待国内游客4390.6万人次。全市共有4A级旅游景区（点）7处，5A级旅游景区（点）1处。星级宾馆酒店22个，旅行社54家。

【金融和保险】2012年年末，开封市全市金融机构存款余额961.23亿元，比年初增加173.65亿元，增长22.1%，其中，个人储蓄存款余额为658.31亿元，比年初增加113.31亿元，增长20.8%。金融机构贷款余额554.32亿元，比年初增加110.56亿元，增长24.9%。

3

2012年洛阳市经济发展概况

【经济总量】2012年，洛阳市全年实现地区生产总值（GDP）2321.2亿元，比上年增长13.2%。其中：第一产业增加值187.6亿元，增长4.6%；第二产业增加值1396.2亿元，增长16.1%；第三产业增加值737.4亿元，增长9.1%。三次产业结构为8.1：60.1：31.8，三次产业对经济增长的贡献率分别为2.4%、77.4%和20.2%。

2010年，全市居民消费价格比上年上涨3.5%，其中食品类价格上涨8.1%。八大类商品和服务价格呈“六涨二降”。

【农业】2012年，洛阳市全年粮食播种面积786.3万亩，比上年增长0.5%。其中，夏粮面积377.3万亩，增长0.3%；秋粮面积409.1万亩，增长0.8%。蔬菜面积81.6万亩，增长0.1%；油料面积68.5万亩，增长0.7%；中药材面积43.7万亩，增长5.1%；烟叶面积39.8万亩，增长9.3%；棉花面积5.3万亩，下降19.9%。

全年粮食总产量235.92万吨，比上年增长0.33%。其中，夏粮产量110.85万吨，增长0.69%；秋粮产量125.07万吨，增长0.01%。

【工业和建筑业】2012年，洛阳市全年全部工业增加值1243.8亿元，比上年增长17.1%。其中，规模以上工业企业完成增加值1014.0亿元，增长21.8%。规模以上工业中，分轻重工业看，轻工业增加值138.8亿元，增长20.3%；重工业增加值875.2亿元，增长22.0%，轻重工业比例为13.7：86.3。工业产品销售率为98.1%，与上年持平。

全年规模以上工业企业实现主营业务收入3919.4亿元，比上年增长29.4%。利税总额和利润总额分别达到356.7亿元和189.4亿元，分别增长28.7%和39.6%。

【固定资产投资】2012年，洛阳市全年全社会固定资产投资1768.8亿元，比上年增长22.2%。其中，城镇固定资产投资1548.8亿元，增长21.0%。工业投资893.9亿元，增长12.0%。

在城镇投资中，第一产业投资48.5亿元，下降15.8%；第二产业投资899.4亿元，增长11.2%；第三产业投资600.9亿元，增长45.0%。其中，交通运输、仓储和邮政业投资48.1亿元，增长92.4%；教育投资22.6亿元，增长73.4%；水利、环境和公共设施管理业投资103.5亿元，增长63.5%；信息传输、计算机服务和软件业投资10.6亿元，增长1.9%；卫生、社会保障和社会福利业投资10.7亿元，下降2.9%。

全年民间投资1189.0亿元，比上年增长28.6%，对城镇投资增长的贡献率达98.5%，较上年提高0.9个百分点；占全市城镇固定资产投资的比重为76.8%，较上年提高4.5个百分点。

全年房地产开发投资179.9亿元，比上年增长30.4%。商品房竣工面积739.1万平方米，增长52.5%；销售面积455.0万平方米，增长20.2%。商品房销售额144.2亿元，增长39.0%。

【国内贸易和对外经济】2012年，洛阳市全年社会消费品零售总额808.8亿元，比上年增长19.0%。分城乡看，城镇消费品零售额724.5亿元，增长20.0%；乡村消费品零售额84.3亿元，增长10.8%。分行业看，批发和零售贸易业零售额693.7亿元，增长18.3%；住宿和餐饮业零售额115.1亿元，增长23.1%。从各类商品销售情况来看，在限额以上批发和零售贸易业商品零售中，汽车类增长39.3%，医药类增长49.5%，家居建材类增长53.5%，通信器材类增长15.3%。

全年进出口总值154426万美元，比上年增长37.7%。其中，出口总值105186万美元，增长61.7%；进口总值49240万美元，增长4.5%。

全年新批准设立外商投资企业33家；外商直接投资合同金额108911万美元，增长21.7%；实际利用外商直接投资金额120475万美元，增长31.6%。

【交通、邮电和旅游】2012年，洛阳市全年公路运输货物周转量291.7亿吨公里，比上年增长23.1%；旅客周转量103.4亿人公里，增长18.4%。公路通车里程17837公里，增长0.8%；其中，高速公路246公里。

全年邮电业务总量98.2亿元，比上年增长1.0%；本地电话年末用户137.2万户，下降2.4%；移动电话年末用户385.3万户，增长17.1%。

据旅游部门统计，全年接待国内外旅游总人数6079万人次，比上年增长12.0%；其中接待外国及港澳台旅游者45.79万人次，比上年增长20.0%。旅游总收入302亿元，比上年增长15.0%；其中接待外国及港澳台旅游者收入13500万美元，增长20.0%。

【金融和保险】2012年年末，洛阳市金融机构人民币各项存款余额2096.1亿元，比年初增加376.3亿元。其中，企业存款余额518.1亿元，比年初增加129.7亿元；城乡居民储蓄存款余额1111.7亿元，比年初增加119.0亿元。金融机构人民币各项贷款余额1113.9亿元，比年初增加246.8亿元。其中，短期贷款余额566.4亿元，比年初增加118.7亿元；中长期贷款余额452.7亿元，比年初增加142.0亿元。

4

2012年平顶山市经济发展概况

【经济总量】2012年，平顶山市全年实现地区生产总值（GDP）1502.0亿元，按可比价格计算（下同），比上年增长6.9%。其中，第一产业完成增加值145.8亿元，增长4.2%；第二产业完成增加值933.5亿元，增长7.3%；第三产业完成增加值422.6亿元，增长6.8%。人均生产总值达到30506元，比上年增长

6.6%。一、二、三产业的结构由上年的8.8：67.0：24.2变化为9.7：62.2：28.1。非公有制经济完成增加值835.1亿元，占生产总值的比重为55.6%。

全年居民消费价格总水平比上年上涨2.2%，商品零售价格总水平上涨2.0%。

【农业】2012年，平顶山市全年完成农林牧渔业总产值260.3亿元，比上年增长4.3%。其中农业产值123.9亿元，林业产值6.8亿元，牧业产值120.8亿元，渔业产值4.4亿元，农林牧渔服务业总产值4.4亿元，比上年分别增长4.0%、2.9%、4.6%、10.0%、5.0%。

全年粮食总产量202.9万吨，增长2.9%，其中夏粮101.4万吨，秋粮101.5万吨。经济作物中，棉花产量1715吨，下降27.2%；油料总产量15.6万吨，增长5.7%；蔬菜瓜类总产量282.4万吨，增长8.7%；烟叶总产量3.3万吨，增长8.6%。

全年肉类总产量39.0万吨，比上年增长5.3%，其中猪肉产量25.1万吨，增长6.7%；禽蛋产量15.0万吨，增长3.8%；奶类总产量23.2万吨，增长4.8%。生猪存栏283.3万头，增长4.7%；山绵羊存栏98.9万只，下降2.0%。大牲畜年末存栏头数76.8万头，比上年下降3.8%。其中牛存栏70.1万头，下降4.4%。水产品产量47078吨，比上年增长14.5%。

【工业和建筑业】2012年，平顶山市全年全部工业完成总产值2834.5亿元，比上年增长6.8%；完成工业增加值868.3亿元，增长6.9%，其中年主营业务收入2000万元以上的工业企业（简称规模以上工业企业，下同）实现增加值705.3亿元，比上年增长8.1%。分所有制类型看，国有及国有控股工业企业完成增加值271亿元，增长1%；集体工业企业增加值36.6亿元，增长1.2%。分轻重工业看，轻工业完成增加值101亿元，增长10.9%；重工业完成增加值604.3亿元，增长7.7%。

规模以上工业41个大类行业中，增加值总量占比较大、增速居前的行业为：电气机械和器材制造业完成增加值17.9亿元，增长34.5%；专用设备制造业完成增加值16.1亿元，增长29.2%；通用设备制造业完成增加值16亿元，增长27.8%；纺织业完成增加值16.7亿元，增长19.3%；非金属矿物制品业完成增加值62.8亿元，增长12.1%。

全年建筑业完成增加值65.2亿元，比上年增长13.2%。资质等级三级及三级以上独立核算建筑施工企业房屋施工建筑面积1051.5万平方米，比上年增长10.1%；竣工面积360万平方米，同比增长0.1%。

【固定资产投资】2012年，平顶山市全年完成全社会固定资产投资1034.8亿元，比上年增长22.7%，其中500万元及以上固定资产投资完成1005.0亿元，增长23.3%，民间投资完成843.6亿元，增长31.9%。全年工业投资完成585.5亿元，增长16.7%；五大支柱产业中除能源化工产业投资下降外，其他产业均呈现不同程度增长。装备制造业完成投资162.33亿元，同比增长64.7%；食品制造业完成投资55.88亿元，同比增长143.6%；建材业完成投资92.9亿元，同比增长23.5%；钢铁加工业完成投资37.23亿元，同比增长2.9%。

【科学技术】2012年年末，平顶山市全市拥有各类专业技术人员14.5万人。科技创新能力有新的增强，全年共申请专利1890项，增长25.2%。获市级以上科技进步奖102项，其中省级8项，国家级3项。

【国内贸易和对外经济】2012年，平顶山市全年实现社会消费品零售总额474.6亿元，比上年增长15.5%。分城乡看，城镇实现消费品零售额420.1亿元，同比增长15.6%；乡村实现消费品零售额54.5亿元，增长15.4%。分行业看，批发零售贸易业零售额392.4亿元，比上年增长15.6%；住宿和餐饮业零售额82.2亿元，增长15.3%。全年批发零售贸易业和住宿餐饮业实现增加值140.3亿元，增长8.8%。

全年完成进出口总值40702万美元，比上年下降4.0%，其中出口总值28423万美元，下降12.6%，进口总值12279万美元，增长24.3%。全年实际直接利用外资37358万美元，比上年增长21.4%。年末实有"三资"企业373家，比上年增加8家。

【交通、邮电和旅游】2012年，平顶山市全年完成公路货物周转量228亿吨公里，比上年增长14.6%，公路客运周转量47.3亿人公里，比上年增长8.1%。

全年完成邮电业务总量30.4亿元，比上年增长10.1%。固定电话和移动电话用户353.8万部，增长11.3%，计算机互联网络用户44.4万户，比上年增长8.8%。

2012年全市共接待国内外游客2532.43万人次，比上年增长30.0%。其中国内游客2530万人次，增长30.0%；入境游客24340人次，增长18.2%。国内旅游收入118.67亿元，增长32.0%；旅游创汇700万美元，增长19.6%。

【金融和保险】2012年年末，平顶山市全市金融机构存款余额1457.4亿元，同比增长18.9%；城乡居民个人存款余额911.9亿元，同比增长15.4%。年末金融机构贷款余额935亿元，同比增长17.7%，其中短期贷款余额464.6亿元，增长34.1%，中长期贷款余额443.2亿元，增长3.1%。

5

2012年安阳市经济发展概况

【经济总量】2012年，安阳市全年实现地区生产总值（GDP）1593亿元，增长7.5%；其中，第一产业增加值187.3亿元，增长4.3%；第二产业增加值924.7亿元，增长8.3%；第三产业增加值480.8亿元，增长6.8%。三次产业结构为11.7∶58.1∶30.2。

居民消费价格总水平比上年上升2.3%，其中，粮食价格上涨2.9%，菜价格上涨12.3%，油脂价格上涨7.1%，肉禽及制品价格下降1.7%。

全年城镇新增就业人数8.3万人，安置下岗失业人员再就业3.2万人，其中，困难群体再就业1万人。

【农业】2012年，安阳市全年粮食种植面积832.9万亩，比上年增长1.8%。其中，夏粮种植面积458.5万亩，增长0.4%；秋粮种植面积374.4万亩，增长3.6%。棉花种植面积14万亩，下降39.3%。油料种植面积83.6万亩，下降3.2%。

全年粮食总产量达到349.6万吨，比上年增长3.4%；棉花产量0.95万吨，下降39.3%；油料产量24.4

万吨，增长0.1%。

【工业和建筑业】2012年，安阳市全年全部工业增加值829.6亿元，增长8.6%。规模以上工业企业增加值740.3亿元，增长9.5%。其中，轻工业增加值196亿元，比上年增长13%；重工业增加值544.3亿元，比上年增长8.4%。高技术产业增加值19.3亿元，下降1.8%。

全市规模以上工业中，黑色金属冶炼及压延加工业增加值181.8亿元，增长4.1%；汽车制造业增加值53.2亿元，增长10.4%；炼焦业增加值40.4亿元，增长18.2%；煤炭开采和洗选业增加值48.3亿元，下降6.4%；非金属矿物制品业增加值63.2亿元，增长13.4%；烟草制品业增加值58.3亿元，增长12.3%；农副食品加工业增加值39.7亿元，增长14.5%；通用设备制造业增加值17亿元，增长9.3%；化学原料及化学制品制造业增加值23.7亿元，增长10.9%；有色金属冶炼及压延加工业增加值22.2亿元，增长42.5%。

全年全社会实现建筑业增加值95.2亿元，比上年增长4.9%。

【固定资产投资】2012年，安阳市全年完成全社会固定资产投资总额1120亿元，增长21.1%。其中，固定资产投资1080.5亿元，增长21.7%。

固定资产投资中，第一产业投资42亿元，比上年增长54%；第二产业投资575.2亿元，增长8.4%；第三产业投资463.3亿元，增长40.3%。采矿业投资25.2亿元，下降5.9%；制造业投资512.3亿元，增长9.1%；电力、燃气及水的生产和供应业投资37.6亿元，增长9.9%；交通运输、仓储和邮政业投资56.8亿元，增长57.4%；水利、环境和公共设施管理业投资94.7亿元，增长25.7%；文化、体育和娱乐业投资20.7亿元，增长456.7%；科学研究和技术服务业投资2.7亿元，增长141.8%；教育投资28.7亿元，增长202.1%；卫生和社会工作业投资7.2亿元，下降12.2%。

全年房地产企业开发投资131.6亿元，比上年增长8.3%。商品房屋销售面积337.8万平方米，下降19.2%。

【科学技术】2012年，安阳市安阳市是全国科技进步先进市和国家知识产权试点市，具有较雄厚的科技综合实力。现有科研院所8家，国家级重点实验室1家，省级工程技术中心19家。全年申请专利1758件，授权951件。

【国内贸易和对外经济】2012年，安阳市全年社会消费品零售总额完成469.1亿元，增长15.4%。其中批发业实现零售额为77.5亿元，增长15.4%；零售业实现零售额为329.8亿元，增长15.4%；住宿业实现零售额3.6亿元，增长14.6%；餐饮业实现零售额为58.2亿元，增长15.1%。

全年进出口总额125580万美元，比上年下降32.3%。其中进口总额77162万美元，比上年下降39.8%；出口总额48418万美元，比上年下降15.6%。实际利用外资31573万美元，比上年增长22.2%。

【交通、邮电和旅游】2012年，安阳市全年交通运输、仓储及邮政业实现增加值56.2亿元，比上年增长7.6%。公路货运周转量926亿吨公里，比上年增长15.9%。公路客运周转量51.6亿人公里，比上年增长7.9%。

全年接待游客2504.05万人次，旅游总收入168.93亿元，均比上年增长10.4%。

【金融和保险】2012年年末，安阳市金融机构人民币各项存款余额1353亿元，比上年末增长16.4%。其中，城乡居民储蓄存款余额892.2亿元，比上年末增长22.7%。金融机构人民币各项贷款余额687.3亿元，比上年末增长8.4%。

6

2012年新乡市经济发展概况

【经济总量】2012年，新乡市全年实现地区生产总值（GDP）1618.93亿元，同比增长11.4%。其中，第一产业增加值200.34亿元，同比增长4.5%；第二产业增加值950.04亿元，同比增长14.4%；第三产业增加值468.55亿元，同比增长8.2%。三次产业结构为12.4：58.7：28.9。

全年居民消费价格总水平比上年上涨2.1%。其中，粮食类价格上涨6.2%。河南工业生产者出厂价格下降0.6%；工业生产者购进价格下降0.8%。固定资产投资价格上涨1.0%。农业生产资料价格上涨5.4%。

年末从业人员322.8万人，其中城镇从业人员69.05万人。全市新增就业10.12万人；下岗失业人员实现再就业3.08万人；就业困难人员实现再就业1.2万人；新增农村劳动力转移6.2万人；外出务工人员就业135.75万人。城镇登记失业率为3.84%。

【农业】2012年，新乡市全年粮食种植面积623.06千公顷，比上年增加8.59千公顷，其中：小麦种植面积337.81千公顷，增加1.9千公顷，硬粒小麦种植面积占小麦种植面积的比重为88.2%。棉花种植面积9.93千公顷，减少5.5千公顷。油料种植面积83.3千公顷，减少0.58千公顷。蔬菜种植面积63.2千公顷，增加0.6千公顷。

全年粮食产量402.03万吨，比上年增产3%；蔬菜产量291.85万吨，增产3.9%；油料产量33.85万吨，增产4.3%；水产品产量5.71万吨，增产12.6%。

【工业和建筑业】2012年，新乡市全年全部工业增加值836.79亿元，比上年增长14.8%。规模以上工业增加值755.43亿元，增长16.2%。其中，规模以上轻工业增加值为293.73亿元，增长20.1%；规模以上重工业增加值461.7亿元，增长13.8%，轻、重工业比例为38.9：61.1。产品销售率98.7%。

规模以上工业34个行业大类中，增加值规模居前10位的行业增长速度为：通用设备制造业增长21.7%；化学原料及化学制品制造业增长23.9%；纺织业增长20.2%；非金属矿物制品业增长19.3%；棉纺织及印染精加工增长20.2%；电气机械及器材制造业增长20.1%；医药制造业增长18.8%；专用设备制造业增长30%；农副食品加工业增长9.3%；造纸及纸制品业增长21.4%。

全年全社会建筑业增加值113.25亿元，比上年增长11.5%。

【固定资产投资】2012年，新乡市全年完成固定资产投资1380.32亿元，增长22.2%。其中，国有及国有控股投资152.48亿元，比上年下降5.4%；民间投资1204.35亿元，增长27.4%；港澳台投资10.69亿元，增长16.8%；外商投资10.59亿元，下降26.7%。第一产业投资56.34亿元，增长21.2%；第二产业投资776.7亿元，增长18.8%；第三产业投资547.28亿元，增长27.5%。全年27个产业集聚区（含专业园区）累计完成投资863.48亿元，总量占全市固定资产投资的62.6%。

全年房地产开发投资172.85亿元，比上年增长10.7%，其中，住宅投资130.36亿元，增长6.9%。房屋施工面积1894.35万平方米，增长21.5%，其中，住宅1636.04万平方米，增长21%。房屋竣工面积450.14万平方米，增长45.9%，其中，住宅412.99万平方米，增长57.4%。商品房销售面积436.75万平方米，降低2.3%，其中，住宅422.02万平方米，降低0.7%。

【科学技术】2012年，新乡市全年共取得省级科技进步奖10项，市级科技进步奖107项；申请专利2652件，其中发明专利659项；市级重大科技项目12项，科技专项项目122项。

年末共有产品质量监督检验机构13个。专业人员483人，其中高级工程师11人，工程师70人，助理工程师181人，技师9人，高级工212人。新增河南省名牌产品20个。拥有国家地理标志产品保护产品2个。年末共有气象公益服务站8个。

【国内贸易和对外经济】2012年，新乡市全年批发和零售业增加值99.51亿元，比上年增长10.0%；住宿和餐饮业增加值34.05亿元，增长8.0%。

全年社会消费品零售总额540.35亿元，比上年增长17.1%。分城乡看，城镇消费品零售额482.51亿元，增长17.0%；乡村消费品零售额57.84亿元，增长17.2%。分行业看，全年批发业实现零售额56.73亿元，增长17.3%；零售业实现零售额422.32亿元，增长17.5%；全年住宿业实现零售额4.34亿元，增长18.6%；餐饮业实现零售额56.96亿元，增长13.3%。

全年进出口总额10.52亿美元，同比下降36%。其中：出口总额7.87亿美元，同比下降13.2%；进口总额2.65亿美元，同比下降64%。机电产品、高新技术产品分别出口1.44亿美元和0.2亿美元。

全年新批准外商投资企业17个，实际利用外资6.36亿美元，增长19.9%。全年对外劳务输出1615人次，对外承包合同额0.19亿美元，营业额0.12亿美元。

【交通、邮电和旅游】2012年，新乡市全年交通运输、仓储和邮政业增加值72.99亿元，比上年增长4.4%。年末公路通车里程13069公里，高速公路通车里程306公里，农村公路总里程11773公里。全年各种运输方式货物周转量264.87亿吨公里，比上年增长15.5%；旅客周转量27.95亿人公里，增长6.0%。

全年邮电业务总量43.47亿元，比上年增长15.5%，其中：邮政业务3.68亿元，增长3.9%；电信业务39.8亿元，增长16.7%。年末本地电话用户97.63万户，移动电话用户483.9万户。年末计算机互联网用户72.7万户，增长10.9%。

全年共接待国内游客1998.18万人次，增长21.6%，国内旅游收入126.1亿元，增长24.9%。海外来新旅游人数共5万人次。年末共有A级旅游景区16处，其中，4A级以上景区5处；星级酒店19家，国内旅行社59家，国际旅行社2家。

【金融和保险】2012年年末，新乡市全市银行业金融机构人民币存款余额1476.61亿元，比年初新增

170.34亿元，比年初增长13%。其中，活期存款304.71亿元，比年初减少11.23亿元，比年初下降3.8%；城乡居民储蓄存款928.51亿元，比年初新增135.41亿元，比年初增长17.1%。全市银行业金融机构人民币贷款余额868.5亿元，比年初新增86.7亿元，比年初增长11.1%。其中，短期贷款495.5亿元，比年初新增49.4亿元，比年初增长11%；中长期贷款357.3亿元，比年初新增42亿元，比年初增长13.3%。

全年保险公司保费收入37.18亿元，其中：财产险保费收入6.54亿元，人身险保费收入30.63亿元。全年赔款及给付8.05亿元，其中：财产险赔款支出2.95亿元，人身险赔付5.1亿元。

7

2012年焦作市经济发展概况

【经济总量】2012年，焦作市全年实现地区生产总值（GDP）1576.32亿元，比上年增长11.3%。其中：第一产业增加值122.42亿元，增长4.5%；第二产业增加值1075.88亿元，增长12.6%；第三产业增加值378.02亿元，增长9.8%。人均生产总值达到44730元。三次产业结构由上年的7.9：68.9：23.2变化为7.8：68.2：24.0，第三产业比重比上年提高0.8个百分点。

全年全市居民消费价格比上年上涨2.5%，其中：食品类价格上涨4.2%，衣着类价格上涨2.2%，居住类价格上涨3.4%。商品零售价格上涨2.5%，农业生产资料价格上涨4.4%。

【农业】2012年，焦作市全年粮食种植面积409.25万亩，比上年增加3.7万亩，其中，小麦种植面积211.62万亩，增加1.56万亩。优质专用小麦种植面积占小麦种植面积的比重达到100%。棉花种植面积3.17万亩，减少1.44万亩。油料种植面积28.67万亩，减少0.5万亩。蔬菜种植面积62.94万亩，减少1.03万亩。

全年粮食产量204.75万吨，比上年增长2.1%；棉花产量0.21万吨，下降31.2%；油料产量9.2万吨，增加9.2%；蔬菜产量233.87万吨，增长4.7%。肉类总产量20.12万吨，增长3.8%；禽蛋产量29.03万吨，增长3.7%；牛奶产量24.79万吨，增长4.4%。

【工业和建筑业】2012年，焦作市全年全部工业增加值1013.81亿元，比上年增长12.9%，工业对经济增长的贡献率为75.5%。其中，规模以上工业增加值910.33亿元，增长14.2%；产品销售率99.0%。

全市规模以上工业37个行业大类中，增加值居前10位的行业增速分别为：非金属矿物制品业增长21.8%，皮革、毛皮、羽毛及其制品和制鞋业增长6.0%，化学原料和化学制品制造业增长9.8%，橡胶和塑料制品业增长9.0%，农副食品加工业增长10.7%，专用设备制造业增长22.6%，黑色金属冶炼和压延加工业增长1.7%，酒、饮料和精制茶制造业增长15.8%，有色金属冶炼和压延加工业增长5.0%，汽车制造业增长35.0%。

全年全社会建筑业增加值62.07亿元，比上年增长6.5%。全市具有资质等级的建筑企业实现利润总额2.55亿元，比上年增长11.8%。

【固定资产投资】2012年，焦作市全年全社会固定资产投资1154.21亿元，比上年增长21.6%。其中，固定资产投资（不含农户）1120.21亿元，增长22.2%；农户投资34.00亿元，增长6.0%。

在固定资产投资中，国有及国有控股投资154.52亿元，比上年增长10.9%；民间投资965.28亿元，增长24.6%；外商投资10.71亿元，增长87.0%。按产业统计，第一产业投资27.37亿元，下降23.7%；第二产业投资779.81亿元，增长36.8%，其中工业投资779.63亿元，增长36.8%；第三产业投资313.04亿元，增长0.7%。

【科学技术】2012年，焦作市年末全市共有国家级企业技术中心3家，省级企业技术中心71家。全年共取得省级科技进步奖11项。申请专利2162件，比上年增长4.8%；授权专利1340件，增长31.5%。签订技术合同1004项，成交金额3.05亿元。107项国家级、省级科技项目获准立项，其中，78个项目获得上级经费4838万元。

年末全市共有产品质量监督检验机构9家，法定计量技术机构7家，全年强制检定计量器具9.43万台件，制定、修订地方标准达到49项。河南名牌工业产品40种，国家地理标志产品保护7种。共对988家企业生产的日用消费品、工业生产资料、农业生产资料等1106批次的产品进行了监督检查，合格1094批次，总体产品质量合格率94.85%。

【国内贸易和对外经济】2012年，焦作市全年全市批发和零售业增加值108.72亿元，比上年增长12.2%；住宿和餐饮业增加值45.51亿元，增长9.1%。

全年全社会消费品零售总额437.20亿元，比上年增长15.4%。按经营地统计，城镇消费品零售额350.39亿元，增长15.6%；乡村消费品零售额86.81亿元，增长14.6%。按行业统计，批发业零售额62.78亿元，增长17.6%；零售业305.75亿元，增长14.8%；住宿业6.92亿元，增长16.7%；餐饮业61.74亿元，增长15.6%。

全年全市进出口总额22.23亿美元，同比下降12.6%。其中，出口总额15.12亿美元，同比下降3.2%；进口总额7.11亿美元，同比下降27.6%。出口产品结构进一步优化。机电产品出口达到1.5亿美元，同比增长3.2%，占全市出口总额的9.8%。寝具及活动房、塑料制品、玻璃制品、热转印碳带、皮革服装、鞋靴制品、纸制品和机械产品及零部件等出口分别增长199.5%、95.4%、80.7%、66.1%、46.3%、6.0%、5.6%和2.2%。

【交通、邮电和旅游】2012年，焦作市全年全市交通运输、仓储和邮政业增加值53.02亿元，比上年增长4.9%。

年末高速公路通车里程187.39公里。全年公路货物周转量909.83亿吨公里，比上年增长14.7%；公路旅客周转量26.16亿人公里，增长6.8%。

全年邮电业务总量27.32亿元，比上年增长10.6%。其中，邮政业务总量1.81亿元，下降10.8%；电信业务总量25.51亿元，增长12.5%。年末局用电话交换机总容量67.23万门，减少3.25万门；年末移动电话交换机总容量343.40万户，与上年持平；本地固定电话用户54.1万户，减少1.80万户；移动电话用户

257.3万户，增加20.8万户。年末计算机互联网用户48.51万户，增加5.27万户。

全年全市共接待游客2605.18万人次，同比增长14.20%，其中，国内游客2575.87万人次，同比增长14.21%；境外游客29.31万人，同比增长13.42%。实现旅游综合收入200.28亿元，同比增长16.49%。全市共有A级旅游景区10处，其中2A级旅游景区1处，3A级旅游景区3处，4A级旅游景区3处，5A级旅游景区3处。星级酒店33家，具有独立法人的旅行社115家。

【金融和保险】2012年年末，焦作市全市金融机构各项人民币存款余额1012.6亿元，比上年末增长13.8%。其中，城乡居民储蓄存款余额638.1亿元，增长13.4%。各项人民币贷款余额672.2亿元，增长17.6%。其中，短期贷款余额386.92亿元，增长12.6%；中长期贷款余额244.30亿元，增长14.7%。全市农村信用社贷款余额135.81亿元，增长7.2%。全市金融机构个人消费贷款余额55.83亿元，增长29.6%。

全年保险公司保费收入40亿元。其中，财产险保费收入8.71亿元，人身险保费收入31.29亿元。全年赔款支出4.95亿元。其中，财产险赔款支出4.53亿元，人身险赔款支出0.42亿元。

8

2012年濮阳市经济发展概况

【经济总量】2012年，濮阳市全年实现地区生产总值（GDP）994.53亿元，同比增长12.2%。其中：第一产业增加值137.76亿元，增长4.6%；第二产业增加值649.36亿元，增长14.6%；第三产业增加值207.41亿元，增长8.8%。三次产业结构为13.8∶65.3∶20.9。人均生产总值27789元。

全年居民消费价格同比上涨2.5%，其中，食品类价格上涨4.5%，居住类价格上涨2.9%，娱乐教育文化用品及服务类上涨2.7%，家庭设备用品及维修服务价格上涨1.1%，医疗保健及个人用品类价格上涨2.0%，衣着类价格下降1%，交通和通信类价格下降0.2%，商品零售价格上涨1.9%。农业生产资料价格上涨6.8%。

【农业】2012年，濮阳市全年粮食种植面积581.87万亩，比上年增长1.2%，其中：小麦种植面积327.08万亩，增长0.5%；棉花种植面积6.68万亩，下降35.7%；油料种植面积57.23万亩，增长0.7%；蔬菜种植面积95.25万亩，较上年略增。

全年粮食产量260.10万吨，比上年增长2.5%；棉花产量0.37万吨，下降35.2%；油料产量17.20万吨，增长0.7%。肉类总产量24.70万吨，增长7.8%；禽蛋产量28.70万吨，增长3.7%；牛奶产量7.90万吨，增长7.7%。

【工业和建筑业】2012年，濮阳市全年全市工业增加值597.99亿元，比上年增长15.0%，增速比上年下降0.4个百分点。其中，规模以上工业增加值547.64亿元，增长17.2%，比上年提高0.6个百分点。其中，轻工业增长18.3%，重工业增长16.5%，轻、重工业比例为40∶60。产品销售率99.1%。

规模以上工业35个大类中，增加值居前10位的行业为：石油和天然气开采业完成64.96亿元，同比下降1.7%，农副食品加工业完成64.61亿元，同比增长17.8%，开采辅助活动完成58.16亿元，同比增长12.3%，电气机械及器材制造业完成56.57亿元，同比增长15.5%，化学原料及化学制品制造业完成52.29亿元，同比增长22.9%，非金属矿物制品业完成37.16亿元，同比增长20.8%，橡胶和塑料制品业完成34.50亿元，同比增长25.2%，专用设备制造业完成18.60亿元，同比增长39.0%，纺织业完成18.45亿元，同比增长32.9%，石油加工、炼焦及核燃料加工业完成15.78亿元，同比增长17.7%。

主要工业产品产量中，天然原油250.01万吨，同比下降3.8%；天然气4.43亿立方米，同比增长55.7%；乙烯20.89万吨，同比增长14.4%；丙烯14.08万吨，同比增长74.3%；发电量21.35亿度，同比下降11.0%；精甲醇41.58万吨，同比增长17.7%；水泥115.92万吨，同比增长14.5%。

【固定资产投资】2012年，濮阳市全年全社会固定资产投资761.89亿元，比上年增长24.5%，增速比上年下降4.6个百分点，其中：固定资产投资（不含农户）738.96亿元，增长25.1%，增速比上年下降4.9个百分点；农户投资22.93亿元，增长8.0%。

在固定资产投资中，国有及国有控股投资161.39亿元，比上年下降6.4%；民间投资576.13亿元，增长38.1%。第一产业投资39.42亿元，下降26.0%；第二产业投资439.2亿元，增长29.3%，其中，工业投资439.19亿元，增长29.4%；第三产业投资260.34亿元，增长31.6%。

全年工业投资439.19亿元，比上年增长29.4%。其中，六大高成长性产业投资282.20亿元，增长42.3%；四大传统优势产业投资105.35亿元，增长28.0%；六大高耗能行业投资97.58亿元，增长33.5%。

全年房地产开发投资57.90亿元，比上年增长15.3%，其中，住宅投资46.85亿元，增长4.6%。房屋施工面积599.87万平方米，增长17.7%，其中，住宅532.54万平方米，增长8.5%。房屋竣工面积136.28万平方米，下降7.6%，其中，住宅129.77万平方米，下降8.8%。商品房销售面积206.78万平方米，增长8.0%，其中，住宅201.50万平方米，增长12.0%。

【科学技术】2012年，濮阳市全年研究与试验发展（R&D）经费支出72331万元，比上年增长10.1%。年末拥有科学研究与技术开发机构7个，从事科技活动人员7351人；共有国家级企业技术中心1个，省级企业技术中心32个。年末共有国家级创新型试点企业1家。全年共取得省级科技进步奖6项；申请专利1079件，授权专利798件，分别增长19.8%和10.8%；签订技术合同9份，成交金额1393.95万元。

年末共有产品质量监督检验机构7个，全年强制检定计量器具17.95万台件。年末荣获中国驰名商标2种，河南著名商标14种。

年末共有天气雷达观测站点1个，卫星云图接收站点1个，气象公益服务站7个，地震台站3个。

【国内贸易和对外经济】2012年，濮阳市全年批发和零售业增加值41.13亿元，比上年增长12.4%；住宿和餐饮业增加值21.57亿元，增长9.0%。

全年社会消费品零售总额318.36亿元，比上年增长16.0%，扣除物价因素实际增长14.1%。分城乡看，城镇消费品零售额233.10亿元，增长15.4%；乡村消费品零售额85.26亿元，增长17.4%。分行业看，批发和零售业零售额256.20亿元，增长16.6%；住宿和餐饮业零售额62.16亿元，增长13.5%。

全年进出口总额6.19亿美元，比上年增长2.6%，其中：出口总额5.47亿美元，增长5.4%；进口总额0.72亿美元，下降14.7%。机电产品出口1.26亿美元，增长21.0%。

全年新批准外商投资企业15个。全市实际利用外商直接投资3.20亿美元，增长103.2%，增速比上年提高28.8个百分点。实际利用省外资金112.40亿元，增长26.9%。

【交通、邮电和旅游】2012年，濮阳市全年全市交通运输、仓储和邮政业增加值17.64亿元，比上年增长6.7%。

年末地方铁路营业里程100公里，高速公路通车里程143公里。全年公路、铁路货物运输量比上年增长12.0%；货物周转量增长13.7%。旅客运输量增长5.8%；旅客周转量增长6.0%。石油管道输气量与去年持平，石油管道输油量下降4.8%。

全年邮电业务总量24.42亿元，比上年增长21.9%，其中：邮政业务1.76亿元，增长10.8%；电信业务22.66亿元，增长22.8%。年末局用电话交换机总容量332.10万门，本地固定电话用户35.30万户，移动电话用户226.70万户。固定电话普及率为49部/百人。年末计算机互联网用户27.53万户，增长9.3%。

全年共接待海内外游客402.05万人次，比上年增长13.8%，其中：接待入境游客1.64万人次，增长1.0%；接待国内游客400.41万人次，增长13.3%。旅游总收入5.86亿元，增长16.5%。年末共有A级旅游景区11处，其中，4A级以上景区2处。星级酒店16个，旅行社48家。

【金融和保险】2012年年末，濮阳市金融机构人民币各项存款余额836.89亿元，比上年末增长22.9%，其中，城乡居民储蓄存款余额592.52亿元，增长19.2%。人民币各项贷款余额304.09亿元，增长18.1%，其中：短期贷款余额178.28亿元，增长19.0%；中长期贷款余额118.87亿元，增长14.5%。金融机构个人消费贷款余额44.92亿元，增长39.5%。

全年保险公司保费收入31.99亿元，比上年增长2.9%，其中：财产险保费收入2.33亿元，人身险保费收入27.09亿元。全年赔付6.04亿元，其中：财产险赔付1.3亿元，人身险赔付3.16亿元。

9

2012年许昌市经济发展概况

【经济总量】2012年，许昌市全年实现地区生产总值（GDP）1739亿元，按可比价计算，比上年增长12.3%。其中，第一产业增加值177.8亿元，增长3.5%；第二产业增加值1181亿元，增长14.4%；第三产业增加值380.2亿元，增长9.3%。按常住人口计算，人均生产总值40480元，增长12.3%。三次产业结构调整为10.2：67.9：21.9，第二、第三产业比重比上年提高0.6个百分点。非公有制经济增加值1217.3亿元，占生产总值的比重达到70%。

全年全市居民消费价格总指数（CPI）比上年上涨2.6%，其中城市上涨2.9%，农村上涨2.1%。从八大类别看，与上年相比，呈“七升一降”格局。与上年相比，交通和通信类增长-1.3%，食品类上涨6.0%，烟酒及其用品类上涨4.9%，衣着类上涨0.9%，家庭设备用品及维修服务类上涨0.6%，医疗保健和个人用品类上涨1.1%，娱乐教育文化用品及服务类上涨0.9%，居住类上涨2.6%。

【农业】2012年，许昌市全年全市粮食总面积653.5万亩，比上年增加5.1万亩，增长0.8%；棉花播种面积8.1万亩，比上年减少3.3万亩，下降28.9%；烟叶播种面积21.9万亩，比上年增加1.4万亩，增长6.7%；油料面积42.7万亩，比上年略减，下降0.1%；蔬菜面积76.7万亩，比上年增加0.2万亩，增长0.2%；花卉种植面积64.8万亩，比上年减少0.4万亩，下降0.7%；中药材面积29.2万亩，比上年增加0.2万亩，增长0.6%。

全年全市粮食总产量283.1万吨，比上年增加5.9万吨，增长2.1%；平均亩产433公斤，比上年增加5.7公斤，增长1.3%。棉花总产量0.5万吨，下降29.5%；烟叶总产量4.6万吨，增长6.5%；油料总产量9.5万吨，增长11.2%；蔬菜总产量219.8万吨，比上年增长1.9%。

【工业和建筑业】2012年，许昌市全年全市全部工业实现增加值1107.4亿元，比上年增长14.4%。其中，1263家规模以上工业企业（年主营业务收入2000万元及以上）实现增加值956.6亿元，增长17.4%。产品产销率98.3%。

规模以上工业中，轻工业增加值328亿元，增长15.8%；重工业增加值628.6亿元，增长18.2%。

国有企业增加值150.3亿元，增长11.3%；集体企业增加值19.32亿元，增长-2.8%；股份制企业增加值430.7亿元，增长17.8%；外商和港澳台投资企业增加值35.5亿元，增长19.5%。

全年全市建筑业增加值73.6亿元，比上年增长14.0%。

【固定资产投资】2012年，许昌市全年全市全社会固定资产投资完成1155.7亿元，比上年增长23.2%。其中：固定资产投资（不含农户）1111.5亿元，增长23.9%；农户投资44.2亿元，增长6.1%。

在固定资产投资（不含农户）中，按注册登记类型分，民间投资1030.3亿元，增长23.8%。按三次产业分，第一产业投资38.2亿元，增长48.5%；第二产业投资697亿元，增长19.4%；第三产业投资376.3亿元，增长30.9%。

【科学技术】2012年年末，许昌市全市国家级企业研发中心4个、省级企业研发中心24个，市级企业研发中心16个，国家级高新技术企业30家，国家级创新型企业和试点企业3家，省级创新型企业和试点企业16家。9项科技成果获得省级科技进步奖，其中，二等奖2项、三等奖7项。专利申请量3549件，授权量1934件。

年末全市拥有中国名牌产品8个，中国驰名商标9个，省名牌产品56个，国家地理标志保护产品6个，省长质量奖企业2家。拥有12个产品质量监督检验机构，其中，3个国家级质量监督检验中心，3个省级质量监督检验中心。国家标准化专业技术委员会4家，国际标准化组织主席1名，主导制定国际标准16项，参与修订国家行业标准136项，创标准化良好行为企业42家，创国家农业标准化示范区16个，省农业标准化示范区28个，创建全省首家"河南省高新技术产业标准化示范区"和"河南省循环经济标准化示范区"；成为全省首个所辖县（市）全部创建省农业标准化示范县（市）的省辖市。全市812家企业通过国际质量管理体系、环境管理体系、职业健康管理体系认证，456家企业通过质量体系认证，65家企业通过强制产品认证，56家企业通过计量合格确认。

年末全市天气雷达观测站点1个，卫星数据广播接收系统5个，区域气象观测站104个，地震台站1个。

【国内贸易和对外经济】2012年，许昌市全年全市社会消费品零售总额482.4亿元，比上年增长16.3%。分城乡看，城镇市场零售额360亿元，乡村市场零售额122.4亿元，分别比上年增长16.1%和16.8%。分行业看，批发和零售贸易业零售额396.7亿元，增长16.3%；住宿和餐饮业零售额85.7亿元，比上年增长16.2%。

限额以上批发零售企业中，25大类商品中，14类商品零售额增速超过20%。其中，金银珠宝类、化妆品类和服装类分别增长49.6%、47.1%和45.1%；家具类和建筑装潢材料类分别增长43.9%和29.7%。

全年全市实现进出口总值20.76亿美元，比上年增长23.2%。其中，出口16亿美元，增长20.2%；进口4.8亿美元，增长34.7%。出口最多的四大类商品分别是发制品、鞋类、机电产品和农产品。以人发、纤维发为主的发制品出口12.6亿美元，增长18.8%，占出口总额的78%。鞋类产品出口1.28亿美元，增长705.5%。

【交通、邮电和旅游】2012年，许昌市全年全市交通运输、仓储和邮政业增加值45.3亿元，比上年增长8.3%。

全年全市邮政局（所）114处，其中电子化支局104处，邮政储蓄网点69个；信箱信筒278个。邮路22条，长度1595公里，其中，市县二级邮路6条，县乡邮路16条，投递线路292条。

全年全市接待国内外旅游者850万人次，比上年增长19%；旅游总收入43.7亿元，增长15%，A级景区17家，其中，4A级景区3家，3A级景区5家。星级饭店21家，其中五星级1家，四星级6家，三星级7家。旅行社72家，其中国内旅行社70家，国际旅行社分社2家。

【金融和保险】2012年年末，许昌市金融机构人民币各项存款余额1188.2亿元，比年初增加216.3亿元，增长22.3%，其中，城乡居民储蓄存款余额743.3亿元，比年初增加127.6亿元，增长20.7%；金融机构人民币各项贷款余额850.8亿元，比年初增加153.6亿元，增长22%，其中短期贷款587.7亿元，比年初增加122.4亿元，增长26.3%，中长期贷款230.3亿元，比年初增加18.4亿元，增长8.7%。

10

2012年三门峡市经济发展概况

【经济总量】2012年，三门峡市全年实现地区生产总值（GDP）519322亿元，比上年增长7.8%。

其中，第一产业增加值52377亿元，增长4.5%；第二产业增加值235319亿元，增长8.1%；第三产业增加值231626亿元，增长8.1%。第一产业增加值占国内生产总值的比重为10.1%，第二产业增加值比重为45.3%，第三产业增加值比重为44.6%。

全年居民消费价格比上年上涨2.6%，其中食品价格上涨4.8%。固定资产投资价格上涨1.1%。工业生产者出厂价格下降1.7%。工业生产者购进价格下降1.8%。农产品生产者价格上涨2.7%。

年末全国就业人员76704万人，其中城镇就业人员37102万人。全年城镇新增就业1266万人。年末城镇登记失业率为4.1%，与上年末持平。全国农民工总量为26261万人，比上年增长3.9%。其中，外出农民工16336万人，增长3.0%；本地农民工9925万人，增长5.4%。

【农业】2012年，三门峡市全年粮食种植面积11127万公顷，比上年增加69万公顷；棉花种植面积470万公顷，减少34万公顷；油料种植面积1398万公顷，增加12万公顷；糖料种植面积203万公顷，增加9万公顷。

全年粮食产量58957万吨，比上年增加1836万吨，增产3.2%。其中，夏粮产量12995万吨，增产2.8%；早稻产量3329万吨，增产1.6%；秋粮产量42633万吨，增产3.5%。其中，主要粮食品种中，稻谷产量20429万吨，增产1.6%；小麦产量12058万吨，增产2.7%；玉米产量20812万吨，增产8.0%。

【工业和建筑业】2012年，三门峡市全年全部工业增加值199860亿元，比上年增长7.9%。规模以上工业增加值增长10.0%。在规模以上工业中，国有及国有控股企业增长6.4%；集体企业增长7.1%，股份制企业增长11.8%，外商及港澳台商投资企业增长6.3%；私营企业增长14.6%。轻工业增长10.1%，重工业增长9.9%。

全年规模以上工业中，农副食品加工业增加值比上年增长13.6%，纺织业增长12.2%，通用设备制造业增长8.4%，专用设备制造业增长8.9%，汽车制造业增长8.4%，计算机、通信和其他电子设备制造业增长12.1%，电气机械和器材制造业增长9.7%。六大高耗能行业增加值比上年增长9.5%，其中，非金属矿物制品业增长11.2%，化学原料和化学制品制造业增长11.7%，有色金属冶炼和压延加工业增长13.2%，黑色金属冶炼和压延加工业增长9.5%，电力、热力生产和供应业增长5.0%，石油加工、炼焦和核燃料加工业增长6.3%。高技术制造业增加值比上年增长12.2%。

全年规模以上工业企业实现利润55578亿元，比上年增长5.3%，其中国有及国有控股企业14163亿元，下降5.1%；集体企业819亿元，增长7.5%，股份制企业32867亿元，增长7.2%，外商及港澳台商投资企业12688亿元，下降4.1%；私营企业18172亿元，增长20.0%。

全年全社会建筑业增加值35459亿元，比上年增长9.3%。全国具有资质等级的总承包和专业承包建筑业企业实现利润4818亿元，增长15.6%，其中国有及国有控股企业1236亿元，增长21.9%。

【固定资产投资】2012年，三门峡市全年全社会固定资产投资374676亿元，比上年增长20.3%，扣除价格因素，实际增长19.0%。其中，固定资产投资（不含农户）364835亿元，增长20.6%；农户投资9841亿元，增长8.3%。东部地区投资151742亿元，比上年增长16.5%；中部地区投资87909亿元，增长

24.1%；西部地区投资88749亿元，增长23.1%；东北地区投资41243亿元，增长26.3%。

在固定资产投资（不含农户）中，第一产业投资9004亿元，比上年增长32.2%；第二产业投资158672亿元，增长20.2%；第三产业投资197159亿元，增长20.6%。

全年房地产开发投资71804亿元，比上年增长16.2%。其中，住宅投资49374亿元，增长11.4%；办公楼投资3367亿元，增长31.6%；商业营业用房投资9312亿元，增长25.4%。

【科学技术】2012年，三门峡市全年研究与试验发展（R&D）经费支出10240亿元，比上年增长17.9%，占国内生产总值的1.97%，其中基础研究经费498亿元。全年国家安排了1701项科技支撑计划课题，1165项“863”计划课题。累计建设国家工程研究中心130个，国家工程实验室128个。累计建设国家地方联合工程研究中心149个，国家地方联合工程实验室180个。国家认定企业技术中心达到887家。省级企业技术中心达到8137家。实施新兴产业创投计划，累计支持设立102家创业投资企业，资金总规模近290亿元，投资了创业企业238家。全年受理境内外专利申请205.1万件，其中境内申请188.6万件，占91.9%。受理境内外发明专利申请65.3万件，其中境内申请52.3万件，占80.1%。全年授予专利权125.5万件，其中境内授权114.4万件，占91.1%。授予发明专利权21.7万件，其中境内授权13.7万件，占63.2%。截至年底，有效专利350.9万件，其中境内有效专利289.9万件，占82.6%；有效发明专利87.5万件，其中境内有效发明专利43.5万件，占49.7%。全年共签订技术合同28.2万项，技术合同成交金额6437.1亿元，比上年增长35.1%。全年成功发射卫星19次。神舟九号载人飞船与天宫一号目标飞行器顺利实现首次空间交会对接，北斗二号卫星导航系统完成区域组网并正式提供运行服务，“蛟龙”号载人深潜器海试成功突破7000米。

【国内贸易和对外经济】2012年，三门峡市全年社会消费品零售总额210307亿元，比上年增长14.3%，扣除价格因素，实际增长12.1%。按经营地统计，城镇消费品零售额182414亿元，增长14.3%；乡村消费品零售额27893亿元，增长14.5%。按消费形态统计，商品零售额186859亿元，增长14.4%；餐饮收入额23448亿元，增长13.6%。

在限额以上企业商品零售额中，汽车类零售额比上年增长7.3%，粮油类增长19.9%，肉禽蛋类增长18.0%，服装类增长17.7%，日用品类增长17.5%，文化办公用品类增长17.7%，通信器材类增长28.9%，化妆品类增长17.0%，金银珠宝类增长16.0%，中西药品类增长23.0%，家用电器和音像器材类增长7.2%，家具类增长27.0%，建筑及装潢材料类增长24.6%。

全年货物进出口总额38668亿美元，比上年增长6.2%。其中，出口20489亿美元，增长7.9%；进口18178亿美元，增长4.3%。进出口差额（出口减进口）2311亿美元，比上年增加762亿美元。

全年非金融领域新批外商直接投资企业24925家，比上年下降10.1%。实际使用外商直接投资金额1117亿美元，下降3.7%。

【交通、邮电和旅游】2012年，三门峡市全年货物运输总量412亿吨，比上年增长11.5%。货物运输周转量173145亿吨公里，增长8.7%。全年规模以上港口完成货物吞吐量97.4亿吨，比上年增长6.8%，其中外贸货物吞吐量30.1亿吨，增长8.8%。规模以上港口集装箱吞吐量17651万标准箱，增长8.1%。

全年旅客运输总量379亿人次，比上年增长7.6%。旅客运输周转量33369亿人公里，增长7.7%。

年末全国民用汽车保有量达到12089万辆（包括三轮汽车和低速货车1145万辆），比上年末增长14.3%，其中私人汽车保有量9309万辆，增长18.3%。民用轿车保有量5989万辆，增长20.7%，其中私人轿车5308万辆，增长22.8%。

全年完成邮电业务总量15022亿元，比上年增长13.0%。其中，邮政业务总量2037亿元，增长26.7%；电信业务总量12985亿元，增长11.1%。邮政业全年完成邮政函件业务70.74亿件，包裹业务0.69亿件，快递业务量56.85亿件。电信业全年局用交换机容量新增478万门，总容量43906万门；新增移动电话交换机容量11234万户，达到182870万户。年末固定电话用户27815万户，其中，城市电话用户18893万户，农村电话用户8922万户。新增移动电话用户12590万户，年末达到111216万户，其中3G移动电话用户23280万户。年末全国固定及移动电话用户总数达到139031万户，比上年末增加11896万户。电话普及率达到103.2部/百人。互联网上网人数5.64亿人，其中宽带上网人数5.30亿人。互联网普及率达到42.1%。

全年国内出游人数29.6亿人次，比上年增长12.1%；国内旅游收入22706亿元，增长17.6%。入境旅游人数13241万人次，下降2.2%。其中，外国人2719万人次，增长0.3%；香港、澳门和台湾同胞10521万人次，下降2.9%。在入境旅游者中，过夜旅游者5772万人次，增长0.3%。国际旅游外汇收入500亿美元，增长3.1%。国内居民出境人数8318万人次，增长18.4%。其中因私出境7706万人次，增长20.2%，占出境人数的92.6%。

【金融和保险】2012年年末，三门峡市全部金融机构本外币各项存款余额94.3万亿元，比年初增加11.6万亿元，其中人民币各项存款余额91.8万亿元，增加10.8万亿元。全部金融机构本外币各项贷款余额67.3万亿元，增加9.1万亿元，其中人民币各项贷款余额63.0万亿元，增加8.2万亿元。全年社会融资规模为15.8万亿元，按可比口径计算，比上年多2.9万亿元。

全年保险公司原保险保费收入15488亿元，比上年增长8.0%，其中寿险业务原保险保费收入8908亿元；健康险和意外伤害险业务原保险保费收入1249亿元；财产险业务原保险保费收入5331亿元。支付各类赔款及给付4716亿元，其中寿险业务给付1505亿元；健康险和意外伤害险赔款及给付395亿元；财产险业务赔款2816亿元。

湖北省

| 武汉市 | 十堰市 | 宜昌市 | 襄阳市 | 鄂州市 | 荆门市 | 荆州市 | 孝感市 |
| 黄冈市 | 随州市 | 黄石市 | 咸宁市 |

1

2012年武汉市经济发展概况

【经济总量】2012年，武汉市全年实现地区生产总值（GDP）8003.82亿元，按可比价格计算，比上年增长11.4%。其中，第一产业增加值301.21亿元，增长4.5%；第二产业增加值3869.56亿元，增长13.2%；第三产业增加值3833.05亿元，增长10.0%。一、二、三产业比重3.8∶48.3∶47.9，与上年相比，第一产业上升0.8个百分点，第二产业上升0.2个百分点，第三产业下降1.0个百分点。

全年全口径财政收入2093.68亿元，比上年增长16.6%。地方财政收入1397.74亿元，增长17.0%。公共财政预算收入828.58亿元，增长23.1%。其中，税收收入666.74亿元，增长21.7%；非税收入161.84亿元，增长28.9%。

【农业】2012年，武汉市全年完成农业总产值476.04亿元，比上年增长5.7%。其中，种植业258.59亿元，增长6.2%；林业4.87亿元，增长27.7%；牧业121.30亿元，增长6.3%；渔业78.41亿元，增长2.0%；农林牧渔服务业12.87亿元，增长10.6%。

全年粮食种植面积229.45千公顷，比上年增加8.43千公顷。棉花种植面积26.23千公顷，增加7千公顷。油料种植面积93.60千公顷，减少0.68千公顷。蔬菜种植面积163.08千公顷，增加1.27千公顷。

全年粮食产量125.89万吨，比上年增长4.2%。棉花2.46万吨，增长4.6%。油料18.02万吨，增长2.3%。蔬菜661.62万吨，增长5.5%。生猪出栏298.4万头，增长7.3%。家禽出笼5552.2万只，增长7.5%。牛奶产量6.69万吨，增长12.5%。水产品产量46.86万吨，增长1.8%。

【工业和建筑业】2012年，武汉市全年规模以上工业增加值2711.47亿元，按可比价格计算，比上年增长15.2%。规模以上工业总产值9018.88亿元，增长15.3%。其中，轻工业总产值1967.92亿元，增长24.2%；重工业总产值7050.96亿元，增长13.0%。

年末规模以上工业企业1893家。产值过100亿元的企业12家，过10亿元的企业95家。在规模以上工业企业中，全年11大工业行业完成工业总产值8769.38亿元，占规模以上工业的97.2%。其中5个行业产值超千亿元，分别是汽车及零部件产值1669.76亿元，能源及环保产值1238.39亿元，装备制造产值1228.53亿元，电子信息产值1158.02亿元，食品烟草产值1050.08亿元。两大开发区工业总产值3691.80亿元，增长24.2%。其中，东湖新技术开发区1668.90亿元，增长28.2%；武汉经济技术开发区2022.90亿元，增长21.1%。

全年建筑业增加值665.90亿元，按可比价格计算，比上年增长10.8%。建筑业产值3897.70亿元，增长22.6%。年末具有资质等级的建筑企业1286家。

【固定资产投资】2012年，武汉市全年全社会固定资产投资5031.25亿元，比上年增长20.0%，其中，固定资产投资（不含农户，下同）5016.08亿元，增长20.1%。

在固定资产投资中，第一产业投资23.00亿元，比上年下降20.9%；第二产业投资1720.46亿元，增长40.6%，其中工业投资1701.04亿元，增长41.5%；第三产业投资3272.62亿元，增长9.8%。

【科学技术】2012年年末，武汉市拥有政府部门属科学技术研究机构104所，国家重点实验室20个，国家实验室1个，国家工程实验室3个，国家级工程技术研究中心23个，国家级企业技术中心19个。两院院士58人。全年研究与试验发展（R&D）经费支出212.90亿元，比上年增加35.90亿元。承担国家级科技计划项目2400项，实施市级科技计划项目840项。市级登记科技成果344项，获奖科技成果380项。其中，国家奖35项。专利申请24105件，增加2226件。其中，发明专利8071件，增加1709件。专利授权13698件，增加2110件。其中，发明专利授权3252件，增加667件。每万人发明专利拥有量9.8件。技术市场合同成交额169.69亿元，增长57.8%。

年末拥有国家级孵化器15家，国家863计划成果产业化基地10个，高新技术企业819家，新增237家。全年实现高新技术产业产值4556.00亿元，增长32.1%；高新技术产业增加值1353.40亿元，增长26.0%。

【国内贸易和对外经济】2012年，武汉市全年社会消费品零售总额3432.43亿元，比上年增长16.0%。其中限额以上企业零售额2252.27亿元，增长19.0%。按行业分，批发零售业零售额3095.22亿元，增长16.2%；住宿餐饮业零售额337.21亿元，增长14.3%。按用途分，吃的商品零售额1018.14亿元，增长13.3%；穿的商品零售额397.56亿元，增长21.3%；用的商品零售额2016.73亿元，增长16.4%。

全年外贸进出口总额203.54亿美元，比上年下降11.0%。其中，进口96.06亿美元，下降13.7%；出口107.48亿美元，下降8.3%。在出口总额中，一般贸易出口44.51亿美元，增长2.2%；加工贸易出口55.33亿美元，下降14.1%；其他贸易出口7.64亿美元，下降17.8%。高新技术产品出口40.01亿美元，增长10.8%。出口国别和地区数188个。口岸货运量656.30万吨，增长32.3%。

【交通、邮电和旅游】2012年，武汉市全年交通客货运输换算周转量3596.01亿吨公里，比上年增长10.4%。全社会货运量43892.49万吨，增长4.4%；货物周转量2910.22亿吨公里，增长12.4%。全社会客运量27492.40万人，增长6.8%；旅客周转量897.34亿人公里，增长2.7%。

全年邮电业务总量167.87亿元，比上年增长16.3%，其中电信业务总量160.00亿元，增长16.6%。年末移动电话用户1593.00万户，增长15.6%，移动电话普及率193.80部/百人。互联网宽带用户312.00万户，增长23.3%。光纤入户数200.30万户，增长46.7%。

全年接待国内旅游人数14067.70万人次，比上年增长20.9%；接待海外旅游人数150.89万人次，增长30.2%。实现旅游总收入1396.00亿元，增长32.4%。其中，国内旅游收入1342.17亿元，增长32.3%；国际旅游外汇收入8.52亿美元，增长40.7%。年末旅游景区35个，其中5A级1个，4A级16个，3A级6个。旅游星级以上宾馆97家，增加1家。其中，五星级13家，与上年持平；四星级31家，增加2家；三星级41家，与上年持平。

【金融和保险】2012年年末，武汉市武汉地区金融机构本外币各项存款余额13131.59亿元，比年初增加1612.03亿元。其中，个人存款4728.66亿元，增加692.42亿元。金融机构本外币各项贷款余额11575.84亿元，增加1418.32亿元。境内贷款中，短期贷款3189.81亿元，增加539.64亿元；中长期贷款7654.13亿元，增加644.50亿元。个人贷款中，消费贷款1477.23亿元，增加156.62亿元。其中，个人住房贷款1229.23亿元，增加128.94亿元；个人购车贷款56.18亿元，减少7.75亿元。

2

2012年十堰市市经济发展概况

【经济总量】2012年，十堰市全年实现地区生产总值（GDP）955.7亿元，按可比价格计算，比上年增长8.2%。其中，第一产业增加值121.2亿元，增长5.0%；第二产业增加值490.3亿元，增长6.4%；第三产业增加值344.3亿元，增长12.0%。三次产业结构比为12.7：51.3：36.0。人均生产总值为28471元。在第三产业中，交通运输、仓储业增长10.5%，批发和零售业增长15.7%，营利性服务业增长13.8%，其他服务业增长13.3%。

居民消费品价格总指数（CPI）为102.4%，商品零售价格指数为101.7%。工业生产者出厂价格指数为103.5%，工业生产者购进价格指数为103.6%。

【农业】2012年，十堰市全年实现农林牧渔业增加值121.2亿元，增长5.0%。其中，农业增加值70.5亿元，增长3.7%；林业增加值4.3亿元，增长4.2%；牧业增加值39.2亿元，增长7.8%；渔业增加值6.4亿元，增长5.1%；农林牧渔服务业增加值0.7亿元，增长6.8%。

全年粮食总产量达到111.6万吨，比上年增长3.7%。其中，夏粮31.4万吨，增长6.4%；秋粮80.2万吨，增长2.7%。全市粮食作物播种达到274千公顷，比上年增加2千公顷；油料面积76.9千公顷，减少0.4千公顷；蔬菜面积66千公顷，减少5.2千公顷。全年油料产量12万吨，比上年增长3.0%；蔬菜产量143.8万吨，增长4.5%；水果产量38.4万吨，增长13.1%。

【工业和建筑业】2012年，十堰市全市规模以上工业企业548家。全年完成规模以上工业增加值410.5亿元，增长6.0%。分轻重工业看，重工业增加值比上年下降3.1%，轻工业增长30.2%；分企业登记注册类型看，国有企业增加值比上年下降4.6%，集体企业增长6.6%，股份制企业增长23.2%，股份合作制企业增长25.2%，外商及港澳台商投资企业下降23.2%，其他类型企业增长1.1%；分行业看，汽车工业增加值下降7.9%，医药制造业增长25.2%，纺织行业增长36.5%，化学制品业增长6.7%，有色金属冶炼业增长15.8%，黑色金属冶炼业增长36.5%，电力生产及供应业下降6.6%。

规模以上工业企业共实现主营业务收入1218.3亿元，利润总额148.9亿元，税金总额25.3亿元。其中亏损企业134家，亏损面比上年扩大0.6个百分点。规模以上工业产品产销率96.5%，比上年下降0.6个百分点。

全年资质以内建筑企业141家，完成施工产值222.6亿元，增长12.4%；实现利润6.2亿元，增长40.9%。建筑单位房屋建筑施工面积835万平方米，增长52.4%，其中招投标承包面积553万平方米。

【固定资产投资】2012年，十堰市全年完成全社会固定资产投资702.7亿元，比上年增长34.5%，其中500万元以上施工项目有1380个，完成投资654亿元，增长34.5%。

按登记注册类型分，内资企业投资625.6亿元，增长52.9%，港澳台商企业投资12.0亿元，增长116.0%，外商企业投资14.9亿元，增长250.6%；个体经营投资1.4亿元，下降65.7%。按建设性质分，新建投资373.9亿元，增长48.3%；扩建投资63.9亿元，下降18.8%；改建和技术改造投资95.8亿元，增长43.5%。按产业划分，全市第一、第二、第三产业投资分别为36.3亿元、208亿元和409.6亿元，分别增长74.0%、14.1%和44.8%。其中工业投资198.2亿元，增长8.8%。

【科学技术】2012年，十堰市全市安排市级科技项目89项，科技投入1358万元；省级以上科研项目126项，科技投入5791万元。专利申请受理1859项，比上年增加430项。全年共取得各类科技成果74项，获省科技奖9项，其中省科技进步一等奖1项，省科技进步二等奖3项，省科技进步三等奖4项，中小企业创新奖1项。全市规模以上企业实现高新技术产业增加值99.5亿元，占规模以上工业增加值比重达到24.2%。

【国内贸易和对外经济】2012年，十堰市全市实现社会消费品零售总额426.8亿元，比上年增长16.1%。分城乡看，城镇消费品零售额366.7元，增长16.3%；乡村消费品零售额60.1亿元，增长15.0%。批发零售贸易业销售总额708亿元，增长18.9%，其中，批发业实现销售额304亿元，增长17%；零售业实现销售额404亿元，增长20.4%。

全市外贸进出口总额44234.1万美元，比上年增长20.1%。其中，进口5586.9万美元，增长11.4%；出口38647.2万美元，增长21.5%。全市新批利用外资项目5个，实际利用外资13161万美元，增长22.7%。

【交通、邮电和旅游】2012年年末，十堰市公路通车里程22036.5公里。等级以上公路里程20677.5公里，占公路总里程的93.8%。全市年末机动车拥有量48.8万辆，增长4.5%，其中，私人机动车拥有量45.4万辆，增长5.3%，私人拥有轿车7万辆，增长22.8%，其中本年新增7279辆。

全市交通运输仓储和邮政业完成增加值50.7亿元，按可比价计算，比上年增长10.5%。全年完成旅客运输量7039万人次，增长22.2%；旅客周转量61.7亿人公里，比上年增长25.1%。全年完成货物运输量5300万吨，增长21.5%；货运周转量97.4亿吨公里，增长23.8%。

全年完成邮政业务总量1.8亿元，比上年下降10.0%。在邮政业务中，完成函件业务量393万件，增长11.6%；订销报刊累计数3596万份，增长10.2%；EMS特快专递25万件，下降56%。电信业务总量14.6亿元，增长15.0%。年末固定电话用户51.6万户；移动电话用户246.8万户，计算机互联网用户47.4万户。

全年实现旅游总收入161.2亿元，比上年增长35.1%。其中，国际旅游外汇收入5649万美元，增长28.9%。全年接待国内外旅游人数2333.3万人次，增长25.2%。其中接待入境旅游者16.8万人次，增长26.6%。年末全市拥有旅游星级宾馆饭店74家，A级旅游景区52家，各类旅行社85家。

【金融和保险】2012年年末，十堰市全市金融机构各项存款余额1217.4亿元，比年初增加200.8亿元。其中，城乡居民储蓄存款余额686.9亿元，增加117.6亿元。金融机构各项贷款余额590亿元，比年初增加114.8亿元。其中，中长期贷款402.9亿元，增加56.6亿元。

全市拥有地市级保险机构28家，全年完成保费收入28.4亿元，比上年增长2.7%；赔付7.3亿元，增长34.7%。其中，寿险公司13家，全年完成保费收入20.8亿元，下降1.7%，人身险赔付2.9亿元，增长26.57%。财产险公司15家，保费收入7.6亿元，增长16.9%，赔付4.5亿元，增长40.5%，赔付率为58.2%。

3

2012年宜昌市市经济发展概况

【经济总量】2012年，宜昌市全年实现地区生产总值（GDP）2508.89亿元，比上年增长12.6%，连续第九年实现两位数增长。其中，第一产业增加值305.20亿元，增长4.6%；第二产业增加值1513.08亿元，增长14.7%；第三产业增加值690.61亿元，增长11.3%。三次产业结构为12.2∶60.3∶27.5，一、三产业比重比上年提高0.3个百分点。按常住人口计算，人均地区生产总值61517元，增长12.3%，较上一年增加8844元。

全市居民消费价格比上年上涨2.9%。其中，食品类价格上涨6.0%。商品零售价格上涨2.4%。工业生产者出厂价格上涨2.4%。工业生产者购进价格上涨0.4%。固定资产投资价格上涨0.2%。农业生产资料价格上涨4.1%。

【农业】2012年，宜昌市全市农林牧渔业总产值502.96亿元，按现价计算，比上年增长25.6%。全年粮食种植面积327.04千公顷，比上年增长1.8%；棉花种植面积21.35千公顷，比上年减少4.4%；油料种植面积111.01千公顷，比上年增长2.8%；蔬菜种植面积112.55千公顷，比上年增长3.2%；果园面积129.70千公顷，比上年增长5.7%；茶叶面积48.20千公顷，比上年增长6.4%。

全年粮食产量160.40万吨，增产4.05万吨。棉花产量3.48万吨，增产0.11万吨。油料产量22.79万吨，增产0.58万吨。蔬菜产量365.91万吨，增产25.94万吨。水果产量269.46万吨，增产38.75万吨。茶叶产量5.25万吨，增产0.69万吨。

【工业和建筑业】2012年，宜昌市全市规模以上工业增加值1298.90亿元，增长16.7%，增幅同比下降9.9个百分点。其中国有及国有控股企业实现增加值280.84亿元，增长18.0%，集体企业实现增加值5.96亿元，增长23.7%，股份合作企业实现增加值1.17亿元，增长21.3%，股份制企业实现增加值881.71亿元，增长16.4%，外商及港澳台商企业实现增加值87.65亿元，增长7.6%，其他经济类型企业实现增加值41.22亿元，增长35.6%。分轻重工业看，轻工业实现增加值376.80亿元，增长18.5%，重工业实现增加值922.11亿元，增长15.9%。年末，全市规模工业企业达到1010家，比上年增加147家。

全年规模工业实现主营业务收入3715.40亿元，增长23.5%；利税454.11亿元，增长28.7%；利润292.48亿元，增长20.4%。

全市建筑业增加值126.10亿元，增长8.5%。

【固定资产投资】2012年，宜昌市全年完成全社会固定资产投资1620.98亿元，比上年增长36.2%，较上一年提高3.1个百分点。其中，城镇500万元以上项目投资1089.52亿元，增长31.6%；农村500万元以上项目投资298.43亿元，增长54.6%；房地产开发投资176.59亿元，增长29.9%；农村私人建房投资56.45亿元，增长71.7%。

分产业看，第一产业投资112.55亿元，增长53.1%，较上年提高29个百分点；第二产业投资795.25亿元，增长22.4%，较上年降低4.7个百分点，其中工业投资增长22.4%，占全社会固定资产投资的比重为49%；第三产业投资713.17亿元，增长52.9%，较上年提高8.6个百分点。

【科学技术】2012年，宜昌市全年重要科技成果登记项360个，比上年增加200个。年末全市共有省级以上高新技术企业117家，比上年增加46家。省市级工程技术中心74家，同比增加22家。省市级重点实验室41家，同比增加8家。

全市专利申请量与授权量分别为5847件和2537件，分别比上年增长52.7%和82.1%。

【国内贸易和对外经济】2012年，宜昌市全市实现社会消费品零售总额739.10亿元，比上年增长16.2%。分城乡看，城市市场实现零售额635.97亿元，增长16.7%，农村市场实现零售额103.13亿元，增长13.5%。分行业看，批发零售贸易业实现零售额635.22亿元，增长16.3%；住宿餐饮业实现零售额103.88亿元，增长15.7%。

在限额以上批发和零售业零售额中，体育娱乐用品类增长56.5%，家具类增长54.6%，棉麻类增长46.1%，粮油、食品、饮料、烟酒类增长34.5%，化妆品类增长31.0%，中西药品类增长29.1%，电子出版物及音像制品类增长27.7%，金银珠宝类增长25.1%。

全市实现外贸进出口总额21.90亿美元，同比下降4.3%。其中，出口额16.63亿美元，同比下降3.1%；进口额5.26亿美元，同比下降8.0%。四大出口基地产品共出口14.25亿美元，同比下降1.4%，占全市出口总额的85.7%。其中：机电及装备制造业基地出口3.19亿美元，下降10.3%；化工产品基地出口6.78亿美元，下降4.3%；医药基地出口1.77亿美元，增长10.2%；农产品基地出口2.50亿美元，增长13.8%。

【交通、邮电和旅游】2012年，宜昌市全市交通运输、仓储和邮政业实现增加值175.34亿元，同比增长14.4%。全年公路、水运完成货物周转量300.04亿吨公里，比上年增长33.5%；旅客周转量70.38亿人公里，比上年增长22.0%。三峡机场旅客吞吐量90.14万人次，增长15.9%；货邮行吞吐量9309.80吨，增长7.0%。

年末全市民用汽车保有量26.40万辆，比上年末增长16.2%。其中私人汽车拥有量21.56万辆，比上年末增长20.8%。

全市完成邮电业务总收入28.08亿元，比上年增长11.9%。其中，邮政业务收入2.35亿元，比上年增长18.6%；电信业务收入25.73亿元，比上年增长11.3%。全年新增移动电话用户20.85万户，年末累计达到332.70万户。年末固定电话用户77.04万户，较上年增加11.27万户。年末互联网用户52.46万户，增长17.6%。

全市实现旅游文化总产出342.55亿元。全年接待国内外游客2639.34万人次，同比增长36.7%。接待入境旅游者32.90万人次，比上年增长32.4%，其中，外国人26.52万人次，增长15.8%；港澳台游客6.38万人次，增长224.8%。全年接待国内旅游者2606.44万人次，增长36.8%。全市旅游外汇收入7053.94万美元，增长16.9%。国内旅游收入195.92亿元，增长42.6%。全市旅游总收入达到200.38亿元，比上年增长41.8%。

【金融和保险】2012年年末，宜昌市全市金融机构人民币存款余额2005.49亿元，比年初增加262.38亿元，其中城乡居民储蓄存款余额1033.11亿元，比年初增加176.44亿元。金融机构人民币贷款余额1445.59亿元，比年初增加245.18亿元。

年末全市共有各类保险公司36家，全年保费收入46.2亿元，比上年增长6.9%。其中，财产险保费收入12亿元，增长17.6%；寿险保费收入31.1亿元，增长3.3%；健康险和意外伤害险保费收入3.1亿元，增长6.9%。全年保险赔款给付支出9.9亿元，比上年增长20.7%。其中财产险赔款5.9亿元，寿险业务给付3.1亿元，健康险和意外伤害险赔付额0.9亿元，分别增长25.5%、14.8%和12.5%。

4

2012年襄阳市经济发展概况

【经济总量】2012年，襄阳市全年实现地区生产总值（GDP）2501.96亿元，按可比价格计算比上年增长12.5%。分产业看，第一产业增加值357.2亿元，同比增长4.7%；第二产业增加值1428.1亿元，同比增长15.9%；第三产业增加值716.7亿元，同比增长10.5%。三次产业结构比为14.2：57.1：28.7。

居民消费价格指数同比上涨2.8%，涨幅较上年回落3.0个百分点；零售物价价格指数同比上涨3.2%，涨幅较上年回落2.5个百分点；工业生产者出厂价格指数同比上涨1.8%，涨幅较上年回落2.4个百分点；工业生产者购进价格指数同比上涨0.4%，涨幅较上年回落5.1个百分点。

【农业】2012年，襄阳市全市粮食种植面积751.3千公顷，比上年增加56.7千公顷；粮食总产量突破百亿斤，达到100.3亿斤，比上年增产5.3亿斤，同比增长5.5%；棉花产量4.1万吨，同比下降14.1%；油料产量25.2万吨，同比下降15.2%；蔬菜产量299.3万吨，同比增长3.5%；茶叶、水果产量分别达到1.0万吨和56.1万吨，同比分别增长1.5%和2.6%。全市生猪出栏达到602.5万头，同比增长4.9%；羊出栏153.4万只，同比增长1.9%；牛出栏62.9万头，同比增长4.2%；家禽出笼8576.2万只，同比增长6.1%；水产品产量18.7万吨，同比增长2.6%。

【工业和建筑业】2012年，襄阳市全市规模以上工业增加值达到1233.3亿元，同比增长16.7%。其中：轻工业实现增加值406.4亿元，同比增长32.1%；重工业实现增加值826.9亿元，同比增长4.5%。全市规模以上工业企业个数达到1269家，比上年的1105家净增164家。其中，产销过亿元的企业731家，过十亿元的企业55家，过五十亿元的企业5家，过百亿元的企业3家。农产品加工业完成产值1391.6亿元，同比增长31.0%。汽车产业完成产值1295.9亿元，同比下降5.1%。装备制造业、电子信息产业、医药化工产业、新能源新材料产业和新能源汽车产业分别完成产值491.1亿元、264.3亿元、396.9亿元、123.2亿元和15.6亿元，同比分别增长37.3%、40.7%、31.6%、28.1%、108.0%。

全市规模以上工业企业白酒产量8.9万千升，同比增长37.1%；纱产量52.6万吨，同比增长28.2%；布产量19.0亿米，同比增长33.8%；服装产量15576.4万件，同比增长53.8%；化肥产量58.5万吨，同比增长26.2%；水泥产量907.1万吨，同比增长8.4%；汽车产量26.4万辆，同比下降18.2%；发电量119.8亿千瓦时，同比下降17.7%。全市规模以上工业实现主营业务收入3323.9亿元，同比增长29.9%。实现利税总额209.3亿元，同比增长20.4%。其中，利润总额132.1亿元，同比增长17.2%。全市全社会用电量112.4亿千瓦时，同比增长6.5%。其中，工业用电量78.7亿千瓦时，同比增长2.1%。全市建筑业实现增加值123.8亿元，同比增长14.7%。

【固定资产投资】2012年，襄阳市全市完成全社会固定资产投资1600.1亿元，同比增长39.3%，其中，固定资产投资1538.2亿元，同比增长40.1%。全市在建施工项目1855个，其中，新开工项目1363个。

全市第一产业完成投资55.7亿元，同比增长27.8%。第二产业完成投资847.4亿元，同比增长32.1%，其中：工业投资847.1亿元，同比增长32.2%；分行业看，采矿业完成投资46.4亿元，同比增长14.1%，制造业完成投资775.5亿元，同比增长32.9%，电力、燃气及水的生产和供应业完成投资25.1亿元，同比增长52.4%。第三产业完成投资635.1亿元，同比增长53.4%。全市房地产开发完成投资186.2亿元，同比增长28.4%，房屋施工面积1418.7万平方米，同比增长18.9%。商品房销售面积497.9万平方米，同比下降13.8%。其中，住宅销售面积449.4万平方米，同比下降12.2%。商品房销售额178.5亿元，同比下降7.9%。

【科学技术】2012年，襄阳市全市新认定高新技术企业43家，全年共有128个项目被列入国家或省级科技计划项目，全市共申请专利6054件，实用新型专利2670件，外观设计专利1686件，发明专利1698件。全市高新技术产业实现增加值400.7亿元，同比增长18.1%。

【国内贸易和对外经济】2012年，襄阳市全市实现社会消费品零售总额800.1亿元，同比增长16.1%。其中：城镇消费品市场实现零售额725.8亿元，同比增长16.2%；乡村消费品市场实现零售额74.4

亿元，同比增长15.1%。分行业看，批发业实现零售额79.3亿元，同比增长17.5%；零售业实现零售额605.4亿元，同比增长25.9%；住宿业实现零售额9.1亿元，同比增长22.9%；餐饮业实现零售额106.3亿元，同比增长29.8%。

全市外贸进出口总额125797万美元，同比增长25.4%。其中：外贸出口总额106530万美元，同比增长39.1%；进口总额19267万美元，同比下降18.6%。2012年，全市新批外资企业26家，同比下降13.3%；直接利用外资42122万美元，同比增长34.6%。

【交通、邮电和旅游】2012年，襄阳市全市公路里程25971.5公里，其中，等级公路通车里程24323.7公里。全年完成县乡公路改建195.5公里、通村公路616公里，基本实现村村通。设置乡镇五级站65个、简易站及招呼站1913个。新发展农村客运班线448条，村村通客车率达到100%。交通运输安全服务保障能力进一步提高。

全市公路货物周转量188.2亿吨公里，同比增长25.6%；公路旅客周转量77.4亿人公里，同比增长24.9%。襄阳机场通达能力明显增强，现已开通13条航线。2012年，保障运输航班6186架次，同比增长121%；机场旅客进出港人数突破40万人次，达40.2万人次，同比增长97.4%；货运量1025.4吨，同比增长67.5%。

全市邮政业务总量2.8亿元，电信业务总量30.4亿元，年末全市移动电话用户350.2万户，固定电话用户75.6万户，年末互联网宽带接入用户57.1万户。

全年旅游总人数2353.7万人，同比增长30.1%。其中：入境旅游人数4.9万人次，同比增长1.9%；国内旅游人数2348.8万人次，同比增长30.2%。旅游总收入150.7亿元，同比增长27.9%，其中：旅游外汇收入2947.1万美元，同比增长9.4%；国内旅游收入148.9亿元，同比增长28.3%。

【金融和保险】2012年，襄阳市全市金融机构本外币存款余额达到1815.1亿元，比年初增加291.6亿元，其中：个人存款余额1115.6亿元，比年初增加188.7亿元。金融机构本外币贷款余额达999.3亿元，比年初增加178.9亿元，其中：短期贷款余额496.0亿元，比年初增加103.0亿元；中长期贷款余额496.2亿元，比年初增加80.3亿元。全市保费收入40.7亿元，同比增长0.2%，其中：财产险保费收入10.4亿元，同比增长14.2%；人身险保费收入30.3亿元，同比下降3.9%。全年各项赔款和给付支出10.3亿元，同比增长29.2%。其中，人身险赔款和给付支出3.9亿元，同比增长11.3%；财产险赔款支出6.4亿元，同比增长43.3%。

5

2012年鄂州市经济发展概况

【经济总量】2012年，鄂州市全年实现地区生产总值（GDP）560.39亿元，按可比价格计算，比上年增长12.1%。其中，第一产业实现增加值69.23亿元，比上年增长4.8%；第二产业336.43亿元，增长15.8%；第三产业154.73亿元，增长7.7%。三次产业结构比由2011年的12.4：59.1：28.5调整为12.3：60.1：27.6。按常住人口计算，全市人均生产总值达到53256元，比上年净增6500元，增长13.9%。从业人员队伍壮大，新增就业人数增加。2012年，全市全社会从业人员总数达到64.07万人，比上年增长0.74%，其中从事第一产业20.82万人，第二产业20.57万人，第三产业22.68万人。全年全市城镇新增就业23774人，其中安置下岗失业人员再就业6457人。新增个体工商户7381户，比上年净增4852户，吸纳24006人就业。全年发放小额担保贷款7665万元，比上年净增加1132万元，增长17.3%。年末全市城镇登记失业率为4.28%，低于省控目标值0.22个百分点。

2012年，全市居民消费价格上涨2.9%，涨幅比上年降低2.5个百分点。其中食品类价格上涨6.3%。全年商品零售价格上涨2.6%，工业生产者出厂价格下降3.0%，工业生产者购进价格下降4.49%。

【农业】2012年，鄂州市全市完成农业总产值126.68亿元，比上年增长9.1%。其中，种植业产值38.04亿元，增长4.5%；林业产值1.75亿元，增长12.1%；牧业产值32.79亿元，增长8.6%；渔业产值53.75亿元，增长12.8%，农林牧渔服务业产值0.35亿元，增长8.5%。全年粮食产量达到34.49万吨，比上年增长4.6%；棉花0.74万吨，增长2.81%；油料5.96万吨，增长1.68%；蔬菜94.68万吨，增长4.1%；水产品39.65万吨，增长9.87%；生猪出栏113.27万头，增长7.75%；家禽出笼1478.13万只，增长7.47%。

【工业和建筑业】2012年，鄂州市全市规模工业企业达到442家，比上年净增37家，增长9.1%。全市规模以上工业完成增加值325.03亿元，比上年增长16.5%。其中，轻工业完成增加值62.49亿元，增长29.67%；重工业完成增加值262.55亿元，增长13.57%。全年全市生产铁矿石513.99万吨，比上年增长22.0%；粗钢462.8万吨，下降6.5%；生铁367.91万吨，下降9.2%；水泥1130.08万吨，增长21.6%；铸钢件6.36万吨，增长19.3%；金属切削机床53台，增长52.9%；服装6989.5万件，增长5.1%。工业用电量降幅收窄，全年工业企业用电47.15亿千瓦时，比上年下降9.08%，降幅环比收窄0.35个百分点。

工业经济效益有所改善。全年全市规模以上工业累计实现产品销售收入1013.6亿元，比上年增长15.5%；利润总额22.46亿元，增长7.2%；利税总额44.04亿元，增长5.1%；工业经济效益综合指数达389.74，比上年提高37.15个百分点。

2012年，全市新增资质以上建筑企业5家。全年实现建筑业总产值78.0亿元，比上年增长25.3%。实现主营业务收入72.0亿元，增长19.6%；实现利润总额4.2亿元，增长21.3%；建筑企业全员劳动生产率为20.35万元/人，增长11.1%；全市房屋建筑施工面积567万平方米，比上年增加58.5万平方米，增长11.5%，其中，全年新开工房屋面积351万平方米，增长16.9%；房屋建筑竣工面积389万平方米，比上年增加36.3万平方米，增长10.3%。

【固定资产投资】2012年，鄂州市全市全社会固定资产投资达到450.01亿元，比上年增长33.6%。其中，城镇500万元以上投资442.74亿元，比上年增长34.6%。在城镇500万元以上投资额中，第一产业投资额5.63亿元，增长37.2%；第二产业投资额208.34亿元，增长26.9%；第三产业投资额228.77亿元，增长42.5%。

在城镇500万元以上投资额中，制造业完成投资188.56亿元，比上年增长21.7%，占全市城镇500万元以上投资额的42.6%，交通运输、仓储和邮政业完成投资45.26亿元，比上年增长65.2%，完成各类基础设施建设投资67.69亿元，比上年增长25.9%，房地产业完成投资11.65亿元，比上年下降38.1%。完成商品房销售面积46.71万平方米，比上年减少18.89万平方米。

【科学技术】2012年，鄂州市全市高新技术产业完成总产值266.32亿元，比上年增长20.03%，实现增加值75.57亿元，增长21.5%。全年新增高新技术认定企业18家，10家企业进入后备企业库。新增高新技术产品备案企业35家。新增3家省级工程技术中心和技术研发中心。新建3家院士工作站，实现院士工作站建设零的突破。实施产学研合作项目23项，解决技术难题30余个，完成科技成果鉴定8项，登记科技成果13项，获得省科技奖7项；登记技术交易合同30项，技术交易额首次突破亿元。2012年，全市专利申请量达到894件，比上年增长20.6%。其中发明专利176件，增长8.6%；企业专利申请量510件，增长33.9%。葛店开发区成为国家级开发区。

【国内贸易和对外经济】2012年，鄂州市全市实现社会消费品零售总额181.27亿元，比上年增长15.9%。其中城镇市场实现零售额164.05亿元，比上年增长16.9%；乡村市场实现零售额17.22亿元，比上年增长6.9%，城镇市场增幅高于乡村10个百分点。从行业看，批发和零售贸易业零售额161.13亿元，增长15.6%，住宿和餐饮业零售额20.14亿元，增长18.4%。

全年全市外贸进出口总值达到4.24亿美元，比上年增长24.5%。其中，海关出口总值1.57亿美元，下降25.3%；进口总额2.67亿美元，增长105.2%。全年完成招商引资总额265亿元，比上年增长47.2%。实际利用外资1.65亿美元，比上年增长19.2%。

【交通、邮电和旅游】2012年，鄂州市全市交通运输、仓储和邮政业完成增加值29.14亿元，比上年增长9.7%。全年共完成货物周转量33.57亿吨公里，比上年增长20.9%；旅客周转量12.6亿人公里，增长12.4%。全年港口货物吞吐量达到1800万吨，比上年增长26.8%。

2012年，全市公路里程达到3099公里，其中等级公路达到2603公里。年末，全市民用车辆拥有量157740辆，其中，私人汽车拥有量达到22253辆，比上年净增8015辆。出租车400辆，公共汽（电）车运营车辆282辆。邮电通信业完成业务总量7.1亿元，比上年增长4.3%。其中电信业务总量6.38亿元，增长2.9%，邮政业务总量0.72亿元，增长18.0%。年末拥有固定电话用户16.12万户，移动电话用户达到81.84万户，比上年增加2.48万户，增长3.1%。年末互联网宽带接入用户达到14.07万户，比上年增加2.48万户，增长14.7%。

全年全市共接待国内外旅游者477万人次，比上年增加104.3万人次，增长28.0%，实现旅游总收入31.9亿元，比上年增长29.0%。年末全市拥有3A级旅行社4家，五星级农家乐1家。

【金融和保险】2012年，鄂州市全市完成财政总收入50.61亿元，比上年增长22.3%。其中地方公共财政预算收入达到33.02亿元，增长25.5%。在地方公共财政预算收入中，完成地方税收收入24.33亿元，增长25.3%，税收收入占地方公共财政预算收入的比重达73.7%。全年完成一般预算支出62.68亿元，比上年增长10.6%。其中，住房保障支出、社会保障和就业、城乡社区事务等民生支出分别达到2.72亿元、7.02亿元和3.79亿元，比上年分别增长101.4%、7.7%和19.9%。年末全市金融机构存款余额达到346.68亿元，比年初增加49.95亿元，比上年增长16.8%。其中，个人存款余额达到197.59亿元，比年初增加29.2亿元，比上年增长17.3%。年末，全市金融机构各项贷款余额达到210.67亿元，比年初增加38.21亿元，比上年增长22.1%，其中，短期贷款余额达到107.62亿元，比上年增长12.6%，占全部贷款的比重达51.1%，中长期贷款余额93.6亿元，比上年增长35.1%。

全年全市保险机构保费收入达到76375万元，比上年增长7.8%，其中财产险保费收入18470万元，增长9.5%；人身险保费收入57905万元，增长7.2%。各项赔款与给付支出16424万元，比上年增长36.7%，其中财产险业务赔款支出10577万元，增长23.3%；人身险业务赔款与给付5847万元，增长70.6%。

6

2012年荆门市经济发展概况

【经济总量】2012年，荆门市全年实现地区生产总值（GDP）1085.26亿元，比上年增长12.2%。其中，第一、二、三产业分别实现增加值178.69亿元、587.55亿元、319.02亿元，分别增长4.5%、16.2%、10.4%。三次产业结构为16.5：54.1：29.4，第一、第二、第三产业比重分别比上年下降1.2个百分点、上升1.7个百分点和下降0.5个百分点。

【农业】2012年，荆门市全年实现农林牧渔业总产值316.65亿元，比上年增长4.9%。全年粮食种植面积356.22千公顷，比上年增加7.95千公顷；棉花种植面积35.42千公顷，减少2.66千公顷；油料种植面积134.92千公顷，减少1.84千公顷；蔬菜种植面积44.15千公顷，增加0.03千公顷。主要农产品产量为：粮食总产量262.14万吨，比上年增加6.42万吨，增长2.5%；棉花总产量4.92万吨，增加0.13万吨，增长2.7%；油料总产量35.95万吨，增加1.25万吨，增长3.6%；蔬菜产量190.29万吨，增加9.14万吨，增长5.0%；水果产量65.06万吨，增加9.85万吨，增长17.8%。

【工业和建筑业】2012年，荆门市全年实现规模以上工业增加值560.12亿元，比上年增长16.9%。全市36个工业大类行业中，有33个行业增加值增长。规模以上工业企业年内净增100家，达到782家。

全年规模以上工业企业实现主营业务收入2110.26亿元，比上年增长21.7%；实现利税208.44亿元，增长26.4%；实现利润102.53亿元，增长32.3%；亏损企业亏损额9.3亿元，下降45.1%。其中，地方企业实现利税159.72亿元，比上年增长27.0%；实现利润105.66亿元，增长19.6%；亏损企业亏损额2.15亿元，增长36.0%。

全年建筑业总产值67.86亿元，比上年增长18.4%。建筑施工工程竣工产值53.84亿元，增长17.9%。

房屋施工面积987.02万平方米，增长28.3%；房屋竣工面积229.36万平方米，增长33.8%。

【固定资产投资】2012年，荆门市全年完成全社会固定资产投资794.40亿元，比上年增长34.5%。其中，500万元以上项目及房地产开发投资761.25亿元，增长35.7%。

在500万元以上项目及房地产开发投资中：国有控股投资174.86亿元，比上年增长36.1%。第一产业投资42.47亿元，增长41.8%；第二产业投资397.22亿元，增长24.1%；第三产业投资321.55亿元，增长52.6%。主要行业中，制造业投资353.65亿元，增长26.4%；电力、燃气及水的生产和供应业投资24.57亿元，增长15.8%；交通运输、仓储和邮政业投资66.05亿元，增长51.3%；批发和零售业投资19.51亿元，增长26.5%；住宿和餐饮业投资19.83亿元，增长1.27倍；房地产业投资120.25亿元，增长56.1%；水利、环境和公共设施管理业投资56.60亿元，增长49.6%；卫生、社会保障和社会福利业投资10.86亿元，增长60.2%。

【科学技术】2012年年末，荆门市全市共有科研机构10所，科研机构从业人员1172人。全市立项实施科技计划项目89项，其中国家级6项、省级29项。专利受理量1829项，专利授权量457项。

年末全市共有产品质量监督检测机构55个，法定计量技术机构4个，全年强制检定计量器具107902台（件），全年企业获得强制性认证证书197张。全市共有天气雷达观测站点2个，卫星云图接收站点3个。全市共有地震台（站）4个。

【国内贸易和对外经济】2012年，荆门市全年社会消费品零售总额达到347.05亿元，比上年增长16.1%。其中，城镇消费品零售额260.29亿元，增长16.4%；乡村消费品零售额86.76亿元，增长15.8%。分行业看，批发零售业零售额302.37亿元，增长15.4%；住宿餐饮业零售额44.68亿元，增长19.6%。

在限额以上批发零售业零售额中，食品、饮料、烟酒类零售额增长27.9%，服装鞋帽、针纺织品类零售额增长25.8%，金银珠宝类零售额增长13.0%，通信器材类零售额增长25.1%。

全年进口总额17516万美元，比上年增长14.3%；出口总额46577万美元，增长21.7%。在出口中，国有企业出口5868万美元，增长26.5%；三资企业出口17050万美元，增长0.3%；其他企业出口23659万美元，增长42.2%。

全年实际外商直接投资额21656万美元，增长15.9%。

【交通、邮电和旅游】2012年，荆门市全年交通运输、仓储和邮政业实现增加值31.74亿元，比上年增长9.5%；信息传输、计算机服务和软件业实现增加值8.56亿元，增长7.8%。

全年货运周转量（不含铁路）1891171万吨公里，比上年增长24.1%；全年旅客周转量（不含铁路）479349万人公里，增长8.0%。货物运输量10555万吨，增长23.6%；旅客运输量7135万人，增长7.3%。全市年末公路里程11559公里，其中等级公路10939公里。

全年邮政业务总量1.56亿元，比上年增长14.2%；电信业务总量14.80亿元，增长15.5%。年末本地固定电话用户40.24万户，增长9.8%。其中，城市用户22.81万户，增长9.7%；农村用户17.43万户，增长9.9%。年末移动电话用户186.69万户，增长15.5%。互联网宽带接入用户35.99万户，增长35.5%。

全年接待海内外游客人数1504.11万人次，比上年增长36.4%。其中，入境旅游人数22899人次，增长20.3%。全年旅游总收入75.33亿元，比上年增长41.9%。其中，国内旅游收入74.96亿元，增长42.1%。全市共有星级饭店42家。

【金融和保险】2012年年末，荆门市全市金融机构各项存款余额933.06亿元，比年初增加147.20亿元。其中，单位存款265.08亿元，比年初增加53.33亿元；个人存款619.93亿元，比年初增加97.69亿元。年末金融机构各项贷款余额437.34亿元，比年初增加72.98亿元。其中，短期贷款207.50亿元，比年初增加36.77亿元；中长期贷款228.91亿元，比年初增加36.57亿元。在短期贷款中，个人贷款及透支32.57亿元，比年初减少2.61亿元；单位普通贷款及透支137.68亿元，比年初增加21.74亿元；银团贷款8.29亿元，比年初增加5.44亿元；贸易融资28.96亿元，比年初增加12.19亿元。

全年保险业原保费收入34.87亿元，比上年下降0.4%；保险赔款及给付8.07亿元，增长28.8%。

7

2012年荆州市经济发展概况

【经济总量】2012年，荆州市全年实现地区生产总值（GDP）1196.02亿元，按可比价格计算，比上年增长11.1%。一、二、三产业协调发展，三次产业内部结构不断优化，二、三产业继续成为全市经济增长的主要力量。其中，第一产业完成增加值292.80亿元，增长4.7%；第二产业完成增加值522.54亿元，增长14.6%；第三产业完成增加值380.68亿元，增长11.5%。三次产业结构为24.5：43.7：31.8；二、三产业分别增加0.7个和0.2个百分点，一产业下降0.9个百分点；三次产业对GDP增长的贡献分别为18.1%、48.2%和33.7%。

居民消费价格指数为102.7%，价格水平上涨2.7%。分类别看，食品类价格上涨6.2%，其中：菜类上涨9.4%、粮食上涨5.3%，烟酒及用品类上涨2.8%，家庭设备及维修服务类上涨2.6%，医疗保健和个人用品类上涨3.1%，居住类上涨2.3%，衣着类下降1.4%，交通和通信工具类下降0.6%，娱乐教育文化用品及服务类下降0.2%。工业生产者出厂价格上涨0.7%，工业生产者购进价格上涨1.4%。

【农业】2012年，荆州市全市实现农林牧渔业总产值534.97亿元，比上年增长4.8%。其中：种植业、牧业、渔业产值分别达到242.59亿元、129.65亿元、150.61亿元，比上年分别增长3.7%、4.1%和7.1%。

种植业喜获丰收。粮食产量连续9年保持增产，全年粮食播种面积862.12万亩，比上年增加41.47万亩，增长5.1%；粮食总产量371.06万吨，比上年增加8万吨，增长2.2%。棉花产量15.36万吨，比上年增长3.4%。油料产量57.55万吨，比上年增长3.1%。全年蔬菜总产246.90万吨，增长4.9%。水果总产42.50万吨，增长23.7%。

【工业和建筑业】2012年，荆州市大力推进“工业壮腰”工程，积极调整工业结构，支柱产业和骨干企业发展加快。全市规模以上工业企业净增133家，达到846家。全市实现工业增加值475.34亿元，增长15.5%，其中：规模以上工业完成增加值434.06亿元，比上年增长16.8%。按所有制分，国有经济完成增加值14.36亿元，增长30.3%；集体经济完成增加值6.02亿元，增长1.0%；股份制经济（含私营经济）完成增加值306.80亿元，增长16.5%；外商及港澳台投资经济完成增加值44.36亿元，增长15.1%。轻工业增长快于重工业。轻工业完成增加值224.32亿元，比上年增长21.4%；重工业完成增加值209.74亿元，增长12.4%。高新技术产业规模不断扩大，完成增加值81.88亿元，比上年增长19.2%。规模以上工业企业完成出口交货值73.93亿元，比上年增长31.0%。工业用电需求保持较高水平，全市工业用电量50.55亿千瓦时，比上年增长2.3%。

全市规模以上工业企业实现产品销售收入1342.30亿元，比上年增长22.7%；实现利税88.88亿元，比上年增长16.8%，其中利润总额57.23亿元，比上年增长19.7%。工业经济效益综合指数324.90，比上年提高45.3个百分点。分行业看，全年农副产品加工、饮料、纺织业、非金属矿物制品业、金属制品业、专用设备制造业、汽车制造业实现利润分别为7.3亿元、9.2亿元、3.3亿元、2.5亿元、3.2亿元、3.0亿元、6.8亿元，分别比上年增长14.2%、76.9%、76.7%、9.7%、11.3%、33.0%和1.6%。全员劳动生产率达到31.45万元/人，比上年增长10.3%。

全年资质以内建筑企业179家，完成施工产值154.6亿元，实现利润6.9亿元，税金5.0亿元。建筑单位新开工房屋建筑施工面积719.2万平方米，招投标承包面积978.4万平方米。建筑企业劳动生产率为17万元/人；房屋建筑施工面积1291.4万平方米。

【固定资产投资】2012年，荆州市全年全社会固定资产投资1042.89亿元，比上年增长35.2%。其中：500万元以上项目完成投资（含房地产）995.49亿元，比上年增长36.1%。按经济类型划分，国有及国有控股投资205.51亿元，增长20.8%；民间投资782.22亿元，增长40.0%。按产业划分，第一产业投资33.41亿元，增长95.3%；第二产业投资583.44亿元，增长42.4%；第三产业投资378.64亿元，比上年增长24.3%，其中：交通运输业完成投资73.38亿元，增长19.1%；房地产业完成投资99.43亿元，增长69.0%；水利、环境和公共设施管理业完成投资57.40亿元，同比增长30.4%。全市在建项目2119个，其中，新开工项目1765个。

全市亿元以上施工项目329个，增加151个，完成投资520.21亿元，增长110.7%；亿元以上项目投资占比达到52.3%，较去年提高了18.6个百分点；亿元以上新开工项目223个，同比增加108个。全市3000万元以上施工项目750个，同比增加399个，完成投资713.8亿元，同比增长131.6%，3000万元以上项目投资占比达到71.7%，较去年提高了29.7个百分点。

全年完成工业投资578.58亿元，比上年增长42.6%，高于全市固定资产投资增幅6.5个百分点。从行业看，农副食品加工业、纺织业、汽车制造业、和电器机械制造业完成投资62.24亿元、39.61亿元、51.14亿元和35.29亿元，分别增长72.4%、47.9%、86.6%和222.1%。承接产业转移步伐加快。

全市10个开发区完成投资481.24亿元，总量占全市固定资产投资比重48.4%，投资增长幅度高达69.3%，高于固定资产投资增幅33.2个百分点。其中，沙市、洪湖开发区投资增长1倍以上。全市工业项目和关联产业逐步向园区集中，园区产业配套和项目承载能力逐步增强。

【科学技术】2012年，荆州市全年共争取国家、省科技项目无偿资金达3412万元，全年共取得省部级以上科技计划量89项，其中国家级科技计划量14项，省级科技计划量75项。专利申请量达1175项，其中发明专利279项，实用新型668项，外观设计228项。专利授权量866项。

【国内贸易和对外经济】2012年，荆州市全年社会消费品零售总额650.54亿元，比上年增长16.1%。其中限额以上实现零售额242.8亿元，增长22.3%。分地区看，城镇市场实现零售额538.04亿元，增长17.2%；乡村市场实现零售额112.50亿元，增长10.9%。分行业看，批发业54.50亿元，增长14.5%；零售业528.76亿元，增长15.9%；住宿业3.89亿元，增长17.9%；餐饮业63.39亿元，增长18.9%。从限额以上单位商品销售情况看，食品类、金银珠宝类、文化办公用品类、汽车类商品销售旺盛，分别增长25.5%、49.2%、38.0%、22.3%。

出口稳步增长。全市进出口总额11.49亿美元，比上年增长18.1%；其中，出口9.22亿美元，比上年增长19.8%。外商直接投资规模扩大，全年实际利用外资9020万美元，比上年增长21.4%。

【交通、邮电和旅游】2012年，荆州市全年完成货运量6975万吨，货物周转量313.16亿吨公里，分别比上年增长14.4%和26.1%。完成客运量9360万人，旅客周转量728683万人公里，分别增长8.0%和16.7%。全市等级公里通车里程18807公里，其中二级以上公路1421公里，港口货物吞吐量2304万吨。邮电业务总量32.05亿元，比上年增长12.8%。全市固定电话总数75.77万部，比上年增长6.9%；移动电话371.3万部，增长5.5%；国际互联网64.61万户，比上年增长47.5%。

全市接待国内旅游1570.46万人次。实现旅游总收入91.0亿元，增长30.4%。旅游外汇收入1627.85万美元，增长24.3%。

【金融和保险】2012年，荆州市金融业保持平稳发展。年末金融机构人民币存款余额1458.94亿元，比上年末增加236.31亿元。年末城乡居民存款余额1005.76亿元，比上年末增加157.18亿元，人均储蓄存款达到1.76万元。金融机构人民币贷款余额646.42亿元，比上年末增加100.35亿元，短期贷款323.57亿元，比上年末增加64.91亿元，中长期贷款305.81亿元，比上年末增加35.45亿元。金融机构对地方经济的支持力度继续加强。

全市实现保费收入63.75亿元，比上年增长4.3%；各项赔付和给付支出11.45亿元，比上年增长14.1%。

8

2012年孝感市经济发展概况

【经济总量】2012年，孝感市全年实现地区生产总值（GDP）1105.16亿元，按可比价格计算，比上年增长12.2%。分产业看，第一产业增加值225.00亿元，增长4.6%；第二产业增加值528.57亿元，增长15.6%；第三产业增加值351.59亿元，增长12.1%。三次产业结构由上年的20.4：47.3：32.3调整为20.4：47.8：31.8。在第三产业中，交通运输、仓储及邮电通信业增长10.2%，批发零售贸易业增长11.2%，住宿餐饮业增长14.6%，金融保险业增长18.4%，房地产业增长1.5%，其他服务业增长14.8%。

全市居民消费价格总指数（CPI）为103.1，比上年上涨3.1%。分类别看，食品价格上涨4.3%，烟酒价格上涨5.6%，衣着价格上涨2.3%，家庭设备用品及服务价格上涨1.6%，医疗保健及个人用品价格上涨9.3%，娱乐教育文化用品及服务价格上涨1.4%，居住价格上涨1.1%，交通和通信价格上涨0.6%。全年商品零售价格指数103.2，农业生产资料价格指数104.2，工业生产者购进价格指数102.2。

【农业】2012年，孝感市全年全市完成农林牧渔业增加值225.00亿元，按可比价格计算，比上年增长4.6%。粮食种植面积530.73万亩，比上年增长1.0%。棉花种植面积45.11万亩，下降2.0%。油料种植面积168.05万亩，下降0.3%。蔬菜种植面积138.08万亩，增长3.7%。粮食产量219.85万吨，比上年增长2.5%。棉花4.46万吨，增长5.1%。油料22.36万吨，增长2.5%。蔬菜340.10万吨，增长7.1%。

全年牲猪出栏364.24万头，增长8.4%。家禽出笼12946.32万只，增长5.8%。水产品产量39.57万吨，增长8.2%。

【工业和建筑业】2012年，孝感市全市950家规模以上工业企业实现增加值510.95亿元，比上年增长17.0%。在规模以上工业企业中，中省工业增长14.2%，地方工业增长17.4%；轻工业增长17.0%，重工业增长17.1%。市本级工业完成增加值50.55亿元，增长18.3%。全市汽车机电、盐磷化工、纺织服装、食品医药、金属制品五大支柱产业完成工业增加值298.04亿元，占全市58.3%，增长15.8%。

全市规模以上工业经济效益综合指数为279.1%，比上年提高7.7个百分点。实现主营业务收入1748.63亿元，比上年增长23.4%；实现利税155.06亿元，增长22.8%；其中：实现利润92.75亿元，增长22.1%。销售过20亿元企业7家，过10亿元企业21家。

年末全市具有资质等级的建筑企业130家，实现总产值230.71亿元，比上年增长28.1%。在130家建筑企业中，承包、专业承包企业104家，劳务分包26家。

【固定资产投资】2012年，孝感市全年全社会固定资产投资980.82亿元，比上年增长34.5%，其中，固定资产投资940.31亿元，增长35.7%。在固定资产投资中，第一产业投资46.88亿元，增长51.7%；第二产业投资548.54亿元，增长52.2%，其中工业投资537.47亿元，增长49.7%；第三产业投资344.89亿元，增长14.4%，其中房地产投资74.95亿元，增长31.3%。

全年施工项目2405个，比上年增长0.6%，其中新开工项目1926个，下降2.8%。全市实施过亿元的项目315个，过10亿元项目19个，过50亿元的项目2个。全市纳入目标考核的91个续建和新开工项目，累计完成投资263.54亿元，占全社会固定资产投资的比重为26.9%。

【科学技术】2012年，孝感市孝感高新区成功获批国家高新区。全年全市新增高新技术企业26家，高新技术企业总数达到71家，总数居武汉城市圈前列。有9家企业认定为省级创新型企业，37家企业认定为省级创新型试点企业，18家企业生产的24项产品认定为省级自主创新产品。全市145家高新技术企业及生产高新技术产品的企业，共实现高新技术产业增加值117.88亿元，增长21.6%，占GDP的比重为10.7%。全市科技型中小企业达到380家。建成科技型企业孵化器10个，科技企业加速器2个。承担的国家和省重大科技专项、国家创新基金项目连续三年居全省前三位。全年成功争取科技项目79项，无偿研发补助资金4657万元。其中省级重大科技专项3个，资金1280万元。

【国内贸易和对外经济】2012年，孝感市全年社会消费品零售总额531.84亿元，增长16.1%。分行业看，批发业实现零售额68.05亿元，增长14.8%；零售业实现376.23亿元，增长16.1%；住宿业实现3.20亿元，增长15.5%；餐饮业实现84.36亿元，增长17.0%。分城乡看，城镇实现零售额422.49亿元，增长15.9%；乡村实现109.35亿元，增长17.0%。

全年实现外贸进出口总额7.81亿美元，比上年增长54.0%。其中，进口1.45亿美元，增长10.3%；出口6.36亿美元，增长69.2%。全年新批外资企业21家；新批合同外商投资2.61亿美元，增长50.1%；实际利用外资2.38亿美元，增长18.6%。

【交通、邮电和旅游】2012年，孝感市全年全市完成货物周转量52.72亿吨公里，比上年增长24.2%；旅客周转量56.76亿人公里，增长16.6%。等级公路里程12903公里，其中一级公路93公里，二级公路1048公里，三级公路1364公里，四级10398公里。全年新建等级公路422公里，其中一级公路9公里，二级公路15公里，三级公路14公里，四级公路384公里。

全市通信业实现营业收入22.09亿元，比上年增长12.2%。其中邮政业3.06亿元，增长25.6%；电信业19.03亿元，增长10.3%。电话拥有量366.86万部，其中固定电话55.05万部，移动电话311.81万部；宽带互联网用户29.69万户。

全市接待国内外游客1184.95万人次，比上年增长18.8%；旅游综合收入70.57亿元，增长22.4%；接待境外游客2.36万人次，创汇1014.66万美元。全年新增3A级旅游景区1家，新增旅行社8家，新增四星级饭店1家、三星级1家。

【金融和保险】2012年，孝感市全市金融机构各项存款余额1180.13亿元，比年初增加216.64亿元。其中，单位存款354.36亿元，比年初增加74.33亿元；个人存款794.13亿元，比年初增加145.26亿元。全市金融机构各项贷款余额552.76亿元，比年初增加85.28亿元。其中，短期贷款246.93亿元，比年初增加31.22亿元；中长期贷款300.07亿元，比年初增加58.29亿元。

全市保险行业保费收入28.55亿元，比上年增长10.7%，其中，财险保费收入5.00亿元，增长16.3%，寿险保费收入23.55亿元，增长9.5%。赔款给付支出5.44亿元，增长15.7%；给付率19.1%，比上年提高0.9个百分点。

9

2012年黄冈市经济发展概况

【经济总量】2012年，黄冈市全年实现地区生产总值（GDP）1192.88亿元，比上年增长10.6%。其中：第一产业增加值332.78亿元，增长4.6%；第二产业增加值464.87亿元，增长14.9%；第三产业增加值395.23亿元，增长10.1%。三次产业结构由2011年的27.75：38.92：33.32调整为27.90：38.97：33.13。在第三产业中交通运输仓储和邮政、批发和零售、住宿和餐饮、金融保险、房地产及营利性服务业分别增长9.2%、10.2%、8.9%、20.2%、15.1%和10.7%。人均地区生产总值19220元。

居民消费价格指数（CPI）102.9%，其中，食品类价格上涨5.2%、居住类上涨2.0%、医疗保健和个人用品类上涨1.5%、烟酒类上涨0.6%、家庭设备用品及维修服务类上涨2.9%、娱乐教育文化用品及服务类上涨1.2%、交通和通信类上涨1.6%，衣着服装类价格上涨1.3%。

【农业】2012年，黄冈市农林牧渔业总产值505.7亿元，增长4.8%。粮食种植面积803.7万亩，增长4.22%；棉花种植面积82.4万亩，与上年持平略减；油料种植面积367.3万亩，增长3.8%。

种植业总产值257.4亿元，增长3.1%。粮食总产量312.5万吨，比上年增产11.4万吨，增长3.77%，其中：小麦18.2万吨，增长11.7%；稻谷263.7万吨，增长4.01%；棉花产量9.3万吨，增产1.03万吨，增长12.5%；油料产量52.7万吨，增加1.2万吨，增长2.4%；蔬菜产量267.8万吨，同比增长2.37%；水果22.2万吨，同比减少3.6%。

【工业和建筑业】2012年，黄冈市全口径工业增加值366.27亿元，增长15.3%。规模以上工业企业882家，实现工业增加值346.3亿元，当年净增50.7亿元，按可比价格计算，比上年增长16.9%。其中：国有及国有控股企业增加值16.5亿元，增长4.3%；国有企业增加值4.4亿元，增长4.4%；集体企业增加值3.9亿元，增长0.3%；股份合作企业增加值5.3亿元，增长10.4%；股份制企业增加值245.1亿元，增长20.3%；外商及港澳台投资企业增加值38.7亿元，增长4.1%；其他经济类型企业增加值49亿元，增长15.7%；轻工业增加值136.5亿元，增长18.1%；重工业增加值209.8亿元，增长16%。

全市规模以上工业企业产销率95.1%，实现销售收入1047.5亿元，增长23.1%；利润总额34.4亿元，下降2.3%；税金总额27.1亿元，比2011年增长23.6%；总资产已经达到609亿元，增长15.9%。

建筑业单位数201家，比上年减少19家，总产值489.03亿元，增加84.1亿元，增长21.4%。实现增加值98.6亿元，增长19.0%；实现利润20.8亿元；上缴税金19.8亿元。建筑单位房屋建筑施工面积3526.9万平方米，其中：招投标承包面积2871.3万平方米，比上年增长26.8%。建筑单位新开工房屋建筑施工面积

2566.4万平方米，比上年增长33.2%。

【固定资产投资】2012年，黄冈市全社会固定资产投资1102亿元，增长33.9%，其中，城镇以上项目投资1060亿元，增长34.9%。按经济类型划分，国有经济投资268.1亿元，增长40.9%；集体经济投资88亿元，增长7.7%；私营经济投资303.5亿元，增长45.7%；其他经济投资118亿元，增长113.7%。

投资项目3978个，项目计划总投资2339亿元，增长55.1%。在建项目3814个，增长13%，其中本年新开工项目3376个，增长21.5%；亿元以上项目332个，投资额345.4亿元，增长62%。在全部入库投资项目中，工业投资项目共1556个，比去年同期增加273个，其中制造业项目1302个、采矿业项目115个、电力等能源项目139个；工业新开工项目1265个，比去年同期增加265个。

【科学技术】2012年，黄冈市全市新认定高新技术企业48家。建立了7家省级工程技术中心、11家省级校企共建研发中心，7家省级制造业信息化示范企业，18家省级创新型试点企业，22家省级中小企业成长路线图企业。全市科技特派员总数达到538人，建立专业合作组织10家。引进、示范、推广农业新技术28项，新品种10个。有15个示范基地和15个示范企业入选全省100家农业科技创新示范基地和100家示范企业。建成各类农民科技培训星火学校3所，星火培训基地5个，兴办各类星火技术培训班20多期，培训农民技术骨干1万人次，发放技术资料2万多份。2012年全市申请专利1400件，授权专利600多件。

【国内贸易和对外经济】2012年，黄冈市社会消费品零售总额551亿元，增长15.8%。分行业看，批发零售贸易业实现社会消费品零售总额484.9亿元，增长16.1%，占全部消费品零售总额的比重为87.5%。其中零售业社会消费品零售总额为377.0亿元，增长16.1%。住宿餐饮业实现零售额60.6亿元，增长14.3%。分城乡看，城镇实现零售额484.9亿元，增长15.8%；农村实现零售额66.1亿元，增长15.9%。

外贸进出口总额42873万美元，比上年增加24.8%。其中，出口34875万美元，增长36.4%；进口7998万美元，下降8.9%。新批外资企业15家，比上年少批10家。合同外资金额15572万美元，增长130.4%，实际利用外资3568万美元，增长54.6%。

【交通、邮电和旅游】2012年，黄冈市交通运输邮电业增加值43.78亿元，增长9.2%。公路总里程2.49万公里，桥梁3953座。行政村通畅率100%，行政村通客车率97%。货运量5053万吨，货物周转量114.1亿吨公里，客运量12299万人，旅客周转量88.68亿人公里。

邮电业务总量26.47亿元，其中邮政2.53亿元，电信23.94亿元。全市营业网点148处，信筒信箱317个，邮路总长度3112公里，农村投递路线总长度30896公里，函件468.86万件，快递30.43万件，报刊期发数40.55万份，累计6914万份。

接待游客1362万人次，实现旅游收入75亿元。创建旅游强县1个、旅游名镇3个、旅游名村13个，3A级景区发展到11家，4A级景区达到10家，A级景区总数达到29家，星级宾馆（饭店）37家，其中三星级15家、四星级5家。

【金融和保险】2012年年末，黄冈市银行业金融机构本外币各项存款1434.4亿元，各项贷款554.8亿元。人民币各项存款余额1432.9亿元，增长22.8%，当年新增266.2亿元，同比多增60亿元。人民币各项贷款余额553.8亿元，增长18.4%；当年新增贷款86.2亿元，同比少增1.98亿元。全市银行业金融机构实现账面盈利15.9亿元，比上年多盈利2.4亿元，增长17.22%。

全市商业保险机构实现保费收入38.7亿元，比上年增长3.95%；各项赔付和给付支出8.8亿元，增长18.4%。

10

2012年随州市经济发展概况

【经济总量】2012年，随州市全年实现地区生产总值（GDP）590.52亿元，按可比价格计算，同比增长12.0%。其中：第一产业完成增加值114.28亿元，增长4.3%；第二产业完成增加值284.39亿元，增长16.9%；第三产业完成增加值191.85亿元，增长9.6%。在第三产业中，批发和零售业增长10.8%，住宿和餐饮业增长9.8%，金融业增长24.4%。

居民消费价格总指数（CPI）为103.2%。分类别看，食品类价格上涨5.5%，烟酒及用品类价格上涨1.7%，衣着类价格上涨2.5%，家庭设备用品及维修费类价格上涨1.2%，医疗保健及个人用品类价格上涨2.2%，交通和通信类价格下跌0.3%，娱乐教育文化用品及服务类价格上涨1.7%，居住类价格上涨2.4%。

【农业】2012年，随州市全年实现农林牧渔业增加值114.28亿元，按可比价计算，比上年增长4.3%。粮食种植面积230.69千公顷，比上年增加1.6%；棉花种植面积13.36千公顷，增加12.0%；油料种植面积30.89千公顷，增加64.0%。粮食总产量155.04万吨；棉花总产量1.81万吨，增长4.5%；油料产量6.71万吨，增产2.7%。

【工业和建筑业】2012年，随州市工业生产保持平稳增长。全市规模以上工业完成增加值252.93亿元，按可比价格计算，同比增长16.9%。其中：国有及国有控股企业完成增加值18.13亿元，增长14.5%；集体企业增加值1亿元，增长9.2%；股份合作企业增加值0.3亿元，增长45.4%；股份制企业增加值195.5元，增长18.4%；外商及港澳台投资企业增加值15.8亿元，增长3.4%；其他经济类型企业增加值22.2亿元，增长15.5%。轻工业增加值98.3亿元，增长19.6%；重工业增加值154.63亿元，增长15%。

全市规模以上工业完成销售产值869.83亿元，比上年增长22.8%，工业产品销售率为98.1%。工业经济效益综合指数为366.24%。实现利润79.1亿元，增长54.1%。

建筑业发展步伐加快，78个资质以内建筑企业完成施工产值51.59亿元，比上年增长23.5%；实现利润2.66亿元，增长72.7%；税金0.47亿元，减少76.1%。建筑单位房屋建筑施工面积596.19万平方米，其中招投标承包面积478.29万平方米，招投标面为80.2%。新开工房屋建筑施工面积376.05万平方米，增长23.0%。

【固定资产投资】2012年，随州市全市完成全社会固定资产投资514.73亿元，比上年增长33.9%，其中500万元以上项目完成投资489.73亿元，增长34.9%；房地产开发投资19.79亿元，下降19.8%。按登记注册类型划分，内资企业投资484.09亿元，增长81.7%；港澳台投资1.26亿元，下降16%；外商投资2.61亿元，下降39.7%；个体经营投资1.77亿元，下降43.6%。按产业划分，三次产业投资分别为26.59亿元、298.88亿元和164.25亿元，分别增长100.5%、45.3%和14.1%。

【科学技术】2012年，随州市全年争取省级以上科技项目32项，申请专利727件，实现高新技术增加值51.99亿元，比上年增长17.24%。

【国内贸易和对外经济】2012年，随州市全年实现社会消费品零售总额273.64亿元，比上年增长16.0%。分城乡看，城镇实现零售额214.79亿元，比上年增长16.2%；乡村实现零售额58.85亿元，增长15.8%。分行业看，批发业实现零售额43.2亿元，增长13.6%；零售业201.5亿元，增长15.8%；住宿1.46亿元，增长20.7%；餐饮业27.48亿元，增长22.1%。

全年实现外贸进出口总额82071万美元，比上年下降13.7%，其中：出口69596万美元，下降22.6%；进口12475万美元，增长139.2%。在出口中：国有企业13118万美元，下降25.9%；外资企业23383万美元，下降19.9%；民营企业33095万美元，下降23.0%。批准外资项目11个，全年实际利用外资7215万美元，增长16%。

【交通、邮电和旅游】2012年，随州市全年完成货物周转量591378万吨公里，比上年增长21.3%；旅客周转量283926万人公里，增长10.7%。

邮电通信业完成邮电业务总量10.82亿元，比上年增长5.6%。光缆线路总长度12684公里，下降5.1%。其中，长途光缆线路总长度752公里。本地电话总数190.82万户；固定电话用户33.57万户，其中：城市电话用户7.68万户，乡村电话用户23.5万户，公用电话总数2.39万户；移动电话用户157.25万户，其中3G移动电话用户22.87万户。计算机宽带互联网用户21.63万户。

全年国内旅游人数1202.87万人次，比上年增长43.2%；国内旅游收入72.91亿元，增长43.3%。接待海外游客12.13万人次，增长9%。国际旅游外汇收入1.04亿元，增长8.0%。

【金融和保险】2012年年末，随州市全市金融机构各项存款余额606.92亿元，比年初增加94.11亿元。其中：居民储蓄存款余额421.36亿元，增加68.56亿元。金融机构各项贷款余额261.20亿元，比年初增加50.81亿元。其中：短期贷款余额144.27亿元，增加30.46亿元；中长期贷款114.37亿元，增加21.19亿元。

全年保费收入14.3亿元，比上年下降2.7%。其中，财产险公司实现保费收入3.12亿元，增长15.3%；人寿险公司保费收入11.18亿元，下降7.0%。支付各类赔款及给付3.5亿元，增长31.6%，其中，财产险公司赔付1.7亿元，增长25%；人寿险公司赔付1.8亿元，增长30.4%。

11

2012年黄石市经济发展概况

【经济总量】2012年，黄石市全年实现地区生产总值（GDP）1040.95亿元，按可比价格计算，比上年增长12.0%。其中，第一产业增加值85.89亿元，增长4.7%；第二产业增加值645.01亿元，增长15.0%；第三产业增加值310.05亿元，增长8.2%。三次产业比重为8∶62∶30，与2011年比，第一产业增加值占GDP比重上升0.6个百分点，第二产业增加值占GDP比重下降0.4个百分点，第三产业增加值占GDP比重下降0.2个百分点。

2012年，全市人均GDP达42649元，比上年增长12%。人均地方财政预算收入4637元，增长22.3%。

【农业】2012年，黄石市全市农林牧渔业增加值85.89亿元，按可比价计算，比上年增长4.7%。其中，种植业增加值35.35亿元，增长4.1%；林业增加值0.83亿元，增长3.9%；牧业增加值26.42亿元，增长6.1%；渔业增加值22.59亿元，增长3.9%。

全年各种农作物总播种面积240.02千公顷，增长5.06%。其中，粮食作物播种面积140.73千公顷，增长5.2%；经济作物和其他作物播种面积99.29千公顷，增长4.87%。

【工业和建筑业】2012年，黄石市全市全部工业增加值581.91亿元，比上年增长15.8%。其中，规模以上工业完成增加值537.64亿元，按可比价格计算，增长16.6%。

全年规模以上工业总产值1758.1亿元，增长12.0%。其中，轻工业增长18.4%，重工业增长11.0%。国有控股企业下降3.1%，集体企业增长31.7%，外商及港澳台投资企业增长3.0%，股份制企业增长13.2%；大中型工业企业增长6.7%。

全市资质以上建筑企业完成产值206.44亿元，比上年增长12.9%；房屋建筑施工面积1476.66万平方米，增长5.4%；房屋建筑竣工面积870.06万平方米，增长3.6%。全社会建筑业实现增加值63.1亿元，按可比价格计算，比上年增长14.3%。

【固定资产投资】2012年，黄石市全社会固定资产投资完成750.85亿元，比上年增长25.7%。投资需求对经济增长贡献率为61.6%，拉动GDP增长7.4个百分点。在全社会投资中，国有及国有控股投资182.68亿元，增长18.4%；外商港澳台投资22.86亿元，下降55%；民间投资545.31亿元，增长39%，其中个体私营投资310.98亿元，增长100.4%。民间投资占全社会投资的比重达72.6%，比上年提高6.9个百分点。

在全社会固定资产投资中，第一产业投资31.53亿元，比上年增长116.2%；第二产业投资418亿元，增长24.3%；第三产业投资286.9亿元，增长20.8%。全市工业投资完成411.71亿元，增长22.5%。其中，通用设备制造业投资36.56亿元，增长59.8%；专用设备制造业投资43.7亿元，增长135%。农副食品加工业投资12.76亿元，增长107.3%；水泥制造业投资40.56亿元，增长119.1%；纺织工业投资30.36亿元，增长40.2%。在第三产业投资中，水利、环境和公共设施管理业投资53.03亿元，增长6.7%；批发和零售业投资31.04亿元，增长28%；交通运输仓储和邮政业投资25.39亿元，下降5.4%；住宿和餐饮业投资11.75亿元，下降42.4%；教育投资8.35亿元，下降29.3%。

【科学技术】2012年，黄石市全年高新技术产业企业51家，比上年净增10家。实现高新技术产业增加值156.22亿元，占GDP的15%。全年研究与试验发展（R&D）经费支出18.5亿元，比上年增长26.5%，占GDP的1.78%。安排106项市级科技计划项目。新建市级重点实验室2个。全年受理专利申请2683件，受理发明专利申请795件，全年授予专利权1073件，授予发明专利权80件。技术市场成交合同384项，成交金额16.7亿元。

【国内贸易和对外经济】2012年，黄石市全市实现社会消费品零售总额411.5亿元，同比增长16.1%。消费需求对经济增长贡献率为30.6%，拉动GDP增长3.7个百分点。分行业看，批发和零售业零售额353.58亿元，增长16.1%；住宿和餐饮业零售额57.92亿元，增长15.4%。全市限额以上批发和零售企业实现商品零售额140.42亿元，增长24.95%。其中批发业21.21亿元，增长28.8%；零售业110.49亿元，增长24.6%。

全年进出口总额20.71亿美元，同比下降6.3%。其中出口11.04亿美元，增长6.8%；进口9.68亿美元，下降17.1%。出口需求对经济增长的贡献率为7.8%，拉动GDP增长0.9个百分点。实际外商直接投资4.23亿美元，增长22.5%。全市现有外资（含中外合资）企业151家，新增外资企业4家。

【交通、邮电和旅游】2012年，黄石市全年完成旅客运输量4718.1万人次，比上年增长9.9%。其中，铁路发送旅客202.1万人次，增长9.9%；公路发送旅客4516万人次，增长9.9%。

2012年各类运输工具完成货物运输量8079.3万吨，增长16.2%。其中，铁路完成526.3万吨，增长13.4%；公路6433万吨，增长15.4%；水运1120万吨，增长22.9%。完成港口货物吞吐量1874万吨，增长5.2%，其中外贸货物吞吐量266万吨，增长8.6%。港口集装箱吞吐量2.3万标准箱，增长9.6%。

全年完成邮电业务总量18.3亿元，增长9.8%。其中，邮政业务总量1.9亿元，增长15.0%；电信业务总量16.4亿元，增长10.4%。固定电话用户年末达46.9万户，其中，城市电话用户32.3万户，农村电话用户14.6万户。移动电话用户215万户。年末全市固定及移动电话用户总数达261.9万户，比上年末增加34.4万户。国际互联网宽带用户32.9万户。

全年国内旅游人数1069.23万人次，增长9.0%；国内旅游收入54.91亿元，增长7.9%。入境旅游人数1.8万人次，增长11.8%；入境旅游收入600万美元，增长18.3%。

【金融和保险】2012年年末，黄石市全市金融机构人民币各项存款余额995.12亿元，比上年增长19.2%；其中个人储蓄存款余额518.41亿元，增长18.9%。金融机构人民币各项贷款余额625.34亿元，增长13.6%。全年保费收入19.03亿元，增长6.9%；其中，财险收入5.58亿元，增长11.6%；寿险收入13.45亿元，增长5.0%；保险赔付支出4.65亿元，增长15.0%。

2012年年末全市拥有银行机构19家，银行网点351个，保险公司32家，担保公司13家；上市公司12家，其中，独立上市7家，当年新增1家。

12

2012年咸宁市经济发展概况

【经济总量】2012年，咸宁市全年实现地区生产总值（GDP）760.99亿元，比上年增加108.98亿元，实现了连续三年突破100亿元的发展，按可比价计算比上年增长12.2%。其中，第一产业完成145.30亿元，增长4.7%；第二产业完成359.73亿元，增长16.3%；第三产业完成255.96亿元，增长10.2%。三次产业结构由去年的18.2：47.4：34.4调整为19.1：47.3：33.6。

【农业】2012年，咸宁市农业生产实现较快增长。全年农林牧渔及服务业总产值237.64亿元（现价），按可比价计算比上年增长6.2%。

主要农作物增产增收。全年粮食播种面积318.86万亩，比上年增长2.3%；粮食产量达到103.08万吨，增长2.4%，取得了九年丰收。全年棉花播种面积5.42万亩，增长37.3%；棉花产量5210吨，增长44.5%；油料产量96770吨，增长4.5%；蔬菜产量220.36万吨，增长5.8%；水果、茶叶产量大幅提升，分别增长33.1%和37.6%。

【工业和建筑业】2012年，咸宁市全年全部工业增加值完成329.25亿元，增长15.9%。规模以上工业达674家，比上年同期增加54家；规模以上工业增加值增长16.6%。从分行业规模以上工业增加值增幅看，国有企业下降10.9%，集体企业增长0.2%，股份合作企业增长30.3%，股份制企业增长16.8%，外商及港澳台投资企业增长13.0%，其他企业增长23.5%；轻工业增长21.5%，重工业增长13.4%。

全年全社会建筑业增加值30.48亿元，按可比价计算比上年增长21.3%。全年建筑企业94家，比上年同期增加17家。完成建筑业总产值81.12亿元，增长22.9%。全年房屋建筑施工面积703.54万平方米，增长26.1%。其中新开工面积502.09万平方米，增长24.9%；竣工面积464.61万平方米，增长22.4%。

【固定资产投资】2012年，咸宁市全年全社会固定资产投资完成756.28亿元，比上年增长34.3%。其中固定资产投资完成739.31亿元，增长34.6%。分产业来看，一产业完成固定资产投资63.83亿元，增长100.9%；二产业完成固定资产投资342.26亿元，增长28.9%；三产业完成固定资产投资333.22亿元，增长32.0%。

全年房地产开发投资84.96亿元，比上年增长29.8%。从商品房建设与销售情况来看，除商品房施工面积比上年同期有所回升外，其他指标均呈下降态势。全年商品房竣工面积177.19万平方米，增长1.2%，比2011年下降18.5个百分点；商品房销售面积234.10万平方米，增长6.7%，比2011年下降13.0个百分点；商品房销售额68.02亿元，增长12.9%，比2011年下降27.6个百分点。

全年实际利用外资21144万美元，比上年增长19.4%。

【科学技术】2012年，咸宁市全年高新技术产业增加值完成32.25亿元，按可比价计算比上年增长17.0%。高新技术产业增加值占规模以上工业增加值的比重达9.0%，比2011年提高0.8个百分点。

全年申报登记省、部级以上科技成果16项。其中，国际先进3项，国内领先12项，国内先进1项。

全年专利受理量872项，比上年增长43.9%。其中，发明专利206项，实用新型专利237项，外观设计专利429项；全年专利批准量288项，比上年下降6.2%。其中，发明专利34项，实用新型专利158项，外观设计专利96项。

【国内贸易和对外经济】2012年，咸宁市全年社会消费品零售额完成281.68亿元，比上年增长16.3%。分地区看，城市零售额189.36亿元，增长17.5%；农村零售额92.32亿元，增长13.9%。分行业看，批发业零售额32.58亿元，增长13.9%；零售业零售额196.72亿元，增长16.5%；住宿业零售额18.77亿元，增长16.3%；餐饮业零售额33.61亿元，增长17.5%。

全年外贸出口完成23234万美元，比上年增长0.1%。从出口商品类别看，五大类主要出口商品完成外贸出口额21229万美元，增长3.5%。其中，机电产品、服装纺织产品、医保产品分别增长25.8%、5.8%、20.6%。

【交通、邮电和旅游】2012年，咸宁市全年公路里程1.35万公里，其中，等级公路1.16万公里，比上年增长3.6%。全社会货运量完成3135万吨，增长22.5%；货物周转量52.76亿吨公里，增长25.3%。全社会客运量完成6104万人，增长10.3%；旅客周转量37.76亿人公里，增长15.3%。

年末全市民用汽车拥有量10.04万辆，比上年末增长14.1%。其中私人汽车拥有量8.40万辆，增长16.9%；年末民用轿车拥有量4.16万辆，其中私人轿车拥有量3.56万辆。

全年完成邮电业务总量15.44亿元，比上年增长27.9%。其中，邮政业务总量1.24亿元，增长9.7%；电信业务总量14.20亿元，增长29.8%。年末固定电话用户42.52万户，下降6.8%；移动电话用户190.82万户，增长7.0%；互联网宽带接入用户30.90万户。

全年接待旅游人数2102.75万人次，比上年增长40%。其中，入境旅游1.27万人次，下降3.2%；国内旅游2101.48万人次，增长40%。全年实现旅游总收入108.01亿元，增长39.3%。其中，入境旅游485.21万美元，下降13.5%；国内旅游107.70亿元，增长39.6%。

【金融和保险】2012年，咸宁市金融存贷总量达历史最好水平。全年金融机构数同比增加4家，年末金融机构各项存款余额643.51亿元，比年初增长20.0%。其中，居民储蓄存款381.98亿元，增长19.4%。金融机构贷款余额357.71亿元，比年初增长30.9%。其中，短期贷款余额103.88亿元，增长25.2%；中长期贷款余额246.54亿元，增长57.5%。

全年保险机构数同比增加2家，保费收入18.58亿元，比上年增长24.4%。其中，财产保险3.87亿元，增长21.3%；人寿保险14.71亿元，增长25.3%。全年各项赔款和给付2.97亿元，比上年增长20.4%。其中，财产保险2.14亿元，增长15.7%；人寿保险0.83亿元，增长34.2%。

湖南省

| 长沙市 | 株洲市 | 湘潭市 | 衡阳市 | 邵阳市 | 岳阳市 | 常德市 |
| 张家界市 | 益阳市 | 郴州市 |

1

2012年长沙市经济发展概况

【经济总量】2012年，长沙市全年实现地区生产总值（GDP）6399.91亿元，比上年增长13.0%。分产业看，第一产业实现增加值272.31亿元，增长4.0%；第二产业实现增加值3592.52亿元，增长14.5%，其中工业实现增加值3051.94亿元，增长15.7%；第三产业实现增加值2535.08亿元，增长12.0%。第一、第二、第三次产业分别拉动GDP增长0.2、8.0、4.8个百分点，三次产业对GDP增长的贡献率分别为1.2%、61.5%、37.3%。按常住人口计算，人均GDP达89903元，比上年增长12.1%。三次产业结构调整为4.3：56.1：39.6。全部工业增加值占GDP的比重达47.7%。全市非公有制经济实现增加值3914.05亿元，占GDP的比重达61.2%。

全年财政总收入796.58亿元，比上年增长15.6%，其中公共财政预算收入490.65亿元，增长15.2%。公共财政预算支出616.59亿元，增长18.4%。

【农业】2012年，长沙市全年完成农林牧渔业增加值272.31亿元，比上年增长4.0%，其中农业增加值158.04亿元，增长4.7%；林业增加值12.45亿元，增长4.8%；牧业增加值87.18亿元，增长2.8%；渔业增加值9.68亿元，增长3.5%；农林牧渔服务业增加值5.00亿元，增长6.5%。

全年粮食种植面积37.1万公顷，比上年增长1.3%，其中稻谷播种面积33.8万公顷，增长0.2%，优质稻种植面积所占比重为80.3%；蔬菜种植面积15.4万公顷，增长5.3%；油料种植面积5.0万公顷，增长2.3%；出栏肉猪833.2万头，增长3.5%。主要农产品产量保持稳定。

【工业和建筑业】2012年，长沙市全市实现工业增加值3051.94亿元，比上年增长15.7%，其中规模以上工业实现增加值2309.62亿元，增长16.8%。

在规模以上工业中，全市重工业实现增加值1329.88亿元，比上年增长16.6%。重工业增加值占规模工业增加值的比重达57.6%，对规模工业增长的贡献率达57.1%。

全市园区规模以上工业增加值1302.68亿元，比上年增长18.5%，占全市规模以上工业的56.4%，对规模以上工业增长的贡献率达55.5%。

全市规模以上工业企业经济效益综合指数达385.0，比上年提高0.9个百分点；实现主营业务收入

6683.38亿元，比上年增长16.4%；利润总额达523.28亿元，增长8.0%；利税总额1257.18亿元，增长11.7%；亏损企业亏损额为20.42亿元，增长26.5%。

全年具有建筑业资质等级的独立核算企业完成建筑业总产值2290.39亿元，比上年增长9.1%；实现利税总额165.01亿元；房屋竣工面积4532.43万平方米，增长7.5%。

【固定资产投资】2012年，长沙市全年完成固定资产投资4011.96亿元，比上年增长20.3%。分城乡看，城镇固定资产投资3742.32亿元，增长20.8%；农村投资269.64亿元，增长14.0%。全市计划总投资超过5000万元的在建项目1094个，全年完成投资1453.74亿元，占固定资产投资总额的36.2%。

在固定资产投资中，第一产业完成投资（不含水利建设投资）71.55亿元，比上年增长35.8%；第二产业完成投资1193.60亿元，增长25.5%，其中工业投资1162.75亿元，增长23.7%；第三产业完成投资2746.81亿元，增长17.8%。高新技术产业投资233.80亿元，增长117.4%。全年基础设施建设完成投资717.75亿元，增长14.2%。

【科学技术】2012年，长沙市全市拥有科学研究开发机构97个。全年共取得省部级以上科技成果540项。专利申请14973件，比上年增长14.1%，授权专利10382件，增长55.1%；签订技术合同3085项，成交金额19.85亿元。高新技术产业增加值1217.6亿元，增长16.0%。

【国内贸易和对外经济】2012年，长沙市全年实现社会消费品零售总额2454.71亿元，比上年增长15.7%。按经营地统计，城镇消费品零售额2354.44亿元，增长15.6%；乡村消费品零售额100.27亿元，增长18.3%。按消费形态统计，商品零售额2189.23亿元，增长15.9%；餐饮收入额265.48亿元，增长14.1%。

限额以上批发零售单位零售额比上年增长23.7%，分类别看，粮油、食品、饮料、烟酒类增长21.8%；服装、鞋帽、针纺织品类增长22.1%；化妆品类增长31.6%；金银珠宝类增长32.6%；体育、娱乐用品类下降19.5%；石油及制品类增长21.6%；通信器材类增长28.2%；家用电器和音像器材类增长9.7%；汽车类增长25.4%。

全年进出口总额（海关口径）86.93亿美元，比上年增长16.1%，其中出口总额51.74亿美元，增长26.7%；进口总额35.19亿美元，增长3.3%。在出口总额中，机电产品26.74亿美元、高新技术产品9.15亿美元，分别占出口总额的51.7%和17.7%；在进口总额中，机电产品24.01亿美元、高新技术产品4.74亿美元，分别占进口总额的68.2%和13.5%。

【交通、邮电和旅游】2012年，长沙市全年全社会运输周转量372.04亿吨公里，比上年增长13.7%；旅客周转量增长4.2%；货物周转量增长17.3%。

全年完成邮电业务总量（2010年不变价）114.98亿元，比上年增长8.9%，其中电信业务总量107.40亿元，增长8.7%。完成邮电业务收入102.32亿元，比上年增长8.8%，其中电信业务收入94.21亿元，增长8.8%。年末本地固定电话用户211.64万户，下降1.3%。移动电话用户984.45万户，增长9.6%。固定电话普及率为29.61户/百人，比上年减少0.63户/百人，移动电话普及率为137.75户/百人，比上年增加11.04户/

百人。年末互联网宽带用户达134.25万户。

全年接待国内旅游者7989.18万人次，比上年增长34.7%；国内旅游收入741.13亿元，增长36.4%；接待入境旅游者105.19万人次，增长26.0%；入境旅游收入6.65亿美元，增长6.3%；国际国内旅游总收入783.10亿元，增长34.4%。

【金融和保险】2012年，长沙市年末金融机构各项存款余额（本外币合计，下同）8800.66亿元，比年初增加1436.55亿元，其中城乡居民储蓄余额3004.07亿元，比年初增加477.14亿元；年末金融机构各项贷款余额8518.93亿元，比年初增加1035.11亿元，其中短期贷款余额1957.10亿元，比年初增加290.99亿元，中长期贷款6393.43亿元，比年初增加652.95亿元。

全年保险机构原保险保费收入121.40亿元，比上年增长9.1%，其中财产险原保险保费收入51.16亿元，增长17.9%；人身险原保险保费收入70.24亿元，增长3.4%。赔付支出38.61亿元，增长22.0%。

2

2012年株洲市经济发展概况

【经济总量】2012年，株洲市全年实现地区生产总值（GDP）1759.4亿元，增长11.8%。其中，第一产业增加值146.8亿元，增长3.9%；第二产业增加值1066.4亿元，增长13.4%，其中工业增加值951.9亿元，增长13.4%，建筑业114.5亿元，增长14.1%；第三产业增加值546.2亿元，增长11%。

全市三次产业结构由上年的8.5：60.5：31调整为8.3：60.6：31.1，其中，第一产业比重下降0.2个百分点，第二产业比重提高0.1个百分点，第三产业比重提高0.1个百分点。第一、第二、第三次产业对经济增长的贡献率分别为6.9%、61.9%和31.2%，其中工业对经济增长的贡献率为53.6%。

【农业】2012年，株洲市全市完成农林牧渔业总产值211.2亿元，增长3.9%。其中，农业94.7亿元，增长3.5%；林业15.9亿元，增长4.3%；牧业81.4亿元，增长4.8%；渔业7.7亿元，增长3.1%。

全年粮食产量180.7万吨，增长1.2%；水果产量24.3万吨，增长8.9%。出栏生猪437.9万头，出栏牛羊58.7万头，家禽出笼2105.2万羽，水产品7.9万吨。年末农业机械总动力277.6万千瓦，增长6.8%。

全年开工各类水利工程3.1万处，增长4%，投入资金8亿元，增长24.6%。治理水土流失面积20平方公里，新增农田有效灌溉面积1300公顷，新增节水灌溉面积900公顷。

【工业和建筑业】2012年，株洲市全市工业增加值951.9亿元，增长13.4%，工业化率为54.1%。规模工业增加值767.7亿元，增长14.6%。从经济类型上看，国有企业增长5.4%，股份制企业增长15.8%，外商及港澳台投资企业增长8.7%，其他经济类型企业增长17.7%。从全市规模工业六大支柱产业上看，化学原料及化学制品制造业、非金属矿物制品业、医药食品加工制造业和纺织服装鞋帽制造业分别实现增加值116.1亿元、116.4亿元、38.3亿元和11.1亿元，分别增长15.7%、19.7%、17.2%和22.6%；交通运输设备制造业和有色金属冶炼及压延加工业实现增加值158.2亿元和48.9亿元，分别增长11%、11.1%。规模工业综合效益指数为242.2%，实现主营业务收入2092.8亿元，增长15.6%；实现利税178.2万元，增长21%；实现利润85.5亿元，增长20.5%。企业亏损面为6.3%，增长0.1个百分点。全市“5115”企业实现工业总产值774.6亿元，增长14%，占全市规模工业的33.7%。

全市建筑业增加值114.5亿元，增长16.6%。

【固定资产投资】2012年，株洲市全市固定资产投资1150.5亿元，增长35.5%，继续保持快速增长。按所有制分，公有制经济完成投资357.7亿元，增长27.4%；非公有制经济投资792.8亿元，增长39.5%。按产业分，第一产业投资13.2亿元，增长162.6%；第二产业投资613.5亿元，增长46.7%，其中工业投资611.1亿元，增长46.2%；第三产业523.8亿元，增长23%，其中城市基础设施投资271.4亿元，增长25.8%；房地产投资189.7亿元，增长0.7%；水利环境和公共设施管理业204.7亿元，增长33%。三次产业投资额比为1.5：53：45.5，第二产业投资占比提高3.7个百分点。全年施工项目2133个，其中亿元以上项目159个；本年度新开工项目1776个，1亿元以上新开工项目69个。

【科学技术】2012年，株洲市实现高新技术产品增加值350.4亿元，增长16.7%，占规模工业增加值比重45.6%。承担国家“863”计划项目5个，共有国家级工程技术研究中心1个，省级15个；获得国家科技进步奖励4项，省部级以上科技成果27项；新申请专利3627件，其中发明专利888件。启动省自然科学株洲联合基金，增加专项200万元。

【国内贸易和对外经济】2012年，株洲市全市社会消费品零售总额579.9亿元，增长15.4%。其中，限额以上企业（单位）零售额306.9亿元，增长21.7%；金银珠宝类、日用品类、家用电器和音像器材类、家具类和煤炭及制品类增长较快，分别增长29.9%、23.7%、23.8%、25%和37.7%。按地域分，城镇消费品零售额540.7亿元，增长15.4%；乡村消费品零售额39.2亿元，增长15.4%。

全年进出口总额21.5亿美元，同比增长15.3%。其中，进口3.1亿美元，下降61.3%；出口18.3亿美元，增长74.5%。从对外出口国家看，对美国出口26578万美元，增长30.9%；对日本出口3356万美元，下降53.1%；对加拿大出口8277万美元，增长12.5%。从重点商品类别看，机电产品出口11.5亿美元，增长90%；高新技术产品出口0.82亿美元，增长40.7%。

全市实际引进境内省外资金195.3亿元，增长19%；新批境内省外项目288个，较去年减少52个；引进亿元以上项目86个，实际到位资金110.6亿元。

【交通、邮电和旅游】2012年，株洲市全市交通运输仓储邮政业增加值67.6亿元，增长11%。全市公路货运量1.6亿吨，增长16.7%；水运874.9万吨，增长18.2%。公路货物周转量186.2亿吨公里，增长31.1%；水运货物周转量36.5亿吨公里，增长28%。公路客运量1.5亿人，增长10.1%；水运客运量3.1万人，增长5.4%。公路客运周转量78.8亿人公里，增长12.3%，公路线路年末里程1.3万公里，增长0.1%。年末民用汽车保有量62.6万辆，增长18.9%。

全市邮政电信业务总量31.7亿元，增长15.2%，其中，电信业务总量30亿元，增长16.6%；邮政业务总量1.7亿元，增长15%。

【金融和保险】2012年，株洲市全市金融机构各项存款余额为1588.8亿元，增长17.1%，同比净增232.2亿元，其中城乡储蓄余额为942.5亿元，增长18.4%，净增146.4亿元。年末各项贷款余额812.4亿元，增长19.5%，净增132.4亿元，其中，中长期贷款总额483.7亿元，增长25%，净增96.7亿元；短期贷款余额310.7亿元，增长12.2%。全市存贷比为51.1%，提高1个百分点；不良贷款率为3.2%，下降1.6个百分点。

全市保险机构有40家，其中，人寿险公司19家，财产险公司19家，保险行业协会1家，中介保险公司1家。各项保费收入31.8亿元，增长12%，其中财产保险收入9.6亿元，增长14.7%；人身保险收入22.3亿元，增长10.9%。各项赔款和给付额9.4亿元，增长28.2%，其中财产保险赔付额4.9亿元，增长26.6%；寿险赔付4.4亿元，增长30.1%。保险赔付比为29.6%，其中财产保险赔付比为15.7%，寿险赔付比为13.7%。

3

2012年湘潭市经济发展概况

【经济总量】2012年，湘潭市全年实现地区生产总值（GDP）1282.35亿元，比上年增长12.3%。其中，第一产业增加值110.50亿元，增长4.1%；第二产业增加值765.65亿元，增长13.3%；第三产业增加值406.20亿元，增长13.1%。按常住人口计算，全市人均地区生产总值46247元。

全市地区生产总值中，第一、二、三产业增加值之比为8.6：59.7：31.7。第一、第二、第三次产业对经济增长的贡献率分别为3.2%、61.6%和35.2%。其中，工业增加值占地区生产总值的比重为54.5%，工业对经济增长的贡献率达56.5%。非公有制经济增加值占地区生产总值的比重为63.1%，比上年提高6.2个百分点。

【农业】2012年，湘潭市全市粮食播种面积319.19万亩，比上年增长1.1%。油料种植面积26.73万亩，下降6.4%。蔬菜种植面积81.81万亩，增长3.4%。

全市粮食总产量148.74万吨，比上年增长1.5%。油料产量1.77万吨，下降5.0%。水果产量6.30万吨，增长14.1%。蔬菜产量160.97万吨，增长4.1%。水产品产量7.63万吨，增长8.1%。禽蛋产量3.26万吨，增长5.8%。全年存栏生猪285.91万头，比上年增长1.0%。出栏生猪560.44万头，增长2.1%。

【工业和建筑业】2012年，湘潭市全市规模工业增加值667.38亿元，比上年增长14.4%。非公有制规模工业增加值473.29亿元，增长23.7%，增速高于规模工业9.3个百分点。战略性新兴产业增加值209.10亿元，增长21.5%。高加工度工业增加值335.50亿元，增长26.8%。省级以上产业园区规模工业增加值350.90亿元，增长21.4%。

全市规模工业中，六大重点产业实现增加值440.66亿元，比上年增长16.5%。其中先进装备、新能源、电子信息、汽车及零部件、食品产业分别实现增加值151.86亿元、35.14亿元、23.24亿元、54.65亿元、69.32亿元，分别增长27.9%、8.8%、22.5%、40.1%、20.3%，精品钢材及深加工产业增加值106.45亿元，下降2.2%。

全市规模工业统计的193种主要工业产品中，产量增长的有124种，占产品总数的比重为64.2%。其中，原煤产量81.90万吨，增长3.8%；汽车产量13.18万辆，增长18.2%；钢材产量628.11万吨，下降11.3%；交流电动机620.95万千瓦，下降6.7%；发电量81.50亿千瓦时，下降22.8%。

全市建筑业增加值66.39亿元，比上年增长12.3%。全年房屋施工面积1742.98万平方米，增长14.0%；房屋竣工面积653.32万平方米，增长5.3%。具有资质等级的总承包和专业承包建筑企业实现利润6.09亿元，增长21.8%。

【固定资产投资】2012年，湘潭市全市固定资产投资893.86亿元，比上年增长37.5%。按经济类型分，国有投资297.46亿元，增长47.8%；非国有投资596.40亿元，增长32.8%。按产业分，第一产业投资12.65亿元，增长15.5%；第二产业投资465.45亿元，增长29.6%；第三产业投资415.76亿元，增长48.5%。按投资方向分，基础设施投资增长50.3%，技改投资增长40.5%。

全市192个重点项目完成投资482.3亿元，占全市固定资产投资总额的54.0%。全市房地产开发投资93.81亿元，比上年增长30.1%。商品房屋销售面积194.07万平方米，增长1.5%。商品房销售额65.54亿元，增长2.4%。

【科学技术】2012年，湘潭市全市高新技术产业增加值330.58亿元，比上年增长10.9%。各大专院校、科研单位、企业、机关团体和个人共获52项省部级以上科技成果。全年申请专利3308件，增长38.6%；授权专利2144件，增长40.6%。签订技术合同284项，完成交易额4.13亿元。

【国内贸易和对外经济】2012年，湘潭市全市社会消费品零售总额349.14亿元，比上年增长15.6%。其中，限额以上企业消费品零售额168.91亿元，增长25.2%。按经营地分，城镇消费品零售额305.16亿元，增长14.6%；乡村消费品零售额43.98亿元，增长23.1%。按行业分，批发和零售业实现消费品零售额292.31亿元，增长14.2%；住宿和餐饮业实现消费品零售额56.83亿元，增长23.3%。

全市进出口总额20.73亿美元，比上年下降16.3%。其中，进口12.25亿美元，下降25%；出口8.48亿美元，增长0.4%。在出口贸易中，一般贸易出口6.93亿美元，加工贸易出口1.55亿美元。

全市新批外商投资项目80个，合同使用外资6.76亿美元，实际利用外资5.86亿美元，比上年增长21.0%。新签对外承包工程、劳务合作和设计咨询合同金额10600万美元，增长134.3%，实现营业额8000万美元，增长114.4%。

【交通、邮电和旅游】2012年，湘潭市全市货运量8466.06万吨，比上年增长10.5%；货物周转量95.3亿吨公里，增长31.1%。全市客运量4975.06万人，增长3.0%；旅客周转量25.6亿人公里，增长2.6%。年末全市汽车保有量为45.45万辆，其中私人汽车11.71万辆。

全年邮电业务总量24.81亿元，按2000年不变价计算，比上年增长19.5%。年末全市固定电话用户40.16万户，移动电话用户225.73万户，增长0.5%。年末互联网宽带用户达16.97万户，增长9.3%。

全年共接待国内游客2404万人次，比上年增长12.1%；境外游客9.62万人次，增长3.9%。实现旅游总收入140.42亿元，增长18.2%。

【金融和保险】2012年年末，湘潭市全市金融机构各项本外币存款余额1127.72亿元，比年初增加199.56亿元。其中，个人存款余额709.65亿元，增加118.77亿元。金融机构各项本外币贷款余额827.34亿元，比年初增加169.88亿元。其中，短期贷款434.49亿元；中长期贷款361.81亿元。

全年保险机构保费收入28.4亿元，比上年增长4.0%。其中，寿险保费收入20.1亿元，增长1.0%；财产险保费收入8.3亿元，增长12.0%。各项赔款和给付支出7.9亿元，增长20.4%。其中，寿险赔款（给付）3.8亿元，增长11.6%；财产险赔付4.1亿元，增长30.0%。

4

2012年衡阳市经济发展概况

【经济总量】2012年，衡阳市全年实现地区生产总值（GDP）1957.70亿元，按可比价格计算，增长11.8%。其中，一产业实现增加值322.89亿元，增长4.3%；二产业实现增加值949.51亿元，增长13.2%；三产业实现增加值685.30亿元，增长13.5%。一、二、三产业对全市经济增长贡献率分别为6.2%、53.1%、40.7%，分别拉动全市GDP增长0.7个、6.3个、4.8个百分点。按常住人口计算，人均地区生产总值27258元，增长11.4%。

全市三次产业比为16.5∶48.5∶35.0。与上年相比，一、二产业占比分别下降0.3、0.1个百分点，三产业占比提高0.4个百分点。其中，工业增加值占GDP比重为42.6%，对经济增长贡献率达48.0%，拉动GDP增长5.7个百分点；高新技术产业增加值占地区生产总值的比重为14.6%；非公有制经济增加值占地区生产总值的比重为60.8%。

【农业】2012年，衡阳市全市农林牧渔业总产值527.15亿元，增长4.3%。其中，农业产值219.32亿元，增长3.0%；林业产值25.77亿元，增长9.7%；牧业产值235.4亿元，增长3.8%；渔业产值36.14亿元，增长9.6%。农作物总播种面积957.39千公顷，增长2.6%；粮食作物播种面积556.84千公顷，增长1.5%；油料种植面积201.60千公顷，增长2.4%；蔬菜种植面积99.19千公顷，增长4.5%。粮食总产量329.71万吨，增长1.9%；出栏肉猪961.83万头，增长3.1%；出栏牛12.59万头，增长7.9%；出栏羊57.18万头，增长6.7%；出笼家禽10929.41万羽，增长5.1%；水产品产量26万吨，增长3.6%。

【工业和建筑业】2012年，衡阳市全市规模工业实现增加值803.88亿元，增长14.8%。在规模工业中，轻工业增加值175.60亿元，增长10.6%；重工业增加值628.28亿元，增长16.0%。规模工业的六大重点行业中，有色金属冶炼及压延业增加值84.26亿元，增长16.6%；电气机械及器材制造业增加值48.35亿元，增长11.4%；化学原料及化学制品制造业增加值70.67亿元，增长17.8%；黑色金属冶炼及压延业增加值36.62亿元，增长14.9%；煤炭开采和洗选业增加值62.29亿元，下降24.5%；非金属矿物制品业增加值50.62亿元，增长27.4%。年末，全市规模工业企业达到1226家，比上年增加32家。

全市规模工业实现增加值803.88亿元，增长14.8%。在规模工业中，轻工业增加值175.60亿元，增长10.6%；重工业增加值628.28亿元，增长16.0%。规模工业的六大重点行业中，有色金属冶炼及压延业增加值84.26亿元，增长16.6%；电气机械及器材制造业增加值48.35亿元，增长11.4%；化学原料及化学制品制造业增加值70.67亿元，增长17.8%；黑色金属冶炼及压延业增加值36.62亿元，增长14.9%；煤炭开采和洗选业增加值62.29亿元，下降24.5%；非金属矿物制品业增加值50.62亿元，增长27.4%。年末，全市规模工业企业达到1226家，比上年增加32家。

全市建筑业总产值317.63亿元，下降-10.3%；全市建筑业增加值114.88亿元，增长13%。房屋建筑施工面积2541.88万平方米，增长21.9%；房屋建筑竣工面积1238.71万平方米，增长21.5%。

【固定资产投资】2012年，衡阳市全市固定资产投资1072.38亿元（含跨区项目投资8.63亿元，不计增速），增长36.3%。其中，城镇固定资产投资891.77亿元，增长24.3%。在城镇投资中，国有投资278.09亿元，增长35.1%。年内新开工项目个数1890个，增长13.1%。

全市工业固定资产投资577.98亿元，增长32.2%。其中，工业技术改造投资512.4亿元，增长34.9%；工业投资占固定资产投资的比重为54.3%。其中，制造业投资486.05亿元，增长40.0%；电力、燃气及水的生产供应业投资28.38亿元，增长85.6%。

全市房地产投资完成96.75亿元，增长19.8%，增速回落3.8个百分点。商品房销售面积312.75万平方米，下降12.4%，增速回落28个百分点，房地产调控成效有所显现。

【科学技术】2012年，衡阳市全年完成高新技术产业增加值286.3亿元，增长38.9%。专利申请量、授权量分别达1853件、867件，增长54.2%、3.7%。衡变公司“特高压并联电抗器产业化”省成果转化重大专项，获得专利授权145项；天雁机械“高效混流涡轮增压技术开发与应用”获省科技进步一等奖，实现了全市省科技进步一等奖零的突破。衡阳高新技术产业园区升级为国家高新区，西渡经开区升级省级高新园区，中南大学国家技术转移中心设立衡阳分中心。目前，全市已经建成国家级企业技术中心3家，省级重点实验室11家，省级企业技术中心19家，省级工程技术研究中心7家。衡阳市盐卤化工产学研战略联盟成功申报为湖南省盐卤化工产学研创新战略联盟；培育建设了中秋酥脆枣等3家市级特色农业科技示范基地；建成耒阳市蔡伦现代农业科技示范园博冠生物科技作物组培室。

【国内贸易和对外经济】2012年，衡阳市全市社会消费品零售总额642.62亿元，增长15.5%。限额以上批发零售企业商品销售额234.99亿元，增长23.5%。在限额以上批发零售企业零售额中，家用电器和音响类增长33.9%，家具类增长31.9%，文化办公类增长37.2%，通信器材类增长26.9%，汽车类增长33.1%。

全市进出口总额20.24亿美元，增长61.2%。其中，出口13.08亿美元，增长28.1%；进口7.16亿美元，增长205.6%。一般贸易出口额8.68亿美元，增长1.1%；加工贸易出口额4.25亿美元，增长182.4%；

一般贸易进口额1.82亿美元，增长65.0%；加工贸易进口额5.27亿美元，增长317.5%。

全市引进内资项目558个，增长-0.2%，实际到位内资195.37亿元，增长19.4%；新批外资项目111个，增长1.8%，其中：1000万美元以上的项目2个；实际利用外资6.04亿美元，增长21.5%，其中：工业实际利用外资6.03亿美元，增长27.0%。

【交通、邮电和旅游】2012年，衡阳市全市民用车辆有量达到66.48万辆，增长7.9%，其中民用汽车为22.08万辆，增长12.9%，民用私人轿车已达到8.04万辆，增长25.8%。货物周转量324.22亿吨公里，增长32.6%，其中公路货物周转量达296.28亿吨公里，增长32.1%；水运货物周转量27.95亿吨公里，增长38.2%；客运周转量106.4亿人公里，增长15.7%。全市公路线路年末里程2.07万公里，增长1%，其中高速公路572公里，增长27%。

全市邮电业务总量（按不变价计算）37.94亿元，增长11%，其中邮政业务、电信业务总量分别为3.24亿元和34.7亿元，分别增长14.6%、10.7%。年末局用交换机总容量538.71万门，增长28.9%。年末固定电话用户93.69万户，下降6.6%。移动电话用户372.14万户，增长1.1%。年末互联网宽带用户数54.5万户，增长19.5%，固定电话普及率为13.01户/百人，每百人增加0.66户，移动电话普及率为51.7户/百人，每百人增加3.35户。

全市实现国内旅游总收入172.38亿元，增长31.5%，旅游外汇收入0.71亿美元，增长30.5%；接待国内外游客3171.84万人次，增长28.6%，其中：国内游客3155.83万人次，增长28.7%；国外游客16.01万人次，增长24.0%；年末全市共有等级旅游区（点）16个。

【金融和保险】2012年年末，衡阳市全市金融机构本外币各项存款余额1793.89亿元，增长17.5%。其中，单位存款459.26亿元，增长16.4%；居民储蓄存款1311.98亿元，增长17.8%。年末金融机构本外币各项贷款余额697.75亿元，增长14.1%。其中，短期贷款为275.27亿元，增长5.7%；中长期贷款381.7亿元，增长19.3%；中小企业贷款226亿元，增长2.1%。

全市保险保费收入达38.43亿元，增长3.4%。其中，财产险保险保费收入11.14亿元，增长12.7%；人身险收入27.29亿元，增长3.4%。全年各项赔款支出12.51亿元，增长28.9%。其中，财产险赔款支出6.09亿元，增长39%；人身险赔款支出6.42亿元，增长20.5%。

5

2012年邵阳市经济发展概况

【经济总量】2012年，邵阳市全年实现地区生产总值（GDP）1028.41亿元，比上年增长11.7%。其中第一产业完成增加值250.87亿元，增长4.6%，第二产业完成增加值398.07亿元，增长13.2%，第三产业完成增加值379.47亿元，增长14.1%。按常住人口计算，全市人均GDP14425元，比上年增长11.1%。三次产业结构由上年的25.1：38.9：36调整为24.4：38.7：36.9，三产业比重提升了0.9个百分点。非公有制经济实现增加值681.58亿元，比上年增长11.6%，占GDP的比重达到66.3%，比上年提高0.2个百分点。

全市实现财政总收入85.04亿元，比上年增长28.4%，增幅继续提升。市本级完成财政总收入22.74亿元，增长30.2%，增速高出全市1.8个百分点。全市一般预算收入53.66亿元，增长31%，其中税收收入27.11亿元，增长29.5%；非税收入26.56亿元，增长32.5%。全市上划中央收入25.6亿元，增长23.6%，上划省级收入5.78亿元，增长27%。税收收入占财政总收入的比重为68.8%，比上年略有下降。全市一般预算支出246.5亿元，增长26.3%，其中社会保障和就业支出40.07亿元，增长9.4%，医疗卫生支出27.89亿元，增长18.1%，教育支出57.27亿元，增长72.4%，农林水事务支出31.46亿元，增长46.2%。

【农业】2012年，邵阳市全市完成农林牧渔业总产值369.42亿元，比上年增长4.6%。种植业完成产值198.21亿元，增长3.8%，粮食产量达到318.6万吨，比上年增长2.5%，油料总产量13.32万吨，增长8.1%，烟叶产量1.33万吨，增长22.2%，水果总产量69.05万吨，增长4.5%。畜牧业完成产值147.54亿元，增长7.2%，年内出栏生猪953.5万头，增长4.9%，肉类总产量76.38万吨，增长7.2%，禽蛋产量1.75万吨，增长3.0%，牛奶产量4.03万吨，增长4.6%。林业完成产值9.37亿元，下降12.3%。渔业完成产值9.1亿元，增长1.1%，水产品总产量9.69万吨，增长9.8%。

【工业和建筑业】2012年，邵阳市规模工业持续增长。全部工业完成总产值1445.9亿元，增长19.3%（现价），其中规模工业（年销售收入过2000万元）完成产值1210.28亿元，增长19.8%。规模工业实现增加值348.7亿元，增长14.9%，其中国有企业实现增加值17.04亿元，增长13%，股份制企业230.47亿元，增长13.2%，外商及港澳台企业12.78亿元，增长18.3%；大中型企业91亿元，增长5.7%；轻工业140.2亿元，增长11.5%，重工业208.5亿元，增长17.2%；非公有制规模工业实现增加值304.95亿元，增长13.9%；省级重点园区规模工业实现增加值102.1亿元，增长14.1%。

全市规模以上工业企业原煤生产量590.58万吨，增长18.2%；发电量67.12亿千瓦时，增长181.5%；饮料酒10379万升，增长7.1%；人造板179.07万立方米，增长16.2%；水泥862.52万吨，增长6.8%；发电设备15.29万千瓦，增长24.8%；家具140.01万件，增长22.9%；改装汽车7944辆，下降12.2%；机制纸及纸板75.91万吨，增长7.8%；纱6.22万吨，增长19.9%。

全年建筑业实现增加值58.19亿元，按可比价格计算比上年增长13.3%，占第二产业比重为14.6%。具有资质等级的建筑企业签订合同金额338.48亿元，增长17.8%，完成总产值184.89亿元，增长15.7%，期末从业人员86842人，其中工程技术人员14221人，比上年增加2353人，房屋建筑施工面积2062.6万平方米，增长17.5%，竣工面积867.99万平方米，增长2%。

【固定资产投资】2012年，邵阳市全市固定资产投资（500万元以上项目）完成761.61亿元，比上年增长35.5%。其中城镇投资626.28亿元，增长35.4%，房地产投资75.49亿元，增长22%，农村投资59.82亿元，增长55.3%。在全部投资中，国有投资162.91亿元，增长31.7%，非国有投资598.69亿元，增长36.5%，非国有投资占全部投资比重78.6%，比上年提高0.6个百分点。第一产业完成投资额71.3亿元，增长67.4%，第二产业投资397.95亿元，增长31.5%，第三产业投资292.35亿元，增长34.8%。

全市基础实施投资147.31亿元，比上年增长11.8%，其中能源投资57.49亿元，增长11.5%，交通投资55.02亿元，增长5.4%；水利投资8.74亿元，增长61.9%；通信投资1.98亿元，增长45.3%。教育投资11.44亿元，增长35.5%；卫生投资4.42亿元，增长11%。工业投资383.78亿元，增长27.5%；高新技术产业完成投资14.59亿元，增长14%。采矿业投资41.88亿元，增长52.3%；制造业投资286.22亿元，增长28.9%；电力、燃气及水的生产和供应业投资55.67亿元，增长7.9%。全市组织实施重点项目192个，比上年增加68个，总投资1287亿元，年度计划投资240.5亿元，实际完成投资259.2亿元，为年度计划的107.8%，比上年增长39.5%。

商品房施工面积818.82万平方米，增长13%，竣工面积169.09万平方米，下降17.3%，销售面积169.73万平方米，增长17.8%，其中现房销售面积78.95平方米，下降8.2%，住宅销售面积159.56万平方米，增长21.1%，住宅每平方米均价达到2657元，比上年增长15.7%。

【科学技术】2012年，邵阳市高新技术产品生产企业161家，比上年增加11家，其中省厅认定的高新企业56家。全部高新企业实现产值378.61亿元，比上年增长2.9%，增加值108.38亿元，增长4.7%。全年专利申请量1218件，比上年增加89件，增长7.9%，其中发明专利175件，增长16.7%，专利授权量671件，增长13.7%。签订技术合同865项，技术合同成交金额1.2亿元。财政科学技术支出6154万元，下降5.2%。

【国内贸易和对外经济】2012年，邵阳市全市社会消费品零售总额达到378.86亿元，比上年增长15.6%。城镇实现消费品零售额328.73亿元，增长16.6%，其中城区119.35亿元，增长19.6%，乡村实现零售额50.13亿元，增长9.3%。批发零售贸易业实现零售额333.36亿元，增长15.7%，住宿和餐饮业实现零售额45.49亿元，增长14.7%。全市新建和改造万村千乡市场工程配送中心2个、乡镇商贸中心7个、农家店360家，覆盖了100%的乡镇和70%的行政村。全年销售家电下乡产品164.25万台（部），位居全省第四，占全省销售总量的9%，发放补贴资金4.09亿元，增长10%。

全年实现进出口总额47274万美元，比上年增长20.2%，其中一般贸易29535万美元，增长10.8%，加工贸易17739万美元，增长40.7%。出口41286万美元，增长18.7%，进口5988万美元，增长31.2%。在出口产品中，机电产品出口16029万美元，增长25.2%，高新技术产品出口1887万美元，增长4%。主要出口国家和地区有：美国8801美元，增长13.2%，占出口额的21.4%，东南亚联盟国家9506万美元，增长77.4%，占23%，香港地区3062万美元，下降30.2%，占7.4%，其他有印度占7.7%，欧盟占5.9%等；主要出口产品为打火机和发制品。

新批外资项目15个，实际利用外资1.66亿美元，增长21.5%，其中外商直接投资1.14亿美元，增长25.3%；引进市外境内资金489.23亿元，增长15.7%，其中省外境内资金153.65亿元，增长15.8%。邵商大会内容丰富，成果丰硕，到会客商1200人，成功签约116个合同项目，总投资508.44亿元。

【交通、邮电和旅游】2012年，邵阳市在建洞新、武西、邵安、邵坪、怀通5条高速公路210公里，娄邵铁路扩改和沪昆高速铁路建设顺利，怀邵衡铁路和武冈机场进入立项审批，邵东机场改建工作启动。年末全市公路通车里程为21669公里，其中等级公路16872公里，高速公路284.7公里。全市新建公路1721.3公里，其中县乡道14.4公里，乡镇到村公路1528.9公里。

全市拥有民用车辆61.7万辆，比上年增长12.6%，其中汽车21.6万辆，增长17.4%，轿车8.18万辆，增长27.8%。全市交通运输仓储业实现增加值33.12亿元，比上年增长9.9%。公路水路完成货运量1.83亿吨，比上年增长17.2%，货物周转量386.41亿吨公里，增长21.3%；客运量1.39亿人，增长11.4%，旅客周转量79.81亿人公里，增长10.1%。

全年完成邮电业务总量33.13亿元，比上年增长13.2%。其中，邮政业务量3.61亿元，增长22.4%，电信业务量29.52亿元，增长12.2%。年末局域交换机总容量665.55万门，比上年增长14.3%。年末固定电话用户达到74.08万户，移动电话用户357.47万户，其中新增37.84万户，电话普及率达到53.8部/百人，比上年提高2.3部/百人。

全年实现旅游总收入103亿元，比上年增长28.7%。接待国内旅游者1446万人次，增长21%，实现国内旅游收入102.4亿元，增长28.9%；接待外国及港澳台旅游者3.96万人次，增长171.2%，其中外国人0.93万人次，增长182%，旅游外汇收入949万美元，增长168%。

【金融和保险】2012年年末，邵阳市全市金融机构本外币各项存款余额1320亿元，比年初增加203.82亿元，比上年多增38.33亿元，同比增长18.3%。其中，单位存款余额311.52亿元，增长21.7%，城乡居民储蓄存款余额954.87亿元，增长18.3%。年末全市金融机构本外币各项贷款余额525.85亿元，比年初增加100.46亿元，比上年多增19.16亿元，同比增长23.6%。其中短期贷款余额223.65亿元，增长21.4%，中长期贷款余额299.10亿元，增长24.6%。全部贷款中，个人贷款159.95亿元，增长17.8%，单位贷款264.94亿元，增长19.7%，人民币消费贷款53.4亿元，增长31.1%，个人住房贷款34.13亿元，增长97.6%。

年末全市共有23家保险公司，其中财险9家，寿险14家。全市保费收入合计35.98亿元，比上年增长1.8%，其中财产险保费收入8.05亿元，增长24.3%，人身险保费收入27.93亿元，下降3.2%。保险密度439元/人，比上年下降3元/人，保险深度3.43%，比上年下降0.48个百分点。全年完成各项保险理赔案件81万件，赔付金额达9.43亿元，增长23.4%，其中财产险赔付额4.15亿元，增长33.9%，人身险赔付额5.28亿元，增长16.3%。

6

2012年岳阳市经济发展概况

【经济总量】2012年，岳阳市全年实现地区生产总值（GDP）2199.92亿元，首次突破2000亿大关，比上年增长12.2%。其中，第一产业增加值256.49亿元，增长3.8%；第二产业增加值1221.83亿元，增长13.8%；第三产业增加值721.6亿元，增长12.8%。三次产业结构比为11.7：55.5：32.8，与上年同期相比，第一产业和第二产业分别下降0.4个和1.3个百分点，第三产业上升1.7个百分点。

全年居民消费价格比上年上涨1.7%，其中食品价格上涨3.1%。固定资产投资价格上涨1.7%。工业生产者出厂价格下降0.9%。

【农业】2012年，岳阳市全市农林牧渔业总产值390.78亿元，比上年增长3.8%。其中，农业产值184.16亿元，增长2.8%；林业产值11.72亿元，增长3.9%；牧业产值130.65亿元，增长3.8%；渔业产值58.81亿元，增长5.9%；农林牧渔服务业产值5.44亿元，增长11.0%。

全年粮食种植面积比上年增长2.0%；棉花种植面积增长2.7%；糖料种植面积下降5.0%；油料种植面积下降0.5%；蔬菜种植面积增长3.2%。

【工业和建筑业】2012年，岳阳市全年全部工业增加值1109.96亿元，比上年增长13.9%。规模以上工业增加值增长14.5%，其中省工业增长4.9%，地方工业增长16.7%；公有制工业增长5.8%，非公工业增长18.0%；轻工业增长11.8%，重工业增长16.4%。

全年规模以上工业中，农副食品加工业增加值比上年增长8.5%，化学原料和化学制品制造业增长15.8%，非金属矿物制品业增长20.0%，专用设备制造业增长21.0%，石油加工和炼焦加工业增长24.0%，电气机械和器材制造业增长26.0%。

全年全市建筑业总产值237.26亿元，比上年增长17.4%。全市具有建筑业资质等级的总承包合同额305.61亿元，增长8.9%。

【固定资产投资】2012年，岳阳市全年固定资产投资1168.11亿元，比上年增长35.5%。其中，国有投资264.27亿元，增长84.9%；非国有投资903.84亿元，增长25.7%。城镇投资1066.05亿元，增长40.0%；房地产投资102.06亿元，增长1.7%。第一产业投资40.70亿元，增长94.5%；第二产业投资692.33亿元，增长22.6%；第三产业投资435.08亿元，增长57.6%。

全市亿元以上项目共有306个，完成投资444.46亿元，占全部项目投资的比重为38.0%。全年房地产开发投资102.06亿元，比上年增长1.7%。其中，住宅投资81.34亿元，下降0.1%；商业营业用房投资12.66亿元，增长11.2%。

【科学技术】2012年，岳阳市全年研究与试验发展（R&D）经费支出44.25亿元，比上年增长26.6%，占地区生产总值的2.0%。全年专利申请量为1657件，其中发明专利申请量300件。全年专利权授权量1203件，其中发明专利权99件。承担国家各类科技计划项目55项，国家安排科技攻关计划项目54项，承担国家“863”计划项目1项。国家工程（技术）研究中心1个，省级工程（技术）研究中心8个。年末共有产品检测实验室8个，其中国家检测中心1个。

【国内贸易和对外经济】2012年，岳阳市全年社会消费品零售总额687.40亿元，比上年增长15.0%。按经营地统计，城镇消费品零售额527.82亿元，增长15.5%；乡村消费品零售额159.58亿元，增长13.2%。按消费形态统计，批发和零售业535.56亿元，增长15.5%；住宿和餐饮业151.84亿元，增长13.0%。

在限额以上企业商品零售额中，汽车类零售额比上年增长27.1%，粮油、食品、饮料、烟酒类增长17.4%，服装类增长20.5%，日用品类增长20.1%，文化办公用品类下降4.6%，通信器材类增长11.0%，金银珠宝类增长27.9%，中西药品类增长39.8%，建筑及装潢材料类增长29.2%。

全年货物进出口总额（海关口径）5.81亿美元，比上年增长48.5%。其中，出口2.09亿美元，增长15.3%；进口3.71亿美元，增长77.3%。

【交通、邮电和旅游】2012年，岳阳市全年货物运输总量1.93亿吨，比上年增长16.8%。货物运输周转量361.79亿吨公里，增长25.1%。主要港口完成货物吞吐量1.04亿吨，比上年增长15.1%，港口集装箱吞吐量20.07万标准箱，增长29.5%。

全年完成邮电业务总量（2000年不变价）33.83亿元，比上年增长24.8%。其中，邮政业务总量2.07亿元，增长15.0%；电信业务总量31.76亿元，增长25.6%。电信业全年局用交换机容量新增5.39万门，总容量232.49万门。年末固定电话用户69.01万户，下降5.9%。新增移动电话用户42.5万户，年末达到355.26万户。固定电话普及率达到12.58部/百人；移动电话普及率达到64.77部/百人。互联网宽带用户42.27万户，增长13.8%。

全年旅游总收入170.89亿元，比上年增长30.2%。其中，国内旅游收入166.45亿元。境外入境人数15.17万人次，增长8.7%，其中外国人8.20万人次，增长13.1%，香港、澳门和台湾同胞6.97万人次，增长8.6%；国际旅游外汇收入5613.6万美元，增长16.2%。全市旅游等级区（点）14家，其中4A及以上旅游区（点）5家。

【金融和保险】2012年，岳阳市年末全市全部金融机构本外币各项存款余额1136.09亿元，比年初增加186.8亿元，其中单位存款余额349.41亿元，增加59.79亿元，居民储蓄存款746.31亿元，增加121.72亿元。全部金融机构本外币各项贷款余额586.67亿元，增加78.36亿元，其中中长期贷款余额326.33亿元，多增38.13亿元。

全年保险公司原保险保费收入32.94亿元，比上年增长2.7%，其中寿险业务原保险保费收入21.07亿元；健康险和意外伤害险业务原保险保费收入1.76亿元；财产险业务原保险保费收入10.12亿元。

7

2012年常德市经济发展概况

【经济总量】2012年，常德市全年实现地区生产总值（GDP）2038.5亿元，比上年增长12.1%。其中，第一产业完成增加值302.4亿元，增长3.8%，对经济增长的贡献率为5.3%；第二产业完成增加值1008.4亿元，增长14.1%，对经济增长的贡献率为55.5%；其中工业完成增加值917.0亿元，增长14.3%，对经济增长的贡献率为51.1%；第三产业完成增加值727.6亿元，增长13.5%，对经济增长的贡献率为39.2%。人均地区生产总值达到35475元。三次产业结构由上年的16.3：49.1：34.6调整为14.8：49.5：35.7。年末城镇登记失业率3.87%。

【农业】2012年，常德市全市粮食播种面积68.45万公顷，增长5.1%；棉花种植面积9.61万公顷，增长2.0%；油料种植面积30.06万公顷，下降0.4%；糖料种植面积0.25万公顷，下降11.7%；蔬菜种植面积8.65万公顷，下降4.2%。

全年粮食总产量377.2万吨，比上年增产2.5%。棉花产量16万吨，比上年增产12.1%。油料产量53万吨，减产5.6%。蔬菜产量187万吨，减产5.2%。水果产量86.5万吨，增产1.4%。茶叶产量1.4万吨，增产7.6%。

【工业和建筑业】2012年，常德市2012年，全市完成工业增加值917.0亿元，增长14.3%。规模以上工业企业增加值增长15.3%。非公有制规模以上工业增加值增长19.4%。

规模以上工业企业经济效益综合指数为494.8%，增长29.9%；产销率为99.4%，提高1.9个百分点；实现利税总额532.2亿元，增长18.7%；实现利润148.1亿元，增长17.4%；亏损企业亏损额7.9亿元，增长64.6%。

2012年，全市建筑业完成增加值91.5亿元，增长12.5%。

【固定资产投资】2012年，常德市全市上下继续把项目建设作为稳增长的重要抓手，深入推进项目建设年活动，全力以赴扩投资、促增长。共完成固定资产投资（含跨区）956.7亿元，增长37.2%。全年房地产开发投资94.8亿元，增长10.6%。商品房竣工面积272.4万平方米，增长6.7%，商品房屋销售面积269.8万平方米，下降20.0%。其中商品房期房销售面积118.8万平方米，增长11.9%，商品房现房销售面积151.0万平方米，下降34.7%。商品房待售面积54.3万平方米，增长75.9%。

【科学技术】2012年，常德市全市拥有产品检测实验室5个，特种设备检验机构1个，法定计量检定机构1个，发放工业品、食品生产许可证分别为20张、130张。参与制定国家标准3项，组织制定地方标准3项。

全年高新技术产品总产值达554.1亿元，比上年增长27.1%，高新技术产品增加值154.5亿元，增长21.1%。全年专利申请达1788件，增长25.8%，授权专利达1187件，增长31.9%。

【国内贸易和对外经济】2012年，常德市全市社会消费品零售总额638.8亿元，增长15.4%。分地域看，城镇社会消费品零售额554.5亿元，增长14.7%；乡村社会消费品零售额84.3亿元，增长20.2%。分行业看，批发业零售额33.4亿元，增长18.8%；零售业零售额510.5亿元，增长14.9%；住宿业零售额9.7亿元，增长17.2%；餐饮业零售额85.2亿元，增长16.8%。

【交通、邮电和旅游】2012年，常德市全市完成交通运输、仓储和邮政业增加值97.4亿元，增长13.8%。公路及水路客运量1.4亿人，比上年增长6.9%，客运周转量71.1亿人公里，增长11.2%；公路及水路货运量1.1亿吨，增长9.0%，货运周转量218.8亿吨公里，增长21.2%。

全年完成邮电业务总量36.3亿元。其中邮政业务总量为2.39亿元，电信业务总量为33.9亿元。年末局用交换机总容量为391.3万门。年末固定电话用户数达62.06万户。年末移动电话用户320.9万户。年末国际互联网用户42.59万户。

全年接待海内外游客2150万人次，增长21.5%。接待国内旅游者2130.4万人次，增长21.6%；接待境外入境旅游者19.6万人次，增长13%。全年实现旅游总收入130亿元，增长25.8%。国内旅游收入127.5亿元，增长25.8%；国际旅游外汇收入0.39亿美元，增长10.9%。全市星级宾馆49家，旅行社50家。

【金融和保险】2012年，常德市全市金融机构存贷款稳步增长，金融机构本外币年末各项存款余额为1392.2亿元，比去年增长20.6%，其中单位年末存款余额为410.9亿元，增长25.5%；个人储蓄存款941.7亿元，增长20.2%。金融机构本外币年末各项贷款余额为641.2亿元，比去年增长17.7%，其中本外币短期贷款为255.3亿元，增长8.8%；本外币中长期贷款为381.8亿元，增长23.6%。

2012年，全市新增了英大财险一家产险公司，全市保险机构总数增加到36家，其中财险公司17家，寿险公司16家，中介公司3家。保费收入共46.5亿元，增长3.0%，其中财险保费收入11.0亿元（含农业险2.4亿元），增长16.5%；寿险保费收入35.5亿元，下降0.55%。赔款支出15.5亿元，其中财险赔付5.7亿元，增长31.5%，寿险赔给付9.9亿元（含退保金），增长11.0%。

8

2012年张家界市经济发展概况

【经济总量】2012年，张家界市全年实现地区生产总值（GDP）338.99亿元，比上年增长11.6%。其中，第一产业增加值为41.96亿元，增长3.5%；第二产业增加值为85.43亿元，增长12.3%；第三产业增加值为211.60亿元，增长12.9%。

三次产业比由上年的13.0∶25.6∶61.4调整为12.4∶25.2∶62.4，第三产业比重比上年提高了1.0个百分点。三次产业对经济增长的贡献率依次为3.5%、26.7%、69.8%。

【农业】2012年，张家界市全市实现农林牧渔业总产值67.21亿元，较上年增长5.1%。其中，农业增长4.1%，林业增长5.2%，牧业增长4.7%，渔业增长29.4%。

全年粮食产量61.02万吨，增长2.2%；水果产量26.6万吨，增长4.3%；油料作物产量6.77万吨，下降2.0%；蔬菜产量53万吨，增长15%；烟叶产量1.44万吨，增长28.6%；水产品产量1.35万吨，增长31.4%；禽蛋产量1.32万吨，增长2.3%；肉类产量7.83万吨，增长4.1%；棉花产量0.12万吨，下降5.4%。

【工业和建筑业】2012年，张家界市全市实现工业增加值70.39亿元，比上年增长13.3%。其中规模以上工业增加值增长14.2%。在规模以上工业中，按经济类型分，国有企业增长13.7%；集体企业增长44.2%；股份制企业增长16.6%；外商及港澳台投资企业增长27.6%。按轻重业分，轻工业增长16.7%；重工业增长19.6%。

全市实现建筑业增加值15亿元，同比增长10%。房屋施工面积346万平方米，其中新开工223万平方米；房屋建筑竣工面积118万平方米，其中住宅90.9万平方米。

【固定资产投资】2012年，张家界市全年完成固定资产投资总量170.09亿元，比上年增长18.9%。按投资类别分，固定资产投资（不含农户）125.57亿元，增长10.6%；房地产开发投资44.52亿元，增长52.4%。固定资产投资按产业分，第一产业3.59亿元，下降11.4%；第二产业44.70亿元，增长32.1%；第三产业77.28亿元，下降0.7%。

全市房地产业房屋施工面积386.6万平方米，增长18.9%，其中新开工面积172.3万平方米；商品房竣工面积107.4万平方米，增长90.6%。商品房期房销售面积41.30万平方米，增长39.6%，商品房现房销售面积19.40万平方米，下降38%；房屋待售面积达25.3万平方米；商品房屋销售额19.4亿元，下降34.8%。全市保障性安居工程计划新开工套数1775套，实际新开工1779套。其中，公共租赁住房500套，廉租房504套，经济适用住房338套。

【科学技术】2012年，张家界市全市科学研究与实验发展（R&D）经费支出1.27亿元，比上年增长39.7%。实现高新技术产业总产值13.20亿元，增长31.8%。实现高新技术增加值4.20亿元，增长30.6%。签订技术合同5项，技术合同成交金额598亿元。全年取得各类科技成果8项，其中省部级以上科技成果3项。全市专利申请量278件，增长39.7%。其中，发明专利89件，职务申请118件，工矿企业申请95件，大专院校申请21件，机关团体申请2件。授权专利140件，比上年增长42.9%。

【国内贸易和对外经济】2012年，张家界市全市实现社会消费品零售总额112.71亿元，比上年增长15.2%。按城乡分，城镇消费品零售额98.10亿元，增长14.4%；乡村消费品零售额14.61亿元，增长20.6%。按行业分，批发零售贸易业94.10亿元，住宿和餐饮业18.61亿元，分别较上年增长15.2%、15.1%。

全市居民消费价格指数（CPI）102.00%。其中，消费品价格指数101.54%，服务项目价格指数103.26%。全市商品零售价格指数101.43%。

全市外贸进出口总额3865万美元，增长48.7%。其中出口3598万美元，增长38.4%。按出口地区分，美国41万美元，中国香港1012万美元，欧盟384万美元，日本517万美元，俄罗斯1471万美元。

全市新批利用外资项目10个。实际利用外资金额5384万美元，增长26.5%，其中外商直接投资额3286万美元。新签对外承包工程和劳务合作合同金额1560万美元，实现营业额1207万美元，分别增长25.4%和23.5%。外派劳务503人。实际引进境内省外资金33.21亿元，增长12.3%。

【交通、邮电和旅游】2012年，张家界市全市新建公路293.51公里，公路线路年末里程达8668.1公里，比上年增长0.4%。其中高速公路87公里。铁路营运里程130公里，通航河道里程607.4公里。年末民用汽车保有量5.86万辆，本年新注册9900辆，分别比上年增长18.6%、21.2%。年末私人轿车保有量2.06万辆，其中本年新注册4498辆，分别比上年增长28.4%、6.2%。

全年实现邮电业务总量10.87亿元，比上年增长11.1%。其中，邮政业务总量0.77亿元，增长14.9%；

电信业务总量10.1亿元，增长10.9%。年末局用交换机总容量277.56万门，互联网宽带用户15.63万户，固定电话用户17.57万户。年末移动电话用户131.44万户，其中本年新增27.09万户。

全市国家等级旅游区（点）数18个，其中5A级5家，4A级7家。全年景点接待旅游人数3590.1万人次，增长18%。其中，境外游客215.8万人次，增长18.3%；过夜游客者1485.05万人次，增长11.5%。实现旅游总收入208.72亿元，增长24.7%。其中，门票收入18.38亿元，增长12.1%；外汇收入36633.57万美元，增长21.2%。

【金融和保险】2012年年末，张家界市全市金融机构本外币各项贷款余额246.85亿元，增长13.2%。金融机构本外币各项存款余额343.77亿元，增长17.6%；全年新增本外币各项存款51.46亿元。全市金融机构盈利7.15亿元，比上年增长8.8%。年末银行业主要金融机构不良贷款余额5.04亿元，不良贷款比率2.04%，比上年下降0.47个百分点。

全市保险机构保险业务收入7.12亿元，比上年增长3.1%。其中，财产险收入2.59亿元，增长13.8%；人身险收入4.53亿元，下降1.2%。保险业务支出2.07亿元，增长20%。其中，财产险支出1.23亿元，增长25%；人身险支出0.84亿元，增长13.3%。

9

2012年益阳市经济发展概况

【经济总量】2012年，益阳市全年实现地区生产总值（GDP）1020.3亿元，经济总量突破千亿元大关，比上年增长11.9%，增速居全省第7位。其中，第一产业增加值203.9亿元，增长4.7%；第二产业增加值458.7亿元，增长14%；第三产业增加值357.7亿元，增长13.7%。按年均常住人口测算，人均GDP为23572元，比上年增长11.5%，按年均汇率折合为3750美元。全市三次产业结构由上年的21.9：43.3：34.8调整为20：45：35，其中第二产业增加值占生产总值的比重提高1.7个百分点。工业保持较快增长，全部工业增加值增长14%，对经济增长的贡献率为45.1%，推动经济增长5.4个百分点。工业增加值占GDP的比重为40.9%，比上年提高1.6个百分点。

【农业】2012年，益阳市全市农林牧渔业总产值318.11亿元，比上年增长4.7%。全市粮食播种面积414.08千公顷，比上年增长2%，其中稻谷366.33千公顷，增长1.5%；油料133.44千公顷，增长1.6%；棉花40.26千公顷，增长5%；蔬菜102千公顷，增长10.8%；粮食总产量241.82万吨，增长3.3%，其中稻谷225.54万吨，增长3.3%。全年出栏肉猪477.01万头，增长5%；出笼家禽2964.2万羽，增长8.1%；水产品产量31.22万吨，增长14.5%。

全市粮食产值占农林牧渔总产值的比重为18.4%，比上年下降0.2个百分点；油料占总产值的比重为3.4%，下降0.1个百分点；棉花所占比重为4.5%，下降0.7个百分点；蔬菜所占比重为17.6%，提高1.1个百分点。生猪产值占农林牧渔总产值的比重为22.6%，下降1.4个百分点；家禽所占比重为8.6%，提高0.3个百分点。

【工业和建筑业】2012年，益阳市规模以上工业企业815家，完成增加值383.1亿元，增长15.4%，增速居全省第二位。其中轻工业增加值156.9亿元，增长15.3%；重工业增加值226.2亿元，增长15.5%。重点产业不断壮大。十大重点产业增加值329.2亿元，对规模以上工业增长的贡献率为82.1%。全市九个省级及以上产业园区（开发区、工业集中区）有规模以上工业企业289家，实现增加值193.9亿元，增长17.3%。全市新产品产值44.6亿元，增长22.2%。

全市年产值超过亿元的企业422家，比上年增加112家，中联重科、科力远、益阳电业局、国电益阳发电、汇盛科技、纳爱斯、益华水产、艾华电子、克明面业9家企业产值超过十亿元，上市公司汉森制药、太阳鸟游艇和克明面业三家共实现产值21亿元，这些重点骨干企业成为推动全市工业发展的主要动力。

全市具有资质以上等级的总承包和专业承包建筑企业102家，完成产值110.74亿元，比上年增长32.1%。其中建筑工程产值102.94亿元，比上年增长31.1%。建筑业实现增加值41.81亿元，比上年增长16.8%；房屋建筑施工面积966.49万平方米，比上年增长9.3%，全员劳动生产率24.64万元/人，比上年增长41.37%。

【固定资产投资】2012年，益阳市固定资产投资延续了近几年来的高增长，全市完成固定资产投资625.14亿元，比上年增长35.8%，增速居全省第6位。其中城镇固定资产投资436.85亿元，增长33%。

从三次产业来看，一、二、三产业分别完成投资15.49亿元、350.99亿元和166.08亿元，三次产业投资比重由上年2：59.3：38.7调整为2.9：65.9：31.2，一、二产业比重明显提高。

全市工业投资依然强劲，完成工业投资343.76亿元，增长27.7%；其中工业技改投资221.62亿元，增长39.1%。

全市十大优势产业完成投资269.03亿元，比上年增长25.9%，占固定资产投资的43%。其中食品加工业完成投资69.11亿元，增长48.4%；纺织业完成投资21.79亿元，增长27.3%；竹木加工业完成投资18.43亿元，增长24.6%；电子行业完成投资29.38亿元，增长125.1%；建材行业完成投资21.79亿元，增长63.3%；机械行业完成投资66.25亿元，增长29.2%。

【科学技术】2012年，益阳市全市共争取各类科技计划项目112项，其中国家级项目22项；省级项目90项。获得项目资金3911万元，比上年增长49%。共有40项成果获科技进步奖，其中省级一等奖2项，二等奖1项，三等奖5项；技术市场成交活跃，认定登记的技术合同119份，合同金额1461.48万元。全市87家规模工业企业完成高新技术产品产值291.3亿元，比上年增长28%；完成高新技术产业增加值90.7亿元，增长22.9%，占规模工业增加值的23.7%。

【国内贸易和对外经济】2012年，益阳市全市社会消费品零售总额353.8亿元，增长15.3%，达到全省平均增速。分地域看，城镇消费品零售额301.6亿元，乡村零售额52.2亿元，分别增长15.2%和15.7%。分行业看，批发业零售额33.9亿元，增长33.6%；零售业零售额277.1亿元，增长13.3%；住宿业零售额

7.1亿元，增长22.5%；餐饮业零售额35.7亿元，增长14.4%。全市限额以上批发零售业零售额122.1亿元，增长26.9%，占社会消费品零售总额的34.5%。

全年实际引进内资形成固定资产217.3亿元。全年新批外商直接投资项目7个，直接利用外资15628万美元，增长27.5%。益阳成为“湖南省服务外包示范基地”。对外贸易有所回落。全市外贸进出口总额35254万美元，下降27.7%。其中出口31898万美元，下降20.8%；进口3357万美元，下降60.7%。一般贸易进出口额29335万美元，下降31.7%，占进出口总额83.2%；加工贸易进出口额5728万美元，增长3.6%，占进出口总额的16.3%。旅游业加快发展。

【交通、邮电和旅游】2012年，益阳市年全社会货物周转量174.23亿吨公里，增长32.4%；旅客周转量49.82亿人公里，增长10.5%。年末民用车辆拥有量51.14万辆，比上年增长10.1%，其中汽车15.86万辆，增长17%。私人汽车14.21万辆，增长19.6%。

邮电通信业继续发展。全年邮电业务收入20.45亿元，增长7.4%；全市年末固定电话用户40.64万户，比上年减少2.56万户；移动电话用户233.02万户，净增29.32万户；国际互联网用户25.15万户，净增4.95万户。平均每万人拥有移动电话4836部，拥有国际互联网522户。

全年旅游总收入110.7亿元，增长20.3%；接待国内外旅游者1867.2万人次，增长20.1%。皇家湖旅游区成功创建国家3A级景区，桃花江竹海景区提质升级并正式对外试营业，江南古城项目建设进展顺利。

【金融和保险】2012年年末，益阳市全市金融机构人民币存款余额873.67亿元，比年初增加146.08亿元。金融机构人民币贷款余额423.72亿元，比年初增加64.65亿元。其中短期贷款余额186.36亿元，比年初增加22.89亿元；中长期贷款余额231.6亿元，比年初增加38.66亿元。分类看，工业贷款余额117.75亿元，新增19.68亿元；涉农贷款余额242.89亿元，新增41.96亿元。城乡居民储蓄存款余额612.5亿元，比年初增加112.18亿元。证券业交易量有所回落，全年股票交易额343.43亿元，比上年减少16.1%。益阳市农村商业银行组建进入申请筹建阶段。华融湘江银行益阳分行、沅江浦发村镇银行开业。市城建投成功发行16亿元企业债券。

保险业稳步发展。年末全市共有保险公司27家，其中寿险15家，产险12家。全年保费收入27.95亿元，增长5.7%。其中：寿险20.87亿元，增长2.3%；产险7.08亿元，增长17.2%。

10

2012年郴州市经济发展概况

【经济总量】2012年，郴州市全年实现地区生产总值（GDP）1517.3亿元，比上年增长12.4%。其中，第一产业增加值156.7亿元，增长4.4%；第二产业增加值879.3亿元，增长14.0%；第三产业增加值481.3亿元，增长12.3%。三次产业比重调整为10.3：58.0：31.7。

按常住人口计算，全市人均GDP为32855元，增长11.8%。非公有制经济增加值1028.9亿元，增长

13.5%，占全市生产总值的比重67.8%，比上年提高2.1个百分点。

【农业】2012年，郴州市全市粮食播种面积341.2千公顷，增长1.2%；产量186.7万吨，增长1.7%。油料种植面积67.7千公顷，增长8.7%；产量10.6万吨，增长6.0%。蔬菜种植面积92.7千公顷，增长4.1%；产量237.7万吨，增长4.7%。烤烟种植面积25.9千公顷，增长8.5%；产量5.8万吨，下降6.8%。出栏生猪554.3万头，增长4.3%；出栏牛13.4万头，增长3.7%；出栏羊40.6万头，增长2.3%；水产品产量9.9万吨，增长7.8%；出笼家禽3239.7万只，增长4.4%。

【工业和建筑业】2012年，郴州市全市全部工业增加值819亿元，增长14.1%。其中，规模工业增加值增长15.4%。高加工度工业增加值增长22.9%，高技术产业增加值增长33.2%；高加工度工业、高技术产业增加值占规模工业增加值的比重为18.1%和5.5%，分别比上年提高1.5个和0.9个百分点。六大高耗能行业增加值增长16.1%。非公有制规模工业增加值增长16.9%，比规模工业增速快1.5个百分点。园区工业增加值增长24.3%，同比提高4.3个百分点。分轻重工业看，轻工业增加值增长20.4%，重工业增加值增长14.3%。

原煤产量2383.4万吨，增长11.4%；铁矿石原矿量304.8万吨，增长31.9%；铅精矿含量19.6万吨，下降3.9%；锌精矿含量16.5万吨，下降6.0%；发电量174.2亿千瓦时，增长5.4%；啤酒产量8246.6万升，增长11.2%；十种有色金属99.7万吨，增长14.1%；白银产量4639吨，增长25.0%；饲料31万吨，增长11.6%；卷烟169.3亿支，下降31.3%；水泥877.5万吨，增长3.8%。

全市建筑业增加值60.3亿元，增长13.1%。房屋建筑施工面积1228万平方米，增长17.4%；房屋建筑竣工面积267.9万平方米，下降17.4%。

【固定资产投资】2012年，郴州市全市计划投资500万元以上城镇施工项目2664个，增加204个；新开工项目2133个，增加13个。固定资产投资（不含跨区项目）1098.4亿元，增长35.3%。分产业看，第一产业投资83.8亿元，增长46.3%；第二产业投资548.2亿元，增长45.2%；第三产业投资466.4亿元，增长23.6%。

基础设施投资252.1亿元，增长24.2%。民生投资61.8亿元，增长40.9%；生态环保投资48.6亿元，增长61.5%。工业投资503.8亿元，增长32.2%，其中：技改投资347.6亿元，增长25.4%。高耗能行业投资164.7亿元，增长11.9%。

全市房地产开发投资116.5亿元，增长21.3%，商品房销售面积350.1万平方米，增长17.8%。新建经济适用房35580平方米，廉租房453082平方米。

【科学技术】2012年，郴州市全市高新技术产业增加值186.9亿元，按现价计算，增长33.9%。全市取得各类科技成果53项，其中省部级以上科技成果8项。全年专利申请1529件，增长28.0%，其中发明专利申请252件，下降4.6%。专利授权748件，增长37.0%。

全市全年开展食品质量监督抽查1581批次，工业产品质量监督定期抽查2407批次，工业品定期抽查合格率90.1%。新发放工业产品生产许可证7个，新发放食品生产许可证67个。全市年末有各类气象台站10个，自动观测点409个。

【国内贸易和对外经济】2012年，郴州市全市社会消费品零售总额554.6亿元，增长15.1%。城镇和乡村消费品零售总额分别为392.1亿元和162.5亿元，分别增长16.2%和12.4%。石油制品、金银珠宝、化妆品、家电、建材、家具类零售额分别增长4.6%、37.4%、19.7%、16.1%、29.5%和37.2%；汽车类零售额28.7亿元、增长1.5%。全年“家电下乡”累计销售家电39.1万件，销售金额11.1亿元，发放补贴资金1.2亿元。

全市外贸进出口总额27.8亿美元，增长80.2%。其中，出口14.3亿美元，增长71.4%；进口13.5亿美元，增长90.5%。从贸易方式看，一般贸易进出口8.5亿美元，下降19.3%，其中一般贸易出口4.3亿美元，下降22.2%；加工贸易进出口19.1亿美元，增长3.1倍，其中加工贸易出口9.7亿美元，增长2.6倍。从商品类别看，未锻造银出口43673万美元，增长11.9%；天然石墨出口1980万美元，下降65.3%；机电产品出口26065万美元，增长8.9%；高新技术产品出口16113万美元，增长21.2%。

全市新签外资项目66个，实际利用外资7.5亿美元，增长19.5%。其中，工业实际利用外资6.1亿美元，增长10.9%。实际引进境内省外资金268.7亿元，增长19.1%。其中，工业引进资金167.2亿元，增长21.3%。

【交通、邮电和旅游】2012年，郴州市全市交通运输、仓储和邮政业增加值57.5亿元，增长12.3%。公路水运货物周转量366.5亿吨公里，增长29.2%。其中，公路货物周转量364.1亿吨公里，增长29.2%。公路水运旅客周转量34.5亿人公里，增长7.8%。其中，公路旅客周转量34.2亿人公里，增长8.3%。年末全市汽车保有量达到21.1万辆，增长11.3%，其中轿车保有量7.2万辆，增长26.5%。

全市邮电业务总量28.8亿元，增长14.2%。其中，邮政业务总量2.5亿元，增长16.1%；电信业务总量26.3亿元，增长14.0%。年末固定电话用户61.6万户，增长1.8%，固定电话普及率为38户/百人；移动电话用户316.4万户，增长10.9%，移动电话普及率为101.7户/百人。年末互联网宽带用户37.8万户，增长37.3%。

年末全市共有国家等级旅游区（点）16家，其中4A级及以上旅游区（点）8家。全年接待国内旅游者2348.7万人次，接待入境旅游者23.8万人次。实现国内旅游收入154.5亿元，旅游外汇收入8652.1万美元。

【金融和保险】2012年，郴州市年末全市金融机构本外币各项存款余额1314.4亿元，比年初增长17.2%，比年初增加192.4亿元。其中，单位存款余额402.1亿元，增长17.4%；城乡居民储蓄存款余额879亿元，增长16.0%。

年末全市金融机构本外币各项贷款余额568.2亿元，比年初增长22.9%，比年初增加105.9亿元。其中，短期贷款余额234.8亿元，增长22.2%；中长期贷款余额328.7亿元，增长22.3%。

年末全市共有25家保险公司，实现保费收入25.4亿元，增长0.9%。其中，人身险保费收入18.3亿元，下降3.6%；财产险保费收入7.1亿元，增长14.4%。各项赔款和给付支出4.2亿元，增长33.5%。其中，人身险赔款0.7亿元，增长18.6%；财产险赔款3.5亿元，增长37.0%。

广东省

| 广州市 | 韶关市 | 深圳市 | 珠海市 | 汕头市 | 佛山市 | 江门市 | 湛江市 | 肇庆市 |
| 梅州市 | 河源市 | 东莞市 | 潮州市 | 揭阳市 |

1

2012年广州市经济发展概况

【经济总量】2012年，广州市全年实现地区生产总值（GDP）13551.21亿元，按可比价格计算（下同），比上年增长10.5%。其中，第一产业增加值220.72亿元，增长3.3%；第二产业增加值4713.16亿元，增长9.9%；第三产业增加值8617.33亿元，增长11.1%。第一、二、三次产业增加值的比例为1.63：34.78：63.59。三次产业对经济增长的贡献率分别为0.5%、35.2%和64.3%。

【农业】2012年，广州市全年完成农林牧渔业总产值379.73亿元，增长3.1%。其中，农业、林业、牧业、渔业及农林牧渔服务业完成产值分别为194.78亿元、3.57亿元、77.30亿元、66.33亿元和37.75亿元。

全年粮食产量44.97万吨，增长0.7%；甘蔗产量76.44万吨，增长8.1%；油料产量1.89万吨，增长0.5%；蔬菜产量334.90万吨，增长1.9%；园林水果产量40.28万吨，增长1.6%；茶叶产量61吨，减少3.2%。

【工业和建筑业】2012年，广州市全年工业增加值增长10.6%，对全市经济增长的贡献率为34.4%。

全年规模以上汽车制造业、电子产品制造业和石油化工制造业三大支柱产业工业总产值增长6.3%。其中，汽车制造业工业总产值下降6.3%，电子产品制造业和石油化工制造业工业总产值分别增长16.1%和10.6%。

全市规模以上工业企业实现利税总额1487.72亿元，下降6.3%；实现利润总额780.41亿元，下降10.4%。亏损企业亏损额增长37.8%；企业亏损面18.1%，增加1.6个百分点。

全年资质以上建筑业企业（不含劳务分包，下同）完成建筑业总产值1736.75亿元，增长11.2%；完成竣工产值881.49亿元，增长19.1%。房屋施工面积8718.64万平方米，增长3.3%；房屋竣工面积2878.86万平方米，增长80.3%。全年资质以上建筑业企业已涉足全国30个省市，在外省完成的建筑业总产值为457.86亿元，增长19.9%，占全市资质以上建筑业总产值的26.4%。

【固定资产投资】2012年，广州市全年完成固定资产投资3758.39亿元，增长10.1%；其中，房地产开发投资1370.45亿元，增长5.0%。分城乡看，城镇投资3609.14亿元，增长9.9%；农村投资149.25亿元，增长17.7%。市属单位（含区、县级市及其他）完成投资3043.92亿元，占80.99%，增长16.3%；中央、省属单位完成投资714.47亿元，占19.01%，下降10.1%。

从产业投向看，第一产业完成投资7.19亿元，同比增长83.3%。第二产业完成投资599.87亿元，增长8.5%；其中，工业完成投资577.56亿元，增长11.7%。第三产业完成投资3151.33亿元，增长10.4%。

【科学技术】2012年年末，广州市全市县及县级以上国有研究与开发机构、科技情报和文献机构155个。全年受理专利申请33421件，增长19.0%；其中发明专利9816件，增长20.1%，占申请量的29.4%。专利授权22045件，增长20.2%；其中发明专利授权4036件，增长28.3%。

年末，全市有中国科学院院士17人和中国工程院院士18人。拥有国家级工程中心15家（其中国家工程研究中心7家，国家级工程技术中心8家）。国家工程实验室9家，省级工程技术研究中心共112家和市级工程技术研究中心181家。国家级、省级大学科技园6个。按照新的认定办法，广州市高新技术企业1389家。

【国内贸易和对外经济】2012年，广州市全年社会消费品零售总额5977.27亿元，比上年增长15.2%。分地域看，城镇消费品零售额5903.16亿元，增长15.4%；乡村消费品零售额74.11亿元，增长3.7%。分行业看，批发和零售业零售额5168.57亿元，增长14.9%；住宿和餐饮业零售额808.70亿元，增长17.1%。批发零售业商品销售总额31800.33亿元，增长26.6%。

限额以上批发和零售业企业和个体户实现零售额2475.19亿元，增长22.5%，占全市批发和零售业零售额的47.88%。在限额以上批发和零售业企业和个体户销售商品分类中，中西药品类零售额增长27.1%，汽车类零售额增长10.4%，日用品类零售额增长25.9%，服装、鞋帽、针纺织品类零售额增长52.5%，金银珠宝类零售额增长13.0%，食品、饮料、烟酒类零售额增长17.6%。

全年商品进出口总额1171.31亿美元，增长0.8%。其中，商品出口总额589.12亿美元，增长4.3%；商品进口总额582.19亿美元，下降2.5%。

【交通、邮电和旅游】2012年，广州市全年交通运输、仓储和邮政业实现增加值991.23亿元，增长18.4%。

全年完成邮电业务收入335.98亿元，增长8.1%。其中邮政业务收入22.06亿元，增长1.2%；电信业务收入313.92亿元，增长8.6%。年末固定电话用户达到576.84万户，其中城市电话用户539.70万户，乡村电话用户37.14万户。年末移动电话用户达到3040.21万户，新增473.28万户。国际互联网总用户645.20万户，增长13.2%。

全年城市接待过夜旅游人数4809.57万人次，比上年增长4.7%。其中，入境旅游者792.21万人次，增长1.7%；境内旅游者4017.36万人次，增长5.3%。在入境旅游人数中，外国人290.32万人次，增长5.1%；我国香港、澳门和台湾同胞501.89万人次，下降0.1%。旅游业总收入1911.09亿元，增长17.2%。旅游外汇收入51.45亿美元，增长6.0%。

【金融和保险】2012年，广州市全年金融业实现增加值955.30亿元，增长8.3%。年末，全市金融机构本外币各项存款余额30186.57亿元，当年新增3725.83亿元。本外币贷款余额19936.52亿元，当年新增

2203.63亿元。

年末，全市拥有保险机构609家，总部3家，市场主体77家。全年保费收入420.80亿元，增长5.9%。其中，财产险保费收入142.10亿元，增长9.6%；寿险业务保费收入234.75亿元，增长1.8%；健康险和意外伤害险业务保费收入43.94亿元，增长18.7%。支付各类保险赔款及给付125.46亿元，增长16.1%。其中，财产险业务赔款支出78.77亿元，增长32.5%；寿险业务赔付支出34.06亿元，增长27.2%；健康险和意外伤害险赔付支出12.63亿元，下降42.1%。

2

2012年韶关市经济发展概况

【经济总量】2012年，韶关市全年实现地区生产总值（GDP）888.48亿元，按可比价格计算，比上年增长9.8%。其中：第一产业增加值125.14亿元，增长6%，对GDP增长的贡献率为8.1%；第二产业增加值373.3亿元，增长11.7%，对GDP增长的贡献率为51%；第三产业增加值390.05亿元，增长9%，对GDP增长的贡献率为40.9%。三次产业结构为14.1：42：43.9。按常住人口计算，全市人均生产总值3.11万元，比上年增长9.1%，按平均汇率折算为4922美元。分区域看：韶关市区生产总值449.64亿元、增长9.7%，占全市生产总值的50.3%，人均生产总值4.48万元；县域生产总值443.61亿元、增长10.5%，占全市的49.7%，人均生产总值2.39万元。在现代产业中，先进制造业增加值81.76亿元、增长15.1%，现代服务业增加值134.68亿元、增长9.5%。在第三产业中，批发和零售业增加值增长5.9%，住宿和餐饮业增加值增长6.5%，房地产业增长8.5%。民营经济增加值450.2亿元，增长13.6%，占全市生产总值的50.7%。

【农业】2012年，韶关市全年农林牧渔业总产值201.46亿元，比上年增长5.9%。其中，种植业增长6.5%，林业增长5.5%，渔业增长5.4%，畜牧业增长4.2%。

全年粮食作物播种面积238.4万亩，比上年增长0.4%；甘蔗种植面积8万亩，下降2.8%；油料种植面积65.03万亩，增长2%；烟叶种植面积20.92万亩，下降1.8%；蔬菜种植面积120.87万亩，增长5.2%。

【工业和建筑业】2012年，韶关市全年工业增加值315.22亿元，比上年增长10.9%。年末规模以上工业企业482个，比上年底增加74个，工业增加值261.46亿元，增长11.6%。在规模以上工业中，国有及国有控股工业增加值138.12亿元，增长1.8%。股份制工业103.76亿元，增长17.9%；民营工业77.26亿元，增长29.3%；外商及港澳台工业42.23亿元，增长11.7%。轻工业增加值85.29亿元，增长8.8%；重工业增加值176.17亿元，增长12%。年末产业转移园规模以上工业企业140个，全年实现工业增加值48.55亿元，增长33.3%。

全年建筑业增加值58.08亿元，比上年增长16.5%。全市年末资质等级及以上建筑企业99个，比上年增加6个。完成建筑施工产值163.53亿元，增长25.3%；实现利润4.81亿元，增长29.7%；利税总额13.91亿元，增长28.7%。房屋施工面积1006.93万平方米，增长5.9%；房屋竣工面积433.45万平方米，下降5.8%。

【固定资产投资】2012年，韶关市全年完成固定资产投资548.47亿元，比上年增长16.2%。其中：第一产业完成投资31.42亿元，增长34.6%；第二产业中的工业投资215.53亿元，增长14.9%；第三产业完成投资301.52亿元、增长16.2%，其中房地产开发完成投资91.3亿元、增长12.3%。分城乡看：城镇投资507.45亿元，增长13.9%；农村投资41.03亿元，增长53.2%。分投资主体看：国有及国有控股经济投资231.89亿元，增长6.3%；外商及港澳台经济投资29.1亿元，增长9.5%；民营经济投资287.48亿元，增长26.4%。

全年商品房销售面积259.6万平方米，比上年增长16%，其中商品住宅销售面积234.9万平方米，比上年增长12.3%。商品房销售额116.3亿元，比上年增长40%，其中商品住宅销售额88.4亿元，增长21.9%。年末商品房待售面积93.8万平方米，比上年增长22.6%。

【科学技术】2012年年末，韶关市拥有省级工程技术研究开发中心11家，其中省级重点研发中心2家。国家级高新技术企业31家，省级民营科技企业81家，省级火炬计划特色产业基地3个。全市从事科技活动人员数9578人，其中韶关市区7233人。全年取得科技成果67项，其中9项获省科技进步奖、67项获市级科技进步奖。全年实施国家“火炬计划”1项，国家“星火计划”4项。全年专利申请量1814项，专利授权1431项，其中韶关市区696项；发明专利申请274项，发明专利授权39项，其中韶关市区26项。

【国内贸易和对外经济】2012年年末，韶关市限额以上批发零售企业148个，比上年增加60个；限额以上住宿餐饮企业134个，比上年增加62个。全年批发零售和住宿餐饮业销售额661.02亿元，比上年增长13.4%。其中：批发零售业销售额604.51亿元，增长13%；住宿餐饮业营业额56.51亿元，增长18.1%。全社会消费品零售额409.59亿元，增长14.1%。其中：城镇消费品零售额384.62亿元，增长13.9%；乡村消费品零售额24.96亿元，增长15.9%。

全年进出口总额20.33亿美元，比上年增长14.4%。其中：进口11.63亿美元，增长10.2%；出口8.7亿美元，增长20.5%。按贸易方式分：一般贸易出口3.66亿美元，增长11.9%；加工贸易出口5.04亿美元，增长27.6%。按经营主体分：国有企业出口下降10.2%，“三资”企业出口增长20.8%，私营企业出口增长36%。按出口商品分：玩具出口增长32.2%，机电产品出口增长22.3%，服装出口增长22%，高新技术产品出口增长10.5%。按出口市场分：对中国香港出口增长41.3%，对欧盟出口增长13.9%，对美国出口增长3.5%，对日本出口下降13.5%。全年新批外商直接投资项目69个，比上年增长7.8%。实际利用外资1.72亿美元，下降27.8%。全年规模以上工业企业工业产品出口交货值104.08亿元，增长10.8%。

【交通、邮电和旅游】2012年，韶关市全年交通运输、仓储和邮政业增加值60.58亿元，比上年增长8.1%。公路货运周转量129.28亿吨公里，客运周转量63.11亿人公里。年末公路通车里程14767公里（公路密度80公里/百平方公里），其中高级、次高级路面公路10438公里。等级公路14309公里，其中高速公路291公里、一级公路208公里、二级公路815公里。

全年邮电通信业务总量25.55亿元，比上年增长10%。其中：邮政业务（含快递）总量2.49亿元，增长18.1%；电信业务总量23.06亿元，增长9.2%。年末电话交换机总容量100.91万门，固定电话57.62

万户，移动电话用户266.44万户。按常住人口计算，电话普及率达到每百人113部。互联网用户38.11万户，增长16.5%。

全年接待旅游者人数2117.9万人次，比上年增长15%，其中入境过夜旅游者8.79万人次、下降52.4%。旅游总收入155.9亿元，增长20.3%。

【金融和保险】2012年年末，韶关市金融机构本外币各项存款余额1117.81亿元，增长11.2%。其中，城乡居民本外币储蓄存款余额701.41亿元，增长13.1%。年末金融机构本外币各项贷款余额497.9亿元，比上年增长17.1%。个人消费贷款107.08亿元，增长25.7%。其中，个人中长期消费贷款100.99亿元，增长22.8%；个人短期消费贷款6.09亿元，增长1.7倍。

全市证券金融机构交易额709亿元，比上年下降16.3%；新增开户数9309户，下降23.7%；利润总额2474万元，下降59.8%。

全市保险机构保费总收入22.12亿元，比上年下降3.3%。其中：人寿险保费收入15.13亿元，下降12.3%；财产险保费收入6.4亿元，增长14%。财产险赔付支出3.85亿元，增长15.8%。

3

2012年深圳市经济发展概况

【经济总量】2012年，深圳市全年实现地区生产总值（GDP）12950.08亿元，比上年增长10.0%。其中，第一产业增加值5.56亿元，下降18.2%；第二产业增加值5737.64亿元，增长7.3%；第三产业增加值7206.88亿元，增长12.3%。第一产业增加值占全市生产总值的比重不到0.1%；第二和第三产业增加值占全市生产总值的比重分别为44.3%和55.7%。人均生产总值123247元，增长9.0%，按2012年平均汇率折算为19524美元。

【农业】2012年，深圳市全年农作物播种面积8.73万亩，比上年减少4.1%，其中，蔬菜播种面积8.47万亩，下降5.8%。水果播种面积4.70万亩，下降7.5%。

全年粮食产量5.00吨，比上年下降72.2%；蔬菜产量10.39万吨，增长2.1%；水果产量0.27万吨，下降6.9%。

【工业和建筑业】2012年，深圳市全年实现规模以上工业增加值5091.42亿元，比上年增长7.3%。其中，国有企业增加值227.43亿元，增长1.0%；股份制企业增加值2426.74亿元，增长15.7%；外商及港澳台投资企业增加值2372.72亿元，增长0.1%。分轻重工业看，轻工业增加值1062.07亿元，增长10.0%；重工业增加值4029.35亿元，增长6.6%。

全年规模以上通信设备、计算机及其他电子设备制造业增加值2772.14亿元，比上年增长9.1%，占规模以上工业增加值比重54.4%。

全年高新技术产品产值12931.82亿元，比上年增长8.9%，其中具有自主知识产权的高新技术产品产值7888.41亿元，占高新技术产品产值61.0%，比上年提高0.2个百分点。在高新技术产品产值中，电子信息产业11360.20亿元，增长8.7%；新材料及新能源722.50亿元，增长11.0%；光机电一体化625.70亿元，增长8.9%；生物技术134.10亿元，增长11.8%；环保及其他89.30亿元，增长12.9%。

【固定资产投资】2012年，深圳市全年完成固定资产投资额2314.43亿元，比上年增长12.3%。其中，房地产开发项目投资736.84亿元，增长43.1%；非房地产开发项目投资1577.59亿元，增长2.0%。

从三次产业看，第一产业投资3.85亿元；第二产业投资515.78亿元，比上年增长8.9%，其中，工业投资514.96亿元，增长9.6%；第三产业投资1794.80亿元，增长13.1%。

【科学技术】2012年，深圳市年末全市各类专业技术人员115.66万人，其中具有中级技术职称及以上的专业技术人员37.63万人，分别比上年增长6.3%和2.6%。年末三项专利申请受理量73130件，增长15.1%。专利授权量48662件，增长23.6%。

【国内贸易和对外经济】2012年，深圳市全年社会消费品零售总额4008.78亿元，比上年增长16.5%。其中，批发和零售业零售额3526.29亿元，增长16.6%；住宿和餐饮业零售额482.49亿元，增长15.4%。在批发和零售业零售额中，限额以上零售额2414.37亿元，增长19.0%；限额以下零售额1111.92亿元，增长11.9%。

全年商品销售总额14657.78亿元，比上年增长22.1%。其中批发销售总额11134.06亿元，增长23.9%。全年限额以上批发零售贸易业商品销售中，十大类商品销售情况为：文化办公用品类增长62.6%；日用品类增长39.4%；通信器材类增长36.4%；金银珠宝类增长32.6%；食品饮料烟酒类增长15.9%；体育娱乐用品类增长7.5%；服装鞋帽针织类增长6.1%；家用电器和音响器材类下降1.7%；汽车类下降4.6%；书报杂志类下降7.1%。

全年外贸进出口总额4667.85亿美元，比上年增长12.7%。其中出口总额2713.70亿美元，增长10.5%，占全国出口总额的13.2%，占全省出口总额的47.3%；进口总额1954.15亿美元，增长15.9%。外贸出口总额连续二十年居内地城市首位。

【交通、邮电和旅游】2012年，深圳市全年货物运输总量30335.17万吨，比上年增长5.0%。货物运输周转量2018.88亿吨公里，增长3.2%。

按2010年不变价格计算，全年邮电业务量563.58亿元，比上年增长18.6%。全年订销报纸1.11亿份；订销杂志864.84万份；收寄函件1.56亿份；特快专递127万件（邮政口径）。年末全市有邮政、电信局（所）798所。全市固定电话交换机总容量650万门，与上年持平；年末固定电话用户551.35万户。移动电话交换机容量2812.00万门；年末移动电话用户2570.60万户。国际互联网宽带用户304.35万户。

全年旅游住宿设施接待过夜游客4147.72万人次，比上年增长11.1%。其中海外游客1206.43万人次，增长9.2%；国内游客2941.29万人次，增长11.9%。在过夜海外游客中，外国游客169.10万人次，下降1.2%；港澳同胞991.81万人次，增长11.8%；台湾同胞45.52万人次，下降2.1%。全年旅游外汇收入43.29

亿美元，增长15.6%。宾馆、酒店、度假村开房率63.0%，比上年下降1.9个百分点。

【金融和保险】2012年，深圳市年末全市国内金融机构人民币存款余额25910.24亿元，比年初增长13.7%；国内金融机构人民币贷款余额17305.47亿元，比年初增长10.1%。

年末全部金融机构本外币各项存款余额29662.40亿元，比年初增长18.2%；金融机构本外币各项贷款余额21808.34亿元，比年初增长13.3%。

全年保险机构保费收入401.27亿元，比上年增长11.5%。其中，财产险154.51亿元，增长10.5%；人身险246.76亿元，增长12.1%。各项赔款和给付支出107.71亿元，增长25.6%。其中，财产险支出78.23亿元，增长36.1%；人身险支出29.48亿元，增长4.3%。

4

2012年珠海市经济发展概况

【经济总量】2012年，珠海市全年实现地区生产总值（GDP）1503.81亿元，比上年增长7.0%。其中，第一产业增加值38.84亿元，增长3.9%，对GDP增长的贡献率为1.3%；第二产业增加值796.28亿元，增长6.5%，对GDP增长的贡献率为50.5%；第三产业增加值668.70亿元，增长8.0%，对GDP增长的贡献率为48.2%。三次产业的比例由2.6：54.4：43.0调整为2.6：52.9：44.5。现代服务业增加值374.47亿元，增长7.8%，占GDP的24.9%。民营经济增加值482.16亿元，增长8.8%，占GDP的32.1%。

【农业】2012年，珠海市全年完成农林牧渔业总产值69.80亿元，增长4.6%。其中农业产值9.68亿元，下降9.3%；林业产值0.11亿元，增长8.0%；牧业产值13.10亿元，增长11.8%；渔业产值40.1亿元，增长6.2%；农林牧渔服务业产值6.81亿元，增长3.7%。

全年粮食总产量4.43万吨，增产2.1%；甘蔗产量7.49万吨，减产11%；蔬菜产量14.02万吨，减产9.7%；水果产量6.26万吨，减产19.4%。

【工业和建筑业】2012年，珠海市全市完成工业增加值740.17亿元，比上年增长6.4%，对全市经济增长的贡献率达45.6%，拉动经济增长3.2个百分点。规模以上工业增加值增长6.3%。其中，国有及国有控股企业增长8.7%，民营企业增长17.0%；港澳台及外商投资企业下降1.8%，股份制企业增长21.3%，集体企业增长1.7%。分轻重工业看，轻工业增长6.5%，重工业增长6.0%，规模以上轻重工业比例由上年的44.1:55.9调整为42.2:57.8。分地区看，香洲区、金湾区规模以上工业增加值分别增长8.4%、8.3%，斗门区规模以上工业增加值下降9.6%。

全市实现工业总产值3176.97亿元，比上年增长4.0%。规模以上企业实现工业总产值3035.45亿元，比上年增长3.8%；其中，国有企业产值123.81亿元，增长6.4%；集体企业产值4.74亿元，增长4.9%；股份制企业产值990.87亿元，增长18.4%；港澳台及外商投资企业产值1909.81亿元，下降2.5%，占规模以上工业总产值的62.9%。轻工业产值1136.48亿元，增长5.7%；重工业产值1898.97亿元，增长2.7%。规模以上轻、重工业产值的比例由上年的39.6∶60.4调整为37.4∶62.6

【固定资产投资】2012年，珠海市全年完成固定资产投资787.62亿元，比上年增长23.6%。其中，房地产开发投资242.08亿元，下降5.7%。分城乡看，城镇投资778.65亿元，增长23.6%；农村投资8.97亿元，增长23.0%。分投资主体看，国有经济投资289.75亿元，增长44.3%；非国有经济投资497.87亿元，增长14.0%；其中民间经济投资242.44亿元，增长0.6%。分产业看，第二产业投资186.72亿元，增长22.8%，其中制造业投资149.03亿元，增长21.0%；第三产业599.30亿元，增长24.0%。全年在建项目637个，新开工项目256个，同比分别下降3.5%和24.0%。

在房地产开发投资中，商品房住宅投资181.78亿元，增长11.1%。全年商品房施工面积1775.67万平方米，增长7.4%，其中商品住宅1315.18万平方米，增长9.6%。商品房竣工面积402.41万平方米，增长15.3%，其中住宅329.18万平方米，增长19.6%。商品房销售面积251.22万平方米，增长4.3%，其中住宅230.67万平方米，增长9.9%。年末商品房待售面积139.58万平方米，增长162.8%，其中住宅96.95万平方米，增长198.8%。

【科学技术】2012年，珠海市有6个项目获广东省科学技术奖，3个项目通过省级科技成果鉴定。全年申请专利7097件，增长26.9%。其中，发明专利2287件，增长54.1%。专利授权量4936件，增长33.8%，其中发明专利授权量503件，增长55.7%。截至年底，全市经广东省认定的高新技术企业285家，新增54家，经认定和年审通过的软件企业238家，新增21家。全市共有产学研示范基地11家，国家重点实验室分支机构5家，广东省企业重点实验室1家。国家级工程中心4家，省级26家，市级39家。国家级企业技术中心2个、省级35个、市级重点企业技术中心119个。截至年底，全市拥有中国世界名牌产品1个，中国名牌产品4个，广东省名牌产品83个；拥有中国驰名商标9个，广东省著名商标86个。

【国内贸易和对外经济】2012年，珠海市全年社会消费品零售总额635.20亿元，比上年增长12.7%。其中，批发业零售额94.40亿元，增长15.0%；零售业零售额464.76亿元，增长12.9%；住宿餐饮业零售额76.03亿元，增长9.0%。

在限额以上批发和零售业商品零售额中，石油及制品类零售额51.34亿元，增长22.2%；汽车类零售额61.25亿元，增长12.6%；粮油食品饮料烟酒类零售额33.89亿元，增长17.8%；服装鞋帽针纺织品类零售额12.22亿元，增长7.5%；家用电器和音像器材类零售额12.84亿元，下降0.9%；日用品类零售额5.21亿元，增长14.8%。

全年完成进出口总额456.69亿元，下降11.6%。其中，出口216.31亿美元，下降9.8%；进口240.38亿美元，下降13.1%。

全年新批外商投资项目253宗，比上年增加36.0%；合同吸收外商直接投资21.90亿美元，增长23.3%；实际吸收外商直接投资14.47亿美元，增长8.2%。其中，制造业占42.3%，房地产业占27.5%，租赁和商务服务业占3.0%，批发和零售业占10.6%，交通运输、仓储和邮政业占4.0%。

【交通、邮电和旅游】2012年，珠海市全年交通运输、仓储和邮政业实现增加值29.83亿元，比上年增长6.7%。

年末公路通车里程1448公里，其中高速公路里程125公里。公路通车里程比上年末增长3.7%，高速公路里程比上年末增长76.2%。年末全市民用机动车保有量达31万辆，增长10.7%。其中，私人汽车24.8万辆，增长12.7%。民用轿车保有量16.7万辆，增长14.4%。其中，私人轿车15.0万辆，增长15.4%。

全年完成邮电业务总量49.09亿元（2010年不变价，下同），增长7.8%，其中，邮政业务总量5.79亿元，增长20.9%；电信业务总量43.30亿元，增长6.3%。年末本地电话用户达到81.41万户，下降6.0%。

全年接待入境旅游人数438.18万人次，下降3.0%。其中，外国人65.25万人次，下降8.0%；香港、澳门和台湾同胞372.93万人次，下降2.1%。在入境旅游人数中，过夜游客297.58万人次，下降7.3%。国际旅游外汇收入95044.62万美元，下降10.9%。接待国内游客2319.27万人次，增长7.3%，其中过夜游客1298.79万人次，增长6.9%。国内旅游收入175.79亿元，增长14.5%。酒店平均开房率59.1%，比上年低1.1个百分点。全年各主要旅游景点共接待游客626.37万人次，下降5.2%，营业收入4.64亿元，比上年下降7.5%。旅行社组团国内游84.84万人次，下降2.7%；出境游36.14万人次，增长21.9%。实现旅游总收入235.83亿元，增长5.8%。

【金融和保险】2012年年末，珠海市全市中外资金融机构本外币各项存款余额3449.70亿元，比年初增长15.8%。其中，单位存款余额2055.26亿元，增长18.9%；个人储蓄存款余额1234.72亿元，增长12.0%。年末中外资金融机构本外币各项贷款余额1920.30亿元，比年初增长17.2%。其中，短期贷款余额604.35亿元，增长39.5%；中长期贷款余额1200.79亿元，增长10.2%。

全市共有各类保险营业机构（含网点）123个，比上年增加5个。全年实现保费收入53.07亿元，同比减少1.3%。其中，寿险公司保费收入36.85亿元，减少6.7%；财产保险公司保费收入16.22亿元，增长13.7%。保险深度（保费收入占GDP比重）3.5%，比上年减少0.3个百分点。全年共赔（给）付金额12.95亿元，增长34.2%。其中，寿险公司赔（给）付支出4.47亿元，增长20.4%，财产保险公司赔款支出8.48亿元，增长42.8%。

5

2012年汕头市经济发展概况

【经济总量】2012年，汕头市全年实现地区生产总值（GDP）1415.01亿元，比上年增长9.5%。其中，第一产业增加值82.18亿元，增长5.5%；第二产业增加值728.78亿元，增长11.8%；第三产业增加值604.05亿元，增长7.3%。三次产业结构由上年的5.8：50.9：43.3调整为5.8：51.5：42.7，第一产业保持稳定、第二产业比重略有提高、第三产业比重继续下降。在现代产业中，现代服务业增加值225.88亿元，增长9.0%。在第三产业中，批发和零售业增长8.8%，住宿和餐饮业增长4.6%，金融业增长5.7%，房地产业增长8.5%。民营经济增加值1000.15亿元，增长11.3%。全市人均GDP为26047元，比上年增长9.0%。

【农业】2012年，汕头市全年农林牧渔业增加值82.18亿元，比上年增长5.5%；农林牧渔业总产值148.85亿元，增长5.4%。其中，农业产值74.21亿元，增长5.0%；林业产值0.40亿元，增长1.9%；牧业产值31.46亿元，增长9.0%；渔业产值40.44亿元，增长3.2%；农林牧渔服务业产值2.35亿元，增长4.8%。

全市乡镇企业单位数（含个体）3.26万个，其中年营业收入二千万元以上的规模以上工业企业1553个；从业人员67.08万人，比上年增长4.8%。乡镇企业实现营业收入2242.80亿元，增长6.0%；利润总额95.27亿元，增长14.5%；劳动者所获得的报酬151.26亿元，增长22.7%。

【工业和建筑业】2012年，汕头市全年完成工业增加值667.84亿元，比上年增长12.4%，占地区生产总值的比重由上年的46.5%上升为47.2%，工业对经济增长贡献率达到61.9%。其中，先进制造业和高技术制造业增加值分别为72.19亿元和25.11亿元，增长10.9%与10.6%。完成工业总产值2973.71亿元，增长12.8%，其中，规模以上工业总产值2110.23亿元，增长14.8%。规模以上工业产值占全部工业总产值70.96%，比上年下降0.07个百分点。在规模以上工业总产值中，国有及国有控股企业增长4.9%、集体企业增长13.9%、股份制企业增长16.3%、外商及港澳台商投资企业增长5.1%；大中型企业完成产值848.71亿元，增长8.0%；轻、重工业中重工业产值占规模以上工业总产值36.79%，比上年下降2.56个百分点。规模以上工业实现销售产值2046.52亿元，增长13.7%；完成出口交货值350.36亿元，增长7.6%；工业产品销售率96.98%，比上年下降0.8个百分点。全市工业用电量94.01亿千瓦时，增长3.1%。

全市资质等级以上建筑企业完成建筑业总产值287.04亿元，比上年增长11.4%。房屋建筑施工面积2957.80万平方米，增长7.4%；房屋竣工面积743.05万平方米，下降16.3%。全年城镇竣工住宅面积210.92万平方米，增长26.4%；农村竣工住宅面积17.25万平方米，下降14.0%。

【固定资产投资】2012年，汕头市完成固定资产投资额611.92亿元，比上年增长39.7%。其中，城镇投资519.20亿元、农村投资92.72亿元，分别增长43.4%和21.8%。从投资经济类型看，国有经济投资120.39亿元，增长42.6%；民营经济投资455.13亿元，增长45.6%。从三次产业看，第一产业投资4.21亿元，增长10.2%；第二产业投资325.71亿元，增长39.2%。其中工业投资额323.16亿元，增长40.8%；第三产业投资282.00亿元，增长40.7%。其中房地产开发投资额83.35亿元，增长13.4%；交通运输业投资额36.14亿元，增长70.2%；现代服务业投资额225.93亿元，增长28.4%。在固定资产投资资金来源总计中，国内贷款54.23亿元，增长71.7%；利用外资0.84亿元，下降83.0%；自筹资金497.15亿元，增长46.9%，其中企事业单位自有资金332.09亿元，增长95.7%。全年单位投资施工项目（不含房地产）1871个，增长25.5%，其中新开工项目1522个，增长16.4%。新增固定资产487.11亿元，增长47.1%。

【科学技术】2012年，汕头市全市获得科技成果72项，其中达到或超过国内先进水平71项；签订各类技术合同27项，技术交易额1724.57万元。国家级高新企业128家。专利申请量与授权量分别为10388件和6583件，分别比上年下降18.0%与增长50.6%。获省科技进步奖6项，下降57.1%。至年底，全市民营科技企业771家，其中拥有省级民营科技企业268家，增长30.1%。

2012年，汕头大学招生2569人，比上年增长8.5%；在校学生9428人，增长0.5%。全市各类中等学校在校学生59.18万人，下降4.9%。其中，高中阶段在校学生28.77万人，增长4.8%（其中：中等职业教育学校在校学生13.00万人，增长5.4%；普通高中在校学生15.76万人，增长4.3%）。初中在校学生30.42万人，下降12.6%；普通小学在校学生49.53万人，下降6.7%。初中升学率（以升本地高中学位计）80.00%，高中升学率85.12%，分别提高1和下降2.9个百分点。成人高等教育在校学生2.98万人，增长29.0%。全年参加高等、中专自学考试0.81万人次，考试科目1.48万科次。全市现有各类民办学校72所，比上年减少2所。

【国内贸易和对外经济】2012年，汕头市全年社会消费品零售总额1029.82亿元，比上年增长14.3%。其中，城镇消费品零售额728.98亿元，增长14.6%；乡村消费品零售额300.84亿元，增长13.6%。分行业看，批发零售业962.05亿元，增长14.5%；住宿餐饮业67.77亿元，增长12.0%。

在限额以上批发和零售业商品销售分类中，粮油、食品、饮料、烟酒类销售额104.39亿元，比上年增长20.3%；服装、鞋帽、针纺织品类17.47亿元，增长10.0%；化妆品类0.80亿元，下降7.5%；金银珠宝类1.38亿元，增长31.2%；日用品类9.49亿元，下降7.8%；五金、电料类1.87亿元，下降3.3%；体育、娱乐用品类2.36亿元，增长5.5%；书报杂志类0.30亿元，下降28.4%；家用电器和音像器材类11.64亿元，下降2.8%；中西药品类39.60亿元，增长4.8%；文化办公用品类2.55亿元，下降2.9%；家具类0.65亿元，下降37.5%；通信器材类2.78亿元，增长10.0%；煤炭及制品类22.48亿元，增长26.9%；石油及制品类151.67亿元，增长38.8%；化工材料及制品类91.90亿元，增长5.8%；建筑及装潢材料类5.42亿元，下降4.8%；机电产品类62.99亿元，增长21.7%；汽车类72.78亿元，增长2.6%。

2012年全市进出口总额88.02亿美元，比上年增长0.2%。其中，进口总额26.38亿美元，下降6.9%；出口总额61.63亿美元，增长3.5%。在出口总额中，一般贸易出口46.36亿美元，增长5.8%；加工贸易出口15.13亿美元，下降2.7%。从经济类型看，国有企业出口2.92亿美元，下降12.9%；集体企业出口1.44亿美元，增长4.1%；外商投资企业出口23.16亿美元，增长1.4%；私营企业出口33.62亿美元，增长6.4%。从出口商品看，机电产品出口16.57亿美元，增长12.7%；服装及衣着附件出口14.56亿美元，增长2.4%；玩具出口9.44亿美元，增长9.2%；塑料制品出口3.21亿美元，增长28.0%；高新技术产品出口3.39亿美元，下降11.5%。从进出口的国家与地区看，进出口总额靠前的有：美国、中国香港、日本和马来西亚，分别为12.03亿美元、9.63亿美元、6.57亿美元和3.76亿美元，合计进出口额占全市总计的36.3%，比上年提高0.3个百分点。

【交通、邮电和旅游】2012年，汕头市全年交通运输、仓储和邮政业实现增加值34.98亿元，比上年增长9.6%。

全年完成邮电业务总收入54.62亿元，增长7.6%。其中，邮政业务收入2.50亿元，增长12.6%；电信业务收入52.12亿元，增长7.3%。电话交换机总容量711.20万门，接入网设备容量78.77万门。全市城乡固定电话用户141.20万户，移动电话总用户505.08万户。每百户拥有住宅固定电话95.27户，每百人拥有移动电话94.78户。计算机互联网络总用户89.36万户，增长13.5%。

2012年，全市接待过夜游客1040.94万人次，比上年增长15.2%。其中国际游客14.78万人次，增长5.1%；国内游客1026.16万人次，增长15.3%。各A级旅游景区接待游客533.60万人次，增长4.4%。旅行社组织出境游3.86万人次、国内游56.00万人次，分别下降12.8%和增长2.0%。实现旅游总收入123.87亿元，增长18.7%，其中旅游外汇收入5175.00万美元，增长2.1%。全市拥有旅行社66家，星级宾馆（酒店）35家，其中三星级及以上29家。

【金融和保险】2012年年末，汕头市全市金融机构（含外资）本外币存款余额2285.36亿元，比年初增加295.86亿元，增长14.9%。其中，单位存款余额638.93亿元，比年初增加111.61亿元，增长21.2%；个人存款余额1595.40亿元，比年初增加193.36亿元，增长13.8%。年末金融机构（含外资）本外币贷款余额811.95亿元，比年初增加84.27亿元，增长11.6%。其中，境内贷款810.51亿元，比年初增加84.14亿元；境外贷款1.44亿元，比年初增加0.13亿元。在金融机构（含外资）人民币的中长期贷款中，个人消费贷款96.30亿元，比年初增加10.61亿元，增长12.4%。银行结汇收入51.75亿美元，下降3.6%。

2012年，全市有保险公司32家，比上年增加8家；全年保费收入47.69亿元，比上年下降1.5%。其中财产险保费收入11.82亿元，增长16.9%；人寿险保费收入35.87亿元，下降6.4%。赔付支出金额14.36亿元，增长26.4%。其中财产险赔付支出金额6.37亿元，增长33.2%；人身险赔付支出金额7.99亿元，增长21.6%。

6

2012年佛山市经济发展概况

【经济总量】2012年，佛山市全年实现地区生产总值（GDP）6709.02亿元，比上年增长8.2%。其中：第一产业增加值129.31亿元，增长3.8%；第二产业增加值4191.01亿元，增长9.2%；第三产业增加值2388.70亿元，增长6.4%。在第三产业中，交通运输、仓储和邮政业增长4.8%，批发和零售业增长9.1%，住宿和餐饮业增长5.1%，金融业增长10.4%，房地产业增长2.2%，其他服务业增长6.4%。三次产业结构为1.9：62.5：35.6。在现代产业中，先进制造业增加值963.04亿元，增长15.6%；高技术产业增加值178.83亿元，增长13.8%；现代服务业增加值1385.45亿元，增长7.2%。民营经济增加值4088.48亿元，占全市生产总值的比重为60.9%。

【农业】2012年，佛山市全年粮食作物播种面积20.68千公顷，比上年下降0.4%。蔬菜种植面积61.52千公顷，下降1.7%。经济作物播种面积14.57千公顷，增长16.7%。

全年粮食产量9.73万吨，比上年下降0.1%；蔬菜产量147.89万吨，下降1.7%；水果产量5.01万吨，下降0.2%。

【工业和建筑业】2012年，佛山市全年规模以上（下同）工业中：国有及国有控股企业完成增加值138.32亿元，增长5.7%；集体企业14.55亿元，增长12.6%；股份制企业1637.86亿元，增长12.6%；外商及港澳台投资企业1038.43亿元，增长11.3%。民营企业1954.28亿元，增长13.1%。分轻重工业看，轻工业增长9.8%；重工业增长14.2%。轻重工业的比例为1∶1.19。

高技术制造业中医药制造业完成增加值18.87亿元，增长16.3%；医疗设备及仪器仪表制造业12.97亿元，增长12.7%；电子及通信设备制造业124.34亿元，增长15.1%；电子计算机及办公设备制造业22.65亿元，增长6.0%。

【固定资产投资】2012年，佛山市全年固定资产投资2128.33亿元，比上年增长10.1%。分城乡看，城镇投资1121.12亿元，增长6.0%；农村投资1007.20亿元，增长14.9%。分三次产业看，第一产业投资5.14亿元，下降53.9%。第二产业投资845.95亿元，增长17.0%；其中工业投资845.79亿元，增长16.9%。第三产业投资1277.24亿元，增长6.5%。

全年基础产业完成投资463.46亿元。基础设施投资完成384.91亿元，其中交通运输业87.28亿元；水利管理投资6.57亿元；电力、热力的生产和供应业48.90亿元。

全年房地产开发投资完成638.46亿元，比上年增长7.0%。其中商品房住宅投资432.36亿元，下降5.3%。商品房施工面积3848.36万平方米，增长8.1%，其中商品住宅2953.18万平方米，增长2.3%。商品房竣工面积649.70万平方米，增长7.4%。

【科学技术】2012年年末，佛山市全市共有各级工程中心733家，其中省级工程中心105家，市级工程中心248家。高新技术企业544家，其中国家火炬计划重点高新技术企业（集团）37家。比上年末新增省级工程中心5家。全年获省级科学技术奖励16项，市级科学技术奖励109项。新增中国驰名商标30件。全年获得广东省名牌产品93个，其中新增44个。全年发明专利申请量3310件，授权量1161件。

【国内贸易和对外经济】2012年，佛山市全年社会消费品零售总额2019.50亿元，比上年增长11.6%。分地域看，城市消费品零售额1475.15亿元，增长11.2%；农村消费品零售额544.35亿元，增长12.5%。分行业看，批发和零售业零售额1754.92亿元，增长11.5%；住宿和餐饮业零售额264.58亿元，增长11.9%。

在限额以上批发和零售业的主要商品零售额中，粮油、食品、饮料、烟酒类零售额比上年增长16.9%，服装、鞋帽、针纺织品类增长16.8%，日用品类增长6.8%，家用电器和音像器材类下降1.7%，中西药品类增长21.9%，文化办公用品类增长39.5%，汽车类增长6.5%，石油及制品类增长8.6%。

全年进出口总额610.58亿美元，比上年增长0.3%。其中出口401.50亿美元，增长2.7%；进口209.08亿美元，下降4.1%。实现外贸顺差192.42亿美元。

分贸易方式看，一般贸易出口总值238.50亿美元，比上年增长4.9%；加工贸易出口总值161.45亿美元，下降0.3%。分出口企业性质看，外商投资企业出口216.77亿美元，下降0.6%；内资企业出口184.72

亿美元，增长6.9%。分出口产品看，机电产品出口236.89亿美元，增长0.8%；高新技术产品出口45.53亿美元，下降1.9%。分出口市场看，对中国香港市场出口73.69亿美元，增长11.7%；对美国市场出口59.00亿美元，增长0.6%；对欧盟市场出口59.65亿美元，下降12.4%；对东盟市场出口40.12亿美元，增长8.4%。

【交通、邮电和旅游】2012年，佛山市全年各种运输方式完成客运量42935万人，比上年增长23.1%。其中公路运输42850万人，增长23.2%；水路运输85万人，下降6.6%。完成旅客周转量117.54亿人公里，增长11.8%。其中公路运输116.55亿人公里，增长12.1%；水路运输0.99亿人公里，下降10.7%。

全年各种运输方式完成货运量24928万吨，比上年增长5.2%。其中公路运输20967万吨，增长6.4%；水路运输3770万吨，下降0.7%。完成货物周转量216.21亿吨公里，增长8.2%。其中公路运输165.22亿吨公里，增长9.2%；水路运输50.61亿吨公里，增长5.2%。

全年完成邮电业务总量144.44亿元，比上年增长9.6%。其中邮政业务总量10.51亿元，增长9.9%；电信业务总量133.93亿元，增长9.6%。年末本地电话用户271.43万户，减少12.14万户；移动电话用户1356.20万户，增加167.50万户。互联网宽带用户218.74万户，增加50.85万户。

全年接待旅游者人数3529万人次，比上年增长7.2%。在旅游人数中，接待过夜旅游者1045.22万人次，增长6.6%，其中外国人21.18万人次，增长8.9%；香港、澳门和台湾同胞112.04万人次，增长15.5%。全年旅游总收入365.73亿元，增长23.4%。

【金融和保险】2012年年末，佛山市全市中外资银行业金融机构本外币各项存款余额10167.55亿元，比年初增长11.5%。其中城乡居民储蓄存款余额5215.16亿元，比年初增长10.8%；企事业单位存款余额4404.63亿元，比年初增长11.9%。本外币各项贷款余额6391.47亿元，比年初增长13.8%。其中中长期贷款余额3270.77亿元，比年初增长1.1%。

全年保费收入157.31亿元。其中财产险保费收入59.96亿元，人身险保费收入97.35亿元。各项理赔和给付支出48.83亿元。

7

2012年江门市经济发展概况

【经济总量】2012年，江门市全年实现地区生产总值（GDP）1910.08亿元，比上年增长8.1%。其中，第一产业增加值148.19亿元，增长3.6%；第二产业增加值1022.09亿元，增长11.3%；第三产业增加值739.8亿元，增长3.9%。在第三产业增加值中，批发和零售业增长3.1%，住宿和餐饮业增长1.5%，金融业增长10.7%，房地产业增长4.9%。人均地区生产总值4.27万元，增长7.7%。

全年居民消费价格指数（CPI）上涨2.7%，其中食品类价格上涨5%，居住类价格上涨1.1%。农产品生产者价格上涨3.0%，工业生产者出厂价格下降0.3%，商品零售价格上涨1.9%。

【农业】2012年，江门市全年粮食作物种植面积292.57万亩，增长1.0%；粮食产量96.92万吨，增长5.6%；肉类产量29.22万吨，增长2.6%，其中猪肉产量18.92万吨，增长2.7%。

【工业和建筑业】2012年，江门市全年规模以上工业增加值比上年增长12.1%，其中，轻工业增长10.9%；重工业增长13.1%。分经济类型看，国有及国有控股企业增长3.0%，外商及港澳台投资企业增长17.1%，民营企业增长10.7%。

全年工业经济效益综合指数162.7%，其中资产贡献率9.7%，资产负债率57.4%，成本费用利润率4.9%，全员劳动生产率115903元/人，产品销售率97.5%。主营业务收入2514.37亿元，下降11.8%；利润总额115.92亿元，下降5.8%。亏损企业538家；亏损企业亏损总额17.32亿元，增长11.6%。

全年资质等级以上建筑企业158个；建筑业增加值47.04亿元，增长6.8%。

【固定资产投资】2012年，江门市全年固定资产投资850.41亿元，比上年增长14.6%。分经济类型看，国有经济投资259.36亿元，增长30.1%；三资经济投资156.46亿元，增长11.0%；民营经济投资434.59亿元，增长10.3%。分产业看，第一产业投资5.86亿元，增长27.0%；第二产业投资507.44亿元，增长11.3%，其中工业投资增长11.3%；第三产业投资337.11亿元，增长19.9%。

全市房地产开发投资144.49亿元，比上年下降1.7%。商品房施工面积1461.58万平方米，增长3.0%；竣工面积351.64万平方米，增长11.6%。商品房销售面积351.12万平方米，增长9.2%。

【科学技术】2012年，江门市全年地方财政科学技术支出54117万元，比上年增长40.4%。新增国家级高新技术企业37家，省级民营科技企业56家；国家火炬计划项目2项，国家和省级重点新产品试制鉴定计划项目4项，省级以上农业攻关项目3项，省级科技攻关计划项目64项。专利申请量8163件，其中发明专利1257件；专利授权量5283件，其中发明专利366件。

【国内贸易和对外经济】2012年，江门市全年社会消费品零售总额807.21亿元，比上年增长10.0%。分行业看，批发零售业零售额712.63亿元，增长10.1%；住宿和餐饮业零售额94.58亿元，增长9.5%。分地域看，城镇消费品零售总额554.61亿元，增长10.3%；农村消费品零售总额252.6亿元，增长9.5%。

全年海关进出口总额187.72亿美元，比上年增长6.1%，其中，进口总额58.01亿美元，增长6.7%；出口总额129.71亿美元，增长5.9%。分贸易方式看，一般贸易出口74.98亿美元，增长7.6%；加工贸易出口54.15亿美元，增长3.6%。分企业性质看，国有企业出口1.23亿美元，下降19.5%；三资企业出口80.29亿美元，增长2.2%；私营企业出口47.41亿美元，增长16.1%。

【交通、邮电和旅游】2012年，江门市全年水陆货运量8996万吨，比上年增长10.0%；货运周转量115.29亿吨公里，增长7.6%。水陆客运量19578万人，增长2.8%；客运周转量64.46亿人公里，增长6.5%。港口货物吞吐量6204.01万吨，增长4.9%。

全年邮电通信业务总量56.6亿元（2010年不变价，下同），比上年增长9.7%，其中，邮政业务总量5.62亿元，增长20.3%；通信业务总量50.98亿元，增长8.7%。年末固定电话用户116万户，移动电话用户

497.29万户。

全年旅游住宿设施接待游客1284.65万人次，比上年增长10.6%，其中，国际游客165.09万人次，增长1.1%；国内游客1119.55万人次，增长10.5%。全年旅游宾馆客房出租率61.9%。旅行社组织国内游73.6万人次，下降13.7%；组织国外游15.41万人次，增长3.4%。旅游总收入185.28亿元，增长20.0%，其中，国际旅游收入6.99亿美元，增长16.2%；国内旅游收入141.16亿元，增长22.4%。

【金融和保险】2012年年末，江门市金融机构人民币存款余额2803.61亿元，比上年末增长12.6%，其中，城乡居民储蓄存款余额1853.10亿元，增长12.6%；企业存款余额858.11亿元，增长12.1%；财政性存款余额44.96亿元，下降13.4%。金融机构人民币贷款余额1331.19亿元，增长17.4%，其中，短期贷款余额515.86亿元，增长27.5%；中长期贷款余额768.81亿元，增长10.6%。

年末各类保险公司39家，保险中介机构10家。全年保费收入57.83亿元，比上年下降4.2%，其中，寿险业务保费收入41.46亿元，下降9.5%；财产险业务保费收入16.37亿元，增长12.5%。共支付各项赔款17.95亿元，增长20.2%，其中，寿险业务给付8.23亿元，增长8.1%；财产险业务赔款9.72亿元，增长32.8%。

8

2012年湛江市经济发展概况

【经济总量】2012年，湛江市全年实现地区生产总值（GDP）1900.64亿元，按可比价格计算，比上年增长10.0%。其中，第一产业增加值385.35亿元，增长6.6%；第二产业增加值803.07亿元，增长13.0%；第三产业增加值712.22亿元，增长8.4%。三次产业结构20.3∶42.2∶37.5。在第三产业中，交通运输、仓储和邮政业增长8.7%，批发和零售业增长11.8%，住宿和餐饮业增长14.6%，金融业增长13.8%，房地产业增长4.4%，其他服务业增长6.3%。民营经济增加值1121.81亿元，比上年增长16.1%。全市人均GDP达到26810元，按平均汇率折算为4247美元。

【农业】2012年，湛江市全年完成农林牧渔业总产值607.97亿元，比上年增长6.5%。

全年粮食种植面积438.77万亩，增加2.31万亩；糖蔗种植面积193.08万亩，增加6.04万亩；花生种植面积77.55万亩，增加3.18万亩；蔬菜种植面积187.83万亩，增加6.66万亩。

全年粮食产量152.58万吨，增产5.01万吨，增长3.4%；糖蔗产量1147.74万吨，增产65.14万吨，增长6.0%；蔬菜产量290.18万吨，增产16.51万吨，增长6.5%；水果总产量244.23万吨，增产13.86万吨，增长7.0%。

【工业和建筑业】2012年，湛江市全年全部工业完成增加值724.85亿元，比上年增长12.9%。规模以上工业企业实现增加值581.41亿元，增长12.1%；其中：国有及国有控股企业实现增加值133.55亿元，增长5.1%；股份制企业实现增加值162.48亿元，增长45.2%；外商及港澳台企业实现增加值310.41亿元，下降

4.5%；按轻、重工业分，轻工业增加值207.35亿元，增长36.9%；重工业增加值374.05亿元，增长2.3%。

规模以上工业经济效益综合指数为354.66%，实现利税总额225.74亿元，比上年增长2.4%，实现利润总额112.45亿元，增长11.4%。其中：外商及港澳台企业实现利税162.61亿元，下降3.8%，占工业利税总额的72.0%，实现利润86.53亿元，增长0.8%，占工业利润总额的76.9%。

全年建筑业增加值78.22亿元，比上年增长14.5%；全市资质等级以上建筑企业116家，实现总产值247.05亿元，比上年增长20.9%；实现利润总额5.15亿元，增长20.0%。房屋建筑施工面积2916.4万平方米，增长20.5%。

【固定资产投资】2012年，湛江市全年固定资产投资572.27亿元，比上年增长16.6%，其中：基础设施投资完成142.12亿元，下降1.1%；基础产业投资完成258.59亿元，增长24.7%。

在固定资产投资中，第一产业投资46.24亿元，增长172.0%；第二产业投资204.68亿元，下降3.0%；第三产业投资321.35亿元，增长22.3%。

全年房地产开发投资完成114.96亿元，比上年增长7.0%。商品房销售面积206.62万平方米，增长6.4%，其中住宅182.79万平方米，增长1.9%。商品房销售额107.37亿元，增长9.5%，其中住宅91.33亿元，增长8.4%。

【科学技术】2012年年末，湛江市全市县及县以上国有独立研究与开发机构、科技情报和文献机构共28个；大中型工业企业拥有技术开发机构76个。全年投入市级科技三项经费2257万元，比上年增长28.5%。民营科技企业127家；从业人员3.88万人。

全年组织实施国家、省、市科技计划项目567项；实施省部产学研合作项目8项。全年获市级科学技术奖48项，获省部级以上科技成果6项。全年申请专利量1151件，比上年增长9.4%，其中发明专利263件，增长16.9%；专利授权量901件，增长20.8%。全年共签订技术合同62项，技术合同成交金额1178.72万元。全市共有省级以上高新技术企业50家，实现高新技术产品产值271亿元，增长10.6%。

【国内贸易和对外经济】2012年，湛江市全年批发和零售业实现增加值140.87亿元，增长11.8%；住宿和餐饮业实现增加值38.28亿元，增长14.6%。

全年社会消费品零售总额899.50亿元，增长12.1%，扣除物价因素，实际增长10.0%。其中，城镇消费品零售额795.96亿元，占全市社会商品零售额的88.5%，增长15.2%；乡村消费品零售额103.54亿元，占全市商品零售总额的11.5%，下降7.2%。分行业看，批发业零售额87.22亿元，增长14.0%；零售业零售额692.51亿元，增长11.6%；住宿业零售额8.81亿元，增长12.4%，餐饮业零售额110.96亿元，增长13.6%。

全年外贸进出口总额46.86亿美元，比上年增长6.4%。其中：进口总额24.77亿美元，增长7.3%；出口总额22.09亿美元，增长5.4%。

从主要出口市场看，美国48722万美元，下降2.4%；欧盟22867万美元，增长7.4%；香港16279万美元，增长19.2%；英国7766万美元，增长22.6%。中东地区14157万美元，增长32.8%；马来西亚11851万美元，增长37.0%；非洲13914万美元，增长23.5%；东盟35120万美元，增长20.8%；澳大利亚8234万美元，下降12.1%；印度10951万美元，下降34.1%。

全年签订利用外资项目12个，比上年下降52.0%；合同外资金额3.2亿美元，增长1.5%；实际利用外资金额0.87亿美元，增长64.1%。

【交通、邮电和旅游】2012年，湛江市全年交通运输、仓储和邮政业实现增加值142.70亿元，增长8.7%。

全年完成邮电通信业务总量比上年增长15.4%；其中通信业务总量增长14.6%，邮政业务总量增长27.3%。年末本地交换设备容量195.6万门，减少19.7万门，下降13.7%。年末本地电话用户79.3万户，其中城市电话用户51.5万户，乡村电话用户27.8万户。年末移动电话用户534.9万户，增加39.1万户。年末全市电话用户总数614.2万户，增加34.8万户。

全年旅游总人数2239.7万人次，比上年增长23.6%；旅游总收入127.13亿元，比上年增长36.8%。国内旅游人数2221.37万人次，增长23.5%；国内旅游总收入124.09亿元，增长37.0%。全年接待境外游客人数17.95万人次，增长26.1%。其中，外国人8.82万人次，增长32.4%；香港、澳门和台湾同胞9.13万人次，增长20.6%。在国际入境旅游者中，入境过夜人数17.95万人次，增长26.1%。全年出境人数0.65万人次，比上年下降9.7%。国际旅游外汇收入4816.12万美元，增长32.7%。

【金融和保险】2012年，湛江市全年金融业实现增加值32.15亿元，比上年增长13.8%。年末全市金融机构本外币存款余额1902.35亿元，比年初增长10.1%，其中：金融机构人民币存款余额1888.09亿元，增长9.9%。

在金融机构人民币存款余额中，单位存款592.71亿元，增长4.5%；个人存款余额1251.05亿元，增长15.4%，其中：储蓄存款1246.23亿元，增长15.8%。

金融机构本外币贷款余额1067.54亿元，比年初增长22.9%，其中：金融机构人民币贷款余额1045.56亿元，增长23.3%。在金融机构人民币贷款余额中，境内短期贷款523.98亿元，增长37.1%，境内中长期贷款488.78亿元，增长11.5%。

9

2012年肇庆市经济发展概况

【经济总量】2012年，肇庆市全年实现地区生产总值（GDP）1453.84亿元，比上年增长11.0%。其中，第一产业增加值242.69亿元，增长5.8%；第二产业增加值657.30亿元，增长17.2%；第三产业增加值553.85亿元，增长6.1%。产业结构进一步调整优化，三大产业比例由上年的17.09：44.34：38.56调整为16.69：45.21：38.10。按常住人口计算，2012年人均地区生产总值36650元，增长10.1%。

全年居民消费价格比上年上涨2.8%，其中食品价格上涨4.8%。固定资产投资价格上涨1.5%。工业生产者出厂价格下降1.6%，其中轻工业上涨1.0%，重工业下降2.6%。农产品生产者价格上涨3.4%。

【农业】2012年，肇庆市全年粮食作物播种面积203155公顷，与上年比基本持平。其中，稻谷面积167472公顷，增长0.5%；玉米面积9676公顷，减少0.3%；薯类面积21431公顷，增长0.3%；糖蔗面积695公顷，减少7.7%；油料种植面积25336公顷，增长0.8%；蔬菜种植面积72748公顷，增长4.2%。

全年粮食产量115.11万吨，比上年增长1.1%。其中，稻谷产量100.28万吨，增长1.0%；玉米产量4.5万吨，增长7.6%；薯类产量9.16万吨，下降1.0%；糖蔗产量4.94万吨，下降7.5%；油料产量7.11万吨，增长1.1%；烟叶产量0.35万吨，增长11.4%；蔬菜产量214.00万吨，增长5.1%；水果产量118.93万吨，增长6.5%；茶叶产量0.53万吨，增长0.9%。

【工业和建筑业】2012年，肇庆市规模以上工业企业完成总产值2861.81亿元，比上年增长20.3%，增加值674.63亿元，增长20.2%。规模以上工业增加值中，分经济类型看，国有及国有控股企业增长3.7%，民营企业增长23.6%，外商及港澳台投资企业增长17.7%，股份制企业增长23.0%，集体企业增长23.4%，股份合作制企业增长20.3%；分轻重工业看，轻工业增长14.1%，重工业增长22.7%；分地区看，中心区增长19.1%，山区县增长23.6%。

全年工业经济效益综合指数290.15%。资产贡献率24.86%，资本保值增值率102.80%，资产负债率51.29%，流动资产周转率5.52%，成本费用利润率5.97%，全员劳动生产率21.06万元/人年，产品销售率98.17%。

全年资质等级以上建筑企业101个，下降14.8%；实现增加值53.07亿元，增长2.3%；实现利润总额2.22亿元，下降23.2%；利税总额6.28亿元，下降6.1%。

【固定资产投资】2012年，肇庆市全年固定资产投资852.60亿元，比上年增长20.1%。分城乡看，城镇投资522.62亿元，增长14.9%；农村投资329.98亿元，增长29.3%。分投资主体看，国有经济投资137.85亿元，增长9.6%；民间投资618.52亿元，增长28.3%；港澳台、外商经济投资75.16亿元，增长1.2%。分三次产业看，第一产业投资50.03亿元，下降7.5%；第二产业投资422.99亿元，增长33.7%，其中工业投资422.50亿元，增长33.8%；第三产业投资379.58亿元，增长11.8%。

房地产开发投资145.45亿元，比上年增长1.6%。按地区分，中心区124.73亿元，增长3.2%；山区县20.72亿元，下降7.1%。按用途分，商品住宅开发投资114.40亿元，增长8.0%；办公楼投资0.38亿元，下降29.2%；商业营业用房投资和其他投资分别为12.38亿元和18.29亿元，分别下降16.0%和16.7%。全市城镇保障性住房投资1.78亿元，比上年下降45.7%。

【科学技术】2012年，肇庆市全年获省部级以上科技成果6项（按成果登记数），全部为应用技术成果。全年申请专利量1554件，比上年增长6%，其中发明专利323件，增长21.4%。专利授权量1227件，增长38.0%，其中发明专利授权量96件，增长71.4%。《专利合作条约》（PCT）国际专利申请量14件，增长100.0%。全年经各级科技行政部门登记技术合同1项，技术合同成交额0.01亿元。

全市高新技术企业91家，高新技术产品产值约660亿元，比上年增长29.0%。拥有国家级创新平台5家。已建立省级工程研究中心17家。认定的省级技术创新专业镇20个，市级28个。

【国内贸易和对外经济】2012年，肇庆市全年社会消费品零售总额433.39亿元，比上年增长15.1%，扣除价格因素，实际增长11.9%。分地域看，城镇消费品零售额268.20亿元，增长15.4%；农村消费品零售额165.18亿元，增长14.5%。分行业看，批发和零售业零售额385.68亿元，增长14.9%；住宿和餐饮业零售额47.70亿元，增长17.1%。

在限额以上批发和零售业商品零售额中，食品、饮料、烟酒类增长34.3%，服装、鞋帽针纺织品类增长39.6%，金银珠宝类增长34.1%，文化办公用品类增长18.9倍，家具类增长106.9%，家用电器和音像器材类下降2.7%，中西药品类增长41.9%，通信器材类增长23.2%，石油及制品类增长11.5%，建筑及装潢材料类增长4倍，汽车类增长1.6%。

全年进出口总额63.52亿美元，比上年增长11.2%。其中，出口37.81亿美元，增长14.3%；进口25.71亿美元，增长6.9%。进出口差额（出口减进口）12.10亿美元，比上年增加3.06亿美元。

【交通、邮电和旅游】2012年，肇庆市全年货物运输总量3681万吨，比上年增长10.1%，其中，公路2783万吨，增长10.5%；水路898万吨，增长8.9%。货物运输周转量50.73亿吨公里，增长11.8%；其中，公路34.85亿吨公里，增长12.3%；水路15.88亿吨公里，增长10.7%。全市旅客运输总量7569万人，增长3.4%；旅客运输周转量41.85亿人公里，增长5.9%。港口完成货物吞吐量2754.29万吨，增长10.7%。港口集装箱吞吐量70.79万标准箱，增长15.7%。

全年完成邮电业务总量37.45亿元，比上年增长12.9%。其中，邮政业务总量2.69亿元，增长21.9%；电信业务总量34.76亿元，增长12.3%。

全年口岸入境旅游人数302.59万人次，比上年增长11.7%。其中，外国人29.59万人次，增长6.3%；香港、澳门和台湾同胞273万人次，增长12.3%。在城市接待旅游者中，过夜旅游者1392.22万人次，增长10.2%。过夜旅游者中，国内游客达1220.54万人次，增长10.6%。全市旅游总收入180.37亿元，增长26.7%。

【金融和保险】2012年年末，肇庆市，金融机构人民币存款余额1324.64亿元，增长10.7%，其中储蓄存款余额854.43亿元，增长14.6%；贷款余额876.27亿元，增长16.2%。贷款余额中，短期贷款144.66亿元，增长45.4%；中长期贷款707.64亿元，增长12.2%。

全年实现保费收入23.52亿元，比上年增长13.7%。其中，寿险业务保费收入14.51亿元，增长11.0%；财产险业务保费收入9.01亿元，增长15.8%；健康险和意外伤害险业务保费收入2.03亿元，增长21.4%。

10

2012年梅州市经济发展概况

【经济总量】2012年，梅州市全年实现地区生产总值（GDP）745.98亿元，比上年增长10.7%。其中第一产业增加值159.09亿元，增长5.9%，拉动GDP增长1.1个百分点；第二产业增加值271.26亿元，增长13.8%，拉动GDP增长5.7个百分点，第二产业中工业增加值227.30亿元，增长14.7%，拉动GDP增长5.2个百分点；第三产业增加值315.63亿元，增长9.8%，拉动GDP增长3.9个百分点。人均生产总值17425元，增长10.1%。2012年三次产业的结构比为21.3：36.4：42.3。民营经济增加值445.43亿元，增长13.4%。

【农业】2012年，梅州市全年农业总产值256.91亿元，比上年增长5.7%。其中种植业产值159.56亿元，增长6.6%；林业产值11.45亿元，增长6.6%；牧业产值70.85亿元，增长3.5%；渔业产值9.10亿元，增长6.8%；农林牧渔服务业产值5.93亿元，增长8.6%。

全年粮食总产125.90万吨，比上年增长2.1%，其中稻谷总产109.40万吨，增长2.3%；玉米3.80万吨，增长5.5%；花生3.70万吨，增长5.0%；烟叶1.33万吨，增长7.4%；茶叶总产1.27万吨，增长4.4%；水果总产116.80万吨，增长7.9%；蔬菜总产195.10万吨，增长7.8%。

【工业和建筑业】2012年，梅州市全年完成工业增加值227.30亿元，比上年增长14.7%。工业增加值中，规模以上工业增加值151.94亿元，增长14.9%。其中六大支柱产业增加值131.64亿元，增长13.7%，六大支柱产业中烟草、电力、建材、电子信息、机电制造、矿业加工分别增长4.9%、7.1%、11.5%、12.2%、35.9%和40.2%。国有及国有控股企业增加值增长8.7%；集体企业增加值下降31.4%；股份制企业增加值增长25.9%；外商及港澳台投资企业增加值增长5.7%；私营企业增加值增长30.6%。从轻重工业看，轻工业增加值增长10.8%，重工业增加值增长17.0%。工业产品销售率101.3%。全年全部工业用电量38.66亿千瓦时，比上年下降9.7%。

全年资质等级以上建筑企业155个，比上年增加6个；实现总产值170.42亿元，比上年增长8.4%；实现利润总额18.63亿元，下降2.3%；利税总额24.95亿元，增长0.05%。建筑施工企业房屋建筑施工面积1291.71万平方米，比上年增长4.2%，房屋竣工面积548.23万平方米，比上年增长3.3%。

【固定资产投资】2012年，梅州市全年完成固定资产投资230.14亿元，比上年增长16.4%。固定资产投资中，城镇固定资产投资200.92亿元，增长14.9%，其中，房地产开发投资44.05亿元，增长6.5%；农村固定资产投资29.22亿元，增长28.6%。固定资产投资按产业分：第一产业投资11.14亿元，增长47.8%；第二产业投资74.16亿元，增长23.2%；第三产业投资144.85亿元，增长11.5%。

【科学技术】2012年，梅州市年末县及县以上科研机构15个。年末国有企事业单位拥有自然和社会科学专业技术人员85322人。全市获市级及以上科技成果奖47项，其中省级1项。2012年，全市专利申请量1142件，比上年增长15.6%。其中发明125件，比上年增长12.6%。专利授权量909件，比上年增长

31.4%。其中发明55件，比上年增长89.7%。

【国内贸易和对外经济】2012年，梅州市全年社会消费品零售总额403.50亿元，比上年增长11.8%。分区域看，城镇消费品零售总额282.95亿元，增长12.0%；农村消费品零售总额120.55亿元，增长11.3%。分行业看，批发零售贸易业实现372.36亿元，增长11.5%，住宿和餐饮业零售额31.14亿元，增长15.6%。

全年进出口总额15.03亿美元，比上年增长10.1%。出口总额12.70亿美元，增长16.0%，其中“三资”企业出口6.28亿美元，增长12.6%，私营企业出口6.11亿美元，增长21.8%。出口总额中一般贸易出口9.61亿美元，增长22.0%，占出口总额的75.7%。

【交通、邮电和旅游】2012年，梅州市全年交通运输、仓储和邮政业实现增加值31.79亿元，比上年增长11.4%。

各种交通运输方式完成货物周转量123.10亿吨公里，比上年增长21.2%，其中公路113.94亿吨公里，增长25.0%；完成旅客周转量82.53亿人公里，增长22.0%，其中公路78.64亿人公里，增长23.5%。

全年邮政、电信业业务总收入21.78亿元，比上年增长10.4%。年末，全市移动电话用户达218.86万户，增长13.2%；固定电话用户67.25万户，下降4.0%，其中城市电话用户35.25万户，增长0.3%；乡村电话用户23.0万户，下降8.3%。年末计算机互联网用户34.65万户，增长14.6%。据市区居民家庭住户抽样调查，每百户城市居民家庭拥有固定电话79.53部，移动电话236.2部，接入计算机互联网用户71.49台。

据抽样调查测算，全市接待旅游总人数1457.98万人次，比上年增长28.7%。其中接待过夜国内旅游人数1445.22万人次，增长28.8%。国内外旅游总收入150.12亿元，增长29.0%。

【金融和保险】2012年，梅州市全市金融业增加值25.47亿元，比上年增长10.4%。年末金融机构各项本外币存款余额1063.83亿元，比上年末增长12.4%。城乡居民储蓄存款余额761.27亿元，增长14.4%。金融机构各项本外币贷款余额454.04亿元，增长16.4%。

财产、人寿保险费收入20.68亿元，比上年增长8.1%，其中：财产保险保费收入6.06亿元，增长17.7%，已决赔款3.15亿元，增长21.9%；人寿保险费收入14.62亿元，增长4.6%，已决赔款5.20亿元，下降10.8%。

11

2012年河源市经济发展概况

【经济总量】2012年，河源市全年实现地区生产总值（GDP）615.26亿元，比上年增长11.6%，增速比全国、全省分别快3.8和3.4个百分点。分产业看，第一产业增加值78.48亿元，增长5.8%，对经济增长的贡献率为5.9%，拉动GDP增长0.7个百分点；第二产业增加值319.07亿元，增长16.4%，对经济增长的贡献率为74.3%，拉动GDP增长8.6个百分点；第三产业增加值217.71亿元，增长6.5%，对经济增长的贡献率为19.8%，拉动GDP增长2.3个百分点，其中现代服务业增加值96.12亿元，占第三产业增加值的比重为44.2%。三大产业结构由上年的12.5∶52.9∶34.6调整为12.7∶51.9∶35.4，第三产业占比提高0.8个百分点。2012年河源人均GDP为20536元（仅为全国平均水平的53.4%），按平均汇率折算为3253美元。

【农业】2012年，河源市农林牧渔业总产值126.59亿元，比上年增长6%。其中：农业产值71.97亿元，增长5.1%；林业产值14.16亿元，增长8.8%；牧业产值32.51亿元，增长6.6%；渔业产值4.01亿元，增长7.8%；农林牧渔服务业产值3.95亿元，增长7.3%。

【工业和建筑业】2012年，河源市工业经济持续较快发展。全市完成全社会工业总产值1077.02亿元，比上年增长17.2%，实现全社会工业增加值260.41亿元，比上年增长18.1%，其中规模以上工业增加值229.92亿元，比上年增长18.2%。在规模以上工业中，国有及国有控股企业工业增加值29.71亿元，下降0.5%；民营企业工业增加值135.88亿元，增长22.4%；股份制企业工业增加值127.38亿元，增长19.8%；外商及港澳台商投资企业工业增加值75.14亿元，增长16.4%。分轻重工业看，轻工业增加值55.38亿元，增长22.0%；重工业增加值174.54亿元，增长17.1%。

全市具有资质等级以上建筑施工企业102家，比上年增加4家；实现增加值22.07亿元，按可比价计算，比上年增长4.9%；实现利润总额2.29亿元，增长132.0%；利税总额3.79亿元，增长58.2%。

【固定资产投资】2012年，河源市全年固定资产投资278.59亿元，比上年增长18.0%。分三次产业看，第一产业投资5.75亿元，下降19.8%；第二产业投资83.55亿元，下降12.3%；第三产业投资189.29亿元，增长40.2%，其中交通、电力、水利、城市建设等基础产业投资137.04亿元，增长105.3%，教育投资9.47亿元，增长84.1%。分投资主体看，内源性经济投资251.69亿元，增长15.6%，其中，民间投资168.52亿元，增长6.7%；外源性经济投资26.9亿元，增长36.6%。分城乡看，城镇投资230.17亿元，增长26.7%；农村投资48.42亿元，下降12.9%。

全市完成房地产开发投资67.13亿元，比上年增长14.2%。全市商品房销售面积128.25万平方米，下降1.9%；实现商品房销售额50.20亿元，增长9.0%。

全年新增固定资产190.68亿元，比上年增长47.9%；新建四级以上公路519.5公里，改造县乡公路118公里，新增水泥硬底化村道525公里；新增发电机组容量3.45万千瓦；新增11万伏及以上变电设备容量14.3万千伏安，输电线路51.6千米；新增移动电话交换机容量16万门。

【科学技术】2012年，河源市全市共组织实施国家、省级各类科技计划项目210项，组织实施市级科技计划项目147项，比上年增加16项。新认定省级知识产权优势企业1家。创建省级工程技术研究开发中心12个，本年新增2个。全年专利申请受理量达到570件，比上年增加82件，其中专利申请授权量326件。全市高新技术企业21家，本年新增5家，民营科技企业71家，本年新增7家。

【国内贸易和对外经济】2012年，河源市全年社会消费品零售总额209.37亿元，比上年增长13.3%。分地域看，城镇消费品零售额171.26亿元，增长12.8%；乡村消费品零售额38.11亿元，增长15.3%。分企业规模看，限额以上企业实现零售额60.88亿元，增长14.3%；限额以下企业及个体零售额148.49亿元，增长12.8%。分行业看，批发和零售业零售额191.00亿元，增长13.3%；住宿和餐饮业零售额18.36亿元，增长13.3%。分商品类别看，金银珠宝类、文化办公用品类、服装鞋帽类、建筑及装潢材料类、化妆品类、家用电器和音响器材类、石油制品类等商品销售凸显亮点，零售额分别比上年增长128.2%、63.2%、58.1%、51.2%、50.8%、14.5%和14.5%。

全年完成进出口总额29.26亿美元，比上年增长4.7%，其中出口总额19.53亿美元，增长1.9%。“三资企业”是出口主力军，实现出口额16.32亿美元，增长3.2%，占全市出口总额的比重达83.6%；私营企业出口快速增长，实现出口额1.54亿美元，增长4.7%。在出口总值中，河源对中国香港、美国、欧盟、日本的出口额16.48亿美元，占全市出口总额的比重达84.4%。

【交通、邮电和旅游】2012年，河源市全年交通运输、仓储和邮政业实现增加值12.71亿元，比上年增长8.0%。年末全市公路通车里程达到15250.7公里，比上年增加519公里。全年客货运输量（不含铁路，下同）较快增长。客运量4653万人，增长20.0%；旅客运输周转量53.41亿人公里，增长21.1%；货运量3296万吨，增长22.2%；货物运输周转量50.39亿吨公里，增长23.7%。

全年完成邮电业务总量（2010年不变价）23.66亿元，比上年增长15.4%。其中，邮政业务总量1.64亿元，增长21.8%；电信业务总量22.01亿元，增长15.0%。本地电话用户51.84万户，其中城市电话用户22.19万户，乡村电话用户29.65万户；移动电话用户142.02万户，新增18.93万户，其中3G移动电话用户42.31万户，新增19.39万户；年末互联网用户达24.92万户，比上年增加5.08万户。

全年接待旅游总人数1650.57万人次，比上年增长18.7%。其中，国内游客1644.80万人次，增长18.7%；国际游客5.77万人次，增长17.5%。旅游住宿设施接待过夜游客783.27万人次，增长29.7%。全年实现旅游总收入132.42亿元，比上年增长116.7%。旅游基础设施日趋完善，2012年年末，全市各类旅行社37家；已评定的星级饭店23家，其中五星级饭店1家，四星级饭店2家；A级景区8个，其中4A景区4个。

【金融和保险】2012年年末，河源市全市金融机构本外币各项存款余额638.58亿元，比上年末增加77.22亿元，增长13.8%，其中，城乡居民储蓄存款余额416.29亿元，增长14.2%。金融机构本外币贷款余额472.89亿元，比上年末增加83.64亿元，增长21.5%。年末个人消费贷款余额为144.63亿元，比上年末增加28.63亿元，增长24.7%，其中个人住房贷款余额94.16亿元，增长22.6%。金融机构资产质量明显提高，年末全市金融机构不良贷款余额12.06亿元，比上年末减少0.66亿元，不良贷款的比例为2.55%，比上年末下降0.72个百分点，实现了不良贷款余额和不良贷款率双降。

全市共有各类保险公司18家（其中财产保险主体10家，人寿保险主体8家），比上年增加5家。全年实现保费收入12.50亿元，比上年增长11.6%。其中，财产险业务保费收入4.33亿元，增长18.8%，寿险业务保费收入6.98亿元，增长2.2%，健康险和意外伤害险业务保费收入1.19亿元，增长64.7%。全年共支付各项赔款及给付3.92亿元，增长19.0%。其中，财产险业务赔款支出2.45亿元，寿险业务赔付支出0.92亿元，健康险和意外伤害险赔付支出0.55亿元，分别增长18.8%、13.2%和31.1%。

12

2012年东莞市经济发展概况

【经济总量】2012年，东莞市全年实现地区生产总值（GDP）5010.14亿元，比上年增长6.1%。分产业看，第一产业增加值19.19亿元，增长1.2%；第二产业增加值2351.78亿元，增长5.6%；第三产业增加值2639.17亿元，增长6.7%。三大产业比例为0.4∶46.9∶52.7。人均地区生产总值60556元，增长5.7%。

在第三产业中，交通运输、仓储和邮政业增长15.2%，批发和零售业增长2.7%，住宿和餐饮业增长1.5%，金融业增长14.1%，房地产业增长4.8%，其他服务业增长7.8%。

【农业】2012年，东莞市全年全市完成农林牧渔业总产值32.01亿元，按可比价计算（下同），增长0.6%。其中农业产值16.93亿元，下降2.2%，占农林牧渔业总产值的52.9%；林业产值0.17亿元，同比下降22.7%，占0.5%；牧业产值6.32亿元，增长3.3%，占19.7%；渔业产值7.64亿元，增长5.2%，占23.9%。全年农作物播种面积37.25万亩、水果种植面积17.87万亩。全年粮食产量1.25万吨；水产品产量7.70万吨；蔬菜产量39.11万吨，增长0.6%；生猪出栏28.63万头，增长2.6%；家禽出栏784.70万只，增长7.2%。

【工业和建筑业】2012年，东莞市全年全市规模以上工业实现增加值1733.12亿元，增长5.6%。在规模以上工业中，重工业增加值948.73亿元，增长8.3%，占54.7%；轻工业增加值784.39亿元，增长2.4%，占45.3%。

全年先进制造业增加值增长8.5%，其中，装备制造业增长9.5%，钢铁冶炼及加工业下降8.7%，石油及化学行业下降3.4%。装备制造业中，汽车制造业增长11.7%，船舶制造业、环境污染防治专用设备制造业分别下降12.9%和38.5%；钢铁冶炼及加工业中，炼铁业下降3.7%，钢压延加工下降8.9%；石油及化学行业中，石油加工、炼焦及核燃料加工业下降22.0%，化学原料及化学制品制造业下降2.4%，橡胶制品业下降11.8%。

全年全市建筑业实现增加值78.12亿元，下降1.5%。建筑企业完成总产值142.2亿元，增长9.5%；施工面积705.13万平方米，下降6.7%；竣工面积345.56万平方米，下降14.5%。建筑企业按施工产值计算的全员劳动生产率人均27.4万元，增长20.7%。

【固定资产投资】2012年，东莞市全年固定资产投资1180.35亿元，增长9.4%。按登记注册类型分，国有经济投资114.10亿元，下降9.7%，占固定资产投资总额的9.7%；集体经济投资124.13亿元，增长4.0%，占10.5%；民营经济投资669.24亿元，增长2.4%，占56.7%；外商及港澳台商投资294.21亿元，增长33.2%，占24.9%。

全年固定资产投资1180.35亿元，增长9.4%。按登记注册类型分，国有经济投资114.10亿元，下降9.7%，占固定资产投资总额的9.7%；集体经济投资124.13亿元，增长4.0%，占10.5%；民营经济投资669.24亿元，增长2.4%，占56.7%；外商及港澳台商投资294.21亿元，增长33.2%，占24.9%。

全年完成房地产开发投资377.32亿元，增长1.1%。商品房施工面积2453.93万平方米，增长2.5%；竣工面积362.47万平方米，增长49.6%；销售面积639.12万平方米，增长7.3%，其中商品住宅销售面积583.38万平方米，增长7.9%。全年商品房销售额542.38亿元，增长18.0%，其中商品住宅销售额472.52亿元，增长14.3%。

【科学技术】2012年，东莞市新增国家高新技术企业150家，总数达537家。全市专利申请量29199件，增长19.4%，其中发明专利5568件，占专利申请量比例为19.1%；专利授权量20900件，增长8.0%，其中发明专利授权量1381件，增长82.2%。

全年新增3家省级企业工程中心和2家省级企业重点实验室；新增2个国家专利优秀奖，99项科研成果获得市科技奖；新增5个广东省创新科研团队，目前团队总数达14家。

【国内贸易和对外经济】2012年，东莞市全年全市批发和零售业实现增加值486.88亿元，增长2.7%；住宿和餐饮业实现增加值180.22亿元，增长1.5%。

全市社会消费品零售总额1354.58亿元，增长9.3%，扣除物价因素影响，实际增长6.7%。分行业看，批发零售贸易业零售额1234.09亿元，增长9.5%；住宿餐饮业零售额120.49亿元，增长6.7%。

全市进出口总额1444.16亿美元，增长6.8%。其中进口593.50亿美元，增长4.2%；出口850.66亿美元，增长8.6%。

按贸易方式分，一般贸易出口169.23亿美元，增长26.2%；加工贸易出口661.51亿美元，增长4.2%；其他出口19.92亿美元，增长38.4%。

按出口的地区分，对亚洲出口445.11亿美元，增长8.9%；对北美洲出口221.89亿美元，增长11.1%；对欧洲出口138.72亿美元，增长2.1%；对拉丁美洲出口27.48亿美元，增长12.7%；对大洋洲出口10.49亿美元，增长8.7%。

【交通、邮电和旅游】2012年，东莞市全市交通运输、仓储和邮政业实现增加值124.87亿元，增长15.2%。

年末全市境内公路通车里程（含乡村道路）4969公里，公路密度201.98公里/百平方公里。年末全市机动车保有量（民用）148.68万辆，增长4.9%。其中汽车保有量120.70万辆，增长13.7%。

全年完成邮电业务收入169.96亿元，增长3.1%。邮政发送信函5065万件，特快专递148万件，邮政汇款汇出金额196.36亿元。年末全市固定电话用户（含小灵通）325.11万户，比上年增加5.56万户；移动电话用户1754.10万户，增加76.33万户。全年长途电话通话时长215.19亿分钟，年末互联网用户209.59万户，比上年增加18.88万户；宽带接入用户204.72万户，增加20.29万户。

年末全市有星级酒店89家，其中五星级酒店20家。全市有旅行社61家，全年接待国际及港澳台游客414.92万人次，增长16.1%。其中接待外国游客134.81万人次，增长11.0%；接待港澳台游客280.11万人次，增长18.7%。国际旅游外汇收入12.69亿美元，增长39.5%。全年接待国内游客2328.92万人次，增长3.1%。国内旅游总收入306.35亿元，增长22.9%。全年东莞组团外出旅游185.34万人次，增长1.2%。其中，国内旅游167.54万人次，增长0.1%；出境旅游17.80万人次，增长12.6%。

【金融和保险】2012年，东莞市全年全市金融业实现增加值213.51亿元，增长14.1%。

年末全市有各类金融机构97家，其中银行类机构31家，保险类机构41家（不含保险代理机构），证券期货类机构25家。年末全市金融机构各项人民币存款余额7430.46亿元，比年初增长12.4%。其中城乡居民储蓄存款余额4204.20亿元，增长13.3%。各项人民币贷款余额4195.61亿元，增长12.9%。在个人消费贷款余额中，个人住房按揭贷款余额833.28亿元，增长8.5%；个人汽车消费贷款余额9.21亿元，下降43.3%。全市金融机构不良贷款率比年初下降0.08个百分点。

全年全市各类保险保费收入177.66亿元，增长8.6%。其中财产险保费收入61.05亿元，增长10.8%；人寿险保费收入116.61亿元，增长7.4%。全年保险赔款与给付金额32.87亿元，综合赔付率为53.8%。

13

2012年潮州市经济发展概况

【经济总量】2012年，潮州市全年实现地区生产总值（GDP）706.5亿元，比上年增长10.6%，增速比全省高2.4个百分点。其中，第一产业增加值50.4亿元，增长5.3%，对GDP增长的贡献率为3.3%，拉动经济增长0.4个百分点；第二产业增加值385亿元，增长13.6%，对GDP增长的贡献率为71.1%，拉动经济增长7.5个百分点；第三产业增加值271.1亿元，增长7.2%，对GDP增长的贡献率为25.6%，拉动经济增长2.7个百分点。在第三产业中，批发和零售业增长6.9%，住宿餐饮业增长5.3%，交通运输、仓储和邮政业增长12.4%，金融业增长11%。三次产业比例关系为7.1：54.5：38.4。人均地区生产总值26245元，比上年增长10.1%。

【农业】2012年，潮州市全市农业总产值84.7亿元，比上年增长5.7%。农作物总播种面积96.6万亩，比上年增长0.8%。粮食播种面积68.66万亩，比上年增长0.9%。粮食总产量29万吨，比上年增长3.8%。水果总产量15.5万吨，比上年增长5.9%；茶叶总产量1.27万吨，比上年增长10.7%；蔬菜总产量43.6万吨，比上年增长3.9%。肉类总产量7.7万吨，比上年增长6.8%。水产品产量19.9万吨，比上年增长3.2%。

【工业和建筑业】2012年，潮州市规模以上工业总产值877.9亿元，比上年增长18.5%。规模以上工业增加值228.4亿元，增长16.7%。分经济类型看，民营企业增长20.1%，国有及国有控股企业增长6.6%。分轻重工业看，轻工业增长19.2%，重工业增长13.7%，轻重工业增加值比例为55.3：44.7。

2012年，规模以上工业销售产值866.4亿元，比上年增长17.4%，其中，内销产值684.9亿元，增长23.9%；出口交货值181.5亿元，下降1.8%。工业产品销售率为98.7%，比上年下降0.9个百分点。规模以上工业经济效益综合指数为227.8%，比上年提高18.3个百分点。规模以上工业企业利润总额为113.7亿元，比上年增长21.8%。

全市资质以上等级建筑企业80家。实现建筑业总产值30.8亿元，比上年增长0.4%。房屋建筑施工面积为531.1万平方米，比上年增长15.2%。房屋建筑竣工面积为110.2万平方米，比上年增长17.5%。

【固定资产投资】2012年，潮州市全市固定资产投资224亿元，比上年增长12.7%，其中城镇投资97亿元，增长10.9%；农村投资98.6亿元，增长12.3%。分三次产业看，第一产业投资8.8亿元，比上年增长31.1%；第二产业投资140.7亿元，增长16.3%；第三产业投资74.7亿元，增长4.8%。房地产开发投资28.6亿元，增长20.9%。商品房施工面积418.7万平方米，增长28.6%，商品房竣工面积75.6万平方米，增长42.8%；商品房销售面积48.2万平方米，下降11%。

【科学技术】2012年，潮州市全市新认定国家高新技术企业3家，累计48家；新认定省级民营科技企业9家，累计通过复核认定96家。共组织申报国家和省科技项目215项，批准立项97项，其中国家级项目2项，省战略性新兴产业项目2项、省重大科技专项2项、粤港关键领域重点突破项目2项，产学研合作项目26项。组织批准市级科技项目立项项目46项。组织省级科技成果鉴定4项，市级科技成果鉴定13项。知识产权保护取得新进展，全市专利申请共3528项，增长16.01%；授权共2402项，增长27.97%。其中发明专利63项，同比增长34%。专利申请量和授权量均居全省第10位。

【国内贸易和对外经济】2012年，潮州市社会消费品零售总额317亿元，比上年增长14%。分地域看，城镇消费品零售额223.8亿元，增长13.9%；乡村消费品零售额93.2亿元，增长14.4%。分行业看，批发零售业零售额289.5亿元，增长14%，住宿餐饮业零售额27.5亿元，增长13%。在限额以上批发和零售业零售额中，机电产品及设备类增长71.6%，金银珠宝类增长48.2%，粮油、食品、饮料、烟酒类零售额增长47.3%，服装、鞋帽、针纺织品类零售额增长32.5%，日用品类零售额增长23.5%，化妆品类增长21.9%，石油及制品类零售额增长20.6%。

全年海关进出口总额42.3亿美元，比上年增长1.2%。进口总额15.3亿美元，比上年增长4.3%；出口总额27亿美元，比上年下降0.5%。从贸易方式看，一般贸易出口24.8亿美元，下降0.9%；加工贸易出口1.57亿美元，下降2%。各类商品中，陶瓷商品出口9.6亿美元，下降7.1%；机电产品出口3.8亿美元，下降0.5%；服装及纺织品出口3.7亿美元，增长1.9%；鞋类出口2.38亿美元，下降4.1%；食品出口2.7亿美元，增长24.7%。各大出口市场中，对欧盟出口4.4亿美元，下降14.6%；对美国出口4.4亿美元，增长6.6%；对东盟出口3.3亿美元，增长25.6%；对香港出口2.3亿美元，增长6.9%；对日本出口0.6亿美元，下降6.4%。

【交通、邮电和旅游】2012年，潮州市全年货运量为3541万吨，增长19.2%，货物周转量163.7亿吨公里，增长25.1%，客运量为3383万人，增长24.5%；旅客周转量为38.8亿人公里，增长24.8%。市年末机动车拥有量55.62万辆，比上年增长0.3%。民用汽车拥有量达到14.55万辆，比上年末增长13.5%。其中，私人汽车12.92万辆，增长15.0%。民用轿车拥有量达到8.08万辆，增长15.8%，其中私人轿车7.63万辆，增长16.5%。摩托车41.02万辆，比上年下降3.7%。

全年邮电通信业务总量23.7亿元，增长9.1%。电话总用户62.86万户，比上年增长1.0%，其中城市电话33.26万户，乡村电话29.6万户。小灵通用户1.79万户，比上年下降24.2%。移动电话总用户207.6万户，比上年增长19.1%。电话及移动电话普及率达到101部/百人。全市互联网固定用户35.0万户，比上年增长17.8%。

2012年，全市旅游收入74.8亿元，比上年增长17.8%；接待海内外游客人数491.6万人次，增长17.6%；其中，接待海外游客54.1万人次，增长16.5%，接待国内游客437.5万人次，增长17.7%；全市共有星级饭店13家，客房出租率达65%。

【金融和保险】2012年年末，潮州市全市金融机构本外币存款余额836.4亿元，比年初增长12.5%；其中城乡居民储蓄存款余额588.5亿元，比年初增长15.4%。金融机构本外币贷款余额290亿元，比年初增长13%。存贷比仅为34.7%。

2012年，实现保费收入18.3亿元，比上年增长3%，其中，人身保险业务保费收入13.8亿元，下降0.9%；财产保险业务保费收入4.5亿元，增长17%；共支付各项赔款和给付6.2亿元，比上年增长15.2%，其中，人身保险赔付支出3.6亿元，增长2.8%；财产保险赔付支出2.6亿元，增长37.6%。

14

2012年揭阳市经济发展概况

【经济总量】2012年，揭阳市全年实现地区生产总值（GDP）1380.15亿元，比上年增长11.3%。其中：第一产业增加值141.25亿元，增长5.1%；第二产业增加值842.40亿元，增长14.6%；第三产业增加值396.50亿元，增长6.8%。三次产业结构为：10.2：61.1：28.7。在第三产业中，批发和零售业增长8.2%，住宿和餐饮业增长2.0%，交通运输、仓储和邮政业增长10.5%，金融业增长17.2%，房地产业下降2.6%，其他服务业增长7.1%。民营经济增加值1070.61亿元，增长13.5%。人均地区生产总值23252元，增长10.6%。

【农业】2012年，揭阳市全年粮食作物播种面积137.25千公顷，比上年增长0.4%。稻谷播种面积79.68千公顷，增加0.2%；糖蔗种植面积0.12千公顷，下降4.7%；油料种植面积7.47千公顷，增长0.9%；蔬菜种植面积55.91千公顷，增长2.7%。

全年粮食产量87.88万吨，增长1.9%；稻谷产量49.36万吨，增长1.5%；糖蔗产量0.87万吨，下降1.4%；油料产量2.28万吨，增长0.2%；蔬菜产量189.84万吨，增长5.2%；水果产量53.24万吨，增长3.9%；茶叶产量1.15万吨，增长10.4%。

【工业和建筑业】2012年，揭阳市全年全部工业完成增加值794.00亿元，比上年增长15.5%，其中规模以上工业完成工业增加值660.40亿元，比上年增长22.0%。分经济类型看，在规模以上工业中，国有及国有控股企业完成工业增加值73.05亿元，增长6.9%；民营企业完成工业增加值498.80亿元，增长24.8%；外商及港澳台投资企业完成工业增加值128.00亿元，增长17.4%；股份制企业完成工业增加值357.44亿元，增长25.6%；集体企业完成工业增加值13.08亿元，增长27.0%。分轻重工业看，在规模以上工业中，轻工业完成工业增加值452.55亿元，增长26.4%；重工业完成工业增加值207.85亿元，增长14.0%。分行业看，在规模以上工业中，塑料制品业完成工业增加值45.37亿元，增长26.3%；纺织业完成工业增加值69.62亿元，增长26.2%；服装业完成工业增加值98.08亿元，增长19.5%；金属制品业完成工业增加值52.44亿元，增长28.0%；医药制造业完成工业增加值38.73亿元，增长46.3%。

【固定资产投资】2012年，揭阳市全年完成固定资产投资663.51亿元，增长23.9%。分城乡看，城镇投资512.10亿元，增长15.9%；农村投资151.42亿元，增长61.8%。在城镇投资中，房地产开发投资56.44亿元，增长28.7%。分投资主体看，国有经济投资70.18亿元，下降36.4%；非国有经济投资593.33亿元，增长39.6%；其中民间投资561.14亿元，增长38.8%。

分三次产业看，第一产业投资5.56亿元，增长52.0%。第二产业投资350.50亿元，增长39.5%；其中工业投资348.68亿元，增长39.1%。第三产业投资307.45亿元，增长9.6%。

全年不包括房地产开发的在建1亿元以上投资项目92个，竣工16个，共完成投资151.16亿元。其中，投资额达到1亿元以上的项目有51个，全年投资额达到500万元以上的工业项目815个，共完成投资347.98亿元。其中，竣工429个，共完成投资169.65亿元。

【科学技术】2012年，揭阳市全市专业技术人员19.32万人，增长4.8%；全年市级产业技术研究与开发费用支出570万元，增长12.0%。年末全市共有高新技术企业49家，当年新增6家；省级民营科技企业132家，当年新增13家。当年列入国家和省各类科技计划项目有72个；新增省级工程技术研究开发中心2家。评定市级科技进步奖项目38项，荣获省级科技进步奖2项；当年获省级以上科技成果鉴定7项，市级科技成果鉴定38项。全年全市专利申请量2259件，占全省的1.0%，增长49.9%；授权量1904件，占全省的1.2%，增长42.3%。

【国内贸易和对外经济】2012年，揭阳市全年社会消费品零售总额521.05亿元，比上年增长15.7%。分城乡看，城镇消费品零售额475.54亿元，增长15.9%；农村消费品零售额45.51亿元，增长13.3%。分行业看，批发和零售业零售额497.58亿元，增长15.9%；住宿和餐饮业零售额23.47亿元，增长11.7%。

全年净增限额以上企业53家，累计达到990家。全年限额以上单位完成零售额438.91亿元，比上年增长17.9%。

在限额以上批发和零售业商品零售额中，食品、饮料、烟酒类增长22.2%，服装、鞋帽针纺织品类增长62.1%，金银珠宝类增长347.9%，日用品类增长10.1%，体育、娱乐用品类增长26.9%，中西药品类增长17.7%，文化办公用品类增长61.6%，家具类增长55.0%，石油及制品类增长34.7%，建筑及装潢材料类增长20.1%，家用电器和音像器材类增长34.7%，通信器材类下降16.0%，汽车类下降10.4%。

全年进出口总额42.75亿美元，比上年增长1.2%。其中，出口38.1亿美元，增长0.5%；进口4.65亿美元，增长7.5%。进出口差额33.45亿美元，比上年少0.14亿美元。

全年新签利用外资合同40宗，比上年增长33.3%；合同利用外资金额5.9亿美元，增长26%；实际利用外资金额1.9亿美元，增长12.2%。在实际利用外资中，制造业占48.2%，房地产业占8%，批发和零售业占42.1%。

【交通、邮电和旅游】2012年，揭阳市全年交通运输、仓储和邮政业实现增加值15.54亿元，比上年增长10.5%。

年末全市民用汽车保有量达到19.16万辆，比上年末增长16.3%；其中私人汽车16.97辆，增长17.3%。民用轿车保有量达到10.71万辆，增长17.7%，其中私人轿车9.95万辆，增长18.6%。

全年完成邮电通信业务总量40.43亿元，增长12.5%。其中邮政业务总量1.51亿元，增长14.9%；通信业务总量38.93亿元，增长12.4%。年末本地电话用户达到95.85万户，其中城市电话用户47.94万户，乡村电话用户47.91万户。年末移动电话用户达到447.07万户，新增12.99万户。年末互联网宽带接入用户45.94万户，新增5.15万户。

全年入境旅游人数8.17万人次，增长2.0%。其中，外国人0.6万人次，增长36.6%；香港、澳门和台湾同胞7.57万人次，增长1.0%。国内游客达1565.87万人次，增长19.2%，其中过夜旅游者535.5万人次，增长23.9%；全年旅游总收入86.19亿元，增长33.0%。

【金融和保险】2012年年末，揭阳市全市金融机构本外币各项存款余额1311.12亿元，比年初增长16.0%，其中城乡居民储蓄存款余额950.56亿元，增长17.2%。年末全市金融机构本外币各项贷款余额615.58元，增长22.5%，其中短期贷款余额425.79亿元，增长26.9%。在全市金融机构存、贷款余额中，全市农村信用社存款余额244.01亿元，比年初增长17.8%，贷款余额173.16亿元，比年初增长16.5%。

全年全市实现保费收入23.74亿元，增长17.2%。其中：人身险业务保费收入15.21亿元，增长14.3%；财产险业务保费收入8.53亿元，增长22.9%。全年共支付各项赔款和给付7.98亿元，增长33.1%。其中：人身险业务赔付支出3.62亿元，增长27.1%；财产险业务赔款支出4.35亿元，增长38.6%。

广西壮族自治区

| 南宁市 | 桂林市 | 梧州市 | 防城港市 | 河池市 | 来宾市 | 贵港市 |

1

2012年南宁市经济发展概况

【经济总量】2012年，南宁市全年实现地区生产总值（GDP）2503.55亿元，按可比价格计算，比上年增长12.3%。按户籍人口计算，全市人均GDP为35138元（按国家公布的2012年平均汇率折合为5566美元）。三次产业中，第一产业增加值324.09亿元，增长5.2%；第二产业增加值958.96亿元，增长18.1%；第三产业增加值1220.5亿元，增长9.6%。

2012年，三次产业的比重由上年的13.82：37.51：48.67调整为12.95：38.30：48.75。与2011年比较，第二产业、第三产业的比重分别上升0.79、0.08个百分点。

【农业】2012年，南宁市全年全市实现农林牧渔业总产值534.52亿元，比上年增长5.27%。其中，农业产值282.76亿元，增长6.07%；林业产值26.83亿元，下降0.51%；畜牧业产值178.95亿元，增长4.64%；渔业产值20.38亿元，增长6.12%；农业服务业产值23.20亿元，增长6.51%。占农林牧渔业的比重分别为：农业52.90%，比上年上升1.67个百分点；林业5.02%，下降0.98个百分点；畜牧业33.48%，下降1.95个百分点；渔业3.81%，下降0.27个百分点；农业服务业4.79%，上升0.63个百分点。

全年粮食总产量215.14万吨，比上年增产3.90%；蔬菜产量375.90万吨，增产3.79%；水果产量157.93万吨，增产11.20%；甘蔗产量1130.22万吨，增产6.26%；花生产量12.43万吨，增产6.35%；木薯产量56.07万吨，下降3.48%。

【工业和建筑业】2012年，南宁市全年全部工业总产值2287.90亿元，比上年增长21.22%。规模以上工业总产值2100.37亿元，增长22.83%；其中国有企业增长28.52%，股份制企业增长18.17%，外商及港澳台投资企业增长40.53%，集体企业增长40.06%。全年全部工业增加值704.32亿元，增长18.7%。工业对经济增长的贡献率为42.6%，拉动经济增长5.2个百分点。

六大重点行业共完成工业产值1041.68亿元，占规模以上工业总产值比重达49.60%，拉动规模以上工业总产值增长10.52个百分点。其中农副食品加工业产值365.10亿元，增长9.15%；造纸及纸制品业产值140.96亿元，增长47.89%；化学原料及化学制品制造业产值164.94亿元，增长16.01%；非金属矿制品业产值135.02亿元，增长25.17%；电气机械及器材制造业产值112.32亿元，增长23.19%；电力热力生产和供应业产值123.35亿元，增长35.95%。

年末，全市具有资质等级的建筑企业537个，比上年增长11.18%。全年实现建筑业增加值254.64亿元，比上年增长16.4%。全市建筑施工企业（资质企业）完成施工产值719.21亿元，比上年增长18.19%；实现利润总额8.95亿元，下降5.56%；利税总额29.12亿元，增长4.22%。

【固定资产投资】2012年，南宁市全年完成全社会固定资产投资2585.18亿元，比上年增长28.13%。其中，固定资产投资(不含私人建房)2517.61亿元，增长28.14%。固定资产投资中，基本建设投资1028.46亿元，增长21.35%；更新改造投资689.03亿元，增长38.73%；房地产开发投资362.73亿元，下降7.25%。分投资主体看，国有经济投资759.64亿元，增长10.86%，占全社会固定资产投资比重的29.38%；集体经济投资80.06亿元，增长80.54%，比重为3.1%；私营个体投资312.63亿元，下降36.86%，比重为12.09%；其他经济投资1432.84亿元，增长80.7%，比重为55.43%。

在全社会固定资产投资中，第一产业投资54.78亿元，增长49.36%；第二产业投资736.63亿元，增长33.83%，其中工业投资712.29亿元，增长36.33%；第三产业投资1793.77亿元，增长25.39%。全市固定资产投资主要集中在制造业、交通运输仓储和邮政业、批发零售业、房地产、水利环境和公共设施管理等行业。

全年房地产开发投资362.73亿元，比上年下降7.25%。其中，商品住宅投资253.98亿元，下降5.18%；办公楼投资11.06亿元，下降14.1%；商业营业用房投资30.37亿元，下降8.04%。商品房施工面积3747.04万平方米，增长5.16%；商品房竣工面积664.53万平方米，增长17.68%；商品房销售面积629.01万平方米，下降11.62%；商品房销售额377.59亿元，增长2.10%。

【科学技术】2012年年末，南宁市市属国有企事业单位各类专业技术人员7.83万人。2012年，全市共组织实施国家级火炬项目51项，国家级星火项目2项，重点成果推广项目20项，自治区和市创新项目320项，年内安排市级科技项目309项，市级科技项目总投资13.60亿元，全年重点技术创新项目89项，重点新产品试产项目98项。全年获得自治区级科技进步奖16项，市级科技进步奖58项，通过市级以上鉴定的科技成果78项，其中，国内领先水平31项，国内先进水平38项，区内领先水平3项。全年签订各类技术合同285项，合同金额15883万元。全年专利申请3700件，其中发明专利申请1784件，获得授权专利1682件，其中发明专利339件。

【国内贸易和对外经济】2012年，南宁市全年全市社会消费品零售总额1255.59亿元，比上年增长17.0%。分地域看，城镇消费品零售额1175.77亿元，增长16.45%；乡村消费品零售额79.82亿元，增长25.77%。

在限额以上企业商品零售额中，汽车类零售额比上年增长17.96%，家用电器和音像器材类增长22.37%，通信器材类增长55.81%，体育娱乐用品类增长3.59%，文化办公用品类增长17.68%，家具类增长7.00%，建筑及装潢材料类增长44.17%，日用品类增长23.88%，食品、饮料、烟酒类增长18.97%，服装、鞋帽、针纺织品类增长26.01%，化妆品类增长27.37%，金银珠宝类增长18.21%。

全年商品销售总额2997.41亿元，比上年增长22.23%。全市拥有全年成交额超过亿元市场的34个，商品成交额482.25亿元。

全年外贸进出口总值41.47亿美元，比上年增长65.17%。其中，出口总值25.17亿美元，增长51.46%；进口总值16.29亿美元，增长92.04%。进出口总值中，市属企业进出口38.54亿美元，增长72.39%。其中，市属出口22.43亿美元，增长60.17%；市属进口总值16.11亿美元，增长92.89%。

【交通、邮电和旅游】2012年，南宁市全年货物运输总量29783.31万吨，比上年增长22.43%。旅客运输总量12035.81万人，增长7.75%。其中，铁路货物运输量616.10万吨，增长1.03%；铁路旅客运输量1052.91万人，下降3.23%；公路货物运输量26180万吨，增长22.55%；公路旅客运输量10618万人，增长8.92%；水路货物运输量2983万吨，增长26.96%；民航旅客发送量364.9万人，增长9.19%；航空货邮发送量4.2万吨，增长13.51%。南宁民航开通国内航线76条，国际航线16条，全年起降航班6.1万架次，比上年增加0.2万架次。

年末全市拥有各类民用车辆154.32万辆，比上年增长5.69%，其中汽车63.86万辆，增长19.26%。在汽车拥有量中，私人汽车47.67万辆，增长24.86%，其中私人轿车30.75万辆，增长25.02%；摩托车81.08万辆，下降3.18%。

全年邮电业务总量93.39亿元，比上年增长12.55%，其中电信业务总量89.77亿元，增长14.10%；邮政业务总量3.62亿元，下降15.88%。全年发送函件2267万件，增长21.23%；发送包件29.33万件，下降2.56%；特快专递480.96万件，增长11.41%；邮政储蓄年末余额157.95亿元，比上年增长20.36%。年末市话交换机总容量894.18万门；年末全市固定电话用户95.34万户，比上年下降11.58%。移动电话用户729.38万户，增长6.64%。国际互联网用户504.85万户，增长18.43%。

【金融和保险】2012年年末，南宁市全市共有金融机构27家，营业网点1046个。年末全市金融机构各项存款余额5627.18亿元，增长19.01%。其中，单位存款余额3415.46亿元，增长16.86%；个人储蓄存款余额1863.80亿元，增长17.89%。金融机构贷款余额5501.28亿元，增长13.54%。

年末全市共有各类保险公司33家，比上年增加2家，其中，财险公司19家，寿险公司14家。全年保费收入77.30亿元，比上年增长14.70%。其中，财产险保费收入35.53亿元，增长20.27%；寿险保费收入41.77亿元，增长10.35%。全年各项保险赔款及给付22.78亿元，其中财产险业务赔款及给付16.33亿元；健康险和意外伤害险赔款及给付6.45亿元。

2

2012年桂林市经济发展概况

【经济总量】2012年，桂林市全年实现地区生产总值（GDP）1492.05亿元，按可比价格计算，比上年增长13.3%。其中，第一产业增加值274.51亿元，增长6.6%；第二产业增加值694.94亿元，增长

18.9%；第三产业增加值522.60亿元，增长9.2%。第一产业增加值占地区生产总值的比重为18.4%，第二产业增加值比重为46.6%，第三产业增加值比重为35.0%。

全年市区居民消费价格比上年上涨3.5%，其中食品价格上涨3.8%。商品零售价格比上年上涨2.4%。

【农业】2012年，桂林市全市农林牧渔业总产值432.74亿元，按可比价格计算比上年增长6.8%。其中，农业产值260.44亿元，增长8.2%；林业产值26.18亿元，增长2.5%；牧业产值125.12亿元，增长5.3%；渔业产值9.8亿元，增长6.0%；农林牧渔服务业产值11.25亿元，增长6.2%。

全年农作物总播种面积67.92万公顷，增长2.6%。其中，粮食播种面积37.79万公顷，增长1.2%；经济作物播种面积6.40万公顷，增长8.1%；其他作物播种面积23.72万公顷，增长3.5%。在稳定粮食生产的基础上，非粮作物播种面积继续扩大。主要农产品产量稳定增长。全年粮食总产量199.47万吨，增长5.0%。水果总产量307.37万吨，增长8.6%；蔬菜产量356.05万吨，增长4.7%。

【工业和建筑业】2012年，桂林市全部工业总产值1821.59亿元，比上年增长22.6%。工业增加值583.03亿元，按可比价计算增长19.3%。工业增加值占GDP的比重为39.1%。其中，规模以上工业总产值1587.44亿元，增长25.6%；规模以上工业增加值494.81亿元，增长24.5%。在规模以上工业增加值中，国有及国有控股企业增长12.3%，股份制企业增长27.4%，外商及港澳台商投资企业增长4.4%。从轻重工业看，重工业增长26.9%，轻工业增长21.1%。从行业看，在32个工业行业大类中有28个行业增长，占行业面的87.5%。

全年规模工业主营业务收入1490.04亿元，比上年增长30.5%；规模工业销售产值1525.05亿元，增长27.3%；产品销售率为96.1%，比上年提高1.3个百分点。规模以上工业企业盈亏相抵后的利润总额166.77亿元。

全年全社会建筑业增加值111.91亿元，按可比价格计算，同比增长16.6%。具有资质等级的总承包和专业承包建筑业企业实现总产值197.58亿元，增长18.7%。建筑企业房屋施工面积1654.40万平方米，比上年增长13.3%，竣工面积445.13万平方米，下降5.4%。

【固定资产投资】2012年，桂林市全年全社会固定资产投资1462.40亿元，比上年增长28.2%。其中工业投资538.26亿元，增长45.3%；固定资产投资1336.18亿元，增长28.4%。分区域看，市区投资283.65亿元，增长18.3%；县域投资1178.75亿元，增长30.9%。

在固定资产投资中，城镇基本建设投资603.86亿元，增长20.3%；城镇更新改造投资414.49亿元，增长42.7%；房地产开发投资176.07亿元，增长11.1%；城镇其他投资31.56亿元，增长32.8%；农村非农户投资108.19亿元，增长67.4%。分产业看，第一产业投资30.10亿元，增长61.2%；第二产业投资541.95亿元，增长45.6%；第三产业投资764.13亿元，增长17.6%。

【科学技术】2012年，桂林市全市拥有科研、设计机构14个。各类专业技术人员71505人，全年组织实施科技项目677项，其中国家级210项，自治区级341项，市级126项。全年完成科技成果128项，获奖30项。获科技进步奖68项，其中自治区级奖38项，市级30项。

年内签订技术登记合同48件，合同登记1705万元，受理专利申请2386件，授权专利1250件。

【国内贸易和对外经济】2012年，桂林市全年社会消费品零售总额536.35亿元，比上年增长16.0%。

按经营地统计，城镇消费品零售总额446.53亿元，增长15.9%；乡村消费品零售总额89.82亿元，增长16.4%。按消费形态统计，商品零售额448.71亿元，增长14.4%；餐饮收入额87.64亿元，增长25.5%。在限额以上企业商品零售额中，汽车类增长28.1%，石油及制品类增长24.0%，书报杂志类增长17.7%，文化办公用品类增长17.5%，中西药品类增长17.3%，食品、饮料、烟酒类增长17.2%，化妆品类增长16.7%，日用品类增长11.3%，金银珠宝类增长10.5%，服装、鞋帽、针纺织品类增长9.5%。

全年外贸进出口总额（海关数）9.75亿美元，比上年增长1.8%。其中，出口7.89亿美元，增长10.0%；进口1.86亿美元，比上年下降22.5%。

全年新签市外境内项目415个，总投资486.47亿元，比上年增长4.3%。实施市外境内本年有到位资金的项目812个，市外到位资金542.18亿元，比上年增长10.3%，其中区外到位资金518.00亿元，增长14.4%。

【交通、邮电和旅游】2012年，桂林市全年交通运输、仓储及邮政业增加值70.12亿元，比上年增长12.1%。年末公路总里程11423公里，增长1.2%。其中，高速公路里程349公里，新建改建二级公路39公里。

年末民用汽车拥有量26.08万辆，比上年末增长19.5%。其中私人拥有20.85万辆。

全年邮电业务总量38.22亿元，比上年增长12.2%。其中，邮政业务总量2.17亿元，增长14.7%；电信业务总量36.05亿元，增长12.0%。年末固定电话用户72.81万部，移动电话341.05万部，互联网宽带接入用户61.23万户。

全年接待国内外游客3293万人次，增长18.1%。其中，国内游客3111万人次，增长18.5%；入境游客182万人次，增长11.0%。实现旅游总收入276.87亿元，增长26.8%。其中，国内旅游收入230.48亿元，增长29.3%；境外旅游收入46.39亿元，增长15.6%。

【金融和保险】2012年年末，桂林市金融机构本外币存款余额1829.93亿元，比年初增加275.04亿元，增长17.7%。本外币贷款余额1053.15亿元，比年初增加145.93亿元，增长16.1%。

全年保险业承保额合计5229.06亿元，比上年增长19.7%，其中，财产险业务承保额4314.76亿元，寿险业务承保额914.30亿元。保费收入30.12亿元，比上年增长7.3%。其中，财产险业务保费收入8.94亿元，寿险业务保费收入21.18亿元。支付各类赔款及给付5.62亿元，增长24.0%。其中，财产险业务赔款4.74亿元，寿险业务给付0.88亿元。

3

2012年梧州市经济发展概况

【经济总量】2012年，梧州市全年实现地区生产总值（GDP）831亿元，按可比价格计算，比上年增长13.6%。分产业看，第一产业实现增加值105.76亿元，增长4.7%；第二产业实现增加值524.08亿元，增长19%；第三产业实现增加值201.16亿元，增长8.6%。三次产业的比重为12.7∶63.1∶24.2。

全年地方财政收入101亿元，比上年增长32.7%。其中，公共财政预算收入73.83亿元，同比增长64.4%。公共财政预算收入从主要税种看，增值税2.89亿元，下降11.2%；营业税5.94亿元，下降1.7%；企业所得税2.7亿元，下降12.5%；个人所得税0.66亿元，下降41.8%；土地增值税7.16亿元，同比增长392.4%。全年地方财政支出159.24亿元，比上年增长33.8%。其中，一般公共服务支出16.19亿元，增长24.1%；公共安全支出6.24亿元，增长11.7%；社会保障和就业支出14.27亿元，增长37.1%；医疗卫生支出14.79亿元，增长16.3%；城乡社区事务支出15.5亿元，增长78.4%；住房保障支出7.97亿元，增长16.1%，交通运输支出3.43亿元，增长14.1%。

【农业】2012年，梧州市全市农林牧渔业总产值171.62亿元，比上年增长5.23%。其中，农业产值86.91亿元，增长3.4%；林业产值22.03亿元，增长10.69%；畜牧业产值49.34亿元，增长5.27%；渔业产值7.41亿元，增长8.17%；农林牧渔服务业产值5.93亿元，增长7.03%。

农作物总播种面积28.77万公顷，比上年增长0.9%。粮食播种面积15.98万公顷，基本与去年持平；粮食总产量81.97万吨，增长1.36%；经济作物播种面积4.34万公顷，增长0.2%；其中甘蔗播种面积0.31万公顷，甘蔗总产量21.48万吨，增长3.9%。蔬菜播种面积7.19万公顷，增长2.86%；蔬菜总产量181.06万吨，增长3.77%；年末果园面积4.04万公顷，水果总产量44.2万吨，增长8.07%；肉类总产量20.56万吨，增长5.06%；禽蛋总产量0.78万吨，下降4.88%。年末全市生猪存栏数107.54万头，下降5.21%，肉猪累计出栏156.1万头，增长4.58%；年末大牲畜存栏数5.4万头，增长14.41%；水产品产量7.77万吨，增长8.22%。

【工业和建筑业】2012年，梧州市全年实现工业总产值1357.17亿元，比上年增长24%。其中，规模以上工业总产值1266.46亿元，增长25.6%。在规模以上工业总产值中，轻工业总产值252.03亿元，增长4.5%；重工业总产值1014.43亿元，增长32.2%。全年实现全部工业增加值478.75亿元，同比增长20.8%；其中，规模以上工业增加值444.57亿元，增长22.2%。

规模以上工业经济效益综合指数为341.33，同比增长33.17。其中，总资产贡献率24.62%，上升3.1个百分点；资本保值增值率132.63%，上升26.35个百分点；资产负债率58.5%，上升0.15个百分点；流动资产周转率4.6次，减慢0.79次；成本费用利润率6.59%，上升0.56个百分点；全员劳动生产率29.99万元/人，上升19.32%，产品产销率96.88%，同比增加1.71个百分点。实现利润总额71.13亿元，增长45.15%。

【固定资产投资】2012年，梧州市全年完成全社会固定资产投资总额650.9亿元，比上年增长35.4%。固定资产投资616.1亿元，增长36.6%；城镇固定资产投资603.07亿元，增长36.6%：其中，基本建设投资279.94亿元，比上年增长37%；更新改造投资261.57亿元，同比增长48.9%；房地产开发投资71.89亿元，下降3.7%。按产业分，第一产业投资15.49亿元，增长106.3%；第二产业投资304.25亿元，增长23.7%；第三产业投资296.4亿元，增长50%。投资结构出现变化，受第一产业投资快速增长的拉动，第一产业投资占比略有提高，三次产业投资比例由上年的1.53：45.65：52.82调整为今年的2.5:49.4:48.1。

【科学技术】2012年，梧州市全市共组织实施国家级科技项目6项，省级科技项目63项，安排市级科技项目67项，市级科技项目总投资2.56亿元，获得自治区级科技进步奖1项，获得市级科技进步奖25项。全年专利申请受理691件，其中发明276件；获得授权专利204件，其中发明11件。全年共签订各类技术合同3项，技术合同成交总额141.8万元；农业科技服务机构个数15个。

【国内贸易和对外经济】2012年，梧州市全市实现社会消费品零售总额257.2亿元，同比增长14.8%，其中，批发和零售业分别实现销售额101.4亿元和244.4亿元，同比分别增长19.7%和17.6%；住宿和餐饮业分别实现营业额2.95亿元和20.97亿元，同比分别增长11.2%和15.1%。全年批发和零售业实现增加值43.6亿元，比上年增长8.5%；住宿餐饮业实现增加值13.9亿元，比上年增长3.4%。

2012年新签内资项目399个，其中引进市外国内亿元以上投资项目127个。项目（合同）资金539亿元，实际到位内资额524.7亿元。2012年，全市有进出口实绩的企业227家，全市外贸进出口总额121038万美元（海关数），比上年增长52%。其中，进口总额76912万美元，同比增长183.6%；出口总额44127万美元，下降15.9%。在出口总额中，国有企业出口45852万美元，比上年下降56.1%；外商投资企业出口262376万美元，下降6.6%；民营企业出口133038万美元，下降4.7%。

【交通、邮电和旅游】2012年，梧州市交通运输、仓储和邮政业实现增加值23.3亿元，比上年增长10.8%。公路旅客周转量39.8亿人公里，增长9.7%，公路客运量3838.8万人，增长8.2%；公路水路客货运输周转量72.9亿吨公里，增长20.3%；其中，公路客货运输周转量30.7亿吨公里，增长20.2%；水路客货运输周转量42.2亿吨公里，增长20.3%；全市港口货物吞吐量2607.7万吨，增长25.9%。全年开通国内航线3条，民航运输起降1472架次，航空客运量31860人，比上年增加9780人；航空客运吞吐量4.77万人，航空货邮吞吐量25吨。全市公路总里程955.6公里，其中等级公路946公里。

完成邮电业务总量18.3亿元，比上年增长13.9%，其中邮政业务总量1.26亿元，增长25.1%；电信业务总量17.1亿元，增长13.2%。

至2012年年末，全市已有星级宾馆22家；旅行社24家；A级旅游景区（点）5个；星级农家乐20家；工业旅游基地6家。全市累计接待旅游总人数853.34万人次，比去年增加28.34%，其中接待国内游客840.33万人次，比去年增加30.1%。旅游总收入83.93亿元，增加25.6%，其中国内旅游收入81.26亿元，增长25.9%，实现国际旅游外汇收入4230万美元，增长20%。接待入境过夜游客人数15.3万人次，增长17.4%，国内游客人数976万人次，增长16.1%。

【金融和保险】2012年，梧州市全年实现金融业增加值21.7亿元，比上年增长19.4%。至2012年年末，全市共有银行业金融机构15家，金融机构人民币各项存款余额665亿元，同比增长17.5%，比年初增加99.1亿元。金融机构人民币各项贷款余额461.2亿元，同比增长16.95%，比年初增加66.9亿元。其中，短期贷款余额461.1亿元，比年初增加66.9亿元；中长期贷款余额291.3亿元，比年初增加17亿元。

全年原保险保费收入114815万元，比上年增长9.3%。其中，财产险公司原保险保费收入39588万元，增长14.9%；寿险公司原保险保费收入75227万元，增长6.6%。全年保险赔付支出40117万元，比上年上升了260.9%。

4

2012年防城港市经济发展概况

【经济总量】2012年，防城港市全年实现地区生产总值（GDP）457.53亿元，增长12.5%按可比价格计算。按常住人口计算，人均地区生产总值51836元。

从产业看，第一产业增加值61.65亿元，增长5.6%，同比回落0.2个百分点；第二产业增加值243.28亿元，增长17.9%，同比回落1.1个百分点，其中工业增加值207.36亿元，增长17.9%，同比提高0.5个百分点；第三产业增加值152.60亿元，增长7.2%，同比回落6.8个百分点。三次产业结构为13.5：53.2：33.3，第一产业比重继续下降，同比下降0.5个百分点，第二产业比重保持上升态势，同比上升0.6个百分点，第三产业比重同比回落0.1个百分点。

【农业】2012年，防城港市全年农作物总播种面积121.53千公顷，比上年增加2.69千公顷。其中：粮食种植面积49.06千公顷，增加0.51千公顷，其中谷物、豆类、薯类种植面积分别为40.18千公顷、1.55千公顷、7.34千公顷，分别增加0.19千公顷、0.04千公顷、0.27千公顷；经济作物种植面积52.05千公顷，增加1.52千公顷，其中油料种植面积2.69千公顷，增加0.15千公顷；甘蔗种植面积47.11千公顷，增加1.24千公顷；蔬菜种植面积19.76千公顷，增加0.64千公顷。年末果园面积10.52千公顷，增加0.30千公顷。全年粮食总产量19.25万吨，增长2.7%；甘蔗产量340.46万吨，增长4.9%；油料产量0.55万吨，增长8.6%；水果产量6.39万吨，增长5.7%；蔬菜产量24.21万吨，增长4.8%。

【工业和建筑业】2012年，防城港市全年工业总产值790.52亿元，增长20.1%；实现工业增加值207.36亿元，增长17.9%。其中，规模以上工业产值766.93亿元，增长20.7%；规模以上工业增加值198.47亿元，增长19.2%。

年末，全市规模以上工业企业153家，比上年增加5家，其中产值超亿元企业94家，比上年增加1

家。

规模以上工业中，从轻重工业看，轻工业增加值102.85亿元，增长23.6%；重工业增加值95.62亿元，增长14.9%，轻重工业对规模以上工业增长贡献率分别达60.4%、39.6%，分别拉动规模以上工业增长11.6个百分点、7.6个百分点。

全年全社会建筑业实现增加值35.92亿元，增长17.6%。具有资质等级的总承包和专业承包建筑业企业47家，全年完成建筑业总产值71.24亿元，增长16.6%；房屋建筑施工面积351.47万平方米，下降12.4%；房屋建筑竣工面积227.35万平方米，增长17.6%。

【固定资产投资】2012年，防城港市全年完成全社会固定资产投资550.39亿元，增长12.0%。其中，城镇固定资产投资完成514.14亿元，增长12.5%；农村投资完成36.25亿元，增长5.5%。固定资产投资完成517.83亿元，增长12.0%。在固定资产投资中，基本建设投资完成244.51亿元，增长5.5%；更新改造投资完成124.96亿元，增长69.7%；房地产开发投资129.77亿元，下降3.5%。

在固定资产投资中，分投资主体看，国有投资242.29亿元，增长18.2%；非国有投资275.53亿元，增长7.2%，其中民间投资262.95亿元，占固定资产投资比重为50.8%，增长8.2%。分产业看，第一产业完成投资13.02亿元，增长30.1%；第二产业完成投资204.24亿元，增长31.1%，其中工业投资204.24亿元，增长31.1%；第三产业完成投资300.57亿元，增长1.5%。三次产业投资比重由上年同期的2.2:33.7:64.1调整为2.5:39.4:58.1，第二产业投资比重上升了5.7个百分点。

【科学技术】2012年，防城港市全年共组织实施科技项目77项，项目总投资86356万元，科技经费投入415万元，引进推广农业新品种10个，研制开发工业新产品13个，推广应用工业农业新技术、新成果10项；完成科技成果鉴定6项。专利申请量335件，授权专利124件。年末高新技术企业5家，高新技术产业产值130亿元，同比增长32倍。

【国内贸易和对外经济】2012年，防城港市全年实现社会消费品零售总额71.30亿元，增长16.6%，扣除价格因素，实际增长14.4%。按经营地统计，城镇消费品零售额64.10亿元，增长17.0%；乡村消费品零售额7.20亿元，增长13.1%。按消费形态统计，商品零售额64.41亿元，增长16.4%；餐饮收入额6.89亿元，增长16.8%。

在限额以上企业商品零售额中，汽车类增长61.3%，石油类增长12.8%，家用电器及音像制品类增长31.9%，文化办公用品类下降4.5%，体育娱乐用品类增长83.1%，书报杂志类增长16.5%，服装、鞋帽、针纺织品类增长65.3%，日用类增长26.3%，化妆品类增长28.7%，金银珠宝类增长95.6%，粮油食品类增长25.5%，其中粮油类增长29.7%，水产品类增长16.4%。

据海关统计，全年货物进出口总额48.98亿美元，增长19.1%，其中，进口总额40.70亿美元，增长28.5%；出口总额8.28亿美元，下降12.3%。外贸进出口增幅比全国平均水平高12.9个百分点。外贸进出口规模在全区排第2位，进口依旧保持优势地位，占全区进口总量的29.1%，稳居全区首位。全年边贸成交额201.91亿元，增长24.3%，其中，进口122.25亿元，增长19.9%；出口79.66亿元，增长31.8%。

【交通、邮电和旅游】2012年，防城港市全年交通运输、仓储及邮政业实现增加值42.86亿元，增长1.6%。全年货物运输总量1.36亿吨，增长12.7%，旅客运输总量2540万人，增长6.7%；客货运周转量401.16亿吨公里，增长9.6%。

全年完成邮电业务总量按（2010年不变价格计算）9.89亿元，增长15.1%。其中，邮政业务总量0.47亿元，增长15.0%；电信业务总量9.42亿元，增长15.1%。年末固定电话用户13.97万户，其中，城市电话用户10.78万户，农村电话用户3.19万户。全年新增移动电话用户10.24万户，年末达到77.52万户，其中3G移动电话用户21.52万户。年末固定及移动电话用户总数达到91.49万户，电话普及率达到103部/百人（按常住人口计算）。互联网用户12.14万户。

全年共接待国内外游客819.28万人次，增长19.4%。其中，国内游客806.53万人次，增长19.4%；海外游客12.75万人次，增长23.4%。全年旅游总收入达52.62亿元，增长30.2%。其中，国内旅游总收入50.36亿元，增长30.0%；国际旅游外汇收入3577万美元，增长36.4%。

【金融和保险】2012年年末，防城港市各类金融机构（含证券、保险、融资担保、小额贷款）169家，同比增加14家，全年金融业增加值14.73亿元，增长21.1%，同比提高5.6个百分点。

年末，金融机构本外币各项存款余额396.24亿元，比年初增加39.29亿元，比年初增长11.0%。其中，人民币各项存款余额385.76亿元，比年初增加31.14亿元，比年初增长8.8%。金融机构本外币各项贷款余额288.32亿元，比年初增加56.12亿元，比年初增长24.2%。其中，人民币各项贷款余额275.07亿元，比年初增加53.78亿元，比年初增长24.3%。全年新增金融机构本外币贷款56.12亿元，同比增长98.6%。

全年保险公司原保险保费收入4.89亿元，增长12.6%。其中，财产险业务原保险保费收入2.28亿元，增长29.7%；寿险业务原保险保费收入2.36亿元，增长3.6%；健康险和意外险业务原保险保费收入0.24亿元，下降19.8%。全年支付各类赔款及给付1.50亿元，增长23.5%。其中，财产险业务赔款0.97亿元，增长32.4%；寿险业务给付0.45亿元，增长34.5%；健康险和意外险业务赔款及给付0.08亿元，下降44.1%。

5

2012年河池市经济发展概况

【经济总量】2012年，河池市全年实现地区生产总值（GDP）497.52亿元，比上年下降0.47%（按2010年不变价格计算）。其中第一产业增加值126.16亿元，增长4.59%；第二产业增加值178.10亿元，下降6.20%；第三产业增加值193.26亿元，增长3.89%。第一、二、三产业增加值占地区生产总值的比重分别为25.36%、35.80%和38.84%，对经济增长的贡献率分别为-202.50%、588.10%和-285.61%。按常住人口计算，全市人均地区生产总值14614元。

【农业】2012年，河池市农林牧渔业实现总产值209.25亿元，比上年增长5.06%，实现增加值126.34

亿元，增长4.86%。其中农业产值92.70亿元，增长4.88%，增加值62.78亿元，增长5.01%；林业产值21.57亿元，增长12.25%，增加值16.59亿元，增长14.45%；牧业产值84.97亿元，增长3.55%，增加值41.00亿元，增长1.26%；渔业产值6.30亿元，增长7.77%，增加值4.03亿元，增长8.00%；农林牧渔服务业产值3.72亿元，增长3.83%，增加值1.94亿元，增长2.97%。

全年粮食产量101.84万吨，比上年增长1.98%；油料产量1.15万吨，增长34.69%；甘蔗产量466.17万吨，增长5.13%；蔬菜产量（含食用菌）110.72万吨，增长4.52%；园林水果产量30.08万吨，增长10.87%。

【工业和建筑业】2012年，河池市全年全部工业实现总产值353.74亿元，比上年下降20.4%，增加值下降9.9%，工业对全市经济增长的贡献率699.9%。规模以上工业总产值294.25亿元，比上年下降24.0%，增加值下降12.0%。其中，轻工业产值72.83亿元，下降2.4%，增加值增长2.8%；重工业产值221.42亿元，下降29.2%，增加值下降14.9%。

全年规模以上工业中，按经济类型分，国有企业增加值下降1.9%；股份制企业增加值下降15.0%；外商及港澳台投资企业增加值下降9.3%；其他经济类型企业增加值下降42.2%。

全年全社会建筑业实现增加值41.38亿元，比上年增长7.30%。全市具有资质等级的总承包和专业承包建筑业企业实现总产值40.19亿元，增长20.76%；实现利润2.54亿元，增长61.78%；上缴税金1.62亿元，增长20.00%。

【固定资产投资】2012年，河池市全年全社会固定资产投资277.84亿元，比上年下降36.26%，扣除价格因素，实际下降36.64%，其中固定资产投资（不含农户）221.82亿元，比上年下降39.01%；农户投资56.02亿元，下降22.40%。分城乡看，城镇固定资产投资205.19亿元，下降38.86%；农村固定资产投资72.65亿元，下降27.54%。在城镇固定资产投资中，基本建设投资116.20亿元，下降25.46%；更新改造投资61.40亿元，下降53.58%；其他投资7.73亿元，下降33.99%；房地产开发投资14.24亿元，下降43.26%。

在固定资产投资中，按登记注册类型分：内资企业209.66亿元，比上年下降38.4%；港、澳、台商投资企业2.21亿元，下降45.8%；外商投资企业0.20亿元，下降88.9%。按产业分：第一产业投资14.31亿元，比上年下降22.1%；第二产业投资66.51亿元，下降56.5%，其中工业投资66.48亿元，下降55.9%；第三产业投资141.00亿元，下降61.2%。

全年房地产开发投资14.24亿元，比上年下降43.3%。其中，商品住宅投资9.15亿元，下降50.9%；办公楼投资0.06亿元，下降46.8%；商业营业用房投资1.86亿元，下降29.9%。商品房施工面积314.09万平方米，下降0.7%。其中住宅252.47万平方米，下降3.7%。商品房竣工面积45.31万平方米，下降10.5%，其中住宅36.28万平方米，下降17.3%。商品房销售面积57.79万平方米，下降18.1%，其中住宅53.74万平方米，下降18.5%。商品房销售额17.05亿元，下降7.9%，其中住宅14.61亿元，下降6.3%。

【科学技术】2012年年末，河池市全市城镇单位共有各类专业技术人员49267人，比上年下降

7.81%。全市有各类科研所11个，科研所从业人员277人，其中从事科技活动人员223人。全年共组织实施新计划项目149项，应用技术17项，其中自治区下达项目41项。通过科技成果鉴定验收19项。

【国内贸易和对外经济】2012年，河池市全年社会消费品零售总额176.98亿元，比上年增长14.34%，扣除价格因素，实际增长10.79%。按经营地统计，城镇消费品零售额139.17亿元，增长13.31%；乡村消费品零售额37.81亿元，增长18.29%。

在限额以上企业商品零售额中，粮油、食品、饮料、烟酒类零售额增长11.19%；服装、鞋帽、针织纺织品类下降3.95%；日用品类零售额增长7.12%；书报杂志类增长9.57%；家用电器和音像器材类下降9.70%；中西药品类增长10.38%；石油及制品类零售额比上年增长17.44%；机电产品及设备类增长46.79%；汽车类零售额下降20.20%。

全年货物进出口总额5.24亿美元，比上年下降33.3%。其中，货物出口0.81亿美元，下降25.2%；货物进口4.43亿美元，下降34.6%。进出口差额（出口减进口）–3.62亿美元。全年实际使用外商直接投资额946万美元，增长9.9%。

全年区内外在河池市境内投资的新建、续建项目484个，其中本年新签约项目233个。全年累计到位资金202.88亿元。累计固定资产投资额29.68亿元。

【交通、邮电和旅游】2012年，河池市全年交通运输、仓储及邮政业增加值28.31亿元，比上年增长7.1%。

年末全市境内公路总里程12005公里，其中等级公路总里程10322公里；等级外公路1682公里。在等级公路中，高速公路231公里；一级公路67公里；二级公路942公里；三级公路1016公里；四级公路8066公里。

全年完成邮电业务总量20.68亿元，比上年增长11.9%。其中，邮政业务总量1.33亿元，增长24.3%；电信业务总量19.35亿元，增长11.1%。

全年接待国内旅游人数1063.11万人次，比上年增长25.20%，国内旅游收入88.97亿元，增长52.32%；接待入境国际旅游者人数5.35万人次，增长29.23%，其中外国人1.55万人次，增长17.42%，国际旅游外汇收入2001.53万美元，增长28.48%。

【金融和保险】2012年，河池市全年金融业实现增加值18.96亿元，比上年增长12.0%。年末全部金融机构人民币存款余额627.02亿元，比年初增长17.80%，其中个人人民币储蓄存款余额386.81亿元，比年初增长18.56%。年末全部金融机构人民币贷款余额359.06亿元，比年初增长12.30%。

全年保险业累计实现保费收入8.55亿元，比上年增长2.53%。其中，人身保险业务保费收入4.51亿元，同比下降0.77%；财产保险保费收入4.04亿元，同比增长6.38%。全年支付各类保险业务赔款2.09亿元，同比下降14.89%，其中，财产险业务赔款1.91亿元；人身险业务赔款0.18亿元。

6

2012年来宾市经济发展概况

【经济总量】2012年，来宾市全年实现地区生产总值（GDP）519.22亿元，比上年增长11.8%。其中，第一产业增加值129.93亿元，增长7.7%，对GDP增长的贡献率为14.6%，拉动经济增长1.7个百分点；第二产业增加值239.94亿元，增长15.6%，对GDP增长的贡献率为65.8%，拉动经济增长7.8个百分点；第三产业增加值149.35亿元，增长8.4%，对GDP增长的贡献率为19.6%，拉动经济增长2.3个百分点。三次产业结构为25.0：46.2：28.8。在第三产业中，批发和零售业增长11.4%，住宿和餐饮业增长7.1%，金融业增长19.4%，房地产业增长5.4%。建市十年，GDP总量翻了2.2番，年均增长13.5%。

【农业】2012年，来宾市实现农林牧渔业总产值208.40亿元，比上年增长8.0%，实现近五年来最高增幅，其中：种植业产值127.85亿元，增长9.8%；林业产值12.92亿元，增长9.3%；牧业产值57.24亿元，增长4.5%；渔业产值5.15亿元，增长5.9%。

全年粮食种植面积174.33千公顷，比上年增长0.9%；糖蔗种植面积178.64千公顷，增长5.1%；油料种植面积13.00千公顷，增长3.4%；蔬菜种植面积50.91千公顷，增长3.6%。

【工业和建筑业】2012年，来宾市年实现全部工业总产值620.16亿元，比上年增长10.2%，其中，规模以上工业总产值561.34亿元，增长10.9%，规模以下工业总产值58.82亿元，增长4.4%。全年全部工业实现增加值192.93亿元，比上年增长13.3%，其中，规模以上工业增加值增长15.1%；分经济类型看，国有控股企业增长5.1%，外商及港澳台投资企业增长14.6%，股份制企业增长18.8%，集体企业增长24%。分轻重工业看，轻工业增长26.1%，重工业增长8.9%。

全年工业经济效益综合指数331.4%，比上年低1.1个百分点，产品销售率92.4%，比上年低2.8个百分点；实现利润总额5.52亿元，下降66.3%；实现利税总额21.91亿元，下降32.2%。亏损企业亏损总额16.05亿元，增长41.7%。在规模以上工业企业中，国有及国有控股企业亏损9.11亿元，增亏；股份制企业亏损1.88亿元，盈转亏；外商及港澳台投资企业实现利润8.23亿元，增长8.5%；其他经济类型企业实现利润1.35亿元，下降19.0%。

全年建筑业增加值47.01亿元，比上年增长29.0%；全年资质等级以上建筑企业36个，与上年持平。

【固定资产投资】2012年，来宾市全年全社会固定资产投资561.80亿元，比上年增长32.9%。分城乡看，城镇投资466.87亿元，增长36.1%；农村投资94.93亿元，增长19.1%。分管理渠道看，基本建设投资210.53亿元，增长31.3%；更新改造投资188.30亿元，增长49.9%；房地产开发投资61.96亿元，增长29%。分投资主体看，国有经济投资225.15亿元，增长20.5%；民间投资175.44亿元，增长56.6%；港澳台、外商经济投资17.57亿元，增长119.6%。建市十年，我市全社会固定资产投资一直保持高位增长，2012年总量比建市之初翻了4.54番，年均增长37.5%。

分三次产业看，第一产业投资22.99亿元，增长33.4%；第二产业投资175.93亿元，增长36.4%，其中工业投资175.89亿元，增长36.8%；第三产业投资281.20亿元，增长34.8%。

【科学技术】2012年，来宾市全年共组织实施创新计划项目77项，比上年多7项，其中农业科技创新37项，工业科技创新12项，高新技术产业化项目5项。受理专利申请250件，比上年增长68.9%；获国家授权专利77项，比上年增长71.1%；其中发明6项，比上年多1项。

【国内贸易和对外经济】2012年，来宾市全年社会消费品零售总额109.53亿元，比上年增长16.0%。分地域看，城镇消费品零售额76.52亿元，增长16.3%；乡村消费品零售额33.01亿元，增长15.3%。2006年以来，全市社会消费品零售总额保持16%以上的幅度增长。

在限额以上批发和零售业商品零售额中，日用品类增长26.9%，体育、娱乐用品类增长21.2%，家用电器和音像器材类增长20.3%，文化办公用品类增长19.2%，服装、鞋帽、针纺织品类增长14.1%，汽车类增长11.0%，粮油、食品、饮料、烟酒类增长8.0%，化妆品类下降20.0%，通信器材类下降29.5%，金银珠宝类下降51.1%。

全年进出口总额14454万美元，比上年增长10.0%。其中，出口额6565万美元，增长84.3%；进口额7889万美元，下降17.6%。出口增幅比进口增幅高101.9个百分点，进口额比出口额多1324万美元。

【交通、邮电和旅游】2012年，来宾市全年交通运输、仓储和邮政业实现增加值18.55亿元，比上年增长6.3%。

年末公路通车里程6170公里，比上年增长4.4%；其中高速公路75公里，一级公路6公里，二级公路755公里，三级公路442公里，四级公路3567公里。年末全市民用汽车保有量33万辆，比上年末增长6.5%；民用轿车保有量2.1万辆，增长27.3%；其中私人轿车1.8万辆，增长33.3%。

全年完成邮电业务总量13.02亿元，增长8.0%。其中邮政业务总量0.68亿元，增长3.3%；电信业务总量12.34亿元，增长8.2%。年末固定电话用户15.81万户，其中城市电话用户7.77万户，乡村电话用户8.04万户。年末移动电话用户159.15万户，比上年增长11.2%；年末计算机互联网用户15.52万户，增长18.3%。

全市A级景区6个，比上年多1个，星级饭店18家，比上年多2家。全年累计接待游客总人数754.80万人次，比上年增长29.9%。其中接待国内游客753.35万人次，增长29.9%；接待入境旅游者1.45万人次，增长20.5%。实现旅游总收入33.68亿元，增长38.4%，其中国内旅游收入33.24亿元，增长38.5%；旅游外汇收入650万美元，增长25.0%。

【金融和保险】2012年年末，来宾市全市金融机构人民币存款余额407.06亿元，比年初增长15.4%，其中城乡居民储蓄存款余额220.31亿元，比年初增长22.3%；各项贷款余额258.16亿元，增长18.4%。

全市全年实现保费收入4.56亿元，增长16.3%。其中，财产险业务保费收入1.33亿元，增长20.8%；人身险业务保费收入3.23亿元，增长14.5%。全年共支付各项赔款和给付1.01亿元，增长12.1%。其中，财产险业务赔款支出0.69亿元，增长48.8%；人身险赔付支出0.32亿元，下降26.8%。

7

2012年贵港市经济发展概况

【经济总量】2012年，贵港市全年实现地区生产总值（GDP）679.18亿元，增长10.2%。其中，第一产业增加值148.68亿元，增长6.1%；第二产业增加值273.38亿元，增长12%；第三产业增加值257.13亿元，增长10.1%。第一、二、三产业对经济增长的贡献率分别为11.8%、53.4%、34.8%，分别拉动全市经济增长1.2、5.4、3.6个百分点。三次产业的比重为21.9∶40.3∶37.8，与上年相比，第一、二产业的比重分别下降了0.1个百分点和1.6个百分点，第三产业的比重分别提高1.7个百分点。人均地区生产总值16281元，比去年增加1036元，增长9.3%。

【农业】2012年，贵港市全年农林牧渔业总产值250.26亿元，增长6.34%。其中，农业总产值108.55亿元，增长7.8%；林业总产值14.23亿元，增长3.52%；牧业总产值92.33亿元，增长5%；渔业总产值23.15亿元，增长7.93%；农林牧渔服务业总产值11.99亿元，增长5.81%。

全年粮食种植面积27.49万公顷，比上年增加3168公顷，总产量149.12万吨，增产5.89%，其中：稻谷产量124.84万吨，增产4.77%；玉米产量14.95万吨，增产9.24%。

【工业和建筑业】2012年，贵港市全部工业完成增加值229.15亿元，增长10.4%，对经济增长的贡献率为40.4%，拉动全市经济增长4.1个百分点，工业经济占国民经济总量的33.7%。其中，规模以上工业增加值增长12%，拉动全市经济增长3.6个百分点。

规模以上工业企业生产基本情况：2012年，规模以上工业企业（年主营业务收入2000万元及以上企业）367家，比上年增加25家，其中内资企业330家，港澳台商投资企业27家，外商投资企业10家。规模以上工业企业完成总产值624.08亿元，增长12.03%，其中年产值超过10亿元的有9家，和上年持平；年产值超过5亿元的工业企业有18家，比上年减少2家；年产值超过1亿元的工业企业有143家，比上年增加27家；年产值超过5千万元的工业企业有255家，比上年增加51家。

全年建筑业实现增加值44.23亿元，增长23.4%。全市具有资质等级的总承包建筑业企业实现利润0.57亿元，下降13.6%；上缴税金1.63亿元，增长45.1%。

【固定资产投资】2012年，贵港市全年全社会固定资产投资突破500亿元，达到552.24亿元，增长28.4%，其中：固定资产投资495.21亿元，增长29%；农户投资57.03亿元，增长23.7%。

在固定资产投资（不含农户）中，分管理渠道看，基本建设投资完成195.53亿元，增长20%；更新改造投资完成161.67亿元，增长64.6%；其他投资完成31.86亿元，增长0.9%；房地产投资完成48.99亿元，下降5.5%。投资项目个数大幅增加，全市共有项目5189个，比去年同期增加1074个，增长26.1%，其中，本年新开工项目4093个，比去年同期增加760个，增长22.8%。按项目的投资规模分，亿元以上项目59个，比去年同期增加7个，本年完成投资78.46亿元，增长29.87%；5000万元以上项目396个，比去年同期增加92个，完成投资207.59亿元，增长36.44%；1000万元以上项目1342个，比去年同期增加4个，完成投资354.88亿元，增长35.08%。

【科学技术】2012年，贵港市全年专利申请受理量430件，全年获得专利授权229件，其中发明6项。各类专业技术人员5.24万人，其中中级技术职称以上人员2.44万人，农业技术人员630人。

【国内贸易和对外经济】2012年，贵港市全年社会消费品零售总额实现284.05亿元，增长15.48%。

分城乡看，城镇消费品零售额212.31亿元，增长16.75%，其中城区消费品零售额132.65亿元，增长19.8%；乡村消费品零售额71.74亿元，增长11.88%。城市消费比乡村消费增速高4.87个百分点。

全年进出口总额23144万美元，下降14.8%。其中出口10609亿美元，下降24.4%；进口12535亿美元，下降4.6%。分运输方式看，江海运输20702万美元，下降15.4%；汽车运输2219万美元，下降8.2%；航空运输223万美元，下降20.9%。分贸易方式看，一般贸易进出口总额18507万美元，下降18.6；加工贸易进出口总额4637万美元，增长4.2%。

全年新签外资项目6个；实际利用外资（商务部口径）1692万美元，增长20%。

【交通、邮电和旅游】2012年，贵港市全年交通运输、仓储及邮政业实现增加值56.25亿元，增长5.7%。

邮电业务总量20.27亿元，增长15.3%，其中邮政业务总量1.79亿元，增长17.3%；电信业务总量18.48亿元，增长15.1%。年末固定电话用户49.04万户，比上年末减少2.79万户。年末移动电话用户183.94万户，比上年末增加23.99万户，增长15%，其中3G移动电话用户35.64万户，比上年末增加17.29万户，增长94.22%。互联网宽带接入用户达到26.51万户，比上年末增加4.64万户，增长21.21%。

全年旅游总收入67.03亿元，增长34.79%，接待旅游人数达到925.55万人次，增长23.37%，其中：接待国际旅游者6.81万人次，增长22.04%，国际旅游外汇收入2179.09万美元，增长24.47%；接待国内旅游者918.75万人次，增长23.39%，实现国内旅游总收入65.66亿元，增长35.13%。

【金融和保险】2012年，贵港市全年金融业实现增加值21.46亿元，增长19.2%。

年末全市金融机构本外币各项存款余额706.11亿元，比年初增加103.01亿元，增长17.08%，其中人民币各项存款余额703.86亿元，比年初增加102.4亿元，增长17%。在人民币各项存款余额中，个人存款余额500.81亿元，比年初增加85.7亿元，增长20.64%。金融机构本外币各项贷款余额411.9亿元，比年初增加69.89亿元，增长20.43%，其中人民币各项贷款余额411.61亿元，比年初增加70.35亿元，增长20.6%。在人民币各项贷款余额中，中长期贷款余额264.79亿元，增长11.37%；短期贷款余额143.04亿元，增长40.64%。

全年保险行业实现保费收入12.37亿元，增长15.61%，其中：财产险4.53亿元，增长12.97%；人身险7.84亿元，增长37.79%。全年赔款付给费用为4.27亿元，增长33.02%，其中财产险2.6亿元，增长33.33%；人身险1.67亿元，增长32.54%。

海南省

| 海口市 | 三亚市 |

1

2012年海口市经济发展概况

【经济总量】2012年，海口市全年实现地区生产总值（GDP）820.58亿元，按可比价格计算，比上年增长9.4%。分三次产业看，第一产业增加值57.74亿元，增长6.2%，对GDP增长的贡献率为4.9%；第二产业增加值201.67亿元，增长10.3%，对GDP增长的贡献率为27.2%；第三产业增加值561.17亿元，增长9.4%，对GDP增长的贡献率为67.9%。三次产业结构调整为7.0：24.6：68.4。

全年人均地区生产总值38719元，按当年年平均汇率折算为6160美元，这是继2008年超3000美元后，经过四年的发展突破6000美元，标志着海口经济发展进入了一个新的阶段。

【农业】2012年，海口市全年农业总产值完成92.9亿元，比上年增长4.8%。其中，种植业产值35.51亿元，增长3.5%；林业产值6.95亿元，增长10.3%；畜牧业产值38.16亿元，增长5.2%；渔业产值8.12亿元，增长6.9%；农林牧渔服务业产值4.16亿元，下降3.5%。主要农副产品产量保持稳定增长。

【工业和建筑业】2012年，海口市落实扶持政策，促进工业企业发展。制定了《海口市关于加快工业发展若干规定的实施细则》，积极组织企业申报2012年海口市工业发展资金，落实政策奖励扶持资金1.35亿元。对重点医药企业实行“一企一策”的扶持发展政策，收到了良好效果。在今年我市工业发展下行压力不断加大的形势下，进一步增强企业发展的信心，逐步扭转了上半年下滑的态势，使我市工业发展呈现回升态势。同时引导企业扩大产能，共投入约16.5亿元加大技术改造，促进工业企业结构调整，向集约化、规模化的新型工业转型发展。全年实现工业增加值136.67亿元，增长9.1%，占全市地区生产总值的16.7%，对全市经济增长的贡献率为16.6%。全年全市工业总产值561.29亿元，增长8.3%。规模以上工业企业实现产值527.08亿元，增长8.6%；其中，轻工业产值223.49亿元，增长16.7%，重工业总产值303.59亿元，增长3.6%，重工业与轻工业之比为1.4：1。全市规模以上工业企业产品出口交货值43.22亿元，增长5%。至年底，全市规模以上工业企业148家，其中产值超亿元的企业有76家，完成产值491.59亿元，占全市规模以上工业总产值的93.3%，产值增量45.9亿元。主要工业产品产量及其增长速度。

全年建筑业实现增加值完成65亿元，增长12.8%。全市具有资质等级的建筑业企业完成建筑业总产值208.3亿元，增长7.6%。其中，建筑工程产值187.7亿元，增长10.4%；安装工程产值10.8亿元，下降33.7%。

【固定资产投资】2012年，海口市扎实开展“项目建设年”活动，全年固定资产投资510.38亿元，增长29.2%，投资增幅创1996年以来的新高。分产业看，第一产业投资3.82亿元，增长57%；第二产业投资64.46亿元，下降0.5%，其中制造业投资53.84亿元，下降4.3%；第三产业投资442.1亿元，增长31.1%。三次产业投资结构调整为0.8：12.6：86.6。

全市90个省市重点建设项目完成投资320.18亿元，完成年度计划的165.3%。

全年房地产开发投资175.55亿元，增长21%。全市商品房施工面积1589.04万平方米，增长33.6%；商品房新开工面积261.97万平方米，下降39.6%；商品房销售面积266.07万平方米，增长18%，其中住宅销售250.62万平方米，增长27.3%。

【科学技术】2012年，海口市科技创新体系进一步发展。加大科技创新和企业技术研发扶持力度，争取国家和省科技创新资金7400多万元。推进创新型试点城市建设，新增省级工程技术研究中心和重点实验室11家，市级企业技术研发中心和重点实验室7家，市级创新型企业3家，海口国家绿色科技产业国际创新园获科技部批准。到年底，全市拥有国家级创新型企业4家，国家级创新型试点企业6家，市级创新型企业28家；省级重点实验室31家，市级重点实验室20家；国家级企业技术中心1家，省级工程技术研发中心41家，市级技术研发中心14家，科技创新体系初步形成。知识产权水平达到新高度，当年专利申请1387件，同比增长11%；专利授权867件，增长36%；年末有效专利拥有量934件，增长48%。当年企业提出专利申请为380件，其中6家科技型中小企业实现专利申请“零突破”，拥有专利的规模以上的企业为66家。全市每万人口发明专利拥有量达到4.45件。

【国内贸易和对外经济】2012年，海口市全年批发和零售业增加值完成151.62亿元，比上年增长9.9%。住宿和餐饮业增加值完成27.41亿元，增长5.5%。

全年社会消费品零售总额436.26亿元，增长12.7%。分地域看，城镇消费品零售总额391.73亿元，增长10.8%；乡村消费品零售总额44.53亿元，增长32.1%。石油及制品、汽车、家用电器等成为我市消费的重点。全年限额以上企业商品零售类值中石油及制品、汽车、家用电器三大类别合计完成商品零售额271.71亿元，占限上企业商品零售类值总额的80.2%。全年批发和零售业销售额1591.54亿元，增长23%；住宿和餐饮业营业额66.47亿元，增长17.2%。

全年全市外贸进出口总额42.2亿美元，下降0.7%。其中，出口18亿美元，增长6.2%；进口24.2亿美元，下降5.2%。美国是我市对外贸易的第一大市场，实现贸易往来11.8亿美元，增长36.7%，占进出口总值28%；欧盟、中国香港、日本、东盟等其他主要贸易伙伴进出口额分别为11.3亿美元、4.8亿美元、3.9亿美元和3.6亿美元。一般贸易进出口27.1亿美元，下降16%，占全市进出口总值的比重为64.2%。租赁贸易8.2亿美元，加工贸易6.1亿美元，分别增长1.1倍和2.2%，占全市进出口比重分别为19.4%和14.5%。

【交通、邮电和旅游】2012年，海口市全年交通运输邮电仓储业增加值63.78亿元，比上年增长3.7%。各种运输方式完成旅客运输量40116万人次，增长14.6%；旅客运输周转量411亿人公里，增长9.5%；货物运输量10413万吨，增长11.9%；货物周转量666亿吨公里，增长12.3%。各种运输方式完成的运输量及其增长速度。

邮政电信规模进一步扩大。全年邮电业务总量完成48.01亿元，增长10.4%。其中，电信业务总量46.28亿元，增长11.6%；邮政业务总量1.73亿元，增长7.9%。年末城市固定电话用户69.28万户，下降3.5%；移动电话用户368万户，增长13.6%。宽带接入用户48.57万户，增长1.7%。全年短信业务总量29.02万条，增长17.4%。

2012年，海口携手文昌、琼海、儋州、定安、澄迈、临高、屯昌7市县旅游部门联合发布了《琼北"7+1"旅游合作与发展宣言》，对琼北的旅游产品进行捆绑打包，使得旅游产品从小、弱、散向厚、重、深转型。推出文化旅游融合产品"海口之春旅游艺术节"，助推国际旅游文化交流平台建设。生态游、温泉游、乡村休闲游等新业态切合小长假市场需求，受到市民游客的欢迎。全年接待过夜旅游人数952.9万人次，比上年增长12.7%。其中，入境旅游者17.97万人次，增长22.4%；境内旅游者934.93万人次，增长12.5%。在入境旅游人数中，外国人8.26万人次，增长7.7%；香港同胞2.61万人次，下降8.5%；澳门同胞0.13万人次，增长15.9%；台湾同胞6.97万人次，增长72.3%。旅游业总收入101.57亿元，增长22.3%。年末全市有星级宾馆酒店51家，其中五星级宾馆酒店7家。

【金融和保险】2012年，海口市金融改革创新进一步深化。中信银行、招商银行等海口分行和海口农商银行挂牌运营，浦发银行、华夏银行等海口分行和海口联合农商行获批筹建。

截至年末，全市金融机构（含外资）本外币各项贷款余额2924.43亿元，比年初增长18.8%。当年新增贷款462.87亿元，同比少增60.7亿元。其中，新增短期贷款43.57亿元，新增中长期贷款353.13亿元，新增票据融资3.93亿元。年末全市各项存款余额2637.7亿元，比年初增长11.8%，比上年末提高6.7个百分点。当年新增存款278.08亿元，同比多增162.9亿元。其中，新增单位存款127.69亿元，新增个人存款132.12亿元。

全年保费收入38.72亿元，增长11.1%。其中，财产险保费收入17.12亿元，增长9.2%；寿险业务保费收入19.03亿元，增长11.1%；健康险和意外伤害险业务保费收入2.58亿元，增长25.2%。支付各类保险赔款及给付11.74亿元，增长13.3%。其中，财产险业务赔款支出8.22亿元，增长10.9%；寿险业务赔付支出3.06亿元，增长15%；健康险和意外伤害险赔付支出0.45亿元，增长58.8%。

2

2012年三亚市经济发展概况

【经济总量】2012年，三亚市全年实现地区生产总值（GDP）330.75亿元（含农垦，下同），按可比价格计算，比上年增长9.3%。其中，第一产业增加值46.52亿元，比上年增长7.1%；第二产业增加值68.18亿元，比上年增长9.0%；第三产业增加值216.05亿元，比上年增长9.8%。三次产业增加值由2011年的12.6：22.1：65.3调整为14.1：20.6：65.3。在国家实施房地产业宏观调控政策，房地产业出现下滑的形势下，我市不断加快旅游服务业、金融业等高增加值的现代服务业发展并初见成效，第三产业增加值占地区生产总值比重与去年持平。同时不断加快热带高效现代农业发展，推动了农业科技产业化发展，第一产业增加值占全市地区生产总值比重提高了1.5个百分点。三次产业分别拉动经济增长1.0、2.0、6.3个百分点；对经济增长的贡献率分别为10.8%、21.1%、68.1%。

2012年，全年全市地方公共财政收入60.25亿元，比上年增长20.4%；基金收入54.64亿元，比上年增长3.2%。地方公共财政收入中税收收入53.59亿元，比上年增长20.2%，占地方公共财政收入的89.0%。从税种看，耕地占用税比上年增长433.8%，房产税比上年增长30.8%，企业所得税比上年增长17.6%，成为拉动财政收入增长的主要动力。民生投入力度不断加大。全市地方公共财政支出82.73亿元，比上年增长15.6%。其中，住房保障、教育、医疗卫生、农林水事务、文化体育与传媒、社会保障和就业分别比上年增长67.7%、23.2%、18.2%、17.1%、15.7%、11.8%。

【农业】2012年，三亚市全市农业总产值70.43亿元，比上年增长7.1%，其中，种植业43.78亿元，比上年增长6.1%；林业3.60亿元，比上年增长11.0%；牧业7.10亿元，比上年增长7.2%；渔业13.37亿元，比上年增长6.2%；农林牧渔服务业2.58亿元，比上年增长18.2%。主要农业产品保持稳定增长，其中，禽蛋产量比上年增长22.2%；粮食产量比上年增长10.1%；水果产量比上年增长9.8%；肉类产量比上年增长8.4%，成为支撑农业经济稳步增长的主要力量。

【工业和建筑业】2012年，三亚市全年全市工业总产值58.03亿元，比上年增长17.2%，其中，规模以上工业产值55.53亿元，比上年增长17.8%。按轻重工业分，重工业50.60亿元，比上年增长21.0%；轻工业产值7.43亿元，比上年增长3.3%。经济效益指标有升有降。2012年列入统计监测的25家规模以上工业企业实现主营业务收入51.94亿元，比上年增长13.2%；实现利润总额1.69亿元，比上年下降25.6%。

2012年全市建筑业完成增加值51.18亿元，比上年增长6.9%。全年施工项目375个（不含农村私人，下同），比上年增加53个，其中，房地产施工项目153个，比上年增加37个。全年房屋建筑施工面积1139.66万平方米，比上年增长29.4%；房屋建筑竣工面积216.18万平方米，比上年增长20.0%。

【固定资产投资】2012年，三亚市全社会固定资产投资达430.34亿元，比上年增长21.0%，其中，房地产开发投资238.45亿元，比上年增长33.3%。从投资构成看，建筑工程285.17亿元，比上年增长18.0%；安装工程38.69亿元，比上年下降27.1%；设备工器具购置6.12亿元，比上年下降17.9%；其他费用100.36亿元，比上年增长87.8%。从投资主体看，政府投资79.14亿元，比上年增长30.8%；民间投资351.20亿元，比上年增长19.0%。从投资结构来看，第一产业完成投资1.27亿元，同比下降17.7%；在建筑业的带动下，第二产业完成投资24.75亿元，同比增长91.2%；第三产业完成投资404.32亿元，同比增长18.6%，占总投资的94.0%。从资金来源来看，2012年固定资产资金来源为649.63亿元，比上年增长15.1%；资金到位率为151.0%。本年资金来源512.95亿元，比上年增长24.4%，其中，国家预算内资金5.53亿元，同比下降21.0%；国内贷款135.56亿元，同比增长43.6%；自筹资金228.15亿元，同比增长

27.5%。

【国内贸易和对外经济】2012年，三亚市全市实现社会消费品零售总额104.80亿元，比上年增长21.8%。从城乡看，城镇实现社会消费品零售额91.81亿元，比上年增长23.4%；农村市场实现零售额12.99亿元，比上年增长11.7%。全市批发零售业实现销售额184.07亿元，比上年增长17.5%，其中批发业92.61亿元，比上年增长13.8%；零售业91.46亿元，比上年增长21.5%。从列入统计监测的限额以上批发零售企业商品销售看，生活消费保持强劲增长势头。在免税店翘尾因素以及11月提高免税限额影响下，化妆品类比上年增长76.8%，日用品类比上年增长103.6%，金银珠宝类比上年增长59.5%；服装鞋帽纺织品类比上年增长29.0%，粮油食品类零售额比上年增长28.9%。全市住宿餐饮业实现营业总额87.38亿元，比上年增长10.7%，其中住宿业72.48亿元，比上年增长8.9%；餐饮业14.90亿元，比上年增长20.6%。限额以上住宿企业中，五星级酒店营业额比上年增长3.2%，四星级酒店营业额比上年增长1.5%，三星级酒店营业额比上年增长3.8%。

【交通、邮电和旅游】2012年，三亚市全市旅客运输量5119万人，比上年增长19.6%；货物运输量3619万吨，比上年增长50.4%。凤凰机场旅客吞吐量1134万人次，增长9.5%，其中进港570万人，增长9.7%。凤凰机场飞行79428班次，同比增长8.7%。民用航空线路142条，比上年增加10条，其中，国内航线116条，比上年增加18条；国际航线24条，比上年减少6条；区域航线2条，比上年减少2条。

全市接待旅游过夜人数达1102.22万人次，比上年增长8.0%，其中，接待国内游客1054.08万人次，比上年增长8.9%；接待海外旅游者48.14万人次，比上年下降9.0%。全年旅游总收入192.22亿元，比上年增长11.0%，其中，国内旅游收入175.46亿元，比上年增长14.8%；境外旅游收入26565万美元，比上年下降15.0%。旅游饭店客房开房率58.74%，比上年下降5.77个百分点。新建高星级酒店不断增加，服务水平和接待能力不断提升。全市列入统计的旅游宾馆(酒店)235家，其中，五星级（含待评）宾馆46家，四星级（含待评）宾馆40家，三星级宾馆26家。拥有客房42784间，比上年增长14.2%。拥有床位72564张，比上年增长11.0%。全市共有5A景区2处，4A景区5处。

【金融和保险】2012年年末，三亚市全市金融机构本外币实际存款余额676.41亿元，比年初增长13.9%，其中，单位存款358.15亿元，比年初增长8.9%；储蓄存款292.52亿元，比年初增长18.5%。全市金融机构本外币实际贷款余额305.11亿元，比年初增长14.5%，其中短期贷款13.85亿元，比年初增长12.0%；中长期贷款290.73亿元，比年初增长14.7%。

截至2012年底，全市共有保险机构19家，比上年增加2家。列入统计的17家保险机构全年实现保费收入62936万元，其中，财产险收入30639万元，比上年增长23.0%；寿险收入32297万元。

四川省

| 成都市 | 自贡市 | 攀枝花市 | 泸州市 | 德阳市 | 绵阳市 | 遂宁市 | 内江市 |
| 宜宾市 | 广安市 | 达州市 | 资阳市 |

1

2012年成都市经济发展概况

【经济总量】2012年，成都市全年实现地区生产总值（GDP）8138.9亿元，比上年增长13.0%。其中，第一产业实现增加值348.1亿元，增长3.8%；第二产业实现增加值3790.6亿元，增长15.6%；第三产业实现增加值4000.3亿元，增长11.5%。按常住人口计算人均生产总值57624元，增长12.5%。一、二、三产业比例关系为4.3∶46.6∶49.1。

全年地方公共财政收入781.0亿元，比上年增长18.9%；其中税收收入571.6亿元，增长17.3%。全年公共财政支出982.3亿元，增长15.8%。

【农业】2012年，成都市全年实现农业总产值577.8亿元，比上年增长3.5%。其中种植业294.0亿元，增长5.2%；牧业实现产值244.6亿元，增长1.1%。

全年农作物播种面积76.9万公顷，比上年减少0.7万公顷，其中粮食播种面积40.9万公顷，减少1.8万公顷。粮食总产量255.6万吨，下降3.7%；油料总产量27.0万吨，增长0.7%；肉类总产量105.7万吨，增长1.4%。

【工业和建筑业】2012年，成都市全年全部工业增加值3149.6亿元，比上年增长16.5%。规模以上工业企业实现增加值2589.0亿元，增长17.2%。在规模以上工业中，轻工业增加值增长11.2%，重工业增加值增长20.4%。工业企业产品产销率98.7%。

全年规模以上工业企业综合经济效益指数267.6，资产负债率59.3%，总资产贡献率17.6%。实现利润581.3亿元，增长31.8%；实现利税1148.8亿元，增长25.4%；企业亏损面12.0%。

全年建筑业实现增加值641.0亿元，比上年增长11.1%。建筑企业完成总产值3331.7亿元，竣工产值1172.7亿元，施工面积17501.8万平方米，竣工面积4869.3万平方米。

【固定资产投资】2012年，成都市全年固定资产投资完成5890.1亿元，比上年增长17.7%。民间投资完成3624.1亿元，增长15.0%。全年新增固定资产3591.9亿元。分产业看，第一产业完成投资54.8亿元，增长40.1%；第二产业完成投资1771.3亿元，增长17.5%，其中工业投资1750.1亿元，增长16.4%；第三产业完成投资4064.0亿元，增长17.4%。分行业看，制造业完成投资1594.7亿元，增长12.2%；交通运输仓储邮政通信业完成投资558.2亿元，增长31.2%；水利环境公共设施管理业完成投资588.6亿元，增长1.6%。

全年房地产投资完成1890.0亿元，比上年增长18.5%。含预售在内的商品房销售面积2845.2万平方米，增长4.9%，其中住宅销售面积2427.7万平方米，增长4.6%；实现商品房销售额2069.9亿元，增长14.3%，其中住宅销售额1618.9亿元，增长10.6%。

【科学技术】2012年，成都市全年组织实施科技计划项目2752项,年内新上科技项目1633项，其中国家级245项，省级496项，科技项目投入资金45.5亿元。完成科技攻关245项。新认定高新技术企业108家。共申请专利48901件，其中发明11957件，实用新型18931件。专利授权32563件，其中发明3123件，实用新型14099件。

【国内贸易和对外经济】2012年，成都市全年实现社会消费品零售总额3317.7亿元，比上年增长16.0%。从行业看，批发业零售额195.0亿元，增长16.9%；零售业零售额2673.3亿元，增长15.5%；住宿业零售额40.1亿元，增长17.2%；餐饮业零售额409.3亿元，增长18.2%。从地域看，城镇实现零售额3275.6亿元，增长15.9%；乡村实现零售额42.1亿元，增长16.8%。

全年实现进出口总额475.4亿美元，比上年增长25.5%。其中，出口总额303.6亿美元，增长32.4%；进口总额171.8亿美元，增长15.0%。一般贸易出口额99.9亿美元，增长6.8%；机电产品出口额220.0亿美元，增长47.6%；高新技术产品出口额165.0亿美元，增长52.2%。对欧盟出口额61.0亿美元，增长6.5%；对美国出口额89.0亿美元，增长40.6%；对日本出口额12.1亿美元，增长41.0%；对中国香港出口额22.2亿美元，下降8.9%。

全年新批准外商投资项目226个，其中1000万美元以上的项目65个。合同外商直接投资39.5亿美元；实际利用外商直接投资85.9亿美元，增长31.1%。

【交通、邮电和旅游】2012年年末，成都市公路总里程22098公里，其中高速公路594公里。全年新改建公路1510公里。年末全市机动车拥有量304.4万辆，比上年末增长8.2%；其中私人拥有汽车180.1万辆，增长17.1%。

全年公路旅客周转量311.9亿人公里，比上年增长6.3%；民航旅客周转量445.2亿人公里，增长6.3%。公路运输货物周转量236.8亿吨公里，增长15.4%；民航运输货物周转量10.0亿吨公里，增长11.4%。

全年完成邮电业务总量213.2亿元，比上年增长15.0%。固定电话用户375.2万户，增长5.4%；移动电话用户2136.1万户，年内净增127.8万户。互联网注册上网用户267.6万户。

全年接待国内游客12246.5万人次，比上年增长26.6%；国内旅游收入1010.7亿元，增长30.2% 。组织出境旅游人数75.8万人次，增长35.2%；接待入境旅游人数158.2万人次，增长28.9%；旅游外汇收入6.3亿美元，增长37.6%。年末全市三星级以上饭店115家；旅行社324家。

【金融和保险】2012年年末，成都市全部金融机构人民币存款余额20354亿元，比上年末增长

19.0%。全部金融机构人民币贷款余额15630亿元，增长13.5%。个人消费贷款余额2795亿元，增长10.8%，其中个人住房贷款余额2419亿元，增长10.0%。

年末有保险公司69家。全年保费收入369.0亿元。其中，财产类保险公司保费收入135.8亿元；人身类保险公司保费收入233.2亿元。各类保险赔偿与给付支出97.1亿元。其中，财产类保险公司赔偿与给付支出64.9亿元；人身类保险公司赔偿与给付支出32.2亿元。

2

2012年自贡市经济发展概况

【经济总量】2012年，自贡市全年实现地区生产总值（GDP）884.80亿元，按可比价计算，比上年增长13.9%。其中，第一产业增加值109.39亿元，增长4.8%；第二产业增加值529.26亿元，增长16.7%；第三产业增加值246.14亿元，增长11.8%。三次产业对经济增长的贡献率分别为4.0%、71.7%和24.3%。人均地区生产总值32787元，按照可比价计算增长13.2%。三次产业结构由上年的12.7：58.8：28.5调整为12.4：59.8：27.8。

全年非公有制经济实现增加值489.87亿元，按可比价计算增长15.2%，占GDP的比重为55.4%，比上年提高0.7个百分点。非公经济对GDP增长的贡献率为56.3%。

【农业】2012年，自贡市全市粮食种植面积23.23万公顷，比上年增加0.06万公顷；油料种植面积2.55万公顷，增加0.01万公顷；蔬菜种植面积5.16万公顷，增加0.21万公顷。

全年粮食产量136.60万吨，增长2.7 %；油料产量5.24万吨，增长4.3%；蔬菜产量169.38万吨、增长6.1%。

全年肉类总产量35.37万吨，比上年增长3.4%。其中，猪牛羊肉产量23.72万吨，增长2.6%；生猪出栏279.54万头，增长2.9%；肉牛出栏6.49万头，增长1.7%，肉羊出栏157.17万只，增长0.6%，家禽出栏4309.62万只，增长3.6%。

【工业和建筑业】2012年，自贡市全年实现全部工业增加值488.44亿元，增长16.8% ，对GDP增长的贡献率达到66.7%。其中规模以上（年主营业务收入2000万元以上）工业实现增加值404.40亿元，增长17.3%。年末规模以上工业企业户数为500户，实现出口交货值44.07亿元，下降8.0%。工业产品销售率为99.1%。实现主营业务收入1317.59亿元，增长16.4%；盈亏相抵后，实现利润总额48.39亿元，增长23.0%，实现利税140.06亿元，增长23.1%。

规模以上工业增加值分行业看：煤炭开采和洗选业增长42.1%，采盐业增长3.3%，农副食品加工业增长25.2%，食品制造业增长8.1%，化学原料及化学制品制造业增长2.4%，医药制造业增长15.8%，化学纤维制造业增长15.0%，塑料制品业增长33.5%，非金属矿物制品业增长20.2%，黑色金属冶炼及延压工业增长19.8%，有色金属冶炼及延压工业增长3.0%，金属制品业增长20.0%，通用设备制造业增长23.5%，专用设备制造业增长30.1%，电气机械及器材制造业增长23.4%，电力热力的生产和供应业增长34.9%。

全市具有四级资质及其以上建筑业企业有146 户，完成总产值121.77亿元，增长18.3%；全年实现建筑业增加值40.82亿元，增长15.4%。房屋建筑施工面积1066.61万平方米，增长2.1%。房屋竣工面积441.49万平方米，下降 1.6%。

【固定资产投资】2012年，自贡市全年全社会固定资产投资完成435.10亿元，增长23.3%， 其中，纳入统计的500万元以上投资项目完成414.91亿元，增长26.5%。项目投资中，一产业完成投资30.70亿元，同比增长25.9%；二产业完成投资121.99亿元，增长14.4%；三产业完成投资282.41亿元，增长27.3%。从投资渠道看，基本建设完成投资223.23亿元，增长52.5%，更新改造投资完成112.37亿元，增长16.3%，房地产开发完成62.77亿元，下降17.5%。

全年商品房屋施工面积777.92万平方米，下降15.1%，其中住宅施工面积638.25万平方米，下降14.6%。商品房新开工面积107.20万平方米，下降71.0%，其中，住宅新开工面积92.05万平方米，下降69.3%。商品房竣工面积232.63万平方米，增长49.2%，其中，住宅竣工面积192.31万平方米，增长45.4%。商品房销售面积189.41万平方米，下降15.9%，其中住宅销售面积180.81万平方米，下降16.5%。商品房待售面积50.32万平方米，同比增长10.8%，其中住宅待售 32.46万平方米，同比增长35.2%。

【科学技术】2012年，自贡市全年实施国家、省重点科技项目66项，实施市以上重点科技项目103项，其中科技攻关项目61个，火炬计划项目5项。全市高新技术企业54户，高新技术产业产值达到347.73亿元。全年共申请专利907件，比上年增长60%。授权专利553项，比上年增长78.4%。全年技术交易合同275个，登记合同金额1.28亿元。

【国内贸易和对外经济】2012年，自贡市全年实现社会消费品零售总额332.98亿元、增长15.8%。分地域看，城镇实现消费品零售额255.57亿元，增长16.6%；乡村实现消费品零售额77.41亿元，增长13.2%。分行业看，批发业零售额33.96亿元，增长20.6%；零售业零售额252.72亿元，增长15.6%；住宿业零售额1.73亿元，增长19.6%；餐饮业零售额44.57亿元，增长12.9%。

在限额以上批发和零售业零售额中，食品、饮料、烟酒类增长33.1%，服装、鞋帽、针纺织品类增长8.3%，化妆品类增长36.7%，金银珠宝类下降19.5%，日用品类增长20.9%，书报杂志类增长62.3%，汽车类增长32.3%，中西药类增长42.3%，石油及石油制品增长42.4%，建筑及装潢材料类增长44.9%，体育、娱乐用品类增长27.6%，家用电器和音像器材类增长28.6%，通信器材类增长43.1%，文化办公用品类增长30.3%。

全市全年进出口总额87038万美元，增长23.6%。其中，出口额51735万美元，增长50.2%，进口额35303万美元，下降1.9%。

【交通、邮电和旅游】截至2012年年末，自贡市全市公路通车里程6212公里。其中，高速公路114

公里（成自泸赤高速自贡段60公里），一级公路100公里，二级公路191公里,三级公路311公里, 四级公路4104公里,等外级公路1450公里。全年完成公路客运量9737万人,客运周转量268361万人公里；完成公路货运量4831万吨,货物周转量513997万吨公里；水路客运量82万人、客运周转量675万人公里,水路货运量243万吨、货物周转量4171万吨公里。

全市共有汽车100701辆，增长18.5%。其中，营运车辆20079辆，增长1.4%；非营运车辆80622辆，增长23.7%；非营运小型车辆66001辆，增长29.0%。

全年完成邮电业务总量18.44亿元，比上年增长13.3%。其中，邮政业务总量1.64亿元，增长9.4%；电信业务总量16.8亿元，增长13.3%。全年光缆线路长度23773皮长公里,下降8.8%；新增互联网用户1.28万户，累计达到27.11万户。年末固定电话用户45.36万户,其中住宅电话40.89万户。年末移动电话达到174.22万户。电话普及率80.9%，其中固定电话普及率16.7%，移动电话普及率64.2%。

【金融和保险】2012年，自贡市年末金融机构各项存款余额821.51亿元，同比增长21.4%，其中，企业存款余额139.25亿元，同比增长31.6%，居民储蓄存款余额541.12亿元，同比增长21.9%。各项贷款余额371.19亿元，同比增长22.4%，其中，中长期贷款169.35亿元，同比增长10.9%；短期贷款190.42亿元，同比增长37.0%。

全年保费收入18.58亿元，下降6.8%，其中财产险收入5.29亿元，增长13.3%；人身险收入13.29亿元，下降13.0%。全年处理各种赔案支付额5.51亿元,增长10.4%，其中财产险赔付金额2.91亿元，增长9.4%；人身险赔付金额2.60亿元，增长11.6%。

3

2012年攀枝花市经济发展概况

【经济总量】2012年，攀枝花全年实现地区生产总值（GDP）突破700亿元大关，达740.03亿元，按可比价计算，增长14.0%。其中，第一产业增加值25.77亿元，增长4.6%,对经济增长的贡献率为1.2%，拉动经济增长0.2个百分点；第二产业增加值561.41亿元，增长15.5%,对经济增长的贡献率为83%，拉动经济增长11.6个百分点；第三产业增加值152.86亿元，增长10.5%,对经济增长的贡献率为15.8%，拉动经济增长2.2个百分点。人均地区生产总值60391元，增长13.3%。三次产业结构由上年的3.8：75.5：20.7调整为3.5：75.8：20.7。全市民营经济实现增加值323.93亿元，增长16.0%，占GDP的比重为43.8%，对GDP增长的贡献率为47.3%。

【农业】2012年，攀枝花市全市农林牧渔业总产值达44.49亿元，增长4.7%。其中：农业产值23.18亿元，增长5.2%；林业产值0.73亿元，增长4.3%；牧业产值16.35亿元,增长3.7%；渔业产值3.61亿元,增长6.6%；农林牧渔服务业产值0.62亿元,增长6.5%。

全年农作物播种面积7.20万公顷，增长1.5%。其中，粮食播种面积4.31万公顷，增长0.8%；油料播种面积0.24万公顷，增长5.4%；烟叶播种面积0.98万公顷，增长8.7%；蔬菜播种面积1.26万公顷，增长4.5%。

全年粮食总产量23.61万吨，增长0.6%；油料产量0.34万吨，增长3.4%；烟叶产量2.02万吨，增长11.0%；蔬菜产量60.57万吨，增长3.6%；水果类产量18.34万吨，增长5.7%。

【工业和建筑业】2012年，攀枝花市规模以上工业累计完成工业总产值1274.40亿元，增长10.8%，实现增加值460.10亿元，增长16.8%。分轻重工业看，重工业实现增加值441.23亿元，增长16.9%；轻工业实现增加值18.87亿元，增长12.2%。分登记注册类型看，国有工业完成增加值37.60亿元,下降8.4%；集体工业企业完成增加值2.23亿元，下降11.9%；股份制工业完成增加值402.87亿元,增长18.7%。

规模以上工业企业实现销售产值1239.28亿元，增长9.0%，产销率为97.2%，回落1.7个百分点；工业企业综合效益指数为202.4%，回落6点；实现利润总额6.26亿元，下降82.5%；利税总额65.82亿元，下降22.7%；总资产贡献率为4.3%，回落1.6个百分点；资产负债率为79.6%，提升3.5个百分点，成本费用利润率为0.5%，回落2.1个百分点。

全市年末资质等级以上总承包和专业承包建筑企业（含劳务分包）84个，建筑企业实现总产值158.45亿元，下降5.7%。

【固定资产投资】2012年，攀枝花市全社会固定资产投资完成额463.25亿元，增长20.8%，其中固定资产投资完成额452.28亿元，增长22%。从管理渠道看，基本建设完成投资201.17亿元，增长20%；更新改造完成投资194.28亿元，增长17.5%；房地产开发完成投资54.68亿元，增长53%。

从投资主体看，2012年完成国有投资177.43亿元，下降1.4%，完成民间投资262.05亿元，增长35.4%。

从三次产业看，第一产业完成投资9.73亿元，增长16.3%；第二产业完成投资223.42亿元，增长9.1%；第三产业完成投资230.10亿元，增长35.2%。

房屋施工面积471.4万平方米，下降5.8%。房屋竣工面积51.7万平方米，下降68.3%。商品房销售面积80.8万平方米，下降5.1%，其中，住宅销售面积76.3万平方米，下降3.2%。

【科学技术】2012年，攀枝花市新增国家级高新技术企业4家、省级创新型企业5家，我市被列为全省首批创建国家技术创新工程示范市。实施市级重大科技成果转化项目11项，总产值56亿元。完成引智项目5个，引进高层次人才128名，攀钢集团院士（专家）工作站晋升为首批省级院士（专家）工作站。

全年拥有国内专业技术人员62719人，增加7948人。其中，具有中级职称以上人员23873人，农业技术人员839人。

【国内贸易和对外经济】2012年，攀枝花市社会消费品零售总额192.10亿元，增长16.0%，其中，限上企业实现零售额84.48亿元，增长20.2%。按消费形态分，餐饮收入24.56亿元，增长20.1%；商品零售167.54亿元，增长15.4%。

全年全市招商引资到位资金408.64亿元，增长8.4%。

全市实现进出口总额26343万美元，下降0.9%。其中，出口总额22007万美元，增长25.4%；进口总额4336万美元，下降52.0%。

【交通、邮电和旅游】2012年，攀枝花市全市等级公路达2888.18公里，其中高速公路144.72公里。公路旅客运输量5897.99万人次，客运周转量135267万人公里，分别增长8%和25.9%；完成货物运输量11448.62万吨，货物周转量568533.02万吨公里，分别增长7.6%和14.8%。全市机动车保有量18.93万辆，其中，汽车10.4万辆，摩托车8.51万辆；营运车辆2.53万辆；私人汽车8.04万辆。

全年邮电主营业务收入10.86亿元，其中，电信业务主营收入10.04亿元，邮政业务主营收入0.82亿元。年末拥有邮电局（所）47处；全年报刊发行量2690.12万份；函件366.6万份；特快专递15.43万件；邮路长度（单程）1300公里。年末固定电话用户32.76万户；年末移动电话用户数132.61万户，其中，3G移动电话用户数24.82万户；国际互联网用户数20.49万户。

全年旅游总收入66.86亿元，增长32.3%。接待旅游总人数852.68万人次,增长12.9%。全市共有名胜风景区和文物保护区11个，星级饭店、宾馆17个。

【金融和保险】2012年年末，攀枝花市全市金融机构人民币各项存款余额765.69亿元，比年初增加105.16亿元，增长15.9%，其中，储蓄存款余额358.99亿元，比年初增加49.14亿元，增长15.9%。全市金融机构人民币各项贷款余额532.19亿元，比年初增加87.93亿元，增长19.8%。

实现保费收入16.39亿元。其中，财产保险保费收入6.44亿元；人寿保险保费收入9.95亿元。保险赔款支出4.85亿元，其中，财产保险赔款支出2.96亿元；人寿保险赔款支出1.83亿元。

4

2012年泸州市经济发展概况

【经济总量】2012年，泸州市全年实现地区生产总值（GDP）1030.45亿元，按可比价格计算，比上年增长14.8%。其中，第一产业增加值143.60亿元，增长4.9%；第二产业增加值624.03亿元，增长18.4%；第三产业增加值262.82亿元，增长11.7%。人均地区生产总值24317元，增长14.3%。三次产业对经济增长的贡献率分别为4.5%、74.3%和21.2%。三次产业结构由上年的14.5：59.7：25.8调整为13.9：60.6：25.5。

【农业】2012年，泸州市全市各级政府重农抓粮，惠农政策不断实施，农业基础设施建设不断加强，农业生产平稳增长。全市农林牧渔及服务总产值238.21亿元，比上年增长5.0%，其中种植业、林业、牧业、渔业、服务业分别完成产值110.60亿元、8.05亿元、109.56亿元、6.78亿元、3.23亿元，分别增长5.8%、11.4%、3.8%、5.3%、4.1%。

全年粮食总产量213.95万吨，比上年增长2.9%。经济作物中，油料产量4.26万吨，增长4.5%；其中油菜籽3.57万吨，增长7.4%；烟叶产量2.28万吨，增长33.6%；蔬菜产量184.92万吨，增长11.9%；茶叶产量7489吨，增长24.0%；水果产量14.66万吨，增长23.2%；药材产量2.0万吨，减少1.0%。

【工业和建筑业】2012年，泸州市新型工业化建设步伐加快，工业园区建设实现新突破。泸州酒业集中发展区列入“国家新型工业化示范基地”，泸州化工园区列入“四川省新型工业化产业示范基地”。酒业集中发展区南区基本建成，天华公司6万吨1,4丁二醇、4.6万吨聚四氢呋喃和北方公司7万吨有机硅扩建项目建成投产，石屏一矿120万吨新建项目竣工投产。全部工业实现增加值588.19亿元，比上年增长17.9%，对经济增长的贡献率为68.6%。规模以上工业企业户数601户，实现增加值461.34亿元，增长18.0%，其中，重工业增加值116.78亿元，增长3.9%，轻工业增加值344.56亿元，增长23.8%。

规模以上工业中，四大传统支柱产业实现增加值391.19亿元，增长18.8%，占全市规模以上工业的比重达到84.8%,贡献率87.9%。其中，酒类制造业优势地位更加突出，发展迅猛，实现增加值296.34亿元，增长24.8%，对规模以上工业增长的贡献率为83.5%；能源行业实现增加值37.95亿元，增长5.8%；化工行业生产仍然低迷，实现增加值39.06亿元，下降1.2%；机械行业实现增加值17.84亿元，增长8.8%。

全年全社会建筑业增加值35.83亿元，比上年增长26.5%。年末具有资质等级的总承包和专业承包建筑企业189个，全年工程结算收入232.34亿元，增长33.2%，实现税金8.03亿元，增长17.1%，实现利润6.75亿元，增长22.5%。

【固定资产投资】2012年，泸州市全年全社会固定资产投资（含农户投资）671.15亿元，比上年增长28.0%。计划投资额在500万元及以上项目完成投资667.08亿元（不含农户投资），增长31.0%,其中，基本建设投资285.11亿元，增长42.4%；更新改造投资306.92亿元，增长30.4%。

第一产业完成投资（不含农户投资）2.83亿元，下降39.6%，第二产业完成投资343.29亿元，增长34.0%，第三产业完成投资320.96亿元，增长29.2%。工业投资343.29亿元，占全市投资总量的51.1%，比上年增长34.3%。基础设施完成投资187.1亿元，增长62.7%，其中交通建设完成投资133.93亿元，增长65.0%。

全年房地产开发总投资71.65亿元，增长4.3%，其中住宅投资55.04亿元，下降1.2 %。商品房施工面积（含续建）965.50万平方米，增长10.2%，其中住宅811.82万平方米，增长7.1%。本年新开工商品房施工面积304.81万平方米，比上年下降9.7%，其中住宅246.81万平方米，下降16.5%。

【科学技术】2012年，泸州市以“技术创新示范行动”为载体整合科技资源、强化科技创新、加快成果转化，全力推进科技工作“一号工程”。全年创新科技成果135项（含发明专利授权93项），获省科技进步奖12项，其中一等奖2项、二等奖2项，三等奖8项。加快科技成果转化，组织实施完成重大科技成果转化项目50项。加强知识产权保护，全年专利申请受理量924项，获专利申请授权528项，其中发明96项。技术市场交易活跃，全年技术合同认定登记92项，合同成交额27081万元，其中技术交易额

19549万元。年末国家级高新技术企业18户，新增4户；年末省级创新型企业42户；年末国家高新技术培育企业70户。

新增中国驰名商标4件、省著名商标7件、市知名商标22件，四川名牌产品11个。年末中国驰名商标19件、省著名商标45件、市知名商标114件，四川名牌产品37个。

【国内贸易和对外经济】2012年，泸州市全年社会消费品零售总额358.38亿元，比上年增长16.6%。按经营地统计，城镇消费品零售额264.83亿元，增长16.7%，其中城区消费品零售额134.04亿元，增长17.5%；乡村消费品零售额93.55亿元，增长16.2%。按消费形态统计，商品零售额299.94亿元，增长15.9%；餐饮零售额 58.43亿元，增长19.9%。

限额以上批发、零售、住宿和餐饮业企业（单位）引领市场发展，实现消费品零售额147.74亿元，增长38.4%。在限额以上企业商品零售额中，粮油、食品、饮料、烟酒类增长54.5%，服装、鞋帽、针纺织品类增长41.6%，日用品类增长41.5%，体育、娱乐用品类增长29.5%，文化办公用品类增长16.4%，通信器材类增长62.3%，化妆品类增长39.5%，金银珠宝类增长95.4%，中西药品类增长54.6%，家用电器和音像器材类增长38.8%，家具类增长52.6%，建筑及装潢材料类增长62.3%，汽车类增长38.1%。

全年外贸进出口总额18598万美元，比上年增长22.4%。其中，进口2803万美元，下降42.3%；出口15795万美元，增长52.8%。出口产品中，化工产品出口7602万美元，增长21.3%；轻工产品出口5444万美元，增长3.0倍。

全年新签约市外来泸投资项目1037个（不含港澳台及国外），其中亿元以上项目408个，实际到位资金503.44亿元。包括续建项目在内，全市到位市外资金811.65亿元，增长29.8%，其中省外资金306.28亿元，增长16.7%。到位市外资金中，工业项目到位资金406.9亿元，其中酒业到位资金154.41亿元。

【交通、邮电和旅游】2012年，泸州市加快构建综合交通枢纽。纳黔高速公路泸州段全线通车，泸宜高速公路建成通车，全市高速公路通车里程达218公里。泸州港国际集装箱码头二期续建工程竣工，年吞吐能力达100万标箱。泸州客运中心站建成投入使用。泸渝、成自泸赤高速公路泸州段和叙大铁路加快建设，叙蔺、叙宜高速公路开工建设。

年末境内公路总里程13087公里，其中等级公路里程8111公里。完成农村公路建设950公里，其中建成通乡公路102公里，建成通村公路848公里。实现100%的乡镇通油路（水泥路），100%的村通公路,完成国省干线改造363公里。铁路运营里程160公里。公路营运车辆29198辆，比上年增加1602辆，其中客车5080辆，增加371辆，货车24118辆，增加1231辆。全年主要运输方式完成货物运输周转量：公路64.48亿吨公里，增长18.1%；水路71.4亿吨公里，增长15.5%；铁路2.22亿吨公里，增长0.7%。完成旅客运输周转量：公路88.41亿人公里，增长15.9%；水路2147万人公里，增长33.4%。

全年完成邮电业务收入24.85亿元，增长20.7%，其中电信业务收入21.98亿元，增长21.4%，邮政业务收入2.87亿元，增长16.0%。年末固定电话用户55.32万户，减少6.4%。年末移动电话用户317.16万户，增长6.5%，其中3G移动电话用户55.60万户，增长76.7%。互联网宽带接入用户32.65万户（含专线、天翼宽带上网卡用户），比上年增长28.8%，移动无线上网卡用户1.59万户，手机上网用户178.98万户。

旅游基础设施进一步完善，旅游精品线路开发、旅游发展环境优化。全市拥有旅行社26家。拥有星级宾馆（饭店）26家，其中五星级1家，四星级4家，三星级6家。拥有国家A级旅游景区18个，其中国家4A级旅游景区3个，国家3A级旅游景区6个，国家2A级旅游景区9个。拥有全国工业旅游示范点1个，全国农业旅游示范点2个，旅游商品生产企业43家。全年接待国内外游客1533.65万人次，比上年增长16.2%，实现旅游总收入106.04亿元，增长26.2%。2012年，黄荆景区、太平古镇景区创建为国家4A级旅游景区。

【金融和保险】2012年年末，泸州市金融机构本外币各项存款余额1213.84亿元，比年初增加212.09亿元。本外币各项贷款余额629.66亿元,比年初增加120.81亿元，其中，中长期贷款余额423.40亿元，比年初增加65.62亿元；个人贷款257.74亿元,比年初增加97.46亿元。

全市共有保险业务机构28家，按业务性质分，有财产险业务机构14家，寿险业务机构14家。全年保费总收入31.71亿元，下降4.6%。其中，财产险机构保费收入11.10亿元，增长16.6%；人寿险机构保费收入20.60亿元，下降13.1%。全年处理各项赔款和给付金额10.04亿元，增长29.0%。其中，财产险机构已决赔付金额6.09亿元，增长30.1%；人寿险机构赔付金额3.95亿元，增长27.4%。

5

2012年德阳市经济发展概况

【经济总量】2012年，德阳市全年实现地区生产总值（GDP）1280.2亿元，增长13.0%，其中，第一产业增长4.4%，第二产业增长15.8%，第三产业增长11.4%。工业对经济增长贡献突出，占全市经济总量的56.1%，拉动经济增长9.3个百分点。按常住人口计算的人均地区生产总值为35945元。

非公有制经济总量实现增加值729.2亿元，增长15.5%。非公有制经济占全市经济总量的比重为57.0%，比2011年增加1.6个百分点，成为拉动经济增长的重要力量。

【农业】2012年，德阳市全年农作物播种面积46.7万公顷，比2011年增加154公顷，其中：粮食作物播种面积31.2万公顷，比2011年减少705公顷；油料作物播种面积7.2万公顷，比2011年增加1354公顷；蔬菜播种面积5.8万公顷，比2011年减少59公顷。全年粮食产量达到206.8万吨，比2011年增加1.7万吨，增长0.8%；油料产量19.0万吨，比2011年增加0.6万吨，增长3.5%；蔬菜产量197.3万吨，比2011年增加4.3万吨，增长2.2%。全年出栏肉猪增长2.4%；肉类总产量增长2.7%；禽蛋产量增长4.1%。

【工业和建筑业】2012年，德阳市2012年全市规模以上工业增加值653.5亿元，增长16.8%。全市规模以上工业企业达到1077户，其中产值过亿元企业445户，比2011年（353户）增加92户，亿元企业完成工业总产值占全市规模以上工业总产值的85.4%，比重比2011年提高0.8个百分点。

机械、食品和化工三大支柱行业共完成工业增加值477.9亿元，占全市工业增加值的73.2%，对全市工业的贡献率为60.3%，拉动全市工业增长10.1个百分点。全市战略性新兴产业企业工业增加值127.2亿元，占全市工业增加值的19.5%，比2011年提高1个百分点。

全市规模以上工业企业实现主营业务收入2199.7亿元，增长8.3%。实现利税283.2亿元,增长24.2%。其中：利润148.4亿元，增长21.3%。

全市总承包和专业承包建筑业企业实现主营业务收入214.9亿元，增长5.6%；实现利润总额3.8亿元，增长1.4%；房屋建筑施工面积1886.0万平方米，下降2.0%。

【固定资产投资】2012年，德阳市全社会固定资产投资完成730.9亿元，增长12.4%，增速比2011年提高4.2个百分点。其中，基本建设投资376.2亿元，增长26.9%，占全部投资的比重为51.5%；更新改造投资230.7亿元，增长10.6%，占全部投资的比重为31.6%。民间投资占据主体地位，投资力度加大，全年投资486.1亿元，增长17.9%，占全部投资的比重为66.5%，比2011年提高13.8个百分点。国有及国有控股投资244.8亿元，增长3.0%。

第一产业投资14.3亿元，下降18.3%；第二产业投资330.6亿元，增长23.6%；第三产业投资386亿元，增长5.6%。一、二、三产业投资比例为1.9∶45.2∶52.8，服务业投资超过一半。工业投资327.8亿元，增长27.5%，工业投资占全部投资的比重为44.8%，其中制造业完成投资273.1亿元，增长21.6%。

全市房地产投资79.9亿元，增长9.6%。商品房施工面积为1006.3万平方米，增长7.1%；商品房竣工面积161.4万平方米，增长17.2%；商品房销售面积199.8万平方米，下降7.3%；商品房销售额82.3亿元，下降2.5%。

【科学技术】2012年，德阳市国家级科技计划项目立项10项，省级科技计划立项77项。获科技进步奖54项。省认定高技术企业6户。全年共申请专利2108件，其中发明专利申请629件；专利授权1082件，其中授予发明专利权140件。全年共签订各类技术合同63项，成交金额1.7亿元。

【国内贸易和对外经济】2012年，德阳市全市实现消费品零售总额408.0亿元，增长16.1%。分地域看，城镇实现社会消费品零售额257.1亿元，增长16.4%；乡村实现社会消费品零售额150.9亿元，增长15.4%。分行业看，批发业零售业实现零售额335.5亿元，增长16.0%；住宿餐饮业实现零售额72.5亿元，增长16.2%。

全年进出口总额30.8亿美元，增长6.0%。其中：出口18.2亿美元，增长30.9%。机电产品出口10.7亿美元，增长65.5%，占出口总额的58.7%；高新技术产品出口0.8亿美元，增长2.5倍，占出口总额的4.6%。全年进口总额12.6亿美元，下降16.8%。全年实际到位外资1.9亿美元，增长0.9%。

【交通、邮电和旅游】2012年年末，德阳市全市公路总里程8075公里，其中，等级公路7253公里，占公路里程总数的89.8%。高等级公路（含一级公路）399公里，高速公路100公里。新铺油路（水泥路）287公里。全市实现乡乡通公路，100%的行政村已通公路。新建县、乡级汽车站5个。全年完成公路货运量8858万吨，增长11.1%；货运周转量62.3亿吨公里，增长17.0%；旅客周转量28.5亿人公里，增长11.9%。全市民用汽车拥有量达到24.8万辆,增长7.4%。

全市邮电业务总量29.2亿元，增长4.9%；邮电业务收入24.1亿元，增长15.7%。年末移动电话用户331.5万户，增长12.4%；其中，3G移动电话用户56.9万户，增长88.4%。

全市实现旅游总收入67.5亿元，增长30.6 %，实现旅游外汇收入809.2万美元，增长10.1%。接待国内游客1106.7万人次，增长26.6%；接待入境游客1.1万人次，下降19.9%。德阳境内名胜风景区和文物保护区32个，旅行社39家，星级饭店9个。

【金融和保险】2012年年末，德阳市全市金融机构各项人民币存款余额1691.1亿元，增长11.4%，其中城乡居民储蓄存款余额930.6亿元，增长18.5%。年末全市金融机构人民币贷款余额862.1亿元，增长18.7%，其中：短期贷款余额466.5亿元，增长26.5%；中长期贷款余额384.2亿元，增长12.1%。

年末全市共有保险公司33家，其中，财险公司18家，寿险公司15家。全年保费收入38亿元，增长4.6%；其中财产险保费收入12.6亿元，增长13.4%；寿险保费收入25.4亿元，增长0.8%。全年支付各项赔款和给付12.7亿元，下降0.7%，其中：财产险赔款支付6.6亿元，增长17.2%；寿险赔款支出6.2亿元，下降10.1%。

6

2012年绵阳市经济发展概况

【经济总量】2012年，绵阳市全年实现地区生产总值（GDP）1346.4亿元，增长13.3%。其中，第一产业实现增加值219.2亿元，增长4.0%；第二产业实现增加值706.2亿元，增长17.9%；第三产业实现增加值421.0亿元，增长10.4%。三次产业对GDP增长的贡献率分别为4.7%、69.9%和25.4%。三次产业结构由上年的16.7：51.9：31.4调整为16.3：52.4：31.3，产业结构进一步优化。全年实现非公有制经济增加值754.6亿元，增长15.8%，非公有制经济占GDP的比重达到56.0%，比上年提高1.3个百分点。

【农业】2012年，绵阳市全年实现农林牧渔业总产值362.0亿元，增长4.0%。其中，农业总产值增长4.1%，林业总产值增长3.6%，牧业总产值增长3.8%，渔业总产值增长4.5%。实现增加值219.2亿元，增长4.0%。

全市农作物总播种面积67.7万公顷。其中，粮食播种面积43.9万公顷，比上年下降0.1%；油料作物播种面积13.6万公顷，增长0.8%。全年粮食总产量达到240.8万吨，增长0.7%。其中：大春粮食产量175.2万吨，增长0.7%；小春粮食产量65.7万吨，增长0.8%。主要农产品中：稻谷产量98.7万吨，增长0.5%；小麦产量57.1万吨，增长1.0%；油料作物产量33.2万吨，增长2.7%；蔬菜产量200.8万吨，增长5.2%。

【工业和建筑业】2012年，绵阳市全市全部工业实现增加值607.4亿元，增长17.9%。其中，规模以上工业企业实现增加值570.1亿元，增长17.4%，比全省高1.3个百分点。规模以上工业中，轻工业增加值增长21.1%，重工业增加值增长14.3%，轻重工业增加值的比例为47.5：52.5。

全市“2+4”重点产业完成工业总产值1704.4亿元，占全市工业的比重达到89.9%，增长19.1%。在“2+4”产业总产值中，材料产业增长14.9%，食品及生物医药产业增长29.4%，冶金机械产业增长17.7%，化工节能环保产业增长18.3%，电子信息产业增长15.4%，汽车及零部件产业增长25.0%。

2012年，各县市区工业增加值增速分别是：安县增长21%、北川增长20.6%、江油和三台增长20%、盐亭增长19.9%、梓潼增长19.6%、游仙辖区增长19.4%、平武增长18.6%、涪城辖区增长16.4%。

全市重点监测的工业产品中，有68.3%的产品产量实现增长，发动机、钢材、卷烟、白酒和水泥分别增长19.2%、15.4%、8.0%、12.3%和1.1%，饲料、空调、电视和化肥分别下降1.9%、7.2%、8.4%和10.5%。

【固定资产投资】2012年，绵阳市完成全社会固定资产投资932.2亿元，增长5.8%，总量居全省第2位。在灾后重建形成的巨大基数的重压下，继续保持了投资的稳定增长。

从投资类型看，基本建设完成投资454.3亿元，增长7.6%；更新改造完成投资260.5亿元，增长15.1%；房地产开发完成投资145.7亿元，增长10.1%，增幅比去年回落14.9个百分点。从产业看，第一产业完成投资38.2亿元，增长15.6%；第二产业完成投资280.7亿元，增长14.7%；第三产业完成投资613.3亿元，增长1.7%。

全年“2+4”产业的投资达到221.1亿元，增长15.6%。其中，电子信息产业完成投资25.6亿元，下降34%；汽车及零部件产业完成投资35.3亿元，增长62.7%；化工产业完成投资15.0亿元，增长44.9%；食品及生物医药产业完成投资35.9亿元，下降14.9%；冶金机械产业完成投资71.9亿元，增长48.9%；材料产业完成投资37.3亿元，增长24.9%。

全市商品房施工面积1706.3万平方米，增长7.6%；竣工面积434.5万平方米，增长28.3%；销售面积309.4万平方米，下降25.6%。

【科学技术】2012年，绵阳市全市共组织申报国家各类科技计划项目152项，落实无偿资金11993万元。组织申报省级科技计划项目132项，落实无偿资金3955万元。全市已通过高新技术企业认定70家。全市全年共申请专利3601件，专利授权1712件。

【国内贸易和对外经济】2012年，绵阳市全市实现社会消费品零售总额572.8亿元，增长16.0%，总量居全省第2位。

分行业看，批发业实现零售额36.8亿元，增长36%；零售业实现零售额440.8亿元，增长14.3%；住宿业实现零售额15.9亿元，增长19.9%；餐饮业实现零售额79.4亿元，增长16.8%。

分地域看，城镇市场实现零售额387.0亿元，增长16.1%；农村市场实现零售额185.8亿元，增长15.6%。

分类值看，在限额以上批发和零售业商品零售额中，粮油类增长49.1%，家用电器和音响器材类增长47.5%，肉蛋类增长43.3%，服装类增长10.7%，日用品类增长10.1%，汽车类增长3.8%。

2012年，全市引进内资项目663个，到位资金641.1亿元，增长31.5%；引进外资3.48亿美元，增长6.5%。其中外商直接投资2.1亿美元，增长5.0%。

全年外贸进出口总额22.1亿美元，增长19.5%。其中：进口总额8.4亿美元，下降4.3%；出口总额13.7亿美元，增长41%。

【交通、邮电和旅游】2012年市末，绵阳全市公路通车里程19308.0公里。全年公路客运周转量51.6亿人公里，增长11.5%；公路货运周转量60.9亿吨公里，增长16.6%；水运客运周转量252万人公里，下降24.1%；水运货运周转量9.4万吨公里，下降31.7%；铁路旅客发送量457.7万人，增长7.0%；铁路货运量107.1万吨，下降9.4%；民用航空客运量68.1万人次，增长9.4%；民用航空货邮运量8379.4吨，增长6.4%。

2012年年末全市共有邮政局（所）424处，全年实现邮政业务总量2.8亿元。全年实现通信业主营业务收入29.1亿元，增长8.5%。年末全市固定电话机用户74.9万户，增长1.6%，其中住宅电话63.0万户，增长5.5%。年末移动电话用户439.6万户，增长1.4%。国际互联网用户53.5万户，增长19.7%。

全年共实现旅游总收入137.2亿元，增长41.1%，其中：国内收入136.8亿元，增长41.1%；旅游外汇收入591.8万美元，增长45.4%。接待游客总人数1921.6万人次，增长21.5%，其中：国内旅游人数1919.5万人次，增长21.5%；入境旅游游客2.1万人次，增长42.3%。

【金融和保险】2012年年末，绵阳市金融机构人民币各项存款余额2126.3亿元，增长10%。其中单位存款959.1亿元，增长1.9%；城乡居民储蓄存款余额1122.0亿元，增长20.0%。金融机构各项贷款余额1086.8亿元，增长12.2%。其中短期贷款450.0亿元，增长29.1%；中长期贷款616.1亿元，增长1.4%。

2012年底，全市共有保险公司36家，其中：产险公司18家，寿险公司18家。全年各类保险保费收入46.8亿元，比上年增长0.6%，其中，人身险32.2亿元，下降4.5%；财产险14.6亿元，增长14.1%。各类保险赔款及期满给付支出13.8亿元，增长25.3%。

7

2012年遂宁市经济发展概况

【经济总量】2012年，遂宁市全年实现地区生产总值（GDP）682.41亿元，比上年增长13.9%。其中，第一产业增加值为150.37亿元，增长4.5%，对经济增长的贡献率为6.4%，拉动经济增长0.9个百分点；第二产业增加值为359.20亿元，增长18.6%，对经济增长的贡献率为72.9%，拉动经济增长10.1个百分点；第三产业增加值为172.84亿元，增长11.2%，对经济增长的贡献率为20.7%，拉动经济增长2.9个百分点。三次产业结构由上年的23.36:51.28:25.35调整为22.03:52.64:25.33。

【农业】2012年，遂宁市全年农林牧渔业总产值253.37亿元，增长4.6%。其中：农业总产值99.49亿元，增长1.7%；林业总产值7.62亿元，增长11.8%；牧业总产值134.43亿元，增长5.7%；渔业总产值7.87亿元，增长8.0%；农林牧渔服务业总产值3.98亿元，增长17.7%。农林牧渔及其服务业占农业总产值比重由上年的39.3:2.8:53.6:2.9:1.3调整为39.3:3.0:53.1:3.1:1.6。

全年农作物播种面积42.67万公顷，增加0.03万公顷，增长0.1%。全年粮食产量171.07万吨，增产1.54万吨，增长0.9%；油料产量14.89万吨，增产0.53万吨，增长3.7%；蔬菜产量96.95万吨，增产2.33万吨，增长2.5%。

【工业和建筑业】2012年，遂宁市年末全市共有规模以上工业企业441家，比上年净增22家。全年规模以上工业总产值1014.05亿元，增长17.2%；规模以上工业实现销售产值1014.80亿元，增长15.7%；产销率为100.1%，提高1.0个百分点。

全年全部工业增加值增速18.0%，对经济增长的贡献率为61.3%，拉动经济增长8.5个百分点。规模以上工业增加值增速18.0%，其中，股份制工业企业增加值增速17.4%；大中型工业企业增加值增速16.1%；轻、重工业企业增加值增速分别为16.4%和19.6%；电子产业增加值增速27.9%；高新技术产业增加值增速24.1%。

全年规模以上工业企业实现主营业务收入1059.14亿元，增长15.9%；实现利润83.76亿元，增长17.2%。工业企业效益综合指数348.63点，比上年提高12.2点。

【固定资产投资】2012年，遂宁市全年完成全社会固定资产投资655.10亿元，增长22.1%。其中，基本建设投资401.91亿元，增长32.0%；更新改造投资129.24亿元，增长4.1%；房地产开发投资76.79亿元，增长7.2%。

全年新开工项目1006个，增长25.6%。其中计划总投资1千万元及以上项目907个，增长26.7%；3千万元及以上项目595个，增长37.4%；5千万元及以上项目420个，增长55.6%；亿元及以上项目44个，增长7.3%。全年新开工工业项目307个，下降5.5%，其中计划总投资1千万元及以上项目301个，下降1.3%；3千万元及以上项目226个，增长19.6%；5千万元及以上项目176个，增长63.0%；亿元及以上项目25个，增长38.9%。

全年第一产业完成投资20.37亿元，下降0.3%，占全社会固定资产投资的3.1%；第二产业完成投资232.16亿元，增长15.5%，占全社会固定资产投资的35.4%；第三产业完成投资402.57亿元，增长27.2%，占全社会固定资产投资的61.5%。

【科学技术】2012年，遂宁市全年取得市级科研成果49项，组织申报省科技进步奖9项，其中获省级科技进步二等奖1项、三等奖2项。全年共申请专利807件、专利授权470件，实施专利857件，实施专利技术新增产值53.34亿元。申报省级重大科技成果转化项目26项，获经费支持950万元，并设立了市级科技成果转化专项资金，支持级市科技成果转化。成功将中国西部现代物流港创建为“遂宁国家现代服务业物流产业化基地”。年末实有民营科技企业79家、国家级高新技术企业29家、市级高新技术企业93家。

【国内贸易和对外经济】2012年，遂宁市全年实现社会消费品零售总额267.62亿元，增长16.2%。其中，城镇实现零售额206.07亿元，增长16.8%；乡村实现零售额61.54亿元，增长14.0%。批发业实现零售额43.65亿元，增长25.5%；零售业实现零售额188.68亿元，增长13.1%；住宿业实现零售额5.89亿元，增长25.5%；餐饮业实现零售额29.40亿元，增长22.2%。

全年共到位内资385.52亿元，增长22.9%，其中：国内市外资金369.86亿元，增长25.6%；国内省外资金293.34亿元，增长18.9%。全年新签约项目327个，总投资1048.69亿元。其中，投资10亿元以上项目16个，5亿元以上项目25个，1亿元以上项目69个。

全年实现进出口总额4.62亿美元，增长16.3%。其中，出口3.80亿美元，增长14.0%；进口0.81亿美元，增长28.4%。全年实际到位外资5047万美元，增长48.0%。

【交通、邮电和旅游】2012年，遂宁市全年共完成交通固定资产投资30.43亿元；完成县通乡油路（水泥路）建设177.83公里，村道联网路1166.23公里。年末全市机动车保有量为38.11万辆，增加3.18万辆。其中，营运车辆1.78万辆，增加0.16万辆；非营运车辆36.33万辆，增加3.02万辆。营运车辆中客运汽车0.36万辆，货运汽车1.34万辆；非营运车辆中民用车辆36.30万辆，其中民用汽车9.77万辆。

全年邮电业务总量14.71亿元，增长13.7%。全年通信业主营业务收入10.46亿元，增长13.8%。年末全市固定电话用户35.51万户,下降4.5%，其中住宅电话31.12万户，下降4.9%；移动电话用户173.82万户，增长5.6%；互联网用户23.68万户，增长15.5%。

全年旅游接待总人数1705万人次,增长25.4%；实现旅游总收入131.10亿元，增长27.2%。全年新增A级旅游景区2个，累计达到12个；新增星级饭店4家，累计达到24家。

【金融和保险】2012年年末，遂宁市金融机构人民币存款余额744.67亿元，比年初增长19.0%。其中，单位存款余额221.94亿元，增长16.5%；居民储蓄存款余额507.74亿元，增长19.9%。金融机构人民币贷款余额399.87亿元，比年初增长21.4%。其中，短期贷款余额154.14亿元，增长25.5%；中长期贷款余额245.66亿元，增长19.5%。

年末全市保险机构19家，全年实现保费总收入18.93亿元，增长0.3%，其中，财产险收入5.44亿元，增长17.2%；寿险收入13.49亿元，下降5.7%。全年处理各项赔款和给付金额5.26亿元，增长24.3%，其中，财产险赔付金额2.76亿元，增长30.5%；寿险给付金额2.50亿元，增长18.2%。

8

2012年内江市经济发展概况

【经济总量】2012年，内江市全年实现地区生产总值（GDP）978.18亿元，同比增长13.6%。其中，第一产业增加值163.31亿元，增长4.5%；第二产业增加值610.10亿元，增长16.8%；第三产业增加值204.77亿元，增长10.7%，第三产业增速创2010年以来的新高。三次产业结构由上年的16.3:62.5:21.2调整为16.7:62.4:20.9。

全年居民消费价格总水平比上年上涨3.0%。其中，食品类价格上涨5.7%，烟酒类价格上涨6.2%，衣着类价格上涨9.2%，家庭设备及维修服务类价格上涨0.4%，医疗保健用品和个人用品类价格上涨2.1%，交通和通信类下降1.2%，娱乐教育文化用品及服务类价格持平，居住类价格下降1.2%。

【农业】2012年，内江市全年实现农林牧渔业总产值273.47亿元，增长4.5%；增加值163.31亿元，增长4.5%。

全年粮食总产量164.81万吨，比上年增加2.04万吨，增长1.3%，连续6年增产。油料产量9.95万吨，增长4.8%。

【工业和建筑业】2012年，内江市全市规模以上工业企业户数达535户。全年实现规模工业总产值1488.37亿元，增长15.1%，规模工业增加值增长17.1%。五大支柱产业实现产值1357.47亿元，增长14.9%，占规模工业的91.2%。

全市规模工业经济效益综合指数308.4点，比上年下降3.4个点。总资产贡献率为27.2%，比上年下降3.4个百分点；全员劳动生产率达到22.74万元/人，比上年增长4.3%；产品销售收入1484.75亿元，增长14.6%；利润总额82.79亿元，增长19.7%；利税总额167.69亿元，增长17.8%。

全市有资质等级建筑企业127个，实现建筑业总产值125.5亿元，增长7.7%。房屋建筑施工面积924.48万平方米，增长2.9%；房屋建筑竣工面积 430.51万平方米，增长5.9%。

【固定资产投资】2012年，内江市全年完成全社会固定资产投资460.32亿元，增长20.2%。全年新开工项目（不含房地产）867个。第一产业完成投资12.46亿元，增长9.1%；第二产业投资183.54亿元，增长11.9%，其中工业投资183.04亿元，增长12.2%；第三产业投资264.32亿元，增长27.5%，第三产业占全市固定资产投资的比重为57.4%。

全年完成国有及国有控股投资183.30亿元，增长21.1%；非国有投资277.02亿元，增长19.7%点。非国有投资占全市投资总额60.2%。

全市到位域外资金504.61亿元，同比增长27.6%，其中国内省际间到位资金397.83亿元，增长30.5%；工业生产性项目到位资金388.93亿元，增长24.7%，占到位域外资金比重为77.1%。

【科学技术】2012年，内江市全市完成市级以上科技计划项目85项，取得市级以上科技成果35项。

知识产权保护力度进一步加大，全年专利申请590件，专利授权335件。同时，采取有效措施发挥外援科技智力队伍的作用，全年企业与外智人才成功对接项目新增22个。

【国内贸易和对外经济】2012年，内江市全年实现社会消费品零售总额276.06亿元，增长15.8%。分地域看，城乡市场分别实现零售额176.29亿元和99.77亿元，分别增长16.9%和13.8%。分行业看，批发零售业零售额222.32亿元，增长14.9%；住宿餐饮业零售额53.73亿元，增长19.6%。按经营单位规模来分，限额以上批发零售和住宿餐饮业实现零售额73.76亿元，增长28.5%；限额以下批发零售和住宿餐饮业实现零售额202.30亿元，增长10.9%。

全年实现外贸进出口总值3.13亿美元，增长22.0%，其中，出口2.70亿美元，进口0.43亿美元。全市获权企业214户，其中：新批获权企业19户。全年实际利用外资1.67亿美元。

【交通、邮电和旅游】2012年，内江市全年交通建设项目投资完成37.17亿元，比上年增长26.6%。建成通乡、通村公路共计1810公里，其中水泥路1744公里，油路66公里。建成19个乡镇客运站，完成10个农村客运码头的建设，完成农村渡改桥7 座，完成公路安保工程国省道43.7公里，县乡道137.6公里，整治公路危病桥443延米/7座。年末全市公路管养里程达9880公里(不含244公里高速公路)，其中，等级公路6181公里。

全年客运量1.07亿人次，旅客周转量33.75亿人公里，分别增长15.8%和16.9%；货运量0.59亿吨，货物周转量57.31亿吨公里，分别增长16.3%和16.2%。

全年实现邮电主营业务收入15.22亿元，增长18.0%。年末全市固定电话用户达到50.55万户，增长3.5%；移动电话用户218.29万户，增长7.8%；每百人拥有移动电话51.2部，比上年增加3.6部。

全年接待游客1378.01万人次，增长18.0%；实现旅游总收入86.17亿元，增长23.7%。

【金融和保险】2012年，内江市全市金融机构各项存款余额889.77亿元，比上年增长22.1%，其中城乡居民储蓄存款余额639.34亿元，增长21.8%。金融机构各项贷款余额407.04亿元，比上年增长29.3%。

全年各种保险机构保费收入22.96亿元，下降4.2%。其中，财产险保费收入6.23亿元，增长15.4%；寿险保费收入16.73亿元，下降9.9%。全年各项赔款和给付支出5.50亿元，增长21.3%。

9

2012年宜宾市经济发展概况

【经济总量】2012年，宜宾市全年实现地区生产总值（GDP）1242.76亿元，比上年增长14.1%。其中，第一产业增加值181.94亿元，增长4.8%；第二产业增加值773.97亿元，增长16.9%；第三产业增加值286.84亿元，增长12.0%。三次产业对经济增长的贡献率分别为4.7%、75.0%和20.3%。三次产业结构由上年的15：61.9：23.1调整为14.6：62.3：23.1。

2012年，全市居民消费价格总水平（CPI）比上年上涨2.4%，涨幅较上年低2.8个百分点。分类别看，全年八大类商品和服务项目价格七升一降。其中，食品类上涨3.2%；烟酒类上涨2.3%；衣着类上涨1.0%；家庭设备用品及维修服务类上涨0.5%；医疗保健和个人用品类上涨2.9%；娱乐教育文化用品及服务类上涨2.9%；居住类上涨3.1%；交通和通信类下降0.3%。

【农业】2012年，宜宾市全年农林牧渔业总产值305.56亿元，比上年增长4.8%。

全年实现农业产值132.92亿元，比上年增长5.5%。全年粮食种植面积达到41.23万公顷，粮食总产量达到232.89万吨，增长1.0%。经济作物中，油料产量9.11万吨，增长11.1%；蔬菜产量222.76万吨，增长8.0%；茶叶产量3.8万吨，增长13.8%；园林水果产量45.32万吨，增长9.4%。

【工业和建筑业】2012年，宜宾市全部工业实现增加值712.17亿元，比上年增长16.8%，其中，规模以上工业增加值增长17.3%。在规模以上工业中，轻工业增加值增长21.2%，重工业增加值增长13.6%。

全市优势产业快速发展。"四基地"产业实现工业增加值553.57亿元，比上年增长17.8%，对全市规模以上工业增长的贡献率达88.9%，其中，酒类食品基地实现增加值235.81亿元，增长25.0%；综合能源基地实现增加值163.07亿元，增长20.1 %；化工轻纺基地实现增加值95.42亿元，增长7.2%；机械制造基地实现增加值59.27亿元，增长5.1 %。

全年规模以上工业企业实现利润总额238.01亿元，比上年增长44.18%；实现利税353.36亿元，增长32.8%。工业经济效益综合指数320.39点，比上年提高33.3点。七项工业经济效益指标中：总资产贡献率为22.88%，提高2.43个百分点；资本保值增值率为120.84%，下降0.03个百分点；资产负债率为53.4%，下降0.84个百分点；流动资金周转率为2.19次/年，下降0.05次/年；成本费用利润率为14.81%，提高2.96个百分点；全员劳动生产率261663元/人，提高29792元/人；工业产品销售率99.17%。

年末，具有资质等级独立核算的建筑企业212个，其中，施工总承包和专业承包企业175个。施工总承包和专业承包企业全年完成建筑业现价总产值 142.6亿元，比上年增长 21.6%；房屋建筑施工面积1062.3万平方米，增长11.3%；房屋建筑竣工面积590.22万平方米，增长12.8%，竣工率55.56%。

【固定资产投资】2012年，宜宾市全年全社会固定资产投资总额达748.8亿元，比上年增长23.3%，其中，基本建设投资完成426.95 亿元，增长35.64%；更新改造投资完成193.43亿元，增长16.39%；房地产开发投资完成104.51亿元，下降0.85%。从投资主体看，国有经济控股单位完成投资382.96亿元，增长23.3%，占全社会固定资产投资总额的51.14%。从产业投向看：第一产业投资22.11亿元，增长115.5%；第二产业投资320.34亿元，增长8.6%；第三产业投资406.35亿元，增长34.6%。从投资的行业来看，增长较快的行业有：信息传输、软件和信息技术服务业增长13.55倍，批发零售业增长1.99倍，科学研究和技术服务业增长1.61倍，农、林、牧、渔业增长81.1%，卫生和社会工作增长68.4%，水利、环境和公共设施管理业增长67.7%，交通运输、仓储和邮政业增长57.2%，教育业增长44.7%。

【科学技术】2012年，宜宾市被省政府确定为创建国家技术创新工程四川省试点示范市，获批成立“四川省技术转移（宜宾）中心”和“四川省科技成果转移区域服务平台宜宾分平台”，宜宾化学纤维高新技术产业化基地获批省特色高新技术产业化基地，兴文县获批创建省级可持续发展实验区。2012年，市财政预算的应用技术研究与开发资金1028万元，科技自主创新专项资金1300万元，科技创新担保资金1000万元，科技奖励专项经费120万元；获国、省科技经费共计2712万元。新认定高新技术企业5家，新增省级创新型企业13家，调整认定市级农业科技园区10家。获省科技进步奖一等奖1项，二等奖3项，三等奖5项；奖励2011年宜宾市科技进步奖50项，其中：特等奖2项，一等奖8项、二等奖15项、三等奖25项；授予2010—2011年度宜宾市科技创新奖先进集体15个、先进个人17名。

全年专利申请量1328件，授权量754件，均排全省第五位；累计专利申请量7603件，累计授权专利达5688件；新增专利实施152件；获授权发明专利和实用新型专利405件。

【国内贸易和对外经济】2012年，宜宾市全年社会消费品零售总额434.58亿元，比上年增长16.2%。分行业看：批发业实现零售额60.08亿元，增长36.9%；零售业实现零售额317.29亿元，增长12.7%；住宿业实现零售额5.55亿元，增长23.7%；餐饮业实现零售额51.66亿元，增长16.5%。

全年完成外贸进出口总额7.77亿美元，比上年下降4.35%，其中，进口实现2.35亿美元，下降11.55%，出口实现5.42亿美元，下降0.85%。全年实际利用外资4536万美元，下降9.46%；外派输出劳务人员1664人次，增长13.2%；完成对外劳务合作营业额97.2万美元，增长10.69%。

【交通、邮电和旅游】2012年，宜宾市以“畅通宜宾”交通枢纽建设为中心，全市公路总里程达17840公里，其中，村道1260公里；四级及以上公路14539公里。全年建成通乡油路（水泥路）493公里，通村公路1260公里，乡镇客运站（点）3个。全年完成公路水路货物运输量6125万吨，比上年增长9.71%，货运周转量524323万吨公里，增长18.17%；完成客运量17083万人次，增长10.15%，客运周转量495234万人公里，增长17.48%。

全年邮电业务总量完成31.19亿元，比上年增长14.2%。年末,全市电话用户总数达398.61万户，增加22.24万户，其中，固定电话用户60.83万户，减少2.2万户，移动电话用户337.78万户，增加24.44万户。互联网用户数37.3万户，增加5.39万户。

2012年，旅游业继续壮大。实现旅游总收入165.94亿元，比上年增长26.95%，接待游客2112.08万人次，增长21.85%。2012年成功创建全国休闲农业与乡村旅游示范县1个，国家级AAA景区1个、AA景区1个，四川省乡村旅游示范乡镇4个，四川省星级农家乐126家（其中五星级农家乐1家），四川省5A级旅游购物点1个。年末，全市共有星级饭店26家，旅行社32家。

【金融和保险】2012年年末，宜宾市全市金融机构本外币各项存款余额1466.40亿元，比上年末增长22.2%，其中，城乡居民储蓄存款余额673.41亿元，增长20.1%。金融机构本外币各项贷款余额628.44亿元，增长19.7%，其中：短期贷款250.65亿元，增长27.0%，中长期贷款371.30亿元，增长15.2%。

年末，全市共有保险公司27家。按业务性质分：产险公司14家，寿险公司11家，养老公司1家，健康险公司1家；按资本国别属性分：中资公司25家，外资公司2家。全年原保险保费收入23.87亿元，比上年减少2%，其中，财产险业务总收入10.34亿元，增长12.7%；人身险业务总收入13.53亿元，减少10.4%。全年支付各项赔款和给付8.65亿元，增长10.3%，其中，财产险赔款支出6.21亿元，增长23.2%，人身险短期赔款支出3.62亿元，增长21.3%。

10

2012年广安市经济发展概况

【经济总量】2012年，广安市全年实现地区生产总值（GDP）752.2亿元，同比增长14.0%。其中，一、二、三产业分别实现增加值140.0亿元、392.7亿元和219.5亿元，同比分别增长4.7%、18.9%和11.3%，对GDP增长的贡献率分别为6.2%、69.2%和24.6%，拉动GDP分别增长0.9、9.7、3.4个百分点。三次产业结构由2011年的19.0：51.4：29.6调整为2012年的18.6：52.2：29.2，一产业下降0.4个百分点，二产业上升0.8个百分点。全市工业化率为41.3%。

全年居民消费价格（CPI）累计上涨2.5%，涨幅比上年回落3.9个百分点。居民消费价格一季度同比上涨2.9%，二季度上涨2.2%，三季度上涨2.1%，四季度上涨2.8%。工业生产者出厂价格（PPI）下降3.8%，工业生产者购进价格（IPI）下降3.4%。

【农业】2012年，广安市全年完成农业总产值237.9亿元，同比增长5.5%。

全市粮食播种面积36.0万公顷，粮食总产量204.1万吨，比上年增加2.1万吨，同比增长1.0%。其中，水稻产量105.6万吨,同比增长1.0%；玉米产量33.9万吨 ,同比增长1.0%；小麦产量20.3万吨,同比下降3.9%。油料种植面积6.3万公顷，产量为 13.0万吨，同比增长1.9%。蔬菜（含菜用瓜）种植面积6.5万公顷，产量为231.0万吨，同比增长3.8%。

年末全市有标准化规模养殖场4973个，专合组织1565个，规模以上龙头企业191户。全年肉类总产量46.8万吨,同比增长2.6%；禽蛋产量8.3万吨,同比增长2.7%；牛奶产量2852吨,同比增长0.8%；蚕茧产量3437吨，同比下降2.5%。全年生猪出栏539.2万头，同比增长2.7%；牛出栏7.5万头，同比增长0.9%；羊出栏54.6万只,同比增长0.3%；家禽出栏4779.8万只，同比增长2.3%；兔出栏470.2万只,同比增长4.4%。

【工业和建筑业】2012年，广安市工业经济发展较好。完成全口径工业增加值310.8亿元，同比增长20.3%，对经济贡献率达58.3%，拉动经济增长8.2个百分点。全年新增规模以上工业企业68户，年末规模以上工业企业总户数为446户，规模以上工业增加值增长17.3%。

主要工业产品产量“六增六减”。大米37.2万吨,同比增长3.6%；食用植物油14.1万吨,同比增长6.8%；水泥1138.3万吨,同比增长46.7%；蚕丝4393.1吨,同比增长3.0%；小麦粉34.9万吨，同比增长22.5%；鲜、冷藏肉10.4万吨，同比增长7.2%。发电量112.9亿千瓦时,同比下降16.9%；饲料35.6万吨,同比下降32.1%；白酒(折65度)4.1万千升，同比下降33.9%；家用洗衣机56.3万台,同比下降6.5%；墙地砖1615万平方米，同比下降12.6%；啤酒7.8万千升，同比下降11.4%。

建筑业实现较好发展。全年建筑业增加值为81.9亿元，同比增长13.8%，对经济的贡献率为10.9%，拉动GDP增长1.5个百分点。四级以上资质等级建筑企业纳入统计共99户(不包括劳务分包企业)，完成建筑业总产值225.2亿元，同比增长19.3%。房屋建筑施工面积 1054.3万平方米，同比增长24.8%；房屋建筑竣工面积553.2万平方米，同比增长41.8%。

【固定资产投资】2012年，广安市投资保持较快增长。完成全社会固定资产投资524.1亿元，同比增长23.3%。其中，基本建设、更新改造和房地产开发分别完成投资334.4亿元、106.2亿元和51.1亿元，分别增长21.6%、25.3%和32.6%。项目投资完成466.3亿元，同比增长22.2%，占全社会固定资产投资总额的89.0%。三次产业投资持续增长。一二三产业分别完成投资16.1亿元、198.7亿元和309.3亿元，同比分别增长61.1%、18.5%和25.0%。三次产业投资比重为3.1：37.9：59.0。

全市86个重大产业项目完成投资83.3亿元。其中，广安华兴铝业生产线建设项目、沙西机械制造项目等32个重大产业项目陆续投产，广安气盐结合系列项目、广安鼎新年产7.2亿安时大功率锂离子动力电池产业化项目、航583汽车空调管路总成及配件生产等54个项目加快建设。

【科学技术】2012年，广安市科技事业健康发展。实施中省重点科技项目42项，引进应用先进技术70项，取得科技成果90项。专利申请量415件，其中发明专利申请量85件，专利授权量246件。新培育国家级高新技术企业8家，成功创建省级企业技术中心4家。

【国内贸易和对外经济】2012年，广安市城乡市场保持活跃。实现社会消费品零售总额254.8亿元，同比增长16.2%。其中，城镇、乡村分别实现零售额195.9亿元和58.9亿元，同比增长16.4%和15.3%。其中，限上商贸单位实现社会消费品零售总额140.3亿元，同比增长24.5%。分行业看，批发业、零售业、住宿业和餐饮业分别完成零售额36.8亿元、179.5亿元、3.8亿元和34.7亿元，同比分别增长15.0%、16.1%、22.3%和16.8%。

全年实际利用外资3967万美元，同比增长16.1%。外贸进出口总额7.5亿美元，同比增长68.9%，其中出口7.0亿美元，同比增长67.2%。新批外商直接投资企业21家，累计135家。新增外商投资企业1家，累计16家。实现外派劳务3500人次。

积极参加西博会、广交会、渝洽会、台湾经贸合作洽谈会等招商活动，主动赴广东、浙江、台湾等产业发达地区和重点大型企业开展对接。全年共签约引进项目647个，履约项目996个，到位资金552.1亿元，同比增长37.4%。

【交通、邮电和旅游】2012年，广安市通建设步伐加快。省道304线邻水城南至石滓段、省道203线华蓥境内段改造完成，广安迎宾大道建成通车，武胜嘉陵江二桥主体工程建成，巴广渝、遂广高速公路广安境内段控制性工程开工，广安港新东门作业区顺利实现开港试运行。全市公路通车总里程达10355公里，等级公路8870公里。其中，高速公路197公里，一级公路76公里，二级公路359公里，三级公路

429公里，四级公路7809公里，等外级公路1485公里。航道里程522公里。公路旅客周转量23.5亿人公里，同比增长12.3%；公路货物周转量32.8亿吨公里，同比增长16.8%。

全年邮电业务总量为6.6亿元，同比增长13.0%。其中，邮政业务总量2.0亿元，同比增长13.6%；电信业务总量4.6亿元，同比增长12.7%。年末电信固定电话用户34.4万户，同比下降4.3%；移动电话用户206.6万户，同比增长5.6%；宽带用户21.2万户，同比增长24.7%。

全年接待游客总人数1550万人次，同比增长20.3%，实现旅游总收入103.5亿元，同比增长22.9%。

【金融和保险】2012年年末，广安市金融机构各项存款余额937.3亿元，比年初增加168.2亿元，增长21.9%；住户存款682.3亿元，比年初增加121.5亿元，增长21.7%。金融机构贷款余额341.4亿元，比年初净增53.7亿元，增长18.7%。4家证券营业部的证券交易额为136.6亿元，15家融资性担保法人机构在保余额为4.1亿元，7家小额贷款公司贷款余额为6.3亿元。

现有驻市保险机构20家，其中，财险公司10家，寿险公司10家。全年共收保费23.7亿元。其中，财险收入保费5.5亿元，寿险收入保费17.6亿元，中介收入保费0.6亿元。全年各项赔款给付6.8亿元。

11

2012年达州市经济发展概况

【经济总量】2012年，达州市全年实现地区生产总值（GDP）1135.46亿元，比上年（下同）增长13.6%。其中，第一产业增加值248.95亿元，增长4.6%；第二产业增加值605.23亿元，增长18.6%；第三产业增加值281.28亿元，增长10.6%。三次产业对经济增长的贡献率分别为7.2%、73.2%和19.6%，分别拉动GDP增长0.98、9.95和2.67个百分点。三次产业结构调整为21.9∶53.3∶24.8。

全年居民消费价格（CPI）总水平比上年上涨2.8%，其中，食品价格上涨4.5%。工业品出厂价格和原材料、燃料、动力购进价格分别降0.1%和5.5%。

【农业】2012年，达州市全年粮食种植面积57.8万公顷。其中，小麦7.5万公顷，下降7.1%；水稻17.3万公顷，增0.3%；玉米9.9万公顷，增2.4%；薯类16.6万公顷，增1.8%；油料种植面积12.5万公顷，增1.3%；蔬菜种植面积8.9万公顷，增2.2%。

全年粮食产量307.6万吨，比上年增加2.5万吨，增长0.8%；油料产量12.5万吨，增长1.3%。

全年肉类总产量达77.2万吨，增长3.7%。其中猪、牛、羊肉产量分别达51.1万吨、6.8万吨和2.8万吨，分别增长3.6%、1.9%和0.7%。牛奶产量2.2万吨，增长17.2%。全年水产品产量达8.2万吨，增长4.0%。

【工业和建筑业】2012年，达州市全年全部工业增加值544.2亿元，增长18.9%。其中：规模以上工业企业增加值345.3亿元，增长17.3%。

规模以上工业企业实现利润总额77.71亿元，增长37.6%；实现利税109.86亿元，增长30.4%；全员劳动生产率20.48万元/人，比上年提高3.79万元/人；资产负债率70.78%，下降4.69个百分点；流动资产周转率5.44次/年，下降0.38次；综合经济效益指数282.46，比上年提高40.48个百分点。

全年全社会建筑业实现增加值61.03亿元，增长15.4%。全市有资质等级的建筑企业实现总产值202.62亿元，增长18.2 %。

【固定资产投资】2012年，达州市全年全社会投资完成826.3亿元，增长22.1%。

全年房地产开发经营企业完成投资85.1亿元，增长3.9%。商品房施工面积1285.8万平方米，增长3.5%；商品房竣工面积132.1万平方米，下降28.6%；商品房现房销售面积181.87万平方米，下降28.7%；期房销售面积163.14万平方米，下降22.1%。年末商品房待售面积30.97万平方米，增长91.2%。

全年建成投产项目1134个，项目建成投产率51.7%，新增固定资产633.48亿元。年内上亿元投资项目126个，其中，中石油川东北高含硫项目完成15.2亿元；瓮福磷硫化工项目完成10.6亿元；达万高速公路项目完成10.8亿元；达巴铁路达州段完成9.6亿元；南大梁高速公路项目完成14.6亿元。

【科学技术】2012年年末，达州市全市拥有国家级高新技术企业7家，国家级创新型企业1家，省级创新型企业30家，省级工程技术中心、重点实验室各1家，市（厅）级重点实验室4家。全年获省级以上科技进步奖5项，授予市级科技进步奖32项。全年共申请专利469件，专利授权274件，其中企业申请专利148件，企业申请发明专利55件。

【国内贸易和对外经济】2012年，达州市全年社会消费品零售总额429.6亿元，增长16.5%。其中，城镇消费品零售额246.9亿元，增长17.1%；农村消费品零售额182.7亿元，增长15.5%。

全市批零业实现商品零售额380.4亿元，占社会消费品零售额的88.6%。在限额以上批发和零售业零售额中，食品类增长30.5%，衣装类增长23.8%，家具类增长49.9%，家用电器类增长23.7%，汽车类增长26.5%，石油及制品类增长36.8%。

全年出口创汇9424万美元，增长29.0%。

全年招商引资到位资金453.69亿元，增长32.1%

【交通、邮电和旅游】2012年，达州市全市境内公路总里程19315公里，其中高速公路达313.3公里，完成公路货运周转量111.8亿吨公里，增长16%。全年邮政电信业务收入24.5亿元，增长10.5%；年末固定电话用户达63.2万户，年末移动电话用户达322.3万户。互联网用户37.13万户。

全年共接待国内游客1107.9万人次，增长12%。旅游总收入61.7亿元，增长23%。

【金融和保险】2012年年末，达州市全部金融机构各项存款余额1317.2亿元，增长19.9%；其中城乡居民储蓄余额951.2亿元，增长19%。全部金融机构各项贷款余额531.9亿元，增长20.9%。其中中长期个人消费贷款余额229.8亿元，增长22.1%。

全市保险机构29家，其中，人寿保险公司18家、财产保险公司10家、专业保险代理公司1家。加上中邮代理寿险，实际市级保险经营机构已达30家。全年各类保费收入37.48亿元。其中，寿险保费收入

28.25亿元，财产险保费收入9.23亿元。全市保险各类赔款及给付合计10.57亿元。其中，寿险业务赔款及给付合计5.65亿元，财产险赔款4.92亿元。

12

2012年资阳市经济发展概况

【经济总量】2012年，资阳市全年实现地区生产总值（GDP）984.7亿元，比上年增长14.3%。其中，第一产业增加值216.1亿元，比上年增长4.5%；第二产业增加值548.5亿元，比上年增长18.8%；第三产业增加值220.1亿元，比上年增长12.0%。三次产业对经济增长的贡献率分别为6.5%、73.8%、19.7%，拉动GDP分别增长0.9、10.6、2.8个百分点。三次产业结构由上年的22.1：55.0：22.9调整优化为21.9：55.7：22.4，继续保持了“二三一”的产业结构。全部工业增加值占地区生产总值的比重达到50.4%，比上年提高0.2个百分点。

全年非公有制经济实现增加值570.1亿元，比上年增长16.3%。其中，第一产业增加值79.2亿元，比上年增长3.2%；第二产业增加值394.1亿元，比上年增长19.3%；第三产业增加值96.8亿元，比上年增长14.6%。非公有制经济占GDP的比重为57.9%，比上年提高1.3个百分点；对GDP增长的贡献率为64.2%，拉动GDP增长9.2个百分点。

【农业】2012年，资阳市全年粮食作物种植面积53.9万公顷，与上年基本持平；油料作物种植面积10.0万公顷，增长1.4%。全年粮食总产量240.0万吨，增长1.1%，已连续6年实现增产。其中，稻谷产量72.5万吨，增长0.7%；小麦产量41.5万吨，增长0.1%。油料产量23.0万吨，增长3.9%。蔬菜(含菜用瓜)产量173.2万吨，增长3.8%。

全年肉类总产量69.3万吨，增长2.1%。其中，猪肉产量54.0万吨，增长2.3%；羊肉产量5.6万吨，增长0.6%；家禽产量8.1万吨，增长2.2%。全年出栏生猪增长2.3%；羊出栏增长0.6%。全年水产品总产量7.5万吨，增长12.6%。

【工业和建筑业】2012年，资阳市全年规模以上工业企业实现总产值1735.0亿元，实现增加值比上年增长18.0%。年末，全市拥有中国名牌2个、中国驰名商标13件、四川名牌产品63个、四川著名商标46件。国家级企业技术中心1个、省级企业技术中心34个。

全年规模以上工业企业实现利润总额148.5亿元，比上年增长37.5%。全年实现盈利的规模以上工业企业568户，占全部规模以上工业企业总户数的95.6%。工业经济效益综合指数为347.1，比上年提高30.2点。

全年建筑业实现增加值52.3亿元，比上年增长31.7%。全市四级及以上资质等级建筑企业119个，全年房屋建筑施工面积926.9万平方米，比上年增长18.2%；房屋建筑竣工面积502.5万平方米，比上年增长10.4%。

【固定资产投资】2012年，资阳市全年全社会固定资产完成投资605.8亿元，比上年增长30.9%。其中，第一产业投资13.8亿元，增长159.8%；第二产业投资201.3亿元，增长26.1%；第三产业投资390.7亿元，增长31.2%。

全年完成投资5000万元及以上的项目（含房地产开发项目）达到310个，比上年增加87个，完成投资491.4亿元，占全社会固定资产投资的81.1%。

【科学技术】2012年，资阳市积极实施重大科技项目，全年共组织实施市级以上重点科技项目50项，国家级6项，省级52项。积极培育高新技术企业，新发展高新技术企业4户，年末高新技术企业达19户。全年组织实施产学研合作项目38个，完成专利申请量738件，获专利授权468件。

【国内贸易和对外经济】2012年，资阳市全年实现社会消费品零售总额293.5亿元，比上年增长16.5%。分地域看，城镇实现消费品零售额236.9亿元，比上年增长17.0%；乡村实现消费品零售额56.6亿元，比上年增长14.2%。分行业看，批发业实现零售额13.9亿元，比上年增长18.6%；零售业实现零售额211.1亿元，比上年增长13.0%；住宿业实现零售额1.9亿元，比上年增长30.4%；餐饮业实现零售额66.6亿元，比上年增长27.8%。

全年进出口总额30554万美元，比上年增长45.4%。其中，出口总额26999万美元，比上年增长54.0%；进口总额3555万美元，比上年增长2.1%。

【交通、邮电和旅游】2012年，资阳市全年新建成通乡联网路121公里、通村水泥路703公里。内资遂高速公路、三岔湖旅游快速通道、成简快速通道A段、简阳雄州大道C段、简三公路升级改造等项目竣工通车，遂资眉、成安渝、成都二绕高速公路等项目加快推进。资阳、简阳汽车客运中心一级站建成营运。

全年公路运输完成客运周转量37.0亿人公里、货物周转量57.5亿吨公里，分别比上年增长19.0%和20.1%；水路运输完成客运周转量826.5万人公里、货物周转量2357万吨公里，分别比上年增长0.8%和26.6%。

全年邮政业务收入3.1亿元，电信业务收入13.1亿元。年末固定电话用户数（不包括分机）39.2万户，比上年下降7.8%；移动电话用户数229.0万户，比上年增长7.6%；国际互联网注册用户数21.1万户，比上年增长21.6%。

全年接待国内游客比上年增长36.8%，旅游总收入比上年增长32.4%。接待入境游客2.7万人次，外汇收入513.8万美元。安岳石刻、雁江佛山橘海、乐至报国寺等重点旅游景区开发建设加快推进，简阳三岔湖国际会议度假中心项目主体工程已完工，安岳圆觉洞成功创建成为国家4A级旅游景区。

【金融和保险】2012年年末，资阳市，金融机构各项存款余额929.8亿元，比年初净增139.0亿元，增长17.6%；辖内金融机构各项贷款余额416.2亿元，比年初净增82.1亿元，增长24.6%。

全市23家保险机构全年实现保费收入24.7亿元，比上年下降15.1%。全年支付各项赔款和给付6.3亿元，比上年增长6.1%。

贵州省

| 贵阳市 | 六盘水市 | 遵义市 | 安顺市 |

1

2012年贵阳市经济发展概况

【经济总量】2012年，贵阳市全年实现地区生产总值（GDP）1700.30亿元，比上年增长15.9%。分产业看，第一产业增加值72.28亿元，增长8.5%；第二产业增加值717.32亿元，增长18.8%；第三产业增加值910.70亿元，增长14.1%。三次产业结构为4.2：42.2：53.6。

居民消费价格比上年上涨2.6%，增幅比上年下降2.9个百分点，其中食品类价格上涨5.6%，增幅比上年下降7.6个百分点。2012年工业生产者出厂价格指数为100.0。

【农业】2012年，贵阳市全年农作物总播种面积为27.22万公顷，比上年增长1.4%，其中粮食播种面积11.09万公顷，比上年下降5.1%；经济作物播种面积5.56万公顷，比上年增长8.6%，其中油菜籽播种面积3.98万公顷，比上年增长7.6%；烤烟播种面积1.23万公顷，比上年增长9.0%；蔬菜播种面积9.76万公顷，比上年增长6.5%。

全年粮食产量44.50万吨，增产10.6%。其中夏粮产量8.22万吨，增产1.0%；秋粮产量36.28万吨，增产13.0%。

【工业和建筑业】2012年，贵阳市全年全部工业增加值534.73亿元，比上年增长16.2%。其中，规模以上工业增加值480.23亿元，比上年增长22.1%。十大工业行业规模以上工业增加值341.27亿元，比上年增长22.9%。六大特色支柱产业实现规模以上工业增加值364.23亿元，比上年增长20.3%。工业园区规模以上工业增加值348.04亿元，比上年增长27.0%。

规模以上工业主营业务收入1610.32亿元，比上年增长18.6%。实现利税总额337.47亿元，比上年增长31.9%；实现利润104.95亿元，比上年增长62.6%。工业综合经济效益指数259.50，比上年提高33.5个百分点。

全市建筑业实现增加值182.59亿元，比上年增长28.0%。房屋建筑施工面积5835.21万平方米，比上年增长18.0%；房屋建筑竣工面积616.53万平方米，比上年下降1.8%。

【固定资产投资】2012年，贵阳市全年全社会固定资产投资完成2482.56亿元，比上年增长55.1%，其中城镇固定资产投资完成2402.48亿元，比上年增长56.3%。工业投资完成723.86亿元，比上年增长42.2%。

全市房地产开发投资908.52亿元，比上年增长94.4%。按工程用途分，住宅投资573.67亿元，增长102.4%；办公楼投资33.55亿元，比上年增长136.9%；商业营业用房投资113.18亿元，比上年增长110.3%；其他投资188.13亿元，增长62.3%。

【科学技术】2012年，贵阳市全年完成684项科技计划项目立项工作，下达项目经费1.60亿元，其中，重点科技项目66项，资助资金6105万元；重大科技专项9项，资助资金2311万元。组织筹备了“科技活动周开幕式”、“中国科技创业大赛贵州分会场启动仪式”、“创新要素对接会（药业专场、IT专场等）”、“贵阳市科技、文化、卫生三下乡”等一系列大型活动。新认定了贵阳市标准气体物质工程技术研究中心等7家企业工程技术研究中心；建立了贵阳市大气细粒子与大气污染化学重点实验室等3个市级重点实验室；挂牌成立的贵州大学科技园和贵州师范大学科技园成为省级大学科技园，打破了贵阳市乃至贵州省大学科技园数量上零的突破。

全年专利申请受理量为5438件，比上年增长53.2%。专利授权量2997件，比上年增长47.0%，其中发明专利429件，实用新型专利1832件，外观设计专利736件。

【国内贸易和对外经济】2012年，贵阳市全年实现社会消费品零售总额683.19亿元，比上年增长16.9%。分地域看，城镇消费品零售额680.34亿元，增长16.9%，其中城区673.25亿元，增长16.6%；乡村消费品零售额2.85亿元，增长15.2%。分行业看，批发业零售额83.90亿元，增长38.9%；零售业零售额535.89亿元，增长14.5%；住宿业零售额11.11亿元，增长18.9%；餐饮业零售额52.29亿元，增长12.6%。

全年外贸进出口总额50.51亿美元，比上年增长34.0%。其中出口42.14亿美元，比上年增长51.6%；进口8.37亿美元，比上年下降15.4%。

全年批准外商投资项目21项，比上年下降30.0%。实际直接利用外资47415万美元，比上年增长70.1%。

【交通、邮电和旅游】2012年，贵阳市全年各种运输方式完成旅客发送量46489.16万人次，比上年增长21.5%；完成货物运输量16635.02万吨，比上年增长19.8%。

全市年末民用车辆拥有量67.36万辆，比上年末增长4.5%，其中汽车拥有量55.50万辆，比上年末增长10.6%。私人汽车拥有量46.35万辆，比上年末增长11.4%。

全市邮电业务总量66.05亿元，比上年增长17.8%，其中邮政业务总量3.28亿元，比上年下降10.2%，电信业务总量62.77亿元，比上年增长19.7%。年末固定电话用户101.97万户，比上年增长2.7%；移动电话用户640.85万户，比上年增长17.8%，其中3G用户数109.72万户，比上年增长112.8%；互联网用户数451.94万户，比上年增长27.2%，其中固定互联网宽带接入用户80.77万户，比上年增长18.4%。

全市全年旅游总收入602.70亿元，其中旅游外汇收入达4474.08万美元；接待国内游客6332.59万人次；接待外国游客116181人次。

【金融和保险】2012年年末，贵阳市全市金融机构人民币各项存款余额4394.37亿元，比年初增加791.24亿元。其中单位存款余额2581.40亿元，比年初增加508.45亿元；居民储蓄存款余额1498.20亿元，比年初增加247.17亿元。金融机构人民币各项贷款余额3479.47亿元，比年初增加466.61亿元。其中短期贷款余额889.61亿元，比年初增加187.04亿元；中长期贷款余额2493.18亿元，比年初增加248.24亿元。

全年保险保费收入56.93亿元，比上年增长13.8%。保险赔付支出20.22亿元，比上年增长45.8%。

2

2012年六盘水市经济发展概况

【经济总量】2012年，六盘水市全年实现地区生产总值（GDP）738.65亿元，比上年增长16.0%。其中，第一产业增加值为43.27亿元，增长8.8%；第二产业增加值为451.57亿元，增长15.9%，其中工业增加值412.52亿元，增长15.5%；第三产业增加值为243.82亿元，增长17.3%，其中，批发和零售业增长13.4%，住宿和餐饮业增长8.5%，交通运输、仓储和邮政业增长12.5%。

第一产业、第二产业、第三产业增加值占生产总值的比重分别为5.86%、61.13%和33.01%。与上年相比，第一产业、第三产业比重分别上升0.64个百分点和0.9个百分点，第二产业比重下降1.54个百分点。

【农业】2012年，六盘水市全年种植业实现增加值23.64亿元，比上年增长8.0%。主要农作物种植面积继续扩大，全年粮食种植面积达到18.02万公顷（270.3万亩），下降1.3%；油料种植面积0.79万公顷（11.79万亩），增长11.6%；蔬菜种植面积2.08万公顷（31.2万亩），增长10.1%。年末果园面积0.49万公顷（7.35万亩），增长10.3%。今年雨水充沛，主要农产品产量有所增长，全年粮食总产量75.29万吨，比上年增长33.4%；油料作物产量1.04万吨，比上年增长23.0%。

全年畜牧业实现增加值16.26亿元，比上年增长11.1%。猪、牛、羊出栏数分别比上年增长3.0%、3.5%和2.6%；肉类总产量11.54万吨，比上年增长6.0%。禽蛋比上年增长1.9%。

【工业和建筑业】2012年，六盘水市全年规模以上工业增加值完成310.95亿元，比上年增长17.1%。其中，轻工业增加值10.38亿元，增长1.0%；重工业增加值300.57亿元，增长17.8%。重工业增加值占规模以上工业增加值的比重为96.7%，比上年提高2.2个百分点。

主要工业行业中，除电力、热力的生产和供应业外，其余各行业增加值均比上年增长15.0%以上。煤炭开采和洗选业，石油加工、炼焦和核燃料加工业，非金属矿物制品业，黑色金属冶炼及压延加工业等行业增长较快，分别比上年增长21.2%、20.4%、50.6%和23.7%。

全年实现建筑业增加值39.05亿元，比上年增长20.8%。资质内建筑企业施工房屋面积116万平方米，下降7.2%；房屋竣工面积42万平方米，下降8.7%，其中，住宅竣工面积13万平方米，下降57.7%。

【固定资产投资】2012年，六盘水市固定资产投资大幅增加。全年全社会固定资产投资1088.90亿元，比上年增长97.8%。

计划总投资50万元及以上的城镇投资、农村非农户投资和房地产开发投资766.39亿元，比上年增长

74.2%。其中，基本建设投资412.93亿元，增长84.0%，更新改造投资85.82亿元，增长44.4%，房地产开发投资55.48亿元，增长79.9%；工业投资360.59亿元，增长40.0%。教育投资19.43亿元，增长310.2%。水利、环境和公共设施管理业投资113.22亿元，增长102.1%。

全年房地产开发投资55.48亿元，比上年增长79.9%。按工程用途分，商品住宅投资30.12亿元，增长39.7%；办公楼投资1.05亿元，增长101.9%；商业营业用房投资11.83亿元，增长100.2%。

【国内贸易和对外经济】2012年，六盘水市全年实现社会消费品零售总额182.82亿元，比上年增长16.0%。城乡消费品市场实现较快增长，其中，城镇消费品零售总额增长16.3%，乡村消费品零售总额增长14.0%。批发业增长17.6%，零售业增长15.5%；住宿业增长42.1%；餐饮业增长17.5%。

全年居民消费价格总水平比上年上涨2.7%，在监测的八大类商品及服务项目中，除家庭设备用品及维修服务价格比上年下降0.1%外，其余均有不同程度上升，其中食品价格上涨幅度最大，为4.4%。

全年进出口总额10.77亿美元，比上年增长38.6%。其中，进口总额6.81亿美元，出口总额3.96亿美元。

全年新批外商投资项目2个，实际利用外资9023.24万美元，比上年增长47.1%。全年招商引资项目456个，招商引资实际到位资金650.07亿元，比上年增长174.3%。

【交通、邮电和旅游】2012年，六盘水市交通运输业平稳发展。全年交通运输、仓储、邮电业完成增加值54.11亿元，比上年增长12.5%。全市公路通车里程进一步增加，年末公路通车里程达11927.32公里，比上年末增长0.4%。

全年完成邮电业务总量18.83亿元，比上年增长17.2%。其中，电信业务总量17.90亿元，比上年增长17.1%；邮政业务总量0.93亿元，比上年增长18.8%。互联网用户、移动电话用户继续较快增长，年末移动电话用户和互联网用户分别为203.12万户和14.66万户，分别比上年增长20.5%和23.6%。

全年实现旅游总收入32.88亿元，比上年增长37.4%。

【金融和保险】2012年年末，六盘水市全市金融机构人民币各项存款余额676.21亿元，比年初增加99.19亿元，同比增长17.2%。金融机构人民币各项贷款余额508.38亿元，比年初增加91.41亿元，同比增长21.9%。

全年全市原保险保费收入121307万元，比上年增长8.1%，其中，财产险收入57273万元，较上年增长6.5%。人身险64034万元，比上年增长9.6%；全市原保险赔付支出41979万元，比上年增长21.9%。

3

2012年遵义市经济发展概况

【经济总量】2012年，遵义市全年实现地区生产总值（GDP）1343.93亿元，比上年增长15.9%。其中，第一产业增加值181.24亿元，增长8.9%；第二产业增加值606.23亿元，增长19.3%；第三产业增加值556.46亿元，增长14.4%。第一产业增加值占生产总值的比重为13.5%，与上年持平；第二产业增加值比重为45.1%，上升1.1个百分点；第三产业增加值比重为41.4%，下降1.1个百分点。非公有制经济增加值642.41亿元，占全市生产总值的比重为47.8%。人均生产总值为22001元，比上年增长16.1%。初步测算，全年全面建设小康实现程度为76.7%。

【农业】2012年，遵义市全年粮食种植面积755.61千公顷，比上年减少3.19千公顷；油料种植面积142.53千公顷，减少2.12千公顷；烤烟种植面积65.47千公顷，增加6.87千公顷。

全年粮食产量276.22万吨，比上年增长21.6%。其中，夏粮产量63.21万吨，增长6.5%；秋粮产量213.01万吨，增长27.0%。

【工业和建筑业】2012年，遵义市规模以上工业增加值554.72亿元，比上年增长22.1%。其中，国有及国有控股企业318.95亿元，增长21.4%；集体企业1.60亿元，增长15.0%；股份制企业174.46亿元，增长22.4%；外商及港澳台投资企业3.19亿元，增长32.3%。在规模工业中私营企业实现增加值111.94亿元，增长20.4%。分轻重工业看，轻工业406.86亿元，增长21.6%，重工业147.86亿元，增长23.6%。

【固定资产投资】2012年，遵义市全年全社会固定资产投资1306.48亿元，比上年增长60.6%。50万元以上固定资产投资1176.48亿元，增长71.7%。其中：基本建设完成投资791.30亿元，增长80.6%，更新改造完成投资238.83亿元，增长49.7%，其他项目完成投资17.48亿元，增长191.1%，房地产开发完成投资128.87亿元，增长57.9%。

在50万元以上固定资产投资中（不含房地产），第一产业投资41.25亿元，比上年增长78.1%；第二产业投资443.85亿元，增长76.8%；第三产业投资562.51亿元，增长70.7%。

全年房地产开发投资128.87亿元，比上年增长57.9%，其中商品住宅投资80.20亿元，增长70.6%。商品房竣工面积154.42万平方米，下降27.0%。商品房销售面积214.69万平方米，下降12.5%，其中商品住宅189.07万平方米，下降13.7%。

【科学技术】2012年，六盘水市在国家实施了科技支撑计划两年后，获得国家科技支撑计划项数1项；获得省级以上科技专项重点项目260项、资金10713万元，其中，国家级项目74项、资金5214万元，省级项目186项、资金5499万元。我市共有高新技术企业43个，国家级企业技术中心2个，省级企业技术中心30个；省级重点试验室7个，省级工程技术中心6个，企业技术创新孵化平台2个。专利申请2590件，授权专利1266件。

【国内贸易和对外经济】2012年，遵义市全年社会消费品零售总额409.87亿元，比上年增长16.9%。其中城镇消费品零售额334.69亿元，增长18.9%；乡村消费品零售额75.18亿元，增长8.6%。分行业看，批发、零售、住宿和餐饮业零售额分别为75.50亿元、292.02亿元、2.71亿元和39.64亿元，分别增长47.1%、12.8%、9.6%和4.8%。

在限额以上批发和零售业零售额中，食品、饮料、烟酒类零售额67.24亿元，服装鞋帽、针纺织品类零售额4.34亿元，化妆品类零售额0.55亿元，日用品类零售额1.83亿元，家用电器和音像器材类零售额4.49亿元，中西药品类零售额1.14亿元，石油及制品类零售额60.64亿元，机电产品及设备类零售额0.36亿元，汽车类零售额36.42亿元。

全年进出口总额30783万美元，比上年增长21.7%。其中，出口29183万美元，增长25.9%；进口1600万美元，下降24.6%。

【交通、邮电和旅游】2012年，遵义市全年交通运输、仓储和邮政业增加值107.25亿元，比上年增长14.9%。

全年接待游客3354万人次，实现旅游综合收入311.95亿元，分别增长27.8%和29.6%。

【金融和保险】2012年年末，遵义市全部金融机构各项存款余额1712.22亿元，较年初增长22.1%。其中，单位存款723.48亿元，增长21.5%，个人存款936.49亿元，增长25.8%；个人存款中的储蓄存款931.95亿元，增长25.3%。全部金融机构各项贷款余额927.63亿元，较年初增长30.3%。其中，短期贷款189.19亿元，增长48.1%，中长期贷款730.38亿元，增长28.0%。

全年股票投资者开户数4252户，比上年下降4.0%，股票成交金额129.54亿元，下降26.0%。债券成交金额0.07亿元，增长2.0%。

全年保险业务收入78.72亿元，比上年增长9.2%，其中财产保险12.89亿元，增长15.5%；人身保险保费收入15.83亿元，增长4.5%。保险业务支出9.16亿元，增长17.0%，其中财产险赔款5.21亿元，增长13.1%；人身险赔款、赔付3.95亿元，增长32.8%。

4

2012年安顺市经济发展概况

【经济总量】2012年，安顺市全年实现地区生产总值（GDP）352.62亿元，比上年增长15.4%。分产业看，第一产业增加值53.19亿元，增长9.0%。第二产业增加值137.02亿元，增长16.6%，其中工业增加值114.46亿元，增长15.7%；建筑业增加值22.56亿元，增长22.2%。第三产业增加值162.41亿元，增长16.5%。三次产业结构比由上年的15.6：39.4：45.0调整为15.1：38.9：46.0。

【农业】2012年，安顺市全年实现农林牧渔业总产值82.07亿元，比上年增长12.7%。其中，农业产值40.80亿元，增长15.3%；林业产值2.19亿元，增长3.9%；牧业产值36.84亿元，增长10.5%；渔业产值1.69亿元，增长15.3%；农林牧渔服务业产值0.54亿元，增长5.8%。

粮食在上年因灾减产的情况下实现恢复性增长。全年粮食总产量65.15万吨，增长22.3%。蔬菜产量84.03万吨，增长10.0%。油菜籽产量7.35万吨，增长25.4%。烤烟产量1.23万吨，增长23.1%。

【工业和建筑业】2012年，安顺市全年规模以上工业增加值83.96亿元，比上年增长17.1%。其中，从登记注册类型看，公有制实现增加值39.87亿元，增长6.1%；非公有制实现增加值44.09亿元，增长32.6%。

主要工业行业中，除化学原料和化学制品制造业、黑色金属冶炼和压延加工业、电力、热力生产和供应业外，其余各行业均比上年增长20%以上。有色金属冶炼和压延加工业，非金属矿物制品业，酒、饮料和精制茶制造业等行业增长较快，分别比上年增长76.8%、70.1%、34.8%。

【固定资产投资】2012年，安顺市全年全社会固定资产投资完成400.06亿元，比上年增长64.4%。纳入地方统计的固定资产投资完成332.16亿元，增长66.3%。其中，城镇固定资产投资217.31亿元，增长65.1%；农村固定资产投资完成114.84亿元，增长68.6%。

50万元以上固定资产投资完成298.16亿元，增长80.1%。其中，基本建设投资185.54亿元，增长109.4%；更新改造投资48.38亿元，增长40.9%；其他投资2.83亿元，增长73.7%；房地产开发投资61.40亿元，增长49.9%。分产业看，第一产业投资8.74亿元，增长95.2%；第二产业投资97.86亿元，增长43.3%；第三产业投资191.55亿元，增长106.5%。

【科学技术】2012年，安顺市全年共争取到国家科技部和省科技厅立项74项，其中，国家级项目13项，省级项目61项，共争取上级科技引导资金3623万元，增长28.7%。完成专利申请801件，增长77.2%，其中发明专利申请220件，增长139.1%。“利用中低品位MnO_2矿进行烟气脱硫制备$MnSO_4 \cdot H_2O$的方法”发明专利首次获得中国专利优秀奖，“军用无人机侦察机体系建设与关键技术”科技项目荣获国家科技进步一等奖，填补了我市两项历史空白。

【国内贸易和对外经济】2012年，安顺市全年实现社会消费品零售总额97.53亿元，比上年增长16.2%。其中城镇76.25亿元，增长16.8%；乡村21.28亿元，增长13.9%。

全年实现外贸进出口总额17400万美元，比上年增长16.2%，其中，进口完成1035万美元，增长54.9%；出口完成16365万美元，增长14.3%。

全年居民消费价格比上年上涨2.5%。从居民消费价格指数构成的八大类商品变化来看，食品价格上涨3.0%；烟酒价格上涨3.8%；衣着价格上涨13.7%；家庭设备用品及维修服务价格上涨1.0%；医疗保健和个人用品价格上涨3.0%；交通和通信价格下降1.1%；娱乐教育文化用品及服务价格下降0.7%；居住类价格下降1.4%。

【交通、邮电和旅游】2012年，安顺市全年公路、水运完成货物周转量187871万吨公里，增长63.7%；完成旅客周转量257006万人公里，增长3.6%。

全年完成邮电业务收入13.36亿元，增长35.3%。城乡电话座机达21.83万部，下降13.4%。全市移动电话用户达143.91万户，增长9.1%。年末互联网用户达132600户，增长6.8%。

全年旅游总人数2243.94万人次，比上年增长28.0%，其中国内旅游人数2226.21万人次，增长28.3%。旅游总收入195.04亿元，增长30%，其中国内旅游收入193.06亿元，增长30.3%。

【金融和保险】2012年年末，安顺市全市金融机构人民币各项存款余额483.14亿元，比年初增长

12.9%，其中储蓄存款246.39亿元，比年初增长19.8%。金融机构人民币各项贷款余额350.23亿元，比年初增长30.4%。

全年原保险保费收入6.03亿元，比上年增长8.1%；赔付支出2.61亿元，同比增长20.6%。

云南省

| 昆明市 | 玉溪市 | 昭通市 | 普洱市 | 丽江市 |

1

2012年昆明市经济发展概况

【经济总量】2012年，昆明市全年实现地区生产总值（GDP）3011.14亿元，突破3000亿元大关，按可比价计算，同比增长14.1%。其中，第一产业实现增加值159.16亿元，同比增长6.4%；第二产业实现增加值1378.48亿元，同比增长16.1%；第三产业实现增加值1473.50亿元，同比增长13.0%。三次产业结构为5.3：45.8：48.9。人均生产总值达到46256元。

2012年，全市地方公共财政预算收入完成378.40亿元，同比增长19.1%，其中，税收收入338.87亿元，增长19.7%。在税收收入中，增值税46.31亿元，营业税127.72亿元。地方公共财政预算支出525.54亿元，增长19.0%。

【农业】2012年，昆明市全年实现农林牧渔业总产值268.84亿元，比上年增长6.8%。其中，农业产值143.67亿元，增长4.1%；林业产值9.70亿元，增长22.0%；畜牧业产值100.08亿元，增长8.4%；渔业产值6.24亿元，增长9.3%。

全年粮食种植面积28.04万公顷，产量120.67万吨；蔬菜种植面积8.23万公顷，产量229.59万吨；鲜切花种植面积0.67万公顷，产量46.10亿枝。

【工业和建筑业】2012年，昆明市全市实现工业增加值1008.42亿元，比上年增长15.6%，其中，规模以上工业增加值增长15.7%。在规模以上工业中，轻工业增加值增长15.5%，重工业增加值增长15.9%。从行业看，烟草工业增加值增长15.5%、冶金工业增加值增长18%、机电工业增加值下降2.2%、医药工业增加值增长19.8%。

规模以上工业企业实现销售产值2844.68亿元，增长13.6%；实现利税422.88亿元，增长4.3%，其中利润总额151.99亿元，下降7.3%；产品销售率96.3%；工业经济效益综合指数326.31%。

全市建筑业实现增加值370亿元，比上年增长18.6%。建筑企业完成总产值1504亿元，增长26.5%。建筑业完成房屋施工面积7887.72万平方米，竣工面积2332.05万平方米，分别增长30.7%和30.2%。

【固定资产投资】2012年，昆明市全市规模以上固定资产投资完成2345.91亿元，比上年增长25.1%。

在全市规模以上固定资产投资中，第一产业完成投资23.16亿元，增长58.1%；第二产业完成投资

551.32亿元，增长35%；第三产业完成投资1771.43亿元，增长22%。

【科学技术】2012年，昆明市全市实施科技计划项目585项（含新列项目408项），其中，重大科技计划项目16项。全年受理专利申请5994件，获专利授权3593件。

【国内贸易和对外经济】2012年，昆明市全市社会消费品零售总额1493.80亿元，比上年增长17.5%。按经济成分划分，非公有制经济实现零售额1233.16亿元，增长14.8%；公有制经济实现零售额260.64亿元，增长31.9%。分地域看，城镇实现消费品零售额1434.77亿元，增长17.6%；乡村实现消费品零售额59.03亿元，增长13.7%。按行业划分，批发业实现零售额176.23亿元，增长57.5%；零售业实现零售额1105.11亿元，增长13.4%；住宿业实现零售额19.89亿元，增长20.4%；餐饮业实现零售额192.57亿元，增长13.8%。

2012年，全市海关进出口贸易总额144.10亿美元，比上年增长20.1%，其中，出口56.86亿美元，下降13.9%；进口87.24亿美元，增长61.7%。

【交通、邮电和旅游】2012年，昆明市全市公路旅客周转量126.05亿人公里，同比增长10.9%，货物周转量10.85亿吨公里，同比增长18.1%；铁路旅客周转量91.99亿人公里，同比增长0.1%，货物周转量379.68亿吨公里，同比增长2.7%；全年昆明机场保障航班23.03万架次，增长4.8%；旅客吞吐量2398.26万人次，增长7.7%，货邮吞吐量26.23万吨，下降3.7%。

2012年年末，全市拥有机动车168.68万辆，同比增长11.9%。其中汽车拥有量119.17万辆,同比增长17.3%。

2012年，全市完成邮政业务收入3.91亿元，增长9.2%。年末全市固定电话用户174.34万部（含小灵通）。

2012年，全市共接待海外游客113.74万人次，增长13.3%，旅游外汇收入3.39亿美元，增长13.8%；国内游客4580.5万人次，增长14.4%，国内旅游收入405.27亿元，增长16.8%；旅游总收入426.68亿元，增长16.2%。

【金融和保险】2012年年末，昆明市金融机构人民币各项存款余额8839.46亿元，比年初增长17.01%，其中，单位存款余额5358.42亿元，比年初增长20.31%；个人存款余额3044.9亿元，比年初增长15.43%。金融机构人民币各项贷款余额8165.49亿元，比年初增长12.04%，其中，短期贷款2093.98亿元，比年初增长27.35%；中长期贷款5835.01亿元，比年初增长5.98%。

全市年末参加基本养老保险人数110.93万人，其中，参保职工79.66万人。参加新型农村养老保险人数为163.98万人，参加原农村养老保险的人数为31.10万人。参加失地农民养老保险人数为18.64万人。参加失业保险人数为82.27万人，参加生育保险人数为69.02万人，参加工伤保险人数为80.53万人，参加城镇职工医疗保险人数为166.11万人。参加城镇居民基本医疗保险人数为172.75万人。新型农村合作医疗参合率97.6%。城镇登记失业率2.38%。

2

2012年玉溪市经济发展概况

【经济总量】2012年，玉溪市全年实现地区生产总值（GDP）1000.2亿元，按可比价格计算增长12.2%。分产业看，第一产业增加值97.4亿元，增长7.0%；第二产业增加值624.0亿元，增长13.0%；第三产业增加值278.8亿元，增长11.8%。三次产业结构由上年的9.3：63.0：27.7调整为9.7：62.4：27.9。一、二、三产业分别拉动GDP增长0.6、8.4和3.2个百分点，对经济增长的贡献率分别为5.0%、68.7%和26.3%。全市人均GDP达到43037元，比上年增长12.1%。非公有制经济实现增加值324.0亿元，占全市生产总值的比重达32.4%，与上年持平。卷烟生产和销售实现增加值383.7亿元，增长10.6%，占全市GDP的比重为38.4%。

2012年全市财政总收入完成403.7亿元，增长17.5%。地方财政收入112.4亿元，增长16.6%。公共财政预算收入90.2亿元，增长16.8%，其中增值税完成20.7亿元，增长9.3%；营业税完成13.6亿元，增长15.5%；企业所得税完成4.8亿元，下降3.9%；城市维护建设税完成15.6亿元，增长25.6%。

【农业】2012年，玉溪市全市实现农林牧渔业增加值97.4亿元，按照可比价增长7.0%。其中：农业（种植业）增加值62.4亿元，增长6.3%；林业增加值2.7亿元，增长6.3%；牧业增加值29.5亿元，增长9.0%；渔业增加值1.5亿元，增长4.8%；农林牧渔服务业增加值1.2亿元，增长4.0%。

2012年全市粮食总产量为58013万公斤，比上年增长1.1%；烤烟总产量10685万公斤，增长2.3%。烤烟收购206万担，收购金额23.5亿元。上等烟比例达67.4%，均价26元/公斤。油料产量4000万公斤，下降13.8%；园林水果产量39012万公斤，增长29.3%；甘蔗产量（预计）90401万公斤，增长14.3%；蔬菜产量173621万公斤，增长8.6%。

【工业和建筑业】2012年，玉溪市全市完成工业增加值598.3亿元，增长12.7%，拉动GDP增长7.9个百分点，对GDP增长的贡献率为64.7%。其中，卷烟及配套产业完成增加值367.7亿元，增长10.1%；矿电产业完成增加值169.4亿元，增长15.7%。分轻重工业看，轻工业增长10.9%，重工业增长16.1%。

2012年生产卷烟380.3万箱,比上年增加20.9万箱,增长5.8%，其中：一类卷烟134.4万箱，增长25.5%。烟草制品业实现主营业务收入400.2亿元，增长14.0%；实现利税总额334.4亿元，增长14.9%。2012年规模以上工业企业284家，主营业务收入1143.1亿元，增长9.5%，亿元以上企业124家。

2012年全市建筑业完成增加值25.6亿元，增长19.2%。全市具有三级以上资质等级证的建筑施工企业159家，从业人员35274人，其中工程技术人员9322人，占从业人员总数的26.4%，其中一级建造师仅164人。2012年商品房施工面积893.8万平方米,增长36.1%；商品房竣工面积99.4万平方米，下降42.8%。

【固定资产投资】2012年，玉溪市全市完成500万元以上固定资产投资287.1亿元，增长25.1%。其中，城镇固定资产投资245.1亿元，增长14.9%；农村非农户投资42.1亿元，增长1.6倍。分产业看，三次产业投资全面增长。第一产业完成投资6.1亿元，增长25.6%，第二产业完成投资98.9亿元，增长8.9%，第三产业完成投资182.1亿元，增长36.1%。

从主要行业看。工业完成投资98.8亿元，增长10.1%；交通运输、仓储和邮政业完成投资14.3亿元，下降34.7%；房地产业完成112.8亿元，增长54.8%。

【科学技术】2012年，玉溪市全市高新技术企业总数达42户，居全省第二位，新建和认定重点实验室和工程技术研究中心5个；新获省级创新型试点企业认定3家，新获省级优质种子种苗基地认定6家，新获省级农产品深加工科技企业认定12家，新获省级农业科技示范园认定10家。

2012年全市组织申报国家级、省级科技计划项目100项，80项被国家和省立项，其中，12项列入国家科技计划，68项列入省级科技计划项目，争取省级、国家级项目经费5676万元，目前已到位资金3602万元。2012年全市获省奖励的科技成果项目11项，其中科技进步一等奖1项、科技进步二等奖4项、科技进步三等奖6项。获市奖励的科技成果项目50项，其中一等奖4项、二等奖9项、三等奖37项。申报专利820件，批准（授权）专利598件。

【国内贸易和对外经济】2012年，玉溪市全市实现社会消费品零售总额198.6亿元，增长18.0%。从销售地区看：城镇实现消费品零售额157.8亿元，增长20.1%，其中，城区实现118.5亿元，增长23.4%；乡村实现40.8亿元，增长10.6%。从经济类型看，公有经济实现零售额47.6亿元，增长25.3%，其中，国有经济实现零售额35.7亿元，增长25.4%；非公经济实现零售额151.0亿元，增长15.9%。分行业看：批发零售贸易业实现164.0亿元，增长18.3%；住宿餐饮业实现34.7亿元，增长16.4%。

对外贸易快速增长。2012年全市完成外贸自营进出口总额53295万美元，增长33.1%。其中出口50072万美元，增长39.9%；进口3223万美元，下降24.3%。分企业情况看，63户私民营企业完成出口48771万美元，增长42.0%；9户外商投资企业完成出口1301万美元，下降11.1%。2012年自营出口商品中，金额达100万美元以上的商品有31种，累计出口额48301万美元，占全市出口总额的96.5%。

招商引资工作稳步发展。2012年全市共实施市外国内资金项目234个，引进市外国内资金144.3亿元，增长25.0%，其中引进省外资金124.8亿元，增长21.0%。实际使用外资4587万美元，增长20.8%。实现合同外资金额减217万美元，其中新批准设立外商投资企业2户，合同外资金额316万美元；增资3户，合同外资金额91万美元；股权变更3户，合同外资金额减623万美元。

【交通、邮电和旅游】2012年，玉溪市全市交通运输、仓储及邮政业实现增加值32.6亿元，增长6.4%。公路建设成效明显，客货运输平稳发展。年底全市公路通车总里程达到16579公里。其中，高速公路233公里、一级公路77.7公里。高级、次高级路面占全市公路总里程的20.4%。全市公路运输客运量完成3688万人，增长8.1%；旅客周转量25.2亿人公里，增长16.6%。完成公路货物周转量106.8亿吨公里，增长18.0%。

2012年全市拥有机动车65.9万辆，其中，汽车24.1万辆，汽车中载客汽车16.2万辆（轿车9.7万辆），载货汽车7.6万辆（普通载货2.8万辆），其他汽车4064辆；摩托车41.7万辆；挂车1305辆。

电信业进一步发展。2012年邮电业务总量25.1亿元，增长13.6%。全市移动交换机总容量达320.6万门，固定电话用户达22.2万户；移动电话用户达195.7万户，比上年增加15.2万户，增长8.4%。互联网宽带网用户25.5万户，增长14.8%。

2012年全市旅游产业继续坚持“打基础、创品牌、树形象”的发展思路，重视旅游、生态和文化建设的结合。全市接待游客1461.7万人次，增长11.7%；旅游总收入70.6亿元，增长23.6%。年底全市星级宾馆、饭店42家；国内旅行社25家；国际旅行社2家；A级景区19家；全国工业旅游示范点1个，云南首批旅游小镇3个。

【金融和保险】2012年，玉溪市金融业实现增加值37.6亿元，增长19.4%。年末，金融机构人民币各项存款余额1001.7亿元，比上年增加84.2亿元，增长9.2%，其中城乡居民储蓄存款余额499.6亿元，增加66.2亿元，增长15.3%。全市金融机构人民币各项贷款余额631.9亿元，增加88.2亿元，增长16.2%。存贷比63.1%，比上年提高3.8个百分点。

2012年保险业实现各种保费收入21.5亿元，比上年增长5.8%。其中，车辆险保费收入6.96亿元；意外伤害险保费收入3582万元；健康险保费收入1923万元。全年赔付支出5.21亿元，比上年增长28.8%。其中：车辆险赔付额36837万元；意外伤害险赔付额1651万元；健康险赔付额1226万元。

3

2012年昭通市经济发展概况

【经济总量】2012年，昭通市全年实现地区生产总值（GDP）555.6亿元，按可比价格计算，比上年增长16.1%。其中，第一产业增加值113.35亿元，增长7.3%，第二产业增加值270.61亿元，增长22.9%，其中：工业增加值206.11亿元，增长23.2%，第三产业增加值171.64亿元，增长11%；按常住人口计算，人均GDP为10528元，同比增长15.3%。三次产业对经济增长的贡献率分别为8.3%、69.3%和22.4%。三次产业结构由上年的19.7：47.9：32.4调整为20.4：48.7：30.9。全年非公有制经济增加值226.73亿元，比上年增长19.1%，占GDP的40.8%，对GDP增长的贡献率为47.7%。

居民消费价格总水平（CPI）比上年上涨2.7%，涨幅比上年回落2.6个百分点，其中食品类价格上涨7.5%，商品零售价格上涨3.2%，农业生产资料价格上涨4.4%。全部工业生产者出厂价格（PPI）下降6%，其中生产资料价格下降8%，生活资料价格上涨0.6%。工业生产者购进价格（IPI）上涨1%。

【农业】2012年，昭通市全年实现农林牧渔服务业总产值176.79亿元，按可比价计算，比上年增长7.5%。其中，农业产值81.51亿元，增长8.6%，林业产值5.37亿元，增长15.9%，畜牧业产值86.33亿元，增长6.2%，在农林牧渔服务业中的比重达48.8%。渔业产值0.68亿元，增长20.7%，农业服务业产值2.9亿元，增长3.4%。

全年粮食总产量达203.2万吨，比上年增长6.1%，实现了自2006年以来的“七连增”，其中：夏粮12.14万吨，比上年增长0.9%；秋粮191.06万吨，比上年增长6.4%。经济作物中，油料产量4.15万吨，增长8.9%；烤烟产量5.32万吨，增长2.9%；蔬菜产量113.65万吨，增长6.3%；水果产量25.92万吨，增长32.4%。

【工业和建筑业】2012年，昭通市全年实现全部工业增加值206.11亿元，比上年增长23.2%，对经济增长的贡献率为54%。季度审批后新建投产规模以上工业企业10户，年末规模以上工业企业户数203户。全年规模以上工业增加值增长26.9%。规模以上工业中，重工业增加值增长34.2%，轻工业增加值增长14.5%，重轻工业的比为64.6：35.4。

全年规模以上工业企业累计实现主营业务收入290.6亿元，增长17.9%，实现利税总额76.2亿元，增长2.3%。规模以上工业产品产销率为94%，产销衔接状况良好。

全年全社会建筑业实现增加值64.5亿元，比上年增长21.9%。年末施工总承包和专业承包建筑企业74个。房屋建筑施工面积318.45万平方米，下降7.08%；房屋建筑竣工面积240.06万平方米，增长45.39%，其中住宅竣工面积83.51万平方米，增长15.06%。

【固定资产投资】2012年，昭通市全年完成规模固定资产投资421.79亿元，增长35%。其中，第一产业投资完成3.26亿元，增长64%，第二产业投资完成229.62亿元，增长33.3%，第三产业投资完成188.9亿元，增长36.7%。全市重大工程项目投资进展顺利，溪洛度电站完成投资68.12亿元，增长46.1%；向家坝电站完成投资81.03亿元，增长31.4%。两大项目占全市规模固定资产投资总额的35.4%。

【国内贸易和对外经济】2012年，昭通市全年社会消费品零售总额152.2亿元，比上年增长20%。按经营地统计，城镇消费品零售额108.45亿元，增长20.8%；乡村消费品零售额43.75亿元，增长15.5%。按消费形态统计，商品销售额276.07亿元，增长21.4%；餐饮营业额19.89亿元，增长24.6%。

全年全市共引进累计实施招商项目491个，累计新签约项目共146个，共到位市外资金247.04亿元，增长50%。省外资金到位完成175.73亿元，增长50%。实际利用外资2445万美元，是上年的4.45倍，招商引资成效明显。

全年进出口总额2579万美元，比上年增长56.2%。其中，出口额2139万美元，增长3.01倍；进口额440万美元，下降60.7%。

【交通、邮电和旅游】2012年，昭通市全年实现旅游总收入41.01亿元，比上年增长56.17%。接待国内外旅游者1014.71万人次，增长43.16%，其中，接待入境旅游者1010人次，增长9.17%。

【金融和保险】2012年年末，昭通市全市金融机构人民币存款余额达768.42亿元，比年初增长24%。其中：单位存款余额353.66亿元，增长19.3%；个人存款余额368.62亿元，增长25.6%，储蓄存款余额367.65亿元，增长25.3%。金融机构人民币贷款余额达420.66亿元，增长18.3%。其中：短期贷款113.39亿元，增长29.1%；中长期贷款302.58亿元，增长14%。

全年原保险保费收入74114万元，比上年增长7.8%。支付各项赔款和给付27411万元，增长30.7%。

财险赔付率达56.04%，寿险赔付率达11.1%。

4

2012年普洱市经济发展概况

【经济总量】2012年，普洱市全年实现地区生产总值（GDP）366.85亿元，比上年增长15.6%，高于全国7.8个百分点，高于全省2.6个百分点。分三次产业看，第一产业增加值112.88亿元，增长7.3%；第二产业增加值133.56亿元，增长23.3%；第三产业实现增加值120.41亿元，比上年增长14.0%。三次产业结构由上年的29.7：36.2：34.1调整为30.8：36.4：32.8。全市人均生产总值（GDP）达到14286元，比上年增长14.9%，按年末汇率折合2291美元。全市民营经济完成增加值149.22亿元，比上年增长18.2%，占GDP的比重达40.7%，比上年提高1.7个百分点。

【农业】2012年，普洱市全年粮食播种面积345039公顷，比上年下降0.4%，总产量达到108.8万吨，比上年增加4.9万吨，增产4.7%。其中，夏粮产量12.1万吨，增产16.7%；秋粮产量96.7万吨，增产3.4%。烤烟播种面积32984公顷，增长18.7%；咖啡种植面积42420公顷，增长45.3%；油料播种面积14328公顷，增长1.7%；年末实有茶园面积101918公顷，增长5.3%；甘蔗播种面积33741公顷，增长5.7%；蔬菜种植面积28189公顷，增长9.0%；年末实有果园面积17016公顷，增长38.7%。

【工业和建筑业】2012年，普洱市全年实现工业增加值84.72亿元，比上年增长23.9%。规模以上工业增加值增长20.5%。在规模以上工业中，国有及国有控股企业增长15.9%；股份制企业增长17.4%，外商及港澳台商投资企业增长7.4%；其他经济类型企业增长69.3%。轻工业增长38.8%，重工业增长15.1%。

全年规模以上工业增加值中，有色金属矿采选业增加值比上年增长13.5%，农副食品加工业增长37.3%，酒、饮料和精制茶制造业增长62.6%，木材加工业增长62.7%，林产化学产品制造业下降0.5%，非金属矿物制品业下降5.3%，有色金属冶炼及压延加工业增长29.2%，电力、燃气的生产和供应业增长6.4%，水的生产和供应业增长6.0%。

全年规模以上工业企业累计实现主营业务收入143.28亿元，比上年增长22.3%，实现利税总额16.82亿元，下降25.7%；其中，实现利润7.24亿元，下降42.5%。

全年全社会建筑业完成增加值48.84亿元，比上年增长22.4%。全市属地具有资质等级的总承包和专业承包建筑业企业实现利润4.7亿元，增长47.8%；上缴税金3.03亿元，增长102.0%。

【固定资产投资】2012年，普洱市全年规模以上固定资产投资351.01亿元，同比增长38.1%。分三次产业看，第一产业投资10.69亿元，同比增长21.5%；第二产业投资156.81亿元，增长26.9%；第三产业投资183.51亿元，增长50.8%。全年规模以上施工项目824个,比上年增加111个。其中新开工项目587个，增加125个。

【科学技术】2012年，昭通市全年研究与试验发展（R&D）经费支出14590万元，比上年增长2.03倍，占普洱生产总值的0.4%，其中应用研究经费3496万元，试验发展经费11094万元。共组织实施科技项目130项，比上年增加65项；投入经费2710万元，比上年增长11.5%；专利申请162项，获准专利授权92项，分别比上年增加48项和27项。获得省级科学技术奖2项，获得市级科学技术奖49项。年末全市有独立科研与技术开发机构6个，从业人员237人，其中专业技术人员201人；开展课题研究65项，比上年增加5项；发表科技论文52篇，比上年增加3篇；经费投入2724万元，比上年增长18.0%。

【国内贸易和对外经济】2012年，普洱市全年实现社会消费品零售总额102.17亿元,比上年增长18.5%。按经营地统计，城镇消费品零售额81.01亿元，增长19.3%；乡村消费品零售额21.16亿元，增长15.6%。按消费形态统计，批发业零售额12.34亿元，增长35.0%；零售业零售额72.81亿元，增长17.0%；住宿业零售额0.96亿元，增长44.1%；餐饮业零售额16.06亿元，增长13.4%。

在限额以上批发和零售业零售额中，粮油食品类零售额比上年增长36.0%，汽车类增长7.7%，石油及制品类增长48.9%，机电产品及设备类增长5.1%，日用品类增长34.7%，文化办公用品类增长7.7%，化妆品类增长8.7%，金银珠宝类增长240.0%，家用电器和音像器材类增长45.7%，中西药品类增长64.0%，体育娱乐用品类增长25.1%，服装、鞋帽、针纺织品类增长33.7%，书报杂志类增长12.3%。

全年外贸进出口总额完成27144万美元，比上年增长29.1%；其中：出口完成14064万美元，增长13.4%；进口完成13080万美元，增长51.7%。进出口总额中，一般贸易进出口完成14558万美元，增长32.0%，其中：出口12092万美元，增长15.0%；进口2466万美元，增长3.54倍。边境贸易成交额12579万美元，增长26.1%；其中：出口1966万美元，增长3.5%；进口10614万美元，增长31.4%。

【交通、邮电和旅游】2012年，普洱市年末全市民用汽车拥有量达到13.94万辆，比上年末增长17.1%。公路通车里程为19424公里。其中,高速公路通车里程198公里,一级公路15公里,二级906公里。全年各种运输方式完成货物周转量44.27亿吨公里，增长17.7%；完成旅客周转量32.08亿人公里，增长16.5%。机场旅客吞吐量19万人，下降20.8%。

全市实现邮电业务总量13.68亿元,比上年增长16.9%。年末全市固定电话用户达32.17万户；移动电话用户达到201.01万户；年末互联网用户达1.19万户。

全年接待海外旅游者人数4.48万人次，比上年增长17.6%，实现旅游外汇收入1709万美元，增长16.6%。全年接待国内游客819.03万人次，增长47.2%；实现国内旅游收入49.81亿元，增长72.8%；旅游业总收入50.89亿元，增长72.0%。

【金融和保险】2012年年末，普洱市全市金融机构各项人民币存款余额492.86亿元，比年初增加69.12亿元，增长16.3%。其中：单位存款余额219.94亿元，比年初增加27.76亿元，增长14.4%；居民储蓄存款余额258.85亿元，比年初增加38.68亿元，增长17.6%。年末各项人民币贷款余额326.41亿元，比年初增加50.70亿元，增长18.4%。其中：短期贷款余额为103.25亿元，比年初增加19.41亿元，增长

23.2%；中长期贷款为220.11亿元，比年初增加28.59亿元，增长14.9%。

全年保费收入9.67亿元，比上年增长22.9%。其中，产险公司保费收入4.29亿元，增长14.6%，寿险公司保费收入5.38亿元，增长27.8%。全年赔款和给付支出合计2.89亿元，增长42.8%。其中，产险公司2.00亿元，增长45.1%；寿险公司0.89亿元，增长38.1%。

5

2012年丽江市经济发展概况

【经济总量】2012年，丽江市全年实现地区生产总值（GDP）178.5亿元，按可比价格计算，较上年增长16.5%，分别比全国、全省高出7.4、2.8个百分点，增幅位居全省各州市第2位。从三次产业看：第一产业增加值30.49亿元，增长6.5%；第二产业增加值74.39亿元，增长25.9%，较上年上升3.9个百分点；第三产业增加值73.62亿元，增长12.4%。第一、二、三产业对经济增长的贡献率分别为7.1%、60.1%和32.8%，分别拉动经济增长1.2、9.9和5.4个百分点。

第二产业增加值总量及其比重首次超过一、三产业，产业结构调整取得突破性进展。三次产业结构由上年的18.1∶38.3∶43.6调整为17.1∶41.7∶41.2，第一产业比重下降1个百分点，第二产业比重提高3.4个百分点，第三产业比重下降2.4个百分点。在农业基础地位得到巩固和加强的同时，工业对经济增长的支撑和带动作用进一步增强，工业增加值占GDP的比重达到26.1%，较上年提高3个百分点。非公有经济不断发展壮大，非公有制经济增加值为89.4亿元，增长20.1%，占GDP的比重为50.1%，较上年提高1.6个百分点。

【农业】2012年，丽江市全年完成农业总产值530087万元，较上年增加80708万元，增长7.3%，其中：种植业产值243906万元，增加34466万元，增长3.3%；林业产值35759万元，增加10975万元，增长11.98%；畜牧业产值213112万元，增加30661万元，增长11.12%；渔业产值21519万元，增加2679万元，增长5.33%；农林牧渔服务业产值15791万元，增加1927万元，增长11.66%。全年农作物总播种面积17.17万公顷，增加7537公顷，增长4.59%。粮食播种面积12.68万公顷，减少406公顷。粮食生产实现连续第八个年头增产，粮食产量再创历史新高，总产量达到44.17万吨，较上年增加0.79万吨，增长1.82%。

【工业和建筑业】2012年，丽江市全年完成工业总产值120.76亿元，较上年增长27.3%，其中：规模以上工业总产值95.31亿元，增长38.3%。完成全部工业增加值46.64亿元，增长30.1%，其中：规模以上工业增加值42.29亿元，增长32.7%。工业对经济增长的贡献率为42.08%，拉动GDP增长7个百分点。企业效益明显提高，全年规模以上工业企业实现主营业务收入939372万元，较上年增长47.4%，实现利税146403万元，增长49.5%，其中利润75070万元，增长50.6%。

全年全社会建筑业完成增加值277567万元，较上年增长19.4%，对全市经济增长的贡献率为17.97%，拉动GDP增长3个百分点。

【固定资产投资】2012年，丽江市全年全社会固定资产投资突破250亿元大关，达到2732894万元，较上年增长35.3%，其中：城镇固定资产投资2239238万元，增长31%。全年城镇投资施工项目（不含房地产项目）1048个，增长52.3%，其中：本年新开工项目877个，增长82.0%。全年城镇建设项目到位资金2100620万元，增长41.1%，其中：国家预算内资金138217万元，增长3.1%；国内贷款资金714008万元，增长47.5%；自筹资金992040万元，增长16.7%。全年城镇投资中：第一产业投资下降，完成投资37276万元，下降23.2%；第二产业投资趋缓，完成投资1066428万元，增长11.7%，其中：工业完成投资1066428万元，增长11.9%；第三产业投资增长较快，完成投资1135534万元，增长60.8%，其中：交通运输业588206万元，增长86.0%；水利管理业74365万元，增长1.53倍；环境管理业22941万元，增长12.7%；公共服务设施投入明显增大，完成投资104184万元，增长54%。其中：教育43094万元，下降22.0%；卫生15973万元，增长47.1%；文体5257万元，下降81.4%。

【科学技术】2012年，丽江市科技事业取得新成果。科技投入力度加大，党政一把手责任制得到贯彻落实，科技事业取得丰硕成果。全年实施国家和省各类科技计划项目23项，申报专利88件，有2项科技成果获省级以上科技进步奖。

【国内贸易和对外经济】2012年，丽江市全年实现社会消费品零售总额556654.5万元，较上年增长22.3%。分城乡看：城镇完成消费品零售额399730.4万元，增长24.3%；农村完成消费品零售额156924.1万元，增长17.6%。分行业看：批发零售贸易业完成414156.1万元，增长23.3%；住宿和餐饮业142498.4万元，增长19.7%。分经济类型看：公有经济63638.2万元，增长77.2%，其中：国有经济55619.9万元，增长105.9%；非公有经济493016.3万元，增长17.6%。其中：私有经济472692.0万元，增长15.7%。

全市进出口贸易完成6189万美元，较上年增长63.4%，其中：出口6185万美元，较上年增长63.8%，进口4万美元，较上年下降63.6%。

全年共有招商引资项目180个，其中：在建项目116个，筹建项目17个，完工项目47个。招商引资国内合作项目到位资金144.14亿元，较上年增长15.13%，其中：省外到位资金128.08亿元，增长15.5%。外资到位资金1206.7万美元。增长3.28倍。

【交通、邮电和旅游】2012年，丽江市全年公路货运量965万吨，增长18.4%，公路货物周转量146711万吨公里，增长15.08%；公路客运量1830万人次，增长13.24%，公路旅客周转量131270万人公里，增长14.89%。全年民航货邮运输量完成1.71万吨，增长8.8%，运输旅客218.36万人次，下降1.5%，运输航班20134架次，下降4.5%。

全年完成邮电业务总量56170.6万元，较上年增长17.97%。其中：邮政业务总量3928.6万元，增长36.08%，电信业务总量44725.9万元，增长16.8%。全年订销报刊累计数1206.69万份，下降3.28%；函件118.2万件，下降25.76%；特快专递293501万件，增长24.84%。全年电话交换机总容量达到19.8万门；年末固定电话用户15.97万户，固定电话普及率13.11部/百人；移动电话用户76.37万户，增长12.64%。

全市共有星级宾馆191家，其中：五星级宾馆2家，四星级宾馆14家，三星级宾馆49家；旅行社29家；A级旅游景点17家，其中：5A级景点2家，4A级景点6家；红色旅游基地1个，旅游配套设施服务水平和接待能力进一步得到提升。全市旅游业继去年旅游总收入突破100亿元大关后，今年接待人数突破千万人次，达到1184.05万人次，较上年增长30.12%，实现旅游总收入152.22亿元，较上年增长35.36%。其中：接待国内游客1107.93万人次，增长30.52%；实现国内旅游收入135.73亿元，增长37.51%。接待海外游客76.12万人次，增长24.5%；实现旅游外汇收入2.54亿美元，增长25.44%。

【金融和保险】2012年年末，丽江市全市金融机构人民币各项存款余额为3488034万元，比年初增加511863万元，增长17.2%；各项贷款余额为2502845万元，比年初增加563618万元，增长29.06%。

全年保险业保费收入63697.2万元，较上年增长16.4%，赔付金额14642.9万元，增长20.6%，赔付率22.99%，较上年提高0.8个百分点。

西藏自治区

|拉萨市|

1

2012年拉萨市经济发展概况

【经济总量】2012年，拉萨市全年实现地区生产总值（GDP）260.04亿元，比上年增长12.2%。其中，第一产业增加值10.78亿元，增长3.4%；第二产业增加值90.70亿元，增长17.2%；第三产业增加值158.56亿元，增长9.6%。第三产业中，交通运输、仓储和邮政业增加值5.76亿元，下降4.0%；批发零售业增加值14.33亿元，增长9.1%；住宿餐饮业增加值9.35亿元，增长13.4%；金融业增加值35.48亿元，增长24.1%；非营利性服务业增加值62.29亿元，增长9.0%。

2012年三次产业比重依次为4.1%、34.9%、61.0%，分别拉动经济增长0.3、5.0和6.9个百分点。与上年相比，第一产业比重下降0.4个百分点，第二产业比重提高1.0个百分点，第三产业比重下降0.6个百分点。

【农业】2012年，拉萨市全市农林牧渔业总产值17.71亿元，可比价计算，比上年增长3.9%。其中：农业产值7.52亿元，增长2.5%；林业产值0.39亿元，增长18.5%；牧业产值9.4亿元，增长5.0%；渔业产值0.01万元，下降31.0%；农林牧渔服务业产值0.39亿元，下降4.0%。

全年农作物总播种面积3.85万公顷，比上年增加0.06万公顷。粮食种植面积2.61万公顷，与上年持平。其中，青稞种植面积16508.03公顷，比上年增加56.88公顷；小麦种植面积8996.85公顷，比上年增加4.01公顷；油菜种植面积3939.77公顷，比上年增加121.34公顷；蔬菜种植面积4626.75公顷,比上年增加596.5公顷。

【工业和建筑业】2012年，拉萨市全部工业增加值32.3亿元，比上年增长19.3%。规模以上工业增加值26.98亿元，增长19.5%，其中，市属企业增加值14.26亿元，增长14.6%。

2012年年末，全市共有规模以上工业企业45家（其中2家为停产状态），同比增长15.4%；全年规模以上工业产品销售率为96.1%，比上年下降2个百分点。其中：国有工业企业产品销售率为97%，非国有工业企业产品销售率为95%。

2012年全市建筑业增加值58.4亿元，比上年增长 16.1%。

【固定资产投资】2012年，拉萨市全社会固定资产投资285.05亿元，比上年增长28.3%，增幅同比提高2.4个百分点。其中，城镇固定资产投资259.8亿元，增长24.2%；农村固定资产投资25.2亿元，增长

94%。在全社会投资中市属固定资产投资213.36亿元，增长43.6%。

中央项目固定资产投资95.9亿元，下降30.2%；地方项目固定资产投资163.91亿元，增长129.5%；

第一产业投资7.23亿元，下降36.9%；第二产业投资97.49亿元，增长46.6%，其中，工业投资82.94亿元，增长40.4%；第三产业投资180.33亿元，增长25.0%。三次产业投资的比重依次为2.5%、34.2%和63.3%。

【国内贸易和对外经济】2012年年末，拉萨市全市共有限额以上企业50家，同比增长13.6%；全年完成社会消费品零售总额124.56亿元，比上年增长18.5%。限额以上贸易企业零售额38.19亿元，比上年增长8.6%，在全市社会消费品零售总额中所占比重为30.7%。

2012年全市外贸进出口总额33.3亿美元，比上年增长154.7%。其中：出口额32.61亿美元，增长188.0%，其中本地产品3700万美元，占总出口的1.1%；进口额0.69亿美元，同比下降60.9%。

全年新引进项目220个。实际到位资金78.3亿元，增长35%。

【交通、邮电和旅游】2012年年末，拉萨市全市公路线路里程3886公里。

全年完成邮电业务总量128326.89万元，比上年增长71.6%，其中邮政业务总量4163.33万元，增长23.7%；电信业务总量124163.56万元，增长21.8%。年末固定及移动电话用户总数达到20.23万户，其中：移动电话用户93.56万户，新增加 11.11万户。

2012年全市接待海内外游客650.83万人次，比上年增长26.5%。其中，国内游客64.48万人次，增长28.2%；入境游客6.0万人次，下降48.3%。全年旅游总收入65.48亿元，增长28.1%；旅游外汇收入2457.96万美元，降低41.9%。

【金融和保险】截至2012年年末，拉萨市全市金融机构本外币各项存款余额1307.84亿元，比年初增长18.1%；本外币各项贷款余额454.64亿元，比年初增长43.9%。人民币各项存款余额1304.19亿元，增长17.9%；人民币各项贷款余额454.35亿元，增长43.9%。在人民币贷款中，中长期贷款余额294.05亿元，增长47.1%；短期贷款余额87.73亿元，增长53.3%。保险业全年保费收入为64951.67万元，增长16.8%。

截至2012年年末，人民币个人储蓄存款余额223.83亿元，比年初增长25.54%。

陕西省

| 西安市 | 铜川市 | 宝鸡市 | 咸阳市 | 渭南市 | 延安市 | 汉中市 | 榆林市 |

1

2012年西安市经济发展概况

【经济总量】2012年，西安市全年实现地区生产总值（GDP）4369.37亿元，比上年增长11.8%。其中，第一产业增加值195.59亿元，增长6.0%；第二产业增加值1893.79亿元，增长11.8%；第三产业增加值2279.99亿元，增长12.2%。第一产业增加值占生产总值的比重为4.5%，第二产业增加值比重为43.3%，第三产业增加值比重为52.2%。

全年财政总收入753.07亿元，比上年增长15.9%。地方财政一般预算收入396.96亿元，增长24.6%，其中，营业税、增值税、企业所得税和个人所得税分别增长18.8%、0.3%、13.8%和-6.3%。全年地方财政一般预算支出597.49亿元，比上年增长20.8%，其中，医疗卫生支出增长23.1%，农林水事务支出增长16.2%，教育支出增长44.3%，社会保障和就业支出增长10.4%，一般公共服务支出增长25.8%，节能环保支出增长1.1倍。

【农业】2012年，西安市全年粮食播种面积572.50万亩，比上年下降0.1%；油料播种面积7.70万亩，下降12.8%；蔬菜播种面积97.82万亩，增长0.9%；棉花播种面积5.00万亩，下降16.3%。全年粮食产量192.54万吨，比上年增长5.8%，其中，夏粮95.73万吨，增长5.7%，秋粮96.81万吨，增长5.8%。

【工业和建筑业】2012年，西安市全年全部工业实现增加值1340.75亿元，比上年增长12.4%。规模以上工业增加值1144.29亿元，增长13.0%。其中，轻工业增加值247.15亿元，增长12.2%；重工业增加值897.14亿元，增长13.2%。

全年规模以上工业中，农副食品加工业增加值比上年增长12.8%；通用设备制造业增长16.1%；专用设备制造业增长16.6%；汽车制造业增长12.5%；铁路、船舶、航空航天和其他运输设备制造业增长13.4%；六大高耗能行业增长13.5%，其中，非金属矿物制品业增长20.3%，化学原料及化学制品制造业增长1.3%，有色金属冶炼及压延加工业增长23.0%，黑色金属冶炼及压延加工业增长3.6%，电力、热力的生产和供应业增长8.4%，石油加工、炼焦及核燃料加工业增长35.0%。

全市规模以上工业企业经济效益综合指数为229.6，比上年提高17.7个百分点。规模以上工业企业主营业务收入3529.20亿元，增长8.6%。实现利润总额132.80亿元，增长1.1%。

全年建筑业实现增加值553.04亿元，比上年增长10.3%。全年具有资质等级的总承包和专业承包建筑企业379家。

【固定资产投资】2012年，西安市全年全社会固定资产投资4243.43亿元，比上年增长26.6%，扣除价格因素，实际增长24.2%。其中，固定资产投资（不含农户）4165.99亿元，增长27.0%。

在固定资产投资（不含农户）中，第一产业投资99.34亿元，比上年增长37.5%；第二产业投资671.92亿元，增长38.9%，其中，工业投资578.17亿元，增长44.9%；第三产业投资3394.73亿元，增长24.6%。

全年房地产开发投资1281.90亿元，比上年增长28.6%；商品房销售面积1538.91万平方米，下降13.4%。

全年新增固定资产1765.05亿元，固定资产交付使用率42.4%。各类房屋竣工面积1626.25万平方米，竣工率11.5%。共有1122个城镇建设项目建成投产，项目建成投产率53.8%。

【科学技术】2012年，西安市全年实施市级科技计划项目337项，其中，高新技术专项26项，科技创新和成果转化项目216项。重点扶持高新技术企业118家，支持建设农业科技示范园19家，实施区县工业科技引导项目10个。全年技术市场交易额303.75亿元。申请专利量15029件，专利授权量3475件。

【国内贸易和对外经济】2012年，西安市全年社会消费品零售总额2236.06亿元，比上年增长15.5%，扣除价格因素，实际增长12.9%。按经营单位所在地统计，城镇消费品零售额2167.38亿元，增长15.4%；乡村消费品零售额68.68亿元，增长19.8%。按消费形态统计，商品零售额2013.74亿元，增长16.2%；餐饮收入额222.32亿元，增长9.7%。

全年进出口总额130.14亿美元，比上年增长3.3%。其中，出口72.99亿美元，增长25.3%；进口57.15亿美元，下降15.6%。

【交通、邮电和旅游】2012年，西安市全年货物运输总量4.49亿吨，比上年增长14.5%；货物运输周转量595.87亿吨公里，增长14.3%。旅客运输总量3.62亿人次，增长5.3%；旅客运输周转量338.74亿人公里，增长4.8%。

年末全市机动车保有量达到160.82万辆，比上年末增长13.2%，其中，私人汽车保有量139.96万辆，增长15.0%。

全年邮政业务总收入9.58亿元，比上年增长7.9%；电信业务总收入116.23亿元，增长12.8%。年末全市固定电话用户311.02万户；移动电话用户1803.54万户，其中，3G移动电话用户394.97万户。

全年共接待国内游客7863万人次，比上年增长20.0%；境外游客115.35万人次，增长15.1%。全年实现旅游总收入654.39亿元，增长23.4%，其中，外汇收入7.49亿美元，增长16.8%。

【金融和保险】2012年年末，西安市全市金融机构本外币各项存款余额12285.96亿元，比上年增长16.7%。人民币存款余额12125.53亿元，增长16.3%，其中，城乡居民储蓄存款余额4787.03亿元，增长15.2%。金融机构本外币贷款余额8808.04亿元，增长14.4%。人民币贷款余额8635.22亿元，增长14.1%，其中，短期贷款余额1917.51亿元，增长34.0%；中长期贷款余额6378.88亿元，增长10.4%。

年末全市共有保险公司48家，其中，财产险23家，人寿险25家。保险专业中介机构107家。全年保费收入176.78亿元，比上年增长6.8%，其中，财产险保费收入55.70亿元，增16.4%；人身险保费收入121.08亿元，增长2.9%。全年支付各类保险赔款给付49.61亿元，比上年增长29.5%，其中，财产险、人身险分别为29.94和19.67亿元，分别比上年增长39.2%和17.0%。

2

2012年铜川市经济发展概况

【经济总量】2012年，铜川市全年实现地区生产总值（GDP）282.92亿元，剔除价格因素，比上年增长15.8%，连续7年经济增长速度保持在15%以上。其中，第一产业增加值19.47亿元，增长6.3%；第二产业增加值186.43亿元，增长19.4%；第三产业增加值77.02亿元，增长10.5%，三次产业占比分别为6.9∶65.9∶27.2。按常住人口计算，人均生产总值33701元，比上年增长15.6%。

全年非公经济增加值133.53亿元，占生产总值的47.2%，比上年提高1个百分点。

全年居民消费价格累计上涨2.8%，涨幅较上年回落2.1个百分点；其中，食品价格上涨4.5%。工业生产者出厂价格累计上涨0.6%，较上年回落10.8个百分点；工业生产者购进价格累计下降1.1%，较上年回落12.9个百分点。

【农业】2012年，铜川市全年实现农林牧渔业增加值19.47亿元，比上年增长6.3%；年末常用耕地面积96.86万亩，增长2%。粮食总产量24.41万吨，增长13.8%；其中，夏粮总产7.53万吨，增长13.4%；秋粮总产16.87万吨，增长14%。园林水果面积90.57万亩，增长2.7%，产量67.09万吨，增长6.6%；其中，苹果总产64.7万吨，增长6.9%。蔬菜总产14.4万吨，增长7.7%。畜禽规模化养殖饲养率达到70%以上。肉类总产量1.61万吨，增长4.3%；牛奶产量2.6万吨，增长1.9%；禽蛋产量1.61万吨，增长2%。

【工业和建筑业】2012年，铜川市全年实现工业增加值168.9亿元，比上年增长20.6%；其中，规模以上工业增加值157.69亿元，增长21.6%；在规模以上工业中，重工业完成增加值148.09亿元，比上年增长22.3%；轻工业完成9.6亿元，增长12.2%。规模以上工业产销率达98%，比上年提高0.3个百分点。

全年规模以上工业中，煤炭开采和洗选业、非金属矿物制品业、有色金属冶炼及延展加工业、电力生产及供应业四大支柱产业实现增加139.10亿元，比上年增长21.9%。其中，煤炭开采和洗选业实现增加值101.39亿元，增长20.3%；非金属矿物制品业22.5亿元，增长54.4%；有色金属冶炼及延展加工业3.7亿元，增长2.8%；电力生产及供应业11.51亿元，增长2.1%。

全年全社会实现建筑业增加值17.53亿元，比上年增长13.1%。全市资质等级以上建筑业企业29家，较上年增加1家。全年房屋施工面积349.79万平方米，增长14.9%。

【固定资产投资】2012年，铜川市全年全社会固定资产投资201.81亿元，比上年增长38.3%。其中：固定资产投资182.95亿元，增长34%；农户投资3.38亿元，增长5.2%。

固定资产投资中，第一产业投资15.58亿元，比上年增长39%；第二产业投资84.83亿元，增长61.4%；第三产业投资101.39亿元，增长23.4%，三次产业投资的比重为7.7：42.0：50.3。全年项目投资额160.43亿元，比上年增长38.1%，占固定资产投资总额的87.7%。

全年房地产开发投资22.52亿元，比上年增长10.6%；房地产开发企业房屋施工面积357.71万平方米，增长1%；商品房销售面积26.68万平方米，下降48.4%；商品房待售面积1.41万平方米，下降15.2%。

【科学技术】2012年，铜川市全市共有民营科技企业88家，比上年增加6家；全年推广转化科技成果15项；受理专利申请183项，增加5项；专利申请授权57项，减少9项；其中发明专利10项，3个项目获全省科技进步奖。

【国内贸易和对外经济】2012年，铜川市全年实现社会消费品零售总额62.46亿元，比上年增长17.3%；其中，限额以上企业(单位)实现消费品零售额25.72亿元，增长40.2%。

按经营地分，城镇市场实现零售额47.59亿元，比上年增长16.3%；农村市场实现零售额14.87亿元，增长20.3%。按消费形态分，实现商品零售52.88亿元，增长17.4%；实现餐饮收入9.58亿元，增长16.4%。

全年外贸进出口总额1241.6万美元，比上年增长22.1%。其中，进口257.1万美元，增长42.5%；出口984.5万美元，增长17.7%。

【交通、邮电和旅游】2012年，铜川市全年公路客货周转量43.33亿吨公里，比上年增长17.6%。境内公路总里程4054.74公里，其中，高速公路105.49公里，国道117.11公里，省道68.7公里，县道578.17公里，乡道882.84公里，村公路2244.35公里，专用公路58.08公里。全年建成县乡油路40公里，通村油路61公里。

年末移动电话用户81.15万户，比上年增长12.2%，其中3G移动电话用户9.12万户。年末有线电视用户13.04万户，较上年增长6%。数字电视用户11.45万户，较上年增长0.4%。互联网宽带用户8.84万户。全年邮政、电信主营业务收入分别增长18.9%、12.8%。

成功举办第二届中国孙思邈中医药文化节，大唐养生园主要建设项目全面铺开，健康产业园完成了选址工作，牡丹养生苑建成投运，照金红色旅游名镇建设快速推进。全年接待国内外游客680.5万人次，同比增长24%，其中，接待国外游客2.6万人次，增长6.1%。实现旅游综合收入30.8亿元，比上年增长61%。

【金融和保险】2012年年末，铜川市全市共有银行业金融机构7家，营业网点147家，从业人员2003人，较上年增长11.1%。年末全市金融机构各项存款余额350.87亿元，较年初增加54.42亿元，增长18.4%；其中，个人储蓄存款218.66亿元，增长20.0%。各项贷款余额99.73亿元，较年初增加8.53亿元，增长9.4%，其中，短期贷款39.79亿元，增长2.8%；中长期贷款57.14亿元，增长10.4%。

年末，全市各类保险业机构17家，较上年增加2家；分支机构65家，增加13家；从业人员3122人，增长4.1%。证券机构3家，从业人员40人。全年实现保费收入5.86亿元，比上年增长7.5%，其中:财产险保费收入2.12亿元，增长6%；人寿险保费收入3.74亿元，增长8.4%。保险业累计赔付1.41亿元，下降4.1%，其中:财产险赔付1.33亿元，增长33%；人寿险赔付0.08亿元，下降82.6%。

3

2012年宝鸡市经济发展概况

【经济总量】2012年，宝鸡市全年实现地区生产总值（GDP）1409.87亿元，比上年增长15.1%。其中，第一产业增加值143.26亿元，增长5.7%；第二产业增加值932.65亿元，增长18.7%；第三产业增加值333.96亿元，增长9.5%。按常住人口计算，全市人均生产总值37778元，折合6010美元（汇率按1美元兑6.2855元人民币）。非公有制经济增加值698.69亿元，占全市经济总量的比重达49.56%。

全年实现财税总收入172.99亿元，比上年增长14.1%。财政总收入159.28亿元，增长16.0%，其中地方财政收入64.85亿元，增长26.1%。全年国税收入91.98亿元，增长12.5%；地税收入44.37亿元，增长7.8%，两税合计136.35亿元，增长10.9%。

全年财政支出203.53亿元，比上年增长24.3%。其中:教育支出53.93亿元，增长43.7%；农林水事务支出32.14亿元，增长31.6%；城乡社区事务支出11.08亿元，增长31.9%；社会保障和就业支出23.87亿元，增长5.4%；医疗卫生支出15.78亿元，增长13.3%；住房保障支出10.61亿元。

【农业】2012年，宝鸡市全年农林牧渔及农林牧渔服务业完成总产值239.97亿元，比上年增长5.7%。其中，农业产值128.34亿元，增长5.7%；畜牧业产值93.43亿元，增长5.4%。

全年粮食播种面积33.75万公顷，比上年增长0.6%；油料播种面积1.23万公顷，比上年下降5.3%。粮食总产量153.59万吨，增长7.8%。其中，夏粮总产83.59万吨，增长8.0%，秋粮总产70.0万吨，增长7.5%。油料总产2.20万吨，比上年下降2.8%。

【工业和建筑业】2012年，宝鸡市全年全部工业增加值771.07亿元，比上年增长20.0%，其中规模以上工业企业实现增加值690.61亿元，增长22.6%。

年末共有规模以上工业企业446户，其中年内新增64户。全年规模以上工业企业完成总产值1934.69亿元，增长22.0%。其中国有企业771.90亿元，增长22.3%；集体企业5.59亿元，下降20.1%；股份合作企业2.81亿元，下降15.8%；股份制企业974.27亿元，增长23.1%；外商及港澳台商投资企业160.70亿元，增长11.6%；其他经济企业19.42亿元，增长19.2%。轻工业产值415.32亿元，增长19.6%；重工业产值1519.37亿元，增长22.7%。

在规模以上工业中，八大支柱产业完成工业总产值1906.74亿元，增长21.9%。其中：有色冶金工业695.88亿元，增长32.2%；装备制造业482.27亿元，增长5.3%；食品工业294.17亿元，增长19.2%；能源化工工业220.99亿元，增长32.3%；非金属矿物制品业96.08亿元，增长23.5%；计算机、通信和其他电子设备制造业68.97亿元，增长20.4%；纺织服装工业31.44亿元，增长18.4%；医药制造业16.93亿元，增长32.6%。

全年全社会建筑业增加值161.58亿元，比上年增长16.3%（按现价计算）。全市四级以上总承包、专业承包及劳务分包建筑企业115户，完成建筑业总产值286.37亿元，增长48.2%，实现利润22.67亿元，增长54.6%，其中总承包和专业承包一级资质企业12户，完成建筑业总产值169.4亿元，下降8.7%。

【固定资产投资】2012年，宝鸡市全年全社会固定资产投资1311.69亿元，比上年增长30.1%。其中固定资产投资1212.05亿元，增长31.0%；农户投资47.88亿元，增长5.6%；跨市区项目投资51.76亿元。

固定资产投资按产业分：第一产业投资87.25亿元，增长1.38倍；第二产业投资532.29亿元，增长24.6%；第三产业投资592.51亿元，增长30.5%。

全年房地产企业开发投资75.88亿元，比上年增长4.4%。商品房施工面积523.86万平方米，比上年增长13.5%，其中新开工面积237.94万平方米，增长39.0%。商品房销售面积220.53万平方米，增长4.1%，其中住宅209.57万平方米，增长3.0%。

【科学技术】2012年，宝鸡市全年组织争取国家、省科技项目118项，争取资金10835万元。其中，国家“863”计划和国家重点新产品计划等项目35项，争取资金6652万元；省科技统筹创新工程、特色科技产业基地建设项目等科技项目83项，争取资金4183万元。实施市级科学技术研究发展计划和重大科技专项计划项目102项，其中重大科技专项项目53项，科学技术研究发展项目49项。全年专利申请量1400件，专利授权量799件，其中发明专利申请量358件，发明专利授权量120件。全市技术合同登记额达到12.2亿元。

【国内贸易和对外经济】2012年，宝鸡市全年社会消费品零售总额409.93亿元，比上年增长15.6%。按经营地分，城镇消费品零售额368.83亿元，增长15.5%；乡村消费品零售额41.10亿元，增长16.0%。按消费形态分，商品零售额366.71亿元，增长16.3%；餐饮收入额43.22亿元，增长9.8%。

限额以上批发零售、住宿餐饮企业实现消费品零售额151.70亿元，比上年增长21.1%。其中，餐饮收入8.0亿元，下降3.6%；商品零售额143.70亿元，增长22.9%。从限额以上企业商品零售额主要类别看：吃类商品13.57亿元，增长22.7%；穿类商品16.07亿元，增长20.9%；日用类商品3.53亿元，下降1.3%；石油及制品32.64亿元，增长16.8%；汽车类9.90亿元，增长1.4%；娱乐体育类0.29亿元，增长20.6%。

全年外贸进出口总额7.45亿美元，比上年下降9.4%。其中，出口5.52亿美元，增长10.7%；进口1.93亿美元，下降40.4%。

【交通、邮电和旅游】2012年，宝鸡市全市境内公路总里程15003公里，公路密度达到82.7公里/百平方公里(含村公路)。

全年公路旅客运输量9999万人，比上年增长4.0%，旅客运输周转量26.7亿人公里，增长4.8%；货物运输量8933万吨，增长15.6%，货物运输周转量95.9亿吨公里，增长18.1%。全市共有营运载货车辆21468辆，营运客车6174辆，其中出租汽车3169辆。全市共有27个出租车公司，44个汽车租赁公司。

全年邮电业务总收入23.18亿元，比上年增长17.2%。其中：邮政业务收入2.63亿元，增长14.3%；电信收入20.55亿元，增长17.6%。年末全市固定及移动电话用户总数387.39万户，其中：固定电话64.49万户，移动电话322.9万户。电话普及率103.67部/百人。互联网用户35.9万户。

全市现有各类旅游景区（点）48个，其中人文景区27个，自然景区21个。全市A级旅游景区（点）26个，其中国家级4A级旅游景区5个，3A级旅游景区13个，2A级旅游景区7个，1A级旅游景区1个。全国工、农业示范点5个。年末国内旅行社43家，星级宾馆饭店36家。太白县黄柏塬水利风景区被命名为国家级水利风景区，法门寺文化景区荣获"中国传统建筑文化旅游目的地"称号。

【金融和保险】2012年年末，宝鸡市全市金融机构人民币各项存款余额1450.84亿元，比年初增加230.02亿元，增长18.8%。其中城乡居民储蓄存款余额910.64亿元，比年初增加146.78亿元，增长19.2%。

年末，全市金融机构人民币各项贷款余额633.10亿元，比年初增加113.26亿元，增长21.8%。其中短期贷款余额246.56亿元，比年初增长21.4%；中长期贷款362.90亿元，增长19.8%。埠外银行投放宝鸡贷款余额95.09亿元。

年末共有保险公司32家，其中财险公司17家，寿险公司15家。实现保费总收入32.29亿元，比上年增长10.5%。其中：财产险保费收入7.36亿元，增长15.2%；寿险保费收入23.67亿元，增长8.1%；健康和意外伤害险保费收入1.26亿元，增长35.5%。全年各类赔款与给付支出7.68亿元，增长3.2%。其中：财产险赔款支出3.87亿元，增长26.9%；人身险赔款与给付支出3.81亿元，比上年下降13.2%。保险深度（保费收入/GDP）2.29%，保险密度（保费收入/总人口）865.23元/人。

4

2012年咸阳市经济发展概况

【经济总量】2012年，咸阳市全年实现地区生产总值（GDP）1616.21亿元，比上年增长14.5%。其中，第一产业增加值283.1亿元，增长6.1%，占生产总值的比重为17.5%；第二产业增加值919.31亿元，增长19.8%，占生产总值的比重为56.9%；第三产业增加值413.8亿元，增长9.3%，占生产总值的比重为25.6%。按常住人口计算，人均生产总值32847元，约合5205美元。

全年非公有制经济增加值808.0亿元，占生产总值的50.0%，比上年提升0.9个百分点。县域经济平均规模达到92.7亿元。

【农业】2012年，咸阳市全年粮食种植面积600.4万亩，比上年增加2.1万亩，增长0.3%。其中，夏粮342.6万亩，增加1.6万亩，增长0.5%；秋粮257.8万亩，增加0.5万亩，增长0.2%。棉花种植0.4万亩，减少0.3万亩，下降42.8%。油料种植35.7万亩，减少1.9万亩，下降5.0%。蔬菜种植130.74万亩，增加6.24万亩，增长5.0%。

全年粮食总产200.2万吨，比上年增加14.1万吨，增长7.6%。其中，夏粮产量102.7万吨，增加8.0万吨，增长8.4%；秋粮产量97.5万吨，增加6.1万吨，增长6.7%。其中，主要粮食产品中，小麦产量102.6万吨，增加8.1万吨，增长8.5%；玉米产量92.5万吨，增加1.4万吨，增长1.5%。

【工业和建筑业】2012年，咸阳市全年实现工业增加值786.47亿元，比上年增长21.5%。其中，规模以上工业增加值704.28亿元，增长23.5%。

全市规模以上工业企业601户，完成规模以上工业总产值2234.49亿元，同比增长29.5%。在规模以上工业中，国有企业290.68亿元，增长27.0%；集体企业55.6亿元，增长14.3%；股份合作企业10.49亿元，增长162.8%；股份制企业1571.77亿元，增长30.7%；外商及港澳台商投资企业180.36亿元，增长18.8%；其他经济类型企业125.59亿元，增长40.8%。轻工业620.24亿元，增长30.9%；重工业1614.25亿元，增长29%。

全年规模以上工业企业实现利润234.8亿元，比上年增长22.9%。其中，国有企业27.5亿元，增长15.3%；集体企业5.6亿元，下降12.9%；股份合作企业0.7亿元，增长88.9%；股份制企业167.9亿元，增长25.1%；外商及港澳台商投资企业18.6亿元，增长16.3%；其他经济类型企业14.6亿元，增长41.4%。税金总额164.2亿元，增长37.8%。工业企业经济效益综合指数348.0，比上年提高37.3个百分点。

全年全社会建筑业增加值132.84亿元，比上年增长10.7%。全市具有资质等级的总承包和专业承包建筑企业85户，比上年增加12户；实现总产值455.2亿元，比上年下降18.3%。其中，国有及国有控股企业288.0亿元，增长42.1%。资质以上建筑企业全年共签订合同额772.0亿元，比上年下降2.0%。全市建筑企业房屋建筑施工面积2320.8万平方米，增长23.4%。其中，新开工面积1134.4万平方米，增长15.4%。

【固定资产投资】2012年，咸阳市全年全社会固定资产投资完成1616.47亿元，比上年增长28%，扣除价格因素，实际增长24.8%。其中，固定资产投资（不含农户）1486.33亿元，增长30.6%。

在固定资产投资（不含农户）中，第一产业投资54.39亿元，增长33.8%；第二产业投资718.32亿元，增长25.3%；第三产业投资713.63亿元，增长39.5%。在第二产业投资中，工业投资687.62亿元，比上年增长32.2%。

全年房地产开发投资151.8亿元，比上年增长25.2%。其中，住宅投资145.6亿元，增长25.7%。房屋施工面积1009.6万平方米，增长33.1%。其中，新开工面积273.9万平方米，增长43.0%。商品房销售面积139.8万平方米，下降35.2%。商品房销售额53.4亿元，下降35.0%。

【科学技术】2012年，咸阳市组织推荐2012年度陕西省科学技术奖19项，12个项目获省级科技奖励。其中，一等奖3项，二等奖2项，三等奖7项。全年共申请专利948项，授权565项，全市技术合同交易额6.22亿元。

【国内贸易和对外经济】2012年，咸阳市全年社会消费品零售总额398.48亿元，同比增长16.5%，扣除价格因素，实际增长14.2%。其中，限额以上企业（单位）实现消费品零售额143.46亿元，增长20.1%。按经营地统计，城镇消费品零售额298.04亿元，比上年增长15.4%；乡村消费品零售额100.44亿元，增长19.7%。按消费形态统计，餐饮收入52.62亿元，增长22.3%；商品零售额345.86亿元，增长15.6%。在商品零售中，限额以上企业（单位）商品零售额60.6亿元，增长36.7%。其中，石油及制品类增长43.7%，家具类增长40.8%，建筑及装潢类增长38.5%，日用品类增长36.1%，五金、电料类增长35.5%，服装、鞋帽、针纺织品类增长23.9%，粮油、食品、饮料、烟酒类增长15.6%，汽车类增长10.4%。

全年外贸进出口总值（海关口径）43298.9万美元，比上年下降7.3%。其中，出口37359万美元，增长0.8%；进口5939.9万美元，下降38.6%。进出口差额（出口减进口）31419.1万美元，比上年增加4123.0万美元。

【交通、邮电和旅游】2012年，咸阳市全年交通运输、仓储和邮政业增加值61.0亿元，比上年增长8.6%。

全年公路客运量13356万人次，客运周转量425924万人公里；公路货运量7192万吨，货运周转量1858379万吨公里。年末实有公共汽车营运车辆576辆，公共汽车客运总量13121万人次，实有出租汽车2742辆。境内等级公路里程15048.9公里，其中高速公路里程536.7公里。

全年邮电业务总量27.52亿元，比上年增长14.8%。其中，邮政业务总量2.1亿元，下降11.8%；电信业务总量25.42亿元，增长17.7%。年末全市电话用户达479.64万户，比上年增长15.0%。其中，固定电话用户59.71万户，增长2.8%；移动电话用户419.93万户，增长32.2%。移动电话中的3G用户70.26万户，增长69.2%。电话普及率达到97.3部/百人。国际互联网用户达到52.74万户，增长49.1%。

全年共接待国内外游客3200万人次，比上年增长30%；旅游总收入165亿元，增长32%。其中，接待境外旅游者32.7万人次，创外汇收入1.47亿美元。全市乡村旅游接待村62个，接待户645个，共接待游客805万人次，实现旅游收入4.2亿元。

【金融和保险】2012年年末，咸阳市全市金融机构人民币（不含外资）各项存款余额1570.48亿元，比上年增长17.7%；比年初新增235.32亿元，同比增加31.3亿元。其中，个人储蓄存款余额981.58亿元，比上年增长18.8%；比年初新增155.33亿元，同比增加32.23亿元。金融机构各项贷款余额646.04亿元，比上年增长19.4%；比年初新增105.03亿元，同比多增13.23亿元。其中，短期贷款193.2亿元，比上年增长20.4%，比年初新增32.71亿元，同比增加13.25亿元；中长期贷款422.81亿元，比上年增长19.9%，比年初新增70.2亿元，同比增加11.19亿元。金融存贷比为41.1%，比上年提高0.6个百分点。

年末全市保险业主体机构34家。其中，财险公司17家，寿险公司17家。全年保险保费收入41.15亿元，同比增长5.6%。其中，财产险保费收入9.33亿元，增长18%；寿险保费收入31.82亿元，增长2.4%。全年保险业机构支付各类赔（给）付款9.68亿元。其中，财产险赔款支出4.49亿元，寿险赔（给）付5.19亿元。

5

2012年渭南市经济发展概况

【经济总量】2012年，渭南市全年实现地区生产总值（GDP）1212.45亿元，比上年增长14.5%。其中，第一产业增加值180亿元，增长6.0%；第二产业增加值669.32亿元，增长19.6%；第三产业增加值363.13亿元，增长10.4%。人均地区生产总值22820元，比上年增长14.1%。一、二、三次产业结构为14.8：55.2：32.0。全年非公有制经济增加值553.62亿元，占生产总值的45.7%，比上年提升1个百分点。

【农业】2012年，渭南市全年实现农林牧渔业总产值318亿元，按可比价较上年增长6.1%。其中，农业产值221.81亿元，增长5.8%，林业产值6.26亿元，增长8.8%，畜牧业产值73.78亿元，增长5.7%，渔业产值2.51亿元，增长20.5%，农林牧渔服务业产值13.65亿元，增长11.6%。

全年粮食总播种面积782.46万亩，较上年下降3.0%，粮食总产量224.34万吨，增长6.6%。其中，夏粮面积447.06万亩，下降5.4%，产量112.71万吨，增长8.5%；秋粮面积335.39万亩，增长0.4%，产量111.63万吨，增长4.8%。

【工业和建筑业】2012年，渭南市全年全部工业实现增加值592.20亿元，比上年增长21.2%，其中规模以上工业企业完成增加值545.69亿元，增长22.9%。

规模以上工业总产值1578.20亿元，比上年增长22.9%。其中，重工业1363.50亿元，增长21.9%；轻工业214.71亿元，增长29.3%。八大支柱产业完成工业总产值1541.45亿元，增长22.9%。其中，能源工业515.25亿元，增长28.7%，化工工业111.13亿元，增长37.1%；装备制造业92.45亿元，增长37.6%；有色冶金工业601.52亿元，增长14.3%；食品工业148.02亿元，增长33.3%；非金属矿物制品业57.77亿元，增长18.1%；纺织服装工业11.76亿元，下降23.7%；医药制造业3.54亿元，下降6.4%。

【固定资产投资】2012年，渭南市全社会固定资产投资完成1172.21亿元，同比增长28.4%，其中固定资产投资完成1065.02亿元，增长32.6%。在固定资产投资中，第一产业完成投资61.47亿元，同比增长38.7%；第二产业完成投资478.28亿元，增长7.5%；第三产业完成投资525.27亿元，增长67.4%。

固定资产投资中，以交通运输、仓储、邮政业、信息传输服务业、水利、环境和公共设施管理业为主的基础设施完成投资219.06亿元，增长54.1%，占固定资产投资完成额的20.6%。其中，水利、环境和公共设施管理业完成投资175.66亿元，增长48.6%，电力燃气水生产供应业完成31.50亿元，下降18.9%，卫生、社会保障和社会福利业完成7.03亿元，下降54.9%，公路交通建设完成29.63亿元，增长103.9%，电信和其他信息传输服务业完成2.53亿元，下降37.7%，居民服务和其他服务业完成6.02亿元，增长176.2%。

全年商品房销售额87.88亿元，同比增长31.3%，销售面积257.17万平方米，增长7.0%。商品房销售旺盛，带动房地产开发投资较快增长，全年房地产业完成投资85.11亿元，同比增长24.8%。

【科学技术】2012年，渭南市全年共申报部省科技计划项目212项，立项82项，落实资金3202万元（科技部11项，获资金814万元，省科技厅59项，获资金2345万元，省知识产权局12项，资金43万元），安排市级项目76项，落实经费380万元。全年新建省级现代农业科技创业示范基地3个，目前拥有省级专家大院12个，省级农业科技创业示范基地9个。截至2012年底，全市共有高新技术企业18家。征集市级科技奖项目37项，拟奖项目30项。全年专利申请量达1049件，其中发明专利515件，实用新型专利339件，外观设计专利195件；专利授权量385件。

【国内贸易和对外经济】2012年，渭南市全年实现社会消费品零售总额318.62亿元，同比增长17.3%。城市实现零售额233.40亿元，增长19.8%，乡村实现零售额85.23亿元，同比增长10.9%。其中，限额以上实现零售额176.54亿元，增长32.7%；限额以下实现零售额142.10亿元，增长1.7%。

全年居民消费价格总指数为103.1%。八大类价格指数中，食品类价格上涨4.3%，居住类上涨2.9%，医疗保健和个人用品类上涨3.8%，衣着类上涨4.4%，烟酒及用品类上涨4.0%，交通和通信类上涨1.4%，家庭设备用品及维修服务类价格上涨2.7%，娱乐教育文化用品及服务类下降0.5%。商品零售价格总指数102.9%，生产资料价格指数105.0%。

全市共签订各类招商引资项目344个，项目总投资1293.1亿元。在建项目实际到位资金421.35亿元，同比增长27.72%，其中新开工项目297个，实际到位资金213.96亿元，续建项目304个，实际到位资金207.39亿元。全市新批外商投资企业5户，合同利用外资3497万美元，实际利用外资6183万美元。

据西安海关统计，2012年全市各月出口呈较快增长趋势，与上年相比，明显好转，全年实现进出口总额23329万美元，同比增长34.2%，其中出口14434万美元，增长7.6%，进口8895万美元，增长124%。

【交通、邮电和旅游】2012年，渭南市全年公路客运量13787万人，旅客周转量77.35亿人公里，同比分别增长12.7%、11.0%；货运量12337万吨，货物周转量357.16亿吨公里，分别增长16.4%、18.4%。

全年邮政业务收入2.68亿元，增长15.8%，邮政业务总量2.46亿元，增长21%。年末全市固定电话用户75.64万户，移动电话用户65.91万户，互联网宽带用户36.39万户，电信业务收入5.97亿元。

全年共接待游客2512.08万人次，同比增长23.2%，实现旅游综合收入155.54亿元，增长33.7%。

【金融和保险】2012年年末，渭南市全市金融机构各项存款余额1347.73亿元，较年初增加216.09亿元，增长19.1%，其中储蓄存款余额876.43亿元，较年初增加138.43亿元，增长18.8%。金融机构贷款余额622.52亿元，较年初增加78.18亿元，增长14.4%，其中短期贷款263.48亿元，较年初增加45.06亿元，增长20.6%，中长期贷款301.50亿元，较年初增加6.44亿元，增长2.2%。

全市保险业保费收入35.66亿元，比上年增加1.13亿元，支付赔款5.67亿元，同比多赔0.41亿元。其中，财产保险保费收入9.65亿元，赔付5亿元；人寿保险保费收入26亿元，赔付0.67亿元。

6

2012年延安市经济发展概况

【经济总量】2012年，延安市全年实现地区生产总值（GDP）1271.02亿元，比上年增加157.67亿元，按可比价格计算（下同），比上年增长10.5%。其中，第一产业实现增加值97.06亿元，增长6.1%，拉动总体经济增长0.5个百分点，对经济增长的贡献率为4.5%；第二产业实现增加值934.85亿元，增长10.3%，拉动总体经济增长7.4个百分点，对经济增长的贡献率为70.6%；第三产业实现增加值239.11亿元，增长12.7%，拉动总体经济增长2.6个百分点，对经济增长的贡献率为24.9%。三次产业结构由上年的7.8∶73.2∶19.0调整为7.6∶73.6∶18.8。人均生产总值为57876元，折合9172美元，高于全国、全省平均水平。

【农业】2012年，延安市全年全市农林牧渔业实现产值169.69亿元，按可比价计算（下同），比上年增长5.6%，其中农业产值131.66亿元，增长5.5%；林业产值5.19亿元，增长8.6%；牧业产值28.38亿元，增长4.7%；渔业产值0.43亿元，增长10.6%；服务业产值4.03亿元，增长12.4%。全年农林牧渔业实现增加值97.06亿元，增长6.1%。

全年全市粮食播种面积296.76万亩，比上年增加了2.39万亩，增长0.8%；粮食总产量76.58万吨，比上年增长11.8%。园林水果总面积为416.85万亩，增长3.0%；水果总产量271.14万吨，比上年增加14.59万吨，增长5.7%，其中:苹果产量为260.02万吨，比上年增加16.21万吨，增长6.6%。蔬菜面积32.66万亩，增长5.9%；蔬菜产量100.03万吨，比上年增加7.02万吨，增长7.6%。年末蔬菜大棚数量14.58万座，下降3.7%，其中温室大棚9.12万座，占蔬菜大棚的62.6%。

【工业和建筑业】2012年，延安市全年全部工业实现增加值904.64亿元，按可比价计算（下同）比上年增长10.3%，其中：规模以上工业实现增加值887.83亿元，增长10.3%，全部工业拉动总体经济增长7.1个百分点，对全市总体经济增长的贡献率为67.6%。

全年全市规模以上工业完成产值1635.44亿元，按现价计算（下同）比上年增长10.7%。按隶属关系分：中央省属企业完成产值1537.45亿元，增长10.6%；地方工业完成产值97.99亿元，增长12.5%。按轻重工业分：重工业完成产值1594.66亿元，增长10.9%；轻工业完成产值40.78亿元，增长5.8%。按行业分：煤炭工业完成产值171.36亿元，增长17.8%；石油开采业完成产值634.56亿元，增长6.7%；石油加工业完成产值708.54亿元，增长10.9%；烟草业完成产值35.01亿元，增长15.4%；电力工业完成产值49.50亿元，增长51.2%；其他工业完成产值36.47亿元，增长5.3%。

全年全市建筑业实现增加值30.21亿元，按可比价计算比上年增长12.6%。全市116个资质以上建筑企业完成产值84.79亿元，比上年增长23.9%，其中:国有及国有控股企业完成17.68亿元，增长20.5%。全年共签订合同额113.87亿元，房屋建筑施工面积555.17万平方米。

【固定资产投资】2012年，延安市全年全社会完成固定资产投资1032.06亿元，比上年增长26.6%，其中:地方完成投资872.92亿元，增长31.4%。在地方投资中，第一、二、三产业投资分别完成30.08亿元、489.63亿元和353.21亿元，分别比上年增长49.1%、20.0%和49.7%。在第二产业中，工业完成投资360.98亿元，下降3.6%，其中，石油开采加工业完成投资258.42亿元，下降7.5%；在第三产业中，交通运输、邮政及仓储业投资37.67亿元，下降32.0%；公共管理和社会组织完成投资141.79亿元，增长30.5%。

【科学技术】2012年，延安市全年共征集各类科技计划项目236项，其中：国家级科技计划项目11项，省级科技计划项目77项，市级计划项目148项。全市共引进新工艺60项，新技术129项，重点推广新技术91项。全年专利申请受理量489项，增长25.4%，其中：发明65项；授权量142项，下降10.1%，其中：发明18项，增长28.6%。

【国内贸易和对外经济】2012年，延安市全年全市实现社会消费品零售总额150.74亿元，比上年增长16.2%，其中：限额以上单位零售额61.73亿元，增长15.8%。

【交通、邮电和旅游】2012年，延安市全年全市完成客运量7969万人次，增长4.6%，旅客周转量30.87亿人公里，增长5.0%；货运量5711万吨，增长16.2%；货物周转量73.86亿吨公里，增长18.2%。完成乡镇五级客运站建设107个，购置36辆节能环保公交车投入营运，有效地缓解了城市客运运力不足的矛盾，较好地解决了群众乘车难的问题。新修县乡和通村油路555公里，投放通村客运车辆687辆。干线公路优良里程为1274.37公里，优良率为89.8%。截至2012年年末，县乡实现年均优良里程2608.5公里，其中：县级里程1284.5公里，优良率为77.4%；乡级里程1324公里，优良率为64.0%。

全年全市邮电主营业务收入达5.20亿元，同比增长19.0%；年末固定电话用户37.56万户；移动电话用户达到280.22万户；国际互联网用户达到22.92万户。

全年接待旅游人数2190万人次，增长6.8%，其中:海外旅游人数12.71万人次，增长5.8%。实现旅游综合收入118亿元，增长7.2%，其中：外汇收入975.4万美元，增长7.4%。

【金融和保险】2012年年末，延安市金融机构各项本外币存款余额987.77亿元，比年初增加160.86亿元，增长19.5%，其中：城乡居民储蓄存款余额502.20亿元，比年初增加78.49亿元，增长18.6%。年末各项贷款本外币余额476.87亿元，比年初增加66.35亿元，增长16.2%，其中：短期贷款188.08亿元，比年初增加58.63亿元，增长45.3%；中长期贷款283.31亿元，比年初增加8.61亿元增长3.1%。

全市拥有各类保险机构27个，比去年增加了2个，其中：财险机构16个，寿险机构11个。全年完成保费收入13.05亿元，增长12.6%，其中：财险业务收入6.01亿元，增长9.4%，在财险业务中机车险占85.2%；寿险业务收入6.50亿元，上涨16.1%，在寿险业务中人寿险占91.7%，意外险和健康险仅占8.3%。全年赔款及给付4.58亿元，增长9.1%，其中：财险3.58亿元，增长10.4%，财险中机车险赔款及给付3.21亿元，仍居各险种之首，占85.9%。寿险赔款1.00亿元，增长4.9%，寿险中人寿险赔款0.86亿元，占86.3%。

7

2012年汉中市经济发展概况

【经济总量】2012年，汉中市全年实现地区生产总值（GDP）772.26亿元，按可比价格计算，增长15.2%。其中，第一产业增加值159.47亿元，增长5.8%；第二产业增加值338.11亿元，增长21.8%；第三产业增加值274.68亿元，增长12.9%。全年人均生产总值为22602元。

在地区生产总值中，第一、第二和第三产业增加值占比分别为20.65%、43.78%和35.57%。同2011年相比，一产比重下降1.33个百分点，二产比重提高2.46个百分点，三产比重下降1.13个百分点。

【农业】2012年，汉中市全市农林牧渔业完成总产值274.66亿元，增长5.8%（可比价）。其中，农业产值150.77亿元，增长5.9%；林业产值12.14亿元，增长2.5%；牧业产值97.42亿元，增长5.8%；渔业产值3.8亿元，增长8.7%；农林牧渔服务业产值10.53亿元，增长7.0%。“猪、药、茶、菜”四大主导产业产值169.00亿元，占农林牧渔业总产值比重为61.5%。

全年粮食播种面积403.35万亩，比上年增加2.85万亩，粮食总产101.36万吨，增长6.5%。其中，夏粮23.94万吨，秋粮77.42万吨。油料种植面积124.18万亩，比上年减少0.21万亩，油料总产17.89万吨，增长1.3%。

【工业和建筑业】2012年，汉中市全市完成工业总产值780亿元，增长29.1%，其中，规上工业完成产值670.83亿元，增长30.7%。规上工业中轻工业完成产值161.58亿元，增长36.6%；重工业完成产值509.25亿元，增长29.0%。

规上工业30个行业中29个保持增长，其中，23个行业增幅超过20%。“装备制造业、有色冶金、能源化工和食品工业”四大支柱工业产业完成总产值584.26亿元，增长28.5%，拉动全市工业经济增长25.3个百分点；六大企业集团完成产值230.75亿元，下降0.4%；八大明星企业完成产值28.10亿元，下降17.4%。

【固定资产投资】2012年，汉中市全市全社会固定资产投资完成534.86亿元，增长30.0%，其中，固定资产投资完成460.65亿元，增长31.1%。本年500万元以上施工项目1474个，计划投资总额比去年增加261.77亿元，其中，亿元以上施工项目118个，比去年增加34个。

全年房地产开发完成投资73.41亿元，增长28.3%；房屋施工面积806.60万平方米，增长20.4%；商品房销售额54.15亿元，同比下降13.9%。

资质以上建筑施工企业完成总产值87.87亿元，增长25.5%，其中，建筑工程产值完成84.47亿元，增长22.9%；竣工产值43.77亿元，增长37.7%。已签订合同金额184.1亿元，增长50.4%。建筑业生产率达到人均23.04万元，比上年同期增加4.7万元，增幅达26%。

【科学技术】2012年，汉中市全年共取得科技成果46项，达到国际先进水平3项，国内领先和国内先进水平的39项。全年专利申请量769件，比上年增长20.7%，其中发明专利159件、实用新型386件、外观设计224件。

【国内贸易和对外经济】2012年，汉中市全市社会消费品零售总额215.98亿元，增长17.2%，其中，城镇市场消费品零售额174.94亿元，增长17.4%；乡村市场消费品零售额41.04亿元，增长16.7%。全年批发零售业实现零售额187.33亿元，增长17.2%；住宿餐饮业零售额28.65亿元，增长17.5%。

全市对外贸易进出口总额5426万美元，增长18.0%，其中，出口5255.7万美元，增长33.0%；进口170.3万美元，下降73.7%。

【交通、邮电和旅游】2012年，汉中市全市公路总里程为16826公里，其中，等级公路14559.5公里；高速公路431公里。

年末民用车辆拥有量50.30万辆，其中，载客汽车9.20万辆；载货汽车1.76万辆；个人轿车拥有7.29万辆。

公路客运量9294万人，公路货运量5637万吨。

全年邮电主营业务收入19.51亿元，增长8.7%，其中，电信主营业务收入16.28亿元，增长5.8%；邮政主营业务收入3.23亿元，增长26.2%。年末固定电话装机用户50.84万户，减少5.5%，其中，住宅电话用户36.78万户；移动电话用户260.60万户，增长7.98%；年末宽带接入用户27.98万户，增长15.43%。

【金融和保险】2012年年末，汉中市金融机构各项人民币存款余额1072.86亿元，比年初净增加140.01亿元，其中，城乡居民储蓄存款707.72亿元，比年初净增加117.17亿元。金融机构各项人民币贷款余额402.44亿元，比年初净增加54.49亿元，其中，短期贷款余额98.51亿元，比年初净增加3.35亿元；中长期贷款余额282.43亿元，比年初净增加40.85亿元。

全年保险业保费收入21.99亿元，其中，财产险保费收入4.82亿元，人寿险保费收入17.17亿元。全年各类保险赔款给付支出4.02亿元，其中，财产险赔款支出2.44亿元，人寿险赔付支出1.58亿元。

8

2012年榆林市经济发展概况

【经济总量】2012年，榆林市全年实现地区生产总值（GDP）2769.22亿元，比上年增长12.0%，经济总量连续八年位居全省第二，经济增速超全国4.2个百分点。其中，第一产业增加值125.88亿元，增长5.9%；第二产业增加值2027.87亿元，增长13.6%；第三产业增加值615.47亿元，增长8.8%。人均地区生产总值82549元，折合13133美元，是全省平均水平的2.1倍。

全年非公有制经济增加值1042.15亿元，占GDP比重37.6%，比上年提升1.5个百分点。

【农业】2012年，榆林市全年农林牧渔业实现增加值125.88亿元，比上年增长5.9%。农林牧渔业总产值209.72亿元，增长5.8%。在总产值中，种植业产值109.48亿元，增长7.0%；畜牧业产值85.60亿元，增长4.1%；林业产值5.94亿元，增长13.2%；渔业产值0.84亿元，增长3.5%；农林牧渔服务业产值7.86亿元，增长6.9%。

年末全市耕地总资源1439.55万亩，常用耕地面积870.94万亩。

全年粮食播种面积706.74万亩，粮食总产量153.99万吨。其中，夏粮产量5.26万吨；秋粮产量148.73万吨。蔬菜产量63.64万吨。粮食生产实现九连丰。

【工业和建筑业】2012年，榆林市全年完成工业总产值3126.88亿元，比上年增长17.5%；工业增加值1991.41亿元，增长13.6%。其中，全市621户规模以上工业企业实现总产值2999.17亿元，增长17.9%；增加值1952.01亿元，增长13.8%。规模以下工业企业实现总产值127.71亿元，增长9.3%；增加值39.40亿元，增长9.3%。规模以上重工业企业完成产值2959.37亿元，增长17.7%，占规模以上工业总产值的98.7%；轻工业完成产值39.80亿元，增长36.7%，占规模以上工业总产值的1.3%。

全年规模以上工业中，五大支柱产业总产值2799.48亿元，比上年增长15.7%；占规模以上工业总产值的93.3%。其中，煤炭开采洗选业完成产值1397.95亿元，增长16.9%；石油和天然气开采业完成产值609.38亿元，增长7.2%；石油加工、炼焦业完成产值435.75亿元，增长22.5%；化学原料及化学制品制造业完成产值130.88亿元，增长25.1%；电力热力的生产和供应业完成总产值225.53亿元，增长15.8%。

全年完成建筑业总产值156.15亿元，比上年增长23.1%，其中，建筑工程产值149.70亿元，增长25.2%。全年实现建筑业增加值36.46亿元，增长15.0%。房屋建筑施工面积961.40万平方米，增长48.0%，房屋建筑竣工面积438.27万平方米，增长68.6%。

【固定资产投资】2012年，榆林市全年全社会固定资产投资1771.23亿元，比上年增长28.5%。其中，固定资产投资1493.97亿元，增长31.6%；房地产开发企业投资52.49亿元，增长80.2%。在固定资产投资中，第一产业投资30.38亿元，增长11.0%，其中农业投资10.37亿元，增长1.6%；第二产业投资955.55亿元，增长22.0%，其中采矿业投资404.26亿元，增长18.2%，制造业投资420.10亿元，增长50.7%，电力、燃气及水的生产和供应业投资101.19亿元，增长70.7%，建筑业投资30.00亿元，下降58.9%；第三产业投资508.04亿元，增长45.6%，其中交通运输、仓储和邮政业投资85.24亿元，下降23.5%；批发和零售业投资20.91亿元，增长1.7倍；信息传输、计算机服务和软件投资2.19亿元，下降80.2%。

商品房销售面积121.95万平方米，增长25.4%；商品房销售额48.90亿元，增长11.5%。

【科学技术】2012年，榆林市全年共组织鉴定（评议）、登记科技成果35项，其中科技成果综合水平达到国内领先7项。获“2012年度陕西省科学技术奖”1项；申请专利639件，其中发明专利103件，实用新型专利170件，外观设计专利366件。授权专利144件，其中发明专利23件、实用新型专利77件、外观专利44件。技术交易合同登记额8.25亿元。

【国内贸易和对外经济】2012年，榆林市全年社会消费品零售总额270.22亿元，比上年增长16.3%，其中餐费收入30.30亿元，增长11.1%，商品零售239.90亿元，增长17.0%。

批发业实现销售额1243.90亿元，增长10.9%；零售业实现销售额260.30亿元，增长31.1%；住宿业实现营业额13.60亿元，增长27.6%；餐饮业实现营业额35.90亿元，增长22.9%。

【交通、邮电和旅游】2012年年末，榆林市全市公路总里程29048公里，比上年增加790公里。在总里程中，高速公路860公里，国道675公里，省道635公里，农村公路26878公里。在农村公路中，县道2640公里，乡道3479公里。

铁路运输中，货运量11916.52万吨，比上年增长8.1%，货物周转量1743115.32万吨公里，增长9.7%，客运量305.22万人，比上年增长39.1%；公路运输中，货运量9613.00万吨，增长21.3%，货物周转量7936122万吨公里，增长18.4%，客运量7533人次，增长3.9%，旅客周转量487736万人公里，增长6.3%；民航运输中，货邮量2267.40吨，增长73.1%，吞吐量为106.63万人，增长17.1%。

全年完成邮电业务收入38.18亿元，比上年增长16.4%。其中，邮政业务收入2.01亿元，增长14.7%；电信业务收入36.17亿元，增长16.5%。邮政业全年完成邮政函件业务161万件，订销报刊累计3838万份，订销杂志累计163万份，邮路长度达到5407公里，农村投递线路29705公里。全市固定及移动电话用户总数达到451.11万户，其中固定电话51.39万部，移动电话399.72万部。

年末全市共有旅行社48个，星级以上饭店32家，对外售票的景点15个。全年共接待国内外游客1170万人次，比上年增长73.3%。入境游客2029人次，其中外国游客1917人。旅游收入58.50亿元，增长98.3%。

【金融和保险】2012年年末，榆林市金融机构各项存款余额2252.82亿元，比年初增加408.31亿元，增长22.1%；各项贷款余额1548.08亿元，增加368.69亿元，增长31.3%。

全市有各类保险公司30家，全年保费收入24.76亿元，比上年增长11.8%。其中，财产险收入15.92亿元，增长7.0%；寿险收入8.85亿元，增长21.5%。各类保险公司累计赔付支出9.70亿元，增长28.8%。其中财产赔付支出8.63亿元，增长19.6%；寿险赔付支出1.07亿元，增长340.8%。保险深度0.9%，保险密度705元/人。

甘肃省

| 兰州市 | 嘉峪关市 | 金昌市 | 白银市 | 酒泉市 | 平凉市 | 庆阳市 |

1

2012年兰州市经济发展概况

【经济总量】2012年，兰州市全年实现地区生产总值（GDP）1564.41亿元，比上年增长13.4%。其中，第一产业增加值45.14亿元，增长7.6%；第二产业增加值744.70亿元，增长12.2%；第三产业增加值774.57亿元，增长14.8%。三次产业比例为2.89∶47.60∶49.51。非公有制经济增加值617.9亿元，增长18.57%，占全市GDP的比重为39.49%。

安全生产形势总体稳定。亿元GDP生产安全事故死亡人数为0.19人；道路交通万车死亡人数为5.49人；煤矿百万吨死亡人数1.8人。

【农业】2012年，兰州市全年农作物播种面积333.36万亩，其中粮食作物播种面积195.25万亩，比上年下降0.95%，玉米双垄全膜覆盖栽培面积42.23万亩。粮食总产量44.20万吨，比上年增长4.27%；其中：夏粮17.14万吨，较上年增长1%；秋粮27.06万吨，比上年增长6.45%。蔬菜播种面积81.85万亩，增长8.45%；蔬菜产量229.29万吨，增长9.59%。

年末拥有农业机械总动力153万千瓦，完成机耕116千公顷、机播74千公顷、机收37千公顷。全市新增有效灌溉面积1.275万亩，农用化肥施用实物量14.27万吨。

【工业和建筑业】2012年，兰州市全市实现工业增加值562.42亿元，比上年增长11.8%。其中，规模以上工业增加值538.15亿元，增长11.5%。规模以上市属工业实现增加值104.99亿元，增长24.3%。规模以上工业产品销售率94.8%，比上年回落1.9个百分点。

全社会建筑业完成增加值182.28亿元，比上年增长13.4%。

【固定资产投资】2012年，兰州市全年完成固定资产投资额1239.18亿元，比上年增长42.34%。其中，房地产开发投资223.3亿元，增长39.85%。

在固定资产投资中，第一产业24.94亿元，占2.01%，比上年增长366.79%；第二产业387.88亿元，占31.3%，比上年增长42.47%；第三产业826.36亿元，占66.69%，比上年增长39.36%。全社会新增固定资产951.28亿元，比上年增长132.01%。

【国内贸易和对外经济】2012年，兰州市全年完成社会消费品零售总额749.12亿元，比上年增长17.1%。

进出口总额33.94亿美元，比上年增长83.35%。其中，出口26.92亿美元，比上年增长123.79%；进口7.02亿美元，比上年增长8.33%。成功举办了第十八届兰洽会，全年新批外商投资企业8家，比上年增长14.29%；合同投资总额7947.5万美元，比上年下降25.12%；合同外资额4638万美元，比上年增长15.54%。

【交通、邮电和旅游】2012年，兰州市交通运输业稳步发展，交通基础设施进一步完善。

全年完成电信业务总量47.14亿元，邮政业务总量1.76亿元。全市拥有固定电话机92.96万部，其中公用电话15.71万部(含智能网专用接入终端公用电话)。移动用户达418.93万户。计算机互联网用户达49.69万户。

全年接待国内旅游人数2101.51万人次，比上年增长49.7%；入境旅游人数3.9万人次，比上年增长2.9%。国内旅游收入154.35亿元，比上年增长50.9%。

【金融和保险】2012年年末，兰州市金融机构各项存款余额4589.26亿元，比上年增长19.71%。各项贷款余额3672.85亿元，比上年增长25.87%。城乡居民储蓄存款余额1743.18亿元，比上年增长17.77%。

全年承保总额达11462.4亿元，比上年下降13.94%；保险业务收入59.66亿元，增长13.79%；赔付支出16.34亿元，增长18.11%。

2

2012年嘉峪关市经济发展概况

【经济总量】2012年，嘉峪关市全年实现地区生产总值（GDP）269.1亿元，比上年增长16.4%。其中，第一产业增加值3.79亿元，增长7.2%；第二产业增加值220.2亿元，增长18.2%；第三产业增加值45.1亿元，增长12.2%，其中批发和零售贸易业增加值11.1亿元，增长8.3%，住宿和餐饮业增加值1.05亿元，增长7.6%，金融保险业增加值4.34亿元，增长25.2%，房地产业增加值2.83亿元，增长5.3%。人均GDP为115123元。

三次产业结构由上年的1.3：81.9：16.8调整为1.4：81.8：16.8，与上年相比，第一产业所占比重上升0.1个百分点，第二产业所占比重下降0.1个百分点，第三产业所占比重保持不变。

【农业】2012年，嘉峪关市全年粮食总产量9800吨，比上年增产32.16%。其中，夏粮产量3300吨，增产20.8%。

粮食作物种植面积1.81万亩，比上年增加0.52万亩，其中：小麦种植面积0.59万亩，比上年减少0.01万亩；油料种植面积0.28万亩，减少0.13万亩；薯类种植面积0.08万亩，减少0.04万亩；蔬菜种植面积2.66万亩，增加0.15万亩。

年末大牲畜存栏0.55万头（只），比上年末下降5.2%；牛存栏0.54万头，增长1.9%；羊存栏4.44万只，下降7.5%；猪存栏2.3万头，增长6.5%。牛、羊、猪出栏分别为0.09万头、2.57万只和2.97万头，分别比上年增长12.5%、1.2%和6.1%。

【工业和建筑业】2012年，嘉峪关市全年完成工业增加值213.3亿元，比上年增长18.5%。规模以上工业企业完成工业增加值168.9亿元，比上年增长19.5%。其中，市属规模以上工业企业完成工业增加值26.45亿元，增长22.8%。规模以上工业企业产品产销率96.1%，比上年回落3.7个百分点。

规模以上工业增加值中，国有及国有控股企业完成工业增加值161.32亿元，比上年增长19.6%；集体企业完成工业增加值2.09亿元，增长30.3%；股份制企业完成工业增加值159.72亿元，增长17%。

全市建筑业实现增加值6.97亿元，比上年增长12.3%。

【固定资产投资】2012年，嘉峪关市固定资产投资：全年完成固定资产投资93.35亿元，比上年增长43.08%。其中，第一产业投资0.42亿元，比上年下降58.35%；第二产业投资63.18亿元，增长34.29%，其中工业投资59.07亿元，增长46.19%；第三产业投资29.75亿元，增长73.02%。

城镇固定资产投资中，房地产开发投资19.49亿元，比上年增长58.69%，其中住宅投资15.61亿元，增长58.8%。房屋施工面积184.41万平方米，比上年增长30.37%；房屋竣工面积78.61万平方米，增长1.88倍。商品房销售面积83.14万平方米，增长13.04%。

【科学技术】2012年，嘉峪关市全年科技三项费900万元，比上年增长12.5%。安排科技项目91个，专利申请受理119件，获省部级以上科技成果7个，国家级技术研究中心1个。拥有各类专业技术人员12171人，其中，中、高级专业技术人员4692人。

【国内贸易和对外经济】2012年，嘉峪关市全年实现社会消费品零售总额33.15亿元，比上年增长15.4%。按销售单位所在地统计，城镇实现社会消费品零售总额33.15亿元，增长15.4%，其中城区实现社会消费品零售总额33.15亿元，增长15.4%。

全年限额以上批发和零售业实现零售额26.9亿元，比上年增长15.43%。其中，石油及制品类零售额9.15亿元，增长20.08%；汽车类零售额3.32亿元，增长35.7%；粮油、食品、饮料、烟酒类零售额3.65亿元，增长35.4%；家用电器及电子产品类零售额0.17亿元，下降2.36%；医药及医疗器材类零售额0.21亿元，增长22.96%。

全年外贸进出口总值为85046万美元，比上年下降10%。其中，出口总值为3367万美元，下降67%；进口总值为81679万美元，下降3%。

【交通、邮电和旅游】2012年，嘉峪关市全年交通运输、仓储和邮政业实现增加值10.6亿元，比上年增长9.6%。

全年公路运输完成货运周转量73252万吨公里，增长39.51%，旅客周转量56150万人公里，增长49.23%。民用航空完成旅客吞吐量27.27万人次，增长22.77%，货物吞吐量946吨，增长53.6%。

按2010年价格计算，全年完成邮电业务总量3.92亿元，增长14.67%。其中，电信业务总量3.69亿元，增长14.71%；邮政业务总量2221.94万元，增长14%。年末固定电话用户9.29万户，比上年末增长15.4%。其中：城市9.02万户，农村0.26万户。年末移动电话用户38.19万户，增长5.85%。年末互联网宽带接入用户达到6.28万户，比上年末增长15.44%。

全市实现旅游及相关产业收入16.19亿元，增长33.36%。全社会旅游人数281.43万人次，增长27.71%。主要旅游企业及景区景点实现营业收入2.46亿元，增长7.95%；主要旅游企业及景区景点共接待游客243.19万人次，增长24.5%，其中，海外游客22891人次，增长16.64%。游客平均滞留天数为1.44天，比上年减少0.02天；客房出租率为52%，与上年持平。

【金融和保险】2012年年末，嘉峪关市全市金融机构本外币各项存款余额261.72亿元，比上年末增长19.88%。全市金融机构人民币各项存款余额251.71亿元，增长17.34%。其中，单位存款余额150.67亿元，增长23.5%；城乡居民储蓄存款余额96.18亿元，增长10.24%。年末全市金融机构本外币各项贷款余额297.7亿元，比上年末增长29.8%。全市金融机构人民币各项贷款余额274.46亿元，比上年末增长29.27%。

全年保费收入41780万元。其中，财产险收入20188万元，增长8.98%；寿险收入25657万元，与上年持平。

3

2012年金昌市经济发展概况

【经济总量】2012年，金昌市全年实现地区生产总值（GDP）243.39亿元，按可比价格计算，比上年增长16.54%。其中，第一产业增加值13.38亿元，增长7.53%；第二产业增加值184.48亿元，增长17.3%；第三产业增加值45.53亿元，增长15.6%。一、二、三产业结构比为5.5：75.8：18.7。人均GDP达到52157元(折合8262美元)，比上年增长16.2%。

全年实现大口径财政收入37.26亿元，同比增长32.96%；地方财政收入13.32亿元，增长17.03%。其中，市本级8.2亿元，增长14.95%；永昌县2.2亿元，增长21.13%；金川区2.93亿元，增长20.08%。全市财政支出33.66亿元，增长17.31%。

全年全市居民消费价格总指数为102.3%，同比上涨2.3个百分点。其中，食品价格指数上涨4.7%；衣着价格指数上涨6.5%；烟酒及用品价格指数和家庭设备用品及维修服务价格指数与上年持平；医疗保健价格指数下降0.7%；交通和通信价格指数下降0.3%；娱乐教育文化用品价格指数下降0.8%；居住价格指数上涨0.6%。商品零售价格总指数上涨2.3%。建筑安装工程价格指数上涨2.5%；工业品出厂价格指数下降15.5%；固定资产投资价格指数上涨2%；新建住宅销售价格指数上涨0.3%；服务项目价格指数上涨1.8%。

【农业】2012年，金昌市全年农作物播种面积达到111.15万亩，较上年增加3.7万亩，同比增长3.44%。其中，粮食作物播种面积72.57万亩，较上年减少1.78万亩，下降2.39%。小麦播种面积34.54万亩，与上年持平；大麦播种面积16.94万亩，减少2.94万亩；玉米播种面积16.04万亩，增加0.77万亩；薯类播种面积2.35万亩，增加0.39万亩；油料播种面积10.45万亩，增加1.04万亩；药材播种面积1.77万亩，增加0.02万亩；蔬菜播种面积18.25万亩，增加2.33万亩；其他作物播种面积6.17万亩，增加2.44万亩。

【工业和建筑业】2012年，金昌市全年实现工业增加值162.93亿元，比上年增长17.61%。其中，规模以上工业企业实现增加值159.27亿元，增长20.3%。规模以上工业中地方企业实现增加值32.9亿元，增长18.5%。

全年规模以上工业企业实现营业收入1722.1亿元，比上年增长21.09%；产销率98.3%，比上年下降2个百分点；实现利税总额40.7亿元，下降32.08%；利润总额18.7亿元，下降58.56%。全市38户规模以上工业企业中，亏损企业有19户，同比增加4户，亏损面达到50%；亏损企业亏损额2.51亿元，较上年增加0.71亿元。

全年建筑业完成总产值92.29亿元，同比增长39.45%。全部建筑企业签订合同金额133.61亿元，增长60.48%。房屋建筑施工面积457.35万平方米，比上年增加93.6万平方米，增长25.73%；房屋竣工面积183.64万平方米，较上年增加51.63万平方米，增长39.11%。

【固定资产投资】2012年，金昌市全年完成固定资产投资184.87亿元，比上年增长45.71%。共实施投资项目329项，其中新开工项目211项，本年投产项目144项。

全年完成房地产开发投资7.68亿元，同比增长19.18%。商品房销售面积41.74万平方米，增长11.91%，其中，住宅41.03万平方米，增长15.58%；商品房销售额9.78亿元，增长22.19%。

【科学技术】2012年，兰州市全年组织实施科技计划项目69项，安排市级科技三项费240万元。共申报国家(省)级科技项目65项，批准立项18项，其中：国家级项目8项，省级项目10项；受理专利申请328件，已授权256件。

【国内贸易和对外经济】2012年，金昌市全年实现社会消费品零售总额50.95亿元，比上年增长17.6%。其中，城市消费品零售额44.33亿元，增长17.7%；农村消费品零售额6.62亿元，增长16.8%。从销售情况看：批发业实现销售额43.59亿元，增长33.51%；零售业销售额50.46亿元，增长29.68%；住宿业实现营业额1.68亿元，增长25.99%；餐饮业营业额12.24亿元，增长32.76%。

全年个体工商户户数累计15683户，同比增长5.02%；从业人员27197人，增长7.32%；注册资金6.27亿元，增长11.79%。私营企业户数2038户，同比增长12.97%；从业人员32927人，增长8.13%；注册资金49.41亿元，增长47.36%。全市非公有制经济实现增加值48.4亿元，增长11.2%，占全市生产总值的比重为19.9%。

全年全市累计实现进出口贸易总额34.48亿美元，同比下降21%，占全省进出口总额的39%。其中：出口额0.43亿美元，下降66%；进口额34.05亿美元，下降20%。

【交通、邮电和旅游】2012年，金昌市全年全市交通基础设施建设完成投资10.24亿元。全市公路通车总里程2554.86公里。全年新建改建通村油路6条，102公里。完成公路客运量1227万人次，比上年增长2.74%，客运周转量62820万人公里，增长2.92%；货运量1672万吨，增长38.3%，货运周转量477554万吨公里，增长39.37%。注册机动车总量57779辆，其中，汽车41528辆，较上年增加9389辆。

全年完成邮电业务总量4.33亿元，比上年增长9.11%。年末固定电话用户5.41万户，其中，城市电话用户4.89万户，乡村电话用户0.52万户。移动电话用户44.39万户，减少8.49%。年末全市固定及移动电话用户总数达到58.52万户。全年订阅报纸1689.16万份，同比增长68.6%；杂志53.47万份，减少23.94%。

全年接待旅游人数133.7万人(次)，比上年增长43.81%。其中，一日游游客93.59万人(次)，过夜旅客38.94万人(次)。实现旅游收入6.66亿元，增长45.73%。

【金融和保险】2012年年末，金昌市全市金融机构本外币各项存款余额223.45亿元，比年初增加6.65亿元，与上年同期相比增长3.07%。其中，本外币储蓄存款余额135.03亿元，比年初增加20.5亿元，同比增长17.9%。金融机构本外币各项贷款余额169.12亿元，比年初增加16.83亿元，同比增长11.05%。

保险业全年实现保费收入7.16亿元，比上年增长11.35%。其中，财产保险保费收入2.54亿元，增长2%；赔付支出1.2亿元，增长31.05%。寿险保费收入4.63亿元，增长17.51%；累计给付支出0.77亿元，增长6.18%。

4

2012年白银市经济发展概况

【经济总量】2012年，白银市全年实现地区生产总值（GDP）433.77亿元，比上年增长14.68%。其中：第一产业增加值48.58亿元，同比增长7.33%；第二产业增加值248.6亿元，同比增长16.6%；第三产业增加值136.59亿元，同比增长14.04%。三次产业结构比例由上年的11.18：57.43：31.39调整为11.2：57.31：31.49，与上年相比，第一产业上升0.02个百分点，第二产业下降0.12个百分点，第三产业上升0.1个百分点。

全年大口径财政收入完成55.86亿元，比上年增长22.85%。公共财政预算收入完成24.09亿元，增长40.75%。其中，市级收入7.07亿元，增长7.01%；县区收入17.02亿元，增长61.95%。公共财政预算支出113.54亿元，增长34.5%。其中，社会保障与就业15.28亿元，增长8.74%；农林水事务支出17.32亿元，增长65.3%；教育支出23.18亿元，增长36.85%；公共安全支出4.81亿元，增长23.03%。

【农业】2012年，白银市全年完成农作物播种面积455.77万亩，比上年增加2.56万亩，增长0.56%。其中，粮食种植面积359.25万亩，同比下降1.07%。小麦播种面积72.82万亩，同比下降1.45%；玉米播种面积135.8万亩，比上年增加3.62万亩，增长2.74%；薯类播种面积102.52万亩，下降0.2%；蔬菜种植面积27.12万亩；油料种植面积25.69万亩。粮食总产量达到72.13万吨，增长2.46%。其中，夏粮17.4万吨，增长11.18%；秋粮54.73万吨，下降0.04%。粮食亩产达到200.78公斤。蔬菜产量128.82万吨。油料、瓜类、水果产量分别为2.28万吨、13.2万吨、16.29万吨，黑瓜籽产量1.23万吨。

【工业和建筑业】2012年，白银市全年全市实现工业增加值212.59亿元，比上年增长17.2%，其中：规模以上工业企业完成增加值192.6亿元，比上年增长19.6%。在规模以上工业中，中央企业完成增加值47.83亿元，同比增长2.6%；省属企业完成增加值104.47亿元，增长26.9%；市及市以下工业完成增加值40.3亿元，增长22.4%。

全年规模以上工业企业累计生产原煤1249.52万吨，下降0.7%；发电量172.02亿千瓦时，同比下降8.7%，其中，火电下降11.3%，水电增长9.5%；十种有色金属58.33万吨，增长16%，其中，铜下降16.5%，铅增长12.6%，锌增长32.3%，铝增长24%；水泥535.17万吨，增长29.8%；硫酸95.15万吨，增长72.3%；烧碱11.04万吨，增长5.5%；黄金8972千克，增长348.6%；白银216.87吨，增长20.5%。

全年全市完成建筑业增加值36.01亿元，比上年增长13.5%。全市具有建筑业资质等级建筑业企业67家，年末从业人数3.42万人，完成建筑业总产值63.19亿元，增长40.8%。

【固定资产投资】2012年，白银市全年完成固定资产投资320.88亿元，增长44.95%。其中，中央、省属单位完成投资74.57亿元，增长17.7%；市及市以下完成投资246.31亿元，增长55.87%。按产业分，第一产业完成投资18.55亿元，同比增长150.97%；第二产业完成投资204.35亿元，增长41.7%，其中完成工业投资160.14亿元，增长26.26%；第三产业完成投资97.98亿元，增长40.43%。

全年全市施工项目个数771个，其中新开工530个，当年投产项目460个，年末新增固定资产188亿元。

全市房地产开发完成投资19.87亿元，同比增长30.54%。全年实现商品房销售面积68.99万平方米，同比增长0.18%。其中住宅销售面积56.98万平方米，同比下降11.85%。商品房销售额23.1亿元，同比增长2.82%。

【国内贸易和对外经济】2012年，白银市全年完成社会消费品零售总额120.39亿元，增长18.1%。其中：城镇零售额102.8亿元，增长19.89%；乡村零售额17.59亿元，增长8.61%。批发业实现零售额9.04亿元，增长13.16%；零售业实现零售总额95.6亿元，增长20.91%；住宿和餐饮业15.75亿元，增长5.85%。批发零售及住宿餐饮企业规模进一步提升，其中限额以上批发零售业和住宿餐饮业实现零售额同比分别增长41.9%和20.82%。

【交通、邮电和旅游】2012年，白银市全年交通运输和邮电通信业实现增加值25.6亿元，比上年增长17%。全年完成公路客运量4900万人，客运周转量275100万人公里；公路货运量6070万吨，货运周转量1464941万吨公里。

全年完成邮电业务总量10.98亿元，比上年增长30.87%。本地电话用户年末达到29.97万户；农话用户年末达到10.57万户；移动电话用户年末达到147.65万户，增加23.44万户；电话普及率达到109部／百人，每百人增加24部。

全年接待旅游人数370.02万人次，比上年增长40.29%；实现旅游综合收入19.89亿元，增长42.62%，旅游业新增直接就业人数10808人，增长36%。

【金融和保险】2012年年末，白银市全市金融机构各项存款余额466.45亿元，比上年增长18.56%。其中：居民储蓄存款余额260.15亿元，比上年增长17.62%。金融机构各项贷款余额279.01亿元，比上年增长23.86%。其中，短期贷款余额162.93亿元，比上年增长24.4%。

年末全市有保险公司17家。其中，财产保险公司10家，人寿保险公司7家。全年实现保费收入12.11亿元，比上年增长15%。其中，财产险保费收入4.21亿元，增长10%；人身险保费收入7.9亿元，增长18%。全年处理财产险综合赔付率达到31.5%，赔款额1.33亿元。

5

2012年酒泉市经济发展概况

【经济总量】2012年，酒泉市全年实现地区生产总值（GDP）574.6亿元，比上年增长16.1%。其中，第一产业增加值69.8亿元，增长7.6%；第二产业增加值307.3亿元，增长20.2%；第三产业增加值197.4亿元，增长12.9%。按常住人口计算，全市人均GDP为52116元，按2012年平均汇率折算达8291美元。产业结构进一步调整。三次产业结构由上年的12.3:52.3:35.4调整为12.1:53.5:34.4。

全市居民消费价格比上年上涨2.9%。其中，食品价格上涨1.6%；烟酒及用品价格上涨6.4%；衣着价格上涨2.4%；家庭设备用品及维修服务价格上涨2.7%；医疗保健和个人用品价格上涨5.6%；交通和通信价格上涨3.2%；娱乐教育文化用品及服务价格上涨1.5%；居住价格上涨4.6%。

【农业】2012年，酒泉市全年实现农林牧渔及其服务业总产值132.2亿元，比上年增长7.7%。

全市农作物播种面积253.58万亩，比上年减少0.41万亩，下降0.16%。其中，粮食种植面积58.07万亩，减少3.82万亩，下降6.17%；棉花种植面积43.98万亩，减少3.18万亩，下降6.74%；蔬菜、瓜类、制种、啤酒花、油料、药材、孜然等高效特色产业面积达到169.2万亩，增加15.12万亩，增长9.8%。

全年蔬菜产量151.39万吨，增长31.3%；瓜类36.82万吨，增长20.3%；水果产量19.82万吨，增长15.1%；药材产量8.52万吨，增长11.7%；经济作物制种1.02万吨，同比增长18.8%。粮食产量32.57万吨，比上年减少0.64万吨，下降1.94%；棉花产量4.8万吨，比上年减少0.21万吨，下降4.2%。

【工业和建筑业】2012年，酒泉市全年全市工业增加值达到258.7亿元，比上年增长21.5%，占GDP的比重为45%，比上年提高1.4个百分点。地方工业增加值190.3亿元，比上年增长30.1%。全市规模以上工业增加值达到195.1亿元，比上年增长23.4%。其中，国有控股企业123.8亿元，增长9%；股份制企业162.8亿元，增长22.9%；外商及港澳台投资企业2.7亿元，增长28%；私营企业27亿元，增长1.7倍。分轻重工业看，轻工业增加值19.5亿元，比上年增长37.1%；重工业增加值175.6亿元，比上年增长27.8%。

全市规模以上工业经济效益综合指数338.6%，比上年提高72.5个百分点。全年规模以上工业企业实现主营业务收入465.3亿元，比上年增长25.2%；实现利税49.5亿元，比上年增长11.4%，其中利润总额15.2亿元，增长8.4%。

全年实现全社会建筑业增加值48.64亿元，比上年增长13.1%。全市具有资质等级的总承包和专业承包建筑业企业实现营业收入87.6亿元，增长36.7%，其中国有及国有控股企业7.7亿元，增长24.2%；上缴税金6.8亿元，增长56.7%，其中国有及国有控股企业0.57亿元，增长2.4倍。

【固定资产投资】2012年，酒泉市全市固定资产投资达到784亿元，比上年增长45.4%。分产业看，第一产业投资39.9亿元，增长62.9%；第二产业投资536.1亿元，增长39.7%，其中工业投资505.5亿元，增长32.5%，占全市投资额的比重达64.5%；第三产业投资208亿元，增长58.6%。分行业看，交通运输业完成投资38.7亿元，增长1.4倍；水利、环境和公共设施管理业完成投资37.8亿元，增长97.7%；科学研究和技术服务业完成投资9.8亿元，增长12.3倍；教育完成投资4.8亿元，增长76.6%。

【科学技术】2012年年末，酒泉市全市共有各类专业技术人员21287人，比上年增长6%。其中具有中级及中级以上职称人员7399人，比上年增长6.6%。全市财政投入科技经费6782万元，比上年增长22%。全年申请专利961项，比上年增加480项；授权专利307项，比上年增加137项。登记市级以上科技成果80个，比上年增加15个。全年签订技术合同46份，比上年增长27.8%；技术合同成交额7.9亿元，比上年增长52%。

【国内贸易和对外经济】2012年，酒泉市全年社会消费品零售总额达到124.4亿元，比上年增长18.2%。分城乡看，城市消费品零售额102.68亿元，增长20.7%；乡村消费品零售额21.71亿元，增长7.7%。按消费形态统计，商品零售额110.4亿元，增长19.4%；餐饮收入额13.9亿元，增长9.8%。

对外贸易增长加快。全市外贸进出口企业68户，实现进出口总额7278.7万美元，比上年增长26%。其中，进口469.3万美元，增长1.52倍；出口6808.9万美元，增长21.8%。

全年新签约并开工建设招商引资项目436个，比上年增加273个；建成投产项目230个，比上年增加136个。协议引进资金1183.6亿元，比上年增长1.24倍，其中实际到位资金657.3亿元，增长1.7倍。

【交通、邮电和旅游】2012年，酒泉市全年交通运输、仓储和邮政业完成增加值30.1亿元，比上年增长14.1%。

交通运输业快速发展。年末全市公路总里程达15368.52公里。高速公路里程458.43公里，等级公路里程13893.92公里。年末民用汽车保有量94054辆，比上年增长20.2%，其中本年新注册汽车16339辆，增长15.4%；轿车53092辆，增长28.8%。年末私人汽车保有量78093辆，增长22.95%，其中本年新注册汽车16339辆，增长38.7%。年末私人轿车保有量45469辆，增长32.9%，其中本年新注册轿车10817辆，增长27.6%。全年公路运输货运量2458万吨，比上年增长15%，货物周转量33.85亿吨公里，比上年增长39%；公路客运量6925万人，比上年增长6.5%，旅客周转量25.23亿人公里，比上年增长36.7%。

全年完成邮电业务总收入10.06亿元，比上年增长20.9%。其中，邮政业务收入5744万元，增长17.3%；电信业务收入9.49亿元，增长21%。年末电话交换机总容量达到196.98万门。其中，局用交换机容量24.87万门，移动电话交换机容量171万门。固定电话用户年末达到19.32万户，比上年减少1.68万户。其中，城市电话用户14.4万户，减少0.64万户；农村电话用户4.92万户，减少1.03万户。新增移动电话用户11.63万户，年末达到114.67万户。年末全市固定及移动电话用户总数达到134万户。全市电话普及率为121.3部/百人。数据通信出口带宽8.97万兆。国际互联网用户达10.36万户，普及率为34.2%。

全年旅游接待人数805.44万人次，比上年增长31.5%，其中接待海外游客5.19万人次，增长18.2%。完成旅游总收入70.88亿元，比上年增长36.8%，占GDP的比重为12.3%，比上年提高1.6个百分点。旅游创汇收入1137.9万美元，比上年增长12.5%，其中旅游商品创汇收入266.3万美元，增长12.5%。

【金融和保险】2012年，酒泉市金融存贷同步增长。年末金融机构本外币各项存款余额656.83亿元，比上年末增长17.2%，其中人民币各项存款余额595.69亿元，增长18.3%。金融机构本外币各项贷款余额377亿元，增长18.6%，其中人民币各项贷款余额365.8亿元，增长15.6%。

全年保险公司保费收入15.32亿元，比上年增长9.3%。其中，财产险收入3.36亿元，比上年增长21.7%；寿险收入11.96亿元，比上年增长8.1%。支付各类赔款及给付2.44亿元，比上年增长28.4%。其中，财产险赔付金额13619万元，增长41.6%；寿险赔付金额10774万元，增长14.9%。

6

2012年平凉市经济发展概况

【经济总量】2012年，平凉市全年实现地区生产总值（GDP）325.36亿元，按可比价格计算，比上年增长14.1%。其中，第一产业增加值69.38亿元，增长8.38%；第二产业增加值153.91亿元，增长16%；第三产业增加值102.07亿元，增长15%。人均生产总值为15648元，比上年增长13.8%。三次产业结构由上年的20.64：48.30：31.06调整为21.32：47.31：31.37。

全市居民消费价格比上年上涨3.2%。其中食品上涨4.1%，衣着上涨0.6%，烟酒及用品上涨3.1%，家庭设备用品及维修服务上涨0.7%，医疗保健和个人用品上涨8.1%，交通和通信上涨1.5%，娱乐教育文化用品及服务上涨1.6%，居住上涨3.2%。食品价格上涨成为拉动居民消费价格上扬的首要因素。

【农业】2012年，平凉市全年粮食播种面积508.03万亩，比上年增加12.9万亩，增长2.61%；蔬菜种植面积达79.74万亩，比上年增加6.01万亩，增长8.15%；油料种植面积69.21万亩，比上年下降2.41%；果园面积达147.34万亩，比上年增长6.41%。

全年粮食总产量达到110.35万吨，比上年增长10%。其中夏粮产量40.61万吨，增长9.56%；秋粮产量69.74万吨，比上年增长10.26%。蔬菜产量达106.51万吨，比上年增长4.09%；油料产量达7.24万吨，比上年增长4.47%。水果产量达到92.58万吨，比上年增长7.65%。

【工业和建筑业】2012年，平凉市全年完成工业增加值125.40亿元，比上年增长16.5%。其中，规模以上工业增加值107.96亿元，比上年增长17%。其中，国有企业完成增加值9.30亿元，比上年增长27.5%；集体企业完成增加值4.56亿元，比上年增长26.7%；股份制企业完成增加值92.86亿元，比上年增长15.4%。轻工业完成增加值7.22亿元，比上年增长31.5%；重工业完成增加值100.74亿元，比上年增长16.1%。

全年原煤产量2191.51万吨，比上年下降5%；甲醇37.51万吨，比上年增长81.4%；发电量193.47亿千瓦时，增长2.2%；水泥325.9万吨，下降0.7%；机制纸2.61万吨，增长17.7%；纸制品17.61万吨，增长56.9%；牛羊皮革79.03万平方米，增长174.6%；小麦粉9.26万吨，增长0.5%；白酒271.8千升，下降12%；啤酒4605千升，增长25%；棉纱7002吨，增长64.4%；铁合金7.05万吨，增长20.1%。

【固定资产投资】2012年，平凉市全年固定资产投资完成417.95亿元，同比增长44.34%。实施500万元以上各类建设项目893项，完成投资388.28亿元，比上年增长42.2%。其中，5000万元以上投资项目261项，完成投资291.86亿元，增长49.16%；亿元以上投资项目125项，完成投资218.28亿元，增长70.9%。过10亿元投资项目7个，完成投资52.74亿元，增长2.95倍。

在固定资产投资中，第一产业完成投资28.2亿元，比上年增长75.35%；第二产业完成投资214.49亿元，增长49.08%；第三产业完成投资175.26亿元，增长35.23%。

【科学技术】2012年，平凉市全年共争取国家和省上科技项目35项，资金1224万元。其中国家项目7项，落实资金704万元，省列项目28项，落实资金520万元。安排实施市列科技项目25项，经费100万元。本年度共评出科技进步奖144项，其中一等奖23项，二等奖100项，三等奖21项。

【国内贸易和对外经济】2012年，平凉市全社会消费品零售总额完成122.21亿元，比上年增长18%。从销售营业情况看，批发业实现销售额65.95亿元，增长36.8%；零售业实现销售额109.70亿元，增长38.6%；住宿业实现营业额5.96亿元，增长36.9%；餐饮业实现营业额19.71亿元，增长33.8%。

出口创汇达到1838.6万美元，同比下降26.2%。其中出口1820.6万美元，同比下降26.9%；进口17.9万美元，同比下降88.6%。

【交通、邮电和旅游】2012年，平凉市全年交通运输、仓储和邮政业实现增加值12.76亿元，比上年增长19%。完成公路客运量3507万人次；客运周转量17.77亿人公里；货运量3290万吨；货运周转量85.07亿吨公里。

年末全市民用汽车保有量9.99万辆，比上年增长19.49%，其中轿车3.82万辆，比上年增长30.16%；本年新注册汽车1.73万辆，增长16.76%。年末私人汽车保有量7.33万辆，增长26.08%，私人轿车保有量3.43万辆，增长33.32%。

全年完成邮电业务总量11.17亿元，比上年增长11.76%。其中，电信业务总量10.71亿元，增长12.24%；邮政业务总量4595万元，增长17%。年末固定电话用户20.53万户，比上年末增长6.65%。其中城市12.76万户，增长17.28%；农村5.52万户，下降7.07%。本年减少固定电话用户1.65万户。年末移动电话用户146.69万户，本年新增57.65万户。3G移动电话用户达19.64万户。年末互联网宽带接入用户达到9.99万户，比上年末增长39.53%。年末局用交换机总容量88.55万门。电话普及率达到80部/百人。

国内外旅游人数700.69万人(次)，比上年增长32%。其中，国内旅游人数700.03万人(次)，比上年增长32%；境外旅游者6600人(次)，比上年增长20%。旅游综合收入达35.33亿元，比上年增长39%，其中国内收入35.26亿元，比上年增长40%，境外收入674.52万元，比上年增长20%。

【金融和保险】2012年年末，平凉市金融机构本外币各项存款472.72亿元，同比增长19.24%。其中单位存款为157.45亿元，增长20.99%；城乡居民储蓄存款295.98亿元，增长21.68%。年末金融机构各项贷款余额294.3亿元，比上年增长4%。其中短期贷款79.12亿元，比上年增长1.02%；中长期贷款180.1亿元，比上年增长17.13%。

全年保费收入7.31亿元，比上年增长13.82%，其中财产险收入3.26亿元，增长16.49%；寿险收入3.70亿元，增长11.64%；健康险和意外伤害险收入3470万元，增长12.52%。全年赔付额1.87亿元，比上年增长81.62%，其中财产险赔款1.5亿元，增长52.85%；寿险给付3646万元，增长7.07倍；健康险和意外伤害险赔付157万元，增长1.33倍。

7

2012年庆阳市经济发展概况

【经济总量】2012年，庆阳市全年实现地区生产总值（GDP）530.29亿元，按可比价计算(下同)，比上年增长16.1%。其中，第一产业增加值73.93亿元，增长9.2%；第二产业增加值329.50亿元，增长18.2%；第三产业增加值126.87亿元，增长14.5%。国民经济主要比例关系为第一产业增加值占生产总值的比重为13.9%，第二产业增加值比重为62.1%，第三产业增加值比重为24.0%。

居民消费价格一季度同比上涨3.3%，二季度上涨3.9%，三季度上涨3.8%，全年居民消费价格总水平比上年上涨3.6%。

【农业】2012年，庆阳市全市粮食作物播种面积697.64万亩，比上年增长4.3%，粮食总产量达到155.75万吨，增长27.2%。其中夏粮播种面积199.93万亩，增长3.0%，总产量42.74万吨，增长24.8%；秋粮播种面积479.71万亩，增长4.8%，总产量113.01万吨，增产28.2%。油料播种面积109.07万亩，下降5.3%，总产量13.17万吨，增产9.1%；蔬菜面积120.38万亩，增加0.21万亩，产量78.75万吨，增长5.4%；果园面积171.66万亩，其中：当年新栽29.09万亩。水果总产量52.06万吨，增长8.3%。其中苹果面积117.94万亩，产量42.93万吨，增长8.3%。全年完成农业总产值129.30亿元，按可比价格计算，增长8.8%。

全市年末大牲畜存栏58.94万头，比上年增长0.3%。其中，牛存栏36.07万头，下降2.2%；牛出栏15.43万头，增长7.1%。猪存栏40.39万口，增长4.2%；猪出栏37.34万头，增长4.9%。羊存栏169.80万只，增长0.8%；羊出栏65.67万只，增长1.6%。肉类总产量6.25万吨，增长4.9%。

【工业和建筑业】2012年，庆阳市全年完成全部工业增加值292.68亿元，比上年增长18.7%。其中，规模以上工业增加值完成281.23亿元，增长19.0%，规模以上工业中地方工业完成增加值26.05亿元，增长40.1%。

规模以上工业完成销售产值752.29亿元，产品销售率为97.5%。

全市资质以上建筑企业68户，比上年净增8户；全年建筑企业实现增加值28.22亿元，比上年增长13.3%。

【固定资产投资】2012年，庆阳市全市固定资产投资总额完成889.91亿元，比上年增长41.8%。其中：第一产业投资额13.08亿元，下降50.9%；第二产业投资额648.39亿元(含长庆油田公司138.03亿元)，增长102.9%；第三产业投资额228.44亿元，下降18.8%。在投资总额中，地方完成固定资产投资总额751.88亿元，比上年增长45.2%。

全市投资500万元以上的施工项目1926个，比上年增长40.7%。其中当年新开工项目1669个，本年投产项目1429个，新增固定资产56.72亿元。

全年房地产投资完成50.73亿元，比上年增长190.4%。房屋施工面积320.80万平方米，房屋竣工面积74.58万平方米。商品房销售面积39.39万平方米。建成廉租房3633套、18.17万平方米。

【科学技术】2012年，庆阳市全市事业单位各类专业技术人员40997人，其中，高级技术人员1737人。

【国内贸易和对外经济】2012年，庆阳市全市实现社会消费品零售总额130.64亿元，比上年增长18.2%。其中，城镇消费品零售额101.97亿元，增长18.5%；农村消费品零售额28.67亿元，增长17.2%。分行业看，批发业25.80亿元，增长18.6%；零售业84.53亿元，增长18.1%；住宿业2.31亿元，增长29.4%；餐饮业18.00亿元，增长16.9%。

全市外贸出口创汇7327万美元，比上年增长15.3%；实现出口供货总值151333万元，增长11.3%。

【交通、邮电和旅游】2012年，庆阳市全市货物运输量3363万吨，比上年增长35.0%，货物周转量550689万吨公里，比上年增长38.1%；旅客运输量3483万人，比上年增长3.3%，旅客周转量134283万人公里，比上年增长3.0%。

年末全市汽车保有量达到197752辆(包括三轮汽车和低速货车15753辆)，其中营运车辆18335辆，非营运车辆179417辆。

全年完成邮政通信业务总量13.45亿元，比上年增长13.6%。其中，邮政业务总量0.84亿元，增长20.0%；电信业务总量3.33亿元，增长9.5%；移动通信业务总量8.30亿元，增长13.9%；联通业务总量0.98亿元。固定电话用户年末累计达到24.85万户；移动电话年末累计达到203.52万户，互联网用户年末达到11.06万户。年末全市各类电话普及率达到102.9部/百人，每百人比上年增加19.9部。

2012年，接待国内外旅游人数290万人次，实现旅游收入12.21亿元，分别比上年增长20.8%和22.1%。

【金融和保险】2012年年末，庆阳市全市金融机构各项存款余额506.07亿元，比上年净增94.75亿元，增长23.0%。其中储蓄存款余额340.59亿元，比上年净增61.25亿元，增长21.9%。各项贷款余额243.67亿元，比上年净增67.08亿元，增长38.0%。

全年保费总收入102117.66万元，比上年增长21.6%。其中，寿险保费收入62010万元，比上年增长16.7%；财险保费收入40107.66万元，比上年增长30.0%。支付各类赔款及给付23692.84万元，比上年下降3.3%。其中，寿险支付6442万元，比上年下降38.5%；财险支付17250.84万元，比上年增长22.8%。

青海省

西宁市

1

2012年西宁市经济发展概况

【经济总量】2012年，西宁市全年实现地区生产总值（GDP）851.09亿元，增长15.0%，其中，第一产业增加值为31.17亿元，增长5.3%，对GDP的贡献率为1.26%，拉动经济增长0.19个百分点；第二产业增加值439.52亿元，增长18.3%，对GDP的贡献率为64.21%，拉动经济增长9.63个百分点，其中工业拉动经济增长8.90个百分点，对经济增长作用显著；第三产业增加值为380.40亿元，增长11.8%，对GDP的贡献率为34.53%，拉动经济增长5.18个百分点。三次产业结构比由2011年的3.56：53.36：43.08调整为3.66：51.64：44.70，第三产业比重提高1.62个百分点。全年实现人均GDP为38034元（折合6025美元），增长14.0%。

2012年，我市居民消费价格指数为102.7%，同比上涨2.7%。分类别看，八大类消费价格指数呈“五升三降”，其中食品类价格上涨7.1%。

【农业】2012年，西宁市全年实现农林牧渔业总产值57.53亿元，增长5.5%。

全年农作物播种面积183.22万亩。其中，粮食播种面积87.17万亩，下降3.9%；油料播种面积51.15万亩，下降7.4%；蔬菜播种面积32.24万亩，增长5.1%；油料、蚕豆、马铃薯、蔬菜特色农作物播种面积达到125.05万亩，占总播种面积的68.3%。

全年生猪出栏45.67万头，增长5.3%；牛出栏21.28万头，增长7.2%；羊出栏68.52万只，增长2.1%；肉用家禽出栏99.19万只，增长13.2%。肉产量7.53万吨，增长4.7%；牛奶产量13.35万吨，增长6.6%；禽蛋产量7987吨，增长22.4%。

【工业和建筑业】2012年，西宁市全年完成工业增加值377.19亿元，增长19.5%。其中，规模以上工业增加值323.14亿元，增长15.1%。

从轻重工业看，全市规模以上工业中，轻工业实现增加值49.16亿元，增长18.7%；重工业实现增加值273.97亿元，增长14.6%。

从经济类型看，全市规模以上工业企业中，股份制企业完成增加值246.18亿元，增长18.0%；国有企业完成60.89亿元，增长11.8%；外商及港澳台完成10.69亿元，下降9.4%；股份合作企业完成4.69亿元，下降14.0%；集体企业完成0.69亿元，增长11.2%。

全年西宁经济技术开发区实现工业增加值227.47亿元，增长27.4%，占全市工业增加值的60.3%。其中，规模以上工业增加值197.55亿元，增长22.2%。

全市规模以上工业企业198家，实现主营业务收入820.01亿元，增长7.0%

【固定资产投资】2012年，西宁市全市完成固定资产投资700.48亿元，增长32.7%。其中，市属固定资产投资547.20亿元，增长29.1%。

从产业看，第一产业完成投资18.69亿元，增长15.0%；第二产业完成投资354.21亿元，增长30.5%；第三产业完成投资327.58亿元，增长36.3%。

全年房地产开发完成投资158.23亿元，增长34.9%；商品房销售额79.33亿元，下降16.65%；商品房销售面积168.97万平方米，下降35.22%。商品房屋销售价格4695元/平方米，比上年增加1046元/平方米。其中，住宅销售价格4336元/平方米，比上年增加899元/平方米。

【国内贸易和对外经济】2012年，西宁市全年完成社会消费品零售总额317.46亿元，增长17.0%。

从销售地区看，城镇实现零售额292.60亿元，增长17.0%；乡村实现零售额24.86亿元，增长17.1%。

从行业看，批发业实现零售额66.84亿元，增长28.4%；零售业实现零售额241.61亿元，增长15.0%；住宿业实现零售额3.99亿元，下降6.2%；餐饮业实现零售额5.02亿元，增长1.1%。

全市限额以上批发零售企业的25个大类中，食品类、日用品类、家具类、服装类商品零售额分别增长18.8%、14.8%、11.5%和48.0%。与消费结构升级相关的通信器材、电子出版物及音像制品、金银珠宝类商品零售额分别增长2.0倍、49.4%和25.6%。

全年实现进出口总值93417万美元，增长14.5%。其中，实现进口总值27203万美元，增长22.5%；实现出口总值66214万美元，增长11.6%。

【交通、邮电和旅游】2012年，西宁市全年货运总量3278万吨,增长6.4%。其中，铁路576万吨,增长18.7%；公路2702万吨,增长4.0%；航空0.48万吨,增长41.2%。货物周转量224.25亿吨公里，增长6.0%。其中，铁路147.97亿吨公里，增长8.0%；公路76.20亿吨公里,增长2.4%；航空0.08亿吨公里,增长37.0%。全年客运总量5233万人,增长3.6%。其中，铁路404万人,增长1.7%；公路4701万人,增长3.1%；航空128万人,增长36.8%。客运周转量79.56亿人公里，增长8.6%。其中，铁路35.38亿人公里,增长1.6%；公路24.82亿人公里,增长3.5%；航空19.36亿人公里,增长33.8%。

全年完成邮电业务总量26.67亿元,增长27.7%。其中，邮政1.19亿元,增长12.0%；电信25.49亿元,增长28.6%。年末市话用户64.54万户,增长1.6%,其中：住宅电话47.43万户,下降1.0%。移动电话用户263.85万户,增长12.6%。互联网用户34.75万户，增长28.6%。

全年接待国内外旅游人数1127.59万人次，增长14.9%。其中国内旅游人数1124.27万人次，增长15.0%；入境旅游人数3.32万人次，下降2.4%。旅游总收入75.19亿元，增长33.9%。其中，旅游外汇收入2409.43万美元，增长60.6%。

【金融和保险】2012年年末，西宁市全市金融机构人民币各项存款余额2364.86亿元，比年初增加499.98亿元，同比增长26.8%。其中个人存款余额827.15亿元，同比增长22.5%。人民币各项贷款余额2257.50亿元，比年初增加402.67亿元，同比增长22.3%。其中，短期贷款余额495.63亿元，同比增长38.1%；中长期贷款余额1629.63亿元，同比增长15.3%。

全年保费收入22.80亿元,增长18.56%，其中，财产险保费收入10.21亿元,增长20.69%；人寿险保费收入12.59亿元,增长16.89%。全年赔款支出3.99亿元,下降12.28%。其中，财产险赔款支出3.33亿元,下降9.01%，赔付率32.62%；人寿险赔款支出0.66亿元,下降28.79%。赔付率5.24%。

宁夏回族自治区

｜银川市｜石嘴山市｜中卫市｜

1

2012年银川市经济发展概况

【经济总量】2012年，银川市全年实现地区生产总值（GDP）1140.83亿元，按可比价格计算，比上年增长12.5%。分产业看，第一产业完成增加值51.06亿元，增长5.5%；第二产业完成增加值624.91亿元，增长15.1%；第三产业完成增加值464.86亿元，增长10.1%。按常住人口计算，人均地区生产总值56032元。三次产业结构比为4.5：54.8：40.7，对经济增长的贡献率分别为2.1%、63.7%、34.2%。

全年居民消费价格总水平比上年上涨2.6%。其中，食品价格上涨5.3%，医疗保健及个人用品类价格上涨1.4%，衣着类价格上涨4.0%，居住类价格上涨2.7%，烟酒及用品类价格上涨1.2%，家庭设备用品及维修服务类价格下降0.3%，娱乐教育文化用品及服务类价格下降1.6%，交通和通信类价格下降0.8%。工业生产者出厂价格下降0.6%，工业生产者购进价格上涨4.2%，新建住宅价格上涨1.1%，商品零售价格上涨0.6%。

全年完成地方财政收入187.26亿元，比上年增长5.9%。公共财政预算收入113.13亿元，增长20.7%，其中税收收入90.20亿元，增长13.6%，税收占公共财政预算收入的比重为79.7%。全年完成地方财政支出272.19亿元，增长12.4%。公共财政预算支出189.53亿元，增长26.7%。其中，社会保障和就业支出增长37.7%、科学技术支出增长41.9%、住房保障支出增长94.0%。

【农业】2012年，银川市全年完成农林牧渔业总产值95.26亿元，按可比价格计算，比上年增长5.6%。其中农业产值59.67亿元，增长4.9%；畜牧业产值22.73亿元，增长3.1%；渔业产值6.61亿元，增长16.5%；农林牧渔服务业产值2.96亿元，增长11.5%。全年农作物总播种面积16.03万公顷，其中粮食作物播种面积11.96万公顷，小麦播种面积2.40万公顷。蔬菜播种面积3.19万公顷，比上年增长4.9%；园林水果播种面积2.79万公顷，增长7.7%。

全年粮食产量88.50万吨，增长2.7%；蔬菜产量148.86万吨，增长8.0%；园林水果产量22.31万吨，增长10.0%。肉类产量5.10万吨，增长2.4%。其中猪牛羊肉产量4.37万吨，增长1.6%；禽蛋产量2.11万吨，增长35.3%；牛奶产量40.21万吨，增长3.8%；水产品产量5.86万吨，增长9.9%。

【工业和建筑业】2012年，银川市全年规模以上工业实现增加值430.00亿元，比上年增长16.0%。其中全市大中型企业完成增加值363.34亿元，增长14.0%。按经济类型分，国有及国有控股企业完成增加值96.21亿元，增长5.6%；股份制企业完成增加值318.57亿元，增长20.8%；外商及港澳台商投资企业完成增加值13.09亿元，下降3.9%。按轻重工业分，轻工业完成增加值67.70亿元，增长10.8%；重工业完成增加值362.30亿元，增长17.1%。按行业分，电力、热力的生产和供应业完成增加值98.14亿元，增长5.3%；石油加工、炼焦业完成增加值87.45亿元，增长80.5%；煤炭开采和洗选业完成增加值81.80亿元，增长1.7%；化学原料及化学制品制造业完成增加值26.08亿元，增长46.0%；纺织业完成增加值15.81亿元，增长4.0%。全市规模以上非公有制工业企业完成增加值121.39亿元，增长11.9%。

全年规模以上工业企业实现销售产值1609.07亿元，比上年增长38.2%，工业产品销售率为98.1%；工业企业主营业务收入1335.10亿元，比上年增长31.3%；主营业务成本1149.77亿元，增长31.1%。工业企业利税总额111.59亿元，增长36.3%；利润总额31.03亿元，下降35.7%。工业品出口交货值38.86亿元，亏损企业亏损22.16亿元，企业亏损面22.9%，应收账款净额128.22亿元，年末产成品库存74.91亿元，资产负债率65.0%。

全年全市具有资质等级建筑业企业331个，实现建筑业总产值280.37亿元，增长4.7%；建筑装饰和其他建筑业实现产值6.17亿元，下降22.4%。房屋建筑施工面积2367.80万平方米，增长10.7%；房屋建筑竣工面积935.50万平方米，增长6.5%。具有资质等级的建筑企业实现利润总额7.11亿元，增长15.0%；实现税金总额9.26亿元，增长2.7%。

【固定资产投资】2012年，银川市全年完成全社会固定资产投资918.73亿元，比上年增长25.2%。其中，基本建设投资537.68亿元，增长24.3%；更新改造投资99.18亿元，增长15.3%；房地产开发投资275.70亿元，增长32.8%。分城乡看，城镇投资853.19亿元，增长21.4%；农村非农户投资50.51亿元，增长1.8倍。分投资主体看，国有经济投资346.24亿元，下降9.1%；非国有经济投资572.49亿元，增长62.2%。从投资结构看，第一产业投资10.55亿元，比上年增长81.3%；第二产业投资438.41亿元，增长31.3%，其中工业投资435.47亿元，增长30.7%；第三产业投资469.77亿元，增长19.2%。施工项目计划总投资2721.12亿元，其中新开工项目计划总投资669.23亿元，增长99.0%。

全年完成房地产开发投资275.70亿元，比上年增长32.8%。其中，住宅开发投资175.51亿元，增长22.2%。全年购置土地面积179.55万平方米，下降24.7%。商品房施工面积2948.53万平方米，增长22.4%；商品房销售面积450.26万平方米，下降7.2%，其中住宅销售面积388.33万平方米，增长2.1%；商品房空置面积449.64万平方米，增长37.0%。全年商品房销售额205.97亿元，下降3.2%，其中住宅销售额162.61亿元，增长7.3%。

【科学技术】2012年，西宁市全年投入科技三项费用1800万元，比上年增长20.0%；实施各类科技计划项目147项。获得国家科技进步奖1项，区级科技进步奖12项。全年申请专利1216件，增长90.9%。拥有宁夏名牌产品140种。

【国内贸易和对外经济】2012年，银川市全年实现社会消费品零售总额316.02亿元，比上年增长15.1%。分地域看，城镇消费品零售额307.18亿元，增长15.2%；乡村消费品零售额8.84亿元，增长

14.5%。分行业看，批发零售业零售额282.98亿元，增长14.2%；住宿餐饮业零售额33.04亿元，增长24.3%。分经济类型看，国有经济实现零售额6.69亿元，增长20.4%；集体经济实现零售额1.35亿元，增长4.5%；股份制经济实现零售额147.46亿元，增长16.2%；私营经济实现零售额107.00亿元，增长5.4%；个体经济实现零售额52.32亿元，增长36.8%。

在限额以上批发和零售业零售额中，石油及制品类增长24.2%；粮油、食品、饮料及烟酒类增长22.4%；金银珠宝类增长10.1%；服装鞋帽针纺织品类增长10.0%；体育娱乐用品类增长9.0%；通信器材类增长4.2%；汽车类增长3.6%；家用电器和音像器材类下降0.6%。

全年实现进出口总额13.64亿美元，比上年增长12.7%。其中，出口总额10.75亿美元，增长32.1%；进口总额2.89亿美元，下降27.1%。

全年签订利用外资项目7个；合同外资金额1.50亿美元，比上年下降57.0%；实际利用外资1.46亿美元，下降22.0%。

【交通、邮电和旅游】2012年，银川市全年铁路货运量542万吨，增长66.3%；铁路客运量328万人次，增长0.1%。铁路货运周转量28.56亿吨公里，铁路客运周转量21.32亿人公里，分别增长66.2%和0.1%。公路货运量1.30亿吨，增长13.1%；公路客运量3201.15万人次，增长9.4%。公路货运周转量172.80亿吨公里，公路客运周转量27.95亿人公里，分别增长15.4%和11.0%。民航货运量0.79万吨，下降2.7%，民航客运量179.76万人次，增长14.3%；民航货运周转量1179万吨公里，下降1.8%，客运周转量23.68亿人公里，增长16.9%。年末全市各种民用汽车保有量37.02万辆，增长24.9%，私人汽车保有量30.72万辆，增长28.2%。

全年完成邮电业务总量29.31亿元，比上年增长11.0%。其中，邮政业务总量1.23亿元，增长13.9%；电信业务总量28.08亿元，增长10.9%。全年订销报刊3005.67万份，增长3.8%；完成邮政函件业务828.05万件，增长38.1%。年末邮政储蓄余额52.17亿元，增长15.8%。年末本地固定电话用户50.81万户，增长2.7%；移动电话用户310.23万户，增长27.7%；计算机互联网用户33.96万户，增长10.6%。

全年共接待国内外游客532.14万人次，增长15.0%，其中入境游客1.39万人次，下降3.5%。国内旅游收入58.51亿元，增长25.3%；国际旅游外汇收入405.16万美元，下降17.0%。

【金融和保险】2012年年末，银川市金融机构人民币各项存款余额2108.28亿元，比上年末增长16.5%。其中，城乡居民储蓄存款余额901.47亿元，增长24.3%。人民币各项贷款余额2282.97亿元，比上年末增长17.4%。其中，短期贷款685.01亿元，增长37.6%；中长期贷款1527.99亿元，增长11.9%。

全年实现保费收入38.43亿元，比上年增长16.2%。其中，财产险保费收入15.24亿元，增长25.1%；人身险保费收入23.18亿元，增长10.9%。全年支付各项赔款及给付额10.71亿元，增长37.7%。其中，财产险赔款7.04亿元，人身险赔款及给付3.67亿元，分别增长53.7%和14.8%。

2

2012年石嘴山市经济发展概况

【经济总量】2012年，石嘴山市全年实现地区生产总值（GDP）409.21亿元，按可比价格计算，增长12.1%。其中，第一产业实现增加值22.44亿元，增长4.9%；第二产业实现增加值265.29亿元，增长14.3%；第三产业实现增加值121.48亿元，增长9.0%。按常住人口计算，人均GDP达到55412元。三次产业比例为5.5∶64.8∶29.7，对经济增长的贡献率分别为2.3%、75.2%、22.5%。

居民消费价格比上年上涨1.9%，其中食品上涨3.0%。商品零售价格上涨1.5%，服务项目价格上涨1.4%，工业生产者出厂价格下降5.1%，工业生产者购进价格下降4.0%。

全年实现城镇就业22.56万人，其中：新增就业2.34万人；年末城镇登记失业率为3.6%。

【农业】2012年，石嘴山市全年完成农林牧渔业总产值41.95亿元，比上年增长5.1%。其中：农业总产值29.33亿元，增长4.4%；林业总产值0.53亿元，增长8.3%；牧业总产值7.12亿元，增长1.2%；渔业总产值3.64亿元，增长18.6%；农林牧渔服务业总产值1.33亿元，增长11.7%。

全年粮食播种面积6.69万公顷，比上年同期下降0.1%。其中，小麦1.52万公顷，下降11.2%；水稻1.32万公顷，下降1.7%；玉米3.79万公顷，增长5.1%。

全年粮食总产量45.51万吨，增长1.9%。其中小麦7.02万吨，增长10.1%；水稻9.26万吨，下降4.1%；玉米29.20万吨，增长9.0%。

年末生猪出栏5.36万头，下降14.7%；羊出栏49.62万只，与上年持平。肉类总产量2.02万吨，下降4.9%；禽蛋产量0.45万吨，增长21.9%；牛奶产量5.47万吨，增长18.3%；水产品产量3.75万吨，增长19.3%。

【工业和建筑业】2012年，石嘴山市全市实现工业增加值228.85亿元，增长14.2%，其中规模以上工业企业实现增加值210.65亿元，增长14.3%。在规模以上工业增加值中，轻工业增长12.2%，重工业增长14.3%。

规模以上工业企业238家，实现主营业务收入663.25亿元，同比增长10.3%；实现利润总额35.10亿元，同比下降6.7%；工业产销率达96.4%，比上年下降0.8个百分点。

全市具有资质等级的建筑业企业47家，实现建筑业总产值48亿元，比上年增长6.3%，其中国有及国有控股企业完成产值26.9亿元，占56.1%。建筑业劳动生产率达到33.6万元/人，比上年增长52%。

【固定资产投资】2012年，石嘴山市全市完成固定资产投资380.99亿元，比上年增长27.0%。其中：一、二、三产分别完成投资9.19亿元、199.23亿元和172.57亿元，分别增长7.7%、27.2%、28.1%。

房地产开发完成投资48.49亿元，比上年增长4.5%。商品房施工面积763.80万平方米，增长28.7%；商品房销售面积101.98万平方米，下降8.3%；商品房销售额31.37亿元，下降2.3%。

【国内贸易和对外经济】2012年，石嘴山市全市实现社会消费品零售总额77.14亿元，比上年增长14.6%。其中城镇实现消费品零售额71.4亿元，增长14.6%。分行业看，批发业实现零售额17.94亿元，增长14.5%；零售业实现零售额42.67亿元，增长14.3%；住宿业实现零售额0.35亿元，增长16.7%；餐饮业实现零售额16.18亿元，增长15.7%。在限额以上批发零售业零售额中，粮油、食品类增长8.3%；烟酒类增长17.8%；服装类增长29.9%；化妆品类增长17.8%；金银珠宝类增长179%；体育、娱乐用品类增长7.5%；文化办公用品类增长22.2%；中西药品类增长11.3%；家具类增长46.4%；通信器材类增长104.3%；石油及制品类零售额增长14.3%、汽下降91.2%。

全市实现进出口总额5.10亿美元，下降17.0%。其中，完成出口额4.18亿美元，下降8.4%。在完成出口额中，规模以上工业企业完成出口交货值下降7.4%。

【交通、邮电和旅游】2012年，石嘴山市全市公路货运量6496万吨，比上年增长12.5%；货运周转量101.34亿吨公里，比上年增长15.1%。全年公路客运量2520万人，比上年增长8.4%；客运周转量7.24亿人公里，比上年增长10.2%。

全市民用汽车保有量达到23.54万辆，比上年增长4.0%，其中私人汽车保有量达到22.01万辆，比上年增长4.9%。民用轿车保有量达到3.27万辆，比上年增长8.2%，其中私人轿车保有量达到2.95万辆，比上年增长9.1%。

全年完成邮电业务总量7.13亿元，比上年增长17.3%。其中：邮政业务总量0.4亿元，与去年同期持平；电信业务总量6.73亿元，增长17.9%。年末固定电话用户14.42万户，比上年下降19.7%。移动电话用户90.59万户，比上年增长23.3%。年末互联网用户14.42万户，比上年增长57.6%。

全年接待国内游客总人数208.4万人次，比上年增长14.1%；实现旅游收入11.28亿元，同比增长19.5%；人均消费541.2元/次，同比增长4.8%

【金融和保险】2012年年末，石嘴山市全市金融机构各项存款余额487.77亿元，同比增长16.5%。其中：个人存款284.12亿元，增长22.0%。年末全市金融机构人民币贷款余额362.87亿元，同比增长12.6%。其中：短期贷款233.37亿元，增长32.6%；中长期贷款107.66亿元，下降14.9%。

全年实现保费收入3.11亿元，比上年增长7.5%。其中，财产险保费收入1.66亿元，增长11.5%；人身险保费收入1.45亿元，增长3.3%。全年支付各项赔款及给付额1.37亿元，比上年增长19.1%，其中，财产险赔款及给付额1.03亿元，增长34.9%；人身险赔款及给付0.34亿元，下降11.8%。

3

2012年中卫市经济发展概况

【经济总量】2012年，中卫市全年实现地区生产总值（GDP）250.41亿元，比上年增长12.1%。其中，第一产业增加值41.52亿元，增长5.1%；第二产业增加值111亿元，增长15.9%；第三产业增加值97.89亿元，增长11.0%。按常住人口计算，全市人均生产总值22763元，增长10.9%。

产业结构调整稳步推进，三次产业结构由上年的17.5∶43.8∶38.7调整为16.6∶44.3∶39.1。三次产业对经济增长的贡献率分别为7.4%、57.8%和34.8%。

【农业】2012年，中卫市全年全市完成农林牧渔业总产值77.76亿元，比上年增长4%。其中，农业产值56.27亿元，增长7%；林业产值1.07亿元，增长6.4%；牧业产值16.41亿元，下降7.3%；渔业产值1.88亿元，增长21.8%；农林牧渔服务业产值2.13亿元，增长10%。

粮食播种面积略减，种植结构发生重大变化。全市粮食播种面积（县属口径，不含区属，下同）230.8万亩，比上年下降0.2%。夏粮播种面积37.2万亩，比上年下降14.6%。其中，小麦面积31.8万亩，下降11.7%；夏杂面积5.4万亩，下降28.4%。秋粮播种面积193.7万亩，比上年增长3.2%。其中，水稻面积15.0万亩，下降6.1%；玉米面积58.8万亩，增长15.7%；马铃薯面积97.0万亩，下降2.7%；其他秋杂粮面积22.9万亩，增长7.8%。

在粮食播种面积基本持平的情况下，由于雨水合节，山川粮食长势普遍良好，主要粮食作物亩产增长。全市粮食平均亩产254.4公斤，同比增长8.5%。全市粮食总产量达58.7万吨，比上年增加4.5万吨，增长8.3%。其中，夏粮总产量达到7.7万吨，下降4.1%。小麦产量7.4万吨，下降5.0%，夏杂增长19.9%；秋粮总产量达51万吨，增长10.5%。水稻产量8.7万吨，减产6.2%，玉米产量32.5万吨，增长20%。

【工业和建筑业】2012年，中卫市全年全部工业增加值78.71亿元，比上年增长14.5%。其中规模以上工业增加值66.04亿元，比上年增长15.1%。在规上工业增加值中，重工业实现增加值55.84亿元，增长22.2%；轻工业实现增加值10.2亿元，下降7.4%。

全市年末规模以上工业企业（年主营业务收入2000万元以上工业企业）总数达到83家，比上年增加10家；产值超20亿元企业达到4家，产值超10亿元企业达到5家，产值超亿元企业达到48家。

全市规模以上工业企业经济效益综合指数为165.7%，比上年下降8.26个百分点。规模以上工业企业主营业务收入238.7亿元，增长20.8%；规模以上工业企业实现利税总额5.1亿元，同比下降25.6%。其中，利润总额-6.4亿元，同比下降414.6%。

全市全社会建筑业实现增加值32.29亿元，比上年增长19.6%。全市具有资质的总承包和专业承包建筑企业49家，比上年增加4家。全年完成建筑业总产值35.27亿元，增长24.8%，实现利税4.72亿元，增长42.6%。建筑企业房屋建筑施工面积182.6万平方米，增加46.3万平方米；竣工房屋面积99.6万平方米，增加26.5万平方米。按建筑业总产值计算的劳动生产率为16.97万元/人，增长24.3%。

【固定资产投资】2012年，中卫市全年全市完成全社会固定资产投资246.64亿元，比上年增长26.8%。其中县属固定资产投资（不含区属和农户）235.56亿元，比上年增长32.7%。全年固定资产投资施工项目329个(不含房地产投资项目)，其中新开工项目239个。投资上亿元的项目77个，占施工项目的16.8%，完成投资150.48亿元，占全社会固定资产投资的61%。

第一产业投资基本持平、第二产业投资增速趋缓，第三产业投资增势强劲。在地方投资中，第一产业完成投资6.44亿元，增长0.2%；第二产业完成投资140.53亿元，增长24%；第三产业完成投资85.59亿元，增长56.4%。三次产业投资结构由上年的4.8:58.3:36.9调整为3.8:56.9:39.3。全市共完成工业投资135.19亿元，增长26.2%，占县属投资比重为57.4%，比上年回落3个百分点。工业投资主要投向有色金属冶炼业、黑色金属冶炼业、化学原料及化学制品制造业，三行业共完成投资78.02亿元，占工业投资比重达57.7%。更新改造投资增长势头强劲，完成投资29.2亿元，增长82.5%。社会及民间投资力度持续加大。全年完成民间投资172.7亿元，增长53.2%，占全市固定资产投资的比重达70%。

全年新增固定资产160.33亿元，其中，建成投产项目181个，项目建成投产率为55.4%。全年投资形成新的生产能力主要是：风力发电39.6万千瓦、光伏发电8万千瓦、铝加工149吨、铁合金104.5折标吨、生铁195万吨、水泥608万吨、电石0.6万吨、焦炭240万吨、化学农药5000吨，固定资产交付使用率为68.1%。

【科学技术】2012年，中卫市全年共争取上级科技项目56个，其中国家级科技项目5项、自治区级51项，争取项目资金1040万元，比上年下降21.6%。安排市（县）级科技创新项目58项。年内全市专利申请量88件，专利授权量51件。全市有企业技术研发中心7个，9家企业获得科技型中小企业认定。

【国内贸易和对外经济】2012年，中卫市全年全市社会消费品零售总额43.99亿元，比上年增长14.5%。市场规模化程度进一步提高，限额以上批发和零售业、住宿和餐饮业单位（含大个体户）达76家，比上年增加5家，增长7%；实现零售额14.47亿元，增长11.1%，占零售总额的32.9%，比重提高0.9个百分点。

全年城镇实现消费品零售额36.03亿元，比上年增长14.2%；乡村实现消费品零售额7.96亿元，增长16.2%，城乡市场销售增幅差距由上年的城镇快于农村7.6个百分点调整为农村快于城镇2个百分点。

全年住宿餐饮业实现零售额7.64亿元，增长19.8%，其中餐饮业实现零售额6.99亿元，增长20.3%；批发零售业实现零售额36.35亿元，增长13.5%，餐饮业增速居各行业之首。

从限额以上批发零售企业商品零售类别看，吃、穿、日用品类商品零售额分别增长9.3%、10.1%和15.9%，吃、日用品类涨势分别比上半年回落19.1和7.6个百分点；化妆品类和金银珠宝类保持较快增长，分别增长32.7%和39.5%，石油及其制品类增长12.6%；文化办公用品类、家用电器和通信器材类呈现下降，分别下降29.5%和4.0%。

全年实现进出口总额1.16亿美元（海关口径），比上年下降35.1%。其中，出口总额0.4亿美元，下降27.4%；进口总额0.76亿美元，下降38.4%。

【交通、邮电和旅游】2012年，中卫市年末全市公路通车里程达到6859公里，比上年末增加516公里，其中高速公路通车里程达377公里。年末全市民用汽车保有量达到6.8万辆，比上年末增长21.5%，其中私人汽车保有量5.66万辆，增长24.9%。全市轿车保有量2.2万辆，增长20%，其中私人轿车1.71万辆，增长5.8%。全年公路货运周转量71.33亿吨公里，比上年增长8.9%；公路客运周转量13.15亿人公里，比上年增长5.3%；公路货运量2096万吨，增长7.6%；客运量2820万人次，增长5.8%。民航旅客周转量1870.7万人公里，比上年下降3%；货邮周转量5.08万吨公里，增长6.5%；民航旅客吞吐量8.77万人次，下降0.9%；货邮运量50.6吨，增长12.4%。

全年完成邮电业务总量5.8亿元，比上年增长22.9%。其中，邮政业务总量0.23亿元，下降9%；电信业务总量5.57亿元，增长24.7%。年末电话用户88.61万户，增长19.5%，其中固定电话用户11.55万户，下降1.6%；移动电话用户77.06万户，增长23.5%。计算机互联网用户7.81万户，增长36.1%。

全市上下大力实施“旅游优先发展”战略，旅游整体竞争力明显提升。全市旅游景区达12家，其中，A级景区4家，5A级景区1家，旅游度假区1家。全年全市共接待国内外游客220.26万人次，比上年增长10.6%。旅游总收入14.41亿元，增长18.1%。其中入境游客0.24万人次，下降11.2%；旅游外汇收入545.1万美元，下降12%。旅游总收入占第三产业增加值的比重为14.7%，比上年提高0.5个百分点，占国内生产总值的比重为5.8%，比上年提高0.3个百分点。旅游经济成为拉动服务业较快增长的有力引擎。

【金融和保险】2012年年末，中卫市全市金融机构人民币存款余额达297.36亿元，比年初增加61.08亿元，比上年末增长25.8%。其中，居民储蓄存款余额为156.15亿元，比年初增加36.07亿元，增长30%。年末全市金融机构人民币贷款余额为251.59亿元，比年初增加44.53亿元，增长21.5%。从贷款结构看，全市短期贷款比重大增速快，年末短期贷款余额142.24亿元，占全部贷款余额的56.5%，增长38.5%；中长期贷款余额100.32亿元，占39.9%，下降0.1%。

保险业发展态势良好。全年全市实现保费收入5.23亿元，比上年增长9.5%。其中，财产险保费收入2.46亿元，增长40.9%；人身险保费收入2.77亿元，下降8.6%；支付各项赔款与给付1.77亿元，下降9.7%。其中，财产险赔付支出1.33亿元，增长65.9%；人身险赔付支出0.44亿元，下降61.9%。

新疆维吾尔自治区

| 乌鲁木齐市 | 克拉玛依市 |

1

2012年乌鲁木齐市经济发展概况

【经济总量】2012年，乌鲁木齐市全年实现地区生产总值（GDP）2060亿元，突破2000亿元大关；按可比价格计算，比上年增长17.3%。其中，第一产业实现增加值25亿元，增长6.5%；第二产业实现增加值878亿元，增长16.0%；第三产业实现增加值1157亿元，增长18.6%。三次产业分别拉动经济增长0.1、6.8和10.4个百分点；三次产业结构比例为1.2∶42.6∶56.2。

全年居民消费价格比上年上涨3.4%。八大类消费品中，除交通和通信类比上年下降2%外，其他七类消费品均呈现不同程度的上涨。其中，食品类上涨7.7%、烟酒类上涨5.7%、衣着类上涨2.3%、家庭设备用品及维修服务类上涨1.7%、医疗保健和个人用品类上涨2.8%、娱乐教育文化用品及服务类上涨0.8%、居住价格上涨0.4%。全市工业品出厂价格比上年下降4.22%，工业生产者购进价格上涨0.17%。

【农业】2012年，乌鲁木齐市全年完成农林牧渔业总产值49.57亿元，按可比价格计算，比上年增长6.02%。其中，农业产值23.45亿元，增长2.54%；林业产值1.48亿元，增长52.05%；畜牧业产值21.42亿元，增长7.94%；渔业产值0.87亿元，增长2.94%；农林牧渔服务业产值2.34亿元，增长13.76%。

农作物播种面积88.42万亩，下降11.3%。其中，粮食播种面积32.91万亩，下降16.74%；棉花播种面积2.13万亩，下降11.7%；油料播种面积5.16万亩，下降29.07%；蔬菜（含薯类）播种面积32.47万亩，下降4.65%。

积极推进节水和设施农业建设，新增高效节水农业3万亩，新增设施农业生产基地23个，新（改）建规模养殖小区18个。主要农畜产品产量有增有减：全年蔬菜产量86.37万吨，下降4.65%；水果产量7.61万吨，增长6.94%；粮食产量15.25万吨，下降11.72%；油料产量0.92万吨，下降9.86%；肉类产量7.01万吨，增长5.2%；奶类产量10.25万吨，增长8.79%；禽蛋产量1.41万吨，增长0.81%。

【工业和建筑业】2012年，乌鲁木齐市全年全部工业企业实现增加值750亿元，比上年增长15.5%。其中，规模以上工业实现增加值679.96亿元，增长15.2%。在规模以上工业中，轻工业增加值增长42.2%，重工业增加值增长14.7%。工业企业产品产销率为97.5%，其中，轻工业为90.1%，重工业为98.0%。主要工业产品保持稳定增长。

全年规模以上工业企业综合经济效益综合指数为188.49，比上年下降18.2个百分点，其中资产负债率为54.52%，总资产贡献率为12.35%。实现利税324.30亿元，下降0.48%；实现利润155.35亿元，增长2.6%；企业亏损面30.23%。

全年建筑业实现增加值128亿元，比上年增长20.0%。建筑企业完成施工面积3135.24万平方米，竣工面积933.45万平方米。建筑企业按总产值计算的全员劳动生产率达到人均22.34万元，比上年增长5.5%。

【固定资产投资】2012年，乌鲁木齐市固定资产投资高速增长。全年完成全社会固定资产投资额（含跨地州项目）1010.29亿元，比上年增长59.0%。分城乡看，城镇以上投资1003.02亿元，增长60.9%；农村非农户完成投资7.27亿元，下降40.3%。

从产业投向看，第一产业投资5.58亿元，增长1.2倍；第二产业投资471.15亿元，增长1倍；第三产业投资533.56亿元，增长34.13%。在第二产业中，工业投资429.99亿元，增长87.22%。其中，制造业投资267.50亿元，增长90.45%。

在全社会固定资产投资中：中央投资126.17亿元，增长24.77%；地方投资884.12亿元，增长65.49%。基础设施投资386.88亿元，增长68.32%。安居富民、定居兴牧、保障性住房建设等民生类工程投资446.39亿元，增长40.47%，建成农村安居富民房8902套。

【国内贸易和对外经济】2012年，乌鲁木齐市全年实现社会消费品零售总额834.35亿元，比上年增长20.0%。分行业看，批发和零售业零售额733.84亿元，增长19.8%；住宿和餐饮业零售额100.51亿元，增长22.0%。分城乡看，城镇零售额833.97亿元，增长20.1%；乡村零售额0.38亿元，增长7.0%。

在限额以上企业商品零售额中，食品、饮料、烟酒类零售额比上年增长19.5%；日用品类增长19.3%；金银珠宝类增长16.8%；服装鞋帽、针纺织品类增长11.3%；家用电器和音像器材类增长1.4%；汽车类零售额增长1.3%；体育娱乐用品类下降18%；文化办公用品类下降9.0%；通信器材类增长6.4%；书报杂志类下降1.4%。

全年外贸进出口总额突破100亿美元，达到103.97亿美元，比上年增长15.2%。其中，出口80.64亿美元，增长20.5%；进口23.33亿美元，与上年同期持平，实现贸易顺差57.31亿美元。

全年实施招商引资项目451个，引进区外到位资金366亿元，增长37.45%。新批外商投资企业35家，境外投资项目29个，实际利用外资1.93亿美元，增长21.0%。

【交通、邮电和旅游】2012年年末，乌鲁木齐市全市公路总里程2722公里。其中，高速公路192公里。年末拥有各种机动车辆54.48万辆，比上年末增长23.65%；其中私人拥有汽车36.78万辆，增长31.92%。

全年交通货运周转量310.37亿吨公里，比上年增长10.6%。其中，铁路79.22亿吨公里，增长6.3%；公路228.77亿吨公里，增长12.2%；民航2.38亿吨公里，增长15.0%。

全年实现邮电业务总收入59.64亿元，比上年增长16.2%。其中，邮政业务收入3.94亿元，增长19.4%；电信业务收入55.70亿元，增长15.9%。年末全市固定电话用户138.20万户，比上年末减少1.84万户；移动电话用户459.77万户，比上年末增加107.74万户；互联网用户283.57万户，比上年末增加32.04万户。

全年接待国内外游客（含一日游）1747.87万人次，比上年增长19.7%。其中，接待国外游客36.56万人次，下降7.60%。全年实现旅游总收入169.88亿元，增长21.28%，其中国际旅游收入12.98亿元，下降2.2%。年末全市拥有三星级以上饭店67家，旅行社154家。

【金融和保险】2012年年末，乌鲁木齐市全市金融机构各项存款余额4819.11亿元，比上年末增长18.1%。其中，企业存款余额2781.46亿元，增长20.48%；城乡居民储蓄存款余额1715.97亿元，增长16.71%。金融机构各项贷款余额3245.33亿元，比上年末增长27.1%。其中，短期贷款943.65亿元，增长24.1%；中长期贷款1866.87亿元，增长17.39%。

年末全市拥有保险公司179家。全年保费收入77.28亿元，比上年增长15.91%。其中，财产险保费收入24.5亿元，增长12.80%；人身险保费收入52.78亿元，增长17.45%。全年支付各类保险赔款及给付23.08亿元，比上年增长39.71%。其中，财产险13.32亿元，增长48.16%；人身险9.76亿元，增长29.61%。

2

2012年克拉玛依市经济发展概况

【经济总量】2012年，克拉玛依市全年实现地区生产总值（GDP）810亿元（现价，下同），按可比价格计算，比上年增长6.0%。其中，第一产业增加值4.6亿元，增长5.4%；第二产业增加值713.4亿元，增长5.4%；第三产业增加值92亿元，增长11.0%。三次产业结构比例为：0.57：88.07：11.36。

【农业】2012年，克拉玛依市农林牧渔业总产值10.59亿元（现价，下同），按可比价计算，比上年增长5.4%。其中，种植业产值3.53亿元，增长5.0%；林业产值2.06亿元，增长32.7%；畜牧业产值3.58亿元，下降1.3%；渔业产值0.08亿元，增长19.0%；农林牧渔服务业产值1.34亿元，下降7.7%。

农作物播种面积15.51万亩，比上年下降0.9%。其中，粮食作物播种面积0.78万亩，增长18.8%；棉花播种面积11.04万亩，下降5.7%；蔬菜类播种面积0.68万亩，增长3.0%。

【工业和建筑业】2012年，克拉玛依市全市规模以上工业企业实现工业总产值1703.9亿元，按可比价格计算，比上年增长5.0%，工业产品销售率为99.1%。其中，中央石油石化企业实现工业总产值1570.4亿元，增长4.2%，工业产品销售率为99.1%。规模以上地方工业企业实现工业总产值133.5亿元，增长22.7%，工业产品销售率为100%。

全市规模以上工业企业实现主营业务收入1806.5亿元，比上年增长5.8%；实现利税总额446.7亿元，增长1.2%。其中，利润总额227.0亿元，增长1.9%。

全社会建筑业增加值21.0亿元，比上年增长18.3%。全部建筑业企业完成产值117.0亿元，增长48.6%。竣工产值55.4亿元，增长8.3%。

【固定资产投资】2012年，克拉玛依市全社会固定资产完成投资301.5亿元，比上年增长40.4%。其中，中央项目投资194.0亿元，增长18.1%；地方项目投资107.5亿元，增长112.6%。按三次产业划分，第二产业投资230.5亿元，增长25.6%，第三产业投资71.0亿元，增长127.9%。在第二产业中，工业投资219.8亿元，增长22.6%，其中，采矿业投资189.5亿元，增长25.3%；制造业投资21.5亿元，下降16.9%。

房地产开发完成投资28.2亿元，比上年增长111.8%。房屋施工面积356.6万平方米，增长170.9%。其中，住宅施工面积316.0万平方米，增长158.1%。房屋竣工面积75.0万平方米，增长21.0%。其中，住宅竣工面积68.3万平方米，增长15.3%。商品房销售面积93.8万平方米，增长124.6%。其中，住宅销售面积86.9万平方米，增长122.4%。

【国内贸易和对外经济】2012年，克拉玛依市社会消费品零售总额48.0亿元，比上年增长10.2%，扣除价格因素，实际增长7.3%。

按经营地统计，城镇消费品零售额47.8亿元，比上年增长10.2%；乡村消费品零售额0.2亿元，增长7.9%。按行业统计，批发和零售业零售额41.7亿元，增长10.2%；住宿和餐饮业零售额6.3亿元，增长10.0%。

从销售商品分类看，在限额以上批发零售单位零售额中，服装、鞋帽、针纺织品类零售额比上年增长28.7%，化妆品类增长22.6%，粮油、食品、饮料、烟酒类增长18.8%，书报杂志类增长17.5%，石油及制品类增长12.2%，文化办公用品类增长9.6%，中西药品类增长4.8%，日用品类增长4.1%，通信器材类下降15.6%，家用电器和音像器材类下降10.3%，金银珠宝类下降8.5%，汽车类下降6.7%。

全年一般货物进出口额2.4亿美元，比上年下降49.0%，其中，出口1.4亿美元，下降67.0%；进口1.0亿美元，增长139.1%。

【交通、邮电和旅游】2012年，克拉玛依市邮政业务总量4930万元，比上年增加15%；邮政业务收入6532万元，增长18%。电信业务收入63421万元，增长11.3%。固定电话用户16.5万户。其中，城市电话用户15.1万户，农村电话用户1.4万户。移动电话用户60.8万户。其中，3G移动电话用户11.8万户。互联网用户10.7万户。

全年旅游接待324.6万人次，增长38%；旅游业总收入18.7亿元，增长32%。入境旅游人数（含一日游游客）3.6万人次，增长6%。其中，外国游客2.1万人次，减少9%；中国香港、澳门和台湾同胞1.5万人次，增长36%。旅游外汇收入1044万美元，增长8.8%。

【金融和保险】2012年年末，克拉玛依市金融机构人民币各项存款余额936.7亿元，比年初增加76.2亿元，增长8.9%。其中，单位存款余额700.1亿元，增长9.1%；居民储蓄存款余额231.3亿元，增长7.9%。

年末金融机构人民币各项贷款余额142.4亿元，比年初增加9.7亿元，增长7.3%。其中，短期贷款余额73.7亿元，增长51.9%；中长期贷款余额68.2亿元，下降18.1%。

全年保险公司各项保费收入12.6亿元，比上年增长9.0%。其中，财产险收入4.4亿元，寿险收入8.2亿元。赔款金额1.9亿元，增长6.6%。

附录 一

中国城市博览

美丽古城在丽江

云南省丽江市古城区近五年来，经济建设实现了速度和质量同步提升，主要经济指标实现翻番，综合经济实力显著提升，连续两年荣获“云南省县域经济发展十强县”称号。

2012年，古城区的经济总量是五年前的2.8倍。全区生产总值年均增长16.6%，公共财政预算收入年均增长26.7%，是2007年的3.3倍。全社会固定资产投资年均增长31.3%，累计完成323亿元，是“十一五”期间总额的1.8倍。三次产业比例由7.5：31.7：60.8调整为5.3：43.3：51.4。社会消费品零售总额年均增长25.7%。

全区农村经济蓬勃发展，农业基础地位不断夯实，强农惠农措施不断加强，农村经济持续发展。农林牧渔业总产值实现7.48亿元，年均增长14.5 %。粮食总产量达4.78万吨，烤烟产值实现7088万元，药材产值5000万元，无公害蔬菜产值7500万元，林果产值3000万元，畜牧业总产值达3.6亿元。

全区工业经济快速发展，传统产业提档升级，新型产业长足发展。工业总产值年均增长37.3%，工业增加值年均增长32.6%，非公经济增加值占地方生产总值比重达60%，呈现出生产快速增长、效益稳步提高、就业显著增加的良好态势。

第三产业增势强劲。古城区近年来以旅游标准化引领国际精品旅游胜地建设，多次荣获“世界著名文化旅游城市”、“国际旅游名城”等殊荣。2012年，全区接待游客达1,001万人次，同比增长29%，其中海外游客72.08万人次，增长24%。旅游综合收入达132.9亿元，增长39%，其中旅游外汇收入2.54亿美元，增长29%。全区旅游日接待能力达8万人次，国内外游客人数、旅游综合收入分别是2007年的2.37倍和2.74倍，房地产、餐饮娱乐、邮电通讯、保险、信息等产业竞相发展，服务业结构进一步优化，商贸设施日趋完善。第三产业增加值达42.4亿元，年均增长13.4%，对地方财政收入的贡献率达45.2%。目前，全区人民正奋发努力，要把古城区建设成为经济持续发展、环境优美宜人、生活舒适便捷、服务优良健全、文化繁荣昌盛、社会稳定和谐的美丽古城。

丽江铂尔曼度假酒店

观音峡

中共交城县委书记　李志安

交城县人民政府县长　乔晓峰

交城县——书写转型跨越新篇章

交城是吕梁的东大门，紧靠省城太原，交通便捷，区位优越。大运高速、青银高速、307国道及太中银铁路纵横穿越，相连成网。全县总面积1822.11平方公里，辖6镇4乡148个行政村（260个自然村），人口23万人。

交城有着悠久的历史。交城于隋开皇十六年（公元596年）置县，至今已有1416年的历史，《山海经》、《全唐诗》等典籍记载了交城久远的辉煌。

交城有着灿烂的文化。这方土地曾孕育并汇集了10万年的旧石器文化、7000年的彩陶文化、5000年的灰陶文化、3000年的道教文化、2000年的冶炼文化、1500年的佛教文化，可谓文脉深厚，源远流长。

交城有着丰富的资源。境内有煤、铁、石英砂、青石等矿产资源32种。煤炭总储量达33亿吨，现已探明储量17亿吨，特别是2#煤储量丰富，是宝贵的优质配焦煤资源。全县森林面积139.7万亩、牧坡草地100万亩，林木覆盖率达54%，是山西省第二大林业县、全国重点生态保护地区。水资源储量充沛，年均径流量近2亿方。拥有佛教净土宗祖庭玄中寺、因山形卦象而闻名且被称为"佛教之宗"的卦山天宁寺、国家级自然保护区庞泉沟、吕梁英雄广场、华老骨灰安放地、晋绥边区第八分区革命历史纪念馆等丰富厚重的生态人文旅游资源。

交城有着辉煌的往昔。北宋时期交城大通铁冶监为全国四大铁监之一，是当时全国的冶铁中心。晚清时期以交城"四合源"为首的交城皮商盛极一时，曾有"交皮甲天下"之美誉。革命战争时期，晋绥边区八分区长期驻扎在交城山，数千名交城儿女为国捐躯，506人被追认为烈士，为民族革命和解放事业作出了巨大贡献。曾担任党和国家重要领导职务的老一辈无产阶级革命家华国锋、优秀的无产阶级新闻战士常芝青、原山西省委书记李立功、原北京军区政委王作义等都是交城人民的杰出代表。

交城正书写着转型跨越新篇章。产业建设方面，以省级的山西交城经济开发区为依托，初步形成了以煤化工、装备制造、生物工程、医药化工、新材料、新能源为支柱的新兴产业体系。旅游方面，实施了吕梁英雄广场、华老骨灰安放地项目、红柳湾漂流项目、果老峰水上乐园项目等一批特色旅游项目，交城旅游品牌享誉三晋，年旅游人数突破100万人次。城市建设方面，按照"1+4"城市化建设格局和"东拓、西扩、南水、北绿"的总体思路，实施了交城建设史上规模最大、投资最大的旧城改造工程，近两年累计拆迁42万平方米，城市面貌发生了翻天覆地的变化。

百强肇东
——镶嵌在松嫩平原上的璀璨明珠

这里物华天宝、人杰地灵，这里百花盛开、文化繁荣，这里人民安居乐业、处处欢歌笑语，改革的春风给这里插上了腾飞的翅膀，开放的政策给这里注入了全新的生机。在这里，93万勤劳智慧的人民，每天创造着生活、放飞着梦想、见证着奇迹，这里就是全国百强县——肇东，镶嵌在松嫩平原中部、美丽的松花江北岸上的璀璨明珠。

魅力肇东——历史悠久　文化灿烂

这是一座历史悠久、文化灿烂的城市，滚滚而来的松花江水把这座美丽的城市装点得美轮美奂、生机勃勃，黑土文化和农牧文化在这里交汇，生态的原始意味与现代元素在这里融合，经教寺、普济寺、八里城遗址等名胜古迹传承着古老的华夏文明，传统秧歌、二人转，冰雪画、农民画、享誉中外的肇东国画等地方曲艺彰显着深厚的文化底蕴，设施一流的图书馆、博物馆、体育馆等现代化设施展示着和谐的人文理念，长富小米、涝洲大米等地方特产更描绘着肇东的物阜民丰。独特的历史风貌、鲜明的文化特色、淳朴的民俗风情滋养形成了“开放、包容、创新、奋进、和谐”的肇东人性格，吸引了无数客商向这块黑土地涌流，使肇东成为投资的沃土、创业的宝地。

实力肇东——资源富集　商机无限

这里物产资源富集。肇东地处我国少有的“寒地黑土”绿色农业区，现有耕地410万亩、草原150万亩、林地100万亩、水面20万亩，有“半林半水六分田、三分大草原”之美称；土地以黑钙土和草甸土为主，盛产玉米等多种粮食作物以及白菜、大葱等经济作物，尤其是绿色稻米、有机小米营养价值极高。这里是黑龙江省奶牛、肉牛、生猪、家禽、水产品的主要养殖区，是国家商品粮和畜产品的重要生产基地，已经连续数年跻身于全国十大产粮县和全国粮食生产标兵县行列；这里油气资源丰富，已探明地下石油储量达2亿吨，天然气储量4亿立方米，已开始大规模开发，年产原油50万吨。

这里交通条件便利。位于哈大齐工业走廊和绥化东西通道的“T字形”支点上，处于哈大齐工业走廊中轴位置，南依哈尔滨项目区，北靠大庆项目区，南距省会哈尔滨53公里，北距油城大庆74公里，滨洲铁路、哈大高速公路纵穿南北，绥肇、绥满公路横贯东西，松花江68公里流经南部5个乡镇，市区到哈尔滨太平国际机场只需50分钟车程，交通极为便利。

这里发展前景广阔。已经形成了五大产业体系，形成了以中粮酒精、星湖生物科技、成福赖氨酸为代表的粮食精深加工产业体系；以宝迪生猪屠宰加工、成达肉鸡屠宰加工和大庄园肉牛肉羊屠宰加工为代表的畜产品精深加工产业体系；以汇源果汁饮料、伊利液态奶、可口可乐为代表的乳品饮品精深加工产业体系；以吉林金刚山韩国泡菜、马铃薯深加工、翠花酸菜为代表的果蔬精深加工产业体系；以爱趣源食品包装、东顺生活用纸为代表的绿色食品配套服务产业体系，发展前景十分广阔。

这里投资环境优越。这里生态环境优良，气候宜人，

肇东市朝阳区办事处第三届邻居节

肇东市五站镇东安新村

中粮生化能源（肇东）有限公司

城市生态园林、生态水系、肇岳山国家湿地公园、沿江湿地自然保护区等已成为肇东市的生态景观；这里发展环境优良，有100平方公里的绿色食品产业大园区，基础设施全面配套，发展环境开放宽松，对所有投资者全面实施“一站式办公”、“一条龙服务”，对企业实行挂牌保护，发放绿色通道证，致力打造“特区式”发展环境，真正使外商投资无风险、创业有受益、安全有保障。

这里特色品牌云集。肇东是首批国家可持续发展先进示范区、国家现代农业示范区、中国玉米综合利用之乡、中国乳业之乡、中国民间艺术（国画）之乡、全国粮食生产先进县标兵、全国畜牧百强县、全国文化先进市、全国科普示范县、全国和谐社区建设示范市、全国雷锋城、全国宜居宜业典范市、黑龙江省和东北十强县、黑龙江省唯一的全国百强县（排名81位）。时任中共中央政治局常委、中央书记处书记、国家副主席习近平于2009年9月22日莅临肇东视察党建及农业生产工作，国务院副总理汪洋于2013年5月5日莅临肇东检查指导春耕生产工作，对我市经济社会发展给予了充分肯定，并提出了殷切希望。

活力肇东——精彩纷呈 生机勃勃

近几年，肇东市委、市政府紧紧围绕黑龙江省委、省政府建设八大经济、实施十大工程的战略部署，擂响了经济社会实现大跨越、大发展的战鼓，为肇东实现更高的飞跃插上了翅膀，深入实施“两带支撑、两城驱动、产城融合、城乡统筹”发展战略，全市经济社会建设呈现出强劲的发展势头。2013年，全市实现地区生产总值449.4亿元，比上年增长了11.4%。实现财政总收入26.49亿元，完成固定资产投资175.1亿元，城镇居民人均可支配收入达到19047元，农民人均纯收入达到11152元，经济总量、财政收入、工业经济连续多年位居全省县级第一位。这一串串鲜活的数字，是一段段壮丽的诗行，展示着肇东加速建设全国综合实力强市的崭新图景，也体现了肇东全市上下解放思想、开拓创新的精神风貌。

潜力肇东——项目云集 发展强劲

“扬帆正遇东风来，远征万里纵青骢。”今日之肇东，既得天之道、地之利，亦得人之和、物之宜。2011年初，省委、省政府决定对哈大齐工业走廊肇东项目区进行战略升级，建设黑龙江绿色食品产业大园区。从2011年到现在，肇东市共实施各类产业项目267个，总投资638亿元，已投产项目135个。项目数量、投资规模、建设成效都实现了历史性突破。肇东经济开发区在全省21个重点园区中，综合排名由2011年的第六位上升到了2012年的第三位，并先后被命名为国家新型工业化产业示范基地、黑龙江省承接全国绿色食品产业基地、中国食品工业强县等称号。

“激情跨越不停步，科学发展谱新篇。”2014年，肇东市委紧紧围绕实现“两个率先”和“四个同步”的宏伟目标，认真分析和深入研究了肇东未来的发展思路，明确提出了把改革创新贯穿于经济社会发展各个领域和各个环节，以转型升级为主攻方向，以市场调节为主要手段，力争用三年时间加速构筑“十大产业”全新发展格局、全面发展“十大民生”，打造肇东经济发展升级版。

挟长风以扬帆，跨险峻以登攀。敢于创新进取的93万肇东儿女正以艰苦奋斗、无私奉献的精神，永恒了肇东人的梦想，托举起了肇东美好的明天，正踏着豪迈奔放的步伐，前进在建设全国综合实力强市的康庄大道上，一路欢笑、一路高歌，他们必将掀起历史澎湃的海潮，创造出一个又一个辉煌的奇迹……

现代化大农业创新发展

正在规划建设中的黑龙江绿色食品产业大园区

肇东市湿地风光

现代化国境商都——绥芬河市

绥芬河市位于黑龙江省东南部，地处东北亚经济圈的中心地带，东与俄罗斯滨海边疆区接壤，边境线长27公里，辖区面积460平方公里。1992年被国务院批准为国家首批沿边扩大开放城市，是一座风光秀丽的边境山城。2008年被国务院确定为改革开放三十年中国特色发展之路典型地区之一，2011年荣获“全国文明城市”称号，是全国唯一获此殊荣的县级城市，同年被黑龙江省列为省直管县（市）试点。

2012年，全市地区生产总值实现111.3亿元，固定资产投资实现85.3亿元，地方财政收入实现17.2亿元，外贸进出口总额实现85.2亿美元，口岸过货实现864.3万吨，口岸过客实现77.6万人次。

自1992年沿边开放以来，经过20多年的发展，绥芬河借助地缘优势、通道优势、政策优势和人脉优势，充分利用中俄两国资源，全面开发两个市场，经济社会各项事业取得了长足进步。

绥芬河已成为中俄合作的桥头堡和枢纽站。绥芬河拥有公路、铁路两个国家一类口岸，年过货能力1100万吨，过客能力150万人次。多年来，对俄贸易进出口额始终占黑龙江省的1/3以上，占我国对俄进出口总额的近1/10，口岸过货量占黑龙江省的80%以上。获得原国务院总理朱镕基和时任俄罗斯总统普京的题词。在国家、黑龙江省的扶持下，绥芬河现代化交通网络体系目前已基本形成。绥芬河至黑龙江省会哈尔滨的G10高速公路已经全线通车，里程时间为4个半小时。牡丹江至绥芬河的高等级新双线电气化铁路将于2014年建成，届时绥芬河至牡丹江铁路客运时间仅为40分钟，至哈尔滨为2个半小时。绥芬河机场项目列入国家“十二五”规划，选址工作已经完成。铁路、公路口岸扩能改造正在有序推进，口岸过货、过客能力将分别提升至5500万吨和600万人次。

绥芬河已成为我国进口能源、原材料的重要集散地。过去10年间，累计进口原木7000万立方米，是我国最大的俄罗斯木材进口集散地；进口化肥1000万吨，纸浆400万吨，铁矿砂700万吨，原油1500万吨，成品油500万吨，煤炭110多万吨，这些商品对弥补国内资源紧缺，调剂国内市场做出了重要贡献。

绥芬河已成为面向东北亚开放的贸易和加工基地。与日、韩、欧美等100多个国家和地区建立了经贸合作关系。商贸产业十分活跃，建设了服装鞋帽、日用小百、五金家电、建筑装饰材料、木材集散、果菜肉类、俄货商品等七大专业市场，品牌总量达到1200余个，其中国际品牌和中国驰名商标品牌总量达到900余个。大力培育林产品加工业，成为我国进口原木加工锯材复出口唯一指定口岸，被国家木材

绥芬河机场飞行程序审定军民航协调会

铁路口岸

中共绥芬河市委书记赵连钧陪同省长王宪魁来我市视察

绥芬河市长王居堂陪同省委书记王宪魁访问滨海边疆区

流通协会授予“中国木业之都”称号。

绥芬河已进入特殊功能区集聚发展的新时期。为全面加快开放步伐、提升产业项目建设层次和水平，相继辟建综合保税区、边境经济合作区等多个特殊功能园区。绥芬河综合保税区占地1.8平方公里，主要开展国际贸易、国际物流、国际中转等业务，中国邮政速递物流、摩尔多瓦红酒、鑫源家居等知名企业相继入区。边境经济合作区于1992年经国务院批复设立，目前已扩区调整至16.5平方公里，被黑龙江省确定为省市共建的第十个重点园区，重点培育进出口加工产业、木材产业、化工产业及新兴产业。中俄绥芬河互市贸易区于1999年经中俄两国外交换文批复设立，占地4.53平方公里（俄方3平方公里，中方1.53平方公里），边民互市贸易商品价值在8000元人民币以下，免征进口关税和进口环节税。绥芬河国家沿边重点开发开放试验区推进顺利，批复后将享受经济特区政策。

绥芬河已成为我国实施“走出去”战略的先行区。境外投资总额8.3亿美元，覆盖森林采伐加工、农业种植养殖、轻工产品制造、商场、酒店、工程建筑等多项领域，分布滨海边疆区、哈巴边疆区等10余个州区。在俄相继辟建了米哈伊洛夫卡、跃进、新北方工业园区，主要发展制鞋、LED灯、笔记本电脑、手机电话等项目。

绥芬河已成为战略投资者向往和集聚的城市。经过20年的发展，在绥芬河注册经营的国内外企业达到2000余家，对外商场及商店近万个，来自福建、浙江、广东、上海等地的经商人群达到3万多人。近年来，随着城市知名度和影响力不断提升，德国VGH公司、台湾永和集团、联华国际集团、中林集团、奥特莱斯等国内外战略投资者先后到绥芬河投资发展。

绥芬河已成为异国风情浓郁、文化多元融合的移民城市。绥芬河建市之初人口仅有1.5万人，目前人口达到20万人，市民来自全省和全国各地，各种思想潮流、风俗习惯、地区文化相互交织，并与西方文化特别是俄罗斯文化相互交融，使绥芬河成为异国风情浓郁、文化多元融合的现代化移民城市。市内有东正教堂、俄领事馆等几十处历史文化景观建筑，道路标志、商店招牌和广告用语多用中俄文版面，商场、酒店、餐厅等服务人员俄语普及率100%，被誉为“中俄友谊城”。

绥芬河已成为国内外知名的和谐幸福城市。绥芬河森林覆盖达到79%，空气质量优良天数超过340天，冬暖夏凉，气候宜人。周边有国家级著名风景名胜区长白山和镜泊湖，毗邻俄罗斯远东地区金角湾和阿穆尔湾等旅游胜地。近年来，绥芬河突出“发展与惠民”两大主题，实现改革开放成果由人民共享，恩格尔系数25.36%，比全国平均水平低14.4个百分点，人均收入、人均住宅面积、人均储蓄存款、人均小汽车拥有量等民生指标位居黑龙江省前列，实现了边民富裕、边地和谐、边疆稳定。

新国门

千年古都展新貌　魅力新区谱华章

哈尔滨市阿城区

阿城位于哈尔滨中心城区东南23公里处，辖区面积2452平方公里，辖12街、7镇，总人口60万人。公元1115年，女真首领完颜阿骨打在阿城建立金朝，史称金上京会宁府，历4帝38年，1153年迁都北京，开创了北京作为中国都城的先河。阿城于1909年设县，1987年撤县建市，2006年撤市设区，是哈尔滨市最年轻的新区。

2012年，阿城地区生产总值实现243.4亿元，固定资产投资实现255.5亿元。先后获得黑龙江省经济最具活力县市（区）、中国特色魅力城市200强、中国最具投资潜力中小城市50强和东北十强县（市）等荣誉。

文化旅游资源富集。阿城处于哈尔滨市最佳旅游半径和黑龙江省黄金旅游热线上，尤以“历史文化、森林生态、地质奇观、道教养生、冰雪狩猎”为特色。阿城的山山水水无不渗透着独特的历史文脉，能让人时刻感受到金源文化的无穷魅力和大美山水的无限风光。区内有原始生态保存完好的金龙山国家森林公园，有国内占地面积最大的哈尔滨野生森林动物园，有全国唯一一所展示金代历史的金上京历史博物馆，有亚洲最大的封闭式狩猎场玉泉国际狩猎场，有东北道教的发祥地松峰山，全区现有国家4A级景区4个、3A级景区1个。2000年，阿城被评为“中国优秀旅游城市”。

工业经济基础雄厚。阿城以黑龙江省工业重镇著称，全区现有阿城经济开发区、新华工业园区、新杨工业园区三个

金上京历史博物馆

城市新貌

山水新城鸟瞰

红星旅游度假区

园区，68家规模以上企业，5000余家中小企业，形成了以矿产钢铁、水泥建材、食品医药、装备制造等产业为支撑的工业发展格局。

农业发展特色突出。阿城是哈尔滨市重要的商品粮基地，地产蔬菜、鸭稻米、粘豆包、浆果等特色农产品享誉省内外，被命名为“中国大米之乡、中国大蒜之乡、中国粘豆包第一镇、中国北方名酒之乡”。

区位交通优势明显。阿城现有哈牡高速、哈红公路、长江南路三条公路直达哈尔滨中心城区，从中心城区到阿城仅需20分钟车程，到太平国际机场仅需40分钟车程，区内有铁路专用线22条，公路、铁路交通四通八达。

城市环境生态宜居。阿城是“全国生态示范区”，城区绿化率38%，一年中环境空气质量达到或优于国家二级标准超过327天。2010年，启动了20平方公里的城市新区——山水新城建设。以新城区建设为牵动，全区基础设施、生态环境、文化及公益设施建设协同推进，一个山水城一体、人与自然和谐相融的生态宜居新城已具雏形。

撤市设区开启了阿城发展的新纪元，今后一段时期，阿城区将重点围绕“文化旅游、食品医药、新型建材、装备制造、商贸物流”五大产业，以优势资源、优势条件、优质服务招项目、引资金。在文化旅游方面，重点招引以深度开发金源文化、森林观光、休闲度假等为主的文化旅游类项目；在食品医药方面，重点招引以食品加工、生物制药等为主的食品医药类项目；在新型建材方面，重点招引以木制品深加工、水泥等为主的新型建材类项目；在装备制造方面，重点招引为哈南工业新城和三大动力企业配套、智能电网等为主高科技装备制造类项目；在商贸物流方面，重点招引以大型商业综合体、专业市场、物流配送等为主的现代服务类项目。

作为“千年古都、百年老县、年轻新区”，阿城这座充满无限魅力与发展潜力的城市，在传承历史、创造未来的过程中，正用深厚的文化底蕴、秀美的山水风光、优良的投资环境和无限的发展空间，诠释着它与众不同的城市特征和韵味，缔造着更加灿烂辉煌的未来，谱写着跨越发展新征程上的华美诗章！

金龙山国际旅游度假区

金龙山秋色

金龙山红叶

美丽的阿什河

哈尔滨北方森林动物园

奥特莱斯（金都）芭蕾雨效果图

雪中驰骋

哈牡绥东对俄贸易加工区上的经济增长极

产业隆起带 发展领军者

——穆棱市

王宪魁书记视察建材产业园项目

赵荣国市长领取国家新型工业化产业示范基地奖牌

穆棱市城市新地标——金钥匙亮化雕塑

穆棱市地处黑龙江省东部中心城市牡丹江市、煤电化基地鸡西市、百年口岸绥芬河市之间，毗邻东宁、珲春、虎林等六个国家一类口岸，是绥芬河等口岸城市进出口物流、人流和信息流的必经之地，是全省八大经济区之一——哈牡绥东对俄贸易加工区上的战略节点，素有“东北金三角、中俄产业城”的美誉。先后被评为全国科技先进市、中国民营经济最佳投资市、中国金融生态市、中国魅力中小城市200强、全国农村金融产品创新试点市。

近年来，穆棱市依托毗邻口岸的区位优势，坚持“借口岸光，打俄罗斯牌”，围绕“加快三个率先，建设幸福穆棱”主线，全力打造哈牡绥东对俄贸易加工区的经济增长极、产业隆起带、发展领军者，县域经济实现了跨越发展。2012年，穆棱市地区生产总值实现147.1亿元，增长17.9%；全口径财政收入完成18亿元，位居全省第4位；进出口总额实现2.1亿美元，增长21.9%；综合实力位列黑龙江省“十强”县（市）第5位，工业经济、财源建设、经济总量分列全省第4、8、5位。穆棱市始终坚持抓发展就是抓产业，按照“点、线、面”即龙头项目、产业链、产业群相结合的战略，集中力量在产业裂变升级上搞突破，全方位推进产业集群发展，重点做实做强三大平台。

高标准建设基础设施，做强产业承载平台。近年来，穆棱放大经济开发区政策优势，大力建设绥穆合作园、建材产业园、商贸产业园，核心区实现“九通一平”。穆棱经济开发区连续6年被评为全省先进开发区，被国家工信部评为国家新型工业化产业示范基地。绥穆合作园承载各类加工企业136家，基本形成了上下吃配成龙的发展格局。建材产业园120万吨水泥粉磨站、国家级进口资源集散中心等大项目进展顺利。商贸产业园穆棱新站及广场施工设计已经完成，穆棱河大桥、路网、堤防工程启动建设。

多层次完善产业链条，做强产业集聚平台。穆棱是中国风电之乡、中国大豆之乡、中国晒烟之乡、全国绿色食品原料标准化生产基地和国家级生态示范区。近年来，穆棱市大力推进产业项目建设，加快产城融合步伐，形成了“烟、牛、菌、菜”一县四品主导产业以及木家居、塑料加工、新型建材和矿产、有机食品和战略性新兴产业等五大产业集群。

多角度优化产业环境，做强产业服务平台。建成了国家级家具及木制品质检中心，为林木产品通向国际市场提供“金牌通行证”。与北京林业大学、东北林业大学等高校联合建立了面向黑龙江东部的“产学研”培训中心。成立基础设施建设投资公司、小额贷款公司及经济担保公司，建设了金融服务大厦。启动建设了绥穆新城职业教育中心，可满足企业对职业技术人才的迫切需求。幸福家园、教育中心等项目的建设提升了园区宜居、宜商的良好环境。推行“两站一代”接地气、连民心服务新机制，设立企业服务站58家。对新建产业项目实施并联审批、限时领办，加快了项目审批速度。落实市级领导重大项目包保制，全力帮扶项目建设。出台特殊扶持政策，设立企业发展基金，支持企业不断做大做优做强。

绥穆大连内陆港开通运营仪式

华力家具生产车间

万事达塑编生产车间

全国金太阳示范工程——金跃太阳能光伏发电项目

加速崛起的投资热土——海林市

海林市是黑龙江省著名的生态城市，这里群山环绕，河泽纵横，有接近80%的森林覆盖率，有140多条大小河流，山、水、园、林、城自然交融。这里夏季清爽凉快，是天然大氧吧；冬季空气湿润，有“林海雪原”、“中国雪乡”和“中国虎乡”之称，是著名侦察英雄杨子荣战斗和牺牲的地方。近年来，海林市先后被评为国家园林城、中国特色魅力城市、全国造林绿化模范县。

随着改革开放的深入，海林市经济赫然崛起，2012年，海林市地区生产总值实现156.4亿元，增长16%；财政收入完成19.2亿元，增长12.2%。经济总量、工业发展、财源建设、民生工作四个单项“十强县”考核指标，再次实现“大满贯”，是全省唯一一个连续两年全部进入“十强”的县市。

海林开发区是黑龙江省东南部唯一一个国家级经济技术开发区。规划面积30平方公里，累计投入12.4亿元用于基础建设，配套设施实现“八通一平”，建成了五星级宾馆、大学城、产学研基地、物流基地，正在建设会展中心、商贸综合体，在土地、厂房、生活居住、文化娱乐等方面，具有可靠保障。目前，入驻企业167户，年缴税收3.5亿元，成为黑龙江省配套最全、发展最快、潜力最大的园区之一。

海林市是国内外企业对俄罗斯与韩国做贸易的首选之地。这里是沿边开放带上的重要节点，地处东北亚中、俄、朝三角地带的中心区域。公路、铁路、航空四通八达，距牡丹江国际航空港仅15分钟车程，与牡丹江的“同城效应”明显。周边有国家级一类口岸两个。多年来，海林市与俄罗斯、韩国在经济、教育、文化等诸多领域开展了广泛深入的交流，先后与俄罗斯的乌苏里斯克市、秋故耶夫卡市和韩国的蔚州郡、洪城郡建立了友好城市关系，具有开展全方位合作的基础。特别是随着国家深入实施沿边开发战略，海林市在农副产品、机械加工、商服贸易、食品医药等领域，与俄、韩有很大的互补性，为国内外各类企业抢占俄、韩市场提供了天时地利人和等重要条件。

海林市极具前景的“四大投资领域”，可供有识之士投资兴业，共同开发。一是清洁能源产业：海林是全国绿色能源示范县、全国以电代燃试点市和全国电气化建设试点市，清洁能源开发潜力巨大。全市水能蕴藏量103万千瓦，占全省总蕴藏量的十分之一，规划发电量占全省50%；风能蕴藏量200万千瓦，全国“五大电网公司”已有4家入驻海林。目前，海林市已规划了30个风电场、23座水电站，其中荒沟电站是全国装机容量最大的抽水蓄能电站之一。二是生态旅游产业：海林市立足“雪虎山水情”五大特色旅游资源，全市建成景区景点近百个，拥有4A级景区3个、3A级景区4个，8个景区被评为“全省100个最值得去的地方”，是全国12条红色经典旅游线路之一。可以到世界最大的东北虎林园，感受虎啸山林的恢宏气势；可以到中国雪乡，领略风雪涌山、银装素裹的神奇风光；可以到国家水上运动训练基地莲花湖，分享奥运健儿圆梦豪情；可以到威虎山和杨子荣烈士陵园，缅怀那段“穿林海跨雪原气冲霄汉”的激情岁月；可以到百年历史文化名镇横道河子，体味俄罗斯风情，找寻中东铁路的繁华。海林还是中国北方重要的影视基地，《闯关东》、《北风那个吹》等30多部热播剧拍摄于海林。三是机械加工产业：海林市有机械制造类企业50余家，形成了石油钻具、矿山机械、汽车配件、小型装载机等体系健全、联系紧密的产业链条，现在正致力于打造亚洲最大的石油钻具生产基地。四是食品医药产业：海林市有人参、黄芪等200多种中草药材，黑木耳、猴头菇等100多种森林有机食品，食用菌产量达到12亿袋，其中猴头菇6000万袋，占全国的60%，已获得绿色有机认证39个，是国家山区产业化基地、绿色食品生产基地。近几年，海林市生物制药产业蓬勃发展，生产企业发展到15家，中乌抗肿瘤制药项目填补了东北地区空白，正在打造全国最大的抗肿瘤药和外用药基地。

国家级开发区厂房林立

园区实现12平方公里全配套

入驻开发区的牡丹江大学实训基地

台升国际投资的俪涞国际酒店

塞北小江南——东宁县

王宪魁视察雨润黑木耳产业集群

东宁地处黑龙江省东南部，东与俄罗斯接壤，是国家一类陆路口岸，县域面积7139平方公里，辖6镇102个行政村，是黑龙江省建设的“哈牡绥东”对俄经贸合作区的重要节点，先后被评为全国平安县、全国卫生县、全国文明县、国家生态示范县，荣获全省社会治安综合治理先进县、全省经济发展法治环境先进县等称号。

自然资源环境良好。气候温和湿润，年平均气温6℃，有效积温2900℃—3000℃，无霜期150天，年均降雨量495毫米，素有“塞北小江南”美誉。有煤炭、黄金、铁、铜等38种矿藏，是万两黄金县和全国百名重点产煤县之一，盛产滩头鱼、大马哈、松茸等名贵特产和山珍。东宁要塞成为全国爱国主义教育示范基地，与五排山城遗址一同被评为国家重点文物保护单位。

县域区位优势独特。东与俄罗斯接壤，边境线长139公里，距俄十月区24公里，距俄远东最大铁路编组站乌苏里斯克53公里，距黑龙江省进入太平洋的最近出海口和俄远东最大旅游城市符拉迪沃斯托克153公里，居中俄朝三角交界地带的中心，是贯通陆海联运出海口的重要节点和东北亚大通道上的交通枢纽。

工业经济持续壮大。能源和木材、食品、建材、轻纺、机电加工六大工业主导产业培育成型，产品有煤炭、木制品、食品、黄金、石材、工业硅、水泥等。创造了跨境连锁加工模式，境内外发展鞋帽、木材、建材、食品等企业134户，趟出了一条对俄经贸合作的新路。

特色农业蓬勃发展。菌、烟、果、菜、特色养殖五大主导产业不断发展壮大，黑木耳产业高效发展，建成了全国最大的生产基地和批发市场，产量占全国的五分之一，交易量占全国总产量的三分之二，是全国黑木耳第一县和全国黑木耳协会会长单位。

百姓生活殷实富裕。经济实力持续增长，连续10年跻身全省十强县行列，荣获全省财源建设、民生工作十强县荣誉，是全省首个农民人均纯收入万元县。2012年，20件惠民实事得到有效落实，累计发放城乡低保、大病救助、捐资助学和廉租住房租赁补贴等资金3200余万元，新农保、新农合覆盖率分别达72%和100%。农民人均纯收入15136元、城镇居民人均可支配收入18216元，同比分别增长15.3%和13.8%，分居全省第一和第二位；城镇固定资产投资67.1亿元、规模以上工业增加值8.4亿元、招商引资到位资金69.7亿元，同比分别增长39%、31.5%和51.2%。

2013年，东宁县将紧紧围绕县委中心工作，把握机遇，创新突破，攻坚克难，推动东宁经济社会各项事业实现全面发展，迅速开启提前五年全面建成小康社会的新征程。

第二届东北亚（东宁）宝玉石文化节暨东宁宝玉石产品展销会开幕式

东宁要塞

县经济技术开发区办公楼

西洼荒湿地自然保护区

植物园九曲桥和人工湖

魅力望奎　开放沃土

中共望奎县委书记　顾百文

望奎县人民政府县长　单伟红

望奎，始称“双龙城”，位于黑龙江省中部，地处绥化市寒地黑土特色农业物产中心地带。全县辖区面积2314平方公里，辖8镇7乡109个行政村，总人口50万人。县城交通便利，绥北高速公路穿境而过，哈尔滨、大庆和太平国际机场尽在一小时经济圈内。

新型工业快速崛起。产业园区加快发展。望奎绿色农畜产品加工产业园规划面积30平方公里，是黑龙江省重点工业园区，累计投入资金1.8亿元用于“五通一平”建设，是全县产业项目的核心承载区。项目建设加快发展。2012年，全县联成超3000万元产业项目139个，其中超亿元项目74个。四批集中开工新上项目63个。引进项目数量和到位资金额度均创历史新高，被评为全国县域经济科学发展特色县。工业经济加快发展。全县初步形成了以食品加工为龙头、以装备制造、绿色能源、新型建材、医药化工、轻工纺织为主的工业产业集群。2012年，全县规模工业总产值实现40.1亿元，增加值12.5亿元、利税3.45亿元，同比分别增长60%、44%和117%。

现代农业建设稳步推进。望奎是全国生态农业建设先进县、全国小型农田水利建设重点县、国家商品粮生产基地县、全国粮食生产先进县、全国粮食生产百强县。2012年，全县粮豆薯总产31.05亿斤，被评为全国粮食生产先进县。机械化一条龙运作。实现了以整地作业为主向整地、播种、中耕、收获全程机械化转变。全县综合机械化程度达到90%。科技打通“最后一公里”。建设农业科技示范园区，深入实施农业科技创新工程。全县推广农业新技术10项，实验、示范先进栽培模式等配套组装技术30多项，优质品种覆盖率达98%。培育新型经营主体。立足农业主导产业发展，实现了小生产与大市场的有效对接，促进了农业生产经营方式的根本性转变。2012年底，全县农民专业合作社已发展到1169个，全县土地规模经营面积达195.4万亩，占耕地面积的73.5%，土地流转面积达到186万亩，占耕地面积的70%。

经济社会发展环境良好。人居环境良好。望奎县境内林地和草原面积达到76万亩。是国家级生态示范县和国家循环经济试点县。近年来，累计共投资60多亿元，全面加强城乡基础设施建设，新建改造的“三园五场”面积达到57万平方米。通乡通村公路硬化率达100%。人文环境良好。望奎拥有丰厚的文化底蕴，灵山寺、红光寺等佛教圣地享誉省内外。是中华诗词之县，中国民间文化艺术之乡，望奎皮影被列入世界级非物质文化遗产名录。是老一辈无产阶级革命家、原全国人大常委会副委员长林枫同志故里。是全国文明县城、全国生态建设先进县、全国平安建设先进县和首批全国法治县创建活动先进单位。发展环境良好。望奎既有国家政策上的支持，又有土地、税收等各方面的优惠政策。县委县政府出台了投资亿元以上项目土地零地价，税收按照项目投产头三年、第二个三年、第三个三年地方税收留成90%、70%、50%返还，永久返还10%的税收政策。同时，县属项目收费免收。县政府还专门成立了行政审批服务中心，实行落户项目无偿代办制。

有限公司

双汇北大荒食品有限公司

颐和伟业生物科技有限公司

龙蛙米业

黑龙江博天糖业公司

国能生物发电有限公司

发展中的庆安

柳河五七干校

帝圣矿业

国能庆安生物发电有限公司

地纳制药

科伦制药

瑞格制药

中桂制药

上善厚德　吉庆安康

——“中国绿色食品之乡”庆安

在共和国版图东端、黑龙江省中部、绵延的小兴安岭与肥沃的松嫩平原交汇处，有一个美丽富饶的地方，犹如一块蝴蝶状绿宝石，镶嵌在中国北疆，这就是素有“中国绿色名县”、“中国绿色食品之乡”美誉的庆安县。

这里位于世界上仅存的三大黑土地之一，全县辖区面积5469平方公里，耕地面积285.7万亩，下辖14个乡镇，12个城镇社区，93个行政村。近年来，庆安县深入贯彻落实省、市总体发展战略，强力推进经济社会发展升级创新。2012年，庆安县地区生产总值实现58亿元，增长17%；财政收入4.6亿元，增长25.6%；城镇居民人均可支配收入14868元，增长18.7%；农民人均纯收入9206元，增长17.5%。

庆安人文历史悠久。庆安史称余庆，具有百年建县历史，新石器时期的“杨玉坡”遗址、“石人沟”墓葬群，青铜器时期的“赵勤遗址”等历史遗迹，记载着庆安4000年的悠久历史。柳河“五七”干校历史博物馆被评为“黑龙江省100个最值得去的地方”。

庆安区域位置优越。庆安位于黑龙江省中心节点，哈佳铁路、伊绥高速、鸡讷公路穿境而过。距省会哈尔滨146公里，面向农区、油田，背靠林区、矿区，有着独特的区位优势和广阔的市场空间。处于哈尔滨和伊春一个半小时都市圈和绥化30分钟经济圈之内。

庆安生态环境优美。境内三面环山，九河汇流，森林覆盖率65%，素有“七山一水二分田”之称，是国家级生态示范区、国家现代农业示范区、国家A级绿色食品水稻生产基地、全国农产品加工示范基地、全国粮食生产先进县、国家级生态保护功能区，享有中国绿色食品之乡、中国绿色名县和中国版画之乡等美誉。

庆安自然资源丰富。盛产水稻、大豆、玉米，年可生产优质粮食30亿斤，被誉为北国“绿色大粮仓”，五次被评为“全国粮食生产先进县”。境内有八大国有林场，是国家商品材基地；七座中小型水库；风能资源丰富，经测算东方红林场风力数据适合建风力发电站；有金属、非金属、水气矿产三大系列33种矿产资源，人参等57科108种中药材，40多种野生动物和丰富的野生植物，开发前景极为广阔。

庆安产业特色鲜明。经过多年连续推进，已构筑起药、酒、米、木、建材五大传统产业及医药、矿产、能源、绿色食品新型产业的工业发展格局。目前，初步形成了以科伦、溪利达等6户企业为龙头的中草药加工产业链；以鑫利达、庆翔等83户较大规模企业为龙头的水稻加工产业链，呈现集群发展态势，“庆安大米”品牌跻身中国农产品区域公用品牌价值百强，名列第14位；以源升河大米酒、伊春雪源饮品等20多户企业为龙头的保健饮品产业链；以东大、厚成木业为龙头的木业加工产业链；以庆翔油脂开发、鑫利达粮油公司为龙头的大豆食品加工产业链；以长庆物流、大豆批发市场、木材批发市场为牵动的配套服务产业链。

庆安园区环境优良。规划总面积33平方公里，近期规划面积10平方公里，建成面积5.25平方公里。2011年被省政府确定为全省工业示范基地，享受省级开发区政策。坚持“绿色、生态、健康”发展理念，正在兴建园区服务中心和商贸综合体。目前，入驻各类企业130户，年销售收入16亿元、利税2.4亿元，健康食品、饮品、调味品、药品、器械和包材六大产业园总体框架初步形成。

庆安发展环境宽松。在软环境建设上，制定出台了《庆安县招商引资优惠政策和奖励政策》，在项目建设用地、税收等方面提供优惠政策，为投资者提供了良好创业环境。在硬件环境建设上，坚持城乡统筹，大搞基础设施建设，每年基础设施建设投入都达2亿元以上，生态宜居新城初具规模。

百年庆安，魅力庆安。这里是投资兴业的沃土，发展经济的宝地，全县人民热忱欢迎海内外广大有识之士前来投资兴业、旅游观光。时代向前发展，追求永无止境，意气风发的庆安人，满怀着希望与憧憬，正在用辛勤与汗水，续写着黑土地上最壮丽的诗篇！

中共原平市委书记薛根生在重点工程现场办公

原平市市长温建军在重点企业现场办公

晋北名城
——原平市经济发展日新月异

原平市是山西省北部唯一的县级市。全市资源丰富，交通便利；特色闻名、百业齐备；人文荟萃、山川秀美。这里有“铝电名城、酥梨基地、晋贤故里、将军之乡、诗歌之乡、书画之乡”之美称。这里经济基础雄厚，铝、电、煤、化、冶、建、机等产业齐备，是全国三大氧化铝生产基地之一，是全国最大的替代进口密封件生产基地，是全国著名的酥梨生产基地，也是全国粮食生产先进县（市）、山西省卫生城市、文化强市、双拥模范城。

2012年，原平市生产总值完成105.2亿元，比2011年增长10.5%；人均生产总值达到21316元，增长10.4%；全年财政总收入完成20.8亿元，增长18.7%；一般预算收入8.8亿元，增长27.3%；农林牧渔总产值21亿元，增长16.7%；粮食总产量35万吨，增长6.7%；工业总产值145亿元，增长10.5%；社会消费品零售总额39.8亿元，增长16.4%；城镇居民人均可支配收入19895元，增长14.6%；农民人均纯收入6472元，增长16.8%。

项目攻坚再创佳绩。全年启动实施项目224个，总投资1084亿元，累计完成投资235亿元。循环经济示范区万亩起步区一年多时间入驻项目23个，总投资209.4亿元，其中亿元以上项目13个，其中佳诚液压、兴胜机械、融伍科技一期3个机械装备项目已竣工投产。全市举办、参加各类招商会，对接洽谈重大项目18个，签约资金800多亿元。

三农工作稳步发展。认真落实各项惠民政策，全年发放各类补贴资金7088万元。农业结构进一步优化，省、忻州市级“一村一品”专业村发展到99个。王家庄温室示范园区竣工投用，北岗设施农业示范园区完成二期扩建，全市设施农业总面积达到867公顷。全面完成了2400公顷的中低产田改造和7座水库除险加固工程，被评为全省农田水利基本建设红旗县（市）。

城市建设扎实推进。全力落实“决战城建年”工作部署，先后完成了青年西街、文化北路、北环线等12条道路建设，进一步拉大了城市框架。吸纳社会投资兴建的城南热源厂，实现了当年建设、当年供暖。街道综合整治、人行道硬化、路灯安装及管网改造等工程完工受益。全市用于城市基础设施建设的资金达到4.2亿元，为历年之最，市域城镇化步伐明显加快。

民生改善成效显著。总投资6.5亿元的天牙山风景区和滹沱河水利风景区竣工投用；总投资2.6亿元的范亭广场完成主体工程；总投资1400万元的新政务服务中心软硬件建设全省一流；总投资860万元的计生服务中心搬迁投用；投资1094万元解决了2.1万人的饮水安全问题；10个乡镇邮政所全部竣工；社会福利服务中心完成主体框架；城郊移民搬迁住宅楼开工建设；保障性住房建设超额完成任务，300户农村危房改造完成主体工程；新农合参合率达到99.8%；本土电影《梨花情》已经公映。

麒麟区打造“精品魅力宜居城市”

2012年，在曲靖市总体规划的指导下，麒麟区委、区政府提出了“六区、四城、两中心”奋斗目标，深入实施“中心改造、四面拓展、组团起步、集镇升级”战略，强力推进城乡基础设施建设，努力改善城市环境，不断提升城市服务功能，强化建筑市场和工程质量安全监管，创新城市管理体制，加快重点项目建设，全力打造“精品魅力宜居城市”。全年共建成麒麟中心城区面积65.8平方公里，比2011年增加了4.8平方公里，城镇化率67.3%。完成固定资产投资52.58亿元，同比增长50.2%；建筑业总产值完成79.6亿元，同比增长24.7%。

城乡建设。2012年，麒麟区根据全市总体规划，坚持突出规划的前瞻性、操作性和针对性，着力完善城镇体系规划、乡镇规划和村庄规划体系，高档次、高品位、高投入打造城镇亮点，完善城镇服务功能。先后组织编制完成了越州工业园区总体规划、金麟湾片区控制性详细规划、东山镇特色小城镇规划及麒麟区工业园区轻工片区等规划，并通过专家评审。

按照“一个项目、一套班子、一个责任制”的原则，做到“项目到人、责任到人、管理到人”，确保重点项目稳步推进。326国道小坡铁路桥至沾益段道路改建工程已建成通车。珠江源大道南延线项目总投资3.83亿元，2012年完成投资2.42亿元。荷花塘片区旧城改造项目于2012年7月进行了土地挂牌出让，现正在进行地下基础部分建设，全年完成投资4.22亿元。子午路立交桥A地块改造项目总投资3.67亿元，2012年完成投资1.008亿元。保障性住房建设项目总投资3.993亿元，2012年完成投资2.74亿元。麒麟区政府统建公共租赁住房2515套，均已开工建设。政务中心建设项目总投资3.3亿元，2012年完成投资1183万元。城镇人畜粪便资源化综合处理项目总投资6800万元，该项目当年已启动建设。

片区开发。2012年，城南片区累计完成投资3.72亿元，其中：投资2.42亿元完成了珠江源大道南延线征地拆迁、道路、绿化、亮化建设；投资3560万元完成了环城西路南延线与纬七路路基工程建成；投资6320万元完成南片区排水系统及配套管网工程。

近年来，为完善温泉片区基础设施建设，改善片区环境，投资4000余万元，先后完成了度假区主干道、老虎山水库、温泉自来水厂等基础设施建设，曲靖市职工疗养院水疗中心项目顺利建设。

城市管理。一是狠抓净化工程。2012年，麒麟区住建局加强了中心城区的环境卫生管理工作，层层落实净化工程，按照《麒麟区进一步规范中心城区市容市貌环境卫生管理

实施方案》，住建局环卫处负责中心城区79条主要街道，351.66万平方米的环境卫生管理工作。本着“主干道严管、次干道严控、小街小巷逐步规范”的工作方针，着力解决背街背巷、建筑工地等薄弱环节“脏、乱、差”的问题。通过落实清扫保洁责任，延长保洁时间，提高保洁质量，共清运生活垃圾15万余吨；加大公园、广场、车站、集贸市场等公共场所及周边环境卫生整治力度，使中心城区道路清扫保洁率达 98 %以上，生活垃圾袋装率达 100%，无公害化处埋率达100%，使市容市貌、环境卫生大为改观。

二是狠抓美化工程。围绕创建国家园林城市，严格执行城市绿地系统规划，大力实施立体绿化、屋顶绿化、阳台绿化、墙壁绿化，多形式、多视角、多层面为城市增绿、补绿、添绿。对4万多株行道树、74.56万余平方米绿地喷洒农药7次，累计修剪灌木330万平方米，修剪草坪380万平方米，清除街道枯枝、杂物680余吨，冬季乔木刷白4万多株。两城创建期间，共新建树池527个、补植乔木430余株，补植地被及灌木6000余平方米、修补绿化带及花台1167米。截至12月底，新增绿地2.8万平方米，绿化覆盖率提高到38.9%。

三是狠抓亮化工程。通过实施“河岸、道路、桥梁、公园、广场、绿化带和临街建筑”亮化工程，新增景观灯1000多盏、路灯2100余盏；引入云南电投通华节能科技有限公司投资1300余万元，对曲靖中心城区1.7万盏照明路灯80个控制点实施节能改造，安装改造路灯线路节能控制柜35台，主次干道亮灯率达95%以上。

四是狠抓便民工程。投入资金1380.68万元，维护维修中心城区破损的4.7万平方米市政道路；清理防洪管沟淤泥8.76万米，缓解了城市防洪压力；设置中心城区隔离墩2000个，隔离栏1880米，有效缓解了交通拥堵状况。筹集资金2000多万元，对公园广场内绿化、公共设施、道路、景观进行改造，完善了服务功能，提升了公园广场品位，营造了良好的休闲、娱乐环境。

安全维稳。严格执行“打非治违”要求，加大安全检查力度。一是加大城镇燃气安全监管检查力度。每月对中心城区和乡镇燃气管网安全生产进行1次检查，对43家燃气供气门店检审了许可证并签订了安全生产责任书；在节日期间，对4家燃气企业41个燃气门店开展燃气专项整治活动。二是集中开展建筑施工领域“打非治违”专项执法行动，共检查建设工程项目44项，对未办理施工许可证的20个项目下发停工整改指令书。三是全年开展质量安全巡查检查238次，提出工程质量、安全隐患960条，下发停工整改通知书33份，限期整改通知书36份，整改率达97.6%。四是积极为民办实事。2012年，住建局共受理门头装修及户外广告985件，办结985件；完成报建项目111项，发放施工许可证48份；审查建筑施工图设计59项、地勘17项，全面承办市、区人大代表建议48件，面商率、满意率达到了100%，保证每件人大建议和政协提案落到实处。

曲靖市委书记高劲松（中），麒麟区委书记傅学宾（左）和区长唐开荣（右），一同视察麒麟区城市建设管理工作

麒麟区常务副区长组织部长周永江（中）与区住建设局党委书记、局长李昆（右）深入工地指导工作

玉龙县：为民众真心真情谋福祉

中共玉龙县委书记木崇根、县长和慧军调研太安乡马铃薯产业

2012年，云南省玉龙纳西族自治县委、县政府始终心系民众谋发展，惠民生，坚持一切从实际出发、一切为各族民众着想、一切向产业带动发展聚焦，关注民生，保障民生，改善民生，用为民务实的作风和亲民爱民利民的业绩，维护了和谐稳定大局，促进了经济社会发展，全县22万各族人民的“幸福海拔”得到显著提升。

优先发展教育。2012年，玉龙县坚持把教育放在优先发展的战略位置，切实加强教育基础设施建设。全县累计完成7719平方米中小学危房改造、5320平方米农村寄宿制学校建设。进一步巩固了“普九”成果，积极发展了高中教育，切实加快发展了职业教育。继续落实农村中小学“两免一补”政策，免除城市学生学杂费，完善生活困难学生资助体系，提高农村贫困家庭寄宿生生活费补助标准。整合教育资源，优化师资结构，大幅度提升了教育、教学质量。

开拓就业渠道。2012年， 县委、县政府认真贯彻落实各项就业政策，大力开展就业和再就业工作，为高校毕业生提供就业岗位 6300多个，城镇新增就业4368人，其中解决高校毕业生就业3327人。城镇登记失业率控制在3.1%以内，全面消除“零就业家庭”。积极支持和鼓励自主择业和自主创业，为504名创业人员发放小额担保和贷免扶补贴息贷款2736万元。转移农村富余劳动力3.4万人，实现劳务经济年收入3.08亿元。被列为“云南省农村劳动力转移就业示范县”。

推进合作医疗。2012年，县委、县政府为巩固新型农村合作医疗制度建设成果，大力提高参合农民补助标准,把新型农村合作医疗参合标准由每人50元提高到90元，对全县五保户、残疾人和特困人口个人缴纳的参合资金给予全额补助；以农村为重点，加快乡镇卫生院、村级卫生室建设，完成48个村卫生室建设项目；加强农村三级卫生服务网络和城镇社区卫生服务体系建设；深入开展食品药品安全专项整治活动，净化食品药品市场。进一步落实计划生育奖励优待政策，推进计划生育优质服务和加强对流动人口管理服务，人口自然增长率控制在7‰以内。

加强社会保障。2012年，县委、县政府加快建立覆盖城乡居民的社会保障体系，保障群众基本生活。积极完善基本养老、基本医疗、最低生活保障制度，确保城镇最低生活保障应保尽保，农村绝对贫困人口最低生活保障进一步覆盖，全县参加基本养老保险人数达2500人，参加城镇医疗保险职工人数达10367人，农村低保人数达9000人。重视老龄工作，落实80岁以上老人保健补助和100岁以上老人长寿补助。关心支持好残疾人事业。

促进文化建设。2012年，县委、县政府着力推进先进文化建设，促进文化繁荣与发展。继承和弘扬民族优秀传统文化，吸收外来先进文化。深入推进机制体制创新，加强民族文艺队伍建设，在出新人、出精品力作上下功夫。坚持文化与旅游结合，与企业结合，与科技结合，促进经济文化融合，加快发展文化产业。注重公益文化事业的发展，开展群众性精神文明创建活动。加紧对玉龙县内多元民族文化资源的调查，加大原生态民族文化的保护力度。加强农村文化基础设施建设，实施了4个乡镇综合文化站建设和10个村农民健身工程，完成县文化馆、图书馆建设工程的收尾工作。县体育运动委员会积极筹措资金，开展了“体育下乡入村”活动，采购了价值45万元的篮球器材，向全县17个乡镇（办事处）和5个部门发放了52副新篮球架，更换了48副新篮球板，改善了全县农村的体育设施，实实在在为全县农村基层群众办了实事、好事，受到全县农村基层群众的好评。

完善社会管理。2012年，切实加强新形势下的社会建设和管理，完善突发事件应急管理机制，强化安全生产监督和管理，加强社会治安综合治理，保障人民生命财产安全。继续整顿和规范市场经济秩序，加大市场价格监管力度，确保市场物价稳定。切实加强防灾、减灾工作，认真实施1500户农村民居地震安全工程。

新的一年，县委、县政府为实现把玉龙县建成“最具特色的民族自治县”目标，在民生建设上策马前行，让人民群众享受到更加优质更加便捷的教育医疗卫生服务，行进在更加宽敞更加平坦的通村公路上，住上更加漂亮更加暖和的房子。

领到养老金的农民

玉龙县大力发展乡村旅游“农家乐”

柳林县：咬定目标 加快发展 全力争创“三晋一流、全国百强”

中共柳林县委书记　王宁

柳林县人民政府县长　武跃飞

柳林县位于吕梁山西麓，黄河东岸，1971年建县，面积1288平方公里，辖8镇7乡257个行政村，总人口33.6万人。柳林县地处河东煤田腹地，是全国优质的主焦煤生产基地，储煤面积800多平方公里，探明储量54.3亿吨，远景储量100亿吨以上，其中4#主焦煤被誉为“国宝”。柳林县是全国的产枣大县，28万亩红枣林正常年景产量达3000万公斤，主要品种“木枣”名列全国八大名枣之首。柳林县是华北通往西北的重要交通枢纽，307国道、青银高速、太中银铁路和中南出海大通道铁路途经柳林，沿黄干线、沿黄旅游公路纵贯县境。独特的资源、区位优势为柳林经济社会发展插上了腾飞的翅膀。

2012年，柳林县深入贯彻落实省委第十次党代会、市委三届二次全会和县委七届二次全会（扩大）精神，特别是通过对十八大精神的深刻领会，坚持以科学发展观为统领，围绕“三晋一流，全国百强”奋斗目标，按照“三个致力”（致力于“早转型、大跨越”，致力于“打基础、利长远、惠民生”，致力于建设人民满意的“富裕家园、绿色家园、幸福家园”）的工作思路，着力做好“以煤为基、多元发展”两篇文章和“上大项目、举大龙头、搞大建设、惠大民生”四件大事，经济社会实现了平稳健康发展。

2012年，柳林全县地区生产总值完成280.2亿元，同比增长14.8%，增速在全省22个扩权强县中位居第一；财政总收入完成86.36亿元，同比增长19.58%，继续巩固了“吕梁第一，山西第二”的地位；一般预算收入完成25.35亿元，同比增长52%，总量位居山西第一；城镇居民人均可支配收入实现21226元，同比增长17.9%；农民人均纯收入实现7596元，同比增长18.7%。2012年，柳林县继续入选“全省十佳卫生县城”，成功跻身2012年度最具投资潜力、最具区域带动力中小城市百强县行列。

一、狠抓项目建设，产业转型成效凸显

上大项目，大上项目，是实现转型跨越目标的最大希望，秉承“大园区本身也是大项目”的概念，始终把大园区

作为项目集聚的平台和项目建设的主阵地，柳林县委、县政府按照上述“大项目引领、大园区承载”发展思路，2012年确立的55个重点项目开工54个，完成投资149.09亿元。其中，总投资300亿元的高红循环经济示范园区，以“企业为主体，政府给政策”的运作模式开发建设，是全省一流煤系循环产业基地的重要平台；总投资200亿元的煤矸石综合利用产业示范园区是全市乃至全省转型发展的标杆项目；总投资100亿元的李家湾光电子产业园区着力将柳林县打造成为山西省高科技产业孵化基地、资源型经济转型示范基地及军工技术转化基地，建成在国内外均有影响力的“吕梁光谷”。

柳林是一个依托煤炭资源发展起来的县份，三产比例为1：88.5：10.5，煤炭资源对地方财政收入的贡献率达到了80%以上，且有不断加大之势。转型发展需要载体，最可靠的载体就是企业，然而煤炭资源不可再生，面对日益紧迫的转型发展压力，柳林县委、县政府按照“以煤为基、多元发展”的要求创新提出了“1+2”发展模式，即全县每个煤炭企业都要上马一个真正意义的转型项目，同时领办或扶持一个农业园区。“1+2”发展模式一推出就得到了县内各企业的积极响应和各界人士的充分认可，在柳林范围内得以迅速推广。2012年，柳林县各煤炭企业上马了总投资58亿元的12个非煤转型项目和总投资116.5亿元的9个农业园区，有力推进了柳林转型发展步伐。特别是总投资100亿元的联盛农

山西柳林金家庄乡下嵋芝新农村

山西柳林三交镇坪上村蔬菜大棚一角

山西柳林联盛生态农业园区

山西柳林煤矸石综合利用产业示范园区

业文化园区，按照山水田林路综合治理、农林牧副渔全面发展、村企文化旅游为一体的建设思路，将打造成全国性资源型企业转型和城乡统筹发展的标杆性园区。

与此同时，柳林县积极建立并完善转型项目储备机制，邀请中科院、清华大学、山西改革创新研究会等单位的科研人员针对县情实际，提供技术含量高、发展潜力大、经济效益好、环境污染少的项目充实到转型项目储备库，现已筛选并吸收了涉及11个领域214个高科技项目，概算总投资超1300亿元，初步形成了“谋划一批、立项一批、储备一批、建设一批”的转型项目梯度循环体系。

二、狠抓生态建设，人居环境明显改善

柳林县委、县政府牢固树立“人与自然和谐共处”的理念，始终把生态建设放在全县工作的突出位置，作为一项基础的、长远的民生工程来抓，通过造林绿化、环境治理等方面的努力，城乡生态环境得到了进一步改善。

2012年，柳林县围绕“两个全覆盖”目标（即五年内实现通道和荒山荒坡生态林全覆盖、坡耕地经济林全覆盖），按照多层次、多色彩、经济效益与生态效益并重的要求，一鼓作气、一步到位、一次成形，确立“以煤补林”大思路，构建“多元投入”大机制，斥资5亿元大力实施了造林绿化工程，力求做到“有山必有林、有路必有树、有村必有绿、有企必有景”。大投入带来了大成效，高标准、高质量地完成了生态林、核桃林、三北防护林共11.6万亩，村庄、企业、校园、旅游景点绿化共100个，槐树沟凤凰岭工程被省政府授予了“三北防护林建设优质工程”称号。

按照绿色发展的思路和保护优先、自然恢复的要求，编制了《柳林县试点扩权强县推进绿色发展重大战略实施方案》，形成了《柳林县资源环境承载力评估》、《绿色GDP核算与煤炭资源开发生态环境污染损失评估》和《柳林县城市总体规划环评》三大课题成果，构建了比较系统、科学的绿色发展纲领性政策框架，计划2013年申报“国家环保部科技成果奖”。环境保护事关经济的可持续发展，柳林县提出了“省级环保模范城”的创建目标，狠抓“净空、净水、减排”三大工程建设，加大了对工矿企业、涉水企业的治理力度，同时，坚决巩固“三项整治”取得的成果，环境治理工作取得了新的成效，人居环境质量显著提高。2012年，柳林县投入造林绿化资金3.5亿元，新增绿化面积7733公顷，森林覆盖率达到32%，被国家林业局授予了“全国生态建设突出贡献奖先进集体”荣誉称号。

三、狠抓基础建设，城乡统筹步伐加快

2012年，是柳林县的“城市建设年”，城市建设投入资金38.8亿元，重点开展了规划编制、北大街建设、城中村改造及城区集中供热等工作，城市综合功能日益完善，城乡统筹发展迈出了新的步伐。

重点完成了《县城总体规划》、《县域城镇体系规划》及10个专项规划；大规模实施了北大街建设、贺昌大街改造及薛家湾、青龙、锄沟棚户区改造等工程，城市品位大幅提升。太中银铁路柳林南站正式投运，五星级煤炭大酒店投入运营；新开通了庙湾至汇丰中学、鑫飞中学免费7路公交，清河广场至柳林南站免费公交及粮贸大厦至李家湾城际6路公交；新增城区集中供热7万m^2、集中供气1800户，城区集中供热达到60万m^2、集中供气达到13053户，城市功能日趋完善。

通过大搞交通、电力、水利基础设施建设，不断适应柳林县经济社会发展的要求，满足人民群众更好生活的需要。大力开展公路建设，全县公路总里程达到了1374.5公里，此外，农村街巷硬化任务全部完成，307国道城区段改线工程完成了土地、环评、工可等工作，开通了免费6号公交线，有效缓解了城区紧张的交通压力；2个220kV、5个110kV、4个35kV变电站建成投用，38公里农网线路的升级改造工程全面完成，进一步改善了生产生活用电条件；横泉水库引水、

黄河提水、中部引黄三大重点工程和11处小型提灌工程开工建设，初步形成了覆盖城乡的“柳林大水网”。

四、狠抓民生事业，幸福指数显著提高

通过近年来的高速发展，柳林县的经济实力空前提升，有能力、有决心让人民群众同步享受到改革发展带来的成果。柳林县委、县政府牢固树立“以人为本、执政为民”的理念，不断加大民生事业投入，提高民生事业水平，拓宽民生事业领域，全社会的幸福指数得以明显提高。

2012年，柳林县投入民生资金占可用财力的85%，再创历史新高。教育方面。采取“公办民助”的方式，总投资5.28亿元的鑫飞中学、汇丰中学正式投用，总投资18亿元的联盛教育园区主体建设进展顺利，2013年投用，将全面改善柳林县的办学条件，大幅提升教育水平。柳林县率先在全市实行高中阶段免学费、外来务工人员子女免费义务教育，办学水平大幅提升，全县无一名学生因贫失学。医疗卫生方面。从住院费、药价及门诊三方面入手，深化医疗卫生改革，门诊费同比下降30%，住院费同比下降44%，有效缓解了群众看病就医压力。社会保障方面。在城乡居民和企业职工各项政策性保险全覆盖的基础上，县财政出资600万元为城乡居民购买了全民意外伤害险，实现了真正意义上的综合保障全覆盖。大幅提升了各项救助水平，孤儿救助水平由每人每月480元增加到了630元，五保老人救助由每人每月3700元增加到了4200元，新农合报销封顶由原先的6万元提高到了15万元。强化了城乡再就业工作力度，新增城镇就业4590人，农村劳动力转移就业6450人，失业率控制在了1.87%以内。同时，全面铺开了500套经适房、500套廉租房、264套公租房建设项目，总投资1.84亿元，全部资金落实到位，工程建设有条不紊，建成后可有效缓解城乡低收入家庭住房难的问题。文化事业方面。在吕梁市委、市政府“文化兴市”战略的引导下，柳林县“文化强县”工作取得了阶段性成果，农家书屋实现了全覆盖，其中邓家凹村农家书屋被国家文化部授予“全国示范农家书屋”称号，免费开放了县图书馆、文化馆及乡镇文化站，其中县文化馆被国家文化部命名为“国家二级文化馆”，同时还强化了对文化遗产的传承保护工作。

安全事关人民群众的生命财产，稳定牵涉全县改革发展的大局，皆是最根本的民生问题，必须全力予以保障。建立健全了安全工作四项长效机制，并以“六个一、两个铁、三个任何”的工作思路，结合全国开展的“打非治违”专项行动、全市开展的“安全隐患排查整治百日专项行动”及我县开展的“三大查处”活动，强化监管，重拳整治，稳定了全县安全生产的大局。同时，健全了食品安全及餐饮服务长效监管机制，年内未出现一例食品安全事故。

2013年，柳林县面对国内外发展形势，结合自身情况，提出了令人振奋、催人奋进的目标，即：地区生产总值完成340亿元，财政收入完成100亿元，一般预算收入完成31.5亿元，城镇居民人均可支配收入达到24800元以上，农民人均纯收入达到9000元以上，森林覆盖率达到33%，城镇化率达到41.3%。腾飞的柳林一如既往在山西省委、省政府和吕梁市委、市政府的领导下，团结带领全县干部群众，乘势而上，奋力拼搏，为早日实现整体跨入“三晋一流、全国百强”和全面建成小康社会宏伟目标而努力奋斗！

山西柳林华润福龙水泥厂（年产360万吨）

打造省会次中心 构建幸福新宁乡

宁乡县城市建设投资集团有限公司是经宁乡县委、县政府批准成立的国有独资公司，代表政府经营管理城市建设资金和国有城建资产。2012年，公司紧紧围绕县委、县政府“打造省会次中心，构建幸福新宁乡”的发展定位，加速东进融城，加快内改提质，为提高宁乡城市品位、改善城市形象作出了积极的贡献。目前，随着公司建设的一大批项目的启动和建成，一个全方位对接长沙，融工业、商贸、休闲于一体的省会卫星新城已初步形成。

宁乡县城市建设投资开发有限公司
CITY CONSTRUCTION INVESTMENT& DEVELOPMENTCO.,LTD.

项目建设大步推进，宜居新城更加秀美。一是城市配套不断完善。全年完成项目投入32.83亿元，启动项目32个，其中八一路提质改造、鳝鱼洲状元楼、玉潭公园一期、文体中心、沩山寺庙园景观、南郊小学、文体路、新康西路、兆山路、康宁路等10大项目全面竣工。二是重点项目加速推进。金州坝水电站、溜子洲大桥、沿江路、爱琴湾路、玉潭东路、二环南路绕城线等重点项目克服各种问题和困难，有序推进。三是东进融城步伐加快。金湖嘉园一期顺利竣工，滨江大道、金州湖西岸风光带、南苑片区开发等项目即将启动，融城步伐明显加快，沩东新城初见成效。

招商融资大步跨越，运作水平更加娴熟。一是工作方法不断创新。积极探索各种融资方式，全面加强与国开行、农发行、省信托公司及各类商业银行等金融机构的沟通与衔接，全年累计审批贷款20.15亿元，到位银行信贷资金13.15亿元。二是对外形象显著提升。成功搭建起宁乡城市建设的融资平台、开发平台、偿债平台，资本运作手段更加娴熟，融资渠道更加丰富，国开行湖南省分行授予公司“信用建设标兵单位”称号，年内接待各地考察团60多批次，公司信用更加优良，对外形象稳步提升。三是招商融资成果丰硕。全年包装策划项目7个，引进超亿元规模项目22个，接待省内外客商来访40余批次，实现招商融资到位资金52.8亿元

经营绩效大步优化，发展平台更加夯实。一是征地拆迁成绩斐然。公司严把“三道关口”，坚持公平、公正、公开的征拆原则，全年征地1030余亩，拆迁207户，面积3.5万平方米，为城市建设快速推进提供了坚实的用地保障。二是手续报批成绩突出。全年归集新增建设用地7宗496亩，取卷852亩，1486亩用地已通过审批。申请规划设计要点16个。完成项目立项及可研批复38个。三是土地出让成效显著。积极面对地产“寒潮”，全年完成7宗215亩用地的“招、拍、挂”手续。四是经营管理效益明显。全年签订房屋租赁合同27份，收取房租201万元，广告牌经营创收102万元。安置房建设开工面积12万平方米，实现产值1.2亿元，创公司历史新高。密印景区成功创建国家AAAA级景区，成功举办长沙市城乡一体化现场会和全国第四届乡村旅游文化节暨首届自然生态博览会等重大活动，公司知名度和美誉度不断提升。

文体中心日景鸟瞰

溜子大桥全景鸟瞰图

盂县：项目强县引擎启动 园区经济蓄势展翼

县委书记张玉斌（右三）、县长杜平华（左二）在县城改扩建工程工地调研

项目强县擂响转型"强音"

在扩权强县和综改试验区精神指引下，盂县紧抓产业转型，不断扩张重点工程项目的规模和数量，并同时注重提升其质量和内涵。全县瞄准低碳经济、循环经济、生态经济选项目、上项目，着力规划和建设一批高端型、科技型、引领型转型项目。为了改变产业结构单一、产业链条薄弱、战略性新兴产业缺乏的现状，盂县以战略性结构调整为重点，以项目落地建设为支撑，坚定不移实施"项目强县"战略，不断增强县域经济综合实力。

全县坚持"以煤为基、多元发展"思路，积极发展煤电等产业链条延伸项目。扶持蓄电池等一批转型产品做大做强。大力挖掘民营企业、民间资本潜力，鼓励投向转型标杆项目、循环经济项目、新兴产业项目。以好项目吸引新项目，发挥项目聚集效应和连带效应，把一个企业扩展成一个产业。

产业集聚"烧热"板块经济

在转型综改试验区建设中，盂县加大园区建设力度，打造经济转型平台，通过建设鑫磊集团低碳循环经济产业园等"五大产业集聚区"，形成集群效应，实现集群发展。同时，按照"优势优先、园区承载、依强借力、双量促进"思路，以资源换项目、换技术、换人才、换市场，抓好与中煤、中广核、太钢等企业集团的合作对接，寻求优势互补、优势整合、优势再造，推进五大工业园区建设，培植一批10亿、50亿甚至百亿级产业转型重大项目。加快形成新能源新材料、煤电化建材、现代化工、新型产业、现代物流五大产业集群。

为了形成强势合力落实项目，盂县把抓项目、造平台、建园区作为各级领导完成目标的硬任务、检验能力的硬标杆、加快发展的硬责任。同时有效落实重大项目跟踪服务制，营造出"项目就是能力、工地就是政绩"的浓厚氛围。

创优环境增添发展"磁力"

在转型综改区建设中，盂县着眼产业链缺失环节填平补齐，加大招商引资力度，吸引更多有潜力的项目落地生根、开花结果。突出抓好定向定位招商，先后与太钢、阳煤等企业集团合作联姻。在实施大招商、大项目、大工程战略中，用足用好全省转型综改和扩权强县双试点政策，确保项目落地年全县重点工程项目储备、项目签约、项目落地、项目建设任务圆满完成。盂县在导向和制度上还激励干部大胆试、大胆闯，为创业、创新、创造提供宽松环境。

在招商引资工作中，盂县将诚信贯穿于招商引资的各个环节，无论是主管领导还是一般干部，在接触之初都要求吃透政策，谨慎承诺；在签约之后要落实政策，履行承诺。坚持依法行政，加大政务公开力度，提高政府工作的透明度，促进投资环境的改善和优化。

转型综改试验区和扩权强县政策的出台，为盂县重点项目建设、转型跨越发展带来前所未有的机遇。围绕下放扩大的经济社会管理审批权限，盂县及时出台有关文件，建立了重点工程项目挂牌保护、挂牌督办和重大项目并联审批等制度，贴身跟进、创优环境，帮助重点企业、重点项目化解资源配置、资金筹集等制约因素。

核桃种植

奕丰生态园蔬菜区

吉天利蓄电池

球墨铸管技改扩建项目

大厂回族自治县城市经济发展纪实

一、经济社会保民生，促和谐

大厂回族自治县，1955年经国务院批准建县，是河北省6个少数民族自治县之一。全县辖区面积176平方公里，辖3镇2乡1个城区街道办事处，4个社区居委会，105个行政村，总人口12.4万人，其中回族2.6万人，占总人口的21%。2012年，全县地区生产总值完成68.3亿元，同比增长10.5%；固定资产投资74.4亿元，增长23.5%；财政收入达到10亿元，增长28.5%，公共财政预算收入5.6亿元，增长34.6%；规模以上工业增加值24.1亿元，增长15.5%；城镇居民人均可支配收入27000元，增长13.6%；农村居民人均纯收入11203元，增长16.8%。

1.区位优势明显。大厂地处京畿腹地，与北京一河相隔，位于北京（天安门广场）正东42公里，北距首都机场38公里，南距天津港120公里，处于首都一小时经济圈的腹地，是全国距首都最近的少数民族自治县。京秦电气化铁路、102国道横贯县境北部，南部与京沈高速公路比肩，涿密高速公路将由县境东部穿过，北京816、817路客运专线直达。

2.产业协调发展。全县拥有大厂工业园区、潮白河产业聚集区、新兴产业示范区3个省级园区和1个现代农业科技示范园区（省级试点），初步形成了现代装备制造、新型建材、节能环保等战略性新兴产业为主导的产业体系。2012年，全县三次产业比为14：57：29。一产以农牧业为主，农业以大田作物为主，畜牧业形成了饲养、屠宰、加工、餐饮系列化发展态势。随着现代农业科技示范园的规划开发，北方国际万果园、田园牧歌玫瑰农庄等项目的建设，农业现代化和产业化水平正在不断提升。二产以康师傅、福喜等为代表的食品加工业特色鲜明，以首钢、金隅为代表的现代装备制造、新型建材等新兴产业正逐步成为大厂产业主导。三产以餐饮物流为主，“吃福华肥牛，走健康之路”享誉全国，福喜、伊斯特、春和等为京津地区“麦当劳”、“王致和”食品的重要生产配送中心。同时，大力推进“旅游环线”建设，休闲、观光旅游正在县域东部蓬勃发展。

3.文化底蕴深厚。县域内有清真寺16座，其中北坞清真寺始建于明朝初年，历史悠久，是河北省十大清真寺之一；景泰蓝、骨雕、花丝等民族工艺品驰名中外，素有“京东珐琅之乡”的美誉；大厂评剧歌舞团，先后被省委、省政府授予“为人民服务模范剧团”称号，被中宣部、文化部树立为全国文艺战线上的一面旗帜，其转企改制经验得到时任中央政治局常委李长春同志的充分肯定。

4.民生保障有力。全县中小学布局合理，县民族中学达到河北省示范性中学建设标准；公共医疗卫生服务体系完备，建立和完善了县乡村三级医疗卫生服务网络，新建县人民医院投入使用，硬件水平达到全省一流；民政救助体系健全，实现了全县残疾人危房统一改建、“五保户”老人集中供养、孤儿集中抚养；全县城乡各项社保、公务员工资和津贴、农村干部工资和保险、优抚对象的抚助及弱势群体的救助、失地农民安置保障等，都达到省、市领先水平，社会保

大厂区位

国际热气球节

民族盛会

潮白风光

清真古寺

健康温泉

评剧歌舞

福华肥牛

渔具垂钓

宜居新城

工艺精品

八张名片

障制度达到18项。

5.社会和谐稳定。全县民族团结进步事业成果丰硕，先后荣获“全国民族团结进步模范集体”、“全国民族自治县（旗）科学发展示范县”和“全国民族团结进步创建活动示范县”三项国家级荣誉；社会管理不断创新和加强，在廊坊市治安状况群众满意度调查中，大厂深夜出行安全感和治安状况理想度两项指标均为全市最高，被评为全国平安建设先进县。

二、经济发展增长快，后劲足

2013年以来，大厂县委、县政府全面贯彻落实党的十八大精神和省市委决策部署，坚持用科学发展观统领全局，叫响“实干就是能力，落实就是水平”，推动了经济社会各项事业更好更快发展。全县财政收入截至6月底完成了8.3亿元，占全年任务的70.1%，同比增长21.4%，到2015年自治县成立60周年时，实现财政收入较2012年倍增，达到20亿元。

扭住园区项目，集中力量推进转型升级。积极运作潮白河新桥、密涿支线连接线工程建设，打造外通内畅路网体系；推进工业园区、潮白河工业区、农业园区的路、水、电及公园酒店等基础设施建设，提升产业发展承载力。实施全员招商，引进了中航光电产品和航空零部件生产、中建材CTC中央研究院等重大项目，6个项目列入省重点建设项目。同时，集中力量，加快首钢、金隅、康师傅等在建项目建设，集约资源，力促超硬刀具、潮航节能环保设备基地等项目开工。1—6月份，全县实施投资亿元以上项目54个，总投资354.3亿元，当年完成投资43.8亿元。

坚持以人为本，经济发展实现惠民利民。在已有18项社会保障制度的基础上，实施提标扩面，提高了城镇居民基本医疗保险、企业退休人员养老等方面的保障标准，上半年，县财政用于民生的公共支出3.92亿元，占全部财政支出的78%。全力打造宜居宜业小城市，提高人民群众幸福指数。以道路、供水、供热、供气、电力、电讯、网络、垃圾和污水处理等基础设施建设为重点，全面提升城镇配套功能和承载力，提高城镇群众生活质量。集中开展园林绿化、美丽乡村旅游环线建设，相继建成6大广场和13个主题游园，公园绿地面积46.8公顷，人均公园绿地11.1平方米，处于北方平原地区较高水平。以鲍丘河尹家沟污染综合整治为重点的县域水系治理，沿河、依水打造水系绿化景观，构筑独具北方生态特色的环城水系，大幅提升了全县环境品位。作为全省农村环境综合整治试点县，该县强势启动和推进农村面貌改造提升行动，按照“户分类、村收集、乡转运、县处理”模式，基本实现了全县域垃圾集中处置。

全面对接北京，经济发展后劲十足。引进了010程控电话和北京816、817双线公交，实现了华北、北京双回路供电和与北京的同城票据结算，在基础功能和商务功能上与北京全方位对接。大厂工业园区主要经济指标名列全市省级园区前茅，潮白河工业区获“全国投资环境十佳工业园区”和“中国最具CBD潜质经济园区”称号，形成了建设百亿元大项目和新产业集群的承载能力。首钢、金隅、中华电动车城等“国字头”、“京字号”大项目超百个，形成了生物医药、电子信息、装备制造、新型建材等一批新型产业集群，达到了经济社会加快崛起的良好效果。

规划馆鸟瞰

宜居之城 创业之城——大良

大良步行街

大良是顺德区政府所在地，是顺德的文化、教育、商贸中心，地处顺德的中部偏东，连接广州，毗邻港澳，是佛山市规划的第二个百万人口中心组团的城市核心。辖区面积80.29平方公里，建成区面积33.7平方公里，下辖19个社区居委会和2个村委会。辖区常住人口40.38万人，其中常住户籍人口22.3万人。大良文化底蕴深厚，辖区内有清晖园、宝林寺、西山庙等名胜古迹。

近年来，大良先后获得“中华餐饮名镇”、“广东省教育强镇”、“广东省机械及电气装备技术创新专业镇”、“中国曲艺之乡”、“中华集邮名镇”等称誉。2012年，实现地方生产总值330.6亿元，规模以上工业产值251亿元，限额以上贸易住宿餐饮业营业额264.74亿元，全社会固定资产投资55.21亿元，工商税收84.36亿元。

2012年，围绕“城市升级引领转型发展，共建共享幸福顺德”的战略部署，以城市升级为抓手，以产业转型为重点，以改革创新为动力，全力打造“人才集聚区、城市高潮区、文明首善区”，以大视野凝聚大理念，以大动作铸就大作为，坚定不移地向着“文化名镇、岭南名城”的目标奋勇前进。

大良，一个和谐优雅的宜居之城，一个充满活力和魅力的创业之城，正融入顺德的工业化、城市化、国际化进程，脉动成长。

顺峰览胜

大良河龙舟竞渡

实施"四新"战略 打造"四新"襄垣

东湖公园

中共襄垣县委书记　田志明

襄垣县人民政府县长　张志刚

襄垣县位于太行山西麓，上党盆地北缘，属丘陵半山区。全县辖8镇3乡323个行政村，总面积1178平方公里，总人口28万人。2013年，襄垣县以党的十八大精神和十八届三中全会为统领，以新型工业化为主攻方向，以城乡一体化为强力引擎，全力打造中国"新能源新材料基地、新城镇新农村典范"县，掀起了"投资千亿元、建设大襄垣"的热潮。计划用三年左右时间，建成平安襄垣、创新襄垣、美丽襄垣、幸福襄垣，提前三年率先全面建成小康社会。

围绕打造中国新能源新材料基地，建好一园两区，做强四条产业链，建设十大标杆项目

一园两区：规划建设了一个占地200平方公里、全国最大、世界领先的新型煤化工园区，目前园区面积已达到88平方公里，分为东部王桥煤基新能源循环产业区和西部富阳新材料循环产业区。四条产业链：就是煤基合成油、焦炉煤气制甲醇烯烃、煤制乙二醇聚酯建材、煤制PTA（精对苯二甲酸）及延伸加工产业链。十大标杆项目：就是围绕四条产业链，首批启动了投资318亿元的潞安高硫煤清洁利用油化电热一体化项目、投资275亿元的七一鸿达煤基多联产项目、投资100亿元的襄矿20万吨合成气制乙二醇及配套项目、投资46亿元的中冶集团20万吨高性能取向硅钢项目等十个基础性项目，总投资1128亿元。全部投产后可实现年产值1000—2000亿元，安排产业工人6万人。

围绕建设全国新城镇新农村典范，构建一个布局，突出三个重点，坚持六个统一

一个布局：就是构建"一城三区五镇六十六村"新格局。"一城三区"就是在县城与王桥、富阳两个工业区之间规划了8.8平方公里的移民安置区，集中安置压煤塌陷村整体搬迁、棚户区改造移民、进城农民、工业园区职工和企业科研中心，力争用三年时间，使县城面积由15平方公里扩张到25平方公里，打造成容纳20—30万人的上党北部中心城市；同时，结合地理条件和产业基础，确定了5个卫星镇和66个中心村，引导农村人口搬迁集聚。三个重点：一是采空塌陷村、压煤村整体搬迁。对全县183个采空塌陷村和压煤村，逐步实施搬迁治理，力争用3—5年全部搬完。二是百人以下村庄下山出沟。逐步引导全县419个百人以下村庄2.2万群众"下山出沟"进城入镇。三是产业工人集中安置。集中安置煤化工园区转型项目的6万产业工人。六个统一：就是统一规划建设、统一安置补偿、统一政策引导、统一流转土地、统一产业配套、统一公共设施。

今年共开工建设集中安置小区21处、住宅楼235幢，建筑面积320万平方米，有50幢已完成主体。其中3个采空塌陷村共19.8万平方米的安置房已基本建成，部分楼房已经分配到户。

与此同时，紧紧围绕打基础、利长远、惠民生，以修路、栽树、治水、重教为重点，累计投入20多亿元，新建续建34条204公里道路；造林绿化7万亩；建设蓄水供水工程20余处；新建续建中小学、幼儿园15所；规划建设了31万平方米保障房；全面完成了省委、省政府下达的"五件实事"年度目标任务。

富阳工业区

王桥工业区180万吨煤基油项目工地

霍村新貌

荒山绿化

新建幼儿园

认真贯彻落实科学发展观 全力推动经济社会转型跨越发展

■ 中共高平市委　　高平市人民政府

近年来，在山西省委、省政府和晋城市委、市政府的坚强领导下，高平市委、市政府高举中国特色社会主义伟大旗帜，抢抓机遇、开拓创新，励精图治、真抓实干，全面加强经济建设、政治建设、文化建设、社会建设和生态文明建设，坚持以改革创新精神积极推进党的建设，全市经济社会发展取得了令人瞩目的辉煌成就，开创了科学发展、转型跨越、和谐奋进、富裕安康的崭新局面。

毫不动摇地坚持以经济建设为中心，聚精会神搞建设、一心一意谋发展，全市综合实力大幅提升。牢牢抓住发展第一要务，深入推进产业结构战略性调整，按照转型发展的要求，大力实施资源转资本、地下转地上的“两个转移”战略，依托项目建设，做强传统产业，培育新兴产业，初步形成了以煤炭产业为主导，煤化工、新能源、新材料、装备制造、轻工食品、现代服务业为支撑的新型工业体系，经济增长的质量和效益显著提升。2012年，全市地区生产总值达到234.7亿元，是建市初1992年6.43亿元的36.5倍，年均增长13.3%；财政总收入42.3亿元，是建市初3660万元的115.6倍，年均增长27.3%；一般预算收入11.9亿元，是1997年财政转移支付制度改革初1.05亿元的11.3倍；规模以上工业增加值106.8亿元，是建市初1.04亿元的102.7倍。县域经济综合竞争力在全国中部百强县中位居第31位，经济总量跨入全省前五强，被省委、省政府确定为转型综改和扩权强县试点市。先后荣获“中国全面小康成长型百佳县市”、“中国最具海外影响力明星市”和全国“中小城市科学发展百强”、“最具投资潜力中小城市百强”、“最具区域带动力中小城市百强”、“和谐中小城市示范市”等荣誉称号。

毫不动摇地坚持“三农”工作重中之重的战略思想，加快推进统筹发展，新农村建设取得显著成效。按照中央新农村建设“五句话、二十字”方针要求，坚持公共财政向农村倾斜、基础设施向农村延伸、公共服务向农村覆盖，市财政累计投入资金近20亿元，大力实施了新农村建设“八大工程”，深入开展“六村联创”活动，持续推进三轮“五个全覆盖”工程。农民群众生产生活条件得到极大地改善，广大农村面貌发生了翻天覆地的变化，迸发出了无限生机与活力。

毫不动摇地坚持城乡一体发展，加快推进城镇化建设，基础设施日臻完善，城乡面貌日新月异。着眼于增强城市承载能力和服务功能，大力实施“一城五镇双百村”特色城镇化战略，城市框架进一步拉大，城市功能不断完善。城市建成区面积拓展到16平方公里；先后建成世纪大道、神农路、康乐街等19条主干街道，形成了“五纵九横”的主干道路网络；城市集中供暖、集中供气等基础设施不断完善，科教文卫等公共服务设施日益健全；市体育中心等一批标志性建筑拔地而起，建成了天怡小区、盛世佳苑等一批档次较高的住宅小区，丹河治理改造、南湖公园等一批城市景观相继建成，市区绿化覆盖率达到41.5%，绿地率35.9%，人均公园绿地面积达到11.72平方米，被省政府命名为“省级园林城市”。大力实施“蓝天碧水”工程，城市环境和空气质量持续好转，荣获“省级环保模范城市”荣誉称号。与此同时，以马村、三甲、米山、河西、寺庄为中心的小城镇建设稳步推进，城镇化率达到51.1%。

毫不动摇地坚持改革开放，突破体制机制障碍，发展活力显著增强。规划建设了四大工业园区、三大现代农业示范区、两大物流园区和文化产业园区，马村煤电化工业园区升格为副处级工业园区，米山高新技术产业园区成为晋城市“一市两园”试点。我们始终不渝地坚持对外开放，大力实施“走出去、引进来”战略，不断加强与长三角、珠三角等重点区域和经济圈的合作，仅“十一五”期间累计引进资金110多亿元，上马建成了一批煤化工、新能源、新材料、装备制造、轻工食品、现代服务业项目，招商引资和项目建设形成了“引进一批、建设一批、储备一批、招商一批”的梯次推进格局，经济发展的内在动力和活力明显增强。

毫不动摇地坚持以人为本理念，加快发展各项社会事业，人民生活水平和幸福指数不断提高。牢固树立以人为本、执政为民的理念，在全省率先铺开农村三轮“五个全覆盖”，全力推进基本公共服务均等化。针对边远山区老百姓行路难问题，新建和改造了举棒出境路、石河线等县乡公路；在全省率先铺开了户通水泥路工程，累计投入资金10多亿元，全市所有行政村实现了街巷硬化全覆盖。全力组织实施了饮水安全工程，建成农村饮水工程195处，累计解决了275个村、14.63万人的饮水安全问题。优先发展教育事业，义务教育全面实现“零收费、高保障”，在全省率先完成校舍安全工程、率先实施了普通高中“两免一补”政策，实现了12年真正意义上的义务教育。投资9000多万元，建设了市人民医院门诊大楼，市人民医院与长治医学院附属和平医院成功进行了“对口支援”，医疗服务水平明显提高；新改建乡镇卫生院13所，村村建起了卫生所；率先进行医药卫生体制改革，新型农村合作医疗制度进一步巩固完善，公立医疗机构彻底取消“以药补医”，所有药品全部实行了“零差率”销售，有效解决了人民群众“看病难、看病贵”问题。不断健全社会保障体系，养老保险覆盖城乡居民，失业、工伤保险实行了市级统筹。进一步加快商品房、经济适用房和廉租房建设，城乡居民人均居住面积达到32.3平方米、33平方米，分别是建市初的2.4倍、2倍。多措并举拓宽就业渠道，千方百计增加城乡居民收入，全市城镇居民人均可支配收入达到21324元，是建市初1315元的16.2倍；农民人均纯收入8647元，是建市初750元的11.5倍。大力实施城乡文化创建工程，所有乡镇和行政村都建起了文化活动站（室）、体育健身场所，实现了市、乡、村、户“四级联创”文化阵地全覆盖。深入开展精神文明创建活动，举办、承办了一系列国家、省级文化体育赛事，村村建起了文化活动组织，城乡群众文化生活日益丰富多彩，我市先后荣获全国“公民道德建设十佳县”、“全民健身活动先进单位”和山西省“文化强市”、“文化建设示范市”、“文化建设先进县”、“省级文明和谐城市”等荣誉称号。安全生产水平不断提高，特别是2006年以来，先后进行两次大规模的资源整合，关闭小煤矿500多座，建立健全了安全生产规章制度和办法，遏制了煤矿事故多发势头，开创了煤炭资源有序开采的良好局面。民主法制建设扎实推进，社会治安状况不断好转，社会大局保持持续和谐稳定，人民群众安全感和满意度明显提升。

市委书记张玉宏（中）、市长杨晓波（右）调研生态绿化工作

石末乡寄宿学校

毫不动摇地坚持四项基本原则，全面加强党的建设，民主政治不断发展。坚持四项基本原则，为推进改革开放和现代化建设确立了坚定正确的政治方向，提供了团结稳定的发展环境。坚持以改革创新精神推进党的建设新的伟大工程，全面加强党的思想建设、组织建设、作风建设、制度建设和党风廉政建设，精心组织开展“三讲”、“先进性教育”、“学习实践科学发展观”、“保持党的纯洁性”以及“创先争优”等主题教育活动，积极探索和大力实施“三考两推”干部选拔任用机制，各级党组织和广大党员干部的创造力、凝聚力和战斗力进一步增强，执政能力显著提高，执政地位

唐一新能源锂离子动力电池项目

融高太阳能

不断巩固，为全市改革发展稳定提供了坚强有力的组织保证和政治保证。坚持和完善人民代表大会制度、中国共产党领导的多党合作和政治协商制度，积极支持人大、政府、政协认真履行职能，充分发挥各民主党派、工商联、无党派人士和各人民团体在地方国家政治生活中的作用，在全市上下形成了聚精会神搞建设、一心一意谋发展、齐心协力促跨越的生动局面。

2013年，市委、市政府在深入调查研究、广泛征求意见的基础上，明确提出要认真贯彻“456”工作思路，推动高平各项工作在全市夺第一、全省争一流、全国创品牌，努力打造炎帝故里、建设大美高平、挺进全国百强的奋斗目标。具体要抓好四方面工作。

（一）贯彻工作思路。就是认真贯彻“456”工作思路，即：“瞄准四句话目标，狠抓五方面工作，落实六必须要求”

瞄准“四句话”目标，就是“唤起民众千百万、齐心协力创大业，新起点上谋跨越、挺进全国百强县”。

狠抓五方面工作，就是要狠抓安全生产、狠抓重点项目、狠抓城市建设、狠抓生态绿化、狠抓环境整治。

落实“六必须”要求，就是从市委常委、市四大班子领导做起，做到“必须遵守纪律，在遵守纪律上带头；必须敢于担当，在敢于担当上带头；必须改进作风，在改进作风上带头；必须攻坚克难，在攻坚克难上带头；必须维护大局，在维护大局上带头；必须清正廉洁，在清正廉洁上带头”。

（二）办好六件大事

1．开发炎帝陵。2013年将完成1个亿的投资，加快建设炎帝文化旅游景区，全力打造炎帝故里、大美高平的文化品牌。

2．提升观摩点。对2013年省委、省政府将要观摩的凯永生态农业园、华润制药、科兴米山工业园区和宏圣可建有限公司四个项目，道路沿线和参观点要做到“五化”，即硬化、绿化、净化、亮化、美化，使之成为集中上项目、集中创环境、集中树形象的一个重要节点和重要窗口。

3．狠抓飞地经济。作为全省确定的飞地经济试点县，我们要进一步加强与上海嘉定、晋煤集团、恒天集团的对接，把飞地经济园区抓好抓实，真正使高平在新一轮的竞争中赢得主动、赢得先机。

4．打造丹河景观。要站在新起点上重新谋划丹河市区段景观改造，对全长6公里的丹河市区段和两岸游园、绿化进行全面提升，打造城市水系，建设丹河景观，形成城市亮点。

5．集中绿化四座山。重点对市区周边的韩王山、牛山、七佛山和西山进行高标准生态绿化，每一座山至少完成投资1个亿。真正使高平成为“城在山中、山在城中、青山绿水、鸟语花香、风景如画”的大美高平。

6．打通城外大循环。依托原有省道、国道，总投资9.6亿元，力争两年内打通58公里的城外大循环，拉大城市框架，实现市区到乡镇15分钟快速通达。

马村煤电化工业园区

晋城市最美乡村果则沟村

（三）破解发展难题

1．破解经济发展的难题——项目。一是确立功能定位；二是集中落户园区；三是突出主导产业；四是加快项目对接；五是创造最佳环境。

2．破解城市发展的难题——拆迁。第一，加快制定出台《高平市关于进一步规范城中村改造的若干意见》。第二，认真学习国务院《国有土地上房屋征收和补偿条例》，在此基础上申请人民法院依法强制拆迁。第三，尽快出台党员领导干部、人大代表、政协委员在城市拆迁建设中发挥先锋模范作用的实施意见。第四，对市区30平方公里内现有的房屋进行确权登记，控制违章违法建筑。第五，要形成“支持拆迁光荣，阻挠拆迁可耻，城市环境人人共享，城市改造人人有责”的强大社会舆论氛围。

3．破解社会发展的难题——稳定。围绕“六个强化、六项制度”做好信访工作。“六个强化”，即：强化主体责任，破除依赖心理；强化包村包片，突出源头治理；强化工作作风，主动化解矛盾；强化班子建设，夯实基层基础；强化群众工作，确保和谐稳定；强化领导考核，建立长效机制。“六项制度”，即：领导接访制度、领导包案制度、党员包户制度、入户接访制度、全天候为民服务制度、信息对称和信访联席会制度。

4．破解和谐发展的难题——安全。要牢固树立安全高于一切、安全重于一切、安全压倒一切、安全否定一切的理念，敬畏生命、敬畏制度、敬畏责任，扎实抓好思想教育、隐患排查、严处重罚、机制建设，着力抓好十大领域安全整治，建立健全十项安全制度，确保高平全年安全生产无事故。

5．破解可持续发展的难题——生态。要集中绿化市区周边的四座山，全面提升主干道路两边绿化，全力构筑城市绿色屏障，加快建设大美高平，努力创造最佳的人居环境、投资环境和发展环境。

（四）坚决狠抓落实

1．增强危机抓落实。要切实增强逆水行舟、不进则退的危机感；切实增强时不我待、只争朝夕的紧迫感；切实增强如履薄冰、如临深渊的责任感。

2．强化责任抓落实。就是要强化目标、强化任务、强化责任、强化督查。

3．积极主动抓落实。要求各级干部都要有一个好的精神状态，以“雄赳赳气昂昂，跨过鸭绿江，为国保家乡”那种不可战胜的状态去抓落实。

4．严格考核抓落实。2013年要在原有考核基础上，引入“三杯竞赛”考核办法，即：经济发展腾飞杯、优质服务优胜杯和党的建设红旗杯，每一个杯的考核都分金杯、银杯和铜杯奖励。

5．只争朝夕抓落实。要抓住每一天，每一天都有任务、每一天都有收获，绝不耽误每一天、绝不浪费每一天、绝不辜负每一天，真正做到万丈高楼平地起，狠抓落实每一天。

知音的故里
——武汉市蔡甸区

中共蔡甸区委书记 谢宗孝

蔡甸区人民政府区长 彭巧娣

蔡甸区位于武汉西南部，长江、汉江夹境而过，京港澳高速、沪蓉高速及318国道腹地交汇，是楚文化的发祥地之一，“高山流水遇知音”的故乡。全区辖11个街乡镇和1个省级蔡甸经济开发区，版图面积1100平方公里，总人口46.3万人。

近年来，中共蔡甸区委、蔡甸区人民政府深入学习贯彻党的十八大精神，大力实施“双核”引领，“三带”驱动战略，全面推进信息化、新型工业化、新型城镇化和农业现代化同步发展，努力保障和改善民生，全区经济快速发展、民生持续改善、城乡面貌大为改观、社会和谐稳定，蔡甸进入了跨越发展的新阶段。2012年，全区实现地区生产总值263.67亿元，比上年增长14%。全口径财政收入完成56.4亿元，增长24.3%；全社会固定资产投资完成253.73亿元，增长47%。社会消费品零售总额62.52亿元，增长19.9%。农民人均纯收入11054元，增长14.2%。城镇居民人均可支配收入18271元，增长14.3%。2005年以来，连续八年跻身全省县域经济“十强”行列。

实施工业“倍增计划”，新型工业跨越发展。深入实施工业发展“倍增计划”，工业经济加速转型升级，已成为武汉市建设“中国车都”的重要工业板块之一。2012年，全区规模以上工业实现总产值516.53亿元，增长41%；完成工业投资127.4亿元，增长87.4%，增幅位居全市前列。中小企业快速成长，产值2000万元以上工业企业总数179家。企业集群、产业集聚发展格局基本形成。汽车及零部件等主导产业占工业总量的比重达96%以上。通讯电子产业连续五年纳入全省重点成长型产业集群。初步形成以常福、沌口、凤凰山三大工业园区为支撑，街乡镇工业集聚区为补充的优势互补、特色鲜明的区域工业发展新格局。55.92平方公里常福工业倍增发展区成为全市推进新型工业化的六个主战场之一。全年引进各类项目51个，合同投资额362亿元。世界500强佛吉亚汽车、中国500强徐工集团等国内外知名企业成功入驻。总投资50亿元的千亿新型显示产业园、森林河房车生产基地项目顺利落户。

大力发展第三产业，现代服务业繁荣活跃。后官湖生态宜居新城服务业集聚区建设成效明显，世茂嘉年华等一批投

蔡甸常福京珠沪蓉立交

蔡甸新城

资过50亿元、100亿元的重大项目建设进展顺利。全面启动生态旅游3年行动计划。尉武莲溪生态园林景区、十里汉江江滩景区、汉阳河三十里竹海花溪初具规模。集古玩、艺术品交易、评估、鉴定、会展等功能于一体的武汉文化产权交易所项目成功签约。规划面积5平方公里的武汉蔡甸现代物流产业园全面启动。北汽集团南方中转站开工建设，普洛斯等电子商务物流项目入驻。总建筑面积逾80万平方米的蔡甸世纪广场加快建设。连续6年获评省级金融信用区。

坚持产业兴农，现代都市农业更具特色。实施“菜篮子”工程，农业特色标准化基地面积达20万亩。成为国家级无公害莲藕和西甜瓜种植标准化示范区。2012年获评“中国莲藕之乡”称号。“蔡甸莲藕”、“蔡甸西甜瓜”、“蔡甸沉湖鳊鱼”获评国家地理标志证明商标认证，“新农牛肉”获中国驰名商标。农业产业化经营组织总数达526个，产业化经营农户覆盖率达到74%。全区农产品加工产值达到70亿元。

遵循“独立成市”理念，基础设施建设大规模推进。全区城市建设发展规划和土地利用总体规划修编完成，新增建设发展空间70.46平方公里。中等规模新城建设加速推进。轨道交通建设前期工作全面展开。新汉阳火车站选址蔡甸，重要交通干线建设进展顺利，以“八纵十横”为骨架的现代交通路网加快形成。新型城镇建设迈出新步伐，奓山街被纳入全国小城镇综合配套改革试点，索河镇获批省级特色镇。率先在全市启动110公里后官湖郊野绿道建设，50公里环白莲湖和环知音湖线成为全市标杆线，被评为“全省绿化模范区”。知音湖等7个重点湖泊落实“一湖一档”管理。蔡甸污水处理厂率先在全市新城区建成投入运行，城关和后官湖生态宜居新城区域近60公里污水收集主管网全部建成。后官湖省级湿地公园建设步伐加快。沉湖湿地积极申报国际重要湿地。“城管革命”纵深推进，城乡环境面貌焕然一新，城市综合管理连续五年在全市新城区排名靠前。

加强社会事业建设，民生幸福得到保障。加大民生投入，全区公共财政用于教育、医疗卫生、就业社保、保障性住房、文化体育方面的支出达15.9亿元，增长15.8%。就业和社会保障工作加强，城镇登记失业率控制在4.2%以内。城镇职工保险净增参保1.4万人。城乡居民社会养老保险实现全覆盖。全区65岁以上老人享受免费体检。新建廉租房、公租房

2012年2月28日，中共武汉市市委书记阮成发，中共蔡甸区委书记谢宗孝、区长彭巧娣共同参与中国·瑞明控股武汉工业园在常福工业园的奠基仪式

2012年5月23日，武汉市市长唐良智（中）在中共蔡甸区委书记谢宗孝（左三）、区长彭巧娣（左二）陪同下了解常福工业园“工业倍增”及新型工业化推进情况

400套。“农家书屋”建设管理模式在全国推广。区职业教育中心正式投入使用。省级卫生城区创建和“健康蔡甸”全民行动计划启动。区残疾人安养院基本建成。社会管理不断创新。信访维稳工作扎实有序，社会总体保持稳定。

蔡甸区委、区政府将建成中等城市，创建全国生态文明示范区，继而进入全国百强县（市、区）行列作为实现全区又好又快发展的“蔡甸梦”，力争到2015年，全区生产总值达到550亿元；全口径财政收入达到100亿元。未来三年全社会固定资产投资达到1000亿元。城乡居民年人均纯收入分别达到28000元、17000元，比2010年翻一番，率先全面建成小康社会。

世茂嘉年华室内主题乐园

永安大好河山

沉湖湿地自然保护区

打好两大硬仗 致力六个突破 为实现三个率先良好开局而努力奋斗

县委书记崔守安（前排左三），县委常委、常务副县长李正根（前排右二）在金村新区调研

县委书记崔守安（左三）、县委副书记侯贵宝（左二）在南村镇调研城乡环境整治工作

2012年，面对复杂严峻的经济形势和改革发展稳定的繁重任务，泽州县委、县政府紧紧围绕迎接十八大、学习十八大、贯彻十八大，攻坚克难，拼搏实干，各项工作取得新进展新成效。全县生产总值完成217.69亿元，增长10.9%；财政总收入完成37.52亿元，增长9.8%；公共财政预算收入完成12.49亿元，增长15.2%；城镇居民人均可支配收入达到21691元，增长14.2%；农民人均纯收入达到9044元，增长13.9%。县域经济实力和综合竞争力进一步增强，在泽州发展史上铸就了新的辉煌！

2012年，是经济转型的加快之年。与晋煤集团签订了企地合作协议，扎实推进天泰公司规范化建设，四大煤炭整合主体所属煤矿复产复工取得重要进展，全年煤炭产量完成740万吨。全力加快项目建设，65项省市县重点工程项目，年度投资完成率达到114%。实行点对点、企对企招商，晋煤高硫煤洁净利用化电热一体化示范项目、兰花科创己内酰胺等69个项目相继落地，落地金额达228亿元。切实把铸造和装备制造作为非煤主导产业来抓，全年铸造产品产量达到150万吨，荣获“中国铸造行业集群县”。大力发展外向型经济，全年外贸进出口总额达到4.13亿美元，连续两年在全市领跑。扎实推进市级转型综改先行试点县建设，为推动经济转型注入了强劲动力。

2012年，是现代农业的壮大之年。充分挖掘粮食生产潜能，总产量5.4亿斤，荣获“全国粮食生产先进县”。坚持“一村一品、一县一业”，无公害蔬菜面积发展到5.2万亩，经济林发展到2.5万亩。“一村一品”专业村发展到111个，农民专业合作社发展到724个。彤康、晋宏等重点龙头企业全年实现销售收入5.7亿元。雨润10万头生猪养殖、泽地苹等农业龙头项目建设进度加快。益丰园等一批现代农业科技示范园区，正在向生产销售、观光旅游、休闲娱乐一体化发展方向迈进。

2012年，是城乡统筹的提升之年。坚持以“一体两翼”引领新型城镇化建设梯次推进，金村新区金村大道等标志性工程取得重要进展，巴公巴原新城项目前期准备就绪，南村“两纵两横”发展框架初步形成，全县城镇化率达到41.2%，比上年提高了两个百分点。坚持以新型农民社区引领新农村建设上档升级，被评为“全国新农村建设示范县”。东四义、山耳东、东常村等一批老典型得到巩固提升，泊南、杨洼、大泉河等一批新典型脱颖而出，东四义、土岭荣获全市“最美乡村”。

2012年，是和谐共建的推进之年。新建农村便民连锁店57个，新增农村街巷硬化里程704.4公里，新的“五个全覆盖”如期实现。煤矿沉陷区治理等一批惠民实事有序推进。教育、卫生、科技、文化等各项社会事业蓬勃发展。人口计生工作再上新台阶，荣获“全国计划生育优质服务先进县”。社会保障体系进一步健全，新农合参合率达到99%，新农保参保率达到98.5%。大力推进县域生态化，森林覆盖率达到35.09%，绿化率达到48.07%，荣获“全省林业生态县”。各类和谐创建活动异彩纷呈，被市委、市政府表彰为“和谐建设先进县”。大力加强和创新社会管理，“十化”管理服务模式成效明显。始终支持人大政协履行职能，爱国统一战线作用得到充分发挥，群团工作扎实推进，基层民主法治建设再上新水平。

2012年，是党建工作的创新之年。扎实开展保持党的纯洁性教育、创先争优和学习型党组织建设活动，取得一批理论成果、制度成果和实践成果。围绕争先转型跨越发展配班子、选干部、建队伍，广大党员干部干事创业激情高涨。大力推行“文建明”和“4+2”工作法，择优选派59名县乡优秀党员干部担任第一支书，非公企业和新社会组织实现党建工作全覆盖，党的基层基础更加稳固。扎实推进惩防体系建设，率先在全省开通县级惩防体系信息网。认真执行中央八项规定，引申弘扬右玉精神，树立了新时期领导干部的良好形象。

2013年是全面贯彻十八大精神的开局之年，也是实施“十二五”规划承前启后的关键一年。确定泽州县工作总的指导思想是：深入贯彻落实党的十八大精神，紧紧围绕省委“两件大事”和市委“一争三快两率先”的总体战略，以科学发展为主题，以加快转变经济发展方式为主线，牢牢把握稳中求进的主基调，用好转型综改和中原经济区建设两大机遇，决战“十二五”，闯出工业新型化、农业现代化、城乡一体化、县域生态化、民生普惠化五条路径，为率先在全省全面建成小康社会、率先在全省走出资源型地区转型发展新路、率先在全省走出新型城镇化建设新路而努力奋斗。

围绕上述指导思想，集中精力抓好“1263”年度工作

南村新型城镇化建设初具规模

硕阳光电企业生产车间

重点。就是：贯穿一条思路、打好两大硬仗、致力六个突破、强化三大保障。贯穿一条思路：就是要坚持把“用好两大机遇、把握一个节点、闯出五条路径、实现三个率先”这条总体思路，作为我县当前和今后一个时期的行动纲领，贯穿于全县经济社会争先转型跨越发展的全过程。打好两大硬仗：就是要打好项目建设和新型城镇化建设两大硬仗。致力六个突破：就是致力在现代农业、民营经济、生态建设、文化强县、民生改善、转型综改上实现新突破。

在党的十八大精神指引下，泽州县委、县政府将团结带领全县人民，努力建设城乡一体化先行县，打造中部地区经济强县，为率先在全省全面建成小康社会、率先在全省走出资源型地区转型发展新路、率先在全省走出新型城镇化建设新路而努力奋斗！

县行政文化中心规划鸟瞰图

山里泉景区

江北水城 运河古都——生态聊城

聊城地处山东省西部，冀鲁豫三省交界处。全市总面积8715平方公里，下辖东昌府区、临清市、冠县、莘县、阳谷县、东阿县、茌平县、高唐县等8县（市、区），以及一个国家级经济开发区、一个高新技术产业开发区、一个凤凰湖旅游度假区，全市总人口604万人。先后被评为国家级历史文化名城、中国优秀旅游城市、国家级园林城市、国家级卫生城市、国家级环保模范城、国家级双拥模范城市、中国温泉之城。

聊城是一个底蕴丰厚的历史文化名城。聊城古称东昌府，有“上有天堂，下有苏杭，过了济宁，就是东昌”之说。聊城地处齐鲁和燕赵文化交汇处，自古就是慷慨悲歌、豪杰辈出的地方,在这片神奇的土地上发生过许多波澜壮阔的英雄故事，中国古典名著《水浒传》、《金瓶梅》中描述的许多故事都是以聊城为背景的，其中武松打虎的故事就发生在聊城的阳谷县。聊城境内文物古迹众多，三国时期的曹植墓、明代的光岳楼、清代的山陕会馆，临清的运河钞关、清真寺、舍利塔等400多处文物古迹星罗棋布。其中，建于600多年前的光岳楼是中国现存最古老、最高大、“原汁原味”的木结构楼阁之一；曹植墓、山陕会馆等都是国家重点文物保护单位。聊城古城始建于宋代，距今936年，是全国唯一的水上古城，面积1平方公里，方方正正，周边是6.3平方公里的东昌湖。目前，聊城正加快中华水上古城建设，以明清文化为主题，恢复再现城内历史遗迹，构筑古城内水系，做好“水”“城”结合文章。按照

地方特产

美食小吃

民俗文化

中国独有、世界一流的定位，建设全面展现京杭大运河重商、包容、开放的文化内涵和国内外著名运河风情的运河文化大码头，构建运河沿岸旅游经济带。

聊城是一个环境优美的江北水城。水是聊城的特色，代表中国商业文明的京杭大运河和代表农业文明的黄河在此交汇，城区水域面积占到建成区面积的近三分之一，京杭大运河、徒骇河从城区穿过，中国北方最大的城市湖泊——东昌湖，水域总面积6.3平方公里，烟波浩渺，环抱古城，形成了“城中有湖、湖中有城，城水一体、交相辉映”的独特城市风貌。目前，全市森林覆盖率超过30%，为全国平原绿化先进市。良

好的生态、广袤的林木，引来270多种鸟类栖息安家、欢快鸣唱，其中珍稀鸟类120余种，仅喜鹊就有10万余只，聊城东阿县因此获得“中国喜鹊之乡”称号。阿胶作为“好客山东”三珍中的首珍，聊城是其原产地，阿胶产量占全国的80%以上。可以说，聊城是一个适宜生活和居住的好地方。

聊城是一个蓬勃发展的现代新城。2012年，聊城粮食总产达到116亿斤，占到山东省的1/10，全国的1/100；瓜菜菌总产1440万吨，居山东省第一位。规模以上工业主营业务收入达到6677亿元，形成了茌平信发、高唐时风、东阿阿胶、中通客车、鲁西化工、祥光铜业等一批在全国同行业领先的企业集团。文化旅游、商贸物流已形成较好基础，服务业占生产总值比重突破了30%。聊城基础设施条件较为完备，京九铁路、邯济铁路，济聊高速、青银高速在境内交汇，是山东同中西部地区和京九沿线地区联系的“枢纽”，向东可以接受胶济产业带产业梯度转移和科技人才辐射，向西可以利用中西部地区的资源，开拓中西部市场。同时，聊城境内资源丰富，煤炭、石油、岩盐、地热资源储量大，大多未开发利用。初步探明，煤炭储量242亿吨，且煤质优良；盐矿总储量300亿吨；原油年产量70万吨，占到中原油田的1/4。作为山东省重要能源基地，我市现有火电装机容量近800万千瓦，2012年发电320亿千瓦时，约占山东省的10%，电力供应充足，足以保证产业发展的需要。聊城还具有明显的科教人才优势，拥有聊城大学、聊城职业技术学院、东昌学院等3处高等院校和山东工程技师学院等4所职业院校，每年可提供高素质人才2万多人。

党的十八大报告首次单篇论述生态文明，把“美丽中国”作为未来生态文明建设的宏伟目标，把生态文明建设摆在总体布局的高度来论述。近年来，我市在中央和省委、省政府坚强领导下，深入贯彻落实科学发展观，在全国地级市中率先开展了“生态文明市”建设，通过几年的探索与实践，我市初步走出了一条经济发展、环境保护和民生改善同步协调推进的路子，形成了引人关注的“聊城现象”，具体可以概括为三句话：一是在发展现代农业、强化农业基础的同时没有影响工业发展；二是在快速推进新型工业化的同时实现了节能减排工作大提升；三是在经济发展的同时实现了民生持续大幅改善。2012年10月，中国生态文明建设国际论坛在我市成功召开，我市经济发展与环境保护互促共赢的发展模式被国内外领导和专家称誉为“聊城现象”。

目前，聊城成功加入中原经济区和山东省会城市群经济圈、山东西部经济隆起带，成为国家和全省重点区域发展战略的叠加区。2013年4月，新的市委、市政府班子调整后，市委适时召开十二届四次全体（扩大）会议，提出了“东融西借、跨越赶超，建设冀鲁豫三省交界科学发展先行区”的奋斗目标，未来几年，通过实施“八大富民兴聊战略”，建设“转调创”先行区、交通发展先行区、对外开放先行区、生态文明先行区、文化繁荣先行区、民生改善先行区等6个“先行区”。全市上下形成了干事创业、比学赶超的良好氛围，聊城的发展又迎来了新的高潮。

国家重点文物保护单位
——明初古楼光岳楼

运河聊城明清八大会馆之一——山陕会馆

聊城城市一角

凤祥现代化肉鸡加工生产线

发展壮大县域经济 奋力铸就五华跨越发展新辉煌

五华区是“春城”昆明市的中心城区之一，因境内名迹“三山一水”的五华山而得名。全区总面积397.86平方公里，其中，建成区面积约40.86平方公里。常住人口85.5万人，下辖10个街道办事处，成立了昆明泛亚科技新区和昆明西翥生

2012年4月26日，中共云南省委副书记、省长李纪恒等领导到五华区调研

2012年5月9日，中共云南省委常委、昆明市委书记张田欣到五华区调研

态旅游试验区。近年来，五华区在市委、市政府的正确领导下，以科学发展观为指引，深入践行“刚毅执着、敢于担当、追求不凡、崇尚实干”的昆明干部精神，围绕“产业高端、文化彰显、生态支撑、民生普惠、城乡融合、跨越发展”的“十二五”总体发展思路，抢抓发展机遇，综合实力显著增强、经济转型快速突破、城乡发展日新月异、改革开放纵深推进、社会建设活力迸发、民生保障日臻完善。2006年以来，五华区连续7年名列全省“县域经济发展十强县”前列。

2012年，五华区按照全省“稳增长、冲万亿、促跨越”的要求，坚决贯彻落实全市“稳中求进、创新推动、跨越发展”的工作思路，紧扣保增长、调结构、强项目、提品质、惠民生、促和谐六大重点，着力开展“重大项目推进年”、“城市品质提升年”、“文化建设突破年”、“社会民生改善年”四大主题活动，经济社会发展持续呈现规模扩大、质量提升、活力增强、民生改善的良好态势。2012年再次位列云南省“县域经济发展十强县”之首，先后荣获“云南省文明城区”、全省“创先争优活动先进县（市区）”、“全国中小学心理健康教育示范区”等多项荣誉称号。

着眼转型升级，开展“重大项目推进年”主题活动，都市经济跨越发展。着力打好园区经济、县域经济、民营经济“三大战役”，全年重点推进154个项目，为全区经济平稳较快增长提供了重要引领与支撑作用。经济总量再上新台阶。全区地区生产总值突破700亿元大关，实现730.42亿元，增长14%，总量居全省各县（市）区之首；实现规模以上固定资产投资325.27亿元，增长22.2%；实现规模以上工业增加值345.74亿元，增长13%；完成地方公共财政预算收入30.49亿元，增长21.2%。产业升级持续加快。以提升中央商务区品质为目标，大力发展楼宇经济、总部经济，加快现代服务业聚集，南屏世纪商务中心、东方柏丰首座商务中心等一批重

点项目快速推进，成功引入4家企业总部，税收过亿楼宇达8幢，昆明老街·美食天街、翠湖休闲餐饮特色街区列入全市特色餐饮聚集区；推进新型工业化转型升级，泛亚科技新区进入发展快车道，立足把五华科技园区打造成千亿元产业园区的发展目标，提速园区产业培育，昆明联想科技城、普洱茶文化科技中心等一批重大产业项目开工建设，园区完成规模以上工业增加值240.42亿元，在全省科技园区中首家通过ISO9001质量管理体系认证，园区经济在全区发展中的重要地位和作用进一步凸显；高原特色农业转型进展顺利，西翥生态旅游实验区完成“三规合一”，五华生态农业科技示范园总体规划通过专家评审，厂口科技产业园建设步伐加快，农业生产水平不断提高。发展活力持续增强。建立“一四四”企业内培服务工作机制，注重招商选资，积极开展专业招商、坐地招商，内培外引取得实效，实际利用外资1.34亿美元、引进内资97.3亿元；着力推进投融资体制改革，在全省县区首家成功发行10亿元企业债券；被列为国家级“智慧城市”的试点示范区。

着眼生态建设，开展“城市品质提升年”主题活动，城市面貌大幅改善。进一步巩固和提升“四创两争”工作成果，深入推进国家森林城市、国家生态区等创建工作，积极构建资源节约型、环境友好型社会。坚持生态优先，下大力气改善城乡环境。持续推进城乡园林绿化，新增绿地面积231公顷，新增乔木60.8万株，完成植树造林4033亩，封山育林22219亩；积极推进水源地保护，实施西北沙河、小路沟、七亩沟“三化”整治工程，大力开展五华区水库坝塘、河道沟渠及湿地建设，建成红云生态主题公园和西北沙河生态公园；石盆寺、长虫山郊野公园等“五采区”植被修复取得重大进展，植被修复达250亩；开展“清洁城乡万人大行动”，环境卫生“清洁指数”排名全市前列。坚持品质提升，着力构建优美人居环境。按照“绿化、亮化、净化、美化”要求，高标准完成翠湖片区景观提升改造一、二期工程，“昆明之眼”展现靓丽新姿，实施“六路一江”景观照明工程，5条城市主要道路经过“四化”提升改造形成“一路一景”、

2012年6月6日，昆明联想科技城开工仪式

2012年9月7日，五华区司法行政中心项目开工仪式

南屏步行街

昆明海鸥文化节

翠湖一隅

聂耳故居

“无处不飞花”的崭新风貌；城中村改造和旧城改造工作稳步开展，文明街历史街区（二期、三期）等旧城改造项目有序推进，“城中村”改造共完成投资90.92亿元，19个村启动回迁安置房建设；强化城市管理，研究制定城市道路市容市貌长效管理机制，城市精细化管理水平不断提高。

着眼魅力彰显，开展“文化建设突破年”主题活动，文化软实力不断提升。坚持文化引领，着力建设文化繁荣，更富魅力的“文化五华”。文化内涵不断丰富。大力开展“爱我昆明、美在春城”主题实践活动，在全区形成知荣辱、讲道德、守信用、促和谐的社会文明新风；传承历史文化名城文脉，积极做好翠湖、文明街等片区规划保护工作，完成卢汉公馆、文明街历史街区等4处文物保护修缮，聂耳故居完成挂牌，华罗庚旧居、北门书屋实施重建。文化产业加速聚集。昆明老街成功申报为“云南省文化产业示范基地”，东盟国际图书城、金鼎广告创意产业园等一批省、市重点文产项目顺利推进，全区营业收入上亿元文化企业达11家。文化事业繁荣发展。以创建全国先进文化区为目标，开展文化惠民工程，大力弘扬以爱国主义为核心的民族精神和以改革创新为核心的时代精神，公共文化服务体系不断完善，基层群众文化活动丰富多彩；“茶花节”、“昆明老街庙会”“和谐邻里节”等节庆活动影响力不断扩大，伴随着翠湖片区的景观提升，“海鸥节”的文化品牌影响力进一步彰显。

着眼惠民利民，开展“社会民生改善年”主题活动，社会建设成效显著。在改善民生和创新管理中加强社会建设，始终坚持民生为本，大力实施六大民生工程和十件惠民实事，切实为人民群众办实事、解难题。就业形势保持稳定。

莲花池公园

全年新增城镇就业人数32683人，城镇登记失业率2.07%，控制在3.9%以内。居民收入加快增长。城镇居民人均可支配收入达26968.02元、增长17.5%，农村居民人均纯收入达10615.67元、增长20.3%。民生工程持续推进。启动实施15万平方米2000套公共租赁住房和2000套棚户区改造建设工程；抓好“菜篮子”、“米袋子”工程，全面完成市政府下达的标准化菜市场和生鲜超市建设改造任务；累计投入财政资金6458.66万元，积极抗旱保民生；义务教育初步实现均衡发展，教育教学质量进一步提高。公共服务不断完善。社会保障水平逐步提高，城乡养老保险、医疗保险实现全覆盖；公共卫生服务网络不断健全，“科技富民强县示范工程”和“国家知识产权强县工程”不断深化，创新型城市建设积极推进。社会保持和谐稳定。积极构建“党委领导、政府负责、社会协同、公众参与”的社会管理机制，加强社会治安综合治理；严格落实信访维稳责任，全区应对、处置突发事件和自然灾害的能力不断提高。

全区上下一心，攻坚克难，换来今日经济社会发展的辉煌成就。2013年，五华区作为现代新昆明建设的主战场，在省委、省政府和市委、市政府的坚强领导下，以党的十八大精神为统领，深入贯彻中央、省、市相关重要会议精神，以加快转变经济发展方式为主线，坚持创新推动、彰显优势、转型发展、引领跨越，全力推进“富强五华、活力五华、文化五华、幸福五华、美丽五华、和谐五华”建设，为加快建设现代新昆明和区域性国际城市首善之区，努力在全市率先全面建成小康社会而不懈奋斗。

昆明老街·美食天街

顺城购物中心

紧抓机遇　先行先试
奋力夺取百强孝义转型跨越发展新成就

■ 中共孝义市委　孝义市人民政府

近年来，孝义市坚持以科学发展观为指导，牢牢把握中央“稳中求进”的总基调，认真贯彻省委、省政府“转型跨越，再造一个新山西”的战略部署，以转型综改和扩权强县“双试点”为总抓手，解放思想，先行先试，破解难题，加快发展，全面推进工业新型化、农业现代化、市域城镇化、城乡生态化，转型跨越取得新成效。2012年GDP实现390.1亿元，增长14.1%；财政总收入实现64.26亿元，增长7.05%；一般预算收入实现24.82亿元，增长22.3%；全社会固定资产投资达到221.25亿元，增长30.1%；规模以上工业企业增加值完成257.9亿元，增长21.85%；社会消费品零售总额完成93.38亿元，增长15.52%；城镇居民人均可支配收入达到23151元，增长17.22%；农民人均纯收入达到11077元，增长19%。2012年综合实力继续保持全省县级第一，被评为山西省2012年度县域经济发展先进市。在第十二届全国县域经济基本竞争力与县域科学发展评价中，位列第65位，实现连续6年进位赶超。

第四届“孝·义”年俗文化节

1. 坚持以煤为基、多元发展，以园区引领经济转型升级。坚持以园区集聚产业、项目推动发展，构建起“以煤为基、多元发展”的现代产业体系。扎实推进“项目落地年”活动，2012年，奠基开工22个亿元以上项目，概算投资187.04亿元。全市90%以上新兴产业项目入驻园区，吸引投资突破2000亿元。千万吨级新型煤化工园区成为全省四个焦化集中发展区之一，高新科技产业园区列入全省“一市两园”重点支持行列。传统产业做大做强。全面加快13座兼并重组煤矿基建改造，金达煤业投产。鹏飞500万吨焦化项目一期投产，成为全省首家点火烘炉并投产的现代化大型焦化项目。总投资800亿元的信发铝系综合循环项目一期白刚玉及配套项目基本建成。金州针状焦项目一期煤焦油部分正进行单体试车。金岩500万吨、金达300万吨焦化项目和兴安化工年产200万吨铝材深加工项目加快推进。新兴产业高端发展。晋越峰纳米超级电容电池30万只生产线投入试生产；华夏电动农用车电机、金晖可降解塑料、汾西矿业集团煤矸石制陶瓷微珠等一批高新项目开工建设。现代服务业蓬勃兴起。铺开孝义中央商务区（CBD）规划。沃尔玛综合商务区一期具备

胜溪湖湿地公园（三期）

总包进场条件，西关世纪购物广场部分建成，金日物流、烟草物流配送中心、华美新天地购物广场等项目加紧建设，孝义大世界、义乌商品交易国际博览城、新濠国际酒店奠基开工。汇通、晋商、民生等商业银行成功入驻。

2．坚持壮大龙头、基地承载，以典型带动现代农业发展。坚持效益提升、规模发展，大力发展特色“种养加”产业，实现基地带动农民5万人。全市粮食总产量达到2.71亿斤；猪、鸡、牛、羊总存栏量达到2610万头（只），肉、蛋产量分别达到5.8万吨、3.5万吨，畜牧产值占农业总产值的53%。农民专业合作社总数达到369个，覆盖村数达到205个，覆盖率达到54%，入股农户达到1.48万户。特色种植业不断扩大。设施蔬菜总面积达到1.7万亩，形成4个高标准设施蔬菜示范园区；玉米种植面积稳定在20万亩以上。核桃经济林总面积达到40万亩，形成了6个万亩核桃基地和38个千亩核桃示范园，农民人均达到1.3亩。标准化养殖业集中做强。以山西铭信、孝义大象为龙头，铺开肉鸡、肉鸭标准化养殖小区建设工程，全市草食畜全部实现舍饲圈养。新发展肉禽标准化养殖小区34个，全市标准化养殖小区达到283个。农产品加工业打造品牌。威尔仓储产销一体化项目正式投产，惠民蔬菜直通车工程投入运营。大象禽业1亿只肉鸡屠宰加工及60万吨饲料生产项目投入试生产。铭信二期2520万只枫叶鸭加工项目完成孵化厂、种鸭厂建设；现代农业园区入园企业达到24户，年可实现产值6亿元，利税8500万元，带动种植面积近10万亩、农户2.2万户。农产品

城南宜居家园二期保障性住房

华美新天地商业广场

投资800亿元山西信发化工铝系综合循环项目

鹏飞500万吨现代煤化工循环经济示范园

年加工总量达到20.07万吨，销售收入达到5.49亿元。

3．坚持扩容提质、基础先行，以特色统揽城乡一体发展。围绕在全省率先实现“市域城镇化、城乡一体化”目标，实施“1420”工程，集中力量建设规划面积57平方公里、30万人口的主城区，以及4个特色中心镇和20个社区化中心村。中心城市框架基本形成。打通了永安路南延、大众路、府前街西延等多年阻碍城市发展的断头路，完成了孝汾立交、时代大道东延等一批城市标志性工程，新改建城市道路12条、总长27.5公里，实现了城市南北、东西大贯通的“八横九纵一环”格局，建成区面积达到27.3平方公里，中心城市基础框架基本形成。城乡基础功能日益完善。投资1.3亿元完成人民广场景观提升改造工程；投资1.1亿元的吕梁市消防训练基地暨孝义消防特勤站竣工；总投资7749万元、日处理污水2.4万吨的第二污水处理厂开工建设；城南110kV变电站竣工投用。全市集中供热普及率达90%以上，集中供气普及率达到95.7%。主动对接全省“大水网”建设，市域水网引黄输水工程加快实施，城市综合承载能力进一步增强。中心镇村建设稳步推进。梧桐新区6000户居民入住。胜溪新村中小学及9栋300套3.3万平方米居民安置房工程竣工投用。启动涉及84村8万人的压煤村庄搬迁工程，已铺开总面积60万平方米的5个安置新区工程。

4．坚持标本兼治、去污增绿，以绿色彰显宜居城市魅力。抓住全省绿色转型试点政策机遇，扎实推进节能减排、造林绿化、城乡环境卫生整治“三大工程”，争创全国文明城市、国家卫生城市、国家环保模范城市、国家生态园林城市、全国宜居城市。节能减排扎实有效。累计对40个产业项目实行环保“一票否决”，完成城市规划区和敏感区范围内174户企业的搬迁取缔。项目环评和“三同时”执行率均达到100%。2012年，城区空气质量二级以上天数达到361天，一级天数111天，创历史最好水平。生态建设步伐加快。高标准打造10平方公里城南山区生态景观带。新造林11.2万亩，新增城区绿化面积250.4公顷。国家级胜溪湖湿地公园、孝河生态环境综合整治三期以及兑镇河、下堡河、柱濮河、曹溪河流域生态环境综合治理工程加紧推进。全市森林覆盖率达到30.9%，林木绿化率达到42%。环境整治卓有成效。全面开展国家卫生城市创建活动，市容环境、食品安全、病媒防治等工作取得显著成效，顺利通过国家爱卫办暗访。铺开环境优美乡村创建活动，4个街道办事处39个村实现“垃圾不落地”

大象农牧食品有限公司1亿只肉禽加工项目配套饲料加工车间

东盘粮3000亩设施蔬菜基地

管理。

5．坚持民生优先、践诺惠民，以保障助推幸福指数提升。集中力量大办各项民生实事。着力实施文化强市战略。“两馆一站”全部免费开放，“农家书屋”实现全覆盖，实施“政府买单、群众看戏”的文化惠民工程，城乡文化设施建设扎实推进，文化基础功能进一步完善。《影戏缘》、《义虎传奇》、《锯树留邻》等一批艺术精品先后登上全省、全国舞台。传统文化保护与开发成效明显，皮影、木偶、碗碗腔、贾家庄婚俗被列为国家非物质文化遗产，中阳楼、三皇庙、天齐寺、慈胜寺被列入国家重点文物保护单位。大力发展科教卫生事业。吕梁职业技术学院一期工程完工，具备入驻条件。投资2165万元支持薄弱学校改造。投资3亿元完成市乡村三级医疗卫生院所标准化建设，399个医疗机构全部实现药品零差率销售。城镇居民医保和新农合补助标准提高到每人每年240元，新农合重大疾病保障由8项扩至30项以上。健全完善社会保障体系。2012年，城镇新增就业岗位5288人、创业带动就业816人、城镇失业人员再就业1107人、就业困难对象再就业314人，城镇登记失业率控制在3%以内。城镇职工基本养老保险参保人数达5.09万人，城镇基本医疗保险参保18.01万人，失业保险参保5.12万人，工伤保险参保1.51万人，生育保险参保人数4.08万人。铺开2433套保障性住房建设，竣工1270套。圆满完成供应低收入农户冬季取暖用煤任务。高标准完成两轮“五个全覆盖”。农村便民连锁商店、农村文化体育场所、中等职业教育免费、新型农村社会养老保险实现全覆盖。特别是累计投入资金2.92亿元，完成农村街巷硬化1375.7公里，较上级下达任务超额完成116.6公里。加快推进“方便农民五件实事”。全年累计完成实事388件，超吕梁年度任务50件，其中新建和改造达标农村幼儿园52个、洗澡堂57个、理发室59个、红白理事厅71个，110个村新安装太阳能路灯2146盏、电路灯593盏。

今天的孝义，人和、业兴、心齐、劲足，正是干事创业的好时机。孝义市将深入贯彻落实党的十八大精神，紧紧围绕资源型城市经济转型和民生幸福型区域中心城市建设“两大战略”，牢牢把握转型综改和扩权强县“两项试点”政策机遇，团结和带领全市广大干部群众继续以更加高昂的斗志、更加饱满的热情、更加务实的作风，解放思想、锐意进取、大胆地试、扎实地干，为在全省实现“两个率先”做出新的更大的贡献！

加快建设尊重自然 崇尚人文的现代莱山

中共莱山区委　莱山区人民政府

国际博览中心

莱山区成立于1994年12月，总面积285.43平方公里，常住人口28.5万人，现辖6个街道、1个省级经济开发区，是山东省烟台市委、市政府所在地。近年来，莱山区牢牢把握“发展、稳定”两大要务，不断强化“管理、服务、协调、创新”四种意识，以一流的工作标准，创造一流的发展模式，打造一流的干部队伍，建设一流的中心城区，加快建设尊重自然、崇尚人文的现代莱山。2012年，全区完成地区生产总值200.1亿元，同比增长14.2%；地方财政收入20.15亿元，增长27.9%，在烟台市科学发展综合考核中列第一位。今年1—9月份，完成地区生产总值160亿元，同比增长14%；实现地方财政收入20.4亿元，增长25.1%，主要经济指标增幅均居烟台市前列。

一、坚持南部开发与北部提升统筹，全力加快城市化进程

按照“全域城市化、全域生态化”和“北部都市化、南部城市化”的思路，打造有品位、人性化的现代城市。（一）加快南部大开发，建设莱山生态新城。做出了实施200多平方公里南部大开发的战略举措，力争3—5年再造一个“新莱山”。目前，已布局2平方公里的烟台植物园、15平方公里的瀑拉谷休闲产业集群、23.5平方公里的新兴生态产业园、25平方公里的围子山自然保护区、21平方公里的朱雀山旅游度假区等项目30多个。烟台植物园，26个专类园区正在建设，栽种植物1200多种、40余万株，打造全国一流的综合性植物园。瀑拉谷休闲产业集群，2万亩土地已实现流转，使1.5万名农民变为产业工人，破解城乡“二元”结构和“三农”问题。南部区域总长70多公里的“四纵四横”道路，已有5条竣工通车，路网框架全面拉开。（二）加快旧村改造，完善提升北部城区。坚持“统一规划、统一招商、统一安置、统一建设”的改造模式，对成熟区片实行政府主导，引进大企业整体连片开发，已有华润、金地、保利、中铁、大华、宝龙等一批大企业进驻莱山。今年启动了16个旧村改造项目，总投资230亿元，总建筑面积610万平方米。投资100亿元的滨海国际社区，对5个村撤村并居改造，示范区7栋楼、1.8万平方米已封顶，是金地集团在全国格林系列中最大的项目。（三）加强城市管理，加快生态文明建设。按照“北部多彩化、南部大绿化”的原则，高标准实施“净绿亮美”四化工程，加大对路域、山体和水系的生态绿化，启动了凤凰山公园西扩、辛安河改造、瀑拉河整治，城市形象与品位明显提升。2012年以来，全区绿化面积110多万平方米，栽植彩叶树40多万株，森林覆盖率达到44.5%。

二、大力发展实体经济，增强区域综合实力和竞争力

（一）坚持“高端化、集约化、品牌化”方向，加快发展新兴工业。大力实施“6113工程”，做强6大产业集群，做大100个成长型企业，塑造10个产值过十亿元骨干企业，打造3个产值过百亿元航母式企业。杰瑞集团2012年实现销售收入40亿元，年内将突破50亿元，股票市值达到430亿元，居烟台市第一位；台海集团成功并购了法国玛努尔工业集团8个企业，是烟台市最大的民

营企业海外并购项目。（二）坚持“多样化、高端化、规模化”方向，加快提升服务产业。突破发展商业、旅游、文化综合体，投资65亿元的华润万象城、18亿元的宝龙城市广场、17.5亿元的新天地都市广场、15亿元的美联国际广场等项目已开工，5.5万平方米的振华百货已营业，11万平方米的新世界百货即将运营。投资40亿元的烟台渔人码头，一期鲸鲨馆、温泉馆已投入运营，二期正在推进。占地1135亩的胶东文化广场和文化长廊，一期胶东剧院、美术馆、文化馆等设施已运行，二期文化产业工程、三期中粮影视城暨胶东文化长廊即将启动建设；投资60亿元的胶东文化古镇、8亿元的尚书府文化复兴工程正在推进。

佳世客购物中心

瀑拉谷休闲产业集群体验中心

渔人码头

三、加强和创新社会管理，增强群众的幸福感和满意度

在管理上精细化，在服务上人性化，把协调作为主要的工作方式方法长期坚持，把创新贯穿于社会管理的全过程，不断提升社会管理的科学化水平。2012年，在烟台市群众满意度测评中名列第二位。（一）开展好群众广泛参与、喜闻乐见的活动。举办了第一届以及第二届文化艺术节、运动会、马拉松比赛，在全区23所中小学和114个村居成立了“家长学校”，发挥文化润物细无声的作用，全社会的文明素质不断提升。（二）加快解决群众关心关注、所急所盼的问题。投入800多万元，为全区中小学生免费提供校服、为农村中小学生免费提供校车服务；投资10亿元的区社会福利中心，一期财政供养公寓已投入运营。（三）扎实为群众做好事，提高群众物质文化水平。筹集资金5000万元，对4个村进行改造，打造“生态文明示范村”；开展“美丽乡村”专项帮扶活动，每年设立500万元专项资金，对13个村居进行重点帮扶；城市低保标准达到每人每月500元，农村低保标准达到每人每年3000元，主要社保指标保持烟台市前列。

探索“三个融合”促进西安文化产业跨越式发展

西安曲江新区文化旅游产业发展情况简介

大唐不夜城夜景灯火绚烂、游人如织

西安音乐厅

大雁塔北广场游人如织

市民公共文化一角

曲江新区是陕西省、西安市确立的以文化产业和旅游业为主导的城市发展新区，2007年被授予国家级文化产业示范园区，2012年被授予国家级文化和科技融合示范基地。

几年来，我们充分发挥陕西西安的历史文化和人才资源优势，大力培育市场主体，促进文化和旅游、科技、金融的“三个融合”，文化产业和文化建设取得了长足发展。我们的主要做法有三点：

一、将历史文化与现代旅游有机“嫁接”，促进文化与旅游的立体式、多元化融合发展

我们先后确立了唐文化、秦文化、道文化、佛文化和大遗址等文化主题，实施了一系列重大文化旅游工程，建设新型旅游文化景区，为文化建设和旅游产业提供了全新的展示、交易和消费平台，实现了文化与旅游的立体式、多元化融合发展。

以大唐不夜城项目为例。该项目总占地1000亩，总建筑面积约50万平方米，我们将代表大唐文化的历史遗存大雁塔与西安音乐厅、西安美术馆、陕西大剧院等现代文化场馆进行“嫁接”融合，将旅游产业的“行、游、购、食、娱、住”六大要素与新型文化消费、文化休闲等现代生活方式进行“嫁接”融合，将曲江文化艺术博物馆、华商美术馆等16家博物馆建设与威斯汀、欧御等国际酒店建设进行“嫁接”融合，使大唐不夜城的文化旅游空间得到了充分延展。在此基础上，通过配套建设大唐芙蓉园、曲江池遗址公园、唐城墙遗址公园等以文物保护和历史遗存为主要内容的六大遗址公园，形成了总占地5600亩的公共文化空间，极大地提升了曲江旅游文化的丰富内涵和品牌效应，实现了文化旅游的“双促进、双丰收”。目前，整个大唐不夜城景区年接待游客量3000万人次，年文化消费10亿元，年旅游综合收入30亿元，成为中国西部最大的游客集散地和国家5A级旅游景区。

二、以大型文化产业集团和重大文化项目为依托，促进文化的产业化、集群化融合发展

在中宣部、文化部等中央部委和省市的大力支持下，我们着力培育文化产业的市场主体，通过市场化的运营，做大做强了曲江文化产业投资集团等一批文化领军企业。通过几年的努力，曲江文化产业投资集团2012年、2013年连续两年被中宣部等部委评定为“全国文化企业30强”，公司注册资本43亿元，下属文化企业85家，资产规模420亿元，累计缴纳各种税费20亿元，成功构建起了以文化旅游产业为核心，包含会展经济、演艺演出、出版传媒、数字影视、动漫游戏为一体，门类众多、体系完整的文化产业链条。

在曲江文化产业投资集团这一市场主体的引领带动下，曲江新区文化产业实现了“从产业

大唐芙蓉园之紫云楼

亚洲最美天街：大唐不夜城

临潼国家度假区华清城广场

集团到全产业链条，再到产业集群”的跨越式发展。我们以财政和金融为杠杆，率先在全国实施了“七位一体”的文化产业投资扶持政策，主要包括文化基金扶持、文化企业贷款担保、文化项目风险投资、财税补贴、小额贷款等，每年融通资金规模50亿元，极大地解决了文化企业的融资难、贷款难的突出问题。

以大型历史题材电视连续剧《大秦帝国》的投资拍摄为例。该剧第一部拍摄播出后，先后荣获金鹰奖、飞天奖两项全国大奖，取得了很好的社会和经济效益。该剧第二、三部拍摄，需要资金1.2亿元，但该公司的注册资本只有2000万元，遭遇巨大的资金瓶颈。为此，我们通过企业担保、风险投资筹集了6000万元，通过银行贷款解决了4000万元，从而保障了该剧的顺利拍摄制作。目前，《大秦帝国》第二部已与中央电视台签订了播出合同，即将在央视播出。我们预期，投资和融资各方都会获得较好的投资收益。

类似的文化企业融资，我们每年为入区的2100家文化企业提供投资担保规模20亿元，风险投资10亿元，文化基金扶持4亿元，从而使一批文化骨干企业在市场化运营中脱颖而出，成为全国文化产业或行业的领军企业。

三、以培育扶持龙头骨干企业为先导，促进文化与科技的创新化、产业化融合发展

在培育骨干企业的发展中，我们特别注重科技与文化的融合，推动科技类文化企业做大做强。

2011年，我们以股权合作的形式，将全国动漫生产制作龙头企业——湖南宏梦卡通集团吸引到曲江，支持他们与新西兰维塔科技、加拿大大马戏集团等国际知名文化科技企业合作，以龙头项目的市场化运作，开拓数字影视、动漫游戏、演艺秀场等文化产业的新领域。2012年，曲江宏梦卡通影视公司通过风投、贷款等方式筹集资金，与中央党史研究室共同策划制作了我国首部党史教育3D动画电影《冲锋号》，借助国际先进的三维特效和立体视觉技术，再现了红军长征的历史画卷，成为新时期党史教育与革命传统教育的崭新载体。今年6月在全国部分省份试映后，得到了社会各界的广泛好评。

促进文化与科技的融合发展，我们的体会是：必须以体制机制创新为动力，加强与国际文化品牌的合作，通过市场化、社会化的运营，促进文化、科技、人才、资本、资源、产业等生产力要素的聚集裂变，促进体制、机制、产权等生产关系的重大创新，才能实现科技对文化产业的驱动式发展。

大唐不夜城开元广场

大明宫国家遗址公园

大秦文明开发力作 《大秦帝国》热播全球

2010德国当代艺术展

入区企业文化墙

中国首部红色经典3D动画电影

龙盘福地·投资热土

广西平果欢迎您

这里是广西百色右江河畔一颗璀璨的明珠，被誉为“南国铝都”；这里是红七军曾经战斗过的圣地，是一代伟人邓小平同志深情关爱的热土。青山绿水拥抱着古老而年轻的土地；红色圣地流淌着多彩而激情的音符。

这里，就是广西平果。

平果县隶属广西壮族自治区百色市，属百色市东大门。全县行政区域面积2485平方公里，辖8镇4乡181个行政村（社区），主要居住着壮、汉、瑶等民族，总人口50万人。

乘着改革开放的春风，在邓小平同志“广西平果铝要搞”的激励鼓舞下，国家大型企业—中国铝业广西分公司拔地而起，引领平果进入快速发展时期。2003至2012年，平果县财政收入连续十年名列广西县级第一；2003年至2005年，连续三年被评为“广西经济发展十强县”；2001年至2011年，连续十届入围“中国西部百强县”；2013年平果县入选中国百强县市，排名第95位。

自然资源丰富。平果属高温多雨亚热带季风气候，年无霜期达335天以上，年均气温21.6℃，年均降水量1371.00mm。日照丰富，年均日照总时数达2748h。境内大多属岩溶地貌，石山区约占48%，丘陵占34.3%，平地占17.7%。森林总面积101.11万亩，森林覆盖率达54.54%。全县总耕地面积69.15万亩，其中水田19.2万亩，旱地面积49.95万亩；土壤肥沃，土质良好，土壤pH值5.0－8.2。境内矿产资源丰富，已探明的矿产储量有21种，铝、铁、锰、金、大理石、石灰石等矿藏资源最为丰富。其中铝土矿储量达2.9亿吨，埋藏浅，易开采。水电基础设施完善。现日供水规模5万m^3/d，目前工业用水每立方2.514元，民用水每立方2.454元。全县境内有500千伏以下变电站19座，变电总容量761805kVA。供电条件能满足大规模工业用电需求。目前工业用电价格为0.53元/千瓦时。

区位优势突出。平果县地处广西首府南宁市和桂西中心城百色市之间，是中国大西南出海要道，滇、黔、桂三省区的交通要冲，是桂西重要商贸物流集散地，是面向东盟开放合作的前沿基地。2012年8月广西正式批复实施西江经济带建设，平果正处于这个区域的1小时经济圈内，成为承接并发挥南宁中心城市向桂西区域经济辐射的“二传手”，一小时经济圈拉近了平果与世界的距离。县城距首府南宁市仅86公里，距南宁吴圩机场和百色机场车程均为1小时；南昆铁路、右江航道、324国道、南昆高速公路和在建的平梧高速公路（平果-梧州）、南昆高速铁路穿境而过；右江水运经广州出海，通航能力1000吨；公路至钦州港230公里，到达最近的中越口岸200公里。

功能区优势凸显。强劲引擎工业园：平果工业

区始建于2001年7月，总体规划区域30平方公里，下分铝产业园、轻工业园及重工业园三个园区和生活服务区。园区基础设施完善、配套设施齐全，目前共引进企业83家，总投资124亿元。2007年11月，平果工业园区被广西壮族自治区人民政府评为自治区级A类产业园区，是全区八大特色产业园区之一。以铝工业为龙头，辐射带动门业、冶炼、水泥和建材、制糖、化工等产业快速发展，形成资源利用、行业链接、高新科技等产业集群。使得全县工业经济总量迅速扩张，成为现代化工业高新产业的强劲引擎；人文交融大学园：平果大学园创建于2006年，总体规划10平方公里，是全区第一个县级大学园区。大学选址平果，看中的是人性化交往的空间、人文环境以及文化传承等优质因素，目前，接纳了越来越多的区内外高校，有北京师范大学平果教育园区、广西幼儿师范高等专科学校、广西工程职业学院等5所知名院校落户园区，在校生超万人；活力四射体育园：容纳4700名观众的平果体育馆，可以承办国际级室内单项体育赛事，是广西最为先进的体育场馆之一；拥有6个室内训练场和13个室外训练场的网球中心，场地竞赛等级为国际一级，是全区最大的连片网球比赛训练基地。2008、2009CBA季前赛、中国—东盟男子篮球邀请赛、安踏全国女子排球联赛、国际男子职业网球挑战赛、国际网联女子网球巡回赛等国内外重大品牌体育赛事，都在这里喜悦上演；生态宜居生活区：在工业的带动下，平果城市化建设得到快速发展，随着平果碧桂园、沿江景观大道、调水养城工程等项目建设不断推进，城市基础设施日臻完善，城市功能和品位大幅度提升，一座显山露水、生态宜居的现代化园林城市正展现在人们的眼前。目前，平果城区面积23平方公里，县城人口16万人，城区亮化率达98%，绿化覆盖率达34.66%，城镇化率达39%。连续三届荣获全区市容“南珠杯”A类县城特等奖，多年入选“广西园林城市”。

人文景观独特。平果县有广西乃至全国最大的土司墓，明代土司州府城堡、石塔和摩岸石刻，有吸引历史学家、考古学家和游人的千古之谜——崖洞葬棺，有天下奇观敢沫岩以及右江独石滩和秀丽迷人的甘河风光，有青山绿水的芦仙湖休闲度假区，有让人流连忘返的广西乡村农家乐旅游示范点，还有集“休闲、健身、革命传统教育”于一体的“平果·三层岗邓小平足迹之旅”，平果嘹歌是壮族民歌文化的瑰宝，已列为第二批国家级非物质文化遗产，民间舞蹈《踩花灯》、《打套舞》列入自治区第三批非物质文化遗产名录。

右江河亘古川流不息，犹如巨龙九曲身型，呵护孕育了这块美丽富饶、人杰地灵、民风淳朴的土地。

今日平果，每一寸土地都彰显着魅力的光华。

这里有适合您投资的项目，这片土地是值得您投资的热土，这里将给您丰厚的回报！

勤劳质朴的平果人期盼着更多有识之士，走进平果，投资平果，共赢平果！

魅力之都——黄帝故里·新郑

新郑市辖9镇3乡3个街道办事处和2个管委会，总面积873平方公里，户籍人口63万。近年来，在上级党委政府的正确领导下，新郑市大力实施“融入大郑州、融入航空港经济综合实验区，承接沿海地区产业转移、承接郑州产业辐射”的“双融入、双承接”发展战略，着力建设郑州都市区“三化”协调示范区，经济社会呈现出又好又快的发展态势。2012年，全市完成地区生产总值486.3亿元，财政总收入72.5亿元，其中，地方公共财政预算收入27亿元，县域经济基本竞争力位居全国百强县（市）第62位。新郑主要有以下几个特点。

一是历史悠久，底蕴深厚。新郑拥有8000年的裴李岗文化、5000年的黄帝文化和2700年的郑韩文化，被誉为黄帝故里、中华第一古都，黄帝故里拜祖大典被列入国家非物质文化遗产名录。

二是区位优越，交通便利。新郑集“公路、铁路、航空”三港合一，东拥郑州新郑国际机场，京广铁路、京珠高速、郑尧高速境内纵横，南水北调、西气东输等国家重点工程穿境而过。

癸巳年黄帝故里拜祖大典现场

三是结构合理、产业集聚。按照“土地集约、产业集聚”的要求，持续推进产业集聚区建设，构建了以商贸物流、食品烟草、生物医药为主，富士康配套、高端制造和传统产业提升为辅的“三主三辅”现代产业体系，一、二、三产比例调整为3.8：72.3：23.9。

四是资源丰富、生态和谐。新郑物产丰富，地下有13亿吨的煤炭储藏，东部是休闲娱乐的古枣园林，西部是亲近自然的具茨山国家森林公园，北部是2万多亩的杂果种植区，南部是10万多亩的高标准农田，景色秀丽，生态宜居。

雷锋故里 大美望城

■ 中共长沙市望城区委 长沙市望城区人民政府

望城是伟大的共产主义战士雷锋同志的故乡，地处湘中东北部，湘江下游两岸，北连浩瀚洞庭，南毗麓山毓秀，2011年经国务院批准撤县设区成为长沙新城区，辖21个乡镇（街道），面积969平方公里，人口54万，是长沙最大、最新、最美的城区。

望城是一座底蕴深厚的文化名区。这里文化遗存众多，有世界陶瓷釉下彩发祥地长沙铜官窑、唐代大书法家欧阳询世居的书堂山、风景秀丽的黑麋峰；已发现新石器时代、春秋战国时代和两汉时期的遗址群；靖港古镇、铜官陶城、乔口渔都、新康戏乡滨水而立，彩陶源、光明村乡情雅致，湘江古镇古村群落共同缔造出古典文化的美丽传奇。这里精神文明绚烂，一代诗圣杜甫曾在此留下不朽诗篇；雷锋家乡雷锋精神代代相传，生生不息；中国佛教协会会长一诚大师剃染祖庙洗心禅寺香火鼎盛，教义远播，塑造了望城开放包容与勤勉奋进的淳朴民风。

黑麋峰国家级森林公园

斑马湖景区

湘江长沙综合枢纽蓄水通航

望城是一座机遇无限的希望之城。这里区位优势独特，距长沙市政府15分钟车程，距长沙黄花国际机场30分钟车程，地处泛珠三角和长三角腹地中心位置，是省会长沙的副中心和抢占中西部市场的桥头堡，具有得天独厚的区位优势。这里交通设施完备，境内京广铁路、石长铁路、京港澳高速复线、绕城高速、长常高速、319国道、雷锋大道、黄桥大道、湘江大道、潇湘大道等国、省、市干道纵横交错；地铁4号线即将启动建设，城市轻轨将全面推进城市发展提速；湘江2000吨级货轮常年通航，九纵九横六桥四码头、水铁公运输无缝对接的立体交通格局基本形成。这里发展机遇无限，全境已纳入长株潭"两型社会"综合配套改革、长沙大河西先导区建设核心区和环洞庭湖生态经济圈范围，拥有撤县设区"一改三不改"的政策体制优势，机遇无限、潜力无限，被江泽民誉为"希望之城"。

望城是一座活力绽放的创业之都。这里产业基础扎实，按照打造现代化公园式城区为目标，大力推进新型工业化、新型城镇化和城乡一体化，形成了以工业为主导、现代服务业繁荣发展、现代农业特色发展的产业格局，望城经开区、滨水新城、铜官循环基地、国家农业科技园等产业园区纷纷涌现，食品医药、有色金属、机械制造、电力能源等优势产业蓬勃兴起。这里经济实力雄厚，2013年完成地区生产总值431亿元，完成工业总产值800亿元，完成全口径财政收入123.5亿元，完成固定资产投资460亿元，完成社会消费品零售总额70亿元，城镇居民、农村居民人均可支配收入分别达30400元、19500元，是省会长沙乃至湖南最具活力与潜力的发展区域。

勤劳朴实的54万望城人民正在区委、区政府的坚强领导下，以"六个走在前列"大竞赛活动为总揽，以改革创新精神为动力，全力推动农村经济向城市经济、农村管理向城市管理、农村文明向城市文明的历史性转变，为率先全面建成小康社会、建设现代化公园式城区而努力奋斗！

被称为"长沙十万户、乔口八千家"的渔都乔口

素有"小汉口"之称的古镇靖港

享有"千年陶都"美誉的铜官

戏乡新康

华坪县域经济发展概况

华坪县位于云南省西北部，丽江市东南部，金沙江中段北岸，全县辖区面积2200平方公里。县城距省会昆明420公里，距丽江市委、市政府所在地220公里，距四川省攀枝花市中心74公里，是滇西入川的必经之地。全县共有耕地14.8万亩，境内最高海拔3198米，最低海拔1015米，县城海拔1180米，年平均气温19.8℃，年平均降雨量1061毫米，无霜期303天。境内矿产资源丰富，具有开采价值的有煤炭、石灰石、铝矾土、石墨矿、白云石、花岗石等。华坪是全国100个重点产煤县之一，也是滇西北地区独有的肥气煤产区。全县属金沙江水系，有新庄河、乌木河两大河流，水能理论蕴藏量22.9万千瓦，可开发利用12.5万千瓦。金沙江流经华坪52.6公里，装机300万千瓦、总投资230亿元的观音岩水电站主坝址位于华坪县石龙坝镇龙井村。全县辖4乡4镇，5个社区，55个村民委员会，898个村民小组，居住着汉、傈僳、彝、傣等26种民族。2012年末全县常住人口17.08万人。

县城一角

社会主义新农村建设

近年来，华坪县立足实际调结构、突出特色兴产业、融入攀西经济圈促发展，实现了农业产业化稳步推进、工业经济快速增长、现代服务业加快发展，经济结构进一步优化，全县综合经济实力大幅提升，2009年度被省政府表彰为"县域经济发展先进县"。GDP从2005年的11.45亿元增加到2012年的38.37亿元，财政总收入从1.81亿元增加到11.98亿元。人均GDP和人均地方财政收入在全省的排名分别从第38位、第26位上升到2011年的第32位、第13位。工业总产值从13.43亿元增加到63.29亿元，工业增加值占GDP的比重从40.2%上升到55.1%，被列为全省重点工业强县。芒果、核桃等生态产业快速发展，芒果种植面积从4.06万亩增加到16万亩，核桃种植面积从6.1万亩增加到48.1万亩，被列为云南高原特色农业示范县。开工建设了投资13.63亿元的丽攀高速公路荣将至福田段高速公路、投资3.52亿元的腊姑河水库、投资3.56亿元的县城至荣将镇一级路等一批重大项目，为华坪未来发展奠定了坚实基础。高度重视保障和改善民生，城镇居民人均可支配收入从7146元增加到19554元，农民人均纯收入从1705元增加到6136元。

优质晚熟芒果

煤炭资源富集

附录 二

中国企业风采

富滇银行

综述

2012年是富滇银行品牌创建一百周年，也是恢复组建后第一个“五年计划”的收官之年。一年来，富滇银行紧扣国家政策和监管主线，各项业务快速发展，资产规模、盈利水平和资本实力取得较大突破，进一步实现了业务转型，有力服务了实体经济建设。

夏蜀董事长走访挂钩农户

积极支持地方发展 全年投放贷款突破七百亿元

2012年，面对复杂严峻的国内外经济金融形势，富滇银行认真贯彻落实货币信贷政策、产业政策，围绕省委省政府的经济工作部署，积极履行地方银行职责，促进云南经济跨越发展，全年累计投放贷款707.09亿元。

加强金融创新 满足客户多元化需求

不断加强业务创新工作，制定了《产品创新与推广专项考核办法》，将产品创新纳入年度刚性考核范围。与其他金融机构共同开发理财和结构性产品，被《理财周报》评为“2012年中国最具区域竞争力城商行金融品牌”。

12月21日，省政协主席罗正富、副省长丁绍祥、省人大常委会原常务副主任牛绍尧和我行夏蜀董事长揭牌

进一步强化产品创新工作，发行了“富滇稳健”、“富聚财富”、同业存款理财计划等理财产品，其中，“富聚财富”系列理财产品荣获《理财周报》评选的“2012年中国十大最佳银行理财产品”称号。

创新林权抵押贷款融资模式，加大“三农”金融服务。全行涉农贷款余额突破100亿元。

加强电子渠道建设，全行企业网上银行客户新增3728户，个人网银（专业版）客户新增15861户，个人手机银行客户新增11118户。

支持小微企业、非公经济发展

富滇银行结合云南本地经济特点，加强对小微企业和非公经济的差异化服务建设，成立小企业信贷专营中心、科技服务创新中心、矿业中心为不同行业领域的小微企业和非公企业客户提供了专业化、差异化的金融服务。

同时富滇银行紧密联系省市相关政府职能部门，积极参与政府主导的促进小微企业发展的活动。在第七届中国中小企业家年会上，荣获“2012年度全国支持中小企业发展十佳商业银行”等称号。

惜缘敬业、持续专工

——北京华利兴达图书有限公司

北京华利兴达图书有限公司（原北京华利兴文化信息中心）是一家主要销售年鉴、志书、古籍等具有专业性图书的公司。公司秉承："惜缘敬业、持续专工"的企业理念，以"诚信经营、客户第一"为标准，努力缔造中国图书文化产业优秀品牌。

多年来，公司本着为用户高度负责的态度，注重图书发行题材，严格组织货源，所有图书均来源于国家正规发行渠道，并具有品种多、实用强、收藏价值高等特点。目前公司已与国内众多出版社建立了长期稳定的合作关系，并与全国各地多家大学图书馆、资料室、公共图书馆、研究院等客户开展各种形式的深层合作。除此以外，公司正在加大与各级新华书店、民营书店的合作力度，现已成为部分省市新华书店，知名网店的重要供应商。在发展过程中，销售团队依托公司10000多种现货图书平台，通过数据、仓储、物流三大系统的整合，实现物流高效的图书配送业务。

公司拥有良好的经营环境，制度健全，管理规范，业务广泛，并注重企业文化建设，尊重知识，崇尚人才，鼓励创新意识，团结进取，企业与员工共同成长。展望未来，在图书出版业的发展大潮中，华利兴达通过持续稳健的发展战略，产品创新能力的建设，用开拓、进取、创新的姿态迎接更加辉煌灿烂的明天。

中国建设银行股份有限公司天津市分行

中国建设银行股份有限公司天津市分行成立六十年来，始终认真执行国家经济金融政策，积极服务地方经济发展，形成了独具特色的品牌形象，在中长期信贷、住房金融、工程造价咨询、投资银行等业务领域具有市场领先地位。截至2013年末，全行资产总额达到2313.6亿元，全口径存款达到2250亿元，各项贷款余额达到1960亿元，业务规模、资产质量和经营效益在同业中居于前列。

近年来，建行天津分行全力支持城市基础设施建设和支柱产业发展，积极为城市路网、轨道交通、港口建设等领域的重大项目提供信贷资金支持，为优质企业客户提供包括信贷支持在内的组合金融服务。大力支持美丽天津建设，制订专业化金融服务方案，将对160个建设项目提供资金支持，预计融资总额2000亿元。作为大型国有商业银行，积极践行社会责任，以“民本通达”综合服务方案为主线，不断加大对教育、卫生、文化、社保等领域的金融服务力度，自主研发的“医健通”诊疗系统、校园一卡通系统等形成独特应用优势。积极扶持楼宇经济、“科技小巨人”等专业化程度高、科技含量高、创新能力强、资产负债率较低、有较强发展后劲的成长型小企业发展。大力支持“三农”和小城镇建设，已对东丽区金钟街、津南区八里台、西青区张家窝等十四个小城镇建设项目实施贷款投放八十余亿元。创新性提出《天津市保障性住房金融服务方案》并得到市政府认可，牵头为市保障住房建设投资公司组建二百亿元银团贷款，并独家承办市公积金委托保障房项目贷款，产生良好社会效益。

建行天津分行始终坚持“以客户为中心、以市场为导向”的经营理念，借助国家给予滨海新区在金融改革和创新方面可以先行先试的政策优势，深入开展以产品整合、特色产品研发为主的创新工作，陆续推出信贷资产转让、融资租赁、保险直投、固定资产融资支持、网络信贷等创新型业务。

充分利用短期融资券、中期票据等各种投、融资工具满足广大客户不断增长的多元化金融需求，债券承销、理财产品发售等方面在区域内具备领先优势。在本地市场率先搭建起电子商务交易平台，“e商贸通”、“善融商务”品牌影响力和市场竞争力不断提升。深入推进滨海新区优先发展战略，大力加强与天津中新生态城、天津排放权交易所、天津股权交易所、贵金属交易所等在创新业务方面的合作，积极为滨海新区开发开放提供全方位金融支持。

目前，建行天津分行拥有覆盖市内各行政区域的近三百个分支机构，形成了包括私人银行/财富中心、旗舰理财中心、理财中心、普通网点、自助银行在内的五级客户服务渠道体系。各基层机构注意从细节做起，不断加强网点硬件设施和服务标准化建设，提升从业人员综合服务能力，使广大市民能够享受到更加方便快捷的金融服务。分布在市内六区和滨海新区的全流程个贷中心为广大市民提供住房贷款一站式服务，提取住房公积金余额提前冲还贷款、住房公积金通存通兑、并户转移等多项新服务，使房贷客户满意度显著提升。随着互联网金融的快速发展，不断提高网上银行和移动支付领域开发建设水平，逐步形成包括企业网银、个人网银和手机银行、电话银行、短信银行、微信银行等在内的全系列电子交易体系，业务交易模式正在向物理网点和电子渠道并重的格局转变。

随着天津市经济社会的快速发展和滨海新区开发开放的深入推进，建行天津分行面临着前所未有的重大发展机遇。全行正在按照股份制商业银行的全新要求，紧紧围绕天津市“十二五”规划的实施工作，不断开拓创新，锐意进取，进一步创新业务产品和服务手段，努力为广大客户提供更加全面周到的金融服务，为天津地区经济社会发展作出更大贡献，朝着“成为天津地区企业形象佳、盈利能力强、员工素质高银行”的愿景目标坚定前行。

北京市古代建築設計研究所

北京市古代建筑设计研究所是全国率先成立的古建筑专业研究设计单位，具有文物古建筑保护修缮设计甲级资质和建筑设计乙级资质，拥有国内一流的古建专家，技术实力雄厚。

该所自成立以来已完成设计项目700余项，代表作有：中共中央党校汇名园、中国紫檀博物馆、北京钓鱼台国宾馆养源斋、中央电视台无锡外景基地、北京万佛华侨陵园、山东龙口南山寺、天津大悲院扩建、辽阳广佑寺复建、北京一六一中学改扩建、北京历代帝王庙修缮以及华盛顿中国城牌楼、莫斯科北京饭店室内装修、扎伊尔金沙萨恩塞莱总统庄园中国园林、英国曼彻斯特中国餐馆等境外工程。

我所专家编写的专业学术技术著作《中国古建筑木作营造技术》《中国古建筑瓦石营法》《中国清代官式建筑彩画技术》《中国建筑彩画选》《北京四合院建筑要素图》和行业标准《古建筑修建工程质量检验评定标准》等，对我国古建园林设计、施工、教学研究发挥着重要作用。我所主办的《古建园林技术》杂志是古建园林工作者的必读刊物。

北京大学国际发展研究院

甘肃天水麦积山艺术博物馆

山西太原迎泽公园大门

天津恒大贵宾楼

鸦儿胡同四合院

南海阁

内蒙赤峰市巴林左旗辽代风格地标建筑

北京官园市场改造工程

内蒙通辽达尔罕王府复建

南宁畅游阁

武汉归元禅寺水明楼

四川道源圣城三清殿

马来西亚柔佛峇株吧辖市紫英阁新址

张家界天门山寺观音阁

北京国际数学研究中心

北京八宝山殡仪馆吊唁大厅（与北京市建筑设计研究院合作）

所　长：马炳坚　　副所长：张　越　徐新伟　　主任工程师：张丽鲜

第四篇

中国市长论城市经济

以科学发展观为统领
推进包头经济社会转型发展

包头市委副书记、市长　孙炜东

科学发展是当代中国的鲜明主题，是人民群众利益的根本所在。实践中我们深刻地认识到，要解决好发展中面临的各种矛盾和问题，应对未来各种压力和挑战，必须牢牢把握科学发展观的要求，使经济发展转到更加注重质量效益、更加注重结构优化、更加注重全面协调可持续的发展轨道上来。近年来，我们立足包头实际，进一步明确转型发展思路，团结和依靠全市各族人民，抢抓发展机遇，积极应对挑战，锐意开拓进取，实现了经济社会发展的新跨越。2006年，包头地区生产总值突破1000亿元，2009年突破2000亿元，2011年突破3000亿元。2012年，仍然保持平稳发展的态势。在做大经济总量的同时，经济发展质量不断提升，城市服务功能和辐射带动能力明显增强，人民生活水平大幅提升，开创了包头改革开放和现代化建设的新局面。

一、加快产业结构优化升级是转型发展的关键所在

推进产业结构调整是加快经济发展方式转变的重要途径，其实质在于提升产业竞争力。经过几十年的建设和发展，包头形成了门类较全、特色明显和具有一定比较优势的产业基础及产业体系，成为我国重要的钢铁、铝业、装备制造业基地之一。但是随着传统生产要素对经济增长的贡献率逐步递减、生态环境对经济增长的约束力明显增大，加速摆脱对资源的过度依赖已是迫在眉睫、势在必行。这些年，一方面，我们提升传统产业层次，通过采用新技术、新设备、新工艺拉长产业链条，发展高附加值产品和终端产品，推动产业延伸，从而提高钢铁、有色金属、能源、稀土等产业的发展质量和效益。另一方面，我们牢牢把握国家支持内蒙古又好又快发展和自治区打造以呼包鄂为核心的沿黄河沿交通干线经济带等重大机遇，积极培育发展新材料、新能源、高端装备制造、节能环保、电子信息等战略性新兴产业，以及生产性服务业和生活性服务业，使产业结构更加优化多元。目前，钢铁、装备制造、铝业、电力、稀土等优势产业在转型升级过程中不断做大做强，新型煤化工、光伏材料、风力发电等新兴产业快速发展，特别是装备制造业总产值已占全市规模以上工业总产值近30%。在新型工业化加快推进的同时，服务业发展后劲不断增强，现代物流业、城市综合体等新型业态迅速崛起。随着现代产业体系的逐步建立，包头经济焕发出了新的生机和活力。

二、加速环境建设是转型发展的必然要求

环境建设是经济社会全面发展的基础保障和重要内容，抓环境就是抓发展，抓发展必须抓环境。这些年，我们从生产、生活、生态三个环境入手，全方位加强包头人居环境建设，为推进包头经济社会转

型发展提供重要支撑。在生产环境建设上，主动融入以呼包鄂为核心的西部经济区发展，加快与周边地区在重大基础设施建设等方面的衔接，建设区域性综合交通运输枢纽，配合实施京包高速铁路、呼包鄂城际快速客运专线建设工程，加快京包高速公路、110国道改扩建等重点项目建设，着力构建区域性中心城市。在生活环境建设上，推进重点城区建设，城市框架和建设规模不断拓展，推动城市道路、给排水、供热、供电、天然气管网、垃圾无害化处理、污水处理等重大基础设施改造升级和延伸配套，全面提升城市综合服务功能。在生态环境建设上，以创建环保模范城市为目标，下大决心逐步解决城区污染问题，实施“蓝天、绿水、青山、大草原”计划，努力改善生态环境和人居环境质量，建设生态宜居城市。在加强城市硬环境建设的同时，我们从提升市民素质和全社会文明程度、转变政府职能提升服务效率等多个层面入手，着力打造城市发展“软环境”，进一步增强城市发展的核心竞争力。实践证明，包头连续3次获得“全国文明城市”荣誉、成功创建“国家卫生城市”与良好的城市环境密不可分。环境的不断改善，不仅让人民群众得到了更多实惠，也为包头转型发展搭建起了坚实而广阔的平台。

三、造福于民是转型发展的根本目的

科学发展观的核心是以人为本。必须牢固树立发展为了人民、发展依靠人民、发展成果由人民共享的理念。这些年来，我们坚持富民与强市协同推进，一方面，把促进增收作为保障和改善民生的首要任务，千方百计扩大就业，加快收入分配制度改革，努力实现城乡居民收入增长和经济同步增长、劳动报酬增长和劳动生产率同步提高。另一方面，针对群众的新期待、新需求，着力优化教育、卫生、文化等公共服务，稳步扩大社会保险覆盖面和待遇再提高，努力让人民群众学有所教、劳有所得、病有所医、老有所养、住有所居、居有所安。在造福于民的实践中，我们真切地感受到，改善民生只有起点，没有终点。我们只有把保障和改善民生作为各项事业的根本出发点和落脚点，时刻维护和发展群众利益，才能使党和政府的各项决策部署赢得人民群众的拥护和支持，从而调动起一切积极因素自觉投身现代化建设，使全面建设小康社会成为广大人民群众的共同追求和自觉行动。

四、加强党的建设是转型发展的重要保障

推进经济社会转型发展，能否取得积极成效，关键在党，关键在人。这些年来，我们主动适应新形势、新任务的要求，紧紧抓住党的执政能力建设和先进性建设这条主线，以改革创新精神，全面加强党的思想、组织、作风、制度和反腐倡廉建设。坚持用科学理论武装头脑，增强党员干部推动科学发展、全面转型的自觉性；坚持靠科学机制选人用人，建设善谋发展、勇于实践的干部队伍；坚持以创先争优夯实组织建设，打造推动发展、促进和谐的战斗堡垒；坚持用过硬的措施整顿作风，营造联系群众、真抓实干的良好风尚；坚持将正风肃纪贯穿于反腐倡廉建设始终，筑牢惩防并举、标本兼治的反腐防线。实践证明，党的领导干部是带领广大人民群众谋发展的领路人，要谋发展，就必须建设一支政治强、业务精、作风好的干部队伍，坚持一切从实际出发、一切从群众利益出发，制定好政策，整合力量，营造环境。只有这样，才能在全社会形成聚精会神搞建设、一心一意谋发展的良好氛围。

强力推进广元低碳经济纵深化发展

广元市委书记、市长　马　华

一、回顾过去，低碳广元建设初见成效

灾后重建以来，我们客观研判形势，立足资源优势，以超常的魄力和胆识在西部地区率先提出了科学重建、低碳发展的战略构想，以“三创促三化”为主要路径，坚持低碳发展与经济结构调整、发展方式转变相结合，坚持低碳发展与节能减排、发展循环经济相结合，坚持碳减排与碳增汇相结合，有序推进低碳广元建设，取得了阶段性成效。

近几年来，我们强化低碳发展制度设计，推进低碳生产生活方式进社区、企业、机关和学校，投放便民自行车，引导和带动广大人民群众自觉践行低碳生活方式，低碳发展氛围日渐浓厚，低碳理念逐步深入人心。我们坚持产业向园区集群集聚集约发展，优先发展生态工业、特色农业、现代服务业等低碳产业，做大做强清洁能源、农副产品加工、电子机械、新材料等工业板块，大力发展“6+3”特色林业和绿色农业，加快发展旅游、职教等特色服务业，低碳产业占工业比重达到40%以上，旅游收入年均增长40%以上，低碳产业发展初具规模。我们加快建设循环经济产业示范园区，有序推进高耗能高污染企业优化升级，大力推广水电、风电、农村沼气等清洁能源，全市清洁能源使用占一次能源消费结构的比重达到23.36%，万元GDP能耗累计下降15%以上，低碳能源生产和消费结构不断优化，能源低消耗、经济高增长的局面初步形成。

通过全市上下不懈努力，低碳广元建设在国际国内的影响力不断提升，我市先后荣获“低碳中国贡献城市”、“全国低碳发展突出贡献城市”、“中国低碳生态先进城市”、“杰出绿色生态城市”等荣誉称号，低碳发展已成为我市一张靓丽的城市名片。

二、增进共识，坚定低碳发展战略不动摇

我市仍面临工业整体发展水平较低、工业结构不尽合理、新能源和天然气产业发展起步较晚、节能减排任务较重、低碳发展不平衡等问题。低碳广元建设的实践证明，低碳发展是我们发挥后发优势，优化产业结构，保护生态环境，提高承载能力，促进城乡协调发展的内在要求，也是推进“两化”互动、统筹城乡发展和加快建设川陕甘结合部经济文化生态强市的现实需要。

一是要依托丰富的资源优势推进低碳发展。我市煤炭、天然气和水能资源丰富，是全省为数不多的能源输出地区，能源产量大于能源消费量。同时，我市也是清洁能源资源丰富的地区，天然气储量巨大，生物质能源丰富，沼气推广已成规模，是全省农村沼气发展先进市，在“气化广元”工程、沼气推广利用工程技术和组织管理等方面积累了丰富的经验。我们要充分利用良好的能源资源禀赋，以推动资

源就地转化和高效利用为重点，大幅提高资源综合利用率，降低资源消耗和环境污染，通过低碳发展不断提升经济发展的质量和效益。

二是要依托良好的生态优势推进低碳发展。我们通过大力实施生态工程，初步建成了以市城区为中心，以水网、路网为连接线，以环城周森林带为圈层，以片区森林为保障的城乡森林生态系统；基本形成了城区园林化、郊区森林化、水系景观化、道路林荫化、庭院花园化的格局；以创建国家森林城市为抓手，全市森林覆盖率提高到53.6%，生态系统年固碳能力达到1200万吨以上，形成了强大的碳汇储备，为推动低碳发展提供了强大的环境承载能力。我们要依托良好的生态资源，把加快发展与保护生态有机统一起来，把环境保护纳入经济社会发展的整体框架。

三是要充分发挥后发优势推进低碳发展。我市正处于工业化和城市化初期加速向中期迈进的发展阶段。同时，经济模式和工业体系可塑性较大，产业向低碳经济调整和转型具有成本低、阻力小、动作快的独特优势。在加快工业化和城镇化发展的过程中，我们要通过学习、借鉴和吸收先发展地区的经验教训，努力回归到自然生态，坚持人与自然和谐、天人合一的最高境界，通过低碳发展实现追赶跨越。

三、突出重点，促进低碳广元建设实现新跨越

当前，全市上下要把低碳发展与“两化互动、统筹城乡”紧密结合起来，以争创国家级低碳试点城市为抓手，进一步更新发展理念，全面实现低碳广元建设新突破。

一是健全低碳发展规划和政策体系。加快启动低碳发展专项规划编制，尽快编制低碳“三化”规划、“三江”新区低碳发展等规划，加快形成以“十二五”低碳发展规划为龙头、各专项规划为补充、各项规划衔接配套的低碳发展规划体系。在现有低碳发展政策体系的基础上，继续完善加快我市低碳发展工作的意见、低碳企业准入标准、低碳发展考核办法等政策体系，加速建立低碳发展目标考核体系，强化政府引导作用。推行经济激励机制，运用市场机制推动低碳发展。

二是加快构建以低碳排放为特征的产业体系。坚持低碳发展理念，继续推进实施“四园驱动”战略，实现三次产业互动、城乡经济共融。围绕循环农业、生态农业、低碳农业、有机农业和观光农业，加快推进农业现代化进程。围绕电子机械、新型建材和以新材料、新能源汽车组装改装、生物医药等为代表的战略性新型产业，积极发展低碳工业园示范区。围绕优势特色文化、生态旅游、劳动力资源，持续加快文化旅游和职业教育园区建设，加快推进三产服务业稳步发展。

三是优化以清洁生产生活为特征的能源体系。能源低碳化是低碳发展的核心，要加速构建低碳化的能源资源生产体系和消费体系。大力提倡和推动绿色低碳消费，以倡导“市民十大生活新风尚”为重点，引导公众转变观念，促进生活方式低碳化。

四是积极建立技术创新、运用、示范体系。大力发展低碳技术，积极研发低碳产品。结合低碳发展需求，开发碳计算器，促进废旧金属回收，发展太阳能、风光互补产品，加快低碳产品的运用和输出。推广行之有效的经验做法，完善低碳示范单位标准，积极开展低碳示范单位的创建工作。

五是加快建立统计、计量、监管体系。按照国家和省的统一标准，对全市耗能单位用能情况、新能

源和可再生能源利用情况、温室气体排放源进行调查摸底，列出能源消耗与温室气体排放清单。完善能源消耗统计制度，增加新能源和可再生能源利用统计体系，建立温室气体排放监测体系以及统计考核体系，建立低碳经济公报制度。

六是强化低碳发展保障体系。建立健全推进低碳发展的保障机制，为推动低碳发展营造良好环境。各县区、市级部门要落实专门的机构和人员从事低碳工作。加大对低碳发展工作的考核，加强对目标责任、工作进度的跟踪检查。出台《广元市低碳经济发展责任考核评价办法》，将规划建设任务分解细化，明确责任单位与领导。建立考核制度，将低碳经济规划完成情况纳入到市、县(区)二级领导及各部门的年度目标考核，实施奖惩机制。

低碳发展是一项创造性的、复杂的系统工程，加快低碳发展任重道远。让我们共同努力，以更长远的眼光、更明确的思路、更务实的举措，有效整合社会各方面力量，协力推进广元低碳发展，加快建设国家级低碳试点城市和全国生态宜居城市，着力构建嘉陵江上游生态屏障，加快把广元建成川陕甘结合部经济文化生态强市。

打造创新型经济 推动高水平崛起

东莞市委副书记、市长 袁宝成

在2012年底召开的市第十三次党代会上，市委做出了“加快转型升级，建设幸福东莞，实现高水平崛起”的战略决策，为全市新一轮发展指明了方向。根据市委的决策部署，新一届市政府提出：未来几年要更坚定、更明确地把政府工作的重点放到产业建设上来，把打造创新型经济作为经济建设的主攻方向，作为实现高水平崛起的主抓手，推动东莞从产业大市向产业强市迈进。

围绕这一工作思路，全市政府系统切实强化责任意识和紧迫意识，提质提效提精神，强力强势抓执行，全力推进打造创新型经济的各项工作，加快推动东莞实现高水平崛起。

一、打造创新型经济是东莞转型发展的迫切要求，是高水平崛起的重要支撑

创新型经济，就是以科技与产业融合为目标、以知识和人才为依托、以创新为动力、以新技术和新产品为着力点、以创新产业为标志的经济。打造创新型经济，切合东莞转型发展的需要，以下几点是关键所在。

第一，面对转型升级的迫切任务，打造创新型经济是加快转变发展方式的必然选择。改革开放以来，东莞依靠毗邻港、澳、穗、深的区位优势，凭借敢为人先、务实创新的拼搏精神，主动承接国际产业转移，从一个香飘四季的农业县，迅速发展成为一座驰名海内外的制造业名城。全市生产总值在全国大中城市中排名第22位，成为中国改革开放精彩而生动的缩影。但时至今日，传统发展模式难以为继的态势越来越凸显，各种深层次矛盾日益显露。一是资源主导、要素驱动的发展模式，虽然完成了初期的财富积累，但资源环境代价沉重，已逼近城市承载能力的极限，必须加快向强化创新驱动转型升级。以土地资源为例，全市建设用地规模已经突破总面积的43%，可利用的建设用地总量不多，大面积连片土地更少，60%的镇街已无500亩以上可集中开发的地块，严重影响了对重大项目、优质项目的承载力。二是市镇村组多轮齐动的发展模式，虽然在早期充分调动了各级的积极性，但在一定程度上也造成了无序发展的弊端，必须向加强规划和统筹转型升级。多轮驱动客观上带来了布局混乱、发展分散、重复建设等问题，基层形成了对传统发展模式的路径依赖，镇村债务风险、收不抵支等现象日渐突出。三是核心竞争力不强、植根性较弱的发展模式，虽然在以往经济飞速发展的情况下表现得并不十分突出，但经过国际金融危机等检验后逐步暴露出来，成了东莞经济发展的制约和隐忧，必须提升自主创新能力和抗御风险能力转型升级。解决这些问题，就必须从根本上建立起创新型经济，破除传统发展模式的路径依赖，防止落入“中等收入陷阱”，推动经济发展从要素驱动、投资驱动向创新驱动转变，从而拓展新的发展空间，增加新的发展动力，实现新的发展格局。

第二，面对不进则退的竞争态势，打造创新型经济是我市再次领跑的动力源泉。随着改革开放的纵

深推进，当前全国各地形成了百舸争流、千帆竞发的发展局面，你追我赶的竞争越来越激烈，争先进位的格局越来越明显，东莞正面临标兵走远、追兵逼近的紧迫形势。与东莞产业结构类似的苏州生产总值已突破万亿元，而我市还未过5000亿元。虽然目前东莞生产总值仍排在全省第四，但是在珠三角所占的比重已经从2006年的12.2%下降到2011年的10.7%。我们与穗、佛、深的差距越拉越大，惠州与我们的差距则在逐步缩小。五年前东莞的地区生产总值仅比佛山低303亿元，到2011年已相差1845亿元。惠州2006年经济总量只有我市的35.4%，如今已上升到44.3%。逆水行舟，不进则退，小进也是退。只有不断强化产业的创新驱动力，增创发展新优势，才有可能在激烈的区域竞争中赢得先机、占据主动。深圳之所以能实现从制造到创造，从速度到效益、质量的华丽转身，也是因为近年来探索出了一条依靠自主创新推动经济增长方式转变和经济结构升级的有效路子。就东莞来说，虽然近年来通过深入实施科技东莞工程，全市自主创新能力有了较大提升，但与先进城市相比仍然存在较大差距，全市科技、金融对产业的支撑力不足，龙头创新企业缺乏，多数企业处于产业链条低端，缺乏自主技术和自有品牌。创新型经济的核心就是以不断的创新，始终占据产业高端。在日益激烈的区域竞争面前，我们要增创优势、保持领先，打造创新型经济强市无疑是最佳的战略选择。

面对严峻复杂的经济形势，打造创新型经济是东莞胜利突围的有效法宝。企业是经济的主体，是宏观经济的基础，企业兴则经济兴，企业强则经济强。改革开放以来，由于宏观经济环境普遍较好，东莞的企业没有遇到多大的发展挑战，全市经济也保持了年均18%的高速增长。但近年来，由于连续受到国际金融危机、欧债危机等的冲击，广大企业受外部市场需求不振、生产经营成本上升等因素的影响，不同程度地遭遇了发展困境。特别是一些中小微企业、劳动密集型企业、缺乏核心竞争力的企业，面临着严重的生存危机。与之相反的是，一批真正掌握技术专利和核心竞争力的创新型企业却逆势增长。我们打造创新型经济，就是要用三五年时间，着力引进和培育一批主营业务超百亿元乃至超千亿元的创新型重大项目，并切实引导中小微企业朝着“微笑曲线”的两端提升，推动产业不断向设计、销售两端延伸，从根本上增强经济的核心竞争力与抗御风险能力。只有这样，我们才能有效应对复杂严峻的经济环境，迎来新的增长拐点。全市各级各部门应该进一步增强忧患意识和使命意识，立足优化发展，围绕“好中求进”，把更多的精力集中到创新型经济建设上来，努力推动东莞进入一个高速增长的新阶段，为高水平崛起奠定坚实的经济基础。

二、准确把握创新型经济的目标方向和工作重点，为实现高水平崛起提供强大动力

经过多年发展，东莞积累了比较雄厚的经济实力，拥有相对完善的产业配套、市场环境和城市承载平台，具备打造创新型经济的良好基础。只要理清工作思路，集中精力在若干领域实现重点突破，就将带动整个创新型经济建设。在2012年《政府工作报告》中，我们提出未来五年全市发展的主要目标是：生产总值年均增长8%以上，人均地区生产总值年均增长7.5%以上，进出口总额年均增长8%以上，研究与开发经费支出占生产总值比重2.4%，城市居民人均可支配收入和农民人均纯收入年均增长8%以上，单位生产总值能耗降低19.5%，全市综合经济实力大幅提升，产业结构明显优化，城市竞争力和可持续

发展能力显著增强。围绕上述目标，未来一段时期要着力抓好几大方面的工作。

一是把占据产业高端作为主攻方向。打造创新型经济，要明确产业发展的主导方向，坚定不移地走突破产业高端的道路，以高技术产业替代落后产业，以高端产业环节替代低端环节。对服装、五金等优势传统产业，要推动其加快拓展产业链条，抢占研发、设计、先进制造与营销等高端环节；要继续办好国家级加工贸易产品博览会，推动产业转型升级，提升产业竞争力与综合效益。对发展战略性新兴产业，要加快引进和培育步伐，着力发展新一代信息技术、新一代互联网、新能源、新材料、节能环保、生物等产业，努力打造一批超千亿元战略性新兴产业集群。对现代服务业，要重点发展生产性服务业，突出发展与制造业配套的金融服务外包、物流仓储、研发设计、电子商务、文化创意等生产性服务业，积极发展总部经济、会展经济，打造珠三角新兴物流城市和金融强市。同时，要结合环境建设与生态修复，着力发展生产、生态、休闲、观光一体化的都市型农业，最终逐步形成传统产业优势突出、战略性新兴产业形成规模、现代服务业支撑有力、都市型农业高效集约的创新型经济产业体系。

二是把“三重一大”建设作为龙头引领。打造创新型经济，要突出以重大项目、重大科技专项、重大产业集聚区的建设为主体，积极完善园区基础设施，积极引进和培育“三重”项目。在引进重大项目方面，2012年以来，东莞已经引进了中粮广东粮油加工产业园、华为终端总部等一批大项目落地，接下来要继续抓好招商引资工作，积极承接高端产业转移，主动接受穗深辐射，在引进世界500强企业、大型跨国公司、大型央企和龙头民企上实现新突破。在培育产业龙头方面，要定向扶持一批优质企业做大做强，发挥大项目、大企业辐射效应，打造龙头项目配套企业群，力争带动一批现有产业集群整合提升、促进一批新兴产业集群有效形成。鼓励外资企业增资扩产和设立区域总部，协助拓展新兴市场和内销市场，增强产业植根性。在重大产业集聚区建设方面，要着力完善园区承接创新型产业的载体功能，科学开发建设松山湖、虎门港、生态园、长安新区及各镇街工业集聚区，推动各镇街（园区）差异化发展。把大市区打造为金融中心、总部经济集聚中心和产业服务中心，加快建设以松山湖为龙头的园区经济带、以虎门港为核心的物流经济带、以主城区为核心的商贸经济带，加快形成现代服务业、高新技术产业、先进制造业、临港产业、都市型农业等集聚区，构建起“一个核心区、三大经济带、五大产业集聚区”的创新型产业格局。

三是把强化自主创新作为核心动力。打造创新型经济，要把提升东莞的自主创新能力作为重中之重，着力招才引智，强化研发实力，建设创新型科技体系。东莞自2005年开始每年投入10亿元实施“科技东莞”工程，在推动企业自主创新方面取得了积极成效，东莞获得专利授权、承接省级以上科技专项项目数量有了明显增长。从2011年开始，“科技东莞”专项资金又提高到每年20亿元。要充分发挥政策资源的引导作用，推动企业自主创新的资源投入与绩效提升，使企业成为科技创新的主体，不断提高科技创新对经济增长的贡献率。要积极推动产学研合作，以今年与北京大学等国内高等院校合作的项目为突破，推动院校科研力量与企业技改研发紧密结合，促进各产业整体科技含量的提升。要集中财政专项资金力量，重点扶持一批关系城市未来发展的战略性、创新型产业项目。要优化创新资源配置，建设和完善一批国家级、省级创新平台，加快突破一批共性和关键技术。要深入实施人才东莞战略，加大创新科研团队和领军人才的引进培育力度，引导企业善待人才、用好人才，为创新型经济发展提供智力保障。

四是把构建现代金融体系作为有效支撑。要充分发挥金融对产业的服务和促进作用，引入现代金融机制，通过资本运作创新，助推经济发展。目前，东莞市已经出台了“1+4”系列政策，正在筹备组建一批引导基金，大力引进风投、创投机构。政策上的准备已经完成，接下来，我们要努力抓好工作落实。一方面，要努力壮大全市金融实力，继续有针对性地引进外资金融机构和跨境金融服务，扶持地方金融机构完善管理、整合壮大、扩张上市。积极建设东莞金融商务区和松山湖金融改革创新服务区，在试点基础上推动科技金融、物流金融发展，加强莞台金融合作，促进金融业发展壮大。另一方面，要积极推动企业运用现代金融手段进行创新，加大优质企业上市培育力度，争取一批创业投资、产业基金等新型金融组织落户东莞，并协助其寻找好的科技项目，促进其发挥作用，从而引导形成多层次的投融资平台体系，使企业有条件获得资金资源，从而促进金融、科技与产业进一步融合发展。

五是把促进集体经济健康发展作为重要基础。镇村集体经济占东莞经济存量的70%，村组两级集体总资产约占全省同级的四成。东莞，就必须继续把这一块的特色和优势巩固好。今年，我市在集体经济发展和管理，以及财政转移支付、扶贫“双到”等方面出台了一系列政策，为其减压减负、输血造血，积极探索市镇村共同分享蛋糕的机制，推动其加快改革和转型。接下来，要以建设省幸福导向型产业发展示范区为目标，大力推动水乡地区“五个一体化”，示范带动全市农村走统筹协调发展之路。重点对镇村发展方向进行差别化规划，从经济区域、主体功能区概念统筹考虑发展定位，并以水乡片为试点，推动全市各镇村统筹发展、差异发展、错位发展。对土地等资源进行统筹，落实“市镇主导开发”、“三旧”改造、旧村整治等政策，探索由镇街对村级工业厂房等物业实行集中统租、集中改造和集中使用，推动租赁经济高级化，盘活集体土地用于创新型经济建设。对集体积累的资产资金进行规范管理，严控集体支出，严禁举债分红，着力防范债务风险，并推动集体闲置资金进入市级投融资平台，投向优质项目，向多元化投资创收转变。

六是把打造法治化国际化营商环境作为有力保障。2013年东莞市已经提出了要着力建设“六个东莞”、打造法治化国际化营商环境，并深入实施“三打两建”，开展市领导“访企业、送服务、促转型”活动，扎实推进大朗商事登记试点改革等工作，在帮助企业减负、解决用工用电等实际问题方面做了许多工作。接下来，要以“创一流政府服务，造最佳营商环境”为目标，吸引更多的企业和人才到我市投资创业。要继续深入推进“三打两建”，努力营造公平诚信的市场环境。要加快转变政府职能，深化行政审批制度改革，全面清理审批事项，力争做到取消一批、转移一批、下放一批、优化一批。要认真总结大朗商事登记试点改革经验，迅速在全市范围铺开，全力打造高质量、人性化的服务。要着力打造功能完善、全国一流的网上办事大厅，不断拓展业务深度和广度，力争实现政务全流程网上办理。要落实好首问责任、限时办结、政务公开、投诉追究等制度，加强机关作风建设，确保工作高效执行。要落实好企业相关费用减免、10亿元帮扶融资等政策措施，帮助企业解决融资难、用工用电难等实际问题，努力增创营商环境“加一”和综合成本“减一”优势，为创新型经济发展打造良好的环境。

坚定不移走转型发展道路

铜陵市委副书记、市长　侯淅珉

铜陵是国家有色冶金工业基地之一，长期形成的资源型产业结构，给城市可持续发展带来挑战。近年来，铜陵市坚持以邓小平理论和“三个代表”重要思想为指导，深入贯彻落实科学发展观，抢抓东部产业向中西部地区转移的重大战略机遇，挖掘紧邻长三角、紧靠长江岸线、自然环境优越、青铜文化积淀等新的资源优势，全力推动产业转型、城市转型和社会转型，走科学发展之路。

第一，推动产业转型。提出了打造世界铜都的目标，支持铜陵有色等骨干企业加快铜延伸加工等一批重大项目建设，初步形成“板、管、杆、箔、线、粉”的铜产业链条，实现集群发展。以创建国家循环经济发展示范市为抓手，基本形成以“铜、硫、石灰石”资源为核心的三大产业循环链，逐步向绿色发展转变。积极发展铜基新材料、新能源、先进装备制造、节能环保为重点的战略性新兴产业。强化贯穿国家南北、东西综合交通枢纽地位，积极推进岸线资源整治、国家环保部批准的“圈区管理”产业园等项目建设，力争成为长江流域重要物流节点城市，积极发展现代服务业。着力壮大铜文化产业，规划启动了青铜帝国、铜文化创意产业园项目；瞄准九华山佛教文化和长江文化资源，规划启动了九华湖生态文化旅游等一批项目。

第二，推动城市转型。围绕提升皖中南中心城市地位，坚持规划引领，按照城乡一体、功能分区、支撑发展、生态宜居的原则，重点推进现代化高品质西湖新区、东部产业新城、南部文化休闲新城的规划建设；加快老城区道路、供排水等基础设施建设，提升商贸服务功能，“一主两副三城”的城市框架基本形成。坚持环境立市，大力开展环境污染综合整治，限期关闭“五小”企业，实施全城区扬尘污染综合治理，推进矿山植被生态修复以及重金属污染治理、农村清洁及河道清淤等工程，努力实现天蓝、水清、地绿。坚持建设田园化美丽乡村，高标准推进中心镇和村庄综合整治工程，推进城市供水、供气、供电、通信等基础设施向农村延伸和覆盖，实现村村通公路、通广播电视、通宽带、通公交客运班车。

第三，推动社会转型。立足国情市情，探索理顺政府、社会和居民的关系，促进社会和谐。围绕“学有所教、劳有所得、病有所医、老有所养、住有所居”的目标，加大民生工程的投入力度和实施力度。城镇“零就业家庭”实现动态消除；全民养老保险和全民医疗保障制度框架基本形成，五项社会保险参保水平不断提高；统一了城乡低保标准；建立了更高水平的城乡困难群众大病医疗救助体系；完成了义务教育阶段学校和城乡卫生服务体系标准化建设任务；实现了乡镇综合文化站和行政村农家书屋全覆盖；义务教育均衡发展在全国领先，并提出由均衡化向现代化提升；集中成片棚户区改造项目全面开工，低保家庭廉租住房实现应保尽保，多层次住房保障体系基本建立，城乡居民人均住房面积分别达到28.4平方米和40.8平方米。以户籍制度和农村产权制度改革为突破口，全面组织实施城乡一体化综合配套改革；启动了流动人口居住证发放工作，推进城乡户籍登记一体化，到“十二五”末，使城乡居民（包括流动人口）享有同等的住房、医疗、养老、社保、教育、就业等公共服务。实行社区综合改革，全面取消街道办事处，增强基层服务水平。通过社区居民议事会、居民公约、居务公开、居务评议等形式，包括实行“社区管家”计划，提高居民自治能力；出台了政府购买社会组织服务的政策措施，努力发育社会组织。实施了“首问办结制”审批制度改革，规范和限制政府审批权力，缩短了审批时限，提升了服务效能。

未来一个时期是铜陵大有可为的黄金发展期。我们将按照省委、省政府建设美好安徽的决策部署，加快推进“现代产业之城、创新创业之城、精致大气之城、平安幸福之城”建设，推动转型发展向更高层次迈进，实现由单一经济转型向全面转型转变，力争走出一条具有铜陵特色的转型发展之路。

深入传达贯彻党的十八大精神 共建共享美丽城市和美好生活

珠海市委副书记、市长 何宁卡

学习贯彻党的十八大精神，深刻领会党的十八大报告的内涵实质，在新一届中央领导集体的领导下，凝心聚力把中国特色社会主义伟大事业不断推向前进。特别是结合珠海实际，把学习贯彻党的十八大精神转化为推动“蓝色珠海、科学崛起”的实际行动、科学举措和强大动力，是全市上下当前和今后一个时期的首要政治任务。具体而言，学习贯彻党的十八大精神，务必做到注重“五个深刻学习”，增强“五个自觉”。

一要注重深刻学习发展中国特色社会主义的丰富内涵和实现途径，增强坚定不移走中国特色社会主义道路的政治自觉。党的十八大强调，“建设中国特色社会主义，总依据是社会主义初级阶段，总布局是五位一体，总任务是实现社会主义现代化和中华民族伟大复兴。全面建成小康社会，加快推进社会主义现代化，实现中华民族伟大复兴，必须坚定不移走中国特色社会主义道路”。这要求我们必须深化对中国特色社会主义的认识，全面把握中国特色社会主义的内涵，增强道路自信、理论自信、制度自信和忧患意识、宗旨意识、使命意识。珠海经济特区是实践和发展中国特色社会主义的“试验田”，改革开放30多年来取得的成就和经验充分证明，兴办经济特区为建设中国特色社会主义闯出了成功之路，创造了新鲜经验。我们要结合新时期珠海经济特区承载的历史使命和发展现实，毫不动摇地深化改革开放，加快把珠海建设成为珠江口西岸核心城市和生态文明新特区、科学发展示范市，努力开创建设中国特色社会主义的新成就、新境界。

二要注重深刻学习党的十八大报告确立的重大创新成果和重大战略思想，增强用马克思主义先进思想武装头脑的理论自觉。党的十八大报告进一步明确了将“科学发展观确立为党必须长期坚持的指导思想”、“生态文明建设纳入五位一体的总布局”等重大理论观点和重大战略思想。我们要把这些马克思主义中国化最新成果作为“蓝色珠海、科学崛起”的根本方针和行动指南，认真学习好、领会好、应用好，切实把这些新思想、新论断、新成果转化为为党和人民的事业不懈奋斗的坚定信念，转化为指导改造客观世界和主观世界的行为准则，转化为观察和解决问题的科学方法，引领我们在“科学发展走新路，‘十二五’崛起看珠海”的征程中不断拓展新思路、取得新成绩、开创新局面。

三要注重深刻学习五位一体总体布局的战略谋划和重大部署，增强全面协调可持续推动“蓝色珠海、科学崛起”的自觉行动。党的十八大提出了建设中国特色社会主义的五位一体总布局，特别是把生态文明建设提到前所未有的战略高度，强调要“把生态文明建设放在突出地位，融入经济建设、政治建设、文化建设、社会建设各方面和全过程，努力建设美丽中国，实现中华民族永续发展”。我们要深刻学习领会五位一体总布局的战略谋划和重大部署，坚定走生态文明发展道路不动摇，坚持经济发展与环境保护双赢，坚持突出主题、贯穿主线、统筹兼顾、协调推进，抗得住一时快慢的得失，守得住“青山绿水、蓝天白云”的底线，促进经济社会全面协调可持续发展，加快推动“蓝色珠海、科学崛起”，使珠海城市更美丽、人民生活更美好、人与自然更和谐，实现更长时期、更高水平、更高质量的永续发展。

四要注重深刻学习全面建成小康社会的目标任务和重大意义，增强执政为民、建设幸福珠海的宗旨自觉。党的十八大提出了2020年全面建成小康社会的宏伟目标，特别强调“要多谋民生之利，多解民生之忧，解决好人民最关心最直接最现实的利益问题，在学有所教、劳有所得、病有所医、老有所养、住有所居上持续取得新进展，努力让人民过上更好生活”。我们要深刻学习领会全面建成小康社会的目标任务和重大意义，坚持以人为本、执政为民，情为民所系，利为民所谋，呼应社情民意，关切群众疾苦，大办民生实事，不断改善和提高人民群众的生活品质，让广大群众更多、更好地分享改革发展成果，让生活在珠海这座美丽城市的广大人民群众生活得更有尊严、更有幸福感和归属感。

五要注重深刻学习全面深化改革开放的创新要求和规律认识，增强经济特区先行先试的使命自觉。党的十八大强调，“改革开放是强国之路，是新时期最鲜明的特点。全面建成小康社会，必须以更大的政治勇气和智慧，不失时机深化重要领域改革，坚决破除一切妨碍科学发展的思想观念和体制机制弊端”。珠海经济特区是改革开放的产物，勇于创新精神是特区建设积累的最大宝贵财富。在新的历史时期，面对百舸争流、千帆竞发的竞争态势和时代赋予的光荣使命，我们要继续发扬敢闯、敢试、敢为天下先的特区精神，充分发挥经济特区的先行先试作用，着力深化重点领域和关键环节改革，加快构建有利于科学发展的体制机制制度，增创经济特区发展新优势，为全面建成小康社会提供源源不断的新鲜活力、强大动力和支撑保障。

总之，全市上下要把学习宣传贯彻党的十八大精神作为当前一件头等大事，摆上重要日程，深入学习，营造声势，加强督导，切实把全市党员干部和广大人民群众的思想和行动统一到党的十八大精神上来，把智慧和力量凝聚到推动“蓝色珠海、科学崛起”的宏伟事业上来，凝聚力量、团结拼搏，为珠海加快建设生态文明新特区、科学发展示范市，率先全面建成小康社会而努力奋斗！

学习贯彻党的十八大精神
加快推进西安国际化大都市建设

西安市委副书记、市长 董 军

党的十八大是在我国进入全面建成小康社会决定性阶段召开的一次十分重要的大会，是一次高举旗帜、继往开来、团结奋进的大会，对凝聚党心军心民心、推动党和国家事业发展具有十分重大的意义。党的十八大报告高屋建瓴、内涵丰富、全面深刻、立意深远，是一个集中全党智慧、反映全党意志、顺应时代潮流、体现人民心愿的报告，是全党的行动指南和全面建成小康社会的纲领性文件。学习十八大报告（以下简称报告），我的体会，可以用“四个最”来概括。

报告最大的贡献是将科学发展观同邓小平理论、“三个代表”重要思想一道，列为全党必须长期坚持的指导思想。本次大会修改后的《中国共产党党章》，进一步明确了科学发展观的历史地位，标志着我们党再一次实现了指导思想的与时俱进，是马克思主义中国化的最新进展，是中国特色社会主义理论体系的最新成果，对坚持和发展中国特色社会主义具有重大现实意义和深远历史意义。

报告最重要的创新是提出了中国特色社会主义事业“五位一体”总体布局。坚持以经济建设为中心，在经济不断发展的基础上，“协调推进政治建设、文化建设、社会建设与生态文明建设”，做到人与社会、人与自然全面协调可持续发展，促进人的全面发展。可以坚信，“五个建设”一起抓，“五个轮子”一起转，全面建成小康社会的奋斗目标就会更加鼓舞人心，行动步骤就会更加扎实稳妥。

报告最突出的亮点是把生态文明建设摆在显著位置，强调坚持节约资源和保护环境的基本国策，努力建设“美丽中国”，实现中华民族永续发展。我们应该充分认识到，只有把生态文明贯穿到中国特色社会主义建设的全过程，才能实现天更蓝、水更清、山更绿，才能让中国特色社会主义总体布局更加科学、更加丰满、更加立体，才能更加有利于实现可持续发展。

报告最令人振奋的是提出了到2020年实现全面建成小康社会的宏伟目标。明确了2020年实现国内生产总值和城乡居民人均收入比2010年翻一番的约束性指标。党的十八大报告第一次提出了两个同时翻番，把GDP翻一番与城乡居民人均收入翻一番结合在一起，要求更高，也充分体现了我们党以人为本和民富优先的科学发展理念。

党的十八大报告还提出了很多新思想、新观点、新论断，比如，关于科学发展，报告提出了“四个着力”、“五个更多”和“四化同步”的新要求；关于文化强国，报告提出要提高国家文化软实力，充分发挥文化的“四种作用”，提出了“一个必须”、“三个坚持”的总要求；关于社会建设，报告提出要加快形成社会管理“四大体制机制”；关于党的建设，报告提出了以“加强党的执政能力建设、先进性和纯洁性建设”为主线，建设学习型、服务型、创新型的马克思主义执政党等等。这些都对指导和推动我们各项事业的发展，具有十分重要的意义。学习贯彻党的十八大精神，关键要与提升个人思想境界结合起来，与抓好当前工作结合起来，与谋划好西安未来发展结合起来。

第一，要着力做大现代产业，扩大经济总量。党的十八大报告明确提出要“坚持走中国特色新型工业化、信息化、城镇化、农业现代化道路”，“推进经济结构战略性调整”。就西安而言，就是要坚持产业强市理念，积极构建高端化产业结构，继续实施工业突破战略，全面加快渭北工业区建设，大力发展高端装备制造、新一代信息技术、新能源汽车、新材料、生物医药等战略性新兴产业。就是要积极促进服务业转型升级，加快推进物流、金融、会展、科技等生产性服务业发展。就是要加快现代农业示范园区建设，促进都市型现代农业“服务城市、富裕农民”。

第二，要着力做强县域经济，推进城乡协调发展。党的十八大报告提出要“加快完善城乡发展一体化体制机制，促进城乡要素平等交换和公共资源均衡配置，形成以工促农、以城带乡、工农互惠、城乡一体的新型工农、城乡关系”。西安要突破县域经济这块短板，必须坚持全域统筹，加快推进城乡一体化发展。一是要充分发挥开发区的板块带动作用，使开发区在壮大自我、贡献全市的同时，建立开发区与区县产业协同、基础设施共建共享的联动机制，有效带动区县经济发展。二是要扶持区县经济做大做强。按照“四化同步、多措并举、城乡统筹、协同发展”的思路和“一类区县、一套政策”的原则，出台支持区县发展的相关政策，促进区县差异化、均衡化发展。三是要通过加快推进省级重点示范镇和新型农村社区建设，形成以点带面、重点突破的新农村发展格局。

第三，要着力改善民生，让群众生活更加幸福。党的十八大报告指出“加强社会建设，必须以保障和改善民生为重点”。着眼西安，就是要多谋民生之利，多解民生之忧，以“三心工程”为抓手，扎扎实实把“十件惠民实事”办到、办实、办好，努力让西安人民过上更好生活。一是不断加大民生领域投入力度，切实解决好人民最关心、最直接、最现实的利益问题，在学有所教、劳有所得、病有所医、老有所养、住有所居上持续取得新进展。二是扩大社会保障体系覆盖范围，特别是要加强对低收入群体和贫困群众的帮扶力度，尽快全部解决绝对贫困问题，使发展成果更多、更公平地惠及全体市民。三是深入推进社会管理创新工作，健全四级社会管理服务体系，强化基层单位的社会管理职能，用更加有效的体制机制和措施办法，实现社会管理和服务精细化、人性化和均等化。

第四，要着力抓好项目建设，增强发展内生动力。党的十八大报告提出“要牢牢把握扩大内需这一战略基点，保持投资合理增长，扩大国内市场规模。”就我市而言，就是要以国际化大都市建设为出发点，坚持以项目带投资、以投资保增长，保持适度投资增速，有效提升投资对经济的拉动作用。一方面，要加快推进重点项目建设，加大对工业、战略性新兴产业、现代服务业等领域的投资力度，在拉动经济发展的同时，通过优化投资结构，构建未来的产业结构。另一方面，要以实现持续增长为目标，认真抓好项目策划和储备，切实做好与“十二五”规划和省市共建大西安“25条”政策措施的衔接，为经济发展积蓄更多后劲。

第五，要着力优化生态环境，建设和谐美丽西安。党的十八大报告首次系统、完整地提出了生态文明建设的战略任务，在“五位一体”总体布局中，把生态文明建设放在了突出位置。在西安市今后的工作中，必须牢固树立尊重自然、顺应自然、保护自然的生态文明理念，努力实现生态与经济的共荣。具体来说，就是要扎实做好秦岭北麓生态保护，加快渭河流域综合整治，把城市的规划、建设与秦岭的保护利用、八水的恢复治理结合起来，形成城市与山水相融合、生态与经济社会相协调、人与自然相和谐的发展新格局。同时，要以创建“国家生态园林城市”和“国家森林城市”为契机，加强城市各组团之间生态隔离绿带建设，加快塑造西安生态宜居的城市环境。

依靠科技创新引领　推进两型社会建设

长沙市委副书记、市长　张剑飞

党的十八大明确提出，坚持节约资源和保护环境的基本国策。依靠技术进步和体制机制创新，是建设“两型社会”的根本性措施。长沙坚持科技进步与经济发展紧密结合，着力将科技创新优势转化为发展优势，科技创新成为“两型社会”建设的重要抓手和强大动力，科技竞争力跃居中部首位、全国第六位。

坚持以科技创新提升两型产业发展水平。科技创新是“两型社会”建设的战略支撑。两型社会建设必须实施创新驱动发展战略，依靠科技创新促进产业升级，通过产业升级提升核心竞争力，抢占新一轮技术和产业革命的制高点。长沙始终坚持新型工业化和产业高端化发展，加快实施国家重大科技专项，大力发展战略性、基础性和先导性技术，着力培育高端制造、新材料、新能源汽车、生物医药等战略性新兴产业，初步形成符合“两型”特征的现代产业体系。运用高新技术加快改造传统产业，促使产业从“高碳”向“低碳”转型，不断提升烟花、食品、烟草、化工、建材等传统产业的自动化、智能化水平，落后产能淘汰率达到100%。推动科技与文化创意产业、现代服务业深度融合，长沙文化产业发展强劲，成为全国服务外包基地城市之一。园区经济集约发展步伐加快，长沙高新区、长沙经开区晋级千亿园区，高新技术产业集群化发展趋势明显，中联重科、三一重工等龙头企业带动科技型中小企业快速发展，高新技术成为长沙工业快速发展的助推器。

坚持以科技创新支撑生态环境安全保障。良好的生态环境是科学发展的根本基础。绿水青山是大自然赐予长沙的宝贵财富，“两型社会”建设必须把生态文明建设放在突出地位，树立尊重自然、顺应自然、保护自然的生态文明理念，格外珍惜、爱护长沙的一草一木，强化水、大气、土壤等污染防治，解决损害群众健康的突出环境问题，为子孙后代留下天蓝、水清、地净、山绿的美丽家园。长沙实施规划战略环评并通过国家环保部的验收，实现从决策的源头严格控制环境污染；坚持“不挖山、不填水、不砍树”和生态组团式发展的建设理念，实施重大生态修复工程，不断扩大城市绿地，实施“还湖于民”、“还绿于民”，兴建社区公园，整治社区环境，生态宜居城市风貌日益显现，社区环境整治获联合国人居环境良好范例奖；坚持把清洁环保技术的创新作为科技创新的重要内容，加快清洁环保技术推广应用，扎实推进两个环保三年行动计划，城市污水处理率从2008年初的45%提高到94.5%以上，空气质量优率由82%提升到93.4%，城市建成区绿化覆盖率达42.2%，城乡环境明显改观。

坚持以科技创新推动能源资源节约利用。节约资源是保护生态环境的根本之策。“两型社会”建设必须大力实施重大节能减排科技项目，加大关键技术、瓶颈技术的攻关，推动资源利用方式根本转变，把资源损耗率降下来，从根本上实现资源节约。近年来，长沙列入全国节能减排财政政策综合示范城市和可再生能源建筑应用示范城市，组织开展“两型”技术示范推广，出台“两型”技术推广目录，组织实施一批节能减排科技专项行动，城市建设加快向绿色低碳模式转型。大力推进水循环利用，建设节水型社会。强化节约集约用地，探索创新形成了城区农民高层公寓式安置、人车分流立体空间资源整合、高层标准厂房建设、农民向城镇集中和土地向规模经营集中的新农村建设、城市道路节地设计等五大节地模式，被评为全国国土资源管理系统先进集体。

坚持以科技创新呼应人民生活美好向往。人民对美好生活的向往，就是我们的奋斗目标。加快民生相关科技成果转化应用，不断提升改善民生能力，共享“两型社会”建设成果是广大群众的迫切愿望。长沙坚持把改善民生作为经济发展的主要目的，加强民生科技的研究和推广应用，科技在城市公共管理、规划建设、减灾防灾、人口健康、城乡一体化发展等民生领域发挥的作用日益增强。坚持科技兴农，建立科技助农直通车，建设优质稻、生猪、中药材等31个科技示范基地，有效推动农业科技成果转化和先进实用技术的推广运用。推进创业富民工程，打造“创业之都”，加大对科技人才创新、创业的支持力度，以创新促进创业，以创业带动更高质量的就业，城乡居民人均可支配收入居中部省会城市首位，长沙连续四年获评全国十大最具幸福感城市。

坚持以科技创新推动重点领域配套改革。建设“两型社会”，制度创新是关键。必须强化科技成果转化及集成应用，突出发展模式与机制创新，通过科技的支撑和引领，提高政府科学决策与管理水平，探索区域可持续发展新模式，开拓区域可持续发展新途径，切实解决制约可持续发展的瓶颈问题。长沙以大河西先导区为示范平台，坚持以制度创新大力推进综合配套改革。强化“功能区”定位，弱化“行政区”概念，着力打造样板区，率先实施空间、土地、产业、生态、主体功能区“五规合一”，实现城市建设、土地利用、环境保护、产业发展、经济社会发展规划无缝连接；推进行政管理、土地管理等体制机制改革，推进坪塘产业退出和岳麓山景区提质整治，推进以莲花镇、关山村、光明村为示范的城乡一体化发展，产生了显著的示范效应。

建设生态文明，关系人民福祉，关乎民族未来。长沙正处在推进“两型社会”建设综合配套改革试验的攻坚阶段，今后将进一步牢固树立科学发展观，加快转变发展方式，更加注重发挥科技创新的支撑引领作用，更加自觉积极地保护生态、节约资源，推动长沙又好又快、率先发展，努力为全国“两型社会”建设提供示范。

深入贯彻落实党的十八大精神 开启科学发展又好又快新征程

哈尔滨市委副书记、市长　宋希斌

党的十八大是在我国全面建设小康社会的关键时期召开的一次具有重大历史意义的盛会。十八大高举中国特色社会主义伟大旗帜，以邓小平理论、“三个代表”重要思想、科学发展观为指导，系统总结了党的十六大、十七大以来我国发展取得的历史性成就和宝贵经验，深刻分析了国内外形势，对我国改革开放和社会主义现代化建设做出了全面部署。

深入贯彻落实党的十八大精神，就是要深刻领会十八大的重大意义，深刻领会十八大主题，深刻领会中国特色社会主义的丰富内涵，真正把思想和行动统一到党中央新要求、新部署上来，统一到解放思想、改革开放、凝聚力量、攻坚克难、加快发展上来。坚持做到五个不动摇：一是坚持中国特色社会主义道路不动摇。道路关乎党的命脉，关乎国家前途、民族命运、人民幸福。中国特色社会主义道路，是党和人民九十多年奋斗、创造、积累的根本成就，也是加快社会主义现代化、实现中华民族伟大复兴的必由之路。道路决定方向、引领未来，我们只有坚持不懈、创新发展，哈尔滨才会前景光明、大有作为。二是坚持科学发展指导思想不动摇。科学发展观是中国特色社会主义理论体系最新成果，是中国共产党集体智慧的结晶，是指导党和国家全部工作的强大思想武器，更是指引我们站在新的历史起点阔步前进的行动指南。贯彻落实科学发展观，就是要深入实施新战略、推进新跨越，把产业建设作为科学发展更好更快的核心和硬道理，全力抓推进、搞突破。只有把产业搞上去、做大做强，才会从根本上解决哈尔滨发展慢、差距大的问题，才会走出一条科学发展的新路子。三是坚持五位一体总布局不动摇。全面把握经济、政治、文化、社会和生态文明建设，不仅是科学发展观的基本内涵，更是我们实现以人为本、全面协调可持续发展的总要求。只要我们在实践中，坚定不移按照五位一体的总布局，统筹兼顾、全面发展，就会赢得主动、赢得优势、赢得未来，不断开创更好更快发展新局面。四是坚持“四化”同行不动摇。推动工业化、信息化、城镇化和农业现代化同步发展，是十八大做出的重大战略部署。哈尔滨作为大城市、大农村、大工业、大农业特色鲜明的城市，更要坚定不移地促进信息化与工业化深度融合、工业化与城镇化良性互动、城镇化和农业现代化相互协调。这是振兴老工业基地、破解“三农”问题的治本之策，我们必须牢牢把握、深入推进。五是坚持全面建成小康社会目标不动摇。这是党中央向全国人民做出的庄严承诺，也是我们各级政府肩负的重大政治使命。

尽管哈尔滨城乡居民收入的差距还很大，但只要我们万众一心抓产业，咬定青山不放松，就一定会为全面建成小康社会奠定坚实基础，向党和人民递交一份合格答卷。当前乃至今后一个时期，哈尔滨贯彻落实十八大精神，应把着力点和突破口放在坚定实施新战略、奋力实现新跨越上，放在推动产业大发展、城市大变化、民生大改善上，放在凝神聚力、开拓创新、真抓实干上，为建设更加繁荣和谐幸福文明的哈尔滨做出新的更大贡献。

第一，加快产业项目建设，夯实打牢科学发展的产业根基。推动产业大发展，不仅是我市未来发展的动力和希望所在，也是坚持科学发展主题和加快发展方式转变主线在哈尔滨最核心、最关键、最生动的体现。今年我们重新明确了全市产业定位和布局，搭建了科技成果转化平台，推进了一批产业项目建设，初步形成了万众一心抓产业、千方百计上项目的良好氛围。但实事求是地讲，今年做的工作都是基础性工作，我市产业规模不大、实力不强、发展滞后的现状短期内还难以根本扭转。明年，要紧紧抓住国家继续支持东北地区等老工业基地振兴等有利契机，发挥存量优势，挖掘增量潜能，推动产业项目大开发、大建设。一是做大做强工业实体经济。始终坚持产业振兴工业先行，支持优势骨干企业、规模以上企业加快发展，重点实施传统产业技改项目100个、新兴产业项目100个，不断壮大工业实力。二是大力发展现代服务业。继续做好国家现代服务业综合改革试点相关工作，加快推进华南城、哈尔滨大剧院等一批有助于提升服务业发展水平和层次的大项目，着力构建第二金融系统，显著提升现代服务业发展水平。三是加快科技成果本地转化。坚持创新驱动促进转型发展，重点推进哈工大科技成果转化平台、大学科技园、科技企业孵化器、高新技术企业成果转化平台建设，加速科技成果向现实生产力转化。四是突出抓好重点园区建设。按照“四有四集中”标准，全面加快市级以上园区建设，4个国家级开发区新开发面积均要超过5平方公里，经开区工业产值突破2000亿元，高新区和宾西、利民开发区要平均超过180亿元。五是进一步建立完善大项目推进机制。重点建立和推行项目谋划、招商引资、代办领办、向上争取、考核评价等新机制，落实责任，严格奖惩，形成人人是产业建设主体、人人为产业发展出力的强大合力。

第二，加快发展县域经济，不断增强科学发展的支撑力。10县（市）的广阔腹地是我们推动跨越发展的重要支撑和最大潜力。2013年，市委、市政府把县域经济发展放到了前所未有的高度，各县（市）纷纷大干快上产业项目，规模之大、速度之快、成效之明显都创历史新高。党的十八大后，国家要继续扩大内需、增加投资、刺激消费，必将把启动点和着力点放在推进城镇化、城乡一体化上。明年，我们要抓住这一重大机遇，超前谋划、落实措施，积极推动工业化和城镇化良性互动、城镇化和农业现代化相互协调，促进县域经济整体振兴。一是持续壮大县域工业。按照“两带三区”战略布局，深入推进“8315”产业强县工程，突出发展粮牧产品深加工业、精加工业。明年，要在做大做强既有龙头企业、加快推进既有产业项目的基础上，重点实施三棵树粮食产业园等一批新项目、大项目，配套推进种植业基地、养殖场区和防疫体系建设，完善企业与农户的利益联结机制，保护好绿色食品品牌，使县域工业发展基础更加巩固、惠民成效更加明显。二是持续推进农村城镇化。按照人口向城镇集中、土地向规模集中、产业向园区集中的思路，重点把南岗区、香坊区作为城乡统筹发展的突破口，打造10个样板镇。坚持以特色产业为主导，加快撤乡并村步伐，同时重点推进木兰松花江大桥、莫延公路等一批路网联通工程，为打造县域“1小时经济圈”创造条件。三是持续发展现代农业。国家更加注重粮食安全和农产品有效供给，我市作为重要的商品粮基地，必须在深入实施“旱改水”扩稻、“粮改菜”和“粮牧换位”工程上下功夫，确保粮食产能稳定在300亿斤以上。明年，农田水利设施建设水平、综合机械化率、农业科技贡献率都要有较大幅度的提高。

第三，加快改革开放步伐，切实增强科学发展的动力与活力。改革开放是坚持和发展中国特色社会主义的必由之路，也是哈尔滨实现科学发展新跨越的必然要求。2014年，要重点抓好三个方面工作：一是强化产业项目大招商。在招商机制上，抽调局级领导和后备干部，组成市直招商分局，明确任务目标，严格兑现奖惩，最大限度地激发广大干部群众招商引资的积极性。在招商重点上，突出制造加工类项目和战略性新兴产业，紧盯世界500强、国内500强、行业100强以及中央企业、品牌企业，开展产业大招商活动。在招商策略上，重点通过资源换市场、市场换项目以及产业链招商等方式，吸引更多的投资者到哈尔滨市创业兴业。二是强化对外经贸大合作。统筹整合全市对俄经贸合作资源，加快申报综合保税区步伐，切实发挥对俄合作桥头堡和枢纽站作用。重点加快“一个通道、三个中心、三大平台”建设，积极推进莫斯科莲花城国际贸易批发、对俄贸易加工中心等项目建设。三是强化重点领域大改革。重点组建国有资产投资控股公司、交通集团和文化旅游集团，增强国有经济的控制力，助力产业发展。进一步鼓励、支持、引导非公有制经济发展，充分发挥中小企业发展专项资金、政策性信用担保资金作用，为中小企业更好更快发展创造条件。

第四，加快提升城市形象品质，全面提升推动科学发展的承载力和吸引力。良好的城市形象、完善的服务功能，既是一个城市吸引力、竞争力的关键所在，也是广大群众的热切期盼。2013年，我们以创建全国文明城市和举办“迷人的哈尔滨之夏”系列活动为牵动，进一步提升了城市环境质量，小广告、灯箱牌匾、临街踏步、问题检查井等专项整治初步告捷，大规模拆违进一步规范了城市建设秩序。但与建设现代化、国际化大城市的目标相比，我市欠账仍然很多、差距仍然很大。明年，要继续坚持以“四大形象标志”为总方向，着力在打造特色鲜明、产业清晰、空间疏朗、环境宜人的城市新形象上下功夫、求实效。在城市规划上，重点以城市总体规划修改为契机，突出大气、洋气、神气的城市风格，有效衔接城市空间布局、产业发展、基础设施及新老城区建设规划，做好重点区域和景观节点城市设计，为产业集聚发展、空间开拓创造条件。特别是要严格规划控制，不给城市留下败笔、留下遗憾。在城市建设上，坚持适度超前、突出重点、梯次推进的原则，围绕提升交通功能，继续推进城市路桥、轨道交通和“公交都市”建设；围绕完善配套功能，重点推进供水、排水、供热、电力、燃气“五网并建”；围绕增强区域要素流通功能，配合做好太平国际机场扩建、哈齐客专建设和哈港务局搬迁等工作。在城市管理上，以创建全国文明城市为目标，以精细化、专业化、规范化管理为核心，以巩固完善长效管理机制为保障，重点打好城乡接合部环境整治、卫生污染源治理、违章建筑拆除等五大战役，为群众提供更加方便舒心的生活居住环境。在新区统筹上，重点突出生态、低碳、宜居理念和大气、疏朗、清新定位，以哈西群力联络空间区域改造为示范，推动新区与老区衔接互动、融合发展。同时，综合配套区域商业、教育、医疗等公共服务设施，不断增强新区人口集聚力和产业吸引力。

第五，加快推进生态文明建设，不断扩增科学发展的生态空间和永续动力。党的十八大首次提出“美丽中国”，把生态文明建设提升到了前所未有的高度。明年，我们要以争创国家环保模范城为统领，全方位加大环境保护和生态治理力度，建设更加美丽富饶的哈尔滨。一是打造靓丽生态景观。突出抓好国家级水生态系统保护与修复试点工作，进一步加快“三沟一河”治理和北国水城建设任务，充分展示滨水城市大气秀美、清爽宜人的靓丽形象。坚定不移地走“景观化、生态化、特色化”绿化之路，少种草、多种树，强化日常管护监督，着力打造森林城市。二是完善生态环保设施。加快污水收集处理、垃圾无害化处理和污泥处置设施建设，全部完成市区分散燃煤小锅炉拆并改造任务，显著改善城市冬季空气质量。三是全面强化资源节约。更加珍视国土资源，大力发展循环经济，加大节能减排力度，构建有助于资源节约的绿色消费模式，加快建设资源节约型、环境友好型社会。

第六，加快提高人民生活水平，努力让广大人民分享科学发展新成果。让发展成果更多更公平惠及全体人民，是我们一切工作的出发点和落脚点。明年，要按照投资规模大、受益范围广、群众满意程度高的要求，着力解决事关群众利益的大事、要事、急事。在促进就业创业上，围绕实现更高质量就业目标，重点抓好以高校毕业生为重点的青年和高层次人才、退役军人、城镇困难人员和农村转移劳动力创业就业。同时实行高层次人才引进计划，让更多优秀人才创业哈尔滨、贡献哈尔滨。在改善住房条件上，突出抓好保障性安居工程，切实解决好房屋征收、拆迁净地、回迁安置等方面的历史遗留问题，确保完成省下达的任务。同时，加快推进农村泥草房改造。在完善社保体系上，继续扩大社会养老保险覆盖面，提高医疗保险补偿、失业人员待遇和城乡低保标准以及工伤保险参保率。在发展社会事业上，围绕办好人民满意教育、提高人民健康水平、丰富人民精神文化生活等目标，重点实施哈尔滨职业教育园区、印刷出版文化科技产业园、八区体育中心综合改造等重大项目。在创新和加强社会管理上，突出抓好社会治安、社会稳定和生产安全、食品药品安全等工作，保障人民群众的生命财产安全。

第七，加快改善经济发展环境，不断创造科学发展新优势。环境既是生产力，更是竞争力。2012年，我们开展了以行政问责为核心的“政风建设年”活动，制定并出台了行政问责和规范涉企行政执法行为的有关规定，查处了一批破坏经济发展环境的人和事，极大地教育和警醒了广大干部，全市上下人心思进、奋发图强的氛围日趋浓厚。明年，我们要坚持以打造职能科学、结构优化、廉洁高效、人民满意的服务型政府为目标，教育和引导广大公务员把全部心思和精力都集中到抓产业、上项目，抓落实、促发展上来，集中到奋发有为、敢于担当、超越自我上来，集中到雷厉风行、真抓实干、埋头苦干上来，以发展环境有大改善推动产业大建设、城市大发展、经济大跨越。

总之，要通过全市上下的不懈努力和扎实奋斗，使明年成为哈尔滨市深入贯彻十八大精神、开启科学发展新征程的一年，成为背水一战、攻坚克难、奋勇前行的一年，成为各行各业、各项工作全面开花结果、建设发展成效突出的一年，在坚定实施新战略、奋力实现科学发展新跨越的伟大征程中昂扬向上、阔步前行！

第五篇

中国城市经济科研机构及专家汇编

全国高等院校城市经济院系汇编

全国城市经济研究机构汇编

中国城市经济资深专家榜

全国高等院校城市经济院系汇编

北京大学城市规划与设计学院

北京大学城市规划与设计学院于2009年11月正式挂牌成立，其前身为北京大学深圳研究生院环境与城市学院。

学院秉承北京大学“爱国、进步、民主、科学”的传统精神和“勤奋、严谨、求实、创新”的学风，立足深圳研究生院“前沿领域、交叉学科、应用学术、国际标准”的办学方针，致力于培养有“国际眼光、前沿理论、本土经验”的多元创新模式的城市规划设计高端人才。

学院在国际化视野下探索城市规划设计领域的本土化实践路径，力求树立植根、却不局限于地理学的理性规划研究旗帜，成为我国新型城市化道路的开拓者和推动者、北京大学创建世界一流大学进程中的国际化与本土化有机结合的典范。

招生专业

硕士研究生招生专业：地理学（城市与区域规划）、地理学（景观设计学）、建筑学（建筑设计及其理论）。

博士研究生招生专业：自然地理学、人文地理学。

培养情况：上述专业自2002年开始招收研究生以来，累计招收硕士研究生800人，博士研究生50人。目前学院全日制在校学生324多人。

师资情况：学院现有教员44人。包括常驻全职教员13人（其中教授4人、副教授5人、讲师4人）；北大本部任课教员19人（其中教授13人，副教授6人）；返聘教授6人；外聘兼职教授10人，在站博士后研究人员8人。

重点实验室：初步搭建起了满足学生培养和研究需要的科研平台。

国家级重点实验室（人居环境科学与技术实验室）分室：地学基础实验室、应用生态学实验室、数字城市实验室。

深圳市重点实验室：循环经济实验室。

研究中心：景观生态学与数字城市研究中心、中国城市设计研究中心、土地经济与住房政策研究中心、生态修复与废物资源化技术研究中心。

合作机构：北京大学—香港大学深港发展与创新研究中心、北京大学—北卡罗来纳大学（PKU－UNC）城市与区域规划管理联合研究中心。

中国人民大学经济学院

中国人民大学经济学院成立于1998年，其最早历史可以溯源至1946年华北联合大学设立的财经系，1947年改称经济学系。1950年中国人民大学正式命名组建后，成立经济系和经济计划系，此后调整为政治经济学系和计划统计系，1957年世界经济教研室成立。1978年中国人民大学复校，先后组建了政治经济学系、计划统计系、经济信息管理系、经济学研究所、经济学系、计划经济学系、国际经济系、国民经济管理系和区域与城市经济研究所，这些都是经济学院组成部分的前身。经济学院是新中国经济学科的重要奠基者和开拓者之一，60多年来始终走在中国经济学教育研究的前列。现任院长为杨瑞龙教授。

经济学院享誉全国，实力强大。在2004年和2008年连续两次国家重点一级学科评估中，理论经济学、应用经济学名列全国第一。作为中国经济学教育与研究的理论重镇，这里创造出大批高质量、具有重大影响的优秀科研成果，在宣传和研究马克思主义经济理论、引进与研究外国经济思想和现代西方经济理论以及创建中国经济学学科体系、探索改革开放的理论与政策、培养经济学理论和实践人才等方面，始终保持在国内的领先地位。

经济学院群英荟萃，大师云集。作为新中国理论经济学学科的奠基者与开拓者，经济学院是国家经济学教学和研究的重要基地，拥有一批全国一流的老中青结合的教育团队。

经济学院结纳四海，贯通中西。经济学院已与欧、美、日、澳等10余个国家的30多所著名学府建立了稳定的合作关系。还与国内企业、银行、证券、高校、研究机构有着良好的合作关系。学院主办的“中国宏观经济论坛”发布的经济分析与预测报告作为人大品牌的“三大发布指数”之一，获得了极大的社会反响。

经济学院将按照世界知名的一流大学的标准，努力建设一流的学科、一流的学术队伍，以一流的教学与科研水平和一流的管理，为社会培养出大批高素质的一流人才。

浙江大学公共管理学院

浙江大学公共管理学院下设政府管理系、土地管理系、城市发展与管理系、社会保障与风险管理系、信息资源管理系、政治学系、社会学系等7个系，设有浙江大学行政管理研究所、浙江大学风险管理与劳动保障研究所、浙江大学土地科学与不动产研究所、浙江大学政府与企业研究所、浙江大学台湾研究所、浙江大学信息资源管理研究所、浙江大学政治学研究所、浙江大学社会学研究所、浙江大学社会建设研究所、浙江大学人类学研究所等10个校级研究所和浙江大学公共管理学院电子政务研究所等1个院级研究所。

学院拥有1个教育部战略研究基地：浙江大学科教发展战略研究中心，2个浙江省哲学社会科学重点研究基地：浙江大学劳动保障与社会政策研究中心和浙江大学地方政府与社会治理研究中心，2个省校合作机构：浙江省公共政策研究院和浙江省人才发展研究院，1个校级研究院：浙江大学公共政策研究院，11个校级交叉学科研究中心：浙江大学中国土地勘测规划院东南土地研究中心、浙江大学欧洲研究中心、浙江大学台港澳研究中心、浙江大学区域与城市发展研究中心、浙江大学公民社会研究中心、浙江大学非传统安全与和平发展研究中心、浙江大学非物质文化遗产研究中心、浙江大学民政研究中心、浙江大学中国社区建设研究中心、浙江大学中国地方政府创新研究中心、浙江大学中国组织发展与绩效评估研究中心，3个院级研究中心：浙江大学公共管理学院国有资产监督与管理研究中心、浙江大学公共管理学院全球领导力研究中心和浙江大学公共管理学院国学与公共管理研究中心。学院还设有教育部与德国汉斯·赛德尔基金会协议成立的国际合作教育机构——浙江大学管理培训中心，为工商企业和政府管理部门提供培训和咨询服务。

土地资源管理、教育经济与管理、行政管理（2011年新增）、劳动经济学（2011年新增）为浙江省重点学科。

学院拥有公共管理博士后流动站；公共管理学一级学科博士点（涵盖行政管理、教育经济与管理、社会保障、土地资源管理等4个二级学科博士点和信息资源管理、非传统安全管理和社会管理等3个自设二级学科博士点）和政治学理论、人口学等2个二级学科博士点，以及政治经济学、劳动经济学、企业管理、管理科学与工程等4个共建学科博士点；拥有图书馆学、情报学和档案学1个一级学科硕士点，行政管理、教育经济与管理、社会保障、土地资源管理、情报学、档案学、中外政治制度、国际关系、中共党史、信息资源管理、社会管理、政治学理论、非传统安全管理、图书馆学、社会学、人口学和劳动经济学17个二级学科硕士点以及公共管理硕士（MPA）专业学位授予点。设有行政管理、土地资源管理、城市与房地产管理、社会保障、风险管理、信息资源管理、政治学与行政学、国际政治和社会学9个本科专业方向。目前，学院已形成了博士、硕士和专业学位教育、本科和继续教育的完整教学体系。

2012年，招收博士研究生44人、硕士研究生353人（其中：科学硕士123人、全日制MPA51人、单证

MPA179人），2011级有238本科生确认主修学院专业；毕业博士研究生34人、硕士研究生317人（其中科学硕士135人、全日制MPA135人、单证MPA182人）、本科生158人。目前，学院本科生486人、科学硕士236人、全日制MPA105人、单证MPA663人、博士研究生232人。2012届毕业研究生一次就业率为98.37%，本科毕业生一次就业率为97.96%、考研录取率为28.57%，出国率为12.93%

学院现有教职工126人，其中教授37人（2012年新晋升1名），副教授44人（2012年新晋升3名），在站博士后42人；博士生导师40人（2012年新增11人），硕士生导师85人（2012年新增3人）。教师中具有博士学位的比例达75%。

2012年，到款科研经费3437.36万元，纵向经费占总经费比率为46.41%。获批国家级重大项目3项，国家基金项目23项，其中国家社科基金项目9项，国家自然科学基金14项，国家自然科学基金批准率为50%；2012年获得省部级以上科研成果奖励15项；SSCI收录论文22篇，SCI收录论文3篇，权威刊物论文21篇，发表一级刊物论文63篇；出版专著15部，编著及教材15部，译著10部。

学院重视国际交流与合作。2012年度共举办了7次国际性学术会议和1次两岸研讨会。聘请短期外专项目获学校立项21项，学院师生赴境外交流70人次，接待来访专家（含港、澳、台地区）36人次。

上海城市经济进修学院

学院宗旨

学院坚持高起点办学，高质量教学，高效率管理的办学宗旨。学院本部设在最具活力的城市之一——上海，选择城市经济最具生命力的地方作为学院生长的起点，源于学院高瞻远瞩的战略眼光。

中国经济的持续高速增长全球瞩目。触动了各级城市经济管理者们深刻的思考。如何借鉴发达国家成功的城市经济发展经验，培养适合中国城市经济发展的决策人才和执行人才，为中国今天和明天城市经济发展打下坚实的人才基石，是学院的不懈己任。

学院专业背景

学院博采众长，自成体系，组织专家团队开发了一系列具有城市经济特色的教育、培训项目：

①房地产策划师岗位资格培训

②城市发展战略高级研修班

③城市规划与建设高级人才培训

④城镇建设管理干部研修班

⑤城市信息化管理干部培训班

⑥中、西部地区城市化进程研讨班

学院开设教学、培训项目依托一大批城市建设、城市管理、城市交通、城市信息领域的专家学者为后盾。学院目前拥有相关领域的专家127位。其中既有老一辈城市规划、设计、建设人才，也有当代在城市经济脉络中起着中流砥柱作用的中、青年专家；还有海外学成归来的各类专门人才。丰富的实践经验和深厚的专业功底，使学院开设课程具有时代性，富有创造性，既紧跟当代城市经济发展的步伐，又具有前瞻性和世界眼光。

作为国内权威的城市经济领域的研究机构和培训机构，积极参与各级政府的科研课题和决策咨询，举办大型学术讲座和研讨会，立足于培养具有国际视野和国际竞争力的城市经济管理人才。

开放系统

学院坚持创新的办学理念，灵活的办学模式，现代的教学手段，开放的合作伙伴。学院敞开合作办学大门，依托上海城市经济学会和中国城市经济学会，打好“中国牌”和“世界牌”。学院采用开放式的教育合作模式，突破传统的国内培养人才模式，学院已和国内74个城市建立了教学合作基地，与国内外12个教育、科研机构建立了战略合作关系。与英国利物浦大学、上海财经大学、西安交通大学、北京交通大学等合作举办各类培训项目。

学院正在构筑城市经济高层交流平台，力争成为城市经济学科人才的强力集聚磁场。

培训中心主任：王东风

秘书长：李罡

南京大学建筑与城市规划学院

南京大学坐落在钟灵毓秀、虎踞龙盘的六朝古都，是一所历史悠久、声誉卓著的百年名校。作为直属国家教育部的重点综合性大学，南京大学如今已发展成为学术气氛浓郁、综合实力位居全国前列、国际交流活动最为活跃的一流高等学府。

南京大学建筑与城市规划学院，于2010年4月由南京大学建筑学院与南京大学地理与海洋科学学院的城市与区域规划系合并组建而成。下设建筑系和城市规划与设计系，是一所以培养高层次建筑设计、城市规划与设计、区域与景观规划设计方面专业人才为办学目标的学院。现拥有建筑学一级学科博士点，建筑学和城乡规划学两个一级学科硕士点，以及建筑与土木工程领域工程硕士点。

学院师资力量雄厚，队伍配备合理。现有专职教师45名，其中具有博士学位的38名，教授16名，副教授16名。大部分教师具有国内外知名高等院校之学习与工作经验，同时具有丰富的创作能力和工程实践经验。他们以不断探索，锐利改革的精神，在教学、科研、人才培养和国际交流等方面都取得了长足的发展。

学院充分利用综合性大学学科齐全的优势，采取“拓宽基础、分流培养”的办学模式，着重培养学生掌握深厚的专业基础理论，宽广的专业知识以及扎实的专业基本技能，使其成为能在建筑设计、城市规划、房地产及相关行业管理等部门工作的高级专门人才。

国际交流活跃。学院与欧、美、澳、亚等地区多所知名高等院校建立了广泛的学术交流合作关系，互派师生出访交流或进行联合项目研究，2007年与法国巴黎十二大“巴黎规划学院”成立“南京大学中法城市·区域·规划科学研究中心”，2012年与英国剑桥大学成立“南京大学—剑桥大学建筑与城市合作研究中心”。

华中师范大学城市与环境科学学院

华中师范大学城市与环境科学学院设有地理科学、旅游管理及资源环境与城乡规划管理三个本科专业，人文地理学、自然地理学、地图学与地理信息系统、区域经济学、旅游管理、土地资源管理、地理教学论等七个硕士专业，拥有人文地理学博士学位授权学科专业及地理学科论博士研究生方向，是中国地理学会华中地区代表处、湖北省地理学会的挂靠单位。

学院师资力量雄厚，在专职教师队伍中有教授13人，副教授15人，其中博士生导师7人；另聘请有中外兼职教授7名，其中院士1人。在校全日制本科学生近800人，硕士和博士研究生近500人。

院学科体系以地理学科为主导，集聚融合经济学、管理学等多学科统筹发展。现拥有中国旅游研究院武汉分院、武汉城市圈两型社会建设研究院、湖北省地理科学实验教学示范中心三个省部级研究基地；建有旅游规划与景观设计研究院、新洲发展研究院、可持续发展研究中心、土地科学研究中心、城市与区域经济研究中心等多个研究机构。

近五年，学院教学、科研实力得到快速发展，承担国家级、省级项目30多项，科研总经费达3000多万元，在城市地理与区域规划、环境变迁与可持续发展、资源开发与利用等领域取得众多研究成果；获得4个财政部实验室专项，累计投资超过1000万元，逐步建成16个专业实验室，其中，地理过程与空间分析实验室及土地利用与环境变迁实验室为校级重点实验室。

强大的师资队伍、过硬的基础条件以及完善的人才培养，造就了一批批专业素质高、综合能力强的毕业生，受到社会和用人单位的信任与好评。

广州大学建筑与城市规划学院

广州大学建筑与城市规划学院前身为1991年成立的华南建设学院西院建筑系和环境艺术系。该院为省、市共管的普通高等本科学校，分东院和西院，开设建筑学、工业与民用建筑、城镇建设、给水排水工程、公路与城市道路工程等本科专业。东院面向全省招生，西院面向广州市招生。华南建设学院西院1995年成为学士学位授予单位。

2000年7月华南建设学院西院并入新广州大学，在建筑系和环境艺术系的基础上成立建筑与城市规划学院。学院现设有建筑学系、城市规划系和景观设计系三个系及城市规划与设计研究所、岭南建筑研究所等校级研究所，以及广州大学建筑设计研究院（城市规划乙级资质、建筑设计甲级），在广州地区及香港建立了校内外实习基地共8个。

学院现有教职工74人（不含建筑设计研究院），其中专任教师60人、行政及思想政治教育人员7人、教辅及科研、研究生办公人员7人；专任教师中，教授5人、副教授（高级工程师等）26人、讲师29人；全日制本科生25个班，共726人；2004年起开始招收硕士研究生，现在校研究生58人。

学院设有建筑学（五年制）、城市规划（五年制）、城市规划（风景园林方向、四年制）及建筑学（环境设计方向、四年制）等四个专业（方向）。2003年获准设立“建筑设计及其理论”硕士点；2008年获得“建筑与土木工程”领域（建筑设计与城市规划方向）工程硕士学位授予权，2010年获得建筑学一级学科硕士学位授予权，2011年学科调整后获建筑学与城乡规划学两个一级学科硕士学位授予权。

建筑学专业于2004年、2008年两次通过全国专业指导委员会组织的专业教育评估,2005年被评为广东省普通高等学校名牌专业，2008年被教育部批准为国家一类特色本科专业建设点；城市规划专业2009年被批准为广州市首批普通高校特色专业建设点，2011年通过全国高等学校建筑学专业本科教育评估。

学院教学用房总建筑面积11686平方米（不含图书馆），其中：在理工北楼8735平方米，工程实验南、北楼3060平方米，现生均建筑面积35.7平方米/人。

学院设有建筑与城市规划综合实验室下设建筑技术实验室、建筑数字化技术实验室、建筑模型实验室、建筑构造与材料实验室、建筑摄影实验室、城市信息处理实验室、城市景观与生态系统综合实验室和创新教育基地等一系列分实验室。依托实验室成立了城市规划设计研究所、岭南建筑研究所等科研机构。

近5年来，学院教师承担主要科研及教研项目近200项，其中国家自然科学基金项目3项、国家社会科学基金2项，教育部人文社会科学基金3项，建设部科技司项目10项，“十一五”国家科技支撑计划课题专题3项，省、市教研项目6项；发表科研及教研论文近300篇，出版学术著作12部、教材35项；主要教学及科研成果获奖18项。学院先后获得广东省优秀教学成果二等奖、广州市优秀教学成果二等奖及三等奖等奖项。

2006年以来，学院分别获得全国及广东省大学生“挑战杯”科技竞赛特等奖、一等奖、二等奖、三等奖，还获得广东省教育厅颁发的设计竞赛金、银、铜奖，广州市优秀勘察设计奖等多项奖励。

毕业生初次就业率均在98%以上。一批学生考入美国康奈尔大学、雪城大学、香港中文大学、湖南大学、华南理工大学等国内外大学攻读硕士学位。

学院广泛开展对外交流与合作，举办各种学术讲座。学院与香港专业人才服务机构（香港科技教育服务机构）签订了长期合作协议，定期举行交流活动。自1994年起，香港房屋署的规划师、建筑师每年定期来院讲学、指导学生进行课程设计和毕业设计、开办建筑沙龙，并每年接受建筑学、城市规划专业学生赴港实习考察、访问、学习。

此外，学院还与广州市规划局、广州市文化局、广州市宗教局及广州市区级规划分局和其他一批企事业单位合作研究，取得了良好的效益。近年来还注意与国外建筑学院、研究所等进行交流，寻求合作的途径。如2010年我院通过学校“引智项目”与英国格拉斯哥艺术学院麦金托什建筑学院建立了学术交流机制。国内外建筑学院师生、规划师、建筑师、专家学者多次来学院进行学术交流，作专题报告的有100余人次。

2009年，学院还尝试招收了国外留学生在学院攻读本科学士学位。从2008年开始，学院每年还选派1－2名学生去我国台湾高雄大学、芬兰坦佩雷理工大学进行为期4—8月的交流学习。此外，还有短期去日本工业大学参观交流等。

学院还注重与企业用人单位合作，广东省高教建筑设计院、广州普邦园林股份有限公司（原广州市普邦园林配套工程有限公司）等先后在我院设立了“南粤建筑精英奖学金”、“普邦园林精英奖学金”；在广州大学建筑设计研究院设立了学生就业创业基地。

贫困学生在校学习期间，根据不同的条件和表现，可申请国家励志奖学金、国家助学金、学校勤工助学以及其他社会资助等来完成学业。

河北工程大学城市建设学院

河北工程大学城市建设学院的前身是热能与环境工程系，创建于1985年，于1996年更名为城市建设系，2004年6月更名为城市建设学院。

学院设空调制冷系、市政工程系、环境工程系等3个系，设有综合实验室、可再生能源研究中心、废水处理中心、环境信息研究中心。综合实验室面积3500平方米，配备有先进的教学科研仪器，实验仪器设备总值2100万元，具备较强的实验、测试、分析能力。拥有供热供燃气通风及空调工程、市政工程、环境工程等3个二级学科硕士点，以及给排水科学与工程、环境工程、建筑环境与能源应用工程、新能源科学与工程等4个本科专业。全院共有教职工55人，专任教师43人。其中，教授14人，副教授15人，博士学位获得者14人，硕士学位获得者18人，省级优秀教师1人形成了一支知识与年龄结构合理、奋发上进的稳定的教学科研队伍。

学院秉承“立足河北、面向全国、服务地方”的方针，近年来共承担国家自然基金、河北省自然科学基金项目、国家水污染治理科技重大专项、煤炭自然科学基金项目以及河北省科技厅科技攻关课题等30余项，大力开展学科建设工作，积极开展基础性研究和技术开发，为地方经济建设和煤炭行业科技进步做出积极贡献，并逐步形成以地源热泵技术、建筑节能、污水脱氮除磷技术、中水回用技术、大气污染控制等科研为特色。

科研促进学科和专业建设发展，市政工程被评为河北省重点学科，暖通空调工程技术研究中心是省级工程中心，给排水科学与工程专业基础课《水力学》被评为河北省精品课程。学院紧紧围绕学校提出的“现代工程”办学理念，注重培养学生实践能力,在邯郸、北京、西安、青岛等地建立学生实习基地36个,并在校内建立管道工程实习实训基地。通过教学研究与改革，不断完善培养体系，获得河北省教学成果一等奖。

“立德立志，善学善行”的复合型工程技术人才，办学质量不断提高。在全国“挑战杯”宁波创业大赛等大学生科技文化竞赛中获得国家级奖项4项；省级奖项9项；多次获得清华大学举办的全国建筑环境与设备工程专业“人环杯”一、二等奖。学院学生工作办公室也被评为河北省大学生思想政治教育工作先进集体、河北省学生工作先进单位、优秀团总支和“五四”红旗团总支。毕业生秉承学校“自强不息、艰苦创业、包容和谐、开拓进取”的精神，踏实肯干，受到用人单位的好评，一大批学子成为各单位的技术骨干和中坚力量。

沈阳城市建设学院

沈阳城市建设学院前身为沈阳建筑大学城市建设学院，成立于2000年7月。经过13年的办学积累，2013年经教育部批准升格为独立设置普通高校。学院是一所以培养建筑设计、城乡规划、土木工程、道路交通、工程管理、机械制造、电子信息、艺术设计等方面人才的全日制本科学校，现有在校本专科生8555人。

学院位于美丽的历史文化名城沈阳市，坐落在大浑南核心区由八所大学组成的大学城中，与沈阳化工大学科亚学院、辽宁师范大学海华学院、辽宁中医药大学杏林学院相拥为伴，与东北大学、沈阳体育学院、鲁迅美术学院、沈阳音乐学院新校区，国家大学科技园隔路为邻，处于沈阳新行政、文化区域的中心位置。这里交通便捷、设施完备，这里教育、文化氛围浓厚，这里是给人以发展和创新，充满生机和活力的地方。

学院占地940亩，建筑面积23万平方米，校园环境优雅、教学设施完备、生活设施优越。这里有50000多平方米，全部为多媒体教室的“回”字形教学主楼，巍峨壮观；19000平方米藏书65万册的现代化图书馆，临湖而建；28000平方米的建筑与艺术系教学楼和实验楼，宽敞大气；国际标准的塑胶操场和室内运动场，设施一应俱全，学生学习生活方便舒适。

学院现有教师451人，硕士以上学历教师367人，正、副教授176人，多人在国家、省、市等学术团体和评审机构担任职务，其中不乏辽宁省教学名师，行业知名专家。同时外聘行业知名和实践经验丰富的工程技术人才到校任教，形成了一支专兼结合、师德高尚、素质优良、业务精湛的高水平师资队伍，确保了教育教学质量和人才培养质量。

学院下设7系（学院）1部，现有工学、管理学、艺术学三个学科门类。开设建筑学（五年制）、城乡规划（五年制）、土木工程、道路桥梁与渡河工程、测绘工程、安全工程、无机非金属材料工程、电气工程及其自动化、自动化、通信工程、建筑环境与能源应用工程、给排水科学与工程、计算机科学与技术、机械设计制造及其自动化、交通运输、物流工程、工程管理、会计学、工商管理、人力资源管理、环境设计、视觉传达设计、产品设计23个本科专业，开设道路桥梁工程技术、建筑工程技术、工程造价、工程监理、项目管理、环境艺术设计、动漫设计与制作、装潢艺术设计、广告设计与制作9个高职专科专业，专业设置紧紧围绕经济社会发展需要和人才市场需求，面向国家建设行业和城镇化建设，具有鲜明的行业优势，经过十三年的发展，形成了以建筑、土木、工程类专业为特色，以工为主，工、管、艺术三大学科交叉渗透、协调发展的办学格局。

学院发挥自身学科优势，坚持科学研究面向建设行业，服务地方经济建设，设有人居环境设计研究所、岩土工程研究所、结构与工程材料研究所、室内环境质量研究所、智能建筑设备控制技术研究所、建筑信息技术研究所、工程机械应用技术研究所、工程造价研究所、人力资源与社会保障研究所等科研机构，科研工作生机勃勃，成绩斐然。

学院校园文化丰富多彩，社团活动异彩纷呈。近几年，学生先后获得“苏博特”全国大学生混凝土设计大赛、辽宁省大学生“挑战杯”创业大赛、辽宁省大学生工程能力训练大赛等国家、省、市以上各类科技竞赛奖励126项。学院获得辽宁省“大学生暑期社会实践先进单位”、沈阳市“大学生暑期社会实践先进单位”等多项荣誉称号

学院积极开展国际合作办学，先后与美国东伊利诺伊大学、美国哥伦比亚特区大学等多所国外高校签订合作项目，拓宽城建学子的国际视野、成材途径。

桃李芬芳满天下，英才济济遍中华。学院始终把培养应用型、高素质、多样化人才作为办学理念，采用卓越工程师培养计划，重视和加强学生的工程实践能力与创新精神的培养，建立了100多家实习实践就业基地。已有9届近万名毕业生走上了省内外的建设岗位，他们以扎实的理论知识，纯熟的实践动手能力，深受用人单位欢迎。毕业生就业率始终名列省内院校前列，连续6年获得辽宁省普通高校毕业生就业工作先进集体荣誉称号，同时还获得2010年、2011年沈阳市“就业创业先进单位”称号。城建学子凭借其求真务实、扎实进取的精神在千余家企业中享有盛誉，学院已成为未来建筑工程师的摇篮。

“十二五”期间，学院秉承“业精弘德，学勤出新”的校训，坚持规模、结构、质量协调发展，实施“专业强校、质量立校、人才强校、文化兴校”战略，立足辽宁、辐射东北，面向全国，致力于培养建设行业德、智、体、美全面发展的应用型、高素质、多样化人才，把学院建设成为办学特色鲜明、教育质量高、社会声誉优良的充满生机和活力的国内知名的建筑类大学。

全国城市经济研究机构汇编

中国城市经济教育培训中心

中国城市经济教育培训中心，是中国城市经济领域科研、教育培训机构。由中国城市经济学会秘书处、《中国城市经济》杂志社和上海城市经济进修学院共同组建。

中国城市经济学会在“科学发展观”和“构建和谐社会”思想的指导下，邀请全国著名的专家、学者参与组织建设一所具有中国特色、能满足日新月异的城市化进程需求的教育培训和科研交流机构；为全国范围内的城市规划、建设及其经济发展，提供领导干部、专业人员培训和科研学术交流；努力为提高中国城市经济发展水平做出积极的贡献。

中心的宗旨

中国城市经济教育培训中心的宗旨是：“以人为本，崇尚科学，求真务实，服务城市”。

办学的目标

中国城市经济教育培训中心的目标是成为：全国城市经济领域的共享教育平台；引领知识经济时代的科研平台；主动与国际接轨的学术交流平台；勇破实践难题的咨询平台。

师资的联盟

中国城市经济教育培训中心将与中国社会科学院、北京大学、清华大学、中国人民大学、复旦大学、同济大学、上海交通大学、上海财经大学、上海师范大学、西安交通大学、华东政法学院、北京交通大学、英国利物浦大学、日本早稻田大学、澳大利亚教师进修学院等国内外多所名校合作，形成师资联盟体，为“城市经济”人才的教育培养提供丰富的教育支撑和强有力的科研后盾。

培训的模式

中国城市经济教育培训中心在全国相关城市设立培训基地，开展党政干部与各级城市管理人员培训，组织会员和相关城市管理干部和科研人员进行国内、国际城市之间的学术交流和经验介绍。同时，中心还与中国城市经济网、中国网络新闻网、邸讯网建立战略合作伙伴关系，协作开展网络教育和培训，共享城市经济教育、科研在全国的交流平台。

中国城镇建设投资指导中心

为全面深入贯彻党的十八大精神，继续推进中国特色社会主义建设，加快我国城镇化建设的发展，如期实现到2020年全面建成小康社会目标。

中国城镇建设投资指导中心的旨在集合各领域优势，紧紧围绕国家城镇化建设的需要，凝聚国内外多方力量，组成资源庞大的合作平台，为推进城镇化产业结构、促进经济发展、在城镇建设、城镇投资、节能环保、社会保障等一系列发展做出努力。

中国城镇建设投资指导中心的宗旨是：到2020年，全面建设惠及十几亿人口的更高水平的小康社会，以工业化、城镇化、市场化、国际化为标准，建设中国特色重点城镇、为农业、农村、农民服务，提高农村发展环境和促进社会进步。

中国城镇建设投资指导中心的工作内容是："1887工程"，是由建设部、发改委、民政部、国土资源部、农业部、科技部六部委联合在全国范围内选择确定了1887个重点城镇进行小康文化示范建设，宗旨是统筹城乡经济、建设现代农业、增加农民收入，扶持、培育重点城镇进行种植、养殖、加工、物流及旅游基地的小康示范建设以及人才开发、城乡文化、职业培训、紧急救助、捐资助学、援孤助残、国际交流等。

中国城镇建设投资指导中心，本着全面推进"1887"工程，辅助政府用现代物质条件装备农业，用现代科学技术改造农业，用现代产业体系提升农业，用现代经营形式推进农业，用现代发展理念引领农业，用培育新型农民发展农业，提高农业水利化、机械化和信息化水平，提高土地产出率、资源利用率和农业劳动生产率，提高农业素质、效益和竞争力。按照重点城镇建设总体要求，从中国重点城市建设理论研究、模式探索、经验推广，到提供重点项目投资、融资咨询及指导，走出一条具有中国特色的"农业现代化、农村城镇化、农民市民化"的发展路子，推动中国特色重点城镇建设，从而达到经济更加发展、民主更加健全、科技更加进步、文化更加繁荣、社会更加和谐、人民更加殷实。

中国城镇建设投资指导中心将充分整合、利用资源，促进地方政府与高科技产业企业之间、投资集团与政府之间的沟通与合作，推动国内外金融及科技产业的交流与互动，实现快速便捷的资源共享。

中国城镇建设投资指导中心拟采用会员制，选择高科技产业负责人，城乡建设负责人，作为理事会成员，选举产生常务理事长，副理事长和秘书长。中国城市经济城镇化建设专业委员会希望通过一套与实践紧密相结合的方法，造就一支数量充足、具有创新思维和创新能力的高技能人才队伍，推动城镇建设经济发展和居民幸福指数提高，为国家城镇经济建设和社会发展提供项目、资金、技术、人才等诸多方面储备。

中国城镇建设投资指导中心主任：贾东

诚邀各界合作。

工作内容

一、根据新型城镇建设、开发、发展的特点选择工作方向。

二、邀请相关专家、基层领导（包括县委书记、县长、分管副县长，乡<镇>党委书记、乡<镇>长，村书记、村长、企业家、商业界明星、建设及投资开发的企业、商业代表）定期进行经验交流、参观研讨。

三、成立中国新型城镇建设联盟。该联盟的组建旨在集合各领域优势，紧紧围绕国家城镇化建设的需要，凝聚国内、外多方力量，组成资源庞大的合作平台，为推进城镇化产业结构、促进经济发展、在种植业、养殖业、加工业、物流业、城镇建设、节能环保、社会保障等一系列发展做出努力。联盟将充分整合、利用资源，促进联盟成员与成员之间、成员与政府之间的沟通与合作，推动国内外金融及科技产业的交流与互动，实现各成员单位信息互通、资源共享。

四、举办专题报道活动年度大会

1. 全年不定期举办地方交流会，将根据交流会内容和需要，组织政策指导单位、金融机构及相关企业、专家等参会交流。

2. 将推荐出“中国魅力城镇”、“中国生态城镇”、“中国宜居城镇”、“中国和谐城镇”在中央电视台、中国网络电视台做专题报道。“城镇建设优秀专题作品”并举办专题展览。

3. 年度大会拟邀请国家领导人、各有关部委领导、军队首长、港澳台有关政府机构官员和社会知名人士、部分驻中国使领馆使节、国内外各大相关企、事业单位、机构、各大新闻媒体、文化界名人共同参加，并由有关领导颁奖，同时与参会者合影留念，共进“全国城镇建设和谐发展年度盛宴”。

五、编辑出版大型纪念卷

拟将工作中发现或征集到的学术、经验交流稿件汇编成风采录纪念卷。凡是在新型城镇建设中做出贡献的个人、工程案例、投资案例、特色乡镇，均可收录其内，使这本具有极高保存、参考价值的书卷，成为我国城镇建设风采录的展示本、示范本。

北京城市发展研究院

北京城市发展研究院是从事城市发展规划领域的研究机构，法人单位，建于1984年。研究院的主要对象是首都和全国中小城市，为政府部门提供城市发展战略、产业政策、规划建设、生态环境和城市管理的决策研究方案和为城建企业发展提供咨询研究服务。

建院29年来，北京城市发展研究院发展稳定，社会信誉好，获北京市政府5A级荣誉。本院有较高层次的专家团队，有106名成员的专家指导委员会，有38位厅局级领导任本院顾问等职。

院长金良浚教授为北京工业大学规划学院客座教授,曾在中国建筑科学研究院任职，历任国家与北京五家学会理事和三家国家级学术刊物编委，主编、编著出版38种图书，考察世界40多个国家100多个城市。

北京城市发展研究院29年来，在政策战略研究、高层次学术交流、干部培训教育、组织专家编著书刊等方面做了大量工作，取得很好业绩。主持完成住房和城乡建设部、科技部委托的7项国家级研究项目，60多项市级研究项目，组织专家编书70种，出版内刊630期，主办100多次论坛与学术会议，培训各类干部近万人，为国家做出较大贡献。北京城市发展研究院以高质量成果获得有关方面好评。

研究院的业务领域包括：城市与区域发展战略、产业发展与产业规划、历史名城与文化遗产保护、旧城与古城镇保护改造、自然与文化遗产保护、新型城镇化与小城镇发展规划、城市生态文明建设、水资源与节水、房地产与住房保障政策、城市人口与流动人口、城市应急管理等领域的研究。

重庆市经济管理学会

学会简介

重庆市经济管理学会由重庆市社科联主管的涵盖政府部门、大中型企业、金融、高校及科研等机构的综合性大型学术性社团，成立于1988年，现有会员超过600家。主要宗旨是深入贯彻落实科学发展观，以理论联系实际 、“百家争鸣”和产学研结合的方针，团结组织和协调重庆经济管理理论工作者和实际工作者，多层开展学术活动，围绕经济建设中心，积极探索新时期重庆经济建设中全局性、前瞻性的热点问题，促进经济管理科学事业的繁荣和发展，为建设创新型重庆服务，为深化体制改革服务，为城市建设和企业发展服务。

发展历程

重庆市经济管理学会自成立以来，始终遵循会长肖祖修同志在首届理事会提出的“坚持求实务的方向，坚持精干高效的作风，坚持以实用性为主的经济管理科学的应用”，并“通过学会的纽带作用把党政部门和金融界、企业界、理论界的同行们连接在一起，通过民间的方式，开辟上情下达、下情上报的新渠道，共同提高我市经济管理水平”的工作方针，开展学会活动。

在学术交流方面，举办“当代经济与管理论坛”、“三峡大讲坛——人文社科知识讲座”及其他座谈会、研讨会二百多场；不定期开展优秀论文评奖活动，收集理论研 究成果并向市社科联推荐；开办《决策导刊》、《经济管理》会刊、学术年刊数以千期，以其丰富的信息量为政府部门和企事业决策者服务。

在学术推广方面，针对社会经济发展中的普遍问题举办了大量的培训班，提升了经济管理工作者的素质；组织专家完成了《重庆市道路客运交通管理体制研究》《关于重庆出租汽车行业发展规模宏观调控的研究报告》等一系列科研课题，荣获多项奖项；为重庆市证券公司、重庆租赁公司、永荣矿务局、重庆石棉总厂、渝永电力等多家企业开展经营管理、改革方案及发展战略研究。

在调查考察方面，经常组织我市企业界赴兄弟省市、赴优秀企业（如海尔）、赴海外考察市场环境，寻求合作机会，学习先进管理制度和方法。

主要领导

会　　长：肖祖修　原重庆市人民政府常务副市长

常务副会长：白渝平　重庆国际投资咨询集团有限公司党委书记、董事长

副　会　长：华渝生　重庆市城市建设投资公司党委书记
唐英瑜　中共渝中区委书记
周　波　共青团重庆市委书记
况由志　原中共重庆市直属机关工作委员会常务副书记
曹光辉　重庆市规划局局长
徐正宁　中国石化集团四川维尼纶厂厂长
杨镜璞　重庆建工集团有限责任公司董事长、党委书记
童海洋　重庆三峡银行股份有限公司党委书记、董事长
王　俊　中共南岸区委书记、重庆市经济技术开发区管委会主任
蒋宜茂　梁平县人民政府县长
李　科　重庆兴农融资担保有限公司董事长
贾建国　武隆县人民政府县长

南京大学城市科学研究院

南京大学城市科学研究院（Institute of Urban Science, Nanjing University，简称IUS）前身是南京大学城市科学研究中心，于2010年11月18日正式更名。

在院长张鸿雁教授的带领下，南京大学城市科学研究院始终秉承学以致用的经世信念和道德情怀，以探究完全的城市发展模式、倡导文化资本化的城市创新理念为己任，寻解城市化进程中的各种社会现象和社会问题，下设城市战略研究所、文化产业研究所、住宅产业研究所、旅游研究所、中产阶级研究所等八大研究所。

南京大学城市科学研究院具备独立的学术平台和研究能力，创办有《中国名城》、《中国城市评论》、《中国房地产评论》等学术刊物，自主的论坛品牌——“百年城市论坛”正在策划打造中。研究院先后致力于多项国家及省部级科研项目，包括城市发展战略与城市社会学（国家985项目）、城市化理论重构与中国城市化发展战略研究（教育部重大攻关项目）、城市化进程中的社会问题（国家社会科学基金重点项目）等。

多年来，南京大学城市科学研究院的专家学人坚持芝加哥学派令人称道的实证主义学术传统，深入北京、上海、唐山、昆明、南京、扬州、南通、无锡、苏州、连云港、淮安、宣城、蚌埠、铜陵等诸多城市，主持参与的项目涉及城市现代化与城市战略研究、城乡一体化规划建设、区域经济发展规划、城市文化资本整合与城市整体形象策划、城市产业升级和空间布局、城市应急系统、旅游项目开发与管理、房地产开发与设计、企业文化系统建构等诸多方面。

在经济全球化的背景下，人类的城市化进程已经不可逆转，“城市时代”已经到来。联合国人居署1996年发布的《伊斯坦布尔宣言》中第五条中有这样的一句陈述：“我们的城市必须成为人类能过上有尊严、身体健康、安全、幸福和充满希望、生活美满的地方。”南京大学城市科学研究院致力于构建南京城市学派，为中国城市和城市社会的研究贡献热忱和智慧！

用生命赞美城市！

让城市绽放生命！

浙江省区域经济与社会发展研究会

浙江省区域经济与社会发展研究会是由区域经济和社会发展综合管理部门、区域经济研究和教学单位、企事业单位人员组成的综合性经济研究团体。省人民政府和省发改委、经信委的部分领导兼任了研究会的领导职务。研究会受省发改委和省经信委、省社科联、省民政厅的业务指导和监督管理。

研究会的宗旨是：以马克思主义、建设有中国特色的社会主义理论为指导，坚持科学发展，理论联系实际，开展区域经济与社会发展的调查研究，为各级政府和企业的决策服务。

研究会的主要任务是：研讨浙江区域经济与社会发展中的理论和实践问题，为各级政府和企事业单位的决策服务；组织区域经济和社会发展研究成果的评审、宣传和推介工作，促进成果转化应用，为浙江经济与社会发展服务；组织各种形式的研讨、论坛、培训、考察和学术交流活动，编印浙江区域发展有关书刊，办好区域经济和社会建设网站，为政府部门、研究单位和社会各界提供信息、咨询服务。

研究会的服务平台有：《区域经济——中国浙江》网站、《浙江区域发展研究》（月刊）、《浙江区域发展研究报告》（年度综合研究报告）、优秀研究成果评选、培训考察、专题研究报告等。

研究会实行团体会员和个人会员制：区域经济和社会发展综合管理部门、研究与教学单位、企事业单位经申请批准为团体会员。上述单位有一定理论水平和研究能力的人员，经申请批准为个人会员。

福建省城市经济研究会

福建省城市经济研究会是经福建省民政厅批准成立不以营利为目的，具有独立法人资格的社会团体。集公益性、学术性、权威性于一体的专业为政府及广大企事业单位提供财税、咨询、服务的平台，现有福建省乃至全国各地（含港澳台地区）一批大型知名企业及相关人士联合组成的团体会员共计1000多家。按照专业化、信息化的战略需求，邀请了一批国内外著名的财税专家、学者和政府公共服务平台的相关人员担任高级顾问。下设秘书处为执行机构，并成立税收专业委员会、公众信息中心、法律援助中心、市场监督投诉中心、品牌服务评估中心、会员管理中心、公共关系中心，市场调研中心、消费与维权服务中心、品牌宣传中心、国际合作与交流中心等部门，研究会主要对外长期开展财税管理、课题研究、培训等服务。研究会成立以来，为会员组织和个人提供财税咨询、管理、培训和交流等服务等方面作出了积极的贡献，得到了相关领导的关心与支持。

研究会始终坚持以邓小平理论和三个代表重要思想为指导，深入宣传和实践科学发展观，按照党和国家有关部门的战略部署和要求，组织国内外专家学者积极开展财税管理培训和研究工作，探索经济理论和实践经验；为我国国民经济的可持续发展贡献力量，得到了广大会员企业的一致肯定。

研究会开展经济与财税管理培训工作，建立长效服务机制，旨在广泛吸纳有一定规模与实力、诚信守法的企业成为我们的会员组织，共同创建“依法经营、诚信纳税”的良好市场氛围。总结推广国内知名品牌企业管理先进经验，共同关注企业财税问题，普及财税管理知识，探索管理理论，完善财税管理制度，提高企业品牌形象，引导企业走品牌效益发展道路，更好地维护企业自身权益和广大消费者利益。

机构设置

为了有效开拓福建省城市经济研究会市场，贯彻海峡西岸经济区建设的总体部署和要求，深入贯彻落实中央科学发展观，有力推进中央“十二五”工作计划，做好行业协会、同业公会、企业等社团之间的沟通与交流工作，正确引导和促进市场经济及国民经济的发展，打造和谐社会。经秘书处研究，报请理事会批准同意，福建省城市经济研究会的组织管理架构设置如下：

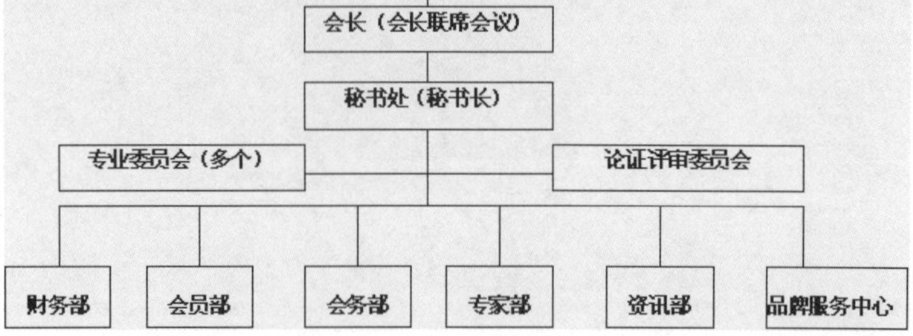

济南市经济发展研究会

济南市经济发展研究会是由济南市发改委倡导，济南市工程咨询院联合山东大学产业经济研究所、山东财经大学经济研究中心、中共济南市委党校、济南市社科院、济南大学经济学院等单位发起设立的学术性、非营利性社会团体。

成立经济发展研究会的主要目的，是通过研究会这一平台，充分发挥专家学者、政府部门、企业家等各方面的作用，凝聚智慧、集思广益，多视角、多层次开展重大战略、发展规划、重大项目前期等重点问题研究，加强经济运行监测预测分析，提出高质量对策建议，为政府科学决策提供参考，促进济南市经济社会平稳健康可持续发展。

深圳市城市规划协会

深圳市城市规划学会英文名称：URBAN PLANNING SOCIETY OF SHENZHEN，简称UPSSZ。成立于1994年12月22日。深圳市城市规划学会是深圳市城市规划工作者的学术性群众团体，是由从事城市规划设计和管理、城市科学研究以及相关工作的机构和个人自愿结成的非营利性社会组织，是依法注册登记的专业性社团法人。

学会宗旨

团结深圳市广大城市规划工作者，积极搭建深圳市城市规划学术交流平台，开展学术交流活动，提高深圳市城市规划的理论水平；拓展对外交流渠道，培养及挖掘专业人才，为深圳市的城市建设和可持续发展服务。

业务范围

（一）积极开展学术交流，组织重点课题探讨，活跃学术气氛，传播科技信息，向社会宣传普及城市规划科学知识。

（二）积极参与深圳市城市发展战略决策和重要规划项目的论证、咨询；接受委托进行科研项目的论证、评议等技术服务工作。

（三）组织开展会员的继续教育等培训活动，鼓励推动技术进步和理论创新，提高广大会员的专业技术水平；举荐人才，表彰奖励在科研、教学、规划实践创新、科普等活动中做出突出贡献的科技工作者。

（四）组织学术考察、进修、讲学等多种形式的交流活动，加强与国内外学术团体和城市规划工作者的友好交往，提高城市规划设计和研究的专业技术水平。

（五）依照有关规定，建立并管理本会的网站，组织编辑出版学术刊物、专著、科普读物和其他出版物。

（六）做好业务主管部门委托办理的其他工作；做好与国家和广东省城市规划学会、科协等学术性组织的联系工作；开展其他促进本学科发展的工作和符合本会宗旨的社会公益活动。

深圳市城市规划学会会员单位77家，本会立足于服务广大会员及城市规划工作者、服务于城市规划事业，围绕城市规划行业的中心任务，不断加强学会工作力度，充分发挥学术性团体组织的各项优势与作用。学会成立以来，组织中外专家学术报告会等学术活动100余场，参加者万余人次；配合全国、省学会、协会协办城市规划专业会议；组织出国考察；开展城市规划咨询服务；参与、组织和协助主管部门开展规划管理、宣传、城市规划设计评优、规划资质管理、注册规划师执业制度实施、专业技术人员职称评审、国际质量体系标准培训等工作任务。为推进深圳市城市规划学术活动的蓬勃开展和城市规划设计、管理水平的提高做出了努力。

中国城市经济著名专家榜

保育钧

个人经历

1942年5月9日生于江苏南通，蒙古族。1969年毕业于中国人民大学新闻系，历任人民日报社记者、编辑、组长、部主任、编辑委员、秘书长、副总编兼秘书长、副总编辑兼华东分社社长。1996年调任全国工商联副主席。2009年3月被聘任为国务院参事室特约研究员。曾任第九届全国政协副秘书长、第十届全国政协社会法制委员会委员、中国民（私）营经济研究会会长。现任中华民营企业联合会会长、中国民（私）营经济研究会顾问（原会长）、中国中小企业协会顾问委员会主任委员、中国企业国际发展协会名誉会长、北京大学中国软实力课题组终身顾问等、品牌中国产业联盟副主席。

曾任职务

历任《人民日报》编辑、政文部负责人、科教部主任、编委会委员兼第三版主编、秘书长、副总编、老干部局局长、中华全国报纸行业经营管理协会会长、中国卫生记者协会副主席、中国广告协会副会长。

程必定

个人经历

1948年11月生，安徽省肥西县人。经济学理论研究专家，研究员。合肥工业大学区域经济学，产业经济学专业硕士生导师（兼）。1972年加入中国共产党。

1973年毕业于合肥工业大学机械系，同年留校任教。

1975年在原第一机械工业部政策研究室从事技术经济与政策研究工作。

1977年至1979年在中共安徽省委统战部和办公厅工作。

1980年后在安徽省社会科学院工作，先后任《江淮论坛》杂志编辑，经济研究所副所长、所长，社会科学院副院长，安徽省经济社会发展战略联合研究室主任，中国区域经济学会副会长，中国区域生态经济学研究会常务理事，安徽省循环经济研究院副院长，安徽省徽商发展研究院理事长，安徽省经济学会会长，安徽省发展战略研究会会长，安徽省管子研究会会长，安徽省社会科学界联合会委员、常务副主席等。

1992年经国务院批准享受政府特殊津贴，1994年经国家人事部批准为有突出贡献的中青年科学、技术、管理专家。

2002年后，任安徽省社科联党组书记、常务副主席，安徽省政协第九、十届常委，经济委员会副主任。

2011年受聘为安徽省人民政府参事。

主要研究领域

安徽省发展战略、区域经济学、企业理论和地方经济史的研究等。

主要研究成果

主持完成的“安徽经济社会发展战略”，曾经省人大常委会审议通过，并被省委、省政府采纳；参与了安徽省从“六五”到“十二五”发展规划及重要专项规划思路的研究。先后主持6项国家社会科学基金和自然科学基金课题，一项中外合作社科研究课题。

系统地研究了安徽近代经济史、安徽经济地理和安徽发展战略，对区域经济发展进行理论总结。主编了我国第一部区域经济学专著，为我国区域经济学这门学科的产生和发展作出了贡献。在改革理论的探讨方面也提出了一些有价值的建议。如较早地提出了生产资料公有制的实现形式问题，生产资料公有制问题，自主联合劳动论问题等。

研究成果曾分别于1990、1991、1993、1996、1999年获省科技进步二等奖、省社会科学成果一等奖和国学最高决策咨询一等奖等。

主要著作

《安徽经济地理》(合作)、《安徽发展战略》(合作)、《区域经济学》(主编)、《安徽近代经济史》(主编)、《区域经济运行调控》（国际社会科学项目）、《区域经济空间秩序》（中加合作项目）、《现代企业制度概论》、《上海经济区区域经济研究》(国际自然科学项目)、《中国安徽减灾研究》、《中国国有企业制度创新》、《中华文化精要丛书——中国经济》、《徽州五千村》、《从区域视角重思城市化》、《安徽崛起的若干战略问题研究》等。

在人民日报、光明日报、经济研究、管理世界等报刊发表学术论文200余篇。

董志凯

个人经历

1944年生于上海市。1967年毕业于北京大学经济系。中国社会科学院经济研究所研究员、博士生导师、中国经济史学会会长、中国社会科学院中国现代经济史研究中心主任。2004年当选为中国经济史学会会长，2008年连任至今。曾多次主持国家重点项目研究，如担任国家重点项目《中华人民共和国经济档案资料选编》常务副主编，国家、院重点项目《中华人民共和国经济史》第一、二卷主编等。

主要著作

《解放战争时期的土地改革》、《跻身国际市场的艰辛起步》、《1949－1952年中国经济分析》（主编、主笔）、《新中国工业的奠基石—156项研究》、《中华人民共和国经济史（1949－1952）》

（主编、主笔）（2004年荣获院优秀成果专著一等奖）、《中华人民共和国经济史（1953－1957）》（主编、主笔）、《中国的土地改革》（主笔）、《延安时期毛泽东的经济思想》（主编、主笔）、《奠基——新中国经济五十年》（副主编、主笔之一）、《中国十个五年计划研究报告》（副主编、主笔）、《新中国工业经济史1958－1965》、《共和国经济风云回眸》等。

学术资料：《中华人民共和国经济档案资料选编1949－1952》（丛书常务副主编、分卷主编）、《中华人民共和国经济档案资料选编（1953－1957）》（丛书常务副主编、分卷主编）、《中华人民共和国经济档案资料选编1958–1965》（丛书常务副主编、分卷主编）、《中国土地改革资料选编》（责编）。

主要成就

1992年开始享受国务院颁发的专家特殊津贴；1994年被中国社科院评选为巾帼建功先进个人；1997年被评选为中国社会科学院有突出贡献的中青年专家。

樊　绯

个人经历

北京大学理学博士，高级城市规划师，中国城市建设研究院城市发展研究中心主任、地下空间利用研究设计中心主任，中国工程咨询协会评审专家。

主要研究领域

城市与区域规划、城市发展战略及城市地下空间利用。

主要学术成就

负责参与完成村镇小康住宅规划设计成套技术研究等国家“十一五”科技支撑课题3项；北京商业活动空间结构及唐山城市地下空间利用研究项目4项、相关行业标准3项；城市发展相关各类规划设计项目数十项，获省部级优秀奖多项。发表《地域特色在城市总体规划中的体现》、《20世纪城市发展与CBD功能的演变》等论文约20篇。

冯更新

个人经历

郑州大学中国中部发展研究院常务副院长、国家促进中部地区崛起规划专家组成员、中部崛起重大战略与政策研究课题专家评审组成员。社会主要兼职：中国城市科学研究会中小城市委员会副主任、中国城市经济学会副秘书长兼学科建设委员会副主任、河南省区域经济研究会会长、河南省城科会城市经济学委员会主任、香港《大公报》经济学专家。1993年9月被中华人民共和国教育委员会、中华人民共和国人事部授予全国优秀教师称号并颁发奖章和证书；1995年7月被中共河南省委、河南省人民政府命名为省管优秀专家。省部学术级奖项约40多个。

主要研究领域

区域经济、城市经济、城市发展规划、城市环保与低碳经济。

主要学术成就

1986年初在全国创立第一个城市经济研究所，在此基础上，先后参与80多个中小城市的经济和社会发展战略及规划的制订和论证，并和290多个中小城市建立了学术横向联系，在全国影响较大。

从20世纪70年代末至今先后主编出版21部著作，独撰4部专著，主持完成国家社科基金重点课题1个、一般课题2个和省部级课题15个，发表学术论文100余篇，共计900余万字。

2007年4月4日发起成立中国中部发展研究院，并聘请著名经济学家、国家发改委地区经济司司长范恒山教授担任高级顾问，河南省发改委主任兼任院长。三年多来，参与了国务院《促进中部地区崛起规划》编制工作，并主持完成《我国中部地区经济发展的轨迹与趋向研究》、《我国中部地区崛起战略支点网络构建研究》、《河南省承接产业转移研究》、《十二五我国区域协调发展机制及政策研究》、《十二五中部地区城市群综合竞争力提升研究》等五个国家发改课题，独撰出版了《中国特色社会主义经济发展研究》，共计48万字左右。

冯国会

个人经历

博士，二级教授，辽宁省特聘教授，博士研究生导师，享受国务院政府特殊津贴专家，入选国家级新世纪百千万人才工程，美国雪城大学高级访问学者，国家教育部建筑环境与设备工程专业学科指导委员会委员。

主要研究领域

相变储能理论与技术、建筑节能、建筑环境保障技术等。

主要学术成就

先后主持国家自然科学基金、国家“十二五”科技支撑计划重大项目、国家高新技术发展计划（863）、中美国际合作项目、中芬国际合作项目、国家外国专家局、辽宁省高校优秀人才基金、辽宁省自然基金等纵向科研课题50余项，先后获得辽宁省和沈阳市各级政府科技进步奖28项，其中主持获得省部科技进步二等奖4项，省部科技进步三等奖10项，在各类学术刊物和学术会议上发表论文180余篇，被SCI、EI、ISTP收录60余篇，申报国家专利13项，出版学术专著及标准7部。

冯　华

个人经历

北京交通大学产业经济学教授，博士生导师，经济学博士，管理学博士后，兼任北京交通大学服务经济与新兴产业研究所所长、中国软科学研究会第四届理事会理事、中国商业史学会理事、东北亚开发研究院产业经济研究所特约研究员、中国服务贸易专家委员会委员、中国博士后基金项目评审专家、《经济导报》特约评论员等社会职务。2010年5月－2011年7月兼任北京交通大学经济管理学院副院长。

主要研究方向

服务经济与新兴产业，擅长市场策划和产业规划。

主要学术成就

主持完成国家社科基金、国家发改委、铁道部、山东省社科规划等省部级以上课题十余项，在《中国工业经济》《改革》《宏观经济研究》等期刊发表论文60余篇，最近几年主持完成的地方十二五规划项目有《宁德市十二五规划总体思路和主要任务》《德州市十二五现代产业体系规划》《太原西山地区十二五转型发展规划》等。

付晓东

个人经历

1978年9月至1982年7月，北京大学城市与环境科学系/区域与城市规划本科学士；

1982年7月至1985年9月，内蒙古建设厅规划处/城市规划管理工作；

1985年9月至1987年7月，河南大学环境与规划学院/资源开发与经济专业研究生；

1987年7月至1997年9月，河南省政府发展研究中心/从事政策咨询研究；

1997年9月至2000年6月，中国人民大学区域与城市经济研究所/区域经济学专业博士研究生；

2000年7月至今，中国人民大学区域与城市经济研究所/区域经济学科研与教学工作。

主要科研成果

发表论文约50篇，其中在国外发表4篇；出版教材2部；个人专著3部。

主要学术成就

北京市科技进步奖二等奖（2005年2月）

中国人民大学优秀科研成果奖（2002年11月）

胡石英

个人经历

1962年至1967年，北京邮电学院无线电物理专业学生；

1973年至1979年9月，国家建委建研院计算机站工程师；

1979年至1981年4月，《人民日报》社记者；

1981年4月至1986年1月，北京自学杂志社《人才》《自学》《丑小鸭》社长、主编；

1986年至2001年，金华表集团董事长；

2001年至今，中国国情调查委员会主任，北京国环投资管理有限公司董事长。

主要学术成就

2006年因发明“城市生态综合体”，被联合国生态安全科学院授予“国际生态安全勋章”，此勋章是用于奖励在全球城市生态安全建设领域中作出卓越贡献的城市首脑和科学家，是世界城市生态领域的最高奖项和荣誉，胡石英是获此国际殊荣的中国第一人。

金　磊

个人经历

现为加拿大宝佳国际建筑师有限公司副总裁兼总工程师，国家文物局主办《中国建筑文化遗产》杂志社总编辑，兼任北京市人民政府第七届、八届政府专家顾问，中国文物学会传统建筑园林委员会副会长，中国建筑学会建筑摄影委员会常务副主任，住建部科技委减灾委员会委员，住建部抗震减灾规划标准委员会委员，北京大学城市规划与房地产研究所常务副所长，中国灾害防御协会副秘书长，北京减灾协会副会长，中国城市规划协会防灾与安全专业委员会副主任。

主要研究领域

结合建筑工程设计从事城市安全与城市生命线系统的可靠性问题研究。

主要著作

1992年推出中国第一部城市综合减灾的学术著作《中国城市综合减灾对策》；1995年出版中国第一部全面介绍安全文化建设的著作《中国安全文化建设与探索》；1997年出版了国内第一部城市灾害学的高校教材《城市灾害学原理》。《中国城市减灾与可持续发展》（2000年）、《西部开发的警示》（2001年）、《安全奥运论》（2003年）、《中国城市安全警告》（2004年）、《城市安全之道》（2005年）、《灾后重建设》（2008年），《全民综合减灾文化读本》（2010年）等专著。

刘亚臣

个人经历

著名工程管理与房地产学者，现任沈阳建筑大学管理学院院长，经济学博士、教授。住房和城乡建设部工程管理专业指导委员会委员，辽宁省土木建筑学会工程管理专业委员会主任委员。

主要研究领域

工程经济与建设项目管理、基于城镇化的城市房地产经营管理等。

主要著作

出版《建设工程经济》、《城镇化与城镇住宅安全》、《小城镇规划管理与政策法规》等3部专著，主编《工程经济学》、《工程项目融资》、《房地产经营管理》教材等28部，国内外公开发表论文60余篇；近年来主持完成近8项国家级攻关和“十一五”科技支撑计划课题。

宋　丁

个人经历

我国著名社会学家费孝通教授亲自指导的第一届研究生，目前供职于总部位于深圳，由著名经济学家马洪创建，现由前国家财政部长项怀诚任理事长的中国综合开发研究院，任旅游与地产研究中心主任、研究员。还是中国城市经济研究会理事，央视、凤凰卫视、香港卫视、每日经济新闻、第一财经等著名媒体的特约嘉宾，并特约为国内一些省市政府以及华侨城、港中旅、华强、华润等著名旅游地产集团提供顾问服务。

主要研究领域

城市战略和旅游地产。

主要著作

已出版《旅游地产及东部华侨城实践》、《城市学》、《深港共同体研究》等专著4部，合著15部，发表各类论文200多篇，获得马洪学术基金奖等多个奖项。

汤铭潭

个人经历

教授级高级工程师，沈阳建筑大学兼职教授，研究生导师，中国管理科学研究院特约研究员，中国城市建设研究院城乡规划研究中心与天津分院总工程师，浙江大学城市规划设计研究院顾问总工程师，中国城市规划学会小城镇规划学术委员会委员。

浙江大学毕业后长期从事科研与城乡规划，先后供职于国家多个著名科研院所，并在相关领域长期与多个高校合作研究。

主要研究方向

城市基础设施、城市发展战略及信息化、城市可持续发展和建设项目可行性研究、小城镇规划研究。

主要学术成就

作为项目负责人和课题负责人完成和即将完成国家攻关课题和部际、部级重点课题研究12项、国家标准、行业标准3项；获省部级科技进步二等奖4项、三等奖2项，国务院重大装备办科研阶段成果奖1项，改革开放社科优秀成果一等奖1项，省部级优秀规划设计一等奖1项、二等奖3项、银牌奖1项、三等奖2项；为地方解决基础设施工程技术难题40多个，其中规划涉及工业污染电力系统大面积污染停电事故难题破解，为国家和地区节约直接改造费用逾1亿元；出版《小城镇发展与规划概论》、《道路与景观规划》、《生态环境规划》、《市政工程规划》、《城域与社区宽带网规划概论》、《电磁环境与城市规划等专著》、译著26部，其中“十二五”国家重点图书一套；发表论文120余篇，其中获全国优秀学术论文特等奖、一等奖多篇，入选多部全国大型理论文集，受聘国家行政学院《落实科学发展观的伟大实践》等多部重要文选的特邀编委，入编多部不同名录，12次被评为局级“先进工作者”。

王珏林

主要职务

住房和城乡建设部政策研究中心副主任、研究员，兼中国人民大学、中国社会科学院研究生院教授。

主要研究领域

长期从事政策法规的研究工作，参与多部法律法规和政策的调研和起草工作，对城市规划、建设和管理，建筑市场、房地产市场，城镇化、城市经济、区域经济和新农村建设等方面都进行过专项研究。承担国家有关部委、北京、天津、重庆和深圳等城市政府的多项重要课题。

王汝林

主要职务

国家商务部电子商务专家咨询委员会委员，《电子商务发展“十一五”规划》评估专家，中国电子商务协会移动商务专家咨询委常务副主任，中国信息经济学会电子商务专委会副主任，北京市信息协会专家委员会副主任，中国通信工业协会物联网专家顾问组专家；美国《中华商报》顾问。

主要著作

有18部专著出版，200多篇论文在国内外发表。其最新出版的《物联网基础及应用》一书，世界著名物联网专家日本野村战略研究所顾问给予极高评价，并为该书亲写序言。

主要学术成就

曾先后两届获得“中国信息界学术大奖”及“中国电子商务发展十年突出贡献奖”。

王再文

个人经历

1967年出生，中共党员，经济学博士（后），教授，硕士生导师。曾在高校从事科研、教学工作。现任职国家发展和改革委员会培训中心，兼任中国生产力学会理事、北京交通大学经济管理学院兼职教授、硕士生导师，从事产业经济学、区域经济学等领域的教学研究。

主要研究方向

企业理论、公共政策（制度）与区域经济发展。

朱才斌

个人经历

1969年10月出生，2000年毕业于北京大学经济地理专业。2010年被评为教授级高级城市规划师。现任中国城市建设研究院城乡规划研究中心主任，天津分院院长。

主要研究方向

城市与区域规划、城市发展战略。

主要学术成就

主持与参与完成深圳、天津、四川、河南等地城市空间发展战略规划、城镇体系规划、城市总体规划、详细规划、城市设计、产业发展规划设计数十项。主要获奖7项，其中全国优秀规划设计一等奖、二等奖各1项、升级优秀规划设计奖4项、轨迹竞赛规划设计队名2项；发表论文12篇，其中金经昌城市规划论文竞赛最高奖1项。

第六篇

中国城市特色经济研究成果汇编

中国城市竞争力2012年度综述

——建设可持续竞争力理想城市

倪鹏飞　李　超

一、新命题与新基准

（一）新十年，新趋势

2030年人类面临不一样的未来。2008年，全球超过50%以上的人口居住在城市里。今天，人类已进入经济全球化、科技信息化、城市集群化、生态低碳和世界半发达的城市社会。未来，随着全球中产阶级的壮大，贫困的减少，再加上新型的通信方式，全世界个人的能力将得到提高；老龄化、城市化以及移民将快速增长，人口结构深刻变化。发达国家过度消费和新兴工业化大国迅速崛起导致的需求迅速膨胀，使不可再生资源变得严重短缺，发达国家过度排污和新兴工业化大国的排污增加，导致全球变暖及环境进一步恶化。社交媒体以及信息化技术的创新，3D打印和机器人技术的突破，在解决一些全球性挑战的同时，也带来一些新的挑战。世界政治、经济、科技力量的调整，多极化以及权力的分散，资源环境的矛盾，使世界面临更加动荡的风险。

2030年建成全面小康的城市中国。2011年，中国的城镇化率也超过了50%，目前，中国进入中等收入国家，改革开放使创造的中国奇迹，是中国拥有了包括城镇化在内的转型升级的资本、人才和技术基础。由于居民收入的提升、素质的提升和社会的开放，市民意识觉醒，个人权利提升，将导致社会矛盾突出，与此同时，生态脆弱资源短缺。人口老龄化、城市化以及移民将导致中国的社会和经济体制出现重大波动。随着中国的中产阶级到2030年更加壮大，资源稀缺与资源需求大幅增长存在冲突。同样，政府能否跟上闪电般的技术创新步伐？机器推动经济发展的局面是否会加剧中国贫富分化？新技术在解决中国挑战的同时，也会带来新的挑战。

中国过去的城镇化模式不可持续。改革开放30年来，中国演绎了波澜壮阔的城镇化史诗，也有力地支撑了中国经济增长的奇迹。但是，以经济发展为中心目标，以外向型工业化为中心动力，以地方政府为主导，以土地为主要内容，以规模扩张作为发展方式，以物质资本大量投入为驱动要素的传统的城镇化模式，导致：资源大量消耗，空间过度集中，经济结构失衡，环境严重污染，社会矛盾激化，一些城市和乡村患上比较严重的“城市病”和“乡村病”。

总之，在城市化的中国和世界里，技术的进步，人类的发展，资源的稀缺，使城市社会不仅面临激烈的竞争和冲突，更面临经济、政治、文化、社会、环境可持续的挑战。提升城市可持续竞争力是个人、企业、城市、国家，也是世界实现物竞天择、可持续发展的新命题。

而中国传统城镇化的教训也要求：在这样一个全新的时代背景下，中国城市未来的健康发展，并逐步提升在全球城市体系中的战略地位，必须走新型城市化之路，建设知识型、生态型、和谐型、个性化、多元化、城乡一体的多层次、开放性的理想城市体系。

"可持续竞争力的理想城市"引领未来。过去的十年，《中国城市竞争力报告》与中国城市化和城市发展共成长，对中国城市发展和城市化起到很好的引导、激励和决策参考的作用。从城镇化的角度，新型城镇化的新目标是建设可持续竞争力的理想城市；从竞争力的角度，最具竞争力的城市是可持续竞争力的理想城市。有鉴于国内外发展的新趋势和新命题，新型城镇化的新要求，未来十年，课题组将以可持续竞争力的理想城市评估原则和标准，进行理论、实证和案例研究，以此引领中国城市实现可持续的发展和竞争力提升。本次报告主题着力构建可持续理想城市的理论体系和评估基准。

（二）理想城市与新基准

城市竞争力是一个城市与其他城市相比较，更有效率地创造财富，为居民提供更多福利的能力。城市可持续竞争力是一个城市与其他城市相比较，更够确保当前和未来持续有效率地创造财富，为世代居民提供更多福利的能力。城市竞争力决定机制是在城市间的要素环境及产业的相互竞争进而趋向空间一般均衡的过程中，实现要素环境决定产业体系，产业体系决定价值体系。

按照新的理论框架：竞争力分为当前短期竞争力（报告命名为综合经济竞争力）和未来长期竞争力（可持续竞争力）。当前短期竞争力指数是综合经济竞争力指数，选取表现产出价值的当前指标：经过数年理论研究和实证检验，按照指标最小化原则，我们选择"地均GDP"和"GDP"年均增量（适当考虑环境成本），同时反映当前创造价值的规模、速度和效率。选取全国及港澳台293个城市样本，根据相关数据和计量方法，可以计算城市的综合经济竞争力指数。

可持续竞争力即未来长期竞争力，是推动支撑城市永续发展和竞争的关键因素及其有机构成。最具可持续竞争力的城市是能确保当前和未来最持续、最有效率地创造财富，为世代居民提供最多福利能力的城市。依照理想城市的这些方面，通过把握世界发展趋势，瞄准世界标准，借鉴国际经验，并基于长期的研究，我们认为：最具可持续竞争力的城市具体由八个理想城市有机构成：

以人为本的宜居城市：以人为本是指作为居民栖息之地的城市是最大化确保全体市民个体创造和分享幸福和发展成果的出发地和落脚地。在理想的宜居城市里，市民身体健康、精神愉悦、生活幸福和素质文明；自然环境、基础设施、政府服务、私人服务的规划、建设、管理、服务和提供，确保大多数居民便捷、舒适的享用，促进居民的健康、快乐和幸福。

创业至上的宜商城市：创业至上主要指城市环境、基础设施、公私人服务的建设和提供一切以最大化确保居民自由创业、企业自由发展为出发点和落脚点。理想的宜居城市包括：企业的良好表现、广阔的市场需求以及优越的创业营商环境。表现为：外资纷至沓来，新企业层出不穷，当地市民创业高涨，中小企业蓬勃向上，大企业持续发展，经济充满活力。

公平包容的和谐城市：公平是指政府确保为每一个居民提供均等的发展机会，公平的竞争环境，均等的公共服务。包容是指让老弱病残鳏寡孤独者皆有所养，让优者得到奖掖，使生命之花自由绽放。和谐城市是指城市里的全体市民相互包容，相互关爱，和谐相处，充满亲和力。主要包括：政府善治、社会公平、社会保障和社会福利、社会安全等四项内容。

环境友好的生态城市：环境友好是指天人合一，人类作为生态的有机构成部分，利用知识，道法自然。理想的生态城市是社会、经济、自然协调发展，物质、能量、信息高效利用，技术、文化与景观充分融合，人与自然的潜力得到充分发挥，居民身心健康，生态持续和谐的集约型人类聚居地。主要包括：低能耗，低污染和生态系统良好。

创新驱动的知识城市：知识型产业逐步成为城市的主导产业；信息技术广泛应用生活和商务；市民享受知识，致力于创新。创新驱动的知识城市对经济的增长质、居民的生活、环境的保护程度提出了更高层次的要求，通过知识的外溢、形成规模经济来重新构建城市空间结构和形成新的城市圈，为城市竞争力的提高提供可持续的内生发展动力。

城乡一体的全域城市：城乡一体是指以城市为本底的城乡基础设施一体化，公共服务均等化。理想状态的全域城市，应该是工业园区化、农业现代化、土地集约化、农村城市化、城乡一体化、城市田园化，城乡居民收入差距合理、城乡公共服务均等、城乡基础设施一体、城市化与工业化协调发展的城市乡村组合体。城乡居民在田园般优美的环境中享受着现代城市所提供的现代化的服务设施基础设施。

交流便捷的信息城市：城市主体与城内外的主体之间能够利用最先进的交通和通信工具，使自由便捷进行物质、知识、思想、信息的获得最便捷的交流和交换。信息城市包括企业生产信息化、居民社会生活信息化以及政府服务信息化，信息技术广泛应用于城市的生产和生活服务。在理想的信息城市状态下，市民交流更加便捷，生产模式更加高效，城市规划更加合理，政府服务更加便捷。

开放多元的文化城市：自由开放体现在能够汲取各国各地区的文化精髓，形成多元一体的格局；多元包容性体现在能够融合不同的文化，形成独有的城市文化特色。理想城市的历史文化厚重久远，现代时尚文化枝繁叶茂，外来多样文化兼容并蓄，当地文化独具特色，在开放和多元的环境下，各种文化碰撞、交融和交相辉映。

基于以上八个方面，在指标的城市级数据可得的前提下，根据指标最小化原则，每个方面分别提炼出了6－10个核心指标，建立了可持续竞争力指标体系，确定就每个指标和方面而言，表现最好的样本为理想状态，然后选取港澳及内地地级以上287个城市做样本。采用相关统计计量方法，对287个城市实现可持续竞争力理想城市的状况进行定量的分析和比较，为各城市规划自身发展蓝图、确定自身发展方向提供重要参考。

二、现状与格局

根据城市经济综合竞争力指数和可持续竞争力指数，可以分析包括港、澳、台在内293个城市的经济综合竞争力的现状与格局，以及港澳及内地287个城市可持续竞争力的现实状况以及与理想城市的差距。

（一）综合经济竞争力指数比较

2012年综合经济竞争力指数排名前十的城市依次是：香港、深圳、上海、台北、广州、北京、苏州、佛山、天津和澳门。其中，港澳台地区占3席，东南沿海的内地城市占5席，环渤海地区占2席，而广大中西部地区没有一个城市进入综合经济竞争力十强；进入二十强的中西部城市仅有武汉和成都，而西北地区排名最靠前的西安仅列第35位。可见，区位优势对城市综合经济竞争力的影响十分明显。从城市的行政等级来看，特别行政区、直辖市、副省级城市和计划单列市、省会城市的综合经济竞争力要明显高于其他地级城市（见图1）。

从全国及各大区域综合经济竞争力指数来看，港澳台城市、东南沿海的内地城市、环渤海城市的综合经济竞争力指数均值要高于全国平均水平，其他区域均低于全国平均水平，排名依次是东北地区、中部地区、西南地区和西北地区。从区域城市内部的综合经济竞争力差距来看，港澳台城市的变异系数最高，东南沿海的内地城市和环渤海地区次之，中部城市的变异系数最小（见表1）。

（二）可持续竞争力指数比较

2012年可持续竞争力指数排名前十的城市依次是：香港、上海、深圳、北京、广州、澳门、杭州、

图1　2012年293个城市综合经济竞争力排名

注：2012年城市综合经济竞争力排名用“○”表示，“○”越大代表综合经济竞争力排名越高，图例中单位为“位次”。柱状图显示了2012年城市综合经济竞争力排名的前50位，柱状越高代表城市综合经济竞争力排名越高。

数据来源：中国社会科学院城市与竞争力指数数据库。

表1　全国及各大区域综合经济竞争力指数

区域范围	样本量	均值	标准差	最小值	最大值	变异系数
全国	293	0.0878	0.0993	0.0231	1.0000	1.1310
港澳台	8	0.3090	0.3125	0.0950	1.0000	1.0113
东南	55	0.1425	0.1399	0.0380	0.7183	0.9818
环渤海	30	0.1195	0.0761	0.0481	0.3792	0.6368
中部	80	0.0648	0.0333	0.0320	0.2377	0.5139
西南	47	0.0536	0.0315	0.0260	0.2065	0.5877
东北	34	0.0659	0.0409	0.0279	0.1997	0.6206
西北	39	0.0487	0.0255	0.0231	0.1429	0.5236

数据来源：中国社会科学院城市与竞争力指数数据库。

青岛、无锡、济南。和综合经济竞争力一样，仍是港澳台地区、东南地区和环渤海地区三分天下。其中，港澳台地区占2席，东南沿海的内地城市占5席，环渤海地区占3席。进入二十强的中西部城市仅有武汉、长沙和成都，而西北地区排名最靠前的西安位列第30位。从城市可持续竞争力的相对差距来看，无论是全国总体水平还是区域内部差距都要小于城市综合经济竞争力指数（见图2）。

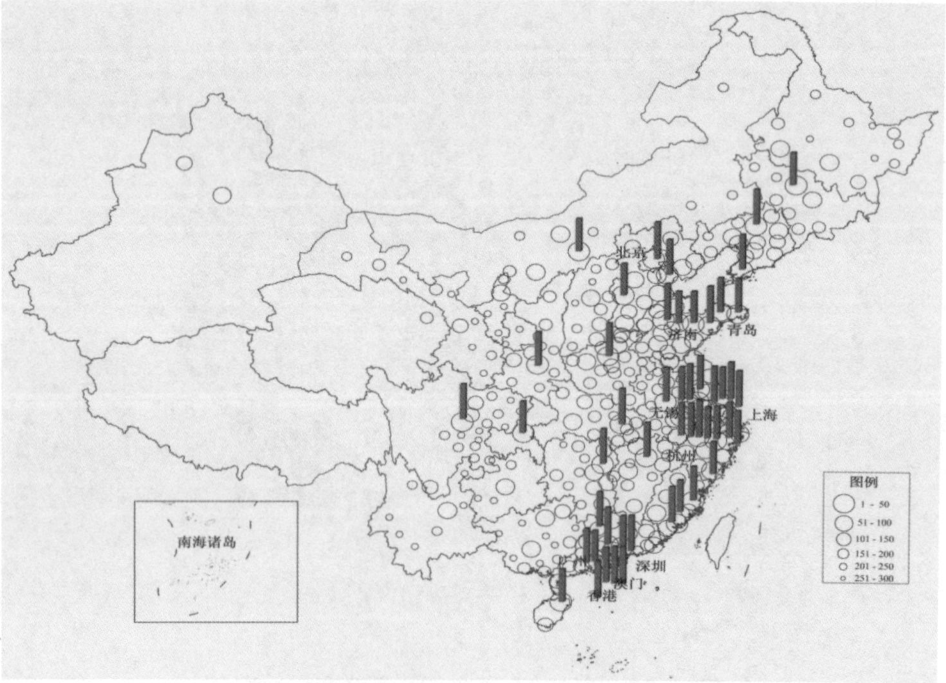

图2　2012年287个城市可持续竞争力排名

注：2012年城市可持续竞争力排名用“○”表示，“○”越大代表可持续竞争力排名越高，图例中单位为“位次”。柱状图显示了2012年可持续竞争力排名的前50位，柱状越高代表可持续竞争力排名越高。
数据来源：中国社会科学院城市与竞争力指数数据库。

从全国及各大区域的可持续竞争力指数来看，港澳台城市、东南沿海的内地城市、环渤海城市的可持续竞争力指数均值要高于全国平均水平，但三大区域内部变异系数均要小于全国总体水平。其他区域的可持续竞争力指数低于全国平均水平，排名依次是中部地区、东北地区、西北地区和西南地区。从区域城市内部的综合经济竞争力差距来看，除了西南地区和西北地区以外，其他各区域的变异系数均小于全国总体水平（见表2）。

表2　全国及各大区域可持续竞争力指数

区域范围	样本量	均值	标准差	最小值	最大值	变异系数
全国	287	0.3932	0.1355	0.0797	0.9803	0.3446
港澳台	2	0.8659	0.1617	0.7516	0.9803	0.1867
东南	55	0.5042	0.1190	0.2994	0.8168	0.2360
环渤海	30	0.4810	0.0983	0.3622	0.7590	0.2044
中部	80	0.3757	0.0863	0.2011	0.6463	0.2297
西南	47	0.2985	0.1188	0.0901	0.6284	0.3980
东北	34	0.3733	0.1087	0.1111	0.6397	0.2912
西北	39	0.3120	0.1122	0.0797	0.5674	0.3596

数据来源：中国社会科学院城市与竞争力指数数据库。

（三）城市竞争力指数的横向关联

2012年中国城市的可持续竞争力与综合经济竞争力还呈现出典型的倒U型关系，即城市的可持续竞争力在初期会随着综合经济竞争力的上升而迅速增加，但上升至一定阶段后，可持续竞争力的上升幅度会有所趋缓，甚至会出现下行趋势。因此，提升中国城市竞争力的关键不在于现实综合经济竞争力的大小，而在于如何促进可持续竞争力的提高，增强中国城市的发展后劲，这也是未来中国经济社会发展模式转型的内在要求和不竭动力（见图3）。

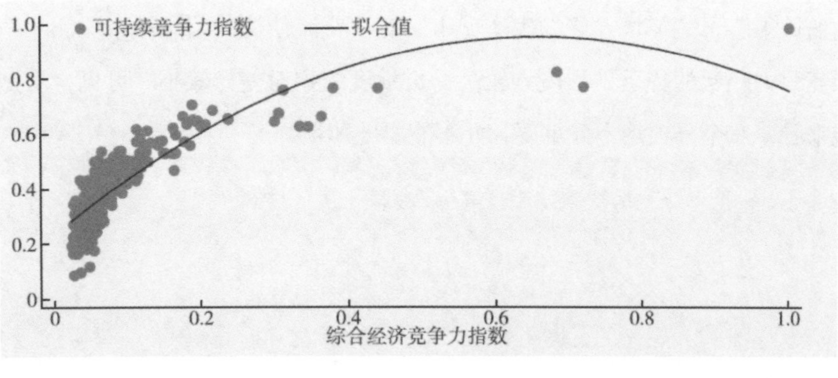

图3　2012年287个城市可持续竞争力与综合经济竞争力相关关系图

参照理想城市的八个分项，我们分别设立了八个指标对中国城市的可持续竞争力进行综合评估，这八个分项包括以人为本的宜居城市、创业至上的宜商城市、公平包容的和谐城市、环境友好的生态城市、创新驱动的知识城市、城乡一体的全域城市、交流便捷的信息城市、开放多元的文化城市。通过对八个分项指数的统计分析发现，几乎所有的分项竞争力指数离理想城市的状态很相去甚远。其中，指数均值最高的分项“以人为本的宜居城市”仅为0.4141，按均值大小排名依次是“环境友好的生态城市”、“公平包容的和谐城市”、“创新驱动的知识城市”、“创业至上的宜商城市”、“交流便捷的信息城市”、“开放多元的文化城市”、“城乡一体的全域城市”；分项“城乡一体的全域城市”的变异系数最大，表明中国城市之间的城乡统筹发展水平存在巨大差异，其他分项指标的变异系数排名依次是：“开放多元的文化城市”、“创新驱动的知识城市”、“交流便捷的信息城市”、“创业至上的宜商城市”、“公平包容的和谐城市”、“环境友好的生态城市”、“以人为本的宜居城市”。

表3　八个分项竞争力指数

指标	样本量	均值	标准差	最小值	最大值	变异系数
以人为本的宜居城市	287	0.4141	0.1305	0.0000	1.0000	0.3153
创业至上的宜商城市	287	0.3170	0.1505	0.0000	1.0000	0.4748
公平包容的和谐城市	287	0.3751	0.1541	0.0000	1.0000	0.4109
环境友好的生态城市	287	0.3935	0.1564	0.0000	1.0000	0.3974
创新驱动的知识城市	287	0.3278	0.1912	0.0000	1.0000	0.5834
城乡一体的全域城市	287	0.2428	0.1519	0.0000	1.0000	0.6253
交流便捷的信息城市	287	0.2898	0.1577	0.0000	1.0000	0.5441
开放多元的文化城市	287	0.2720	0.1650	0.0000	1.0000	0.6067

数据来源：中国社会科学院城市与竞争力指数数据库。

从八个分项竞争力指数对可持续竞争力总指数的贡献度来看（如表4所示），排位依次是“创新驱动的知识城市”、“公平包容的和谐城市”、“开放多元的文化城市”、“以人为本的宜居城市”、“创业至上的宜商城市”、“环境友好的生态城市”、“交流便捷的信息城市”和“城乡一体的全域城市”。八个分项竞争力指数的显著性程度均较高，贡献度的相对差异较小。可见，从提高城市可持续竞争力的具体措施来看，八个分项均十分重要，并不能厚此薄彼。

表4　八个分项竞争力指数的贡献度

变量名	贡献度	变量名	贡献度
以人为本的宜居城市	0.138***	创新驱动的知识城市	0.152***
	(0.011)		(0.011)
创业至上的宜商城市	0.127***	城乡一体的全域城市	0.097***
	(0.015)		(0.010)
公平包容的和谐城市	0.143***	交流便捷的信息城市	0.102***
	(0.009)		(0.013)
环境友好的生态城市	0.109***	开放多元的文化城市	0.140***
	(0.008)		(0.012)
常数项	0.058***	样本量	287
	(0.004)	R^2	0.986

注：括号内为标注误，***代表p<0.01，**代表p<0.05，*代表p<0.1。
数据来源：中国社会科学院城市与竞争力指数数据库。

（四）城市竞争力指数的纵向比较

2012年，中国城市的综合经济竞争力十强相对于2011年和2002年－2011年的平均排名变动幅度较小，表明中国城市的综合经济竞争力在时间序列上有很强的传承性，而在可持续竞争力排名中，综合竞争力十强城市的排名波动幅度较大。表明城市的综合经济竞争力越强，并不意味着城市的可持续发展能力越高。因此，对于可持续竞争力排名较低的城市，其发展转型的压力也就越大。

表5　2012年综合经济竞争力指数十强城市与其他指标排名对比

城市	2012年综合经济竞争力指数	2012年综合经济竞争力排名	2012年可持续竞争力排名	2011年综合竞争力排名	2002－2011年十年平均排名
香港	1.00000	1	1	1	1
深圳	0.71833	2	3	5	4
上海	0.68198	3	2	4	3
台北	0.51147	4	—	2	2
广州	0.43906	5	5	6	7
北京	0.37921	6	4	3	6
苏州	0.36337	7	11	14	18
佛山	0.34481	8	22	12	15
天津	0.33371	9	20	7	13
澳门	0.31218	10	6	13	12

数据来源：中国社会科学院城市与竞争力指数数据库。

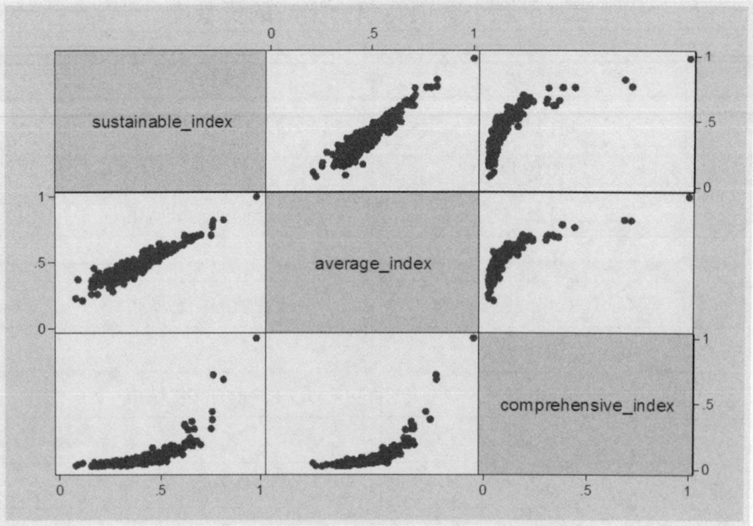

图4　城市竞争力指数相关关系矩阵

注：图示为2012年287个城市可持续竞争力指数、综合经济竞争力指数与2002—2011年综合竞争力指数均值的相关关系矩阵。

数据来源：中国社会科学院城市与竞争力指数数据库。

进一步分析，我们对287个样本城市2012年的可持续竞争力指数、综合经济竞争力指数和2002－2011年十年间综合竞争力指数的均值考察研究发现，2012年的可持续竞争力指数与2002－2011年十年间综合竞争力指数的均值呈现出比较典型的线性关系，而2012年的综合经济竞争力指数与2002－2011年十年间综合竞争力指数的均值呈现出单调递增的双曲线关系。可见，2012年的可持续竞争力指数、综合经济竞争力指数与过去十年的综合竞争力指数之间存在着很强的延续性。提升城市竞争力绝非一朝一夕的事情，需要在多个分项指标上进行长期积累。

（五）城市竞争力指数的空间变化规律

2012年287个样本城市的可持续竞争力指数、综合经济竞争力指数与区位因素之间的空间关系呈现出不同特点。我们通过纳入各城市的经纬度，测算出各城市距离最近海港的球面距离，可以发现出中国城市竞争力指数的空间变化规律。

表6 中国城市竞争力的空间变化

	模型(1)	模型(2)
变量名	可持续竞争力指数	综合经济竞争力指数
与最近海港城市距离	-0.326***	-0.296***
	(0.033)	(0.058)
与最近海港城市距离的平方	0.120***	0.259***
	(0.020)	(0.075)
与最近海港城市距离的三次方		-0.061***
		(0.022)
常数项	0.492***	0.146***
	(0.011)	(0.010)
样本量	287	287
R^2	0.304	0.154

注：括号内为标注误，***代表p<0.01，**代表p<0.05，*代表p<0.1。
数据来源：中国社会科学院城市与竞争力指数数据库。

从表6中可以看出，2012年287个样本城市的综合经济竞争力指数呈现出Fujitaetal（1996）所预测的典型的"∽"规律。也就是说，距离港口城市越近，城市的综合经济竞争力越高；随着距离的增加，城市的综合经济竞争力先下降后上升，直至达到第二波峰后最后开始下降，这与新经济地理的结论是大致吻合的。而2012年287个样本城市的可持续竞争力指数却呈现出不一样的空间变化规律。即距离港口城市越近，城市的可持续竞争力越高；随着距离的增加，城市的可持续竞争力呈现出先下降后上升的态势。这一现象我们可以概括为城市可持续竞争力与距海距离的正"U"型规律。

结论：第一，中国城市综合经济竞争力的变异系数很高，这种差距不仅体现在区域之间，而且在区域内部的差异也十分显著。以全国293个城市的综合经济竞争力为例，在0.0878的均值情况下，变异系数竟高达1.131。第二，中国城市的各分项竞争力与理想城市的状态相距甚远。八大分项指标中均值最高的指数仅为0.4141，其他指标均值也均在0.4以下。也就是说，中国城市的可持续竞争力现状整体上落后于理想城市的标准。

三、问题与挑战

（一）以人为本的宜居城市舍本逐末

中国内地多数城市不仅没有达到以人为本，而且距离一般性宜居也有差距。宜居城市的竞争力指数均值为0.4141，变异系数为0.3153。在宜居城市规划、建设、管理和服务上存在以下问题：第一，重建城市建设，轻管理服务。第二，偏向于硬件设施，大型设施建设，忽视软件设施建设，小型配套设施建设。第三，城市建设投资不足，往往偏向于地标性建筑和华丽外表，轻视排水管道等地下设施。第四，重视物的运行和车的方便，轻视人的流动和人的便利。第五，城市建设行政化严重，中小城市投资不足，小城市与小城镇功能不全。第六，大中城市“城市病”开始集中爆发。交通拥堵十分严重。本报告2010年问卷调查显示，全国35个重点观测城市的交通状况满意率合计仅为25.3%。住房压力十分巨大。30%的城市房价收入比超过国际公认的警戒标准，超过城镇总人口30%上的居民居住在非正规住房里；损害健康的瘟疫疾病和食品安全事件屡屡发生。城市居民对城市卫生环境总体评价偏低。全国35个大中城市居民对本城市卫生环境评价满意率仅为38.9%。自然和人为灾害状况堪忧。城市内涝、火灾事故、交通事故死亡人数在新世纪以来均出现显著上升。空气污染严重。2011年达到优良的城市仅有3个。

（二）创业至上的宜商城市亟待转型

虽然发展是第一要务，但多数城市创业至上条件和氛围远未形成。2012年宜商城市指数均值为0.3170，变异系数为0.4748，在八个分项竞争力中表现相对较差。第一，对宜商城市的目标定位有偏差，不顾自身资源禀赋，一味采用全盘推进的策略，呈现盲目抢占宜商城市高地的状态。第二，中国大多数城市在招商引资或者鼓励本地实业发展的过程中，常采用的办法是给予土地、税收、用水用电等各方面的优惠政策，这种做法确实大大降低了“要素成本”，易于实现各类资本和项目的落户，但是却忽略了更为根本上的商务环境的优化建设。第三，“虚而不实”地打造宜商环境，而一旦企业入驻，招商引资目标得以实现，却又以各种借口对优惠政策大打折扣，缺乏目标性和长远考虑以及对“利益”的尊重和恰当引导。第四，地方政策法规缺乏稳定性和延续性，企业的初创审批、经营纳税等难以清晰地按规则办事，审批程序较为烦琐，人情世故因素较高。第五，中小微企业融资难是中国城市面临的一个普遍问题，而无论是大城市还是中小城市，通常将精力和优惠政策倾向于大企业集团、知名品牌，而对中小微企业的关注不够，社会服务体系不完善。

（三）公平包容的和谐城市建设压力巨大

公平包容的和谐城市建设水平低差异大。2012年城市和谐指数均值为0.3751，一线城市压力大，东中部二三线城市的和谐度较高，西部贫困地区和谐度低，东中西部存在较大差距。第一，城市的管理理念和模式相对封闭和落后，导致城市政府的行政透明度整体不足，对群众的公共服务需求回应较少，导致广大人民群众对部分地方政府的公信力和公共服务水平评价较低。第二，政府公共服务支出的区域差别较大，东北地区、环渤海地区、东南地区的公共支出水平相对较高，而中部地区、西北地区和西南地区则相对较低；从城市常住人口参加医疗保险、养老保险和失业保险的情况看，与发达国家相比我国三大保险的覆盖面比较低。内地285个城市中，常住人口的平均医疗保障覆盖率为32.02%，养老保障的平均覆盖率为22.69%，失业保险的覆盖率只有14.73%。第三，城市每万人口犯罪率与城市规模、经济发展水平呈现出正相关关系。虽然从横向对比上看，中国城市的犯罪率要低于发达国家，但在过去十多年呈现出明显的上升趋势。刑事犯罪行为会对城市居民社会安全感产生重大负面影响。调查显示，中国城市居民对社会治安的满意率仅为47.7%。第四，户籍歧视严重。外地人、农民工与当地居民在公共服务和基础设施均等化方面存在较大差距。而在287个城市中，户籍完全放开的仅有4个。

（四）环境友好的生态城市建设充满挑战

2012年中国生态城市竞争力指数均值为0.3935，离广大人民的期望和理想城市的目标仍有不少差距。目前我国生态城市建设中存在的问题主要集中在以下几个方面：第一，城市环境污染引发的重大事件呈爆发式增长，而且涉及的问题越来越严重，已经严重影响到人民的生命财产安全。2013年初覆盖面积达100多平方公里的雾霾使空气污染从局部问题演变为国家层面的事件。第二，生态城市止于口号。截至2011年，我国287个地级以上城市中明确提出建设生态城市目标的有230个，达到80%以上；提出低碳城市目标的有133个，占46%；提出低碳生态城市建设目标的城市已经达到259个，占全部城市的90%以上。但是，绝大多数城市与生态城市相关的实际措施很少，很多城市并没有制定生态的城市规划，即使制定了生态规划的城市在城市产业发展、城市建设等方面也未能严格按照生态城市的标准执行。第三，经济发展、城镇化与生态环境保护之间存在两难选择，缺乏国家层面生态建设的制度框架，缺少补偿机制、排污权交易机制等，不能够从制度层面上来实现维护生态保护的格局。第四，生产方式仍旧以高污染、高排放为主，缺乏先进的生产方式；在日常生活中，还存在大量自来水、电、纸张等资源的浪费现象，居民的环保意识相对薄弱；少数地方部门存在利用环保进行寻租的现象，使生态保护的目标脱离实际，生态监管能力薄弱。第五，目前我国很多地区在经济发展中，普遍存在将高污染、高排放的生产企业和污染源放在本地区的边缘地带或江河、湖泊、海洋中，这种以邻为壑的做法很容易导致“公用地悲剧”的发生。据《2012年中国海洋环境状况公报》数据显示，我国约1.9万平方公里海域呈重度富营养化状态，81%实时监测的河口、海湾等典型海洋生态系统处于亚健康和不健康状态，72条主要江河携带入海的污染物总量高达1705万余吨。

（五）创新驱动型的知识城市建设任重而道远

中国城市在营造创新环境方面的步伐缓慢，以科技进步为动力、以自主创新为主导、以创新文化为基础的城市形态并未建立。知识城市竞争力指数为0.328，变异系数0.191。第一，经济发展的技术创新驱动因素少。286个城市的全要素生产率（TFP）均值下降了1.1%，其中技术进步是上升状态，提高了4.1%，但综合效率确实呈现明显的下降，降幅为5%，其两个分项纯技术效率和规模效率分别下降了2.4%和2.7%。从286个地级及以上城市的样本情况来看，全要素生产率显著提高占比仅为41.6%，而58.4%的城市全要素生产率无任何改善。第二，创新要素投入比例低。过去十多年间，286个城市R&D占GDP比重的均值仅提高了0.6%，而54个重点城市的R&D占比均值也仅是提高了0.8%，远低于发达国家的平均水平。第三，科技成果转化率低的问题。如2011年北京、上海在专利申请、论文发表数虽然高于香港，但是实际的科技成果转化却远低于香港，人均高端服务业增加值香港是3.7万元，北京、上海分别是2.1万元和1.3万元。第四，中小城市创新驱动的知识城市建设比较遥远。通过对各城市科技支出占财政收入比的实证分析发现，由于投入绝对值少、人才匮乏、以前的科技投入欠账较多等原因，使得中小城市专利申请和论文发表数量极低，严重的影响我国知识城市的全面转型。

（六）城乡一体的全域城市建设严重滞后

中国城市的全域城市竞争力指数离理想城市的差距最远，并且城市之间的相对差距也最大,在可持续竞争力指数的八个分项中，城乡一体的全域城市竞争力指数均值最低而变异系数最大。首先，城乡收入差距大，城乡收入比在2002年为3.11：1，而在2011年达到3.13：1。其次，农村公共服务供给包括养老保险、医疗保险、生育保险、失业保险以及社会救助等方面，全面落后于城市。再次，农村基础设施供给无论在数量、质量、品种和属性等方面都落后于城市。最后，从城市化与工业化的适应性来看，城市化发展滞后于工业化的发展，人口城乡结构落后于产业结构和就业结构，人口城市化滞后于非农产业的发展。同时，在中国延续多年的城乡“二元”体制虽然在国家层面上有放松倾向，但在具体城市内部的不同户籍与阶层之间，社会保障和公共服务的享受范围仍存在较大差距。特别是超过1.6亿的农民工群体，他们正处于城市的边缘、产业的边缘和体制的边缘，是当前全域城市建设所必须重点关注的群体。

（七）交流便捷的信息城市发展刚刚起步

中国信息城市处于起步阶段，城市之间的相对差异较大。2012年，中国信息城市竞争力指数均值为0.2898，变异系数高达0.5441。第一，信息城市整体基础设施建设不足。2012年，我国信息城市竞争力指数平均值尚不到0.3，在基本的交通设施建设中，接近54%的城市现在还没有机场，没有国道或国高通过的城市数达51个，在重要的信息基础设施建设互联网覆盖率上只有0.1，远远低于世界先进水平，信息基础设施的建设远远不能满足城市居民的生活需求。第二，发展水平区域内部、区域之间不协调。东部高于西部，沿海高于内地，在交通设施、邮政等行业的投入上，中、西部不发达地区的投入相对偏小。第三，最新信息交流技术运用低。在2012年我国信息城市在物联网与云计算覆盖率指数得分0.02。根据埃森哲对2012年云计算技术在各个领域的使用情况预测报告，云计算技术应用于我国关键领域的比例还严重偏低，先进信息技术研发并没有充分发挥它的创新驱动作用。第四，信息资源开发利用率偏低。据工信部工业行业两化融合评估报告，我国24.5%的评估企业两化融合还处于起步阶段，43%处于局部覆盖阶段，不同行业的融合水平差异较大。

（八）开放多元的文化城市建设亟待加强

城市文化的开放性、多元性和包容性距离理想城市的目标相距甚远。2012年中国287个城市的文化城市竞争力指数均值为0.27205。第一，部分城市由于过度追求经济发展而漠视历史文化和自然环境，使城市逐渐失去文化和可持续发展的能力，导致千城一面、钢筋水泥森林充斥其中，城市特色和历史文化底蕴逐步消亡。第二，对外来文化的理解和运用又不得要旨，不加思考地效仿国外使得主导文化出现断裂，甚至不加选择地抹去自身原有文化，这造成部分城市在文化建设方面底气不足，无从下手。第三，东西部地区文化的开放程度和包容性差异性较大，西部偏远地区城市文化薄弱。排名前50位的城市中，西部地区只占4个，而东部多达32个。第四，城市规划主观性和随意性较强，缺乏对城市建设规律的遵循以及对城市在精神、人文、个性方面的深层思考和理解。许多城市按照功能性分区的规划理念，教条式地将城市分成商业区、居住区、行政区、娱乐区等做法，使本来饱含历史余韵、丰富多彩的城市人为地结构化、简单化，把城市生活变得机械且单调。

四、路径与对策

（一）具体路径

1. 走“防治结合”的道路，确保人居环境的越来越好

借鉴全球城市提高城市配套建设与管理水平，解决“城市病”的经验，可考虑从以下方面入手：第一，优先发展公共交通体系，创新完善交通体系，改进通勤效率。第二，提高生态资源利用效率，增进生态资源供给与循环，保护城市生态环境。第三，完善就业和创业服务体系，提高就业吸能力，拉动居民收入增长。第四，提高公共住房保障水平；完善和提升城市卫生医疗体系质量，扩大医疗保障覆盖。第五，增进灾害防范意识，提高灾害应急处置能力；完善社会安全网络建设。第六，加大商品住房供给能力，提高公共住房保障水平。

2. 走“质量领先”的道路，创造营商环境的竞争优势

第一，要坚持遵循市场经济规律和加强法制建设相结合，创造适应市场经济要求的稳定公平的制度环境，保障公民和市场主体的合法权益，降低企业营商成本，积极对接国际先进理念和通行规则，使营商环境更规范、更透明、更便利。第二，坚持统筹规划和分步推进相结合，注重整体制度安排和政策设计，加大改革创新力度，侧重解决当前突出问题，在重点领域和关键环节抓紧试点，形成示范效应，带动全局发展。第三，坚持优化营商环境与转变政府职能相结合，发挥政府在经济调节、市场监管、社会管理和公共服务等方面的主导作用，推动审批简化高效、办事方便快捷、资源公平分配，效能监察到位，更加注重激发市场主体活力，引导社会力量积极参与营商环境的构建和改善。

3. 走“绿色发展”的道路，确保生态环境的“自然优美”

充分考虑中国发展阶段，以发展促环保，以环保促发展，既强调生态环境的重要，追求生态优美，又要追求经济繁荣，实现生态与经济的协调发展，城市人口城市资源环境相适宜的生态经济城市发展模式。第一，鼓励发展节能性环保产业，降低产业发展对能源、水资源、空气等生态资源的消耗或破坏。第二，支持探索循环经济模式，以更少资源实现更多经济价值生产。第三，要求工业入区、入园，促进产业集群，既可以集中处理污染，使各产业分享外部经济。第四，加强节能环保宣传，鼓励城市居民开展日常生活节能环保。第五，加强城市绿地资源建设，提高生态环境自我净化能力。第六，倡导绿色消费，通过加强消费的环境保护，减少消费污染。第七，重视资源占用与分配（土地纠纷）、环境污染冲突，促进城镇化与环境保护的良性互动。

4. 走“包容增长”的道路，确保市民社会的“公平正义”

推进新型城镇化，应统筹城镇化与社会发展的关系，在社会和谐中推进城镇化。第一，在政治方面，让更多的获得参与决策和议事的机会，为不同社会阶层的人提供发展的机会和平台，让所有的人分享城市发展进步的成果。第二，在社会方面，正确处理政府、企业和居民的关系，保护农民和城镇居民的合法权益，尊重居民的自愿和选择；正确处理当地居民和外来居民的关系，切实保护外来居民权益，让外来居民与当地居民和谐相处；正确处理不同收入阶层的关系，既鼓励人们创新、创业和创富，同时

关心和保护弱势群体，实行向弱势群体倾斜的全民福利，建立比较完善配套的社会保障政策，缩小贫富差距。

5. 走“创新驱动”的道路，确保城市“引领未来”

第一，实施创新要素驱动，推动经济增长，对先发国家迎头赶上。为此，要将教育至于更加优先发展的位置上，继续加大教育投入，延长义务教育，扩大职业教育和成人教育，建立与未来城市中国经济、发展相适应的多层次的教育体系。加大科技投入，培育创新的主体，构建创新的网络，搭建创新的平台，积极发展和城市体系相适应，与产业体系相匹配的分层次、有分工的科技创新体系。第二，实施制度和管理创新，保障新型城镇化可持续推进。第三，不仅在技术要不断创新而且在管理上，尤其在发展方式上不断创新，力争后发先至，后来居上，进而引领世界潮流。

6. 走“融合均等”的道路，确保城市“反哺农村”

要坚决打破城市与农村的界线，用城乡一体化的新思想来构建城市发展的整体框架和市镇布局。在具体路径上，要根据各地的具体情况，多形态推进全域城市建设，包括通过农村集中供暖和供水等基础设施建设来加速城乡一体；开通城乡公交系统，密切农村和城市的社会经济生活；通过土地集中连片整理、整村推进的方式，提高农业机械化、经营产业化、服务社会化水平等；实施近郊农村城市化，农民就地城市化，实现近郊农村自然对接城市公共服务和基础设施；积极扶持外出务工人员回乡创业，鼓励扶持产业化龙头企业、农村专业合作经济组织发展农村经济，鼓励社会资本和外资参与农村社会事业建设等。

7. 走“迎头追赶”的道路，确保城市“沟通无限”

进一步加快城市有形基础设施和无形服务网络建设，完善高速公路、高速铁路、航道、运输管道、电力输送、网络、排水管网体系和通信干线所构成的区域性基础设施网络，缩短不同城市间的通勤距离，使城市群内部以及各大城市群之间资源和信息流实现共建共享。在机制建设上，政府要注重制度创新和机制创新的结合，做好信息化发展的全面规划、指导、组织和协调，以科学合理的战略引领信息城市在各个领域的建设发展。在组织保障上，要加强各种信息政策法律、法规和标准的建设，尤其是信息安全法规的建设，为信息城市建设提供全方位的组织保障。

8. 走“一本多样”的道路，确保城市的“世界个性”

坚持当地文化之本与外来文化之流的统一。逐步推进开放的文化政策，将多元文化的包容和全球性共享作为政策的重点内容，鼓励学校、企业和社团举办文化多样性课程、培训、比赛、会展、论坛、节庆等文化创意活动，搭建多元文化相互理解和交流的平台，让各种文化和创意得到充分尊重；鼓励各类非政府文化组织的设立，降低社团准入门槛，培育具有开放性和多元性的文化组织和创意社区，为文化的多样性和创新提供展示的舞台。同时，政府在城市文化的塑造过程中，应当在有利于实现城市现代化建设的同时，积极保护城市原来的文化形象和特征，将商务环境建设和文化建设有机结合起来，从而促进城市商业文化的可持续发展。

（二）基本对策

1. 实施均衡发展的经济社会战略

根据中国所处的发展阶段，推动经济社会发展战略的实质性调整，调整非均衡发展导向，实施更加注重公平的均衡发展战略。具体而言包括以下四个方面：第一，推动城市化与工业化均衡发展。要将城市化作为推进中国经济增长的主要动力，把城市化作为未来发展的战略重点，积极改变城市化滞后于工业化的现状，在不断推进新型工业化进程的同时，注重城市化与工业化均衡发展。第二，推动服务业与制造业的均衡发展。以国际国内市场需求为引导带动产业选择，加快调整优化三次产业结构，加快发展服务业，发展先进制造业，注重服务业与制造业的均衡发展。第三，推动城乡均衡发展。要处理好城乡一体发展中的聚集与承载、迁移与转换、城市与乡村、产业与城市建设、政府与市场五大关系，推动城乡统筹规划、管理体制一体、公共服务一体、城乡基础设施一体，注重城乡均衡发展，使城乡人民都能享受到城市发展的成果。第四，推动城市经济、社会、生态的均衡发展。要在经济社会发展的同时，强调城市的全面协调可持续发展，更加关注城市质量的提高、城市品质的改善，更加关注、更加重视社会的发展和民生的改善，积极促进城市经济、社会、生态的均衡发展。

2. 建立城乡一体的市政管理体制

第一，适应日益复杂的城乡经济、社会、环境、对外联系等需要，完善城镇的管理职能，建立城乡一体、以城主导的城市管理体制。第二，革新公共管理理念,推进政府管理的人性化、高效化、制度化、奖惩化、竞争化，提高公共服务效率，提升公共服务水平，为城市的发展和城市竞争力的提升提供高效的政府服务。第三，培育非政府组织，将大量的事物交给非营利组织完成。第四，强化城市社区建设。城市应鼓励社区管理组织创新和制度创新，发挥城市社区的政治、自治、学习、服务等功能，提升公众自我教育水平，充分发挥公众参与的作用,使广大居民能够参与城市社会管理，表达自身利益诉求。第五，强化城市危机应急机制。城市应建立健全城市危机应急机制，提升危机应急处理能力，通过制度化的防范和管理，最大限度地消除城市所面临的各种风险及各类突发事件隐患，或者将风险和突发事件所造成危害降低最低限度。

3. 建立确保城市可持续发展的制度政策

第一，深化财税体制改革。重构纵向政府间事权与财权对称关系，建立中央和省级财政支持农民工市民化转移支付制度，建立农民工市民化的政府、企业与个人成本分摊制度。第二，深化土地制度改革。建立城乡一体的土地制度，推进土地资产股权化、农民股东化、权益民主化，着重培育公正、公开、公平的农村土地产权流转的有形市场，并建立严格的土地产权保障制度。第三，深化户籍制度改革。根据就业、投资、居住等状况，实行外来人口有选择的市民化制度。对于暂未市民化的居民，实施分享部分权益与义务的居住证制度。第四，深化就业制度改革。进一步开放劳动力市场，用法律保障农村劳动力平等就业的权力，不断消除城市就业市场的形形色色的歧视制度，建立城乡统一的培训就业制度，保证公民平等的就业权利。第五，完善社会保障制度。改变社会保障城乡分割的二元格局，建立覆盖城市所有居民的统一的社会保障体系和新型社会救助体系。第六，深化投融资体制改革。加强制度和市场建设，扩大资本市场，健全金融体系。初步形成基础设施证券化、基础设施投资基金、市政债券、民间金融等多元的融资模式。

4. 构建提升城市可持续竞争力的长效机制

第一，价格调节机制。运用先进技术手段，尽可能使基础设施和公共服务具有可排他性，对使用者付费的服务可以采取梯度式加价的收费方式；充分发挥价格在土地利用中的价格调节作用，从而实现土地收益在农民、城镇居民、政府和企业之间的公平合理的分配，促进社会和谐，同时有助于提高土地利用效率。第二，生态补偿机制。充分发挥价格在节约资源保护环境的杠杆作用，通过明确产权和贯彻实施“使用者付费”、“污染者付费”的原则，将经济生产和生活中的外部成本内部化。第三，土地占用机制。根据现有的人地分布状况，设定不同地区人均可占用非农用地面积指标数，同时将人口和用地指标票据化，各城市根据自己的承受能力，同时决定接受农民工数量和增加指标土地数量。第四，财政补贴机制。中央财政和省级财政建立农民工市民化转移支付，根据各城市吸纳农民工定居的规模，每年定向给予财政补助。第五，税收调节机制。加快税收体制改革，尽快开征房地产税、土地税、资源税、环境税，并以此为基础健全城市税体系，一方面，解决城市建设资金过度依赖“土地财政”的问题；另一方面，充分发挥税收在节约资源保护环境的杠杆作用。

参考文献：

[1]倪鹏飞.新型城镇化的基本模式、具体路径与推进对策[J].江海学刊,2013(1).

[2]倪鹏飞.中国城市竞争力报告[M].北京:社会科学文献出版社,2012.

[3]李超,王彬,万海远.中国城市化十年:经验、问题与对策[J].贵州社会科学,2013(1).

作者简介：

[1]倪鹏飞，中国社科院城市与竞争力研究中心主任。

[2]李超，经济学博士，中国社会科学院财经战略研究院助理研究员，主要研究领域为区域经济协调发展与产业结构演进。中国社会科学院城市与竞争力研究中心特约成员。

2012年中国293个城市综合经济竞争力

城市	综合经济竞争力指数	排名	综合增量竞争力指数	排名	综合效率竞争力指数	排名
香港	1.00000	1	0.44534	8	0.69968	3
深圳	0.71833	2	0.63834	5	0.24552	5
上海	0.68198	3	1.00000	1	0.13816	7
台北	0.51147	4	0.07258	105	1.00000	1
广州	0.43906	5	0.72137	3	0.07373	10
北京	0.37921	6	0.83248	2	0.04381	18
苏州	0.36337	7	0.62986	6	0.05542	15
佛山	0.34481	8	0.42795	9	0.07588	9
天津	0.33371	9	0.69569	4	0.03995	19
澳门	0.31218	10	0.02097	252	0.98022	2
无锡	0.30593	11	0.38915	11	0.06383	14
东莞	0.30013	12	0.27964	22	0.08804	8
武汉	0.23770	13	0.39604	10	0.03336	23
南京	0.23707	14	0.34286	17	0.03967	20
青岛	0.21623	15	0.38881	12	0.02625	29
成都	0.20649	16	0.38417	15	0.02326	33
大连	0.19965	17	0.38767	13	0.02084	37
沈阳	0.19549	18	0.38630	14	0.01963	38
宁波	0.19470	19	0.30874	20	0.02675	27
厦门	0.18931	20	0.13365	57	0.06677	12
杭州	0.18827	21	0.37516	16	0.01820	41
郑州	0.18520	22	0.27118	23	0.02761	26
长沙	0.18115	23	0.32866	18	0.01954	39
常州	0.17761	24	0.20189	36	0.03546	22
新竹	0.17568	25	0.01755	258	0.32849	4
济南	0.17560	26	0.26455	24	0.02431	32
重庆	0.16593	27	0.56744	7	0.00478	132
烟台	0.16578	28	0.31101	19	0.01608	50
唐山	0.16337	29	0.29664	21	0.01683	47
南通	0.16245	30	0.24034	29	0.02201	35
中山	0.16240	31	0.11891	67	0.05240	16
淄博	0.15190	32	0.19583	38	0.02444	31
泉州	0.14903	33	0.24298	26	0.01642	48
合肥	0.14758	34	0.21153	32	0.01947	40
西安	0.14293	35	0.22484	30	0.01627	49
嘉兴	0.14131	36	0.14135	53	0.02990	24
台中	0.14080	37	0.06111	125	0.07183	11
高雄	0.13455	38	0.05947	129	0.06625	13
镇江	0.13136	39	0.13286	59	0.02628	28
徐州	0.12832	40	0.20246	35	0.01324	57

续表

城市	综合经济竞争力指数	排名	综合增量竞争力指数	排名	综合效率竞争力指数	排名
福州	0.12637	41	0.20648	34	0.01210	65
绍兴	0.12539	42	0.16223	43	0.01713	44
长春	0.12509	43	0.24596	25	0.00814	92
石家庄	0.12279	44	0.20720	33	0.01085	72
扬州	0.12126	45	0.15148	48	0.01717	43
潍坊	0.12091	46	0.21262	31	0.00967	81
东营	0.12039	47	0.16217	44	0.01510	53
泰州	0.11845	48	0.13893	55	0.01797	42
南昌	0.11722	49	0.15082	49	0.01507	54
温州	0.11654	50	0.16775	41	0.01257	62
济宁	0.11416	51	0.17342	39	0.01126	71
威海	0.11234	52	0.12675	64	0.01702	45
珠海	0.11188	53	0.07057	107	0.03596	21
台州	0.11139	54	0.14611	51	0.01306	59
鞍山	0.11009	55	0.15734	46	0.01162	67
泰安	0.10930	56	0.14110	54	0.01339	55
哈尔滨	0.10792	57	0.24244	27	0.00342	166
汕头	0.10362	58	0.06858	112	0.02980	25
邯郸	0.10326	59	0.15026	50	0.00989	77
基隆	0.10231	60	0.00402	290	0.20212	6
大庆	0.10221	61	0.17008	40	0.00687	108
临沂	0.10045	62	0.16412	42	0.00702	105
洛阳	0.10002	63	0.15983	45	0.00769	98
包头	0.09996	64	0.19674	37	0.00442	139
盐城	0.09904	65	0.15661	47	0.00691	107
沧州	0.09813	66	0.14387	52	0.00790	95
鄂尔多斯	0.09793	67	0.24059	28	0.00145	236
金华	0.09730	68	0.12734	63	0.00974	78
台南	0.09495	69	0.03134	218	0.05044	17
枣庄	0.09214	70	0.08928	84	0.01514	52
芜湖	0.09079	71	0.07875	98	0.01696	46
惠州	0.09025	72	0.12154	65	0.00768	99
聊城	0.08942	73	0.10993	69	0.00941	83
太原	0.08866	74	0.09016	82	0.01293	60
焦作	0.08809	75	0.07921	97	0.01552	51
许昌	0.08795	76	0.08401	88	0.01335	56
呼和浩特	0.08743	77	0.13346	58	0.00542	118
马鞍山	0.08621	78	0.05345	145	0.02446	30
德州	0.08589	79	0.10943	70	0.00807	93
昆明	0.08586	80	0.13194	60	0.00505	126
滨州	0.08535	81	0.10627	71	0.00815	91
江门	0.08338	82	0.09845	75	0.00827	90

续表

城市	综合经济竞争力指数	排名	综合增量竞争力指数	排名	综合效率竞争力指数	排名
保定	0.08296	83	0.12062	66	0.00498	128
廊坊	0.08249	84	0.08349	89	0.01063	73
南宁	0.08217	85	0.12765	62	0.00405	151
吉林	0.08098	86	0.13116	61	0.00328	168
湖州	0.08029	87	0.07651	101	0.01132	69
安阳	0.07949	88	0.08698	86	0.00896	87
榆林	0.07834	89	0.13853	56	0.00195	218
淮安	0.07818	90	0.09193	80	0.00693	106
营口	0.07792	91	0.07987	96	0.00966	82
南阳	0.07791	92	0.11684	68	0.00366	160
岳阳	0.07698	93	0.10138	74	0.00510	125
揭阳	0.07658	94	0.07303	103	0.00968	79
漳州	0.07626	95	0.09288	78	0.00557	117
平顶山	0.07625	96	0.08232	93	0.00836	89
茂名	0.07595	97	0.08734	85	0.00654	110
舟山	0.07552	98	0.03922	195	0.02274	34
连云港	0.07490	99	0.07734	100	0.00802	94
襄阳	0.07462	100	0.10269	73	0.00388	155
宜昌	0.07409	101	0.10424	72	0.00364	161
新乡	0.07378	102	0.07833	99	0.00733	102
日照	0.07376	103	0.06862	111	0.00968	80
衡阳	0.07273	104	0.09195	79	0.00463	135
常德	0.07260	105	0.09482	77	0.00408	150
株洲	0.07193	106	0.08328	90	0.00568	116
菏泽	0.07141	107	0.08570	87	0.00501	127
湛江	0.07128	108	0.08251	92	0.00532	122
莆田	0.07050	109	0.05685	133	0.01044	74
贵阳	0.07007	110	0.07272	104	0.00702	104
乌鲁木齐	0.06955	111	0.08309	91	0.00485	129
柳州	0.06949	112	0.09109	81	0.00350	162
清远	0.06912	113	0.09516	76	0.00281	185
宿迁	0.06836	114	0.06838	113	0.00625	112
周口	0.06725	115	0.06956	108	0.00514	123
盘锦	0.06674	116	0.04616	167	0.01151	68
湘潭	0.06671	117	0.05669	134	0.00900	85
咸阳	0.06600	118	0.07058	106	0.00540	119
松原	0.06556	119	0.08184	94	0.00256	194
商丘	0.06499	120	0.06513	116	0.00535	121
漯河	0.06450	121	0.03996	191	0.01269	61
铜陵	0.06436	122	0.02768	234	0.02131	36
海口	0.06430	123	0.03273	211	0.01308	58
肇庆	0.06406	124	0.07309	102	0.00348	164

续表

城市	综合经济竞争力指数	排名	综合增量竞争力指数	排名	综合效率竞争力指数	排名
邢台	0.06396	125	0.06813	114	0.00485	130
开封	0.06372	126	0.05433	142	0.00724	103
德阳	0.06295	127	0.05003	156	0.00785	96
濮阳	0.06252	128	0.04548	172	0.00918	84
辽阳	0.06229	129	0.04990	157	0.00782	97
通辽	0.06229	130	0.08977	83	0.00090	258
锦州	0.06137	131	0.06217	122	0.00461	136
新余	0.06127	132	0.04257	180	0.01004	75
兰州	0.06070	133	0.06236	121	0.00419	145
本溪	0.06053	134	0.05894	130	0.00512	124
秦皇岛	0.06036	135	0.05185	151	0.00621	113
驻马店	0.06013	136	0.06111	124	0.00346	165
抚顺	0.05974	137	0.06074	127	0.00395	154
信阳	0.05911	138	0.06429	118	0.00285	184
桂林	0.05870	139	0.06882	110	0.00192	221
安庆	0.05861	140	0.05854	132	0.00319	173
九江	0.05842	141	0.06448	117	0.00269	191
三门峡	0.05835	142	0.05894	131	0.00415	147
淮南	0.05826	143	0.03507	206	0.01182	66
龙岩	0.05819	144	0.06328	120	0.00255	195
赣州	0.05804	145	0.06914	109	0.00135	241
宝鸡	0.05800	146	0.06333	119	0.00264	192
赤峰	0.05776	147	0.08125	95	0.00051	277
郴州	0.05751	148	0.06028	128	0.00270	189
内江	0.05737	149	0.04626	166	0.00644	111
南充	0.05733	150	0.05271	150	0.00328	169
莱芜	0.05723	151	0.03149	216	0.01231	64
自贡	0.05694	152	0.04089	187	0.00746	101
孝感	0.05693	153	0.05073	155	0.00448	137
黄石	0.05641	154	0.04108	186	0.00758	100
宜宾	0.05594	155	0.05631	136	0.00324	171
三明	0.05583	156	0.06109	126	0.00205	216
四平	0.05529	157	0.05627	137	0.00272	188
银川	0.05507	158	0.04649	163	0.00425	143
黄冈	0.05497	159	0.05283	149	0.00242	202
玉林	0.05493	160	0.05335	146	0.00324	172
衢州	0.05489	161	0.04629	165	0.00426	142
绵阳	0.05460	162	0.05533	141	0.00231	210
潮州	0.05451	163	0.03100	219	0.00897	86
铁岭	0.05446	164	0.05409	143	0.00273	187
上饶	0.05417	165	0.05578	138	0.00191	222
延安	0.05395	166	0.05666	135	0.00111	249

续表

城市	综合经济竞争力指数	排名	综合增量竞争力指数	排名	综合效率竞争力指数	排名
曲靖	0.05389	167	0.06156	123	0.00167	230
长治	0.05355	168	0.05111	153	0.00328	170
呼伦贝尔	0.05291	169	0.06751	115	0.00008	291
宜春	0.05283	170	0.05323	147	0.00227	211
荆州	0.05257	171	0.04648	164	0.00293	178
资阳	0.05257	172	0.04167	183	0.00411	148
丹东	0.05254	173	0.04931	159	0.00233	209
阜阳	0.05246	174	0.04114	185	0.00366	159
达州	0.05223	175	0.05111	154	0.00241	203
宁德	0.05213	176	0.04532	173	0.00270	190
蚌埠	0.05183	177	0.03550	205	0.00537	120
乐山	0.05182	178	0.04801	162	0.00286	183
遵义	0.05170	179	0.05388	144	0.00140	239
张家口	0.05168	180	0.05574	139	0.00123	243
吕梁	0.05161	181	0.05140	152	0.00193	220
承德	0.05140	182	0.05544	140	0.00104	253
滁州	0.05133	183	0.04377	176	0.00252	198
乌海	0.05090	184	0.02582	237	0.01128	70
荆门	0.05087	185	0.04376	177	0.00290	179
鄂州	0.05065	186	0.02152	248	0.01256	63
渭南	0.05064	187	0.04910	160	0.00301	176
泸州	0.05062	188	0.04570	171	0.00288	181
齐齐哈尔	0.05061	189	0.05294	148	0.00095	257
阳江	0.05040	190	0.03667	203	0.00401	152
鹤壁	0.05032	191	0.02526	239	0.00994	76
朝阳	0.05030	192	0.04868	161	0.00160	233
西宁	0.05023	193	0.03981	192	0.00408	149
永州	0.05017	194	0.04577	169	0.00164	231
玉溪	0.05012	195	0.04086	188	0.00235	207
临汾	0.05004	196	0.04592	168	0.00214	214
通化	0.04986	197	0.04575	170	0.00195	219
娄底	0.04986	198	0.03859	198	0.00416	146
益阳	0.04965	199	0.04219	182	0.00289	180
萍乡	0.04957	200	0.02965	229	0.00684	109
牡丹江	0.04942	201	0.04988	158	0.00086	260
运城	0.04934	202	0.04316	178	0.00287	182
晋城	0.04913	203	0.03869	197	0.00385	156
十堰	0.04905	204	0.04432	174	0.00148	235
宿州	0.04881	205	0.03553	204	0.00329	167
六安	0.04863	206	0.04084	189	0.00181	225
绥化	0.04819	207	0.04235	181	0.00097	254
邵阳	0.04813	208	0.04008	190	0.00168	229

续表

城市	综合经济竞争力指数	排名	综合增量竞争力指数	排名	综合效率竞争力指数	排名
衡水	0.04805	209	0.03208	213	0.00442	138
吉安	0.04785	210	0.04384	175	0.00135	240
眉山	0.04783	211	0.03286	210	0.00382	157
南平	0.04769	212	0.04268	179	0.00131	242
遂宁	0.04748	213	0.02874	233	0.00464	134
丽水	0.04744	214	0.03757	201	0.00185	223
朔州	0.04741	215	0.03944	194	0.00299	177
汕尾	0.04731	216	0.03013	227	0.00440	140
淮北	0.04730	217	0.02317	243	0.00849	88
晋中	0.04692	218	0.03954	193	0.00227	212
梧州	0.04652	219	0.03752	202	0.00224	213
抚州	0.04648	220	0.03768	199	0.00160	232
辽源	0.04647	221	0.02904	231	0.00397	153
咸宁	0.04638	222	0.03305	209	0.00259	193
广安	0.04624	223	0.03168	215	0.00422	144
克拉玛依	0.04616	224	0.03042	224	0.00370	158
韶关	0.04600	225	0.03767	200	0.00178	226
怀化	0.04544	226	0.03870	196	0.00114	248
北海	0.04527	227	0.02433	241	0.00598	115
钦州	0.04490	228	0.03359	208	0.00235	208
景德镇	0.04465	229	0.02676	236	0.00438	141
巴彦淖尔	0.04429	230	0.04149	184	0.00037	282
贵港	0.04392	231	0.03195	214	0.00252	199
宣城	0.04389	232	0.02894	232	0.00207	215
攀枝花	0.04385	233	0.03004	228	0.00349	163
亳州	0.04329	234	0.02572	238	0.00302	175
三亚	0.04322	235	0.01252	269	0.00604	114
葫芦岛	0.04306	236	0.03013	226	0.00250	200
河源	0.04285	237	0.03078	222	0.00144	237
梅州	0.04282	238	0.03037	225	0.00184	224
六盘水	0.04261	239	0.03049	223	0.00246	201
大同	0.04242	240	0.02956	230	0.00241	204
白城	0.04224	241	0.03095	220	0.00078	265
白山	0.04218	242	0.03085	221	0.00116	247
百色	0.04150	243	0.03382	207	0.00069	270
佳木斯	0.04132	244	0.03140	217	0.00069	269
乌兰察布	0.04084	245	0.03258	212	0.00043	279
随州	0.03985	246	0.02124	249	0.00202	217
汉中	0.03984	247	0.02763	235	0.00085	262
鹰潭	0.03958	248	0.01710	260	0.00484	131
防城港	0.03890	249	0.02154	247	0.00252	197
七台河	0.03878	250	0.02057	253	0.00240	205

续表

城市	综合经济竞争力指数	排名	综合增量竞争力指数	排名	综合效率竞争力指数	排名
云浮	0.03797	251	0.01962	254	0.00253	196
阳泉	0.03787	252	0.01744	259	0.00469	133
鸡西	0.03767	253	0.02210	246	0.00084	263
河池	0.03727	254	0.02446	240	0.00062	273
双鸭山	0.03727	255	0.02423	242	0.00077	267
崇左	0.03724	256	0.02123	250	0.00105	252
阜新	0.03709	257	0.02103	251	0.00176	227
庆阳	0.03679	258	0.01847	256	0.00057	276
酒泉	0.03668	259	0.02210	245	0.00000	293
昭通	0.03615	260	0.01806	257	0.00075	268
来宾	0.03560	261	0.02253	244	0.00144	238
黄山	0.03553	262	0.01349	267	0.00150	234
安康	0.03499	263	0.01587	261	0.00060	274
池州	0.03497	264	0.01577	262	0.00175	228
雅安	0.03457	265	0.01494	263	0.00085	261
忻州	0.03405	266	0.01865	255	0.00078	264
石嘴山	0.03286	267	0.01426	264	0.00276	186
巴中	0.03278	268	0.01199	271	0.00106	251
商洛	0.03256	269	0.01295	268	0.00065	271
天水	0.03251	270	0.01138	272	0.00096	255
广元	0.03232	271	0.01404	265	0.00090	259
张家界	0.03199	272	0.01023	277	0.00119	244
贺州	0.03185	273	0.01225	270	0.00117	246
保山	0.03173	274	0.01107	273	0.00057	275
普洱	0.03048	275	0.01025	276	0.00017	289
铜川	0.03015	276	0.00764	282	0.00236	206
武威	0.02999	277	0.00853	278	0.00024	285
白银	0.02997	278	0.01367	266	0.00064	272
鹤岗	0.02993	279	0.01075	274	0.00077	266
黑河	0.02969	280	0.01031	275	0.00006	292
临沧	0.02942	281	0.00716	284	0.00035	283
嘉峪关	0.02930	282	0.00629	288	0.00310	174
伊春	0.02787	283	0.00683	285	0.00021	287
平凉	0.02751	284	0.00829	279	0.00095	256
陇南	0.02696	285	0.00509	289	0.00020	288
张掖	0.02684	286	0.00658	286	0.00015	290
丽江	0.02653	287	0.00386	291	0.00024	286
金昌	0.02630	288	0.00750	283	0.00110	250
吴忠	0.02612	289	0.00792	281	0.00044	278
安顺	0.02604	290	0.00826	280	0.00118	245
中卫	0.02549	291	0.00633	287	0.00040	280
定西	0.02531	292	0.00211	292	0.00029	284
固原	0.02306	293	0.00000	293	0.00040	281

总部经济助推“走出去”战略实施*

北京市社会科学院中国总部经济研究中心
北京方迪经济发展研究院

“走出去”发展是企业在国际范围内优化生产力布局，利用全球资源提升企业规模实力的战略选择。目前，发达国家跨国公司几乎垄断了全球的贸易市场、先进技术和战略性资源。积极推动企业“走出去”，培育壮大具有国际影响力的跨国公司也是国家提高国际竞争力的重要途径，世界主要发达国家通过其所聚集的跨国公司的全球布局深刻影响着全球经济的发展。随着经济全球化的深入发展和我国经济实力的不断增强，我国加快实施企业“走出去”战略，积极培育我国的跨国公司，取得积极成效。特别是金融危机爆发后，国际经济格局发生深刻变革，我国国际影响力迅速提升，企业“走出去”面临新的发展形势和历史机遇，企业通过并购等方式加速“走出去”参与全球竞争。

总部经济是基于企业内部跨区域资源配置推动区域专业化分工的一种新经济形态和运行模式。企业“走出去”拓展海外生产能力，也是总部经济的一种表现形式。总部经济模式下，企业内部价值链基于区域的比较优势，将总部与生产基地实现空间上的分离，在不同国家、不同地区进行空间布局，实现企业利益最大化。积极探索以总部经济推动企业“走出去”的新模式、新路径，将有助于推动我国加快实施企业“走出去”战略，增强国际竞争力。

一、企业以总部经济模式“走出去”的动力机制

企业以总部经济模式“走出去”，即企业将加工生产、技术创新、产品设计、市场销售、售后服务等不同环节跨国进行重新配置，通过企业组织模式的创新，更好地利用区域间资源禀赋的差异，以寻求经营成本最小化和利润最大化，提高运营管理效率和劳动生产率。企业以总部经济模式“走出去”，不仅能够有效拓展全球生产能力和国际市场空间，同时也是企业获取和掌控国际高端要素，增强核心竞争力，影响世界经济发展的重要途径。

从跨国公司全球布局的演变历程来看，跨国公司就是以总部经济模式“走出去”在全球进行资源配置和生产力布局，实现企业的规模扩张，并增强其对全球经济的控制力和影响力。跨国公司按照总部经济模式“走出去”发展经历了由低级阶段向高级阶段演变的过程。在第一阶段，跨国公司经过在国内大规模扩张之后，开始走向国际市场，早期主要通过国内外进出口商或代理商负责海外的销售业务，出口额较大且稳定后，则采取设立销售网点的方式直接销售。在第二阶段，跨国公司往往为了降低生产成本、解决贸易摩擦以及适应海外市场需求等诸多原因，通过建立海外工厂和生产基地，加快向境外转移加工、制造等低端环节，出现了总部在母国，生产制造基地在其他国家的总部经济布局雏形。在第三阶

* 课题组组长：赵弘；课题组成员：赵燕霞、刘宪杰、赵毅、单联香、汪淼、张静华。

段，跨国公司在境外设立生产基地的同时，也开始向境外转移部分研发、设计和销售环节。进入第四阶段，随着海外工厂与分支机构数目的不断增长、规模的不断扩大，跨国子公司的管理难度也越来越大，跨国公司通常在全球范围内设立国外地区总部来统一管理国外某一区域内的子公司，同时不断将研发中心、营销中心等职能部门向其他国家转移和重新布局，把自己占优势的资本、技术、人才、管理等资源同东道国的优势结合起来，有效运用全球资源，控制全球市场，最终形成了多层次的总部经济格局。

（一）市场动因：拓展国际市场，增强国际化经营能力

企业凭借其在本国形成的比较优势，以总部经济模式“走出去”，努力开拓新市场和新资源，扩张企业规模，是企业跨国经营最重要的动因。同时，企业在以总部经济模式拓展国际市场的过程中，能够更好地掌握国际规则，增强企业的国际化经营能力。

推动企业市场导向型国际化的因素很多，归纳起来，主要有两个方面的原因。

一是拓展销售市场的需要。近年来，我国国民经济尤其是制造业蓬勃发展，国内市场上许多产品已相对过剩，部分制造领域竞争激烈，利润空间小。从长远看，仅仅依靠国内市场不可能支撑经济的高速增长。企业以总部经济模式“走出去”，在东道国当地设立生产基地开展生产经营，可充分利用当地销售渠道和营销网络，根据当地市场偏好和居民购买力情况，调整产品结构，拓展业务领域，更有效地组织售后服务，树立公司在当地的形象，扩大产品的市场占有率。例如，无锡光明集团是一家外贸出口公司，1997年以来，集团实施“走出去”战略，在柬埔寨、蒙古、马达加斯加、中国香港、美国、捷克等国家和地区设立了生产基地等分支机构，充分利用当地资源、市场和政策优势，不断拓宽国际市场。目前，光明集团拥有10余家中外合资企业以及外贸进出口公司、设计中心等，产品95%以上销往美国、法国、意大利、德国、英国、澳大利亚、巴拿马、日本、加拿大以及港、澳等50多个国家和地区。与“走出去”以前相比，集团资产增长了4倍，净资产增长了3倍，销售额增长了近4倍，利税增长近5倍，自营出口额增长接近6倍[1]。现阶段，中国企业跨国经营还处于初级阶段，未来拓展海外市场的空间还很大，市场驱动力还将发挥很重要的作用。据统计，2011年中国100大跨国公司的平均跨国指数仅为13.37%，不仅远低于2011年世界100大跨国公司60.78%的平均水平，而且也低于2011发展中国家100大跨国公司40.13%的平均跨国指数[2]（图1）。

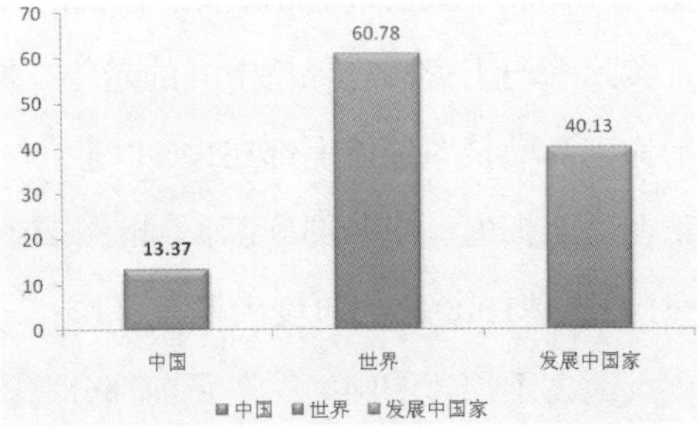

图1 2011年不同区域100大跨国公司平均跨国指数（%）

[1]资料来源：中国贸促会“走出去促进计划”调研资料之二——中国企业“走出去”案例分析。

[2]数据来源：中国企业联合会、中国企业家协会发布的“2011中国100大跨国公司及跨国指数”，http://www.cec-ceda.org.cn/view_news.php?id=6304。

二是更好地规避贸易壁垒的需要。我国企业积极“走出去”设立海外生产基地，利用东道国当地资源组织生产和销售，可以避开国内原产地的限制，绕过部分关税及贸易壁垒限制，提高我国企业进入国际市场的能力。企业以总部经济模式“走出去”规避贸易壁垒，一方面可以在针对我国有严重贸易壁垒的目标市场国设立生产基地，在目标市场国内组织开展产品生产和销售；另一方面由于海外生产基地的产品在销售和出口时纳入东道国的出口统计，我国企业可以在享有国际贸易优惠政策的国家设立生产基地，利用东道国在国际贸易方面的政策优势，依托海外生产基地开展产品生产、销售与出口，绕过贸易壁垒进入目标市场国。设立海外生产基地不仅可以增加东道国劳动就业和税收，促进当地经济发展，还可以减少我国与相关国家的国际贸易摩擦，促进国际收支平衡。与直接的产品出口相比，设立海外生产基地是一种更容易为东道国所接受的方式，是我国企业规避贸易壁垒进入国际市场的有效途径。以浙江诸暨健力集团为例。健力集团是我国最大的轴承钢管生产企业和石油专用管专业生产商，集团80%的产品销往美国。2009年，美国商务部决定对中国石油管材征收从10.9%至30.69%不等的临时反补贴税率和从36.53%到99.14%不等的临时惩罚性关税，受此影响，健力集团对美石油管材出口大幅下滑。面对这一问题，健力集团采取“走出去”发展战略，投资3.3亿美元把年产50万吨石油专用管的生产基地整体搬到美国德克萨斯州，不仅有效规避了贸易壁垒，也为集团国际化发展奠定了坚实基础。

（二）成本动因：低成本获取资源能源，增强成本竞争优势

纵览发达国家制造业在全球范围内的布局转移，我们可以发现，跨国公司在全球的生产力布局，一方面是基于企业全球发展战略的总体部署，积极拓展全球市场，另一方面也是跨国公司应对国内生产成本上涨、在全球寻求低成本发展空间的一种战略选择，许多跨国过公司将其制造环节向生产成本更低的国家（地区）转移，或在生产成本更低的国家寻找代工工厂。

从我国发展情况来看，我国也正在经历着企业生产成本不断上涨的过程。改革开放30年来，我国经济保持了长期的高速增长，创造了世界经济史上的“奇迹”。但高速发展的国民经济也带来了巨大的资源能源消耗，国内原材料成本不断上升，传统产业领域企业用于获取资源能源与环境保护方面的成本日益高涨，企业的生存、发展面临着日益严峻的挑战。

同时，随着国民经济的快速发展和城市化进程的加快推进，我国劳动力、土地等要素成本也持续快速上升。近年来，我国在岗职工实际平均工资一直保持上升的趋势，城镇单位就业人员平均工资上涨势头更为迅速，除个别年份外，平均工资增长率总体上都在10%以上[3]（见图2）。与周边国家和新兴经济体相比，我国劳动力成本优势正在逐渐丧失。商务部副部长钟山在2012中国外贸形势报告会上表示，“越南的制造平均工资现在每个月大概是1000元，印度大概是600元，我国东部沿海大概在2500元到3000元。我们的劳动力成本已经大大地高于周边的国家。”目前部分跨国公司已经开始在东南亚等中国周边地区寻求发展空间，布局生产制造基地。例如，阿迪达斯、耐克等一批跨国公司正将生产基地由我国向越南、孟加拉国等东南亚地区转移，以保证其低生产成本竞争优势。

[3]国家统计局：《中国统计年鉴2011》。

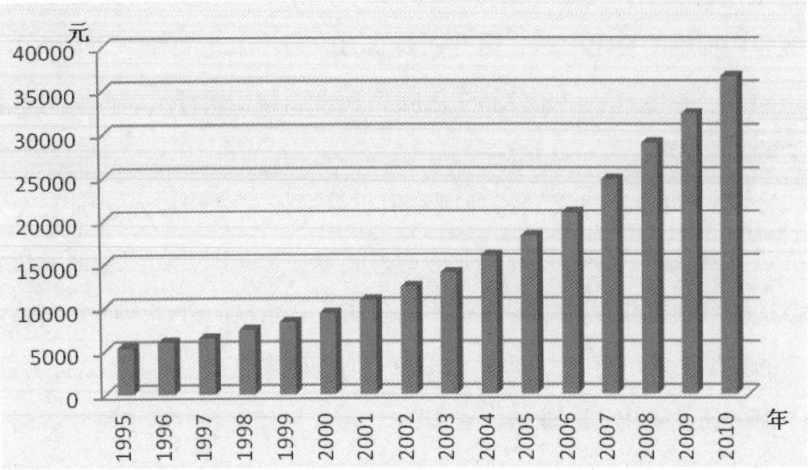

图2 1995—2010年我国城镇单位就业人员平均工资变动情况

除劳动力价格上涨之外，企业还面临着土地价格不断上涨的压力。近年来，我国出台了一系列对建设用地、工业用地供应和土地价格的调控政策，加大了对土地供应量和用地价格的管理力度，土地供应与土地需求差距加大，土地价格持续上升。以工业用地价格为例。2005年，我国主要城市工业用地平均价格为492元/平方米（约合32.8万元/亩）；截至2011年底全国主要城市工业用地地价为652元/平方米[4]（约合43.49万元/亩），较2005年上涨了32.52%。

表1 全国工业用地出让最低价标准

（单位：元/平方米）

土地等别	一等	二等	三等	四等	五等	六等	七等	八等
最低价标准	840	720	600	480	384	336	288	252
土地等别	九等	十等	十一等	十二等	十三等	十四等	十五等	
最低价标准	204	168	144	120	96	84	60	

数据来源：关于发布实施《全国工业用地出让最低价标准》的通知，国土资源部文件（国土资发[2006]307号）。

在资源能源和劳动力成本持续高涨的压力下，企业按现有生产模式继续留在国内发展，必将进一步压缩企业利润空间，企业生存发展压力增大，生产成本的上升倒逼企业重新布局产能。我国制造业企业可以借鉴发达国家跨国公司全球布局经验，将生产环节迁出国门，通过在生产成本更加低廉的国家和地区布局，在国外组织开展能源、原材料开采和产品生产加工，保持企业的成本竞争优势，实现可持续发展。

（三）创新动因：利用国际高端创新要素，增强核心竞争力

[4]数据来源：国土资源部2005年、2010年全国主要城市地价状况分析报告。

近年来我国对外直接投资增长迅速，企业“走出去”的步伐进一步加快，但企业创新能力不足仍然是我国企业在国际竞争中面临的突出问题，提升创新能力成为我国企业在全球竞争中做大做强的关键。推动企业以总部经济模式“走出去”，充分利用国际创新资源和创新环境，是提升我国企业创新能力、增强企业核心竞争力的重要选择。

总部经济模式下，企业可以通过设立海外研发中心等途径充分利用发达国家人才、技术等创新资源，吸收发达国家先进管理经验，不断提升企业的创新能力。从跨国公司海外研发机构发展经验来看，早在19世纪60年代欧美一些大型化学、电器设备制造公司就开始在海外建立研发实验室，到20世纪30年代，美欧等发达国家的大型企业约有7%的研发费用用于海外研发支出。二战以后，主要发达国家均加快海外研发机构布局，海外研发支出占企业研发费用的比重稳步上升，1986年荷兰、瑞士跨国公司的国外实验室数量已超过国内，美国对国外的研发投资占总研发投资比重从1985年的6%上升到1993年的10%，英国、加拿大、荷兰、奥地利、俄国等国家的海外研发投入比重也在10%以上[5]。目前，我国许多公司已经开始这方面的探索，如华为、中兴等公司在许多国家和地区建立了海外研发机构。以中兴通信公司为例，中兴在瑞典、美国、法国以及我国京沪等地设立了15个研发机构，与欧美主流运营商共同建立了十大国际联合创新中心，整合利用国内外创新资源开展协同研发，推动中兴在行业技术领域取得世界领先地位，PCT国际专利申请量跃居全球企业第一位。而且，通过设立海外研发机构，企业可以跟踪发达国家的领先技术，加快缩小与跨国企业创新能力的差距。目前我国一些后发企业就采取了这种以研发国际化带动企业国际化的发展战略。如中国长安汽车，该公司目前在海外设立的4家研发机构都主要服务于母国公司，早期成立的意大利都灵研发中心（2003）和日本横滨研发中心（2008）主要功能是获取发达国家的先进技术，改进母国产品技术；2010年后设立的英国诺丁汉研发中心（2010）和美国底特律研发中心（2011）的职能主要是开发新产品、新技术、新工艺。

按照总部经济模式“走出去”发展，还可以促进企业更好地融入全球研发体系中。对于跨国公司而言，跨国研发的目的不仅仅是使自身产品更快地适应、融入东道国市场，依赖全球研发体系直接获得研发成果也是全球各大跨国公司开展国际创新活动的重要原因之一。随着经济全球化程度的不断加深，跨国公司的研发活动全球化趋势逐步增强，企业突破了仅仅依靠自身研发的发展瓶颈，通过研发活动外包、技术并购、海外分支机构直接收购中小企业研发成果等多种途径都能够实现将全球研发成果内部化的目标。与其他经济活动类似，跨国开展全球研发活动同样遵循成本最优和利润最大化原则，根据各国比较优势组织全球研发分工、以较低的成本获取研发成果已经成为跨国公司提升自主创新能力的重要途径。以全球领先的互联网设备和解决方案供应商思科公司（CISCO）为例。思科公司实施了技术并购战略，通过收购掌握技术的公司来提升自身的核心竞争力：1993－2000年并购的处于成长阶段的小企业达到71家，2000年仅一年就并购23家，截至2006年思科收购的企业数量已经超过100家，目前思科还继续保持企业收购的步伐。在技术并购战略的推动下，该公司创造了仅用13年时间就进入世界500强的奇

[5]数据来源：祝影，全球研发网络：跨国公司研发全球化的空间结构研究，华东师范大学博士论文。

迹。

此外，在经济全球化深入发展与新一轮科技革命背景下，寻求良好的创新环境已成为跨国公司全球经营的重要动因之一。良好的知识共享、信息交流、设施条件、知识保护等创新环境有利于跨国公司设立研发中心、技术并购、研发外包等各类海外创新活动。因此，跨国研发机构一般会在著名的大学或高科技工业园区内选址，如美国的硅谷、我国的中关村等地区，以便更好地把握世界领先技术发展动向，并调增企业自身的科研开发方向和发展重点，同时还可以与各国顶尖的科研团队开展多种多样的交流与合作。另一方面，东道国良好的创业投资、风险投资等创新创业金融环境也是保证企业科技成果迅速转化的重要条件，为企业研发与产业化的良性循环创造良好环境。以美国硅谷为例，大量科技成果在产业化过程中面临着许多不确定因素和风险，硅谷云集了美国一半的创业资本公司和300多家风险投资公司，为各类高新技术成果的产业化提供了必要支撑，仅1999年一年硅谷吸引的风险投资资金总额就达到190亿美元，占当年全世界风险投资总额的1/6，其中90%以上来自于民间资本；长期以来，硅谷的风险投资总额在全美风险总额的比重始终保持在1/3左右，硅谷每年能够产生大量的优质创业项目与其完整的

表2　1998—2005年硅谷风险投资额

年份	风险投资总额（亿美元）		硅谷/美国（%）
	美国	硅谷	
1998	214.4	59.2	27.6
1999	547.5	191.0	34.9
2000	1062.2	339.0	31.9
2001	408.0	127.6	31.3
2002	211.9	71.6	33.8
2003	196.2	65.6	33.5
2004	217.7	79.0	36.3
2005	223.8	79.0	35.3

创新创业生态系统密不可分。

整体来看，在市场、成本、创新三个最主要的驱动力作用下，企业以总部经济模式“走出去”，不仅能够促进企业降低成本、实现利润最大化，而且对于提升企业品牌价值、增强对全球资源配置能力、提升企业的国际竞争力都具有积极的推动作用。

二、企业以总部经济模式“走出去”的新路径及其实现的关注点

经过近30年的快速发展，我国企业逐步形成了较强的经济实力，在跨国投资经营方面也积累了一定的经验，参与国际合作与竞争的能力不断增强，为大规模“走出去”发展奠定了良好基础。随着我国加快企业“走出去”战略的深入实施，我国企业海外投资面临着更加宽松的宏观环境。新形势下，我国企

业可积极借鉴发达国家跨国公司以总部经济模式推动海外投资的成功经验，通过总部与生产基地及其他分支机构相分离的方式，在全球范围内重新优化配置企业内部资源，进一步提升企业在全球资源配置中的话语权，实现企业整体利益最大化。结合我国提升国际竞争力的战略需求以及我国企业“走出去”发展的现状特征，现阶段在加快在海外设立生产基地、营销网络等的同时，应积极探索开展设立海外研发机构、设立海外地区投资性总部、建立全球供应链网络等企业“走出去”的新模式与新路径，为企业以总部经济模式“走出去”提供理论支撑和路径参考。

（一）设立海外研发机构

跨国公司在加快向海外布局生产基地的同时，也不断将研发中心向海外的拓展，强化跨国公司对全球创新资源的配置力。跨国公司海外研发中心的发展为我国企业“走出去”提供了有益借鉴，我国企业也要关注和顺应跨国公司全球发展的这种发展趋势，积极设立海外研发中心，在强化全球生产能力的同时，提升企业核心竞争能力。

1. 后金融危机时期我国企业加速在海外设立研发机构

随着我国制造业规模迅速提升，我国企业也日益认识到科技创新在企业发展中的重要作用，企业持续加大研发投入力度。从近几年的统计数据来看，我国企业研发创新的各项指标均有较大幅度的提升（见表3），截至2010年，我国大中型企业中有研发活动的企业占28.3%，设立了各类研发机构16717个，

表3 近5年我国大中型企业研发情况

年份	2006	2007	2008	2009	2010
有研发活动的企业比重（%）	24	24.70	24.90	30.50	28.30
企业办R&D机构数（个）	10464	11847	13241	15217	16717
企业办R&D机构人员数（万人）	75.8	88.3	107.5	128	148.5
研发经费内部支出占主营业务收入比重（%）	0.77	0.81	0.84	0.96	0.93
申请专利数（件）	69009	95905	122076	166762	198890
有效发明专利数（件）	29176	43652	55723	81592	113074

拥有研发人员148.5万人，研发经费内部支出4015.4亿元[6]，企业研发创新逐步进入加速发展的新阶段。

特别是在全球经济危机背景下，对我国企业自主创新能力建设提出了更为迫切的要求。全球经济危机往往孕育着新的科技革命，催生新的技术突破推动新一轮经济增长。当前随着国际金融危机影响的深化，全球经济持续恶化的风险不断加大。后金融危机时期发达国家在进一步强化现有产业领域科技优势的同时，纷纷围绕新能源、新材料、航天科技、“绿色技术”等科技领域抢占世界科技制高点，寻求在全球新一轮经济发展中继续保持领先优势。近年来我国制造业快速发展，生产技术水平不断提升，但与发达国家

[6]数据来源：2011年中国统计年鉴。

相比，我国的科技水平总体上还不高，尤其是主要行业创新能力较弱，自主核心知识产权较少，关键设备与核心技术仍基本依赖进口。在全球加速推进科技创新的大背景下，我国企业迫切需要加强自主创新能力建设，逐步缩小与发达国家跨国公司的技术差距，以争取抢占新一轮全球竞争的战略高地。

随着我国企业“走出去”步伐的不断加快，我国部分企业逐步具备了参与国际竞争的能力，并开始积极探索和尝试在海外设立研发机构，从全球获取创新资源支撑企业创新能力建设。据对科技部、国资委和全国总工会认定的550家创新型（试点）企业的数据统计，2010年共有68家企业设立了106家海外研发机构，其中大部分海外研发机构是2000年以后建设的，大约1/3是2008年以后建设的，我国企业海外研发机构建设呈逐步加快的趋势[7]。我国企业加快推进自主创新，可以借鉴跨国公司发展经验，结合企业全球生产力布局的需要，加大海外科技研发投入力度，推动企业研发环节“走出去”，设立海外研发机构，通过对全球研发资源的整合，积极利用国外优势科技资源，在新的更高技术起点上参与国际科技竞争与合作，缩小与发达国家跨国公司的技术差距，进一步提升企业自主创新能力和核心竞争力。

2. 设立海外研发机构的典型方式

20世纪80年代以来，发达国家跨国公司的研发中心不仅限于布局在母国，已经逐步开始向海外拓展。通过海外研发中心，跨国公司不仅可以更好地了解当地市场需求特征，研发生产出更加适销对路的新产品，同时可以有效吸收当地高端人才，跟踪世界先进技术，把握行业发展方向。越来越多的跨国公司选择设立海外研发机构，尤其是在全球金融危机的后续影响下，国际科技与产业转移呈现出新特点，跨国公司将研发中心转移到海外的趋势更加明显。与此同时，跨国公司设立海外研发机构的方式也开始多样化，许多跨国公司通过收购、兼并、参股、合作等多种方式拓展海外研发机构，加速推动了企业研发国际化进程。在今后的“走出去”发展过程中，我国有实力的企业也要学习和借鉴跨国公司设立海外研发机构的方式和路径，积极拓展海外研发机构。

总体上看，设立海外研发机构主要有以下三种典型路径和方式：

一是绿地新建海外研发机构。绿地新建海外研发机构是跨国公司设立海外研发机构的最直接、最普遍、最主要的模式和途径。

二是并购海外研发机构。随着经济全球化的快速推进，许多跨国公司通过并购海外研发机构的方式加速其研发国际化步伐。

三是共建国际研发联盟。20世纪80年代以来，科学技术的迅猛发展推动越来越多的跨国公司选择通过建立国际研发联盟等合作研发方式促进研发资源的全球优化配置。

3. 我国企业在海外设立研发机构的主要关注点

整体上看，我国企业布局海外研发机构还处于探索起步阶段，我国企业在海外设立的研发机构无论在数量上还是在质量上，与发达国家跨国公司相比都有很大差距。我国企业海外研发机构未来发展过程中，要积极学习借鉴发达国家的经验，积极关注设立海外研发机构的重点问题，保证海外研发活动的顺

[7]数据来源：国家科技部、国资委、全国总工会：《中国创新型企业发展报告2011》。

利开展。

一是要积极申请海外专利。

二是要注重与当地创新体系的融合发展。

三是要注重产品的本土化创新。

（二）设立地区总部或投资性公司

近年来我国企业“走出去”步伐进一步加快，新建生产基地、设立研发中心、跨国并购等海外直接投资活动日渐活跃。未来随着企业“走出去”规模的不断扩大，企业的海外分支机构将越来越多，一些有实力的企业需要在全球范围内布局产业链和价值网络。建立地区总部或投资性公司，将更加有利于我国企业加快拓展国际市场和提升国际经营管理能力，是我国企业在更高层次上推动全球化战略实施的重要途径之一。

1. 跨国公司通过建立地区总部（或投资性公司）实现一体化经营

随着跨国公司在全球业务的不断拓展也将不断深入以及跨国经营程度的不断提高，大多数的跨国公司一般采取“全球化布局、区域化经营”的战略，设立地区总部或投资性公司这一职能机构，强化对区域内各类型机构的管理、组织与协调。跨国公司地区总部在东道国肩负着决策与管理的重要职能。一方面，跨国公司设立地区总部（或投资性公司）有利于提高企业的组织管理和运行效率，更好地统筹东道国内部各子（分）公司之间的关系，拓展业务领域，更有效地实施企业全球发展战略；另一方面，跨国公司通过地区总部可以加强与当地政府的沟通，更好地融入东道国，更好的地实现对区域性资源的合理配置。

从跨国公司在华发展实践来看，大多数跨国公司在业务整合阶段都纷纷建立了地区职能总部和管理型总部。截至2011年底，跨国公司在上海设立的地区总部已经达到380家、投资性公司253家；在北京设立的地区总部达到112家，投资性公司198家。大部分跨国公司的地区总部以母公司的次级子公司为主要形式，在海外经营一般作为战略决策者、市场开拓者和组织管理者的角色，通过对采购、营销、研发等环节的组织与整合，实现跨国公司在国内的一体化经营。此外，不少跨国公司在华地区总部职能由投资性公司承担，如日本神户制钢2012年1月在上海成立的中国总部神钢投资有限公司，其主要职能就是管理在中国的投资（包括M&A项目），并通过资金集中管理提高资金使用效率，加强集团的风险管理，支援各种业务开展。

借鉴跨国公司的发展经验，我国“走出去”企业应及早谋划，积极构建全球组织架构，通过设立地区总部或投资性公司加快全球产业布局、提升跨国经营能力。另外，一些新兴领域的后发企业，也可以先设立地区总部或投资性总部，抢占发展先机和战略制高点，再根据其制定的国际化战略优化海外分支机构布局。

2.. 设立地区总部（或投资性公司）需要关注的重点问题

结合跨国公司海外发展经验和我国企业“走出去”的趋势，企业在海外设立地区总部时应重点关注以下问题：

一是企业应结合未来国际市场拓展方向设立地区总部（或投资性公司）。

二是海外地区总部应符合东道国产业布局的趋势要求。

三是充分利用当地的金融服务体系支撑海外投资扩张。

（三）建立全球供应链网络

随着经济全球化的不断深化，国际贸易逐渐演变为金字塔形的分工格局。越来越多的跨国公司以总部经济模式构建全球供应链网络，作为全球供应链运营商，处于金字塔的顶端，掌握着国际贸易分工链条的核心环节。以总部经济模式构建全球供应链网络，已成为跨国公司实施全球战略的重要组织形式。

1. 建立全球供应链网络体系是跨国公司全球布局的最高级形态

以总部经济模式建立全球供应链网络是指企业在全球各大区域分别设立地区总部，通过各大区域的地区总部控制不同地区供应链网络的成员企业，进而实现总部企业对全球生产、销售、融资、品牌等进行有效控制和优化配置的一种重要途径。通过全球供应链网络实现总部企业全球扩张，是企业开展跨国布局的最高级发展形态。在这一阶段，跨国公司总部重点负责制定总体的战略规划，掌握核心技术并在母国进行技术研发；地区总部承担着各区域行政管理、战略决策、资本经营、研究开发、信息搜寻、管理当地生产与销售等企业运营所需的全部职能，同时与各区域范围内的供应商建立战略合作关系，通过契约或资金等控制供应链成员企业；职能总部一般包括销售、研发、采购、投资等职能，承担相应职能范畴内的活动内容；工厂、生产基地则主要负责核心部件的生产；企业中非核心业务由供应链上的成员企业完成，供应链上的成员企业相当于跨国公司总部的外延，成为跨国公司在全球生产力布局的重要组成部分。

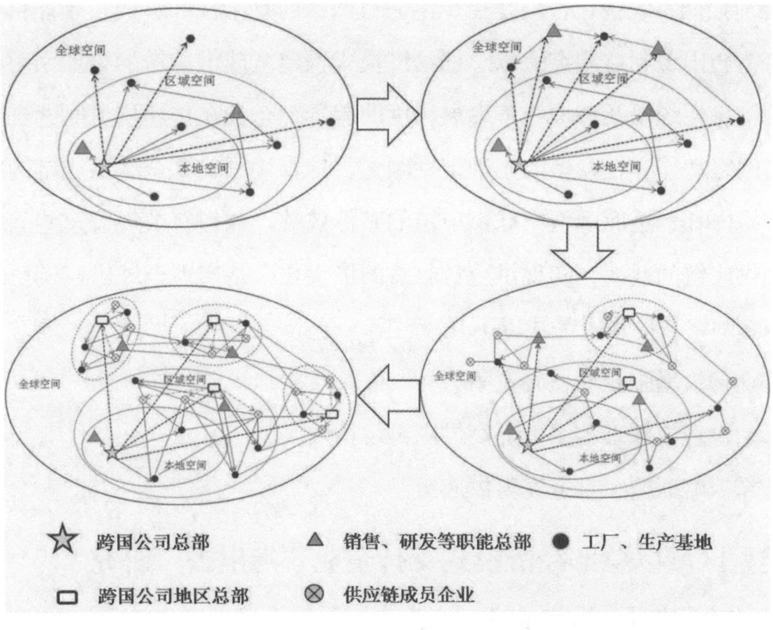

图3 不同阶段总部企业跨国布局示意图

近年来，国际竞争日益激化和复杂，跨国公司依靠自身力量参与国际竞争的难度越来越大，在国际分工日益深化发展的今天，以跨国战略联盟的形式提升供应链整体竞争实力，已经成为一种发展趋势和潮流。以总部经济模式构建全球供应链网络，对企业国际化发展具有重要推动作用：一是可以使跨国公司能够集中有限的资源和能力，更加专注于自身核心业务，发挥自己的专长，创建和保持长期竞争优势，提升核心竞争力。二是能够推动企业在更大范围内整合和利用资源。一方面，简化了跨国公司总部对企业具体经营事务的管理，使之更专注于公司的战略决策和战略规划，通过在全球各大区域设立地区总部，建立起地区内产品开发、生产、销售、财务等业务活动独立完成的机制，控制各区域的供应链网络；另一方面，可以通过其强大的信息整合能力、业务流程整合能力来对全球范围内的资源、合作伙伴进行整合，形成跨地区的高度协调，提高对全球资源要素的掌控能力。三是有利于跨国公司与供应链成员企业共担风险，共同拓展市场，提升整体竞争力。跨国公司与有实力的少数供应商建立长期的合作关系，通过地区总部有效协调产品的生产、销售等各个环节，形成区域范围的供应链网络，有利于适应不稳定环境下的高度变化，保证供应链的稳定性。

当前，我国企业正加快实施“走出去”战略，加速在全球范围内布局。通过总部经济模式建立全球供应链网络整合全球产业链资源，是提升企业国际竞争力的一种很有效的手段。一方面，我国要积极在全球设立各种类型的独资机构，不断延长和拓展全球产业链条；另一方面，可以积极通过股权投资、寻求战略合作伙伴等各种方式整合国外企业的生产和管理环节，探索以总部经济模式构建全球供应链网络体系，解决我国企业在跨国发展过程中面临的融资、产业链体系整合等问题，提升对全球资源的控制和优化配置能力。

2. 以总部经济模式建立全球供应链网络的关注点

全球供应链管理强调系统优化，但是由于供应链网络的复杂性和各成员企业目标的差异性，供应链各成员企业之间可能会出现利益冲突。以总部经济模式构建全球供应链的企业面对着不同国家和地区的不同环境，异构的信息系统以及各地经济发展程度的差异，企业在传递信息时遇到延迟和不准确的情况相当普遍，供应链网络协作存在众多的不确定性因素，这直接影响到全球供应链网络信息有效传递与共享，导致供应链网络内耗，进而降低全球供应链的整体效益。如何有效规避这些问题，实现供应链资源的合理配置，提高供应链的效率，实现供应链收益的最大化，是实现全球供应链协调必须关注的问题。企业建立全球供应链网络，应重点关注以下几点：

一是聚焦核心业务，增强企业核心竞争力。

二是建立完善的供应链管理体系，提高供应链运行效率。

三是建立供应链战略联盟，打造完整供应链。

三、不同类型区域以总部经济模式支持企业“走出去”研究

在经济全球化的大背景下，我国企业“走出去”不仅受自身能力的限制，同时还面临着特殊的环境和要求，承受着特殊的经营风险和竞争压力。不同区域的发展基础不同，企业发展面临的问题有所差

异，企业“走出去”发展的战略重点也不尽相同，需要因地制宜，区别对待。

（一）京沪等综合性总部经济区域

京沪等综合性总部经济区域既是我国吸引跨国公司地区总部的主要地区，也是我国大型企业总部最集中的区域。在2011年《财富》公布的世界500强企业总部中，北京有41家，上海有5家，京沪两地占我国全部入选企业的75.4%，占大陆地区的80.7%；2011年，京沪共有130家企业入选中国企业500强，占全国的26%（见图4）。这些大型企业总部在一定程度上代表了我国最具竞争力的企业集群，是我国有实力“走出去”发展的群体。京沪等综合性总部经济区域要着眼于提升我国企业的全球竞争力，积极鼓励和支持企业通过并购、供应链联盟等方式“走出去”发展，增强对全球资源的配置力。

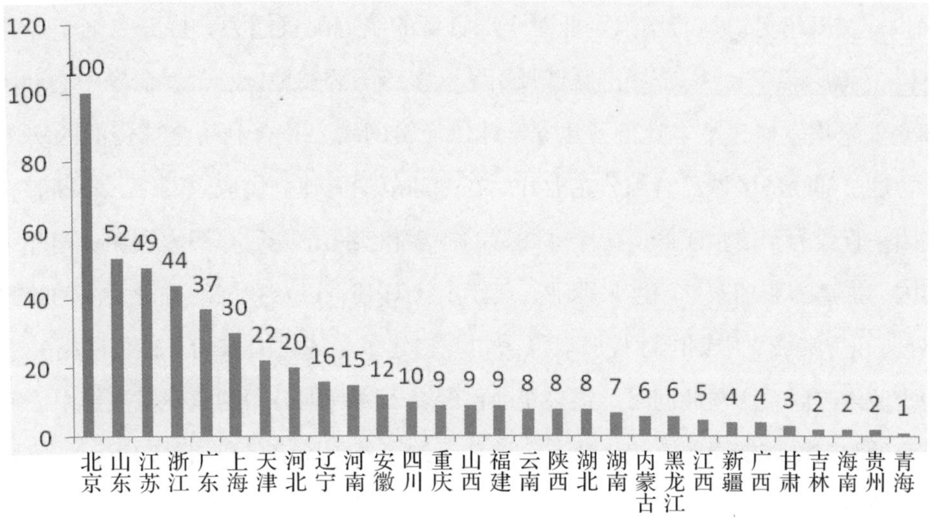

图4 各省、市（区）入选2011年中国500强企业的数量情况

1. 以总部经济模式整合全球研发资源

京沪等综合性总部经济区域集聚了大批有实力的创新型总部企业和国际知名的大企业，代表着国家的创新实力和创新水平，是我国企业参与国际竞争的重点区域。京沪等综合性总部经济区域要重点支持企业以总部经济模式整合利用全球研发资源，增强对全球科技等高端要素的支配能力，提升我国企业在全球的竞争力。目前，京沪等地已涌现许多企业到海外设立研发中心，并呈现加速发展趋势。例如，中关村示范区企业海蜚尔能源科技有限公司在美国加利福尼亚州设有研发中心，并与美国加州大学洛山矶分校、罗克维尔科技中心、斯坦福大学和中国科学技术大学等研究机构建立了紧密的技术合作研发网络，专门从事研制、开发能源高效利用技术与设备、绿色能源利用技术与设备和石油天然气工程软件。再如，上海电气在2002年并购了日本秋山后，对秋山公司进行重组，迅速恢复了制造设计能力，并建立了跟踪世界先进印刷技术的研发基地。同时，上海电气积极推进日本秋山技术与国内技术的整合创新，通过消化吸收再创造，旗下光华公司开发了具有自主产权的P24740中高单纸胶印机，推动上海电气的印刷机械研发水平快速提高15－18年，实现了跨越发展。

未来京沪等总部经济集聚区要充分发挥区域内企业经济实力和科技创新能力较强的比较优势，积极构筑集政策、资本、技术、人才、市场等创新要素在内的发展平台，鼓励和引导总部企业通过在海外设立研发中心或建立创新联盟等方式，整合利用国外高端科技资源，激发各类主体的研发创新活力，提升企业的科技创新能力和核心竞争力。一是各级政府部门要研究制定针对本土企业设立海外研发中心的鼓励政策，并给予财政支持和税收优惠，支持本土企业海外研发中心的创新活动。二是积极探索由地方政府与国外政府或经济组织牵头搭建合作平台，减少企业"走出去"的风险，助推本地企业到海外设立研发中心，利用海外科技资源与人才。

2. 鼓励大型龙头企业建立全球供应链网络

构建全球供应链网络可以显著增强企业对全球资源的统筹配置能力，提升我国企业在全球生产体系中的分工地位。京沪等综合性总部经济区域吸引了众多跨国公司地区总部、研发中心和国内大企业集团等各类总部企业聚集发展，基本具备了建立全球供应链网络、整合利用全球资源的实力和能力。目前，京沪等综合性总部经济区域已有部分企业开始在全球范围内建立供应链网络，不断整合海外资源。例如，中钢集团一直致力于冶金矿产资源全球配置的探索和实践，先后在澳大利亚、南非、印度、新加坡、巴西、德国、加蓬、柬埔寨、印度尼西亚、越南、土耳其，以及我国的香港、澳门等建立了17个公司和2个代表处，在香港成立中钢国际控股有限公司，构建了全球化的采购、销售网络，建立起安全、稳定、可靠的资源供应体系。与此同时，很多企业已经介入到跨国公司的全球供应链中，通过与相关跨国公司建立广泛的跨国供应链联盟，积极获取企业缺乏的海外市场信息和相关知识，加快技术升级和开发进程，同时不断拓展海外目标市场，提高企业管理水平，提升企业国际竞争力。以中科红旗为例。2008年，北京中科红旗软件技术有限公司正式加盟OASIS（Organization for the Advancement of Structured Information Standards）组织，通过与OASIS组织成员企业在供应链各环节的战略合作，强化了与国际市场的技术协作和业务合作。跨国供应链联盟的建立加速中科红旗国际化发展，推动红旗Linux发展成为世界第三、亚洲第一的Linux开发商。

京沪等综合性总部经济区域提升国际影响力和对全球高端资源的支配力，一方面，应积极鼓励更多本土企业介入跨国公司供应链体系，增强与跨国公司在资金、技术、管理和人才等方面的合作，充分利用跨国公司的资源、信息和市场，更加直接地进入国际分工体系和世界市场网络，迅速增强自己的国际竞争力。另一方面，支持和鼓励国内大型企业以总部经济模式建立自己的全球供应链网络，通过并购、参股等多种方式设立海外生产基地和研发中心、营销中心乃至地区总部等分支机构，整合和利用国内外供应商、中间商、合作伙伴资源，以总部经济模式构建全球研发、生产、物流、销售、运营供应链网络体系，推动企业规模扩张和市场拓展，提升国际竞争力。

3. 支持与国际中心城市功能紧密相关的企业"走出去"

随着国际经济一体化发展步伐的加快，国际中心城市在世界经济中的地位和作用愈来愈重要，处于世界城市格局顶层的城市往往也是国际贸易、金融、科技、信息和文化中心，对全球经济社会发展具有举足轻重的作用。在提升国际中心城市全球影响力的过程中，企业的国际化发展起到重要推动作用。例如，纽约、伦敦和东京三大世界城市集中了世界上最重要的金融机构，世界25家最大证券公司资产的99.3%集中在三大城市中[8]。这些金融企业通过开展国际金融业务、设立海外分支机构等方式影响着全球金融市场，一定程度上也提升了这些世界城市的金融影响力。以渣打银行为例。总部位于伦敦的渣打银行是世界上国际化程度最高的银行之一，在亚太、南亚、中东、非洲、欧洲及美洲等70个国家和地区拥有1700多家分支机构[9]，构筑了覆盖全球的国际金融业务网络，在全球金融业具有重要影响，同时通过总部与这些分支机构、附属机构的业务联系，进一步增强了伦敦国际金融中心地位。

京沪等综合性总部经济区域建设国际具有世界影响力的国际大都市，也可以借鉴国际经验，积极引导和支持与国际中心城市功能紧密相关的企业“走出去”发展，提升城市国际影响力。目前，京沪等城市金融、文化创意等行业国际化发展已形成一定的基础和优势，但与纽约、伦敦、东京等国际中心城市相比，还存在较大差距。2008年北京跨国金融企业的国际化指数仅为1.5%，与国际金融中心城市相差悬殊（见图5）。未来，京沪等城市可结合各自城市建设和国际化发展战略目标，把握当前我国企业“走出去”快速发展的总体趋势，通过功能型企业“走出去”，整合利用海外优质资源，提升城市相关服务功能，进而增强京沪等综合性总部经济区域对国际经济的影响力。如北京建设中国特色世界城市还需要强化科技创新、金融、文化服务等核心功能，应重点支持科技、金融、文化等领域的大型总部型企业建立海外分支机构，提升企业在国际事务中的话语权；上海围绕“现代化大都市和国际经济中心、国际金融中心、国际贸易中心、国际航运中心”四大中心建设，应推动一批金融、国际贸易、国际物流等特色领域的企业“走出去”，提升城市在世界城市体系中的地位。

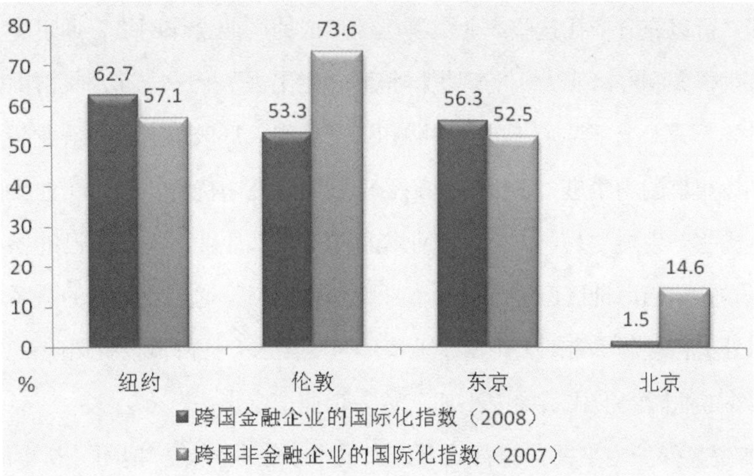

图5 世界主要城市金融业国际化水平

[8]资料来源：彼得·霍尔.全球性城市·国际社会科学杂志,1997 (1)。

[9]数据来源：渣打银行中国网站，http://www.standardchartered.com.cn/about-us/zh/。

（二）东南沿海外向型经济发达区域

东南沿海外向型经济发达区域内企业以中小型对外加工贸易企业为主。在原料价格上涨、人民币升值、劳动力成本上涨、外需萎缩和国外非关税壁垒等因素的影响下，我国外贸加工企业生存发展的压力不断增大。未来东南沿海外向型经济发达区域在加快促进外贸型企业拓展国内市场的同时，应积极推进企业以总部经济模式“走出去”发展。

1. 以龙头企业带动产业集群整体“走出去”

以龙头企业带动产业集群整体跨国经营，在产业链上下游的不同行业之间形成高度灵活的专业化协作网络，企业之间相互独立但又相互关联，可以最大限度地降低成本，提升国际竞争力。在龙头企业带动集群“走出去”发展方面，国外跨国公司已经积累了一定经验。例如，诺基亚牵头带动全球18家移动通信设备配套厂商在北京经济技术开发区投资兴建了星网工业园，形成了以诺基亚为龙头的世界级移动通信生产基地。星网工业园企业全部为外资企业，其中有3家是中外合资企业，包括诺基亚（中芬合资），一家电子零配件公司（中美合资）和物流公司（中英合资），其他15家企业都是外商独资企业，其中芬兰3家，美国3家，日本2家，瑞典2家，新加坡2家，德国、中国台湾和香港各1家。星网工业园将跨国公司原有的产业链整体移植，形成“飞地”式的跨区域型群体投资，在开发区内实现产业链在空间上的高度集聚，不仅降低了交易和配套成本，而且可以将原有生产协作优势在异地进行复制，促进产业链生产的高度协同，同时产生品牌效应，迅速形成强大的生产力，提高竞争力。

经过多年发展，东南沿海外向型经济发达区域已逐步形成了一批特色制造业产业集群。据中国社会科学院工业经济研究所在上海公布的《中国百佳产业集群》名单显示，中国最具特色和发展潜力的100个产业集群大多数分布于东南沿海地区。在珠三角和长三角地区，电子信息、装备制造、家用电器等产业集群已经具备了世界级规模，有些企业已经通过“走出去”形成大型企业集团。东南沿海外向型经济发达区域企业“走出去”发展，可以充分依托这些产业集群已经形成的产业合作网络，通过龙头企业的带动，整合和利用产业集群的可供资源和经济实力，实现集群整体“走出去”。一方面，集群内的龙头企业可以通过股权参与或契约安排等方式对上下游企业进行并购和资产重组，形成以产业集群龙头企业为核心的大型跨国企业集团，借助产业集群的力量进一步提升龙头企业的国际竞争优势，通过企业集团的跨国生产经营带动产业集群整体“走出去”发展。另一方面，产业集群重点龙头企业可凭借自己的核心技术和实力开展海外生产经营，并依托在东南沿海地区已经形成的专业化协作网络，通过业务上的联系与合作，将原有的集群生产协作网络在海外进行复制，带动上下游企业集体“走出去”，降低投资风险。

2. 通过建立海外工业园的形式引导中小加工贸易企业“走出去”

在经济全球化和贸易保护主义并存的背景下，大量中小企业开始“抱团”从事海外投资、开拓国际市场，通过在境外其他国家建立海外工业园区和营销网络，利用产业集聚的优势增强自身的国际市场竞争力，化解海外风险。海外工业园通常由熟悉境内外产业政策、具有丰富境外产业投资及运营经验与资源整合能力的专业管理团队作为海外产业园区开发运营商，或由行业协会牵头按地区或行业组成松散的组织形式。我国台湾、新加坡企业拓展中国大陆市场时，就是采取在我国大陆设立台湾工业园、新加坡工业园的形式，引导越来越多的中国台湾、新加坡中小企业利用产业集群优势拓展中国大陆市场。

我国东南沿海外向型经济发达区域企业多数为中小规模企业，这些中小外贸企业“走出去”面临的最大问题在于企业规模实力较小、风险抵御能力弱。我国东南沿海外向型经济发达区域可以借鉴台湾、新加坡等地区推动中小企业“走出去”的成功经验，结合区域自身产业基础和特征，进一步加强与相关国家和地区的合作，积极建立海外工业园区，或鼓励大型企业集团建立海外工业园区，并通过金融、保险、出入境、税收等方面的配套扶持，引导东南沿海外中小加工贸易企业集体“走出去”，拓展海外生产能力。

（三）传统制造业发达区域

我国传统制造业发达区域主要分布于东北地区、西部地区和部分中部地区，一般以机械、钢铁、煤炭、化工、纺织等基础工业或传统重化工业为主导产业。随着部分地区矿产资源的枯竭，传统制造业发达区域的资源型企业在发展中面临着越来越严峻的生存压力，而这类企业的生存对于当地经济的持续发展和社会的稳定至关重要。同时，一些传统产业发展给当地资源环境造成了巨大压力，各地区也在积极探索转型升级的途径和方式，逐步推动传统产业向高端延伸，发展一批新兴产业。在这种形势下，以总部经济模式带动传统产业转型升级、促进传统制造企业“走出去”将成为推动传统制造业发达区健康、可持续发展的重要途径之一。

1. 加快传统生产制造环节向海外转移，推动区域转型升级

随着城市化的快速推进和区域经济的快速发展，一些距离城市中心地区较近的传统区域土地价格不断提升，交通变得拥堵，人口逐渐密集，传统制造环节已经不符合城市发展要求，区域发展面临着紧迫的转型压力。同时，在劳动力、土地等生产要素成本不断上涨的背景下，传统制造业长期依赖的低成本比较优势逐渐减弱，一些高能耗、高投入的传统制造业发展举步维艰，面临着严峻的生存压力。

目前，国内传统制造企业转型发展的典型模式主要有两种：一是企业全部搬迁，在生产成本更加低廉的地区发展，这种转型模式往往会导致企业失去原来的人才、技术工人等优势，还会给传统工业区带来产业真空、人才流失、富余劳动力安置等复杂经济社会问题；另一种模式是采取“总部—生产基地”分离的模式，一方面可以使企业既通过保留总部留住了企业的高端人才，同时也通过生产制造环节外迁降低生产成本，从而使企业重获生机；另一方面最大限度减少了对原有区域经济贡献的损失，而且为区域传统制造业升级提供了一种现实可行的路径，有利于新时期城市产业结构调整。以传统钢铁企业转型发展为例。继首钢涉钢生产环节全部搬迁后，国内多个钢厂已经开始或正在计划实施搬迁，2012年上海宝钢宣布将在未来5年内陆续将约30%的钢铁产能迁出上海，但是其总部仍然留在上海。

在此背景下，传统制造业发达区应积极推进产业结构调整，积极支持有实力的制造业企业以总部经济模式将生产制造环节向生产成本更低廉、资源能源更丰富的国家或地区转移，充分利用当地成本较低的生产要素组织生产，以更环保的方式拓展海外基地，实现企业可持续发展。同时支持保留在国内的企

业总部专注于企业管理、技术研发、产品营销等战略性业务，并通过强化总部对海外生产、销售环节的统筹管理，提升企业对区域资源的配置能力，进而提升企业的整体实力和国际影响力。生产环节搬迁后腾退置换的空间资源则可以围绕制造业总部的环节发展商务、金融、研发等服务业，进一步聚集相关产业领域总部，促进区域的可持续发展。

2. 鼓励资源能源型企业开辟海外市场，破解区域发展瓶颈

我国许多统制造业发达区域都是在地区资源禀赋的基础上形成的传统工业区，其中部分地区资源已经濒临枯竭，资源型产业发展遇到瓶颈，另外一些资源尚未消耗殆尽的资源的区域，随着资源开采成本的上升，传统产业发展也面临着较为严重的成本约束。同时资源型产业的发展也带来了环境污染、资源枯竭、生态破坏等一系列阻碍区域可持续发展的严重问题。

经过几十年的发展，某些资源型产业已经积累了较多的发展经验，技术相对成熟，如果将此类产业完全清退，将损失几十年积累的技术和市场。推动资源型企业“走出去”不但可以实现现有资源型产业的跨国生产，还可以利用成熟的技术扩大国际市场和国内资源能源供给，增强我国企业对国际资源能源定价的话语权。目前，在非洲等资源丰富的国家和地区，中国企业的海外投资主体大都是中石油、中石化等大型央企，地方性企业很少。地区性的资源型企业“走出去”面临着诸多的困难，有的企业资金较少，有的企业有投资资本却不了解投资需求，有的企业不熟悉东道国的投资环境和政策。

未来，传统制造业发达区域应积极鼓励地方性资源能源企业“走出去”发展，在这一过程中要发挥政府引导作用：一是多渠道为资源能源型企业提供资金支持，可通过建立“走出去”专项资金、搭建企业与金融机构合作对接平台等方式支持地方本土能源企业“走出去”。二是要引导企业采取不同方式进入不同市场，比如在文化、法律等差异较小的国家可以选择绿地投资的方式开展海外投资，而在文化、法律、政治差距较大的地区可以选择并购当地资源型企业的方式进入市场。要充分发挥政府在信息搜集、整合方面的比较优势，为企业提供东道国投资环境、政策服务等全方位的信息服务。三是传统制造业发达区域还可以通过各类重大对外援助项目、对外资源开发合作项目等带动资源能源类企业“走出去”，为资源能源企业争取更多“走出去”的机会。

3. 推动优势生产领域加速向海外拓展，构建全球生产经营网络

传统制造业发达区除了部分高消耗、低效益的制造业外，在机械制造、电子信息等领域也形成了一定的比较优势，涌现出一大批具有良好发展基础和发展前景的企业，如三一重工、中联重科、沈阳数控机床、东软医疗等。但同时我们也应看到，在高端装备制造领域，部分关键技术和工业母机还长期依赖进口，一些高端装备产品（如机床）的精度、效率和可靠性与国外发达国家同类产品相比存在较大差距，传统制造业企业发展还存在创新能力不足、产业化水平不高等多方面问题。积极鼓励优势企业“走出去”积极参与国际竞争、学习国际领先技术、不断提升创新能力与综合竞争力，推动区域转型发展，进一步提升我国制造业发展基础与发展能力。

一方面，要鼓励优势企业在一些发展中国家或资源丰富地区建立海外生产基地，充分利用当地的

政策和优势资源以降低企业整体生产成本，拓展国际市场，提升竞争力和对全球资源配置能力。同时积极向发达国家拓展，瞄准世界领先技术标准和国际市场，积极拓展高端服务，或与国际一流跨国公司开展合作，以增值类、中间环节类服务融入全球产业价值链。另一方面，要鼓励和引导优势企业积极与国际接轨，通过独立或与国内外研发机构联合设立海外研发中心等方式扩充自身研发实力，吸收国外优秀创新人才和创新资源，缩小与世界领军企业的技术差距，为集团内部企业提供研发、技术支持咨询等服务。此外，要鼓励企业通过跨国并购、技术引进等多种渠道获取世界领先技术和创新资源，缩短技术开发时间，降低研发成本。

中国主要临空经济区发展经验浅析

马　剑

（一）香港国际机场航空城

香港国际机场于1998年7月6日正式启用，第二条跑道于1999年5月启用。是现时香港唯一运作的民航机场。由于机场位于新界的大屿山以北赤鱲角的人工岛，因此也称为赤腊角国际机场（常被航空业界简称CLK）。香港国际机场由香港机场管理局负责管理及运作。

香港国际机场是国泰航空、港龙航空、香港航空、香港快运航空、华民航空及甘泉航空的基地机场。香港国际机场是地区转运机场，现阶段设有96个停机坪，全日24小时运作，每年可处理旅客5000万人次，处理货物400万吨。现时有90家航空公司每日提供约750架次定期客运及全货运航班，来往香港及约160个遍布全球的目的地。此外，每周亦平均有约50架次不定期的客运和货运航机来往香港。为满足日益增加的航空交通需求，香港国际机场正不断增添新设施及建筑；随着多项扩展计划完成，香港国际机场正发展成亚洲的客货运枢纽。从香港国际机场出发，可于五小时内飞抵全球半数人口居住地。

货运物流是香港国际机场重点发展的方面，香港国际机场拥有完善的货运设施，每年能够处理400万吨的货物，最终达至处理每年900万吨的目标。而这些货运设施均以专营权或特许经营牌照方式批授予第三方服务商经营。现时机场设有两层的货运服务。第一层货运服务包括：

香港空运货站（HACTL）现时处理机场中约一半的货物量。而香港空运货站的总部“超级一号货站”占地27万平方米，耗资10亿美元兴建，由全自动化的航空货箱贮存系统控制，是世界上最大处理空运货物的设施，每年能容纳260万吨货物，同时亦是世界上单一最大的空运货站。

亚洲空运中心（AAT）年处理能力150万吨货物（包括扩建后的一号及二号货运站），并正扩建以应付更庞大的空运货物数量，打算兴建第三个空运货站。

DHL中亚区枢纽中心（DHL Central Asia Hub）是香港国际机场第一座快递货运站，每小时处理量超过20000个包裹及15000件快递文件。

空邮中心（AMC）由香港邮政营运，占地2公顷，耗资5.66亿港元兴建。中心设有先进的邮件机械处理系统，邮件分类、包装、装箱及运上航机的所有工序，均全部自动化。每天可处理邮件量为70万件。

第二层货运服务包括：海运码头：是24小时运作，年货运可达15万吨，由珠江海空联运有限公司营运；机场空运中心：占地6公顷，总楼面面积为139000平方米，提供货物仓储设施和物流服务；商贸港物流中心：由商贸港香港有限公司营运，占地1.38公顷总楼面面积为31400平方米，位于机场岛的南商业区，提供物流服务。

配套设施方面，香港国际机场附近设有以机场为中心的综合商业设施，提供消闲娱乐、展览、酒店等服务。香港机场范围内设有两间5星级酒店，二号客运大楼东北面的七层高的机场行政大楼（HKIA Tower）为香港机场管理局的总部，于2007年2月26日正式开幕，总楼面面积为19000平方米。大楼天台辟为机场展望台，与航空探知馆连接。机场世贸中心（Airport World Trade Center）位于二号客运大楼东南边，为香港国际机场的甲级商业大楼。亚洲国际博览馆在2005年落成，面积约有7万平方米，设有10个单层无柱式展馆，包括一个适合举办大型表演的多用途场馆，另设有不同的餐饮商业场所。

根据《香港国际机场发展发展蓝图2020》，香港国际机场将配合计划中的物流园，使用机场本身的设施及货运码头；利用空运、海运及陆运的优势，把货物运往珠三角及世界各地。发展蓝图建议发展速递业，使香港成为速递货运枢纽，也成为国际及地区的货运枢纽。配合未来发展，以香港作为基地的国泰航空也计划继香港空运货站（Hactl）的超级一号货站和亚洲空运中心（AAT）后，兴建第三空运货站，配合货运业的发展，扩建机场空运中心及商贸港物流中心。

（二）上海机场航空城

上海是中国重要的门户口岸，连接世界的桥梁纽带，也是中国大陆首座同时拥有两个国际机场的城市，浦东国际机场和虹桥国际机场分别位于城市的东西两侧。

2009年，上海两大机场共保障飞机起降47.69万架次，实现旅客吞吐量5699.96万人次，货邮吞吐量298.25万吨，浦东机场货运量保持全球机场第三位。截至2009年底，有74家中外航空公司开通了上海的定期航班，与上海通航的国内外城市达到183个。

2010年3月，作为虹桥综合交通枢纽的主体工程，包括第二航站楼和第二跑道在内的虹桥机场扩建工程率先投入使用，一个世界级的综合交通枢纽雄姿初现。至此，上海已成为国内首个拥有两个机场四个航站楼五条跑道的城市，两大机场将为2010年上海世博会提供一流的航空服务保障。DHL与UPS的相继落户，使浦东机场成为全球首家同时拥有两个国际转运中心的机场，为上海率先确立国际航空货运枢纽地位创造了条件。

根据机场在城市发展功能组团中的特点，虹桥机场临空经济区以发展总部经济为主导，而浦东机场临空经济区以发展国际航空物流产业为主导。共同协助推动上海国际金融中心和国际航运中心建设。

1. 虹桥临空经济园区

上海虹桥临空经济园区规划总面积为5.14 平方公里，毗邻虹桥国际机场。园区坚持高起点的“园林式、高科技、总部型”的发展目标，历时十五年来汲取海内外现代商务园区的精华，凭借特有的虹桥涉外商务区的区位优势、世界最大的虹桥综合交通枢纽的交通优势、一流的服务与支持创新的环境优势、集聚众多著名企业总部的产业优势，已经成为上海发展现代服务业黄金走廊的西部核心，成为连接整个泛长三角地区、长江流域地区一个最具活力和辐射力的现代服务业集聚区。

（1）产业

按照一体化规划确立的临空园区“总部经济、虹桥门户”的发展定位，园区将重点发展信息服务

虹桥临空经济区鸟瞰图

业、现代物流业、高新技术产业，引导发展服装服饰时尚产业，吸引重点产业领域内的跨国公司（地区）以及长三角企业总部、营运中心、研发中心入驻，打造一流的门户型总部经济园区。园区将打造三个相互独立又相互融合的产业发展空间：外环线以东、北翟路以北，建成以高新技术产业为主的高端企业总部与高科技企业集聚区；外环线以东、北翟路以南，建成以信息服务业为主的现代服务业集聚区；外环线以西，建成以现代物流业为主的产业集聚区。通过不断完善规划并付诸实施，园区将真正建成上海发展现代服务业黄金走廊的西部核心。

（2）功能

临空园区在重点发展三大产业空间的同时，还将着重打造园区商务配套服务设施。园区的商务配套服务设施将按服务半径分三级设置。首先是园区级设施，服务半径2公里，数量1个，包括园区管理中心、会议会展中心、文化艺术中心、体育休闲中心等；其次是片区级设施，服务半径1公里，数量2至3个，包括综合商业娱乐中心、星级酒店、银行等；最后是组团级设施，服务半径500米，数量若干，包括餐厅、便利店、咖啡店、酒吧、文印中心，出租车站点、公交站点等。这些商务配套服务设施将构成园区五个各具特色的区域，即：交响公园、记忆街区、动感街区、活力水岸和文化秀场。

（3）形态

结合产业和功能的布局，在形态上园区将遵循“建立大园区，塑造小园区”的建设理念，通过大园环境塑造，建立公共交流环境，激发总部园的灵气和灵感；通过小园环境塑造，重塑总部园区品牌，塑造新的办公生活方式。大、小园的布局主要包括：塑造富有特色的园区边界、塑造富有活力的园区节点、塑造传承文脉的园区长廊、塑造换乘方便的园区网络、塑造文化氛围的个性小园、塑造园林特色的园区景观和塑造高效节能的数字园区。

2. 浦东国际机场航空城

上海浦东国际机场（Shanghai Pudong International Airport）位于中国上海市浦东新区的江镇、施湾、祝桥滨海地带，面积为40平方公里，距市中心约30公里。是中国三大国际机场之一，与北京首都国际机场、香港国际机场并称中国三大国际航空港。目前，浦东机场日均起降航班达560架次左右，航班量已占到整个上海机场的六成左右。通航浦东机场的中外航空公司已达48家，航线覆盖73个国际（地区）城市、62个国内城市。

浦东国际机场航空城依托浦东国际机场，范围为华东路以东、迎宾大道以北，远东大道以西，川杨河以南，占地面积约18平方公里，人口约10万余人。航空城的用地范围以原川沙城为主，部分涉及蔡路镇、江镇、黄楼镇等镇的边缘地块。有川杨河和浦东运河两条主要通航河道。航空城的区域功能定位为：产业功能：包括航空服务工业带、城市型高科技产业区、农业生态平衡带；商贸功能；旅游功能；办公、科研、会议功能。功能布局分为六块：航空服务工业带、城市型高科技产业区、农业生态平衡带、居住区、航空城中心区、旅游区。

浦东国际机场航空城的功能定位为现代化大容量、多功能、综合性的国际航空城。主要功能包括：集为客商服务和城市公共活动于一体的金融贸易，会议展览、商务办公、宾馆娱乐等功能；为当地居民、空港和产业带工作人员以及过往客商服务配套的居住功能、旅游休闲功能；免税购物贸易、飞机维修员工培训基地、城市高科技产业、仓储运输、创汇型加工工业和农业等随着空港发展形成的特殊功能等。

基础设施方面，浦东国际机场航空城配置了较为齐全的公共服务设施，在地铁枢纽重点布置了大型交通集散服务设施，在旧城区和新城区均配套了齐全的社区服务设施，将空港商城划分为新区相对独立的分区，并在空港商城设立了大型的购物、批零、贸易等商业中心，满足了区内居民生活、工作需求以及流动人口进城购物、娱乐、工作等多方面的需求。

（三）广州新白云机场航空城

自2004年新广州白云国际机场启用以来，与机场相邻的花都区和白云区，依托和围绕着白云国际机场，规划了大批具有航空指向特征的临空经济产业园区，在空间布局上形成了紧密的临空经济圈层关系，临空经济的业态已初步显现。

花都区将整个花都区行政区划范围都规划为空港经济区，并规划了空港经济区、空港新城、空港新城核心区3个临空经济圈层和空港商务区、空港国际物流园区、联邦快递亚太转运中心配套产业园区、机场高科技产业基地、广州空港综合保税区、航空配套产业区和科技物流产业区共7个产业园区，大力发展航空配套产业、高新技术产业、航空物流业、现代服务业、先进制造业和现代农业。至今年上半年，花都区已有40个项目落户空港经济园区，总投资约84亿元。

白云区也强化了以临空经济兴区的发展思路，规划了空港区、空港紧邻区、空港相邻区3个临空经济圈层和联邦快递配套产业园区、白云国际航空城、广州白云空港综合保税区、广州白云空港高新技术产业基地、民科园高新技术产业基地、江高农产品现代物流基地、帽峰山休闲娱乐服务区和白云新城高端商务服务区共7个临空产业组团。

2008年，联邦快递亚太转运中心正式启用，产生了强大的物流引擎作用和带动效应，带动了空港指向性强产业集群的快速形成，大大推动了广州临空经济的发展。花都区和白云区临空经济园区快速聚集了一批现代物流、电子信息、航空维修、航空总部等空港偏好性和航空指向性较强的临空经济产业。2009年6月，广州市正式向国务院申报广州白云空港综合保税区，标志着广州临空经济进入快速发展阶段。

1. 主导产业发展战略

根据空港辐射区域、临空产业性质和广州产业发展方向，珠江三角洲一体化的框架下，培育和完善优势临空产业集群，逐步完善、优化和升级临空产业链，构建广州特色的临空产业体系，共同参与国际产业竞争与合作。

（1）重点突破航空产业

航空产业是临空经济的基础，提升航空运输及产业竞争力是发展临空经济的前提。加快发展围绕航空运输形成的传统航空产业体系：一是发展为旅客以及航空工作人员提供客运及地勤服务、航空食品及饮食业、零售商业、住宿等的产业；二是发展为货物运输提供服务的航空货代、仓储及货物装卸、现代物流业以及提供快速安全急送快递产业；三是在新科宇航落户的基础上，进一步吸引世界航空维修业及其相关配套企业集聚，打造亚太航空维修中心。

同时，紧密围绕航空产业链，积极拓展新型航空产业：一是大力发展临空总部经济，积极引进跨国公司、大型央企，尤其是国际国内航空公司在空港区设立总部或区域性总部，将广州临空经济区建设成为面向珠三角、华南地区、亚太地区的区域性企业行政总部、营销总部及研发总部的集聚中心；二是围绕我国大飞机项目和支线飞机的快速发展，以广州具有一定产业关联度和基础的飞机零配件、机载设备、空管设备研发生产等为突破口，大力发展航空制造业；三是借助广州大力发展金融业和穗港澳加强金融合作的均势，重点引进国内外金融机构和后台服务机构，积极发展以航空租赁业为主要特征的航空金融。

（2）大力发展航空指向性产业

航空关联度是临空经济的生命，临空经济区必须大力发展航空指向性强的现代服务业、高新技术产业和先进制造业。以广州发达的制造业及其海陆空立体交通网络设施为基础，积极发展为现代制造快捷服务的航空物流产业，建设服务珠三角和华南地区、辐射东南亚，面向全国和全球的中国南方国际现代物流中心，成为全球物流体系的重要节点。利用广州高新技术产业较强的产业基础和全国生物医药产业四大基地之一的优势，大力发展时间资源成本比重大，对空港依赖性较强的高新技术产业和现代生物医药产业，将其作为未来临空经济的支柱产业。

（3）促进区域优势产业和临空经济互融发展

白云国际机场周边的白云区和花都区经过长期的发展，已经形成一批具有较强产业竞争力的优势产业，发展临空经济的同时，要注意和区域优势产业的互融发展。以花都区集聚的汽车产业集群为基础，大力发展对空港依赖性不断增强的汽车零部件制造，促进汽车制造业与临空经济互融。结合白云区“中央大厨房”战略思路，大力发展具有广东亚热带特色和需要利用航空运输的农产品、水产品，促进现代高附加值农业与临空经济互融。将其逐步培育成广州重要的空港产业。大力发展珠宝研发、定制、营销等高价值环节，努力打造珠宝设计中心、制造中心、鉴定中心、物流中心和营销中心，做大做强广州高档珠宝产业品牌，促进钻石珠宝业与临空经济互融。

（4）加强临空产业发展引导

出台《广州临空经济产业指导目录》，进一步细化广州临空经济产业发展模式与实施步骤，加强空港产业布局协调和指引。根据临空经济发展阶段性产业发展重点，细化产业园区定位和招商选商标准，确保临空产业的航空指向。

2. 主要园区

联邦快递亚太中心配套产业园区；

机场高新科技物流产业基地；

机场商务区；

住宅区、旅游区、加工区等。

3. 广州白云—花都空港经济区

广州是华南地区航空客流和物流中心，新白云机场投入使用以来，货运发展进入了一个全新的阶段，其中国际货运约12万吨，同比增长达到100%。到2010年，航空货运集散枢纽的目标是：年货邮吞吐量达到200万吨，货物中转率超过30%，国际货邮比例超过50%，货邮吞吐量进入世界前15位。全国30%以上的进出口货物将通过广州集散。

依托广州新白云国际机场的空港经济区包括花都区和白云区两个区。由于机场于 2004 年正式开始对外运营，发展历史较短，因此依托空港的空港经济尚处于起步发展阶段。其中花都区空港经济圈建设时间稍早，已具有一定发展基础，规划面积 36.5 平方千米。内有联邦快递亚太区转运中心配套产业园区、机场高新科技物流产业基地、机场商务区和广州空港国际物流园区等，现已基本完成机场带动区的基础设施建设。此外，有广州现代商用车和深圳航空、海南航空广州基地以及两家五星级酒店等项目，香港太古飞机工程有限公司和新加坡新科宇航两个飞机维修项目也将正式落户。

白云区充分利用机场的带动效应，提出了“圈层规划、集聚发展、由近及远、带动全区”的发展思路。一是圈层规划，因势利导。对规划确定的机场核心区和不可建设区实施最严格的保护措施，决不允许经济成分的无序发展；对不可建设区以外的区域，特别是“临空经济”的重点发展区域，则实施适度的规划控制。二是及早布局，集聚发展。坚持有所为、有所不为，将好的空间留给好项目，积极发展无污染、高档次、世界级的空港产业。三是由近及远，带动全区。大力发展空港相邻区及空港交通走廊沿线高可达性地区通常集聚的产业，促进全区经济发展相对不发达的中北部地区加快经济结构调整和发展步伐。提出“以生态和空港凝聚活力的创新型城区”的城区新定位，重点发展空港物流业、宾馆会展业、国际商贸业、高新技术产业等与空运有高依存度的外向型产业。

广州市花都区是新白云国际机场所在地，总面积968平方公里，总人口72万人。2012年，全区GDP实现800亿元，税收总额165.1亿元（不含海关关税）。花都区政府围绕新白云国际机场规划临空经济的发展，分别在机场北出口地区规划了华南最大的航空物流中心（占地4平方公里的机场物流园区）、机场高新技术产业园区和西南部7－8平方公里的机场商务区。美国联邦快递公司（Fedex）已将新的亚太快件转运中心设在新白云国际机场。由于机场刚刚启用，花都区临空经济尚处于规划建设初期阶段。

白云区位于广州市中心城区的北部和东北部，面积1033.8平方公里，2012年全区实现生产总值1191.73亿元。航空港对一个城市及其周边辐射区域的区位优势和经济发展举足轻重。基于此，白云区以科学的发展观统揽全局，提出了“圈层规划，集聚发展，由近及远，带动全区”的发展思路。为充分利用机场的带动效应，实现空港经济的跨越式发展。重视规划，突出“优美”的概念，提高城镇总体规划标准和建筑设计水平，按照生态型花园式城区的定位进行建设，使之成为广州这个国际化大都市的美丽窗口；另一方面努力提高城镇的产业承载能力，在认真进行产业布局规划的基础上，加强项目的选择和引导，积极发展无污染、高档次、世界级的空港产业。

（四）天津空港经济区

天津滨海国际机场始建于1939年11月，前身为天津张贵庄机场。天津是中国最早兴办民航运输的城市之一，1996年10月，被升格为国际定期航班机场，后更名为“天津滨海国际机场”。2002年12月加入首都机场集团公司。

天津滨海国际机场位于天津东丽区，距天津市中心13公里，距天津港30公里，距北京134公里，南至津北公路，西至东外环路东500米，北至津汉公路及京津高速公路，东至京津塘高速公路，是北京首都国际机场的固定备降机场和分流机场，是国内干线机场、国际定期航班机场、国家一类航空口岸。是中国主要的航空货运中心之一。地理位置优越，具有较强的铁路、高速公路、轨道等综合交通优势，基础设施完善，市政能源配套齐全。天津滨海国际机场代理国内外客货运包机业务，并提供一条龙服务。同时为各航空公司提供地面代理业务。机场基地航空公司有中国国际航空公司天津分公司、中国新华航空公司、中国东方通用航空公司、奥凯航空公司、天津航空有限责任公司。

天津空港经济区——于2002年10月设立，地处天津滨海国际机场东北侧，距市区3公里，距港口30公里，距北京110公里，与干线铁路相连，具有加工制造、保税仓储、物流配送、科技研发、国际贸易等功能，是高度开放的外向型经济区域。天津发展空港经济以保税区为主体，目前已经启动航空城的建设。扩建后的天津机场周边，天津港保税区的空港加工区和空港物流区是规划建设天津航空产业城的组成部分。这是天津市“十一五”规划中的重要组成部分。在此项目中，保税区将担负起重要责任。

天津临空产业区（航空城）是天津临空经济发展的核心载体，是滨海新区重要的功能区之一。应该努力建设成为以航空物流、民航产业、临空会展商贸、民航科教为主要功能的现代化生态型产业区。规划占地104平方公里。

规划建设天津临空产业区（航空城）的总体目标是：借助滨海新区和全市大发展的强势，抓住空中客车A320总装线生产车间落户天津临空产业区（航空城）的机遇，发挥空港、中国民航大学的优势，利用空港加工区、空港物流业已形成的发展基础，加强和深化与民航总局的全面合作；坚持科学发展观和外向型、科技型、服务型的发展方向，遵循临空经济发展的规律与特点，努力建成具有航空运输、现代物流、民航科技、研发与产业化、商贸会展、航空设备维修和生态居住等综合功能，高新技术产业兴旺、现代物流业发达、商贸繁荣、生态和谐、富有特色的国际临空产业区（航空城）。

天津临空产业区（航空城）按产业特点和区域交通特点划分为六个功能分区：规划机场运营及保障区、航空教学培训与科研区、中国民航科技产业化基地、空港加工区、空港物流区、飞机维修区。

（1）机场运营及保障区

规划用地北至成林道延长线、东至京津塘高速公路、南至机场维修区，规划占地面积约21.38平方公里。包括机场运营区、机场办公服务和机场生产辅助区。

机场运营区：位于京津塘高速公路以西，规划占地面积16.29平方公里。

机场办公服务区：机场运营区以西，南至津滨快速路，为现状机场办公区及规划扩建部分，规划占地面积1.69平方公里。

机场生产辅助区：位于航站楼南北两侧、机场跑道之间，规划占地面积3.4平方公里。

（2）飞机维修区

该区分为两部分，一部分位于机场运营区北部，成林道延长线以北、津汉快速路以南；另一部分位于机场运营区以南，津滨快速路以北。总占地面积6.19平方公里。

飞机维修北区，与现状机场跑道相连，与机场货运功能相匹配，可作为货机的维修用地，规划维修用地面积1.32平方公里；

飞机维修南区，与规划机场跑道相连，与机场客运功能和飞机制造功能相衔接，可作为大型商务机的维修用地，规划维修用地面积0.62平方公里。

（3）空港物流区

空港物流区位于机场西侧和南侧，由国际物流区、机场服务区组成，规划占地面积6.73平方公里。

国际物流区：位于环外快速环路与机场运营区之间，规划总占地面积4.46平方公里，其中可开发土地面积2.39平方公里。

机场服务区：位于民航学院扩建区西侧，规划总占地面积2.07平方公里，其中可开发土地面积1平方公里。

（4）航空教学培训与科研区

该区位于航空城规划用地的西南部，津滨快速路两侧，即民航学院新、老校区和新扩建部分，规划总占地面积6.21平方公里，其中可开发土地面积3.47平方公里。

民航科技产业化基地由民航科技产业区、民航产业发展区、飞机组装、制造区三部分构成，规划总占地面积11平方公里。

民航科技产业区位于空港物流加工区二期用地西部，东至空流加工区二期经三路、南至津滨快速路、西至环外快速环路、北至纬三路。用地南部2平方公里规划为起步区。

民航产业发展区：分为两部分，环外快速环路以西，东至规划环外快速环路、南至京山铁路、西至机场大道，北至津滨快速路；环外快速环路以东，东至津岐快速路、南至津滨快速路、西至环外快速环路、北至京津塘高速公路。

飞机组装、制造区（西区）位于津北公路以北，京津塘高速公路与规划机场第三跑道之间。

（5）空港加工区

空港加工区位于航空城规划用地的东部，即现状空港物流加工区内，东至津岐快速路、南和西至京津塘高速公路、北至津汉快速路，规划占地面积约44.55平方公里（包括民航科技产业化基地7.59平方公里）。用地内细分为四个区：保税仓储物流加工区、高新技术工业加工区、商务会展区、商住生活配套区。

保税仓储物流加工区：紧邻程林庄延长线，与机场货运区、空港国际物流区直线相连，规划用地面积为2.8平方公里。

高新技术工业加工区：设于规划用地中部和空港加工区二期的东部，规划占地面积19.8平方公里。

商务中介管理服务区：位于津汉快速路南侧，规划占地面积6.62平方公里。

商住生活配套区：设置于空港物流加工区二期津汉快速路南侧，规划占地面积7.74平方公里。

（6）产业配套生活区

位于航空城用地东南部，东至津岐快速路、南至津滨快速路、西至环外快速环路、北至京津塘高速公路，总占地面积8.05平方公里。

空港物流加工区产业结构以高新技术制造业为主导，划分为保税仓储物流区、高新技术产业区、商务服务区和商住配套区等功能区根据产业布局规划， 设有电子信息工业园、生命科学工业园、汽车零配件工业园、新材料工业园、高科技创业园等特色园区。优越的区位优势和保税区的综合优势相叠加，使空港物流加工区成为环渤海地区最具竞争力的投资热点。

天津空港经济区经过多年的发展，已经形成了在航空、电信、装备制造、软件服务外包、总部经济五大产业的齐头并进，发展速度之迅猛、发展前景之广阔都受到了各方的关注，也赢得了包括房地产开发企业在内的各界投资商的青睐。园区按照“高水平是财富、低水平是包袱”的理念，坚持高起点规划、高水平建设、高效能管理，努力建设生态型现代工业园区。目前，一期工程基础设施建设已经基本完成，有600余家中外企业注册，注册资本超过300亿元，累计竣工企业项目80多个，在建企业项目70多个。

（五）国内临空经济区发展经验总结

临空经济的发展离不开政府政策措施的支持，国内临空经济区在发展中获得了多样的援助和开发政策，并对临空型产业实施了不同程度的优惠政策。综观国内临空经济区的发展实践，虽具有地区特点，然而也有其共性的经验可供借鉴。总的来说可以归纳为园区开发、产业选择、配套设施、体制机制等五个方面：

1. 园区开发

（1）注重土地的预留控制，长远规划园区发展

临空经济区靠近机场这一区位优势是临空经济区赖以存在的基础，枢纽机场强大的能量辐射作用所及的范围即是临空经济区的核心地带。它的各种经济活动产生共同指向于机场核心的空间聚集，其显著特征是布局的层次性和土地资源的稀缺性。从空间结构看，临空经济区通常呈现出一个多层次的环状结构。临空经济区内各类产业与机场之间的联系紧密程度的不同，不同产业在机场周边的空间上表现出不同的区位选择，造成机场周边地区通常呈现层次分明的产业布局结构，但这种结构随着机场通往市区的交通干道及联系成本的大小出现不同程度的变形。越是靠近机场核心的区域，其环状层次的面积越小，土地的稀缺性也就越突出。而且，机场会随着城市经济规模和人口规模的不断发展而发展，与此同时对其客货运输送能力、服务保障能力以及产业支撑能力的要求都会相应提高，对土地的需求也会相应增加。因此，在规划和开发临空经济园区时，必须考虑到机场未来发展可能对土地的需要，合理安排各层级土地的开发次序，在合适的位置为将来机场或相关产业的扩大发展预留空间，实现土地资源的合理利用。

我国昆明的老机场就是因为不能满足日益增长的对航空客流和物流的需要，而又不能向外扩建，不得不重新选址建新机场。所以，对于大型机场而言，在建造之前一定要考虑到未来几十年甚至上百年的发展需要，预留出足够的土地以备将来扩建之用。

（2）推行土地开发的市场化模式，优化土地资源配置

临空经济区的土地开发必须与其发展中心相适应，尤其是在机场核心区的土地资源配置上，更要因地制宜，切合产业结构和地区发展实际，尤其要注意与核心发展目标的相容性和可持续性。由于临空产业是一个特殊的产业，空港区的产业发展存在着诸多限制，因此在临空经济区土地的综合开发上，必须注重土地利用的控制和土地资源的优化配置。强调市场机制在临空经济区发展中的重要作用，推行临空经济区土地开发的市场模式，综合运用政策手段和市场手段调节区域土地的利用合理性。避免出现行政手段干预市场或者某些大企业进行无序圈地的不合理情况。

临空经济区推行土地和基础设施市场化运作，是缓解政府资金投入紧张的有效办法。在开发过程中，要创新体制与市场机制对接，用崭新的体制和模式来经营运作各个功能区，管委会可以下设投资公司来负责经营土地，经营资源。目前，在临空经济区推行市场化运作的有效形式是BOT的运作模式。即

指政府（通过契约）授予企业（包括外国企业）以一定期限的特许专营权，允许其融资建设和经营特定的公用基础设施，并准许其通过向用户收取费用或出售产品以清偿贷款，回收投资并赚取利润；特许权到期时，该基础设施无偿移交给政府。国际上，BOT模式主要运用于资本密集型项目，特别是基础设施项目，如环保工程、铁路和公路建设等。国内高速公路多是运用BOT模式，由开发商投资兴建，设立收费站，经协商，若干年后将所有权移交政府。典型的空港BOT例子就是台湾桃园远雄自由贸易区，由桃园机场管理局交给远雄集团投资管理，取得了良好的经济效益。

在空港城开发建设中，要打破原有的思维模式，树立经营城市的理念，引入市场机制，实施全新的招商引资和基础设施开发模式。按照"谁投资、谁开发、谁建设、谁受益"的原则，将所有公用基础设施配套建设全部推向市场。采取土地一级开发的模式，实施"市场运作、成片开发、滚动发展"。但无论采取哪种方式运转土地，临空经济区都要牢牢把握规划和项目审批权，对不符合整体规划和产业发展规划的项目坚决不予审批，严守临空经济区发展的一致性和协调性。

（3）构造"单核多中心"的开发模式，合理划定功能分区

在规划临空经济区的开发布局时，必须结合产业发展的需要，合理划分园区布局，合理的功能分区将分别促进临空经济区三次产业的集聚发展，最终形成相互促进、相互依托的良好态势。

以机场为核心的临空经济区布局一般呈"单核多中心"的态势，"单核"即空港核心，机场核心地区可用于开发航空产业和零售业，利用关税自由地区发展空港内的免税零售业以及高附加值的航空物流外资企业。机场临近地区可以开发有关飞机组装和零部件生产企业、机内食品提供业等有关航空产业的行业。机场周边地区可用于开发国际业务和知识基础产业的中心地、跨国公司的亚洲总部、高新技术产业基地等。外围辐射地区可用于开发大规模的休闲基地、国际金融中心。机场周边科学的产业规划能有效促进临空经济区发展。

2. 产业选择

（1）科学选择主导产业，加速产业结构高级化

在临空经济区的发展过程中，政府相关部门十分注重制定区域整体的开发规划，设立企业准入机制，以选择区域主导产业，优化区域产业结构，提升区域的国际竞争力。

按照与航空运输业务联系的紧密程度看，服务于航空枢纽的产业（包括直接为机场设施、航空公司及海关、检疫检验等其他驻机场机构提供服务的配套和后勤产业等）、航空物流服务产业（具有重量轻、体积小、技术精、价值高、鲜活和事急等特点的航空快件、黄金宝石、鲜活产品、高级冷冻食品、花卉、贵重药品、精密机械和高档电子产品及零部件，以及救援性航空运输服务等）、具有明显航空运输指向性的加工制造业和有关服务业（包括航空物流辅助加工业、航空工具与用品的制造业、航空运输指向性较强的高新技术产业，以及国际商务服务业、会展业和航空竞技业、航空旅馆业等）、以研发和管理为主的公司地区总部经济等，都可以被选择为临空经济区的主导产业。把有良好发展前景、产业集聚和带动能力强的产业选为主导产业，并给予相应的扶持和优惠，将是临空经济区长期持续健康发展的

坚实保证。

（2）整体引入关联产业，促进区域产业链形成

全球性产业发展的战略，使独具区位优势的临空产业成为全球产业链的主导环节。空港临空经济区将连接机场与城市主城区。机场发展，城市也在发展。机场产业链和航空公司产业链造就了一个机场通向城市主城区的临空产业走廊，这将是未来发展的趋势，临空产业的发展水平将成为城市竞争力的重要组成部分。临空经济区的形成是一个逐渐演进的结果，临空经济区的产业链伴随着临空经济区的形成与发展，也处在不断优化和完善的过程之中。

国内大多数临空经济区在规划产业时的原则是满足机场需求原则、临空地理优势导向原则、产业集聚原则、园区与机场整体规划和共同发展原则，充分发挥区位优势和环境优势，与所在区域或城市发展的总体目标和产业布局相吻合，重视发展主导产业及其上下游关联产业。

发展临空经济时，在选择主导产业时应以全面、协调、可持续发展的科学发展观为指导，符合所在区域或城市的总体发展目标和产业发展方针，制订区域产业布局的总体要求，从而有计划地启动机场周边地区的产业链形成与延伸。各产业在进行功能分工时，应依据区位条件（距航空港距离远近）、产业协作、经济集聚性等原则，引进主导产业的产业链高端和配套的现代服务业，吸引国际跨国公司和专业化科技企业及国内知名的现代服务企业，在不同功能区进行集群发展，促进产业链的形成与集约化发展。

随着经济全球化与区域集团化趋势的日益明朗，中国的发展也被带入世界开放经济体系中，参与了全球化分工协作的关键环节。在园区内拥有完整的产业链能大大降低主导产业的交易成本，提升园区企业的竞争优势，从而进一步吸引外来的优秀企业进驻。另一方面，也可以带动当地经济的整体发展，解决大量就业。因此，临空经济区需要充分利用空港区位优势，突出临空产业的特点，力求打造一两条以主导产业为龙头，上下游及关联产业为依托，横纵双向延伸的完整产业链，形成临空经济区的核心竞争力。

（3）结合本地资源优势，带动区域经济健康发展

国内在临空经济的发展过程中不断探索，积累了不少的经验，其中依托本地传统产业、发展特色产业，再通过建立科技园区等优化产业结构，强化研发能力、实现传统产业的跨越式发展。

分析国内临空经济区域内的产业可知，发展临空经济，不可能离开当地资源优势、原有传统产业以及特色产业的支撑。这些产业可能本身就和航空关系密切，能够通过自身的发展带动临空经济区内相关产业的发展，或吸引一些优秀企业进驻园区；或者尽管本身的临空指向性弱，但会随着产业向高度化发展而加大对航空运输的需求。它们经济实力方面和高度化方面，都具有较强的优势，是空港城发展中的重要力量。

3. 配套设施

（1）架设立体交通网络，强化核心竞争优势

临空经济区的根本基础在于机场及其核心的基础设施，只有不断改进、提高其运营能力和运营效率，临空经济区的发展基础才能不断强化。临空经济区在不断优化其产业结构，加强招商引资力度的同

时，也在关注、增强机场的基础设施投资和周边环境的改造。究其本质，临空经济的依托是机场，而机场这一功能性的要素带给区域直接的财富就是“交通便利性”。几乎所有的临空经济区周边都有着便捷的立体交通网络。

因此，在临空经济区发展的规划中，要把机场及其周边的综合交通建设作为区域开发的先导，增强临空经济区与周边城市的紧密联系，为临空经济区打造便捷易达的海陆空交通网络，强化临空经济区的交通优势，进一步形成临空经济区在交通区位方面的核心竞争优势。

（2）搭建科技研发平台，孵化科研创新成果

在对国内机场临空经济发展历程的总结、分析过程中发现，各地政府都积极在临空经济的辐射范围内建立科技园区或研发中心，这些研发机构为临空经济的发展带来了极大的推动作用。依托这些科技园区，企业可以充分发挥临空经济在知识资源和科研设施方面的优势。同时，这些研发机构对于那些技术含量高、极具创新意识的企业的选址非常重要。通过与一些科研机构的合作，可以使科研成果及时、充分地转换为生产力，进而带动企业的可持续发展，使其引领同领域的技术潮流。

（3）导入多元金融体系，拓宽企业融资渠道

在临空经济区发展中，投融资的配套十分关键，在园区发展过程中，要注重导入多元化的金融体系，为区内企业提供灵活方便的融资渠道。

政府要在融资方面支持临空经济各类产业发展项目。发展风险投资公司、融资公司等非银行金融机构，为区内产业发展提供资金支持。积极推进资本运作，多渠道筹集发展资金。充分利用相关产业上市企业的融资功能，推进优势项目和资源融入上市公司发展；培养新的上市企业；优先支持发行企业债券。从多角度入手健全和完善区内企业的投融资机制，优化企业融资方案。

目前我国对各类金融机构实行严格管制，国有或国有控股金融机构高度垄断，民营金融机构的发展相对滞后。在国有或国有控股的金融机构产权制度、经营机制不完善的基础上，金融体系受政府的影响非常大。所以，在临空经济区发展的过程中，政府必须扮演好金融支持的角色，可采取为企业担保等多种形式解决区内企业特别是创新型企业的融资难问题，同时大力支持中小金融机构和非银行金融机构的发展，促进临空经济区金融体系的多元化建设。

政府在提供投融资支持的同时，也需要强调其风险监管职能，监督投资机构等金融机构在区内投资的有序性，为区内企业提供良好的金融环境，保障园区产业发展得到强有力的资金支持。

4. 机制保障

（1）强化政府服务效率，加快企业优势积累速度

发展临空经济，既需要较高水平的硬件环境，又需要优良的软件环境。一方面，临空地区应在土地、运输和交通、公用设施等硬件方面达到较高水准，以增强国际竞争力。与此同时，要为企业提供优越的投资环境，为企业提供方便的商务手续。例如：减少各种手续，提供一站式政府服务；对于临空经济区产业发展的关键入驻商，园区可以提供有竞争力的各类优惠政策以吸引其入驻。

虽然临空经济的发展初期主要是以交通的便利性、全球可达性以及税收的优惠政策吸引企业入驻，然而由于税收优惠是可复制的，难以形成临空经济区的核心竞争力。因而世界上大多临空经济区发展过程中，均注重加快区内企业的优势积累速度，打造优势产业集群，以实现临空经济区的可持续发展。而产业集群的发展离不开政府的参与，政府的服务效率不仅影响了临空经济区的招商引资环境，而且直接影响区内企业的运作效率。临空经济区发展中，所属政府均注重服务效率的提高，并依托关键入驻企业，改造区内的软硬件环境，引进相关企业，打造优势产业集群。

可以看出，政府要提高园区效率和竞争力需有效协调海关、检验等各部门的工作，实现“一站式”服务。在各机场建设航空物流枢纽的过程中，必须加强与海关和口岸联检部门的合作，在保证检查质量的同时，简化通关手续，提高通关效率。同时可以考虑在条件具备的机场设立保税物流中心、海关监管区或自由贸易区，为区内企业发展国际航空物流提供便利，进一步提升区内企业的竞争优势。

（2）推出有效政策优惠，提升园区发展向心力

国内各大城市在明确了临空经济区的发展方向后，都出台了各种激励临空经济区发展的具体措施，主要包括两个方面：一是对产业的财政资助；二是对区域内产业、企业或投资者的税收优惠。具体措施归纳如下：

第一，财政资助。通过建立资本资助、培训资助、就业资助、研发资助四种协议方式对区内临空产业项目进行资助。资助协议中往往贯彻两条不成文的原则，出口就业基准原则和保持国际竞争力原则。

第二，税收优惠。对临空经济区实行税收优惠，包括减税、免税、退税等，在实现区域经济发展中占有举足轻重的地位。实现税收优惠的具体办法很多，从优惠面向的对象可划分为面向产业、企业和投资者等三种。

财税以及其他有吸引力的政策优惠将进一步提升临空经济区发展的向心力，对促进区域产业集聚、形成产业优势作用巨大。

（3）培育区域人力资本，维护园区发展的持续动力

人才是区域经济的核心竞争要素之一，这一理论在临空经济区也不例外。国外发展成熟的临空经济区，其发展过程中无一例外地重视专业人才的引进、教育和“职业培训”，以提高临空经济区产业的本地化水平，使园区发展拥有内在的持续动力。提高临空经济区的人力资本存量，将使园区发展拥有更加充沛的内在动力，丰富的人才将为园区长期持续健康发展提供坚实保障。

（4）挖掘品牌推广模式，提升园区影响力与辐射力

目前各类开发区、工业园区为数众多，临空经济区要在这些园区中脱颖而出，就必须发挥好临近空港这一核心竞争优势。拓展品牌宽度：即营造品牌在区域和市场中的知名度。挖掘品牌深度：利用核心优势影响投资者的选择，塑造品牌美誉度和品牌忠诚度。最终提升园区在区域、全国乃至国际范围的影响力，吸引各方面资源集聚发展。

成功、完整的园区推广应该包括三个阶段：

第一，品牌宽度推广阶段，即建立品牌知名度；第二，品牌深度推广阶段，这个阶段主要是提升品牌美誉度，提高品牌忠诚度；第三，品牌维护阶段。在品牌推广过程中，品牌宽度是基础，是品牌的第一生命；品牌深度的推广是根本，是品牌的第二生命。品牌深度是建立在品牌宽度的基础之上的，主要是和投资者进行深入对话，提高品牌销售力。

一是品牌宽度推广阶段：以建立品牌知名度为推广目的，推广策略包括强势打造、强制灌输。推广方法主要有广告宣传，活动、事件传播等。这个阶段主要是通过一些传统的推广手法，通过宣传、传播品牌，让大众了解、知晓品牌的基本内涵：产品、品牌文化等，是属于和外界的初级沟通。

二是品牌深度推广阶段：以让品牌深入人心为宗旨。以提升品牌美誉度，品牌忠诚度，提高品牌销售力为推广目的。推广策略包括深度互动，创新传播。创新是策划的生命，尤其是在品牌的深度推广阶段，要和大众达成深度互动，让大众从内心深处体验、认可、接受品牌和品牌文化，就必须独辟蹊径，大胆创新，从而提高品牌销售力。

三是品牌维护阶段：以维护品牌高度为宗旨。进一步深入开展宽度推广和深度推广。据统计，在国外推广一个知名品牌的时间是至少需要3—5年，品牌达到一定知名度后的每年投入也至少需要1000万美元来进行维护。品牌在达到一定的一个高度之后，就需要进行品牌的维护工作，品牌也才能永葆青春活力和市场竞争力。

作者简介：

[1]马剑，中国城市临空经济研究中心秘书长。

2013年长江三角洲城市发展问题与前瞻报告

张 锋 陈 俊

本报告总结了2012年长三角25个城市取得的经济发展积极向好、转型发展稳步推进、对外开放水平提升、社会事业全面进步、民生工程持续改善、生态文明加快建设等方面的新成就；分析了长三角城市发展中存在的严峻形势带来发展压力较大、创新推动转型升级力度不足、城市间发展不平衡不协调、工业发展与生态保护矛盾突出、地方保护引发区域内耗等需要注意和把握的问题；前瞻了长三角城市发展中同城化发展步伐将加大、城镇化发展速度将加快、产业结构性优化将提速、区域合作将向纵深推进等新趋势。并提出了以城镇建设加强区域整体实力、以改革开放激发城市发展潜力、以科技创新强化跨域发展动力、以民生建设给力为民惠民乐民、以生态文明增强持续发展活力等新建议。

一、2012年长三角城市发展新成就

2012年是党的十八大胜利召开的喜庆之年，是实施“十二五”规划承上启下的重要一年，也是进一步深化改革开放、加快转变经济发展方式、全面建设小康社会的攻坚之年。面对复杂严峻的全球经济形势和国内改革发展稳定的繁重任务，长三角城市坚持以科学发展为主题，紧盯目标任务，牢牢把握机遇，积极应对挑战，各项工作取得了新成效、新进步。

（一）平稳有序，经济发展积极向好

2012年，长三角城市积极应对国际经济形势严峻和国内经济下行压力加大的挑战，措施有力，经济发展保持良好势头。

1. 经济总量再上新高

2012年，长三角25市实现地区生产总值108765.5亿元，占全国总量的20.9%，比上年增长9.0%。其中，第一产业增加值5216.1亿元，第二产业增加值52346.67亿元，第三产业增加值51202.76亿元。三次产业增加值比例为4.8：48.1：47.1。

江苏13市实现地区生产总值54058.2亿元，比上年增长10.1%。其中，第一产业增加值3418.3亿元，增长4.6%；第二产业增加值27121.9亿元，增长11.0%；第三产业增加值23518.0亿元，增长9.6%。人均生产总值68347元，增加9.7%。三次产业增加值比例为6.3：50.2：43.5。

浙江11市实现地区生产总值34606亿元，比上年增长8.0%。其中，第一产业增加值1670亿元，增长2.0%；第二产业增加值17312亿元，增长7.3%；第三产业增加值15624亿元，增长9.3%。人均生产总值63266元，增长7.7%。三次产业增加值比例为4.8：50.0：45.2。

表1　2012年长三角25市地区生产总值情况

城　市	地区生产总值		第二产业增加值		第三产业增加值	
	数值(亿元)	增速(%)	数值(亿元)	增速(%)	数值(亿元)	增速(%)
上海市	20101.33	7.5	7912.77	3.1	12060.76	10.6
南京市	7201.57	11.7	3170.78	11.9	3846.15	11.8
无锡市	7568.15	10.1	4012.03	9.3	3418.9	11.3
徐州市	4016.58	13.2	1968.51	14.5	1665.43	13.4
常州市	3969.75	11.5	2100.76	11.7	1742.69	11.6
苏州市	12011.65	10.1	6502.25	7.8	5314.32	13.5
南通市	4558.67	11.8	2414.11	12.4	1825.47	12.3
连云港市	1603.42	12.7	736.14	14.3	634.88	39.6
淮安市	1920.91	13.1	889.2	15.4	783.73	13.2
盐城市	3123.35	12.7	1483.6		1190	12.9
扬州市	2933.2	11.7	1555.78	12.2	1173.56	12.1
镇江市	2630.05	12.8	1419.54	13.1	1093.79	13
泰州市	2701.67	12.5	1434.53	13.1	1075.39	13
宿迁市	1516.77	13	713.18	16.9	574.88	12
杭州市	7803.98	9	3626.88	8.5	3921.17	10.1
宁波市	6524.7	7.8	3516.73	6	2738	10.9
温州市	3650.06	6.7	1843.06	6	1694.1	8
嘉兴市	2884.94	8.7	1620.82	8.4	1114.07	10.2
湖州市	1661.97	9.7	888.2	10.7	650.46	9.6
绍兴市	3620.1	9.7	1949.07	9.7	1486.31	10.8
金华市	2700.12	10.2	1344.66	10.2	1221.02	10.9
衢州市	982.75	8.7	531.91	8.7	370.99	10
舟山市	851.95	10.2	385.42	12.3	383.48	9.1
台州市	2927.34	7.5	1435.04	7.1	1291.18	8.6
丽水市	885.17	10.5	446.09	12.6	359.73	9.6

数据来源：25市政府网站、统计局快报数据。

上海市实现生产总值20101.33亿元，比上年增长7.5%。其中，第一产业增加值127.8亿元，增长0.5%；第二产业增加值7912.77亿元，增长3.1%；第三产业增加值12060.76亿元，增长10.6%。人均生产总值85033元，增长3%。三次产业增加值比例为0.64：39.36：60.00。

2. 投资结构逐步趋优

2012年，长三角25市完成固定资产投资54057.6亿元，比上年增长18.9%。其中第二产业投资24028.5亿元，比上年增长17.5%，占总投资比重44.5%；第三产业投资29671.5亿元，比上年增长19.9%，占总投资比重54.9%。

表2　2012年长三角25市固定资产投资情况

城　市	固定资产投资		工业投资		房地产开发投资	
	累计（亿元）	增减（%）	累计（亿元）	增减（%）	累计（亿元）	增减（%）
上海市	5254.38	3.7	1292.61	1.1	2381.36	9.7
南京市	4683.45	16.8	2400.93	20	1015.76	13.3
无锡市	3618.07	16.1	1423.4	13.7	974.37	11
徐州市	2685.89	22	1489.56	22.5	310.07	21.5
常州市	2621.56	18	1405.37	16.9	597.01	5.5
苏州市	5142.51	20.2	2099.36	21.2	1263.36	5.4
南通市	2886.47	21.4	1710.04	11.3	481.7	26.8
连云港市	1280.88	22.8	856.78	23.5		
淮安市	1247.99	22.3	682.28	29.5	280.55	-2.1
盐城市	1940.89	22.3	1238.20	21.1		
扬州市	1783.65	20.9	1064.19	17.6	235.84	19.3
镇江市	1500.67	22	883.65	22.5	205.48	45.2
泰州市	1454.59	21.5	792.37	26.7	234.48	2.7
宿迁市	1025.56	26.3	650.28	25.9	218.64	15.1
杭州市	3722.75	20.1	851.87	14	1597.36	22.6
宁波市	2901.43	21.6	817.18	22.3	884.35	17.1
温州市	2110.34	37	469.29	42	687.5	1
嘉兴市	1642.31	10.4	782.96	2.3	415.88	8.5
湖州市	970.73	20.6	527.84	19.5	211.17	14.3
绍兴市	1722.56	20.8	881.4	18.4	467.71	16
金华市	1133.18	31.3	565.47	22.9	285.19	40.1
衢州市	570.76	13.1	305.31	8.8	75.79	7.3
舟山市	600.81	26.2	200.29	18.3	158.94	36.1
台州市	1242.56	23.3	498.67	18	357.38	12
丽水市	471.98	31.7	156.87	32	84.99	55.5

数据来源：25市政府网站、统计局快报数据。

江苏13市完成固定资产投资总额31707.2亿元，比上年增长20.5%。其中，外商港澳台经济投资3817.5亿元，增长15.5%；民间投资21293.5亿元，增长22.6%，占投资总额比重达67.2%，比上年提高1.2个百分点。从投资结构看，第一产业投资204.2亿元，增长31.6%；第二产业投资16646.4亿元，增长19.5%，占投资总额比重达52.5%；第三产业投资14856.5亿元，增长21.5%，占投资总额比重达46.9%。另外，房地产全年开发投资6206.1亿元，增长11.5%。

浙江11市完成固定资产投资总额17095.96亿元，增长21.4%。民间投资10579亿元，增长22.5%，占投资总额的61.9%，比上年提高1.9个百分点。从投资结构看，第一产业投资142.3亿元，增长47.1%；第二产业投资6088亿元，增长16.6%，占投资总额比重为35.6%；第三产业投资10866亿元，增长24.1%，占投资总额比重达63.6%。另外，房地产全年开发投资5226亿元，增长16.8%。

上海市完成固定资产投资总额5254.38亿元，比上年增长3.7%。其中，外商及港澳台投资758.08亿元，增长4.3%。从投资结构看，第一产业投资11.2亿元，下降1.1%；第二产业投资1294.14,亿元，增长0.3%，占投资总额比重为24.6%；第三产业投资3949.04亿元，增长5.1%，占投资总额的比重达75.2%。另外，房地产开发投资2381.36亿元，比上年增长9.7%。

表3　2012年长三角25市社会消费品零售总额情况

城　市	社会消费品零售总额		城　市	社会消费品零售总额	
	累计（亿元）	增减（%）		累计（亿元）	增减（%）
上海市	7387.32	9	宿迁市	388.23	15.5
南京市	3080.58	15.4	杭州市	2944.63	13.3
无锡市	2427.94	14.4	宁波市	2329.3	15.4
徐州市	1293.20	15.7	温州市	1929.29	9.1
常州市	1404.53	14.7	嘉兴市	1083.74	14.3
苏州市	3213.10	14.8	湖州市	703.87	13.4
南通市	1708.65	15.5	绍兴市	1158.66	15.1
连云港市	575.49	15.0	金华市	1260.41	15.7
淮安市	633.24	15.6	衢州市	396.36	15.2
盐城市	1023.20	14.3	舟山市	290.54	16.0
扬州市	967.87	14.4	台州市	1304.3	15.2
镇江市	761.70	15.7	丽水市	371.09	17.5
泰州市	737.60	14.3			

数据来源：25市政府网站、统计局快报数据。

3. 财政收支稳定增长

2012年，长三角25市全年财政收入13045.63亿元，比上年增长11.2%。分省市看，江苏13市财政收入5860.69亿元，增长13.8%。其中，税收收入4782.59亿元，增长16%，占财政收入的81.6%。浙江11市财政收入3441.23亿元，增长9.2%。其中，税收收入3227.77亿元，增长9.3%，占财政收入的93.8%。上海市财政收入3743.71亿元，增长9.2%。其中，税收收入3426.8亿元，占财政收入的91.5%。

表4 2012年长三角25市公共财政收支情况

城市	公共财政预算收入（亿元）	增长（%）	公共财政预算支出（亿元）	增长（%）
上海市	3743.71	9.2	4184.02	6.9
南京市	733.02	15.4	769.81	15.6
无锡市	658.03	7.0	379.0	379.0
徐州市	366.76	15.2	527.87	16.2
常州市	379.0	8	384.1	6.2
苏州市	1204.3	9.4	1104.5	10.8
南通市	419.7	12.3	513.0	22.3
连云港市	208.94	16.0	304.88	17.2
淮安市	233.61	14.2	338.00	13.0
盐城市	312.8	16.3	488.8	20
扬州市	225	3.2	268.48	1.6
镇江市	215.5	18.5	233.6	15.4
泰州市	233.25	7.0	294.79	16.8
宿迁市	158.13	30.7	271.16	22.6
杭州市	859.99	9.5	786.28	5.2
宁波市	725.5	10.3	828.44	10.4
温州市	289.64	6.9	387.79	4.7
嘉兴市	257.73	13.8	260.7	8.3
湖州市	138.55	13.5	167.51	10.4
绍兴市	265.76	11.6	278.71	10
金华市	214.89	15.7	271.95	15.7
衢州市	63.42	10.1	138.89	10.8
舟山市	85.56	11.9	155.22	4.8
台州市	220.42	10.2	287.93	8.4
丽水市	64.61	12.6	167.94	8.9

数据来源：25市政府网站、统计局快报数据。

2012年，长三角25市全年财政支出15342.49亿元。分省市看，江苏13市财政支出6996.59亿元，增长12.5 %。其中，教育1342.0亿元，增长22.8%；公共安全402.4亿元，增长8.4%；社会保障和就业546.8亿元，增长13.5%；城乡社区事务848.8亿元，增长4.5%；科学技术248.8亿元，增长16.6%。浙江11市财政支出4161.88亿元，增长8.3%。其中，教育877.86亿元，增长16.8%；社会保障和就业345.44亿元，增长18.4%；科学技术165.98亿元，增长15.3%；医疗卫生305.91亿元，增长9.7%。上海市财政支出4182.02亿元，增长6.9%。其中，教育648.95亿元，增长18.2；公共安全221.08亿元，增长7.3%；社会保障和就业

443.01亿元，增长6.1%；一般公共服务251.47亿元，增长6.5%；城乡社区事务627.44亿元，增长8.3%；医疗卫生197.34亿元，增长3.8%。

（二）好中求快，转型发展稳步推进

1. 产业结构不断优化

2012年，长三角25市三次产业比重由4.8：49.5：45.7调整为4.8：48.1：47.1，第一产业与上年基本持平，第二产业比上年下降了1.4个百分点，第三产业比上年提高了1.4个百分点。分省市看，江苏13市三次产业比例由上年的6.3：51.5：42.2调整为6.3：50.2：43.5；浙江11市三次产业比例由上年的4.9：51.2：43.9调整为4.8：50.0：45.2；上海市三次产业比例由上年的0.65：41.47：57.88调整为0.64：39.36：60.00。

从第一产业看，江苏13市苏北地区比重较大，宿迁（15.1%）、连云港（14.5%）、盐城（14.4%）、淮安（12.9%）等4市甚至高于12%，跨度也比较大，最高宿迁市（15.1%），最低苏州市（1.6%）。浙江11市相对平均一些，除舟山（9.8%）因地理位置和自然条件等原因，一产比重相对较高城市主要集中在浙南和浙西南地区，温州（3.1%）、杭州（3.3%）、宁波（4.1%）等3市一产比重都低于5%。

从第二产业看，嘉兴（56.2%）、苏州（54.1%）、衢州（54.1%）、镇江（54.0%）、宁波（53.9%）、绍兴（53.8%）、湖州（53.44）、泰州（53.1%）、扬州（53.04%）、无锡（53.0%）、南通（53.0%）、常州（52.9%）、温州（50.5%）、丽水（50.4%）等14市第二产业比重高于50%，其中除丽水市较上年增加0.5个百分点外，其他13市第二产业比重略有下降；低于50%的10个城市中盐城（47.5%）、宿迁（47.0%）、舟山（45.2%）等3市第二产业比重较上年略有上升。

从第三产业看，长三角25市比重都较上年有所提高。其中，上海（60.00%）、南京（53.4%）、杭州（50.2%）、温州（46.4%）、无锡（45.2%）、金华（45.2%）、舟山（45.0%）等7市第三产业比重高于全国指标。除宿迁、湖州、舟山、丽水4市外，其他21市第三产业增加值增速都高于GDP增速，上海、南京、杭州3市“三、二、一”产业发展格局又进一步得到优化。

2. 科技活动比较活跃

2012年，江苏13市综合科技进步水平指数升至69.97%，比上年提高5.5个百分点。全年全社会研究与发展（R&D）活动经费1230亿元，占地区生产总值的2.3%，比上年提高0.1个百分点；从事研究与发展（R&D）人员52.22万人。实施重大科技成果转化专项资金项目135项，总投入135.7亿元。累计认定高新技术企业达5100家，新认定省级高新技术产品7671项，国家重点新产品144项。已建国家级高新技术特色产业基地103个。至年末，共签订各类技术合同3万项，成交额达532.0亿元，比上年增长14.9%。企业共申请专利30.9万件，授权专利18.6万件，分别比上年增长57.4%和56.6%。13市拥有中国科学院和中国工程院院士90人，已建国家和省级重点实验室105个，科技服务平台296个，工程技术研究中心2141个，企业院士工作站326个，经国家认定的技术中心67家。

表5　2012年长三角25市三产结构情况

城市	2012年三产比重	2011年三产比重	城市	2012年三产比重	2011年三产比重
上海市	0.64：39.36：60.00	0.65：41.47：57.88	宿迁市	15.1：47.0：37.9	16.1：46.3：37.6
南京市	2.6：44.0：53.4	2.7：44.9：52.4	杭州市	3.3：46.5：50.2	3.3：47.4：49.3
无锡市	1.8：53.0：45.2	1.8：54.2：44.0	宁波市	4.1：53.9：42.0	4.2：55.5：40.3
徐州市	9.5：49：41.5	9.4：50.1：40.5	温州市	3.1：50.5：46.4	3.2：52.2：44.6
常州市	3.2：52.9：43.9	3.1：54.5：42.4	嘉兴市	5.2：56.2：38.6	5.5：57.6：36.9
苏州市	1.6：54.1：44.3	1.7：55.6：42.7	湖州市	7.42：53.44：39.14	7.6：54.3：38.1
南通市	7.0：53.0：40.0	7.0：54.5：38.5	绍兴市	5.1：53.8：41.1	3.6：60.4：36.0
连云港市	14.5：45.9：39.6	14.5：46.4：39.1	金华市	5.0：49.8：45.2	5.1：50.9：44.0
淮安市	12.9：46.3：40.8	13.37：47.36：39.27	衢州市	8.1：54.1：37.8	8.5：55：36.5
盐城市	14.4：47.5：38.1	15：47.2：37.8	舟山市	9.8：45.2：45.0	9.9：45.1：45.0
扬州市	6.95：53.04：40.01	7.0：54.3：38.7	台州市	6.9：49.0：44.1	6.7：51.7：41.6
镇江市	4.4：54.0：41.6	4.3：55.2：40.5	丽水市	9.0：50.4：40.6	9.3：49.9：40.8
泰州市	7.1：53.1：39.8	7.2：54.0：38.8			

数据来源：25市政府网站、统计局快报数据。

2012年，浙江11市综合科技进步水平指数升至62.37%，比上年提高5.18个百分点。全年全社会科技活动经费支出1200亿元，比上年增长19.6%；相当于地区生产总值的3.47%。研究和发展（R&D）经费支出相当于地区生产总值的比例为2.04%，比上年提高0.14个百分点。财政科技拨款166亿元，比上年增长15.3%；财政科技拨款占财政支出的比重为3.99%。11市全年战略性新兴产业增加值2520.8亿元，增长9.2%；高新技术产业增加值2626亿元，增长9.9%。至年末，共有国家认定的企业技术中心60家。新认定高新技术企业540家，累计4500家。新培育省级创新型试点企业54家，示范企业45家，累计分别为363家和194家。全年专利申请量、授权量分别为24.9万件和18.8万件，分别比上年增长40.7%和44.4%。

2012年，上海市综合科技进步水平指数升至82.18%，比上年提高2.37个百分点。全年研究与发展（R&D）经费支出635亿元，相当于上海市生产总值的比例为3.16%。全市年内认定和复审高新技术企业1442家。至年末，全市共认定高新技术成果转化项目8545项。其中，年内认定714项中，电子信息、生物医药、新材料等重点领域项目占87.7%；拥有自主知识产权的项目占100%。全年经认定登记的各类技术交易合同2.8万件，比上年下降4.4%；合同金额588.52亿元，增长6.9%。全年专利申请量8.3万件，比上年增长3.1%；专利授权量5.2万件，增长7.4%。国家级创新型企业达到15家，国家级创新型试点企业19家，市级创新型企业达到500家。科技小巨人企业和小巨人培育企业共878家，高新技术企业4312家，技术先进型服务企业281家。

3. 市场消费增势稳定

2012年，江苏13市实现社会消费品零售总额18215.3亿元，增长15.0%。其中，城镇消费品零售额

表6　2012年长三角科技投入情况

城市	综合科技进步水平指数		研究与发展（R&D）支出		
	数值（%）	增幅（%）	数值（亿元）	增幅（%）	占GDP比重（%）
江苏13市	69.97	5.5	1230	0.1	2.3
浙江11市	62.37	5.18		0.14	2.04
上海市	82.18	2.37	635	0.26	3.16

数据来源：25市政府网站、统计局快报数据。

16373.3亿元，增长15.1%；乡村消费品零售额1842.0亿元，增长13.8%。分行业看，批发零售业零售额16448.8亿元，增长14.9%；住宿餐饮业零售额1766.5亿元，增长16.1%。在限额以上批发和零售企业的消费品中，汽车零售额2389.5亿元，增长11.7%；石油及制品零售额956.2亿元，增长12.1%；服装、鞋帽、针纺织品零售额841.6亿元，增长17.6%；中西药品零售额489.9亿元，增长22.9%；通信器材零售额150.4亿元，增长33.6%；金银珠宝零售额237.1亿元，增长14.3%；食品、饮料、烟酒零售额1134.1亿元，增长20.1%。

浙江11市实现社会消费品零售总额13546亿元，增长11.4%。其中，城镇消费品零售额11409亿元，增长13.8%；乡村消费品零售额2137亿元，增长12.2%。分行业看，批发零售贸易业零售额12101亿元，增长13.3%；住宿餐饮业零售额1445亿元，增长15.6%。在限额以上批发零售贸易业销售额中，汽车类零售额比上年增长7.3%，石油及制品类增长17.6%，服装、鞋帽、针纺织品类增长20.9%，中西药品类增长20.9%，通信器材类增长29.6%，金银珠宝类增长24.8%，食品饮料烟酒类增长16.4%。全年成交额超亿元的市场745个，其中，年交易额十至百亿元市场199家，超百亿元的市场31个。

上海市实现社会消费品零售总额7387.32亿元，比上年增长9%。其中，限额以上消费品零售额5293.24亿元，增长7.5%。在限额以上零售企业中，网上商店实现零售额238.59亿元，增长75.5%。分行业看，批发零售贸易业零售额4843.26亿元，增长7.9%；住宿餐饮业零售额449.98亿元，增长3.4%。实现批发和零售业增加值3291.93亿元，比上年增长11.5%。实现商品销售总额5.38万亿元，比上年增长16.8%。其中，批发销售额4.72万亿元，增长17.9%。至年末，共有连锁商业网点达到13942家。其中，连锁超市门店2443家，便利店5178家。全年连锁商业销售额2202.63亿元，比上年下降4.6%。

4．重大项目有序推进

2012年，江苏13市200个省级重点项目进展顺利，交通、能源等一批重大基础设施项目相继建成运营：泰州长江公路大桥、南京长江四桥、宿迁至新沂高速公路等建成通车；宁杭铁路客运专线基本建成，宁安城际铁路、宿淮铁路、宁启铁路复线电气化改造工程等项目加快建设，徐宿淮盐铁路取得重要进展；苏州市轨道交通1号线工程、扬州泰州机场、连云港港30万吨级航道一期工程等建成投运；龙源如东海上风电、华能启东二期陆上风电、中粮东台沼气发电等一批新能源项目建成投运；全年电力装机容量达到7668万千瓦，由全国第三跃居第二位。浙江11市着力抓好有效投资，加强基础设施和重大产业项目建设：嘉兴电厂三期、绍诸高速公路、合溪水库等工程建成，杭甬、宁杭、杭长客运专线，六横电厂、仙居抽水蓄能电站、浙东引水萧山枢纽工程等项目进展顺利。上海市建设发展重心向郊区和新城倾斜、向重点发展区域聚焦：至年末，104个重大项目完成投资1200亿元，中华艺术宫、临港燃气电厂一期工程等17个项目建成投入使用；城市基础设施建设投资1038.61亿元，比上年下降9.8%；全市高速公路网通车里程达到806公里。

（三）平稳发展，对外开放水平提升

1. 对外贸易增速陡降

2012年，长三角25市进出口总额12970.91亿美元，比上年增长0.78%，占全国进出口总额的33.5%。其中，进口5371.76亿美元，下降1.9%，占全国进口总额的29.6%；出口7599.15亿美元，增长2.8%，占全国出口总额的37.1%。

江苏13市全年实现进出口总额5480.7亿美元，比上年增长1.5%。其中，进口2195.6亿美元，下降3.3%；出口3285.4亿美元，增长5.1%。

浙江11市全年实现进出口总额3122.4亿美元，比上年增长0.9%。其中，进口876.7亿美元，下降5.8%；出口2245.7亿美元，增长3.8%。

上海市全年实现进出口总额4367.58亿美元，比上年下降0.2%。其中，进口2299.51亿美元，增长1%；出口2068.07亿美元，下降1.4%。全年上海关区进出口总额8013.1亿美元，比上年下降1.4%。其中，进口3101.54亿美元，下降0.7%；出口4911.56亿美元，下降1.8%。

2. 利用外资逆势增长

2012年，江苏13市全年新批外商投资企业4156家，新批协议外资571.4亿美元；实际到账外资357.6亿美元，比上年增长11.3%。新批及净增资9000万美元以上的大项目245个。

浙江11市全年新批外商直接投资项目1597个，比上年减少94个；合同外资210.7亿美元，实际到位外资130.7亿美元，分别比上年增长2.4%和12.0%。第三产业利用外资继续保持良好势头，合同外资107.1亿美元，实际利用外资64.6亿美元，分别比上年增长13.6%和19.7%，分别占外资总额的50.8%和49.5%，比上年分别提高5和3.2个百分点。

上海市全年批准外商直接投资合同项目4043项，比上年下降6.6%；合同金额223.38亿美元，增长11.1%；实际到位金额151.85亿美元，增长20.5%。第三产业实际到位126.79亿美元，增长21.6%，占实际利用外资的比重达83.5%。至年末，在上海投资的国家和地区已达154个。年内新增跨国公司地区总部50家，投资性公司25家，外资研发中心17家。至年末，在上海落户的跨国公司地区总部达到403家，投资性公司265家，外资研发中心351家。

3. 对外投资增势迅猛

2012年，江苏13市新批境外投资项目572个，比上年增长13.3%；中方协议投资50.5亿美元，增长

40.1%。新签对外承包劳务合同额71.98亿美元，增长21.0%；对外承包劳务完成营业额64.68亿美元，增长7.9%。

浙江11市全年对外承包工程完成营业额37.1亿美元，比上年增长27.5%；新签合同额35.2亿美元，增长22.1%。经审批和核准的境外投资企业和机构共计634家，比上年增加66家；投资总额47.5亿美元，增长27.2%，其中中方投资38.9亿美元，增长13.0%。全年实际对外直接投资24亿美元，比上年增长13.8%。

上海市全年新批对外投资项目249项，比上年增长8.7%；投资总额32.4亿美元，增长22%。签订对外承包工程合同金额103.11亿美元，比上年下降16.5%；实际完成营业额68.12亿美元，增长14.7%；至年末，上海对外承包工程和劳务合作涉及的国家和地区已达178个。

4. 出口结构不断优化

2012年，江苏13市实现一般贸易出口额1395.5亿美元，同比增长10.5%；加工贸易出口额1602.0亿美元，下降6.9%，一般贸易增速比加工贸易快17.4个百分点。机电产品、高新技术产品出口额2175.0亿美元和1315.6亿美元，分别增长4.7%和1.6%，分别占出口总额的66.2%和40.0%。对欧盟、韩国市场出口额分别下降12.2%、1.6%；对美国、日本市场增速有所放缓，分别增长2.9%、0.7%；对中国香港、东盟、中国台湾及拉丁美洲、非洲、俄罗斯市场分别增长43.2%、17.6%、28%和13.3%、22.6%、13.6%。外商投资企业出口额2046.8亿美元，下降4.9%，占出口总额的62.3%。私营企业出口额890.8亿美元，增长38%，占出口总额的27.1%；对出口增长的贡献率为153.9%。

浙江11市实现一般贸易出口总额1797.2亿美元，同比增长1.8%；加工贸易出口额347.0亿美元，下降3.7%。一般贸易增速比加工贸易快5.5个百分点。机电产品出口额959.1亿美元，增长3.8%，占出口总额的42.7%；高新技术产品出口额148.0亿美元，下降3.5%，占出口总额的6.6%。全年对欧盟出口下降9.3%，对美国、俄罗斯和东盟等市场出口分别增长9.3%、13.9%和15.1%。民营企业出口1403.2亿美元，增长8.5%，占出口总值的62.5%，比上年提高2.7个百分点；出口增长的贡献率为133.7%。

上海市实现一般贸易出口总额789.29亿美元，同比下降2.3%；加工贸易出口额1015.29亿美元，下降6.9%。机电产品、高新技术产品出口额1454.37亿美元和906.64亿美元，分别下降2.0%和2.8%，分别占出口总额的70.3%和43.8%。对欧盟、韩国市场均有下降，分别下降10.3%和6.4%；对美国、东盟、中东和俄罗斯市场稳定增长，分别增长3.6%、2.7%、7.1%和27.8%。

（四）惠民优先，社会事业全面进步

1. 教育事业协调发展

2012年，江苏13市年末共有普通高校128所，普通高等教育本专科招生43.50万人，在校生167.12万人，毕业生47.03万人；研究生教育招生4.62万人，在校研究生13.95万人，毕业生3.84万人。高等教育毛入学率达47.1%，比上年提高2.1个百分点。小学学龄儿童净入学率达100%，在校生年巩固率达99.5%，初中在校生年巩固率达98.4%，毕业生升学率达98.0%，基本普及高中阶段教育。特殊教育招生0.35万人，在校

表7　2012年长三角25市对外贸易情况

城市	进出口总额		出口总额		外商直接投资实际到位金额	
	数值(亿美元)	增速(%)	数值(亿美元)	增速(%)	数值(亿美元)	增速(%)
上海市	4367.58	-0.2	2068.07	-1.4	130.7	12.0
南京市	552.35	-3.7	319.01	3.4	41.30	18.0
无锡市	707.72	-2.3	413.13	-2.4	40.10	14.4
徐州市	83.27	32	62.88	51.2	17.00	16.0
常州市	290.28	1.4	199.6	3.1	33.61	10.1
苏州市	3056.92	1.6	1746.89	4.5	91.65	1.7
南通市	263.01	2	187.86	4.3	22.05	1.8
连云港市	80.04	16	36.03	-3.6	7.34	20.3
淮安市	42.40	48.6	33.66	83.0	21.21	30.9
盐城市	57.54	9.7	34.65	16.3	21.4	26.9
扬州市	101.73	0.3	81.72	11.6	21.38	1.7
镇江市	114.13	13.3	77.37	37.7	22.14	22.5
泰州市	103.70	-6.5	69.47	-7.1	14.50	2.3
宿迁市	27.93	34.9	23.18	35.3	4.52	138
杭州市	616.83	-3.6	412.62	-0.6	49.61	5.1
宁波市	965.73	-1.6	614.45	1	29.13	3.6
温州市	204.38	-5.3	176.96	-2.6	3.98	290
嘉兴市	287.44	0.9	196.03	1.7	17.82	3.5
湖州市	87.37	0.9	73.96	0.6	10.26	9.1
绍兴市	320.98	-4.2	255.57	-1.7	9.54	18.6
金华市	227.39	38.4	213.13	40.7	2.23	-0.2
衢州市	30.18	12.4	18.59	5.6	0.51	11.6
舟山市	153.56	15.8	92.24	23.4	1.83	70
台州市	206.22	0.6	172.39	1.2	4.75	232.3
丽水市	22.29	4.9	19.76	8.9	1.04	134.4

数据来源：25市政府网站、统计局快报数据。

生2.47万人。共有幼儿园4392所，比上年增加135所，在园幼儿220.45万人，比上年增加2.96万人。

浙江11市年末共有普通高校105所。研究生、本科、专科招生比例为1:8.2:6.8；普通高考录取率为85.4%，高等教育毛入学率为49.5%，比上年提高2.5个百分点。全年研究生招生18748人，在学研究生54369人。普通本专科招生28.1万人，比上年增长3.5%；在校生93.2万人，增长2.7%，毕业生24.75万人，增长3.8%。共有小学3698所，小学学龄儿童入学率为99.99%。共有初中1735所，初中入学率为99.98%。小学生均校舍建筑面积7平方米；生均图书24.7册；每百名学生拥有计算机14台；小学体育运动场（馆）面积达标的学校比例为87.4%；建立校园网校数比例为95.1%。初中生均校舍建筑面积15.6平方米；生均图书38.7册；每百名学生拥有计算机22.7台；初中体育运动场（馆）面积达标的学校比例为92.8%；建立校园网校数比例为95.7%。义务教育中小学进城务工人员随迁子女在校生130.8万人。

上海市年末共有普通高等学校67所，普通中等学校858所，普通小学761所，特殊教育学校29所。共有58家机构培养研究生，招收研究生4.42万人，在学研究生12.7万人，毕业研究生3.45万人。九年义务教育入学率保持在99.9%以上，高中阶段新生入学率达96%。共有民办普通高校20所，民办普通中学107所，民办小学180所。共有成人中高等学历教育学校51所，成人职业技术培训机构799所，老年教育机构284所。共有校外教育机构23所。其中，少年宫16所，少年科技站5所，少年之家2所。共有53.8万随迁子女在义务教育阶段学校就读。

2. 文化服务水平提高

2012年，江苏13市年末共有文化馆、群众艺术馆119个，公共图书馆112个，博物馆264个，美术馆15个，综合档案馆122个，向社会开放档案402万卷（件、册）。共有广播电台14座，电视台14座，广播、电视综合人口覆盖率分别达99.99%和99.88%。有线电视用户2091.66万户，比上年增长5.3%。生产故事影剧片27部。全年报纸出版29.4亿份，杂志出版1.2亿册，图书出版5.2亿册。

浙江11市年末共有艺术表演团体64个，群艺（文化）馆102个，公共图书馆97个，博物馆128个。省市级广播电台、电视台各12座，有线电视用户 1384.6万户；广播、电视综合覆盖率分别为 99.5%和99.6%。共审查电影40部，制作电视剧75部；制作动画片46部，《锋速战警》等11部动画片列入国家广电总局推荐优秀动画片。全年广播影视经营收入220亿元，比上年增长10.0%。共出版图书3.4亿册，公开发行报纸34.8亿份，出版期刊0.79亿册。共有综合档案馆98个，已开放各类档案12311个全宗，共计255.5万卷。

上海市年内成功举办"上海之春"国际音乐节、第十四届中国上海国际艺术节、第十五届上海国际电影节、第八届中国国际动漫游戏博览会等重大文化活动。至年末，共有文化馆、群众艺术馆27个，艺术表演团体154个，公共图书馆25个，档案馆41个，博物馆109个。共有公共广播节目21套，公共电视节目25套。有线电视用户641.9万户，有线数字电视用户409万户。共生产电视剧52部1684集，动画电视3824分钟。共出版报纸14.54亿份，各类期刊1.77亿册，图书3.35亿册。摄制完成7部专题片。中华艺术宫、上海当代艺术博物馆开馆运营。

3. 卫生事业快速发展

2012年，江苏13市年末共有各类卫生机构31051个，其中医院、卫生院2541个，卫生防疫和防治机构176个，妇幼卫生保健机构110个。各类卫生机构拥有病床33.3万张。共有卫生技术人员39.6万人，其中执业医师、执业助理医师15.8万人，注册护士15.5万人，卫生防疫和防治机构卫生技术人员7371人，妇幼卫生机构卫生技术人员7308人。新型农村合作医疗人口覆盖率达98%以上。扎实推进基层医疗卫生机构综合改革和公立医院改革试点，政府办基层医疗卫生机构全部实施国家基本药物制度。

浙江11市年末共有卫生机构30522个。各类医院床位数17.6万张，卫生技术人员30.6万人，其中，执业（助理）医师11.9万人，注册护士11.4万人。年末11市统一的预约诊疗网络平台有80家医院、38家社区卫生服务中心（站）接入。全年甲、乙类传染病发病率为219.32/10万。孕产妇和5岁以下儿童死亡率分别为4.01/10万和6.52‰。“五苗”接种率保持在95%以上。

上海市年末共有医疗卫生机构3465所，专业卫生技术人员14.61万人。全年医疗机构共完成诊疗人数2.14亿人次。婴儿死亡率为5.04‰，孕产妇死亡率为7.1/10万。在全市17个区县的18家社区卫生中心开展舒缓疗护（临终关怀）试点。

4. 体育事业成绩优异

2012年，江苏13市体育健儿在重大国际比赛中获世界冠军17项，创全国纪录8项；在重大国内、国际比赛中，有216人次获金牌，133人次获银牌，138人次获铜牌。共完成了苏北五市2983个行政村农民体育健身工程提档升级，各乡镇、街道均已建成体育健身活动中心。

浙江11市体育健儿在伦敦奥运会上，取得4金2银2铜，破2项世界纪录和2项3次奥运会纪录。成功举办了浙江省第五届职工运动会、第七届农民运动会、第六届老年人运动会和幼儿体育大会。年末共有省级青少年体育俱乐部336所，国家级青少年体育俱乐部126所；省级青少年户外活动营地35个，国家级营地3所。全年共销售体育彩票73.3亿元，比上年增加12.7亿元，增长20.9%。

上海市成功举办了56次国际级比赛和74次全国性比赛。在伦敦奥运会上，上海代表团共获10.5枚奖牌，其中3枚金牌、5枚银牌、2.5枚铜牌。在全国最高级比赛中，上海运动员共获得48枚金牌，创历史新高。年内举办了首届市民运动会，建成75条百姓健身步道、10个百姓游泳池和35个社区健身房。

（五）深入推进，民生工程持续改善

1. 人口总量增长趋缓

2012年，江苏13市年末常住人口7919.98万人，比上年增加21.18万人，增长0.27%。全年人口出生率为9.44‰，比上年下降0.15个千分点；人口死亡率为6.99‰，上升0.01个千分点；人口自然增长率为2.45‰，下降0.16个千分点。浙江11市年末常住人口5477万人，比上年增长0.26%。全年出生人口55.4万人，出生率为10.12‰；死亡人口30.2万人，死亡率为5.52‰；全年自然增长人口25.2万人，自然增长率为4.60‰。上海市至年末常住人口总数为2380.43万人。其中，外来常住人口为960.24万人。全年常住人口出生22.61万人，出生率为9.56‰；常住人口死亡12.68万人，死亡率为5.36‰，自然增长率为4.2‰。

2. 物价上涨明显回落

2012年，江苏13市全年居民消费价格比上年上涨2.6%，涨幅同比回落2.7个百分点。工业生产者出厂价格下跌2.9%，工业生产者购进价格下跌4.2%，农业生产资料价格上涨4.6%。浙江11市全年居民消费价格比上年上涨2.2%，商品零售价格上涨1.9%；农业生产资料价格上涨4.2%；工业生产者出厂价格下降2.7%，工业生产者购进价格下降3.3%；固定资产投资价格下降0.8%。上海市全年居民消费价格指数为102.8，固定资产投资价格指数为99.4，工业生产者出厂价格指数为98.4，工业生产者购进价格指数为

94.7。

3. 居民生活水平提升

2012年，江苏13市城镇居民人均可支配收入达29677元，实际增长9.9%；城镇居民人均可支配收入中位数25979元，同比增长16.1%；人均消费性支出18825元，增长12.2%，其中食品支出占人均消费性支出的比重为35.4%。城乡居民居住条件有所改善。城镇居民人均住房建筑面积为35.2平方米。

浙江11市城镇居民人均可支配收入34550元，比上年实际增长9.2%。城镇居民人均消费支出分别为21545元，比上年实际增长3.1%。城镇居民家庭恩格尔系数为35.1%，比上年上升0.5个百分点。城镇居民人均可支配收入中位数为30613元，增长12.2%。城镇居民人均住房建筑面积37.1平方米。

上海市城市居民家庭人均年可支配收入40188元，实际增长7.9%。城市居民人均年消费支出26253元，增长4.6%。全年新开工建设和筹措各类保障性住房16.7万套，1292万平方米；竣工9.75万套，687万平方米。至年末，城镇居民人均住房建筑面积33.9平方米，折合人均住房居住面积17.3平方米。居民住宅成套率达到96.3%。

4. 就业形势保持稳定

2012年，江苏13市就业人口为4759.53万人，其中第一产业为989.98万人，第二产业为2032.32万人，第三产业为1737.23万人。城镇地区就业人口为2922.38万人，城镇登记失业率为3.14%；促进下岗失业人员再就业66.71万人，其中就业困难人员再就业16.08万人；新增农村劳动力转移25.9万人。浙江11市全年新增城镇就业人数98.7万人，其中42.2万名城镇失业人员实现再就业。年末城镇登记失业率为3.01%，比上年末下降0.11个百分点。上海市全年新增就业岗位61.38万个。新安置就业困难人员16688人，新消除零就业家庭370户。全年帮助成功创业人数10669人，帮助7330名长期失业青年实现就业。高技能人才占技能劳动者比例达到27.03%。累计425人入选国家“千人计划”，310人入选上海“千人计划”。至年末，全市城镇登记失业人员27.05万人，城镇登记失业率为4.2%。

表8 2012年长三角CPI总体情况表

指标	江苏13市	浙江11市	上海市
居民消费价格指数	102.6	102.2	102.8
食品	104.7	105.3	105.8
烟酒	103.9	101.5	101.4
衣着	103.6	101.3	103.0
家庭设备用品及维修服务	103.6	102.5	103.5
医疗保健和个人用品	101.3	101.3	100.6
交通和通信	99.8	99.7	100.8
娱乐教育文化用品及服务	99.9	99.4	99.3
居住	102.4	101.6	102.8

数据来源：25市政府网站、统计局快报数据。

表9 2012年长三角25市CPI情况一览表

城市	数值（上年=100）	城市	数值（上年=100）
上海市	102.8	宿迁市	102.8
南京市	102.7	杭州市	102.5
无锡市	102.5	宁波市	101.7
徐州市	102.6	温州市	102.3
常州市	102.5	嘉兴市	102.2
苏州市	102.7	湖州市	102.0
南通市	102.5	绍兴市	102.0
连云港市	102.3	金华市	102.2
淮安市	102.4	衢州市	102.4
盐城市	102.8	舟山市	101.7
扬州市	102.6	台州市	102.3
镇江市	102.4	丽水市	102.5
泰州市	101.7		

数据来源：25市政府网站、统计局快报数据。

表10 2012年长三角25市城镇居民人均可支配收入情况

城市	数值（元）	增幅（%）	城市	数值（元）	增幅（%）
上海市	40188	10.9	宿迁市	18311	13.6
南京市	36322	12.8	杭州市	35704	10.1
无锡市	34740	12.6	宁波市	38043	10.8
徐州市	26818	12.3	温州市	34820	9.7
常州市	33587	12.6	嘉兴市	35696	13.2
苏州市	37531	12.9	湖州市	32987	12.3
南通市	30206	12.8	绍兴市	36911	10.9
连云港市	24342	12.2	金华市	33164	11.6
淮安市	22995	13.5	衢州市	26232	12.9
盐城市	25867	13.2	舟山市	34224	12.2
扬州市	28001	13.0	台州市	33979	11.4
镇江市	29454	12.5	丽水市	26309	12.5
泰州市	27460	12.8			

数据来源：25市政府网站、统计局快报数据。

5. 社保水平稳步提高

2012年，江苏13市城乡居民低保、医疗和养老保险实现全覆盖，社会保险主要险种覆盖率达95%以上。至年末，企业职工基本养老保险、城镇职工基本医疗保险、失业保险参保人数分别达2308万人、2154万人和1332万人，城乡居民社会养老保险参保人数1479万人，领取基础养老金人数880万人。城镇居民基本医疗保险参保人数为1453万人，比上年末减少58万人。全年新开工保障性住房32.8万套、竣工15.3万套（户），分别完成年度目标的104.1%、117.7%。

浙江11市企业基本养老保险人数2083.3万人，城镇职工基本医疗保险人数1671万人，失业保险人数1065.4万人，工伤保险人数1731.7万人，生育保险人数1084.8万人。企业退休人员基本养老金月人均水平超过2000元，居全国省区前列。年末在册低保对象67.5万人，低保资金支出17.6亿元，比上年增长13.8%；城镇低保平均标为每人每月476.78元，增长8%；获得生活补助的城乡低收入家庭持证重度残疾人7.7万名，发放补助金额2.3亿元，分别增长12.4%和36.5%。

上海市1326.38万人参加城镇基本养老保险，617.35万人参加失业保险，21.29万人领取失业保险金。城镇最低生活保障标准从上年的每人每月505元提高到570元，最低工资从1280元提高到1450元。至年末，共有1375.98万人参加城镇职工基本医疗保险，262.59万人参加城镇居民基本医疗保险，各类提供住宿的收养性社会服务机构636个，社区居家养老服务社231家，社区老年人日间服务中心313家，社区老年人助餐服务点492个。各级政府支出城镇居民最低生活保障金13.57亿元，粮油帮困资金0.69亿元，医疗救助金2.15亿元。年内新办福利企业15家，新安置465名残疾人就业。

（六）环保优先，生态文明加快建设

1. 生态建设力度加大

2012年，江苏13市设立自然保护区31个，其中国家级自然保护区3个，自然保护区面积56.6万公顷。森林覆盖率提高到21.6%，国家生态市（县、区）达到22个，比上年末新增5个。浙江11市累计建成国家级生态县6个、国家环境保护模范城市7个、国家级生态示范区45个、全国环境优美乡镇374个。累计建成国家级绿色学校49所、国家级绿色社区27个。完成造林面积39695公顷，建设绿色通道4960公里，清水河道岸绿工程7500公里；完成针叶林阔叶化改造16.2万亩，建成生物防火林带1098公里。森林覆盖率达60.97%（含灌木林）。人均公园绿地面积12.4平方米，比上年增长5.5%。上海市全年新建绿地1037.9公顷。其中，公共绿地513.35公顷。至年末，建成区绿化覆盖率达到38.3%。全年造林面积1168公顷，森林覆盖率达到12.58%。年内创建53条林荫道。

2. 环境综合治理加强

2012年，江苏13市“清水蓝天”工程深入实施。污水日处理总能力已突破1300万吨，太湖水质进一步改善，大气污染防治取得积极进展。浙江11市城市污水处理量20.4亿立方米，增长11.7%，城市污水处理率87.9%，比上年提高2.8个百分点；生活垃圾无害化处理率97.4%，提高0.95个百分点。上海市全社会用于环境保护的资金投入570.49亿元，相当于生产总值的比例为2.8%。全年环境空气质量优良率

（API）达到93.7%，比上年提高1.4个百分点。全年处置生活垃圾716.42万吨，生活垃圾无害化处理率达到91.4%，比上年提高3.8个百分点，新增1050个垃圾分类收集处置试点场所。二氧化硫年日平均值23微克/立方米，比上年下降20.7%；二氧化氮年日平均值46微克/立方米，下降9.8%；可吸入颗粒平均浓度71微克/立方米，下降11.3%。平均区域降尘量5.7吨/平方公里·月，下降13.6%。

3. 节能减排超额完成

2012年，江苏13市大力实施节能减排重点工程，严格控制高耗能项目，加快淘汰落后产能，四项减排污染物指标——化学需氧量、氨氮、二氧化硫、氮氧化物分别同比削减了3.94%、2.56%、5.86%和3.66%，超额完成了国家下达的减排任务。全年电力行业淘汰落后产能82.8万千瓦，承担淘汰落后产能目标任务的122家企业按时完成淘汰任务。浙江11市全年规模以上工业企业能源消费比上年下降1.0%，单位工业增加值能耗下降7.6%。单位工业增加值能耗分别下降8.8%和9.0%。电网综合线损率同比下降10.3%，平均供电煤耗同比下降0.66克/千瓦时，折合节约标煤14万吨。上海市主要用于落实节能减排专项资金支出16亿元，对符合条件的7188辆高污染车辆报废淘汰实施专项补助；支持30个建筑节能示范项目，淘汰劣势企业、劣势产品和落后工艺106个，实施松江车墩等重点区域产业结构调整项目4个，调整危险化学品企业122家，支持节能技改项目199个。

4. 安全生产形势转好

2012年，江苏13市事故起数和死亡人数实现“双下降”，全年发生各类事故1.86万起，死亡5351人，同比分别下降0.84%、3.01%。亿元GDP生产安全事故死亡人数为0.099人，同比下降13.16%。浙江11市发生各类安全事故23366起，死亡5710人，分别比上年下降4.3%和5.3%。道路交通共发生事故19270起，死亡4962人，分别比上年下降4.5%和5.2%。上海市发生安全事故7045起；造成死亡1208人，比上年下降3.4%。亿元生产总值生产安全事故死亡人数为0.06人。对全市6952个在建项目进行检查，立案查处各类案件1098件。检查轨道交通、公交、省际客运等各类企业1989家。

二、长三角城市发展中需要注意和把握的问题

当今世界经济格局正在深刻调整，我国内外经济社会环境复杂多变。在此背景下，长三角城市在前进道路上也还存在着许多的困难和问题。

1. 严峻形势带来发展压力较大

2012年，欧债危机持续发酵，美国经济温和复苏，但主要经济体需求仍然疲软，投资和消费乏力，全球贸易增长下降，复苏的不稳定、不确定因素依然突出，整体经济走势疲软。根据IMF预测，2012年全球贸易增速仅为3.2%，远低于1980年以来5.7%的年均增速，其中发达国家进出口额分别从2011年的4.9%、5.7%降至1.7%、2.4%，新兴市场和发展中国家进出口额分别从9.8%、6.6%降至7.4%、4.0%。在错综复杂、充满变数的经济环境下，长三角城市经济增长下行压力和产能相对过剩的矛盾有所加剧；国际疲软形势对进出口贸易的影响巨大；城市发展越来越受到高新技术、劳动力成本、土地成本等不同要素影响，人口红利也逐渐消失；财政收入增速放缓和政府刚性支出增加的矛盾凸显；企业生产经营成本

上升和创新能力不足问题并存；社会矛盾明显增多，食品药品安全、生态环境、安全生产、医疗、社会保障等关系群众切身利益的问题不少；经济发展与资源环境的矛盾日益尖锐。

2. 创新推动转型升级力度不足

近几年，长三角各市在不断加大科技创新投入的同时，积极承接产业转移、促进产业提档升级、推进产业结构优化，但其政策力度、执行效率、措施效果等方面存在着理解不深刻、方法不得当、落实不到位的地方，三次产业结构调整的幅度和效果不一。25市中，研发经费占国民生产总值比重较高的上海市为3.16%，但和北京市（5.79%）、深圳市（3.81%）等城市相比，力度依然不够。

另外，25市中，只有上海、南京、杭州等3个中心城市呈现“三、二、一”的产业格局，但3市与国内产业发展比较好的城市，如北京市（0.8：22.8：76.4）等仍有差距。其余22市中，苏北4市一产比重超过10%，比重最高的宿迁市达到了15.1%；14市二产比重超过50%，比重最高的嘉兴市达到了56.2%。

3. 城市间发展不平衡不协调

主要表现在：一是经济发展差距较大。25市中生产总值过万亿的2个，超过5000亿元的4个，千亿元以下的仍有3个；25市中经济总量最大的地级市苏州市与经济总量最小的舟山市的比值从2011年的14.0倍扩大到了14.1倍；25市中泰州市、宿迁市2市生产总值增速超过2011年，上海等9市增速降至10%以下。二是产业发展不平衡。25市产业结构相似系数极高，存在着地位争夺、重复建设、利益割裂等突出问题。上海、苏南、浙东的产业结构高新技术高附加值的产品相对较多，而苏北和浙西的资源型产品以及高能耗高污染行业产品较多。苏北、浙西等地的资源减量化、污染减量化指标较高于长三角其他地区。三是技术支持的各项前提不一致。长三角地区各省市拥有的获得技术支持的各项前提条件差异大。在沪宁杭地区，科研院所院校集中，技术力量雄厚，各企业对高新技术的应用也比较积极，可以得到比较充分的技术支持。在浙西南、苏北等地，由于与科研院所高等院校结合的程度小，交流不够，引进技术的资金也不足。四是居民收入差距大。25市中，上海市以40188元位列第一；有6市居民人均可支配收入超过35000元，为宁波市（38043元）、苏州市（37531元）、绍兴市（36911元）、南京市（36322元）、杭州市（35704元）、嘉兴市（35696元）；另有8市达到30000元，为温州市（34820元）、无锡市（34740元）、舟山市（34224元）、台州市（33979元）、常州市（33587元）、金华市（33164元）、湖州市（32987元）、南通市（30206元）。浙江11市只有浙西南衢州、丽水2市居民人均可支配收入在30000元以下，而江苏13市自长江以北，除南通市外的苏中、苏北8市都未到30000元，另外宿迁市只有18311元，上海与宿迁比值为2.19，差距较大。

4. 工业发展与生态保护矛盾突出

2012年，长三角25市除上海、南京、杭州3市外的22市的第二产业还都在经济发展中占据主要地位。由于长三角地区是一个资源紧缺、资源消耗量大、人口十分密集的区域，经济社会发展与人口增长给区域资源环境带来很大压力，快速推进的工业化与长三角资源利用、生态保护之间矛盾突出，生态保护难度很大、难点不少。目前，长三角地区人均耕地面积只有0.05公顷，仅为全国平均水平的一半，建

表11 长三角25市进出口贸易增减情况

城市	进出口总额		出口总额		进口总额	
	数值(亿美元)	增速(%)	数值(亿美元)	增速(%)	数值(亿美元)	增速(%)
上海市	4367.58	-0.2	2068.07	-1.4	2299.51	1
南京市	552.35	-3.7	319.01	3.4	233.34	-11.9
无锡市	707.75	-2.3	413.14	-2.4	294.61	-2.3
徐州市	83.27	32	62.88	51.2	20.39	-5.2
常州市	290.3	1.4	199.6	3.1	90.7	-2.2
苏州市	3056.92	1.6	1746.89	4.5	1310.03	-2.0
南通市	263.01	2	187.86	4.3	75.2	-3.2
连云港市	80.04	16	36.03	-3.6	44.01	39.1
淮安市	42.38	48.5	33.66	83.0	8.72	-13.9
盐城市	57.54	9.7	34.65	16.3	22.89	1
扬州市	102.02	0.3	81.72	11.6	20.3	-29.1
镇江市	114.13	13.3	77.37	37.7	36.8	-17.4
泰州市	103.70	-6.5	69.47	-7.1	34.23	-5.2
宿迁市	27.93	34.9	23.18	35.3	4.75	32.9
杭州市	616.83	-3.6	412.62	-0.6	204.22	-9.0
宁波市	965.73	-1.6	614.45	1	351.28	-5.9
温州市	204.38	-5.3	176.96	-2.6	27.42	-19.6
嘉兴市	287.44	0.9	196.03	1.7	91.41	-0.8
湖州市	87.37	0.9	73.96	0.6	13.40	2.5
绍兴市	320.98	-4.2	255.57	-1.7	65.4	-13.0
金华市	227.39	38.4	213.13	40.7	14.25	10.6
衢州市	30.18	12.4	18.59	5.6	11.59	25.2
舟山市	153.56	15.8	92.24	23.4	61.32	5.9
台州市	206.22	0.6	172.39	1.2	33.83	-2.5
丽水市	22.29	4.9	19.76	8.9	2.53	-18.6

数据来源：25市政府网站、统计局快报数据。

表12 2009—2012年长三角25市研发经费情况表

类别 / 年份	研发经费（亿元）				R&D占生产总值比重			
	上海市	江苏13市	浙江11市	全国	上海市	江苏13市	浙江11市	全国
2009	423.38	680	388.1	5433	2.81	2	1.7	1.62
2010	477.00	840	495.5	6980	2.83	2.1	1.82	1.75
2011	568	1070	614.4	8610	2.9	2.2	1.92	1.83
2012	635	1230	706.0	10240	3.16	2.3	2.04	1.97

数据来源：25市政府网站、统计局快报数据。

表13　2012年珠三角、环渤海个别城市研发经费情况表

年份 \ 类别	研发经费（亿元）				R&D占生产总值比重			
	广东21市	北京市	深圳市	天津市	广东21市	北京市	深圳市	天津市
2012	1202	1031.1	493.4	347.9	2.1	5.79	3.81	2.7

数据来源：25市政府网站、统计局快报数据。

表14　2012年长三角、珠三角、环渤海部分城市三次产业结构情况表

年份	上海市	江苏13市	浙江11市	全国
2012	0.64：39.36：60.00	6.3：50.2：43.5	4.8：50.0：45.2	10.1：45.3：44.6
年份	广东21市	北京市	深圳市	天津市
2012	5.0：48.8：46.2	0.8：22.8：76.4	0.0：44.3：55.7	1.3：51.7：47.0

数据来源：25市政府网站、统计局快报数据。

设用地扩展受到很大制约；能源资源比较匮乏，资源利用效率不高；水、大气、海洋环境污染较为严重，近岸海域环境恶化，洪涝和地面沉降等灾害风险加剧。就江苏13市而言，由于企业自身违规排污、监管部门执行不决、生态优先落实不够等诸多因素，出现了不同程度的水体污染、大气污染、土壤污染、热污染及城镇污染等多方面环境破坏。2012年，江苏太湖、淮河和长江三大流域规划（重点）断面水质达标率分别为44.6%、95.7%和77.8%，太湖湖体高锰酸盐指数和氨氮平均浓度达Ⅱ类标准；13市全年空气质量平均优良天数比例为89.9%，二氧化氮（NO_2）、臭氧（O_3）和细颗粒物（PM2.5）均存在不同程度超标现象；酸雨平均发生率为37.3%，pH值平均为4.58。随着长三角地区工业化进程的加快，人口、资源、环境与经济发展之间的矛盾将越来越突出，如何立足有限的资源环境容量，实现经济社会可持续发展，是长三角25市迫切需要解决的重大课题。

5. 地方保护引发区域内耗

长三角各市出于加快自身发展考虑，往往更多地从本地区、本城市的利益出发，各自为战、各行其是，各个行业市场分割普遍存在，对长三角地区整体协调发展存在不利影响。如招商引资的“倾销式”竞争：各市在招商引资上互不相让，竞相出台优惠政策，“门槛一降再降、成本一减再减、空间一让再让、污染一忍再忍”，竞争非常激烈。又如重复建设和产业结构趋同：从主导产业规划来看，多市争相把电子、汽车、机械、船舶、化工、医药等产业作为未来发展的主导产业；在高新科技产业发展规划中，集成电路产业的同构率达35%，纳米材料为48%，计算机网络为59%，软件产业为74%，这种产业同构使分工与协作难以发展起来，不能形成梯度层次，反而恶化竞争。基础设施重复投资、重复建设，特别是大型交通基础设施，供给过度，浪费严重，最典型的是机场和港口。目前，长三角地区每万平方公里机场密度达到0.8个，已经超过了美国每万平方公里0.6个的水平。并且，随着各市一系列机场建设工程的出台，长三角地区很快就将成为全世界机场密度最高的地区。但现实情况却是供给严重大于需求，

江浙两地大部分机场都面临着入不敷出的局面。港口建设也出现不小的浪费，已建、在建和计划建的万吨级泊位有上百个，光从江阴到南通60公里长江岸段，就有68个万吨级泊位，客观上造成争抢货源的局面，整体利用效率较低。

三、2013年长三角城市发展的前瞻与建议

（一）长三角城市发展的新趋势

1. 同城化发展步伐将加大

加强城市合作是长三角实施《长江三角洲地区区域发展规划》的主要支撑。“十一五”以来，长三角在公铁水联动、ETC互通等交通基础设施和运输网络建设方面，信息交流、监管配合、风险防范、应急系统、上市融资等金融业合作方面，环境保护、污染预防、合力整治、收益补偿等环境资源利用方面，异地就医、网络互联、便利结算等医保方面等都取得了重大突破和长足进步。“十二五”期间，长三角地区的同城化将呈现四个显著特征：一是交通出行的同城化。便利、快捷的交通系统将显著放大日常人口流动的规模和速度。二是产业布局的同城化。产业发展和布局将突破行政区域界限，通过企业运营、研发、营销、制造等功能的分离，共享城市之间的资源优势。三是通勤就业的同城化。跨城就业的常态化扩大将产生大量跨城市通勤的就业人群，将加速劳动力市场真正走向区域一体化。四是人口居住同城化。长三角各城市常住人口的区间流动将加速，将对长期以来形成的户籍、就业、保障、居住在城市空间上高度合一的生活模式形成冲击。长三角城市将会形成纵横交错的多模式发展圈，大大提升城市之间、城乡之间的物流、人流、商务流、信息流的流量与流速，推动产业、就业、人口居住和城镇在空间上的结构性调整，将成为长三角新一轮腾飞的重要动力。

2. 城镇化发展速度将加快

随着长三角城镇化进程的稳步推进，城镇化率不断提高，城镇发展越来越受到关注和重视。2012年12月在杭州举行的“第四届长江三角洲城市发展论坛”围绕“长三角一体化与城乡发展一体化”，深入探讨了长三角地区新型城镇化和城乡一体化的路径措施，着力在规划统筹、基础设施、公共服务等方面推进一体化，促进城乡要素平等交换和公共资源均衡配置，形成以工促农、以城带乡、工农互惠、城乡一体的新型工农、城乡关系，为长三角城市推进城镇化发展提供了理论支撑和实践经验。25市的“十二五”规划、2013年工作思路中都将城镇化列为重要工作，重大事项，重点突破，提出着力推进城镇转型创新，将走出一条结构合理、功能提升、特色彰显、城乡统筹、大中小城市和小城镇协调发展的新型城镇化道路。

3. 产业结构性优化将提速

长三角中心城市上海和副中心城市杭州、南京的三产发展很快，“三、二、一”产业发展格局将进一步得到优化。批发和零售业、房地产业、交通运输、仓储和邮政业、金融业等服务部门的比重将不断上升。长三角两省一市制造业构成明显趋同、三产比重相对不高为产业提档升级带来巨大压力和困难的同时，也给差异化关注、阶梯化转移、同构化合作等带来了契机，为产业结构调整、提档升级实现、

经济质量提升打开了高速通道。长三角城市将根据实际和城市合作可能，出台逐步发展以市场竞争为主导，政府规范管制为辅助的异质性产业；把科技进步、技术创新、人才集聚作为推动经济转型、产业升级的重要手段，形成高附加值、低能耗、低排放的产业结构；将把发展服务业、提高三产比重作为经济优化、质量提升、效益放大的重要途径，将促使各种服务业平等竞争和协调发展。

4. 区域合作将向纵深推进

长三角城市正积极推进协调发展、合作共赢，各级政府部门主办、各家研究机构参加、各类专家学者参与的一套协调磋商、研究探讨机制正逐步形成和完善。近年以来，城市间合作发展呈现更有针对性、更富实效性、更具竞争力、更加细致化的态势，城市间合作更加频繁。上海从当年对长三角的直接带动逐渐转变为间接的服务和支撑，演化为更高层次及生产要素集聚、创新科技集聚、高层次人才集聚，中心城市对区域经济的扩散带动作用将进一步得到了显现和增强。城市间交通公交化、信用一体化等多项联动措施的出台不断将区域合作向纵深推进。长三角地区作为国内经济最为活跃的地区之一，城市间不断深化的合作与分工将成为提升区域竞争力的核心因素，将逐步构建城市规划统筹协调、基础设施共建共享、产业发展合作共赢、公共事务协作管理的一体化发展格局。

5. 城市转型发展将升级

党的十八大报告提出经济、社会、政治、文化、生态“五位一体”总布局和工业化、城市化、信息化、农业现代化“四化同步”要求后，长三角城市的转型发展，将会从以产业升级主导的经济功能型转型，上升为系统性的“五位一体”的整体转型。

（二）长三角城市发展的对策建议

1. 以城镇建设加强区域整体实力

把握建设和推进城镇化这一契机，充分释放扩大内需的推动潜力、扩大投资的直接带动、促进消费的实质影响和经济社会各方面改革和进步“润滑剂”作用，推动信息化和工业化深度融合、工业化和城镇化良性互动、城镇化和农业现代化相互协调。一要根据城镇资源环境承载能力和促进区域协调发展要求，兼顾城镇管理和服务能力，优化城镇空间布局和功能布局，加快形成中心城市和卫星城功能互补互促、协调发展的格局。二要以科技创新引领，全力培植经济发展新的增长点，逐步打造现代农业、先进制造业和现代服务业三轮驱动、协调发展的产业结构体系，推动小城镇经济进入到更高的发展层次和阶段。三要广泛学习借鉴国内外有益经验，立足于发挥比较优势和实现科学发展，创新城镇基础设施、格局风貌、管理体制、运行机制等。四要节约集约投入、有节有序推进城镇发展，提高各类资源要素和设施的利用效率和共享水平。五要强化生态环境保护，推广绿色生产和生活方式，努力建设集约紧凑、环境优美、和谐宜居的现代绿色城镇。六要推动城镇之间从基础设施到公共服务的全面对接与互联互通，强化以城带乡、以工促农，加快推进城乡发展一体化。

2. 以改革开放激发城市发展潜力

长三角区域应进行更高质量、更高水平的改革和更深领域、更多层面上的开放，就必须更加注重改革的系统性、整体性、协同性，更加注重开放的多元化，更加注重改革开放与区域一体化发展的有效结合。

深化国有企业和国有资产管理体制改革，建立国有资本有进有退、合理流动的常态化机制，更大力度地支持民营经济加快发展。深化财税体制改革，优化转移支付结构，加快发展现代金融产业，支持企业扩大直接融资规模。深化资源性产品价格和环保收费改革，建立完善生态转移支付制度。深入推进综合配套改革，充分发挥南京科技体制改革、苏州城乡发展一体化、无锡“两型社会”建设、宿迁区域协调发展、泰州转型升级、浦东综合配套改革、义乌国际贸易综合改革、温州国家金融综合改革等改革试点的示范作用。以优化结构、拓展深度、提高效益为重点，增创开放型经济发展新优势。充分发挥进口对结构调整的支持作用。深化长三角城市与港澳台经常性交流机制和经济贸易合作，拓展多领域合作空间。加强长三角地区交通、能源、环保、旅游、科技、农业、知识产权等领域合作，推动与中西部、东北等地区的合作交流。大力推动开发区资源整合与功能提升，加快创新发展、特色发展、集约发展步伐。

3. 以科技创新强化跨域发展动力

深入实施创新驱动战略，推进科技创新工程，增强自主创新能力。突出企业技术创新主体地位，发挥上海、南京、杭州等市高校科研院所创新源头作用。鼓励和促进企业加强研发机构建设，推进创新型城市、创新型企业建设。扩大科技型中小企业创新资金的规模，支持中小企业技术创新。支持上海张江科技园、紫竹高新区、杭州高新区、宁波高新区、南京高新区、苏州高新园等园区在股权激励、科技金融、体系创新等方面先行先试。深入实施知识产权战略、品牌战略和标准化战略，推动战略性新兴产业做大做强。加强中小微企业扶持。加强各类科技人才队伍建设。坚持培养、引进、激励多措并举，以人才强促进科技强，带动产业强、经济旺。

4. 以转型升级提升城市发展质量

在“五位一体”总布局下长三角城市转型升级发展，应加快从原来经济功能型转型，上升为系统性整体转型。以科学的城市发展观为指导，以制度创新为突破，有效运用政府和市场的合力，加快建立现代产业体系，提升创新功能和服务功能，提升开放水平和国际竞争力，整体促进长三角城市的经济系统、社会系统、文化系统和生态系统的友好互动，促进城市功能的持续升级和城市空间的包容性增长，和谐发展，以努力提升长三角城市整体发展质量。

长三角城市还应牢固树立区域一体化发展思想，强化城市合作共赢的动力功能，依靠政府的强力推动，市场的强劲带动，利益的强势驱动，去推进长三角的持续发展。要加强城市群经济社会发展的协同功能，进行“一体化”的机制化建设，建立健全议案的表决机制、激励和惩罚机制、平衡发展机制。提高长三角区域行政治理体系的优化功能，加快阻碍区域经济一体化的行政体制和管理体制改革。在长三角地缘相邻城市区域内，协调经济社会政策，并制定和实施共同经济社会政策，实现区域经济完全一体化，以此消除行政壁垒形成的行政区域边界性障碍和行政区域技术性障碍，实现同城化。同时还应对区域内的公共资源进行均衡配置，体现经济区域成员权力、责任、利益对等、互利共赢、共同发展的原则，实现均等化；区域内各城市应根据资源优势和经济发展阶段，进行合理分工，密切合作，更好地发挥城市群聚集和辐射作用，获取区域规模经济效益，共同推进长三角一体化发展。

5. 以民生建设给力为民惠民乐民

强化以人为本、富民优先的理念，创新民生发展思路，坚持不懈地为群众多办事、办实事、办好事，从交通、医保、社保、安居、基本公共卫生服务等多领域加快推进民生一体化，让发展成果更多更公平惠及长三角城市人民。深入实施居民收入倍增计划，着力增加居民工资性收入，大力提高经营性收入，多渠道增加财产性收入，稳步增加转移性收入。实施积极的就业政策。落实就业技能提升行动计划，形成覆盖城乡的公共就业和人才服务体系。深化社会保障制度改革，推进城乡医疗保障制度整合。完善和落实被征地农民社会保障制度。满足居民合理的自住性住房需求。坚持育人为本、德育为先，促进教育优质协调发展。深化医药卫生体制改革，推进基层医疗卫生机构综合改革。积极倡导绿色低碳生活方式和消费模式。全面推进城市绿化，建设市区与郊区融为一体的园林绿地系统。努力使城市居民形成和谐的思维方式与和谐心态。加强城市的人文关怀和心理疏导，努力实现阶层与阶层之间、人与人之间在机会上的公平和利益上的公正。

6. 以生态文明增强持续发展活力

加快转变发展方式。按照减量化、再利用、资源化的原则，推行清洁生产，发展循环经济；优化产业结构，大力发展服务业和战略性新兴产业；节约集约利用资源，大力发展新能源和可再生能源。加强生态保护与修复。加大环境监测力度，加强自然生态系统保护，实施重大生态修复工程，加快解决损害群众健康的突出环境问题。大力推进科技进步，紧跟国际新技术新进展，加强节能技术、清洁能源技术、循环经济技术等重点技术创新，加快建立生态补偿机制，先行先试，研究设立长三角生态补偿专项资金，推行资源型企业可持续发展准备金制度。培育节能量和碳排放量第三方核证机构，鼓励企业积极参与节能量交易和碳交易。完善统计评价体系。建立和完善体现生态文明要求的目标体系，强化领导干部的生态文明意识，把资源消耗、环境损害、生态效益纳入经济社会发展评价体系，并加生态文明相关指标权重，逐步完善干部考核任用制度。

作者简介：

[1]张锋，中国城市经济学会长江三角洲城市发展研究中心主任、教授。

[2]陈俊，中国城市经济学会长江三角洲城市发展研究中心研究人员。

2012年江苏城市可持续发展综合评价报告

储东涛　蔡之兵[①]

江苏省城市发展研究院城市评价中心对江苏城市可持续发展进行综合评价，已经连续10年了。依据江苏省统计局及13个省辖市统计局关于《2012年国民经济和社会发展统计公报》以及省统计局编制的《科学发展铸辉煌 "两个率先"谱新篇》所载2012年数字，测定2012年江苏13个省辖市可持续发展综合评价得分（可持续发展度），前五名为苏州(78.64)、南京(77.56)、无锡(73.06)、常州(71.07)、镇江(69.52)。全省13市中，综合评分在70分以上的有4座，60分到70分之间的有4座，60分以下的有5座，50分以下的首次消失。位列可持续发展水平前五位的是苏州、南京、无锡、常州、镇江；列可持续发展能力前五位的是苏州、南京、无锡、常州、镇江。

一、城市可持续发展的内涵和评价标准

城市可持续发展是指在一定的时空范围内，以城市长期、稳定、持续的经济增长及其结构优化来实现城市化和城市现代化。在满足现在城市人口对生存与发展需要的同时，又要考虑到未来城市人口生存与发展的需要，保持相应的潜能储备，使城市始终保持均衡发展的态势。城市可持续发展是包括人口、经济、资源、环境、社会等的可持续发展。它不仅取决于资源、环境的诸多支撑条件，如城市原有资源、地理和人文环境、创造和集聚资本的能力等，更取决于城市人力资源的质量、经济结构的合理性、经济的增长速度、经济效益的优劣、对外开放程度、城市基础设施建设等多项指标。

提高城市发展的集约化和效益化水平与质量，将是今后对城市评价的主要特征。从创造一个稳定社会的角度，在经济发达、生活方便、文化丰富健康、医疗保险系统健全、教育普及、科学发达、资源保障率、生态平衡、环境洁净优美等诸多方面考虑，结合即期的表现与预期的潜力，来确定对江苏城市的评价标准。主要是围绕人口、资源和环境的协调，把以往强调当前城市高速发展的指导思想变为城市长期可持续发展的思路。

江苏地处沿海，人口密度大而且流动人口众多，平均承载量大，因而对城市发展的要求更严。应当围绕着人民的需求来进行分析，强调人口质量和培养人的社会环境和生存环境；对资源的评价，应强调它的有效利用和能给人民带来的物质文明；对环境的评价，主要是评价人民的良好生存环境，从而是科学的、可行的评价标准。

二、城市可持续发展的评价指标体系

本报告沿用了《2011年江苏城市可持续发展综合评价报告》的指标体系。这个结构框架，由2个一级指标、15个二级指标、35个三级指标组成，并根据各项指标的含义，自上而下组成目标层、准则层、

领域层和指标层，构成一个较为完整的层次体系（见图1），其中，目标层是由2个不同准则的准则层来加以说明；准则层是由15个不同领域的领域层加以说明；领域层则由35个指标的指标层具体反映。

城市可持续发展的评价指标含义如下：

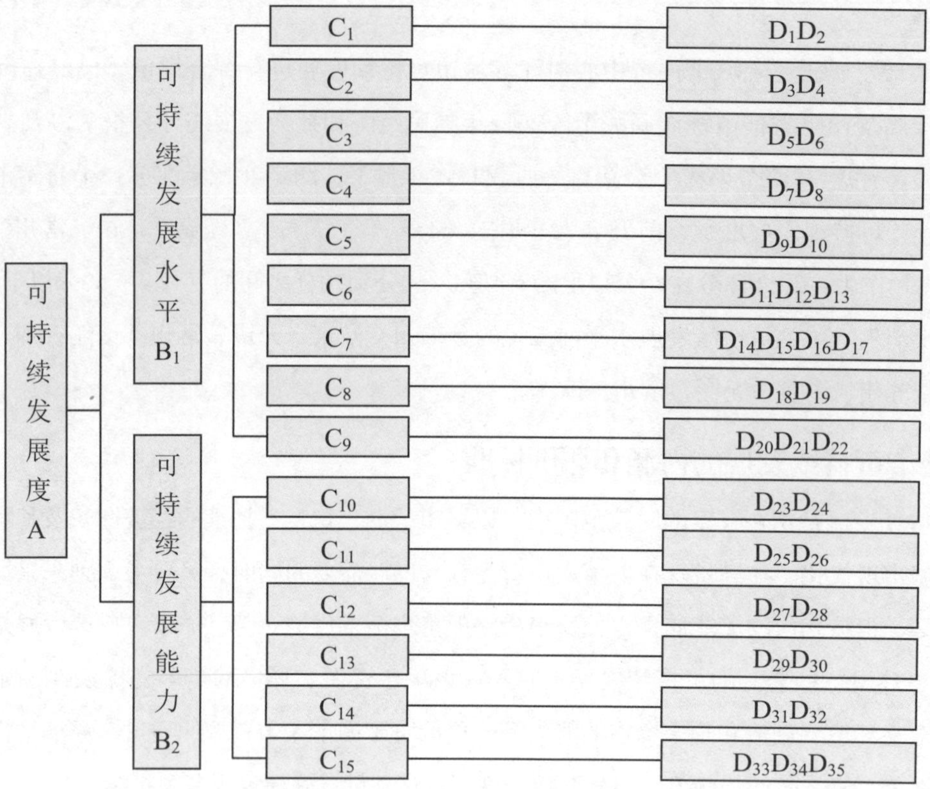

说明：A为目标层；B为准则层；C为领域层；D为指标层。

图1　江苏城市可持续发展评价指标体系结构框架图

（一）综合指标A为可持续发展度

A用来综合衡量城市可持续发展水平和可持续发展能力的总体水平。评价可持续发展度，需要选择静态指标、动态指标、存量指标与流量指标等不同类型，使其在时间尺度和数量上反映城市系统的发展速度和变化态势，在空间尺度上反映整体布局和结构优化特征，反映城市的综合素质、发展能力和潜力，以及城市发展的后劲。

（二）一级指标B_1为可持续发展水平

B_1是城市的社会、经济、资源、环境等要素发展现状的最直观的外在表现。包含以下9项二级指标：

1. 经济规模（C_1）：含D_1（人均GDP（元/人））、D_2（GDP年均增长率（%））2项三级指标。

2. 经济效益（C_2）：它是城市经济运行质量的反映，选择D_3(工业全员劳动生产率（元/人）)、D_4（资金利税率（%））2项三级指标来表示。

3. 经济结构（C_3）：它用D_5（二、三产业增加值占GDP比重（%））、D_6（高新技术产业产值占工业总产值比重（%））来表示。

4. 经济外向度（C_4）：用D_7（外贸依存度（%））、D_8（利用外资占GDP比重（%））来表示。

5. 人口结构（C_5）：选择D_9（人口自然增长率（%））、D_{10}（初中毕业生升学率（%））来表示。

6. 居民生活质量（C_6）：选择D_{11}（城镇居民人均可支配收入（元/人））、D_{12}（百户家庭电脑拥有量（台））、D_{13}（居民人均文教娱乐服务支出（万元））来表示。

7. 城市发展（C_7）：选择D_{14}（城市化率（%））、D_{15}（城镇人均居住面积（m^2/人））、D_{16}（万人拥有公共交通车辆（标台/万人））、D_{17}（人均道路面积（m^2/人））来表示。

8. 社会保障（C_8）：用D_{18}（城镇登记失业率（%））、D_{19}（万人拥有病床数（床/万人））来表示。

9. 环境质量（C_9）：用D_{20}（环境质量综合指数（%））、D_{21}（建成区绿化覆盖率（%））、D_{22}（市区人口密度（人/平方公里））来表示。

（三）一级指标B_2为可持续发展能力

B_2指标表示的是城市社会、经济、科技、资源、环境等各要素对城市发展的支撑以及保障和协调能力，是城市可持续发展的内在推动器，包括以下6项二级指标：

1. 经济发展能力（C_{10}）：用D_{23}（人均财政收入（元））、D_{24}（全社会固定资产投资总额占GDP比重（%））来表示。

2. 科技支撑能力（C_{11}）：用D_{25}（万人专利授权量（件/万人））、D_{26}（万人拥有科技人员数量（人））来表示。

3. 社会保障能力（C_{12}）：选择D_{27}（社会保险覆盖率（%））、D_{28}（每10万人交通死亡人数（人））来表示。

4. 资源利用率（C_{13}）：选择D_{29}（万元工业产值电耗（千瓦时/万元））、D_{30}（单位土地面积GDP（万元/公顷））来表示。

5. 资源支撑能力（C_{14}）：选择D_{31}（人均耕地面积（公顷/人））、D_{32}（人均水资源（m^3））来表示。

6. 环境治理能力（C_{15}）：选择D_{33}（“三废”综合利用产品产值（亿元））、D_{34}（环境污染治理投资占GDP比重（%））、D_{35}（城市污水集中处理率（%））来表示。

（四）城市可持续发展评价模型

在采用聚类分析法和层次分析法构建上述可持续发展评价指标体系后，我们运用德尔菲法，通过专家咨询，确定了各层指标权重，然后建立可持续发展综合指数的评价模型：

$$A=\sum_{i=1}^{n}W_i\bullet X_i \qquad (i=1,2,3\cdots35)$$

式中A为综合指数，W_i为第i项指标的综合权重（$O<W<1$）（见附表1）。其计算方法为：

$W_i=W_{Bk}\cdot W_{Cj}\cdot W_{Di}$，其中$W_{Di}$为指标层（D层）第i项指标的权重，$W_{Cj}$为该项指标所属领域层（C层）指标$C_j$的权重，$W_{Bk}$为更上一层（准则层，B层）指标Bk的权重。$X_0$为评分参照值，按理应选取国家或江苏有关部门设选的目标值，但由于难以获取，本报告选用了本区域相对最佳值。X_i为第i项指标的相对评价值，通过指标具体值的无量纲化获得，即对不同量纲的指标原始数据进行同度量处理。本研究报告采用较为简单实用的相对化处理来消除量纲的影响，即用指标的实际值X和相应的参照值X0来比较，获得无量纲可相加的指标评价值。其计算方法为：

当X为正指标时，$X_i=\frac{X}{X_0}$；

当X为逆指标时，$X_i=\frac{X_0}{X}$；

当指标参照值为一个区间时，满足条件的指标，其指标评价值取1。而$W_i\cdot X_i$为第i项指标在综合指数A中所占份额，也即第i项指标的评价值。对35项指标的评价值求和，可得综合指数的评价分值。

三、江苏城市可持续发展综合评价

（一）江苏城市可持续发展的总体比较

根据附表3所列得分值：江苏全省13个省辖市的可持续发展度(A)从高到低依次为：苏州、南京、无锡、常州、镇江、南通、扬州、徐州、盐城、泰州、连云港、淮安、宿迁。

可持续发展度排在首位的苏州得分为78.64，70分之上的为苏州、南京、无锡、常州；60分到70分之间的为镇江、南通、扬州、徐州、盐城。

（二）江苏城市可持续发展水平的比较

1. 从一级指标可持续发展水平（B_1）来看，全省13个省辖市从高到低的排序依次为：苏州、南京、无锡、常州、镇江、南通、徐州、扬州、泰州、盐城、连云港、淮安、宿迁。与可持续发展度的排序比较，一致性较高，可见，城市的可持续发展水平对城市可持续发展度具有较大的决定性。

2. 从二级指标来看，经济规模C_1的排序为无锡、苏州、镇江、南京、常州、泰州、扬州、南通、徐州、淮安、盐城、连云港、宿迁。

经济效益C_2的排序为徐州、南京、苏州、无锡、盐城、南通、泰州、常州、扬州、镇江淮安、连云港、宿迁。

经济结构C_3的排序为镇江、扬州、南京、苏州、常州、无锡、南通、徐州、盐城、泰州、连云港、淮安、宿迁。

经济外向度C_4的排序为苏州、常州、连云港、无锡、镇江、南通、南京、徐州、盐城、淮安、扬州、泰州、宿迁。

人口结构C_5的排序为南通、泰州、镇江、常州、无锡、盐城、淮安、连云港、扬州、南京、苏州、徐州、宿迁。

居民生活质量C_6的排序为苏州、南京、无锡、常州、镇江、南通、扬州、泰州、徐州、连云港、淮安、盐城、宿迁。

城市发展C_7的排序为常州、苏州、南京、无锡、镇江、徐州、扬州、南通、泰州、宿迁、连云港、淮安、盐城。

社会保障C_8的排序为南京、无锡、常州、扬州、苏州、泰州、镇江、徐州、盐城、南通、淮安、宿迁、连云港。

环境质量C_9的排序为宿迁、连云港、淮安、镇江、盐城、南京、徐州、常州、扬州、泰州、苏州、南通、无锡。

（三）江苏城市可持续发展能力的比较

1. 一级指标可持续发展能力（B_2），从高到低的排序依次为：苏州、南京、无锡、常州、镇江、南通、扬州、盐城、连云港、徐州、淮安、泰州、宿迁。

2. 从二级指标来看，经济发展能力C_{10}的排序为南京、苏州、常州、无锡、连云港、镇江、南通、盐城、淮安、扬州、徐州、泰州、宿迁。

科技支撑能力C_{11}的排序为苏州、南京、无锡、常州、镇江、南通、连云港、盐城、徐州、淮安、扬州、泰州、宿迁。

社会保障能力C_{12}的排序为南京、常州、无锡、宿迁、苏州、镇江、徐州、盐城、扬州、南通、连云港、淮安、泰州。

资源利用率C_{13}的排序为无锡、苏州、南京、常州、扬州、镇江、南通、泰州、徐州、连云港、盐城、宿迁、淮安。

资源支撑能力C_{14}的排序为盐城、镇江、淮安、徐州、宿迁、连云港、南通、扬州、泰州、常州、苏州、南京、无锡。

环境治理能力C_{15}的排序为南京、镇江、苏州、无锡、常州、淮安、扬州、南通、徐州、连云港、盐城、宿迁、泰州。

四、2003－2012年江苏城市可持续发展总体评价排序

这10年江苏城市可持续发展总体态势良好，各市10年的综合评价得分名次如表：

城市	南京	无锡	徐州	常州	苏州	南通	连云港	淮安	盐城	扬州	镇江	泰州	宿迁
2003年名次	2	3	11	4	1	9	8	13	10	6	5	7	12
2004年名次	3	2	11	4	1	8	10	12	9	5	6	7	13
2005年名次	1	2	8	4	3	7	9	12	10	6	5	11	13
2006年名次	2	3	8	4	1	6	9	11	13	7	5	10	12
2007年名次	1	2	10	5	3	4	8	12	11	6	9	7	13
2008年名次	1	3	11	5	2	4	8	12	10	6	9	7	13
2009年名次	2	3	9	5	1	4	8	12	10	7	6	11	13
2010年名次	3	2	11	4	1	6	10	12	9	7	5	8	13
2011年名次	3	2	10	4	1	6	8	12	11	7	5	9	13
2012年名次	2	3	8	4	1	6	11	12	9	7	5	10	13

2003－2012年江苏城市可持续发展水平（B_1）排序情况如表：

城市	南京	无锡	徐州	常州	苏州	南通	连云港	淮安	盐城	扬州	镇江	泰州	宿迁
2003年名次	3	2	13	4	1	6	10	11	9	8	5	7	12
2004年名次	2	3	13	4	1	6	11	10	9	8	5	7	12
2005年名次	1	3	11	4	2	7	8	12	10	6	5	9	13
2006年名次	3	2	9	4	1	5	11	10	12	8	6	7	13
2007年名次	3	1	9	5	2	4	10	12	11	7	6	8	13
2008年名次	3	2	10	5	1	7	9	11	12	6	4	8	13
2009年名次	4	2	7	3	1	9	13	8	11	6	5	10	12
2010年名次	4	2	10	3	1	6	11	12	9	5	7	8	13
2011年名次	4	2	10	3	1	5	9	12	11	7	6	8	13
2012年名次	2	3	7	4	1	6	11	12	10	8	5	9	13

2003－2012年江苏可持续发展能力（B_2）排序情况如表：

城市	南京	无锡	徐州	常州	苏州	南通	连云港	淮安	盐城	扬州	镇江	泰州	宿迁
2003年名次	1	4	8	3	2	13	7	10	11	6	5	9	12
2004年名次	3	1	10	4	2	11	6	12	9	5	7	8	13
2005年名次	1	2	5	4	3	10	8	11	7	9	6	13	12
2006年名次	1	2	9	4	3	8	6	11	13	7	5	12	10
2007年名次	1	6	10	8	4	2	5	12	9	7	11	3	13
2008年名次	1	4	11	7	5	2	3	12	9	8	10	6	13
2009年名次	3	5	11	6	4	1	2	12	7	9	8	10	13
2010年名次	2	3	12	5	1	6	7	10	8	9	4	11	13
2011年名次	2	3	11	4	1	6	8	9	10	7	5	12	13
2012年名次	2	3	9	4	1	6	8	11	8	7	5	12	13

2012年江苏省城市可持续发展排名相对于上年出现了一定的波动，这种波动主要表现在排名前后两端：其中前五名城市中，苏州位居第一不变，自2009年可持续发展综合得分排名超过南京后，苏州已连续4年排名第一，南京超过无锡位居第二且优势较为明显，两市之间的可持续发展度相差4个点左右；镇江、南通仍分别居于五六位但是差距拉大，两市的可持续发展度由去年相差1.2个百分点扩大为将5.5个点；在后面几个城市中，徐州和盐城发展势头良好，两市分别由去年的第10名和第11名上升到第8名和第9名，且与第7名扬州之间的差距很小，其中徐州与扬州仅差1个点左右。泰州和连云港城市排名下滑，其中连云港下降较多，由去年的第8名降至第11名，淮安虽然位居12名，但是与第10名泰州乃至第9名盐城差距并不大，宿迁仍处于最后一名，但是其可持续发展度也已经突破50分。无论对于可持续发展度位列前面或是后面的城市，分析二级指标，都可以找出本年度里在可持续发展水平与可持续发展能力

方面反映出来的薄弱环节，均需加以切实改进。

纵观10年中江苏城市可持续发展的综合评价，江苏形成了两大梯队：第一梯队为苏州、无锡、南京、常州、镇江5市；第二梯队为南通、扬州、连云港、泰州、徐州、盐城、淮安、宿迁8市。第一梯队的5市，总体上可持续发展水平较高，可持续发展能力较强。

2012年位居江苏可持续发展度第一的苏州市，10年中7年是第一，1年第二，2年第三。2012年可持续发展水平和可持续发展能力均名列第一，除了资源支撑能力、环境质量、人口结构排名较为靠后，苏州市其他指标都处于前五，可持续发展实力强劲。

2012年苏州GDP突破1.2万亿元，达到12011.65亿元，在全国各大城市中仅次于天津，同年在由人民日报社主办的《中国经济周刊》，与中国社科院城市与环境研究中心联合发布《中国城镇化质量报告》中，在超大城市城镇化质量排名中，苏州居深、京、沪后排全国第4位。在选取的286个城市的全部样本中，苏州排名第9位，在“2012中国城市综合竞争力”排行榜中，苏州得到6758.717分，排在第7位，次于天津而强于杭州。良好的经济基础和走在全省乃至全国前沿的城市发展经验，为苏州的可持续发展提供了坚实基础。

2012年位居江苏可持续发展度第二的南京市，10年中有3年第三，4年第二，3年第一。2012年可持续发展水平和可持续发展能力都名列全省第二。其中，经济发展能力、环境治理能力、社会保障能力名列第一，除了人口结构和资源支撑能力排名较为靠后，南京其他指标基本位于中前列。

2012年，南京荣膺“2012中国幸福宜居城市”大奖，这是南京自2009年起连续第四年入选中国最具幸福感城市。同年在上述《中国城镇化质量报告》中，在超大城市城镇化质量排名中，南京为第7位，在江苏省内仅次于苏州。在“2012中国城市综合竞争力”排行榜中，南京市得分4896.885分，排在第11位，次于重庆而强于武汉。“十二五”时期，南京将大力实施创新驱动、富民优先、城乡一体化、绿色发展和城市国际化战略，大力提升可持续发展能力，精心打造玄武湖—紫金山城市中央公园，加快建设秦淮河百里风光带、滨江风光带等绿色风光带，加强青龙山、牛首山等森林公园的保护，发展绿色经济、强化节能减排，努力迈向现代化国际性人文绿都，率先基本实现现代化，建设人民幸福城市。

2012年位居江苏可持续发展度第三的无锡市，9年中有5年第二，5年第三。2012年可持续发展水平和可持续发展能力都名列全省第三。其中，经济规模、资源利用率名列第一，社会保障、城市发展、经济发展能力、人口素质、经济效益科技支撑能力、居民生活质量、经济外向度、环境治理能力、经济结构排名都比较靠前，环境质量和资源支撑能力排名比较靠后，都处于十三位。

2012年，无锡人均GDP居全省之首，达到18719.3美元。同年在上述《中国城镇化质量报告》中，在选取的286个城市的全部样本中，无锡列第14位。在“2012中国城市综合竞争力”排行榜中，无锡市得分3638.864分，排在第20位，次于济南而强于西安。2012年，国务院正式批准实施《无锡国家传感网创新示范区发展规划纲要（2012－2020年）》。国务院于8月5日批准实施的《纲要》明确提出：无锡示范区要建设一批国家级、省级和市级研发机构和企业技术中心，聚集一批技术和产业优秀人才，突破一批重大关键技术，制定一系列技术标准，打造一批知名品牌，并培育多家年销售额超过10亿元的物联网企业。2012年，无锡共有15家企业入围“中国企业500强”，占江苏省入围数（51家）的29.4%，21家企业入围“中国制造业500强”，入围企业数均位居全省首位。同时，有24家企业入围“中国民营企业五百强”，占江苏省入围总数108家企业的22%。

2012年位居江苏可持续发展度第四的常州市，10年中有7年位于第四，3年位于第五，2012年可持续发展水平和可持续发展能力都列全省第四。其中，城市发展名列第一，除了环境质量排名第七、经济效益排在第八、资源支撑能力排在第十外，常州市其他指标都在前五位。

常州市是全国首批可持续发展综合实验区。2012年在上述《中国城镇化质量报告》中，在选取的286个城市的全部样本中，常州名列第13位。常州市在承接国际先进技术转移、完善城市基础设施和城市功能、加强新农村建设、旅游产业快速发展等方面取得了较大成就。

2012年位居江苏可持续发展度第五的镇江市，10年中有6年位于第五，2年位于第六，2年位于第九，2010年以来，已连续3年紧随常州之后位居第五。2012年可持续发展水平和可持续发展能力分别名列在全省第五和第八。其中经济结构名列全省第一，资源支撑能力，环境治理能力均列第二，人口结构列第三，环境质量列第四，除社会保障列第七，经济效益列第十，其余均在第六位。镇江正在加快建设国家山水园林城市和生态城市。

第二梯队的8市实际上也存在可持续发展水平的高低因为其波动较大，我们仍将这8市划为一部分，认为其可持续发展能力偏弱，但值得我们注意的是在这8市中仍然存在不少亮点。如可持续发展度名列第五的镇江市，经济结构位居第一位；可持续发展度名列第六的南通市，人口结构位居第一；可持续发展度名列第九的徐州市，经济效益位于第一；可持续发展度名列第九的盐城市，资源支撑能力位居第一；社会保障能力位居第一；可持续发展度名列第13的宿迁，环境质量名列第一。

作者简介：

[1]储东涛，江苏省城市发展研究院城市评价中心主任、教授。

[2]蔡之兵，江苏省城市发展研究院城市评价中心研究人员。

第七篇

2012年区域和城市经济畅销书

城市经济的空间结构：居住、就业及其衍生问题

作　　者：郑思齐　著
出 版 社：清华大学出版社
字　　数：445千　　　　页数：318
开　　本：16开　　　　装帧：平装
ISBN：9787302273806　　版次：1　　印次：1
出版时间：2012年1月

本书以“居住—就业”空间关系为主线，应用城市内部微观空间数据和微观计量经济学方法，对中国城市经济的空间结构进行了深入的理论和实证研究。按照“外在表现—内在机制—衍生问题”的内在逻辑，全书由三篇组成，涉及城市空间里的人口、产业、基础设施和公共服务、房价和地价的空间分布及其规律；居住与就业空间互动机理与内生空间模型；土地利用与交通互动、劳动力市场空间失配、住房可支付性与居住分割、城市环境与可持续发展等衍生问题。同时，本书的研究还特别强调在快速城市化和经济转型过程中，中国城市在空间扩张和重构方面的制度与市场环境特点，提出了若干理论和实证分析方法，这不但扩展了当前国际上的同类研究，而且丰富了中国城市经济学的研究体系，也为城市空间可持续发展提供了一些政策性建议。

本书适合区域与城市经济学、房地产与住房经济学、城市规划、城市地理、土地管理、城市和住房政策等领域的教师、学者、研究生和高年级本科生参考阅读。

城市经济学案例分析

作　　者：张琦　王昊　等编著
出 版 社：中国大百科全书出版社
字　　数：370千　　　　页数：431
开　　本：16开　　　　装帧：平装
ISBN：9787500087151　　版次：1　　印次：1
出版时间：2012年1月

本书集合了从20世纪60年代开始一直到2010年上海世博会召开为止国内外40多个经典城市经济发展与建设的案例，是一本极具现实指导意义的案例性图书。秉承了2007年出版的《城市经济学》一书的实用性、学术性、时效性、资料性、可读性等特点，作为其配套使用教材。每章相应地选择了3个国内外城市发展的经典案例，通过案例概要与教学目标、案例内容和案例简评这三个部分，将理论与案例联系起来，分析城市发展的过程及经验教训，清楚地展现国内外城市发展的典型历程，为读者提供一个了解特色城市经济社会历史和探索现代城市发展的全新视角。

城市土地经济学

作　　者：杰克·哈维　厄尼·乔赛　著　夏业良　译

出 版 社：福建人民出版社

字　　数：521千　　　页数：475

开　　本：16开　　　装帧：平装

ISBN：9787211063826　版次：1　印次：1

出版时间：2012年1月

本书讲述了如何将经济分析应用于与土地相关的经济问题中，探讨了如何使土地资源价值得到提升的方法。虽理论性较强，但其理论与实际结合紧密，且语言较为通俗。对选修地产管理、勘探、估价、城市规划、房屋管理、地理与环境等主题相关课程的学生来说，这是一本不错的教材；对兴趣以上主题的普通读者而言，也是一本不错的读物。

中国沿海地区经济转型重大问题研究

作　　者：中国人民大学区域与城市经济研究所　著

出 版 社：经济管理出版社

字　　数：407千　　　页数：321

开　　本：16开　　　装帧：平装

ISBN：9787509616239　版次：1　印次：1

出版时间：2012年1月

中国沿海地区的发展，无论是从国际产业转移的角度来看，还是从国内经济重心转移的角度来看，都正处在一个历史的黄金时期。沿海地区作为中国经济最为发达的区域和改革开放的前沿阵地，在未来的中国经济发展中，仍然要承担不断创新、率先引领的重大使命。经济转型是东部沿海地区率先发展的主要内容。本书将东部沿海地区细分为南部、中部、北部三个沿海地区。在实地调研的基础上，运用区域经济学和产业经济学的相关理论方法，对三个不同类型的沿海地区进行了较深入的国内外发展环境分析，对转型发展中存在的问题进行了根源性剖析，提出了有针对性的意见和建议。本书对学者研究沿海地区如何实现转型发展和政府政策的制定具有重要的借鉴意义。

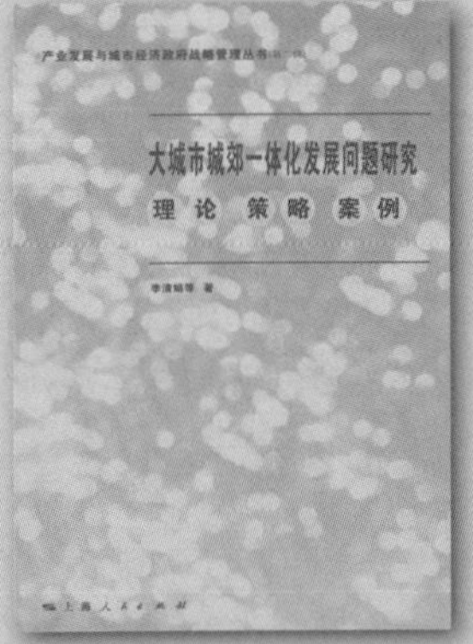

大城市城郊一体化发展问题研究

丛 书 名：产业发展与城市经济政府战略管理·第2辑

作　　者：李清娟　等著

出 版 社：上海人民出版社

字　　数：261千　　　　页数：238

开　　本：16开　　　　装帧：平装

ISBN：9787208104792　　版次：1　　印次：1

出版时间：2012年3月

城市化是人类社会发展过程中，以农业为主的传统乡村社会向以工业和服务业为主的现代城市社会逐渐转变的历史过程，包括人口职业的转变、产业结构的转变、土地及地域空间的变化等。城乡一体化是城市化发展的一个阶段，是城乡居民生产方式、生活方式和居住方式变化发生变化的阶段，是城乡人口、技术、资本、资源等要素相互融合，互为资源，互为市场，互相服务，逐步达到城乡之间在经济、社会、文化、生态上协调发展的过程。我国在城乡一体化过程中，由于历史形成的城乡之间隔离发展，导致各种经济社会矛盾开始出现，尤其是改革开放至今，城乡一体化矛盾不仅没有消灭，反而有趋于严重的态势，如何解决城市化过程中存在矛盾和问题也成为社会上的研究热点。

大城市郊区具有经济发达、承接大城市中心区产业转移和人口导入的独特优势，相对于中小城市的城乡一体化发展而言，具有先发优势。大城市郊区在推动城市化过程中既有独特性又有普遍性，研究大城市郊区的城市化问题对我国推进城乡一体化进程具有重要借鉴意义。如何实现郊区"城市化"地区从郊区"农村管理型"向"城市管理型"转变是推动城市化发展的关键因素。我国在快速城市化过程中出现的农民工户籍问题、农民房拆迁补偿问题无不与城市化推进中的政府管理转型息息相关，本书从国外城郊一体化发展历程作为研究起始点，对美国、英国、日本三个发达国家城市化过程进行了详细分析，并总结了发达国家城市化经验。在此基础上，对我国城市化进程进行了阐述，并就我国大城市郊区城市化推进过程中遇到的经济发展、产业选择、新城开发、社会事业、人口与就业、政府管理模式转变和农民利益保障等问题进行了系统研究。同时将团队在区域开发功能定位方面的最新研究成果作为案例，以期对政府管理部门、区域研究、投资决策等领域的管理和研究人员在区域功能定位和开发的思维方式方面有一定参考价值和借鉴意义。案例一是关于上海高境镇快速完成城市化地区的产业发展与政府战略管理的专题研究报告；案例二是关于地处上海虹桥交通枢纽地区的西虹桥商务区功能定位与产业选择研究报告。

城市经济学

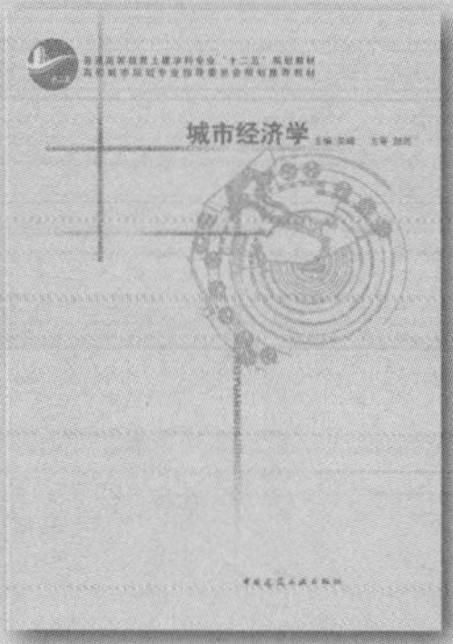

作　　者：栾峰　主编
出 版 社：中国建筑工业出版社
字　　数：600千　　　　页数：379
开　　本：16开　　　　装帧：平装
ISBN：9787112135301　　版次：1　　印次：1
出版时间：2012年3月

本书共分为四个篇章。第一篇为导论，重点介绍什么是城市经济学及经济学的若干重要基础知识；第二篇主要介绍城市的形成与发展的经济学解释；第三篇主要介绍区域与城市的空间组织的经济学理论，同时也包括了对区域与城市空间最新发展的有关解释及分析；第四篇主要介绍若干重要的城市部门问题及相应的城市部门经济学理论知识。

本书主要面向高等学校的城市规划、建筑学、风景园林等土建学科领域的本科生，为此在内容组织上采取了针对性的措施，包括特别增加了一些经济学的基本知识，以及将城市与区域的空间组织等本学科重点关注的内容组成专门篇章。在内容深度的把握上，以满足初学者的要求为主，同时纳入较多扩展性和研究性的知识点。希望以这样的内容组织方式，不仅能够满足本教材主要对象的学习需要，同时也能够满足其他希望了解城市发展和城市规划经济学理论的专业人士的需要。

商用大飞机：上海经济增长的新引擎——基于产业集群创新的视角

丛 书 名：区域经济与城市经济前沿系列
作　　者：严剑峰　著
出 版 社：上海财经大学出版社有限公司
字　　数：253千　　　　页数：255
开　　本：大32开　　　　装帧：平装
ISBN：9787564212995　　版次：1　　印次：1
出版时间：2012年3月

本书是区域经济与城市经济前沿系列之一。本书共八章节，内容包括绪论、大型航空工业项目带动区域经济增长的理论与实践、商用大飞机项目的短期经济带动效应、发挥商用大飞机项目产业带动效应的途径与政策建议、商用大飞机项目的长期经济带动效应——技术进步效应、商用大飞机产业的科技创新体系构建与实施等。本书给供相关人员参考阅读。

上海国际航运中心建设的金融引擎

丛 书 名：区域经济与城市经济前沿系列
作　　者：计小青　等著
出 版 社：上海财经大学出版社有限公司
字　　数：261千　　页数：260
开　　本：大32开　　装帧：平装
ISBN：9787564212957　　版次：1　　印次：1
出版时间：2012年3月

本书基于金融发展与航运中心建设的相关性，把航运金融市场的发展作为国际航运中心和国际金融中心城市建设的核心，重点讨论航运金融市场发展所需要的条件，以及对于国际航运中心和国际金融中心建设的意义，在此基础之上提出上海国际航运中心建设的金融支持政策。

当代城市经济发展与房地产业

作　　者：徐勇谋　主编
出 版 社：上海大学出版社
字　　数：651千　　页数：547
开　　本：16开　　装帧：平装
ISBN：9787567101531　　版次：1　　印次：1
出版时间：2012年5月

本书是对武汉城市圈的生态环境和经济发展从空间信息的角度进行一些初步的研究，希望能在该区的相关研究中起到抛砖引玉的作用；本研究处理了大量的数据和资料，都尽可能地在本书中列出，以便后来者研究该区时直接查用，省掉烦琐的数据处理工作，达到资源共享的目的。

经济发展与空间布局：城市化、经济集聚和地区差距

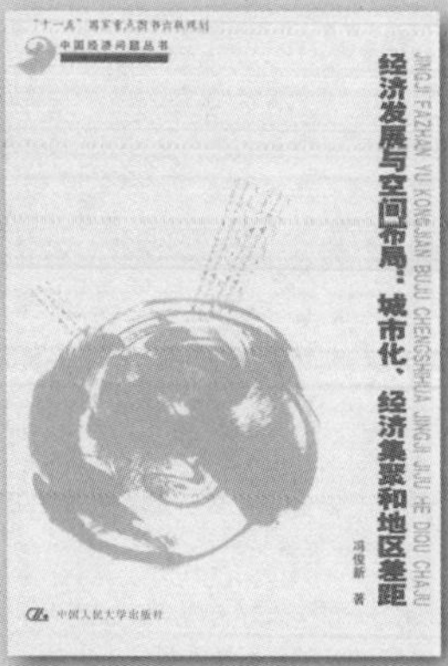

丛 书 名：中国经济问题丛书；“十一五”国家重点图书出版规划
作　　者：冯俊新　著
出 版 社：中国人民大学出版社
字　　数：148千　　　页数：207
开　　本：32开　　　装帧：平装
ISBN：9787300160627　　版次：1　　印次：1
出版时间：2012年5月

经济增长往往伴随着经济活动空间布局的深刻变化，尤其对于一些大经济体来说，这种空间变化影响更为深远。经过30多年的快速发展，中国经济的空间布局已发生深刻变化。这种变化主要体现在三个方面：城市化快速发展、经济活动集中度提高和区域收入差距扩大。这些都是当前中国经济所面临的重大挑战，受到了广泛的研究。在相关研究中，一个很重要的关注点就是如何看待这些空间变化与经济发展之间的关系，即这些变化到底是经济发展过程的普遍规律，还是中国经济本身的特殊现象。对于这个问题的回答具有重要的理论和现实意义。冯俊新编著的《经济发展与空间布局》从跨国比较研究的角度出发，通过收集主要经济体从经济起飞以来的超长时间序列数据，利用计量经济学的方法对经济活动空间布局的变化趋势进行了研究。本书的研究旨在探讨经济快速发展时期这些现象的国际一般规律；衡量中国在这些问题上的发展情况与一般规律之间是否存在差异，在此基础上提出相应的政策建议，并对中国经济活动空间布局的发展前景做出预测。

林业资源型城市经济转型研究

作　　者：孙延华　等著
出 版 社：中国农业出版社
字　　数：132千　　　页数：155
开　　本：16开　　　装帧：平装
ISBN：9787109169074　　版次：1　　印次：1
出版时间：2012年6月

本书在科学发展观的指导下，运用可持续发展理论、区域经济学理论、生命周期理论、产业经济学理论及资源经济学、系统学、管理学等基础理论，在借鉴与总结国内外理论研究与实践成果的基础上，根据林业资源型城市经济转型的特点与林业发展实际，通过运用实证分析与规范分析相结合等研究方法，对我国林业资源型城市转型进行了深入研究。

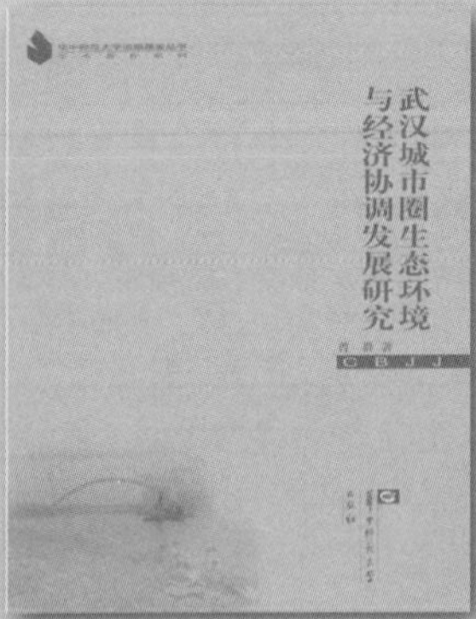

武汉城市圈生态环境与经济协调发展研究

作　　者：曾群　著
出 版 社：华中师范大学出版社
字　　数：268千　　　　页数：240
开　　本：16开　　　　装帧：平装
ISBN：9787562255758　　版次：1　　印次：1
出版时间：2012年6月

本书是对武汉城市圈的生态环境和经济发展从空间信息的角度进行一些初步的研究，希望能在该区的相关研究中起到抛砖引玉的作用；本研究处理了大量的数据和资料，都尽可能地在本书中列出，以便后来者研究该区时直接查用，省掉烦琐的数据处理工作，达到资源共享的目的。

城市空间扩展的经济效应研究

作　　者：张晓青　著
出 版 社：山东人民出版社
字　　数：200千　　　　页数：278
开　　本：16开　　　　装帧：平装
ISBN：9787209066181　　版次：1　　印次：1
出版时间：2012年8月

本书在对国内外相关文献进行全面，系统述评的基础上，运用城市经济学原理，计量经济学模型和地理信息系统技术，以全国地级及以上城市、三大城市群租山东省济南和青岛两个典型城市为例，从宏观和微观视角分别探讨了城市空间扩展所产生的经济效应。首次在理论上阐释了城市空间扩展对宏观经济增长的影响主要表现在增强经济效益、促进产业结构调整与升级、越动就业和收入增长以及提升经济竞争力等方面，对居民和企业效用的影响表现在提高居民综合效用、改变空间效用的均衡点、促进企业区位优化和形成规模经济等。《城市空间扩展的经济效应研究》所构建的分析框架、理论剖析和实证研究等具有独到之处。

城市土地集约利用经济学分析

作　　者：徐霞　著
出 版 社：化学工业出版社
字　　数：172千　　　页数：185
开　　本：16开　　　装帧：平装
ISBN：9787122141446　　版次：1　　印次：1
出版时间：2012年8月

本书在分析城市土地供需的基础上，通过深入分析研究，指出了实现城市土地供需均衡的条件，探索了实现城市土地集约利用的途径，及城市土地集约利用对城市经济增长的贡献，有很强的实用性和示范性，是城市土地研究者和从业人员的很好的参考用书。

城市土地、人口与经济发展

作　　者：于立生　著
出 版 社：中国林业出版社
字　　数：300千　　　页数：259
开　　本：16开　　　装帧：平装
ISBN：9787503865978　　版次：1　　印次：1
出版时间：2012年8月

本书分为理论篇、案例篇和实践篇三大部分。理论框架部分主要是阐述作为一个学术研究概念的"成长管理"所产生的理论背景、所依赖的学理资源、所形成的内在机制等，分析了城市化与成长管理、土地发展与成长管理、人口发展与成长管理、经济发展与成长管理的关系，以及土地利用与绩效评估、成长管理与土地利用绩效评估之间的关系，着重论述作为政府宏观调控重要闸门的土地利用管理工作，在政府管理过程中发挥着重要的作用，对土地利用进行绩效评价和改进、对政府提高管理能力有着重要意义。案例篇选取新加坡、中国香港、美国作为分析对象，对其城市化发展之路进行理论分析，尤其是美国都市理性发展之路，同时选取佛罗里达州作为典型案例，进行成长管理策略探索研究。实践篇选取莆田市为研究对象，而作为分析工具的成长管理引入，为土地利用绩效评价提供了一个全新的分析框架。

低碳城市：经济学方法、应用与案例研究

丛 书 名：中国社会科学院文库.经济研究系列

作　　者：潘家华　等著

出 版 社：社会科学文献出版社

字数：363千　　页数：371

开本：16开　　装帧：平装

ISBN：9787509731505　版次：1　印次：1

出版时间：2012年8月

本书为理论、方法、评价与规划四篇。理论篇着重演讲了低碳经济及核心要素和低碳经济转型的特征，比较分析了国内外对低碳经济的认识差异与低碳城市建设模式；方法篇着重介绍了中国低碳经济城市综合评价指标体系构建的理论及方法；评价篇与规划篇是评价方法在城市案例应用。本书基于低碳经济理论构建低碳城市综合评价方法，同时以实际案例进行佐证，使评价体系既具有理论支撑，又具有实践可操作性。

城市蔓延机理与治理——基于经济与制度的分析

作　　者：洪世键　张京祥　著

出 版 社：东南大学出版社

字　　数：233千　　页数：211

开　　本：16开　　装帧：平装

ISBN：9787564136482　版次：1　印次：1

出版时间：2012年9月

作为城市社会、经济活动的空间投影，剧烈的体制转型及其相应的复杂影响必然在城市空间结构与演化上得以显化。改革开放30余年以来，中国在政治、经济和社会等方面剧烈的体制转型，从根本上改变了城市空间增长的动力基础，蔓延式增长成为当前中国城市空间增长的主要模式。中国体制转型背景下的城市空间增长与演化，已经成为国内外城市地理和城市规划学界理论研究的前沿问题。本书以改革开放以来中国政治、经济、社会体制转型为基本背景，基于城市经济和城市规划比较分析的视角，全面深刻地分析、理解中国城市空间增长环境的根本性转变，以及这些深层次制度变迁对城市空间增长特别是城市蔓延的巨大影响，提示和把握体制转型背景下中国城市蔓延的微观和宏观机理，进而构建弹性、集约、高效的城市空间增长管理政策工具体系，为实现中国城市空间协调发展提供理论依据和政策支撑。本书可供从事中国城市管理、城市规划、人文地理、区域经济研究的人员阅读和参考。

基于主客观的城市低碳经济评价研究

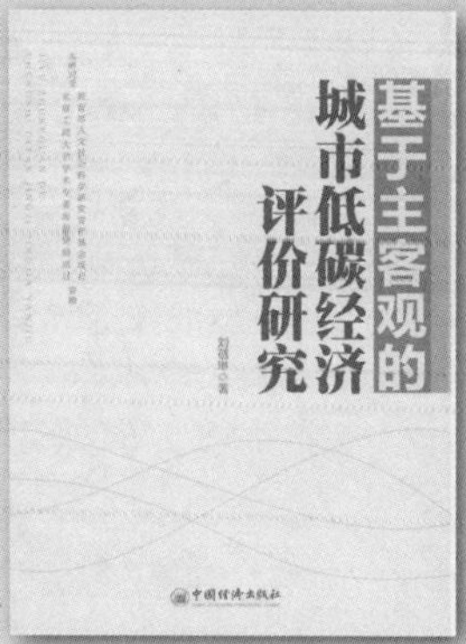

作　　者：刘蓓林　著
出 版 社：中国经济出版社
字　　数：200千　　　页数：201
开　　本：16开　　　装帧：平装
ISBN：9787513618397　　版次：1　　印次：1
出版时间：2013年9月

本书内容介绍：建立城市低碳经济评价体系以对城市低碳经济发展进行实时、动态的分析评价不仅有利于低碳经济理论体系的建立和完善，还可以为城市低碳经济评价提供理论依据和参考，提高城市低碳经济评价的科学性和准确性，从而为低碳城市建设提供决策支持；更是低碳经济从先进的理念发展成现实的经济运行模式、从定性研究向定量研究迈进过程中必不可少的一个环节，是评判低碳经济发展质量的主要依据。因此，构建科学、系统的城市低碳经济评价体系是非常有意义的研究课题。

中小城市绿皮书：中国中小城市发展报告（2012）——中小城市新型城镇化之路

作　　者：中国城市经济学会中小城市经济发展委员会，《中国中小城市发展报告》编纂委员会　编
出 版 社：社会科学文献出版社
字　　数：323千　　　页数：277
开　　本：16开　　　装帧：精装
ISBN：9787509736302　　版次：1　　印次：1
出版时间：2012年9月

2011年中国城镇化率达到51.3%，标志着中国城镇化发展进入到非常重要的转型期。在"十二五"及未来一个时期，中小城市将成为城镇化的主战场和主力军。《中国中小城市发展报告（2012）》以"中小城市新型城镇化之路"为题，系统阐述了中小城市走中国特色新型城镇化道路的意义、形势、任务以及方法和途径，总结了典型城市城镇化发展的经验和特点，力求为中小城市实施新型城镇化战略提供理论支撑和实践参考。

世界城市与全球城市区域 北京世界城市的区域经济合作

作　　者：曾宪植　著
出 版 社：知识产权出版社
字　　数：267千　　　　页数：251
开　　本：16开　　　　装帧：平装
ISBN：9787513014267　　版次：1　　印次：1
出版时间：2012年10月

把北京建设成为世界城市是未来几十年北京市的城市发展目标。从世界城市的发展过程来看，世界城市不是一个孤立的大都市，而是一个具有全球影响力和控制力的大都市圈——全球城市区域。因此，北京建设世界城市是一个通过区域经济合作，不断扩大辐射和影响范围，由国际化大都市发展成为大都市圈，形成全球城市区域的过程。北京世界城市建设中的区域经济合作是北京建设世界城市中最值得深入研究和探讨的问题。本书从理论、背景和实力、区域实践三个层面对这一问题进行了较为深入的分析和探讨。

中国城市经济研究

作　　者：廖康玉　著
出 版 社：社会科学文献出版社
字　　数：442千　　　　页数：316
开　　本：16开　　　　装帧：平装
ISBN：9787509738917　　版次：1　　印次：1
出版时间：2012年12月

本书以我国改革开放后城市经济发展过程中出现的重大理论和实际问题作为研究重点，涉及城市土地使用制度与住房制度改革，房地产业与住房金融，城市化、城市服务、城市基础设施，以及发挥城市中心作用等方面的内容，具有较高的理论价值和实践指导意义。书中所收论文记录了作者30余年来对中国城市经济的一些理论探讨和认知历程，为当今城市经济研究者提供了更多的纵深信息，即使不是相关领域的研究人员，也可以从书中看到中国城市发展的更加宽广的历史记录。

城市社区演变与治理

丛 书 名：中青年经济学家文库
作　　者：秦瑞英　著
出 版 社：经济科学出版社
字　　数：270千　　　　页数：261
开　　本：16开　　　　装帧：平装
ISBN：9787514127225　　版次：1　　印次：1
出版时间：2012年12月

20世纪初以来，城市化进程的加速不仅使城市成为西方各国经济社会活动的主要舞台，也使得城市社区成为学术研究的重要对象，世界各国将城市社区的建设作为城市社会经济发展的主要推动力，它们将治理理论运用到国际、国内、城市乃至社区层面的管理当中，倡导建立政府、市场和社会之间的新型合作关系，以克服政府的失灵和市场的失效。改革开放后，随着我国城市化的快速发展、经济转轨和社会转型，国家对社会的控制逐渐从政府—企业—职工的模式转变为政府—社区—居民模式，城市社区的地位和重要性日益凸显，它已经成为进行社：会控制、实现社会稳定和谐的重要环节。要保证城市社会生活的健康、稳定、有序，注重社区治理，加强社区建设和发展，发挥好基层社区组织的组织、服务和管理功能，成为当今中国社会转型的必须和必然。因此，探讨城市化进程中发展形成的不同类型城市社区的特点及其治理，不仅有助于丰富我国城市地理学中相关城市社区的研究，对于社区的可持续发展及和谐社会的建设也具有非常重要的现实意义。

本书在梳理国内外城市社区和社区治理理论和研究的基础上，从城市地理学和城市社会学的视角出发，选取深圳市为案例地，实证探讨了城市化进程中城市社区的演变、类型及特征，并将城市社区演变与其治理相关联，分析了城市社区治理的现状、特点及影响因素，提出应针对不同城市社区采取选择不同的善治方向。

第八篇

中国城市经济学会掠影

1986年，中国城市经济学会成立大会在上海举行，时任上海市市长的江泽民同志出任了本会顾问

会议期间名誉会长王任重与会长汪道涵在交谈

1992年5月在山西·太原举行中国城市经济学会第二届年会，时任国务院副总理朱镕基同志参加会议并发表重要讲话

1999年12月在江苏·南京举行中国城市经济学会第三次会员代表大会，全国人大前副委员长费孝通同志参加会议并发表重要讲话

2003年9月在山西·太原举行中国城市经济学会第四届年会，时任中央政治局委员、社科院院长李铁映同志参加会议并发表重要讲话

2004年10月16日，由中国城市经济学会、山西省建设厅、山西省城市经济学会、中共晋城市委、晋城市人民政府联合举办的“落实科学发展观，促进小城镇建设”论坛暨《中国城市经济》创刊五周年庆典，10月16日至18日在山西省晋城市举行。中国城市经济学会秘书长、中国城市经济杂志社社长张巨功同志就杂志创刊五周年作了庆典发言

2005年6月1日，由中国城市经济学会，《经济日报》社、北京市社会科学院和顺义区人民政府共同举办的“2005品牌战略高层论坛”6月8日在北京顺义举行

2005年11月27日，由中国城市经济学会、中国信息协会、中国社会科学院信息化研究中心、中国科学院软件所、清华大学现代管理研究中心、北京信息产业协会、广西电力工业勘察设计研究院联合主办，由《中国城市经济》杂志社、《工程建设与设计》期刊编辑部、北京信息产业协会共同承办的“中国城市经济发展与城市信息化建设”研讨会于2005年11月27日至28日在北京京都信苑酒店召开

2006年5月27日，由中国城市经济学会、湖南省城市经济学会联合主办，张家界市人民政府、湖南省城市经济学会秘书处、中国城市经济杂志社共同承办的“旅游产业与城市发展高层研讨会暨全国各省市区城市经济学会联谊会”于5月27日在张家界市隆重召开。会议围绕“旅游产业与城市发展”主题，就旅游产业推动城市经济与社会发展、旅游城市竞争力研究、城市营销、构建长株潭城市群、中西部旅游发展动向等前沿课题进行了热烈讨论；同时就学会发展，加强与各地城市经济学会的交流、合作，学会如何在城市经济建设中发挥更大作用等问题进行了探讨和沟通

2006年9月8日，由中国城市经济学会、上海市城市经济学会联合主办，中国建设银行、太原市人民政府、海尔集团、山西省煤炭运销总公司、山西焦煤集团等单位协办的“中国城市经济学会成立二十周年庆典暨中国城市持续、协调、科学发展高层论坛”于2006年9月8—9日在上海财政大厦隆重召开

时任上海市市长韩正同志出席会议并做重要讲话

2007年2月3日，“中国城市经济学会2007年新春茶话会”在北京世纪金源大饭店举行。全国人大常委会副委员长、中国城市经济学会荣誉顾问顾秀莲出席了茶话会，向参加茶话会的各位同志致以新春佳节的问候

2007年11月28日，由中国城市经济学会主办的第二届中国地源热泵技术城市级应用高层论坛在北京召开。周道炯会长、龙永枢副会长出席会议并做重要讲话。论坛由中国城市学会秘书长张巨功主持，分为积极推进、有效管理、成功实施三大板块

2008年11月1日，上午11时整，经上海市人民政府外事办公室安排，中国城市经济学会第一副会长王茂林在学会秘书长张巨功的陪同下，在上海浦东国际机场贵宾厅会见了美国前国务卿基辛格博士，就世界经济危机等问题交流意见

2008年12月13日，“首届长江三角洲城市发展论坛暨第八届江苏城市发展论坛”在苏州召开，会议主题是“和谐·创新·共赢”。此次论坛是由中国城市经济学会、苏州市人民政府、长江三角洲城市发展研究中心、江苏省社科联、浙江省社科联、上海市城市经济学会、江苏省城市经济学会、江苏省城市发展研究院等单位联合主办

2008年12月28日，由中国城市经济学会、中共霸州市委、霸州市人民政府联合举办的“促进城乡一体化发展（霸州）高层论坛暨中国城市经济学会2008年会”在河北霸州市隆重召开

2009年12月22日，由中国城市经济学会、中共衡阳市委、衡阳市人民政府共同主办，《中国城市经济》杂志社、中共耒阳市委、耒阳市人民政府承办的“中国城市经济科学发展（耒阳）论坛暨2009中国城市经济学会年会”，在湖南耒阳隆重召开，十届全国人大副委员长蒋正华出席会议并做重要讲话

2009年2月27日，由中国城市经济学会主办，中国城市经济杂志社、世纪唐人（CTD）承办的“第二届中国城市旅游竞争力年会”在北京钓鱼台国宾馆举行

2010年11月26日，由中国城市经济学会、中共芜湖市委、芜湖市人民政府、安徽省社会科学院、安徽省泛长三角经济合作研究会联合主办，中国城市经济杂志社、安徽省城市研究中心、中共芜湖市委政策研究室承办的“皖江（长三角）城市区域发展高层论坛暨2010中国城市经济学会年会”，在安徽省芜湖市成功举办

2010年7月22日，中国城市经济学会和中国劳动学会在人民大会堂重庆厅隆重召开了“首届中国城市民生建设调研成果发布会暨中国城市民生建设论坛”，十届全国人大副委员长顾秀莲出席大会并做重要讲话

2010年7月29日，由国际节能环保协会、中国城市经济学会、世界风能协会、英国伦敦发展署、国际商会中国国家委员会、中国石油和石油化工设备工业协会等机构共同参与主办或承办的“第三届世界环保大会（WEC）”在北京隆重召开

蒋正华副委员长与王茂林会长亲切交谈

成思危副委员长在大会上做主要讲话

2011年1月5日，经国务院批准，由中国投资协会与中国城市经济学会共同主办的“2011国际城市发展论坛”在北京隆重召开。本届论坛以“新能源、新科技、绿色城市和可持续发展”为主题，总结新世纪以来世界城市和人类发展的经验，展望世界主流城市今后5年—10年的发展规划，美国前副总统戈尔出席会议并发表演讲。我国第九、十届全国人大常委会副委员长成思危、第十届全国人大常委会副委员长顾秀莲出席大会并发表演讲

↖ 2011年2月18日，中国国土、区域、城市经济学家新春联谊会

↑ 国土经济学会柳忠勤（中）、区域经济学会陈耀（右）、城市经济学会张巨功（左）三位秘书长在联谊会上

← 2011年1月19日，中国城市经济杂志社年终会议

2011年12月26日上午，由中国城市经济学会主办的“中国城市经济论坛暨2011年年会”在首都北京希尔顿酒店隆重举行

2012年5月18日，中国城市经济学会秘书长张巨功，专家委员会副主任顾文选教授一行6人受邀来到唐山市丰南区开展“专家服务到一线”活动，参加唐山·丰南城市经济项目恳谈会并签订“城市经济发展研究基地”战略合作协议

张巨功秘书长与丰南区委书记王东印交谈

顾文选教授为丰南城市经济发展建言献策

2012年9月12日－16日，由中国城市经济学会、中共潍坊市委组织部联合主办的潍坊市城市转型发展专题培训班，在北京亚丁湾商务酒店举行

培训班全体学员合影

2012年12月25日，中国城市经济学会举办“中国城市经济（河北·三河）论坛暨2012中国城市经济学会年会”。论坛的主题是“城市·民生·经济·转型”。学会秘书长张巨功与三河市副市长签署“民生建设工程调研基地”协议书

2013年2月24日，第六届中国国土、区域、城市经济学家新春联谊会参会专家学者合影

2013年5月28日，在山西太原举行投融资论坛参会嘉宾合影

2013年7月19日，中国城市经济学会秘书长张巨功、副秘书长张春林（中国投资协会民营经济专职副会长）一行赴山西省大同市就城市转型发展进行调研考察

图书在版编目（CIP）数据

2013中国城市经济年鉴 / 张巨功主编. —北京：中国城市出版社，2014.5
ISBN 978-7-5074-2930-5

Ⅰ.①2… Ⅱ. ①张… Ⅲ. ①城市经济—中国—2013—年鉴 Ⅳ. ①F299.2-54

中国版本图书馆CIP数据核字（2014）第038195号

责任编辑	王双林
装帧设计	张宇民
责任技术编辑	张建军
出版发行	中国城市出版社
地址	北京市西城区广安门南街甲30号（邮编：100053）
网址	www.citypress.cn
发行部电话	（010）63454857 63289949
发行部传真	（010）63421417 63400635
总编室电话	（010）68171928
总编室信箱	citypress@sina.com
经销	新华书店
印刷	北京盛通印刷股份有限公司
字数	1106千字 印张49.75 插页32
开本	889×1194（毫米） 1/16
版次	2014年5月第1版
印次	2014年5月第1次印刷
定价	580.00元